自由中國

FREE CHINA

合訂本 第二集

(第三卷)

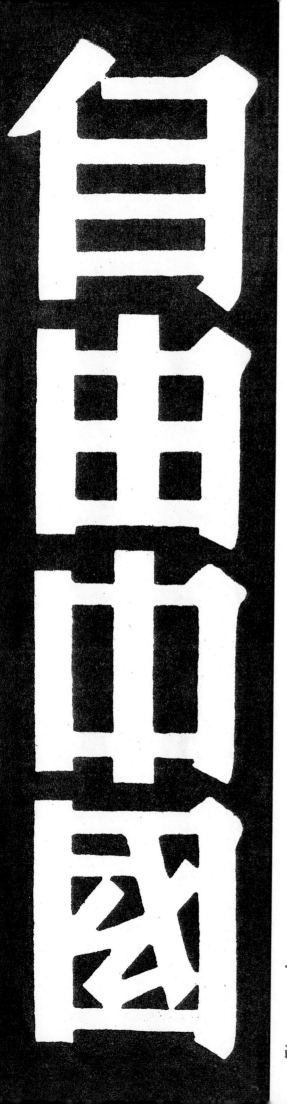

中華民國三十九年十二月卅一日出版

社 址：臺北市金山街一巷二號

自由中國合訂本第二集要目

第三卷　第一期

第三卷　第二期

第三卷　第三期

第三卷　第四期

第三卷　第五期

第三卷　第六期

第三卷 第七期

第三卷 第八期

第三卷 第九期

第三卷 第十期

第三卷 第十一期

第三卷 第十二期

定價

自由中國

第三卷 第一期

卷首特大號

要目

中華民國三十九年七月一日出版
社址：臺北市金山街一巷二號

卷頭語

經各界人士的協助和本社同人的奮鬥，本刊今天已能以第三卷的首期和讀者相見了。本刊的旨趣固仍和從前一樣，但本社同人當倍加努力以副各界愛護本刊人士的期望。這是我們今天所可向讀者宣告的。

從本刊創刊號出版以來，這七個月裏面國內外情形的演變，更足以證明本刊主張的不謬。民主國家無論如何委屈含忍，除去向克里姆林宮稽首稱臣以外，必不能使蘇俄帝國主義者改變他們侵略世界的野心。而向克里姆林宮的投降，是全人類的恥辱，是世界的由光明而趨於黑暗。因此我們雖然愛好和平，但對於我們這回反共抗俄的戰爭，則認爲是極端有意義的，極端必需的。

這個反共抗俄的戰爭，並非宗教戰爭可比。歷史上有許多宗教的戰爭，在我們現在看起來，可以說是毫沒有意義的。許多次的十字軍，我們固認爲沒有什麼價值；就是新舊教的戰爭，亦講不出十分的道理來。因爲無論那方面所代表的主義，所懷的利益，雖然有「彼善於此」的地方，但和全人類的進步，都沒有多大的關係。就是有一些關係，亦萬萬値不得以殺人流血的方式爭取的。而我們現在這個反共抗俄的戰爭，除却國家執行戡亂禁暴的義務而外，還有一個偉大而純潔的意義：就是，我們是爲了全人類的幸福和進步而戰，是爲了民主政治和思想自由而戰。沒有思想自由和民主政治，我們必不能得到眞正的進步和幸福；而蘇俄式共產主義在世界上的擴展一分，即是世界上自由思想和民主政治的萎縮一分。這是很明顯的情形。我們相信，世界上有理性的人，只要是能够自已作自由主張的，不管他信仰何種宗教（除開「馬列教」），沒有不贊成我們這個反共抗俄的戰爭的。簡單說，這個戰爭，是光明和黑暗的戰爭；不是歷史上任何宗教戰爭所可比擬的。

這更不是普遍爭奪政權的戰爭。現在在國民政府裏邊主持政治的人，大部分是國民黨的人，但亦有青年黨和民社黨的人，並且有無黨無派的社會賢達。這還算不了什麼。最要緊的關鍵，是國民黨的特殊的性質。國民黨裏邊雖然有少數假公濟私的不肖分子，但大多數資格較老的黨員，都是明智的人士。這班人有的是深懂得自由和民主的眞諦的，有的是忠於民族和國家的，至少亦是能識輕重辨利害知道國高於黨而不是黨高於國的。這種人士，在國民黨固然是最優秀的分子，但是我們甚可以不把他們當作「國民黨人」看。而現在在政府中的國民黨人士，差不多都是這類的人物。這是可以慶幸的事情。現在我們反共抗俄的戰爭，在一個俗人看起來，是國民黨生死存亡的關頭；在一個見解遠大的人看起來，乃是自由和民主的生死存亡的關頭。就是國民黨中明智的人士，也知道這回戰爭，爲一黨生存的意義小，爲全人類進步和幸福的意義大。所以這決不是普遍爭奪政權的戰爭所可比擬的。

我們知道，中華民族能不能自由獨立於世界上，能不能免於爲蘇俄的奴役，都係於這回戰爭的結果。事實上，設使蘇俄成功，則我中華民族非特爲奴隸而已，連生存也成問題。一來，蘇俄猜忌中國的强盛，必設計使中國人民消滅於飢餓；二來，蘇俄慘無人道的强迫勞工制度，經爲虎作倀中共的手，必更加殘酷；三來，蘇俄必驅使中國的壯丁以擾亂東南亞。總而言之，霸佔中國的土地，攫取中國的資源，消滅中國的人民，是史達林眞正的企圖。中共以一念之差，愈走愈錯。明明是把國家民族帶進死路，却要自稱曰「解放」。到了現在，無論利令智昏，沒有覺悟的可能，就是能够覺悟，但已受了蘇俄的覊軛，要想擺脫，也擺脫不了。至於淪陷區裏面，當然有許多見解高明的人，和我們有同樣的意思的；但在中共威脅的底下，還有那個敢開口呢！

因此，在過去七個月裏面，本刊的大任務之一，就是要把這個反共抗俄戰爭的目的和意義，詳明的告訴我們的同胞，無論在自由國土裏面或是在淪陷區裏面的。告訴自由國土的同胞，所以「恢宏志士之氣」；告訴淪陷區的同胞，所以維繫他們「重見天日」的希望。

在闡明反共抗俄的意義以外，我們最要緊的任務，就是督促政俗的改進。半年以來，我們的政府，似乎已儘量發揮勵精圖治的作風了。但各種反共抗俄力量的配合和團結，奢風的取締，士兵待遇的提高，功罪賞罰的分明，政府雖已竭力做去，固尚有可以改進的地方；至於社會一般人士對於這回戰爭沒有做到有錢出錢有力出力的情形，亦是自由國土裏邊的一弱點。凡此種種，我們能够見到的，都已大聲疾呼以促各方面的反省了。

我們的批評政俗，有兩戒條：一、不作無謂的漫罵；二、對事不對人。在這樣的範圍中，我們因爲要盡「知無不言」的責任，我們並不怕得罪人。不幸，近來社會中，頗有些人對主張自由的人取敵視的態度的。我們不得不就這點詳細的解釋一下。

我們的主張自由，並不是要「胡鬧」。我們以爲自由應爲全人類的目的。老實說，我們的主張反共抗俄，就是要爲全民族以及全人類爭取自由。至於一切自由都受國家法律——經過正式民意代表機關所制定或通過的法律——的限制，那是人人所應具有的常識，用不着再講的。凡是無條件反對人家主張自由的人，不是受了極權主義的流毒，便是腦筋糊塗。這種見解，非特和反共抗俄的主旨大相反，即對於他們自己的企圖，也決沒有任何利益。在這個時候有這種倒行逆施的舉動，只不過「心勞日拙」罷了。

一部分心地狹窄的人，以爲極權國家所以能够表現力量，就是因爲人民沒有自由的緣故；我們的政府，似乎太不運用權力了。因此，他們想求助於極權。這是似是而非的見解。極權國家所以有特別的力量，就是不把人民當作人，而把人民當作畜牲或機械。這好比盜賊致富，已不足羡慕，更不必倣效。世間固自有正常的致富途徑。只有短識淺見的人，惑於一時的苟得，以爲盜賊亦是可學的。老實說，極權國家所表現出的力量，背後是怨恨、是殘酷、是種種不人道，一定難以永久的；民主國家所表現出的力量，背後是光明、是慈愛、是信義，一定可以永久的。而眞正的民主，非有自由做基礎不可。

政治的理論和實踐常常有不相脗合的地方，所以執政的人，往往不樂於法律的拘束。這樣的執政的人，可能沒有別的心思，只爲做事情的方便起見。就算這樣，亦未免太笨。法律對於幹政治的人，好像衞生規則的對於康健。一個人依着衞生的規則，雖然有時覺得太麻煩，但身體康健的保全，總可有相當的把握。沒有衞生習慣的人，平常時候可以得着些小方便，但一遇瘟疫流行的年頭，必難幸免。我們相信這個比喩含有不可忽視的眞理；我們希望凡是只顧一時的方便而不願意法律束縛的人，都以歷史上往事爲殷鑒而迅速的覺悟！

總之，主張自由的人若知道尊重法律，則無論什麼自由都可以主張；執政的人若知道凡事依據法律，則久而久之必覺得到處都是坦途，萬用不到所謂極權的政治。法律不是不可以改變的，但在一個有憲法的國家裡，只應當用法律的程序來改變。

最後，我們對於當前的局勢亦可以在第三卷開始的時候簡略的說幾句。大陸上的國土，雖然都入中共手裏，但自蔣總統復職以後，民心士氣都大爲振作，政治亦日漸清明。這樣的繼續下去，台灣的確保，毫無疑問。我們能確保台灣，我們恢復大陸的根基便可穩固。就大陸上而言，非特善良的同胞將來會共起而向蘇俄和中共拚命，即中共的分子，當亦有良心不昧起而反正的。所以我們只希望現在台灣的軍民，萬衆一心，速圖救援大陸上的同胞。國家和民族的自由，是我們當前最值得追求的目的。

外交方面，我們以爲應始終抱定重義輕利的主張。美國目前執政的人，懷挾偏見，惑於少數親俄分子的誣言，對我們的艱難，好像持袖手旁觀的態度。這當然是美國的失策。但我們總以爲美國傳統的國策「用自由平等的主義以建立世界的和平」，是値得我們贊成的，値得我們擁護的。且美國朝野上下，都有了解我們好處的人，將來或許可以和我們成爲共患難的好朋友。無論如何，我們切不可以一時的意見而遠離一個正人君子。至於日本，在軍閥玩弄政權的時候，固然是我們的敵人；但現在似已有穩固的民主政治了。我們非特不應該記前仇，且要儘量盡善鄰的道理。當民國三十四年我們受降的時候，今蔣總統那時那種寬仁的態度，是最適當的。

本刊同人，深愧不能執干戈以衞國家，但愛國家愛人類的熱忱，則不願自抑，所以希望用文字的宣傳來盡我們的職責。我們遵守着「修辭立其誠」的古訓，決不說一句沒有證據的話以搖惑我們同胞和友邦人士的視聽。這是我們今天檢點過去的工作所引以自慰的。至於我們選用社外人士的文稿，亦一槪以說老實話而言之有物的爲主，從沒有間以門戶之見。

「這個刊物所發表的文字，本着思想自由的原則，意見不必盡同。但棄黑暗而趨光明，斥極權而信民主，求國家民族的自由，求世界的和平，則是大家共同的主張」。這是本刊發刊詞裏面的幾句話。現在在第三卷的開始，我們特鄭重申述一遍。

記得一年以前，本刊在籌備中，有一位朋友說道：「現在青年人信仰共產主義，並沒有理由可言，只是一種潮流。這不是可以口舌爭的。你雖然寫了汗牛充棟的書，把馬列的學說駁得體無完膚，其如他們不聽何！」在當時這話也有相當的道理。但「日月不爲人之惡明而輟其光」；所以我們仍努力從事出版。我們覺得有可以扶人向善的機會，我們便應當利用。而本刊出版以來，似乎亦有我們所預期的效力。大陸國土經中共統治一年，我們青年已受過慘痛的教訓；當年的潮流，似已轉向。本刊以後自然更當盡誘掖的責任。但無論如何，我們決不用武斷式的教條。我們以爲啓發青年最好的法子，是使他們能够正正當當用他們自己的腦子來思想。

時事述評

軍風紀的新紀元

有了三十九年歷史的中華民國，優良的軍風紀直到昨天還沒有建立起來。

民國十五年以前，說是軍閥混戰時期。軍閥的頭腦，只塞着「有兵就是王」的觀念，自然不會講究到甚麼軍風紀，而當時的人民對於兵和匪的看法，也就沒有什麼多大的差異。久而習之，帶兵官不以為恥，國人也不甚以為怪。一個做母親的人，為要止住小孩們的胡鬧或啼哭，每以「兵來了！」這句話來恐嚇。「兵」，代表了兇惡。同時有句流行語：「秀才遇到兵，有理講不清」，「兵」，又代表了無理性。

民十五、北伐軍興，廣州出來的軍隊，給國人一個嶄新的印象。有許多本屬當然的事體，例如不征船、不拉夫、不强佔民房，而住民房不辱及婦女、買東西照價給錢、不打人、不罵人、這一類的小事一般人也感到有點驚奇。於是軍旅所到的地方，老百姓不再逃了，反而情願幫助軍隊搬運東西，這是我們中國人對於兵的觀念第一次大改變。「好兒不當兵，好鐵不打釘」的歌謠，一變而為「當兵好，當兵好，壞人當兵也變好」。可惜這個好景，未能維持久長。北伐是成功了，因為明明白白地打垮了當時聲勢赫赫的吳大帥和五省聯軍總司令孫傳芳。可是、舊的軍閥打倒了，而新興的若干革命將領，和不少的中下級軍官，隨着所謂革命成功而日就驕淫，爭權位、求享樂，再也沒有多少人想到軍風紀這一回事。譽滿一時的軍風紀，墮落的趨勢也就跟着形成。

抗戰初期，舉國軍民，同仇敵愾，在生死搏鬥的緊張氣氛下，軍風紀問題尚不過於嚴重。但愈到抗戰後期，則每況愈下。這裏、當然有許許多多的因素，可給帶兵官作為辯護的口實，但帶兵官本身的罪責，總是不可原恕的。抗戰又勝利了，那些腦滿腸肥，已被時代遺棄在一萬八千里外的軍官們，又因為這次勝利，加速度地日趨腐朽，更不知軍風紀為何事。一到三十七年共軍發動攻勢，勝敗之局即隨人心的向背而大定；人心的向背，種因於政治方面黨務方面者固多，而直接受軍風紀之影響者實亦不少。這一段悲慘而又醜惡的經過，在前些時蔣總統的「軍人魂」講詞中，已講得足夠沉痛了！

有了這一串的悠長回憶，所以我們說：「有了三十九年歷史的中華民國，優良的軍風紀直到昨天還沒有建立起來。」

今天，大陸整個淪陷了，腐朽的人物和臭惡的事態，也藉此機會大大清除了。以臺灣為中心的自由中國，一切都在進步中，尤以軍事方面的進步最大。在海南舟山相繼撤退以前，我們已經聽說海南舟山和金門的軍隊，軍風紀都很好。耳聞還不如目見，自上月舟山軍隊繼海南而撤抵台灣以後，臺灣的人心，大為振奮。大家都說，想不到我們的國軍進步得這快！

「進步」，不足以形容今日國軍的軍風紀，我們應該說，這是「新生」。一個多月以來，我們從台灣各地所看到所聽到關於軍風紀的故事，使我們覺得：今天軍風紀的好，好得不平凡。今天的國軍，不僅是消極地不擾民，不害民，而且積極地從心靈到行動做到了軍民一體，一體得富有人情味。這是一個特色。這個特色，我們想、不是得力於甚麼教條的灌輪，而是得力於人性的啟發和自覺。這一點、我們覺得要特為指出。因為反共抗俄，本質上就是人性與反人性的鬥爭。抓住了這一點，才算認清了時代的使命；抓住這一點再去施政、治軍、辦教育文化，才不會為下一代再種禍根。

想做一個現代的國家，優良的軍風紀，是一個必要條件。處在二十世紀的今日，我們本不應該還有强調軍風紀之必要，軍風紀早就應該不成問題了、可是，事實上，有了三十九年歷史的中華民國，優良的軍風紀，直到昨天還沒有建立起來。人類的思維，少不了今昔的聯繫，我們在極度的悲憤之餘，不由得有極度的興奮。

今天、是軍風紀的新紀元。我們要祝這個紀元長壽而大聲高呼：優良的軍風紀萬歲！萬歲！萬萬歲！

（平）

消除奢靡 厲行節約

台北青年界最近有兩件令人感奮的事，一是東方登克爾克——舟山撤退後普遍展開的勞軍運動，一是正在進行中的勸導節約運動，這兩個運動都是青年們自發自動的愛國表現，徵兆着自由中國的新生的活力。

勸導節約運動是戰時工作隊發動的，這團體由台北各界青年基于反共抗俄的熱忱自動組織起來，目的在促使一般人厲行戰時生活，做到「人人參戰」，勸導節約的運動只不過是整個工作的開端。

從上月十九日起，戰工隊員分組在市內各處對坐小汽車及上大餐館的人們作口頭與書面的勸告。詞意懇切，態度感人，各方報導俱表好評。即以被勸告的對象而言，除少數麻木不仁自命特殊的人物而外，多數都深受感動，表示願意接受勸告。這種良心激發，實是可喜的現象。

前些時美國記者團來台訪問，曾說台灣不像是在戰爭，這句話真是天大的諷刺。我們文化界同人早便一再呼籲實行戰時生活，凡是憂時愛國之士，對于台北風靡的歌舞昇平景象，無不痛心疾首。那些坐包車，吃大菜……少數人在奢侈享樂，其對人力物力的浪費之事猶小，其影響于民心士氣的關係太大。民怨不平，士氣不振，還打什麼仗？還談反共抗俄？因此，消除奢靡厲行節約不僅是戰時生活應有的方式，而且是打勝仗的必備條件，這些事政府應該拿出決心來做。

但是，社會風氣的轉移不能只靠政府做，更須要各方倡導，全面配合。戰工隊這次發動的運動，表現得有原則、有辦法、有熱忱、有耐力，不同于過去一些只重形式，虛有機構的運動。且係發自民間，值得重視。我們深望政府當局不斷地鼓勵這樣的運動，社會人士普遍地督促幷支援這樣的運動。（中）

艾其遜外交政策難得全體支持

執民主國家牛耳的美國，今年一月以來，國務卿艾其遜闡釋其外交政策似乎特別賣力，但至今還是不能收到他預期的效果，即是不能獲得全國有力者之支持，在强敵當前的今天，我們對此不無遺憾。

頃據六月二十日西弗吉尼亞州合衆社電稱：「今日共和黨之州長反對政府之外交政策。民主黨及共和黨昨日雖在兩小時之秘密會議中，讚許國務卿艾奇遜之陳述，但一部份共和黨州長不願簽字贊同其議案」。如果所傳屬實，則美國今日欲求得舉國一致的外交政策將沒有希望了。

康納利雖爲民主黨有力的參議員，但他自信他主張的外交政策是沒有黨派色彩的（見美國新聞與世界報導），艾其遜是外交政策的決定人，尤其自信沒有錯誤。他們以爲共和黨的責難只是想以中國問題爲藉口罷了。美國人民心目中的冷戰界線，德國和中國都是不能被共黨佔據的，一九四七年的國會報告也明白地如此說，現在中國已爲共黨所佔據這不是美國政府的大失敗是什麼？可是艾其遜則以爲這是國民政府貪污無能之所致，和美國對華政策無干。他以爲國民政府是注定要失敗的，理應讓他徹底失敗。故今年一月五日，艾其遜不顧軍事當局的建議，不詢問共和黨領袖議員的意見，而將臺灣一筆勾銷。其後在一月中旬他的公開演說，相信中國必有狄托之出現，其傾向承認中共之含意了然可見。但是二月中旬史毛條約公佈於世，正足以間執言者之口，於是艾其遜對中國狄托之觀念才告幻滅，康納利也以爲毛澤東會和史大林混一個期間了。艾其遜至此還要自信毫無錯誤，旁觀的第三者猶恐不敢苟同，反對黨的州長先生誰願簽字？

兩個月前杜魯門任命杜勒斯及古柏爲國務卿顧問，欲借此彌縫兩黨的裂痕，但是塔虎脫和布里奇諸人只以靜觀其後爲言，未允無條件的合作，共和黨的州長不願簽字贊同艾其遜的議案，也怕是同一態度吧。由共和黨的立場觀之，五年來美國的遠東政策都是失敗的記錄，且均與艾其遜有密切的關係，則今日艾其遜的議案能否行之而不失敗，也只有事實可以證明，他們何必在事前簽字贊同而代人受過呢？在如此的情形下，艾其遜先生還要一意孤行嗎？（漸）

北韓究向誰宣戰？

正當美國國防部長詹森，參謀長聯席會議主席萊德雷和國務院顧問杜勒斯前來東京，與麥帥會商遠東戰略等問題，剛剛結束時，蘇俄的工具北韓共黨政府即向南韓正式宣戰（六月二十五日上午十一時），而其攻擊部隊則早於前數小時侵入北緯三十八度以南。北韓這一突擊，自然是準備有目的的有計劃行動，可是時間的選擇，恰好在這個時候，而且以正式宣戰的方式出之。這是値的我們注意的。

近年來蘇俄勢力在東亞的發展，最重要的原因是由於美國在遠東退縮，唯力是視的史達林，在西歐冷戰中低了頭，在東亞自必要乘虛而入。中國大陸就在這個當兒，很快地捲進了蘇俄勢力圈內。半年前，西方民主國家——美國也未嘗不如此——還幻想中共勢力如果不越出中國境界，遠東問題的解決，尚可有和平途徑可尋。但是事態的發展，已顯示蘇俄侵略整個亞洲的野心，正在急於求其實現，并未暫告段落。

事態太明顯了。美國的軍政當局爲着本國安全，再也不得不把遠東政策重加考慮，於是有這一次東京會後。會議所商決的內容，我們雖不得其詳，但有理由使我們相信：這應該是建議杜魯門總統迅採積極性的遠東政策。這個建議，如經杜魯門總統採納實行，在時間上我們深恐其遲，而克里姆林宮則惟恐其速，先發制人，造成既成事實，是蘇俄的一貫作風。所以就棟了這個時候，策動北韓對南韓來這個突擊。這就是史達林明明白白告訴世界民主國家，尤其是告訴美國：「來吧！看誰來得快！」

北韓以正式宣戰的方式向南韓發動攻擊，這也是值得我們玩味的。如果我們知道戰後韓國以北緯三十八度爲界，形成兩個區劃的經過，如果我們尚承認聯合國是國際的最高權威機關，則南韓政府爲一國際法下的合法政府，自無疑義。它是在聯合國代表團監督之下，實行普選而產生出來的。北韓則是由蘇俄一手所卵翼的。現在北韓向南韓進攻，居然以正式宣戰的方式出之，這正是蘇俄明目張胆要把南北韓的內戰化爲國際戰爭。也就是說，蘇俄已不惜做第三次世界大戰的禍魁戒首了，它所宣戰的對象，不是南韓，而是美國；不僅是美國，而且是聯合國。史達林睥睨全球，其氣概比當年的希特拉還要狂妄。目前美國還在遵循正常的途徑，向聯合國安理會控訴。我們想，如果以反極權爲已任的美國，對着當前的局勢，還不速採以牙還牙的手段，其結果只是又一度鼓勵侵略者，而自陷於更困難的險境。

蘇俄策動北韓宣戰的又一作用，可能爲的是吸引世界注意力集中南韓，同時幫助中共突襲台灣。毛澤東進攻台灣的心願自然比史達林更切，但現在，史達林既選擇了這個時期以先下手爲强的手法策動了北韓宣戰，也可能以其海空軍幫助毛澤東一下，來個台灣突擊，這并非危言聳聽，我們軍政當局應特別警覺，特別戒備，全世界反共抗俄的最後勝利，自然有待於國際的合作，但在確保台灣這個任務方面，我們自己有不容旁貸的責任！（坦）

俄羅斯帝國主義之傳統

「自太平洋岸至喜馬拉雅之巔，俄國應在亞洲，而且在歐洲君臨一切」——微德

胡　秋　原

林則徐先生晚年曾說：「終爲中國之大患者，其俄羅斯乎？」這是我們今天追懷他禁煙功績時，一定想到的最沉重的警告。

在中國近百年的外患史中，俄羅斯帝國主義者是最貪慾，最凶猛，最毒辣，最陰狠的一個。後來的日本人，只是從俄帝學習的。到一八六八年止，俄國所佔中國在中亞和東北的領土，等於蒙古新疆和前東北三省土地之總和。其後東北蒙新先後變爲她的勢力範圍，而這三大地區，等於內地十八省面積之總和。時至今日，整個中國除了臺灣西藏以外，都直接間接在他控制之下了。

自從十六世紀恐怖的伊凡以後，俄羅斯以一個小小公國從事擴張，經大彼得和加特林而成爲一大歐亞帝國，但還不敢侵略到中國的本身。由尼布楚條約到恰克圖條約，雙方還是互有得失的。因爲中國阻住其南進之路，俄國乃向北太平洋擴張，一時且佔有阿拉斯加並在哥倫比亞建立殖民地。然這由於野心商人之活動者爲多，還沒有成爲俄國的政策。俄國在遠東有系統的帝國主義政策，始於木拉維夫（Nikolai Muraviev）的活動，其後微德（Sergei Wittie）之流繼續發揮。這兩個人是俄國帝國主義的伊藤博文和原敬。以後列寧尤其是斯大林在遠東的政策，完全是師承木微兩人的謀略，不過加上一隻新的奇兵——即共產黨第五縱隊而已。中國近代的憂患，是和木拉維夫，微德，列寧、斯大林這四個名字，不能分開的。我們必須了解尼古拉一世到二世的俄國遠東政策的藍圖，才能更加了解今天斯大林的帝國主義的方向及其歸結。

木拉維夫與俄國遠東帝國之建立

在十九世紀，英俄衝突是國際上一顯明標誌。英國正向南太平洋急進，一八四二年取得香港，一八五四年接收上海稅關，一八六〇年英法聯軍進攻中國。俄國見獵心喜，同時覺得惟有在大陸上迎頭趕上，於是停止其在北太平洋活動，終將阿拉斯加賣於美國，以便集中力量南下，向黑龍江方面發展。但我們必須注意，俄國這一南進政策，並非出於經濟目的，而只是開拓疆土，增加沙皇光榮的。大彼得到處尋求海口，並非和水有何交情，只是要將國界推到三洋之濱的一個口實而已。

於是好大喜功的尼古拉一世，起用野心的青年軍官木拉維夫爲西北利亞總督，賦以經略遠東大任。木氏帶着涅非爾斯奎（Nevelskoy）爲助手，他後爲俄國海軍大將。

木氏是沙皇忠僕，同時，很有趣的，他對社會主義無政府主義也有興趣。巴枯寧是他的食客，克魯泡特金也是他的朋友。他的理想是將英國排除於北太平洋外，而由美俄兩個「友邦」平分秋色。所以，以爲社會主義和帝國主義絕對相反的人，是沒有仔細研究歷史而已。木涅二氏由陸海兩路探查黑龍江一帶。過去俄人以爲庫頁島是一半島，至是知道堪察加與黑龍江口可通海道，歡喜異常。一八五〇年，在我國廟街地方建立尼可來夫斯克城，宣稱是俄國領土，這是俄國侵略我國和遠東的第一步。當時俄國政府中亦有人主張愼重，但尼古拉一世說：「凡一度懸掛俄國國旗的土地，斷乎不能退出」。這是今天蘇俄政策的第一原理。根據這原理，俄國只要可能，恐怕也要收回阿拉斯加的。

木拉維夫得此鼓勵，一八五一年馬上編成一萬二千軍隊，再到庫頁島和黑龍江一帶探險。同時通知清廷，謂尼布楚條約未定的黑龍江方面國界，應重新協議，清廷亦派代表交涉，但直至一八五五年，仍無結果。當時木氏已知道利用反英情緒，取得中國好感。他在一封私人信件中說：「對英人之焚燒廣州，自無須煩惱，不過，如遇華人，余當另一說法」。他又在一奏章中說：「如中國之戰敗，使其王朝傾覆，其結果自於俄國有利。蓋滿蒙自將爲我所有，而俄國終將獲得所欲之一切也」。利用中國外患，僞裝同情，乘火打刼，是俄國一

貫外交戰術。木氏船隻進黑龍江，深入中國境內。一八五四年，沙皇來命令鼓勵：「直下黑龍江，但不要有火藥味」。不用戰爭而取得領土，也是俄國人的一貫企圖。正苦於洪楊之亂的清廷，自無暇顧及東北的邊陲。

這一年三月，俄國侵略土耳其，却發生火藥氣味。英法援土，大敗俄國于克里米。在遠東，英法艦隊直薄彼得港。但因英法海軍內鬨，同時木氏將守兵完全隱匿起來，英法海軍沒有發現目標，沒有進攻。及克里米戰爭終結，木氏對清廷代表，堅持其要求，同時在一八五六年作黑龍江第三次遠征，並於五七年和五八年，設立「濱海」「黑龍」二省，建布拉哥城：復於烏蘇里江口設哈巴洛夫斯克城。此外以四千五百兵力，二萬移民在沿海一帶殖民。一切造成「既成事實」，只待清廷爲條約上之承認了。從來中俄交涉都是由俄國先造成既成事實的。

這時俄國派布夏丁（ Putyatin ）做中國公使，欲由恰克圖陸路赴北京，正苦於英法交涉的清廷，拒絕其由陸路入境，希望國境問題就地交涉。木拉維夫通知中國代表奕山到瑷琿會議，並主張黑龍江北岸應爲俄國領土。奕山初尚執尼布楚條約拒絕，木氏遂以決裂威脅。晚上木氏突放大砲數聲，弈山嚇慌了，一八五八年五月十六日，瑷琿條約簽字。在這條約上除承認黑龍江以外屬俄，江東六十四屯仝係華人，仍歸中國管理外，又規定烏蘇里江至海之間，爲兩國共有領土，只許中俄兩國航行，又爲後來俄國進一步要求的張本•木氏和中國談判的口實，是「保護中國」以反英。他告訴俄國代表說：「與華人談話，應如以上所言，卽俄國不能讓英法在我國與朝鮮之間，取得任何一地」。直至今日，斯大林還說他的侵略中國，是爲了反對「美帝」的。

和英法議和專使北上的布夏丁，到北京和欽差大臣譚廷襄談判國界，和七口通商（上海寧波福州厦門廣州臺灣瓊州）內河航行及領事裁判權諸問題，一方面勸告清廷不接受英法要求將有嚴重後果，一方面又佯表親善。及英法聯軍佔大沽砲臺，清廷派耆英與英美法俄四國全權會見，布氏態度最爲强硬，最先獲得最惠國條款的簽字。此卽天津條約，和瑷琿條約是並無關係的。

但瑷琿條約因清廷之處罰奕山，尚未正式承認，而木拉維夫則藉口烏蘇里江中俄均有航行權之故，再派遣調查隊溯江而下，到達海參威，此地中國人本來不少，而俄國人則說是他「發現」的，宣布佔領，一八五九年名之爲"Vladivostok"——卽「鎭東港」之意。但這還沒有條約上的保障，俄國乃派伊格那提夫（ Ignatiev ）——到北京談判，清廷依然不可。一八五九年六月因天津條約之批准問題，大沽砲台再向英法發砲的結果，英法聯軍再陷大沽，焚圓明園，咸豐到熱河避亂。這在當時，自是一大事件。伊氏見機不可失，逕入北京，保護當時逃至城北外的恭親王奕訢，使其回城與英法代表周旋，狼狽萬狀的清廷卽與伊氏談判北京條約，承認烏蘇里江以東亦劃歸俄國，新疆順沙賓達巴哈，齋桑淖爾西南至浩罕爲界，兩國邊境貿易免稅，開放喀什葛爾。這是一八六〇年十一月之事。東北一百二十萬方里的土地，其面積爲法德二國之總和，如是拱手歸俄。西北方面失去者，還要更多一點。而兩國間二萬里的疆界，無稅貿易，亦古今未有之奇了。

但事實上木拉維夫拿得比條約上的更多。關於興凱湖以南地界，翌年以追加條款定興凱湖界約。自烏蘇里港至圖門江用俄國十六個字母訂立木牌爲界，但俄人不時移動或藉口木牌朽腐越界。一八八六年又重畫圖門江邊界，綏芬河與圖門江間的朝鮮土地，亦畫歸俄國了。

木拉維夫的遠東侵略至是順利成功。一八五八——六〇年間他爲沙皇開拓了近百萬方英里的土地，等於三個德國兩個法國。於是沙皇封之爲伯爵，全俄的詩人和文章歌頌這位民族英雄。「解放」中國之豐功偉績。一首詩說：

也許我國兩頭鷹幟，
能喚醒那長睡人民，（指中國人）
給與他們新的生命，
並使他們同被光榮。

另一詩人寫道：

肅靜，蒙古人！服從，中國人！
因爲，北京已離俄國不遠了！

這遠東帝國「光榮」到什麼程度呢？第一是對中國人之冷血虐殺。瑷琿對岸河東六十四屯因爲全是中國人，照瑷琿條約北京條約仍歸中國，不過府治移到瑷琿。庚子之役，俄軍佔領東北，驅六十四屯人民投江，槍砲齊發，浮屍塞江，哭聲震地，而俄軍還要殺到瑷琿，將府治焚毀。其目的是要在歷史上地理上將六十四屯滅跡。其次，是毒害其本國人民。整個濱海黑龍二省，當時人口不過一萬五千人。俄國總想設法移民，但又無充足經費。於是便將西伯利亞囚犯調來，沒有女人，便到國內搜索各地妓女，强迫結婚。其後，又調來許多「哥薩克軍」。俄國遠東史家達林（Dallin）引述六十年代之末，俄國大探險家僕射瓦斯基報告此處狀況道：「大多數人皆成餓莩，麵包有如乾土。而道德崩潰，幾難置信。到處丈夫公開賣其妻子，十五歲左右子女，均由母親出售，至多二十五盧布云」。（達林，'The Rise of Russia in Asia'）

這些「德政」，今天斯大林是繼續着而且擴大着！

俄國對庫頁千島朝鮮之野心

當俄人到達黑龍江邊之時，「發現」了庫頁島和千島。庫頁島上有些倭奴，和一部分的日本人。日本早宣布其所有權，木拉維夫則說是中國的，因此，應該是俄國的。一八五三年沙皇下令庫頁不許外人入境。但日本迄不承認。一八六七年兩國同意共有，俄國拚命將囚犯送往。直至一八七五年，俄國才同意千島屬日，庫頁全爲俄有，不過日本仍有捕魚之權。

當日本明治維新以後向朝鮮侵略之時，俄國即乘中日之爭，在一八八五年左右秘密向朝鮮提議租借朝鮮港口。於是英國立即佔領巨文島。時朝鮮雖屬中國，中國亦無可如何，最後始由俄國協議，尊重朝鮮獨立了事。不過俄國仍不肯過寶山而空回。一八八八年俄國外長曾在秘密文件中說：「因朝鮮屬於中國，故俄國當助朝鮮獨立，使其脫離北京。在此方面，吾人政策應與日本相同，而與中英相反，故有利用日本之必要」。後來斯大林利用德國瓜分波蘭，出于同一妙計。日本之侵韓，實頗受俄國之鼓勵。不過到了一九〇四——〇五年，俄國在戰爭中可恥的大敗。此眞所謂弄巧反拙矣。

俄國對西域及新疆之掠奪

俄帝向東西伯利亞擴張後，又向中亞擴張，漸達新疆蒙古的門口。一八四〇年佔領哈薩克，這原是屬於中國的地方。一八五一年中俄訂庫車條約，准許伊犂塔城二地俄人免稅貿易，同時亦即默認俄人勢力所及之地爲中俄邊界。至一八六四年（同治三年）中俄訂塔城勘分西北界約，乃盡失塔什干和鄂畢河及巴爾喀什湖以東之地。以西中國滯屬，俄遂完全佔領。一八六八年佔布哈爾，一八七六年佔浩罕，直抵帕米爾和阿富汗。一八八九年中俄據塔城條約劃定疆界，訂立科布多及烏里雅蘇台界約，又混去不少土地。因一八五八年天津條約許以領事裁判權，兩年以後，俄人於喀什葛爾設領事，開始經濟的入侵。一八六二年據天津條約訂中俄陸路通商章程，規定在蒙古新疆兩國邊界貿易百里內不納稅。兩年後，兩國邊界粗定。然而，俄國是要求伊犂和全疆啊。

一八六四年回人阿衡安明起事，殺清吏稱王，佔天山北路。翌年，事延南疆，浩罕酋長阿古柏入侵伊犂，一時統治全疆，號「喀什葛爾王國」。此時英國承認之，而俄國則不予承認，這是很有興趣的。從帝俄到蘇俄，直到盛世才內向以前，俄人在新疆並不鼓勵回教民族運動。俄人並且向清吏揚言願出兵相助，清廷婉謝，俄國說「不能坐視」，一八七一年進佔伊犂。清廷交涉，亦無結果，反要求開放科布多等地，賠償損失。幸左宗棠于一八七五年出兵平定新疆，至一八七七年除伊犂外，全省底定。清廷即與俄使布策交涉收回伊犂，不得要領。後派崇厚赴俄交涉，一八七九年訂返還伊犂條約，而以賠償五百萬盧布，割特克斯河流域，及蒙新貿易免稅爲條件。消息傳到，朝野大譁，兩國從事備戰。而俄方與土耳其構兵，經各方斡旋，乃另派曾紀澤赴俄改訂條約，即所謂聖彼得堡條約，所不同者，即爭回特克斯河流域，改割霍爾果斯以西土地，增加賠償爲九百萬盧布，增闢領館二處。又成立改訂陸路通商條約，「暫時」承認俄人在伊犂、塔城、喀什葛爾、迪化，其他天山南北直至長城，均得免稅貿易。一八八二——一八八四年，根據聖彼得堡條約畫界，訂科布多、伊犂、喀什葛爾、及塔城諸界約，俄國又將齋桑泊和伊寧西南大片土地朦混以去。直到不久以前斯大林還在製造伊寧事變。

西伯利亞大鉄道與中日戰爭

俄國强佔海參威之後三十年，退出伊犂之後十年，又開始大舉侵略，而這侵略的結果，是孤立而且戰敗。

蘇伊士運河成功後，縮短了英法到達遠東的路程，彼得堡也想在陸上築一通路。一八九一年亞歷山大三世（繼尼古拉一世）下令建築西伯利亞鐵道（長三五〇〇英里），並由太子（即後來的尼古拉二世）主持其事，終在一九〇〇年初完成。而爲此路出力最大者，是微德。他曾經做過特務，以其機警與「計劃遠大」，官運亨通，做到財政大臣，並爲遠東問題之顧問。他說這鐵路將開「歷史之新紀元」。他以爲滿洲還不是目的之終結。他在回憶錄中說：

「亞洲之惰性國家終將爲列强所瓜分。各國當前問題乃是盡可能多分得垂亡的亞洲諸國之遺產，尤其是中國這龐然大物。俄國在歷史上地理上有得到最大份的不容爭辯之權利。　俄國併吞中國之大部，只是時間問題。」(Withe, 'Memoirs")。

還有一個蒙古人巴達馬耶夫寫信徵德，建議由伊爾庫茨克建設一個支線直達滿洲，並秘密鼓動蒙古西藏及其他地方的「起義」。徵德大爲贊賞，並說：「由太平洋岸至喜馬拉雅山顚，俄國應在亞洲且在歐洲，凌駕一切」。沙皇也很高興，只是覺得計劃太大了。可是，今日新沙皇斯大林正在實行。他建築了土西鐵路，指揮中國共產黨「起義」成功了。徵德還說，西方諸國在亞洲是從事經濟利益的獲得，而俄國則有「更崇高的使命，即教化之目的！」

俄國曾經鼓勵日本反對中國在朝鮮之主權。鐵路成功之後，逼得日本覺得非先下手不可了。這一點徵德說得是不錯的。「日本進攻中國（一八九四－九五）是西伯利亞鐵道建設的結果。」（羅曼諾夫，「俄國在滿洲」此書係一九二八年蘇俄出版，商務有譯本）。

日本勝利，成爲一個强國。由於徵德的策動，乃有三國干涉還遼。日本很乖巧的接受，俄國遂以中國的恩人和保護者的姿態出現了。自是俄國便迅速而瘋狂的向中國施用政治的和經濟軍事的壓力。

國際形勢與沙皇「政治局」

亞歷山大三世熱心於反英侵華。他在一八九四年死去，尼古拉二世登台。這位新沙皇遊歷過中日，主持過西伯利亞鐵道，對遠東更有興趣。他覺得併吞中國是其「神聖使命」，如其祖宗，和繼承者的斯大林所想的一樣。

他的大臣向他報告，「英國是最主要危險敵人。」他批道：「當然」。陸軍大臣枯魯巴金在「回憶錄」中說：

「聖上有偉大之計劃。他想攫取滿洲，合併朝鮮。他又想征服西藏，佔領波斯。不僅取得波士福魯，而且要取得韃靼尼爾…陛下最不喜英人，稱之爲猶太人」。（達林前書）

俄國在一九〇五年前，無所謂內閣。但爲了執行遠東大計，他任命一些部長了。外交部長先是羅巴諾夫，其後爲M•木拉維也夫，其後是蘭斯多夫。而最活躍者是徵德，還有陸軍部長枯魯巴金；以後則有樞密院長貝左布拉左夫，內政部長普列里夫，和亞列舍夫將軍。他們都相信俄國統一遠東的「使命」，不過，由于對國際環境的估計，有急進緩進的不同。徵德頭腦清楚一點，知道不可輕動戰爭，枯魯巴金反對徵德不徹底，不過後來他也有右傾「偏向」了。最激烈的一派以貝左布拉左夫爲領袖。他的「理論」，頗有現代「革命」觀點，在對沙皇報告中說：

「遠東必經頑强鬥爭，始能保證祖國安全。完全的統治，是鬥爭的目標。否則，我們不能統御黃種人民，也不能對抗歐洲敵手。」

普列里夫說：「造成俄國，解決遠東的，是刺刀不是外交」。但也有頭腦比較清楚的人，如羅森大使知道「在遠的地方擴張，只足以使自己的地位削弱」。枯魯巴金的顧問蘇波契支也說俄國沒有在遠東取得「溫水港」之必要，因爲俄國海軍在這方面是不能取得優勢的。

但尼古拉「陛下」（他雖爲共黨殺死，但精神是永在的！）及其左右大多數意見，以爲西伯利亞鐵道給與俄國以莫大戰略優勢。而自一八九一年俄法同盟成立後，他已無西顧之憂。不過法國講共和。於是他和他的朋友兼親戚的德皇威廉二世特別要好。他覺得英國已不足畏了。除了在波斯鬥爭之外，尼古拉還派一個哥薩克人烏蘭洛夫到西藏組織反英運動。自領導法德「大陸集團」干涉還遼以後，俄國在遠東威勢已達絕頂。俄國極力籠絡西太后及其左右，尤其是李鴻章。通過他們實現遠東大計劃。在中俄密約之後，一八九八年元旦英駐俄大使館向英外部報告中說：

「近徵德由抽斗中取出一中國地圖，該大臣手指直隸，山西，陝西，甘肅諸省，謂遲早將予併吞。隨即手指蘭州，謂西伯利亞鐵道將通該地。但認爲中國南部，或爲擴張所不及。」（達林前書引「英國大戰由來文書集」）。

而俄國在致德國官方照會中聲明：

「中國北部諸省，包括滿洲直隸新疆　，　應爲俄國獨有範圍，不容他國染指」。

不久以前，艾其遜說他有情報，蘇俄要使滿蒙新疆及華北數省與中國本部分離，可見這是俄國傳家秘訣。而華俄道勝銀行董事長烏赫東斯荃親王說：「我們在亞洲，沒有也不能有任何邊界」，更像一個「國際主義」者的口氣了！

當時狡猾的威廉第二爲了鼓勵俄國東進，免得在歐洲多事，極力誇張「黃禍」，慫恿他的親戚尼古拉「瓜分中國」以便跟着分肥。他在俄國佔領旅順後，公開捧他說：「現在無人能够阻止俄國軍隊前進北京」。

又寫信給他說：「現在你才眞正是北京的主人啊！」小尼古拉到旅順口視察，也得意洋洋的說：「由這裏，可以靜觀中華帝國之瓦解。」

在俄帝眼光之中，至少華北朝鮮是其禁臠。天津山海關鐵路借款，原借自匯豐。一八九八年中國擬加延長，乃向匯豐借款，俄國立卽抗議，並以佔領伊犂相威脅。俄國的氣勢的確逼人。於是英國只好希望與俄國妥協，一八九九年之英俄協商，互相承認華北華中之勢力範圍。日本原只想佔有朝鮮的，數度交涉，亦爲俄國拒絕。

但國際形勢在變化了。十九世紀美俄關係甚稱良好，但美國在佔領菲律賓後於一八九九年九月及一九〇〇年七月兩度宣布門戶開放政策，在遠東開始發言，且使英美趨於一致。無援的英國，一九〇一年正式向日本表示願爲同盟，日本在伊藤赴俄交涉失敗後，決心與英同盟，明恥敎戰，準備報復。至于德國，原只是利用俄國打先鋒的，並無與俄國同盟之意。威廉尼古拉的關係，恰如希特拉斯大林之關係。而英國在南非戰爭前後，也極力拉攏俄國。而其同盟的法國在德國軍隊方向不明時，是不能輕舉忘動的。中國是俄國名義上的「同盟國」。但除了淸廷少數人外，中國人民全是反俄的。而俄國國內，也沒有眞正支持俄國對外侵略的廣大基礎。於是多行不義的俄帝，終敗於英日美之聯合戰線。

微德是不主張佔領旅大，更反對與日本作戰的。他後來失勢了，跑到美國，寫「回憶錄」。甚至枯魯巴金等，也主張俄國只應該將活動限于北滿。但在獨裁政治下，注定了頑固才好的命運。現在據說斯大林左右也有「溫和派」「急進派」。但李維諾夫只能步微德之後塵，最後總是「急進派」得勢力。但「溫和」也好，「急進」也好，其爲帝國主義者是一致的。他們只是對國際形勢估計不同，爭寵口號不同而已。

五十三年前的中俄友好互助條約

在尼古拉二世領導之下，俄國向其遠東目標急進了。

甲午戰爭之時，俄國表示同情中國。三國干涉還遼以後，微德向法國借款，轉借中國一萬萬兩賠償日本，深博淸廷感激。日本退還遼東以後俄國不得中國同意，到東北勘察，將西伯利亞鐵道伸到中國，並設立華俄道勝銀行，爲侵略中國總部。同時，以「友好互助」爲名，對中國提出要求。一八九六年，俄國以尼古拉二世加冕爲名，要中國派一重要人物前往參加盛典，而駐華公使喀西尼則示意非李鴻章親往不可。李鴻章是當時實力派領袖，並且是主張親俄的，不過他的理論不是「一面倒」而是「以夷制夷」，而中俄友好基礎，不是共產主義，而是帝制主義而已。在談判中，據微德「回憶錄」說李氏表示並不反對接受「禮物」，如果其價值與其身分相合的話。

談判的結果是一八九六年六月三日由羅拔諾夫、微德和李鴻章簽字的密約。這條約在俄國革命前一直保持秘密，而在華盛頓會議時才正式公開。這是中國歷史上最可戰慄的一章，其爲害世界及中國至今未已。所以，我想將全文簡譯於下(據MacMurray, Treaties And Agreements with and Concerning China)

「一、對于俄國，中國及朝鮮領土，如由日本企圖任何侵略時，即適用本條約。此時兩締約國應以一切海陸軍互助支持，對于糧食供給，互相援助。

二、兩締約國一經共同行動，則一方不得他方同意，不得與敵國締結和約。

三、軍事行動中，俄國戰艦可開入一切中國港灣，並由中國政府供給一切便利。

四、爲對于俄國陸上軍隊在接近危險之地取得便利起見，中國政府承認通過吉黑二省到海參威建設鐵路。

本鐵路與俄國鐵路之接續點，不得用以侵略中國領土及主權。鐵路之建設與利用，由華俄道勝銀行辦理，其各項契約，由駐聖彼得堡中國公使與銀行協議。

五、在因第一條所預見的戰爭之際，俄國爲輸送軍隊糧食，得自由使用第四條所載之鐵路。平時俄國爲輸送軍隊糧食有同樣便利，爲使輸送正常化，並得中途停車。

六、本條約在第四條所定契約由中國皇帝批准時生効。有効期間十五年，期滿六月以前，双方得考慮延長之。」

根據第四、五條之規定，關于中東鐵路合同于一八九六年九月，由中國駐俄大臣徐景澄與道勝銀行簽字，計十二款，其要點：

一、股票只許華俄人民購買；二、總辦由中國選派及其權限；三、軌道及開工日期；四、運送工糧地方官須盡力相助；五、保護鐵路人員；六、公司土地不納稅；七、工料不納稅；八、俄軍械過境不得藉故逗留；九、外客由此路至華須有護照；十、定免稅納稅各例；十一、客貨運輸辦法；十二、自開車之日起，滿八十年路產全歸中國；如滿三十六年，中國政府得照價收回。開車之日，應付中國政府庫銀五百萬兩。

其後幹線支綫於一九〇四年開車。但所謂庫銀五百萬兩，只是一句空話。俄國是根本未付的。

是年末，俄國又由中國得到允許使用膠州灣。此即所謂喀西尼密約。而當李鴻章由俄至德時，德國也作過同一要求。一八九七年德皇至俄曾問俄國是否同意德國佔領膠州灣，俄國答復甚爲含糊。德國又試探英國態度，英國答復「更北一點更好」。一八九七年七月，德國即以曹州兩個德國教士遇害爲藉口，佔領膠州灣，要求租期九十九年。俄國立刻以「防禦共同敵人」（指英國）爲名，於十二月將軍艦開入旅順過冬，佔領大連，同時大殺華人，又說，「一俟情形許可時，卽行放棄」（羅曼諾夫，（俄國在滿洲」）。此時據達林與羅諾夫說俄國許諾付李鴻章「禮金」三百萬盧布（一百五十萬美金），三次付淸，另送張蔭桓二十五萬盧布，中國駐俄大使亦有若干。三月二十七日在膠州灣租約簽字後數星期，旅大租地界約簽字，共中九款，規定旅大及其附近租與俄國，界綫另定，租期二十五年，界內中國不得駐軍，華人去留聽便，旅大二口只許中俄使用，界內可建營房砲台等，並准俄國鐵路接至大連灣及遼東半島。接着又由駐俄全權大臣許景澄楊儒在俄都訂立續約，幾乎整個遼東半島畫爲租界，金州「自治」，但由俄國駐兵。遼東遼西遼南畫爲「中立區」，中國不得使用海岸。七月，俄國建旅大支綫時，又要求遼東半島一帶租地，並自定稅則。於是俄國在旅大設「關東省」，派總督，直以領土視之矣。這一套「自治」「中立」「總督」，後來日本人都學會了。

我不憚煩講這些條約，就是想使大家明白，這是一九四五年中蘇同盟條約的藍本，也是今年俄毛條約的藍本。

大家對照一下，不難發現格式文字好多相同。所不同者，當年李鴻章到彼得堡慶祝尼古拉加冕，今年是毛澤東到莫斯科慶祝斯大林做生。當年「共同敵人」是英國，於今是美國。戲是一個，脚色換了而已！

但這是一個如何可怕的戲啊！一個歷史家說：「沒有現代文件曾在世界上發生更大更有害之後果，有如這密約之甚的」。英國外相沙利伯里說這是「瓜分中國之始」，而任何人也可看出，這條約是促成第一次世界大戰原因之一，如今日的俄毛條約也必能促成第三次大戰一樣。

此處還要附帶提及朝鮮。併吞朝鮮是西伯利亞鐵道目的之一。蘭斯多夫說，「朝鮮命定是俄國之一部分」。中國戰敗以後，日本在朝鮮勢力大增。但俄國早已認爲禁臠。李王跑到俄國使館避難。在俄皇加冕時，李王向尼古拉請求以朝鮮爲「保護國」。但日本態度也甚强硬。在中俄密約簽字時，日俄簽訂條約，以北緯三十八度爲兩國保護「範圍」，這是今天美俄在朝鮮界綫之來源。俄國派斯拜耶爲公使，大批「顧問」前往，俄韓銀行成立。一八九七年九月，俄國使節向沙皇報告，韓國成立了「一個友好政府」「領袖是效忠俄國的」。此時俄國在朝鮮取得木材專利權，同時卽將俄軍喬裝木材工人運到朝鮮。不過俄國人太兇横了，激起反感，而日本已學得帝國主義這套把戲，策動反俄，於是朝鮮開始出現「狄托份子」，「反對俄國利益」。結果軍事顧問撤回了，不過「伐木工人」源源而來，準備必要時「自由行動」。這些辦法，今天俄國人是更爲進步了。他可以就地找到「伐木工人」了。

八國聯軍與俄國佔領東北

由於德俄陰謀瓜分中國，强佔靑島和旅大，於是法租廣州灣，英租威海衞和九龍，日本亦要求福建沿海「不割讓他國」，各在中國自畫「勢力範圍」。中國之景象，眞正可悲。此時國際上一綫光明，是美國在西班牙戰後，到了菲律賓，已成爲太平洋上一個新人物，由國務卿約翰海在一八九九年九月，發表門戶開放宣言。這宣言是針對瓜分中國而發的，尤其是針對俄國獨霸中國而發的。直至今日，美國國務院還企圖使用同一口號，限制蘇俄的擴張。

憒於外人的壓迫，然因其昏瞶與絕望心理，與宮廷內爭，淸廷統治者竟寄望於義和團，發生一種盲目的排外運動，圍攻使館，德使死之。此信轉到各國，列强所考慮的，是如何利用此事達到各國的野心。日本是希望搶先俄國一步，德國則利用德使死難的理由，派瓦德西爲聯軍統帥。而俄國呢，機會太好了。好得千金一擲即在目前了。不過微德主張愼重一點，而枯魯巴金對他說：

「我太高興了，這是我奪取滿州的藉口。…華北必須佔領。」（微德回憶錄）

當時俄國的目的，如達林所說，是在日德軍隊到達中國之前，控制中國。並且以此形勢，對抗英國。然因俄國野心太大了，此時威廉於一九〇一年一月訪問倫敦，英德間已有某種諒解。除法國支持外，俄國是孤立的。中國之得免于瓜分之禍者，「只是由于列强相持不下，美國之反帝政策，日本之不滿足野心而已。」

聯軍入京時，除日軍外，以俄軍最多，而斯時俄國已實際佔領整個東北，大軍直達山海關，因各國嫉視，大軍未敢南下。而俄軍所至，其殘暴屠殺，亦最爲獸性。及辛丑條約成立，各國開始撤兵，只有俄國無意撤兵。一九〇〇年末，俄國向中國提出下列要求爲撤兵條件：

一、俄國在托爾巴哈台，喀什葛爾、葉爾羌、和闐、蒙古、滿州全境有特殊利益，由俄軍隊駐屯。

二、上列諸地由俄國維持治安，中國不得駐軍。

三、上列諸地不得輸入武器。

四、中國警察人數應與俄國協議而定，但不得使用大砲，中國官吏如俄國認爲不合時，應予轉任。

五、中國關于滿州之鐵路礦山及其他商業上之租讓，除得俄國同意外，不得許與三國及其人民。

俄國並將以上要求（不過只提滿州）通知英德日美諸國。各國譁然，連德國亦勸中國不可接受，一九〇一年三月二五日英日對俄發生共同勸告，而俄國外交部長竟於二十七日將駐俄公使楊儒叫到外交部，限於當日午前一時簽字，否則即認爲是「拒絕」之意。楊儒受到非常恐嚇與侮辱，回到使館之後，即中風倒地而亡，也有人說是跳樓自殺的。楊氏一死，此約擱淺。不過到俄國去辦「友好」外交的人，這應該是一個很驚心的教訓。時李鴻章病死，英日同盟之聲日高，美國亦極力反對俄國野心，俄國人才收回其狂妄要求。翌年英日同盟成立，俄國亦盡力運動中國之「合作」。一九〇二年四月八日締結滿洲交還條約，分三期撤兵，大體上按奉吉黑三省分撤，而時間則自一九〇二年十月起，至翌年十月止。據羅曼諾夫說，俄人在所謂「李鴻章基金」中拿出三萬兩，得到「撤兵須視其他各國行動而定的允許」。第一期撤兵如期實行，到了第二期，不僅不撤，反而增兵了。同時又向中國提出七條，要求東三省不割讓他國，撤換總稅務司之英人爲俄人等。各國抗議。乃另提要求，要點爲所有東三省事業統交道勝銀行辦理。

此時沙皇左右也在爭論。英日同盟對于俄國野心自是一大障礙，但此時德俄關係，又再好轉。微德枯魯巴金主張與英日妥協，而貝左布拉左夫一派則力主强硬，派亞列舍夫將軍爲「遠東大總督」，並在朝鮮進行軍事活動。微德枯魯巴金即在此時辭職。日本最後還提議以朝鮮換滿洲。俄國依然不許。俄使聲言，「朝鮮必須是俄國的」。最後只同意朝鮮由各國共管。戰爭日益迫近了。但尼古拉還想不戰而勝。一九〇三年致電亞列舍夫「不要打仗」。一九〇四年二月八日，尼古拉忽致電亞列舍夫，「如日本挑戰，朕甚歡迎。如彼海軍越過三十八度，即行進擊，有厚望焉」。他太得意忘形了。兩天以後，日本進攻。如大家知道的，翌年五月俄國海軍在對馬全滅，俄國國內的共產革命運動得到一大發展機會。

自俄國戰敗以後，日本登台。對中國而言，是前門出虎，後門進狼。但在遠東政局上，此後俄國退到北滿，轉向外蒙，而在國際陰謀中，長期的做日本的副手。不過革命以後，布爾塞維克雖殺死尼古拉的身體，却接受了尼古拉的精神。今天尼古拉地下有知，一定要稱讚斯大林陛下同志，能繼續其未竟之業了。

新舊俄帝之異同及其必敗

以上一八五〇——一九〇五年的五十五年間，尤其是最後的十五年間，是俄羅斯帝國主義的計劃與作風表現得最典型的時期。而自一九三九年德蘇不侵犯條約以來的新俄羅斯帝國主義，在許多方面，不僅類似，幾係重演。我們可以說，由舊俄帝到新俄帝，是一脈相傳的，俄帝無止境的擴張，乘火打刼的技巧，軍事的恐嚇，分離主義的策動，金錢賄賂的陰謀，第五縱隊的培植，專橫野蠻的作風，是俄羅斯帝國主義的傳統 。 新舊俄羅斯帝國主義的共同特點有四；第一是對于兼弱攻昧取亂侮亡，氣魄最大。別國侵略，多半是蠶食，而俄帝的胃口，則是鯨吞 。 一動手，是幾百萬方里。第二，她不是經濟的帝國主義者，只是一軍事帝國主義者，她不惜工本，但也不善經營。她是乾脆的掠奪。她的侵略，以軍事進攻開始，以軍事統治進行，亦以軍事失敗終結。在這意義上，殖民地對于俄帝，並未表現眞正的利益。且常常是俄帝的負擔。他自害而且害人。第三，俄帝國主義侵略遠東，有二重目的，一是以遠東廣大人力物力爲魚肉，二是以遠東人力物力爲對抗西方國家之工具，在這一點，列寧和貝左布拉左夫是見解相同的。第四，俄帝國主義手段之殘暴與毒辣，完全離開文明人類的標準，因此，俄帝所到之處，無不遭遇反抗。例如，沒有俄國的野蠻，日本對朝鮮的政策是不易成功的。日本也是一軍事帝國主義者，但俄國猶有過之，凡軍事帝國主義都是泥足，外强中乾的。而俄國亦比日本更甚。她只能嚇詐取勝。一遇眞正戰爭，必然敗北。德國如不是遭遇聯軍之進攻，斯大林之自殺，一定在希特拉之前的。

但新俄羅斯帝國主義尙有變本加厲和青出于藍的地方。關于新俄帝國主義對中國及遠東侵略，需要另一篇文章，這裡我只指出三點：第一，帝俄的野心，多少還有限度，而蘇俄則因有「國際主義」與其工具，規模之宏大，還不是帝俄所能想望的。第二，帝俄只有職業的第五縱隊，而蘇俄則有共產黨這一工具，更價廉而物美。因爲馬克斯之流，爲她預付一筆精神的經費了。第三，新俄帝由舊俄帝學得失敗的經驗。尼古拉第一說：「不要有火藥味」。尼古拉第二說：「不要打仗」。但到了懸崖，往往不能勒馬了。斯大林則乖巧得多，能離懸崖一丈之時，將馬勒住。不過，在對芬戰爭中，他失手一着了。而既要侵略，又要不戰而勝，這空隙到底是有限度的。

達林在其「俄國勃興于亞洲」中，指出今日新俄帝國主義與舊俄帝國主義一個重要事實之不同，即今日日本解除武裝，中日絕對無力，使俄國馳騁遠東，無人能加阻止；但是，他說「歷史也指出一個絕望情勢之出路。俄國在本世紀初，日本在三十年代之征伐，富於教訓。起初，他們逐漸孤立；其次，其敵人逐漸團結；最後，如無別的東西能阻止他們之動進主義，武裝衝突勢不可免，於是挑戰者毫無例外的，敗于世界的團結力量之手。」

今天的共產帝國主義，是空前的孤立了。斯大林雖然訂了一大箱的互助條約，但他的盟友，只是一群無人氣的奎斯林和懷貳心的奴隸，不如本世紀初帝俄還有法德之盟友。而今日的對手，不是一個剛剛現代化的日本，而是最富强的美國了。而且所有愛和平國家，漸漸團結一致了。斯大林自然希望「不要打仗」。可是他不能停止侵略。一旦衝突發生，共產帝國一定要崩解的。這正是王船山所說的，「攤離散之人心以當大變，其亡必矣」。而俄國國內的一個新革命運動，亦將乘時而起，一如列寧之流乘對馬之敗而起，也將是必然之勢。歷史最嚴肅，也很善於諷刺的。

（六月，台北）

「自由中國」的宗旨

第一、我們要向全國國民宣傳自由與民主的真實價值，並且要督促政府（各級的政府），切實改革政治經濟，努力建立自由民主的社會。

第二、我們要支持並督促政府用種種力量抵抗共產黨鐵幕之下剝奪一切自由的極權政治，不讓他擴張他的勢力範圍。

第三、我們要盡我們的努力，援助淪陷區域的同胞，幫助他們早日恢復自由。

第四、我們的最後目標是要使整個中華民國成為自由的中國。

趕快解決對日和約問題

左舜生

假定蘇聯侵略全世界的野心不完全暴露，我們對日本問題的看法，也許可能兩樣。

假定中共過去所標榜的國家民族獨立，稍稍能够兌現，不完全唯蘇聯之命是聽，我們對日本問題的解決，也許可以稍稍從緩。

現在蘇聯已完全掌握了東北，內外蒙古和新疆；政治的，經濟的，軍事的，文化的各種力量，正在那裡齊頭並進；不出一年，這種力量便將蔓延於整個的華北，而逐漸的及於華南。毛澤東所擁有的這五百萬破爛軍隊，蘇聯必儘可能加強其裝備，並配合以必要的海空力量，作爲她擾亂東南亞的全部賭本。假定中共能攻陷臺灣，則菲律賓將立即感受威脅；假定中共能在安南得手，暹羅馬來和緬甸一帶便岌岌可危，香港更可視爲囊中之物。現在對於攻臺攻越兩着，中共還只奉到準備的命令，沒有奉到行動的命令，所以遲遲沒有動手。究竟是先攻臺灣或先攻安南，或攻臺攻越雙管齊下，則蘇聯要把中共的實力詳加檢閱，妥愼支配，其自身所參加的配合，也須妥愼安排，尤其不能不注意可能招致的國際反響。

蘇聯對侵略東南亞，包括臺灣，必定要謹守以下的四大原則：

（一）穩扎穩打，不求過度的急進，儘管是熱戰的內容，但仍須保持冷戰的姿態；

（二）竭力避免自已正式出面，一切以中共爲貓爪，並配合被侵地帶的內部力量；（原亦期待臺灣內部變化，現在殆已絕無可能。）

（三）不動則已，一動便須速戰速決，以免拖泥帶水，夜長夢多；

（四）當中共大舉南進之際，必須把東北與華北切實拿穩，因之對軍事與交通須有適當的調配，以防意外。

根據這四個原則，假定中共能面面得手，則中共五百萬的武裝部隊，大部分可以因糧於敵，中共的經濟威脅便可以減輕；卽令不得手，或遭致挫敗，也可以以犧牲代編遣，於中共也還是利害參半；但無論得手不得手，中共在東北與華北的武力，必以分散而陷於空虛，其依存蘇聯的『臣妾心理』，必因而更加強固，從蘇聯玩弄傀儡的技術觀點上看，總是絕對有益的。

蘇聯這樣一個美妙的夢境是否能完全實現，便完全繫於美國的認識與決心，而所謂美國決心的具體表現，必須採取以下的三個步驟：

第一、加強援臺，最低限度，須先使臺灣本身能立於不敗之地，並提早反攻大陸；

第二、加強援韓，最低限度，須使南韓在任何方面能對北韓保持優勢，由相持而進於統一；

第三、毫無顧忌的個別對日訂立和約，立卽公開的裝備日本，並由美國確保在日的海空軍基地，且加以必要的擴大與加強。

這三個步驟是有相互的關聯的，不能顧此失彼，假定把這三方面的工作做得非常切實，則援助安南保大政府的一着，便只能算是次要。現在美國對於援越的工作相當積極，對於援臺反而不十分起勁，可以說是輕重倒置。

我們深知道麥克阿瑟對於日本的危機是有明白的認識的，他對遠東整個的局勢也非常明瞭，可是他究竟是一個軍人，他是奉着美國政府的命令在日本工作的，假定他所見到的與美國國務院所主張的不免有多少出入，他在事實上依然不能不對政府的意見表示尊重，在這樣一個情況之下，我們檢討這將近五年來麥克阿瑟在日本所表現的成績，可以說大體良好，尤其値得讚賞的，則有以下各端：

（一）他對天皇制予以有力的維護，使天皇依然是絕大多數日本人民信仰的中心，這可以說是對日本這個國家一個最大的貢獻。

（二）他能依據憲法，尊重日本各有力政黨的和平競爭，例如吉田茂所領導的民主自由黨，蘆田均犬養健所領導的民主黨，片山哲所領導的社會黨，均能遵循憲政的軌道，更迭主政，而從未發生任何的紛擾。

（三）如何提高日本人民的生活水準，也是麥帥這五年來在日本工作的主要課題：他一面把日本的賠償額特別減低，一面把日本一切原有的經濟基礎多方加以維護，現在日本輕工業中的棉紡織業已恢復到了戰前的半數，其餘如化學、冶金、機械、造船各方面，也在逐年的突飛猛晉，因之出口貿易的數字也在逐年增加，這對於戰後日本人民的生活，當然有直接的良好影響。

（四）此外更值得我們表揚的，便是麥帥把日本若干海空軍基地，和若干製造武器的工廠，均大體予以保存，且於設備方面更加以現代化，使得日本隨時可以裝備，隨時可以動員，以形成一個遠東反共反蘇的堅强堡壘，這不只是對日本一個國家的貢獻，實在是對全世界一切反共反蘇的民主國家的貢獻！

現在中國一群出賣祖國的叛徒，奉着他們另一祖國的命令，又在加强『反美扶日』的一種運動，他們的主張是：一、美國立即撤軍，二、不許美國在日本保留軍事基地，三、反對單獨媾和，贊成包括蘇聯與中共的全面媾和，四、廢棄天皇制，以摧毀日本人民的中心信仰，五、打倒一切穩健的政黨，讓日共一黨獨覇，以便赤化整個的日本。他們爲着要證實他們這種空想有實現的可能，乃不惜對日共的力量大大加以渲染，不說日共在五年之間黨員由一千餘人增加到了十萬人，便說日本工人和農民的組織是如何如何的强大，同時所謂『進步的』知識份子和青年群又是如何如何對日共表同情。其實這些都是向壁虛造的鬼話，即令他們所說的數字確實不錯，日共果然有十萬人，比之日本近八千萬的人口，也不過八百分之一。以日本人民傳統信仰之堅定，教育之普及，生活之日趨安定，工商業之逐漸繁榮，社會結構之相當嚴密，加以美國在經濟上予以長期的援助，而中共年餘以來在中國大陸所表現一團糟的種種行爲，蘇聯對中國種種層出不窮的敲詐，日本人民並不是對國外一切情況不見不聞的，而他們的愛國情緒又異常强烈，當然不是幾個毫無信用的日共黨人所能煽惑得動的。果然，事實勝於雄辯，最近日本議會兩院議員的補選，民主自由黨依然得着多數選民的支持，而日共乃一敗塗地，這可以證明日本人民對政治判斷的水準之高，而中共還想拿在中國表演的一篇老文章在日本重演，我眞不懂得中共黨人的幻想何以會這樣的多！

現在名義上領導日共的德田球一（日共總書記）本來是一個久已被人忘却的死囚，實際並不重要；牠的第二領導者野坂參三，則與中共勾結頗深。他曾以『岡野進』的化名，在延安潛伏過一個時期，當抗戰末期，中共在延安辦了一個『日本工業學校』，約有學生五六十名，均爲日本俘虜，『岡野進』便是這個學校的校長。學校雖以『工業』爲名，實際便是日共的一個訓練機構。野坂回國以後，在日共中能取得今天這樣一個地位，與他在延安的這段歷史有關；因爲中共在中國大陸上佔了一時的優勢，當然也於他在日共中所處的地位有益。三十四年七月我在延安，曾聽過野坂一度談話，我所得的印象，覺得他是一個平凡而軟弱的傢伙，他未必能有指揮整個日共的實力。本來莫斯科的意旨，是要日共發動大規模的反美運動，以擴大冷戰的範圍，雖使日共遭受無情的打擊亦在所不惜。（犧牲別人以加强自己，本來是斯大林一貫的作風。）可是野坂却知道麥克阿瑟數年來在日本的措施，確於日本大多數的人民有益，美國與麥帥在日本的地位，決不是一個渺小無力的日共所能把牠動搖得了的，因此向莫斯科要求緩進以保全實力。這個意見提出以後，不僅沒有爲莫斯科所採納，而野坂本人且遭到國際情報局嚴重的譴責，幾幾乎降下罪來，後來雖以中共的調解由野坂認錯了事，可是這個裂痕是無法彌補的。最近六月一日，因爲八個左傾青年毆辱美軍而判處五年至十年的徒刑，這雖爲莫斯科所十分高興，可是從另一方面看，却也證明野坂的意見比較國際情報局的要穩健得多。假定麥帥與吉田內閣還要對日共繼續施以壓力，則可能召致日共的破裂，或日共對國際情報局的脫離，不明瞭目前日共處境的狼狽，而只是閉着眼睛爲牠瞎吹，這一點也十足證明中共宣傳者的幼稚！

可是話雖如此，我依然相信克里姆林宮的群酋還是要加强他們對日本問題的鬥爭，決不敢絲毫懈怠，因爲斯大林懂得，甚至毛澤東也懂得，只有中美日三國加强合作，才是蘇聯與中共的大敵，才足以動搖蘇聯的根本，才可以完成韓國的統一與獨立，才可以從東北與華北去搗毀中共的巢穴，才可以使得毛澤東不能不永遠養着五百萬的大軍，也才可以使得蘇聯和中共對東南亞不敢正視，而東南亞一群新興的獨立國家包括印度與巴基斯坦，也才有在和平中遂其生長的希望。

我們今天的使命，不單是爲着挽救一個中華民國，而是要挽回整個世界的一股逆流，工作儘管是異常的艱巨，可是我們有機會接受這樣一個偉大的使命，心情上也實在非常愉快！本來整個的世界，甚至整個的宇宙，永遠有兩個相反的力量在那裏鬥爭，你是那樣動過來，我便是這樣動過去，我可以說你是反動，你也不妨說我是反動，反動就反動，你無條件的向那邊倒，我一定無條件的向這邊倒！我們一定要認識今天我們是要用群策群力來推動這個大的力量，然後對於一切的小矛盾，小意見，小恩怨，小仇恨，才可以一筆勾銷，存而不論，一定要根據這樣一個看法，我們才可以進一步從正面討論解決當前的日本問題。

本年的五月二十一日，我曾爲香港時報寫過一篇『日本往何處去？』的論文，我斷定日本在當前的世界想要保持中立，決無可能；走蘇聯路線又爲日本的國情所不許；日本唯一的出路，只有與世界反共反蘇的民主國家打成一片，禍福同當，榮辱與共，然後日本才能走上復興的大道，而爲日本八千萬的優秀人民，奠定一個百年的和平大計。我知道日本的知識份子對這個問題，可能有種種不同的看法；可能從利害上作種種的推敲；也還有許多可能從國際從國內引起的困難；可是我仍要向日本的有志者，提出下面的幾個問題：

一、你們是不是有意要恢復你們一個強大國家的光榮？

二、你們是不是願意保持你們二千六百餘年來一種世界獨有的文化？

三、你們是不是願意參加對世界一種優良文化的共同保持？

四、你們當前與今後必定遭遇的困難問題，最主要的，關係你們國家死活的，例如人口的出路問題，工業原料問題，出口貿易問題，……你們是不是願意與一切同情你們的民主國家，在一種和平友好的心情之下，從長討論，求得一個合理的解決？

假如你們對上舉問題所答的都是一個『是』，我便希望你們必須具有一個絕大的決心，至少不下於你們的前輩在明治維新時代所下改造日本那樣的一種決心，來共同肩負當前世界所加於我們這樣一個偉大的使命！

我在上月香港時報所發表那篇論文的最後，曾列舉出我對於解決日本問題的具體辦法十條，現在我把牠稍加訂正錄在下面：

一、我們應該拋棄蘇聯，不理中共，以美國爲首的各民主國家，立即集體的或個別的，以平等方式，與日本訂立和約，不能繼續有所等待，也不能受任何拘束。

二、對日和約中，凡足以阻礙日本恢復常態的任何條款，包括賠償，應一律予以刪除。

三、應從速使日本的經濟情況恢復正常狀態，不應加以猜忌或阻礙，新商約自亦應以平等互惠爲原則。

四、斷然接受前美國總統胡佛的建議，改組聯合國，世界兩大壁壘的分野，越劃分得清楚越好，並於此際歡迎日本重返於國際一重要國家的地位。

五、日本應在美國的協助之下，擁有足够自衛并參加民主陣線反抗侵略的全部武裝，陸海空須適當配合，不必附任何不必要的條件。

六、民主國家應通盤籌劃，使日本過剩的人口，能有和平移殖的最大可能；我們譴責那些擁有超過其人口需要的過剩土地，而同時仍在從事向外侵略的國家，實爲擾亂世界和平的罪魁禍首，我們應該把這些國家作爲世界土地重分配的主要對象，以解決整個人類的土地問題。

七、中國可歡迎美國的資本，日本的經驗與技術，美國與加拿大澳洲的參與，重建東北，中國唯一的條件爲領土行政的完整。

八、在中國若干指定的地點，可以接受日本的移民雜居。

九、日本應打破陳舊的主權觀念，毅然歡迎美國在日本保留若干足以防衛蘇聯威脅的軍事基地，至日本足以自衛時爲止。

十、日本應以全力制止共產主義在日本的發展，並根絕蘇聯與中共在日本的間諜活動，尤不應以可能接近蘇聯的姿態，作爲向民主國家討價還價的手段，以自蹈玩火自焚的危險。

我充分知道：今天世界上還有不少患着『恐日病』的人們，包括一部分的中國人在內，他們覺得日本復興以後，凡與她接近的國家，依然有感受威脅的可能，因此他們依然想在對日和約中，包括若干限制日本發展的條款，甚至還有人很小心的從那些國際貿易數字上的小利小害去推敲，這可以說是忽視了當前的大敵，而爲二三十年內不必有的一種後患而預抱杞憂，這種態度應爲注重現實的世界政治家所不許。我要在這裏大聲疾呼的說：只有無理性的壓抑這麼不死的日本八千萬人民，才是整個遠東未來的大禍，惟有徹底解放這個有爲的國家，促成中美日三國的切實合作，以加強世界的民主陣容，才可以安定整個的亞洲，進而安定整個的世界！於此有一點尤其是我所希望於美日兩國特別加以注意的，便是千萬不可忽視今天台灣所處的地位，直率的說，有認識，有氣魄，有力量，可以合情合理的態度來參加解決日本問題的，截至今天爲止，中國還只有一個蔣介石，日本尤其要了解，離開了中國人民所擁護的國民政府，而別尋建立中日新關係的途徑，則一定要陷日本於歧途，小之可貽害於日本的國家，大之可以貽害世界!!

中華民國三十九年六月十四日

論計劃與自由

王希龢

一、

本文所稱計劃，指計劃經濟；所稱自由，係指經濟自由。

在社會主義經濟制度之下，所設計劃經濟，是全面的；在資本主義自由企業經濟制度之下，所設計劃經濟，乃是局部的。全面的計劃，其目標在於社會經濟制度的徹底改造；局部的計劃，其目的多半在於現制度下經濟恐慌之避免，或經濟繁榮之恢復。例證之多、二十餘年來，在歐美各國俯拾卽是，可不必枚舉。要之，時至今日，尤其自第二次世界大戰後，在經濟方面，未有不從事計劃的，其計劃的性質和目標，儘管不同，然不能再漫無計劃，則爲一致的趨向。這個事實之明顯，已達到一種程度，使我們毫無致疑的餘地。

但是在資本主義自由企業制度之空氣下，呼吸慣了的一般經濟學家，在世界潮流奔湧澎湃之際，一方面旣憧憬於社會主義的社會正義和經濟平等之天地，一方面則又對於計劃經濟，深致他們的杞憂。他們以爲計劃經濟之施行，可能削弱，甚至動搖自由社會的基礎。

玆姑舉戰後的英國爲例。第二次世界大戰結束後，英國民衆面臨着一個空前的經濟決策問題，那就是平時經濟是否也要像戰時一樣，需要計劃？如果非施行計劃經濟不爲功，那末，應用何種方法來執行？一因英國戰時計劃的收效宏大；二因戰後工黨以社會主義身分上臺掌政，計劃經濟本爲工黨之重要政綱，勢在必行。所以當時對這個空前的經濟決策問題，有不少經濟學家，參加討論。在當時的環境和趨向之下，問題倒不在於要不要計劃，而在於計劃經濟所包括的範圍，應有多麼廣大？計劃的執行，所加諸人民經濟生活的管制，應到何種程度，纔無碍於民主自由。

當時經濟學家間的意見可分爲三派：最反對計劃的是黑葉教授（英倫政治經濟學院(Prof. Hayek)，他是在一個極端，認定計劃經濟是走向奴隸制度之路，（見其所著Road to Serfdom一書。）還有尤克斯教授（Pof. Jewkes，曼徹斯脫大學）反對計劃經濟，也相當激烈，（見其所著Ordeal by Planning）。其次就是一些社會主義的經濟學家，如牛津大學教授柯爾（G.D.H. Cole），以及牛津經濟統計研究所大部分青年經濟學家們，都是一致主張計劃管制的。再次就是一般折衷派，他們都是自由經濟學者。如羅兵斯教授（Prof, Lionel Robbins倫敦大學），漢德生教授（Prcf. Hubert Henderson牛津大學，）羅伯生教授（Prof. D. H. Robertson劍橋大學，）等。他們都承認計劃經濟的必要性，但只承認到某種程度，怕的是危害了人民的自由。

要之，這三派中，除極端派認計劃經濟與獨裁政治兩者之間，有其所存在的因果關係外，其他無論社會主義者，或非社會主義者，都一致承認要維持一個安全的、穩定的、公平的、進步的社會，全國生產資源與人力，在各項用途上的分配，換言之，卽是生產目的應如何選擇，無論如何應由政府來計劃，來決定，不能再讓各組成單位，通過市場價格機構來決定（卽自由市場的供需律）；至少亦應有一部分由集體來決定，換言之，政府應有一部分干涉的權力。

我們認爲計劃經濟是社會主義經濟制度下題中應有之義。社會主義的涵義，儘管分歧，至少有兩種特徵，是人人所承認的：第一、廢除剝削，實現分配的均平；第二、全國資源之有效的，合理的利用，以避免經濟恐慌。這兩種特徵合起來，只是一個：卽是生產工具的公有。這是實現一個安全的，穩定的，公平的，進步的社會之必要條件。要達這個偉大的目的，若非訴於計劃經濟，就等於南行而北駕。固然，現代財政政策，以租稅額、門類、方法、以及比率的決定，也有均平全國所得的分配形態之力量，因而影響到全國生產資源的分配。這就是說，政府以租稅吸收來的購買力，再斟酌分配於各項公共的支出，就等於代人民決定了購買力的用途，必然地直接間接影響到全國生產資源在有效的用途上之分配。但是現代財政政策在這方面的推動力，究竟是有限的。最簡單的理由，是財政預算的方式，有其一定的限度，絕不能用來表示許多全國資源在有效利用方面之分配決定。至多現代財政政策，只能佔全國計劃經濟中的一部分。

進一步言，所得分配的均平，固爲社會主義的特徵，但是分配均平形態之到達，應有一個先決的條件：卽是生產的增加，以提高人民的生活程度。因爲社會主義所要實現的新社會，絕不是均貧的，大衆窮困的社會，而且豐裕的文明的社會。所以在計劃經濟中，關於國民所得分配應到何種程度，就成爲很重要的問題。至少我們應考慮到兩個要點：一是人性的弱點，一是眼前全國生產的總數量。關於前者，如果我們承認人類的弱點，一時不能删除，則工資報酬相當程度的差別，以爲激發工作，增加效率之不可或缺，我們當予以保留。關於後者，如果全國資源與人力有限，生產總數量一時不易增加，爲了擴充將來的生產，必須有相當大的比例，留爲添設資本設備之用，則消費的增加，分明爲眼前生產能力所不許，因而國民所得分配的均平，我們亦當認爲有暫時延緩之必要。否則，均貧而已，社會主義的社會絕不是這樣。

試思在一個社會內，生產工具是公有的，國人所得的分配，漸趨均平，生活程度又不斷地提高，這豈不是一個合乎理想的社會。可是像這樣的社會，並非漫無計劃所能實現的。所以有一般經濟學家一方面雖對社會主義寄其嚮往之深情，一方面對於計劃經濟，仍懷戒懼之心理，只怕計劃經濟之實施，有妨礙於傳統的經濟自由。

二、

因此，我們對於經濟自由的內容及其性質，不能不先予以闡釋。依資本主義自由競爭制度下之所謂經濟自由，係指消費、擇業、投資、儲蓄各項自由，其中尤以消費自由與擇業自由兩個概念，最受重視。消費自由之能否滿足，全在於消費者之有效需求，是否眞能指揮生產資源的分配和應用。這就是消費者主權的作用。反過來說，在計劃經濟之下，生產資源的分配和應用，操在政府手中，人民無法，以其有效的需求，加以指揮，人民的消費自由，已受到限制，自然談不到滿足。例如在自由競爭制度之下，某種消費品出現於市場，消費者的要求，如果仍得不到充分的滿足，消費者則行使他們的購買力，迫使物價上漲。在物價上漲的情狀下，自然會有一般企業家，看見目前有利可圖，便運用一些生產資源，來從事此項消費品的生產。結果，大量的生產品搬上市場後，便可使消費者的要求，得到充分的滿足。反之，消費品的生產，如果是在預定的計劃之中進行的，那末，凡是出現於市場的物品，當然都是按計劃而生產的。不包括在計劃中的物品，自不會有人去生產，也不會出現於市場。消費者只能就市場上已有的物品，以求滿足。這種滿足當然是不充分的。因消費者的主權，受到限制，對於每種物品的生產與購買的數量，不能以自己的嗜好和購買力來決定，因而感到生活舒適的程度，大打折扣，不啻剝削個人的自由。

經濟自由中，次於消費自由者，便是擇業自由（或稱職業自由）。所謂擇業自由，質言之，即是每個勞工於就業前有選擇他所願意做的工作之自由，於就業後，他又可以任意轉業，不受拘束。在自由經濟制度下，情形確是這樣。然而在計劃經濟之下，每種物資的生產，既由計劃預爲安排，則生產各種物資的勞力，或多或少，當然也早作估計，非與原計劃所決定的相符合不可。勞工就業和轉業的自由，因此就受到限制。

在計劃經濟中，消費自由與擇業自由，既無用武的餘地，其他如投資自由、儲蓄自由、更無論矣。因爲全國生產資源與勞力，在各項用途間的分配，生產目的之選擇，既有計劃而加以一定的安排，則投資之不能任意，必經過審核，儲蓄之不能隨便，甚至加以强迫，都是意料中事。

前述的經濟自由，是個人主義的經濟自由。爲社會全體的福利起見，我們認爲這些自由都似乎有修正，或者加以指導的必要。（詳下文）

三、

可是有些經濟學家，在今日局勢之下，大體上都嚮往於社會主義的經濟平等，卻又不願見因經濟平等的實施，而損及經濟自由，（因他們認計劃經濟與經濟自由是不相容的），於是他們想兼社會主義的經濟平等，與個人主義的經濟自由二者之長，加以混合的一種制度。這就是說，他們一面想實行社會主義，以刪除不勞而獲的剝削現象，一面則主張在社會主義之下，關於全國生產資源在各項用途間的分配，仍讓自由市場價格機構來做無形的調整，而且這個調整，確是可能的，不必採用什麼計劃經濟。換言之，他們認爲社會主義與計劃經濟，是可以分開的。

例如英國有名經濟學家皮古（Pigou）討論社會主義時，他就認爲取消私有財產與利潤制度，都不必實行全盤計劃。他們覺得只要社會上各企業單位不再依照最大利潤法則去生產，恪守下述三個生產原則，即可達到目的：

第一、每一生產者須把他的平均生產成本減至最低。

第二、邊際生產成本，等於生產品之價格，生產品數量的增減即以此爲標準。

第三、每一個生產者，所應用的之任何生產原素的邊際產品價値，應與生產原素的價格相等。

×　×　×　×　×　×

這一般經濟學家以爲自由競爭的價格機構，在社會主義制度下，仍可依舊運行，以爲冥冥中的指導。這樣，經濟自由，豈不是可以確保嗎？老實說，他們可稱爲自由競爭的社會主義者。他們心目中還以爲個人利益的總和，等於社會全體的利益；同時又似乎認自由競爭，可脫離其所依附的社會制度。關於這兩點，我們不嫌辭費，願闡關之如下：

第一、社會全體利益，等於個人利益的總和，這個假定的理論基礎，并不健全。個人和社會兩者的福利，是否可以相等，是以個人目的和社會目的是否一致爲轉移。如果兩者發生衝突，則兩者的福利，不但不能相等，而且背道而馳。再者自由競爭的理論，又以「人爲利己動物」，做出發點。唯其利己，所以從事競爭，以擴充個人的利益，試問像這樣個人利益的擴充，能不違反社會全體的福利嗎？君不見資本主義的國家，社會上儘管有營養不良的貧困者和嬰孩，而牛奶公司爲要維持其本身利益起見，把大量牛奶往溝裡倒嗎？雖然我們并不否認個人目的，不能與社會全體目的相一致，且是有方法使個人目的，符和於社會目的。我們要注意，這個方法，并不是自由競爭的法則。這是我們要闡關的第一點。

其次這一般自由競爭的社會主義者，又似乎忽視了自由競爭所依附的社會制度，所以他們才主張自由競爭的價格機構，仍可在社會主義體系下，運行無碍。這分明認定，在資本主義制度下，可以運行的法則，在社會主義制度下，一樣地也可以應用。他們以爲競爭如果是完全的，價格機構，即能發揮其功能。殊不知自由競爭的經濟法則，是與資本主義社會制度黏着的，其本身并非超然的，中立的，所以這個經濟法則的產生演變，甚至於消滅，都決定於其所黏着的社會制度。以此推論，在另一種社會制度，另一種生產關係之下，這個自由競爭的經濟法則，豈但不必要，甚且不得不自會消滅。我們應知社會主義的特徵，如私有財產的廢除，和國民所得分配的均平，在實際上，即是社會階級關係的取消，和生產目的之改變。同時這種改變，對於社會經濟結構，以及經濟法則，當然會發生最基本的影響。如果忽視了這基本的影響，便會曲解社會主義經濟，所運行的經濟法則。

× × × × × ×

至於說，只要不再依據最大利潤原則，能遵守三種生產法則（見上文），不需要計劃經濟，價格機構也能發揮其作用，我們認爲這也是似是而非之論。

我們知道各種生產品的性質，有的競爭性是完全的，有的競爭性是不完全的。能依照所規定的三個生產法則去生產的一般企業家，必定他們的生產品，是有完全競爭性的，祇因此類的生產品，本來就沒有特殊的利潤。所難者在於現社會裏面，有完全競爭性的生產品，就很少見。我們所常見的，只是許多大小獨占的企業家，各據他們的地盤，所出產的都是那些競爭性不完全的生產品。他們獨占的地盤，既有大小，生產規模，自不能適度。在這種情況之下，政府如無法一一加以嚴格的督導和干涉，就難望這一般企業家能恪守這三個生產法則。此時，計劃經濟就顯示其重要的作用了。從消費方面看，在社會主義試行後，因私有財產制度取消，人民收入與前不同，因之消費形態，便會改變，那末、原來消費品的供求，未必仍能維持其平衡。此時如果只靠過去的生產企業和生產單位，沒有任何計劃，加以指導，聽便他們去適應這個局面，我們相信，必定有一部分的有效需要，得不到滿足；另一部分的生產品，又感過剩之苦。同時社會上勢必有新增的需要。縱使原來衰落企業的生產者，仍有勇氣轉移其生產，然而他的規模和出產品，也未能與新需要相適應。此時如果不用計劃來補救，生產和消費的平衡，是絕難維持的。

復次，在利潤制度之下，新產品出現和新技術的發明，都是由利潤引誘出來的。一旦廢除了利潤，又沒有政府計劃來估計新產品的價格與成本，并籌劃新技術的研究和應用，則這個社會只是沉悶的，不進步的社會。

上述幾點就足以證明利潤動機廢除以後，無計劃經濟的社會主義，只靠客觀的價格機構，以分配全國資源，求達生產與消費之平衡，不但是寡效，而且幾乎是不可能的。所以無論從理論方面說，抑或從經濟法則的實際運行方面說，計劃經濟是與社會主義分不開的。

× × × × × ×

尚有一般經濟學家，亦知計劃經濟的重要，對它作相當的讓步。他們致疑純粹計劃經濟之應用，以爲價格機構，與計劃經濟，可并行不悖。他們只怕嚴格地實施計劃經濟，不免危及經濟自由。於是於無可奈何之中，苦心孤詣去研究二者如何可以并存，各盡其能事。

他們雖主張價格機構之依舊維持，然而也認爲價格機構，的確需要計劃來補充。例如維持充分就業和國防，以及建設非消費者之選擇，所能顧到的一切社會全體福利之措施；又如矯正社會成本與個別生產成本相違背之流弊，以及預計非個別生產單位所能計算，所能負荷之大規模而不可分的投資，而且此項投資所產生的利益，是普遍於全社會的。諸如此類，他們也都認爲只有實行計劃經濟，纔能達到預期的效果。

這些經濟學家中，英國米德教授（J. E. Mead）的主張，最實際，也最有系統。（見其名著 Planning And Price Mechanism —— 計劃經濟與價格機構——這本書中的建議，是針對英國現狀說的。）他自稱他的主張，是自由社會主義的解決法（the Liberal Socialist Solution）。米德以爲只有下述三種理由，計劃經濟，纔是對症的藥石，可收特效。這三種理由如下：

（一）全國總需要之過度緊縮與過度膨脹的防止。因爲前者能產生大量失業，後者能促使物價繼續上漲。

（二）財富與所得的不均平之改善。

（三）若干企業，或社會上某稱階級，違反公益傾向之糾正。

除了這三種理由外，其他企業生產部門，則用不着計劃經濟。換言之，就用不着政府爲他們設計。因爲這種統制措施，不但實行起來，缺乏效力，而且反浪費不少人力和財力，威脅個人自由。所以他主張仍利用自由經濟的價格機構。嚴格說，他所認爲應用計劃經濟的，也并非純粹的，因價格機構，還占着一部分的作用，可稱爲有計劃的受控制的價格機構；卽米氏自已所稱的，「有計劃的有控制的運用貨幣與價格機構，（Planned and controlled use of the money and price mechanism）。藉價格升降以調節供需。如是，計劃經濟與價格機構，豈不是可以并行不悖嗎？

如何利用有計劃的價格機構，以控制全國總需要，與貨物勞務的供給，得到平衡，不致產生失業，也不至引起物價上漲呢？關於此點，可由政府根據過去國民所得與支出數字，先擬定下年度國民所得，應達到的目標。接着再來估計下年度行政支出，公共投資，私人消費，私人投資，國際逆差，五大部分之總支出數字，察看是否與計劃中之國民所得目標，有或大或小之出入。如有短缺或太多，則可伸縮公共投資，或運用租稅政策，或凍結游資，或升降利率，各種不同方法，以影響供需力量。如此做法，政府所控制的，是着眼於形成市場供需的根源，而不是供需的自然力量。這樣，調節供需的價格機構，當可保留着發生其相當的作用。

其他如財富與所得分配之均平，以及違反社會公益的獨占事業之避免，自然必須政府有計劃措施，方能達到目的，但也無礙於價格機構的運行。

關於財富與所得的適度平均問題，米氏認爲此後政府不必再提高累進直接稅，他另提出一個巧妙有趣的建議。（第二次大戰後，英國國民所得的不均平，已糾正不少。政府所用的是直接稅政策。例如一九三八年，每年有五萬英鎊所得的人們，繳納所得稅後，大概可剩下二萬二千鎊；但依照一九四八年的稅率，就只能剩下了五千鎊。又如在戰前一人死後，所遺下的產業，如爲二百萬鎊，繳納遺產稅後，還可剩一百十萬鎊，但到了現在，只剩下了六十萬鎊，累進稅之高，可想而知。至於原來所得低徵的人們，由政府許多津貼，現在他們的所得，也較戰前大大增加。—爲使一般讀者明瞭直接稅的效力起見，筆者故不憚煩，加此一段小註。）他的辦法，十分簡單，就是直截痛快地每年給予每個人民，不論男女老幼，一項貨幣津貼，把一切社會保險辦法都取消了。每個人民每年既有一筆最低限度的生活津貼，不但可符合社會安全之旨，而且可省卻行政上許多的費用和煩瑣（因其他一切津貼都取消了），同時人民爲接受各種津貼的拘束，也可以解除，對於個人的自由，也可恢復不少。再者，此項普遍性的貨幣津貼總額，如果規定得合適，還可增加所得的平均程度，更可以用此數額的增減，以控制全國總需要，俾免於過度緊縮或過度膨脹。

米德所主張的原則，和所建議的具體辦法，頗有他獨到之處，較之主張社會主義可與計劃經濟分開之學者，顯見開明和進步。但就其保留市場的價格機構方面來看，其目的也無非要保留人民的經濟自由。要之，他們都深信社會主義可以使人們達到經濟平等，但怕計劃經濟剝奪了經濟自由。所以前一派只想把社會主義和價格機構一同運用，避免了計劃經濟，後一派則主張在社會主義之下，計劃經濟和價格機構，可以并行。他們的野心一樣的是想把平等與自由，兼而有之。

四、

因此，我們於此就要考慮到下列三個問題：一、所謂傳統的經濟自由果名符其實嗎？二、計劃經濟與經濟自由果相衝突嗎？三、所謂經濟自由，在社會全體的福利面前，是否應有修正，且加以指導的必要？

第一、從根本上說，自從現代產業獨占性，逐漸加强，與不完全競爭之生產，日益擴充其範圍，所謂經濟自由中之最重要的消費自由，已因投資不能依消費者的意旨而決定，早名存而實亡。又因勞工組織，日趨嚴密，各種工會可利用其組織和集體議價的力量，只圖本工會的利益，而阻礙勞工在各業間的流動，也數見不鮮。那末，所可欣羨的擇業自由，也早已受了威脅，打了折扣。以上兩點，就夠證明，所謂經濟自由，不待計劃經濟之實施，就已經名實不相符。這只是從根本上說的。

再從消費品本身說，除生活必需品，消費者無所用其精密的選擇外，其他有競爭性的生產品，消費者只能就已生產的品類和數量去購買，或被生產者用推銷和廣告的技術，製造了需要，而無形中失去選擇的自由。

至於擇業自由中之就業和轉業，係決定於教育機會的平等。人人知道在資本主義下，教育機會是不平等的，（名義上當然是平等的）那末，小工之子，大概還是小工罷！若說同級的勞工，今天做這個，明天做那個，橫豎都是小工，更談不上什麼擇業自由。

據此，我們即知，傳統的經濟自由，在其原有的經濟制度之下，已受了限制，實不必再對之欣賞與迷戀，甚至不惜犧牲計劃經濟。何況在計劃經濟之下，未必就沒有經濟自由。問題的關鍵在於我們對於今日經濟自由的定義，如何看法，和如何解釋。

假若我們在社會主義之下，所稱的消費自由，是指消費品總數量內，消費者的選擇自由，則計劃經濟與消費自由，何嘗兩不相容。

又假若在社會主義下，教育機會是均等的，則有智力有才幹的人們，就不至屈居人下，小工之子也許經過相當的教育訓練，可躍升爲一產業部門之主持人。我們能說，這是職業不自由嗎？

顯然地，時至今日，如果我們不否認社會主義的理想，是在於實現社會全體福利的擴充，則所謂傳統的經濟自由實有加以指導的必要，而指導未必就等於嚴格的限制。關於此點，可分兩層，加以討論。

（一）前文略已指出，消費者主權的行使，實在有名無實；因爲市場上所不供給的物品，消費者就無用武之餘地。縱使消費者能夠主動行使其選擇權，但爲了社會全體的福利，也有加以指導的必要。這就是關於個人消費支出問題。個人消費支出，雖是個人的行爲，而其影響可能及於整個社會。眞正的社會主義者，就應爲消費者創造合理的需求，以求整個社會資源的派分，能達最理想的境界。我們所指的消費支出，當然不是幾種基本的支出，如生活必需品等項。我們所指的是同一種類中許多標奇立異的花樣。這些花樣只能滿足消費者變幻的欲求，其影響所至，可能使生產的標準化，和供給的穩定，發生困難，因而損害生產資源的合理分配。結果，便與提高社會全體福利的理想，發生了衝突。試問社會主義的政府，在這方面，採用計劃經濟，對消費者加以指導，是不應該的嗎？

（二）關於擇業自由，我們可在投資生產方面，加以討論。

假定實行社會主義，仍依賴市場價格機構，則生產的多寡，與生產的變動，專靠價格暗中發揮作用。以此推論，即可知每個生產者都必須自作打算，這許多打算當然不會不約而同，達到適度。於是生產界就形成一個矛盾雜亂的現象，價格機構這時才開始調整，調整好不好，仍是一個絕大的疑問。再者所謂生產，多半是一種長期的投資行爲，在資本放進生產的過程上，如果忽視了全體投資數量與未來資本積蓄，則一旦彼此間發生了衝突，一部分資本無疑地必至於廢棄。這時價格機構又有何能力，予以調節。資本主義國家內商業循環之不易避免，與週期性失業現象之頻繁，原因即基於此。在這種經濟情狀之下，有何職業自由之可言。

計劃經濟的作用，就是將這些投資生產的分散決定，予以集中，將事後的補救，代以事前的預籌。如此，勞力的雇用，便可得到合理的分配，失業的現象，就無從發生。

計劃經濟的重要，我們於此不必再有繁言了。既然生產有計劃，則消費與擇業自須事先籌畫，加以指導。前者因爲生產原素有限制，所以生產亦有限制，因此消費的方向即須改變；後者因生產既規定有數量與目標，爲達到此項目標，則從事生產的勞工，自須有精密的調度。

所以一些經濟學家希望實行社會主義，而撇開計劃經濟，以保留傳統的經濟自由，豈但不合時宜，而且是一想情願的夢想。我們認爲在今日而言經濟自由，應是着重免於匱乏的自由，和免於失業的自由。

我們要以工作對付工作

雷震

一

我們過去這一年多在大陸上的一切失敗——軍事失敗，政治失敗，經濟失敗，宣傳失敗，……等等失敗，慘敗，糟敗，腐敗，敗得簡直不成樣子，這可以說是史無前例的。中共在這短短一年之內能席捲大陸，發號施令，毛澤東等輩連做夢也是沒有想到的，美英各國當局自然爲之咋舌不置，無怪乎其遑遑如也而手忙脚亂了。我記得民國二十七八年在重慶的時候，董必武曾經和人這樣說過：「共產主義在中國的前途，恐怕畢其一生是不會看得到成功的」，言下不勝感慨係之。那時他只不過是五十六七歲光景的人，離就木的日子還遠得很呢！但他總覺得他們的力量太過渺小，渺小得幾乎不足稱道，無足輕重的樣子，儘管他向政府要求接濟糧餉與械彈的時候，有那麼一篇大話與謊帳。換一句話講，當時他們所有的力量，搗小亂則有餘，成大事則不足。這不獨是他們自己的看法，世人亦莫不作如是觀。

如若詳加分析，共產黨在當時的力量也不能算是很小，比起今日在菲律賓稱兵作亂的民抗軍，或者在越南使法人疲於奔命的胡志明等等叛徒，都是大得很多。其盤據地區有延安附近的頭二十縣，儘管地瘠民貧，而地勢相當重要；其正規軍有第十八集團軍與新編第四軍，還有在山東河北一帶游而不擊甚至勾結敵僞的許多游擊隊伍，和散在中原與江南地區的小股土共和匪共，更像疥瘡一樣，多得不可勝數。可是在對手方那一面，國民政府乃至國民黨的力量無奈太大太大了，大得簡直無法來比較，若要勉强一比，可用水牛與老鼠或鷄卵與石頭的比方喻之。在政府這方面，不僅有幾百萬的大軍，還有不少的空軍，尚有數量可觀之憲兵與警察和保安隊。此外如水陸空交通工具，大小金融機構，國營輕重工業種種大權，均掌握或控制在政府手中。若以人才而論，全國優秀份子和智勇兼全人士，均在政府把握之中，或則是傾向政府這一方面的。後來中共雖假抗日之美名，實行避實就虛，到處截擊友軍而一天一天的坐大，同時在政府方面，則因美國之援助，軍隊配美式裝備，物資有租借剩餘，加以勝利之後而接收的各種物資，敵僞產業，和日軍遺留物品，其力量更是龐大無比了。共產黨此時只不過想來分一杯羹耳，又曷敢妄冀問鼎中原呢！

二

不料短短的數年之間，主客易位，輕重倒置，局勢急轉直下，正如迅雷不及掩耳，無論就時間或空間來看，再也找不到有比這樣更超加速度轉變的例子了。共軍進展之迅速與我軍潰退之混亂，恰可以我們在書本上讀到的「勢如破竹，望風披靡」一類的狀詞形容之。我從前讀到這些語句時，總覺其形容過度，跡近誇張，但經此次身臨目覩，似乎古人還是寫實派的成份居多。在過去這一年——民國三十八年——當中，可以說是：「官心瓦解，士無鬥志，逃命爭先，靠攏恐後」，國民政府乃至國民黨的醜態，也就算丟盡現光了。

我們此次這樣的失敗——慘敗，其原因究竟在那裡？痛定思痛，我們對過去的前因後果，自不能不作一番徹底的檢討。檢討過去，正所以策勵來茲。在復興途程的進行中，尤有獲悉病根所在之必要，以期對症而后下藥。諱疾忌醫，是一切事業的致命傷啊！我們失敗的原因，如果詳加分析，因素當然很多：有人說是由於我們的組織不够堅强嚴密，致被敵人混入，滲透而反客爲主；有人說是由於派系觀念的作祟，內部分化傾軋，致爲敵人所乘而土崩瓦解；有人說是由於甚麼甚麼……。故他們所提出的答案：有謂今後對付共產黨，必須加强組織，嚴密組織，統一組織，尊重組織，以組織對付組織，由組織發生作用；有謂今後復興工作，須以健全人事關係做起，方可剷除派系觀念，而人事關係，要以原則來領導，實行一元領導與民主領導，以政策決定人事，以是非解決紛爭，一切通過組織，組織決定一切，而以討論方式統一彼此意見，使下級意見能反映於上層，上層意見得貫徹於下級。

我承認我們的組織，鬆懈散漫誠有之，但其本身並沒有多大不妥的地方；我也承認派系觀念的從中作祟，影響團結，是我們此次失敗的重要因素之一；但我認爲最重要最根本的原因，乃是政府人員或國民黨人之「不認眞做事」，「不努力工作」。他們一般情況，可用以下數語概括之，自然也有不少的例外：就是「工作懈怠，遇事敷衍，泄泄沓沓，唯唯否否，不求有功，但求無過，得過且過，天下太平」。不料糊塗混過了二十年，一夢醒來，天下易主，倉皇棄陸而登寶島矣。有人或以爲我的看法與說法，未免有些過甚其辭，但請大家回憶往事而認眞反省一番，看我所指出的結論是對與不對。第一、請問在過去二十年間，國民政府該是發佈了多少法律與命令？他的附屬機關又頒佈了多少補充法規？其中究有幾件是識眞而且徹底的實行過？如未實行，其責任應該誰屬，有沒有人跟踪去查問過？如其行而不通，或行之而中途發生阻礙，其阻礙原因何在，有沒有人詳細檢查而速求改正補充過？雖不能說是件件如此，確有很多的地方，是命令頒佈之後就算完事，再也沒有人去過問，好似命令一發就算大功告成，盡其責任。所謂「仰止堂」云云的典故，就是說明這個由來。第二、請問國民黨執政二十餘年，該是開了多少代表大會或全體會議（常會，中政會，國防最高會，非常會，各種專門委員會等等更不必說了），總共該有多少堂而皇之的決議案，其中究有幾件見諸實行？而實行的結果又如何？如未實行，爲甚麼不去實行？還是不能實行？下一次開會有沒有人來尋根究底？如果實行而不獲圓滿結果，又有沒有人來檢討其癥結所在？第三、我們更進一步去檢討，請問每次開會的時候，不是提案如山嗎？大家對於每個提案或問題認眞討論過沒有？提案人對自己提案是否有確切的認識與眞正的信仰？當他的提案通過於會議之後，他是否很具熱忱的擁護其提案之推行？……諸如此類，若認眞的檢討起來，恐怕每一個政府人員或國民黨員都不能不感到慚愧！這種做一日和尚撞一日鐘的作法，試問多訂法規又有甚麼用處？就以組織對組織也是不會發生作用的！當年社會上對國民黨有幾句很流行的諷刺語：形容國民黨的開會，是「會而不議，議而不決，決而不行」。這類話在民國二十年已傳遍了全國各個角落，不僅黨外人是這樣譏諷嘲笑，卽國民黨員之間亦你傳我播而毫不足怪。眼看革命尚未成功，同志已不努力，精神頹廢，感覺痲木，既不能奮發振作，又不願堅苦守成，苟且因循，蹉跎歲月，而終被敵人迎頭趕上了，倏忽之間，竟被敵人打垮了。言之能不痛心！大家批評我們的政治是「科員政治」，其實許多地方簡直是工友政治，自部長而司長而科長科員，一路交辦下去，最後還是交給工友去辦。

改革政治的呼聲，隨着九一八的國難，在民國二十年間已有人大聲疾呼，希望喚醒國人，奮發圖强，湔雪國恥。試問直至大陸上開始失敗的時候爲止，究竟改了多少？我於民國二十年秋就草擬了一篇「行政組織改革芻議」，指出政府機關的重疊，與行政效率的缺乏，分送於九一八後之國民黨四全大會討論，以冀可能及時改正，藉以阻止日人之蠻行，然未能引起當時政府的注意。一二八淞滬協定後之政府，鑒於日人之侵略無有止境，深知中日之戰勢難避免，力謀建設國防，改革政治，乃於行政院內設立行政效率研究委員會以研討其事，惟所得效果似亦微乎其微。

寫至此處，我想打個小岔，插敍一段回憶：我於民國十七年冬入考試院工作，至十八年底因銓敍部成立而轉職於該部，担任調查與統計事務，其對象爲各機關的組織與其工作人員。根據二年間工作的經驗，深感政府機構重疊，組織鬆懈，工作缺乏效率，經費頗多浪費，而日人於九一八之後，更野心畢露，兇焰高張，我們要想阻止日人侵略，挽救危亡，必須刷新內政，力圖上進，故倡導改革，實有必要。在心所謂危難安緘默之心境下，草擬了一篇「行政組織改革芻議」的意見書，文長二萬言，鉛印一小册，特分送國民黨代表大會與政府機關，以冀喚起各方的注意，速作改革之企圖。時考試院長戴公季陶避難於湖州，我把該案托陳百年秘書長帶閱，希望他能予以指示。不意他讀完該案後，竟當鈕惕生陳百年二先生面前，大發雷霆，責我不應大胆講話，擅自草寫意見書，尤其責我不應該對外發表。其實我在意見書中，措辭極爲平和，未攻擊任何個人，惟對中央機構之現狀頗有嚴厲的批評，於考試院亦未置外。我聞此責難只有苦笑一場，而促成提早離開考試院了。該案曾由平津滬漢粵各報予以發表，並一再轉載，頗能引起社會人士對此問題之注意。

三

「不努力」到底是原因還是結果呢？換一句話講，不努力還只是結果，而另有使其不努力之原因存在，若要大家努力，必須先將其原因去掉；抑或不努力就是原因，其他不良的結果，都不過是這不努力的原因所造成。我想我們對於這個問題，必須詳加檢討，以明原委。今日的惡果固是不努力的原因所招致，但不努力的本身亦有所以造成之原因存在。

中國士大夫階級的社會，通常都是努力不够，做事不肯認眞。他們處世的秘訣，就是一種「不求有功，只求無過」的作風。中國的傳統文化是敎人淡泊明志，淸心寡慾，適可而止，知足不辱。中國人的一貫思想是和平而非鬥爭，故對人是謙恭退讓，處世是與世無爭；這種態度臨到做事的時候，則很容易陷於散漫，鬆懈，頹唐和苟安的傾向而不自知了。「對酒當歌，人生幾何」，最能代表這一類型的思想。而陶淵明先生可以說是其代表的人物，所以他要「歸去來兮，請息交以絕遊」；他認爲人生「寓形宇內復幾時，曷不委心任去留」，既然是「富貴非吾願，帝鄉不可期」，又何必遑遑的去追求勛業功績呢!?這種消極的人生觀，影響工作效率，可以說是不努力的總原因；此外尚有造成大家不肯努力工作的數種原因，以下特分別說明之：

一、賞罰不公。 有功則賞，有過則罰，本是激勵工作人員最好的辦法；倘長官不能循此原則以進，或竟背道而馳，不按功過以行賞罰，必致造成工作人員之憤慨與不平，自然工作效率降低，甚至貽誤公事。

二、是非不明。 是非原爲評定獎懲標準之要件，曲直乃人們行動之客觀的判定。倘若是非曲直不能分別淸楚，獎懲必失平衡，趨避喪却標準，而工作人員自然唯唯否否，人云亦云，則工作必將無從表現矣。

三、權責不淸。 國家設官分職，機關置司分科，權責各有界限，辦事各有專司，上下不容侵犯，彼此不能混淆，然後工作才有進步。倘若權限不淸，責任不明，工作人員必致難於負責，縱欲有所努力亦將無從做起。工作既失客觀標準，則大家只有敷衍應付了。

四、派系觀念。 由於派系關係，長官對於工作人員之進退升黜，往往論關係而不論能力，以情感而不以學識，致養成一般工作人員，咸存五日京心之心，與蠅營拘苟之習。在此種風習之下，人們之不肯努力，毋寧是當然之事，有何可怪？此種風氣，在地方政治，表現尤甚，故二十年來地方政治之毫無進步，益足證明派系關係之爲害。

五、過度集權。 中央過度集權化，使地方政治不易展開，長官過度集權化，使部下無法運用其智慧。地方如果事事須聽命於中央，每遇問題發生，必須樣樣請示，以中國幅員廣闊，公文旅行費時，必致貽誤時機。如果部下事事須聽命於長官，不能運用個人頭腦，不僅延誤公事，而且減少興趣，萬一長官延擱，則下面一切停擺了。

六、工作分配不當和未能及時調升。 長官如對工作人員的工作，不能分配合宜，以使適才適所，則工作人員常厭惡所任的工作而勉爲肆應；又對工作人員不能及時調動，工作人員必對自己工作而常感到疲倦與枯燥，凡此均爲造成不去努力之原因。人則靜極思動，厭故喜新，故對工作人員不斷調動與升遷，自爲使其熱心工作之很大的刺激。

以上不過舉其犖犖大者言之，此外如辦公室房屋，宿舍，交通工具及待遇等等均足影響工作人員之精神（待遇一層，今日固不好，在抗戰前並不算壞，故不單獨列爲原因也）。

四

返觀共產黨是怎樣成功的？儘管他的暴政使同胞戰慄，儘管他的清鬥使民無噍類，但他目前是奄有整個大陸，發號施令，操着生殺予奪之權，人民雖切齒痛恨而亦莫可奈何！共產黨既是我們不共戴天的敵人，我們今天要想打倒他乃至消滅他，我們必須虛心平氣的研究他的長處，短處和他成功的由來，然後才能量力應付。所謂知已知彼，百戰百勝。

共產黨今日的得法，決非憑空得來，亦非從天而降，其主要因素，約有以下數點，我們必須認識清楚。

第一是工作努力，做事認眞。 他們對於某一問題，不論大小，一經決議，大家認眞實行，貫徹到底。卽原來的反對者，此時亦服從黨紀，尊重決議，一致奉行，毫不含混。下級幹部一旦奉到上級機關的命令，一面研究適合當前環境的具體辦法，然後認眞去執行，無論怎樣艱難險阻，必用種種方法克服困難，以求達到預定目的。例如目前之征糧募債，他們用盡了大家意想不到的方法去威逼利誘，務期達到目的而後已。有許多毒辣殘酷而不顧人民死活的方法，凡是稍具良心的人，當然不能這樣作法，可是他們的工作人員在奉行上級命令的時候，而能這樣苦心焦思去考慮對策，努力推行，決不敷衍塞責或束之高閣，這種服務的精神，確是難能可貴，我們總不應該漠然視之。在抗戰期間，國民政府年年征糧募債，我們各級的工作人員有沒有這樣苦幹過？須知勤能補拙，努力可以補償法規內容之缺點或命令含義之不足的。我記得在重慶的時候，工作競賽委員會曾舉行報社排字比賽，結果新華日報居第一，排字速而錯字少，大公報列第二，中央日報屈居第三。我聽到這個消息，心中深感憂慮，惟一般人太不注意，仍舊大言不慚的輕視共產黨。聽說現在淪陷區的中共報紙仍是排印好而錯字少，儘管他內容只是佈告與講演而千篇一律。

第二是忍耐堅持。 共產黨爲要達到某一目的，常是堅定持久，全力以赴，雖有險阻，亦所不避，雖有困苦，亦所不辭。他們要求老百姓的作爲或不作爲，常是用說服的方法，而避免用强迫或命令的方式，如要老百姓參軍，不用綑綁與强拉，以說服使其自動表示願意投效。這些表示固有很多非出於眞誠，但較之綑綁與强拉則勝過多矣。據說此次在滬勸某君購公債，共幹曾往訪三十餘次，今日不成明日來，明日不成又繼之以後日，如此循環不已，務必把對方說服或答應爲止。有許多人因不得已而勉爲應允，但也眞有爲其說服的。所謂「鐵棒磨成針，只要功夫深，只要立志堅，平地可成山」。共產黨是用這個信念得天下，現在仍是用這個方法來治理。去年某君由滬經定海來台，他說共產黨下級幹部不獨工作認眞，而堅毅更可驚人。他舉出一個小例子，說共產黨到滬取締小菜場菜販子，完全由說服工夫，每日往來巡視，指點如何放菜担，如何打掃清潔，從不口出惡言，不久小菜場整理得相當清潔，不似以前警察那樣，常是拳足交加，迨警察離開後，仍舊亂攤亂放。

第三是態度謙遜，說話和氣。 共黨幹部平日對人，態度總是和藹可親，開口稱同志，閉口對不住。儘管他們內心完全是假，心口並不如一，然能做假到底，亦屬不甚容易，而受之者總比對方聲色俱厲的舒服得多。恭維話是不要錢買的，世界上聞譽不喜，聞毀不怒者究有幾人。共產黨把人們心理上這些弱點研究得很道地，而且這些正是過去政府官員們普遍犯的錯誤而常常激怒於人們的，故發明了許多巧言令色的辦法來號召來籠絡人們；譬如誘致對方投降倒戈，不用投降名子，而用「起義」的口號，不用投機而用「靠攏」的名稱，都是經過苦心孤詣的研究而搠造出來的。教人投機，投的人一定不願意而遲遲其行，請他靠攏，且說是向人民靠攏，他一定高興而趨之若鶩了。如教程潛陳明仁等去投降或倒戈，他必覺面子上很難堪，而美其名曰起義，他們反而興高采烈，恬不爲恥了。共黨對戰俘不稱俘虜而曰「解放」，這給與戰俘心理上該是多麼溫暖。

第四是坦白虛心，諸事學習。 共產黨的口號是「向老百姓學習，向人民學習」。他們對普通老百姓也好，對知識份子也好，決不用一個「訓」字。中國人向來討厭人家來訓他，尤以知識份子是如此。故共幹向知識階級說話，口口聲聲說是來請教，是來領教。今日對事業機關之技術人員，就是用這一套辦法，牢籠羈縻，無所不用其極，正如劉皇叔事事請教諸葛亮一樣。同時共產黨確是眞正在學習，對各種業務內容，非常認眞考察，詢問，務使了解或會做而後已。共產黨這次的成功，得力於學習的口號不少不少，因用這個口號，一則可免其幹部人員之驕傲自大，二則可買到對方之好感與歡心。語云：驕則必敗，可不懼哉！

五

我們這次的失敗與共黨的成功的主要因素，我在上文中已大略說過。我們之所以失敗，完全由不努力，不掙氣，自暴自棄而招致的後果，並不是共產黨有甚麼三頭六臂的力量，更不是老百姓喜歡他們的辦法。孟子有云：「自暴者，不可與有言也；自棄者，不可與有爲也」。我們經過這番慘痛的失敗，應該痛切反省，力改前非。我們不可絲毫存着共產黨一定會失敗，或命運中註定失敗等等幻想而不力謀急起直追。如果仍舊泄泄沓沓，不能奮發有爲，共產黨縱令失敗，也不知要到何年何月，而我們亦決不會成功的。今天共產黨的作法雖不高明，工作人員誠然幼稚無能，但他們能努力肯吃苦，而又富於學習的精神，自會及時改正錯誤，而一天一天的會走上進步的道路了。況且共產黨組織堅密，鐵幕森嚴，人民縱苦於暴政，也只有任其宰割而無力反抗矣。

我們過去所犯錯誤既已了解，今後要毅然決然去掉上面所說這些毛病，我們一定要這樣苦幹：

第一，從工作上對付共產黨，以工作來打擊共產黨，以行動表現決心，以成績爭取同情。不要迷信標語口號，共產黨不是口號所能喊倒；不要過份相信組織的功能，僅靠組織對組織是沒有效果的。勤勉乃是成功之母，勝利必與艱苦同伴，「成名每在勤勞日，敗事多因得意時」，「憂勞可以興國，逸豫可以亡身」，這類教訓在過去失敗的過程中，眞是歷歷不爽。我們要接受這個教訓，痛下苦功，認眞去做，辦法雖差一點亦沒有甚麼關係，其實中國人吃虧的就是辦法太多。今後要「說了就做，做了不說」，埋頭苦幹，不計工拙，人一能之已十之，人十能之已百之，自會立見成效。

第二，今後對工作上的問題，要以說服溝通思想，以實踐取得信任，在工作進行上講求效能，用科學的方法獲取結果，力避官腔，少發命令，要求實事求是，勿使工作流於形式，要多躬親其事，少在公文上丟圈子。

第三，意見一經決定，應力排困難，務求貫徹，一掃過去因循苟且，敷衍應付之惡習。如今日之國營事業，生產少而開支大，效率低而浪費多，已爲全國人士所詬病，應大刀闊斧，立即整頓，毋事拖延，不必遷就，此不獨可以增加收入，以裕國庫，間接即所以振奮人心與挽回士氣。

第四，要有學習的精神。同志中間過去頗有犯着這樣毛病的：就是沒有工作的時候，終日詛咒政府，怨天尤人，一旦事情到來，既不認眞去做，又不虛心研究，自視甚高，認爲樣樣精通，藐視他人，認爲一無可取，復夜郎自大，動輒訓人，造成上下隔閡，內外不通，工作不但無成效，且根本無法推動。學習二字不是共產黨發明的，我們不可以共產黨用學習去收買人心，以學習勗勉同志，我們便連學也不學習也不習了。「學而時習之」，是論語開宗明義的第一句，也是數千年來一脈相傳的教育宗旨。中庸有云：「日習則學不忘」，能學習始有進步。

講到學習，我想插一段親歷的故事。民國六年夏我在日本讀書的時候，有一位美國人名伍德，那時他有八十幾歲，曾隨柏利（Perry，一八五三年率領軍艦到日本浦賀灣，威迫日本開國，訂立友好條約）提督到過日本，在中國住過多年，對中國很友善。有一天他到東京中國青年會對留學生講話，內有下面幾句很率直的話：「中國派遣學生到西方國家去留學，與日本差不多是同時候，其數量則更多，但兩方成就相差遠甚。當然別的原因也不少，而中國留學生有很多地方不肯刻苦學習，徹底求其了解，回國後多又用非所學，乃是很大的原因」。他態度誠摯，措辭婉轉，完全出諸好意，我們聽者眞是汗流浹背。

培根云：「學識即是權力」，我們要不知則問，不能則學，必學廣而問多，方氣專而容寂，處處虛心坦懷，事事力求進步，流水不腐，戶樞不蠹，停滯不前，就會腐敗。求進步即所以正錯誤，在工作中發見的錯誤才是眞正的錯誤，在錯誤中求得的進步方是眞正的進步。

第五，最後要注意的問題，就是今後一切政制，不問中央或省級，不可過度集權化，要使幹部工作人員有運用才智肩負責任之機會。故一切法規要富有彈性，事權界限要絕對分明。蓋社會現象，千變萬化，日進月升，靡有止所，任何事件，沒有一個法令可以規得天衣無縫，無論如何週密，總有掛一漏萬之處，當工作進展中全賴各級參加人員的「自由裁量」來補救，故應儘量讓各級幹部能運用智慧與經驗，以達到分層負責之實。一部行政法規之運用，全靠各級執行人員之自由裁量；上級不可拘束太緊或遇事干涉，下級必須考慮當前環境，務使因時地而制宜。下級執行如果發生誤謬，上級須當考察其誤謬所在，和執行人員用意的良否，如果用意良善，一面糾正誤謬，一面寬恕既往，令其立功以贖罪，如此久而久之，自可養成下級人員負責之習慣，不致遇難題而推諉，逢負責而請示了。過去喊了多少年的分層負責，究不知分了多少和負了多少。

今日的臺灣，無論政治或軍事，各方面較之過去已有不少改正，確有許多進步，但要想打倒共產黨，光復大陸，更進一步推翻蘇俄的暴虐政治，目前這樣努力還謙不够，十分不够。我們必須努力，特別努力，加倍努力。同志們，大陸上該有多少挨苦受難的同胞們！眼睜睜的等待着我們的努力去解救啊！

特載

歷史的臺灣—歷史上的臺灣與中國(一)

郭廷以

引言

臺灣之爲中國之不可分的一部分，一如山東河南或福建廣東，是絕不容疑，而爲人所公認的，所不同的不過是地理上的分別，一爲海島，一爲大陸而已。然而就由於這一水之隔，別具用心的人，往往故意的把它與中國分開，多方歪曲事實，甚至憑空捏製讕言，以遂圖其陰謀詭計。這種可恥的欺騙作僞，不祇是令人痛憤，而且是絕大的汚辱。

如果我們略加翻閱歷史，將臺灣的過去作一回顧，不惟知道此種造謠對我們是一厚誣，進而對於臺灣的地位，及其所以成爲中國的一部，更可獲得明確深切的認識與瞭解。

數千年來中華民族繼續不斷分向四方開擴推進，經之營之，西北與西南，東北與東南，黃河兩岸，長江南北，珠江流域，以及濱海地帶，均收入了他們的活動範圍，生長孳息之所。由於大海的限制，台灣容或比較遲後一步，然亦不算太遲。而中華民族在這裏的成就之大，台灣的中國化或漢化的徹底，文化進步的迅速，不僅有過於大陸中國的若干邊區，並亦無遜於中原腹地，誠所謂後來居上。他們不僅能保持民族固有的美德與優點，進而能適應新的時代，新的環境，使之發揚光大，繼長增高。這是因爲渡海東來的大都爲才智比較優秀，意志比較堅强，而又富有進取的精神。

台灣的開發經營，幾乎全爲閩南漳泉人與粵省客家人之功，雖然是由於地理的接近，同時亦有其歷史的背景。所謂閩南人與客家人，原均爲中原人，爲了政治及經濟的原因，他們被動的或主動的逐步南徙，擴展到沿海區域。又爲了同樣的原因，又擴展到台島。但是他們的行動並非是作消極的退避打算，實有其積極的進取抱負。他們要磨礪以須，隨時準備再以自己的力量貢獻給大陸祖國。三百年來爲了民族革命事業，他們不屈不撓，流血流汗，前仆後繼。在中華民族的光復運動中，有其不可磨滅的偉大成就。

近代中國的處境極其險惡慘痛，台灣亦是一樣。中國處境所以如此，是由於國際情勢的劇變，而台灣的對外關係尤爲複雜嚴重。在十七世紀，初有荷蘭的入侵，繼有西班牙的對抗；到十九世紀，先有英美日法的犯境，終爲日本所獨吞。總計臺灣遭受外禍的憑凌，暴敵的刧持，幾達百五十年之久。三百年來兩度淪陷，台灣的一半歲月在憂患黑暗中渡過，亦是在悲壯奮鬥中渡過。但是最後終於獲得到光明。台灣又回到了中國這個大家庭。

所有這些艱苦的，偉大的，壯烈的故事，這裏正要分別予以適當的說明。

第一章　早期經營

第一節　自遠古至第七世紀

中國人何時知道台灣，何時與台灣正式接觸，因爲文字記載的缺漏或含糊，雖有不同的看法與解釋，但是我們可以確信臺灣之進入中國歷史範圍，臺灣歷史之成爲中國歷史的一部份，由來已久。在歷史上有一個先史時期，即未有文字時的歷史，完全依據最早的原始器物來探索稽考人類的生活狀況，文化演進。根據考古學上的初步研究，在這個時期，海島的台灣與大陸的中國實屬於同一型態，同一體系的文化。山東河南遼寧甘肅陝西山西浙江所發現的黑陶，彩陶，紅陶是中國新石器時代文化的主要代表，而近年臺灣西部各地亦有發現，且與之同爲一個系統，足證其與大陸文化的關聯。陶器之外，石器中的石斧石刀石鏃，大致亦係從北方大陸上導來。凡此均可說明遠在有史以前台灣文化所受中國文化的影響，臺灣之與中國成爲一體，眞是古而又古，久而又久。

「尚書」是中國的一部最早歷史書，其中「禹貢」一篇據說是四千年前中國地理的記述。「禹貢」將當時的中國區分爲九州，揚州居其之一，其領域北至淮河，東南至海。台灣的第一部地方誌，即「台灣府誌」上說台灣屬於禹貢的揚州。這雖是一句「想當然耳」的話，亦不能謂爲全無根據。禹貢中曾有「島夷卉服，厥篚織貝，厥包橘柚，錫貢」的記事。「島夷」雖是泛指沿海居民而言，有些學者則認爲係指台灣番人。所謂「卉服」是藤質服裝，「篚」是一稱竹器，「織貝」是綴繫於衣上的貝製珠粒，均與番人生活情況相同。這些特產和橘柚之屬，就是他們用以貢獻給中央的禮物。因爲交通的困難，並不是每年必貢，只是待命而貢。如果這個解釋可信，則台灣早已列入中國的版圖。

先史時期大陸文化的傳入，「禹貢」所記「島夷」的來貢，祇能看着作臺灣與中國的遠古關係，至於漢人是否已確實進入此島，是否已正式着手經營，尚未能完全證明。春秋戰國時代，關於海上的傳說漸多，一再有入海求訪逢萊，方丈，瀛洲三神山的嘗試，但詳情已無從得知。秦始皇派遣徐福帶領童男童女的探險結果既不易肯定，臺灣是否在三神山之內，亦少確證。陳壽的「三國志」及范曄的「後漢書」東夷傳，因有徐福留止「夷洲」的傳說（「夷洲」就是臺灣），但是他們已明謂係「長老傳言」，不必可信，雖然秦人來臺並非絕不可能之事，我們還是採取保留的態度，暫爲存疑好了。

漢朝時代，會稽（江浙之交）海外有東鯷人，分爲二十餘國，時來中國貢獻。夷洲亦常至會稽通市。有人認爲臺灣琉球同在東鯷之內。到了公元三世紀，臺灣與中國的關係進入了一個新階段，中國對臺灣的經營眞正開始。三國時孫權（吳大帝）的吳國領域，包有會稽及東南濱海地帶，和海外的關係最爲密切，孫權對於海上的經營亦最感興趣，特別是在赤壁戰後（公元二〇八年），他的兵威聲勢遠及南洋。臺灣近在咫尺，自亦注意。據三國志孫權傳，公元二三〇年（孫權黃龍二年），遣將軍衞溫諸葛直率領甲士萬人，浮海進征夷洲即臺灣，俘虜了數千人。中國的統治權力雖未曾建立，武力已無疑的一度達到。這是臺灣經營的最早記載。

我們一再指出三國以前及三國時代所謂「夷洲」就是後來的臺灣，南北朝時仍沿用這個名稱，而且對於夷洲的方位，地形，氣候，物產，風俗，習慣，均有詳盡明確的叙述，當時沈瑩的「臨海水土志」就是極有力的證據，後人之能考定夷洲之爲臺灣的別名，亦即靠這篇東西。

以下且予以扼要的節引：「夷洲在臨海(浙江台州一帶)東南，去郡二千里，土地無霜雪，草木不死，四面是山。衆山夷所居，……各號爲王，分劃土地人民，各自別異。人皆髡頭穿耳，女人不穿耳。作室居衆，荆爲蕃障。土地饒沃，既生五谷，又多魚肉，舅姑男婦，臥息共一大牀，交會之時，各不相避。能作細布，亦斑文刻畫。……用鹿觡爲矛以戰鬪，磨礪青石以作矢鏃刀斧……：如有所召，取大空材以著中庭，以大杵旁舂之，聞四五里如鼓，民人聞之均馳赴會。……歌似犬嗥，以相娛樂。得人頭，斫去腦，取其面肉，留置骨。……中庭建一大材，高十餘丈，以所得頭差次掛之，歷年不下，彰示其功」。除了台灣，沒有第二個地方合乎這些條件，除了生番更無法在東南海上找到另一個民族具有這些風習，「禹貢」的記載是中國對於台灣的初步認識，「臨海水土志」的記載即更進一步，而其正確翔實，絕非前者所能比擬。沈瑩大約爲四世紀前後時人，他的這些知識，係得自吳人的記錄，否則即係得自當時人的報告。如是後者，我們又可推知晉時中國與台灣關係的一斑。

第二節 「流求」時代——自隋至元

「夷洲」時代之後，流求、留仇、流虬、瑠求、或琉球又成爲台灣的同音異形的代表名稱。從七世紀初期，直至十四世紀，七百年間，歷隋唐五代宋元及明朝初年，始終是如此來稱呼我們的台灣。同時我們的經營亦益趨積極。

隋煬帝（六〇五——六一六）是一位有志海上遠略的君主，在他即位之初，即六〇五年（大業元年）有一位「海師」何蠻就說東方海中有煙霧依稀的所在，於是即於六〇七年（大業三年）命羽騎尉朱寬偕同何蠻入海求訪，結果到了流求，即台灣，因爲言語不通，採得一人而還。煬帝感覺不滿，第二年再令朱寬前去慰撫，仍無所成，僅取回了流求人的布甲。兩次和平招降不成，決定以武力征討，統帥爲武賁郎將陳稜，朝請大夫張鎮州副之。

六一〇年（大業六年）陳稜等率領東陽（今浙江金華）兵一萬餘人，先到義安（今廣東潮州）集中，再從那裏泛海前進。可能是因爲風勢不順，或者是航程有誤，一個多月才到了高華嶼，即澎湖群島中的花嶼（或大嶼），又東行二日，至鼊嶼，即澎湖群島中的奎壁嶼；再東航一日，便到了台灣（流求）。遠征軍登陸的地點，約爲鹿港，首先接觸的爲台灣中的平埔番（有人以爲當時所以名臺灣爲流求，即與鹿港有關。番人亦稱鹿港爲Rokauan 或 Rokan，流求即係Rokan的譯音）。

朱寬第一次出使，由於言語不通，交涉無法進行，此次陳稜進軍，募有南海諸國人從行，其中有崑崙人，能解「流求」人語，擔任通譯。（狹義的崑崙是指越南東南的Polo Condore島，廣義的崑崙則泛指馬來一帶）。平埔番人初見船艦，以爲商旅，相繼前來貿易。經崑崙人宣布來意，令其降服，酋長（國王）拒絕，於是戰鬥開始。陳稜以張鎮州爲先鋒，第一個戰役擊敗了他們的「國王」歡斯渴剌兜（Kaishi Harato，Kaishi爲平埔番的代表名稱），戰場或在鹿港附近。第二個戰役，斬了「小王」歡斯老模（Damori或Ramori），戰場約在大甲溪一帶（隋書陳稜傳作低沒檀 Tomol）。接着發生了主力戰，陳張軍分五路，趕其「都邑」，渴剌兜率衆數千拒敵，再爲張鎮州所破，乘勝追擊。渴剌兜背山而陣，陳稜亦已全力進攻，從早晨到下午，經過八小時不停的苦鬥，渴剌兜以兵力疲憊，退守柵塹之內。陳稜繼續猛攻，填塹破柵，突入了他的三道防線，（隋書謂其國王所居之洞，塹柵三重，環以流水，樹棘爲藩）斬渴剌兜，燒了他的宮室，俘獲了他的兒子和男女數千人，虜得了不少「軍實」（物資）。

這是我們先人經略台灣的一大戰爭，也是一場苦鬥，對於台灣中部的平埔番自是一大打擊。但是隋煬帝的遠征和三百八十年前的孫權一樣，並不曾眞正將問題解決，大陸海島的關係，亦未能切實的聯繫起來。然而隋時中國的台灣知識則較吳晉時代進步。所以隋書流求國傳關於台灣番族的人物、姓氏、政治組織、居處建築、戰陣攻鬥、武器用具、男女服飾、性情像貌、風俗習慣、文化禮儀、賦稅刑罰、起居飲食、宴會歌舞、婚喪嫁娶、樹木鳥獸、墾殖農作、宗教信仰……能有長約千字的描寫叙述，均與實際的情況相符。

唐代台灣情形若何，不得而言。以唐與海關係之密切，似不應絕無所知。但唐憲宗（八〇六——八二〇）時，詩人施肩吾的「島夷行」，尚不能即認爲係題詠澎湖嶼，施氏全家移居澎湖之說，亦難爲信。宋史雖有「琉求」傳，其叙述大半抄襲隋書和「諸蕃志」。「諸蕃志」爲趙汝适的著作。汝适爲宋的宗室，曾掌管泉州的市舶，公元一二二五年（理宗寶慶元年）根據他在泉州的聞問寫成此書。泉州離台灣不遠，去澎湖又近，「澎湖」一名之初見諸記載，即始於「諸蕃志」。「諸蕃志」云：「毗舍耶語言不通，商販不及，……泉有海島，曰彭(澎)湖，隸晉江縣(泉州府)，與其國密邇，烟火相望，時至寇掠，其來不測，多罹生噉之害，居民苦之」。在這段文字內，第一我們知道澎湖已有「居民」，所謂居「民」即內地人民，否則當稱爲「夷」而不應稱爲「民」。大概由於金兵侵擾，宋室南渡，有不少的沿海人士避難在島上，閩南之人，自亦有遷來澎湖者。這是漢人擴殖台澎的開始。第二我們知道寇掠澎湖的爲毗舍耶，毗舍耶應爲徙居台灣的菲律賓群島中的Bisaya 或 visaya人，一說爲台灣東部的阿眉（Ami）番，阿眉番自稱爲 Panchia，但均與台灣有關。他們不唯寇掠澎湖，宋孝宗淳熙（一一七四——一一八九）年間，且曾蹂躪泉州各村，「喜鐵器及匙筯，人閉戶則免，但劃其門圈而去…………官軍擒捕，見鐵騎，則劃其甲，駢首就戮而不知悔。臨敵用標槍，繫繩十餘丈爲操縱，蓋愛其鐵而不忍棄也」台灣所缺乏的就是鐵。第三，如果毗舍耶是指台灣，則所謂「商販不及」，似屬有誤。據「小琉球漫誌」說：「台地用錢，多係趙宋時錢，如太平（太宗太平興國？）元祐（哲宗），天禧（眞宗），至道（太宗）等年號，質小而薄」，如果這些錢幣是當時流入，彼此必有商業關係，但亦可能係以後流入。

元世祖的海外經略，最爲積極，一再用兵占城（Campa），爪哇、日本、對於近海的台灣，自不能放過。兩次東征日本失利，世祖心有未甘，一二九一年（至元二十八年）聽從海船副萬戶楊祥之請，擬以兵六千從伐「瑠求」（台灣），當與對日問題有關。一切軍事部署，均委之楊祥。不久有生長福建的書生吳志斗，熟悉海上情形，建議先從澎湖發船前去招諭，考察水勢地利，然後再行興兵。澎湖早有內地人移居，所以吳志斗主張以之爲經營台灣的基地。世祖認爲言之有理，改以楊祥充宣撫使，吳志斗與另一位阮鑒分授爲禮部兵部員外郎，攜帶世祖的詔書前往，說其歸附來朝，若不效順，即遣舟師征討。翌年（至元二十九年）使團出發，遇見一個島嶼，派人上岸，以言語不曉，三人被殺，無結果而還。究竟是否到了「瑠求」（台灣），使團內部意見即不一致，楊祥堅稱已到，阮鑒吳志斗則持異議，因而發生爭執，志斗失蹤。招諭毫無所成，而且事跡頗爲含糊。

一二九七年（成宗大德元年）福建行省平章政事高興又上言可圖，謂「瑠求」距泉州頗近，隨時可以偵察消息，酌量招降或討伐，不必調動別處兵力，可由閩省就近一試。因即遣省都鎭撫張浩，新軍萬戶張進東去，生擒了一百三十餘人，成就旣未見佳，詳情究竟，亦不得知。

元代兩次企圖經營台灣雖無所成，但澎湖即已收入中國版圖，楊祥等東去，會至澎湖，受其款待。一二九三年（至元三十年）世祖擬遣使往撫，以大臣勸阻不果。據說當時澎湖居民約二百戶，每年有商船數十艘，來泉州貿易，到了元順帝時代（或作順帝至正二十年即一三六〇；或云在至元中，即一三三五至一三四〇間），正式置巡檢司，隸屬於泉州同安。在台灣經營史上，自是一件大事。

除了政府的經營，私人的活動亦值得我們注意。元朝晚年（順帝前期，約在一三三五至一三四九間）有位海上旅行家汪大淵常附搭海船遠遊南洋，歷經數十國，就其見聞寫成「島夷誌略」一書。其中關於琉球（台灣）的記述，有許多新的材料，特別是台灣的特產，如硫磺、黃蠟、砂金、黍子、鹿豹麂皮。因爲他本人曾親歷其地，並登極高峻的大崎山（大約爲台南的大崎越嶺，一說爲高雄打狗仔），觀海潮，望日出。汪大淵之遊台灣，我們可以推知在他之前必已有內地民人（並非官兵）來過台灣，或遷住台灣。澎湖既有民戶，（「島夷誌略」亦云：「泉州人結茅爲屋居之，……工商興販，以樂其利」），進而入居台灣，是很自然的。汪大淵之登山觀覽，可能即係由當地漢人引導。至於內地商人之早已到台販賣，似更無可疑，汪大淵所附的海舶就是商船，所以「島夷誌略」於台島的物產及「貿易之貨」亦特別注意。

第三節　閩海經略

到了明朝，台灣的地位逐漸開朗，不再以「琉球」被稱了，另以「小琉球」，雞籠山、大雞籠、北港、東番，或臺員、大灣、大寬、台灣等不同的名字出現。原來的「琉球」一詞改送給現在的琉球群島，從此兩者不再相混。此事則與琉球群島與中國正式建立邦交有關。琉球群島地位之趨於重要，爲南宋以後的事，隋唐以來，中日海道交通頻繁，南宋晚期，又漸興盛，元代往來的商人僧侶尤多，對於中國與琉球群島關係之打開，應有影響，這個可於十三世紀末年宋僧禪鑑之定居那霸，元明之際，程復之任琉球輔政兩事想知。此外，日本人的轉述，當亦有幫助。中國對於「琉球」的觀念本不十分明確（此可於楊祥出使見之），琉球群島和台灣的地理方位又大致相同，隋書以來所記「流求」「瑠求」「琉球」的國情，又係一祖其規模文物之邦，，正與琉球群島相符，以爲今之琉球群島即是過去的「流求」，因名過去的「流求」（台灣）爲「小琉球」，而以琉球群島爲「大琉球」。在「大琉球」亦可借此以表示其與中國的悠久關係。

明朝初年，北方的蒙古仍是明帝國的嚴重威脅，同時又鑒於元代用兵日本占城的失敗，所以太祖對於海外諸國多採消極政策，而將「小琉球」亦列入不征之國。太祖不僅無意經營台灣，甚至連已入中國版圖的澎湖亦予放棄。此舉則與倭寇有關。公元一三六九及一三七〇年（洪武二及五年）倭寇連年北侵山東濱海，南掠浙江、福建，太祖遣使日本，交涉不成，因力事整治海防。一三七一年（洪武四年）禁沿海人民私自出洋，一三七二年（洪武五年）命浙、閩製造海船防倭，一三七三年（洪武六年）定舟師每歲出海分防，議從澎湖居民，即起於一三七二年。一三八四年（洪武十七年）及一三八七年（洪武二十年）太祖的親信大將湯和周德興相繼奉令巡視海上，於山東江南浙閩沿海築城戍兵備倭，一三八八年（洪武二十一年）湯和又行視閩粵（湯和初次巡視至浙江爲止，到福建者爲周德興），設福建沿海指揮使司五處，澎湖居民之實行內遷漳泉，巡檢司之被撤廢，均此時之事。這種退守措置的用意，一因不令居民與倭寇勾引相結，一因中國的水師不易控制該地，有了居民，反予倭寇供應的便利，所以總採取「堅壁清海」的政策。

成祖的海外政策，轉趨積極，鄭和的七下「西洋」爲大家所周知的盛事。他是否到過台灣，歷史上並無明白的記載，但亦有若干關於鄭和與台灣的傳說。有謂永樂年間（一四〇三至一四二四）鄭和以東番（台灣）未來貢獻，曾用兵降服。有謂宣宗宣德間即公元一四三〇至一四三三年（宣德五至八年）鄭和最後一次遠航之時，因風停泊赤嵌，並曾於大井取水，鳳山有三寶薑，可療百病，亦爲鄭和所遺。一說宣德年間泊台灣取水大井的爲王三寶(保)，並有投藥水中，令土番染病者於水中洗澡即愈及植薑岡中之事。甚至謂他尚有一部指示台灣厦門間航程的秘本「洋更」傳世。所有種種傳說，是否可信，未易遽斷。四次隨同鄭和遠征，担任書手的費信在他的「星槎勝覽」一書中，把他所「親監目識之所至」諸國，列入前集，而將「採輯傳譯之所實」諸國，列入後集。「琉球」即在後集之內，可證費信並未至台灣，所以他記「琉球」幾全係錄自「島夷誌略」。而費信則因曾參加鄭和第七次的出使，此又可證宣德間鄭和舟泊赤嵌之不確。但是問題尚不能如此決定。第一、鄭和的遠航隊自江南啓航之後，大都先到福建長樂港五虎門停留，再開船出洋，很容易和台灣西岸接觸。其次太監王景弘亦曾三次參加這個使團，宣德間的一次航行，景弘即在其中。當時太監稱三寶的不祇一人，王三寶即王景弘。第三，鄭和的遠航隊不一定是所有船隻聯銜而行，往往分隊進航，所謂「分航」，宣德間的航行，費信雖未親至台灣，不能斷定王景弘或鄭和亦未到台灣。而王景弘來台的可能尤大，他的名聲不及鄭和之大，而台灣關於他的傳說反較鄭多，「台灣府志」之將「福建通志」中的鄭和易爲王三保（寶），自非無因。王景弘或王三保與台灣當有其關係。

最早到過臺灣而有文字留下的第一人大約是元末的汪大淵，第二位應爲較鄭和稍後，即十五世紀後期（宣德正德間）的周嬰。周嬰是福建莆田人，旅行過不少的地方，在他所著的「遠遊篇」內有一篇「東番記」，即是記述他在臺灣的見聞。「台灣」名稱，原是譯音，首先以「臺員」的譯名把它正式介紹給後人的，亦即周嬰，以後漸變爲「大灣」，「台灣」。至於這個譯名的根據，雖尚無定論，但有兩點可以肯定：第一「台灣」原是一個番人的名字，不論是代表臺南附近的一個部族，或一個地方；第二中國人最初所說的「台灣」或「台員」是專指一鯤身島，即後來的安平（現在安平已與陸地聯接），一如赤嵌之專指其對岸（即今之臺南）。荷蘭人侵入後，仍舊沿用，而有Tayovan Tayan Tayoun Tyovan Tavan 或 Taiwan不同的拚法。明人所謂「東番」，則是一個漢名，是指全島而言。後來逐漸演變，「臺灣」的範圍擴大，代替了「東番」而成了整個島的名稱。（「雞籠」「北港」或「笨港」亦均係譯音）。

十六世紀中期，亦即明世宗嘉靖的中期，閩海的情勢十分嚴重，中國的海盜，舊時的倭寇，新來的佛郎機（葡萄牙人）合而爲一。一五四九年（嘉靖二十八年）佛郎機雖被蕭清，倭寇反愈猖獗，一五五八年（嘉靖三十七年）幾乎全部集中福建。而海盜則爲倭寇的有力幫手。浯嶼（金門）南澳是他們的主要根據地，澎湖和台灣亦爲其出沒之所。就中以吳平及其夥黨林道乾曾一本黃朝太等爲尤著。此輩雖爲不法之徒，而於臺澎的開擴亦有其影響。一五六三年（嘉靖四十二年）戚繼光、俞大猷、劉顯等大破倭寇之後，俞大猷曾追擊林道乾至澎湖，道乾再走臺灣，大猷留兵一枝駐澎湖，不時巡哨鹿耳門（安平之北）道乾既受大猷哨船的監視，又受番人的反抗，無法在臺灣再留，乃自安平鎮二鯤身隙間遁走占城大年（Patany）。一謂道乾曾據打鼓山（高雄），所以鳳山有關於他的傳說，要亦可知林道乾與臺灣的關係。

林道乾遠走之後，澎湖的駐軍亦撤，恢復了元時的巡檢司，未幾又罷。一五七三年（神宗萬曆元年）海盜林鳳自粵侵入，並據有臺灣的魍港，尋爲福建官軍所敗，走往呂宋（又爲西班牙人所敗）。一五八〇年（萬曆八年）澎湖復一度爲曾一本所據，內地民人，又漸潛至。一五九二年（萬曆二十年）以豐臣秀吉進犯朝鮮，且有侵擾雞籠淡水的消息、因再於澎湖設兵戍險，一九五七年（萬曆二十五年）置遊兵，後又設衝鋒遊兵，均是爲了日本。澎湖再度收入中國版圖。

日本之爲患臺灣，始於嘉靖末年（一五五八——一五六三）的倭寇。番族原本住居海濱，遭受日本的焚掠（雞籠受害尤烈），始避入山中。明軍平定倭寇之後，忽有中國的漁舟漂至，此後遂常常往來貿易，彼此關係日益密切。萬曆年間中國之積極經營澎湖亦係爲了日本。朝鮮之役，豐臣秀吉同時尚欲兼併臺灣。一五九三年（萬曆二十一年）致書勸令入貢，並以命將攻伐相恫嚇。一六〇七年（萬曆三十五年）倭寇犯澎湖龍門澳，是年明設澎湖衝鋒遊兵。兩年之後（萬曆三十七年），日本一面派兵侵入琉球，虜其國王，一面進犯臺灣（這種行動，頗與清朝同治年間的情形相似），一六一五年（萬曆四十三年）二次大舉，出兵三千，均告失敗。琉球使者曾來告警，「聞倭造船五百餘艘，欲脅取雞籠山，恐其馳突中國，爲害閩海」，明廷令沿海警備，再行加強澎湖防備。這是中國爲了臺灣問題第一次所感受到日本的威脅，也是爲了臺灣問題中日間的最早危機。

第四節 顏思齊與鄭芝龍

宋元以來，內地人已漸入居臺灣，明朝嘉靖萬曆之間，來者愈衆，他們均是開擴臺灣的無名人物。確有姓名傳後，而成就尤特別大者則爲顏思齊與鄭芝龍。

由於民族習性的強毅，經濟生活的艱苦，地理環境的誘致，閩粵兩省產生了不少的海上冒險家或英雄，吳平、林道乾、曾一本、林鳳等外，顏思齊鄭芝龍尤爲著稱。這般人幾均與倭寇或日本有其關係，亦均與臺灣有其關係。顏思齊即顏振泉，爲漳州府海澄縣人，「身體雄健，武義（藝）精熟」，富於反抗不屈的精神。因爲遭受宦家巨室的欺凌，毆殺其僕，入海亡命。就此與倭寇相結，約在萬曆晚年，即一六一〇年前後，輾轉去到日本。初以裁縫爲生，同時於中日之間以海舶從事貨販，若干年後，頗有一些積蓄，生活相當優裕。但是他是一位有心人，不甘於這樣下去，他要想有一翻作爲，疏財仗義，廣結同志。

鄭芝龍即其中之一。

鄭芝龍即鄭一官，爲泉州南安人，「魁梧奇偉」，「膽智材略，過絕等倫」。因爲不見愛於他的父親，被逍離家，正如顏思齊，海外冒險成了他的唯一出路。當時往來於福建及日本長崎的中國海船頗多，留住日本的閩南人亦復不少。日本幕府德川家康亦歡迎明船通市，芝龍就是附搭這類商船於一六一二年（萬曆四十年）前來，並於八月十五日（陽曆九月九日）至駿府謁家康，贈送藥物，告以中國情事。如果日本這種記載可信，可知芝龍之來，實抱有大的雄心。那時他大約是一位不足二十歲的青年。（附註）關於芝龍初到日本的年代，說法不一，據日本的記載，則確爲一六一二年。「臺灣紀事」謂芝龍年十八歲，「臺灣外紀」作二十歲。惟「外紀」謂其於天啓三年，即一六二三年到日，則決不可信。芝龍生年，「外紀」作萬曆甲辰即一六〇四年，亦有作丙午一六〇六年者，如係一六一二年到日，則尚不足十歲，自難爲信。按芝龍之婦翁氏即田川氏生於一六〇二年，即萬曆三十年，嫁芝龍時十七歲，即一六一八年，亦即萬曆四十六年，是芝龍之來日本，絕不能遲於是年。如芝龍生於萬曆甲辰年即一六〇四年或丙午一六〇六年，其與田川氏結婚尚不足十五歲或十三歲。如甲辰或丙午爲甲午（一五九四）或丙申（一五九六）之誤，則一六一八年芝龍已二十五歲或二十三歲，其到日之時，即一六一二年，正爲十九歲或十七歲。

芝龍一號一官（I-Quan），到日本後居住在肥前平戶，人稱爲平戶「老一官」（「老」字爲表示敬重親密之意，此亦可證芝龍在日本停留時間之久，與日人相處之佳）。大約在一六一八年「萬歷四十六年」，他和一位中日混血的十七歲女子結婚，她的父親是泉州人翁翌皇，母親是日本女子田川氏，所以中國稱她爲翁氏，日本則稱她爲田川氏。一六二四年（天啓四年）生鄭成功。

鄭芝龍與顏思齊既有同鄉之誼，彼此又均爲豪傑之士，意氣投合，思齊復好結交，（芝龍去日本時可能就是搭的思齊的海船）儼然成爲海外流亡閩人的領袖，芝龍自易歸附，大家成了拜盟兄弟，一共二十八人。據說他們以密謀在日本起事不成，遭幕府緝捕，駕船遁走，有人建議暫到舟山，結果依照陳衷紀的主張，駛向台灣，在北港登岸，「即安設寮寨，撫恤土番，然後整船出掠，悉得勝焉」。我們知道臺灣早已成了閩粵海上冒險家的樂園，那裡的情勢，他們相當熟悉。在此之前，他們必已到過。顏鄭華流寓日本的期間，除了作海船販運外，可能兼營打劫的海盜事業，控制有不少武裝船隻，來往閩海長崎，臺灣應是他們常到的地方。思齊自稱日本甲螺，甲螺即倭寇的頭目，這是明朝中國海盜所借用的名稱。

顏鄭等這次據有臺灣，有謂事在萬歷間（公元一六一九年以前），有謂事在天啓元年，即一六二一年，以及在天啓四年，天啓五年，即一六二四及一六二五年的說法，通常多置於一六二四年，亦即荷蘭侵入臺南的一年。或者是因爲鄭成功生於是年，以爲芝龍來臺之後，未再去日本與其夫人相會。我們則認爲一六二一年即天啓元年一說或較可信。思齊死於一六二五年，當他據臺之時，橫行閩海，聲勢已經很大，如係一六二四年入臺，這種局面，恐非短短一年多的時間所能致成。再者一六二三年（天啓三年）荷蘭人已於安平派駐委員，建築臨時城堡，一六二四年陰歷七月退出澎湖來臺。「臺灣外紀」謂思齊等於陰歷八月十五日自日本平戶南駛，八天之後，即八月二十三日到北港上陸，無論如何計算，已在荷人之後。北港去安平不遠，而荷人對於當時其鄰近發生的如此重大事情，似乎並無所知，此亦可證顏等入臺，應早於荷蘭。至於芝龍本人，他的妻室親屬既仍留在平戶，當必不時去日省視，所以一六三〇年（崇禎三年）他的夫人又給他生了第二個兒子。

顏思齊據有臺灣之後，將部下分爲十寨，鄭芝龍亦爲寨主之一。在顏鄭之前，其漳泉鄉人去臺者已經不少。顏鄭的聲勢既大，他們的親族故舊，以及爲生活所迫，壯志所動的少年前來投奔的，爲數益多。芝龍的胞弟芝虎芝豹，從兄芝莞等即是顯著的例子。顏鄭不久就能組成一枝強大的海上部隊，即由於此。過去來臺灣的，以商販爲多，此後則留居者多。所以後人的記載上說臺灣之有中國居民自顏鄭始，思齊的部屬多中土人。對於番族，亦予以安撫。開擴墾殖，亦在進行，他們並非專以海上剽掠爲生。

顏思齊死後（一六二五），鄭芝龍代替他作了這個團體的領導者，樹旗招兵，勢力更加強大。一六二六年天啓六年閩省饑饉，芝龍截劫糧船，飢民多來相投，兵源益盛，情報正確，郡縣的胥役，均成了他的腹心，官紳一舉一動，他無不預先知道。他擁有數百船艇，數千（萬?）徒衆，禁止焚掠姦淫，勒迫富人助餉，頗得人心。當時有人說他「禮賢下士，劫富而施貧，來者不拒，而去者不追」，「一人作賊，一家自喜無恙，一姓從賊，一方可保無虞。族屬親故，挈楫相訪」，「偶或上岸，則附近戚里牽羊載酒，束帛承筐，惟恐後也。眞耳目未經之奇變，古今曠見之元兇」。所以他能屢破官軍，縱橫沿海，並通市琉球朝鮮南海諸國，政府無如之何，因有招撫之議。芝龍亦覺寄跡海外，終非了局，有願爲朝廷效力之意。中間雖經波折終於一六二八年（崇禎元年）商妥，芝龍正式投降，此後屢平閩粵海盜，擊敗荷人，累官總兵都督，海船得有鄭氏的令旗，方能航行。

値得注意的，還是他與臺灣及荷蘭人的關係。在顏思齊時代，除了以沿海劫掠一部分物資與荷蘭人交市，另一部分及其在南洋占城等地與販所得，均輸入臺灣，這對於臺灣的經濟生活，自有其影響。鄭芝龍的奬勵移民擴殖，尤有重大意義。食糧關係人類一切的根本，而中國則一向是個災荒的國家。在鄭芝龍受撫之前，一六二六年他已招來不少閩南飢民渡臺開墾。受撫之後，一六三〇年（崇禎三年），福建旱災更爲嚴重，那時芝龍建議巡撫熊文燦招飢民數萬人，人給銀三兩，三人給牛一頭，用海船載至臺灣，開墾荒土。這次的舉動，有兩大意義，第一這是中國政府第一次的，有計劃的，大規模的向臺灣移民，以前則均爲私人的活動。對於漢人在臺灣的基礎的奠定，裨益自必不小。第二是中國政府仍認定臺灣是中國的領土，雖然荷蘭人已侵入多年。荷人初來「臺灣」（安平）的時候（一六二四），顏思齊雖已據有北港，彼此在利害上似尙少衝突，而且商業上又可以互惠。至鄭芝龍時代，勢力驟强（荷人謂其擁有船艇一千餘隻），荷人感到不安，一六二八年（崇禎元年）夏間，曾派船協助官軍對芝龍作戰，結果大敗，荷蘭總督極爲恐慌，幸而不久芝龍投誠。投誠之後，臺灣自應隨同歸之中國，所以纔有此次移民之事。當時荷蘭人數有限，亦正需要人力開發和對華通商，荷人二千居城中，流民（漢人）數萬屯城外，並無猜忌，頗能相安。當時最低限度，我們亦當說臺島是中荷共有。後以芝龍投官之後，衣錦榮歸，生活趨於豪華，對於臺灣似漸不重視，加以淸兵入關，國事大變，一六四六年（順治三年）芝龍降淸北去，不僅他個人從此和臺灣的關係斷絕，明政府既無力顧及臺灣，一時淸廷不瞭解臺灣的地位，臺灣方眞正爲荷人所有，而第一次全部淪陷。（第一章完，待續）

自由中國通訊

我們希望立刻改善的三件事

——臺北通訊

浩然

到了台北二十天，所看過的人，所聽到的話，所見到的事，比了一年以前，確是表現了不少的改善和進步，而心中感到很大的安慰。但是總還覺着彷彿有所未盡，而時時刻刻在意味着一種缺憾。再仔細去思考，則竟止不住担心和沉痛。

第一我感覺着臺灣不够緊張。許多機關，還是百分之百的『衙門』，手續之重複，處理之拖延，精神之散漫，理智之遲鈍，多半仍是因循苟且，絲毫沒有爭取時效的表現。我們是在防洪，我們是在救隄，我們是在風雨之下搶工。請問我們在臺北所表現的這個「搶」字的精神在那裡？在香港銷路很好的反共雜誌，每期每頁在呼喊着臺灣是中國和東南亞唯一和最後的希望，然而在臺北是不准它進口。其「違法進口」的，竟不惜一一予以沒收。這就是「衙門精神」的表現，這是我們救亡圖存的癥疾。許多重要機關的首長先生們，談起話來，一切全部明瞭，一天到晚也未會閑着，種種色色報紙雜誌，一篇一篇鼓勵和批評當局的文章也不少。各種討論會上，演講會上，慷慨激昂的高論更不爲不多，然而我們作出來的事情在那裏？各機關的公務員，一大半閑着沒有事作，而在這等待防禦戰的大風雨的前夕，我們應當作而尚未作的準備工作有多少？我認爲今日的台北，話說的够緊張，而行動不够緊張。首長够緊張，而機關不够緊張。這裏面的癥結在那裏？我們去研究過沒有？

第二我感覺着台灣太不够刻苦。我相信沒有看過中共政權一般刻苦生活的，不會意味到國民政府在這一點物質享受上所付出的代價。他們所拿的，除去三五個最高級人員之外（並且這也還是最近的事情），沒有一個不是土布制服。人民政府委員，部長副部長（太太更不必說），那一個不是排除擠公共汽車和電車（最近兩個月來，才有一部份汽車出籠，大官招搖過市。然而老百姓已經高興了，說這是他們腐化和失敗的開始！）？我在上海十一個月，從沒聽說誰看見過中共幹部到過館子吃酒席，就是接受朋友的邀請，到人家家裏去吃頓便飯的，也是極稀少的事情。他們總是從首長到勤務，大家在飯廳裏，一起鬧着幾個圓棹，吃他們一飯一湯菜的大灶飯（他們自去年十二月起，只吃大灶，小灶特灶廢除了）。我並不認爲他們這種生活方式是合理，但是他們所表現的刻苦耐勞，和我們所表現的奢侈浪費，相形之下，實在太使我們難堪了。今日的臺北，比一年以前的京滬，可以說已經是十分的儉省節約，但是馬路上成群的新汽車，熱鬧街市上大小酒館裏豐盛的酒席，一瓶洋酒，就是小公務員半個月的薪水，兩包香煙，就是前方士兵一個月的待遇。大家住在臺灣的，沒有一個不想確保臺灣，台灣的確保，要靠前方的戰士。大家設身處地，替一個戰友想想，替每一個由海南和舟山撤退回來的戰友想想，他們看見這一群一群風馳電逝的汽車，一家一家車馬盈門的酒館。他們心裏應該在怎樣想？

第三我們備戰的工作也太不够了。我們口口聲聲說，最近七個星期中，敵人隨時可以向我們進攻。但是請大家閉目想一想，如果明天某一個時間，天空忽然降下來炸彈，海岸隱隱吹過來礮聲，台北的情形，將是怎麼樣？我相信我們軍事上的準備工作，已充份的完成。但是我們民間的準備工作，作的怎麼樣？防空防到了什麼程度？防火防賊防到了什麼程度？食糧飲水的準備怎麼樣？衛生設備的代替品怎麼樣？煤油燈、臘燭、水缸、有沒有充份的準備？大家搶購這些物品時的物價暴漲，我們準備控制的怎麼樣？進入戰爭時，城市人必然多數逃避鄉村，房屋必然發生問題，食糧和日用品也必然發生問題，我們又準備的怎麼樣？就拿軍事準備說吧，將來在海岸上作戰，大風經常不停，起火燒飯恐怕不容易，作戰的士兵將吃些什麼？台灣的天氣，晝暖夜寒，他們夜裏將穿些什麼？台灣公路鐵路上的橋樑特別多，如被破壞，是否都能一一很快的修理好？如若能很快的修理好，我們是不是都一一有了確實的準備？我們現在不緊張，將來就祇有慌亂，我們目前表面上的鎮定，實在祇是普遍的內在的痲木。

因爲痲木，所以能不緊張，因爲痲木，所以能不刻苦，因爲痲木，所以能不切實備戰。要打破痲木，必須從行動開始。心理學上說，每一個人內心裏的情緒，無不是受了外界一個印象的反應，這個印象，愈是經由視覺神經（兩只眼睛）傳達的，其反應必愈爲強烈和永久。向一個人描寫冰淇淋好吃，他的反應不會太大，給他一個冰淇淋的圖畫看，他會興趣漸高，在他面前放一杯冰淇淋，他會覺着想吃，教一個人在他面前眞的吃冰淇淋，他不口角流涎的，就是在害胃病。我們想打破痲木，必須要用行動，必須要用人人看得見的行動。

備戰的不積極，由於不緊張，要促成緊張的心理，最好由刻苦下手，因爲刻苦是人人兩只眼睛看得見的，幾個地位高的人，果能眞正實行刻苦的生活，一般民衆，自會感覺時局的嚴重而逐漸緊張起來，比一百次演講，一千篇文章要有用處的多。現在大家時時刻刻在盼望美援，呼籲美援。我們誠然需要美援，然而我們是不是也需要刻苦？那麼請問刻苦是不是要美援來帶給我們的？是不是美援能够帶給我們的？

還有，現在大家提倡和要求節約的議論和計劃，一時甚囂塵上。但我認爲還是太多的八股氣，結果恐怕仍爲脫不了具有時文的命運。因爲節約是不是影響一般生活的重心下手，不能從一全面下手。應從逐步的實現，不求一下子的實現。應求徹底的計劃，不要求廣泛的計劃。要在眞正的去作，不要老是在空口的說。

× × ×

卅九、六、二、

新竹

反共如救火

余大海

(一)反共的前題

今日之事，反共第一，只要反共就好！

從正規軍反共也好，從打游擊反共也好，從政治上反共也好，從經濟上反共也好，從外交上反共也好，從工商業上反共也好，從一般國民生活上反共也好，從人道立場上反共也好，有何不好呢？只要反共，從那個部門都好！

在臺灣反共也好，在金門反共也好，在港九澳反共也好，在南洋，在菲律賓，反共也好，在日本反共也好，在英法德意反共也好，在美國反共也好，在俄國反共，豈不更好，在上海，北平及所有內地一齊反共，豈不更好？只要反共，在什麼地方都好！

至於所有忠貞反共的同志，應在什麼地方反共合宜，應從那個部門反共得力，應當什麼時候反共有效，全靠當局的調度與運用，使所有的同志，都能各得其地，各從其位，各當其時，發揮最大的反共力量！

關上門，使忠貞反共的同志，不能進來，發揮他們的反共力量。這是不對的！鎖上門，使忠貞反共的同志，不能出去，發揮他們的反共的力量，也是不對的！

為了使用一切反共的力量，使他發揮最大最好的效果，應該多多號召爭取，配合動員，而能各得其地，各從其位，各當其時，四面八方，一齊反起共來，這是反共大本營，應有的態度，應有的做法。

萬萬不能，再不分先後緩急，自亂陣容了！

譬如：風雨同舟，舟中人，萬不可互相猜忌，互相埋怨，互相打罵，互相驚擾，感情激動，理智昏迷，人心一亂，力量分散，欲舟不沉，辦得到嗎？試想：一葉小舟，飄蕩在驚濤駭浪的大海中，誰還能閒情逸致，專以挑眼吹毛為能？當其時也，人人皆應化除一切成見，不計任何恩怨，不計較任何功過，同心同德，把穩了舵，一齊努力，撐到彼岸，活命要緊呀。

今天大敵當前，打垮毛澤東要緊高調閒話，影響作戰情緒的，收起來吧！

(二)反共的目的

為何要反共，為生活要反共！

共黨自造反作亂以來，就拚命的攻擊，我們政府的政治不好，然而我們政府，並未使全國人民都無飯吃，今天共黨在大陸上，糟成什麼樣子，且舉幾條，大家看看：

第一、共黨會發命令，十萬火急，沒收你的，歷代勤儉節省，積累而來的田地房產，變成他的田產，還要立刻掃地出門，還要遵令在指定的區域內，討飯為業，而不能為生。誰給你吃，誰犯法。這是共黨的土改農工餓飯了！全部農村破產了！

第二、共黨會想辦法，一時三刻，霸估你的，用盡心血、智慧、勞力、辛苦經營的工場商店，使你欲哭無淚，咬著牙，無可奈何獻給他，還要當眾坦白的說：我剝削了人民，應該歸還人民，這是共黨工商政策！工人店員失業了！全部生產停頓了！

第三、共黨會要欺騙政策，無賴宣傳，強迫人民拍手喝彩，承認他的毀奔為生產，他的凋零為繁榮，他的勞資兩害為勞資兩利，他的只顧共黨享受，不顧人民死活，就是他的公私兼顧，他的出賣民族，割讓土地，進貢壯丁糧食機器，一面倒在俄帝懷裏，就是他的最互惠的外交，他的極權，獨裁，鐵幕，就是他的新民主！……總之共黨的玩意，除了欺騙，就是無賴，除了欺騙，就是無賴！

第四、共黨會玩弄組織紀律，使父子骨肉反目，使兄弟手足交惡，使至親好友血拚，使夫妻同床異夢，使愛人飲痛分離，……這就是他的丟包袱，割尾巴，反家庭，反倫理，反人性的黨員教育！誰能殺老子，親手殺死，面不改色，誰就是最忠實，最優秀的共產黨員。共黨教育的成功，就是人類全體的滅亡！

第五、共黨能殘暴的驅使人民，為他做炮灰；還會麻醉人民，自認下賤，應該受下等待遇，應該為他犧牲；又像受了催眠一樣的，承認他的上級人員，是天生獨厚，應該有特別優越的享受的，毛澤東吃三五香煙，是應該的，毛澤東有四個隨從醫生，是應該的，毛澤東討年輕的電影明星，是應該的。黨軍的靈魂，都被欺騙死了，就是他的軍事訓練！

第六、共黨能忍心，製造飢餓政策，搜光全部鄉村糧食，使全國人民，尤其是一般的工農，都不能不在他的淫威之下，低頭吃盡樹皮草根。肥料豆餅，是上等菜飯。無飯吃，是你手懶。餓死、活該！餓死了，不准說，不准登報露消息，因為共黨有命令，不准餓死一個人，要餓死，就是百千萬，共黨是不救濟的，因為救濟，是假仁慈，不救濟，聽人餓死，才是真仁慈！這就是共黨控制人民生活，防禦反共游擊隊，在鄉村發展的飢餓政策！然而，他不知道，人心反共，是防不勝防的！

總而言之，我們都是人，人是要活着的，不能聽他宰割，活活餓死。人要生活，就必須反共，反了共，人才不會餓死！一句話，打倒共產黨，宰了毛澤東，我們人，才能活着！

(三)一般的誤解

最後，一般人對於共黨的錯誤觀念，也有糾正的必要。有人說，共黨是洪水，不是；是猛獸，不是；是土匪，不是；是強盜，不是；是流寇，不是。都不是，應該說，洪水猛獸是共黨，還沒共黨凶！土匪強盜是共黨，還沒共黨狠！流寇是共黨，還沒共黨殘忍暴虐！世上一切壞東西，包括不了共黨，共黨倒可包括世上一切壞東西。還有人說，共黨是革命的政黨，那簡直比抱着無錫泥娃娃，磕頭燒香拜菩薩，還要滑稽，無聊，自欺欺人！有人說，共黨是不殺人的，只要不反對他，一樣活着，大陸上許多人不是都還活着嗎？太天真了，這種幻想！你如果願意，過那比死還不如的活着，你就快回上海活着去吧！這種幻想，留在這裏，對於反共職爭，太危險了！讓他們回去試試吧！如果過不下，你就趕快再回來，和我們並肩作戰，反共到底！我們的政府，才真是寬大的呢！選擇你的自由吧！

文藝

豪富的下場

王平陵

北京城被李闖王帶領的流寇，包圍得水洩不通，已有幾個月的時候了。朝廷的王公貴臣，百官衆卿，沒有料到這一枝無足重的反賊，竟會打到北京來，都非常憂慮，後悔沒有啓稟皇上提前召回左良玉的大軍，守住河北的要道。假使早就安排了這一着，今天的皇城，還不仍舊是歌舞昇平的花花世界嗎？住在這城圈裏的人，誰會關心到國內烽火連天，到處搞得鷄犬不留呢！

城外的流寇，都是烏合之衆，是爲了發財而團結，而拚命，一心要攻破北京城，好把一般王親國戚所私蓄，富商大賈用囤積居奇的方法所暴發的萬貫家財，敲骨鑽髓，大家撈這麼一大票，好跑回老家去，置田買地，起屋造樓，過一輩子舒舒服服的生活。至於李闖王自己呢，倒不一定想發財，他以爲那些坐在金鑾殿上的皇帝，也是人養的，並不是天上降下來的『天子』，姓朱的好做皇帝姓李的爲什麼不能做。做了皇帝的人，就有這麼多的臣民，向他跪拜，這麼多美麗的王妃，宮女，嬪娥，環繞着你，夜夜可以選擇最新鮮，最漂亮的，陪他睡覺，這樣的生活，眞是開心得很。李闖王常常這樣想，想得入神的時候，便望望巍峩的北京城，憤恨地自言自語：『他媽的！京城裏有這麼好看的騷婊子，騷狐狸，難道天生是侍候王爺們的，老子也是父母養的，爲什麼不能弄個巴來開開心！』

氣勢兇兇的流寇，各有一個大希望在這座巍峨的城圈裏；所以，日日夜夜死攻城，爬城，掘城，千方百計想攻進城來。就是保衞皇城的御林軍，個個效死，決心盡忠報國，也好像抵不住流寇的圍攻，朝晚都有宣告陷落的危險的。

明帝憂心沖沖，思念到祖宗的基業，將在他手裏斷送於不是掛齒的流寇，眞是奇恥大辱，他堅決要竭盡所有的力量，挽回嚴重的厄運。他就在一個凄風苦雨的冬夜，伴着最親信的太監徐高，微服出宮，巡視正在苦鬭中的御林軍。徐高右手張開一把雨傘，抵住天空灑下的雨點，左手提一盞宮燈，照着明帝的脚步，慢慢摸索而行，走向皇城根，那些御林軍防守的據點，他驟聽到一陣喊殺的慘叫，像有一隊偷營的反賊，已從雲梯爬到城頭，立即展開劇烈的惡鬥，黑夜裏，似乎發現亮晃晃的刀光，耀眼欲眩。明帝怔了一下，帶着戰慄，憤恨的心情，避開御林軍的視線，遠遠地躲在冷淸的角落，挽緊徐高的臂腕，一滑一步，攀登城嶺，給他在茫茫的夜空，從敵陣裏不時冒出的火光，透視到有千軍萬馬在移動，反賊的陣容，非同小可，實在不能輕視，他嚇了一跳，幾乎要從城垛上滑下來。徐高慌忙扶住他，誠惶誠恐說：『陛下！不必就憂！也許是左良玉的大兵，回京勤王了。』

憂鬱虫爬上明帝的面頰，澈骨的冰風，吹得灰白的鬍子向左肩上飄，他回過頭來，用很毒的聲音，咬牙切齒地說：『欺君罔上的老賊，要廷杖五百，推出午朝門斬首！』

徐高嚇得魂不附體，冷汗直流，馬上伏地叩頭，抖抖地哀求：『奴才萬死！何敢蒙蔽聖聽！』

『起來！與你無干。』

徐高私慶皇恩大赦，胆怯怯地爬起來，摸摸自己的腦袋，險些兒就將滾下來似的，會心地笑了笑，便把反寇的眞情實況，作一次詳詳細細的報告。明帝恍然大悟，剛才那種戰慄憤恨的心情，全部變成單純的恐怖，也不自覺地對徐高吐出隱祕的心事：『前天，周國丈犒軍回朝，歡天喜地的神氣，說是城外的反賊，已經潰退了，誰知道全是胡說，胡說。』他才明白國家大事，都敗壞在周國丈一個人手裏，又憤憤地罵出來：『周奎！誤國的老賊！罪當萬死！』

但亦無可如何，祇得在徐高的扶持下，一滑一步，回到宮中去。

在回宮的途中，從黑幽幽的皇城根，突然傳來一陣慘不忍聞的呻吟，明帝機械地昂起頭頸，循着凄慘的呻吟走過去，看淸楚正是一隊飢寒交加，無力支撐的御林軍。明帝掩蓋自己的身份，從御林軍的口中，探知是周國丈吞吃了他們的犒賞，是御林軍的統帶，勾結周國丈，吃他們的空額，刻扣他們的糧餉。

明帝回到宮中，連夜召開非常緊急的御前會議。立刻派徐高召周國丈星夜進宮。但周國丈彷彿已知道徐高的來意，接連跑了三趟，不會見到他的面。

明帝急得一佛出世，聲淚俱下，希望到場的百官衆卿慷慨認捐一點餞，犒賞拚命殺賊，誓死衛城的御林軍。大家議論紛紛，爭先陳述自己的苦況，理由都是差不多，沒有錢，吃飯難。使得非常緊急的御前會議仍舊像平常的會議一樣，毫無着落地散會。

明帝中夜走起，繞着臥榻的週圍，踱來踱去，捶胸嘆息。

窗外的雨聲，風聲，混和着宮門外的號角，倍增宮內的凄涼，皇后知道責任在自己的父親，又不忍聽到明帝的嘆息，便由徐高前導，冒雨出宮，直奔母家去。

周奎見女兒星夜回來，神色是那麼倉皇，譏笑女孩兒們究竟吃不住風浪，城外的反賊，怎麼能攻進鐵打的皇城，要這樣大驚小怪做什麼，周皇后哭哭啼啼，跪求多金的爸爸趕快捐出些錢來，解救國家的急難，紓釋皇上的憂慮。

『哈！哈！哈！』周奎抹抹自己的絡顋鬍子，張開蝌蚪似的嘴巴放聲大笑了一陣，接着說：『孩子！家是我的，國是大家的，我又不是傻子，何必先毀了自己的家，來救大家的國。』

『國丈！你不能這樣說呵！』徐高充滿憂慮帶着失望的神色插了一句。

『爸爸！你要做百官衆卿和老百姓的表率，首先毀家抒難才對呢！』皇后跟着說。

周奎略略撥開眼睛，向皇后瞄一瞄，又準對徐高那副樸質無邪的臉，投一個淡越越的視線，笑瞇瞇地回答：『國家大事，無須兒輩担心！』隨即閉攏眼睛，凝神默想，室內變成死一般的沉寂。

他想起自己的出身，並不是高貴，混到今天的名位，掙起這一份家業，實在不容易，他也知道這些金銀財寶，無不是從老百姓身上括下的脂膏；可是，老百姓的反抗力多厲害，他們聯合起來對付他，還要能站得穩，挺得住。有些忘八羔子急於要搶到一個肥缺，來走我的門路，自然是敲他們一竹槓；不過一年之中，這樣的好機會祇恨太少。他的家業，多半是帶三分徼倖，七分冒險，拍賣良心人格換來的。『嗳！』他輕輕地嘆一口氣，想把『刮地皮，做買賣，』剝削老百姓的膏血等等的發財方法，極難做到心滿意足的痛苦，用訴苦的方式，向他們老老實實訴說一番，希望他的女兒在龍心飄蕩時，秘密告訴皇上，不要常在他身上打主意；然不便出口，祇好運用低沉到連自己還聽不出來的小聲音，嘰咕了幾句：『唔！要我拿出錢來，不是就要我的老命嗎！』即怒視徐高，十分憎厭他那副「討債鬼」的臉；但周奎並沒有體味到自己向老百姓敲骨鑽髓時，映照在老百姓眼窗中的惡形惡狀。他本來最歡喜自己的女兒；然女兒定要向他捐錢，連女兒也覺得討厭起來。

當周奎始終沉默無聲，不表示可否時，徐高不知趣，還要以大義相責，翻來覆去說：『大人！你是當今聖上的國丈，皇后娘娘的爸爸呵！』

『放屁！你這奴才！滾出去！敢用正大光明的名義要挾我。』周奎故意大聲咆哮，想嚇退站在身旁的女兒，從此不敢再開尊口，向他需索什麼。

皇后目擊這情形，爲皇上也是爲要搭救自己的父親，便含有規勸的口氣說：『爸爸！你幹的好事情，皇上全知道了，瞞得過老百姓，欺不了皇上呵！你當眞不肯捐一個錢，救救老百姓的災難，解除皇上的憂慮嗎？』

『不、不、不能，我是你最可憐的窮爸爸，因爲我在朝爲官，一不貪贓，二不刻扣軍餉，三不刮老百姓的地皮。』

『四呢？』皇后氣鼓鼓地問。

『四沒有靠你。』周奎說着，站起來，挺起大肚皮，來回踱官步，胖得近於浮腫的橫肉，堆在番瓜似的面頰上，不住地顫動，又拍拍胸膛，自鳴得意說：『哼！哼！北京城中算命摸骨的，誰不說我的八字好，骨頭重，注定是大富大貴的福相。』回頭冷笑笑，婉轉地告訴他的女兒：『老實說，你能做皇后，還不是靠爸爸的福分嗎！』

在平素，周奎絕少運動，連吃飯，登坑，上床睡覺，都是全賴寵姬的幫助。此刻，心裏怪不舒服，一面氣冲冲地踱官步，一面發牢騷，在他老人家竟是非常吃力的工作，忽的，像一陣狂風括倒墳墓上的石碑似的，澎的一聲，倒在安樂椅裏，急促地呼吸，時刻扭轉嘴壳，短而黑的硬鬍子向上翹，喉頭咕嚕嚕地作響，眼睛朝上翻，翻成魚肚白，徐高覷狀不妙，偷偷地退下去，皇后又把他叫回來。她計無所出，惶惑地撫摸爸爸的胸口，淚汪汪地說：『可惜，媽媽死了，要不然，爸爸決不會變成這樣的小氣。』

室內發生小小的驚恐，都以爲老太爺中了風，一口氣轉不過來了，後房裏馬上竄出一隊鶯鶯燕燕，在急忙中來不及把衣服穿得齊齊整整的，鬆散的繡衣，不時顯露朱紅的兜肚，搖移的燭光，映照在雪白的皮膚上。她們有的捧着煎好的藥餌，人參、桂圓……一類的補品，有的拿了老太爺心愛的寶石和佛珠，有的雙手捧着老太爺每天清晨唸熟的金剛經，爲老太爺誦經，爲他消災救難，大家團團地圍着他，唧唧嘈嘈地喚喊。周奎漸漸覺醒了，掠開朦朧的眼睛，看見自己的嬌姬寵妾都是神魂不定，哭哭啼啼的樣子，不知爲什麼事，他好像做了一場夢。迨發覺徐高沒有走，女兒站在面前，才恍然大悟他們的來意，是來向他要錢的，便趁此機會，裝摸作樣地伏在鶯鶯燕燕的肩背上，逕向後房裏走。

周奎喝完了參湯，斜躺在繡榻上，眯眯地窺看那些姬兒們的妖態媚勁，滿懷着說不出的喜悅。

『大人！徐高扶着皇后回宮了！』家丁的傳報。

他霍的坐起，更覺心快神怡，如釋重負。立刻吩咐家丁把前前後後的門戶，一律緊緊地關鎖起來，趕跑到花園裏那座假山旁，把早就掘好的土坑，拚命掘，能掘到多麼深，就掘到多麼深；而後勒迫姬兒們把分藏的金銀財寶，全部拿出來，再徹底計數一遍。他知道單是黃金就有十五萬兩，其餘，元寶萬多錠，珍珠一萬多顆，足尺的珊瑚樹十多株，南洋進貢的夜明珠，可說是稀世的奇珍，他就擁有六顆之多，差不多都有鷄蛋那麼大……這些寶貝，他決心裝入量着自己的身材，在三年前雇工預造的那口楠木棺材裏，在死後娛樂自己的靈魂；所以，連他最得寵的姬兒都沒有份。他低着頭彎下腰架親親密密地吻着擱在桌子上，牀沿上，地氈上的金銀財寶，檢起一粒閃鑠的珍珠，眉花眼笑了一回，又輕輕放在原處。誘惑那些姬兒們心愛得要死，都雙膝跪下來，懇求老太爺的恩賜。

『起來！起來！』周奎聳起肩膊，樂不可支地嚷着。

隨即兩手按住膝蓋，賊頭賊腦地

瞄瞄姬兒們的臉，一本正經地說下去：『我老了，對這樣亂糟糟的世界，還有什麼捨不得呢！我就愛我的金銀財寶，我定要把牠們帶進楠木棺裏殉葬的。你們要分一點，可以，我可以給你們；但當我病重快死時，你們要在我面前，先喝一杯毒藥，情願不愛自己的青春，愛我，跟我殉葬。』

姬兒們又不約而同的伏下來，叩頭祈禱，祈禱老太爺永遠不會死，至少活到一千年，一萬年。

周奎在這一群姬兒們誠懇的頌禱中，他的心歡喜得像開了一朵花，就同一條惹人憎厭的蚰蜒虫，倒栽在香噴噴的花蕊裏，迷迷糊糊睡到大天明。

天明了，風聲已一刻緊張一刻，城裏的老百姓，都從亮鑠鑠的鋼刀下，逃竄他們的活命，到處是淒慘的號哭，求救的悲聲。一條最熱鬧的大街，火發冲天，形成廣漠無邊的火海。城外的賊寇，終於攻進城來了。

接二連三的惡耗，比天上的閃電還要快，傳到周奎的耳朵裏，傳到滿朝的文武百官，一般富商大賈的耳朵裏，無不岌岌遑遑，攜帶黃白細軟，嬌妻寵妾，向城外狂奔。漏網的雖然也有；但多數被捕的魚，任聽賊寇的擺佈，縛手縛腳，牽引到闖王屯兵的行宮。

闖王高踞寶座上，命令嘍囉們衡量他們的頭部，依照頭部的大小，定製一個銅箍，套在他們的頭上。周奎的頭特別大，所以套上的銅箍也特別大。

他們排列在街沿下，誠惶誠恐，腿部有些發酸，不知道高高在上的李闖王，將在想什麼鬼花樣。有的低頭沉思，有的，眼不轉睛地瞪視他那張紅紅的臉，銅鈴似的大眼珠，粗硬的黑頭髮，又濶又厚的嘴，有的，預料沒有好結局，好像萬事俱休似地靜候最後的惡運。

一會兒從闖王又闊又厚的嘴巴裏，衝出一道命令：『嘍囉們！加緊他們的銅箍！』

嘍囉們不辭辛苦和麻煩，馬上把準備好了的鐵捧，鐵錘，動手工作起來。當第一根鐵捧，嵌在銅箍的邊沿，將要高舉鐵錘用勁錘下去時，周奎的心臟，突然起了劇度的收縮，雙股起料，首先荷荷地號哭。這時候，他什麼都不要了，祇求保留自己的老命，便向闖王徹頭徹尾說出自己的藏金，伏伏帖帖，在嘍囉們的嚴密監視下，被逼着到花園的架山旁，指點他們發掘自己的藏金。

『想不到周奎是這樣無用的傢伙，前幾天皇上以國家的名義，向他捐錢，他寧可不要老命，一個錢不肯捐，今天還是老命值錢呢！』有些愛錢如命，預備頭破血淋的好漢們，看到周奎的胆小怕死，都說沒有錢，爲了確守信用，今天無論如何要堅持到底的。他們深深體驗到發財不容易，用正當的方法去搞錢，當然更難，就是用刮地皮，敲竹槓，囤積居奇的方法，要達到發財的目的，也非常吃力；所以，他們決定忍受無法忍受的痛楚，等候賊寇們慘無人道的敲打。

嘍囉們開始運用一致的動作，把一根長長的鐵捧，用力挿入套緊的銅箍，乒乓，乒乓，發出單調的金屬碰撞聲，鐵捧與鐵錘，迸裂星星的火花；但祇有第一次錘下去時，彷彿發出一聲輕微的呻吟，這以後，他們的頭部，就像受過訓似的，那麼長的鐵捧，一根又一根，錘入套緊的銅箍裏，既不呼叫，也不求饒，祇見幾千個胖胖的肉頭，傾斜在一邊，腦殼炸開，血淌在面額上，乳白色的腦髓，四散飛濺，像煮熟的荳花。嘍囉們再勉強錘了幾下，他們的身體就軟如木棉，儘管綑綁在樁木上，也不得不縮下去，先是縮成一團，繼是兩腳伸一伸，手向空中招招，便直挺在地面上，這些好漢們眞像烈士殉國的精神，勇敢地以身殉錢了。

李闖王大吃一驚，想不到這些狗×的，愛財甚於愛命，使他這一個異想天開的策劃，全部落了空，毫沒有得到預期的收獲，十分頹喪，站在他左右的嘍囉們都在長吁短嘆，表示同樣的頹喪。

正在失望的時刻，一陣前呼後擁的鬧聲，遠遠地傳來，坐在寶座的李闖王，已發現嘍囉們在周奎家裏做完了搶刼的任務，興高彩烈地回來了。待轉了幾個彎，首先看見周奎領一批打扮得花枝招展的騷姐兒，走在前面。他心裏癢癢地感到不可言說的快慰，滿以爲『天鵝肉』就要到嘴，便從寶座上跑下來，趕上去迎接，拖拉一個最惹人喜歡的，死不放手，一面揚揚大姆指，稱道周奎慷慨。隨後，一口笨重的楠木棺材壓在幾十個嘍囉們的肩膀上，『杭育，杭育』地扛進來，立刻吸引了無數雙賊眼的注視。及揭開棺材蓋，那些黃澄澄的金子，白晃晃的銀子，亮晶晶的寶珠，刺激了每一個賊寇的心，都像貪婪的鷹，撲着翅膀在半空中飛，從那些倒下的套着銅箍的肉頭，飛到周奎身上，又飛進楠木棺材裡。這時候，沒有毀家紓難，而是毀家於難的周奎，總算保留到一條老命了，嘍囉們牽了主子的命令，仍舊抬着一口空無所有的楠木棺材，把周奎送回了老家。

徵稿簡則

一、本刊歡迎：
(1)凡能給人以早日恢復自由中國的希望，和鼓勵人以反共的勇氣的文章。
(2)介紹鐵幕後各國和中國鐵幕區極權專制的殘暴事實的通訊和特寫
(3)介紹世界各國反共的言論，書籍與事實的文字。
(4)研究打擊極權主義有效對策的文章。
(5)提出擊敗共黨後，建立政治民主、經濟平等的理想社會輪廓的文章。
(6)其他反極權的論文、談話、小說、木刻、照片等。
二、翻譯稿件請附原文或註明其出處。
三、賜稿務望繕寫清晰，並加標點。
四、凡附足郵票的稿件，不刊載即退回。
五、稿件發表後，每千字致稿酬新臺幣十五元至卅元。
六、來稿本刊有刪改權，若不願受此限制，請先說明。
七、惠稿經本社刊載，版權即本刊所有，非經同意不得轉讓。
八、來稿請寄臺北市金山街一巷二號本社。

中篇連載

荻村傳（七）

陳紀瀅

第二次直奉戰，荻村沒等到徵兵，直軍便敗了。一直到北伐軍進入北京城時，傻常順兒、完蛋蛋兒、小淘氣在荻村人心目中，似乎都成了久經戰場的英雄，功成引退的軍界耆宿，尤其傻常順兒把這一段歷史編造得有聲有色，常另一批孩巴芽子們，要他講當兵故事時，他便說：

「你們先叫我連長！」

於是小孩們喊他：

「傻常順兒連長！」「傻常順兒連長！」

「名字不要，光叫我連長！」

「連長！」「連長！」……

「連長！」「好，你們立正！我先教你們唱歌」：「你有心，我有膽，咱倆去交戰；想個法子滅了他，强盛我中華！」再唱：「黃族應享黃海權，亞人應種亞洲田。青年，青年，切莫同種自相殘，坐叫歐美着先鞭。不怕死，不受錢，丈夫絕不受人憐，洪水縱滔天，隻手挽狂瀾，方不負石盤鐵硯後哲前賢」。

「常順兒！不，連長！什麼叫做黃海權，着先鞭，挽狂瀾哪？」

「黃海權就是皇上的拳頭，着先鞭就是先放漢口鞭，挽狂瀾就是有碗有筐有籃子。」「呼？呼？呼？」小孩們恍然大悟。

「有一天，我們這一連奉命去包圍駐在一個村莊的一排奉軍，我領着弟兄們，躡步躡腳，團團把村莊圍住，放了一聲信號槍，你猜怎麼咧？奉軍也「乒乒」「乒乒」打起槍來，我叫弟兄們攻擊，他們一齊湧入了村莊，我在後面督戰，弟兄們站在高崗上，我喊着：目標大廟，距離二百五十米，瞄準攻擊，「噼啪」「噼啪」打了一陣？你猜怎麼咧？廟蹋咧！把一排奉軍給壓死的壓死，壓傷的壓傷，被我們活捉了許多。我打了這回勝仗，團長要升我做營長，你猜我怎麼說？我說團長！我將就點一輩子當連長吧！營長要帶五百人，我可嫌麻煩。」

「又有一次，吳大帥來檢閱，他那兩只高高的顴骨，兩隻透瓏眼，眞有神，還瞅了我半天呃。」

傻常順兒這樣吹牛唠腿，然而他的職業還是爲人起糞，充短工，住的還是扣兒磨菇家的牲口棚，所差的，那匹禿驢已不是他的伴侶，到底被張一刀宰了賣肉喫了。

七　變

荻村的農產品，估量最多的，要算穀子、高粱、山藥、豆類、蕎麥和棉花。北方以產棉盛，荻村因土地肥沃，地勢稍高，所以棉花便成了人民穿用之外的主要財富。平常年頭，一畝地可以摘花七八十斤，好年頭，可以摘花一百二三十斤。在民國十年左右，每百斤花可售十二三塊銀元到民國十七八年，每百斤花售價已漲了一倍。雖然農村的貨幣，經制錢、官帖，已經改換成銅子兒、洋錢，農民種田的成本也增加了一倍，有時候種花要賠錢但他們還是拼命地多種棉花，一個三十畝田的人家，大概要種八畝穀，五畝山藥，二畝高粱，二三畝豆子蕎麥，其餘十畝田統統種棉花。

夏末，漫田遍野，黃金色的花朵在深綠的掌狀葉下怒放，似萬盞金盅，搖曳在青簇綠野的田疇裡。慢慢，花謝了，果實成形。秋天來了，雪白的棉朵，似豐潤的少女臉蛋，被秋陽曝曬，越曬越健康。農婦們裹着頭，在胸前繫上一個布包，唱着俚曲，如漫野行軍，擺成一字形，開始前進摘花。她們珍惜每顆上的果實，摘入胸前的包。怕有遺漏，還有第二排人來掃蕩。

把花摘滿了包，傾倒在田邊的大布包，不上半天的功夫，像小山丘似的棉堆便在田邊的布包裡積成。一年的辛苦換來的愉快都在這堆積如山豐滿多姿的棉朵上。

農民們遇到豐收的年頭，當家的家長，經常在笑臉中帶着驕傲，除了一部分軋棉成絮，紡線織布以外，大部分則送到集上去出售，把售來的錢，好繳納一年的田賦、捐稅、攤派。假使年景不好，則那棉花朵則如缺少營養，鷄皮鶴髮的老婦人，乾癟癟的沒一點肉，產量可以減少一半或不止。這時當家的因一年的辛苦換來了失望，則愁眉苦臉，必須另背出穀子高粱去糶賣，繳付上不能因收成不好可以豁免的錢糧捐稅。

天災，人禍，疫癘，經常籠罩這鄉村。農民們唯一的抵抗是用命運，是脆弱不能估計的武器。收成不好，是老天爺看村裡做缺德事情的人太多了。甚至於出了幾個壞女人，也是他們婦罪的目標，是可以影響年成的。誰家死了一個年青人，無論得的什麼病，請了多少醫生，死了，怪他的命不好，該死，再不然，就是怪拆了廟，村裡那處風水不好，誰家的墳塋地不好，誰家的房子蓋高了一點，那「泰山石敢當」的小石椿衝了他家的房簷，那面高懸門樓的小鏡子，照了他的映壁牆。雖然傳教士勸他們不要再貼門神爺，不要再崇拜灶神，他們和她們依舊是修墳道，講風水，拜偶像，尙迷信。只要是災荒年頭，不是看見誰家的墳頭上出現了一位穿紅衣的旱魃，就是哪處發現了一隻代表龍王爺的小蛇。哪處發現了聖水井，喝了可治百病；什麼神曾經給誰託夢，囑咐他曉諭村中人修廟，免災免難。要是不怎麼樣，全家大小，幾天之內，吐血而亡。種種稀奇古怪，嚇人咒死的傳說會接二連三，在最短期間，遍揚閣村。而這些謠諑又往往是藉逢三排八的集日傳佈，集日又成爲一切消息傳播的總匯。

有一個集日，一羣從保定來的中學生在集上演講，他們說：「革命軍北伐已經打倒了北京城，國都要由北京還到南京，北京改叫北平了。北洋軍閥已經被打倒了！什麼叫軍閥？軍閥就是專門欺壓老百姓，殺人不眨眼，擁兵自肥，不替國家辦事的武人。革命軍要打倒帝國主義！什麼叫帝國主義？帝國主義就是以武力的、政治的、經濟的方法來侵略別國主權的一種主義，目前侵略中國最厲害的帝國主義國家，就是英國和日本。革命軍要打倒土豪劣紳，土豪劣紳就是城市和鄉村裡的專門欺負老百姓，壓榨老百姓，出頭露面的人。這種人每個村裡都有！」

又有一個學生說：「革命軍是弔民伐罪的，替老百姓作主的！」

這些話，趕集的村民有的聽得懂，有的糊里糊塗，總而言之，他們知道天下又變了。

「打倒土豪劣紳！哼！」張五爺從集上聽了這羣中學生的演說，在回家的半路途中，這樣自言自語。「誰是土豪劣紳？還說每個村裡都有！哼！豈有此理！我張老五是土豪劣紳嗎？就是，怎麼樣？誰敢來打倒我？哦！他們就是革命黨呀！革命黨沒有好東西！好！我不許他們再演講。」

以後，這羣學生們就果然沒有再在大庭廣衆的地方演講了。而張五爺照舊欺壓老百姓，照舊放高利貸，在賦稅捐派中照舊揩油抽頭，甚而引誘良家婦女逼迫成姦的事，常有所聞。誰敢惹他？他就是荻村的土皇帝，小霸王！他憑什麼這麼幹？憑他的伯父是官兒，憑他有一般蠻勁兒。「任憑你世界怎麼變，可是我荻村不能變！」他常說。

忽然省府下令修汽車路，從保定起到縣城止，全長一百二十華里，經過荻村村北和村西，除了原有的車道以外，要另佔良田合計三百四十畝。爲了測量路線，省裡派下辦測量的人神氣活現，並且故意放出風來：這條路可直可彎。意思是說，祇要你肯花錢，可以不打你家田地裡過，否則，本來是不打你家田地裡過的，也要非向你家田地裡過不可。

消息傳到張五爺耳朶裡，測量人員又和他密談過一次他心裡有數，因爲他家的田地都在村東，無論他怎樣彎曲，也不會彎曲到他家的地畝內，於是他琢磨了一會兒，他想出了主意，叫大粗腿篩起那面大破鑼來，招呼凡是村北村西車道兩邊的地主趕快來學堂開會！「修汽車路了！修汽車路了！誰家不樂意把地佔了去，趕快來開會！」

不一刻，學堂門前，擠滿了人。張五爺提高了嗓門把修路佔地的事情告訴衆人，讓大家按地畝多少湊一筆錢給測量人員，請他們手下留情。大家一聽，深怕自己的地畝被佔得多了，爭着答應，不一天的功夫，湊足了七千銀元。他們都是糊里糊塗地希望出了錢後，自己的地畝可以少佔點，甚至於最好不被佔。

張五爺錢拏到手之後，二一添作五，就和測量人員平分了。可是測量人員把錢拏到手，還是照省府交下的原定路線測量，照樣該佔多少地就是多少地，佔了誰家的就算誰家的。「這是公事，沒辦法。已經少佔你的一，要不是我們從中做情，你這塊地一隴也留不下，別不知足。」測量人員賣弄交情地訓斥他們。

修這一條公路的結果，有十五家損失了三分之一的祖田，有二十家損失了四分之一的祖田，還有兩家小地主的兩三畝祖田，完全被佔。

這還不算，工料也都是由自己負擔。其實省方規定佔百姓的地每畝須付銀洋五十元，工料也規定付錢的，然而都被經手人摟進腰包。

當公路修好，風馳電掣的汽車如猛虎飛熊一般的在公路上馳驅的時候，不但荻村，所有沿路受害的村莊人民，有的哭嚎着躺在路上擋住汽車的行駛，有的聚集幾十人幾百人到夜晚用鐝子鋤頭來扒路。縣官不問青紅皂白，凡是扒路的，逮住一律槍斃，阻礙破壞的風波不久雖然被壓制住，然而民怨卻無法從他們內心裡平息下去。

扣兒　菇雖然和別人一樣，糊里糊塗過日子，世界怎樣變，他也不清楚，誰是京裡的主人，他也不關心，可是有一椿事，他知道眞是變了：從前三個制錢買一個燒餅，現在賣十個銅子；從前一斤猪肉賣五十個錢，現在賣一毛五；從前一個長工，一年不過四十吊錢，現在要六七十塊銀元；從前一埣洋錢換兩吊多制錢，現在換四百銅子。從前他三十畝地收成好了，可以過兩年，現在收成好了，只過一年；從前收成壞了，還可以過一年，現在只够過半年。從前過年過節還可以置一兩件新衣裳，現在置不起了。從前替人家種「客家地」有利，現在我種「客家地」有害。從前他還養活一隻驢，現在連一隻驢也養不起。錢數兒大了，也多了，可是爲什麼我的日子越來越不濟？

他想來想去，想不通這是什麼道理。但他認爲這裡邊已然有了問題。

他再想一想，村裡的事變了多少？大廟大寺都折了改做學堂，只賸下十字街口三個廟。女人不再纏足，男人剃成光和尚，讀私塾的改上洋學堂，外國貨一天比一天多，誰也不愛穿本地織的布了。年老的死了，一般年青人是那麼飛揚浮燥。尤其是一般姑娘媳婦們都不像過去那麼害臊了。「媽的！連早先村中人辦事都是公公正正，爲什麼現在是這麼狗皮倒灶？噢！這就是變了，一切變壞了！」扣兒麐菇下意識地胡亂批評着。

他對於張五爺這幾年來遇事摟錢，心裡着實不痛快。不是他忌恨，他覺着以先陳三爺，郝秀才都是乾乾淨淨，眞是替鄉親們辦事，遇有攤派，自己多拏；遇有征借，自己先出，眞是個鄉長的樣兒；爲什麼張五爺既不缺喫，又又不少花，小小不嚴，倒也罷了，爲什麼這樣尅，扣的狠？鄉親們誰不背地裡說七道八，但誰敢明大白地哼一聲？他自然也是敢怒而不敢言。可是他心裡不痛快。不知從那一年起，扣兒　菇添了一點嗜好，心裡一不痛快，就從雜貨店裡沽二兩燒酒喝。

這天，正遇着一宗新發生的事件。從天津來了一帮買賣人，說是奉官家命令替日本人收購棉花的。這羣買賣人由縣裡派着人保護着，氣焰很大。原來每擔上等棉早已售到二十四元，這一次祇給十八元，並且非在荻村收買五千擔不可，誰要拒不出售，送縣衙法辦。張五爺挨門挨戶迫着村民售棉，扣兒　菇家僅存的五擔棉，也被迫出賣了。

扣兒麐菇喫了三十塊錢的虧，心

裡十分不快，然而有什麼辦法？扣奶奶絮絮叨叨，又哭又鬧。傻常順兒偏巧也不在家。扣滿肚子冤氣無處發洩，拿起那只錫酒壺，踹出了家門，他從雜貨店裡打了四兩老燒酒，又蹣跚到了張一刀的宰房。買了他十大枚的熟食肉，坐在張一刀的肉案旁邊一只小杌墩上自斟自酌起來。

他正當喝下第一口酒，偏可完蛋蛋兒打張一刀宰房門前經過，扣一見是他，不由得勾起他滿腹心事。

「來！完蛋蛋兒！來和你扣參一塊喝酒！」

完蛋蛋兒自從那年當兵，因爲他的告發地狗子，張拴子都一命嗚呼。這件事雖然小淘氣兒，傻常順兒沒給他宣揚，可是兩家家長和村中人慢慢都明了底細。張一刀整天介嚷着替兒子報仇，早晚非要他的狗命不可。地狗子的奶奶，爲這件事哭瞎了眼。完蛋蛋兒又愚又陰險，他常常指天盟誓，說：「他們的被槍斃，絕不是我告發的，反正一開小差就注定了死。老天爺若是沒眼睛，爲什麼不讓我死？」

話雖然這麼昧着心說了，但他心裡確實非常嘀咕不安，起初他多方討好小淘氣兒，好言好語，哄傻常順兒，並且在張一刀面前假充孝順。年代久了，他便不再那麼親近，時時躲避着張一刀，連過年完蛋蛋兒也不到他家去拜年了。張一刀平時正在納悶，這回見完蛋蛋兒鬼頭鬼腦地在門前過，扣兒蘑菇喊他，他裝聾，氣得張一刀兩眼冒火，一個剪役，把完蛋蛋兒像捉雞似的抓進來。

「你扣參喊你要喝酒，你爲什麼假裝不知？」

「嗯，沒聽見。」

扣兒蘑菇見他支吾搪塞，又添了一股子懊怒，於是他揪起完蛋蛋兒的領襟，說：

「我問你，完蛋蛋兒！人是不是應該有良心的？你的良心在哪裏？拴子和地狗子的事，是不是你出的壞？今天當着你張大參，說句老實話，你說！」

「還提這過去事幹嗎？扣大參！我聽說你今天賣棉花受了委屈，那怪誰？你要怪張五爺，不然你也可以怪縣官，再不然你去怪東洋鬼子。誰讓他們官大勢大，你抗不了呢？我和你扣大參井水不犯河水，何苦找尋我？」

本來扣也不過借酒消愁，把完蛋蛋兒罵一頓也就算了，却不料引出他一套嘎七嚕八的俏皮話來，眞是酒能助膽，拿起那只酒壺向他的頭擲去，却被他躲過，他又掄起那隻怒火中燒的拳頭來，揪住完蛋蛋兒就打，張一刀也激起了多年仇恨，也幫忙一拳一脚地揍他。不一會兒，完蛋蛋兒被揍了個鼻青臉腫，滿口血漬，動也動不了，好容易被人拉開，才抬回家去。

第二天，完蛋蛋兒的媳婦便到縣衙門裡去控告扣兒麻菇和張一刀，說他倆毁壞村長名譽，不聽規勸，還夥同傷人。原來完蛋蛋兒借機挑撥張五爺和扣，張一刀的感情，說他倆爲售棉的事，爲死兒子的事，在背地裡汚衊張五爺，他勸他們不聽，反倒挨了打。

張五爺一聽，十分相信，所以扣兒蘑菇貪了事，他便袖手旁觀，不來說合。扣兒蘑菇和張一刀有口難辯，祇得坐了一個月的牢，還拿出錢來給完蛋蛋兒養傷。

九一八日本佔了瀋陽城，沒半年功夫，日軍繼續侵佔了黑龍江省城。張舉人於日兵進駐省城以前病死任所，張夫人帶着歪歪桃兒一家大小十幾口人，押運張舉人的靈柩，不久便返原籍——荻村。

歪歪桃兒，不，應該稱她張舉人的夫人，已然不是十七八的大姑娘的樣兒，而是三十七八歲的中年婦人了。她生下了一女一男，女的叫龍妹，九一八那年已是十五歲，男的叫龍英，比龍妹小三歲。因張舉人的大太太一生沒有生育，所以龍妹，龍英姐弟二人，既長得俊秀討人喜歡，大太太更愛如己出。這次若不是日本鬼子侵佔東三省，就是張舉人死在黑龍江省城，他們也不會返原籍的。

跟着，荻村那些下關東謀生的人們，受日本武力侵略的影響，有的失了業，有的不甘心給他做工作，陸陸續續返回荻村。這是荻村對外發展遭受最慘重的一次。

歪歪桃兒這次回到荻村與二十幾年前離開荻村的情形，顯然不同。那時候，她還是一個村裡小戶人家東大辮子的姑娘，姐姐拐子蓮是一個賣燒餅菓子的女混混，誰也瞧不起。現在自已已經做了多年的官兒的姨太太，並且生男育女。雖然官兒死了，但已取得的地位，誰也沒法否認的。祇可惜的是姐姐死的冤枉，死的太早，她看着自已住過的那三間土坯房，引起她不少悲痛。原來和她常常一塊玩的小姐妹們也是嫁的嫁，死的死，也不是當初情景。只有大脚蘭兒雖然近六十歲的人了，却依然不老，還事從早到晚，從東頭張羅到西頭，一會兒蹓逛在南頭，一會兒在北頭出現。

歪歪桃兒回到荻村的第一天，大脚蘭兒打扮得像老妖精似的，跑到張府上去拜會她：

「你看，我是怎麼稱呼你？稱你張太太呢？還是官兒娘子呢？」「你別笑話我，人越老了，越糊塗。」說完後呱呱笑起來。

「蘭兒大娘！咱們娘兒倆還有什麼說的？當初叫我什麼，現在什麼好了。」

「不介，不介，你出外這些年，又有大兒大女的，我怎麼那麼糊塗，不知好歹，連個稱呼也不懂。那麼，我喊你妹她媽，好吧？」

「大娘！你老太客氣了！」

「妹她媽！你看是誰客氣？以後你別你老的，這是你們官宦人家的稱呼，咱們是泥土地灶火堂生的，不會說外邊的話。你們眞有福氣呀！你看妹長得眉是眉，眼是眼，眞像你小時候的模樣兒。英長得也多麼俊，從小看大。看着這群孩子們我心裏夠多麼喜歡。可惜他姨不在了，要不介，看着這群外甥兒們活蹦亂跳的，夠多麼有趣兒。」唉！提起你姐姐呀！眞是命苦，要是多活幾年，那夠多麼好哇！不承望她命中有災難。」說着說着，眼花一轉，嗚嗚哭起來。逗引得歪歪桃兒也痛泣不止。大脚蘭兒和她又說了半天閒篇才告別。

歪歪桃兒想爲她姐姐報仇的心已被長久的年月給冲淡了。但當年那班常和她姐姐厮混的光棍們，還沒忘那年爲水災演戲的一場災難。

但他們都覺得過去荻村人是和烟村門，近幾年來，不和烟村門了，但加上自己給自己門。

當扣兒蘑菇坐滿了牢，回到家的時候，傻常順兒安慰他，說：

「扣參！冤枉！冤枉！我們就永遠被這麼冤枉下去麼？」

（未完）

美奸希斯叛國原委（一）

R. D. Toledano A. V. Lasky 原著
遠思 節譯

一九四三年仲夏，在華盛頓一家餐館中有四個人會晤，如事先所安排的，他們一個個的到達，漫不經心的湊到一張隔離的桌上，在其他的食客的聽距之外。

柏德遜(J. Peterson)看上去像一個唯命是聽的政府書記，華爾（Harold Ware）在外表上既像一個教授又像一個賽跑道上的接應者；高而瘦的希斯（Alger Hiss）穿戴適度，是一個標準的顯達的青年政府律師；張柏斯（Whittker Chambers）——被介紹給希斯為卡爾——是一個矮而肥的青年，穿着他第一套白色服裝，偈促不安。

共他三個人都知道柏德遜是在美國的高級共產國際代表，他首先發言，說話帶有一點外國口音。他解釋說，共黨對於在華盛頓的一些黨員們已有計劃，將設立一新的「機構」，包括的同志似乎是在政府中的要員。

他宣佈希斯使是這樣的一個人。為什麼讓他徒消耗精力於黨的公開活動，由於他是一個惹人注目的共產黨員而最後毀壞了他的有用之處呢？他應立刻脫離在農業調節總署中的華爾（Hel Ware）的小組織，同時從此嚴格地遠離任何左翼活動，並必須肅清他家中的一切有關秘密的書藉，僅僅只有在這秘密機構中的同志們才知道他決不是一個相當保守的新政支持者。卡爾（張柏斯）是他直接接觸和在他之上的人，他應無問題的服從張柏斯的命令。

張柏斯生於一九〇一年，為荷蘭、法國、德國和英國的混合世系，或是簡單的說為美國世系。他的父親是一個頗成功的商業藝術家，是一個不可思議的論者。但是他的母親却堅持孩子們——包括張柏斯在內——應受監督教的洗禮。

在一種優雅文化的氣氛中，張柏斯長成為一個安靜熱烈的孩子。他有一些他父親模糊的反叛性，和他母親的保守主義相衝擊。他十七須時，在林布魯喀（Lynbrook）銀行內工作，這工作很使他困惱。他母親堅持他入大學，這堅持激怒了他，於是家庭破裂，他逃離了家。

他化名為亞當姆斯（Charles Adams），在華盛頓當一名普通的勞工，修理公路。數月後，徒步到新奧連斯，生活在悲慘的隱遁中。後又向西行，當一名巡行的勞工，經過了流浪生涯的磨鍊，最後他準備入大學。是在哥倫比亞，張柏斯的反叛性方開始集中在激烈的觀念上。他挿身在一群爽朗、憤世、破壞偶像的智識份子之中，他極力主張重造一新世界，這世界在他的心中沸騰着。

他不耐學校生活，於是和一個同學跑到了歐洲。這一次的旅行便將他推進共黨圈內。一九二三年夏天的柏林在這個易激動的美國青年眼中是一個顛狂的城市。一蒲什爾　的馬克買不到一塊麵包，一枝香煙可買一個女人。洶湧的共黨學生們在街上高歌馬克斯的歌：「將暴君們的肥油塗光斷頭台……：血，血，血必須流！」受了戰爭摧殘的法蘭西和比利時僅僅加添了他內心的失望，使他有了一個强制的信念，就是他必須對於這一切做一點事情。

回到紐約之後，他拚命地尋求世界問題的解答，於是決定參加共產黨。

幾年以後，他在華盛頓作證時說：「沒有一個人徵求我入黨，罪惡的東西——共產主義——在十字路上帶着一個簡單的回答伏待着。」在一個骯髒的頂樓上，他首次看到付諸行動的革命。他所發現的是一群嘈雜叫囂的人，而不是如他所預料的為一羣頭腦頑强的忠實的列寧信徒，和黨派的鬪爭比革命更有關係。但他不願讓夢幻消滅，却立刻獻身於黨的活動，最後參入了「每日工人報」（Daily Workrs）的陣營。

一九二六年十月，他的革命熱情被一件個人的悲劇而削弱。他的弟弟自殺而死。這打擊使他意志消沉。但終究他在劇烈的共黨工作中尋得了安慰。他被派為「每日工人報」的外交欄編輯。因為官方新聞編輯邁諾（Robert Minor）從事黨派的鬥爭，張柏斯實際上是經理報紙事務。然而，因他是一個被人注目的智識份子，便成了可疑的和嘲弄與陰謀的目標。最後他厭惡地拋棄了這工作，但仍保留黨藉。

他翻譯了德國銷行最廣的書Bambi，同時不斷地寫出了他自己的詩和短篇故事。此時他與西米滋（Esther Shemitz）結婚了，她是當他為每日工人報掩護一紡織工廠罷工時會見的，她是罷工領導人之一。

假若不是一個莫斯科的刊物「國際文學」（International Literature)因他在「新群衆」（New Masses）中所發表的短篇故事而頌揚他，他可能在寫作的愛好方面脫離這「運動」。他立刻被請為「新群衆」的編輯。

一九三二年的一個春天，他接到一個黨的高級要員柏達其特（Max Bedacht）的電話。廿四小時以後，他便成了共產黨地下工作者——一個蘇聯的秘密工作者，以他自己的術語來說是一個「無臉的人」。到現在他還不知道為什麼他被選担任這任務。他被告訴說：「你將從事地下活動，假若你拒絕，你便要被開除黨藉。」他感到很苦惱。寧願仍是一個編輯。但當他宣講了布爾雪維克的訓練和犧牲以後，他不能畏縮避開這個人的試驗。

自此以後，沒有一個共黨朋友知道他的情形。他變成了一個有許多名字或是沒名字的人，遵從匈牙利人柏德遜和其他高級人員的命令，週遊全國。

因爲他是一個學習的間諜，最初只担任遞送的工作。當德國的船隻停泊在紐約時，共黨的聯絡員定期地與共黨船員會晤，收集一些表面上無可疑處的信件，便宜的鏡子，張柏斯便將這些帶到秘密的地方。經過一番化學藥品的作用後，這些信中所顯示的是地下的秘密消息，以看不見的墨水寫的。打開鏡子的背面，便顯露出一片片的電影軟片。

張柏斯的腦筋和熱情使他在他的工作機構中蒸蒸日上。徵求工作人員是他的工作之一，以便從事當地的工作和國外各地的工作。例如，由於一個文學界的秘密工作者的幫助，他在東京設立了一假冒的「特殊企業組織」，藉以掩護一個間諜。又有一次他會去舊金山送一萬美金給兩個蘇聯秘密工作者從事太平洋島中的間諜活動。

張柏斯在其他的工作之外，立刻又有了一重要的工作，這工作便固定了他的生活形態。莫斯科畏於希特勒的纖張不已的力量，決定了它著名的木馬政策(Trojan Horse Policy 開始籠絡一般自由人士，美其名爲人民戰綫（ Popular Front ）。華盛頓當時狂熱地充滿着新政（ New Deal ）的新鮮的忠實的熱情，爲蘇聯的主要目標。

爲了要爲木馬政策在美國啓開門戶，張柏斯和彼德遜在華盛頓會晤，並和華爾（ Harold Ware ）商談。就是在這一次的集會中，他才首次聽到許多在政府中服務的有力的激進青年的姓名，希斯便是其中之一。這一年便是一九三四年。

希斯生於一九〇四年，是巴的摩爾（ Baltimore ）一個中產家庭中的第四個孩子。他的父親是一個頗富裕的商人，希斯的問題主要的不是經濟的問題。

在他的生命中會有一些擾人的事件，可能使他的前途染上某種色彩。當他兩歲半時，他的父親用剃刀自刎。幾年以後，他的一個姊妹自殺。然而希斯仍渡着一個正常的巴的摩爾的孩子的生活。在霍布京大學 （John Hopkins University ）裏，他恬靜的外表和可愛處使學生和教授們都很喜歡他。他是一個大聯合者。一九二六年，四年級公認他爲「最孚衆望」。

他繼而入哈佛法學院（ Harvard Law School）。是他那一班中出衆的青年之一，有野心，銳敏，且用功。如佛蘭克福特（ Felix Frankfurter ）和塞爾（ Francis B. Sayre ）等都是他的老師，他吸收了他們的自由主義。在他的同學之中有普賴斯曼（ Lee Pressman ）—後爲一個親共的大運動者——還有一些愛好社會主義的人，社會主義是希斯認爲趣味相投的。

畢業以後，由於佛蘭克福特的介紹，任最高法院法官荷爾姆斯（ Oliver Wendell Holmels ）的秘書，是哈佛的法律家最貪求的工作之一。他很高興得到這教授的垂青，因爲他知道佛蘭克福特其他的得意門生——彼多爾（ Francis Biddle ）奧爾德斯（ Irving S. Olds ），可客蘭（ Tommy Corcoran ），和艾其遜（ Dean Acheson ）——都已飛黃騰達。

但是命運扭轉了希斯的前途。他於一九二九年十二月和一個頑固的離婚女子布里西娜結了婚。希斯和荷爾姆斯一年的期限完成已後，便去波斯頓，後又去紐約。

社會主義吸引住了布里西娜，她和她的丈夫開始去聽在蘭德學校（ Rand School ）的演說。一九三三年，她加入了社會主義黨的慕寧沙德支部（ Morningside Branch ），那時很快地便捲入了共產黨圈內。但是希斯去紐約的最重要的結果可能是在哈佛的一份友情的重溫，普賴斯曼又拾起了和希斯的舊情。

普賴斯曼將變爲一個國家的重要人物——「是新政激進派的大腦……出衆，能吸引人心，並能操縱。」此時，他是農村調節總署(Agricultural Adjustment Administration)的法律部門中的人員。他開始使一些聰明的有力的朋友們也進了這一部門，這些人很快地在新政系統中興起：維持（ Nathan Witt ），客拉默爾（ Charles Kramer ），艾彼特（ John Abt ）——以及希斯。

普賴斯曼從農業調節總署和其他機構中選出了一群思想相同的法律家和行政人員，他們爲政治的野心和對他的忠實而激動。就廣義而言，最初不過是一個小組織，而開始向共產黨的方向靠攏。在那些困窘的日子裡，共產黨的主義非常有刺激性，對於世界的混亂它供獻了一個「必然的」解答，有一個有勢力的國家作後盾，以此爲內容的「頑强的」運動使成功成爲迷信的崇拜物，不管是如何殘酷無情地獲得它。

華爾定時的到達將這些人由共產黨的外圍拉入了它烏煙瘴氣的地獄裏，他有健全的判斷力，被教對於蘇聯有一種信仰。他是布魯爾(Ella Reeve Bloor) 的兒子——布魯爾是所有共產黨員的「母親」。他曾組織了一俄國飢荒救濟的團體，是在美國的第一個共黨陣線。他曾以農業專家的身份去俄國幾次。他的太太是史密斯（Iessica Smith ），是「今日蘇聯」（ Soviet Russia Today ）的編輯。

華爾最後一次去莫斯科便與新的木馬政策戰略有關。他和所有的共黨工作人員一樣，被命令在各處盡可能的成立共黨的小組織。因爲他在農業部工作有七年之久（一九二五年——三二年），他使被派在華盛頓工作。最初的意思不是偵探而是滲透：贏得能影響政府策政的人的信心。

華爾特別的工作是由混亂的自由主義中尋出有用的黨的資料，建立一主要的組織。在實現這個任務方面，他發現普賴斯曼是不可評價的，是一個現成的核心。這工作他做得很好，以致當他於一九三五年死於一車禍中時，布魯爾能驕傲地宣稱：「我在每一個地方都發現了他的孩子們。這便是我的安慰。」

華爾的努力並不只限於農業方面。他漸漸至少建立了六個其他的小組織，每一個有七到十個精心選出的同志。根據張柏斯的作證，首先察出希斯的能力的人就是華爾。他允許這個年青的法律家仍保留爲一個沉默的同志，以避免別人的懷疑。由於曾賴斯曼的幕後幫助，希斯從農業調節總署進而爲賴依委員會（Nye Committee）的法律顧問，調查軍用品工業，後又到司法部的法律部門。

正在此之前不久，是一九三四年的夏天，華爾根據柏德遜的命令，將希斯和張柏斯帶到前所提及的餐館中會晤。

希斯和片爾（Carl）（當時張柏斯如此稱呼他自己）變成了很好的朋友。張柏斯自己是一個中產階級的智識份子，很喜歡希斯的敏捷的頭腦。和許多地下秘密工作者一樣，他對於「安全」的共產黨員感到輕視。雖然希斯不像他自己那樣易受感情的衝動，遇事很冷靜的打算，但他在希斯身上看見了另一個勇敢的布爾雪維克主義者。

卡爾至少一個月看希斯夫婦一次，有時每星期一次。他將他太太也介紹給他們，暗號爲「莉莎」(Lisa)。這兩對夫婦立刻打得火熱。他們討論黨的事情和文學，禽學以及孩子們的教育。莉莎曾替布里西娜和前一個丈夫所生的兒子繪過一張像，當莉莎必須去紐約時，布里西娜會在他們波爾的莫爾的家中照顧張柏斯的孩子。

在此時期，柏德遜使張柏斯和大衞卡本德（David Carpenier）聯絡上了。卡本德也是一個在華盛頓從事秘密工作的共產黨。由於卡本德，國務院的一個官員名叫華德雷（Henry Julian Wadleigh）也加入了張柏斯的組織中，還有瑞諾(Vincent Reno)，是一個數學家。由於西爾夫爾門(George Silverman)，張柏斯會見了懷特（Harry Dexter White），他也加入了這機構中。懷特是財長莫根索（Henry Morgenthau）所信任的幣制顧問，後又將制定莫根索計劃的工作付託給他。當普賴斯曼在一九三五年離開了政府的工作而成爲工業組織委員會（CIO）的主要法律顧問時，他便脫離了這組織。

卡爾（張柏斯）的組織有極大的重要性。裏面的每一個人都有助於共產黨滲入各重要部會。它供給了黨的一個壯大的保護機構，對於莫斯科供給一群在美政府中的耳目。

但是影響政策或是滲入政府要位僅是一步驟，另一階段是間諜活動。頑固有決心的希斯不需要「道德上的」奉承，張柏斯說：「希斯知道得很清楚他正在做什麼，他是一個徹底優良的共產黨員。」

柏德遜很急於得到重要的國務院的文件，以便送往莫斯科，使他遙遠的主子們確信在美國地下工作的經費可以運用得很得當。希斯任賴依委員會臨時法律顧問，便能取得這種文件。張柏斯有一點兒疑豫的提議了這計劃，希斯欣然地同意了。這些文件立刻被賴依委員會所要求，被張柏斯和一個雷卡（Leica）在希斯的房中用照像機照下，然後送往莫斯科。

這成功令柏德遜很高興。張柏斯立刻將這種秘密的資料以及被華德雷，懷特和其他的人所盜取的材料供給在紐約的一個俄國人，他僅知道此人名爲彼爾（Bil）。

自然，卡爾的組織僅是幾個同樣機構之中的一個。爲了安全的緣故，他們嚴格地保持分離。只有一次，張柏斯和另一個組織發生抵觸。那便是當希斯極力要拉進一個國務院的表同情的官員費爾德（Noel H. Field）時。費爾德告訴希斯他正被另一個地下工作者瑪欣太太（Mrs. Hede Massing）徵求入黨。她的第一個丈夫是著名的共產國際的秘密工作者名叫依斯勒爾（Gerhart Eisler）。

爲了調解這衝突，希斯在費爾德的家中和瑪欣太太會晤。她明白表示他要把握住費爾德，她曾「培養」他有一年之久。根據張柏斯的命令，費爾德被放棄給瑪欣太太。但是希斯和費爾德之間有了密切的友誼。

一九三六年九月，希斯昔日的一個法律教授塞爾（Francis Sayre）請他在國務院的貿易部中作他的助手。希斯和卡爾談及此。卡爾令他接受。希斯出現在美國外務局中對於俄國是不可評價的。

此時，柏德遜將張柏斯遣到一個陸軍上校貝可夫（Colnol Boris Bykov）那裏，他是一個重要的蘇聯秘密警察，矮小，有一副陰沉的外貌和譏刺的態度。從他們最初見面時起，張柏斯便憎恨這人，但因爲他是一個訓練有素的布爾雪維克主義者，仍很服從貝可夫的命令。

他自己的主要工作現在成了一模型。從他的工作人員那裏收集文件，照後，將軟片轉送給貝可夫。每隔一星期或十天他在希斯家中選擇希斯的資料，現在希斯的家在喬治鎭(Georgetown)，諷刺地正在一警察崗位對面。將這些文件移到他自己的一個簡單的箱中，急忙去波爾的莫爾，在那裏由一個學工程的學生英斯勒爾門（Felix Inslerman）在他家裏將這些文件縮小照下。午夜時張柏斯便回到華盛頓，次晨希斯便將原文還至原處。

不久以後，當希斯的供獻的重要性漸漸增大時，決定將所偸的文件用打字機打下，然後照下，以減少危險性，如此，原文可不致經過其他人的手。這是貝可夫提議的，而布里西娜同意幹打字的工作。

貝可夫主持這組織不久，便告訴張柏斯他要報酬在華盛頓工作的人。這並不是慷慨，他們接受了錢，便負了更深的罪。

張柏斯反對這計劃，堅持懷特，希斯以及其他的人都是理想家，他們會因報酬而起反感。貝可夫笑道：「很好！我們要給他們買一些毛氈，並告訴他們這些毛氈是蘇聯的工人做的。」一九三六年十二月，張柏斯請在紐約一位朋友買四條毛氈，並將它們運給西爾夫門分配。西爾夫爾門爲自己留下了一條，給懷特一條，又送一條到卡本德那裏給華德雷。張柏斯送了一條給希斯。（未完）

他們為什麼招供？

在赤色的警察統治國家——蘇俄及其衛星國，每遇清黨或整肅，排除異己的時候，被捕的無辜者，不論其知識程度如何，社會地位如何，總是在公開審判中一律招供，承認犯罪，這究竟是什麼原因呢？他們為什麼招供？難道他們的罪都是應得而一個也沒有「莫須有」嗎？這是每個人都要了解的問題。本文就是以具體事實，給我們的答案。作者李昂斯（Eugene Lyons），原籍蘇俄，幼來美國，在美國大學畢業後，卽入美國新聞界。後以合衆社記者身份去俄，留居六年以久。本文為他自俄返美後以其目睹耳聞的事實所寫成，暴露了共產國家如何對政治犯迫供的秘密。——譯者

李昂斯原作
焦木譯

去年，在赤色布達佩斯，公開舉行過兩件奇怪審判案，當時曾震撼自由世界。第一件案的主角，是匈牙利的天主教米茲仁特（Josef Cardinal Mindszenty）第二件案的主角，是政黨要員，前外交部長拉其克（Laszlo Rajk）。

這兩位人物的地位，可說並無軒輕。一個紅衣主教和一個部長，前者是一個教會的領袖，後者是一個無神論的謀略家。可是當他們出現於公開法庭，在外國記者的面前，却不約而同坦然供認犯反對政府罪。

他們為什麼招供呢？

我不敢自負一定能予以解答。但是，我曾以合衆社記者身份留居蘇聯有六年之久，我參加過並報導過許多以前那些招供犯罪的審判案。我曾經和許多從集中營中釋放出來的『畢業生』談過話，他們詳細告訴過我，他們和別的人如何被迫去供認虛構的罪名。自我離開蘇聯以來，我仍舊繼續探討研究這種可怕的事情，比之一般人較爲透澈。

所以，我感到我應該去暴露這種秘密並提出其所應用的原理。在我看來，我們先要了解兩種事實：一且了解牠，也就容易洞悉其中奧妙所在。

1. 若說每個受公開審判的人都會招供，那是不正確的。實際情形，是比較微妙神奇。唯有那些肯招供的人才受公開審判。因爲事實上凡是給予一個犯人的公開審判，意思就是說已將那個犯人的口供『製造』成功，可以出來表演，不至發生意外。別的犯人不是被迫自殺，就是處死在可怖的牢獄中，決無公開表演的機會。這些人中，有的比受公開審判的人，其地位還重要。

2. 對於他們爲什麼招供這問題的答案，不能是一個標準千遍一律的答案，却是數不盡的答案。警察專家們懂得，每個犯人代表某一特殊問題，需要一種特殊方法去解決。平常的酷刑，僅足以使一個普通的犯人變成一個傀儡式的工具，但用以對付意志堅强的人物如紅衣主教米茲仁特，或共黨領袖如布哈林及里可夫輩，則難於奏效。

這些審判，並不像西方的那種審判意義，由審判來裁斷犯罪或無辜。這種虛構罪名，都是經過數星期或數月的秘密審問後，事先早已擬訂的。牠們叫做『示威』或『表演』審判，是用以達到某種特殊的宣傳目的。

挑選犯人去參加表演審判，適如導演選擇他的演員一樣，依照他們的天才去扮演所指定的冷酷的角色。每個問題和答覆，都審愼地預演過。

有時候那些無辜者自然也會忘記了他們的台詞；更因看到外國人在場，勇氣也會增加，設法不繼續扮演前已規定的角色。可是如遇這種情形，坐在提詞者包箱內的檢察官，會馬上拉他回到原來主演的角色方面來。

一九三〇年，在莫斯科舉行的一次含有陰謀的清黨大屠殺案中，站在麥克風前面的被告爲尼古拉・克勒斯丁斯基（Nikolai Krestinsky），十月革命創造者之一，前副人民外交委員，前駐德大使，身材短小，美髯斑白。審判的地方，是從前貴族俱樂部的舞廳，現在改稱工會大廈。克勒斯丁斯基帶着一副深度的眼鏡，凝視着擁擠的大廳，他受過了長期苦痛的拘禁之後，一定已經作了絕望的決定。開始審問後，他對檢察官維辛斯基——就是同一維辛斯基現正出席聯合國大會——所提出的審問，尚能依照預定的答覆。不料中途他忽然停止不肯回答。

『我在說謊！一切口供都是說謊！』他咆哮大喊。

審判立刻宣告退庭。數小時後，克勒斯丁斯基重返麥克風前，馴如羔羊地扮演指定的角色。在退庭時間內，究竟搗的什麼鬼，那只有維辛斯基及其警察走狗們才明白。

我親眼更看到另一次同樣的揷曲。在這一次審案中，我實際上確信，我能了解其中奧妙。這是一個次要的審案，只邀請我們中幾個記者去旁聽。烏里赤將軍（General Ulsich）是首席法官；這個兩頰泛紅的正人君子，就是經常主判清黨大屠殺案的。

幾天之前，有人向德國大使館汽車開鎗狙擊，擊傷德國武官托瓦陀斯基伯爵（Count von Twardowsky）。拘捕了兩名學生。現在，他們是在一間狹小的屋頂很高的房間內，招供自己犯罪。他們以顫抖的輕微的音調，宣告他們曾用暴力促使當局注意社會不公平，並和外國的間諜及國內的敵人保持關係。

其中有一個青年，名叫查達斯忑，突然停止招供，環視全室。他似乎用盡平生的力，開始狂喊：『一切都是謊話！絕對不是這麼一回事！』

烏里赤馬上宣布退庭。犯人給帶走了。我們的神經緊張萬分，坐以等候。大約過了半小時，審判重開。查達斯忑現在是照『樣』招供，立即宣判死刑。如果我有一天會看到死人能走路說話，查達斯忑就是其人。他的雙目呆鈍，四肢僵硬，他的單調的悽愴的聲音好似來自遠方。我記得我當時在受驚之餘曾私自說：『這個人已受麻醉！』後來我查閱同去的記者的筆記，我發覺了他們也不約而同地認爲這個人是被施用過麻醉藥物的。

依據這種個人的記憶，使我對於描寫紅衣主教米茲仁特驚人的態度之故事，也就深信無疑。那是從監獄守衛和警官說出來的，他們自該案判決後即設法逃出了匈牙利。那個故事是說明先用肉體上的酷刑以打擊他的肉體上的抵抗，繼之施用精製的藥物以摧殘他的精神上的抵抗。

他以一個虔誠信仰上帝的人，決不怕死刑恐嚇或酷刑慘苦之威脅。他反對暴君，早就知道要冒萬險。他早就準備將任何『屈打成招』置之度外。

當他被捕五星期後提解法庭審判時，他的變化，使以前認識他的人，莫不大吃一驚。沒有一絲形跡像是從前那樣一個大胆的頭腦清醒的教士。他的眼球突出，形色惶恐，雙手顫抖，從前倔強正直的聲音現在變成囁嚅。甚至連他用的文法和措辭都變成惡劣不通。在他親自撰寫的供狀中，可以看出從前挺秀的筆跡，現在潦草不堪；字彙拚綴，錯誤百出，和他的知識不相稱合。

審判後數月，准許紅衣主教的年邁的母親去看他。老太太見後回來說，他竟問他什麼時候可以舉行審判。他連已經發生過的不幸事也記不清了！

全世界從米茲仁特案件中，可以獲得一幕可怕的景象：藉肉體上的摧殘和神秘的藥物作一種科學化的混合施用，以造成一種暫時的人性的變態。從逃亡者親眼看到的事實早已證明，米茲仁特站在強烈刺目的燈光之前，曾受疲勞審問繼續達八十四小時之久，一直審問到他的兩腿痺腫，全身癱木，失去知覺。後來就給他飲食，使他更加馴服，更加唯命是從。他終至被迫『承認』有罪，使他的心裏的『眞理』毀滅了。

這可叫做生理機能學審問。精神病醫生都能熟知兩種藥物——亞克德龍（Actedron）和米斯克雷（Mescaline）（二種均屬麻醉興奮毒劑——譯者註），他們無疑是使用這兩種藥物的。施用這兩種藥物的效果，使神經組織受到過度的刺激和摧殘，弄到不能區別眞和幻，『記憶力』變成非常薄弱，任人擺佈。

據斯托克斯（G. T. Stockings）在『精神科學雜誌』上所發表的意見：『米斯克雷中毒，是一種眞正的早老性癡呆症，如用文字上的意義談，即爲「精神分裂」，牠的特殊的結果，就是整個人性的分裂，適如在患早老性癡呆症病人身上所發見的一樣。

全世界已漸承認可以用藥物和催眠劑去招取假的口供之意見。但最近更由彼得洛夫（Vladimir Petrov）間接加以證實，他從前曾被幽禁在蘇俄苦工營中，現在爲耶魯大學教授。彼得洛夫曾在他著的『蘇維埃的黃金』（Soviet Gold）一書中，詳述他從一個苦工營中的犯伴——精神病醫生名叫可孟洛夫（Kcmarov）處獲得的情形。

可孟洛夫醫生告訴彼得洛夫，他曾經參加發展技術，使需要他招供的犯人的性格重加改造。他曾經有過實驗，使犯人的精神疲勞柔弱直至任由警察擺佈，一無所知。他並說明假的『記憶』怎樣得以貫注於一個人的腦海中。

但是我們可以推測，藥物及其他精神上的方法只有遇到意志非常堅強的人才用。因爲使用牠們，冒險太大，有的時候效力會消失，有時候會因出現在大衆面前受驚恐而恢復理智。這都是施用較直接的方法失敗後所最後採用的技術。

最基本的，最廣汎地採用的，自然是普通肉體上的酷刑和酷刑的恐嚇。這應用於大部分案子。幾乎所有這些酷刑最後總是想達到某種境地，使犯人招供以避免痛苦，覺得集中營和甚至處死似乎還是一種從地獄的解救。

拷打，往往還加上窮凶極惡的巧妙的虐待。我曾經聽人關於『刑具的描寫，眞令人不寒而慄，爲普通人的腦子所不能想像的。我知道有人的手皮被剝去，好像手套從手腕上脫下來一樣；生殖器慢慢地被閹割；頭髮一堆一堆被撕下；張開双目立於極烈刺眼的燈光下達數星期之久；面壁而立，日以繼夜。

除這些以外，尚有使身心受痛苦的更巧妙的方法。一種最通行的方法，是對犯人朗誦他的『死刑判決書』，於是將他帶到一個漆黑的地窖裏去，地窖內血跡斑斑，他聽到手鎗在他的背後扳動，感到冰冷的鎗口指住他的腦袋。到了這種境界，他大概總是請求予以『招供』的機會，俾可判處徒刑以免一死。

另外一種方法，或可叫做『對生命的希望試驗』。人類要求生存，是一種強力的本能。雖然一個人當他清醒的時候，他明白『招供』並不曾救了他的生命，可是往往仍存有某種程度的微弱的希望。他曾經聽到某些被判死刑的謠言，報紙上也發表過死刑已執行的消息，又是實際上那些人仍舊活着。他或者甚至亦可碰到那樣的一個活着的機會。至於重要的『叛國』犯——如莫斯科的血腥清黨審判中之拉的克「Radek」和畢坦可夫（Piantakov）——之僅判終身監禁，卻是少見的例子。

在另一方面，如可恩斯勒（Arthur Koestler）在他的小說「正午的黑暗」（本書已由自由中國出版社譯出印行，書名改爲『獄中記』——譯者）。書中所描寫那種對付共黨領袖的方法，則是另一種。書中的主人翁是一個老布爾什維克，他對他的國家的災難深覺有罪，堅信不管一切，革命須要進行。他自己確認：必須要服從『黨』和『革命』；如果他們要他自認他並沒犯過的罪，那他就願作偉大的犧牲。這種情形雖只是一種小說上的描寫但就少數犯人方面而言，確有過這種情形。

另一種逼供的手段，就是人質制度，我認爲這是最有效的一種。這種制度，是盛行於共產黨統治的地方，有的地方更實際變爲成文法律，親屬對其中任何人犯罪，都要連坐，甚至不認識小無例外。這種毒辣不合理的制度，對於警察專家們之捏造假案，確具有巨大的價値，因爲許多人雖在酷刑之下堅強不屈，但當想到他們的親愛的親屬受非刑時，也就會屈服。

索里波烈阿可夫（Serebriakov），一位列寧的親密的合作者，我遇見他的時候，正當一九二七年他參加一個貿易防問團來紐約，他確實是一個不屈不撓的人物。但當他後來在一九三〇年的大清黨案中，却對那些顯然謊誕無稽的罪名竟一一『招認』，他爲什麼會表演這種可怖的喜劇，我們認識他的人一點也不以爲奇。

我們認識他的女兒。這個女兒是由他撫育長大的。當他對革命的幻想覺悟過來後，他即集中精神教養她，我們了解，他爲了援救她不受苦痛和死刑，他必定願意要他招什麼，他就會供什麼。我確信許多——縱不是大部份人之依照警察所造的恥辱的供狀招認，目的只是爲救援朋友親戚脫離殘殺成性的掠奪者的虎口而已。

在我以前報導過的一件審判案即聞名的麥托洛——維克斯（Metro Vickers）實業叛國案中，好幾個俄國人和一大群俄國人同受審判，外國人中有一個是性情暴燥身軀短小的蘇格蘭人，他拒絕招認，堅決地提出他是無辜者，和怠工及間諜絲毫無關。可是另外一個外國人好像能特別和檢察官『合作』。在審判的過程中，我們就很容易了解其中的奧妙了。

在俄國人的被告中，有一個美貌的女人，他會經在那一位外國人的辦事處中工作過。當故事公開後，一切都明白了。原來這個女人是他的愛人。很明顯的，他是盡其所能去扮演審判程序中指定要他做的任務，俾可救她的性命，甚至只求能貸她一死，縱失掉自由，亦覺甘心。

× × ×

以上所述，就是對於他爲什麼招供這一問題的大致答案：從酷刑到應用精神病學，從人質到對黨之盲目的忠實。自然有其他答案。事實的本質，是方法隨各人而變化不同。凡犯人之被選在示威審判中表演者，那他就需加以『預先排演』，直至他完全記牢台詞爲止。只要達到目的，任何手段在所不惜。如果排演不成，則決不讓那個角色出現於舞台之上。

（完）

臺灣省雜誌協會各會員刊物對
建立戰時生活體制的共同呼籲

全國與全臺的諸姑姊妹父老兄弟們：

今日何時？中華民族已經到了存亡絕續的緊要關頭，抗俄反共的決戰時機已經日近一日的來臨。此處何地？我大陸同胞所僅存的希望，也只賸了臺灣，我們唯一可以死裡逃生，轉敗爲勝的復興根據地，更是只賸了臺灣。今後的命運，不是我們擊潰敵人，就是敵人消滅我們，漢賊不兩立，邪正不並存，我們今天就正是處在這樣一個艱危險惡，間不容髮的嚴重時機和緊迫環境中！

可是，就在這樣的非常時機和決戰環境之下，試看我們朝野上下所表現的作風，够不够緊張？算不算積極？有沒有戰時生活應有的嚴肅氣象和刻苦精神？如所共見：社會上舉止闊綽的豪華者仍大有人在；各階層安閒鬆懈，麻木消沉的亦隨處可見。像這種現象，對士氣和民心打擊至巨，破壞至大。長此以往，我們確保臺灣反攻大陸的希望在那裏？我們挽救危亡復興民族的目標又如何能達成？

因此，我們雜誌界同人認爲：此時此地，必須立即建立和認眞厲行戰時生活體制，以培養旺盛的戰鬥意志，創造堅强的戰鬥力量，來保證勝利和爭取勝利。於此，我們謹提供幾點意見。

首先，必須實現全社會普遍一致的嚴肅生活和節約風氣，而把一切奢侈浪費，放蕩散漫的舊生活壞習慣，完全糾正，澈底根絕。辦公不必西裝革履，出門不必汽車三輪，待客不必外國香烟，飲食更不必肥魚大肉，當然更不用說進一步的紙醉金迷和花天酒地了。而這，主要的還是要社會上層份子身體力行，互相箴規，方是，政府也需要有一定的法令來推動，來管制，使整個社會風氣漸漸納入戰時生活的常軌。

其次，必須有錢出錢，踴躍捐輸。今天住在台灣的人，仍有不少是有錢的，不趁這個時候拿出錢來救亡自救，更待何時？今天能貢獻其一部份，則尙能保存其另一部份，若求全有，終必全無。不見鐵幕內有錢的人，都給共匪搾光遏完了嗎？並且到那時候產旣不保，命亦難存。最近各地捐獻慰勞運動等已在積極展開，但眞正有錢的人却還不會盡其應盡的一份，愛國公債之始終不會募足，就是一例。我們希望他們及時覺悟，趕快反省，盡其最大可能的力量，貢獻更多的資財物力，來支持當前長期艱苦的救亡戰爭，以保障他們自己的身家財產也維護了並整個民族的生存。

再次，必須有力出力，全體動員。今天自由中國的人民，風雨同舟，大家一起面臨了「置之死地而後生」的決定命運，因此每一個人也必須拿出「置之死地而後生」的決心和行動來，站在一定的戰鬪崗位上，和戰鬥發生緊密難分的聯繫，對戰鬥提供最善最大的努力。除了本身的業務工作外，應該抽出盡可能的時間和精力，爲戰爭效勞，爲戰爭服務。像防諜肅奸，慰勞戰士，勸捐徵募，民衆宣傳的工作，都應該自覺自發的爭先參加，全力進行，結成一個力的洪流，而得以充份支持戰爭的進行，爭取戰爭的勝利。

最後，我們雜誌界的同人，亦誓必站在文化戰鬥的崗位上，追隨邦人君子之後，自檢自束，殫忠竭智，爲反共抗俄的神聖戰爭作前驅，憑藉我們紙彈筆槍的武器，來强化復興民族的精神堡壘，鞏固自由中國的思想陣地。我們自當以共同的力量，來澈底祛除過去文化界若干放蕩散漫，自我陶醉的惡習，更決不容許一切消極灰色妨礙戰鬥之騎牆態度與投機作風的繼續存在，而一定做到群策群力，一心一德，和我們全國及全台同胞一起拉緊了手，與共匪周旋到底，迎接民主自由的最後勝利，中華民族的復興新生。

內政部雜誌登記證臺內警台誌字第四六號

給讀者的報告

今天，本刊第三卷第一期與讀者見面，篇幅由三十六面增加到四十四面。這是本卷的一個特大號。

本刊問世，到現在是七個半月。這七個半月，本刊——「自由中國」的成長期，同時也是我們的國家——自由中國而險而夷的轉捩期。關於這一點，本期在社論中我們已有所論述，這裡我們還要提及一點，爲的是告訴讀者，本刊是在一個風雨如晦的時期誕生。現在國內外情勢大大好轉，自由中國的前途已顯露了曙光，我們實不敢因此有所驕矜，但我們却不得不特感興奮。

七個半月，出了十五期。因年度的關係分作兩卷。我們檢討這十五期的內容，不得不說是在進步中。這種進步，大都是由於讀者的多方指示和作者的不吝投稿。本刊如享有一點榮譽的話，也是讀者和作者深爲欣慰的，我們如以文字表示對讀者和作者的感謝，也許被認爲多餘。

反共抗俄，不單是個軍事問題，也不僅是個政治經濟問題，最基本的說法，是一個文化問題。可以在反共抗俄的過程中，必須要全國國民從理論和事實兩方面清晰地認識到共產黨是個甚麼東西，蘇俄是個怎樣的國度，更進而理解反共抗俄的意義和必要，關於這一方面，本刊先後所發表的文章似乎不少，今後還要繼續刊發這一類的精湛之作。可是本刊的宗旨，還有「要督促政府（各級政府）切實改革政治經濟，努力建立自由民主的社會」這一條。關於這一方面我們檢查過去十五期的文字，似乎分量不够。所以從二卷九期起，我們增闢了「時事述評」一欄，除國際問題外，評論到國內各項問題，以補社論之所不及。但我們仍感不够，今後本刊特別歡迎這一方面的文稿，最好是積極性的建議，如屬於消極的批評，乃至罪惡的揭發，只要確具卓見和事實有據者，本刊願與作者共負文責予以刊登，今天的政府正從各方面力圖改新，而且從善如流，與論的指摘、批評、和建議，當然是一律表示歡迎的。

本刊的售價從本期起由二元提高到三元。我們深感對不起讀者。這裏，不得不把本刊張價的原因向大家報告報告：

（一）本刊的篇幅多成本大——本刊除第一卷（只三期）以外，經常是維持住三十六面的篇幅有時且增至四十面。目前在臺灣出版的刊物，一般地說，都比本刊的篇幅少三分之一，而它們的售價都不比本刊低，有的還高於本刊。僅就這一點講，想讀者可相信本刊只要能够勉强能開支，决不願輕易提高售價的。

（二）如不增加讀者的負擔，我們本想從減少篇幅方面下手，但幾經考慮，覺得本刊擁有海內外千萬的讀者，他們閱讀的興趣一定是多方的，如果減少篇幅，必然不能滿足每個讀者的希求，所以仍然維持原有的篇幅。以上幾種原因或考慮，是我們今天不能不漲價的道理，這裏特請讀者鑒原。

本刊售價

一、新臺幣三元
二、越幣八元
三、非幣三角五分
四、港幣五角
五、暹幣四銖
六、美金二角

歡迎直接訂閱：平寄郵費免收

自由中國半月刊 第三卷第一期
（"Free China"） 總第十六號）
中華民國三十九年七月一日

發行人 胡 適

主 編 『自由中國』編輯委員會

出版者 自由中國社
社址：臺北市金山街一巷二號
電話：六八八五號

航空版
香港 香港時報社（高士打道六四號）
曼谷（曼谷攀多社十二號）

經售處
臺灣 中國書報發行所（臺北市舘前街八五號）
美國 紐約民氣日報社
舊金山國民日報社
馬尼剌 中菲文敎出版社（馬尼剌紐愛瓦街四五四號三〇三室）
印尼 巴達維亞星期日報（瓜哇巴達維亞紅溪十九號）
棉蘭繁華圖書公司（蘇門答臘棉蘭廣東街七十五號）
越南 西貢中原文化印刷公司
河內太平日報社（河內壽康醫院街二〇號）
新加坡 中興日報社（新加坡羅敏申律二〇號）

印刷者 臺北印製廠
廠址：臺北市民族路六四三號
電話：三三一六號

本刊經中華郵政登記認為第一類新聞紙類

臺灣郵政管理局新聞紙類登記執照第二〇四號

自由中國

FREE CHINA

第三卷　第二期

要目

中華民國三十九年七月十六日出版
社址：臺北市金山街一巷二號

社論

霹靂聲中的覺醒

正當美國國防部長詹森，參謀長聯席會議主席布萊德雷，和國務院顧問杜勒斯前來東京和麥帥會商遠東戰略剛剛結束的時候，北韓共黨政府在蘇俄策動和陰助之下，於上月廿五日給南韓來一個「毫無挑釁的突擊」。接着，杜魯門總統於廿七日在聯合國號召之下，下令美國海空軍支持南韓對北韓共黨侵略者作戰，同時發表一歷史性的聲明，其中的一部份稱：

「余已命令第七艦隊阻止對臺灣之任何襲擊。爲配合此種行動，余即將要求在臺灣之中國政府停止對中國大陸之一切海空軍活動，第七艦隊將關注此事。臺灣未來地位之決定，必須等待太平洋安全之恢復——締結對日和約或由聯合國考慮，余幷已指令菲律賓之美軍加强力量，及加速對菲政府之軍事援助，余且已同樣指令加速對法軍及越南供以軍事援助，幷派遣一軍事代表團與法越軍取得密切工作關係」。

這一個回合，爲第二次世界大戰以來，密雲不雨的國際形勢中突發的一聲霹靂。目前事態尙在演變中，南北韓戰局前途如何，蘇俄會不會在最近將來再來一個驚人的舉動，這裏不想加以推測。我們所要申論的，在這次霹靂聲中，幻想者該可澈悟了，昏迷者該可淸醒了。振聾啓聵，立懦廉頑，該是這聲霹靂所應有的功效。

我們先就東南亞來說：

去年七月間，我們蔣總統曁於遠東各國過去缺乏密切合作，以中國國民黨總裁身份，分訪菲律賓及南韓，商討遠東各國互助同盟以對付共黨共同威脅的步驟，事後曾經與季里諾李承晚兩總統，分別發表過共同聲明，爲遠東反共同盟鋪下初步基礎。後來，因中共軍事勢力控制了中國全部大陸、遠東有關的國家，一方面懾於中共一時的聲勢，一方面對於中共存有不越國境的幻想，類似慕尼黑的氣氛乃瀰漫有關國家間。本年初英國承認中共，美國宣佈對臺灣的袖手政策，更使東南亞各國形成徬徨混沌的情勢：印度緬甸在尼赫魯的領導和影響下，對內則反共制共，對外則媚共親共，菲律賓由於羅慕洛在成功湖和華盛頓感染了某種政治病態，把馬尼拉的反共立場，扭成首鼠兩端的所謂「非共」路線。這樣一來，越南因中共陳兵邊境和胡志明之得助於中共，保大政府惴惴自危；馬來亞的叢林恐怖，日益加深；菲律賓的民抗軍，聲勢日壯，各國欲圖自保，而力又不勝，互助同盟，又不敢提及反共或涉及軍事。本年五月間碧瑤會議的召開，和其無積極具體的效果而散，十足地表現了這幅可憐相，這其間雖有澳洲較爽朗的立場，卒亦無改於大局。

我們自由中國的人民和政府，基於多年來對於蘇俄和共御用下的共黨之深刻認識，已確信國際共產主義的威脅，不是妥協或任何綏靖政策所可緩和的。極權的侵略國家與反極權的民主國家之間，永久不會有一個緩衝地帶。所以我們早已認定民主國家在反共前提下的加强合作和團結，是絕對必要，所不幸者，在西歐有北大西洋盟約的締約，贏了兩年來冷戰的勝利，而遠東方面則由於各國自信心不够堅强，觀望或依賴的心理未盡泯滅，以致太平洋反共聯盟的組織，終無法形成，一年來以台灣爲基地的自由中國，雖遭遇到國際間不應有的冷視，而我們反共的意識和努力，不僅未因之稍懈，而且日益加强。同時我們爲着國際間集體安全，不斷地呼籲民主國家——尤其是遠東各國的互助合作，然而我們的呼籲，有時不免被視作自私自利的企圖，被視作拖人下水的打算。然而我們幷不因此而灰心，我們相信反極權的民主國家終有一天會站在一條線上對國際共產主義的侵略者作戰。

北韓給南韓的這一個突擊，以及國際間强有力的反映，已經初步證明我們的認識和確信是正確的。現在，聯合國因北韓之不遵命撤兵，已經援引憲章第四十二條及五十一條之規定，號召會員國給北韓以軍事制裁幷支持杜魯門總統上月廿七日在遠東方面的措施。截至本月十日止聯合國會員國表示支持安理會援韓案者已達四十七國。就遠東方面軍事活動來看，除美國當仁不讓，早將海空陸軍開入南韓積極作戰外，英國軍艦十艘已開進日本海面，供美國之調度，澳洲亦決定派重轟炸機一中隊至馬來亞反擊共黨，越南和菲律賓的軍力也正由美國加速支援，而我們臺灣的陸軍，現正士飽馬騰，準備在聯合國旗幟下北上殺敵。在現階段下，東南亞各國徬徨混沌的情勢，該可徹底廓清，進而一心一德，明白認定國際共產主義是我們共同的敵人，必須以共同的力量來打倒。然而事有出乎常情以外者，印度政府的幻想和昏迷，竟未覺醒，她一方面表示支持安理會援韓的決議，一方面又企圖調解韓國戰爭（見成功湖上月三十日路透社電），而其政府發言人復宣稱「仍主張對臺灣及越南取袖手旁觀政策」（見新德里本月一日合衆社電）。這種態度，還存在於東南亞的國家中，眞是東方民族的不幸！目前越南對於印度政府的感想如何，我們不管；就我們臺灣說，印度「袖手旁觀」，對於我們實際的影響怎樣，印度政府亦當估量估量自己，盲目地大言不慚，適足以騰笑萬邦。在第二次大戰期間，中國政府基於我們民族主義的理想，不惜開罪當時的友邦幫助印度獨立運動。見義勇爲，是中華民族的一部份特性，我們并不想有所取償或酬報，私恩私怨的計較是中華民族所引屑以爲戒的。但我們今天不得不嚴辭譴責的，作爲一個聯合國的會員國，一方面聲言支持聯合國給國際侵略者的申討令，一方面又不管公是公非，想把中共拉進聯合國，爲國際侵略者張勢，他自以爲這是解決韓國問題的一個途徑，我們認爲這是既愚且妄，現在東南亞其他各國是否都已澈底覺醒，我們尙看不出正面或反面的事例，但就印度政府這種態度言，應該是東南亞其他各國所不屑爲。

其次，說到我們自己——今日的臺灣。

當上月廿五日南韓事件發生，接着廿七日杜魯門總統發佈命令和聲明的時候，臺灣一般的感覺，誠如某記者所說，「一則以喜，一則以懼」。喜的是臺灣的安全，由於美國第七艦隊的參加防禦，更加可靠了；懼的是臺灣地位會不會因杜魯門總統的聲明而引起問題。但以我們來看；這一喜一懼，都可不必。

就臺灣的安全來說，由於我們政府半年來軍政各方面的努力，中共想僅憑自己的海空軍進襲臺灣究是一件不容易的事，也就是說，如果蘇俄不以海空軍明目張胆地幫助中共，臺灣安全問題原可不必躭心，如果蘇俄以海空軍幫助中共，和這次策動北韓進攻南韓那樣來進攻臺灣，則這個進攻，本質上和形式上都是一個國際性的侵略。在臺灣的中國政府是國際間的合法政府，而所代表的中國，是聯合國的會員國，到那時，聯合國也當和現在對韓事件一樣，援引憲章第四十二條，號召會員國給侵略者的蘇俄以軍事的反擊，尤以在聯合國佔有領導地位的美國，也當挺身出馬爲防禦臺灣并保障本身的安全，而動員海空軍乃至地面作戰部隊。那時，臺灣的安危和得失，不只是中國一國的問題，而是一個世界問題。我們如此說，并不是意味着到那時我們自己可卸下保衛臺灣的責任，而只是說，那時國際武力和我們合作來反擊侵略者，是當然的，也是應該的，現在，這種情勢尙未實際發生，而美國第七艦隊已預先參加了臺灣的防禦，自給我們心理上更大的安全感，但我們更應知道，美國今日之重視臺灣，是由於我們半年來的努力進步所換來。我們今天看到美國第七艦的開來，與其想到防禦之加强而自喜，無寧想到被人重視而自慰，前者不免有依賴的心情，後者才可藉以自勉。

就臺灣的地位來說，最有把握的保障還是我們自己。我們儘可從歷史上說明臺灣原是中國的領土，儘可援引開羅宣言主張臺灣地位問題不容置議，可是合理合法的主張，必須主張者的本身在其他各方面也站得住，否則其合理合法的主張不一定就可博得他人的支持而實現，國際間敵友離合之間，現實的考慮總不失爲一個很重要因素。所以我們認爲，杜魯門總統關於台灣地位的聲明，我們用不着去推敲其含義，我們只要奮發有爲，除依理依法主張臺灣是中國領土不容置議以外，最重要的是政治軍事以及其他各方面要努力革新，力求進步。如此，則我合理合法的主張才更有力量，才不會被人輕視以至於落空。否則歷史的依據，國際的宣言，都不足構成永久性的充分保障。所以我們覺得，對於杜魯門總統關於臺灣地位的聲明，如果有所懼的話，所懼者無他，只是懼自己不努力革新，懼自己不力求進步。我們在前面雖然說過，由於我們政府半年來軍政方面的進步，台灣才有今日的安定。但衡以現代化國家的標準，這些進步顯然不够。個別的事例，本刊曾不斷地加以批評，這裡我們想從根本上指出一點，卽今日台灣的軍政當局和從事黨務的高級人員，就其反共抗俄的意志來看，誠然比大陸時期來得堅決，因而在與反共抗俄直接有關的若干工作方面，也做得比較起勁和認眞，可是有一個共同的缺點，卽他們大多數沒有眞正體認到國際性的共產黨爲什麼偏偏在我們中國會這樣地猖獗，縱然他們也可從口頭上說出一篇大道理來，但絕少有人自認過去的作爲，是幫助了共產黨今日的成功。意識形態不變，因而其作風不改，這種意識形態和作風已然是釀成這次大變亂的內在因素，今後如果我們在某種情形下以軍事力量打垮了共產黨，而這種內在因素仍然存在，則中華民族的患難仍未終止。我們如此說，雖嫌空泛，但本刊前此所批評的一些具體的個別的事例，大都可歸納在這個空泛的論斷中。

南韓事件和美國的措施與聲明，我們比着一聲霹靂。這聲霹靂發響在遠東，而又直接有關於我們中國。東南亞國家，尤其是我們中國政府該可徹底覺醒了吧！

社論

（二）中美交誼的過去和將來

在過去數十年中，美國是中國最好的朋友。

在這段時期中，和中國貼鄰的强國是日本和俄國。日本以蕞爾小國崛起東亞，看見地大物博而不振作的鄰國，自然容易興起侵略的心思；不要講野心的軍閥了，就是眼光不遠的政客亦是這樣。至於俄國，三百年來，差不多沒有一天不想侵略我們；沙皇時代固然如此，現在的史達林更是如此。中共引狼入室，遂使大陸國土的同胞，淪爲蘇俄的奴隸。

除開日俄以外，和中國關係最密的便是英法。英國自和中國有外交以來，固以通商爲目的，但有時總不免有利己損人的地方。雖然從鴉片戰爭起，一直到現在，英國歷代都有正人君子，爲中國說公道話的，但不列顚政府，自有一套傳統的國策。至於法國，雖然沒有什麼特別欺侮中國的地方，但也沒有待中國格外好的地方。

只有美國，的確是中國和外國交通以後最對得起中國的國家；她非特對得起中國，並且是在若干地方誠心幫助中國的。庚子聯軍那件事，她也和其餘的國家來打中國了；但那種事情，我們不能單怪別人的。不到幾年，她把一筆沒有交完的賠款退還我們。這雖然是小節，但亦可見美國「見義勇爲」的地方，而中國却從這筆款中得以培植出不少的人才。巴黎和會以後，美國的召集華盛頓會議，可以說大部分是爲幫中國的忙的；就是珍珠港事變的發生，亦可以說是美國人因爲干預中日問題而吃眼前虧的。從近百年以內中國外交的歷史看，美國的確是中國最好的朋友。

爲什麼美國人對中國比任何國家對中國都要好呢？這不是因爲美國特別看得起中國，乃是百餘年來美國民主政治的作風和民主教育的成就使得美國人這樣的。他們以自由和平等的主義立國，不想侵佔人家的土地，不想奴隸別國的人民；他們只想世界有一個和平的局面。因爲想要世界的和平，所以他們處處表現公正的態度。無論那一個文明的國家，能够持公正的態度以對別的國家，自然會和美國的對中國一樣的。

或疑：人類的行爲，多不能免於私心；美國幫助中國，難道不另懷着野心麼？對於這個疑問，我們一想到美國的打退西班牙人而扶掖斐律賓獨立的歷史，便可釋然了。羅斯福「第一」自傳中有下面一句話：

> 關於斐律賓，我那時以爲我們應該儘速訓練他們，使能自治，然後讓他們自由決定他們的前途。

這是羅斯福初就美國總統職位後的感想。（羅斯福於一九〇一年初就總統的職位；就職後數月，美國才平定斐律賓全境。）美國的對斐律賓如此，對中國還會有什麼野心麼？若把一個國家用以維持世界和平的行動認爲自私，那是可笑的見解！

以上我們說明美國在過去怎樣以及爲什麼是中國最好的朋友；現在我們要說爲什麼中華民國無論在過去在將來都是美國最好的朋友了。

第一、現在中華民國明達的人士，仍謹守中國的舊道德：「人之有德於我也，不可忘也；我之有德於人也，不可不忘也。」過去美國對我們的幫助，我們從沒有忘記，亦將不會忘記。所以在將來，中華民國的對於美國，定必會「以德報德」的。但這種情感上的關係，不是我們持論所注重的，所以我們不詳說了。

第二、我們愛好和平的民族性，實在是中美親善最堅固的基礎。我們中華民族，在能够運用智慧的時候，可以說是一理性的民族。因爲富於理性，所以偏向和平。這和西方文明國家的崇尙和平可以說是殊途而同歸的。我們有了這種民族性，一來，我們決不會欺侮別人；二來，我們就是受了欺侮，亦願意用和平方法來解決。這都是世界和平最要緊的條件。我們卽以中美的關係講，雅爾達會議，美故總統羅斯福「第二」把我們東三省一部分的主權答應了蘇俄；二次大戰結束以後，我們便和蘇俄訂立條約。我們所以隱忍做這樣吃虧的事情，與其說是屈於强權，毋寧說是爲世界的和平。因爲從這件事情以後，我們上自政府，下至民衆，只要是明達的人士，從沒有對羅斯福或美國政府出一怨言。這種肯犧牲自己以求世界和平的精神，是現在世界上任何別的國家所不及的。所以我們可以很妥當的說，無論在過去在將來，中華民國都是美國的最好的朋友。

第三、美國的大敵，就是中華民國最大的仇國。美國要用自由平等的主義以建立世界的和平，而蘇俄則要用陰謀，混亂，殘暴以及別的違反人性的手段以幷吞世界。所以美國和蘇俄，將來決沒有並存的可能。而蘇俄二十年來的處心積慮，是要侵佔中國；中共不悟，爲所利用，遂有現在的局面。現在中華民國的政府，要把大陸上四億五千萬同胞從水深火熱中拯救出來，非打倒蘇俄不可。所以中國和美國，自然而然的敵愾同仇。世界上其他各國反共抗俄的意志，必不能像中美兩國這樣的堅定的。

我們希望中美兩國的國民，對於我們所論列的各點，都有深切的了解。

時事述評

不要鬆懈　鬆懈必敗！

台灣局勢因美國之援助，總算較爲安定了。我們今後的問題，乃是準備如何反攻大陸，解放關在鐵幕裏面水深火熱的同胞。是我們的責任。他們之所以受苦受難，這也可以說是由於我們過去的錯誤——懈怠——所造成。

保衛台灣，當然希望友邦來幫忙，但是，其骨幹仍是要靠我們自已的力量。

反攻大陸，尤其要靠友邦來接濟，如械彈，如糧食之類，但是，其中心更是要靠我們自已的努力。

這次美國給與我們的援助，也可以說是我們過去數月來埋頭苦幹的結果。天不助自暴自棄的人，在以利害爲先之國防關係場合裏更是如此。我們如果仍像過去在大陸上的泄泄沓沓，美國人決不會來幫忙，蓋幫忙亦與事無補也。我們今天工作情形，要想反攻大陸，一切仍顯不夠，正須加緊努力。

禍生於懈怠，懈怠必敗，過去教訓，要朝乾夕惕！

反攻大陸，是一件很艱鉅的事情，切不可口裏隨便喊喊罷了，必須事事認眞去做！件件脚踏實地的準備。即以軍隊來說：共軍有陸軍五百多萬人，我們今日只不過其十分之一。我們一旦登陸之後，固然來歸者衆，但應如何編隊，如何統率，共軍是否仍有詐降在內，又應如何監督防範，在今日均應有充分的計劃與確實的準備。因此，我們必須把今日台灣的陸軍，每一個士兵要訓練成爲一個幹部人材，能勝任排長班長的職務，要使每一個士兵一旦登陸後至少能統率十個以上來歸的壯士，則今日五十萬之陸軍立可組成五百萬之大軍。過去共軍就是這樣對付我們的。此不過舉其一例耳。

其他如政治，經濟，教育等等，今後應該怎樣做、都要有詳細的計劃，妥當的安排：如何安輯流亡？如何防止災難？對共黨已分配之土地如何處置？（已分配之土地決不可完全復負，但地主亦不能無立錐之地）。各種公私機構如何接收？我們應該有一套詳細辦法，再不可如三十四年勝利的時候一樣，因接收而失去人心，因接收而自陷於腐敗。現在中央各機關政簡事尠，大家應該分類研究與統盤籌劃，俾一旦登陸之後可按步實施，有條不紊，以免臨渴掘井，手忙脚亂。

大陸上的同胞們，今日固然是渴望我們去解救，如果我們登陸之後做得不好，他們也會馬上掉轉頭來痛恨我們的。試想三十四年勝利後淪陷區的同胞們，對於天上飛下來的「重慶人」該是如何的歡迎與尊敬！而三十八年他們對於共產黨的勝利又是如何的在幻想着前途的美景！然而爲時幾何！他們愛之固深而恨之亦切。人心向背轉變之速，可不懼哉！可不懼哉！

（震）

評限外發行

自本年四月以來，即聽到增加發行的呼聲和傳說，政府當局雖會一再正式宣稱決心維持二億元限額，但我們從報紙角落上所透漏的消息看來，早知財政當局已經是口是心非了。例如五月二日中央日報載：「最近一部份工商界人士，以市場頭寸不够爲理由，要求省府在二億元限額外，增加通貨，省負責當局：決不同意，除非參議會有把握能避免此等現象（指物價波動，人民生活受威脅而言），或將予以考慮」。又如六月十一日中央日報訊，臺省財政廳長任顯群在省參議會答復發行問題的詢問時說：「經濟是最現實的東西，絕非心理因素可以左右，人民認爲增加發行沒有問題，政府當再予研究」。

我們看到上面這兩段話，不禁拍案叫絕。作爲一個財政當局，竟以爲民意機關中少數工商界人士的意願可能發生扭轉經濟法則的力量！作爲一個財政當局，竟相信貨幣金融問題，與社會心理絕不相干！這樣的財政當局，在現代國家中，恐怕只有我們中國才有吧！

發行已經打破了限額，本月七日省府會議已通過財廳所擬的限外發行五千萬元案。報紙上除公佈辦法外，同時連篇累牘地發表農工商界請求增加發行的呈文，這正是財政當局作爲「人民認無增加發行沒有問題」的根據，也可解釋爲高度的民主作風！我們對於這件事，在感慨，危懼，顧慮，和責任感交織之下，眞不知如何說法才好。臺灣這塊反共抗俄的最後基地，再也不容發生任何問題。經濟方面的動亂，是我們所提心吊胆的；政府的威信，我們也更珍惜。這幾大，臺灣的報紙有許多文章和講演，爲限外發行大捧其場，基於珍惜政府威信這一點，我們也想如此作，但眞理不容許我們說違心話。在這篇短文中，理論的探討，數字的分析，既爲篇幅所不許，而我們也不願對着一個患上初期肺病的人，明白地無情他宣佈我們的診斷，在既成事實下，無可奈何中，我們只表示下面這點希望：

（一）、五千萬的限外發行，這個數目，其本身也是一個限額。限額的意思，是只許儘可能地低於此，決不許稍微高於此。所以我們希望這個五千萬元的限外限額，不要在短時間內充分地達到。

（二）、數月來輔幣的發行已經有了一個很大的數目（據說四月份已發到四千萬元），照財政當局的解釋，輔幣發行是沒有限額的。因此臺灣銀行給付現款時，整發的金屬輔幣或成捆的五角紙幣向提款人一扔，如果提款人稍有難色，反要聽行員的閒話。輔幣本爲有限法償的（Limited legal Tender），可是今日新臺幣的輔幣則有了無限法償的資格，這又是我們中國財政當局的新發明！我們希望趁這個增加限外發行的機會，把輔幣大量地收回，這不僅是一關係通貨流通量的問題，也是一個國家的貨幣體統問題。

以上兩點，是我們在無可奈何之中所表示的一點希望。一個醫生，不會不知道奎寧丸不能代替鏈黴素的，但在病人的心理上，服用奎寧丸時可能比注射鏈黴素時要鎮定得多。

（平）

南韓戰事勢必拖延

碧瑤會議，南韓本爲發起人之一，而今次沒有被邀請參加，還是由於季里諾之胆小？抑或出於美國之授意？我們未敢遽下斷語。但此次北韓突然對南韓宣戰，我們以爲實與碧瑤會議有關。莫斯科的策略家們沉機觀變，認定南韓之不能參加碧瑤會議是美國有意放棄它，故嗾使北韓正式宣戰，期一鼓而下，便可統一朝鮮，與日本隔海相望，鼓勵日共之搗亂的勇氣了。不料杜魯門總統別有一種作風，出乎莫斯科策略家們意料之外。南韓本來由聯合國擁立的，今北韓以阻礙統一爲理由而向之宣戰，豈不是向聯合國宣戰嗎？美國代表於是促安理會開會，蘇聯代表又因反對中國代表之故而不出席安理會，乃毫無異議通過令北韓撤兵，北韓不聽，安理會徵求各國意見，現在贊同制裁北韓者已有四十餘國，是非曲直已大白於天下。故從事實上看，北韓軍下漢城，渡漢江，陷水原，直逼大田，軍事上所向無前，着着勝利；然從理論上看，則佔領的地方愈多，愈足以表示其侵略性，表示其不將四十餘國放在眼中，而侮辱聯合國的決議案了。

現在北韓已拒絕聯合國的決議案而步步進逼，拳頭已經伸出去，不達其統一的目的，絕不會縮回來。蘇聯已命令北韓進兵，自不能馬上又叫它撤退；不但斥責安理會的決議爲非法，謂南韓爲侵略者，應負戰爭之責，而且在其國內各處召開民衆大會，以支持北韓，反對「美國戰爭販子」。據報章傳聞，中共亦集重兵於鴨綠江畔，準備參加戰鬥，且南韓國防部長聲稱，現在的前綫已有中共將士在其中。總括這些事實看起來，莫斯科實有貫澈到底以實現其原定計劃——征服朝鮮全國——的決心，雖然主張不干涉他國內戰，但除派兵參戰以外必用盡一切手段以助北韓之成功。我方美國已經披髮攖冠而出禁暴誅亂的義兵，且有四十餘國爲其後盾，如果區區北韓的跋扈跳梁尚且不能制止，則碰到蘇聯的大兵，除投降外還有甚麼辦法呢？但是只有四萬陸軍，雖有海空之助，能否驅逐北韓軍至北緯三十八度以北，尚屬疑問。倘若中共派大量部隊參加，則駐日的十二萬五千陸軍通通加上前綫，仍恐不能完全達成任務吧！

這樣，双方的目的正相反，而双方都要貫澈，其勢必以實力强弱爲歸宿。北韓一蠆爾之國耳，有多大的實力足資應用？然若有中共參加，則百萬的人力不成問題，有蘇俄爲後台，則相當數量的軍火可以供應。故我們斷定：朝鮮的戰事不是極短期間所能解決的。北韓究竟能維持多久，目下尚難預卜，但是戰事越發拖延，則三次大戰的危機越發逼近。我們建議：聯合國應判決蘇俄爲教唆犯，令其迅速制止北韓的侵略行動，如敢抗令，則直接施以武力的制裁。這才是擒賊擒王的手段，才不媿爲禁暴終亂的義兵。（漸）

趕快使用原子彈

原子彈的發明與使用不但使戰爭的性質起了重大的改變，而且對人類歷史的發展產生了決定的作用。一九四五年八月六日及九日美國人將第一顆與第二顆原子彈分別投擲在日本的廣島、長崎。這兩顆歷史上最早出現的原子彈給人類帶來了文明毀滅的恐懼，但更重要的，却是對于世界和平的貢獻。由于這兩顆原子彈的使用才提早結束了慘烈的第二次世界大戰，終止了更多生命的犧牲。

不幸，人類今天又面臨了一個較之上次大戰還更可怕更慘烈的戰爭，爲了保障人類集體安全，爭取世界永久和平，除了最後訴諸原子彈的使用以外，已別無第二條可循的途逕。

自從韓國戰事爆發以來，世界局勢驟形緊張，北韓共軍在共產帝俄的指使與操縱下越過北緯卅八度，擊碎了和平的堤防。這一聲霹靂震驚了所有民主國家，大家開始覺悟到與侵略者打交道永遠無法獲得廉價的和平。由于聯合國的號召，民主國家紛紛舉起正義的旗幟一致軍事援韓。值此戰爭繼續進行並逐漸擴大之際，世人都在密切注意韓國戰局的發展，就心會因此而引起一個全面的戰爭。

其實，韓國戰事事實上已經就是第三次世界大戰的開端。英國大哲學家羅素便持這樣的見解，理由是蘇俄目前對美作戰較之若干時日後氫原子彈出現時之準備爲佳。（路透社倫敦六月卅日電。）他並且還預言：戰爭可能將延續十年之久。這一點則似令人難以滿意，果然，這應是人類一個極大的不幸。況且戰爭的時間延續愈久，民主國家勝利的把握愈小，縱幸而獲勝，其所付出的代價亦必令人難以想像的慘重。如果要避免過分的犧牲及早實現和平，唯一而有效的辦法，就是美國人趕快使用原子彈。

過去的戰爭，是比誰能堅持到最後五分鐘，原子時代的戰爭則看誰能把握開始的五分鐘。誰能儘早使用原子彈，摧毀對方的攻擊與防衛力量，誰就能獲致決定的勝利。正如邱吉爾所言：西方世界應作一堅强勢力，乘美國仍擁有原子彈優勢時和蘇俄作一個解決，如果採取猶豫政策拖到蘇俄也有大量原子彈，將使民主國家聽任蘇俄宰割。

最近作使用原子彈建議的人很多，如美參議員里佛斯、英下議員羅拔少校，都會主張對北韓使用原子彈，以制止侵略戰爭，使用原子彈的原則諒爲現在一般人所贊同，而且時間愈快愈好。然如二氏意見要將原子彈投在北韓，或甚其他國家，均非我們所能同意，北韓正如中共和東歐各國共黨政府一樣地是蘇俄的附庸，危害和平的眞正元兇應該是蘇俄，對于任何附庸國家投擲原子彈徒然傷害被裏脅被迫害的人民，絕不能有效的制止戰爭。

基于維護和平的理由，我們建議美國趕使用原子彈，而且應該把它投擲在蘇俄，投擲在莫斯科，投擲在克林姆宮。（中）

遠東消滅赤禍之關鍵

湯恩伯

自從六月廿四日北韓開始侵略南韓以來，不到一個星期，南韓政府軍的主力卽被擊破，而首都漢城亦被佔領。而且北韓軍乘勝南下，渡過漢江，直撲水原；同時沿東海岸浦項附近登陸，直趨大邱，有一舉侵吞整個南韓之雄圖，弄得南韓政府及麥帥總部手忙脚亂。現在美國政府雖已下令海空軍及地面部隊直接參加作戰，聯合國亦伸張正義支援南韓，但北韓是否因此罷手，除克林姆宮外誰也不敢妄斷。看這幾天情勢的發展，已演成美國與北韓正面之衝突，甚至聯合國與北韓之正面衝突。北韓背後主人克林姆宮正在暗中擺佈着更大的力量來支援北韓。今後的情勢究竟怎樣發展，尚須看今後之事實。總之可斷定問題日益擴大，日益複雜，或許就演成第三次世界大戰亦有可能，至少是第三次世界大戰前有價值的一次試探戰。由這一次試探戰中可以看出第三次世界大戰，如何進行，如何發展。今就我主觀的判斷，提出幾個問題來分述如下：

一、蘇聯爲什麼在這個時候策動北韓侵佔南韓？　自從中共佔領中國大陸後，蘇聯赤化遠東的目標就指着日本了。如果日本被美國確實領導組織起來，恢復產業，恢復武裝，那蘇聯非但赤化遠東方面的工作功虧一簣，甚至影響到整個「世界革命」之流產。日本自投降後在麥克阿瑟善意的管理下，有着美國的種種援助，向民主自由復國之理想邁進。日本畢竟是個幸運兒，復興進度甚速，比任何戰勝國或戰敗國都幸運。尤以最近麥帥對日本之管理及援助更趨嚴密積極，如美日和約問題，整肅日共問題。甚至有修改憲法恢復武裝之傳說，更刺激了蘇聯，使克林姆宮的主子坐臥不安。日本的民族爲東亞最勇敢善戰的民族，過去她的陸軍是世界上數一數二的。如果沒有國際上的束縛，准她恢復武裝，隨時都可動員二三百萬有訓練有經驗的陸軍，配合美國的海空軍及補給接濟，將這一份力量打在蘇聯頭上或中共頭上，都是不容易招架的。蘇聯怎樣能坐視麥克阿瑟在那裏隨意製備日本呢！第二次世界大戰如日本能配合希特拉對蘇聯來一個東西夾擊，或許克林姆宮那時就崩潰了，這是史太林陰謀的成功，亦是過去日本軍閥的失策。史太林不肯嘗兩面作戰的滋味，必須有一面成功才敢冒險，西線在柏林就被阻住了，不能不在輕鬆的東線先下手；尤以中共掌握到政權控制了大陸，給她絕大的幫助。她並不是不看到美國在遠東的力量；美國在海洋上蘇聯是無法交手的，上了大陸就感覺地面的空虛了。蘇聯決不能讓美國掌握日本，裝備日軍，如讓日本反共的地面武裝長成，配合美國的海空軍來共同反共抗俄，蘇聯侵略的魔掌在遠東是無法伸展的，甚至造成東西兩面作戰之戰略的不利形勢。明眼的史太林必能看準這個時機，在日本未能與美國並肩作戰之前，在反共武裝未完成以前，要來解決這個問題。所以北韓的南侵行動，就在這樣要求下而發動的，其目的不僅是佔領南韓，是想驅逐美軍離開日本，想把日本拉進鐵幕之內，來保障她東線安全，獨霸遠東。中共自佔領中國大陸以後，蘇聯並不是不想要中共能迅速佔領台灣，赤化東南亞。因台灣及東南亞各國，都是海洋性的地區，要佔領它不能不有蘇聯海空軍的幫助。蘇聯在遠東方面唯一之海軍根據地是在海參威，牠的大隊潛艇卽集中該處，如對馬海峽始終在美國手上，或在反共的日本政府手上，則日本海等於死海，而海參威亦等於死港，蘇聯遠東的艦隊是無法進出太平洋上爲所欲爲的。在蘇聯及中共的立場上「解放」南韓是政略上戰略上都是迫切需要的，所以才敢於嘗試。這一次北韓的行動，決不是無計劃的行動，更不是無準備的行動，是一種有整個需要有周詳計劃與長久準備之行動。更不能看做南北韓的局部問題。

二、中共怎樣配合行動。　中共今後的動向，必須跟着蘇聯遠東方面整個策略之需要而動作的。依目前之情況，有以下各種動向之可能：

1. 全力參加北韓作戰；
2. 向東南亞發展；
3. 攻擊台灣。

以上三種動向，不論是向東南亞發展或攻擊台灣，對北韓之作戰必有一部份中共的力量參加；參加北韓作戰之地面部隊必爲中共之陸軍或外蒙軍。中共陸軍力量龐大，爲着分散英美之力量，減輕北韓方面之壓力，很可能再在東南亞方面開闢一個新戰場。按現在中共在越桂邊境的實力，隨時可策應胡志明佔領越南，甚至對緬甸泰國亦可施以壓力；又可造成一個對民主國極嚴重的局部新問題，牽制或消耗太平洋上民主國之作戰力量，尤其是美國的力量。這是對蘇聯及中共最輕鬆最合算的一着。台灣是中共最感頭痛的問題，牠不是怕台灣的力量，而是怕台灣民主的象徵。因爲國民政府一日存在，蔣總統仍在執政，而大陸上四萬萬五千萬的人心始終是歸趨於台灣的，毛澤東在北平的寶座始終是坐不穩的。所以牠必須要瓦解國民政府，打倒蔣總統，這是非常顯明的事實，任何人都知道。可是毛澤東不會利用時機，在太平洋上中美的聯合力量未結成以前來下手，到今天可是錯過機會了。話雖這樣說，情勢會轉變的，如果北韓的共匪確實佔領了南韓，或中美聯合的力量因情況之變遷有了變化的時候，中共很可能不顧一切來襲擊台灣，徹底粉碎我們，以除後患。我想中共這套陰謀是隨時把握着的，所以我們對台灣的防衛工作應更趨積極，今後情況如何發展，很値得我們注意。在我的看法，冷戰的時期已經過去了，惟離整個熱戰的時期，尚有一段距離，目前正是局部熱戰化的時期，我們應該利用這個時期，加緊準備，以迎接未來的勝利。

三、美國怎樣辦？　今天的蘇聯，已掌握中共控制了中國大陸，牠有極偉大的人力，而且有廣大的土地，牠命令的徹底和組織的嚴密，更不是我們民主集團這樣鬆懈的場面可比，故日子愈拖長於牠愈有利，牠還可以利用附庸國的力量來消耗我們的本錢。目前克林姆宮的主子曉得冷戰快要結束了，想利用附庸的力量創造局部化的熱戰來分散民主國反共的力量，尤其是美國的力量；想利用附庸國來拉住美國，消耗美國的眞本錢，好讓牠坐大起來看機會吃人。這一套狠毒如意算盤能打準幾分，要看今後事實之變遷，未來的第三次世界大戰，實質上就是美蘇的戰爭。第三次世界大戰之結果如何，要看今後彼此力量之消長。世界畢竟是由人類主宰的，人類是生活在地面上，今天蘇聯的共產集團掌握了世界八億以上的人口，和大部亞洲及歐洲的土地，誰也不能否認牠這不是一份龐大而雄厚的力量。不論戰爭的手段和方式怎樣演變，土地和人口依然是決定勝負的主要因素之一。第三次世界大戰可能是原子的戰爭，原子彈對高度工業化的都市攻擊，或對孤懸海洋的島國攻擊，是有意想不到的效力；如對農業社會的大陸攻擊，便不見得有預想的效果；像中國這樣大陸及西比利亞一帶，正是消耗原子彈最理想的場地。所以美國在遠東方面，僅憑原子彈是不能解決戰爭的。過去二次世界大戰的法國過份信賴馬奇諾防線因而慘敗，我希望今天的美國不要過份信賴原子彈而蹈法國的覆轍。我替美國着想，爲爭取主動，爲先機制人，爲減少消滅和死亡起見，應該迅速進行以下各項問題：

1. 徹底整肅日共，並武裝日本；
2. 援助國民政府，爭取大陸人力，加强中國武裝，反攻大陸；
3. 團結並運用太平洋上各國之反共力量。

美國最巧妙的方法，是以民主的外圍擊破共產鐵幕的附庸，留着一份民主基本的力量來直接瓦解共產集團的心臟。所以以上的三種措施實在有迅速進行的必要，否則必被蘇聯拖住，消耗，而至於垮台。美國這一次對南韓問題的措施明快而果敢，恰中機宜，必能驅逐北韓而予侵略者以嚴重教訓。遠東的命運，實際上決定在中國及日本的問題上。中國及日本站在那一邊，遠東即屬于那一邊，這是自然的條件所形成的，任何人不能否定。麥克阿瑟在遠東一向所堅持的扶日、援華、反共的主張，很明智，有卓見，假使過去沒有其他的牽制，而美國政府能及早支持麥帥的主張做下去，中國決不至於如此，而遠東的整個局面亦不至於這樣嚴重，怕事反而多事，損人必至害己，遠東今天局面的演成，中美兩國間都需要反省和自勉的。今後美國在遠東方面之中心問題，是如何掌握日本，如何扶助中國，其他是沒有什麼好方案的。

四、中國怎麼辦？　我們中國自抗戰八年後，接着單獨反共抗俄五年，一切元氣都喪失殆盡。目前跼促在台灣一隅，處處感覺着心有餘而力不足，仔細檢討我們過去的得失，大陸沉淪，主義不行，處處感覺我們努力不夠，罪惡滔天。但一個問題不應該僅從單純的一方面看，假使沒有我們五年的艱苦支持，不會有今天這樣勝利曙光，好轉的局面；我們雖說是喪失了數百萬忠勇的將士，可是收回來億千萬已倒的人心，今天在大陸上被共匪控制着的人民，誰不在盼望我們重臨大陸呢！民心的向背就是政權轉移的象徵，我們不能氣餒，在這樣好轉的關頭應該有所抉擇。以下各項措施，似應抓緊時機，着着進行的：

1. 鞏固台灣防衛，整頓內部；
2. 策劃大陸工作，準備反攻；
3. 爭取美援，加强武裝；
4. 配合美國，扶助日本；
5. 建立大陸橋頭堡。

台灣是我們目前唯一的基地，必須要在任何逆轉情況之下均能確保。目前對美國第七艦隊防衛台灣，不可存着過份依賴之心，而鬆懈了自己應有之準備

「自由中國」的宗旨

第一、我們要向全國國民宣傳自由與民主的真實價值，並且要督促政府（各級的政府），切實改革政治經濟，努力建立自由民主的社會。

第二、我們要支持並督促政府用種種力量抵抗共產黨鐵幕之下剝奪一切自由的極權政治，不讓他擴張他的勢力範圍。

第三、我們要盡我們的努力，援助淪陷區域的同胞，幫助他們早日恢復自由。

第四、我們的最後目標是要使整個中華民國成為自由的中國。

。軍事與政治上之形勢，隨時有變化之可能，有時美國爲基於本身之需要，或基於民主國整個之需要，第七艦隊有隨時他調之可能，決不能替我們死守着台灣，我們不能存有這種無理的希望。我們正要利用目前第七艦隊協防台灣的期中，趕快整頓內部，加强防衛，這才是正當的途徑。此外關於大陸工作，亦須有整個的一套辦法；我們已面臨反攻大陸的前夜，將來進入大陸以後，民心如何撫慰，經濟如何措施，工商業如何安排，政權如何重建，社會如何善後等等，眞是千頭萬緒，不知從何處作起。按常理說：今天我們中央應該專設機構，招賢納士，爭取時間，從事大規模、有計劃、有系統的研究和準備，不能又是一套糊塗賬帶上大陸去被人家清算。反攻大陸不是依靠外力就成功，也不是空口說白話就濟事，是要憑着我們自己眞實的力量才有可能的。所以如何加緊爭取美援來加强武裝，乃是當前迫切之圖；自力更生之信念與精神不能不有，因此過份重視了自己，亦是絕大的錯誤。老實說，現在是國際合作的時代，共同生存的時代，任何國家都需要國際上的合作和協助，決不能關起門來做自己的和尙撞自己的鐘。爭取外援是國際合作上至當的舉動，決不是卑躬屈膝向人家搖尾乞憐的無恥行爲。無疑義的美國是反共抗俄的民主中心力量，我們必須配合美國的行動才有前途。日本的民族好似一群餓虎，而且曾經吃過人的，我們今天如果不能將這一群餓虎領導起來安排牠一個出處，將來必爲世界民主之害。況日本民族有反共之傳統精神，我們如能因勢利導，日本很有可能成爲反共抗俄之中堅力量。克林姆宮的主子早就看到這點，所以大批的日本戰俘始終不放；中共亦如此，想用盡一切方法來赤化日本民族，若不是麥克阿瑟的善意管制，恐怕日本民族早就染上赤色的色彩了。目前我們如何來配合美國，扶助日本，這是最緊要的一着，亦是最有希望最漂亮的一着。爲着爭取大陸上之人力，擴大武裝，準備反攻，必須要想方法，佔領幾處大陸上之橋頭堡，僅恃台灣來作反攻大陸的條件是不够的。過去舟山的撤退，若從單純的防衛台灣上着眼，自是百分之百的正確；若從全面的戰略與政略形勢上去衡量，則不能不說是一種遺憾。單就台灣之防衛軍事上說，最怕的是共匪的奇襲和滲透，我們如果能在大陸上佔領若干橋頭堡，則可減輕這套威脅。此外如出兵援韓，配合聯合國制裁侵略的問題，在外交及政治的作用上，均爲不可缺之行動。但在目前我們心有餘而力不足的苦悶狀態下，恐怕是一種吃力不討好的後果。故我主張目前用政治援韓，好在人家都了解我們，決不會怪我們不義或吝嗇。台灣有六百萬以上之人口，適齡的壯丁最少有五十萬人，這些壯丁都可成爲反共抗俄的民主戰士，有三個月或半年工夫的努力，可編練成堅强無比的新型軍隊。如能信任大胆的做去，在這樣反共民主的洪流中是會替祖國效力的。總之，目前是機會到了，我們應當有所抉擇，配合美國，扶助日本，團結東南亞，策劃大陸，充實自己，這樣做下去，有一二年的工夫，我們又可掌握大陸了。

五、我們怎樣準備反攻。　我們目前是一群窮光蛋，除了過去的歷史、威信、和精神力量以外，其他一無所有。處在這樣一個困難的環境，要反攻大陸、瓦解赤匪、光復河山，不是一件容易的事。僅憑總理在天之靈，或僅恃外力之幫助，均無法完成上項艱苦的任務。我們是有心人，應該有知己知彼之明。毛澤東是個無賴，共產黨是一群地痞、流氓、强盜、土匪，蘇聯對中共是利用，中共統治大陸是霸佔、欺騙、奴役、搾取，其爲政權之虛弱爲歷史上空前之現象。其本身矛盾之深，人民仇恨之甚，亦爲歷史上空前之現象。我們面對着這樣的一群東西，如果沒有辦法，不是自棄，就是無能。今關於準備反攻問題，應該特別注意的提出幾點意見，來同大家商討：

1. 政治攻勢重於軍事攻勢；
2. 分化瓦解重於正面鬥爭；
3. 爭取重於打擊；
4. 寬容重於淸算；
5. 整個領導，各別發展。

共匪在大陸上的統治，以政治方面爲最虛弱，瓦解共匪似應當着重政治。我中央應針對此點，研究對策，擴大宣傳。至於軍事的反攻準備部門，容當另文研究。共匪之組織，發展太快，其內在之矛盾必多。專用眞面目之正面鬥爭，反而會增强共匪之團結。分化與瓦解的手段甚爲必要，故須爭取重於打擊，寬容重於淸算，攻其心而瓦解其意志。我中央對大陸工作，統制過嚴，這樣的做法，反而阻止大陸工作之發展。最好中央是注重原則上的領導，幫助各個使其盡量發展，不可强求統一。且中央對大陸工作，應視爲最重要的部門，集中人力財力，策劃進行，光研究防衛台灣問題，似乎太消極不够了。

六、一般在睡夢中的人應該覺醒了！　我們的大時代來臨了，我們抓緊這個機會一點也不放鬆。今後的生存和成敗的關鍵，都決定在今天的切實準備和切實努力。南韓問題不過是遠東嚴重局面的開始，究竟帶給我們是光明或是黑暗，今天尙不能妄加詳斷。但我們有新希望來了是無疑義的，問題是在我們如何來安排，如何來準備，和如何來努力。尙有若干外國人和我們中國人在做第三勢力的美夢，要知道從中國歷史上看，和現在實際的環境上看，都是不可能。再從時間的因素上看，更是不可能。既反共就不能反蔣，反蔣就不是反共，試問蔣總統是否反共的，誰也不能否認他是反共的。你既自命爲反共人物，爲什麼又要反對反共的人呢？在這樣矛盾的邏輯當中，要成立一個反共第三勢力的理論，眞是荒天下之大唐也。其無智其愚蠢之甚，莫過於此。希望流亡海外的副總統、院長、部長們，同固執成見的外國朋友們，機會到了，都應該猛省罷！讓我們一致在反共的蔣總統領導下，來配合大陸上億千萬同胞的要求，重登大陸，來共同建設我們自由民主的新中國。

兩個戰略的交綏

陶希聖

韓國的戰事是俄美兩個世界戰略的交綏。

五月初，倫敦三外長會議的重要性是不應忽視的。兩年來，美國的世界戰略，是歐洲第一。美國對於歐美，採取了三大步驟：第一步是馬歇爾計劃，第二步是北大西洋公約，第三步是軍火援歐法案。美國對於歐洲民主國的支持是盡了極大的力量了。但是去年九月，英美政府同時宣佈蘇俄已有原子爆炸，從此西歐各國便陷入恐怖。他們怕的是第三次世界大戰如果爆發，首先吃原子彈而全被毀滅的就是西歐民主國家。因此西歐各國有所謂「第三勢力」的醞釀。他們幻想着自成一個集團，脫離冷戰，趨向中立。在這一情勢之下，美國在倫敦會議的一個課題就是怎樣鞏固北大西洋聯盟，而其方法不外乎兩個：要和就必須訂立具體方案，去叩莫斯科的門；要戰就必須在整個世界戰略上有深切的諒解。

正在這時候，太平洋的形勢已經是岌岌可危。美國在西太平洋前線的海島防線，隨處有被共產極權侵略者截斷的可能。東南亞洲的戰火更是到處燃燒。南洋寶庫如被蘇俄第五縱隊掠取，則蘇俄征服世界的野心計劃，在戰略形勢和戰略資源兩方面都要走上成功的道路了。美國不能不確立積極的亞洲政策，英法也不能不要求美國與他們共同行動，以挽救東南亞洲的危機。在倫敦會議裏，這也是一個主要的課題。

美國國務卿艾其森派吉索普先到倫敦，籌備三外長會議，這一事實表現了美國國務院對於倫敦會議的期待，是着重於對莫斯科和平的試探。但是蘇俄的戰鬥機在波羅的海上空擊落美國的超空堡壘，這一事件激起了艾其森國務卿六點聲明，其主旨就是美國政府對於莫斯科不再寄以和平的希望，美國政府不怕打仗。自此以後，吉索普的行蹤不復見報。到了倫敦會議舉行以後，三外長的決定，對蘇採取强硬政策。這强硬政策表現於下列三方面：

(一)北大西洋聯盟國家組織最高指揮部，聯繫軍事與經濟，以抵禦蘇俄的侵略。

(二)美英法對東南亞洲共同採取積極的步驟。艾其森國務卿屢次聲明援助越南。英國召開雪梨會議決定各自治領籌劃經費，援助東南亞洲方面的活動。這都是民主國家對東南亞洲積極政策的表現。

(三)美國在西太平洋採取積極的步驟。在倫敦會議之後，美國國防部長詹遜與參謀首長聯席會議主席布拉德雷連袂飛到東京與麥克阿瑟將軍會議，就是這一積極政策的表現。

這三方面的活動，就是歐洲民主陣線的鞏固與亞洲民主陣線的形成，也就是世界民主國家對於國際共產主義鐵幕的圍堤，將要合攏了。

這個堤在那裏合攏呢？東京會議的內容是保持秘密的。但是我們可以推定，三巨頭對於南韓、日本、琉球、台灣、菲律賓、越南、曾作全盤的檢討，定全面的計劃。東京會議結束之後，詹遜與布拉德雷和杜勒斯回到華盛頓，杜魯門總統如果採納了東京會議的建議，必將宣佈美國政府對於這海島防線上各戰略要地負起保衛的責任。杜魯門總統如果有一點猶豫，這一防線的形成也許要經過幾個月的磋商或爭論。

莫斯科的政治不基於輿論，因爲蘇俄人民根本沒有言論自由，也就根本沒有輿論。莫斯科的政治是基於情報的。國際共產黨就是替莫斯科中央政治局搜輯情報的世界間諜網。我們可以推定，莫斯科關於東京會議的情報是迅速而周密的。莫斯科認爲：如果東京會議的建議竟爲杜魯門總統所採納，如果南韓、台灣，如是等地都編入民主國家在西太平洋海島防線之內，那就是說，蘇俄從此以後，除非下決心打大戰，就不能再對這些地方進行侵略戰。莫斯科侵略野心家們對於民主國家反共產主義鐵幕的圍堤將要在遠東方面合籠，怎能不先下手爲强，立刻採取行動？

在這一海島防線上，只有南韓和台灣兩地，美國的政策是曖昧的，軟弱的，甚至有不理會的傾向。但是東京會議對於這兩地特別注重。美國政府內部對於這兩地的政策的改變，有爭執的可能，因此杜魯門總統也有猶疑的可能。莫斯科便選擇了南韓作攻擊的目標，借北韓的行動來打擊美國政府將成未成的政略和戰略。倘如美國杜魯門總統瞻顧徘徊，北韓國際共軍在美國尚未決策之前，征服了南韓，造成了既成事實，那時候，美國即令宣佈西太平洋民主陣線的全貌，也只好把南韓擱置不談了。

布爾雪維克主義者永遠相信民主政治是懦弱遲緩沒有效率的政治。他們忘記了一九三八年到一九三九年之間，民主國家開了兩次慕尼黑會議，斷送了奧地利和捷克，却在納粹德國侵入波蘭的時候，立即宣戰。他們更沒有料到聯合國安全理事會於波蘭、羅馬尼亞、保加利亞、匈牙利、以及捷克等國先後陷入鐵幕，更在我外蒙，東北、平津、京滬、武漢、陝甘和新疆、廣東和廣西、以及西南各省相繼陷進魔掌，而皆付諸不聞不問，却立即爲了北韓侵入南韓，採取急劇的行動！

布爾雪維克主義者永遠看不出民主政治滙合了大多數人民的智慧，也就集結了大多數人民的力量。布爾雪維克主義者企圖以莫斯科中央政治局少數頭腦對抗世界民主國家成億成萬的頭腦，以少數人强制人民行動的力量擊敗大多數人自發自動的力量，這是布爾雪維克主義者先天的愚蠢，也就是他最後必歸失敗的保證。

北韓國際共軍侵入大韓民國之後，不過三天，西太平洋民主陣線就明白劃定了。杜魯門總統明敏的决策，無疑是以倫敦會議和東京會議既定的政戰兩略爲依據的。如果沒有北韓事件，遠東民主陣線的結成，也許需要三個月的磋商。現在有了北韓事件，這一陣線便先行劃定，再作磋商。莫斯科自以爲北韓的行動，是先下手爲强，殊不知民主國家和安全理事會，更在東方全盤戰略上下了先着。韓國戰事是和一九三九年波蘭戰事一樣，是民主與極權兩方的世界戰略的交綏。從這一點上燃起的火花，必將演成燎原之勢，這是我們可以斷言的。

徵稿簡則

一、本刊歡迎：
(1)凡能給人以早日恢復自由中國的希望，和鼓勵人以反共的勇氣的文章。
(2)介紹鐵幕後各國和中國鐵幕區極權專制的殘暴事實的通訊和特寫。
(3)介紹世界各國反共的言論，書籍與事實的文字。
(4)研究打擊極權主義有效對策的文章。
(5)提出擊敗共黨後，建立政治民主、經濟平等的理想社會輪廓的文章。
(6)其他反極權的論文、談話、小說、木刻、照片等。
二、翻譯稿件請附原文或註明其出處。
三、賜稿務望繕寫清晰，並加標點。
四、凡附足郵票的稿件，不刊載即退回。
五、稿件發表後，每千字致稿酬新臺幣十五元至卅元。
六、來稿本刊有刪改權，若不願受此限制，請先說明。
七、惠稿經本刊刊載，版權即爲本刊所有，非經同意不得轉讓。
八、來稿請寄臺北市金山街一巷二號本社。

華府來鴻

「自由中國」在華府

本刊特約通訊記者　張　文

做寰先生：

自由中國在此試銷，成績意外的好。在一家中國店裏，送去時，老闆翻了翻，看見既無圖畫，又少照片，說怕難銷。又囉哩囉嗦說字太小了，不如其他美國印的雜誌醒目等等。說好說歹才答應下來。第二天打電話去問，他說早賣完了。又問我們還有沒有。我們告訴他沒有了。他說下次要代銷一倍。

又有一位八十歲的老先生翻了一翻，指着「自由中國」那四個大字說：「這才是中國的希望呢」。

一位洗衣的老婦人，翻了翻，說她要買，而且要訂。

在中國同學中，大家都搶着看。

……………………。

凡此種種，都可以看出人心所向。共產黨所口口聲聲說的「人民長」、「人民短」、是騙不了眞正的人民的。用一句共產黨的術語，眞所謂：

「人民的眼睛是雪亮的！」

總而言之，下一次請寄一百二十份來。又：

（一）現在正是「打江山」、「創碼頭」的時候，賠錢跑腿，商人們是不肯幹的。且待我把「發行網」組成，商人們看淸了可以「坐享厚利」時，我將開一清單，說明那一個經銷處可靠，那時候就可以直接和他們接洽了。

（二）現在款雖尙未全部收回，但大致可望給您寄回一部成本。不知您認爲怎樣辦好，是開匯票呢，還是暫存在此？因數額極少，匯起來不大合算也。

（三）回憶共黨當年，我感覺貴社有在淪陷區組織地下發行網之必要。可將版面縮小，但求易於夾帶卽可。　卽祝

撰安

弟　張文敬上

三十九・六・二十七

美軍在南韓失利之原因

閔石麟

南韓北韓戰事爆發，美軍參戰，十餘日來所表現的戰績，並未使我們驚訝，相反的是美軍從水原撤退至平澤，由平澤又撤至天安，現在天安又告棄守了。當然勝敗乃軍家常事，我們固不應以美軍之受挫而低估其作戰力量，可是南北韓戰爭並非單純的軍事性質，其最大意義乃建築在政治觀點，美軍之受挫亦並非偶然。以美軍一萬五千餘人加上南韓之有力作戰部隊兩萬餘人怎抵得上北韓在卅八度線以南的十萬大軍，矧美軍作戰武器，還是二次大戰的殘餘舊炮，連一輛重型坦克都沒有，故失敗乃意料中事，既明知失敗又何必故爲？至要理由約有下列數點：

（一）美蘇兩國在表面上一直認爲南北韓戰爭是「內戰」。從歷史上看，韓國向爲列强爭逐之地，日俄戰爭時卽蒙受重大損失，第二次大戰後雖能幸告獨立，然卅八度分界線，却又爲韓國隱伏下禍根，造成美蘇在韓勢力之對持，此次戰爭名爲南北韓戰爭，實則美蘇戰爭亦卽國際性之世界戰爭。不過韓國在這次戰爭中所最不幸的，就是重蹈一九三六年西班牙悲劇之覆轍。當時西班牙叛軍與政府軍衝突，前者受德意侵略者之嗾使，後者受英法蘇之支持，名義上是「內戰」實際上替別人打仗，犧牲的是西班牙人，而這種「內戰」在當時竟持續兩三年之久。韓國情形，也正與那時一樣，爲了世界和平，爲了世界人類的安全與侵略者作殊死戰鬥，向別人要求援助，却被視爲「內戰」，美蘇還相互要求對方出來調解，實在使弱小國家無法可以申訴。在這種被視爲「內戰」的原則下，美國對於韓國的援助當然也不會超過援助一國內戰的範圍之外，因之戰事的發展恐亦非短期內所能結束的。

（二）美國是一物質文明高度發展的國家，第二次大戰時已深嘗戰爭殘酷的滋味，戰後短短的四五年，甫經恢復戰前的生活水準現在又要陷入戰爭漩渦，當然要經過綿密的考慮。雖然他們已承認共產主義的威脅，已直接影響到他們的安全，可是要他們立卽採取堅決的行動，終不免對過去之安定生活仍要作一番留戀，在過去對蘇冷戰中之節節失敗，多半由於這種苟安心理所造成。這次南北韓戰事爆發雖然給予美國人一個非同小可的打擊，但是還不够肉痛，所以先拿一小部份兵來韓參戰，不過是擺擺樣子，希望能將北韓軍隊嚇回去。假如嚇不回去，竟而敗退下來則可激起國內人民的作戰情緒，從而作積極性的武裝準備，全面進入戰時狀態。

（三）美國佔領了日本後，一直就想找機會恢復他的武裝，這次南北韓戰爭爆發，便是一個最好的藉口。日本在遠東原是一個高度國防國家當然能獲得美國人特別靑睞，二次大戰後的日本工業基礎並未完全摧毀，相反的在美國保護之下，已完全恢復，不過受輿論的限制未從明顯的重建他們武裝力量，僅在繁榮日本經濟的名義下，予以暗中扶植，現在三次大戰之火已燃及眉梢，倘不藉此機會武裝日本更待何時？

（四）第二次大戰後，南北韓被劃分卅八度境界線以來，蘇聯對於北韓的培植，祇有一個目標，卽如何向南韓侵略。在精神上如此，在物質上亦如此，大批蘇聯海陸空軍訓練人員進入北韓，大批海陸空軍新式武器配備北韓，短短的兩年已使北韓的侵略勢力蓬勃高漲，而南韓則民窮國困，政治旣未上軌道，軍事實力更是毫無，相形之下徒予侵略者以可乘之機，此種情形究爲何人所造成？韓人自身固應負有重大的責任，然我民主國家之領導者亦不能盡辭其咎，韓國被日本統治四十餘年，人民受盡奴化教育之壓迫幾已不知民主爲何物，勝利後始覺自由之可貴，然此一初生之嬰兒，甫離襁褓，卽自行獨立，先天旣不足，後天又失調，致有今日之不幸。

從美國國內及日本的武力準備情形看來，能够全面動員至少仍須三四個月。但是在這期間中韓兩國將無辜遭受重大犧牲，卽使將來第三次大戰的結果是民主國家勝利，而韓國復國的力量已甚薄弱。然而我們爲了全世界的和平與安全，還是願意忍着疼痛希望在美國領導下共同擊潰我們的敵人。

美國對遠東的基本態度改變了麼？

蔣匀田

單看臺灣一個地區，杜魯門總統一月五日的聲明與六月二十七日的聲明，確有顯著的不同。這兩個聲明的原文，在國人腦海中或者在全世界人的腦海中，記憶猶新，用不着全盤引出。僅憑這種差別，能否即說美國對華政策業經改變，恐怕還是個問題。釐清這個問題，我們以後處理國事的態度，尤其是對美國的關係，始有精確的尺度。欲解答這個問題，須先明白美國對華究竟有無政策。兩年來美國共和黨朋友，始終指責國務院對遠東無政策可言，對中國更屬失敗。事實如此，國務院雖發表了累牘連篇的白皮書，能解釋了失敗的責任，並不能變更失敗的結果。

我曾將白皮書細讀了一遍，也曾將美國幾個遠東問題專家的著作瀏覽一過，且每次艾契遜國務卿對遠東及中國的談話，民主黨外交政策發言人康乃利參議員在國會裡關於中國問題的辯論，我輒三番五次的留心閱讀。綜合這些材料的結論，說美國對遠東有整全的政策，固失之於簡化複雜的事實而跡近虛搆，若謂美國對遠東問題，一無基本的態度，亦未免透視不到而流爲苛責。

美國在第二次大戰後，自貝爾納斯國務卿隨羅杜兩總統，與斯太林及莫洛托夫處理東歐問題，經過艱苦會談和交涉的結果，白紙寫上黑字，誓共遵守，墨瀋未乾，而美蘇已發生對條文解釋不同之爭。乃認識了共產極權國家與法西斯極權國家一樣不能和平共處，攜手合作，尋謀世界之復興與繁榮，伸張人類之正義與公道，而奠立自由民主永久不拔的基礎。凡讀過貝氏所著「說老實話」（Speaking Flankly）一書的人，即可知道美國現在對付蘇俄及共產國家的辦法，已經由貝氏說明了。及馬歇爾將軍繼任國務卿，自莫斯科會議失敗歸國，對貝氏說法，益堅信而不疑。美國既不信任蘇聯可以共負世界的責任，對於蘇聯所策劃的世界革命計劃，不能不嚴加防範。在西歐則有馬歇爾復興計劃，由布魯塞爾的同盟，繼之而擴大爲北大西洋防禦公約。因爲西歐國家文化水準比較齊平劃一，統籌兼顧之計劃易立，分工合作之收效乃宏。遠東則完全不同，經濟之發展固差池落後，而政治之組織更複雜不齊。統一的政策，固然不易建立，即令勉強建立起來，也無法統籌兼顧。美國國務院也曾根據這種理由，解釋其對遠東無整個政策的責任。假使我們能平心靜氣衡量問題，對於這種解釋，也有不能不予以同情之感。

艾契遜國務卿迭次對付共產黨的演說，都說共產黨最易發展的地方，就是政治組織失去了群衆擁護而經濟生活最窮困的社會。想遏制共產主義的發展，一定要針對這些弱點，謀求補救之道。所以在經濟方面提出了杜魯門第四點計劃，在政治方面則始終強調自由民主的生活方式，而打擊和批評獨裁政治。在所謂遠東問題專家的著作裡更顯明的道出：（一）殖民地主義是共產黨最易發展的園田（二）獨裁政治也是撫育共產黨最好的溫床。艾契遜的言論是否受這般著者的啓示，我不敢臆斷。但這種觀念確形成了幾年來美國對遠東問題的基本態度。這般著者對於中國國民政府無不盡批評笑罵之能事。而大大有名的拉鐵磨爾（Owen Lattimore）實爲其代表。在他最近所寫的亞洲的情形（The Situation in Asia）一書中有這樣一段話：「在自由中國內國民黨緊緊的統制着一切，上自最高機關下逮村莊，皆是一樣。……國民黨對日抗戰時期皆忙於強度黨的訓練。其訓練對象包括各種人士，自官吏，幕僚，銀行家，商人，自由職業者以至地主皆輪流被選加入訓練班，施以強度的訓練。訓練的課程受法西斯學說的影響甚重，其方法則學自希特勒者多，學自墨索里尼者少。其嚴格的口號則爲一國之內，祇許有一個黨，一個領袖，應嚴肅的，自動的接受層層命令統系（China of Command）所下的命令。下層的動議，則視爲搗亂」。白皮書中類似這種論調的報告，亦所在皆有。美國對華政策，究竟受這種記載的影響有多少，我們不敢臆斷。不過赫爾，貝爾納斯，馬歇爾及艾契遜前後四個國務卿曾有個共同聲明說：他們的對華政策，並未受拉鐵磨爾的影響。我們當然也不能不遵重這四位國務卿的立場。但是白皮書係國務院所發表，其中所記載對於中國的報告，國務院恐不能不據之而爲製訂對華政策的資料。復從相反的一方面觀察，共產黨發展的方式，亦因地而異，極盡搆扇撞騙的花樣了。共產黨根本無國家民族的觀念，而扇惑殖民地區的人民，則揭出民族運動的口號。共產黨根本無人權觀念，而在獨裁政治下活動，則標榜民主的口號。時至今日，以民族主義對殖民主義，以民主號召對獨裁政治，自然在聲勢上造成了順逆的不同，在形勢上造成了主客的異位。這種對照，自然會反射着美國國務院對遠東的視線，而反證了共新形成的遠東政策。即欲在遠東遏制共產主義的發展，須先改變其易於發展的溫床。根據兩三年來在國內外與美國朝野人士接觸的印象，相信這種看法，確有七八分的可靠。不過美國國務院礙於與英法的外交關係，對於殖民地主義的反感，很少有白皮書那樣不客氣的表示。當然英法兩國也沒有像中國在大陸上失敗的慘局，予以表示的機會。所以胡志明的叛軍在越南初有熾烈的發展，乘法國求援的時候，美國即立刻要求法國對越南三個王國，多授以獨立的機會爲援助的條件。印度尼西亞合衆國之獲得獨立，若沒有美國之同情與援助，荷蘭恐不會如此快速的退出。這些行動，很足以說明美國對殖民地主義的態度。美國參議院裏曾有少數共和黨議員與少數民主黨議員，要求艾契遜國務卿承認西班牙佛蘭科政府，以增加西歐反共的力量。艾氏回答說，在佛蘭科不能尊重和保護人民的基本權力以前，美國便不會承認其政府。其後杜魯門總統，對阿根廷總統亦同樣的說：『祇要 Pero 總統尊重其國民的自由生活方式，美國已備款一億二千餘萬元以貸予阿根廷』。這些言論，很足以說明美國對極權主義的態度。最近尼赫魯在訪問印度尼西亞的行程中曾說：「殖民地主義已失其重要性，必就死亡」。印度受了兩百多年的殖民地生活，所以尼氏有這樣沉痛的言論。美國也是從殖民地生活中解放出來的，其痛恨殖民地主義，欲剷而除之，即不待其易爲共產主義發展之園地，而已爲情理之當然。美國生活於西半球上，在門羅主義指導下，安渡民主美滿的生活。不意兩次橫逆的襲擊，一出於德國潛艇，一出於日本的飛機，實逼處此，不得不加入世界戰爭的漩渦。深感極權主義之存在，世界無和平之可言。乃此次援助史達林戰敗希特勒後，法西斯之威脅未淸，而布爾雪維克之威脅又來。痛定思痛，益信極權與民主兩種制度，不能同時異地而並存。從慘酷的歷史教訓中，擬訂其對世界政治的態度，自然有其不可否認的價値。

但是殖民地主義之消滅，生產落後地區之繁榮，需要很長的時間。極權政治之根絕，自由民主生活方式之養成，亦需要很久的歲月。並且無論是經濟建設，心理建設或政治建設，更需要安靜的環境。美國對西歐的政策，在今日言之，不能不說是相當的成功。考其成功的條件雖多，然重要的契機，是馬歇爾復興計劃之後，繼之而有北大西洋防守聯盟。有文的措施，復有武的防衛。這就是旣注意到時間的需要，也排好了安靜的環境。所以能有豐碩的收穫。我們在大陸上不能善用美援，而終歸慘敗，始終沒得到安靜的環境，謂爲主要原因之一，質諸美國朋友，當亦無法否認。

最近英國前外相艾登（Anthony Eden）在其『東方的衝突』（Conflict in the East）一文中有一段話說：『我們對於東方的安全與經濟進步，要同時供給。解決前者必須在短時間內，而答覆後一問題，則需悠久的歲月。這種分別。極關重要。以經濟援助內政不安定之國家，共毫無裨益，無有過於此者。是以吾人第一動作，當爲保障東南亞以反對共產主義。如此作爲，始可造成必需的情況，俾經濟援助得以完成其目的』。艾氏這段言論，深獲我心，誠不愧爲第一流政治家。杜魯門總統六月二十七日的命令負起了韓國的安全責任，負起了臺灣的安全責任，負起了菲律賓的安全責任，也負起越南的安全責任，聲勢之浩蕩，氣魄之雄偉，眞是動天地而泣鬼神。杜魯門這種磅礡宇宙的豪舉，與艾登那段高明透闢的議論，姑無論其有無聲應氣求之處，然美國的政治領袖願意這樣作，而英國的政治領袖又係如此說，不能不說是人類的福音。

我之所以目之爲人類福音者，不僅在他們行和言的本身，而在其所以發爲此類言行的背後精神，表明了對共產黨有更進一步的認識，表明了他們對援助東南亞的方法上有所改正，至少可以說有所增益。杜魯門總統在他的命令中曾說：『共產黨已超越破壞（Subversion）行動，而採取武力毀滅獨立民主的國家』。似乎杜魯門總統對於共產黨的破壞行動，尙無幾分忍耐的意思。實則破壞搗亂的行爲，在一個有秩序甚繁榮的國家裡，爲禍尙小。若在一個由專政剛走向民主的國家裡，在一個由貧窮漸進到繁榮的社會上，其所發生的頓挫拖延的作用，實在很大。這點道理，非身受共禍，而細加玩味者不克知之。還要請杜魯門總統特別注意，免再上當。

根據以上的分斷，可以說美國對遠東的基本態度，在杜魯門總統的命令中，在命令發布後國務院的動態上，我們都看不出有什麽變更。就是以第七艦隊來保護臺灣，以遏制共產黨的進攻，這也是一張預伏的底牌，不過因爲北韓的侵略行爲，而提早揭開。美國並不希望中國大陸陷入共產黨手中，更不願意臺灣落於共產黨的掌握。現在與從前，有什麽不同呢？不過第七艦隊不能阻當共產黨席捲大陸，而確很容易遏制着共產黨的侵襲臺灣 。差別在此而已。說不上美國對華政策有什麽變更。杜魯門總統在他命令中提到臺灣的地位問題，說須待決於對日和約。這表明了第七艦隊所以防守臺灣海峽的理由。說出這種理由，一半在昭告世界，一半也有示意我們如何治理台灣的用心。我們應善爲體察，不要認爲美國對華政策業經改變，可以恢復過去援助我們的辦法。我們保衛臺灣，需要美國大量援助，我們反攻大陸，更需要美國大量援助。但是美國對任何地區的援助，都有其政治上的理想。若不能使美國人有達成其理想的希望，將無法以取得美國人的援助。美國人這樣態度，不能以是非的辯論而折服之，但確可以政治上的改革而取信之。外在環境的突變，刺激了美援方式之加強。假使因爲外在環境突變，也能刺激我們政治觀念上的大改變，隨之而有行爲實踐上的改變，這恐怕美國對華態度改變的基本條件。我不相信美國援助越南，而忘棄了安南將來如何完全獨立。我更不相信美國援助中國，而忘棄了中國將來如何眞正民主。

太平洋新局勢與中國前途

陳啓天

自美國杜魯門總統宣佈對於援助南韓與防衛臺灣採取軍事行動以後，太平洋方面忽然呈現一種新局勢。這種新局勢的主要趨向，是以美國爲領導的民主國家對於蘇俄的冷戰策略，由着重大西洋方面而轉向太平洋方面，由冷戰而接近熱戰，漸有繼續發展成爲第三次世界大戰的可能，值得吾人加以注意。

原來蘇俄的眞正企圖，在以共產主義爲標榜，而實行侵略主義。蘇俄的慣用手段，在利用一切滲透方法，策動民主國家的內戰，以征服一切民主國家。而民主國家，尤其是美國在第二次大戰時期內，尚不大明瞭蘇俄的眞意，幻想與蘇俄談和平，講合作。不意經過四五年來的實際教訓，漸次覺悟，民主國家絕不能與蘇俄和平相處。如果再與蘇俄談妥協，便只有更上當，只有任蘇俄的侵略野心更大。因此民主國家成立北大西洋公約共同防禦蘇俄於前，今又於太平洋方面，由觀望妥協而突轉爲聯合軍事制裁北韓，使蘇俄不得不有所顧慮。太平洋新局勢從此開始，我們應佩服美國杜魯門總統決策的明智，也應贊賞各民主國家的行動一致。

今後世界，不是民主國家打倒蘇俄集團，便是蘇俄打倒一切民主國家，決無長期並存的可能。民主國家對付蘇俄集團，只訴之於冷戰，絕對不够，只限於南韓，而不攻擊操縱北韓的蘇聯，也絕對不够，必須從速繼之以對蘇熱戰，始有獲勝的可能。我想，第三次世界大戰遲早總是要爆發。遲發則蘇俄的勝算多，早發則民主國家的勝算多。因此我們懇切希望一切民主國家，尤其希望美國政府對蘇俄的軍事行動要更積極，要更擴大，而成爲對蘇大戰，不要遲疑，不要中止，以便及早解決蘇俄集團，確保世界和平。民主國家的態度堅定以後，蘇俄集團必將於必要時發出和平攻勢，以圖拆散民主國家的團結。民主國家如再中蘇俄的計，則眞正和平便難早日實現了。

太平洋新局勢開始以後，中國前途忽現轉機，這是每個中國人在長期苦悶中所深切感覺的，用不着多說。不過我們能否把握着這個有利於中國前途的新局勢，還要看我們自己能否眞正反省，並眞正努力。偌大一個中國，不過一兩年的光景，便全部大陸淪爲鐵幕，只保有一個孤島做規復大陸的基地，這多麼需要我們反省並努力！現在爲篇幅所限，只能就當前幾個重要問題，略述我個人的一點意見。

政治是一個國家的總樞紐。要國家有辦法，能進步，必須先行健全政治。政治要如何始易於健全？必先確定政治趨向。不幸，我國自辛亥革命以來，政治趨向始終動搖不定，使人無所適從。假使十六年反共以後，不實行長期一黨專政，讓和平的民主政黨得自由發展，我想政治必能早已走上軌道，共黨決無由猖獗。現在痛定思痛，宜尊重憲法，實行民主，讓反共的各民主政黨均得有自由發展的平等機會，以便共圖革新政治。清一色的政治，與一把抓的政治，只能造成腐敗，使好人變成壞人，壞人變成更壞。如何能談革新？二十年來的實際教訓，我們應深深記起，不宜再蹈覆轍。政治趨向確定爲民主以後，宜再依據民主原則，提出新的政治號召建立民主的聯合陣線，以便一面振作人心，一面共抗共黨。共黨常有政治攻勢，而我們則多忽視政治攻勢，未免相形見拙。固然，我們不可學共黨只用政治號召騙人，而須用政治號召做團結全國實行革新的行動方針。從現在做起，從臺灣做起，號召全國，不分黨派，共圖建立民主的聯合陣線與民主的政治規模。果能如此，則不難使政治煥然一新，而博得中外人士的刮目相看了。

蘇俄的侵略問題，是一個世界問題。因此蘇俄對中國及其他民主國家的侵略問題，都是世界問題的一部分。無論世界問題的那一部分，例如中國南韓，東南亞等方面，都彼此相關，不能單獨求和平，也不能單獨求解決。因此中國欲抵抗蘇俄侵略，必須聯合民主國家共同抵抗。今後世界的公敵是蘇俄。中國宜促成各民主國家從速成立太平洋聯盟，並從速對德日媾和結束宿怨，重新聯合抗蘇。爲爭取勝利計，並宜及早一面考慮重新武裝德日問題，一面允許德日參加聯盟，例如允許德國加入北大西洋公約，允許日本加入將來太平洋聯盟。與太平洋方面特別有關係的國家，是英美法日印諸國。中國應依據太平洋的新局勢，重訂外交政策，與這些國家密切聯合反共抗蘇，以便早日恢復大陸，重建和平。對蘇外交戰，已因蘇俄的猖狂侵略，形成聯合陣容。中國宜盡力擴大這個陣容，並促其更進一步的具體化。爲達成此目的，中國的外交態度，宜捐棄一切嫌怨，不亢不卑，不誇不欺，與各友邦密切合作。各友邦不完全了解中國，中國也不完全了解各友邦。聯合抗蘇，尙須互求了解。

美國第七艦隊既已執行杜魯門總統命令巡防臺灣海峽以後，共軍進攻台灣的威脅，在一年以內暫可幸免。今後確保台灣的中心問題，除革新政治外，尙須革新經濟。台灣經濟有幾個與內地不同的特點！（一）對外海運特別重要。(二)經濟建設已有半現代化的基礎。(三)農業工業與貿易關聯密切。（四）主要產業幾乎全由公營。(五)新來人口近一百萬，連原有人口，約每七人增加一人消費的擔負。目前因海運阻塞，貿易減少，消費增加，銀根緊縮，物價偏高，匯價偏低，以及其他種種原因，已漸有經濟蕭條的跡象，使多數人感覺生活艱難，殊爲可慮。如不早圖補救，恐再蹈大陸的覆轍。補救的方法，不宜支支節節，更不宜魯莽滅裂，必須全盤考慮，重訂財政政策，金融政策，（包括發行利率，外匯，黃金等政策）產業政策，貿易政策，海運政策與公營政策，以求適合今後的需要。關於這些問題，筆者曾於去年光復節在中央日報增刊上有所討論，現在不擬多贅。不過尚有一點，須在此加以說明。目前臺灣經濟事業，多苦資金週轉不靈。如一律仰給台灣銀行，則該行勢難担負。查國家行局海外存款共約一千餘萬美金。如將此項外匯存款的半數調回台灣，由各行依照政府規定，扶助農工事業及對外貿易，必可使臺灣經濟漸趨繁榮。國家行局，除中信局外，原不許在臺灣營業，而只許在海外營業。這種辦法，好比是一個人的血液，不許其在身內循環，而只許其在身體外流放，未免外重內輕，本末倒置，亟應重新考慮。至於內地實業家避難香港及海外者，應多方設法招徠來臺開發實業，使民營企業增加新血液。今後台灣局勢漸趨好轉，招徠實業家來台，似無大困難，宜從速進行。總之，今後台灣的經濟，不但需要穩定，而且需要繁榮。所有穩定及繁榮台灣經濟的辦法，需要全盤重新考慮。

今後一年以內，應加緊整理軍事，以備將來反攻大陸，同時防衛台灣。過去軍事失敗的原因，我們宜徹底反省，切實改正。據我看來，今後軍事整理問題，似宜特別注意以下各項：首須注意選擇好將官。古話說，兵隨將轉。由此可見軍事失敗，將官有責。據孫子兵法所示，好將須具備智、信、仁、勇、嚴的條件。自古及今，具備這些條件的好將官，恐怕是鳳毛麟角，不可多見。我們不妨稍稍降格以求，只求能用思考，能明大體，能負責任，能眞實踐的將官，便是頂好的。這種好將官，不是單靠訓練所能養成的，必須不分區域，不分派系，多方選擇，始能逐漸鼓鑄成功。次須注意軍隊國家化。軍隊如不實行國家化，則必派系糾紛，成爲私人的工具。私人一有變化，便不可用。數百萬大軍先後敗潰，實值得吾人加以深省。所以今後整理軍事，宜盡量使所有軍隊超出於派系以外，而實行國家化，建立起名符其實的國防軍。這在憲法上本有明文規定，亟待實行。再次須注意反共抗俄的新戰略與新戰術。知彼知己然後可以百戰百勝。知彼知己何以能百戰百勝？因爲知彼知己以後才可以確定適當的戰略與戰術。過去幾年戡亂戰爭的失敗原因，固然不專在軍事方面，但軍事方面既不大知彼，又不大知己，既無適當的戰略，也無適當的戰術，似爲一個重要原因。我們要懲前毖後，爭取勝利，必須先求知己，次求知彼，以便定出一個可以致勝的新戰略與新戰術。如果戡亂戰略與戰術，仍舊是拘守教程，或隨意應付，那就難免重蹈覆轍。再次須注意國際聯合作戰的態度與準備。蘇俄及共黨的侵略問題是一個國際問題，必須聯合國際軍事力量共同解決，然後可以提早獲勝的時間。現在聯合國共同制裁北韓，已開國際聯合制共的先例。將來對蘇的世界大戰，必定仍照此先例採取聯合行動。〔我國對於國際聯合作戰的態度與準備，應先事講求以免臨時應付失策。再次須注意反攻大陸的準備，以便一年以後可以隨時反攻大陸。一個軍隊不宜久用，久用則疲不堪用；也不宜久不用，久不用則廢不能用。我們固須利用今後一年的時機，整軍經武，使曾經久用的軍隊均變成勁旅。但既經整訓就緒以後，便須開始反攻大陸，以免「師老」。最好卽自現在起盡力設法遣送若干軍隊參加南韓及越南的抗共軍事，以便一面學習國際聯合作戰，一面開闢反共大陸的途徑。其他軍事方面需要改進的問題，自然很多，應請教軍事專家，我不能多談。總而言之，太平洋新局勢，是第三次世界大戰的前奏。由這個前奏到第三次世界大戰正式爆發，需要經過多少時期與演變，決於美蘇兩國的態度。從蘇聯看來，最好是利用他國他族與美鬥爭，延遲第三次世界大戰的時期，以求不戰而勝美國。從美國看來，則宜聯合各民主國家直接反擊蘇聯，從速解決蘇聯，以免蘇俄再耍詭計，肆意侵略。抵抗只限於南韓一隅，則將來難免又上蘇俄的當。和平固是不可分的，保衛也是不可分的。要建立全面和平，只有從速訴之於熱戰。要實行全面保衛，也只有訴之於對蘇熱戰。至於這個新局勢，對於中國前途固然是有利的。不過我們不可空歡喜。自古以來，只有眞正能反省與努力的民族，才能立國於世界，才能利用有利的局勢，創造國家的前途。因此我們要求中國前途日進於光明，必須徹底反省，放棄大陸上造成失敗的種種傳統觀念，重新採用世界的眼光與海國的眼光，通盤考慮政治，外交，經濟和軍事等問題，而切實努力加以改進，以便密切配合太平洋的新局勢。

從韓國戰事檢討第三次大戰是否爆發？

陳恩成

照蘇俄赤化世界的一貫戰略來講，世界的第三次大戰可說「尚未爆發」——然而第二次大戰却尚在延續之中！

不管我們是確認第二次大戰尚未結束，抑或祇爲便利一般人的閒談，假定二次大戰既已活埋。普及世界的戰爭惡潮，或冷或熱，無疑的固已不斷爆發，不斷的擴展和延續。

現在針對蘇俄赤化世界的戰略，分作三個階段，扼要的說明世界大戰之特質與其現象。

第一個階段：一九四一年以前

史大林既已確認世界無產階級的「革命」，必須從煽動與援助全世界各國的工，農，與失業遊民等，以惡化與腐化的混合暴力，推翻並奪取各國現存的政權，使全歸於國際共黨統治之下——亦即歸於克里姆林統治之下。這也就是公開的宣明，共黨的世界革命必須與全世界各民主國（被指爲「資本帝國主義」的民主國或落後而「反動」的民主國）爲敵。岑伯林（William H. Chamberlin）搜集國際共黨歷年集會議決的政綱和戰略，於一九四六年在美印行共黨「征服世界的藍圖」（Blueprint For World Conquest），就曾很明白的揭發史魔奸惡的戰略。

史魔征服世界的戰略，在第二次大戰前早已運用種種戰術，鑽隙而且普遍的施展起來。根據這種戰略，甚至可說第二次大戰有一大部份是由牠挑撥與協助醞釀起來的！

一九三七年以後，史魔赤化世界的戰略是高唱和平，四出與鄰近各國簽訂「互不侵犯」協定，但却故意的和德，日，等强國敷衍閃避；直要到具有重大作用的關頭，纔曲意逢迎，簽訂這類協定——當然在史魔的主觀方面是虛僞的，在客觀方面是利用以促成其奸惡的挑撥列强，使之決鬥互殺的戰略運用。

對於日本侵略中國，史魔雖不必實行積極的挑撥，但至少假借「和平」煙幕，暗示決無積極的干涉——雖然外表上也曾假意的援助中國，而對日做到了消極的鼓勵。這是無庸置疑的。

對於希魔侵略波蘭，掀起歐陸大戰；對於日本突襲英美等國，發動太平洋大戰，這兩個傑作，無疑是史魔征服世界一貫戰略的奸惡運用之效果。

世人當然不會忘記，在一九三七年前後李維諾夫任蘇外長時，曾久與英、法、當局半公開的會商組設「民主陣線」，久而不決。這也祇是一種欺騙英法，誘脅納粹的外交姿態。隨後史魔遽以莫洛托夫調任外長，然後明確的拋離英、法、波、荷諸國，而後蘇德互不侵犯協定乃由訂立而發生極大的鼓勵納粹侵略的作用。世人更應不會忘記，在史魔那時高唱「和平」，四出簽訂「互不侵犯協定」之際，直到希魔猛攻英法等國最緊張階段，史魔的中心大策是「蘇俄決不參加帝國主義的戰爭」！

在他企圖征服世界的「藍圖」裏（一大部份是一九二〇年前後既經共產國際集會議決的），史魔的戰略既已具體化的由訂立而實施。軸心極權國家固被視爲「帝國主義」，英法美等民主國家也被認爲「帝國主義」。史魔要把它們通通打倒，最好是挑撥它們互相殘殺，而蘇俄獨收「漁人之利」，所以他堅持着「絕不參加帝國主義戰爭」的外表漂亮，而內容極其惡毒的戰略。

幸而希魔識破了史魔的奸惡本相，並過高的估計了納粹的戰力，所以擺敗了英法聯軍之後，回師東指，直攻蘇俄（也許英法在這方面發揮了一些外交作用，如納粹副領袖赫斯突飛英倫，而西歐戰事轉形沉寂之類）。這纔把史魔礪兵秣馬，準備作「卞莊」，作「漁人」的迷夢打破，而使他不得不捲入戰渦。

第二個階段：一九四五年以後

繼着「決不參加帝國主義的戰爭」之後，自一九四五年以來，史魔赤化世界戰略展開着又一個惡毒戰術，這是外表很漂亮的「蘇俄的傳統政策是不干涉他國的內政」！史魔並且强調這一點，希望美英等國也不要「干涉他國的內政」。

實際上怎麼樣呢？史魔的第五縱隊却已大量滲入任何國家的政治、經濟、文化、宗教，以至軍隊等機構的堂奧，這種滲入祇有程度的差異，或稍有方法的歧別，但決無方式與其戰略或戰術作用之不同。史魔的第五縱隊即以各國的共產黨徒做幹部，以其詭秘的外圍組織，配合嚴密的核心機構，加以蘇俄駐外使領館與商務文化等機構的聯絡，濟以大量的金錢或武器，平時使作不斷的滲透政、經、教、軍的工作，使躋于操弄權勢，或享有盛名的地位；並不斷的刺探軍政等機要的間諜工作，同時儘可能以女色、金錢、淫靡、遊蕩等誘使「敵人」腐化、貪汚、無能、浪費；更隨時隨地，儘可能煽動工人罷工，學生罷課，操縱奸商，破壞經濟與社會等一切秩序，誘使國民拒絕征兵、征糧、納稅，誘使軍隊與一般人民厭惡戰爭，反對戰爭。史魔第五縱隊這種腐化與惡化交相爲用的戰術施展開來，在那些文化水準較低，或政治尚未上軌，經濟尚形落後的國家裏，儘可能的把它們由痲痺、腐化、混亂，以成爲共產主義的溫床。待到時機成熟，這些國內的共黨幹部們，平日標榜着「進步分子」，「民主人士」，以至「農村的改良家」（亦稱「土地改革者」）們，推而至於毫不自諱的共產國際「革命人士」，就起來武裝叛亂，在前方與後方四處襲擊，並儘可能「以大吃小」，對於那些素已痲痺、腐化、紊亂的國家社會，處處鬆懈脫節的軍政機構，來一個閃電猛擊，那就很難找到眞有抵抗能力的國家，於是共黨匪徒們輕易的就侵佔了國土，奪取了政權，「一面倒」的做了蘇俄的附庸。

史魔在那上述的國家發生「內戰」之際，依其戰爭術語是：「蘇俄的傳統政策向不干涉他國的內政」，同時大吹大擂的宣傳世界和平，半含威脅性的勸誘其他强國也不應該「干涉他國的內政」；同時更有安插好了的，在其他强國佔有權勢，或享有名望的朝野各界人士，也大吹大擂的肆作不願「干涉他國內戰」的宣傳；或且兼用種種輕視，汙衊的言詞，痛評那些發生共匪叛亂的國家，而落井下石的詆斥其政府爲「貪污、無能、浪費」，不應受其他國家的同情援助。

一般民主國家因此在共產國際的利誘，威逼，挑撥離間，內外夾攻的情勢下，至少有一部份分化，孤立，對於慘遭共匪叛亂的國家發出放棄（Write off, Or Hands Off）等種種隔岸觀火，並且譏侮嘲笑的論調。史魔於是不費氣力，而已將比較落後或弱小的民主國家一一擊破，逐漸吞併，刼掠豐富的資源，奴役龐大的人力，佔據重要的戰略地區，加强的整軍經武；待到所謂民主的富强國家，經過蘇俄第五縱隊上下內外互相策應，腐惡夾攻多時之後，經濟崩潰，軍政腐敗，社會騷亂，於是共匪叛亂突發，濟之以蘇俄强大的武力。在這所謂「世界革命」的最後一個階段，史魔如尙生存，必然很可能驕傲的向這些「反動的沒落的資本主義國家」宣戰。這纔是蘇俄放棄第五縱隊爲主的「冷戰」，而轉入「開火的熱戰」之階段。於是，史魔就可能如摧枯拉朽，把全世界的民主國家和一切落後的民族，逐個擊破，一一關入鐵幕之內，而世界革命於是「大功告成」！

第三個階段：南北韓戰事爆發以後

史魔企圖征服世界的戰略，在一九四一年突遭納粹閃擊之前，是標榜和平、中立，而挑撥並誘導軸心與民主兩大陣營火併，圖使兩敗俱傷，蘇俄坐收漁人之利。這個奸惡戰略雖然沒有全部施展成功，究竟也會收到大的效果。一九四五年以後，轉入第二階段，因爲軸心國家既已戰敗，又有聯合國機構標榜和平合作，史魔不得不改採分化離間，各個擊破的戰略，而濟之以龐大深入的第五縱隊之運用。這種奸惡的戰略，如果由它以「冷戰」方式施展下去，而美英等民主國家不知及早覺悟，急謀對策，將來也可能發生慘酷的「世界革命」的後果。

南北韓戰爭的爆發，究竟是史魔上述第二階段的戰略之延續呢？抑是出乎意料之外，突遭民主國家的反擊，以致不得不演變爲另一階段，而逼使史魔不得不改變其戰略呢？這是當前一個重要問題的兩面。

照蘇俄指使北韓發動南侵的動機來看，它的「如意算盤」原也許是「馬到成功」，一星期內要佔據南韓，造好了「既成事實」，然後再和美、英、等國算賬。除了這個大前提之外，蘇俄對于這一次閃擊，至少還含有下列六個重大的作用：

（1）對美英等國示威，表彰史魔所能指揮的武力已够强大，以圖逼使美英在遠東繼續讓步，以至爲求避免戰爭，可能完全屈服。

（2）佔據南韓爲蘇俄在遠東的戰略據點，以威脅日本政府，並助長日共的聲勢，阻撓日本對美單獨媾和。

（3）由于北韓南侵的「成功」，史魔得據此以激勵中共進攻台灣，越共進據越南，菲共暴佔菲島。

（4）在遠東發動一二個閃擊成功之後，史魔就可能更進一步在遠東的伊朗與土耳其，以至歐陸的柏林等地，同時發動東西互應的冷戰以至熱戰攻勢，使美英措手不及，無法兼顧，最低限度要放棄一方面的保衛。

（5）如羅素教授在雪梨太陽報發表談話，蘇俄自信作戰準備既已比較美英爲充份，並恐後者努力追上，認到此爲發動全面戰爭的最有利于共匪的時機，所以急于「及鋒而試」。

（6）退幾步來說，如果蘇俄仍守從前運用第五縱隊的戰略，而尙非切實企圖觸發全面的熱戰，指使北韓南侵，至低限度也可說是對于英美諸國態度的試探；發揮它的「阿米巴」戰略，試探成功則繼續前進，失敗則後退而再兜圈子，另作迂迴襲擊的打算。

綜上六個要點，史魔可能預料把握得到侵佔南韓的勝利，並進以謀其他的成功，而不致激發全面的熱戰。

可是，給予魔史上項戰略當頭一捧的打擊，竟出于意料不到的杜魯門之手。北韓于六月廿五日（星期日）淸晨閃擊南韓，很快的就進佔春川，開城，江陵等地，陸海空並進的，向南韓首都漢城包圍突襲。以重砲與坦克等裝甲銳兵，直薄祇有機槍與步槍等輕武器而數量又比較貧弱的南韓軍隊，頗似摧枯拉朽；加以土共游擊，在大邱，光州等南韓後方肆意暴動，並接應北韓海軍登陸，照這情勢看來，如果沒有美軍迅速救援，眞的不需一週南韓就會全被征服。

幸而杜魯門這次却出乎史魔預料之外，自密蘇里州的週末假中匆匆回到華府，不待商取國會的同意，就毅然決然下令派遣海空軍支援南韓，並派第七艦隊協助保衛台灣，麥帥迅速由日派兵，兼程挺進，一下就粉粹了史魔們一週以內攻佔南韓的迷夢。

杜魯門並曾以迅雷不及掩耳的驚人舉動，促使聯合國安全理事會於六月廿五日晚召開急緊會議，依據憲章，令北韓停火撤兵；廿七日第二次急緊會議，通過行使警察權，號召會員國援助南韓的議案。這一來更使民主國家轉因南北韓戰事而加强團結，劍拔弩張，不惜對蘇俄集團作全面性的決鬥。

綜觀目前局勢，蘇俄發動北韓戰事的預定六大作用，均已遭受民主國家的無情摧陷。依照它企圖征服世界主要戰略而爲觀察，第二次大戰無疑的仍在繼續推進中；但在次要的戰略和其奸險的戰術實施之際，魔史如果認到準備充份，願於這時和民主集團作全面性的決鬥，則局部而慘烈的戰爭，必將在南北韓與東北九省，展開一個延長的半含試探性的接觸，然後繼之以對美、英、中等國全面的閃擊。否則如果史魔認到這一試探仍歸失敗，那就可能發揮他的「阿米巴」戰略，暫時退縮，再兜圈子，繼續原來利用第五縱隊，迂迴襲擊的打算。

至於羅素教授肯定的指明大戰確已爆發，史魔必將不能忍受在遠東「喪失面子」，而出以孤注一擲的全面性決鬥，理由似乎過於單純。其實史魔的忍耐性遠超于希魔之上，而奸詭險毒亦遠逾軸心諸酋。他並且根本是不要臉的，因爲慣于動心忍性追求他征服世界的迷夢。

最後，史魔這次如果畏縮不前，不作全面決鬥的打算，美英等民主國家却不應輕輕放過這該對史魔嚴正「淸算」的機會。民主集團必須主動的猛攻，把共匪集團完全打垮爲止。（七月二日）

美國何以急需對日議訂和約

羅盤

日本戰敗投降，盟國派兵佔領日本快五年了。而對日和約，自一九四八年開始討論，迄今也已屆二年，終還沒有締結。當時所以不能得到結論，雖說有多種複雜的原因，然究其癥結所在，實以蘇聯與美國及其他盟國（以下姑以美國爲代表）的意見不能一致。

蘇美兩方歧見的初步表現，不在和約內涵的爭議，而是關於訂約程序的糾紛：蘇聯認爲對日和約應由太平洋四强的外長會議來擬訂，四强外長會議討論和約問題時，都應有否決權。而美國則主張對日和約應由十一國組成的遠東委員會去主持，委員會討論和約的表決法應該採用三分二的多數表決法，各國都不應該行使否決權。當時蘇美兩方的意見已有距離，無法接近；中國乃提出一種折衷方案，以圖打開僵局。這一折衷案的內容是使遠東委員會委員得出席和談會議，但四强應保留有否決權。這一折衷案雖然兼顧了蘇美兩方面的意見，但終不爲蘇美所接納。迨至一九四八年底，蘇聯復作讓步表示，卽允許遠東委員會的委員們出席和會中的各種小組委員會去作建議性的工作，但和約的最後決定權則操之於外長會議。蘇聯這一讓步的方案，也沒有獲得美國的贊同；於是對日和約問題，就一拖再延，拖延到今天，仍舊是個沒有解決的宿題。

最近美國國防部長詹森、聯合參謀會議主席布萊德雷，及國務院的外交顧問杜尼斯，先後飛到東京，去研究對日和約的問題，搜集對日和約的資料，可見美國是急需單獨對日締結和約了。回憶二次世界大戰期間，同盟各國，信誓旦旦，絕不單獨與軸心國家媾和，而今日美國竟以單獨對日締結和約的姿態進行締約的準備工作，這是緣何而來呢？且讓筆者分別說來：

在佔領日本的行政制度上說，已迫得美國不能不急求一個對日和約以結束她所負的佔領重擔。本來遠東委員會是有制定佔領政策的職權，但今日該會已經不能發生絲毫的效用。理由是很簡單的。因爲在美國獨力擔當佔領責任的時期，而欲使由蘇聯及多數盟國代表構成的遠東委員會去担當決策的責任，事實上是處處發生困難。這種情勢已使美國及其他盟國交受其困。卽在美國說，有獨力擔當佔領的責任，但不能自行決定政策，而須其他盟國磋商。在其他盟國說，有決定政策的責任，但又沒有實行政策的權力。這種尷尬的情勢，眞使他們爲難。所以惟有早日與日締結和約，才可以解除美國在此中的煩惱。

美國以原子彈打敗日本而實行佔領日本，但因佔領的關係，美國不惟未拿到日本分文的賠款，反而在日本賠用了許多美元。據統計所示，日本在一九三六年（在出兵中國前最正常的一年）日本人口凡七〇、〇〇〇、〇〇〇人向外國輸出物品凡六三二、〇〇〇、〇〇〇美元；到一九四九的人口增加到八三、〇〇〇、〇〇〇人，而對外貿易額爲五一、〇〇〇、〇〇〇美元。一九三八年的入超數額爲一七、〇〇〇、〇〇〇美元，一九四九年的入超則爲三九、〇〇〇、〇〇〇美元。美國獨力佔領日本，也須獨力補助日本人經濟的不足，方可使日本人服服貼貼受管制。據統計美國自佔領日本以來，已賠用了一、六〇〇、〇〇〇、〇〇〇美元了；卽以去年一年論，美國已用去了四〇〇、〇〇〇、〇〇〇美元，而一九五一年會計年度預算又向國會請求二六七、〇〇〇、〇〇〇美元的補助款。總之，美國賠用在日本的美元已達十六億之鉅，而來日的賠用，又還不知凡幾。所以如何以增加日本人民的收入？如何以提高日本的對外貿易？這是麥帥總部策士們最費神的問題。最近麥帥總部在詹森等未到東京之前，寫一本詳細的日本經濟報告書，其中有一段說：「不斷的陳獻於佔領軍之前的最主要的問題，在使日本人得到適當的生活水準之自給經濟能力，以解除美國將來經濟援助的責任」。由這一段話，足見身爲佔領者的麥帥總部已深覺美國在日本開銷的浩繁；至於美國的納稅人民，更覺這筆賠款的可怕了！所以欲減輕美國納稅人民的負担，唯有早日與日締結和約，結束佔領行動，才是正當辦法。

麥帥曾經表示過，軍事佔領經過三年的時間，卽將失去作用；最近他主張對日的軍事佔領應卽結束，否則，必失去日本的民心，從而佔領亦屬無用，甚而對於美國有害。現在美國軍事佔領已近五年，早已屆失效的期間，不能不早日與日締結和約，以便結束佔領任務。而且據論者所陳，麥帥四年多在日的措施，因爲花了十六億美元，頗獲得日本一般人民的好感。所以在這軍事佔領已屆失效的期間，早日與日締結和約，則可保留麥帥的令譽。否則，繼續佔領，必引起一般人民的反感；不惟問題孔多，無法肆應，卽麥帥贏得日人的好感，也將隨之消逝。麥帥之所亟亟主張早日與日本締結和約，也未始不與此有關。

以上數端爲美國急需與日締結和約，且不惜單獨與日締結和約的內在原因。此外，還有外在的原因：第一，蘇聯將關於對日和約問題的主張已與美國的意見不同，則全體和平的會議，實無法召開。全體的會議已無法召開，而美國爲她本身的打算又不能再事拖延，迫得只好走單獨和約的一途。第二，目前中國的局勢，也使美國難以區處。如果召開全體的和會，則和會中中國代表席位問題，將如同聯合國中的情形一樣，豈不又成僵局？爲美國自身的問題打算，爲減少麻煩起見，也只好採用單獨締結和約之策了。

這些原因，這些現象，已存在多時，而美國又何以遲遲未與日本單獨締結和約？這是因爲國務院與國防部的意見還沒有一致。這其間的歧見，說來話長，但可簡單言之：就是在與日締結和約，撤退佔領軍之後，美國爲在太平洋防止蘇聯的進攻，應否在日本領土內設立軍事基地的問題。國防部及軍事領袖們認爲在中國、印度、菲律賓諸國，都沒有如同日本那麼良好的基地，因爲這些國家工業化的程度，都萬不及日本。至於沖繩島則爲一個風患極劇，且易受攻擊的地方，不是以爲主要的軍事基地。所以他們認爲在對日和約中應該明白規定美國在日本領土設立軍事基地，以爲防止蘇聯進襲的堡壘。但在國務院外交家看來，美國與日本締結和約後，日本與美國所處的地位爲完全獨立平等的關係。美國在獨立國家的日本領土內設立軍事基地，豈非明白侵犯日本的獨立主權？這不僅是引起日本人民的反對，且將予蘇聯以攻擊美國爲帝國主義的口實，此非計之得者。爲確保美國安全，防止蘇聯進攻，則以沖繩島爲軍事基地夠了，何必一定要在日本領土內設立基地？國防部與國務院的重要歧見，就在這一點。以代表國防部及參謀機關的詹森及布萊德雷和代表國務院的杜尼斯都到東京去尋求和約的資料，自與這一點有重大關係。

在日本領土內設立軍事基地問題，並不是美國任何方面願意不願意的問題，問題的癥結是在有所顧忌。雖然杜尼斯說美國在日本設立基地，絕不是如同一般人想象的出於戰利品的觀念。問題的所在，乃在完全解除武裝的日本如何可以保障安全？這就是說美國之要求在日設立基地，乃完全是出於保障日本的安全，以抵禦外來的侵略，這是一種說法。反映日本政府意見的英文日本時報對這問題發表著論稱：美國在日本保留基地，並非是斷送日本獨立之謂。美國在英國與菲律賓俱保有基地，而英菲兩國並沒有斷送她的獨立，這又是一種說法。在日本政府方面說，吉田茂首相曾表示，日本警察力量的長成，還須相當時日，所以他希望在和約簽訂後，美軍至少須留住一年。最近他更對杜尼斯表示，日本政府自願租借軍事基地與美，以期抵抗蘇聯的侵略，這是政府方面的意見。但日本社會黨則堅決反對以軍事基地租與美國或任何國家，以期保持日本絕對的中立，這自然是最如意的打算了。

總之，照種種跡象的顯示，美國是急需與日締結和約，但亦不無顧慮：如美國與日本單獨締結和約撤退佔領軍了，而蘇聯未與日本簽訂和約；蘇聯站在戰勝者立場，是否對日有所行動？倘有行動，美國又將怎樣？這是個值得顧慮的問題。又日本與美國簽訂和約後，對美已處於獨立平等的地位，她的外交路線，有自主的抉擇權。有許多人已在顧慮，到那時，日本因其戰略地位的關係，對美蘇之間，可能處於舉足輕重的地位。美國要拉攏她，她就向美國多方需索，美國是否能對她有求必應？假如日本走一條冒險的路，擯棄美國，傾向蘇聯，則更爲尷尬了。所以和約簽訂後的日本態度如何？實值得美國多加考慮的問題。這兩個問題的關鍵，繫於美國在日本能否取得基地。假如能圓滿取得基地，則對蘇對日都較有把握，否則就很難說了。然而軍事基地是個很複雜的問題，未易率爾解決。因此有人認爲目前不宜單獨對日締結和約，應以另一方式以達成防禦太平洋的目的。所謂另一方式，卽仿照北大西洋公約的成式，來一個太平洋公約。這一問題，已軼出本文的論域，姑俟另文論列，茲不具述。

特載

歷史的臺灣——歷史上的臺灣與中國（二）

郭廷以

第二章 荷蘭侵入與臺灣之初次淪陷

第一節 兩次澎湖之役

在對外歷史上，中國台灣的一體關係，表現得最爲明顯，一四九八年（明孝宗弘治十八年）從歐洲直達亞洲的海上航路發現之後，整個世界起了變化，中國發生不安，台灣更從此多事。首先叩中國之門的爲葡萄牙（佛郎機）人，因爲他們屢次通過台灣海峽，並與當時的海盜倭寇勾結，台灣這個地方他們是知道的，首先將「美麗之島」介紹給近代歐洲的，也就是他們。但是第一個和台灣發生關係的則並不是先來中國的葡萄牙人，而係他們對抗者荷蘭人，即中國所謂「紅毛番」。

一五九八年（萬曆二十六年）荷蘭人在遠東出現，一六〇二年（萬曆三十年）荷蘭聯合東印度的公司成立。因爲他們與西班牙是敵國，葡萄牙隸屬於西班牙，所以他們亦敵視葡萄牙，商業經濟的衝突爭奪，尤爲重要的原因。荷人東來，除了在南洋一帶多方打擊葡人之外，通市中國爲其希望之一。但是葡萄牙人和中國已有八十年以上的關係，掌握東方的商業霸權，在他們阻撓之下，荷人實無法和中國接觸，特別是廣東方面。爪哇（咬𠺕吧 Calappa 或 Jacatra，即Batavia）是荷人在亞洲經營的根據地，去中國太遠，而葡人則有澳門，西班牙亦有呂宋，他們自然也想在接近中國的地方取得一立足之處。由於南洋華人的誘導，避開葡人的阻難，他們計劃來閩海活動。一六〇四年（萬曆三十二年），聯合東印度公司派遣提督韋麻郎（Wijbland Van Waerwijek）率領兵船進向澎湖（一說因遭風漂來），時駐守汛兵已撤，（三四五月爲春汛，九十月爲秋汛），遂乘虛而入，登陸占領，未曾遭遇任何抗拒。時爲陽曆八月七日，即陰曆的七月十二日，在這一天，荷蘭人初次侵佔了中國疆土。葡人占據澳門，開始僅是混入，荷蘭人則竟明目張膽的以武力來奪取澎湖！

奪踞澎湖之後，一面遣人致書向漳州當局請求通商，一面由內地奸細李錦前去活動，沿海居民又有潛裝貨物私與交易。貪婪嗜利的稅使高宋爲了取得重賄，有意許可，命其心腹周之範往與接洽。大將軍李文達亦謂「紅夷勇鷙絕倫，戰器事事精利，合閩舟師，不足以抗其鋒，不如許之。」而巡撫徐學聚則嚴禁通海，由總兵施德政都司沈有容統帥師船五十隻，曉之以理，威之以兵，斷其接濟，予以物資封鎖。直接與提督韋麻郎談判的即沈有容，於陽曆十一月十八日（陰曆閏九月二十七日）抵澎湖。此人，多材略，有膽有識，論說鋒起，理直氣盛，表示得堅決肯定。在各種脅迫之下，荷蘭人知道通商無望，終於陽曆十二月十五日（陰曆十月二十五日）退去，總計占據了四個多月。事後澎湖還建立一座沈有容諭退紅毛番碑以記其事，至今仍存（民國八年發現）。

此次失敗之後，荷蘭並不死心，一六〇九年（萬曆三十七年）對日通商開始，愈覺中國地位的重要，更想在粵閩取得一個據點。一六二二年（天啓二年）由提督賴耶爾孫（Kornelis Rayerszoon）率領軍艦八隻，兵二千人出發，首先攻擊澳門，爲葡人所大敗，遂即駛向台灣海峽，陽曆七月十一日（陰曆六月初四日），奪踞澎湖之後，即遣人致書，向漳州當局請求通商，暗派內地奸細前去活動，沿海居民又有潛裝貨物私與交易，貪婪嗜利的稅使高宋爲了重賄有意許可，命女心腹周之範往與接洽，於十月十二日到澎湖商量條件，大將軍李文達亦謂「紅夫勇鷙絕倫，戰器事事精利，合閩舟師，不足以抗其鋒，不如許之」。而巡撫徐學聚嚴禁通海，命總兵施德政都司沈有容統師船五十隻曉之以理，威之以兵，斷其接濟，予以物資的封鎖。直接與荷蘭交涉的就是沈有容，論說風起，有膽有識，不屈不撓，理直氣盛。荷人在各方面的脅迫之下，知道通商無望，終於陽曆十二月十五日澎湖再度失陷。這次的情勢，遠較上次嚴重，大舉興建城堡四座，虜奪漁船六百，奴役一千五百名華人爲作苦工，及至明年城堡築成，被虐待飢餓而死者達一千二百人之多！餘則送往爪哇作爲奴隸。

一方面築城不作退計，一方面福建請求互市，一方面連結海寇騷擾中左（廈門）海澄（曾爲總兵徐一鳴所敗），無所不用其亟。福建巡撫商周祚派員曉諭不聽，荷提督賴耶爾孫親到福州交涉亦無結果。一六二三年(天啓三年)南居益繼任巡撫，爲釜底抽薪，遣人直接去南洋向東印度公司當局談判，荷人聲言已大集戰艦，前往澎湖，如不許通商，必動干戈。南居益知道不可理諭，無法和平解決，非用兵不可。朝廷即授以便宜行事之權，於是中荷大戰爆發。一六二四年二月二日（天啓四年正月初二日）由總兵俞咨皐（大猷之子）海道孫國楨統率戰船四十餘艘，兵卒二千人，向澎湖出動，先奪鎭海港口。荷人以兵力不足，退守風櫃仔城。俞咨皐二次進兵，荷蘭「礮樓堅緻如鐵」，久攻不下。南居益親歷海上督師，一面增兵，爲數約一萬人（荷軍約千人），七月二十九日（陰曆六月十五日）三次進攻，斷絕城內水源，俘獲了荷蘭的守將高文律（Kcbenloet）。八月十五日（陰曆七月初二日）荷人乞和，答應退出澎湖，八月二十六日（陰曆七月十一日）開始折城，運糧下船，兩星期後東去台灣。計中荷戰爭，歷將半年有餘。

淪陷兩年又兩個月的澎湖收復了，不幸台灣又落入荷人之手。

第二節 荷蘭之侵入

一六二二年（天啓二年）七月澎湖二次被佔之時，荷蘭提督賴耶爾孫，依照他所奉的訓令，於是月二十七日（陰曆六月二十日）到了「台灣」（Taiwan）島，即一鯤身（今安平以下指一鯤身），目的是要尋找一個良好的港口。經過兩次的測量，七月卅日（陰曆六月二十三日）又回澎湖，並未佔領。此爲荷蘭與台灣關係的肇始。爲要調查「台灣」的貿易詳細實情，一六二三年（天啓三年）三月特派一位商務委員前去駐紮。同年十月，賴耶爾孫決定在那裏建築一座臨時的竹砦。翌年（一六二四）四月，因爲澎湖情勢緊急，兵力不足，他又將「台灣」的一百多名荷人西調，竹砦亦予破壞。

荷蘭人的離開澎湖，固然由於不勝中國所施諸的軍事壓力（荷兵不及千人），但亦有其相當條件。雙方的談判，已不祇一次。在圍攻其間，一六二四年五月十二日（天啓四年三月二十五日）福建巡撫南居益又派人前來，勸令撤去。最後妥協成立，荷蘭方面的新任長官桑克（Maarten Sonk）答應退出，南居益允許中國商船前往「台灣」及咬嵧吧（爪哇）與荷人交易。而荷蘭方面則謂中國承認其占有台灣，是荷人肯於放棄澎湖的交換條件，似非完全揑造。第一、澎湖不僅接近大陸，而且是中國設官駐兵之處 ， 直接關係福建海防與漳泉治安，絕不能讓行同海寇的紅毛番盤踞，即使地方當局有心將就，中央政府亦決不許可，無論如何，必須收回。第二、荷人有兩個希望。一爲中國通中國的許可，一爲其附近基地的取得，澎湖既經占有，當不肯輕易放棄。中國方面的多方勸說交涉均遭拒絕，幾個月的攻擊戰鬥亦不十分得手。在這種殭持局面之下，必須另覓方案，使雙方立場和顏面均能顧到，爭端方能解決。第三、台灣一向是海盜倭寇出沒之地，雖然已有不少的漢人移居，內地商販漁舟往來，然其距福建既不若澎湖的密邇，亦不似澎湖的正式列入版圖，而中央政府對於該處的情形亦欠明瞭，不像對澎湖之重視。況荷人已經入據（南居益奏報云：「夷情反復，既經投款，後皆占據澎湖北港」，北港即臺灣，可證福建當局已知荷人於一六二四年前已入據台灣），本爲化外之區，於無可如何之中，以之易回澎湖，自不失爲一策。關於通商問題，亦可有一折衷辦法，臺灣原爲華船常至之地，中荷市易，在此進行，自無不可。在荷蘭方面，澎湖雖不願捨去，以久遭大軍圍攻，自已兵力有限，接濟不易，互市尤少希望，且盛傳中國將以巨石閉塞澎湖諸港，知道久留無益，同時感覺台灣較澎湖更有前途，中國又有

通商的諾言，因之雙方諒解成立，中國收回了澎湖，荷人轉移到台灣。不過這次的轉移，在中國至多祇能算作一種默認。

中荷諒解成立，八月三十日（陰曆八月初五）桑克親來「台灣」，重建城砦，九月，澎湖荷人全部移來。桑克成了荷屬「台灣」的第一任總督（一六二四——一六二五）。當時所謂「台灣」，除臺江口南岸的一鯤身外，實包括有北岸的北線尾（Bakusenbay或Boxembay），均係沙嶼或沙丘。自一鯤身而南，共有七個小島，「相聯如貫珠，不疏不密，合稱爲七鯤身」，「雖在海中，泉甘勝於他處」，「多生荊棘，望之鬱然蒼翠，外爲大海，內爲大港」。北線尾與一鯤身相對（鹿耳門之南），中隔「大港」，水深，夾（甲）板船可以出入。荷蘭東印度公司的商館即設於北線尾，統治機關則在一鯤身。

一鯤身或「台灣」的城砦，因材料困難（多係自澎湖舊城折運而來），最初建築並不十分堅固。此城初名奧倫治（Orange），一六二七年（天啓七年）在第三任總督諾伊茲（Pieter Nuyts，一六二七——一六二九，第二任爲De With）的時代，奉命改名爲遮蘭地亞（Zeelandia），即中國所謂紅毛城，台灣城，或王城（亦有稱爲赤嵌城者，按 Zeelandi a 原本包有赤嵌街在內）。北線尾的商館亦遷移於城旁，而另於該處修造砲台，名曰遮堡（Zeburgh），以防禦敵人來自海上的襲擊。第四任總督蒲陀曼（Hans Putmans，一六二九年——一六三六）又將遮蘭地亞大事改造，竹木沙土的城牆換成了磚石，一六三〇年（崇禎三年）興工，內城或小城於一六三二年完成，外城或大城於一六三四年（崇禎七年）完成（北線尾的遮堡於一六五六年爲暴風雨所毀，未再興修，後來鄭成功之所以能平安在鹿耳門登岸的一個原因）。台灣府志內有一段描寫紅毛城的文字，讀之可以想見這座名城的大概，及其建築的鞏固（某荷人以C．E．S．的筆名於一六七五年發表一部「被遺棄的台灣」，極力形容此城建築的草率與不合理，據說此人即見逐於鄭成功的荷蘭總督揆一F. Coyett，如果不誤，可能他是有意替自己解嘲）。

「於一鯤身頂築小城，又遶其麓而固築之，爲外城。城垣用糖水調灰疊磚，堅埒於石。凡三層，一層入城丈餘而空其中，凡食物及備者悉貯之。雉堞俱釘以鐵。廣二百七十七丈六尺，高三丈有奇，女陴更寮星聯。內城樓屋，屈折高低，棟樑堅巨，灰飾精緻，瞭亭螺梯，風洞機井，鬼工奇絕。」

荷人自澎湖移「台灣」後，商務日趨繁盛，華人來者愈多，一鯤身北線尾無法容納。一六二五年（天啓五年），即荷人入台的第二年，「台灣」當局決定向台灣本島推進，赤嵌（Sakam）遂成爲市街，名之曰普羅維地亞（Provintia）。爲了居民的安全，亦築有簡單的竹塹和濠溝，及砲台一座。郭懷一所領導的華人暴動失敗之後（見本章第三節），一六五三年（順治十年）改建新城，與遮蘭地亞中隔台江，互爲犄角，中國稱之曰赤嵌城或紅毛樓，即赤嵌樓。

此樓亦是「雕欄凌空」，爲荷蘭政務機關的所在地。台灣南部的西部平原，亦卽華人所開發的區域，大部分均在荷人控制之下。

明朝的政治機構與統治力量，固然不會達到台灣，但是漢人早已奠定了他們不可撼動的經濟基礎和文化基礎，台灣已經實質上內地化，中國化了。即就治權來說，明季的一般海上豪傑或海寇，以及顏思齊鄭芝龍等，在台灣的活動，自然不是正式代表大明政府，但確實是中華民族的力量。據荷蘭人自己的報告，當他們從澎湖撤至台灣的時候，與番人共處的華人，能戰鬥的壯丁就有兩萬五千人，加上婦孺，應有十萬左右，已經形成一個社會或殖民地。他們大都從事農耕和商販，把生產的稻穀，製成的蔗糖，除了本地的食用，還可供給南洋各地，從中居間壟斷剝削的就是荷蘭的東印度公司。紅毛城（安平）東邊的平原，是中國商賈薈聚之所，出入台江，往來不斷的船隻，均爲華人所有。荷蘭的東印度公司又可以從他們手中獲得中國的貨物轉往歐洲日本而獲致重利。所以荷人的侵入，無疑義的是對中華民族的侵害，是從中華民族手中把台灣奪去。

第三節　驅逐紅毛運動

十六世紀以後東來的歐洲人的行爲，處處給中國以不良印象，招致極大的反感。荷蘭人也不例外。澎湖事件解決之後，彼此仍未能相安，中國的猜忌，荷蘭的暴行，使雙方的關係益趨嚴重。荷人初據「台灣」，閩人沈鐵認爲「紅夷潛退大灣（卽「台灣」），蓄意叵測」，會建議巡撫南居益，聯合暹羅，共同驅逐。並上書詳論加强澎湖防務的必要與方案（同時郭造卿的「閩中經略議」也論及澎湖的重要），南居益雖未聽從，但其一六二五年（天啓五年）的奏報亦謂荷蘭占有台灣（東番）有國大可慮：第一、她勢將與西班牙人爲難，中國商民赴呂宋者，如在大洋遭遇荷人，一定受害；第二、台灣爲倭寇之藪，日久可能相合，小則打刼海船，大則要挾互市。

果不出南居益所料，荷人在台灣雖可與華商交易，終想實現其通商大陸的慾望。但是中國的海禁頗嚴，因之又施其故技，一六三〇年（崇禎三年）寇掠中左（厦門），窺伺漳州，借以要市，爲鄭芝龍所敗。三年之後（崇禎六年）又聯合海寇劉香來犯，復被芝龍所破，擒其頭目吧哇（Hendrik Brouwer）。一六三九年（崇禎十二年）三次入寇，亦遭芝龍拒退。這可證明台灣如果落於外人之手，大陸是不易獲安的。一六三五年（崇禎八年）有一位關心海防的給事中何楷慮於荷人久踞台灣的可憂，特奏上「靖海策」，他說：「今欲靖寇氛，非墟其窟不可。其窟維何？台灣是也。台灣在澎湖島外，距漳泉止兩日夜程，地廣而腴。初貧民至其地，窺漁鹽之利，後見兵威不及，往往聚而爲盜。近則紅毛築城其中，與奸民互市，屹然一大部落。墟之之計，非可干戈從事，必嚴通海之禁，俾紅毛無從謀利，奸民無從得食，出兵四犯，我乘其虛而擊之，可大得志。紅毛舍此而去，然後海氛可靖」。他對台灣的情勢知道的頗爲淸楚，他是第一個主張驅逐荷蘭，收復台灣的人。他的戰略是先之以經濟封鎖，繼之以兵力突襲。一六三九年（崇禎十二年）另一位給事中傅元初亦有「靖海疏」也說到海濱居民常常至台灣與紅毛爲市，紅毛業已據爲窟穴，呂宋的佛郞機（西班牙）亦時時至鷄籠淡水之地，官府對於私出市貨者，知之不能禁，禁之不能絕，他認爲是他故鄉福建的大憂。然而所有這些主張言論，政府並不能採納，此時明帝國外而滿洲之患方熾，內而流寇之亂正烈，何暇問到台灣？怎敢再向閩海用兵而對荷蘭開戰？

何楷的主張未被採納，政府不能顧及台灣，最後台灣人民惟有起而自救。久已入居台灣的中國人，對於此不速之客紅毛番之突然闖入，自不表歡迎。荷人在澎湖虐殺一千多名華人的暴行，他們不會毫無所聞，而這一千多名死於荷人之手的同胞，又大都是他們的鄉里故舊，可能亦有他們的親族。如果我們的推想無誤，自必增加他們的仇恨。所以一六二三年荷人初在一鯤身伐竹築砦之時，漢人卽會策動約二百名的番人予以襲擊。

荷蘭人在台灣所施行的政策是最原始的殖民地政策。對於漢人和番人採取兩種不同的態度，番人文化程度較低，力予懷柔愚惑，使爲已用。而於能力强知識高的漢人，爲了開發與商業的利益，不得不允許其前來，爲了同一的原因，漢人亦接踵而至，荷人對他們則多方的壓榨防範。居住台灣的漢人多以農耕爲業，而聯合東印度公司則將土地控制，漢人有繳納田租的義務，無自世其業的權利，地位等於農奴。此外尙有所謂人頭稅，狩獵稅，及形形色色的苛徵。加之荷蘭官吏貪暴，盡量搜括，上下爭利，甚至侵占漢人田宅。在這種剝削虐追之下，當然要激起反抗。

郭懷一（卽Fayet 或 Buwet）原爲鄭芝龍的舊部，也是一位海上冒險家，所以亦曾稱「甲螺」。後來在台灣從事開墾，疎財尙義，廣爲結納，不失英雄本色。他在官場和紳商之間頗有地位。但是他痛憤荷人對華人的殘暴，深恨荷人的反賓爲主，密謀予以殲滅，奪回台灣的統治權。他計劃於永曆六年（順治九年）的中秋節，卽一六五二年九月十七日，邀請荷蘭官吏巨商到他的住宅參加宴會，於席間殺之，乘機占領紅毛城（Zeel an dia）。不幸消息洩漏，荷人有了戒備。他卽招集同志，慷慨激昂的演說：「大家同受紅毛的虐待，早晚不免一死，不如起而一戰；如果戰勝，台灣卽爲我們所有」。在群情憤激之下，陽曆九月七日（陰曆八月初五日）的夜間正式發動，首攻赤嵌樓，荷軍自紅毛城來援，並出動軍艦。參加暴動的群衆多爲臨時集合的農民，旣乏訓練組織，又無槍砲，僅有木棍竹標，武器過分懸殊，終被擊敗，他們的領首郭懷一不幸戰歿，餘衆南退歐汪（今岡山），扼守二層溪。荷人復煽動番人二千助戰，至九月十日

(陰曆八月初八日)這支民族革命軍完全失敗，死者八千人(一說六千)，史書上說「漢人在台者，遺屠殆盡」，其慘可知：這是台灣漢人爲反抗異族，第一次的壯烈舉動，亦是中華民族爲光復台灣第一次在美麗之島上所洒的鮮血！

第四節 國際爭逐

荷蘭侵入台灣之後，不僅使中國受到威脅，日本人及菲律賓的西班牙人亦感覺不滿與不安。從此東亞的國際關係趨於複雜，台灣的地位愈被重視，竟成了各國競爭角逐的場所。明末倭寇曾以臺灣作過巢穴，日本的商人亦不時來往。據說倭寇常勾引荷蘭，剽掠海上，而一鯤身北綫尾的日商確與荷蘭有不少關係。荷人重稅中國商人，亦一樣的勒索日本商人。爲了徵稅問題，彼此已有爭執，日人的一千五百斤生絲會被沒收，荷蘭對日商之來，已不示歡迎(日商分去台灣的對日貿易利益，當亦爲原因之一)。不久發生濱田彌兵衛的突襲事件。

濱田彌兵衛是長崎的一位船長，一六二七年(天啓七年)曾受荷蘭總督諾伊玆(Pieternuyts)的抑制壓迫，憤慨而去，誘走新港番人十六名和兩名中國通事，僞稱爲番族的貢使，晉見將軍，似想煽動日本當局出而干預。諾伊玆亦恐日人生事，即將事情經過告知日本，並謂對於來台灣的安分商人，仍當保護，然並未獲效。明年(一六二八，即崇禎元年)四月濱田二次到台，同來的有四百七十人之多。諾伊玆知道他們來意不善，大事警戒，將其武器沒收。陽歷六月二十九日(陰歷五月二十八日)濱田於會晤之際，揮刀突執諾伊玆，作爲要挾的條件。濱田知道衆寡不敵，荷人爲了總督的生命安全，各有顧慮，七月三日(六月初二日)成立協定，彼此交換人質，發還日人被沒收的財貨，賠償日人所損失的生絲(二萬斤)。濱田雖獲得若干實利，而其襲擊台灣陰謀則未獲逞。不久日本閉關禁海，日人對台灣的關係幾告斷絕。

荷蘭與西班牙有血海之仇，台灣爲荷蘭所據，對於西班牙的東方根據地呂宋自是莫大的威脅，而呂宋對中日兩國的航行貿易尤受嚴重的不利。於是兩國的鬥爭，從西歐南洋蔓延到了台灣。一六二六年(天啓六年)，以保護中國呂宋間的商業爲名，西班牙的提督瓦爾德思(D.Antonis Carnis Leval des)自呂宋率艦北來，沿台灣東部海岸至三貂角(西人名曰San Tiago)，五日十日(陰歷四月十六日)入鷄籠港(西人名曰San Tiago Trimidat)，占領鷄籠嶼(即今社寮島建築一座漢人所謂紅毛城，或鷄籠城(西人名曰 San Salvador)，另在港後山上修設兩個砲台(即 Santimma Trimidat 及 Pavian)。三年之後即一六二九年(崇禎元年占領滬尾(今淡水，西人名曰 Camdor)，亦建築了一座所謂紅毛城(西人名曰San Domingo)。在這兩處，西班牙人積極經營，傳布宗教，設立學校，採販硫磺鹿皮，開通了鷄籠滬尾間的陸路交通(路線沿着基隆河淡水河)，撫定了沿路的番社。一六三二年(崇禎五年)一度進兵噶瑪蘭(今宜蘭)，明年其教士且至竹塹(今新竹境)。鷄籠成了呂宋和中國日本互市的重要港口。於是荷蘭不僅在軍事政治上反受到西班牙的威脅，即其對日本的航行貿易亦感到防礙。一六四一年(崇禎十四年)荷蘭決計驅逐西班牙人出鷄籠滬尾先致書勸降不成，軍艦進攻而遭失利。翌年(一六四二)荷蘭乘菲律賓有事，鷄籠守兵減撤，二度進兵，經過三個月的攻守戰，一六四二年九月四日(崇禎十五年八月十一日)，西班牙終於退出了台灣。荷人虜獲了不少大砲，銀元及價值百萬的貨物，這是近代兩個歐州國家在中國境內的二次戰爭，荷蘭每次均爲交戰國之一(第一次爲一六二二年葡荷澳門之戰)。

自一六二六年至一六四二年，十六年之間，台灣形同被荷西兩國瓜分宰割，成了一個南北對峙的局勢。一六四二年之後的二十年，荷人獨霸，全島成了他們的勢力範圍，又值明清之際，中國大陸混亂，無暇注意海外，荷蘭人之在台灣，眞是唯我獨尊，爲所欲爲。不過他們積極活動的範圍，確實掌握的區域，大致仍以南部爲限。

第五節 漢番政策

荷蘭占台灣三十八年，爲時已不謂短(比日本少十三年)。在這個期間，自有他們的一番經營設施，其功罪得失，爲另一問題。

台灣是天然一個宜於農業的區域，統治台灣的荷蘭聯合東印度公司雖是一個商業機構，而農產品的增加與輸出一樣的是生財致富之道。所以對於土地的開墾，農業的鼓勵，極力推進提倡。但是在台灣的荷蘭人始終不過二千餘人，士兵占了大半，而番人又不懂耕稼，非利用中國的人力不可。台灣原已有十萬以上的漢人，除少數從事負販的商賈外，大部份爲以種稻植蔗爲生的農民。一六二四年(天啓四年)之後，來者益衆，荷蘭人爲了榨取他們的勞力，亦不拒絕。

荷蘭人並非爲了這般中國人的生存生活來開發台灣，而是爲了自身的利益。這是無庸說的。這樣多的中國人如果讓他們自由發展，東印度公司不僅無利可獲，對於其統治地位更是一大威脅。因之必須予以控制，使他們俯首就範，不能反抗，忠實而馴順的聽從荷蘭人來宰割吸吮。

土地是農民的生命線，掌握住土地等於掌握農民的生命線。荷蘭人之所以在臺灣採行「王田」制度，就是這個用意。所謂「王田」制度，有如土地國有，實際上是聯合東印度公司所有。公司將田按「甲」計算，每甲十畝（方一丈二尺五寸爲一戈，三十一戈二尺五寸爲一甲），分授中國人耕種納租，彼此的關係，若佃農或農奴之與地主，所有耕牛，農具，籽種，及修築陂塘堤圳的費用，均由公司供給担任（參看臺灣府志卷四租賦附考）。這並不是荷蘭人的寬大或恩惠體恤，一來是地主應有的義務（也可以說是投資）再者更可加重對於中國人的控制，使他們絕對不敢亦無法離開或違抗他們的田主，否則就無以爲生。當時公司在「南北二路設牛頭司，牧放生息，千百成群」，一方面爲供給此輩「佃農」之用，一方面亦不無控制畜力之意，因爲耕牛是農民的第二條生命線。

徵收租穀是最好的目的，荷人將田分爲上中下三級，亦即依上中下三則徵粟，上則每年每甲徵十八石，中則十六石五斗，下則十石二斗。田之外另有園「有陂塘貯水者爲田，旱種者爲園」。上則的園徵粟如下則的田，即每甲十石二斗，中則八石一斗，下則五石四斗。公司每年運出的米値十萬盾，糖値十五萬盾，鹿皮等亦値數萬盾。

應付番人是荷蘭的另一個大問題。當時番人的數目大概較漢人爲多，而性情則極其兇悍。一六二三年荷人初在一鯤身附近伐竹築砦的時候，目加溜灣社的番人約二百名曾予以襲擊，頗有死傷。荷蘭人開始感到番人問題的嚴重。明年從澎湖轉入臺灣之後，決定採取懷柔政策。宗教眞是有意想不到的魔力與迷惑性，軍人政治家不能應付的問題，神宣甫教師往往能順利的予以處置。在歐洲基督教征服日耳曼蠻族和匈牙利人的成就和故事，自然是荷蘭人所熟知的。現在他們認爲有以同樣的方式施之於臺灣番族的必要。何況番人沒有統一的組織，他們可自由決定他們的信仰，不受任何的干涉。

日人濱田彌兵衛初次從臺灣回國的時候，所誘去的十六名新港社番人會備受日本的優遇，幕府將軍親予接見。及一六二八年返回臺灣，則遭受荷蘭總督的拘補監禁，因濱田的要求，獲得釋放。因此自對日人發生戀慕，而怨恨荷蘭。荷人爲了爭取番人的好感，更需要加緊番地的工作。

一六二七年(天啓七年)開始對番人的傳教工作，甘第爹士(Georgues Candidius）及丘尼士(Robertus Junins)相繼負其責任，主要對象爲南部的平埔番，新港社是他們工作的重心。他們以羅馬拚注番語，成功所謂「新港語」或「新港文字」，用這種「新港語」來翻譯祈禱文，摩西十誡，耶蘇教問答，基督教要理，及新約聖經的一部分。一六三五及一六三六年（崇禎八及九年）蔴豆社及蕭壠社的變亂討平，南北二十八社宣告服從之後，即在新港社開辦學校，教他們以荷蘭譯文，受教的兒童，男女均有。每禮拜日並集合番人講道說教。據一六三八及一六三九年（崇禎十一及十二年）的報告，新港社，蔴豆社，目加溜灣社，蕭壠社，大目降社各有學生數十人至一百餘人不等。新港社人口一千零四十七人幾全部受洗，蔴豆社三千人中有二百十五人受洗，目加溜社千人中有二百六十一人受洗，蕭壠社二千六百人中有二百八十二人受洗，大目降社千人中有二百零九人受洗。總計此五社就學兒童約五百名，受洗者二千有餘。幼童之外，後來又增辦成人教育（二十至三十五歲，分男子組及女子組），據一六四七年的報告，五社中學童約七百名，成人近千名，其中女多於男，番人任助教者五十餘名。受洗禮者五千餘人，此外南部的放縤社，大木連社（上淡水社）阿緱，瑯璃，北部的諸羅山，哆囉嘓社大甲社均有教士在工作。西班牙人古領期間，於布教事業，亦頗努力，一六四二年荷蘭人攻據鷄籠滬尾，仍予繼續，不過一爲天主教，一爲耶蘇教。

就下引三段文字，可見荷人教育對於番人影響之一班：

（一）臺灣府志卷十四番社風俗，臺灣縣條：「習紅毛字者曰教冊，用鵝毛管削尖，注墨汁於筒，醮而橫書，自左而右，登記符錢穀數目。暇則將鵝管插於頭上，或貯腰間」。

（二）諸羅縣志卷八，風俗志，，番俗考，雜俗條：「習紅毛字，橫書爲行，自左而右，字與古蝸篆相仿彿，能書者，令掌官司符節課役數目，謂之教冊仔。……紅毛字不用筆，削鵝毛管爲鴨嘴，銳其末，搗之如毳，注墨瀋於筒，湛而書之。紅毛紙不易得，箋代之，以紙背堪覆書也。

（三）（鳳山縣志卷三，風土志，番社，瑯璃等十八社風俗。附考條：「能書紅毛字者，號曰教冊，掌登記出入之數，削鵝毛管，濡墨橫書，自左至右，不直行」。

前兩條係指新港蔴豆等番，後一條指南路。

一六三六年（崇禎九年）以後，新港一帶及南部瑯璃北部諸羅，鷄籠，滬尾，噶瑪蘭等處番社相繼歸服，截止到一六四八年（永曆二年，順治五年）共約三百個。荷人爲之立村長，置評議會，每年分於南北路各舉行集會一次。

我們承認荷蘭人固然使番人的文化前進了一步，但是同將番人也變成了荷蘭的忠實馴服的工具，不惟不再反抗此輩侵略者，反成了帮助他們鎮壓漢人的最大力量，在對付郭懷一領導的恢復運動中，已表現得極其顯明。

自由中國通訊

中共軍隊的士氣在低落

——台北通訊

徐道鄰

中共軍隊的紀律，在渡江的時候，所表現的，一時頗得人民好感。一年以來，物質上的享受——脚上穿的洋襪子和回力牌球鞋，胸前掛的兩支到四支冒牌派克筆——雖較前略有提高，但似乎尚沒有嚴重地影響到他們的紀律。不過中共軍隊的士氣，我們詳細地去觀察，確實是甚爲頹喪，遠不能同一年以前的情形相比了。主要的原因，分析起來，有以下的幾個：

一、復員的諾言，不免現。

在渡江以前，共軍向他們的部隊宣傳說是取得京滬之後，很快地就可以佔領大陸，而天下太平，那時大家就可解甲歸田，回家去種他們分配的土地了。那個時候，共產黨的大話，很多都是免了現的：他們說要拿什麼地方，後來就拿了什麼地方；說什麼時候拿，就差不多是什麼時候拿的。因此他們雖然屢次失信用，拿下一個地方，並沒有馬上把一部份部隊復員（不過他們對於担架兵，任務完成，是放他們回家的），但是他們還總是能利用這個方法，一再的拖延，去欺騙他們的士兵，說大家再勉强辛苦幾天吧！等到某月裏，把某個地方拿下來之後，這一回你們眞的可以回家了，可是渡江之後，他們的大話開始不靈了，衡陽會戰中的幾個月的膠着，使他們的威信大減（陳賡投降國軍之說，當時在他們內部裡，也頗盛傳一時）。尤其金門舟山，幾次渡海戰的慘重損失，是他們從來沒有遭遇過的，而給予他們非常大的打擊。據說他們過去作戰時最勇敢的部隊，全是些農村出來的子弟。他們並不是歡喜軍隊中的生活，而實在是感覺着這樣生活的無意義，不如爽快的拚一下，死了就算了，不死打勝仗，大家可以早些回家種田。可是到後來，仗越打越長，人越走越遠，日子越拖越久，弟兄們越死越多。他們由希望而失望，由失望而灰心。於是這一種「人自爲戰」——打了勝仗回家種田——的心理，在現在的中共軍隊裏，已經不存在了，這一點我認爲異常重要。我知道一個團級軍官的勤務員（就是一個有監視團長資格的勤務兵，地位並非等閒，他們都是在黨裏有相當資格的。），在今年陰曆年的時候，向我一個辦藥房的朋友表示，他想開小差，到他們藥房裏去當門房。我上面所描寫的，就是他當時的心情。據他說，他們部隊裏面，像他這樣想法的人，頗不在少。

二、普遍的饑荒，使士兵寒了心

中共人爲的饑荒，到了去年秋冬之季，開始暴露，到了陰曆年，就成了再也遮瞞不住的事實了。董必武在去年冬天，到了上海，曾經向人表示過：「無論如何，我們總想法，使上海今年不會餓死人，北京大概也還辦得到，其他地方就難說了。」中共統治下的大陸，把全部食糧由老百姓手裏，轉到「政府」手裏，由鄉村移到城市，由小城市集中到都會——我就知道有人從浦東到上海來買米，運回浦東去繳「公糧」，結果再由他們公家從浦東運回上海，進入他們的倉庫——。中共要把糧食集中到政府手中的目的有三：一、掌握實際財富，以支應軍費政費；二、減少通貨膨脹，以穩定他們的「幣值」；三、使民間沒有餘糧，以防止游擊隊的發展。他們這個把握糧食的政策，作的十分徹底，也可以說是作的完全成功，而大陸上的老百姓，可就眞是民無噍類了。

還有重要的一點，就是他們得意的「土改」政策，實際上整個摧毀了我們原來農村裏的生產方式。——我們過去的農村組織，不管佃農地主間雙方的條件如何，全是一種勞資合作：一方面出氣力來耕種，一方面出錢來完糧納稅，買牲口肥料和種子，平均差不多是十一二個農夫（兩三家人）來種一百畝田。現在「土改」實行了，這十一二個農夫算是各取得三畝田的所有權了。可是原來墊資金的地主，已被清算鬥爭變成乞丐，而這些祇能出氣力的農夫，是根本沒有現金來向農田投資的。同時一家大小要吃飯，再也無處向地主借錢（就是有錢的親戚朋友也沒有了），於是有的把牲口殺了吃了，有的把耕具拆了燒了。土改以前，一百畝田，有十一二個人去種，有牲口，有肥料。現在是祇有三四十畝田在種，可能其餘六七十畝，已被荒棄，就是全有人耕種的話（如果有人願意「代種公田」），肥料不足，牲口耕具缺乏，再加上壓榨剝削，對收入毫無比例的「公糧」制度，那個農民還有心生產？所以現在大陸上耕地面積的減少，是人們看得見的，而每畝耕地生產量的減少，是人們看不見的。就我根據各方面的說法，很保守的估計，大陸上農作地的面積，比淪陷以前，或者可能不太少於百分之八十，可是每畝農作地的生產量，比淪陷以前，絕對難以達到百分之六十。而這些不到以前百分之五十的食糧，收割以後，至少有百分之九十，搜括到中共「政府」手裏。所以大陸上的饑荒，不是目前暫時的，而是將來也不會停止的，不是局部某一個地方的，而是普遍於整個中共政權所統治的區域的。京滬杭沿線城市人口之普遍增加，上海街市上乞丐數目多到無從估計，由上海到廣州，一路大小車站上賣零吃賣茶賣洗面水者之多得驚人，處處皆表示農村人口之無以爲生。——解放軍的士兵，主要是農村子弟，現在一個個接到家信，不是家裏已被清算了，就是家裏公糧交不出而人被押了，再不就是缺牲口，缺肥料，缺種子，面對着田不能下種。再不就是根本不需要家信父母妻子已經討飯討到他們駐防的地方。而他們又直覺地體會到這就是他們拚命打仗軍事勝利造成的結果。這一點影響士氣之大，是不容我們忽視的。上海虹口第四市立醫院的一個軍代表，因爲看見他母親和哥哥在馬路上討飯，向醫院裏的朋友商量，他們大家集資借給他五十萬元（約合十餘元美金），給他哥哥作本錢擺香烟攤，結果他被批評檢討而撤了職。黨裏政治員在群衆大會上講：「這雖不是貪汚，可也是『溫情主義』在作祟。大江南北鬧饑荒，每天餓死的人，不知多少，母親哥哥討飯算什麼？」（今年正月間事）。我想「解放軍」一般士兵，思想搞通像這位政治員似的，恐怕不會太多吧！今年春天，上海軍事當局爲這些「乞丐軍眷」的問題，曾向北平請示辦法，回答說是須要的數目字太大，無法「照顧」。據說他們還這樣說過：「這些人既是已經討了飯，可能已經成了習慣，還是讓他們繼續的討好了。」無論如何，上海西區如同海格路，霞飛路，貝當路一帶的乞丐，在今年春天，差不多是清一色沂蒙山區的人，據說這就是上海公安局給予「三野」軍眷的特別優待！

三、欺騙玩弄的方法，不能持久。

中共過去的所以能成功，主要條件，是善於宣傳，工於心計。不過宣傳太過，必淪於欺騙，心計太深，必成了玩弄，短時固可以達到目的，長了久了，就必然造成相反的結果。並且欺騙和玩弄，本身是沒有界限，沒有止境的。所以中共的作爲，對黨外人固然欺騙玩弄，對黨內人也是欺騙玩弄。幹部固然欺騙玩弄非幹部，而老幹部也要照樣欺騙玩弄他們的新幹部。這樣爲能不造成離心離德的結局。我有一個朋友，前年在徐州被俘後，來被他們所「爭取」，參加了他們鐵路上的工作，他不到三個月，就想溜跑。他說：「參加他們內部之後，頭一個月感覺著新奇，第二個月略爲習慣，到了第三個月就覺著是置身於整個騙局之中，你一天在騙著我，我一天在騙著你，大家一天一天的在騙自己，使人一點感覺不到人生樂趣！」還有一個朋友，一天找到我，說他過去不小心，受了中共的宣傳，會爲他們作了一個時期的地下工作，現在後悔了。後悔的原因，也是因爲他深刻地意味著「無時無刻不是在被欺騙和被玩弄之中」。中共的欺騙，有時欺騙的笨得可笑（但是一看蘇聯的指鹿爲馬的作風，這也許就是他們傳授來的家法）。據說渡江之前，中共政治員，會對駐江陰對岸的部隊講過，長江雖然寬，但是並不太深：淺的地方，才到腰際；最深的地方，也不過才到肩膀，大家不必害怕。一個在南市的中學教員告訴我，有「解放軍」問他從福建到台灣海路，多遠？陸路多遠？他反問「解放軍」，你們指導員怎麼講？回答：他說海路陸路差不多，不過陸路不好走，還是坐船走海路方便。這是今年五月中旬的事！至於對普通人民玩弄的事實更是太多了。强迫人民認公債還不算，還要他們結隊遊行，扭秧歌，敲鑼鼓，排一個長長的隊，擠在人民銀行前等著買！押班房，受刑罰，逼著人民交出他們拿不起的公糧還不算，還要他們登報悔過，頌德感恩！我有一個外國朋友，是顏料化學專家，上海淪陷之後，因爲當局不放他走，勉强的爲他們義務的工作了半年。後來再三請求回國，總是不准，還是要他照常工作。一天，忽然送來一張文件，要他在下面簽字，拿來一看，原來是一張請求工作的申請書。他氣極了，他說，你們把我槍斃好了。你們太拿一個人不當人了。他是堅決地拒絕工作，結果他們祗好放他回國（這當然因爲他幸虧在上海，在別的地方，恐怕沒有那樣便易！）。像這種欺騙玩弄，受之者固然痛苦不堪，旁觀者看久了，也不免心寒氣憤。這種情緒，就是在軍隊裡，我想也不會不很快地產生它必然的惡果。並且，時時刻刻在生命危險之下，生活的士兵，對於欺騙和玩弄的反應，也許比一般人更爲靈感，更爲直覺！

四、份子日趨復雜，意志不能統一。

渡江以後，中共對大陸上的國軍，儘量吸收（一爲擴充自己的武力，再爲避免他們變成游擊隊），所以他們軍隊的數目，異常龐大（據說他們爲「軍隊給養」作的準備，是照一千一百五十萬人算的）。但是抗戰勝利初期，他們在西北東北的老幹部，原本不過四五十萬人，現在驟然擴充到好幾百萬人，在這新舊人事的關係上，就不免發生了以下幾個現象：一、新改編的部隊，大體全是過去的國軍。他們的社會經驗比較深，知識水準也比較高，縱然中共的「教育」技術高明，也無法把他們的思想「搞通」。去年冬天，駐防徐州的共軍，就是秋天爲我們保衞濟南的吳化文部隊。他們當時還是一個個保持着他們的青天白日的帽徽，天天盼望中央軍早點打回去，有人投機恭維「解放軍」的，馬上大吃耳光。這是當時人所共知的事情（因爲當時我們拿來大作宣傳的資料，遂葬送了這些人反正的機會）。所以中共如何控制這樣多的「改編」部隊，絕不是一件容易事。共軍的數量，不能說是不浩大，可是共軍的意志，絕不如從前的統一和堅强。二、中共向來是講系統的，講軍資的，一年一月，不容推板。參加「兩萬五千里長征」的是第一流，在西北參加的是第二流，在東北參加的是第三流，徐蚌會戰時參加的是第四流，渡江之後才參加的第五流。一種「軍資超過一切」的心理，再配上門戶之見極深的作風，在他們這新舊人事錯雜的軍隊之中，自然要發生壞的作用。三、中共的成功，得力於軍隊。中共的練兵，是煞費苦心的，但是他們這辛辛苦苦訓練出來的，在屢次戰役中最得力的一批老幹部，現在看見大功已成，天下已經打出來，也就再無心從事「革命」了。他們認爲過去是出過力，拚過命，立過功，現在該是得好處的時候了。於是他們毫不客氣的提出要求，他們「要享受，要地位，要老婆。」去年冬天，上海軍事當局曾經提出討論，結果是無法滿足他們的慾望，決議是命令各層組織，一方面運用「說服」「教育」，一方面運用「批評」「檢討」，用全力來克服這「三要主義」（從那時起，犯、犯三要主義，就成了「思想檢討」時主要檢討項目之一）。不過這些已經犯了「三要主義」的老幹部，不能再恢復原來的完整了。何況他們原來得力的老幹部，在幾次會戰中，犧牲的也可觀。這樣，老幹部在量和質上，全部受了大損失，何怪他們軍事當局頻灑「袍澤凋零之淚」呢？

五、人民的仇視，使「解放軍」害怕了。

大陸上普遍的飢荒，造成了沒有一個人有活路的局面，已經把人民逼夠了，但是他們還不斷的來他們那一套欺騙玩弄的宣傳手段——店舖一個個的在倒閉關門，他們說那是「殖民地上帝國主義經濟餘毒的澄清」；大學教授磨麵粉，整個「民政廳」在辦公廳推豆腐，他們說那是「人民覺悟地走上了生產之路」；硬搶來三輪車夫的血汗工資，他們說那是「勞動級級的帶頭捐獻，請大家全來向三輪車夫看齊」——這些失了人性的慘酷，自然燒燃了被壓迫的老百姓每個人心頭之火（打了人不算慘酷，打了人還要他笑才是眞慘酷。搶了你的飯吃，你已經夠恨了，還要你說是自動願意給的，還要你表示如何的喜歡和高興。你心裏怎麼樣？）老百姓的腦筋是直覺的，老百姓的邏輯是簡單的。他們今天所以沒有的吃，是誰造或的？是共產黨造成的。誰是共產黨？「解放軍」就是共產黨。所以大陸上的老百姓，就是去年今天因爲他們紀律好而對「解放軍」一時頗表示過好感的老百姓，到了今天，是沒有一個人不把「解放軍」恨入骨髓的（據說比敵僞時期之仇恨日本軍隊，還要加上十倍百倍）。三個五個結伴下鄉催征的「解放軍」，常常一去就不回來（今年起，一個「班」以下，不許下鄉去，也祇是趕着白天）。僻靜地方的哨崗，已由三兩個增加到四五個人。就是在上海城區的馬路上警備的士兵，站崗的地方，也全是圍上鐵絲，不許行人穿過。天一黑了，他們全是躲在黑影底下，緣牆而立，他們絕不敢站的離牆過遠，或是站在燈光下面。白天還有時把槍橫在肩上，天一黃昏；總是上了刺刀，兩隻手攙擎着（這全是與一年以前不同的）。「揩娘舅」的事情，不要說像吳淞、虹橋、曹家渡等僻遠的地方，就是在小東門，南市，徐家匯一帶也是連續的發生過的，上海是大陸上受饑荒壓迫最輕的地方，駐防上海的共軍，是他們紀律最好的部隊，受人民的仇視，尚且如此，其他的地方，更不難推想了。我有一個朋友，回蘇州去掃墓，到公安局登記時，警察向他說：「你下鄉去的時候，最好換一套衣服，你身上這一套列寧裝，坐火車時，也許有點方便（檢查時較受優待），穿到鄉下去，是很危險的」。在上海的馬路上，電車上，公共汽車上，白天的時候，到處看得見列寧裝（就是中山裝加上一條同一料子的腰帶，再加上一頂同一料子的工人帽），一近黃昏，就再也看不見了，從這方面，我們可以看出來爲穿列寧裝而挨打的事情，發生過多少（這個現象，給予中共當局的威脅，和給予靠攏份子的打擊，是可以想像得到的）。中共的軍隊，那一個不是老百姓出身，今天看見老百姓對他們仇視如此，是不是還會有什麼太堅强的士氣？

六、蘇聯人的出現，引起了士兵的反感。今日的中共，當然是白分之百的表演出蘇聯附庸的醜態。但是大家不要忘記，這個「一面倒」的作風，是從去年七月一日，毛澤東發表「論人民民主專政」之後，才逐步開始實現的。去年七月一日這一天，對中共前途的關係太大了。七一以前，中共所標榜的號召，是所謂「新民主主義」。這個主義，雖然骨子裡是百分之百的共產主義，但是它非常强調地主張國家主義，主張和現有社會妥協的，主張長期漸進的走入共產主義境界。所以這個所謂「毛澤東主義」，當時頗不令人害怕，而有時並且頗收安穩人心之效。在這個時期，中共是極力掩飾他們和蘇聯的關係的，是極力避免討論這個問題的（據說顏惠慶作和平代表時，周恩來曾强調地說，他們是共產黨，但是他們是中國的共產黨，說話時特別强調中國兩個字）。所以當他們一進上海的時候，馬路上張貼的標語，不大看得見鐮刀和斧頭的標記的（有的少數也是出諸投機家的揣摩心理）。有人問他們是不是須要懸掛紅旗，他們說那是黨裏的旗，國家的旗還沒有定，老百姓現在最好不要掛旗。六月裏外灘中央銀行被接收，改成「人民銀行」，他們要一塊招牌，庶務上拍馬屁，作了一塊大銅牌，中間有斧頭鐮刀的標記。他們的主管人說，這塊銅牌太考究了，還是改用一塊木頭的好。並且不必用任何標記，簡簡單單中國人民銀行六個字就行（共產黨人說話，處處用心眼如此！）這全是七一以前的事。七一以後，「一面倒」的呼聲，震動了整個大陸、就是在上海的中共高級幹部，聽說有不少的人也頗爲驚疑震撼。於是大家傳說，這篇文件，不是毛澤東的本意，也不是他一個人的手筆，而是經過他們小組會議修改過七次才成功的，並且有人說，內中有一部份還是蘇聯人的意見。此話確否，不得而知，但直至今年三四月，還是盛傳人口。七一之後，有人從北平南下，臥車裏同行的一位師級將官，談話中就甚爲感慨。他明白地表示他反對這「一面倒」的蘇俄政策。他述說他以前在東北作戰時，有一次如何的危急窘困，他們幾次三番向蘇方請求幫忙，而蘇方總是拿「中蘇友好條約」來搪塞，晏然的見死不救。他不懂爲什麼他們今天必須要如此的巴結蘇聯？巴結蘇聯得罪英美有什麼好處？中共的老幹部，對蘇聯的感想如此，新幹部可想而知了。自從七七抗戰以來，中共就强調他們的國家主義，充份的表演他們「土共」的姿態，因此騙了老百姓，騙了外國人，也騙了他們自己的多數幹部和軍隊。現在一旦翻轉，徹底地全面地「一面倒」，人們的腦筋，恐怕不容易變得那樣快吧！況且「蘇聯同志」的紀律，一向是成問題的，尤其是對於女人一方面。這也是引起中共士兵反對老毛子的原因之一。所以自從他們「中蘇三大協定」發表之後，他們就諮誠各級單位，要努力在各人自己崗位上工作，凡是與自己崗位無關的事情，自有負責人在處理，他人不必操心。就如同外交問題，自有「毛主席的正確領導」，大家去研究討論，是多餘的，也是不應該的。於是「有沒有發表過關於全國性問題的意見」，從今年三月起，就成爲各機關檢討會上思想檢討時的主要檢討項目之一。

以上所說六點：復員無望，普遍飢荒，欺騙過甚，份子複雜，人民仇視，「一面倒」的親蘇，全是中共渡江以後的事情，是渡江以後一天一天逐漸演變成的事情，是普遍的影響到大陸上每個人心理的事情，所以他們如何影響到共軍的士氣，也許不是在大陸以外的人士容易想像的。

在今年陰曆新年的時候，有兩個住在虹口的共軍幹部，被他們的鄰居請去過年（這是一種例外，並不推翻我以上所說的人民普遍仇視共軍）。而喝多了兩杯，一個就向他的同伴說，「你看！人家一家人過年多快活！我們的家在那裏？被清算了！被鬥爭了！討了飯了！我們革什麼人的命？革的全是他媽的我們自己的命」！說罷放聲大哭。另一個半勸半威嚇的把他弄走了。住在南匯一家人家的軍隊（上海市區的共軍不住民房，到鄉下則不然），一天要開拔了（連著吃兩天肉，就是預報」，主人問他們向那裏開，他們說不知道。後來補上一句：「還不是去餵魚」！

解放軍不是沒有逃兵的，他們才渡江，大家就知道了這個事實。但是自從入冬之後，金門舟山，幾次失敗，他們的防範就特別加嚴（尤其在軍隊調動的時候）。所以開小差逃跑，非常難了。而逃跑之後，家破入亡，生活無依，又是擺在每個人面前的事實。所以他們今天實際逃兵的數目，遠不像他們在心埋上可能的大。但是這又何補於他們的士氣？當然，目前中共的軍隊，不是沒有訓練比較尚爲切實的幹部，也不是沒有意志比較尚爲堅强的士兵。他們還拔出來送到前方進行攻擊戰的部隊，還是比較能打仗，還是在表現着相當的力量。不過，在大陸上的整個中共武力，現在已經形成一個零磚碎石堆積在沙灘上的大壘壘，遠看非常雄壯，但是用有力的拳頭一擊，馬上就要崩潰的。

三十九，六，十五。

華府通訊

「解放」歌謠集

張文

編者先生：

文來美數年，先則讀書，繼乃因經濟壓迫，不得不作工自給以繼續學業，雖非有意逃避，然對祖國水深火熱中之同胞，精神上負疚至深，今日得此報國報人民之機會，出錢出力，在所不辭。清末鄒容烈士有言：「文字收功日，全球革命潮。」由於革命黨人之急於文字革命，遂使反動落伍、逆進化潮流之共產黨欺壓人民至此，每思此罪，毛骨聳然，連次投寄文字，未曾注意修辭，但祈能說人民心坎中想說話耳。

又得打油詩若干和由中國大陸傳出來的許多「解放民謠」，一併彙成名之曰「解放歌謠集」，此「解放」者，乃指解放我胸中不快也。即請

撰安

弟張文敬上　卅九、六、廿七。

一、解放集

民國三十八年重陽前後，風雨淒淒，偶讀尤西堂「續滿城風雨近重陽」七絕十五首，其中警句甚多，如：「忽報征南軍牧馬，又擒婦子渡橫塘。」「藍田新改虎侯莊」「鐵騎如雲爭曲房」「百道軍符捉野航」「帶甲新投都護府，橫刀不避尚書郎。」「江州太守自催糧」等等描寫世亂至爲親切。不揣淺陋，再續五首：

一、滿城風雨近重陽，諸諸千夫聚一堂。疊架重床添「部」「會」，儼然盜匪聚分贓。

二、滿城風雨近重陽，報紙篇篇擅頌揚。本是驚閑階級客，自由放棄又何妨？

三、滿城風雨近重陽，田畝分勻工作忙。萬戶倉儲歸政府，不須太守自催糧。

四、滿城風雨近重陽，兵入民家借臥房。不似當年家韃子，只緣清算到阿鄉。

五、滿城風雨近重陽，萬馬南征意氣揚。大學修完四個月。長街兒女學歌秧。

二、解放續集

(一)寄錢昌照

四萬美金留海外，一群名士逐狂流。技術竟然超祖國，不妨長作奴才頭。

(二)有希望，有困難，有辦法。

「我們」永遠「有希望」，當然不免「有困難」。即使「你」先餓死了，「我們」還是「有辦法」。

(三)響應號召

財產屬「國家」，性命屬「人民」。吃得苦中苦，方爲人下人。

(四)家書

通貨不膨脹，物價頗平穩。上海一切如天堂，只是凡夫餓得很。

(五)一九五〇

一九五〇年，有三大任務：第一打台灣，第二建大陸，第三行土改，淸算到佃戶。有一作不成，中共要走路。

(六)新貴

出門坐汽車，回家吃「小灶」，住的是洋房，穿的皮外套。我們中共最平等，說到自然要做到。

(七)剩餘價值

工作要加班，工資早減少，我們都是新「主人」，「剩餘價值」那去了？

(八)打臺灣

節衣縮食打台灣，打下台灣做奴才。不打台灣有希望，打下台灣災上災。

(九)「解放軍」

爲了打台灣，半身海裏浸，拖泥帶水苦難言，染上一身病，吃苦是窮兵，享福是司令。送死灘頭作炮灰，替毛子拚命。

(十)反饑餓

反饑餓，不吃大米大豆！反迫害，成百成千局裏帶。

(十一)太陽出山一點紅

太陽出山一點紅，東方出了毛澤東，出了毛澤東，大家好好作苦工、富變窮、窮變死、都是毛澤東該死！

(十二)望解放

望解放、盼解放、盼到解放上大當！工人不許加工錢，窮人不許再抱怨。共產黨，眞不讓，反臉無情不認賬。

(十三)讀書人

讀書人，不要臉，蹓到北平跑狗腿。跑狗腿不成，啞子黃連囫圇吞。

(十四)自動

自動不要加工錢，自動不肯用洋錢，自動參加當兵去，自動聲明是漢奸。

(十五)參軍

當兵去，當兵去，爲了解放當兵去，解放了你的爺，解放了他的娘，解放了我的好婆娘！好婆娘，解放了好，反正小命活不了！

三、解放民謠集

(一)

共產黨，不要臉，捧着毛子屁股舐！
共產黨，不講理，反臉無情對不起。
共產黨，愛嚷嚷，當面胡說扯大謊！
共產黨，要不得，早晚有天扒了皮。

(二)

國民黨，眞正好，大米白麵吃不了！
國民黨，好講理，簡直差得不能比！
國民黨，愛百姓，趕快回來救我命！
國民黨，有辦法，人民政府早晚垮！

(三)

殺毛子！殺毛子！殺掉毛子過日子！
毛子一天在，我們窮人沒被蓋！

(四)

今天說是要救荒，明天說沒這回事。「中國人口本太多，死他萬萬才省事」。

中篇連載

荻村傳（八）

陳紀瀅

八、皇軍

時間眞像長着翅膀，飛得好快。世界又好像萬花筒，叫人感到撩亂迷炫。

傻常順兒來到荻村不知不覺三十年了。別人，祇要是個莊稼漢，雖然年頭不濟，憑着胳膊大，力氣粗，不好喫懶做，有上二三十年的光陰，也可以賍一份家業。小淘氣兒就是榜樣，原先他祇有祖田十畝，現在他已增加一倍。他起早貪黑、省喫減用，一年置一畝田也好，置一隴也好，總是置。今年買頭牛，明年買輛車，今年鑿井，明年蓋房，婚娶聘嫁，添人進口，把個莊稼日子過得好不興旺！荻村村的人誰不稱讚小淘氣發了家？樂得個守寡母親鼇天介笑嘻嘻的，逢人便說：

「這幾年也眞辛苦氣兒了。又是出嫁妹妹，又是娶媳婦，辦完了幾宗大事，今年又得了個孫子。我老婆子就是百年之後也覺得慰貼。說來說去，還不是氣兒心眼兒好，街坊鄰右幫他忙，叔叔嬸子們瞧得起他。我常說有好心必有好報，我們周家門就是這麼一條根兒，若是有個好好歹歹，可怎麼着？歸宗一句話：老天爺有眼睛，誰也總得靠他的保佑。」

可是傻常順兒除了那年當兵賍了一百塊錢以外，所多的也不過幾件破衣艦衫。就說那一百塊錢吧，扣兒蘑菇拿他贖了一畝當契田，雖然常從扣奶奶扣爹口裡透露出這一畝田遲早算是他的，並且他還有希望做扣家的繼承人，所以他也就不好意思追問。

扣兒蘑菇自從爲打傷了完蛋蛋兒坐了一個月的牢以後，幾年來總是常常生病，不是頭痛腦熱，就是氣悶不舒，好像讓病魔纏住似的，常年不結實。村中事他藉詞不再管了，都交張五爺，黑心鬼，大粗腿三個人去招呼。

村中人兒扣已是六十開外的人，又常年生病，於是就興起一個問題：扣死後，誰給他披蔴戴孝，摔那塊弦瓦，誰過繼給他？起先扣兒蘑菇夫妻倆年紀不老，身體結實，誰也不注意這問題，如今假使扣一死就得解決。多少年來，扣家夫妻已經應許了傻常順兒做他們的兒子，可是事到臨頭，跳出來個扣家出了五服的名叫「狗兒老咳」的遠房孫子想上了扣家這份家產，三十畝田，十幾間房子，非要爭這個繼承人不可！

狗兒老咳把傻常順兒拉在十字街口，當着一群人說：

「常順兒！扣爺姓李，我狗兒老咳也姓李，我和扣爺是一個祖宗，一塊墳瑩地裡埋人，有什麼事，祇有我們姓李的有份兒，你他媽姓什麼？你怎麼能情受扣爺的產業？八百槓子遠也輪不到你呀！」

完蛋蛋兒在人簇中，露出他那陰險狡詐的圓滾滾的橫肉臉，睜大了三楞角子的鷹眼，鈎兒鼻子，得意兒似的說：

「是呀！你他媽算哪顆蔥？這廟裡那有你這個神！你既不姓李，又不是荻村的人，你妄想給人家當兒子，你問問狗兒老咳要不要你這屎且爹？你他媽的心竅別再迷惑着咧，扣大爹平常好言好語哄着你，你知道爲什麼？爲你給他種田，爲你給他餵禿驢，爲你給他賣傻力氣，還爲了你那一百塊錢的當兵身價！你以爲眞個的要你當他的兒子嗎？呸！眞他媽的是望鄉臺上打蹺蹺，不釁孽的鬼咧。等着吧，他就死啦，再過八輩子，我若是沒孫子，你要是有福氣，你向閻王爺那裡求告求告，看我收不收你當我的稽連孫吧！」

傻常順兒聽了他倆的話，又懊又氣，用手摸摸脖子，眨了眨牛眼，心裡覺着怪不得勁兒，不服他們的話吧，又覺着他們說得似乎有理，聽從他們的話吧，又實在鬱氣，他看看小淘氣兒，大腳蘭都在場，他漲了漲膽，說：

「老咳！我不姓李，你他媽的姓李，對咧，扣爹倒霉的時候，你不認是他的孫子，你不提姓李，扣爹用人的時候，你他媽的一回也沒幫過忙，你也沒說過你們是一個祖宗。今天扣爹要死了，你看上他的產業，你又是姓李咧，一個祖宗咧？遠近。好咧，我明兒格撇走，我到城裡給日本人做事去！你來伺候扣爹，我常順兒雖傻還有志氣，不和狗爭一口食！」

「常孫兒，你罵誰？」

「我沒罵，你不是叫狗兒嗎？」

「呸！你倒想得高？你搬出來，讓我侍候扣爺？那不行，你不情受產業，你也得送了他的終才能滾開。你說你伺候過他，你整天幫他忙，這和情受他的產業是棉花線子兩市。誰他媽讓你不姓李來呢？」

小淘氣兒和大腳蘭兒想替常順兒說幾句話，不過按照村中多少輩子的規矩，非本姓一家，是不好過繼可是完蛋蛋兒說的那套挑撥的話，他們十分不滿。小淘氣兒想了想，衝着完蛋蛋兒，怒冲冲地說：

「蛋蛋兒！你的嘴別那麼損了，咱你做的事，別人不知，我可明白。咱們別胡亂給扣大爹栽贓，扣大爹待常順兒不錯，常順兒也對得起扣大爹。今兒格扣大爹病了，咱們不要咒人，他老人家也許不會死！你他娘的還得老實點。」

「是呀！完蛋蛋兒，你這活王八，你知道扣大哥這場病怎麼生的吧？不是活活讓你一場官司氣的嗎？你不思前想後，你扣大爹平常護着你，你偷偷摸摸，人家總是可憐你，心疼你，替你遮東蓋西，偏偏你這小子像蠍子箇兒那樣毒，淨螫好人。就說那年你扣大爹打了你幾巴掌，也值得到衙門口去告狀？打官司告狀，豈是鬧着玩的，你打聽打聽，咱們村裡誰和誰打過官司？一輩子仇，八輩子恨，人生一世，積善積德，消災解禍，來都來不及，你爲什麼偏結寃家，死拔對頭呢？我就是眞心眼兒，好多嘴，有話要說，從今以後，你要務正，別再做壞事，你要知道，做好事有好報，做惡事有惡報，別看不報，祗爭時辰到不到。」

完蛋蛋兒聽了她這番話，把頭一歪，把那只鈎兒鼻子抽繫了幾下，呲着那黃豆瓣子大牙，既不服，又得意似的，說：

「蘭兒大娘！咱們娘兒倆，從來可處得不遠，你說話別損人，我完蛋蛋兒是壞東西，你老扣是好人，你知我知，天知地知。可是這年頭，好人沒長壽，禍害一千年，我壞，我可死不了。再說我壞，壞甚麼？不就是偷點東西嗎？我完蛋蛋兒沒有修下好老子，給我留下房產土地，我不去偷，難道讓我活活餓死嗎？我的爹娘給我生了兩隻手，我就用牠去偷、偷、……」

小淘氣兒越聽越氣，忙截住他的話巴，說：

「完蛋蛋兒！你他媽別不知好歹，你爹娘給你生了兩隻狗爪子，是讓你做活的，不是讓你偷的，你把無理當有理，虧得你還有臉說出來！看你再偷，再逮住你，也得讓你蹲幾天監獄！」

「小淘氣兒！呸！你小子別吹鬍子瞪眼，誰敢送我到衙門口？我先說下，以後我偷，別人家我還不偷啦，我要專偷你，我看你把你二大爹怎樣？」完蛋蛋兒露着奸笑。

「呸！你給誰充二大爹？混帳東西！你仗恃誰？我揍你這個狗雜種！」說着說着，小淘氣兒掄起拳頭就要打他，大腳蘭兒和傻常順兒急忙欄住。

「我仗恃誰？我仗恃的人你們有點不敢惹他！」「啊？啊？」小淘氣兒，大腳蘭兒，傻常順兒聽了他這句話，又驚訝，又惶惑。

完蛋蛋兒拉起狗兒老咬的手，說：

「狗兒！咱們走！」

狗兒老咬隨着完蛋蛋兒走到東頭張五爺的府上去了。過兩天，黑心鬼奉張五爺的命令傳出話來：萬一扣兒蘑菇病死，祇有狗兒老咬可以情受他的產業，別人不得干預。

不知是命運之神在擺佈他，或是爲延宕這個繼承問題的解決，扣兒蘑菇意然沒有死，而且居然一天比一天壯實起來。他知道狗兒老咬要情受他這份產業、而且張五爺乙經答應了他，他心中十分不適意，他心想：我沒兒子不錯，誰想當我的兒子，也得讓我挑檢挑檢，硬拿親門近枝來卡我，那我可不能受。常順兒幫了我幾十年的忙，他雖不機靈，總算老實本分，我能虧待他。狗兒的爹活在世上的時候，和我合不來，狗兒這小子，脾氣乖僻，邪魔外道。長得樣兒！尖腦袋頂，猴兒嘴，鷹鼻子，龜背蛇腰，令人一看就嚜心，當我的孫子我着實不戴見。好，不讓我要常順兒，也好，我誰也不要，我從今以後，大吃大喝，穿穿戴戴，我想閑了，等我們老公倆死了，剩下的財產，我報官捐了公，誰他媽的也別想佔便宜！就是這個主意。

他主意拿定，便把狗兒老咬叫來。

「狗兒！听說你要給我過繼，是嗎？」

「嗯！我孝順你老人家。」

「好！從明兒起，你就到我這邊來幫我持家，你肯嗎？」

「肯。」

「我告訴你：我可一時不會死，你等得及嗎？」

「那，」

「怎麼？等不及，是不是？我告訴你：我這份產業是我一生辛辛苦苦賍來的，常順兒也幫了我二三十年，他得不到，你也別想得。我雖然是個莊稼老頭子，我倒不那麼死心眼兒，也不那麼胡塗，誰幫我，誰得我的濟；誰不來幫我，別妄想白檢我的家當！」

狗兒老咬碰了一鼻子灰，心懷羞恨，撅着那猴兒嘴便躡步躡腳地走了。

他又把常順兒叫來，他說：

「聽人說狗兒把你欺負了，別理他。我不胡塗，明兒我就把你那一百塊錢贖的地，格外劃出來。我看，年頭兒越來越不好，將來產業是誰的，誰也保不住、听說日本人就要下鄉徵糧，咱們也不要再委曲自己，該嚷便嚷，該花便花。你也是四大五十的人啦，到今天還打着光棍，算我對不起你，我想給你成家，也立個門戶，免得他們再欺負你。」

「嘿，嘿，扣爹！你老人家好好保養身體吧，別爲我費心咧。」

傻常順兒回到自已屋去想：從來沒提起給我成家的事，這回扣爹眞是喜歡我咧。我是的，我也是個人，爲什麼他們能娶媳婦，我不能？爲什麼我喜歡那些標緻的小娘們，她們不喜歡我？當初我看上了歪歪桃兒，可是後來她被官兒娶去了，現在歪歪桃兒已是官兒娘子，有了大兒大女，我要是再想她，是癩蛤蟆想喫天鵝肉，剃頭的擔子一頭熱。我不想。哦，我看南頭大粗腿家隔壁，守寡的「小結實兒的媳婦長得不錯。我得和她搭搞。他主意已定，懷着滿腹希望、跑去找大腳蘭兒。小結實兒起了個結實名子，可是身子股並不結實，死的很早，既無父母，又無姊妹，祗留下了一個守寡女人，不甘閨中寂寞，和大粗腿早就有染。她長得歡眉大眼，一笑就有兩個酒窩，只是嘴巴太辣，說話不讓人，綽號小寡婦。

傻常順兒受了扣爹的鼓勵，來到大腳蘭兒家，她正在唸佛，一見他來了，就問東問西，末後常順兒說出他的來意時，大腳蘭兒大笑着說：

「你這傻東西呀！你扣爹一說給你成家，你就這麼着急？別人你不想，偏想那滿身是刺的小寡婦。你去找她，我可不能拉這個皮條。再說你知道她除了暗偷大粗腿以外，還被比大粗腿更厲害的張老五包去了嗎？我說你傻，你偏學俏。荻村的男男女女的勾當，瞞過誰，還能瞞得過我？可惜，我老了，我也洗手了，我祇天天唸唸佛，求老佛爺保佑我這塊老骨頭多活幾年，什麼閒事，我可不再纏羅。」

傻常順兒听說小寡婦不但偷交大粗腿，而且被張五爺包了去，不禁喫了一驚，他想：媽的，眞也是怪事！凡我想上看上的人都被他們佔去，爲什麼這麼巧？我別人惹不起，媽的，幾年才不賣芝蔴糖，花生豆的大粗腿，我怎麼還惹不起？於是他辭別了大腳蘭兒走向大粗腿家。

剛走到他家門口，一簇人正圍着大粗腿的門口看熱鬧。大粗腿拉着小淘氣兒的胳膊，完蛋蛋兒，黑心鬼都顯着緊張的面孔，從門裡走出來，大粗腿咆哮着：

「小淘氣兒！張五爺發下話：現在不比從前，事事講理。現在是日本人的天下，縣裡住着日本憲兵隊，縣長是日本派的，一個村裡有賊，全村要受連坐。你把完蛋蛋兒送縣不要緊，明天你也得去陪他坐班子，你去也不要緊，像我這一村地保，公事在身，我可不能陪你去。所以，你說出大天來，完蛋蛋兒偷了你的東西可以讓他給你送回去，但你不能送他到縣衙門。這是張五爺的命令，你如不聽，明天就報你不是良民！」

「大粗腿！你混帳！中央政府有王法，日本人也有王法，是從來沒听說偷了人家的東西不犯罪？一個人是賊，一村人都是賊的？眞他媽的，天下奇聞！我寧肯陪他去坐班子，非讓完蛋蛋兒這猴兒仔子堵住嘴不可。」小淘氣兒也不住地嚷起來。

「小淘氣兒！你幹嗎這麼混球兒？你說，中央政府有王法，中央政府根本沒着咱們縣裡的邊兒！前些年若不是洋學生們說長道短，誰他媽才知道換了什麼政府呢？這幾年，你以爲咱縣是歸中央政府所管嗎？那是咱們宋哲元，宋委員長的冀察政府所管哩。以前也許還有王法，可是聽說中央政府已經遷都四川，離這兒十萬八千里，你摸得着嗎？何況今天咱們這是日本皇軍的治下，皇軍的命令，便是王法；再說一句，張五爺說一句話，也是王法！皇軍的命令，張五爺的話，不許你說咱們村裡有賊！不許你送完蛋蛋兒到縣裡去！」

原來自從上次小淘氣和完蛋蛋兒吵嘴以後，完蛋蛋兒誇下海口：必要偷他，而且他絕對送不了他到衙門去。果然完蛋蛋兒前一夜偷了他家的一把鐵鍬，幾件衣裳，但又被他搜尋出來，按照習慣，人犯必須由地保稟明了村長才能送官，不料到大粗腿和張五爺眞個庇護他。

小淘氣兒遇到這種情形，一口悶氣，把他一個直心腸，氣得滾上滾下。

儍常順兒在旁邊觀察了好一會兒，才把事情弄明白，他心裡不平加上剛才大脚鬧兒說的那套話，他心裡暗想，天下眞有這種不講理的事？他越尋思越覺不是味兒，他心中忽然鼓起了一股火，滿口噴着唾沫星子，他拉住大粗腿的衣襟，駡：

「大粗腿！我操，你，你的祖奶奶！」駡完以後，就胡亂打起來。

大粗腿冷不防半路上殺出來了個程咬金，並且什麼話也不講，先吃他一個碰頭駡，心裡好不舒服，而且學手就打，眞是出他意料以外，也不覺無名大火，激上心頭，也忙應戰，論力氣，大粗腿敵不過儍常順兒。兩個人胡亂打了一陣，才被大家夥兒拉開。

儍常順兒被拉開以後，嘴裡還不住的駡：

「大粗腿！操你，你的八輩祖宗！」

黑心鬼拉住他問：

「你他娘的，還是幹什麼？有話好說，爲什麼開口駡人，舉手打人？」

「爲什麼？他做的壞事太多了，說不清了，我祇有駡他的八輩祖宗才出氣！」

大粗腿被儍常順兒羞辱一頓以後，把小淘氣兒不能送完蛋蛋兒到縣衙一事越發決定。但他還不知道常順兒爲什麼這樣恨他。他納了半天悶，還是不明白。他又想了一會兒，他心裡有了主意。自言自語地說：

「哼！有你的，兎仔子！」第二天，張五爺便發表：皇軍挑選保安隊，荻村應出一名，經衆議派儍常順兒去應選。這一個消息立刻由大粗腿篩着破鑼，曉諭全村人等。

扣兒蘑菇知道儍常順兒又惹了事，隨後又有派他當保安隊的決定，他早料到這是什麼陰謀。他含着眼淚而又堅決的樣子，對常順兒說：

「好！去吧！好好給日本皇軍當兵，當好了兵，想着報仇！至於我這份產業，我絕不給狗兒老咬留住！」

不久，儍常順兒當了縣城裡的皇軍所屬縣保安隊。一個剛剛蓋過頭頂的日本皇軍帽，一身槐花汁黃布制服，腰裏結着一條棕黃色的牛皮帶，脚上穿着過膝蓋的深黃色的皮靴，也沒領章，祇在左賂膊套着一個布條，寫着「保安隊」三個大字。

儍常順兒當年當過軍隊裡的伙伕，爲學放槍，幾乎喪了命，但畢竟他會放槍，他雖然年幾大了點。所以這次也把他選上。他的身體還是那麼結實，只是樣兒沒法改，走起路來還是外弛脚，兩隻脚向外一撇一撇的。兩隻牛眼在平看時，總像望着天，尤其穿着這套皇軍制服，帶上那頂代表皇軍特型的小帽子，他的醜態越發令人看了感覺滑稽好笑。

大隊長是個姓木村的日本憲兵，他學會了一套日本式的中國話，當保安隊的兵徵足了，他對全縣幾百個保安隊講話，在一個學校裡的操場上飄揚着那一面紅膏藥日本國旗，他說：

「你們知道，大日本是講親善的，你們的國民政府，不和大日本親善，大大的不行，所以，我們皇軍把他們打跑了，你們要和大日本親善。保安隊是幫着皇軍打土匪的，土匪不是好東西，皇軍一定把他們打走。你們要好好的，我的要升你們的當官的！你們的要喊大日本天皇萬歲！大日本皇軍萬歲！」

一羣盲目的鄉村老百姓，有的當過兵，有的沒有，練習開步走，立正，左右轉，讓幾個漢奸小隊長指揮着在操場練來練去，不時聽見木村駡「巴格牙魯」的辱駡聲。

儍常順兒第一次看見日本鬼。他看日本鬼子，長得個頭不高，臉色，鼻子，嘴，和中國人一模一樣，而且說話還不如中國人說的俐落，他覺着奇怪。爲什麼中國兵被他打敗了，今天他來管縣城裡的事？他前些年，又聽洋學生們宣傳，中國和日本有世仇，日本鬼子佔了東三省以後，村中也會喊不買日本貨，要打日本，可是後來，怎麼又聽說什麼中日要親善咧，以後日本軍又在蘆溝橋又和中國兵打起來咧。而今天大隊長木村又滿口「親善」，「親善」的，這又是怎麼回事？他越搞越搞不明白，有一點事他明白：誰來管我們，誰就是大爺。今日日本皇軍來管我皇軍便是我的大爺。

他又記起臨行時，扣參囑咐他的話：「好好給日本皇軍當兵，當好了兵，想着報仇！「對的！要一定好好給皇軍當兵剛才大隊長不是說，還要升我們當官嗎？我升了官，一定可以替扣參報仇，一定可以替小淘氣兒報仇，一定可以娶過小寡婦來！一定可以打死那狗兒老咬！對，我要當皇軍！我要升官！」

於是、他很高興地擎着槍，抬頭望着天，邁着正步走，心裡喊着：「一二三四！皇軍萬歲！」

（未完）

美好希斯叛國原委（二）

R. D. Toledano & V. Lasky 原著
遠思節譯

如此一年多張柏斯由於他在各部門內部的工作人員得到一些美國最珍貴的外交和軍事的秘密，但是，雖然在列寧主義的信仰方面，他極力謹防良心與理智的衝突，終究懷疑困擾了他。他的信心動搖了——最後粉粹了。

會有一個時候這個忠實的共產黨員必須和疑豫相搏，這些疑豫會被擱置一邊，但並未靜止下來。接着來的是靈魂的黑夜。經過了這門爭以後，他變得冷靜諷刺，他的道德疑豫消失了——或是他經驗了一個完完全全的感情的激變。張柏斯到達這種關頭是在一九三七年。

他曾經寬容一些罪惡如富農的清算，和犧牲了千百萬俄國農民的人爲的饑荒。但是莫斯科的肅清運動迫使他和他的良心交戰。假若蘇維埃的祖先們果眞如他們所咒咀的爲判徒，那應共產主義總有些差錯。假若這肅淸運動是一種陰謀，那麼蘇維埃總有些差錯。這些結論的衝擊深深地震撼了他。最後他肯定了「共產主義就是極權主義，它的勝利就是奴役，對於人類的心靈是精神上的黑夜。」

他知道若僅宣稱「我要脫離」便是自取滅亡。他必須費時準備一個三重的工作。他必須使他自己和他的家庭不受莫斯科的迫害。他必須在這世界中重建他的身份爲張柏斯。最重要的是他必須計劃某種「生命保險」，使他的死亡比存在對於共黨更危險。

爲了要重建他的身份，他從龍門，格林公司（Longmans, Green & Co.）得到另一本翻譯。現在假若他失蹤了，發行人便要提出質問。他更進一步說服了柏德遜他必須有一個政府的工作以掩護他在華盛頓的活動，由於西爾夫爾門在他申請的二十四小時之內，便在事業發展管理局（WPA）中得到了一工作，他在那裏的發薪簿上的名字便是張柏斯（T. Y. Chambers）。一九三七年十一月，他從希斯處借了四百元，買了一輛舊車——作爲他所計劃的逃亡之用。

他已有了一個很好的躲藏的地方。一九三六年他和希斯驅車經過瑪利蘭州（Maryland），曾駛近威斯特敏斯特（Westminster）的一個小農場。希斯曾爲這農場貯存了一筆存款，但後來決定不買了。此後不久，張柏斯便秘密地將這地方買下了。

至於「生命保險」，他想最好是據有有關間諜組織存在和間諜行爲的具體證據。果眞如他所懼怕的俄國人誘拐去他的妻子和孩子，他至少應有某種議價的力量。所以在以後的幾個月中，他留下了許多縮影的文件。他又留下了被懷特所寫的五件記錄，還有四件短的，是希斯的筆跡。他並不是保留這些文件作爲反駁希斯有力的證據，而是作爲反對他的蘇維埃的控制者用的。

到一九三八年四月，他已準備好那令人驚駭的逃脫。他擇取了最後一批由布里西娜所抄錄的國務院的文件，請費里客斯（Felix）將它們縮小照下。然後並不去紐約，而將他的家人送到他曾經租下的一穩密的茅舍中，離巴的摩爾大約有四里之遙。當他確定了沒有人跟蹤從他之後，便帶着他所積留下的一大包文件和軟片等直去紐約。將這包文件送給了他妻子的姪子賴芬（Nathan Levine）。

張柏斯告訴他說：「將它放在一個安全的地方，假若有什麼有關我的事發生，你便將它交給西米滋……假若有什麼有關我們倆的事發生，便打開這包。你是一個律師，你會知道應如何處理。」賴芬將這包東西藏在布魯喀林（Brooklyn）他母親家中的一個鎖着的送食升降機的軸中——然後將這一切都置之腦後了。

後來張柏斯將他的家人送到德托拉（Daytona），在那裡他們又躲藏了一個月。張柏斯白天睡覺，西米滋守備。晚上，他守備。當他相信至少他暫時避開了秘密警察的耳目時，便驅車回威斯特敏斯特，在途中停下買了一枝槍。在這農場上，他繼續過着一個被追捕者的生活。他說：「白天睡覺，晚上在附近帶着槍或手槍整夜看守着。這便是地下的共產主義對於一個在平靜的美國的人所能做的一切。」

正在聖誕節之前，他面臨着另一個道德的挑戰：對於仍在共黨圈內的朋友們應做些什麼。「我常感到他們應有一個機會逃脫。」很久以後他如此解釋說。於是他不顧危險，從躲藏的地方出來作一嘗試。對於懷特和西爾夫爾門的努力只是敷衍而已：他們對共產主義的忠誠使他的勸言無效。

但是希斯又是一回事，因爲張柏斯認爲他是「我在共產黨中最親近的朋友。」在希斯的家中，他們作熱烈漫長的討論——但是希斯夫婦對於共產主義的信仰仍堅如磐石。當他們分別時，希斯的眼中充滿了淚水。

一九三九年初，張柏斯拜訪一位老朋友，是時代雜誌（Time）的編輯，請他爲撰稿人，於是他重新拾起在一九三二年丟下的工作。他脫離共產主義差不多已一年，他感到他可以安全地重入自由人的集團。雖然他們謹防着共產黨的報復，他却希望作一件不可能的事：警告美國嚴防間諜而不毀滅那些曾經是他朋友的人們。

隨後而至的也許是整個故爭中最奇妙的一章。因爲張柏斯意圖將共黨的地下陰謀訴諸美國的人民，但是沒有一個人理會他。

張柏斯的控告被羅斯福總統的朋友們提到他面前至少有三次。國務院高級官員也接獲了有關希斯以及其他在政府中的人員從事共黨間諜活動的詳細的情況證據。一些專門研究共黨問題的專家們已很熟悉這些事實。但是政府當局沒有採取任何行動。

一九三九年五月，張柏斯遲疑不決地去找賴芬(Isac Don Levine)，他是一個反蘇的新聞記者，他當時正與喀里非斯基將軍(General Walter Krivitsky)共同發掘在歐美的蘇聯間諜活動，他使張柏斯和喀里非斯基將軍會晤。這兩個會經爲蘇聯效勞的人坦誠地談出了他們心底的話。就是這一次，張柏斯才決定將一切訴諸政府當局。但是希特勒和史太林於八月二十四日訂立協定。他感到恐怖的是蘇聯的秘密警察從此也易獲得被在美國的共黨間諜所收集的情報。

張柏斯準備將全盤托出，但僅限於告訴一個人，一個有全力採取劇烈行動的人，那便是美國的總統，於是他去會總統的秘書麥金太爾(Manvin H. McIntyre)。他表示很關切，但提議賴芬首先報告助理國務卿柏爾(Adolph A. BerleJr.)，當時柏爾正負責國務院內保安。

在九月二日那天，張柏斯、賴芬和柏爾在華盛頓柏爾家中餐會。正在此頭一天希特勒進攻波蘭，英法時刻都可能宣戰。在這種慘淡氣氛中，這個昔日的蘇聯間諜將他的經歷全盤告訴了這個總統的心復。顯然地柏爾很激動，他將一切記錄下來了。甚至於他的客人還未走出屋，他便拿起了電話筒，顯然是要與白宮講話。

張柏斯回去後確信隨後而至的將是迅速的行動。他等待着和共他在政府中的爲共黨工作的全部人員一起被捕。但一切無反應。柏爾也確爲此見過羅斯福總統，但仍無反應。

當柏爾在非美活動委員會中作證時說，他對於希斯的親蘇觀點會感到非常「困惱」，無論什麼時候有什麼東西經過了「希斯的」辦公室總會洩露。他與艾其遜、佛蘭克福特共同對核希斯兩弟兄的一切，他們倆都是能夠絕對爲希斯保證的。柏爾說：「然而我相信張柏斯所說的一切是眞實的，所以我便使國務院和聯邦視察局(FBI)取得密切的連繫。」但是令人不可解的是直到四年以後柏爾才將張柏斯所吐露的記載給聯邦視察局。

張柏斯除了依照柏爾的建議將一切事實呈報國務院外，沒有採取其他任何行動。但是賴芬並以如此有耐性。

賴芬和漢德遜(Loy Henderson)商談，他是國務院中蘇聯部門的主持人，是一個頑固的反共人物。漢德遜對於這沉默的謀叛無力單獨行動。一九四〇年初，賴芬將充足的證據給代斯(Martin Dies)，他是當時非美活動委員會的主席，賴芬警告應有一個大規模的調察。但是，非美活動委員會沒有足夠的經費來實行。

當前任駐蘇大使布里特(William C. Bullitt)聽到了張柏斯和喀里非斯基向賴芬所吐露的有關美政府中蘇聯的間諜活動後，他立刻去白宮。羅斯福總統笑了，告訴他不要因此而困惱。賴芬仍然極力想採取行動，於一九四一年三月在米阿米(Miami)拜訪文吉爾(Walter Winchell)，他是一個特刊的編輯。文吉爾感到愕然，立刻將這一切報告給羅斯福總統。

另外還有一個新聞記者叫亞楞(Will Allen)獨自偶然發現這情報。當他研究一個關於共產黨滲透政府的說明書時，他聽到了關於張柏斯的一切，於是逼問他。

張柏斯將現在華盛頓工作的四個蘇聯秘密警察的姓名告訴了他。亞楞很高興，很快的將這四個人的姓名給聯邦視察局，令他驚奇的是聯邦視察局只是優柔不斷。告訴他說：「你應和國務院交涉此事。」恰好國務院的保安官員是他的一個朋友，於是他將有關這四個蘇聯祕密警察的事情告訴了他，但沒吐露這消息的來源。

這朋友笑着說：「我知道你曾經向張柏斯談過。國務院不需要逮捕那些人。」

所以亞楞永也不知道這故事的全貌。

一九四四年，另外一個記者得到了一份機密的聯邦視察局的報告，有關希斯、西爾非爾馬斯特(Nathan Gregory Silvermaster)——他在政府中有釋免的權利，但是一個聲名狼藉的共產黨員——和其他二十個人的事情。他知道這報告會於一九四三年呈遞給國務院，但對它並未加以注視。

因此張柏斯的吐露被束置高擱有九年之久。成爲華盛頓的人們茶餘飯後的談話資料，一些反共的刊物也常暗示過。但是美政府沒有採任何行動，而許多有關連的人仍享受國家的俸祿。

直到一九四三年，聯邦視察局的工作人員才訪問張柏斯。他告訴了他們一部份。其中有一個人說：「你令我極感興趣。」一九四五年，聯邦視察局另遣一人帶着柏德遜的一張照片給張柏斯對認。從此，僅當聯邦視察局需要有關特殊的共產黨員的情報時才擾及張柏斯。

張柏斯從脫離共產黨時起便感到宗教的需要。有一個時候他會重信監督教。但是他漸漸走向教友派，這是他祖母所信奉的。這將是一個強有力的力量引導他以後的行動。他雖是共產主義誓不兩立的敵人，但他感到應該尊敬陷於其中的人們。當考驗臨到時，他要審愼地不供出某些間諜的證據以掩護希斯，懷特以及其他的人——如此而犯僞證罪。

他很安詳的對陪審官解釋說：「我一向的目的是毀壞在政府中的共產黨陰謀，並使其失去力量。同時我又希望對於陷於其中的人們儘可能的少加傷害：……就我的情形而論，我會被給予充足的時間來創出一新生命。我要給這些人們的同樣的機會。」

所以當張柏斯眼看着希斯蒸蒸日上時，他沒有發起更進一步的動機揭示希斯的罪狀。

一九三九年，賽爾離開了國務院而爲菲律賓的高級委員。希斯很熱心地介紹費爾德爲他的法律顧問。希斯在國務院中的次一工作是任重要的遠東司的助理。其中偏袒中共的人員和政策漸漸變得可疑。希斯和這一切有多大關係是一件被人猜測的事。

一九四一年，當艾其遜接任助理國務卿之後，請希斯的兄弟多納德爲幕僚，柏爾極爲不安，警告他關於希斯弟兄的事情，並指明他的情報「未經證實」。艾其遜問多納德，他否認與共產黨有任何關連。同年，聯邦視察局才調查希斯。

到一九四二年，當希斯升任另一位置時，已用不着對共黨問題急燥。俄國變成了盟國。特別政務局(Office of Special Political Affairs)的創立，是希斯的另一手段。七個月之內，他成爲副局長，後又爲局長。一九四四年八月，希斯任頓巴敦橡樹會議（Dumbarton Oaks Conference）的執行秘書。和赫爾（Cordell Hull），霍布金斯（Harry Hopkins）以及其他幾個人擬定聯合國憲章的第一次草案。斯退丁紐司（Edward Stettinius）發現希斯的頭腦快而且有把持力。於是希斯被派爲總統的顧問，這是斯退丁紐司的意見。希斯會以此資格參加了雅爾達會議。根據他自己的叙述，他也出了幾分力量擬定雅爾達協定。

當雅爾達會議結束時，希斯被三强批准爲未來的舊金山會議的秘書長。

但是仍然可聽到一些不平之鳴。美國勞工同盟咒咀希斯左袒受共黨蹂躪的工業組織委員會，並攻擊聯合國是被利用以增進蘇聯所支配的世界勞工聯盟（World Federation of Trade Unions），又有報告說選擇杜魯波（Dalton Trumbo）爲斯退丁紐司的代筆者希斯應負責任。（杜魯波是拒絕囘答國會有關共產黨滲入的問題十個好來塢作家之一。）這些謠言如此急迫以至於斯退丁紐司召集一些代表將這事對他們再加以保證。

高會科（Igor Gouzenko）是一個俄國人，曾揭發在加拿大的蘇聯原子間諜活動。他會間接地但是正確地告發希斯。一九四五年十一月有一五十頁的報告，包含了一些令人震驚的情報。聯邦視察局和加拿大警察會訪他，他提及在美國活動的四個間諜組織。他更進而叙述他曾聽在蘇聯軍事武官辦公室中的古拉可夫中尉（Lt. Kulakov）說蘇聯在美國有一間諜，那便是國務卿斯退丁紐司的助理。

自然，希斯曾爲斯退丁紐司在雅爾達的助理，而也是被控與共黨有關連的唯一助理。但這一次又無任何事發生。

一九四六年，國務卿貝爾納斯會召喚希斯直截了當的問道：「希斯先生，你是一個共產黨嗎？」他所得到的也是一個直截了當的否認。然而，根據貝照納斯的建議，希斯與聯邦視察局發生了接觸，在聯邦視察局他否認——雖然聯邦視察局從它自己的擋案中知道他不是講的眞話——他會與共產黨員或共黨組織有關連。

那時，希斯被杜尼斯（John Foster Dulles）提名爲迦耐基和平的主席，每年有二萬美金的薪俸。艾其遜也同意釋放他。甚至於在希斯接任新職之前，杜尼斯還接着了關於他是共產黨的迫切警告。杜尼斯打電話給希斯，他極力設法使杜尼斯心安。他解釋說他會「特别」與貝爾納斯國務卿檢討這些謠言，貝爾納斯告訴他這些謠言「已被埋沒」。但並沒有這種直接的檢討。

雖然希斯表面極其安靜，但他必定知道他的命運已在上帝的手中。一九四七年五月，聯邦視察局又召喚他詢問他是否一個共產黨員——他是否認識張柏斯。

一九四八年二月，風聲益緊。杜尼斯不能够再忽視這些積壘的陳述，便很澈底的盤問希斯。他照樣的否認，但是承認他會被聯邦大陪審官傳詢調查間諜行爲。他又向杜尼斯保證那不過是一種「例行的出庭」。

但是希斯和張柏斯的時運漸盡。有一天，報紙的大標題公佈了一個昔日的俄國間諜班特蕾（Elijabeth Bentley）的自白。

班特蕾於一九三〇年畢業於法沙（Vassar），後來攻讀於哥倫比亞，於是結識一批活動的共產黨員，在一九三五年五月便加入了共產黨。

她終被命令毁壞她的黨證，加入了共黨的地下工作。從此和她接觸的只是一個神密的約翰（John）。有一個長時期她不知道約翰就是哥羅斯（Jacob Golos），他是一個蘇聯人，爲世界旅行公司的經理，她也不知道這個高尙的旅行代理處便是一個蘇聯間諜活動的陣線。

班特蕾變成了華盛頓的廣大間諜網的媒介和遞送消息的使者。主要和她接觸的人是西爾非爾馬斯特。她在兩星期拜訪他一次，然後將他的組織所收集的資料帶回紐約。後來她開始擇取從柏爾羅（Victor Perlo）所領導的組織而來的文件，他是張柏斯的校友。資料大量增加以致於她必須將資料裝在一個贜物袋中。

此時，她雖出賣了她的國家，但她「僅僅是沒有想到這。」但當哥羅斯突然於一九四三年謝恩日死在她的屋中時，對於她是一個轉點。她曾經忠於他．現在——雖然他仍繼續她的間諜活動——正如她自己所說的：「哥羅斯的影響正漸漸地泯滅。」在她內心她感到一種繼張不已的譏諷，俄國人極力以豐富的贈品來收買她。威脅與甜言用。格羅模夫（Anatol Gromov）警告她說：「沒有一個人離開任務。」他是俄國大使館的一等祕書。

最後聯邦視察局決定考驗她。她必須回到組織中去，將她所叙述的具體證據帶來。她免强地同意了。十月，她通知聯邦視察局她與格羅模夫有一約會。顯然地他也是在考驗她。在偏僻的赫德生河（Hudson River）的碼頭上，他强迫她接受錢。結果她收下了。格羅模夫不知道這場交易已被聯邦視察局的工作人員看見了。

在她去聯邦視察局十八個月以後，政府決定要行動了。經杜魯門總統的批准，聯邦大陪審官於一九四七年三月二十七日祕密聽取班特蕾的叙述並詢問她所提名的人。她開始一件件的叙述她的活動。陪審官每星期開幾點鐘的會，發出了成打的傳票。令人感覺興趣的是希斯被傳而並未傳張柏斯。作證人很少有例外的拒絕發言，原因是他們可能使他們自己負罪。

第三卷　第二期　內政部雜誌登記證臺內警台誌字第四六號

八〇

給讀者的報告

柏林內五月危機安然渡過了，國際觀察家的眼光都轉到東方來。赤色的魔手所要伸出的地方是臺灣？還是越南？觀察家正在紛紛猜測之中。霹靂一聲，北韓忽向南韓宣戰，不但使觀察家們覺得出乎意料之外，卽特地東來的美國大員詹森，布拉德雷，杜勒斯諸人都要驚慌失措的樣子。北韓此舉，誠如尼赫魯所謂有周密的準備，有詳盡的計劃，有迅速的行動，但是美國的情報網何以並未事先探悉呢？鐵幕的秘密到底棋高一着，我們實爲民主國家擔憂，尤其我們臺灣當局非特別戒愼恐懼不可。

本期論文多與遠東方面有關者，雖則見智見仁，各抒偉論，然合而觀之，似可得其全貌。二、三年前不獨美國的對外政策重歐而輕亞，卽在客觀事實上亦以歐洲爲緊急；當柏林封鎖嚴重時，艾森豪威爾竟謂大戰可於十二個月內爆發，大有無可遏止之勢。爲甚麼去冬以來歐洲較爲寧靜，而亞洲反爲岌岌可危呢？事實擺在目前，這只是因共黨佔領整個中國大陸之故。今日亞洲新成立的諸國，無一國不有共黨在裡頭陰謀傾覆共政府者，中共已囊括大陸，則各國共黨精神上得到鼓勵，物質上得到援助，共氣燄高張自不待說。設若中共直接派大兵參加，則各國更難抵抗。北韓所以敢於侵略，間接雖以蘇俄爲背景，而直接却以中共爲後臺。現在美國雖出動陸海空三軍，猶非短期所能制止。假使我國民政府尚在中國大陸和共黨抗爭，則不但越、緬、菲等國可以從容應付共黨，卽南韓亦何至遽遭侵略？說者謂美國對我國民政府坐視不救，任中共奄有大陸，至今日已自食其果，要亦未嘗沒有片面的理由。

可是不論美國對華政策之是非，國民政府本身之腐敗無能，我們再從遠處觀察，則日本帝國之覆亡，實爲共黨成功之重要因素。假使日本當時與納粹德國夾擊蘇俄，則戰後的蘇俄難獲勝利，亦無餘力以資助中共了。日本當局天天高唱反共，事實上却始終和俄國勾結，遂使蘇俄替代日本而佔領東北，培植中共的力量，而進攻殘破不堪的中國，乃不數年而成其大功。

過去的讓它過去吧。我們所要强調者，要在遠東反共抗俄，舍中日二國外實無能爲力。今後要在遠東制止共黨之猖狂，必須由國民政府反攻大陸及武裝日本以消滅韓共而後可。本期湯恩伯先生的論文便是從此根本處着眼，必使中共自顧不暇，然後亞洲各國的共黨才可以各個擊破，而根本消滅之。閔石麟先生是大韓民國駐臺灣的總領事，其立論一以韓國的立足點爲依歸，使我們知道另一角度的觀察，誠足以開拓眼界，至於分析明白，理由具足，尤其餘事。陶希聖先生一文，以其獨到的見解，說明美俄双方戰略的交綏，而推闡當前及今後的演變，我們可以特地推薦給讀者。

本刊售價

一、新臺幣三元
二、越幣八元
三、菲幣五角
四、港幣一元
五、暹幣四銖
六、美金二角

歡迎直接訂閱，平寄郵費免收

自由中國 半月刊 第三卷第二期
("Free China") 總第十七號
中華民國三十九年七月十六日

發行人　胡　適
主編　『自由中國』編輯委員會
出版者　自由中國社
社址：臺北市金山街一巷二號
電話：六八八五號

航空版
香港　香港時報社（高士打道六四號）
曼谷　（曼谷攀多社十二號）

經售處
臺灣　中國書報發行所（臺北市館前街八五號）
美國　紐約民氣日報社　舊金山國民日報社
馬尼刺　中菲文教出版社（馬尼刺紐愛瓦街四五四號三〇三室）
印尼　巴達維亞星期日報（瓜哇巴達維亞紅溪十九號）　棉蘭繁華圖書公司（蘇門答臘棉蘭廣東街七十五號）
越南　西貢中原文化印刷公司　河內太平日報社（河內壽康醫院街二〇號）
新加坡　中興日報社（新加坡蕹敏申律一一〇號）

印刷者　臺北印製廠
廠址：臺北市民族路六四三號
電話：三三一六號

本刊經中華郵政登記認為第一類新聞紙類　臺灣郵政管理局新聞紙類登記執照第二〇四號

自由中國

FREE CHINA

第三卷　第三期

要目

中華民國三十九年八月一日出版

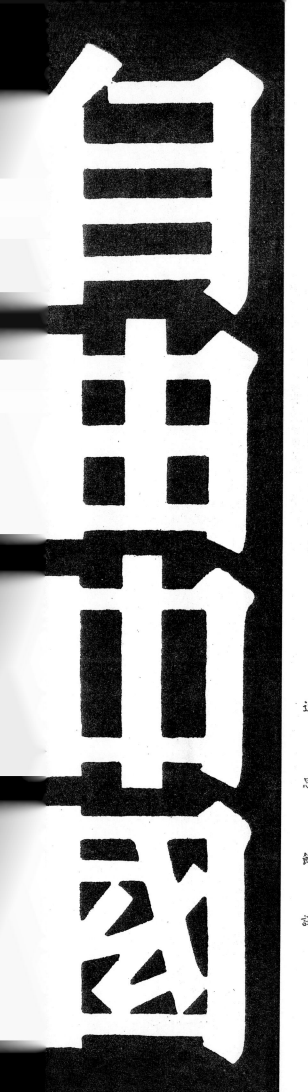

社址：臺北市金山街一巷二號

社論

爲國民黨改造進一言

兩年來的失敗，驚醒了國民黨的好夢，殃及了四五億的人民，痛定思痛，乃有改造國民黨的提議。報章雜誌的公開提案，黨務人員的集會討論，各有主張，群言淆亂，直至最近始有一公開方案發表。此次不顧法統，斷然改組，實爲成敗得失之樞紐，好則可與民國三年及十三年相比，成就救國救民的大業，萬一失敗，則後果不堪設想了。値茲改組伊始，略抒管見，以備當局的採擇。

尋繹改造方案，以黨建國的原則似已棄置，軍政及訓政時期當作已經過去，換句話說，今後的國民黨只是憲法下的一個普通政黨了。可是今日的中國還是一個軍事鬥爭的局面，黨務與軍事的關係如何依然是一個實際的問題。過去凡屬軍人無不入黨的規定，當然是廢而不用了。然若依照普通民主國家的慣例，現役軍人均須不掛名黨籍，事實上也怕殊難做到。從根本上看，黨部的性質必須確定，既是一個普通的政黨，則黨和軍事上的關係越少越好，軍事應該由政治統屬，黨部只直接與政治相關，其與軍事的關涉理應是間接的。至黨與政的關係向來不免磨擦，尤以下級爲甚。今次標明「以主義決定政策，以政策決定人事」的原則，還是和從前相同，如此抽象的原則和實際政治上的好壞並沒有多大關係。我們以爲以黨統政的原則現在已經說不通，則黨部之與政治已沒有直接指導監督的權力，只有從政黨員才與黨部直接發生關係了。

民主國家的黨部任務；當然以辦選舉爲主要，但選舉是臨時的，其在平時則從事組織與宣傳。國民黨的宣傳方面，多年來皆由黨部主持，但政府要員之發表談話或文告往往未經黨部的檢討。我們以爲如果要黨部負宣傳之責，則凡與政策有關的事件均應歸其管轄，從政黨員不得各自主張，以免自亂步驟。惟有權者始能負責乃是最平凡的眞理，權限不明，則有才者無從發揮，庸安者適足以藉口，於是功過難分，賞罰亦因之而難定了。共黨宣傳的技巧直能顚倒黑白，淆亂是非，社會人士多欽佩其本領，其實論中共黨員之知識才能多在國民黨員之下，何以其宣傳力量較爲優勝呢？若謂在朝黨之宣傳往往爲事實所粉碎，固然是片面的眞理，然亦未足以盡其實之眞相。我們以爲事權專一，責任分明，賞當其功，罰當其過，乃是鼓舞群倫之利器，國民黨的失敗即在反此道而行之。派系傾軋是最受人指摘之一端，而推原其禍害，實由於權責不明，賞罰不公。從前的派系只要爭權奪利，對派內則有賞而無罰，對派外則有罰而無賞，甚至同派之內亦因親疏而異其賞罰，不問功過之誰屬，於是只討長官的歡心，以巴結上司爲唯一要務，對於己職分內的事情辦得好不好，儘可以不大關心了。今後要宣傳上發生力量，仍須在根本的權責賞罰上用功夫，始能拔擢眞才，收到實効。

至於組織方面，國民黨黨部與黨員關係之疏遠實爲外國政黨之所無，許多老黨員回想當年都不禁感慨係之。訓政時期，黨員儘先錄用曾有幾次明令，但事實上都是具文。非黨員之求職業者，都由別種關係求得職業，就職後便可無條件入黨；已入黨者要求職業也不能獲得黨部的幫助，實和非黨員沒有兩樣。即在其他方面，只憑一個黨員身分去要求黨部幫忙，也不會有效力的。故黨員對黨部無所要求，而有了職業後則有入黨的義務。這樣的黨員自不喜黨部之約束，而黨部也懶得去管他們，其間的關係豈有不日益疏遠之理？當各級黨部每年施行選舉的時期，黨部的委員和黨員的聯繫尚較爲密切，抗戰後選舉的施行已少，委員和黨員的聯繫亦隨之而疏遠，勝利以後更加以行憲，入黨的義務既已取消，屢次舉行登記，又因手續繁難而應者寥寥，以致黨員人數究有多少也無法統計了。黨部與黨員之疏遠即是組織之鬆懈，竊以爲派系之所以成立，其根原即在乎此。人不能離群而索居，投身政界的人們，在今日的事務官毫無保障的制度下，不論官職之大小，倘若無依無靠而孤軍奮鬥，則一旦失職便四顧徬徨。黨部已無可托庇，則集合親近的人們謀各方面的合作互助，實爲勢之所必至。故組織嚴密的派系，其合作互助愈堅强，而爲其派系中人謀利益的行爲也越發顯著，由此而言，各派各系之爭權奪利也很可以理解了。今後要發揮黨的力量以根絕派系之私爭，必從堅强組織起，必從黨部與黨員之密切聯絡起。如何始能有密切的聯絡呢？我們以爲調查黨員之知識才能，極力幫助其就業，而且使之適才適用，便是黨部取得黨員密切聯絡的好辦法，也是最適於黨部的工作。過去以中國之大，黨員之多，要調查明確殊非易事，今日只有台灣，範圍已小，則調查不難，只要新任委員諸公傾其全力於此，必能辦到。但只發一張調查表，叫人塡就，交來便算了事，是不會有效果的。主持其事的人必須多方探詢，時時核對，遇事較勘，才有眞實的價値。如果調查明確又能使之適才適用，則組織必能增强，黨員必願效命，再加之以吸收有爲的靑年以充實力量，則組織的基礎可以確立，將來大陸收復，亦可照這樣順利推行了。

最後，台灣爲今日國民黨之基地，但國民黨之任務必不限於臺灣，當然要挽救全中國，以貢獻於世界。現在的黨務除台灣外，港澳兩地人數特多，固需格外努力，其他散居海外的華僑，均應物色適當人選，以爭取其同情及擁護。尤重要者，即大陸方面的民心已厭棄共黨，必須積極爭取。近來發展大陸各地的游擊隊，已有多數人們注意，而發展大陸的黨務，研究討論與施行均嫌不足，國民黨徹底改造以後，大陸方面的祕密工作人員須派有特別訓練者充任，以巧妙的方法，破壞共黨之統治，激動人民反共抗俄，實爲今日的要務。今日的鬥爭不限於軍事，政治上使之瓦解，其功効實較軍事爲大，今後應以全力行之！最後，此次改組，關係復國前途至鉅，故只許成功，不許失敗，惟成敗之關鍵，最要在能否吸收新的分子加入以爲斷。惟能吸收新分子，造成新生力量，發生新陳代謝作用，以爲革命之中堅，則改造始有前途。際此嚴重失敗及一般國民輕視國民黨的時候，如何始能吸收新的分子，確係一大問題，此點實有賴於此次改造委員之人選。而改造委員必須具備以下三個條件：即（一）能吸收新的分子，就是在國民面前有負聲譽者，（二）公正無私，有才能有學識而能苦幹者，（三）超越現在系統者。換句話說，用新人，行新政，不僅爲今日改革政治之要圖，即改革黨務尤應注意此點，願國民黨總裁注意及之。

時事述評

從入境問題談到民主政治

對於台灣省入境的限制，在本刊二卷十二期時事述評中，曾有這樣的主張：「台灣門戶應該敞開。要來的歡迎，要去的請便。」那時韓國戰事還沒有發生，美國還沒有協助我們防守台灣的決心；台灣的安全，經半年來陸海空三軍的努力和合作，雖然已有相當的把握，但比起現在來，則尚差得多。「我們也知道，共匪的滲透工作是到家的。大陸逃出的人群中，當然也少不了他們的化身。防諜是重要的。但是，防諜是技術問題，開門是原則。」我們當時所以有那個主張，完全是要政府以大無畏的精神，對要來台灣反共抗俄的同胞，儘量容納，以期台灣得以增加生力。

現在台灣的防務，可以說是相當穩固；軍警機關和保密局的屢次破獲大間諜案，潛伏的匪黨，幾全肅深；又加以美國第七艦隊佈防台灣海峽，協助我國保衛本省：得到這樣的地理和人和，就使蘇俄以飛機和軍艦幫助中共來攻，亦徒然送死罷了。所以政府在防守台灣的軍事上可保無虞。（當然，這種事情，是無論何時都不可大意的！）而現在中共所控制的大陸國土，日趨黑暗；港澳等地，亦隨時有被共匪攻擊的危險。在這些地方的同胞，有來台灣的能力和必要的，我們政府實在應當予以種種的便利。因此，我們對於台灣門戶應該敞開的主張，比一月以前還要積極。

至少我們以爲省政府和軍警機關對於下列各種人士，應特別予以入境的便利：

（一）無論從大陸國土新逃出或一向住居港澳的人士，素持反共抗俄的意見的；

（二）過去在國內——無論在政界或社會中——有相當地位的人士，從沒有和共黨勾結的；

（三）在學術上或藝術上有成就的人士，不願意俯首聽命於中共的；

（四）凡願來台考入大學或專門學校的青年，在台有親戚故舊能爲擔任起碼一年的食宿費用的。

至於志願來台從軍的青年，政府自更應該特立機關爲審慎處理。當然，地方治安機關仍有權利和必要向任何入境人索取「不爲匪諜」的保證。關於這點，治安機關當更有詳細的研究，我們無用多言。但我以爲凡有兩個在台有正當職業和家屬的保證人的，大概都不會出什麼岔子。這是就平常情理講的；至於特別的例，那就難講了。保證人的名字，如吳實劉晉鈺等等，不算不響亮了，但很可能保一個大匪諜進來。進一步講，劉晉鈺吳實的來台，又是什麼人擔保的！

香港前途雜誌二卷二期（本年六月十六日出版）時評中有云：「在香港，有不少人士在用種種方法幫助政府，例如有不少人士在努力改變美國人對中國的輿論，更有不少人士，進一步向美政府呼籲協助防守台灣，並且已得到相當的反響。」我知道這是的確的情形。這是正義感和同情心的表現。在香港的這種人士，將來如有來台的必要時，我們能不特別予以便利麼？

有人以爲「當台灣防禦尚未穩固時，一班不信任政府的人紛紛逃往港澳；今台灣已安如泰山，這班人又紛紛請求來台「共赴國難」了：這樣有自己沒有國家的人，政府自然可以不管他們。」這不然。政府應該視民如子；一個做父母的人，當然不應當和兒女計較這點的。

又有人以爲「寄居港澳而反共的人士，有許多是對政府不滿的。容了這班人進台灣，不是把反對政府的人都弄了來麼？這種事在平時固無所謂，在這種時候不是平空添加麻煩麼？」我以這點可不必過慮。一個政府要日進於善，需要有站在反對方向的人。政府所作所爲，如果有人能够大膽的批評，大膽的議論，那是一個國家的好現象。在稍有一點聰明的政府，對於這等人，都知道加以崇敬。因爲一方面可以收「他山攻錯」的用處，一方面亦可以使自己有所畏忌而事事謹慎。這是民主政治的一種長處。當然，世間固有奸邪的人，專事譏刺政府以作宣傳的，然法律具在，我們只能用法律來制裁他們。

我常以爲民主政治的素養，不是幾年或幾十年的事情；英美那種的政治風氣，是二三百年乃至三四百年培植起來的。所以一個眞正懂得政治的人，決不會輕易苛責政府的「不民主」；而一個眞正知道怎樣引導政治走向民主大道的首領，亦必時時動心忍性，勉强來做那捨己從人的事情。天下有容易做的懷事情；勸人爲非作歹，勸人做共產黨等等都是：天下決沒有容易做的好事情；民主政治便是一個例子。

（汀）

爲鹽民請命

食鹽是每個人不可一日或缺的生活必需品，而食鹽的生產者——鹽民和其家屬，却過着最低的生活。現存經濟制度下不合理不公道的現象，恐怕無過於此！

我們早就聽說，台省鹽民的生活水準不是人類所可忍受的。不僅食不裹腹，衣不蔽體，居不足以避風雨，而且由於工作關係患上的悲疾——痧眼爛脚等等，亦聽其自生自滅，他們的生命，難道是和一般的動物一樣嗎？我們每天吃鹽，究有幾人體會到盤飧中的味素，點滴辛酸？

現據報載，臺省參議會及省府當局已注意到鹽務問題而謀改善辦法，同時我們從臺北中央日報看到陸冀平君「我看中鹽公司」一文（六月三十日至七月四日連載），及新生報寰宇社訊中鹽公司負責人的談話（七月十九日），使我們對於鹽務有了一個大概的了解，僅憑這個大概的了解，我們未必能夠指出這個問題的癥結，但這裡却可說出幾點，供有關當局和社會輿論特予注意。

第一、中鹽公司在鹽務局核定場價限制下，賠本不會不是事實，股東們兩年前的投資，每股國幣五十萬元（當時約合美金五元），到了今年四月，僅分紅到新台幣一元，這也不會是虛假，我們誠然同情股東們的叫屈。可是我們要問：在經營方面，中鹽公司是不是已經在經濟原則之下盡了責任呢？換言之，公司賠本，是不是公司的當局也應負責呢？就我們目前所看到的材料，我們却無法對這個問題肯定或否定，省參議會對於公司的指責—剝削鹽民徒增私人財富等等，究竟能否成立，我們主張應該澈查一番。

第二、目前食鹽零售價格每台斤四角，即每噸六六六．四〇元。這個價格的形成，分四個階段：（1）鹽務局給公司的場價每噸三〇元（就中鹽民的工資一五元），（2）鹽務局賣給糧食局時則爲五四〇元，（3）糧食局配售承銷商時爲五六六元，（4）零售商賣給消費人時爲六六六．四〇元，即每台斤四角。在這四個階段中，最引人注意的，是第二階段，每噸鹽價竟增高了十八倍！同時我們又可看出五一〇元（540－30）在六六六．四〇元的零售價中幾佔到百分之八十的比例，這個比例未免太大了。我們再進一步分析，在這個五一〇元中的專賣利益三六〇元，佔零售價的百分之五十以上，這說明財政政策的不合理。我們根據「舊稅即是好稅」的說法，這一點且不管它，但是除掉這三六〇元的專賣利益以外，還有一五〇元，包括鹽場建設費，專賣費用，銷鹽成本，和管理費等項目，除鹽場建設費外，我們不相信那些項目的開支不可以大加核減。這一點是要有關當局（包括監察機關）嚴加考核的。

最後，也是最重要的一點，我們要特別强調的，在現代國家中一種經濟制度，不管你叫它甚麼主義也好，要使其能够持續下去，而不致由局部的潰瘍禍延整體，至少必須各方面都沒有反人道的現象存在。以今日的物價水準，每戶鹽民（平均五口），每月最低生活費用，據估計應需二一七元，每月以產鹽八噸計，每噸工資至少要二七元，而事實上鹽民得到的工資，平均是每噸一五元，叫他們如何活得下去。台省鹽民有六千人左右，家屬二萬人以上。政府當局縱然缺乏人飢已飢人溺已溺的懷抱，難道也想不到海防安全的問題嗎？鹽民及其家屬，都是海濱生活者，大陸的敵人，爲要進攻臺灣，是無所不利用的啊！

提高鹽民工資，改進鹽民生活，應該趕緊切切實定做到吧！至少我們也得承認他們是人。（平）

不要再犯錯誤

從六月末美國政府宣佈「以第七艦隊負責保衞臺灣海峽」的同時，它還要求「中國政府停止對大陸的攻擊」；我們政府爲求聯合國步調之一致，遂接受請求，命令陸海空軍暫時停止對中共攻擊。但是一個月來，共黨却從容得手，積極調度，並且在這期間，共黨已經攻佔了我們好多處島嶼，最近更有大舉進攻金門的跡象；在此，我們不期然的想起了四年前的故事：當馬歇爾將軍來華調停時，自停戰令發出後，政府軍即各守崗位，停止進剿共軍，但共產黨却不管甚麼停戰令不停戰令，攻城陷鎮，打擊國軍，結果幾次停戰令使國軍本來據有的壓倒優勢，逐漸喪失，貽誤戎機，使共黨坐大，等到後來局勢完全成了不可收拾，馬歇爾也不過是一走了事，可是吃虧的却是我們自己。因此，這次我們願意向當局呼籲，提高警覺，千萬不要重犯馬歇爾來華調停時的錯誤。就事實來看，敵軍的來攻不會因美國第七艦隊協助防守而中止，眞正到了西太平洋勢態緊急的時候，我們必須準備充分以殲滅登陸或降傘的敵軍，然後才有勝利的把握。上一次我們的錯誤已經鑄成了大陸上的全盤挫敗，這一次如果我們重蹈故轍，其後果之嚴重殊難想像。

歷史并不必然重演，人類的錯誤則可能重演；所以使歷史有時循環。希望全國上下切勿鬆懈。（燕）

值得印度反省 值得世界知道

羅家倫

「親仁善鄰」，是我們傳統的外交政策。「興滅國，繼絕世」，是我們中華民族對於其他民族傳統的友好精神。國父孫中山先生根據上面的古訓，適應時代的要求，中國國民黨的政策裡面，特別注重扶助弱小和被壓迫的民族完成其獨立。

印度是我們的鄰邦，和我們有二千多年的文化關係，而沒有過武裝的衝突。印度又擁有一個偉大數目的人口，所以我們對於印度的獨立，自表非常關切。自從甘地提倡印度復國運動以來，我們的政府和國民，眞感覺到息息相關，而無時無刻不盼望它能够及早實現。在它實現之後，更是無時無刻不想幫助它在國際間，挽回它遭遇的挫折，提高它的地位。

現在我把幾件大概是忘記了却是似乎是不應該忘記的事實，寫在下面。這些事實我曾經於一九四九年十二月二十九日，印度要宣佈承認中共僞政權的前一天，在尼赫魯總理的官邸裡，向他列舉過，他聽的時候似乎不甚耐煩。自然，我們做的事情，是純粹根據我們自己的熱情和好意做的，並不是要見好於任何人，或討好於任何國，反之我們爲了幫助印度，倒開罪了別的國家，幾乎在我們自己危險的時候，犧牲了他們舉足重輕的友誼。然而我們不顧，這正是我們中華民族的風度。可是事過境遷，遺忘如此之速，却使我們不免發生一點小小的驚訝。但是事實總是事實，上帝可以創造新的事，却不可以改變舊的歷史。

（一）當印度革命運動最困難的時候，我們政府特派考試院戴季陶院長於一九四〇年十一月十八日到印度去訪問。戴院長到的頭一天，剛好尼赫魯先生被捕入獄，戴院長不顧阻撓，一直到 AllaHabad 尼赫魯的住宅，做一種象徵式的拜訪，並留宿一夜，以表示我們政府深刻的同情與關切，這件事已死的印度革命女傑奈都夫人（Mrs. S. Naidu）向我稱道過好幾次。

（二）當甘地發動民事不服從運動，國大黨員被捕達二萬五千人，勢力大挫的時候，我國領袖蔣委員長及夫人於一九四二年二月訪問印度，親往會晤甘地和當時被認爲叛徒的印度領袖。他在臨別的時候，發表告印度人民書，希望英國不待印度要求，能將實際政權，儘量交予印度，我們不能忘記這時候正是我們受日本侵略最嚴重的時期，英國的感情，對我們是如何的重要。

（三）一九四二年八月甘地被捕，中國輿論激昂，蔣委員長親自致函慰問獄中的甘地，這也是一件不經見的事，足以表示他對甘地眞摯的同情。

（四）在一九四七年，印度雖有臨時政府，但是英國還沒有宣布還政予印的確期，那時候印度連自治領的地位還未取得，我政府就派我爲首任駐印度大使。以後美國和其他國家才陸續派遣使節。我們政府這種舉動的含義，自然是派遣使節來促進和象徵印度的獨立，所以不能當做一種普通的交換使節看。

（五）一九四七年九月印度和巴基斯坦爲了爭克什米爾土邦的問題，兵戎相見。這個問題提到聯合國安理會，一九四八年一月安理會的決定豈但對於印度不利，簡直可以說是印度的慘敗，當時印度政府希望中國援助，我們也不願意印度一到國際舞臺上，就受這樣嚴重的打擊，影響尼赫魯的政權和威望，所以聯合美國和加拿大，盡力予以幫助。在二月間輪到中國主席安理會的時候，蔣廷黻代表，運用他一切的能力，可以說是把這個案子「平反」過來。我們爲這件事，對於我們的友邦巴基斯坦，不免得罪，實在覺得非常難過。當時印度政府重要人物奔走中國大使館的情形，彼此間應該都還記得。可是現在印度要在安理會裡，設法「驅逐」的，正是中國代表，而且正是當年爲印度出全力幫忙的蔣廷黻代表！

（六）和克什米爾問題有同樣重要性的是海德拉巴土邦（Hyderabad）問題。印度要併吞最大又最富的土邦名叫海德拉巴，於一九四八年九月十二日進兵海邦，當時安理會即於九月十六日開會將海邦對於印度的控訴案列入議程。當時祇有中國的蔣廷黻代表主張延期討論，他是在安理會中對於印度惟一的幫助者。

（七）爲了處理韓國問題，聯合國設置韓國委員會（Korean Commission），我政府爲提攜新獲自由的印度，在國際舞台上活躍起見，特別推薦印度代表梅農大使爲該會主席，而獲得通過。

（八）一九四七年聯合國設置遠東經濟委員會，統籌亞洲及遠東經濟發展事宜。印度商請我方支持以其代表陸克拉吞（Lokarathan）爲該會秘書長，我政府應允竭力支持，結果陸君於是年九月經聯大祕書長派爲亞洲及遠東經委會秘書長。

（九）一九四八年聯合國下之國際衛生組織在日內瓦開會，印度要求在印度設立一個單獨的區域衛生組織，包括伊朗、阿富汗、巴基斯坦、緬甸、錫蘭、暹羅、馬來亞、新加坡、印尼、尼泊爾等處在內。印度的衛生部長親自來和中國駐印大使接洽，我們立刻答應支持，現在這個機構已經在新德里成立。

（十）一九四八年年底，聯合國國際文教科學組織總幹事改選，印度要求我們支持它的代表摩德里亞爵士（Sir Ramaswami mudaliar）競選，後來摩君雖以一票的少數失敗，可是我方支持摩君的努力，是當時大家所知道的。

（十一）印度和南非聯邦有個多年的爭執，就是要求南非改善對印度僑民的差別待遇，幾次聯合國大會中，印度都提出控訴案。一九四九年大會將印度提案通過，當時我們不但投贊成票，而且顧維鈞大使在大會中，發表演說，竭力支持。

（十二）我政府為了要想增加印度在國際會議中的聲望起見，曾經於一九四七和一九四八年兩次聯合國大會中，設法為印度出席聯合國大會代表潘廸悌夫人（mrs. V. Pandit）活動當選為聯大副主席。為了這件事，前外交部長王世杰博士費過相當的唇舌，當時我以駐印大使的地位，也曾秘密通知印度政府，採取協調動作。雖然沒有成功，可是我們隨時幫助印度的誠意，也是隨地可見的。在一九四八年的大會中，潘迪悌夫人卽當選為某一重要委員會的主席。

（十三）中國的好心，也可以認作癡心罷，我們不但想提攜印度在國際舞台上露頭角，而且更進一步想印度能夠參加安理會，至少做一個非常任理事。說起這件故事來，眞是太長了，遠在一九四七年一月十二日聯合國大會中，中國代表顧維鈞博士於安理會非常任理事選舉結果宣布之後，就侃侃發言說是在亞洲區域之內，除了中國是常任理事外，沒有別的國家担任非常任理事，希望這個方式，不是永久的，將來不至於妨礙其他的亞洲國家當選為非常任理事。這番話當然是為印度預留加入安理會的地位。這是第一次。第二次協助印度競選是在一九四七年，當時蘇聯的衛星國烏克蘭拚命和印度競爭，到臨時蘇聯和旁的集團把票子交換好了，而印度不知道，結果印度落選。但是我們幾次都是投印度票的。第三次是一九四八年九月廿四日中國外交部長王世杰博士於聯合國大會中發表演說，說是「我坦白的說，按照我的意見，亞洲和遠東，在安理會和經濟與社會理事會裡面代表的數量，還是不够，在這兩個組織裡，所有在蘇彝士運河以東的發言者，祇有中國一國。」這顯然也是為印度說法。所以當他說過以後，潘迪悌夫人立卽走過來和他握手道謝。第四次也是最後一次，時間在一九四九年十月，聯合國大會開會期間，當時印度要承認中共偽政權的主張，已經甚囂塵上，幾乎是它決定了的政策，可是我們的政府，還有我們的氣度和風格，仍然在聯合國大會裡投印度一票。印度當選，我們多少年的希望也達到了。

可是——可是——可是印度怎樣對我們呢？我們不講感情用事的話，我們祇講一兩件重要而衆目昭彰的事實，至於其他比較複雜的問題，如西藏問題、新疆難民入境問題等等，我們也有許多心裡難受的經驗，但是此處暫且不提。

第一，印度當選為安理會的理事之後，第一件就是宣布承認中共偽政權。印度做這件事，並且要搶在英國之先，送毛澤東一副年禮。所以這件事是在一九四九年十二月三十日中午宣布的，印度外交部當時送來一個照會，通知中國大使館說是印度決定承認中共。當時我新從外交團為我特設的香檳酒會回來，我看了那件照會以後，把我們預備好的召回使節的照會，立刻送出，不會遲一分鐘。我沉默了一回，想起中國『君子絕交不出惡聲』的古訓，發表一個極簡單的聲明說：

「我的政府和人民，正在為大家的共同目標，自由和民主而戰，這個共同目標，在所有愛自由的各國人民心裡，應該是非常珍愛的。像這種承認中共偽政權事件的不幸後果，將來的歷史一定可以證明。

「在兩年八個月以前，我帶了我政府和人民的熱烈的希望，到印度來，來證明，來催促，來象徵印度獨立的及早實現。就這方面來說，我的使命是達到了。我很高興，印度現在是自由的，獨立的。

「在我離開的前夕，我還是願意把我最好的願望和慈祥的情意，留在印度人民的身上」。

這聲明發表以後，不到四小時，印度一位社會名流，也是新聞界的泰斗，來到中國大使館，帶着很悲痛的聲音，對我說：「我看見你的聲明，我的眼淚和雨一樣的掉下來」。他正說的時候，印度外交部又送來第二個照會，用很不客氣的辭句，說是印度撤銷對於中華民國政府的承認。我看過以後，把原件遞給這位來賓，看他臉上浮起了正義感的慷慨表情，我輕微的笑了一下，說道：「我很慚愧，我對這個照會不很懂，因為據我所知道的，是祇有中華民國政府承認過印度政府，而印度政府却沒有機會來承認中華民國政府，因為中華民國政府成立在一九一一年，那時候還沒有獨立的印度政府存在」。

今年一月二十五日，我離開新德里的前夕，也就是印度宣告改為共和國的前夕，我同甘地的媳婦和孫兒孫女，同到甘地的火葬場上，（有如南京中山陵園）放了一個花圈，行了一個禮後，靜默無言地站了一分鐘。第二天我飛加爾各答，有一個報紙記載這件事，最後附了一句話道：「這一分鐘的靜默，說出了要寫多少本書都說不盡的話」。

第二，印度現在是榮任安理會的非常任理事國了，他最先也是它最努力的工作，看去就是要『驅逐』中國出安理會。它最初的方法是用法律上大轉灣的方法，要設立一個會員資格審查委員會。以重行審查會員「資格」的方法，來『驅逐』中國。後來蘇聯愈逼愈緊，在好多的聯合國附屬組織裏，都是首先要排斥中國代表，繼則以退席相要挾，於是印度為見好蘇聯起見，也不經過他所主張的會員資格審查委員會的程序，屢次投票，要摒除中國代表，最有趣的是本年一月十三日，蘇聯代表馬立克在安理會提議取銷中國代表的席位時，投票贊成的是蘇聯，南斯拉夫和印度，而棄權者之中，倒有英國！這個方式，此後又屢次應用。最近一箇月內尼赫魯三次函斯達林和美國當局，主要的目的，就是要「驅逐」當年盡力幫助印度的中國政府。許多人說起來眞不禁有「人間何世」之感。釋迦摩尼和甘地的祖國，為了現實而不顧理想，我們不想作任何批評，可是我相信印度朋友們中，凡是有正義感的，將來一定會有許多心理上難受的感覺。何況這種淺薄的現實主義，是決不能夠滿足蘇聯的要求和博取中共的友誼，他不但使在臺灣的自由中國人民，而且更在大陸上四萬萬六千萬封鎖在鐵幕裏喪失了自由的中國人民，他們當年熱烈祈禱印度獲得自由的，非常切齒痛心！

我上面說過，我遵守「君子絕交不出惡聲」的中國古訓的，我自從離開印度以後，從沒有說過一句罵印度或是責備印度的話，我存心還是希望印度民族好，我至今還珍重許多印度朋友對我的友誼，認為中印倆自由民族必須友好，本文所舉不過是一些客觀的事實，我希望印度朋友們，若是看到這篇文字，平心靜氣的想一想，不要使天下其他和印度交朋友的人寒心。

印度政府老是說，不願意參加任何强權集團（Power Block），可是釋迦摩尼和甘地的印度，最好也不玩强權政治（Power Politics）。强權政治的定義，就是不問公理，不分善惡，不顧感情與道義，拋棄了理想，而專崇拜現實的强權，尤其是武力。

中華民國三十九年七月二十六日

自由主義底蘊涵（上）

殷海光

自由主義，是許多人欣慕嚮往的對象；同時，也是許多人敵視憎惡的對象。固然，我們有贊成自由主義的自由；也有反對自由主義的自由。自由主義者容忍別人以語言文字反對自由主義，這正是自由主義的精神之表現。不獨自由主義可以用語言文字來批評，而且任何學說思想都應可以用語言文字來批評。因爲，任何學說思想都是人造的。人造的東西，人就可以批評。俗語說得好：『眞金不怕火』。任何主義或學說，如果實在是顚撲不破的眞理，那末便不怕批評。因爲，它經得起批評。假若不然，一種主義或學說害怕批評，或者甚至於須要藉權勢來保護，那末正像中古神學一樣，它本身是否經得起知識的考驗，恐怕就大成問題了。

眞理愈磨愈放光輝。一個自由主義者是應當打掃門庭，歡迎大家進來批評自由主義。不過，批評自由主義底必要條件是知曉自由主義底內容。這是一個有趣的時代。在這一個時代，許多人常常英勇詆毀他們所未曾接觸過的事物。而且有經常存在的組體，經常從事鼓舞這類勇氣。『一犬吠影，百犬吠聲』。自由主義底形體在那裡呢？很少勇士親眼看到它底本來面自。祇不過因極少數的人在一組體中對它大肆攻擊，於是群聲附和。這樣的行徑，固然常爲實際政治之所必需，可是，我們却看不出對于知識底進步有何裨益。一味把人拉在黑夜裏行路，總歸是危險的勾當。一個民族不能靠自私的愚昧活下去。

自由主義是否如它底欣慕嚮往者所意想的那般美麗，這是一個問題。可是，社會主義，共產主義，馬列主義，這一類型底思想經過至少三十年的宣傳，知道的人比較多。自由主義這個名詞雖爲大家所熟悉，但熟悉它底內容的人都遠不如熟悉它底名詞的人多。因爲，並沒有許多人闡揚自由主義底內容。我們對于反對自由主義的人，至少有義務要促起他們知道自由主義是怎樣一回事。

現在，一提起自由主義，許多人立即就聯想起放任主義（Laissez faire）。這好像是，自由主義必然涵蘊放任主義。由此更進一步，自由主義與放任經濟成爲同義語。這種看法,可以叫做自由主義底經濟解釋(Economic interpretation of Liberalism)。從經濟因果(Economic Causation)來解釋人類社會歷史演進以及學說思想底形成或素質，本來是直接或間接由共產黨訓練出來的思想方式和習慣。他們既然很習慣地從經濟因果來解釋一切，自然也就很習慣地從經濟因果來解釋自由主義。既然他們很習慣地從經濟因果來解釋自由主義，於是也就認爲自由主義『必然』蘊涵放任經濟。所以，他們一提起自由主義，就扯動放任經濟。這種看法，藉着長年有計劃的宣傳之播散，造成一種空氣，使人於無意之間吸進，深入潛意識，便成一種先入爲主之見而不自覺了。

卽使從經濟因果來解釋事物不失爲一種合理的看法，也不是唯一合理的看法。如果一定要把它當作唯一合理的看法，這就是蘇俄與共黨底辦法。在事實上，自由主義底成長固然有其經濟的層面，但是，不止於經濟的層面，它還有別的層面。因此，我們不可一提起自由主義，就以爲必然涵蘊放任經濟。我們說那是一朶花，不能因之而斷說它是一朶黃花。

我們知道，在許多名詞之中，『主義』一詞似乎含義最多，並且最易引起論爭。而在『主義』之中，『自由主義』一詞底含義更弄得比較不易確定，同時用法比較廣泛。

『自由主義』一詞底語根 Liber 底意謂是 Free。一提起『自由』，大家便容易聯想到活潑，寬宏、大量，無拘無束，反對加於人性的任何形式的抑壓，反對加於人智的一切桎梏，反對加於人類行動的每一不合理的管制。這是自由主義底根本要素。自由主義底這種根本要素，與其說是被動地產於經濟動因，不如說是主動地產生於人類本性底深處。你把嬰兒底兩手捏緊，它立刻會掙扎反抗，一直到它底兩手能够自由活動爲止。這樣看來，自由主義並非一種教條，無寧是一種能動的（Active）精神，一種反抗權威的態度，和生命本身底發展動因。沒有這種精神，這種態度，和這種動因，那末人類勢必習於全能的極權統制者底高壓之下，生命能量萎縮，以趨於死滅。

自由主義的這種精神，這種態度，和這種動因，在它現實底演程之中，如果遭遇到外界阻力，那末便像電流遇到炭捧底阻拒，發出極度强烈的弧光一樣，激發思想自由運動，政治自由運動，經濟自由發展，和民族自由奮鬥等等。在人類歷史演程中，自由與反自由，此起彼伏，一盈一消，儼如陰陽兩極。而自由精神和動因，每經强力抑壓桎梏一次，便壯大一次，充實一次。否則，一落入物質文明底陷阱，爲物欲所蔽障，自由精神與動因便易隨之萎縮，這時，如果新的壓力形成，威脅自由的生命，自由精神與動因得到新的刺激，乃自物欲枷鎖中破殼而出，與自由底敵人奮鬥。在奮鬥中從新壯大自己，充實自己，並表現而爲新文化底創建。

歐洲近代史和世界今後發展底可能前途足以說明上述的原理。

西歐經過宗教千年的壓制，才慢慢反轉出宗教改革和長期思想自由運動，並且釀造出近代西歐的學術思想。在政治方面，長期受君主專制底壓迫，才慢慢醞釀出近代的政治的民主主義。而拿破倫底蹂躪歐陸，和梅特湼底反動，使自由精神於遭受抑迫以後再度昂揚，並且逐漸衍發而爲民族獨立運動。在經濟方面，由於遭受封建經濟底桎梏，中間階層力求打破這一桎梏，逐漸形成經濟的自由制度；並且，由於經濟的自由發展，成爲一種新的動力，催促政治民主制度加速完成。

以上所說的是西歐近代文明。西歐近代文明是自由主義引帶催生出來的。所以，西歐近代文明可以說是自由主義的文明。『近代自由主義是西方文明之現世的形式』。

可是，這一文明，遭受到一個威脅和試鍊。這個威脅和試鍊，就是繼承拜占廷傳統而勃興於歐亞草原的文化，它底結晶就是極權主義。這一文化之威脅自由主義的西歐近代文化，初試於第一次世界大戰，大顯身手於第二次世界大戰以後。在形勢上，這一文化之威脅西方，亦若回教世界勃發時之威脅基督教世界。目前，全世界都暴露於以這一文化爲背景的新興的極權主義勢力底威脅之中。舉世都感覺到在應付這一新興的極權主義勢力上非常棘手。自由世界底存亡，自由主義的文化之興衰，自由主義與極權主義鬥爭底勝敗，正在處於一個嚴重的試鍊關頭。

在這自由主義與極權主義鬥爭的嚴重關頭，我們尤其應須注意自由主義：我們要細心研究它底內蘊，看它究竟能否抒發力量，有效地阻擋極權主義的侵襲，而把人類帶向和平、安定、與進步的前途。

依照在近代歷史中的發展，自由主義這一序列中，至少有四個『層面』：即是，政治的層面，經濟的層面，思想的層面，和倫理的層面。自由主義之政治的層面叫做『政治的自由主義（Political Liberalism）』。自由主義之經濟的層面叫做『經濟的自由主義（Economic liberalism）』。自由主義之思想的層面，實現而爲思想自由，信仰自由，和學術自由等等。自由主義之倫理的層面可以叫做『倫理的自由主義（Ethical liberalism）』。我說的是自由主義有這四個層面，而不是有四種自由主義。自由主義底這四個層面是從四個觀標得到的分觀。在事實上，這四個層面所敍述的事物是相互關聯着的而且是彼此相干的。所以，自由主義底體有而且只有一個。

政治的自由主義，如衆所知，表現爲民主政治。民主政治是什麼呢！『民主政治是一種政治制度。依這種制度而言。社會上的每一分子都被看作是人，而不是別的東西。』這可以看作是民主政治的基本概念。這一基本概念，乍看起來是平淡無奇的。但是，天下最重要的道理，常常是看來平淡無奇的。這一平淡無奇的道理，於世界大部地區都沒有實現。在極權國家，人不是被看作能消化食物和生殖子女的機器，便是停止自發能力的奴隸。他們說話不算數，甚至於被禁止說話；他們底命運不能自主，前途聽強有力者擺佈。他們沒有人底尊嚴；了無人生樂趣。

民主政治眞正實現，就可能防止這些『把人不當人』的弊端。防止弊端之最佳的方式，就是法治。所以，民主與法治底關聯，是正比例的關聯。有的學者將法治主義解釋爲自由主義。愈是民主成熟的國家，愈是謹守法治。英國便是好例。依此，把自由主義解釋成放縱任性，似乎是出於專制或極權心理。專制或極權國家，雖然不一定不講法治。但是，這種法治似乎只是對于片面的要求。強有力者是否守法，不得而知。英國一部近代史，從一方面看，可視作民主政治奮鬥史、同時也可視作爲法治而奮鬥的歷史，自一二一五年大憲章（Magna Charta）定立以後，對光榮革命時代權利法（Bill Of Righfs）訂立，把君權削減到象徵地步，巴理門權力取而代之，法治才趨於鞏固。洛克對于立法權底重要性和尊嚴性，極力宣揚。他說：在政府成立的一切情形之下，立法是最高權力』。這種精神，傳播到新大陸，成爲今日北美合衆國政治體制底基本精神骨幹。今日世界上所有眞正民主國家底政治基本觀念，都是跟着這條路線而來的，跟着這條路線而來的民主政治，與蘇俄及其模倣者大不相同：人民有選舉權，有言論，集會，結社諸般基本自由。政治機構及其執事可依法定程序予以變更。所以，他們不能胡作妄爲，欺侮人民。

經濟的自由主義，在自由主義底許多層面之中，比較爲大家所知道。經濟的自由主義，與大規模工業化結合在一起，形成『資本制度』。因而經濟的自由主義發展得成爲自由主義各層面中最突出的一個層面；所以，也容易被人注意。在經濟發展底場合之中，『自由』底實質就是『免於國家之干涉』。經濟行爲免於國家干涉，就成爲『經濟的放任主義（Economic Laissez Faire）』。經濟的放任主義與經濟的父權主義（Economic paternalism）恰好是對立的。

經濟的自由主義者毫無疑問以私人企業作爲擴張底推動因子。自由貿易底動力與工業革進（Industrial Revolution）特別適應，並且由之而迅速在天南地北擴張商業的帝國。在這一過程裏，中產階層發現會議是反對封建領主和農業保守派的工具。經濟的自由主義之發展促進政治的自由主義之發展。在這一階段裏，經濟因果無疑是具有支配作用的因果。但是，並非在一切時候都是如此。

『一切選定的制度或限制辦法完全去掉。自然的自由之顯明和簡單的制度依其自己底程序而建立起來。每一個人，祇要不違犯公正律，可以完全自由地依其自己底方法追求他自己底利益，並且將他底工業和資本與別人或別一組人底工業和資本競爭。』亞當斯密這一段話，可算是放任經濟底基本原則；同時也是自由競爭（Free Compitition）底張本。

邊沁爲無限制的財產利益而辯護。他認爲經濟能力應須可能自由發展，而不受任何政治干涉所牽制。因而，在政治方面，普選、會議、都應保障個人得以自由選擇其利益。這種思想發展下去，影響到美國哲斐遜之流。他們認爲『管得最少的政府便是最好的政府』。他們覺得『一個人，一張票』可以產生好的政府。這樣的政府的確能夠代表選民之合理的政治利益。它不會干涉經濟自動發展底原則。

（未完）

民族主義之理論的檢討

——盧騷與黑格爾兩家思想之比較

羅鴻詔

一

個體主義（Individualism）與全體主義（Totalism）之爭，雖胎源往古，而自第一次世界大戰以後，則不但思想界形成對立的陣營，而且實際上的政治運動，社會運動無不受其强烈的影響。民族却與二者相關，若對其構成分子——個人——而言，則民族是全體，若對世界上其他民族而言，則是一個體。故民族主義既不是個體主義，也不是全體主義，或者可說兩方都是，然而究其由來似與個體主義爲近。我們現在拿盧騷和黑格爾兩家的理論，來檢討民族主義之蘊，且先從其成立說起。

西方中世紀的思想是普遍的世界主義，羅馬的教皇實可支配各國的政治，其政治的理論是君權神授說。爲甚麼你做君主，我做臣民呢？這是上帝（神）的意思。上帝安排好的秩序是不容紊亂的，故做臣民的必須服從君主。可是教會是上帝的代表，教皇是接受上帝的啓示者，故君主必須服從教會及教皇的命令。在這種思想支配下，各民族的君主都一樣要服從教皇，並沒有什麼特殊性。然自文藝復興以後，思想界已發生動搖，馬其亞維里的「國家論」主張最强者之權利，再不要甚麼上帝的意思了。至宗教戰爭以後，教權日墜，君權日張，而民族的國家乃逐漸形成。英國（單指英格蘭王國）最先，法國繼之，其君權已夠强大，不受教皇的支配，故其內部之文教的統一乃着着成功。此二國之言語，教育、政治、經濟等等均構成其特殊的風格，而各自建立起民族國家來。其君權之建立已脫離教皇之支配，則君權神授之理論必須打破，而以別說代之。法國的布當（Bodin）及英國的霍布斯（Hobbes）均以自然法爲根據，而擁護君主大權之正當性，霍布斯更加以社會契約說，立足於利害之衝突，而其結論却與馬其亞維里相同，不過是最强者之權利罷了。

英法二國排斥了教皇的世界主義而構成民族國家，民族有其獨特的歷史，文化等等造成其獨有的個性，故民族主義是一種個體主義。基督教是一神教，有獨占性與排他性，故在信仰上不但其他宗教在所必排，即在該教內亦不許有異端的解釋，完全是全體主義的。英法的國王自己對於教皇要主張個體主義，而對其國內的人民又要主張全體主義——專制政治，自不免矛盾，尤其霍布斯之君權至上說，又依據契約說而立論，當然更難維持。洛克也立足於契約說，但其原子論的思想（他的知識論所謂單純觀念，單純情狀只是心理上的原子）不能袒護君權，乃成功澈底的個體主義。要抑壓君權而主張個人之自由平等。但是各個人（社會的原子）以各自的利益爲立場，作理智的打算，倘若利益不能協調，則必出於相爭。如何解決此鬥爭，實爲個體主義所不能解決的難題。洛克實亦無力解決，而不能不待諸盧騷（道德上康德之人格主義，邊沁之功利主義均爲洛克以後進一步的個體主義，謀解決其所遺留的問題者）。

二

盧騷也和洛克一樣，主張天賦人權，主張人生而自由，生而平等，猶是自然法學派之支流餘裔，其堅持個體主義，較之洛克未遑多讓。但其眼光有獨到之處，其貢獻於民族主義觀念之發展，直可謂前無古人。他雖然主張社會由契約成立，然如霍布斯所謂的社會只是聚集（Agregetion）不是結合（Association），既無公益，亦無政體，故他不肯追隨之。他以爲社會生活有其倫理的統合，並不能只以個人的利益爲解釋。如此的倫理的統合根據何在？要實現它，需要甚麼不可缺的條件？這便是「民約論」之中心問題。

盧騷以爲：個人結合上賦與倫理的意義者，乃是共同目的之追求，而國家便是此共同的，即是其成員之共通利益。在如此的社會中人與人間的聯繫非因威脅，乃因共通的忠誠，非爲私利，乃爲全體的利益。故各成員「在自己的行動上，將正義提高到本能，因此之故人們產生非常顯著的變化，從來所無的倫理性乃具有於其行動中」。故要爲倫理的生活者，在國家內的協力乃是絕對必要的。

要實現他所謂的社會必需以下兩個條件：

第一、此社會的成員，其相互間的共通利益必有充分的價值，即使犧牲了他們各自的利益，都還是值得助長促進的。「爲甚麼呢？倘若因爲各人利害衝突而有確立社會之必要（按指霍布斯說），則利害之一致更能使社會確立。這些相異的利害中之共通的要素才正是形成社會結合的要素。若利害上毫無一致點，則任何社會均不能成立。一切社會唯有共通的利害始能被統治」。

第二、統治如此社會的法規，必須出自人民（其能力足爲主權國家的成員的人民）自己的意志而後可。因爲眞社會的本質是精神上自由的，故必以服從自己爲條件；而强制他們遵守的法規必須是他們自己所立的，然後才可說是服從自己。倘若服從他人的意志，不論他人爲專制的君主或爲外國人，都是由於威迫，畢竟要成爲奴隸。

這自己決定和共通利害兩者便是個人與社會之精神的關係，盧騷不但在「民約論」中將此二點發揮盡致，即其他著作亦以此爲支配觀念。他叫做愛國主義（Patriotisme），這不是普通的鄉土愛。祖國是一個抽象的實體，愛國，一方訴之於人的利害，利己心，而同時又訴之於人的情緒及其倫理的感念（中庸所謂「行同倫」）。

可是盧騷對於世界社會(天下)，比祖國更大的社會，却無所愛，且以世界主義爲紛亂的妄想而非議之。他說：「他們以對人類的愛來辯護對祖國的愛，爲要享受對甚麼人都不愛的特權，而自誇爲愛世界的世界公民(Cosmopolitan)」。所謂社會之倫理的感念何能有之？這裏有兩個必要的條件，極關緊要。

第一、唯有共同利益始能使人與人互相結合，而且凌駕他們各自的直接利益。這共同利益不是金錢的，不是物質的，乃是超物質而上之的。如共有的遺產(按指精神財產即文化財而言)，共有的運命乃是民族之統一的要素，必有此而後有社會之倫理的感念。他說，「形成某一民族所有的天稟、性格、趣味、風俗者，乃是民族的制度(按即中國所謂禮)，此制度造成該民族而不造成其他民族。而對該人民鼓吹熱烈的愛國主義」。

第二、主權必存於公意(General will)中的理論，含有一種信念，盧騷稱此信念爲民主的人類平等論及自己決定主義，此實繼承洛克學派而來。唯有有公民的特權與義務而能自己支配自己運命的人們，乃能以愛國主義爲其道德的確信。他說：「我們希望一般人民爲有德者嗎？若然則自使他們愛他們的國家開始吧。然各國家對待他們完全和外國人一樣，抑或給與他們的只是對什麼人都不能不給的，果然則他們何能愛他們的國家呢？又若他們不能享受公民的保證，其財產，生命，自由均不能訴之於法律，甚至不許訴之於法律，而由權力者任意處置的話，則事情當然更壞了」。

又普通所謂理性和情緒的分別，盧騷也把它否認了。因爲理性似乎是智識分子所獨有，故政權也爲智識分子所獨占，盧騷否認了理性與情緒之別，乃使無教育的群衆爲獲得政治權力而奮起。故唯有盧騷才眞正築起條理一貫的，系統的民族主義之理論的基礎，而且民族主義與民主主義相提携，對十九世紀初期的民族主義運動附與非常强力的刺激者，也是盧騷所確立的。照我們的看法，民主主義尊重個人的自由，保障其生命財產，固然是個體主義；即民族主義也要維護各民族的個性而發揚之，依然在個體主義範疇之內。持民主主義者，一人要尊重他人，持民族主義者，一民族亦須尊重他民族。盧騷雖不以愛世界爲然，然亦主張各民族應和平相處，以各保其自由平等，則其不愛世界，也不過愛有差等之意而已。

(三)

英法二國因中央的君權强大，其民族的國家早已成立，故其思想家多力爭個人之自由，而對於政府則惟恐其作惡。自由主義本由反抗專制政府而起，所謂個人自由，其第一要義即是不受政府之干涉。政府這個機構固然是可以爲善，可以爲惡的，但思想家總以爲政府是壞的多而好的少，故其權力愈大，則其作惡亦愈兇，故政府對人民之干涉越少越好。洛克擁護議會政治，孟德斯鳩乃有三權分立的主張，其他英法的思想家亦多類此。他們以爲政府是不可避免的壞東西(Inevitable evil)故必多方設法使之不能作惡而後已。

德國的情形却與此大不相同，尤其是拿破侖擊敗普、奧而蹂躪全日耳曼以後，德國的思想家多傾向於全體主義者。日耳曼民族自神聖羅馬帝國崩潰以後，數百年間處於分崩離析的狀態，在哲學，文學及科學上儘有許多優異的成績，而在政治鬥爭上則荏弱而無力。溯其民族之成立，或許由於政治力量而成，然在十九世紀初年看來，則只有民族而無統一的國家，德國的思想家以爲日耳曼民族之災難正在於此。故他們對於政府則惟恐其無能，不能抵抗外族的侵略以保護其獨有的文化，而發揚光大之。故輕視個體而着重全體爲多數思想家共有的態度，因此而有全體主義之主張，其在政治上即爲極權主義(在西方文字上全體主義與極權主義同爲Totalism)亦在所不恤了。費希得本來是康德的崇拜者，其出發點是自由主義的個人主義，但是在經濟上則有國家社會主義之理論，最後且以國家爲理性的精神之最高顯現者，所以是究極的實在云云，這完全和黑格爾一樣了。

黑格爾的民族主義才是德國思想界之代表。其思想，在一種意思下，還可以說是自由主義，但個體主義的成分甚少，而全體主義的色彩特濃。有人說，黑格爾的思想與其說是民族主義，不如說是國家主義，我們無暇討論民族與國家之別，暫存而不論，總之是全體主義罷了。其思想影響之深刻，不論在政治理論上與實踐上，在近世都是首屈一指的。右傾的希特勒固然是其嫡系，左傾的馬克斯派亦不外是其旁支，英國的費邊主義已是明白的歸依，法國及美國亦有許多追隨者。說者謂百年來時代精神受黑格爾的指導實屬不幸，我們以爲不論其幸與不幸事實正是如此(羅素之反對列寧，在思想上仍然是個體主義與全體主義之對立)。

他的出發點便不是個人乃是精神或意識(Geist)他說：「當思索自由時，我們不應以個人或個人之意識爲出發點，必須由自意識之本質出發」。世界史便是精神之歷史，向着它(精神)自己之更完全的意識和更完全的自由而進化發展的。在此過程中，決定歷史的法則，必須是專爲形成歷史自體的法則。故精神不但顯現於個人中，而且顯現於習慣或制度(人們追求經濟的目的時所形成的習慣或制度)中，也顯現於國家之中。這制度和國家二者都是一方包含着先行階段之本質的要素，而同時又顯現更多的精神自體。由家族到國家，中間經過幾許階段，在此各階段上生成的法律或習慣，與精神之辯證的進化融爲一體，而完成其新的進步。國家是此過程之最後階段，乃是表示「在地上的精神之最高顯現」。康德欲由理性自身演繹出道德律來，黑格爾則以爲那只能到達沒有具體內容的形式的法，必不能到達道德，即是否定其演繹之可能性。道德之具體的內容只在國家的法之中才能求得。國家的法不但是道德律之最高表現，乃是其唯一表現。眞自由即是在率循合理法則中的道德的自由，人要發現眞自由，唯有服從國家的法才有可能。

「民約論」中的國家是理想的國家，而黑格爾所謂國家乃是實際存在着的歷史的諸國家，這些國家是在法與習俗中具體顯現出其人民所畜積的經驗及特異的天性的。事實上的國家是多數，黑格爾的系統上亦然。他說：「諸國家的，諸國家相互的連關中的，運命和行爲，便是該諸國家的精神之一定性格的顯然的辯證法。由此精神而產生普遍的精神，世界精神，無限界的精神。這是具有一切之最高權威，對於世界史上低位的諸精神而行使其權利。世界史乃是世界之審判官」。

這裏將黑格爾的國家理論和盧騷的比較一下，更能充分理解他倆對「個人與國家的關係」之見解。黑格爾對盧騷特別佩服的是：道德的自由之成立，實由於遵守爲全體意志所既定的法。盧騷將其全體意志（公意）高揚到離個人而獨存，且存於個人之上的道德的實體之狀態，因此使個人完全地，絕對地從屬於國家意志。黑格爾以此爲盧騷的主張。但是「社會契約」一名並不能容許如此的解釋。盧騷的全體意志依然是一種個人意志。蓋有能力以爲至上立法的個人，其所立的法便是全體意志，故全體意志即是個人意志，自己誠意以爲公善的個人之意志。盧騷的理論本質元來如此。他和康德一樣，相信自由是遵守自己所立的法，公民能說「只服從我」者，唯因他自己直接參與立法的過程之故。故盧騷關於全體意志的理論，實奠立於民主的個人主義之堅固的基礎上。

這麼說來，黑格爾之闡釋個人對國家的關係，與盧騷似同而實異。國家的法是全體意志產生的，自由是服從國家的法，這是他倆所同的，但是全體意志一名，則他倆意之所指大不相同。盧騷以爲全體意志是在立法會議上所表現的人民的至上意志；而黑格爾的全體意志卻是由傳統、習俗、彝倫（Sittlichkeit）等等所蓄積的該民族之全歷史的產品。這是既存的，故無需會議以立之，黑氏是不要立法會議的。在他的系統中所要求者是：國家的至上權之個人的體現者，即立憲的君主；因爲對於法的性質有特別識見，故有充分的資格以盡其職的行政官（柏拉圖的管理者，中國的士），一種普遍的階級；其職分不出顧問以上，其主要目的是教育的，一種團體會議（Stände）。故個人所必須遵守的法，並非該個人獨立的（不論直接間接），乃是過去世代傳下來的，現在的當局者認清其民族歷史，斟酌損益以合時宜，而訂定的。此法與守法的個人毫無關係，但較之個人更爲實際的存在云。他說：「團體是漸次發生的，但不應以之爲被造成的，毋寧是超越於被造成的之上的存在，或自己發生，將自己結集於中心的，神聖而無窮者」。由此可知，黑格爾所謂國家乃是究竟的最高實體，爲個人之所依歸者。

近代民族主義的標語，個人從屬於國家，只有團體的自由，沒有個人的自由，我們於此可見其理論的基礎（馬克斯所謂人的社會的存在決定人的意識，也不過稍微改頭換面而已，併請參看下面）。但即以輓近誇張的理論爲與黑格爾完全相同，卻是錯誤的。黑格爾畢竟是自由主義之信奉者。他以爲個人要眞正自由，不獨要服從法，而且必須領會法，即以法爲自己性格之一部分，在此意義下，服從法便是服從自己的意志之命令（孟子義內說）。照黑格爾的辯證法講，個人以他自己主觀的意志去接受法，乃是法之客觀的合理性之不可分離的一面，無此則個人不能眞正自由。他說：「普遍性必須活潑地被促進，但同時也必須使主觀性有全體上本質的發展。唯有此二要素有効果地出現時，當該國家才可看做明確地眞眞有組織的」。這裏，普遍性和主觀性兩要素同時並重，未分軒輕，重視具體如黑格爾者，自不以僅僅促進普遍性而滿足，故他雖有時把倫理上的國家要素過於強調，然並非抹殺個人。

然而他的全體主義確有其特色。康德（和自然法學派一樣）相信有一種普遍地正當的（遍宜的）道德律，對各時代各地方無所不宜者。一個人只要認取此道德律，則個人的行爲也罷，民族國家的行爲也罷，均可據此以判定其是非善惡。若自己服從此道德律便是自由。黑格爾繼承康德，以自由爲服從道德律，而對遍宜的倫理系統則謂爲僅僅抽象的而加以非議。他卻和馬其亞維里一樣，相信國家是最高而唯一的事實上的道德之源泉，某一個人所居的國家之法及習俗，共給最有意義的唯一的倫理系統，唯有遵守它，那一個人才能發現自由。由此推出兩種重大的結論來。

第一、個人不能有獨自的標準來批判國家之法。此理論與西歐民主制度的本質能否兩立，乃成問題。民主制度以輿論爲依歸，而所謂輿論乃是自由而獨立的多數個人的信念。此信念或根據基督教，或合理主義，或其他，我們不問其根據何在，唯有如此的信念才有遍宜的標準，個人執此標準，乃能批判國法而改變之。由黑格爾言之，道德性和國家的彝倫乃合而爲一，其必然的結果是：一切行動及一切制度之價值，均依照對該國家有用與否來評衡，於是其理論乃爲全體主義之本質（共黨所謂理論任務當然應該服從政治任務，即本此）。倘若容認此哲學，則超越了，或切斷了，國家之自然的，精神的境界，則任何價值均不存在。即是唯有國家才是意識之不可缺的條件，故爲決定意識的要因（馬克斯則將國家改爲社會存在）。因爲在黑氏哲學中，康德之「意識自體」已不復存在，只有「國家意識」才是存在的了。

第二、此對某一國家的見解，便是決定國際關係的理論之要因。獨立國家之概念一經形成，則國際關係的問題馬上便逼人答覆。民族主義之生長，越發强調民族的共同社會之固有性，這問題便越發尖銳化。黑氏以爲遍宜的道德律不存，只有對國家爲正當的彝倫才是存在的。一個國家有其獨自的倫理系統，多數國家便有多數的倫理系統，其間共有的性質亦無復存在之餘地。那麼國際間的關係再沒有道理可講，沒有正義可求，只有立足於力之上了（可見希特勒和史大林都是黑格爾的信徒）。盧騷與馬志 則立足於不一致的統一，欲使不同的民族性適合於單一而調和的組織（國際聯盟，聯合國都是由此思想而成立的組織。巴枯寧與馬克思之爭，亦因巴氏要由各民族聯合而成國際，馬氏則主張獨一的中央集權）。黑格爾則否認各民族聯合之可能性，且格勞修斯，自然法學派及其他人士所主張的國際法，黑氏亦斥之爲空論。他以爲普遍精神要實現自己，有時則選取某一國，有時則選取別國，無非完成其自己的運命而已。故其前提雖是合理主義，而在國際關係上則採用實證主義之最極端的形式。他相信要解決國際糾紛則戰爭是必要手段，而在戰爭中並無是非邪正的問題，因爲交戰國都是爲本國的利益而戰，故都是對的。唯有歷史始能判定其是非，因爲世界精神只以勝利給與完全遂行其目的的國家，故世界史是世界的審判官」。他以爲戰爭是好的，說道：「成功的戰爭可防止內亂，而强化國家的潛在力」。又說：「人民可因戰爭而逃出連續的永遠和平所引起的頹廢」。

（四）

照我們上面的分析，民族主義有兩個類型，盧騷的是個體主義的，黑格爾的則是全體主義的。盧騷依據自然法，以爲個人的自由是與生俱來的，是先天的，而社會的結合乃是後來的，因爲社會之共同利益値得維護，故各人情願犧牲一部分的自由，與他人成立契約而成社會。黑格爾的國家却是能造者，而個人乃其所造。民族有其悠久的歷史，是實際的存在，而個人則正如巴克（Burke）所謂如影之過去，離開他所住的環境是毫無意義的。一方依據自然，一方強調歷史，對「個人與社會的關係」，抑揚軒輊乃成對照。由自然言之，看得見，摸得着的存在只有個人，並無社會；由歷史言之，則民族之存在悠久無疆，而個人之存在爲時甚暫。其實兩方却是相反而相成，負歷史的重任者，還不是個人麼？

全體主義至黑格爾而有穩固的理論基礎，他受了德國歷史學派的影響，標出文化史以對抗自然法，撇開普遍的道德性而依據具體的彝倫，較之盧騷所謂社會之倫理的感念實遠爲精到。個人的性格實由其民族社會陶鑄而成，而民族各有其歷史。「作新民」的工夫是依照一個模型而鑄造（比方說），而此一模型非從天而降，乃由民族的歷史孕育而成（中共之錯誤即在欲由外國拿一個模型來鑄造新民，而與中國歷史絕緣）。評判行爲的道德標準即是此一模型，故因民族而不同，並沒有放之四海而皆準的。就實際存在的標準而論，黑氏之說實爲顚撲不破的眞理。十八世紀的世界主義忽視各民族的相異性，特殊性，黑氏則强調之，以鼓吹日耳曼民族之統一，而收其實效。但因此之故，歐洲各民族間的相似性他都否認了，一切的人性，即全世界各民族所共有的人性，他更是否認了，則黑氏實不能自圓其說。個人性格之成立確與民族有深厚的關係，而與世界全體之緣分爲淺薄，但亦止有深淺之別而已。個人可以互相影響，民族文化何嘗不可交流？日耳曼民族的文化不但受了希臘、羅馬的影響，而且深受着亞洲的基督教之感化，豈不是歷史的事實嗎？今日交通發達，縮地有方，各民族的關係已日趨緊密，道德標準亦復「相觀而善」，而有以改變其各自的彝倫。今後陶鑄個人的模型，各民族勢難故步自封，而必互相影響，則個人性格也可漸趨於一致了（共黨用人爲的隔絕方法以孤行其是，反面可證明此影響之實存）。故不但歐洲各民族有其相似性，即全人類亦有共同的人性，將各民族的文化交滙而溝通之，以成就世界新文明的異彩，正今日應有之事耳。

因此人性之否認而有謳歌戰爭之主張，則其說之錯誤尤爲易見。兩國之間並無共同的人性，當然沒有相同的道德標準，則利害一經衝突，舍戰爭外還有甚麼方法去決定呢？說者謂黑格爾哲學的「絕對者」是一遠征的大將，一路斬關拔寨，摧破強敵（照他自己的術語說，是克服矛盾），最後雖然是遍體鱗傷，却是全勝而還鄉（照其術語說是復歸自己）。其鬪爭哲學雖不如尼采之露骨，然來源同出於黑拉克利圖（Heraclitus），特尼采則指個人，黑氏則指國家耳。馬克斯派否認抽象的人性而强調階級，其對象雖有轉變，而思想之骨架猶是承襲黑格爾，至其露骨地主張鬥爭幾同尼采，列寧以兩種制度的國家之並存爲不可能，則更加接近黑格爾了。其實人性何以無共同點呢？如合群而居，以分工的方式爲合作互助，豈不是各時代各地方的人類所共同嗎？其他共同性實不勝枚擧。如果根本沒有普遍的人性，則民族本身亦恐不能成立，各民族的無產階級更絕不能聯合起來了。人性已有共同，則必有普遍的道德標準，國家的行爲亦可據此以判定其是非，而不因戰爭之勝敗來判定了。

且黑格爾的國家至上論亦與其世界精神發展說有衝突。他以爲世界精神要向着它自己的目的而發展，有時選取某一國，有時選取另一國，而其選取與否却與是非邪正無關。我們知道一國雖戰敗却未必至於滅亡，仍有捲土重來之機會，今次戰敗者下次可以獲勝，自不能據一時的勝敗以斷定其倫理系統之優劣。但世界精神已有目的，則最後必將諸國家合併而爲一，然後其目的可以實現，那麼現存的多數國家何能謂爲至上呢？此最後合一的世界社會亦必有其倫理系統，較之現存諸國家的倫理系統豈不更優良嗎？抑或今日的多數國家紛擾相爭，終古不會合一，便可以實現世界精神的目的嗎？盧騷以個體爲主，故個人依契約而成立國家，國家也是一種個體，亦可依契約而成立世界社會。僅就此一點而言，他自己的理論固屬條理一貫。黑格爾以全體爲主，而以國家爲至上，只是半途而廢，何能自圓其說？竊以爲民族主義既已强調其特殊性，則畢竟是一種個體主義，自不能與全體主義融合而爲一，黑氏理論之根本弱點即在乎此。

『自由中國』的宗旨

第一、我們要向全國國民宣傳自由與民主的真實價值，並且要督促政府（各級的政府），切實改革政治經濟，努力建立自由民主的社會。

第二、我們要支持並督促政府用種種力量抵抗共產黨鐵幕之下剝奪一切自由的極權政治，不讓他擴張他的勢力範圍。

第三、我們要盡我們的努力，援助淪陷區域的同胞，幫助他們早日恢復自由。

第四、我們的最後目標是要使整個中華民國成為自由的中國。

中國的革命與美國的革命（上）

陳威伯

「革命」這一個聽慣了的名詞，外表上多麼莊嚴燦爛，實質上原極聖潔美麗。古今中外很多人爲着倡導它，擁護它，實踐它，而擲頭顱，洒熱血，造出驚天地，泣鬼神，照耀世界的史迹。

然而不幸的是：革命也許會常常變質！多少殘餘軍閥，腐化官僚，和財閥買辦，以至惡化的土豪劣紳，地痞流氓，分別冒用「革命」的美名，在革命旗幟掩護下，大幹其「反革命」，破壞革命的工作！

這時候，把中國近六十年間的革命過程，與美國一百八十年來革命的演進，作一個扼要的考驗比較，對于中國國民黨的前途也許有些裨益，對於中國革命的前途自屬是更有必要。

一　中國現代革命之本質

（甲）成功或失敗之關鍵

「革命」的意義，粗淺說來是「革故鼎新」。中國古代成湯伐夏，周武伐商，都說是「應天順人」的革命。所謂「應天」，舊說異常玄妙，而今簡單解釋是：「主張公理」或「擁護正義」；所謂「順人」，明白的講是「順應輿情」或「適符民意」。

國父孫中山先生在民族主義第四講裡，曾有過闡述革命之本質的一段話。他說到我國現代革命在初期很順利推動的原因，但同時也就指出了在本質上很容易挫折的理由。可惜將近六十年來，特別是從辛亥到今的四十年中，多數的革命黨人似乎還沒有澈底認識革命容易挫敗的理由，而不斷的在它本質上賦有的弱點沉迷下去！

孫先生的原文是這樣：「諸君知道革命本是流血的事，像湯武革命，人人都說他們是順乎天應乎人，但是講到當時用兵情況，還有人說他們會經過了血流漂杵。我們辛亥革命推翻滿淸，流過了多少血呢？所以流血不多的原因，就是因爲中國人愛和平。愛和平就是中國人的一個大道德。……」

「順乎天，應乎人」是一切革命必需具備的本質，是革命所以成功的主要理由。然而我們必須同時認淸：愛和平雖也是中國人的一個大道德，爲革命而流血不多的原因，若使不幸而出以「溺愛」，「濫愛」，或其他不符合公理正義與輿情民意的姑息之愛，這種「愛和平」在本質上同時隱伏着禍根，它就註定了革命必然失敗的命運！

自從外表初步成功的辛亥革命以來，中國爲什麼還要經過幾次，如民二，民五，民十三等，不斷的革命呢？

照政治學理來解說，重大的革命，不管是政治的，經濟的，或社會的，都不是短時期的成就可以加上「成功」的名詞。革命如果可以說是成功，那就必須是長時間的向前進步——也許是如歷史發展的規律，並不是直線的，而是螺旋形的向前演進；但主要的一點是不應有嚴重的倒退，或循環式的挫折。

中國現代革命之可悲，是患着循環式的挫折，因爲在它的本質上賦有這足以招致挫折的根苗，而革命當局在過去四十年間沒有注意加以鏟除。

照政治學理來解說，辛亥革命在本質上並未成功；一直經由北伐，抗日戰爭，以至現在，中國國民黨領導的革命還在「成功或失敗」的邊緣上掙扎。這革命不易成功的最主要的病源就是溺愛，濫愛和平，而離開了「應天順人」的指導原則，因此革命的本質龐雜，失去了它應有的活力，當然無從達到它理想的目標。

爲着順應國民革命的基本要求，領導革命的中國國民黨也曾于民三、民八與民十三，舉行過重大的改組。但在稍有進步之際，改組並未澈底，革新或就停滯。在過去四十年中，至少是在退出大陸之前，一部份革命的領袖們，雖嚴守着三民主義爲國民革命「永遠不變的最高原則」，但在其實施上還似沒有完全遵循客觀的「應天順人」之眞諦，還似一貫的溺愛和平，而對于那些反革命，破壞革命的，一向是腐化的殘餘軍閥，官僚，與買辦階級之流，兼收並蓄，却又沒有完全實踐　國父的遺教，以堅强的組織，嚴明的紀律，來加以組訓約束。這就是大多數革命志士與大多數民衆所同寒心喪氣，所同撫膺痛歎的事象。這也就是中國的革命最近四十年來所以疊疊挫折的根由。

革命的本質是否純正，雖不完全以參加革命陣營的分子是否純正做判斷的標準，可是後者却常能嚴重的影響前者，而爲決定其健全或退化，成功或失敗的一個主因。中國國民黨在吸收其組成分子的一方面，由「摯愛和平」的心理出發，常患過于寬大。或者更由「天下爲公」的崇高理想出發，「凡是向來政見不同的人士，卽令其會爲政敵，只要他一旦信奉三民主義，加入中國國民黨，乃卽毫無芥蒂，亦不問其既往如何（見「中國之命運」第六五頁）。這在主觀的革命理論上自有其優點，但在客觀上實施上却有很大的困難，也是政治上一種很大的冒險。所謂以「誠」化人的理論，實施上也不易盡收功效，而力行「法治」的主張，實際上也還太過鬆懈。因此，「詐欺虛僞，毀法亂行」，在對日戰爭勝利後四年之中，還是很普遍的現象。

綜觀過去，如果「應天順人」這四個字的革命要義確實還是顛撲不破的，革命領袖們就該至少大大的節約他們自己主觀的革命理論，而悉心盡力于革命本質之革新。換句話說，他們必須客觀的注意那代表「天」的公理正義，代表「人」的與情民意，而作不斷的革故鼎新之措施。

在各種用人，立法，行政的設施上，革命領袖們是否本着「天下爲公」的原則，做到了符合公理正義之能事呢？如果公理正義的客觀標準不易把握，是否做到了順應與情民意之能事呢？一向居于「領導民衆」地位的政黨，誠恐未免忽略眞正多數的與情民意。對于國人皆曰「可殺」的腐化的殘餘軍閥，貪污無能的官僚政客，以至誤國殃民的財閥買辦之類，當局是否由「摯愛和平」的心理作祟，而加以姑息庇護呢？

上述幾個問題，解答起來異常簡單；而當局檢討過去，注視現在，策望將來，能不能提供合乎「應天順人」的解答，却正是中國國民革命成功或失敗的主要關鍵。

（乙）兩種客觀的批評

中國國民黨的革命大業，自從大陸退到臺灣等海島之後，過去一切的弱點應該已明白發現，而毫不姑息的揚棄在太平洋的長風巨浪中。革命志士們應該積極的探求「應天順人」的眞理，在各種措施上來一套切切實實的革故鼎新，與民更始。

事實上，世人已可以從軍政與經濟等方面的革新（如「行新政，用新人」的逐步開展，陸海空軍的嚴格訓練，對于匪諜之認眞偵察與肅清，和財政金融措施之改善，實行「三七五」減租，與勞工保險等等），證明國民政府確已在「固守臺灣，反攻大陸」的種種設施上，有着彰明較著的進步。可是照一般文人學者，憑着比較冷靜的頭腦看來；照一般外國記者，憑着「隔岸觀火」的態度看來，在這裏至少可以提出兩種客觀或近乎客觀的批評。

這類批評，或許有不正確的地方；但在實際上它們既已存在，我們不能一概抹殺它們的意義，或完全漠視它們的價值。

第一種批評針對着國民革命的本質，第二種針對着它所表現的行爲。

關于中國現代革命的本質，我們首先要辨認：它是否祇是比較廣泛的「全民革命」，或比較嚴正的屬于某一個職業部門領導的「全國民衆」的革命；再嚴格查詢，是否屬于某一個「階級」主持的革命？

也許我們過去太籠統了，從來很少人注意辨認上述的問題，而一向情願的祇說是中國國民黨領導的「全民革命」。這種說法，在政治理論上誠然表現其博大崇高，但却缺乏應有的精密嚴正。中山先生在三民主義等遺著中，着重點是由先知先覺的智識分子領導，包含全國民衆參加的，爲實行三民主義而奮鬥的革命。這種說法有好處，但亦具有很大的弱點。好處在兼由後知後覺的智識分子號召全國同胞，不分性別，職業，地位，或宗教，一致起來參加革命。弱點就在：照中國這樣龐大的國家，各地區因文化，教育，經濟生活等種種差別，與交通上的隔閡，加上帝國主義的外力引誘或壓迫，四萬萬多的同胞究竟在事實上還不易在三民主義的號召之下一致團結，以從事于革命的堅苦奮鬪。同時，以「先知先覺，後知後覺，不知不覺」，這樣廣泛的標準做甄別人物的衡量，一般歸附在革命旗幟下的人們，却不免份子龐雜，而利害的觀念不同，在三民主義未及全部實施之前，自難消滅矛盾，化除成見，以獲致社會的平衡，政治的安定與其發展。這就可能使革命的本質受到內外種種不良的影響，經常的發生激盪的演變。更由于上述所謂「愛和平的美德」，當局不免處處寬大爲懷，以折衷妥協來求「相安一時」，這就可能使革命的分子日趨揉雜，使革命的本質經常不斷的發生變化。

因此，有些文人學者，用現代政黨政治的眼光來看中國的革命，不免要發生國民革命的本體究竟是否屬于「全國民衆」的疑問。換句話說，國民革命的本質是否變了，值得一問。

爲着解答上項疑問，有一個客觀的標準值得重視。這就是說，眞正的全民革命，在獲得政權之後實行民主憲政，更具體說實行三民主義，向博愛，平等，自由等崇高的目標以前進，那就在政府權力所及之處，應該不許特權階級的存在；應該沒有公僕高于民衆，而殘餘軍閥，腐化官僚，與財閥買辦之流，弄權毀法，不受法律嚴格制裁的醜惡現象。

國民黨的革命理論誠然是崇高偉大的，但在實施上多年來距離它的主義還相當遠，這就難免使大陸的民衆在抗日戰後多數感到失望。失望的主因，由于生活艱苦而滋長者，或許尚少于爲着「革命變質」而發生的悲憤情緒。

革命爲什麼可以說是「變質」呢？三民主義，五權憲法，與建國方略，以至國民黨屢次大會的議決案等等，都還是很嚴正的爲着中華民族的獨立，自由，平等，與一切幸福樂利，規定很優良的政綱政策，而領導的人們也不斷的宣誓効忠黨國，在理論上中國國黨領導的革命決不能說是變質。然而不幸的却在實際上，在退出大陸之前，它既已不斷的變了質。

從什麼地方可以更明顯的看出革命的變質呢？

很簡單的，國民黨領導的「全民革命」，雖然不分別職業或地位，我們至少應該認淸楚革命的陣營應該是眞正從事革命工作者的陣營。這是說，應該是不容許殘餘軍閥，腐化官僚，財閥買辦等反革命人物混迹横行的陣營。

因爲這類反革命人物的混入黨，政，軍，與經濟，文教等部門，憑着他們朋比爲奸的腐化本領，雄厚的財力，包圍與把持權勢的能耐，至少是在抗戰勝利之後，直到大陸淪陷之前，他們確已形成了特權階級——離開一般民衆很遠的特權階級。

其次，由于上述特權分子的存在，有一部份原本是忠實的革命志士或許也會「見獵心喜」，而神移志奪，慢慢的也變了質。國民黨得了政權之後，一部份幹部抱着「吃果」的錯誤心理，不祇忘記了種樹的辛勞，甚或忽略了灌水、施肥、除蟲、的保育防護工作。爲要「吃果」，漸進而不免「搶果」，于是樹立派系，從事內爭，便什麼黨綱黨紀，政策人格，都要打一個很大的折扣，贏得了魏德邁所給的公開批評「貪污無能」，而恬不覺悟。

我們現在可以引爲自慰的是：由于那些反革命的腐化分子，憑着他們的本質是腐惡混淆的集團，一大部份經不起時代烈火的磨煉，一直搶到了他們素所忽略的荆棘滋生的惡果，是趨附到惡化的中共集團去了。他們認到過去四十年間既可以憑着他們的本領混入國民黨領導的革命陣營，也就可以憑着同樣的本領混入中共的集團。

然而不幸的還有這一點。我們不能否認，上述那一類反革命人物至少有一小部份，還因爲沒有混入中共集團，却又因爲佔有經濟力量與交通工具等種種便利，所以混到外國去，照舊享受他們的特種生活，或混到中國國民革命的最後根據地台灣等海島上來，企圖繼續享受他們廻光返照的特權生活。

因此，國民黨面臨着一個最嚴重的階段。爲着它本身的生死榮辱，爲着革命大業的存亡絕續，革命同志們必須絕對嚴正的以身作則，注意黨的本質與其行爲的革新。因爲在一大部份腐化分子既已明顯的叛黨，而且淘汰出去之後，現在革新正是一個有利的時機；事實上亦唯有趁此切實革新，始能救亡圖存，雪恥復興。

在上述一項革新工作尚未完成之前，國民黨領導的革命因此不免引起學者們的猜疑。這是說，因爲革命陣營經久的容許腐化或惡化分子的混入，在本質上這革命是不是眞正的三民主義的革命？抑或是資產階級，「小資產階級」，或「中產階級」的革命？

不論文人學者的猜疑對不對，事實上這類批評已存在，國民黨人士便不能不認眞反省與檢討。

就革命的本質而言，「全民革命」在理論上雖不必有所更張，但在黨綱黨紀的實施上却不能不更加嚴正的加以釐定。我們雖不能，也不應標榜任何「階級」的革命，但對于過去一切特權人物與其貪污、無能、浪費、等等禍國殃民的行爲，却不能不加以嚴厲的肅清，而使革命的本質復歸于純正。

二　關于革命行爲的批評

第二種批評是針對着國民革命的行爲。這雖未必是隨着第一種批評而來，有時或竟是異常膚淺，甚或由于客觀上的錯誤無聊，或由于主觀上的惡意誹謗，可是，這種批評目前仍然存在，我們不能不加以檢討和辯正。

旁的不講，試舉一個最現實的事例。五月初旬，美國廿三個新聞記者應邀來遊臺灣。一般人預料他們一來之後，可能認識反共抗俄的眞相，囘去可能爲着自由中國作有力的宣傳。然而在事實上，照美國人的宣傳觀念或報導技術來說，上述的期望就難免要打一個頗大的折扣。臺北市有幾家中文報紙，近來曾介紹過幾篇他們所作的報導；當然還有其他未合介紹的，比方基督教科學箴言報（The Christian Science Monitor）的記者艾理斯（Herry B. Ellis）在五月十五日與十六日發表的遊臺觀感，十五日的標題是「台灣，沒有退路的孤島」，十六日仍然是「沒有後退的餘地」。不祇在標題上他强調着失敗主義，在內文裏他更狡猾的假借被訪問的「官員們」之口吻，來支持他的主觀的誣衊與客觀的失敗主義。

艾理斯的含意顯然是：在軍事上，臺灣既已沒有退路了，過去在大陸上「以空間換取時間」的戰略顯然是不行了。他不說到軍事上的進退攻守是要全盤計劃的，是有機動性的。他反而藉此攻擊臺灣軍政當局對于他的訪問（關于舟山是否堅守的問題）之解答，認爲是前後不符，言行矛盾。他因此暗示着：「舟山既已不戰而退，那末臺灣又將如何？」

對于政治經濟，艾理斯却故意强調「無能、貪污、與浪費，——這類過去的黑影，在這裏應該是廓清了」。然而他絕不訪問事實，而加以肯定的說明。反之，他懷疑政治經濟的革新，而建議或示意要認眞查察「是否祇是外表的粉飾，企圖吸引美國的援助。」之後，他就毫不客氣的指東劃西，而諉託中國官員說的：「由來既久的政治習慣是不容易改變的。」似乎祇要用這一個毒謗，反覆的說着，加上毫不相關的，他所謂親眼看到的四個胡扯的「圖像」，他就企圖把自由中國的一切政治、經濟、與軍事的革新，輕輕的套上「無能，貪污，與浪費」的所謂過去的黑影。這種侮辱毀謗的手法，是共產匪徒們有最擅長的，但却出於美國基督教的言論機構的記者，這該值得我們的注意。

在檢討國民黨領導的革命行爲上，我們必須研究的是：

（1）過去行爲上的污點，不是短時期內可以完全滌除，所以國民黨爲着貫澈它的革命事業，絕對不能放任它的幹部的行爲；對於任何「貪污，無能，或浪費」的事象，必須嚴格的加以整肅。

（2）艾理斯是不是共產黨徒或其同路人，我們現在無從查究；可是美國共產黨多年利用它的黨徒，如沙勃盧則克（Ann Sabljak）之流滲入教會機構，以實行操縱、分化，並利用教會以宣傳共產義主，推行赤化毒策，這是既成的事實。

（3）艾理斯上述那類的報導如果是荒謬的惡毒的宣傳，爲什麼自由中國的宣傳家們一直的沒有反駁他，糾正他？

（4）如果那類報導是有些事實根據的，縱使並不完全正確，自由中國的宣傳家們應該如何應付？

（5）不論上述那類報導是否荒謬，它的主旨是抨擊或侮衊自由中國的政府（亦卽中國國民黨領導的政府），國民黨當局如能「反求諸已」，應該有何感想，有何表示？

三　歸納六點

對於本題的討論，可以歸納爲六個要點：

（1）中國六十多年來的革命，在國民黨領導下，在本質上可說是：理論相當正確，實際却努力不够；而可悲的是有些人且誤以爲「如此旣足」，不免在承平時期故步自封，厝火積薪，而臥其上，一旦禍生肘腋，又過份的忽視客觀環境的演變，而仍固執主觀的，甚至情感的是非好惡，遂至過去在大陸上那一階段，有意無意的縱容殘餘軍閥，腐化官僚，和奸商買辦等反革命分子混入陣營，與惡化的共黨匪徒或土豪劣紳公開的或祕密的滲透，而革命陣營的本質因此陷入淆雜不清的困境。

（下轉第21頁）

民主國家應該怎樣面對現局？

雷　震

一

北韓這次的突擊南韓，固然，這僅是世界第三次大戰的試探戰，但事前是有充分的準備，和週密的部署，則是毋庸置疑的。聯合國雖一再下令北韓撤兵，退回至三十八度以北，北韓不惟相應不理，反而大舉增援，兼程併進，飛機坦克，出其全力，企圖一舉而殲滅南韓，驅逐美國撤離韓境。蘇俄不但拒絕接受聯合國令共協助的決議，反而反唇相譏，斥責美國爲侵略者；而蘇俄的附庸國家，如捷克，如中共，更是無條件的隨聲附和，跟着一同叫囂。

就這一事件的發動和發展的情形來看，蘇俄要統治世界，奴役人類的猙獰面目，就是她所稱的「世界革命」一套把戲，總算赤裸裸的呈現在大家面前，給人們以充分的認識了。北韓這次攻擊南韓的行動，和過去中共攻擊國民政府的行動，完全如出一轍。中共的目的，是要消滅國民政府和驅逐美國離華，兩者必須完全達成而後已。故當國民政府在大陸上完全失敗，美國正在發表白皮書宣佈袖手旁觀的時候，中共仍不肯放鬆美國一步，如瀋陽之華德事件，如禁止美記者發稿，如侮辱美使領人員，如接收美國北平營房等等，一波未平，一波又起，接二連三，層出不窮，都是要達到驅逐的目的，就是要驅逐美國勢力於大陸之外，連一點也不許保留。而這一套辦法，事前由蘇俄詳細計劃，事後受着蘇俄操縱指使，時至今日，用不着我們費辭解釋，大家應該十分明瞭了。僅舉一二例言之：當毛澤東攻下京滬剛要得勢之時，而美國朝野正在希望他做狄托或「土地改革者」的時候，他趕緊宣布「一面倒」，定要倒在蘇俄的懷抱，由於這個舉動的單純，就可以了解一切眞相了。毛澤東如果眞有獨立自主的意志，想要改革土地，建設新中國，他不是傻子，他應該曉得建國於太平洋岸上，美國的友誼是必要的。無奈命運已預爲排定，傀儡戲離不開牽線者，他本身無能爲力，不過是按着順序一步一步的扮演耳。又黃炎培前年（三七年）年底北上之夕，告訴送行友人，說到北平主要的目的，是去勸毛澤東，「革命不必反美，建國要她幫忙」，但到平後不久，七個團體聯合反美宣言，他竟代表民主建國會簽字，這該是多麼諷刺，可見其不能自主了。

蘇俄征服世界的辦法，當然和過去帝國主義者，或法西斯夥幫做法不同，另有一套高明巧妙的辦法。第一、利用共產黨這個世界組織，向各地發展，而夥造第三國際（今稱情報局）爲其中心，以爲侵略之工具。第二、通過共黨組織，利用豢養的傀儡或第五縱隊作其爪牙。第三、先用滲透戰術，來挑撥、分化、破壞或離間對方，使其自趨崩潰。第四、第三項辦法如不生效，或導演已至成熟，再繼之以公開的叛變或宣戰，一舉而毀滅對方，使征服的目的完全達到。這一套行動的後面，雖由蘇俄計劃與導演，但蘇俄絕不露面，好像此事與她無關，她還提出不干涉他國內政等等口號，以打擊其他第三者，如中韓兩國事件中之於美國。猶憶李副總統請她出來調停時，她還說不干涉內政，當南京撤退時，羅中首先與國民政府一致，同到廣東。

二

蘇俄侵略的最後目標，當然是整個世界，包括所有民主國家在內，遭殃或有先後，誰也無法倖免，這是盡人皆知的事情。那麼，民主國家應該怎樣來對付這個兇暴的侵略者？不消說得，大家應該聯合一致，患難與共，守望相助，扶危持顚，步調一致，共同應付這個唯一的敵人。惟反觀過去及現在各方所表現的情形如何，實不能不令人感覺寒心，因而對於反共前途，更不能不感到十分憂慮，這也可以說是民主國家中間一大悲哀。有許多國家的作風，尤其英國這一年多的行動，正如第二次大戰的前夕，不僅是各自爲政，缺乏合作，簡直是助桀爲虐，自亂步驟。民主國家已屆大禍臨頭的今日，仍不能痛切反省，深加警惕，猶一味唯利是圖，視本國利益高於一切，儘管美國願來幫忙，共同反共，恐怕也是吃力不討好，到頭來全會落空的。而民主陣營這樣到處漏洞，敵人是會伺隙而入，各個擊破的。中國在兩次大暴風面前——昔日之對法西斯和今日之對共產黨，都是首當其衝而受害最烈，故對此事之感覺自較深切，而所見尤爲透澈。

今天自亂民主陣營最厲害者，厥爲英國。我不想多溯過去，只擬略舉數例，以證實予言之非誣，而希望聰明的英國朋友有以反省之：

一、當國民政府在大陸上將要失敗的時候，英國趕快的站在領導地位，承認中共政權，而不惜與多年併肩作戰之老友斷絕關係。她之想與中共交歡，無非爲着保持過去投資，更可多做一點生意。

二、當中共在大陸上趕走美國人的時候，英國人卻暗中竊喜，希望趁此時機，撈回這幾年遭受美貨排擠的虧蝕，今後更可獨霸中國市場。此非我有意誹謗，而是怡和洋行大班克斯偉克（Keswick）去年毫不隱諱的對我朋友講的，英國之承認中共，克氏主張最力。

三、當美國正在南韓艱苦奮鬥之際，英國爲着自己商業利益，竟公然拒絕美國關於石油產品禁運中共區域之請求，其理由是說：英國各公司運往中共區的汽油，僅足供民間所需，無多餘以作他用（本稿付印時，聞英國已允禁運，至爲欣慰）。

四、英國儘管支援南韓，派遣軍艦參加作戰，同時卻又不贊成美國以第七艦隊協助防守臺灣，以美國此舉更刺激了中共和蘇俄，仍想拉攏中共羼入聯合國，以滿足蘇俄之願望。有人說英國援韓的動機，是爲着香港的前途，並非衷心支持聯合國的決議，亦非出之於正義感。

英國這一連串的作爲，不僅是對中美兩國不友好，簡直是自私自利，對民主陣營不忠實，請英國紳士們注意，儘管你千方百計委屈求全，仍是得不到中共的青睞，獨霸市場更是一相情願。如果中共要想攻佔香港，決不會因英國有過這些友誼而有自願放棄，猶之如日本人決不會因英國有過封鎖滇緬路的交情，而不攻擊新加坡或炸沉威爾斯號親王的。

春秋責備賢者，今日在民主陣營國家中，英國應與美國一樣，站在領導者的地位，領導各國一致反共抗俄。因爲英國之一舉一動，都會影響其他國家，如英國不決定與中共打交道，則其他國家也不會承認中共的。我今天特別責備英國，是冀其翻然改悔而有裨益於反共前途，爲着整個民主陣營着想，決非因其過去的不友誼而特來抱怨的。

三

民主陣營應該怎樣聯合？應該怎樣運用？我想略抒管見，以供美英及其他民主國家朝野人士之參考。這種聯合組織，應具多少機動性，才能運用自如，在組織本身，可依地理環境，或其他因素，由個別組織而行聯合運用。個別組織之間，經常設法連繫，如一旦時機成熟，可組織一個整體民主陣營。「民主陣營」一詞，我想下個簡單定義：是一切反共國家的個別聯合或全體聯合。

第一、改組聯合國。組成聯合陣營的上策，是改組現在聯合國，在同聲相應與同氣相求之原則下，分現在世界爲二大陣營：一爲民主國家，一爲極權國家。如有自命爲國際第三勢力，而自願保持中立者，悉聽其便，不加勉强。惟聯合國之門始終敞開，願意加入者，隨時均可進來，如願中途退出者亦聽，絕不留難或勉强。她如果退出之後，我們仍然與之保持友誼關係，絕不像斯大林之對付狄托一樣，朝夕視之爲寇讐，而時刻打算去消滅他。聯合國這樣改組，不僅直截了當，而且有工作可做。大家對於某一問題，能够虛心討論，從容計劃，無論爲和平事業，或爲反共工作，均可預立計劃而按步實施。不像今天這樣，大家雖聚一堂，而貌合神離，虛與委蛇，甚至視同仇敵；終日吵吵鬧鬧，不能事鮮成就，簡直浪費精神，這種遷延局面，又何必勉予維持！何況極權國家是以情報局爲重心，事事由那裏計劃發動，他們之參加聯合國，非有意盡力於世界和平，不過爲其滲透，分化工作之一種耳。

第二、在世界各地組成區域反共集團。上述辦法如行不通，則任聯合國仍維現狀，另仿大西洋公約辦法，在大西洋公約範圍以外之其他地區，組成數個區域反共集團。照現在地理環境，或文化關係來說，可組成三個或三個以上之集團，即近東各國組成一個，東南亞一個，遠東一個，非洲如有必要，亦可組成一個。近東集團包括土耳其，希臘，以色列，黎巴嫩，敍利亞，也門，外約，但，伊拉克，伊朗，沙特阿拉伯，阿富汗，尼泊爾等國，他們大都是回教國家，文化相近，利害關切，自可組成一個集團。如非洲集團不組織，則埃及，阿比西尼亞和里比利亞三國可參加這個集團。在東南亞區域有印度，巴基斯坦，錫蘭，緬甸，越南，暹羅，印尼及馬來聯邦，他們以地理關係，可組成一個集團，阿富汗尼泊爾與菲律賓亦可參加這一區域。不過像印度這樣，現在正想造成國際第三勢力，自不會參加這個組織，在上文已經說過，不來者聽，隨時可來。在遠東以中日韓菲四國，由於地理接近，可組織一個集團。自文化言之，除菲律賓外，中日韓是同文同種，更易組成，而且可以成爲遠東乃至亞洲之安定力量。或以太平洋區域之國家，組成太平洋公約集團亦可。

第三、美英要切實合作，負起領導責任。在這些聯合陣線中，無論是改組後之聯合國，或將來組成之區域反共集團，美國固要負起領導者的責任，而英國也要樹起脊梁，挺起胸膛，不必妄自菲薄而自甘落後，不應利先義後而放棄責任。在這些聯合組織當中，美英兩國要切實合作，同樣成爲每個聯合組織的重心，一切自可順利推行，反共才有辦法。坦白的說，美英合作在歐洲相當良好，在亞洲頗有不然，因爲美國在歐洲只是盡義務，掏腰包出錢，無利害衝突，自然可以合作。惟自近東經東南亞以迄遠東，不論經濟利益或其他方面，過去英人視爲自己的勢力範圍，今日美人挿足其間，自不免侵佔了商業利益，而合作自生裂縫了。這是絕對錯誤的事情，在大敵臨頭之今日，犧牲小我是無法避免的。如果這些聯合陣營，美英誠能衷心合作，事事反共爲先，處處公平應付，一切問題自可迎刃而解。參加組織之國家，無不樂於服從，縱有少數野心家或自私自利之徒，亦不敢明目張胆，妄作胡爲，而蘇俄處此聲威並厲之局勢下，再不敢肆無忌憚，任意侵略了。蘇俄今日這樣猖狂，也是民主國家不能聯合，尤其是美英不能切實合作有以致之。如再這樣下去，必讓蘇俄各個擊破，最後必將同歸於盡，繼南韓之後，誰知蘇俄的刺刀又指向那裏呢！

第四、要使中日成爲遠東抵擋赤禍的中流砥柱。遠東今日惡劣局勢之形成，使洪水橫流而無法過止，這無疑的是由於日本之覆亡，和中國在大陸上之崩潰，蘇俄才敢毫無顧忌而爲所欲爲，始則承認胡志明之叛變，繼又嗾使金日成之南侵。蘇俄這一次小試，不論其成敗與否，對美國在遠東之威望，顯係一重大之打擊，故其次一步的行動，可能就是對付緬甸與越南，而亞洲從此多事了。

誰能成爲遠東抵擋赤禍的中流砥柱？要在遠東擋住赤禍蔓延，是不是應使遠東本身具有安定的力量？對於這些問題，我想目前正是美國及其他國家考慮的時候了。

我想要使遠東本身有個安定的力量，今日只有二條道路可循，即一面加强援助中國，一面扶持日本，使兩者能够在遠東站立起來而攜手合作，才能抵住這漫無止境的赤禍之橫流。故目前最簡捷的辦法，就是由美國加强臺灣軍事力量，增配武器裝備，加緊訓練新軍，不僅協助防守爲已足，必使其早日打回大陸，這樣可使共匪應接不暇，自無餘力興風作浪，不僅韓國問題可以解決，而東南亞局勢亦可改善，緬甸越南問題將可不致擴大。以臺灣現有之軍事力量來說，只要美國肯供給武裝，接濟餉彈，我們立刻可以打回大陸。現在大陸上的人民，對共匪恨之切骨，而游擊隊到處蠭起，敵人剿防疲於奔命，正應趁其控制未週之際，登陸打敗敵人，消滅赤禍，如果反攻拖延下去，讓敵人控制一天週密一天，游擊隊因接濟困難而自難持久，將來縱可登陸反擊，當無如現在之輕而易舉了。

日本有八千萬的人民，具有良好的組織與優良的訓練，如果武裝起來，立成勁旅，可遏洪流。倘中日兩國攜手合作，形成遠東安定力量，美國用不着這樣費力，只要運籌帷幄，更不用上前綫去抵擋頭陣了。惟日本武裝後，是否東山再起？為害聯邦？血債未乾，殷鑑不遠。過去之英日同盟，原為防止俄寇，不意日人由英國扶持長大，不去攻擊蘇俄，反而傷害英國，中國受禍尤烈，歷史是否重演，各國尤其太平洋沿岸諸國，自然不無疑懼。對於這個問題，我想分以下五方面去研究：

第一　日本今後雖被武裝，但數量應有一定，軍器工廠應有限制，美國並應在日本保留若干基地與沖繩群島，明為防止蘇俄，暗可監視日本。

第二　日本係一島國，四面環海，沒有海軍掩護，殊難侵略他人。海軍殁落之後，非短期內可能重建。

第三　中國如有力量，自可監視日本，最小亦可阻其侵略。

第四　要給日本經濟上相當出路，使其國民生活獲得安定，尤其當她失去朝鮮，臺灣及東北經濟利益之後。此點可由中國與之解決，不致有何困難。

第五　日人經此次慘痛教訓，應該警惕戒懼，今後當不致像以前那像瘋狂，盲目亂幹，害人而尤害己。

軸心國家過去天天倡言反共，今日共禍之烈，實他們的野心所造成，此層日人當可想到。故扶持日本之舉，為害為利，要看今後怎樣作法，惟目前已至大家縝密考慮而有所行動的時期了。

四

我們和共產黨這場鬥爭，要看做一個長期而堅苦的鬥爭，要視為一場死活相搏的鬥爭，固不可妄自菲薄，亦不要夜郎自大，我們單槍匹馬與之抗衡，固然無效，僅僅靠着志同道合或區域組織的結合，還是不能拮抗。要在這場搏鬥中擊毀共黨，消滅赤禍，除結成堅固的聯合陣營之外，我們本身必須具有以下二個條件：一是「苦幹」，二是「犧牲」。換句話說，我們必須具有拚個你死我活的覺悟與決心，才能擊敗這個滅絕人倫的共黨，才能挽救人類脫離這個刼運。

第二次大戰後，共黨在世界各地之所以得勢，這是由於他們在大戰期中，一面與敵人鬥爭，一面發展自己組織，擴充自己勢力而堅苦奮鬥的結果，當二次大戰進展中，在敵人佔領區域，發展地下組織，組織游擊隊伍，擔任策反工作，破壞敵後交通，大都是由共產黨徒擔任，或由其操縱指揮。故一旦戰爭結束，他們馬上出頭露面，或則立即掌握政權，如東歐衛星國家，或則公然稱兵作亂，如毛匪之輩。惟從大戰期中以迄今日，他們這種冒險犯難，不避艱阻，茹苦含辛，埋頭苦幹的精神，應該值得我們重視，尤其應為對手方的我們所應特殊仿效的。可是民主國家之人士，一舉一動，很多仍脫離不了大少爺的習氣。共產黨徒原是流氓之輩，大少爺是不易與其鬪爭的。我不想勸大家去學流氓，甚而至於去做流氓，然大家至少應該懂得流氓的生活與流氓的作風，大家要放下大少爺的下意識，準備隨時隨地可度流氓的生活。流氓的生活是些甚麼？他們除了能苦耐勞之外，大家平等相處而無階級觀念，彼此同甘共苦而一樣生活。換句話說，他們就是絕對排除官僚習氣與官僚作風，而事事以工作為前提。

此外，今天民主國家還犯着一個毛病，就是自己不去想盡方法，以苦幹來解決困難，而天天希望獲得美援。我們應替美國着想，美國財力亦屬有限，如果大家誅求無厭，美國也會感到厭倦。我這些話並非反對美援，正是要積極爭取美援和利用美援。我們要在獲得美援之先，自問是否已經盡了我們的心力，是否已經善用了我們的資源，迨美援到來之後，更要考察是否配合了美援，儘量發展了我們具有的力量，美援要以苦幹為前提，單靠美援不能拯救我們，也許適得其反。

其次；我們既知道這場鬪爭，乃是一場死活相搏的鬥爭，那麼，我們僅靠苦幹還是不够，必有犧牲精神以輔之。犧牲乃是鬥爭成功之必要條件，不肯犧牲，鬪爭必然失敗。今天如想打敗共黨，消除赤患，決非不犧牲而僥倖可以成功的。若只希望他人拚命，自己却討便宜，或者自己投機取巧，專望他人扶危救難，則反共必無成功之可能。共產黨徒今日之得勢，一半由於不怕犧牲，不避險阻所致。他們在鬥爭的時候，其勇往猛進，前仆後繼的精神，乃是成功的要訣，中共過去在大陸作戰是如此，韓共今日在南韓作戰亦復如此。我們對共黨這種不怕犧牲的精神，決不可等閒視之，所謂人海戰術也者，就是靠着這種精神來推動，如無犧牲精神，人海戰術也是不會成功的。人海戰術固是慘絕人寰，但它能毀滅敵人而獲致勝利，我們就應該特予重視而考慮對策了。是故我們今後也要與共產黨一樣，能犧牲，肯冒險，不怕死，不畏難，然後才能與共黨對抗。

、今天民主國家一般，都是怕犧牲，怕打仗，尤其恐怕自己首遭其害，願意躲在後面，希望別國充先鋒擋頭陣，甚而至於自己不肯犧牲，而願意犧牲他人。中國在大陸上正與敵人拚命的時候，大家不來幫忙，反想與敵為友，以保全自己利益。迨中國在大陸上剛剛失敗之時，他們反爭先恐後承認中共，為了自己利益縱犧牲友邦亦所不惜，這是一個很好的例子。他們這樣做，並非全然忘了過去的教訓，亦非全然不悉共黨的厲害，惟因第二次大戰而受了千辛萬苦，元氣未復，總想苟安於一時，禍未臨頭，總想暫可避免。惟冀在綏和期間，對方陣營發生變化，或從天上掉下奇蹟。這一類趨利避害的念頭，正是民主國家最暴露的弱點，而共產黨就看清了這一弱點而特來加以利用，且用種種欺騙方法，以遂其個別征服之野心。據說毛澤東佔領北平之後，會致電馬歇爾，說他們這一群是中國的共產黨，美英外交政策因以受其影響，尤以英國為甚。敵人這一套手法，我們今日應該警惕戒慎。須知共產黨所揭櫫的目標是世界革命，刺刀之指向固有先後，誰也無法避免，遲早總有一天會降到每一國家頭上。這是擺在當前的事實，用不着我們危言聳聽，且看慕尼黑之綏靖政策吧，犧牲別人仍不能保全自己。

最後，我特萬分誠懇的向着民主國家的領袖們大聲疾呼，你們今後必須抱着自己犧牲的精神，抱着我不犧牲誰來犧牲的宗教精神，抱着我不入地獄誰入地獄的宗教意願，世界才能挽救，你們自己亦可獲救。

特載

歷史的台灣——歷史上的台灣與中國（三）

第三章　初次光復

第一節　鄭成功及其恢復運動

如果我們要表擧中華民族歷史上的豪傑之士，無疑的鄭成功（一六二四—一六六二）應占一席。如果縮小範圍，祇就台灣而論，他的崇高地位，更無人可與競爭。他之所以能够如此受後人推重尊敬，雖有多種因素，而他的恢復運動誠可謂灼爍千古。這個運動是有雙重意義，在大陸上爲反抗滿清，爭回漢人被奪去的完整治權，在海外爲驅逐荷蘭，收復漢人已喪失的故有領土。前者雖未能身見其成，後者則畢竟如願以償。兩者均充分的表現出我們的民族精神與能力。

一六二四年九月五日（天啓四年七月二十三日，）鄭成功誕生，約在四天之後，台灣爲荷蘭人所侵據，一似上蒼故意安排這椿公案來作弄我們的英雄。（成功生日或作陰曆七月十四日即陽曆八月二十七日）。成功本名森，一名福松，出生於日本，七歲四至福建南安原籍，十五歲成秀才，「風儀整秀，倜儻有大志」，以「英物」，「奇男子」，「命世雄才」見稱。這時大明帝國已成岌岌不可終日之勢，到他二十一歲的時候（一六四四）李自成占領北京，滿清乘機入關，黃河以北淪沒，明人在南京另成立了一個政府。一六四五年（明弘光元年清順治二年）清兵渡江，金陵不守，唐王（即隆武帝）即位於福州，繼續作抗敵運動。鄭成功的父親芝龍雄踞八閩，在軍事上經濟上均有強大的力量，每年海舶的收入，以千萬計，當可敵國，「所部兵自給餉，不取於官，旗幟鮮明，戈甲堅利」。這樣的威勢，自爲各方所重視。南京時代的弘光皇帝（福王）對於鄭氏一族已力事籠絡，鄭芝龍和鄭鴻逵鄭芝豹鄭彩等均予分別封爵晉官。福州的唐王政府，一切幾均寄托於鄭家集團。

鄭芝龍並非隆武帝的忠實擁護者，內部磨擦及權利意氣之爭，更使他怏怏不快，他與一般文臣形成水火之勢。何况他的生活久已習於安逸腐化，當年豪氣早失，復見於清軍聲勢之大，而爲滿清招撫工作的洪承疇黃熙胤又從中勾引，於是由不滿而動搖，而生異心，爲的是要保全自己的安全，廣大的財產，並還希望再行增高他的權勢官位。但是鄭成功則和他的父親完全相反。不計自身的利害，不問將來的成敗，忠貞堅定，祇知道爲國家民族奮鬥。

隆武帝在明朝是一位讀書明理的君主，同時似亦頗知人，他一見二十二歲的鄭成功，即大爲賞識，親切的撫着他的背說：「惜無一女配卿，卿當盡忠吾家，無相忘」。遂賜姓朱，改名成功，據說是欲令其父顧名思義，並封爲御營中軍都督，儀同駙馬。從此中外均以「國姓」相稱。一六四六年（隆武元年，順治三年）晉封忠孝伯，賜尙方劍，便宜行事，掛招討大將軍印。清兵入閩，隆武帝遇難汀州。鄭芝龍與清方有了諒解，主力部隊退集到他的故鄉安平鎭，決計納降。成功反復痛陳天時地利人心，仍有可爲，以往明廷的失敗，由於政府無人，「君非勘亂之君，臣多庸碌之臣，遂使天下英雄飮恨」。並謂「虎不可離山，魚不可脫淵」，勸他三思而行。芝龍不惟不聽，反令成功一同歸順，成功斷然拒命，說是「從來父教子以忠，未聞教子以貳」。父子所見旣異，立場不同，惟有各行其是。

父親投降，身感知遇的君主被害了，而他的節烈的母親翁氏（田川氏）又「拔劍割肚」而自盡（翁氏之死，一說事在一六四六年泉州，一說事在翌年安平），「乃悲歌慷慨，謀起師。攜所着儒巾藍衫赴文廟，哭焚之。四拜先師，仰天曰：『昔爲孺子，今爲孤臣，向背去留，各有作用，謹謝儒服，惟先師昭鑒之！』高揖而去。」他決志從此作武裝的奮鬥。一位青年書生從此成了一枝民族先復軍的統帥。

從一六四六至一六六〇年（隆武元年至永曆十四年，清順治三年至十七年）的十五年間，是鄭成功經略閩粵江浙沿海各省，聯合西南地區的明軍，爲光復大陸而努力的時期。初起兵時，不獨實力有限，糧餉困難，更沒有一個適宜的根據地。對抗滿清的強大步騎部隊，最好莫若海島，而當時福建的重要島嶼，已爲他人所有，不易有所施展。一六四七年（永曆元年，順治四年）以後，屢次用兵漳泉潮州，力量逐漸強大。一六五〇年（永曆四年，順治七年）自鄭彩鄭聯手中取得了廈門（中左）金門（浯州）情勢一變，不僅有了穩固的基礎，而且逐漸統一了鄭家的武力，從此進退自如，雄視海上。此後除繼續經營閩南外，南則進援廣東，收有潮州，通商屯田，謀合粵西的李定國，北則助張名振張煌言規略長江，使清軍胸腹受創，斷其運道。一六五四年（永曆八年順治十一年）攻占漳州，漳屬十邑，泉之六縣，莆田一府，均爲所有，兵力達到福州，清廷屢次遣使議和，他父親鄭芝龍亦來書勸降，他的弟弟鄭渡亦涕泣跪懇，均不爲所動。他明告鄭渡，他之「堅貞自持，不特利害不能以動其心，即斧刄加吾頸，亦不能移吾志。何則，決之已早，籌之已熟。」他更決絕的對他父親說清廷「明明欲借父以挾子，一挾則無所不挾，而兒豈可挾之人哉？……萬一吾父不幸。天也命也，兒只有縞素復仇，以結忠孝之局耳」！（楊英「從征實錄」）。眞是言人所不能言，行人所不能行。他不戀私情，只知公義，父子兄弟的安全他在所不顧，國家民族的存亡他誓所必爭。

鄭成功最初是用忠孝伯招討大將軍的名義來發號施令，播遷西南的永曆帝是他所擁戴的中央政府。一六四八年（永曆二年，順治五年）以後，曆封威遠侯，延平公，漳國公，至一六五三年（永曆七年，順治十年）晉封延平王，兩年後（一六五五）又晉封潮王，辭而未受，所以他的最高爵位仍是延平王。這時他的規模旣大，事務繁多，永曆帝又遠在西南，難以遙制，特授以設官用人的大權，因卽於一六五五年（永曆九年，順治十二年）設吏、戶、禮、兵、刑、工六官，及察言司，承宣司，正副審理，軍器局，印局分司庶事。另有育胄館（錄陣亡忠臣之後）儲賢館（錄諸生優行者），儲才館，延攬四方之士，陳永華卽其中之一。設六察官，「敷陳庶事譏察刑弊」。對於明的宗室，故老遺臣，均禮待厚贍，「軍國大事，悉以諮之」。中左所（廈門）改爲思明州，以示不忘之意。軍事方面，分爲七十二鎭，置總理監營，左右協理監營監督，監營監紀。實際上他已有了一個臨時政務署或政治分府的組織。

他用法尚嚴，治軍有方。雖是親族有犯，亦決不寬貸，曾以失律之罪殺他的叔父鄭芝莞。「軍紀嚴明，禁止淫掠，犯者立斬」，「遠近稱快」（夏琳，閩海紀要）。有功者則必賞，「金帛珍寶，頒賚無悋容。傷亡將士，撫郵尤至。故人皆畏而懷之，咸樂爲用」。（郁永河，僞鄭逸事）。部隊的訓練，異常重視，他躬親日夜督兵觀操，逐隊指示。「舳艫陳列，進退有法」，將士「跳躑上下，矯捷如飛」。軍風紀的整飭極其認眞，各項禁條均刻刊頒行，三令五申，姦淫、焚燬、擄掠，宰殺耕牛等項，均在嚴禁之列。並時時以「恢復大業」，「報國救民」的大道理曉諭大家，給他們以主義的，政治的訓練，使他們認識作戰的意義。「自古做大事，以得民爲本」，「約束兵士，收拾民心，與戰勛並重」。這並非空論，他確能做到師行所至，「耕市不變」。「兵興以來，軍律肅然，兵士無淫掠，故孺子婦人至與軍行爭道」。軍紀如此，自然能得到人民的合作。據說鄭成功「徧布心腹於內地，凡督撫提鎭衙門事無巨細，莫不報聞，皆得早爲之備」。這不一定全是由於諜報網的密布，可能是出自人民自動的協助。

鄭成功的部隊的最高額約在二十萬人以上，以如此龐大的兵員，不惟金廈兩島絕無力供給，卽閩南亦負担不了；何況閩南他並不能切實控制。他的大部餉糈，實取之於沿海各省，及通商貿易。取之於沿海各省的，有派徵，有樂輸。樂輸係出於自動，派徵亦有其標準，只「乞索富家，不需之小民」。他曾說「因地取糧，不得已以佐兵糈，若專主搶掠，此乃相聚爲盜，絕無遠大規模，本藩何苦爲諸無賴之巨魁？」（從征實錄）。至於通商貿易，關係鄭氏的餉源尤大。兩京蘇杭山東有他的五家大商，「經營財貨，以濟其用」。一六五六年（永曆十年，順治十三年）雖被沒收，而他的海外互市，則仍甚活躍，清廷無如之何。日本琉球南洋各地，均有他的商船往來，由戶官掌理稽察，可以說是貿易國營。鄭成功自己曾謂「東西洋餉，我所自生自殖者也，進戰退守，綽綽有裕」。康熙年間郁永河的「僞鄭逸事」於海外貿易與鄭成功的關係，說得更爲明白：「成功以海外島嶼，養兵十餘萬，甲冑戈矢，罔不堅利，戰艦以數千計。又交通內地，徧買人心，而財用不匱者，以有通洋之利也。本朝（清）嚴禁通洋，片板不得入海，而商賈壟斷，厚賂守口官兵，潛通鄭氏，以達廈門，然後通販各國。凡中國諸貨，海外人皆仰資鄭氏。於是通洋之利，惟鄭氏獨操之，財用益饒」。

至於鄭成功個人的人格偉大，意志的堅定，天賦的智勇，卓越的謀略，深沉的器識，熾烈的情緒，及其嚴密的組織，鮮明動人的旗幟和主義，無一不是他的雄厚的有力的抗敵資本。下錄郁永河所記的一段逸事，亦大有助於我們對鄭的認識：「成功於一切謀畫，皆出己見，其所任用，不過荷戈執戟摧鋒陷陣之徒，絕無謀士爲畫一策者（按此語或失之太過）。非成功不好士，亦非士不爲用，良以謀畫無出成功右耳。夜不就寢，徧走達旦……卽寢亦無定所，因防姦人刺客，亦屬有所思也」。他所思的是如何早日完成他的恢復事業。

知道了這些故事，就可以明白一位青年書生之能夠領導一個革命團體，僅有密邇大陸的金門廈門彈丸之地的兩個小島，竟能與滿清帝國抗衡了十有餘年，而且經常採取攻勢，終不敗事，使其窮於應付，不得安枕，自有其道理存在。

自一六五〇年取得金門廈門之後的用兵作戰，可就三方面來看：一是爲了鞏固並擴大他的閩南基地，進而補充糧餉物資，二是爲了配合永曆帝的另一忠實的支持者李定國的戰略，以謀會師廣東（他與定國是永曆政府的東西二大柱石），三是爲了奪回南京，控制江南，以作北伐中的準備。最値得我們重視的是後二者。一六五〇至一六五一年（永曆四至五年，順治七至八年）奉旨援粵行抵揭揚，知廣州已失，同時廈門被攻，將士思歸，乃揮淚痛哭班師。是役李定國一再攻略兩粵屢有書來，商議會師，因又有一六五四年（永曆八年，順治十一年）的出兵南征，以愆期不遇而還。否則東西夾擊，華南定可另成一種局面。

過去鄭成功屢合張名振經略江浙，一六五五年（永曆九年，順治十一年）又派軍北征，曾克復舟山，明年成功本人攻略福州各縣，一六五七年（永曆十一年）復親自督師占領台州等城，以閩安失守，回兵。於是積極訓練將士，有所謂身披鐵鎧的「鐵人」或「鐵面軍」。反覆通諭各提督統鎭精選兵將，以膽勇爲上，兵分三等，將要互相公結，並於永曆十二年五月初七日（一六五八年六月七日）重布出軍嚴禁條令十項，命各將領「互相告誡」，「互相結獲」，使四方聞風向化，百姓簞漿迎師」。六天之後（陽曆六月十三日）大軍出動，「連檣八十里，見者增慄」，連下浙江平陽瑞安，陽曆七月三十一日（陰曆七月初二日）抵舟山，以風信不順，郎駐紮操練。九月七日（陰曆八月初十日）艦隊北至羊山，忽遇暴風，碎沉船艦數十隻，沒失官兵八千人，成功的三位公子亦在其內，不得不折回舟山整補，並到溫台各港取糧。

經過半年多的整訓補充，決定二次進兵，復行誥諭部將：「此行我師一舉一動，四方瞻仰，天下見聞，關係匪細，……功名事業，在此一舉，當從恢復起見，同心一德，共勦大事。進入京都（南京）之時，……秋毫無犯，以收拾民心（從征實錄）。一六五九年七月八日（永曆十三年卽順治十六年六月十九日）抵吳淞口，重申約法，再說明「做大事以得民爲本」之意。但是兵食則不能不就地取用。此次北伐，鄭成功有必勝的決心，先奪得南京，以爲根本，再進而肅靖中原，所以各將領均携帶家眷同行。因之對於江南江北的措施也就不同。在他七月十六日（陰曆五月二十七日）的嚴令中，他明白規定，「江南地方務要一草一木不動」，「以示安撫」，而柴米之需，均「就江北取去，供江南之用」，「如有違令，必盡法而行，通船通隊，盡行梟示」。他何以有如此的規定？因爲他要爭取江南的民衆，保全他已視爲己有的江南元氣，而江北則暫置之度外，奪取江北的物資，亦是對敵人的一種打擊。

八月三日（陰曆六月十六日），在鄭成功親督猛攻之下，克復了瓜州，六天之後，收取鎮江，控制了南北的咽喉。南京的外圍各州縣，相繼歸坿。他原擬依照中提督甘輝的戰略由陸路晝夜倍道兼程而進，一鼓而下金陵，一部分將領則謂水土不服，炎暑酷熱，難以速行，又以大雨阻途，因之陸行不果，而舟行逆流而上，時日稽遲，反予敵人以增援設防機會。大軍進至金陵，已是八月二十六日（陰曆七月初九日）。這時南京已陷於一大包圍，鄭成功認定守將必降，發書招諭。甘輝則請速予攻拔，免援虜日增。成功謂攻堅必多殺傷，砲銃亦有不便，南京已成孤城，不降何待。同時頗有輕敵之意，「欲待援虜齊集」，「邀而殺之」。日久之後，鄭軍疏於戒備，九月八日（陰曆七月二十二日）清軍突出猛襲，翌日各路潰敗，大將甘輝萬禮林勝陳魁等均戰歿，精銳喪失不少。他的多年經營和計劃，遭受了嚴重挫折，「十年之功，隳於一旦。」

退回厦門之後，廣行招募舊時散逸將領官兵，分派餉地，修理船隻，備造軍械，大事編整補充。不久又以措餉艱難，將舟山駐軍調回，擇地訓練，集中兵力。一六六〇年（永曆十四年，順治十七年）清軍準備於夏初同時進兵舟山厦門，六月十七日（陰曆五月初十日）福建總督將軍分由漳州港同安港進犯，謀一舉而覆其根本。成功躬自督戰，大獲勝利，「僵屍布海面」。此役證明鄭軍的戰鬥意志仍甚堅強，精神仍極旺盛。靠這種意志和精神，不久完成了他的

恢復事業的另一方面。

（上接第（十五）頁）

（2） 國民黨過去一再的改組與清黨是必要的，並且具有相當的功效，但尚不能稱爲旣已貫澈了維護它的本質達到應有的純正之要旨。過于溺愛和平，偏向折衷妥協，使到上述的要旨不能貫澈。

（8） 這並不是說中國國民黨對于一般犯有過失的人物不應有容許他們改過遷善的雅量。在客觀的事理上，容許犯有錯誤，甚或罪惡的人物悔過自新，也是應有的革命策略，可是它的實施必然是應該有條件，有限度的。過去相當寬大的姑息，不祗對于革命事業是嚴重的打擊，甚至對于「悔過自新」的人物也作了不應錯誤——使之反覆無常，終於陷入更大罪惡的深淵。

（4） 因此，關于上述第二種的批評，針對革命的行爲一方面，特別顯得重要。在革命陣營中，全部份工作人物智愚賢不肖與其進退升沉，應該在他們的行爲上，依照客觀的標準來加以甄別。可是不幸多年來，派系、地域，甚或宗族姻眷等等關係，竟使甄別離去了客觀的標準，于是「無能、貪汚、與浪費」等醜惡的反革命行爲，在大陸淪陷之前，繼續滋長。如監察院本年初夏疊疊提出的彈劾案，尤其是四行兩局一庫，與劉航琛、端木傑、胡宗南等事件，有的竟是臺灣仍在不斷發生。革命陣營能不能針對這點，痛下決心來加以革新，這就是反共抗俄能否成功一最具有力的考驗。

（5） 美記者艾理斯之流的報導，雖然多惡意的造謠誹謗，然而它該可以加强促進國民黨當局的警惕與反省。三民主義的革命事業在繼續推進中，在當局一再修正公佈徵治貪汚等條例之後，應該依法迅速的嚴正實施。對于任何一個「貪汚、無能、與浪費」的人物之姑息，可能直接間接鼓勵並增加幾個人物的陷入覆轍，並使剛直的志士悲憤，民衆寒心，友邦失望。因此，唯有實行整肅紀綱，纔能使革命的本質恢復其相當純正的程度，而革命的行爲恢復後其「應天順人」的軌道。

（6） 國家的基礎是建築在人民的思想之上。在民族主義第一講裏，國父在民國十三年一月會因此說過：「這次國民黨改組，所用救國方法是注重宣傳」，以策動衆志，集中羣力。可是，近幾年來，國民黨的又一嚴重錯誤似乎就在宣傳上的固守成規，不敢有認眞重大的振作；沒有周密的認淸種種不同的對象，但却一例的運用陳舊的方法，與公式化的理論，故步自封的工具，來做宣傳的中堅。結果，宣傳不祗未能配合革命事業的推動，也未能發揮客觀的宣傳之功效。今後如謀革新之本質，貫澈革命的行爲，團結民衆，聯絡友邦，以共致力于反共抗俄之苦鬥，對于這推進革命的重要方法自不能不早日厲行革新。

自由中國通訊

大陸上反共武力的實力及其分佈情形

—香港通信　冀樵

中共是以游擊起家，可是，現在大陸上的游擊隊却使中共焦頭爛額，窮於應付。

中共的高壓、迫害、恐怖、剝削、使人民無以生存，在無法生存中只有挺而走險。大江南北，塞外西域，千萬人揭竿而起，豎起了反共的旗幟，爲着解除恐怖、殘酷、饑餓，在萬山叢中青紗帳裏堅苦地爲自由而戰。

過去，中共一味粉飾太平，以爲全國「解放」，天下已定，可是，由於游擊隊的蠭起，現在再也無法掩飾，而大呼「太平觀念要不得」，「掃除麻木不仁，輕視敵人的心理」和「肅清特務土匪，鞏固革命秩序」。

大陸上的反共武力沒有種族階級之分，構成份子大部是被共軍壓迫挺而走險的農民和工人，此外則是遺留下的國軍，過去在農村居領導地位的上層份子，不願再受欺騙的知識份子，不願再被利用的士共，不願被共軍改編的地方團隊以及投共而後反正的叛部。現在大陸上反共的火焰蔓延在每個角落，有的是數十人的小股，也有的是數萬人的勁旅。他們正在「以其人之道，還治其人之身」，飄忽靡定地打擊共軍。

根據各方報導統計，反抗共黨統治的游擊隊已達百萬人的大隊伍。今依行政區的劃分述於後：

南部地方

一、福建

（一）閩南區——閩南漳屬各地，十六年前受紅軍的殘忍迫害，淪陷後，許多潛伏陷區的正義之士，漸漸集中在反共的旗幟下，爲着解除恐怖殘酷而奮起作戰。現在分佈在平和、詔安、饒平、雲霄、漳浦、南靖六縣地區的反共游擊隊伍已經發展到三萬人以上，整個漳屬十縣則達六萬之衆。其中最堅强的隊伍有閩南縱隊人槍三千，童楙山所領導的閩南挺進縱隊六千人，余克非所領導的龍(巖)漳（州）邊區人民反共自衛軍八千人，東南人民反共救國軍四千人，閩粵邊區反共游擊總部三千人。

（二）閩北區——在福建第一個豎起反共旗幟的是熱血澎湃堅忍苦幹的青年官超，他率領一千多人活躍於閩北地區。在離福州三十華里的大小北嶺，出沒於亂山密林中的是林子淵領導的人民改正軍，他時常集中兵力進攻福州。政府控制的閩江口外馬祖島成立區署，由游擊老將李時福領導歐睦和的××突擊縱隊，由此地隨時出擊打擊敵人。

（三）閩中區——飄忽在戴雲山脈（閩中福淸至尤溪沙縣一帶）的有丁公超部七百人，他的幹部中不少是大學生，福建的游擊隊以丁部的水準最高。

（四）閩西區——閩西北武夷山區有反共青年軍姚文祺部六百人，姚文祺是一個廿三歲的大學生，他時常集中火力突擊猛襲，然後飄然逸去，福健建甌到上饒的公路尤共是崇安一帶，共軍認爲是唯一可怕的阻礙。

二、廣東

廣東過去是革命的策源地，現在是反共最激烈的省分。廣東民衆反共武力依照地勢來分，有六個地區：

（一）東江區——活躍於東江區（惠陽、博羅、寶安、東莞、紫金、龍門各縣）的人民反共武力是東江游擊總指揮部總指揮徐東來領率，他出身綠林，勇敢善戰，過去所部人槍約五千，現在已近萬人。在粵東方面還有以焦嶺、武平、平遠三縣交界的九仙山爲根據地，活躍於平遠、梅縣、焦嶺、五華、大埔、興寧等地由謝海籌、陳英杰、黃道仁所領導的粵東游擊縱隊。這個縱隊分三個支隊，人槍已達七千。

（二）西江區——西江游擊隊是由前廣州警備司令「黑旗將軍」葉肇所領導的五萬人，活躍於新興、肇慶各縣，根據地是西山。

（三）北江區——活躍於北江琶江地區的有廣東人民反共救國軍北江上游指導官譚砥順部人槍四千，到現在琶江仍然飄揚着青天白日滿地紅的國旗。活動在韶連公路的是廣東人民反共救國軍第九軍李楚瀛、盧澤廣部人槍三千，另一部是楊策和楊玉珂所領導的廣東人民反共軍第五縱隊，游擊區東起新豐，南至佛崗、淸遠，西至連山，北至樂昌、始興，兵力八千。

（四）粵南區——這個地區包括電白、梅茂、信宜、茂名、廉江、遂溪、湛江、徐聞、海康、欽縣、防城等十二縣市，領導這十二縣民衆反共武力的是廣東人民反共救國軍粵桂南區總指揮張瑞貴，人槍約三萬。

（五）粵桂邊區——廣東人民反共救國軍粵桂邊區縱隊總指揮葛肇煌，所部兩萬人活躍在欽廉方面的十萬大山，葛是洪門首領，起初他的基本部隊不過七千人，現在已擴展到兩萬人馬。

（六）珠江三角洲區——珠江三角洲地區是反共武裝最活躍的地區，有李崇詩所領導的廣東沿海突擊隊五千人，受國防部指揮，活躍於沿海地區。朱克勤率領的珠江三角洲反共救國軍萬人游擊於珠江口海島及沿海區（南海、番禺、中山、順德、台山、開平、恩平）除李、朱兩部外，還有張澤深指揮的珠江沿海游擊縱隊。

三、廣西

廣西人民反共情緒最爲激烈，八桂子弟到處打擊敵人，使廣西共軍頭子張雲逸一籌莫展。

（一）桂北區——活躍在桂北區興安，全縣、灌陽以迄湘南山岳地帶的是白崇禧將軍遺留下的陳恩元部一萬五千人馬；在中渡縣區有莫榮猷領導的游擊隊二千人，臨桂有石作恒部八千人，榴江地區林秀山部五千人，朔陽馬劍明部六千人，興安縣唐繼頤部八千人，桂林至全縣一帶是桂北人民反共游擊縱隊李×部，恭城地區是黃少力所部的游擊區。

（二）桂東區——梧州一帶有曾飛雲率領游擊隊一千人，藤縣濛江兩縣境內有何蔚雄部一千人，平南縣有潘乙朝部一千人，歐蔚階部一千人，容縣岑溪兩縣地區是前粵贛湘邊區剿匪總指揮劉棟材所領導的游擊隊一萬五千人，聲勢甚大。在句漏山區有洪門領袖農立邦領導的一萬人，在桂平縣謝中天部二萬人，鬱林縣有蕭×部二千。桂東各縣還有桂東人民游擊隊在陳濟安領導下的有二千。一支在政府節制下的武力是國防部反共救國軍西江縱隊，司令是李風，下分三個師，第一師師長李毓藩，人槍八千，游擊於岑溪，第二師師長謝少三，人槍七千，第三師師長陸超，人槍三千，游擊於廣平一帶。

(三)桂西區——廣西西北區，接近貴州的天峩縣仍然在縣長林××所領導的團隊控制之下。

(四)桂中區——桂中一帶的有綠林豪傑凌瑞生部五千人，武宣縣一帶有黃祖炎部八千人，劉謹崇部三千人，還有羅志耿，列國成，江有亮領導的游擊隊會經一度攻入來賓縣城。

(五)桂南區——廣西南部十萬大山的黃××部，人槍已擴展到二萬人，中包括久經戰場的國軍六千。是一支很堅强的武力。

四、雲南

雲南的西南滇緬邊區李彌，余程萬所部遺留下的一部國軍正規軍一千五百人，還有在「金氏三雄」金紹禹、金紹榮、金紹遠所領導的游擊隊，全省反共武力估計約有十萬人。

中部地方

一、江蘇

(一)太湖區——太湖裏有七十二峯，有大小洞庭，湖面寬濶，現在是蘇南人民反共武力的根據地，太湖，趙安民領導下的游擊隊二千人，江蘇省海上突擊軍袁××部五千人，總兵力不下萬人，共軍自己承認太湖區「剿匪」工作是「長期的，不怕疲勞的，不停息的鬥爭」。可見他們對太湖區人民反共武力的重視。

(二)徽山湖區——山青湖秀的徽山湖區，現在是蘇北游擊隊的老家，徐蚌會戰後反飢餓反奴役愛自由的人們四面八方投進它的懷抱，現在徽山湖區有馬爾禮部二千人，湖西區張愛友部千人，湖東區張×部二千人，沛縣北部徐長寅部六千人，銅、沛、豐三縣邊境趙×部一千人，構成了偉大的人民反共隊伍。

二、安徽

(一)大別山區——在周圍數百里的大別山區，過去是共產黨游擊隊的老巢，現在已變爲十萬農民反暴的根據地。在這裏有大別山人民自衛救國軍總指揮部，九路軍張繼德部，豫鄂皖各地紛紛組織轉入大別山區的人民武裝，以及爲了反恐怖、反極權、爭自由而逃到山區參加革命戰鬥的知識青年。這十萬人民武裝雖然沒有鍛成不可擊敗的力量，但是，在戰鬥中却日益堅强和成長起來，雖然目前已化整爲零轉變爲地下活動，但却是未來反攻大陸的一支有力的伏兵。

(二)皖南區——黃山山區的游擊隊雖然不像大別山區那樣强大，但是，徐蚌會戰後，由皖北渡江的地方團隊。以及人民自動組織的九路軍約有二萬人槍。

三、浙江

(一)浙東區——最大的兩個據點就是四明山和會稽山。四明山是浙東寧波、紹興間的大山，面積有三百方里之廣，山區利於防守，而難於進攻，浙東第二大山是會稽山脈。會稽山脈正在浙贛路以東，曹娥江以西的中間地帶，共軍渡江前四明山和會稽山是土共的巢穴，現在已成爲東南人民反共救國軍與游擊隊的勢力範圍，此外在四明括蒼兩山地區有周師濂部三千人，臨海、天台、黃岩地區有反共鐵軍馬華部二千人，在這個地區裏，游擊隊有人槍二萬八千。

(二)浙西區——浙西區游擊隊是以天目山爲根據地，陳昂林所領導的解放人民軍，總兵力約三萬。

(三)浙南區——在平陽、樂清、松門一帶，三月前，呂渭祥所部會突襲松門並一部游擊隊登陸，現浙南區約有游擊隊數千人。同時在大陳島活躍的有東南人民反共救國軍台溫縱隊千人。

此外過去縱橫於閩中的雷斯定部四百人，已由閩中轉入浙南溫州，平陽、泰順一帶。

四、江西

共產黨在江西暴動之時，江西人民受害最大，因此反共情緒也很高。

(一)贛北區——活躍在鄱陽湖東岸(浮梁、樂平及安徽婺源一帶)有贛東北義勇縱隊人槍三千。

(二)閩贛邊區——這個區域，正是當年毛澤東、朱德所佔據的閩贛邊區，毛澤東組織蘇維埃政府的瑞金，現在變成漢麗舫統帥下的十萬游擊隊的根據地，漢麗舫派人到處聯絡組織，他的力量已漸漸地伸到贛北的上饒與浙江的衢州。

(三)贛南區——在大庾嶺和虔南、龍南、定南地區有游擊隊五千人。

五、湖南

以湘西的雪峰山爲根據地，及游擊於嫣山、武陵山、八面山一帶的是湖南人民反共自衛救國軍總指揮尹立言所部三十萬人，如果大家不健忘的話，一定還記得他在三十八年三月一日在乾城發佈宣言，提出四大主張，八大號召。他的中國人民反共革命西南聯軍成立一月，先後攻陷沅陵、辰谿、瀘溪、古文、溆浦五縣，並佔據辰谿兵工廠。將他的武力武裝起來，程潛會派兵圍剿，一無所獲，程潛投共，華中軍政長官白崇禧將軍便命尹爲新編第八軍軍長兼湘北綏靖區司令官，新編制是四萬七千九百人槍。一年來雖經共軍十餘次「圍剿」，但是越打越强，現在已擴展到三十萬武力的「湖南人民反共自衛救國軍」。

六、四川

俗語說「天下未亂蜀先亂，天下已治蜀未治」。這句話正是說明四川是最難統治的。四川人民在共軍的高壓之下，揭竿而起，現在沒有一縣沒有游擊隊，據悉四川反共武裝已達四十萬之衆。

(一)川東區——反共救國軍第九路軍第十八軍軍長王宏基部六萬人。

(二)川南區——川南保民軍總司令周紹昌部四萬人。

(三)川北區——王嘉謀領導的第九路軍十六軍有五萬人。

(四)川黔地區——有陶如仁領導的解放人民軍，雷乾卿領導的反共救國軍，龍登波的川康第一路軍，雷擇雲的四川人民革命軍總共不下二十五萬人。

北部地方

一、山東

(一)勞山區——去年青島撤退，一部地方團隊五百人便上了勞山。青島「解放」後，不甘受壓迫的青年紛紛投奔，擴展到人槍三千。共軍雖三次「圍剿」，但是都未得逞。

(二)沂蒙山區——和勞山區游擊隊東西相呼應的有沂蒙山區邵大鵬部十五萬人和人民反共救國軍張威部四千人，共軍的臨沂縣長譚萍會率領三百人馬向張威投誠，沂蒙山區地形險要，不適於大兵團的活動，現在是山東反共最堅強的游擊根據地。

二、河南

(一)伏牛山區——有反共救國軍高茂齋部兩萬人。

(二)桐柏山區——是反共自衞救國軍趙××部三萬人活動地區。

(三)豫西區——在豫西山地盧氏洛寧一帶共有游擊隊五萬人。

三、陝西

陝東華山山區有游擊隊千人。

東北地方

安東——長白山山區在敵僞時期，是反「滿」抗日的大本營，現在又成爲反共抗俄的根據地，張冠三所率領的東北九省反共鐵騎軍三千人馬，在氷天雪地裏，叢山峻嶺中，堅苦地爲爭自由，反極權而奮鬥。

漠南北地方

一、熱河

熱河多山，民性強悍，抗戰勝利，石覺將軍曾率領他的十三軍接收熱河，三十七年東北戰事失利，十三軍奉令撤退，可是，遺留下的三千人的勁旅和地方團隊便在興隆縣山地一帶打游擊，到現在已和共軍孤軍苦鬥二年有半。

二、察哈爾

(一)察南區——以小五台山爲根據地有劉雄所領導的五千步騎。

(二)察北區——以陰山爲根據地，有張南平所領導的五千步騎。

三、綏遠

大青山以北，賀蘭山以西的蒙古草原上，德王、李守信率領的蒙古騎兵兩萬人，在風沙中堅苦地和共軍搏鬥，在綏西有傅作義的舊部五千人在不屈不撓地與敵人周旋。

四、寧夏

(一)甘寧邊區——寧夏兵團原任師長馬寶琳、周富財、馬紹武所部二萬餘人在海原，固原及同心城一帶從事游擊戰。

(二)賀蘭山區——一二八軍軍長盧忠良部萬餘人在賀蘭山區及綏遠寧夏交界的黃楊木頭一帶，展開游擊戰。

西部地方

一、青海

彭德懷部進入甘寧青後，對回民曾加大懷柔，但是，共軍殘酷的眞面目不久暴露，回民遂紛紛起而反抗。彭德懷在北平僞中央政府第五次會議上報告：「數萬人流動於西寧以西之都蘭共和地區，及甘肅之寧夏以西山地」。大西北在反共的戰爭中是不會倒下去的。

(一)青海東區——大通、湟源、疊源一帶，騎兵第八旅旅長馬英所領導的騎兵萬人，不斷的打擊敵人，並且曾經圍攻省會西寧。

(二)青海西部——和碩特(蒙部)都蘭，達里泉一帶喇嘛教徒甘榮綸所領導的青海各族聯合反共自救游擊軍五千人。馳騁在青海草原。

二、新疆

(一)哈密區——前哈密區行政督察專員堯樂博士率領五千維族健兒在哈密一帶從事游擊戰。

(二)北塔山區——哈薩克英雄烏斯滿率領五千游擊隊在奇台北塔山區與堯樂博士所領導的健兒東西呼應。

(三)西南疆——阿克蘇一帶李祖堂、馬平林所領導的國軍預備第七軍一部六千人忠貞不屈地在打擊敵人。據最近路透社傳出，第五軍又豎起反共的旗幟。

三、西康

西昌雖然終於不免失守，但是游擊領袖田中田、陶慶林、任顯鋒的隊伍依然活躍於西康境內。

印尼來鴻

「自由中國」在棉蘭

饒碧松

這次中共匪徒在俄帝指使和控制之下使用暴力奪取政權的行爲既不同于中國歷史上的改朝換代，也不同于一般民主國家執政黨的更迭。簡單的說：它是無情地向每一個愛自由的中國人和人類賴以進步的自由挑戰。因此，每一個愛自由的中國人也都無可躲閃，唯有勇敢地接受這一挑戰。

本刊編輯委員羅鴻詔先生頃接獲饒碧松先生自棉蘭來信，內中談到印尼僑胞爭先恐後閱讀本刊的情形，誠足令人興奮。由此可見自由中國運動已深入人心，中共黨徒已至日暮途窮矣。——編者

鴻詔先生大鑒敬啓者：六月十五日曾上蕪函，諒邀青睞。謝女士菊嬌既於六月十四日由棉起程往港，諒卜早日安抵台地矣。蒙附來「自由中國」第十期及十一期，經旣收妥，但每期五十本仍不够分配；時局之動盪，此間華僑極爲興奮，更加關心自由中國，眞人人有先睹爲快之感，後至者每有向隅之嘆。是以持函敬請　先生轉達香港代理處：由十三期起每期付足壹百本爲荷。若遇仍不足分配時，自當再函奉告也。翹首海天，自由中國曷勝依依。耑此敬候

著安

饒碧松　啓

三十九年七月十八日

文藝

郭沫若的過去與現在（上）

劉治郁

讀者乍一看到「劉治郁」的名字，將會感到陌生，但在這個陌生名字的後面，却隱藏着一位執名昭著的作家。劉先生的作品不但在國內一向擁有衆多的讀者而爲人所稱道，即數年前去世的法國大文豪羅曼羅蘭先生對劉先生的作品亦曾拍案叫絕。

「偉大的斯大林，親愛鋼，永恆的太陽！」是數千年來中國文人出賣靈魂發揮到登峯造極的作品，有人說這首汚辱了中國和中國文學的作品並非出於郭沫若之手，但讀者讀完了劉治郁先生下面的這篇文章，將會發現那種寡廉鮮恥的文字唯有郭沫若才能寫得出來。

～～～編　者～～～

提起郭沫若，這位自命爲中國的拜倫，現代的屈原，詩人，文學家，考古家，革命家……是沒有人不知道的。除非不認識字，或者是老太婆和小孩關于他的偉大，早已有捧他的那班人，以及少數被欺騙的文藝青年寫過不知多少文章來恭維他，頌揚他，我自然無須再來那麼一套，同時我是一個文藝工作者，而且是一個思想絕對自由的人，向來反對一切藝術和科學做爲某黨某派的工具，一切教育家，科學家，藝術家做爲某黨某派的御用工具，我主張學術獨立，研究自由，但每一個文化人必須有國家民族的觀念，他所研究的東西，應該與國家民族有利益，更不能殘害同胞，出賣民族。

簡單的幾句話，說明了筆者的思想與立場，郭沫若過去既不是我的朋友，也不是我的敵人，我與他無寃無仇，但因爲愛好文藝，我看了不少關于他的作品，而且知道他許多事情，這些事情，有的大家不知道，我很想介紹一點出來，以供願意研究他的人做參考。附帶要說明的，是這篇文章裏面所說的每一點都是有根據的，筆者完全站在客觀的立場，冷靜地，客觀地只把事實敍述出來，成爲一篇忠實的報導文字。

一　創造社時代的郭沫若

「五四」運動以後　各種新文藝團體紛紛成立，郭沫若，郁達夫，成仿吾，主　淸，張資平等組織創造社，出版創造日刊、月刊，季刊，對於中國的新文化不可否認的有很大的貢獻。郭沫若的文字是流利的，他的如火如荼的戀情是深受一般青年歡迎的，因爲他在日本九州帝大學醫的時候，就與一位年輕貌美的安娜小姐戀愛。爲她，郭沫若寫了一首動人的長詩「瓶」。起初在創造月刊上發表，後來出了一個小册子，從此他不但得着了安娜，也得到了不知多少青年給他的熱情和贊美，讀了他的「女神」和譯詩「卷耳集」後，都認爲他是天才詩人，物以稀爲貴，此千古不變的眞理。那時候，文人剛剛從封建思想裡得到解放，沒有幾個人寫新詩，所以郭沫若便成了年青人崇拜的偶像。

在當時，他們的生活苦極了，創造社的幾個人都住在哈同路民厚里一二一號，郭沫若和安娜，還有他們的孩子也都住在這裏，由民國七年十月十一日，徐志摩的日記上，可以看出他當時生活的窘困情形。

「…與適之，經農（註二）出行去民厚里一二一號訪郭沫若，久覓始得其居　沫若自應門，手抱襁褓兒，跣足，敝服（舊學生服）狀殊憔悴，然廣額寬頤，怡和可識。入門時，有客在，中有田漢，亦抱小兒（註三），轉顧間已出門引去，僅記其面狹長。沫若居至隘，陳設亦雜，小孩羼雜其間，傾跌須父撫慰，涕泗亦須父揩拭，皆不能說華語，廚下木屐聲卓卓可聞，大約即其日婦。（註四）坐定寒暄已，仿吾亦下樓，殊不話談，適之雖勉尋話端以濟枯窘，而主客間似有冰結，移時不渙，沫若時含笑睇視，不識何意。經農竟噤不吐一字，實亦無從端啓。五時半辭出，適之亦甚訝此會之窘，云上次有達夫時。（郁達夫—作者註）其居亦稍整潔，說話亦較融洽，然以四手而維持一日刊，一月刊，一季刊，其情況必不甚愉適，且其生計亦不裕，或竟窘，無怪其以狂叛自居。」

看了這一段文字，我們可以知道郭沫若，田漢，成仿吾是和胡適，徐志摩，朱經農他們合不來的，所以當他們一進去，田漢首先溜了，成仿吾雖然下樓，但並不說話；郭沫若的含笑睥視，也許是一種含有惡意的笑，老實說，論文學的修養，當然郭沫若成仿吾他們遠不如胡適他們，而新詩的創作，郭沫若更遠不如徐志摩。郁達夫的心胸開豁，喜歡朋友，重感情，所以他後來終于和郭沫若，成仿吾分了家，各走各的道路，郁達夫在抗戰期間，爲了愛國，在南洋給日本軍閥殺死，千古揚名；而郭沫若和成仿吾，却正在出賣國家民族，兩相比較，不禁使我們感慨系之。

郭沫若是一位有着雙重人格的人物，他當着成仿吾的面前，表示不理徐志摩胡適他們，第二天却連忙帶了兒子去回拜，我們再看徐志摩十月十二日的日記：

「方才沫若領了他的大兒子來看我，今天說得自然的多了。他說要寫信給西瀅（註五），爲他詳茵夢湖的事，怪極了，他說有人疑心西瀅就是徐志摩，說筆調像極了。……」

這是郭沫若田漢他們這群人一貫的作風，自己作了一部或者是譯了一部東西，不是先找人做序，便是出版之後找朋友替他捧場，同時在自己的序文裏面盡量誇耀自己，自吹自捧。現在我們再來繼續看志摩同一天的日記：

「他開年要到四川赤十字醫院去，他也厭惡上海，他送了我一冊「卷耳集」，是他詩經的新譯；意思是很好，他序裏有自負的話：「…不怕就是孔子復生，他這也要說出「啓予者沫若也」的一句話。」我還只看了幾首。」

郭沫若如此狂妄，如此自尊自大，目空一切，前無古人，後無來者還不說，我們再讀一讀他的詩，就可以了解他的文字如何不通，思想如何糊塗了！

「噯！
要得眞正的解脫吓，
還是除非死！
死！
我要幾時纔能見你？
你譬比是我的情郎，
我譬比是個年輕的處子。
我心兒很想見你，
我心兒又有些怕你。
我心愛的死！
我到底要幾時才能見你！」
——郭沫若死——

這是一首比現在的初中學生寫的還要幼稚的詩，他想自殺，又沒有勇氣，這幾句似通不通的話，沒有音韻，更不講究修辭，這只是郭沫若的幾句囈語而已，那裡够得上稱牠做詩？然而孫俍工却批評「這首詩裏所含的音調，怎樣地幽雅，怎樣地自然，只要我們仔細領略一番，便可感覺出來。」眞是不知從何說起。

底下我再抄一首他的「天狗」詩，讓大家看看詩人偉大的傑作：

（一）
我是一條天狗呀！
我把月來吞了，
我把日來吞了，
我把一切的星球來吞了，
我把全宇宙來吞了。
我便是我了！
（二）
我是月底光，
我是日底光，
我是一切星球的光，
我是X光線底光，
我是全宇宙底Energy底總量！
（三）
我飛奔，
我狂叫，
我燃燒。
我如烈火一樣地燃燒！
我如大海一樣地狂叫！
我如電氣一樣地飛跑！
我飛跑，
我飛跑，
我飛跑，
我剝我的皮，
我食我的肉，
我嚼我的血，
我嚙我的心肝，
我在我神經上飛跑，
我在我脊髓上飛跑，
我在我腦經上飛跑，
（四）
我便是我呀！
我的我要爆了！
——郭沫若　天狗——

以上兩首詩，都是照着原文的標點和排列方式抄下來的，我不知讀者看了以後有什麼批評？我覺得這是一隻瘋狗在狂吠，因爲是瘋狗，所以根本就不能研究他叫的什麼聲音，如果他不瘋，便不會剝自己的皮，吃自己的肉，嚼自已的血。（血，應該寫飲或喝，此處的嚼字，又是不通！）嚙自己的心肝，更不會寫出：「我便是我呀！我的我要爆了！」這樣不通的句子來，而孫俍工還在介紹給讀者。

「這詩分爲四節，每節底行數多至十六行，少的只二行，這種排列法，眞可以說得是極其自由了。」

批評一首詩，他不問內容如何，只說形式排列活潑，便是一首好詩，眞是荒唐之至！

好了，現在爲了篇幅的關係，我不能再引其他不通的詩，且換一個題目來說說郭沫若其他的軼事以及做官時候的情形吧。

怒吼(上)

田麟

——朗誦詩

——序曲——

親愛的朋友!
親愛的同胞!
親愛的兄弟姊妹們!
你也許是很忙碌,
也許有許多煩惱;
但是,此刻
讓我們閉上了眼睛,
靜下心來,
暫時拋開了你的煩惱,
你的忙碌,
想一想這個世界,
想一想這個年代,
想一想我們的國家,
想一想受苦受難的人們!

(一)

朋友!
你看見那張海棠葉的地圖嗎?
這就是我們生長的地方,
這就是我們的國家。
我們有五千年的歷史,
有光輝燦爛的文化。
我們世世代代在這兒生活,
安居樂業,自由自在,
我們千年萬年永遠是一家。
西面是巍峨的高山,
東面是浩蕩的大海,
黑龍江,黃河,揚子江,珠江,
從西流到東。
不管他北方多麼寒冷,
南方多麼熱燥,
我們——
是一樣的溫和善良,
一樣的勤苦耐勞,
我們
——四萬萬五千萬同胞!
可是,朋友!
要過太平的日子,
那是多麼不容易!
你不去惹別人,
人家偏要來惹你:
那些帝國主義者,
像豺狼一樣,
像虎豹一樣,
一個個都看準了這塊肥肉,
一個個都要打你的主意。
你該不會忘了——
這一百多年裏,
我們受過多少苦,
我們吃過多少虧!
古老的民族!
古老的國家!
人家說她是睡覺的獅子,
她漸漸地醒了過來:
拿出了力量,
振起了精神,
發出雄壯的怒吼,
掙脫一條條的鎖鍊。
我們每個人
燃燒着憤怒的火,
發動了神聖的抗戰;
我們艱苦奮鬥了八年,
才換來了最後的勝利。
你總還記得——
那個勝利的日子,
我們該是多麼的高興!
鞭爆的聲音,
狂歡的聲音,
像雷鳴,像山崩,像海嘯。
從地下響到天上,
從城市響到鄉村。
人人心裏都在想着:
從此安居樂業,
從此是太平年月,
再不受壓迫,
再不受欺凌,
我們是自由國家的主人!
誰會知道
這一切都是夢想,
都是一場空歡喜!
滿心的高興,
轉眼間變成烏烟瘴氣。
我們在前面打着鑼,
敲着鼓,
燃放着鞭爆,
後面却進來了强盜!
誰會想到
在我們剛剛展開笑臉的時候,
在我們剛剛舉起
疲勞的脚步的時候,
在我們汗還沒有乾,
眼睛還沒有睜開,
氣還沒有換過來的時候,
我們的肩膀上,
我們東北的土地上,
又揷上了一把
明晃晃的鋼刀!
啊!東北!
寒冷的東北!
富庶的東北!
苦難的東北!
永遠是你這兒先遭毒手!
看吧!那强盜在東北
霸佔了我們的地方,
拆毀了我們的工廠,
還逼着我們的同胞——
替他們搬機器,
給他們做奴隸!
他們斫光了我們的森林木材,
他們搶走了我們的大豆高粱,
他們侵佔了我們的煤鑛鐵鑛,
他們用皮鞭,用刺刀,
抽打着,
驅策着我們的同胞,
把這些搶來的東西,
運送到西伯利亞的蠻荒,
這群强盜!
這些野獸不如的魔鬼!
沒有一點人性,
沒有一點廉恥的啊!
就在大街上,就在商店裏
我們的女同胞,
被他們强姦了!

被他們汚辱了！
不管是大嫂子，老太太，
新媳婦，小姑娘，
也不分白天和黑夜。
上帝啊！
從古到今
我們從來沒有見過
這樣兇惡的暴行啊！

朋友！
我們苦苦的奮鬥了八年，
那鮮血是白流了啊！
從此
我們又有了一篇新的血債！

今天，
共產黨徒在全中國的猖狂，
今天，
整個大陸上同胞的災難，
都是從這兒開始的！
我們怎麼能忘得了這汚辱？
我們怎麼能忘得了這仇恨呀?!
遼河的水流盡了憤怒，
松花江的水流盡了哀傷，
中國人的血和眼淚，
流成了大海啊！

（二）

在那荒涼的野蠻的北方，
在那冰天雪地的西伯利亞，
出來了一條大狗熊。
牠生着兩道又粗又黑的眉毛，
臉上掛着一隻鴨蛋似的大鼻子，
兇惡的眼睛，
貪饞的嘴，
嘴邊長滿了毛。
祗要你瞧瞧
牠那肥胖的身體，
你就會知道
牠吃了多少人的肉，
喝了多少人的血！
多少人的性命
斷送在牠手裏！
多少無辜的人們
被牠逼着做了奴隸！
這狗熊不祗是一頭野獸，
牠已經成了精怪，
已經是個可怕的妖魔！
孫悟空有七十二變，
這妖怪
比孫悟空的變化還多！
有時候牠兇猛得像老虎，
有時候牠輕巧得像猿猴，
有時候牠狡猾得像狐狸，
有時候牠殘忍得像餓鷹，
有時候牠扮做慈悲的上帝，
有時候牠變成三頭六臂的兇神，
有時候牠裝鬼，
有時候牠像人，
有時候牠爲了要刺探人家的秘密，
就會變作了蒼蠅。
一會兒牠擺出勢子要打架，
一會兒牠在你肚子裏說話；
你聽牠滿嘴的甜言蜜語，
心裏却全是陰險可怕。
不懂得牠的厲害的，
不明白牠的詭計的，
就會上牠的當，
就會吃牠的虧。

你看那捷克，
波蘭，
匈牙利，
羅馬尼亞，
保加利亞……
許許多多的國家，
都遭了毒手，
都給牠吃了，
一個個關進了鐵幕。
牠左手拿着鐮刀，
右手拿着斧子，
鐮刀和斧子的口上，
被血漬染成汚黑了。

就是牠！
在我們八年抗戰之後，
强佔了我們的東北，
欺壓我們的同胞！
就是牠！
放出了牠的爪牙
——中國共產黨，
扶助牠一天天的强大，
擾亂了我們的國家。
自從中國出了共產黨，
我們就沒有一天的安寧。
他們從頭到尾
沒做過一件好事，
却滿嘴說謊話，
到處騙人，
你要打他，他就說：
「我們反內戰」！
他要打你，他却說：
「我們要革命」！
他告訴別人說：
「革命吧！革命吧！
革命之後才有好日子過，
好人才能出頭，
窮人才能翻身！
我們代表的是人民！」
一切壞事情，
他手裏全做得出來，
一切好聽的話，
他嘴裏全講得出來。
好心的人
瞧不出他肚子裏的鬼，
輭心的人
經不住他窮騙胡吹，
歪心的人
想向他靠攏投機，
黑心的人
跟着他一鼻孔出氣。
於是
人們上當了，
而魔鬼的生意做成了！
中華民族的堤防潰决了！
那汎濫的紅流，
瘋狂地流過來了！
從北到南
一個個的城市被淹沒了！
一寸寸的土地
被血醒的爪子撕破了！
强盜們
高舉着赤色的酒杯，
張着血盆似的大嘴，
得意的狂笑了！
這時候啊！
中國的土地上——
天空變了顏色，
太陽失去了光輝；
原野苦着臉，
山林鎖着眉，
河川都暗暗地流下了眼淚！

中篇連載

荻村傳（九）

陳紀瀅

九、卡扣兒蘑菇之死

不久，從太行山來了一枝人馬，打從縣境西南向東南穿過，並打死了幾個巡邏邊境的保安隊。據說他們的番號是八路軍。又有人說，這枝隊伍原是東北軍，爲首的是呂正操團長，在蘆溝橋事變後，在平漢線作戰時是殿後部隊，後來不及跟先頭隊伍一齊南撤，於是便被共產黨聶榮臻部收編，在冀中區打起游擊來了。

皇軍一見本縣和附近幾縣突然出現了游擊隊，而且游擊隊的行踪飄忽不定，你來他走，你走他來，不是把公路扒毁，就是砍斷電線杆。日本皇軍初次遇到這種頑皮的軍隊，非常焦急。第一次聯合圍勦，皇軍不但沒有捕捉到游擊隊的主力，而且還遭受了相當大的損失！這一次，游擊隊是暫時退遠了，但不久便又突然來了。皇軍想盡了種種方法來打擊游擊隊，組織護路隊，修碉堡，檢查戶口，換發良民證。淸鄉、檢舉、搜查、逮捕、屠殺、種種嚴防處罰的辦法都實行過了，然而，游擊隊不但沒有減少，反而一天比一天活躍起來，最初游擊隊活動地區不敢靠近縣城二十里路以內，漸漸，十里八里，甚至於連縣城裏，也常常發現有他們的破壞工作。

一天，荻村剛由皇軍淸查了戶口以後，晚上便在廟台上出現了幾個持槍實彈的八路軍，一個政工人員對圍了左三層右三層的人羣演說：

「日本帝國主義侵略咱們中國已經有六七年了，日本軍閥想滅亡我們中國自九一八起，已經開始了。我們八路軍是奉中央政府的命令，蔣委員長的命令，來打日本的。你們不要給日本皇軍當兵，不給他們糧食，不給他們報告；要幫助我們八路軍，供給我們糧食乾草，給我們做眼線！誰是村長？站出來！」

這時張五爺從人簇中擠向前去。

「你是村長嗎？好，我說的話記住了沒有？以後我們都是晚上來，也許前半夜，也許後半夜，我們要什麽東西，我們開下條子，將來打退了日本鬼子，加倍奉還！我們的敵人只有一個，你們不是恨日本鬼子嗎？不打走日本鬼子，咱們沒有太平日子過。你們不是望中央嗎？我們就是中央隊伍，我們的毛主席已經接受蔣委員長的領導了。趕快幫助我們打走日本鬼子，咱們大家好過太平年。」

接着這個政工人員命令張五爺，在村的四個路口各豎立一個旗杆，每天晚上要點起燈籠，如果村裏有皇軍或保安隊在時，就點起紅燈籠，如果沒有皇軍和保安隊時就點綠燈籠。

「我們才是同胞弟兄，大家聯合起來趕跑要亡我們國的日本鬼子！」政工繼續說。

荻村人聽見八路軍政工人員說話這麼和氣，而且這麼愛國，他們又奉的是中央政府和蔣委員長的命令，荻村人久經災禍之餘，眞覺着救星來了，苦難的日子快熬出來了。

「這回許要太平了！」村中人不約而同的露着希望。

張五爺把他那似乎用橫肉絲組織成的方圓臉往下一拉，兩撇仁丹小黑鬍往上一翹，黃藍色的眼珠滾了幾下，於是他說：

「慢着，且別高興！誰不恨日本鬼子？誰不想過太平日子？但今天日本皇軍佔據着縣城，對於防犯游擊隊，有嚴厲的命令；現官不如現管，咱們不能不聽他；八路軍是咱們中國人，而且又是奉中央命令打日本鬼子的，咱們於情於理，也不能不幫他。可是，……」

「可是什麽？我有一個辦法，白天咱們聽皇軍的命令，夜晚我們聽八路的命令。再不然，咱們請求他們任何一邊整天駐守在咱們村裏，那咱們就專門聽一邊的命令。要不介，那咱們就是輭面姥姥誰也惹不起，可別怪咱們是蝙蝠，是兩面人！」黑心鬼詭計多端地獻策。

「依你說，我看恐怕要落個豬八戒照鏡子，裏外不是人吧？我倒有個好主意，」大粗腿說到這裏，張五爺忙問：

「你有什麽好主意？快說。」

「我這個主意叫做一箭双鵰法。八路軍不是叫我們掛燈嗎？咱們就將計就計，先去報告皇軍，請皇軍駐村進剿，咱們不把紅燈籠掛起，咱們掛起綠燈籠來，使八路軍不防備，讓皇軍打個勝仗，我們得一大功。再一回，咱們叫八路軍多來人，先駐在村裏，然後把綠燈掛起，讓皇軍冷不防，被八路軍打個落花流水。讓他們互相攻打，彼此死傷，豈不是一箭双鵰嗎？」

「混蛋！混蛋！一百個混蛋！大粗腿！你這是什麽一箭雙鵰法？這分明是耗子舐貓兒的鼻子找死！這才是媽的武大郎服毒喫是死，不喫也是死呢。算了吧，省下你這套狗頭軍師的神機妙算吧。」張五爺斥責大粗腿，但他對於怎樣應付皇軍和八路軍，又一時想不出主意。

天太晚了，大家也就散了。

第二天，小淘氣兒沒等到鷄叫就從炕上一咕嚕起來。他把昨晚八路軍政工人員講的和張五爺與黑心鬼，大粗腿等一問一答的言語，琢磨了又琢磨，半夜閤不上眼，後來眼皮剛覺濕澀，又被狗叫給驚起了。他咕嚕起來，沒驚動自己的老婆，和另一房的老娘，開開房門，望望天，還有一顆顆的星在烱爍着。正是秋末，院場裡曬的棉花稭沾着盈盈的露水。幾垛乾草好像也着了濕潮似的，於是他乘天不明把棉花稭攤開，整理了一回乾草垛。看看圈裏兩隻蠢猪正是吁吁鼾睡，牛棚裏的老黃牛也正在搗嚼。鷄窩裏的老母鷄，大公鷄開始吱吱喳喳的叫。

他脫下小薄棉襖，又練了幾蹓少林拳。公鷄在啼，街上有了行人動靜。他叫起了自己的老婆，打開大門，懷着心事去找扣兒蘑菇。

「好他媽的稀罕！盼太平日子，

盼來了這麼一個稀罕局面！」他在路上，自言自語的，不停地嘮叨。

扣兒蘑菇近來不大愛講話。秋後莊稼都收拾清楚，場裏，地裏都少事做。原先，身體還不頂壯實，又見狗兒老咬受完蛋蛋兒的教唆，仗恃着張五爺的勢力，硬要給他過繼，心裏好不生氣。自從傻常順兒當了保安隊，自己好像也有了仗恃。現在身體又結實得像匹老牛似的，於是以前那些牢騷和生氣的話也不說了。以先還大喫大喝一陣，近來又省喫減用起來。他也不知道究竟他爲什麼又省細，爲誰省細？祇是悶的慌時候，瓶子不離酒，嘴不離瓶子，可是喝也喝不多，有二兩白乾就足足够他消磨一後半晌。狗兒老咬見他以前大喫大喝，可有點焦急，自己恐怕讓他把這份家業給糟光了，自己情受不上，後來又見他節省起來，一塊石頭落下地，才放下了心。

這天清晨，小淘氣兒匆匆來找他，他知必有事。

「扣大爹！昨兒黑夜的事，你聽見了沒有？」

「我怎樣沒聽兒？」

「你看你們誰的主意對？」

「我看誰他媽的主意都是二烏眼，不高明！」

「你老說怎麼辦？」

「怎麼辦？這裏夾着一個人，不介，很好辦。」

「你說說，我聽聽，看是不是和我琢磨的一樣？」小淘氣兒着急地說。

扣兒蘑菇燃起一袋葉子烟來，抽了兩口，然後慢吞吞地說：

「日本鬼子是咱們的仇人，誰人不知？那個不曉？本來麼，沒力量抵抗敵人，做老百姓的祇好當順民；既有軍隊來，我們再不幫他打敵人，豈不是天生漢奸嗎？可惜常順兒在當保安隊！」

「着！着！着！大爹跟我琢磨得一模一樣。昨兒晚上我尋思這件事怪彆扭，幫誰也覺着不得勁兒，後來我琢磨了一夜，還是幫八路對！八路是咱們中國人，又是奉的蔣委員長的命令打日本鬼子的，爲什麼不幫他？可是我想來想去，這裏邊夾着一個常順兒，所以我不知怎麼好。」

「可說是呢，我也在猶疑。」扣兒蘑菇又裝了一袋烟抽着。

這一天，張五爺又和黑心鬼合計了半天，他們也得了一個結論：就是先取得八路的許可，對於縣裏的皇軍和保安隊必須要應付，但暗地裏多多幫助八路，給皇軍和保安隊多少糧草伕馬，給八路總得多一點。本村當保安隊的傻常順兒任憑八路的意思，要怎麼處置便怎麼處置。他倆商議定的事是一個密秘，誰也不讓知道，祇是令人在村邊四個道口按時據實懸掛燈籠，並隨時供給八路消息。於是一面給日本皇軍，保安隊納稅獻糧，護路修碉堡；一面又給八路繳糧送伕，破壞公路，砍倒電線杆子。白天是日本人的天下，夜晚是八路的世界；集中兵力的時候，他們服從日本人；兵力分散的時候，他們聽命於八軍。眞中是小淘氣兒的話柄，「好他媽的稀罕！」

× × ×

傻常順兒由下士升爲班長，經常奉派出去清鄉，剿匪，饒勇善戰，日本木村隊長常常誇獎他：「你的，大大的好。」可是他也慢慢學會了，欺壓老百姓，學會了強姦良家婦女，學會了向老百姓要錢，討東西。總之，他仗恃穿着日本皇軍制服，他愛幹什麼便幹什麼。

他記起當年關公會和他託過的夢：「四十年後，你要大富大貴，喫好的，穿好的，住好房子！」等等的話，掐指算算，三十年已過，四十年來到，莫非這就驗了嗎？他摸了摸脖子，眨了眨牛眼，「嘿……嘿」笑了。再掐指算算，蹧蹋了多少大姑娘，小媳婦啦？「哦，一個，兩個，三個，七個，八個，十一個。媽的，那個不養過小寡婦和歪歪桃兒？但我還是不能放鬆小寡婦！我還得替扣爹報仇！常言道得好量小非君子，無毒不丈夫！我傻常順兒就喫了老厚道的虧！」

一個黃昏，他向大隊長請了假，回到荻村。

這一大，正是十月初一，照民間風俗，是一個鬼節日子，那知道扣兒蘑菇的生日也在這一天，完蛋蛋兒早已教唆了狗老咬乘這個日子把他的老命結果了。他倆計議停當之後，狗兒老咬前一天親自跑到他扣爹處假獻慇懃，滿面陪笑地說：

「爺！明兒格是你老人家的六十九歲生日，照咱們地方風俗，叫做七十歲的暖壽，咱們可不能不好好過一過若在平常，咱們搭個棚，請上個吹鼓班，唱一台坐抬腔，把鄉親們邀到家，擺上八大碗的席，請大家樂喝樂喝。如今年頭不濟，我和你老請示請示，究竟怎麼辦？」

「怎麼？狗兒！你想起我的生日來了？虧了你還有記性！往年我也沒折騰過，這幾年今天給皇軍納糧，明天納八軍進俸，你去看看我倉房屋的糧食囤，不是早已空空了嚥？我罎子裏的米，你去數一數，還有多少個米粒？年頭兒可眞叫不濟。我活了六七十歲，從鬧義和拳，發大水，鬧旱災，到直奉戰，可沒有見過這種不濟到頂的年頭兒！有一樣好處，總算長了見識，經得多，見得廣。可他媽這做什麼呢？想來想去，這叫做全本「老百姓倒霉大出演」。連台戲，從頭到尾，老百姓去的是全本武大郎，死是死了，但是冤魂不散，必要取個報償。至於我的生日麼？還有什麼好折騰的？若是往年，我不能順着你，今年你既有好心，我不能沒有好意。這麼着，我依着你，可是咱們不要驚動多少人，我們喫頓麵，把滷湯做好點，我還有幾斤燒酒，邀上你大腳蘭兒奶奶，再邀上你小淘氣兒叔叔和張一刀爺爺，够了，這夥人平常和我都有交情，咱們也不要他們上人情份子，就說請他們來一塊坐坐，大家樂喝一陣，你算盡了你的孝心，我也盡了我的人情。我瓦罐裏還存着幾斤洋白麵，明兒格你幫着你奶奶來做就是了。」

狗兒老咬見第一步計劃已經成功，於是又去和完蛋蛋兒討教怎樣害他。完蛋蛋兒把一包砒霜遞給他，說：

「老咬！你記着，祇能害死他一個人，不能害死兩個。再說，你千萬不能洩露這個密秘，我可完全爲了你，害死他，和我沒有什麼好處，我也不圖分你一間房子半隴地，完全爲了你，你可得知情。露一點，你小心你的狗命！」

狗兒利令智昏，一心要情受扣兒菇的產業，心黑膽大，完蛋蛋兒的話，他完全聽着入耳並且分別去達了客。

初一下午，客人們都很早到了扣家，雖然扣一再避諱說是過壽日，但幾個相知誰不記得十月初一日是扣的生日？於是大家不約而同都送來了壽麵壽桃。

等一個客人是大脚蘭兒，她剛剛從墳上給拐子蓮兒燒了紙回來，在眼窩下還沾着淚痕，一進門，她就咭咭呱呱地笑着說。

「扣大哥呀！你今天大壽咧！我給你拜一拜吧。我可沒有給大哥備禮物，老弟兄們沒有挑檢，明年我一定給大哥好好蒸上一籃子壽桃，今年「鴉子磨嘴」罷咧。」

隨着張一刀，小淘氣兒跟着也來了。大家給扣作了揖。扣兒蘑菇吩咐狗兒老咬把幾盤小菜端上來，先喝酒。

張一刀問起儍常順兒有沒有消息，扣說日前他去城裏看他，人家說他混的還不錯，當了什麼班長，還交給我幾塊錢。他說他若能挂個號，今天也許要回來。張一刀聽了之後，又想起自己的兒子，他想拴子，假如還在，也許今天和儍常順兒一樣，熬個班長，也說不定還能高點，如今自己仍得賣着老命爲人家宰猪，可是自從日本皇軍佔據縣城，八路軍出沒在鄉村以後，猪慢慢也沒人養，他宰猪的生意極爲淸淡了。他滿腹悶氣正沒處發洩，今天喝着盅的燒酒，興緻突然高了，拿起一盅酒來，和扣撞了撞盅，說：

「扣大哥！這盅酒，祝你『福如東海長流水，壽比南山不老松』！」

「對！扣大爹！我不會轉文，我這盅酒，祝你結結實實比石頭還硬朗！」小淘氣兒接着也端起酒盅來。

「大哥呀，大嫂呀！我祝你們老公倆一個是壽星老，一個是壽星婆，老公倆活個千年萬年的！」

「他大娘！你不是罵我倆千年王八萬年龜嚒？」扣奶奶說完，哈哈笑起來。

「不介，我是你們老公倆要享王母娘娘那麼高壽呢。」

張一刀乘机會打開話匣，說：

「活大歲數是人生造化，老天爺的恩典。扣大哥一生一世沒做過缺德的事情，熱心公益，惜老憐貧，應該活大歲數。可是也有一般爲非作歹，整天介不做人事的傢伙們，可並不死。我的拴子從小養大，縱然年紀輕，沒有做過什麼大善大德，但還老實正直，有可爲什麼死得那麼早？這年頭兒像扣大哥還可以多活幾年，像我，連猪都沒有的宰了，還活個什麼勁兒。前幾天，白天，日本皇軍問我窩藏沒窩藏八路？晚上，八路來問我爲什怎讓皇軍進入內屋？他要進來嗎？誰擋得住？咱們今天是有罪的小鬼，見神就得磕頭。可是磕到什麼時候磕到頭呢？」

「是啊！張大哥，你說的一點兒也不錯。什麼時候才能過太平日子啊。我整天燒香化紙，求告菩薩，日多施憐憫，快讓咱們過太平日子。不說別人，就說我這一個老婆子，從前種十幾畝地，打的糧食，我橫吃豎吃，也吃不淸的；一個集日，雞生的蛋，我除了吃的，還賣上百八十的。可是咱們村裏也不知定的什麼規矩，給皇軍一個總得給八路倆。旣要對皇軍陪不是，又得向八路張笑臉，這不是一個媳婦，嫁兩個男人嗎？我說了一輩子媒，可從來沒保過這種兩頭親事。我今兒格心裏不慰貼，一大早就去憤上給蓮兒姪去燒了幾張紙，我哭一哭就慰貼了。又遇上官兒太太，就是蓮兒姪上憤，她一見我就哇哇大哭起來，我的妹妹桃兒，她也帶着龍妹、龍英去一見她哭也不知道爲什麼胸間忽然凸上來了一股寃氣，俺家娘兒倆着實地哭了一回。我問她近來怎麼樣？她說老五對她娘兒們很壞，常常逼着她們拿出官兒的東西給他，並且從來不給她娘兒們一點好氣。扣大哥，張大哥，你們看，趕情人在人情在，人死兩下擘。無論如何，蓮兒是他的伯父的姨太太，何況又生下大兒大女？不看金面看佛面，爲什麼趕盡殺絕呢？』」

扣兒蘑菇喝下幾盅酒，已有了幾分醉意，又兼了他們的鹹言淡語，滿腹心事，不由得順嘴說出：

「自從那年爲賣棉花得罪了張老五，村中的事我撒了手，荻村村就鬧翻了世界，男盜女娼，王八兎子，一古腦兒都有了。傷天害理，滅絕人倫的衣冠禽獸，也一輩挨一輩出生。我辛辛苦苦一輩子，沒有兒子，是我命苦，我沒做過缺德事，我不虧心。我祖宗做了缺德事，那我不能擔待。我一生讀書不多，但不胡塗，我把這份苦業來的家產，沒擱在心上。不用說姓李的可情受，姓張姓王的都可情受，誰也有份，可誰也沒份，看待我好不好？今兒格狗兒想起給我過生日，瓜子兒不大是個人心；人心是肉做的，我不能不知好歹，我這份產業本來要給常順兒的，看狗兒這麼乖，以後我也不再堅持，可是還總得等我嚥下最後一口氣，見常順的一面，才算數。」

「狗兒！你聽見也沒有？」小淘氣兒喊着老咬。

「嗯！聽見了。」狗兒早有了主意。

酒已然喝了半天，剛要喫壽麪，忽然門口吵吵嚷嚷，不知出了什麼事。他們急忙出門去看，祗見儍常順兒和大粗腿打做一團，小寡婦披散着頭髮，敞着衣襟，邊抽嗒抽嗒地罵：「你這死王八呀！你當了保安隊也是一樣，你爲什麼要欺負你姑奶奶呀！我要向皇軍那裡去告你，把你槍斃了，讓你死後八輩子不得託生！」大粗腿跟他在地上滾過翻過去，也不住地罵：「你這儍兎崽子！你當了皇軍，我也不怕你，你強姦別村的女人可以，荻村村不是你小子的天下！」

又聽儍常順兒也罵：

「大粗腿！我操你，你的親娘祖奶奶的！我憑着這身衣服，愛怎麼，就怎麼，你的小寡婦又算得什麼？我姦死她，才出了我的氣！你護着她，我就摔死你！」

衆人把他們拉開，分頭勸阻。只見完蛋蛋兒鬼頭蛤蟆眼兒跟著大粗腿遛走。

原來儍常順兒這天來到荻村以後，他色大包天，只願一心一意要去找小寡婦，就沒有先到扣家，逕直去小寡婦處，見了她就三把兩把揪住她實行無禮，那知寃家對頭，正大粗腿來和小寡婦來談情，於是便揪打起來，一直打到扣家門口。

看熱鬧的人散了，儍常順兒才低着頭「紅着臉，跟着衆人到扣家，他一見壽桃壽麪，觸動了記憶，忙說：

「扣爹！今天是你老的生日，我特地掛號來給你老人家來拜壽，誰知道又碰上大粗腿王八且來和我搗亂，我沒帶槍，要不介，我早把他兎崽子斃咧。我這裡給你老人家磕頭！」說着說着，跪在地下，給扣磕了三個響頭。

隨後，狗兒老咬手捧着一大碗熱騰騰的澆滷長壽麪遞到扣的手內。大家也拉常順兒坐下同喫。（未完）

美奸希斯叛國原委（三）

R.D. Toledano &.V. Lasky 原著
遠思節譯

一九四八年四月，顯然地，司法部已改變着重點——總統選擧將至。間諜案的這一隅被遺忘，聯邦檢查官麥克哥希開始準備根據西米斯法案（Smith Act）對共產黨的領袖們提起公訴。這轉變在新聞界間是一個公開的祕密。對於班特蕾，這新的轉變是一個令人凝呆的大打擊，一年以來她會繼續不斷的供給有關間諜的證據。她找到了紐約世界電報（World-Telegram）的一個記者。

假若不是爲了美國報界的原故，班特蕾的故事——以及偶而被透露的張柏斯的故事——可能掩沒而被遺忘。現在紐約世界電訊報發表了關於這個會爲間諜的驚人新聞。於是長眠的非美活動委員會立刻躍起要獲取她的口供。一九四八年七月三十一日，她的供詞震撼了全國。

班特蕾列擧出政府中的共謀者，第一個便是西爾夫爾馬斯特。其中有幾個（西爾夫爾門，客拉默爾，艾彼特，懷特）會被張柏斯提及。

非美活動委員會開始傳班特蕾所擧出的人。他們的態度歸入一個型式。一個個的都非難非美活動委員會，對於所有的罪狀全加否認，但是對於直截了當的問題他們都以憲法爲掩護：「我拒絕回答，以免自陷於罪。」

懷特在過去會被張柏斯擧出，現又被班特蕾擧出。一九四二年在一個文官委員會的報告中他會被列名爲一個「著名的共產黨員。」一九四五年，在國會中他會被控爲共產黨。在張柏斯和班特蕾所擧出的人之中，幾乎有一半是他的朋友和他所僱用過的人們。但是現在他竟自稱他不認識共產黨員，完全無罪。他在受訊的幾天以後，便死於心臟病。有些人將他們的死立刻歸罪於非美活動委員會。

在班特蕾的喧囂中，張柏斯並未被提及。但是紐約太陽報的華盛頓通訊員納勒爾(Ed nellor)回想起會聽見過關於張柏斯的故事。於是他催迫非美活動委員會傳張柏斯，一九四八年八月二日，給張柏斯的傳票發出了。他說：「我常怕我必須要跨過這一關，但我希望能免掉。」他感到困惱和不快。

終究，於一九四八年八月三日，張柏斯在新議會辦公廳大廈（New House Office Building）公開報告他的故事。

他宣佈說：「差不多是九年以前，我去華盛頓向當局報告我所知道關於共產黨滲透美國政府的情形……在那個時候，在這鬥爭中的這一方面，很少人能履行這任務。」

他敍述了如何加入共產黨以後，便敍及共黨的地下組織。他說起初華盛頓的首腦是維特，後來是艾彼特。普賴斯曼也是其中的一份子，還有希斯兩弟兄。此時這組織的目的主要的是「滲透美政府；但間諜當然是它最終的目標之一。」他有意地小心地避免控訴其中任何人會從事間諜活動。

至此希斯仍然是劇中的次要角色。他的名字和其他六個人僅順便被提及。這是在星期二那天。星期三，反對張柏斯「汚染」希斯和懷特的騷鬧開始了。這二個人在政府和新聞界中都有有勢力的朋友。於是人們開始造謠說仇念深重的張柏斯藉不負責任的控告政府顯要官員而圖求要位。

八月五日，一個四十三歲的瘦長帶微笑的人希斯出庭作證。除了懷特和其他幾個人之外，不以憲法的特權爲掩護的僅希斯一人。他反而採取了攻勢。他作證說：「我不是而永也未會是一個共產黨員，據我知道得最清楚的，我的朋友中沒有一個是共產黨。」就他所知道的，他「從未看見過張柏斯，但很高興看到他……張柏斯先生對我的一切敍述完全是揑造的。我想我在政府中的記錄可說明一切。」

將張柏斯的照片給他看，他完全不認識這個人。滿德代表（Mundt）說關於其他六個人的謀叛行爲似乎是無問題的；他奇怪一個時代雜誌的編輯將希斯和其他六個人一起提及可能有什麼動機。

希斯笑着說：「主席，我也如此奇怪。」

在同一個下午的秘密會議中，許多委員想廢止此案。只有尼克遜（Richard Nixon）熱烈地反對。後來他說：「我覺得希斯是一個過於小心的證人……我看出在他整個的口供中他從未說『我從未認識過張柏斯。』他總是堅持用限定的術語說：「我從未認識一個名叫張柏斯的人」。

所以尼克遜堅持着成立一附屬委員會，立刻去紐約訊問張柏斯。他辯論說：「讓我們使他告訴我們他所知道關於希斯的每件事，然後我們才能知道他的故事是否是揑造。」

尼克遜的附屬委員會在八日七日星期六那天會着了張柏斯。他說希斯和其他的人眞的是只知道他叫卡爾。但希斯是一個黨員，經常由於張柏斯取得他自己和布里西娜的報酬。最重要的是張柏斯很詳密地知道希斯的家庭，他們的家，他們親密的綽號，以及他們汽車的構造和外表。他會在希斯家呆過一星期——那會經是他在華盛頓的非正式的總部。

他們有一隻西班牙狗，很喜歡雀鳥。張柏斯說希斯在得到一輛布里毛斯汽車之前會有一輛福特汽車，並告訴他們希斯如何堅持要「將這輛車轉讓給黨，使它被一些貧困的組織者利用。」後來他被允許通過一個當地的汽車商而完成這件轉讓的工作。

尼克遜突然問道：「關於這口供你願意受撒謊檢驗器的試驗嗎？」張柏斯回答道：「假若必須的話，我願意。」

在這次會議與希斯二度出席於非美活動委員會

之間有九天的時光，現在這一次是秘密會議。在這期間，調查者極力地核對在張柏斯的口供中所敘述的簡單事實，一件件的他都被證實了。此外，尼克遜去威斯特敏斯特農場。拜訪他兩次。尼克遜告訴作者說：「在我和他的談話中我察覺當他談論希斯時他是在談一個他所認識的人，而不是談一個他所研究他生活的人。」

八月十六日的下午，希斯來到，帶有一點躊躇好鬥的神情。尼克遜開始簡敘這會議的目的：決定這兩個人之中那一個是僞證者。他選了兩張張柏斯的照片，問希斯是否認識。希斯口若懸河，他承認說：「這臉面是眞的有點熟悉，照這像片上看來這臉面不十分淸晰。我很願看到這個人……。」

當這審問轉到張柏斯所敘述的細節時，希斯開始爭議和辯論。又將張柏斯的另一張像給他看，他惶惑地以一種雙重否定的語氣說：「這臉面並不不熟悉。」但立刻地，他又探取了一種新方針。他說他曾絞盡腦汁想誰能如此詳盡地知道他的私生活。

他宣稱：「在一九三三年或是一九三四年我認識一個人，他不僅在我的家中消磨了一些時候，並且還分租了我的房子……我不覺得這些照片就可能是這個人。假若我沒看見今天早晨的報紙敘述他知道我家的內部情形，我想我不會想到這個名字。」

但他拒絕敘述有關「分租」的詳細情形。國會議員赫柏特（Hebert）調停說：「直到幾分鐘前，你一直是很坦白，很合作的，現在你總是退一步說話以免自陷……張柏斯先生對於我們問他的問題未曾有任何表示，我們調查了幾個鐘頭……他不可能藉最勉强的想像力準備如何回答，因爲他不知道問題會來自何處……」

希斯最後透露這人的姓名便是克羅斯雷（George Crosley）——是一個中立的作家，他曾到他那裏找消息，這個人有「一副很壞的牙」，他曾在他家中停留過幾次，甚至於分租了他的房子。他曾「賣給他一輛汽車，是一輛舊福特汽車，我們留着它是爲了某些感情的原因。」買了一輛布里毛斯車之後，他不需要這輛福特車。然後他又補充——並不是賣，而是在租房子之外額外加給他的，克羅斯雷從未付過租金。「僅僅是轉讓給他。」他幾乎是偶然地又說道：「他曾給我少許錢。他拿來一條毛氈，他說那是某個有錢的恩人給他的。我仍有着這可厭的東西。」

更進一步的詢問將張柏斯所供給的許多細節都一點點的證實了：家庭的綽號，假期，西班牙狗。希斯進而回溯起曾驅車送克羅斯雷去紐約。然而他還不能肯定地說克羅斯雷便是張柏斯，這便是他從這些照片中得到的「最好的感觸。」

到會議快終結時，尼克遜問他是否願意受撒謊檢驗器的考驗，並告訴他張柏斯已同意如此。希斯的回答冗長而間接。他談論這工具並問它的科學的準確性。最後，沒有說「不」而拒絕說「可以」。

當這場審問終結時，報紙的大標題是：希斯和張柏斯將當面對質。

非美活動委員會發覺希斯說或許他所認識的克羅斯雷是張柏斯有漏洞，於是決定很快地行動。八月十七日下午五點三十五分，在紐約加摸多爾旅館的第一千四百號房中，這偉大的對質場面開始了。

極端不安的希斯與人寒喧並聲稱：「請紀錄記下，從我辦公室出來的途中我在報紙上得知懷特的死訊，這對我是一個大的打擊，我感到我的心情不適合作證。」

張柏斯走過了前門。希斯背對着進口處，沒有移動也沒轉過他的頭。張柏斯在對面的一張長椅上坐下。最後這兩個人面對着面。他們被請立起。

尼克遜：希斯先生，站在這裏的這個人便是張柏斯先生。現在我問你你以前是否曾認識過那個人？

希斯：我能請他說話嗎？請你請他說幾句話。

張柏斯：我的名字是張柏斯。

希斯（走近張柏斯）：你能將你們嘴張大一點嗎？你可以張開你嘴嗎？尼克遜先生，你知道我所指的是什麼。你可否繼續說下去？

張柏斯：我是時代雜誌的高級編輯。

希斯：當他以前作證時，他的聲音和這是同等的嗎？他或者是以一種較低的音調說話嗎？

麥克杜威爾（Mcdowell）：我可以說和我們現在所聽的大約是一樣的。

希斯：你能請他再說一點嗎？……我想他就是克羅斯雷，但是我願聽他再多說一點。

張柏斯讀了一段新聞星期（Newsweek）上的文章。希斯嚴肅地聽着。

希斯：這聲音比我所認識的克羅斯雷這個人的聲音反響稍小。這副牙看上去好像自從幾年前我認識克羅斯雷以後曾被修過或是曾經過牙醫的診治。我相信若無進一步的查看我不能絕對發誓他必定是克羅斯雷。

張柏斯宣稱事實上他已將他的前上排牙修理過。希斯說：「那就證實了我的感覺，他在一九三四年或是一九三五年將他自己介紹我爲克羅斯雷，一個中立的爲雜誌寫文章的寫作家。但是，雖然克羅斯雷的妻子也在希斯的家中停留過，他不記得她的名字。當他租房子給克羅斯雷時，他已認識他們五六個月了；在他們接過房子的前三四天他們和他們的嬰孩曾在希斯家中住宿過；後來他見過克羅斯雷幾次，連他帶來毛氈的那一次也在內。

斯特里普林（Stripling）：希斯先生，你說你所認識的那人是克羅斯雷，你辨認他必須依據的一個特點就是牙齒嗎？

希斯：我能以我自己的話回答而不僅說「是」或「不」嗎？

斯特里普林：當張柏斯先生在這屋中行走，你走過看他請他張開他的嘴時，就確得了一個印象，就是你所要辨認的僅僅是他的上排牙是什麼樣兒。現在，這裏的這個人你認識了至少有幾個月。你和他如此熟悉以致於他曾爲你家的賓客……以致於你會給他一輛舊福特汽車，並允許他利用或是租給他你的房子，而在此極重要的對質中，你必須依據對照的唯一特點就是他的牙齒，那是對的嗎？在這人的特點方面再沒有什麼可使你明確地說：「這就是我所認識的克羅斯雷那個人。……」

希斯的回答很夾雜。他說最初某些熟悉的特徵會「使他吃驚，但他不善於迅速的判斷或者是簡單、流利的敍述。」他記得克羅斯雷的壞牙齒因而希望查看這一點。但他仍然「不能發誓這個人就是克羅斯雷。」然後他被允許向張柏斯提出問題，張柏斯否認曾分租希斯的房子，而肯定的說他曾在那裏住了幾個星期。「我那時是一個共產黨員，與地下工作的組織有關聯，希斯也是其中的一員。希斯和我便變成了朋友。」他記得在那房中住了至少有三星期，是應希斯的邀請。

於是希斯宣稱：「主席，我不需要再問張柏斯先生任何問題了。現在我完全能辨識這人便是克羅斯雷。」他堅持着說張柏斯承認他曾在希斯那裏住了幾星期使他終究能夠如此「肯定」地辨認出他來。

希斯開始他的口供時較為安靜，但當審問進行時，他變得比較易怒，比較不機敏。他突然站起闊步走向張柏斯，臉因怒而發白。

他迸口而出道：「能否請將此點記錄下來，就是我願請張柏斯先生不在此委員會的面前作這些同樣的敍述而不為控訴毀謗罪有特殊權利。」他叫囂着，盛氣凌人的高聳在張柏斯之上。「我要求你如此做，同時希望你將很快地實行。」

希斯未會察覺他是自墮陷穽。非美活動委員會會使他知道張柏斯已作一些不利的吐露，而希斯極力想將一些有罪的事實造成一無辜的故事。但是既然他不能確知張柏斯所說的一切，他只有被迫在黑暗裏摸索。他已猜出了一些，但還不足够。他忘記了已存在的記錄——房間的出租，賣汽車的單據等。

八月二十五日舉行了一公開的會議。這是一個充溢着感情的時刻。希斯由一個辯護人陪伴着，帶着一種戰鬥的心情。非美活動委員會曾利用此八天中核對那些記錄。

希斯很快地承認他所回憶關於房子出租，福特汽車以及其他事件的日期有些錯誤。他仍堅持着他給張柏斯那輛舊汽車是在他有了新車「之後」，於是非美活動委員會提出了賣車的單據，顯示他並未如他所宣稱的同時擁有兩部汽車。然後希斯做了一件令人驚奇的事，完全不相稱。他開始否認他以前口供的記錄，改正他的記憶以適合新的證據。他不再肯定他曾在租出房子之外又額外加給汽車；或許他給張柏斯汽車是在他騙逃租金「以後」……在很久以後，一定是這樣的。

然後這被改正的記憶也被駁倒。一張有希斯簽名的轉賣的單據上表示那輛福特車是轉賣給琴那汽車公司（Cherner Motor Company），此公司又將它轉賣給一個叫羅遜(William Rosen)的人。（次日，羅遜在此委員會前拒絕對於汽車和他是共產黨的問題使他自己負罪。）

當希斯的矛盾和顯明的錯誤的敍述堆積起來時，傾向希斯的部門開始消散了。假使他對於這許多次要事件撒謊，他不可能對重要的問題撒謊嗎？希斯提出了一列問題希望張柏斯回答：他的名字、住處、寫作；他是否診治過精神上的病症，或被定過罪。張柏斯從未因精神上的病症受診，也從未被拘捕過。但是這些問題激起了一些謠言，一直到今天還在傾向希斯的辯論中回響。

會議休止時，未作任何正式的結論。第一次的公開審問中新聞記者和旁觀者都上前和希斯握手，而這一次他却在低壓的疑雲下單獨離去。

希斯終於在巴的摩爾聯邦法庭中提出五萬美金毀謗罪的要求，後來增加到七萬五千元。一九四八年十一月中旬張柏斯受他第一次審判前的審問。

那一夜在他農場上他察覺他到達另一關頭。他會極力毀滅共產主義而不傷害擁護共產主義的人們，因而將情報隱藏起來以掩護他們，然而他也必須保護他的妻兒。現在在十年以來他首次想到他所貯存以防共黨報復的「生命保險」，帶着一顆沉重的心他勉强地決定了要示出他過去的證據，昏亂的姪子賴芬(Nathan Levine)很難記起他會將那一包東西放在什麼地方。但他們共同將它找出了，上面蓋滿着十年來的塵土。

十一月十七日，他在希斯的辯護人瑪伯利（William L. Marbury)的辦公室中受第二次審問。伯瑪利挑戰說：「關於你的斷言你有什麼文件證明嗎？」

「僅僅只有這些。」張柏斯溫和地說，將一厚扎文件放在桌子上。這就是四十七件國務院文件的抄本和希斯所寫的四件記錄。

事實很簡單，張柏斯是被控訴毀謗罪而被强迫拿出間諜的證明。

審理這案件的裁判官和兩組的律師審查了這些文件後，決定司法部應被請加入。這些文件被遞給了坎普伯爾（Alexander Campbell），他是刑事部的部長，每一個有關係的人保證保守秘密。幾天以後，曾在紐約審理此案的大陪審官們受命於十二月八日集會。

但是謠言四起，以致於紐約先鋒壇報的記者安德魯斯（Bert Andrews）警告尼克遜。他的電報言及張柏斯會拿出了新的證據，問非美活動委員會是否重審此案。　（下期續完）

給讀者的報告

自由是不能分割的。林肯早就指出：自由和奴隸絕不能永遠在一個社會上存在下去。我們無論從純粹的理論上或從歷史的發展上來看：人類爭取自由的運動，其趨向最終是必然歸於一致的。我們因為相信這個道理，因此我們當前直接而主要的工作雖然是倡導和推動自由中國運動，但在世界上任何一個角落裏發生了爭取或保衛自由的事件或抗爭的時候，我們都寄以同情和鼓勵。比如在最近發生的南韓事件中我們所表現的種種即其一例。

一個半月以前，那時臺灣乃至所有反共的中國人民注意的焦點是臺灣的保衛戰。而自從國際共軍越過了北緯三十八度，杜魯門發表了「赴戰」的聲明後，國人的注意力遂又轉移到朝鮮半島。在韓國戰事中，美國由海空軍的出動，到地面部隊的參戰，一個多月以來，損兵折將，節節後撤，時至今日，即連美國軍方人士也都喊出了半年解決韓國戰爭的口號。於是大家鬆了一口氣，又把視線轉移到我們自己的國土。老實說我們自始即認為：中國人民反共抗俄的本位工作仍然是保衛臺灣第一，其次是策動大陸上普遍的反抗運動；而其他民主國家則應該捐棄成見，袪除自私，勇敢地面對現實，向着團結和積極備戰的路上走去。這是我們一貫的觀點，而這期本刊的編輯原則，就是建立在上述的觀點上。

「繼絕世、舉廢國」是中華民族立國精神光輝的一面。第二次大戰期間，為了促成印度的獨立，中國政府寧可犧牲自己若干利益而慷慨為印度執言。上次印度競選安全理事會的非常任理事席位，中國代表全力支持其實現。數年來我們先後幫忙印度不下十四次之多，而現在正當中國遭受赤禍嚴重威脅之際，印度執政當局竟一再討好蘇俄為侵略者作倀，這種落井投石以怨報德的行徑，實在令人齒冷。對于這樣國際間沒有道義的事實，我們認為：「印度應該反省，世界應該知道」。而本文出于前駐印大使羅家倫先生的手筆，以他離印回國時所表現的崇高風格，從他口裡說出的話是更值得世人重視的。

這期本刊出刊，適逢國民黨再度改組。今天在反共的陣線中國民黨仍為最有力量的政治組織。截至目前為止，尚沒有任何跡象顯示出自由中國將有其他政黨可以取代它的地位。國民黨的一舉一動仍然直接間接關連着自由中國反共抗俄的前途。因此對於它的改組我們乃不能不特別注意。為此，這期本刊除以社論有所進言外，並發表陳威伯先生「中國的革命與美國的革命」一文，藉供負有改造國民黨使命的諸公參考。

民主政治本身就是一種組織。但是截至目前為止，「民主國際」並沒有真正地形成，而致民主國家在與國際共黨的鬥爭中乃不能不陷於打爛仗的地步。但是我們面對的却是一個空前可怕的敵人。我們不爭取主動，主動必讓給敵人；我們不消滅它，就必然要被它消滅。民主國家今天的處境實屬空前危機，雷震先生「民主國家應該怎樣面對現局？」一文，就是針對着這種危機向民主國家提出一個嚴正的警告。

「郭沫若的過去與現在」一文的作者劉治郁先生在本刊讀者乃至於整們的社會上是一個生疏的名字，但是這個生疏的名字却代表着一個有名的作家。關於該文的作者及該文的價值在文前已有詳細的介紹，請讀者參閱，這裡不再贅述了。

本刊售價

一、	新臺幣	三元
二、	越幣	八元
三、	菲幣	五角
四、	港幣	一元
五、	暹幣	四銖
六、	美金	二角
七、	叻幣	四角
八、	印尼	五盾

自由中國半月刊　第三卷第三期
"Free China"（總第十八號）
中華民國三十九年八月　日
發行人　胡　適
主編　『自由中國』編輯委員會
出版者　自由中國社
社址：臺北市金山街一巷二號
電話：六　八　八　五　號

航空版
香港　香港時報社（高士打道六四號）
曼谷（曼谷攀多社十二號）

經售處
臺灣　中國書報發行所（臺北市舘前街八五號）
美國　紐約民氣日報社
舊金山國民日報社
馬尼剌　中菲文教出版社（馬尼剌紐愛瓦街四五四號三〇三室）
印尼　巴達維亞星期日報（爪哇巴達維亞紅溪十九號）
棉蘭繁華圖書公司
越南　西貢中原文化印刷公司（蘇門答腊棉蘭廣東街七十五號）
河內太平日報社（河內壽康醫院街二〇號）
新加坡　中興日報社（新加坡羅敏申律一二〇號）
檳榔嶼、吉打邦　均有出售

印刷者　臺北印製廠
廠址：臺北市民族路六四三號
電話：三　三　一　六　號

本刊經中華郵政登記認為第一類新聞紙類

臺灣郵政管理局新聞紙類登記執照第二〇四號

自由中國

FREE CHINA

第三卷 第四期

要目

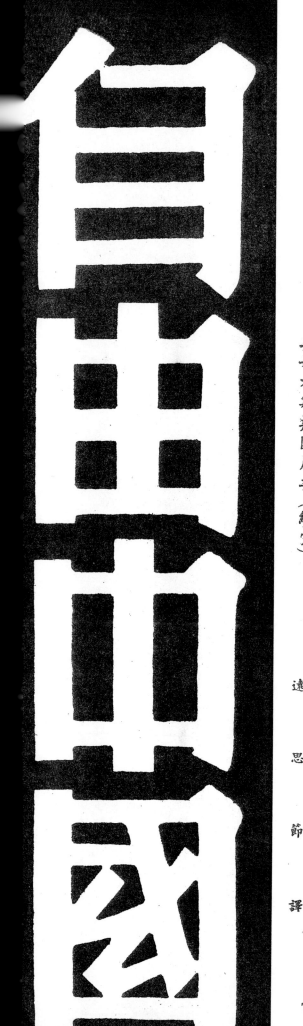

中華民國三十九年八月十六日出版
社址：臺北市金山街一巷二號

半月大事記

自本期起本刊增闢「半月大事記」一欄。這一欄的增闢，不僅是爲的給讀者和作家若干參考資料或資料索引，同時，我們還有一個較大的願望，也可說是個野心，就是希望這一欄的紀述，將來積成卷帙的時候，不失爲一部有價值的歷史綱目或其藍本，而不是一篇蕪雜的流水帳。這，自然不是一件很容易的事體：第一，材料方面我們所能利用的，因客觀限制，決不會充分；第二，取裁方面，編者個人的主觀成分，當也未能盡免。儘管如此，我們激於天下興亡的責任感，還是鼓起勇氣來幹；同時我們也把一部份希望寄託在讀者的指示和批評。

三十九年八月一日，是本欄正式紀事的起點，（因本刊付排的時間關係，本期只能止於本月八日。）但爲使讀者對於目前正在發展中的幾件大事，便於尋繹原委起見，這裡得加以極簡要的敍述：

三十九年六月二十五日北韓共黨部隊越過北緯三十八度向南韓大規模突擊○聯合國安理會決議籲請北韓當局將部隊撤回北緯三十八度以北○二十七日安理會以七對一票通過軍事援韓案○美國杜魯門總統下令海空軍支持南韓并發表有關臺灣防務及地位之聲明○二十八日我外交部發表聲明四點，除表示原則上接受美國對臺灣防務之建議外，特聲明中國對臺灣的主權及中國領土主權完整之了解○二十九日我政府電覆聯合國秘書長，聲明願派地面部隊援助南韓，同時向美政府提出備忘錄徵詢其關於此事之意見○三十日我政府向美再提備忘錄就派遣部隊赴韓之具體辦法徵詢其意見○美總統下令地面部隊援助南韓。七月一日美政府覆我備忘錄：中國派兵赴韓問題由麥帥總部與中國軍事當局在鞏固臺灣防務之前提下硏商之○八日美總統遵照安理會七日決議任命麥克阿瑟將軍爲聯合國援韓聯軍總司令○十九日美國務院公佈印度尼赫魯與美政府關於南韓問題來往函件，尼赫魯建議以中共參加聯合國作爲解決韓國戰爭的條件，美政府覆文拒絕○二十六日中國國民黨總裁蔣中正根據二十二日該黨中常會通過之「中國國民黨改造方案」宣佈以陳誠、張其昀、谷正綱、蔣經國等十六人爲中央改造委員○二十七日蘇俄首席代表馬里克通知聯合國秘書長，將依照輪流主席制於八月一日就任安理會主席職○三十日我空軍恢復出擊，轟炸金門外圍共軍船舶○美新任駐華使館海軍武官賈芮特（Harry Jarrett）來臺，主持美國第七艦隊與中國軍方聯絡事宜○三十一日聯合國朝鮮聯軍統帥麥克阿瑟訪臺

三十九年八月一日（星期二）

聯合國援韓聯軍統帥麥克阿瑟返東京。行前發表聲明。其要點：「余訪臺之目的，爲對於臺灣應付可能攻擊的防禦力量作短時間之考察。……：中國政府派遣軍隊參加韓境聯合國部隊之一項適時而慷慨的提議，亦在討論之列，惟有關各方咸信此時不宜採取是項行動，以免臺灣之防務因而發生嚴重之威脅；余統率下之美軍與中國政府軍隊間之有效聯繫辦法，業已完成，敵對力量倘愚蠢至於企圖發動攻勢，則吾人當更能作有效之應付」

蔣總統於麥帥離臺後，發表聲明云：「……在過去二日內吾人與麥帥舉行之歷次會議中，對於有關各項問題已獲得一致之意見。其間關於共同保衞臺灣與中美軍事合作之基礎，已告奠定」

聯合國安理會以八票（美、英、法、挪、埃及、古巴、厄瓜多爾、中國）對三票（印度、南斯拉夫、蘇俄）否決會議主席蘇俄代表馬里克排斥中國代表之企圖。

我駐美大使顧維鈞返國述職。

八月二日（星期三）

韓境美軍自洛東江西岸撤退東岸。北起盈德港經洛東江袛馬山港口長達一百四十哩的防線成爲保衞南韓第二臨時首都一大邱的最後防線。

八月三日（星期四）

聯合國安理會否決會議主席蘇俄代表馬里克所擬之二項議程：(1)「承認中華人民共和國代表爲中國代表」一案，(2)「韓國問題和平解決」一案。同時以八對一票通過美國之提議，將控訴對韓侵略案列入議程。

八月四日（星期五）

駐日盟軍總部副參謀長福克斯（A. P. Fox）少將來臺，出任駐華軍事聯絡組長。

八月六日（星期日）

美總統外交政策特別助理哈里曼（W. Averell Harriman）繼麥帥訪問臺灣之後，前來東京與麥帥會商美國遠東政策。

八月七日（星期一）

美國第十三航空隊司令部在臺成立。司令官滕納（Howard Turner）少將。

八月八日（星期二）

我政府方面表示：蘇俄副總理莫洛托在北平傳說，已獲證實。

美經合總署首席代表穆懿爾博士在記者招待會宣佈一九五一年會計年度七月至九日（即本年七至九月）援臺計劃詳情，計劃費用八百餘萬美元，外加由韓轉運來臺價值二百八十萬美元之化學肥料。

★　★　★　★　★

社論

民主國際纔是防共長堤

二次世界大戰似結束而實非結束，三次世界大戰要爆發而並不爆發，全世界乃成動盪不安的樣子，史大林的魔術也的確玩得很高明了。最近南韓被侵，聯合國一經號召，五十幾個國家翕然景從，以制裁共黨的侵略，確實是史無前例的舉動。克里姆林宮的主人雖素以冷靜著稱，這次也表現出慌張忙亂的樣子，乃不顧中共代表不出席則其代表亦決不出席的宣言，馬上命令其代表覥顏出席了。馬立克的臉孔之出現於安理會，雖不能挽救北韓之被制裁，然共黨若在其他地方發動侵略，則安理會要作制裁的決議，他便可用其否決權而使之不能成立。故觀察家咸信蘇俄必有次一步的行動，以挽回在韓國的失敗，而使西方國家備多力分，窮於應付。這次一步的行動會不會引起第三次大戰，各方的推測並不一致，但認爲不會引起者究屬多數。

那麼爲甚麼史大林已不肯放棄其世界革命的目標，不停止其侵略他國的行動，又不敢即刻發動大戰，和西方國家一決雌雄呢？從軍事方面觀察的答案，則美國擁有原子彈的優勢是阻止史大林野心的唯一力量，差不多已成衆口一詞了。可是我們從政治方面觀察，則另有原因在。共產黨是獨裁的黨，世界各國的共黨均須聽命於莫斯科，只要莫斯科的命令一下都是凜遵毋違的。民主各國則不然，大家都是地醜德齊各自爲政的，各有各的利害，故很難有一致的行動，雖對共黨的陰謀顚覆政府皆恨之刺骨，對共黨的武力侵略都恐懼萬分，然在冷戰的情形下依然是意見紛歧，步驟凌亂，不能發出團結的力量來。假使大戰眞正爆發則情形必然兩樣，各國都深知美國一旦戰敗則自己終必受共黨的黑暗統治而無所逃，故必然站在美國一邊而與蘇俄及其附庸國爲敵。此次北韓之無理侵略，贊同安理會的制裁決議者竟有五十餘國，雖標榜中立，以不依附任何强國自詡的尼赫魯，且挺身而出任調人，猶不敢不贊同安理會而譴責北韓，其他國家更不待說。故緩之則各自爲謀，急之則團結一致，乃是各民主國家之根本的性質。史大林深知其情形，故寧可用縱横捭闔挑撥離間的技倆，以拆散各國的力量，而不肯發動大戰以促進各國的團結。總括一句話說，史大林所最怕的，除美國的原子彈外，就是各國團結一致的大力。

說者謂一九三九年史大林治下只有一億七千萬人口，而在一九五〇年則有八億了，反之民主國家或史大林所認爲敵人的在一九三〇年，有十八億人口，而在一九五〇年則只有七億五千萬了。其實蘇俄的附庸國表面上雖一呼百諾，骨子裏並不是心悅誠服的，即在蘇俄領土以內，反對史大林的至今亦尙不乏人，史大林治下雖號稱八億人口，其眞正的爪牙事實上是少之又少的，其他都是被控制的群衆，一旦戰爭拖延控制力弱，則反對者必在各方蠭起使他無法應付，換句話說史大林的統治權並不是十分穩固的。故狄托公然反對他，經歷二年之久仍屹立不搖，中國的游擊隊至少還有百萬人在各地和共黨作殊死戰，據報章傳聞烏克蘭也還有游擊隊的反抗哩。至民主國家平時雖則散漫，然一到危急之際，團結起來作戰，人人奮勇，個個爭先，兩次大戰已經充分發揮其效力了。史大林知道其內部的人心不及希特勒的德國，而外面的包圍則可能較希特勒的敵人尤爲廣大，希特勒已經失敗，他還敢輕於嘗試嗎？

史大林之不敢發動戰爭實恐懼民主國家之團結，則民主國家欲贏得戰爭必須團結一致，欲避免戰爭尤須團結一致，豈不是明如觀火了嗎？可是事實上的表現各國還是一盤散沙的樣子，能不令人氣短？尼魯赫至今猶以超乎兩大壁壘之外自豪，固不消說得；埃及和以色列對立也不慊於美國之偏袒以色列，和英國也始終有所齟齬；尤其是英國，煤鐵合營計劃則不肯和法國合作，致歐洲之團結發生裂痕，承認中共則與美國背道而馳，使亞洲之團結無法實現，豈社會主義的國家專以拆夥爲能事嗎？但從遠處看，我們並不悲觀。美國領導之下，汎美會議早已凝成一體；歐洲諮詢會議亦着着進展，其間雖有小小波折還是無礙大局；加之大西洋公約又把歐美聯繫起來，其力量已是與日俱增。只要成立一個太平洋公約，將澳洲和亞洲各國，作堅强的團結，再和歐洲美洲聯結起來，則民主反共陣線便有一個粗具規模的形式。從此更加努力，使軍事政治經濟文化各方面均有深刻的理解和密切的合作，表現出充分堅强的團結來，自然能夠發生極大的力量。我們認定民主國家之團結實爲反共抗俄之大防，如能實現，則靠祕密警察以控制其人民的史大林，唯恐其人民之叛逆，將自顧之不暇，怎能夠發動侵略以擴展其鐵幕呢？

現刻兩大壁壘之對立越來越發明顯了。美國以應援南韓遭遇到意外的强敵，局部動員業經開始了，英國和法國的重整軍備計劃，也明白宣布出來，法國更進一步建議設立聯合軍備機構了。由此發展下去，舍大戰爆發外還有其他歸宿嗎？人類的聰明進步到今日還是只顧眼前的利害，毫無遠大的眼光嗎？各國的政治家天天苦心焦思以避免大戰，也應該知道團結一致便是避戰之保障啦，何以至今還不能結成堅强的反共的戰線呢？共產黨只知鬥智鬥力而不知其他，我們便要拿出力量來給他們看。故我們當前唯一的目標即在組成民主的國際！

時事述評

談談國民黨改造

中國國民黨現正進行改造工作，「改造」二字的含義，就是說：「過去的要不得，重新再來」。有此，我們得爲國民黨前途賀。

我們已讀過國民黨改造方案，也知道了改造委員是那些人。就方案看，除其詞句中若干政治觀念，我們不敢苟同外，這個文件總算表達了發奮革新的宏願；就改造委員的人選說，我們雖不敢輕蔑整個中華民族，硬說被選定的人就是現代中國人中的第一流人才，但在現實的政治圈內，這些人總算是沒有甚麼劣跡的。現代化的政治思想；或者說現代化的政治基本觀念，他們是不是個個具備，我們雖不敢輕易肯定，至少我們可以相信，這些人在其主觀上却是想把國民黨救出，想把國家弄好的。我們基於這個信念，所以不吝篇幅，接着上一期的社論，再來談談國民黨改造中的一兩個具體問題。

一、據報載，改造委員就職後，第一步的重要工作是要擬定現階段的政治主張。這、自然是必要的。但在這裏，我們願提醒改造委員們：一件事功的完成，其「必要的」條件；并不就是「充分的」條件；黨的改造自然少不了改造後的政治主張，但政治主張一發佈，并不就是改造的成功。這本來是用不着闡明的道理，可是數十年來的文告政治，鬧得我們頭痛；堂皇、空疏，說說而已的大文，其本身再也不能發生吸引人心的作用了。研擬中的政治主張，要特別具體，要特別與國人的公私生活密切相關，要是一個絕對可以兌現的諸言；不要再讓大家看到這個文告時，又視爲一篇黨八股。「經濟平等，政治民主」等等，我們不嫌說得太少，怕的是做得不多。

二、過去，國民黨中掌握各級黨權的人，誠然有些忠於黨同時也是忠於國的人；但尙有許多人，似乎是忠於黨，其實是害國，國被害而黨亦遭殃，結果還是黨的罪人；還有些人，不知有黨，更不知有國，祇知攀援黨政關係，以個人或小組織的升官(包括黨官)發財(主要的是貪財)爲目的。抗戰期中是他們的好機會，復員接收期中是他們的好機會，他們幫助了共產黨在大陸上得勢以後，有的還表示對反共抗俄特別賣力，來到台灣，靜候大陸收復後，又以委員的頭銜囘去，再來一次大「刼收」。這些人現當改造委員發表的時候，正在動腦筋如何拉扯關係攀援黨內的「新貴」，好爲將來活動作一伏筆。但是，另一方面，善意關心國民黨前途的人，也正在從旁注視改造後的國民黨對於這般人如何發落。

一個政黨的興衰成敗，政策和人事固然是兩大決定因素。但黨中少數領導人物的作風，也是很有影響於一個政黨前途的。作風的形成或改變，不是一朝一夕的事，而有賴于識量方面的平昔修養。在這次國民黨改造階段中，我們很高興地看到該黨總裁蔣介石先生提出了「高遠的理想，恢宏的氣度」十字勉勵其同志。這十個字的勉勵會不會落空，不僅有關於國民黨的前途，且有關於中華民國今後三五十年的政治趨向。我們對於國民黨的感想，對於國民黨的期望，千言萬語說不盡，在這篇短短文字中，就以此「高遠的理想，恢宏的氣度」十字，爲國民黨祝福，爲國家祝福吧。(平)

從安理會上印度代表看印度政府

一九五〇年八月一日聯合國安理會的會場，可說是近年來各國國格畢露原形的一個最精彩的鏡頭。那裏、除看到蘇俄一號二詐三丟手的流氓作風，和美國挺胸而出仗義直言的大丈夫氣概以外，我們激於東方民族的情感，掩面不忍正視的，是印度代表羅爵士所表現的醜態。

八月八日臺北中央日報刊出的那篇特約通訊(我們在聯合國戰線上的勝利)，這裏要首先介紹給讀者看一看。那篇通訊，把我們帶進了當日的會場，見其人、聽其聲、也想像到其所代表的國家。

八月一日安理會主席蘇俄代表馬里克以主席地位首先「一號」，宣佈他的決定：「國民黨集團的代表不能代表中國，因此不能參加安理會會議」以後，經過美英法等國相繼抗議，馬里克不能不將其決定提付表決；表決結果明明是八對」票的否決，而馬里克就施其「二詐」的手段，把中國代表的反對票除外，宣佈「反對者七票」；接着美國代表與斯汀以憤慨激昂的音調再提抗議，并要求馬里克遵照議事規則將其抗議再付表決，看看究是八票還是七票，這時，馬里克見勢不佳，於是「三丟手」地鄭重宣佈「反對者八票」，但他還要迴護一句：「包括國民黨集團代表所投的一票」。這一幕淋漓盡致的流氓作風，在國際會議中眞是「歎觀止矣」！

印度代表羅爵士，對於馬里克的獨斷決定，既投了一張贊成票，同時又懾於正義的聲威，在這夾縫間，他除掉表示主席不應作命令式的決定以外，接着又無可奈何地說出：「所謂規程章則只能當作僕人，自由活用；不可尊爲主人，唯命是聽」。這樣屈服於强權，連起碼的法治精神都不尊重的代表，其所代表的國家也就可以想見了；不、不，我們基於民族主義的理念，對於印度是深具同情的，從而對於印度這個國家，也深願其博得國際的光榮地位，我們不忍說羅爵士在安理會的表現是代表印度這個民族還個國家，而應該說只是代表尼赫魯本人或他所領導的印度政府。八月一日羅爵士的尷尬相和其廖廖數語，正是尼赫魯一年來外交路線的縮影。印度人民如果不放棄其自尊心的話，應該以有這樣的政治領袖爲羞辱。(葆)

論民主國際與反共抗俄

喬治教授原著
趙文海譯

喬治教授「論民主國際與反共抗俄」一文是他在本刊八月四日所舉行的「晚餐座談會」上的演詞。題目及大綱爲本刊事先擬就。當時應邀講演者尚有威廉博士及蕭特先生，由於篇幅的限制，威廉及蕭特兩先生的演詞，當稍後陸續發表。——編者。

編輯先生：承蒙邀請就以下四點，討論民主國際與反共抗俄，不勝榮幸。

一、民主國際在反共抗俄戰爭中的重要性。

二、民主國際的性質，組織及形成的步驟。

三、民主國際與聯合國之間的關係。

四、自由中國在民主國際中將處何地位。

但此題如此廣泛，甚至於需要一本書方能闡盡它的意義。因此我在這裡僅是提供一些意見和簡敘一些觀點。

民主國際在反共抗俄戰爭中的重要性

一、顯明的，我們需要一個普遍的國際組織，因此需要一個鼓勵，領導和產生國際組織的國際運動。理由如下：

（一），感謝我們的現代運輸工具（飛機、噴氣式飛機）和傳達工具，（無線電，電視）世界變得非常渺小，而地球的空間也因之縮小。昔日偉大的海洋，如大西洋和太平洋今日變成小湖，飛機和噴氣式飛機可在幾個鐘頭的飛行中跨過。將各大陸分開的巨大山脈障礙如喜馬拉亞山，亞爾卑斯山，比利牛斯山和安德斯山等由於我們飛機的鐵翼和無線電、電視設備的電波而消除。

（二）、我們現代的經濟複雜，世界上沒有一個國家——包括美國與蘇聯在內——在機械方面或是在原料方面是自足的，假若我們要消除世界上窮人的災禍如飢荒，營養不足，基本的人類安適品的缺乏，失業和破產等，便必須有一個全球的經濟合作。

（三）、我們在各方面的科學生活逐漸複雜（物理學、化學、數學、天文學、生物學、醫學、工藝學、歷史學、社會學等），若無一個永久的有效的有組織的世界合作，我們將不能客觀地把握現實和有眞正的新的進步。

（四、我們的現代文化是永遠使人有人性，有靈性，爲世界上的每一個人服役，但若無一個以文化爲準的國際性的有效的世界合作，現代的文化是不可能存在的。若無此有效的普遍文化合作，各局部的文化將因之閉塞和停滯，因受各種壓制而衰退，這些壓制因無知、迷信、偏見，狹隘或是虛僞的自大而發生。各局部的文化將與亞述，巴比倫、埃及，希臘甚至於羅馬一樣因缺乏空氣和新鮮的血液而消逝。

（五）現代的原子和細菌戰不僅能毀滅世界上某些局部的人類文化的產物，並能消滅全人類的生命，這恐懼迫使人類在世界的基礎上組織起來。這種世界的機構首先必須阻止侵略，彌漫在韓國的稻田和山中的血表示了一個現代的侵略者是如何的殘暴無情；其次，這個世界機構必須解放八萬萬至九萬萬人類生靈，他們在從太平洋到波羅底海和亞德里亞海的鐵幕中在反人性的共產黨的壓迫下已成半死狀態。最後必須設立一個有效力的國際的世界警察機構以消除以原子和細菌毀滅世界的戰爭。

（六）、人類逐漸變得成熟和意識到它自己，因爲它漸漸的意識到了它自己是一個體。以前將「世界」和「人類」限於一個小的地中海盆地或是美國的「新世界」中或是其他地方，幸運地，這時候已過去了。以前白種人迷惑於他自己的自矜，偏見的優越感將「眞正的世界」和「眞正的人類」限於他狹隘的心靈的和地理的「境界」中。所幸這種時候也已經過去了。最後，我們發現同樣的人類和尊嚴，沒有膚色的的區別，性別的區別，級階的區別，氏族的區別和種族的區別。

所以，需要國際的世界組織在今日是絕對明顯的，也是迫切地不可避免的。

二、民主國際——民主國際的問題更費思考。首先我們必須審愼地弄清楚民主的意義是什麼，以避免一切可能的誤解和含混。

這在今日是極端重要的。因爲自第二次世界大戰後，在鐵幕的後面的人們在所謂人民民主掩護下受到最反民主，最殘忍的反人性的迫害。

我們不能認爲政客們的政權是理想的民主政治，在西歐很普通，將政客的和政黨的不負責任的腐敗的戲法誤認爲民主，他們所感興趣的是他們黨派的小戲法和他們個人的利益，忽視了人民、社會和全人類的公益。

甚至於在美國實現的民主雖然在政治方面相當進步，仍然不是一個理想的民主政治，因爲若同時沒有眞正的經濟、文化和精神的民主，是不可能有完全的甚至於政治的民主的；自由的資本主義現仍在美國十分得勢，雖稍漸緩和，但仍非常有勢力，金錢和生產的工具仍大量的集中在少數人手中，他們對於國家有太大的影響，並且由於消除眞正的經濟的民主，甚至於使政治的民主也成爲虛妄的。

因此，我們必須首先非常精細地解釋對於民主這個字我們所了解的是什麼，什麼是民主的內容，我們對於這個疲憊的世界提供何種民主制度作爲一個理想，在這種恐怖時代我們應爲何而戰。若引導人類的精力趨向於一個新的幻想，抵抗迫害，抵抗反動，而取而代之的却是另一種迫害，另一種反動，這便是不負責任，甚至於是罪惡的。

眞正的民主——眞正的人類的民主的意義是一種生活，在這種生活中的每一個人不分性別、年齡、階級、種族，由於制度的保障，在人類生活的各方面和在所有的社會關係中獲得正常的人類生存和人類發展所需的一切。

正常的人類生存和在各方面的人類發展的意義是：一、在生理學方面的正常發展。（食物、衣服、居住衛生、工作、老年保險等）二、在感情方面的。卽正常地教育並發展感情生活的豐富的重要的部份，直接與婚姻有關。三、在精神方面的。人類的自由使它自己走向人類最終的目標，它主使歷史向全人類的共同目標邁進。四、在人智所不及的方面。在這方面人類與上帝直接接觸，趨向上帝，趨向永恒。

因此，每一個人，沒有性別的例外，階級的例外和種族的例外，完全意識到他自己的人的內容、人類無限的尊嚴和責任，因爲他完全意識到人類的命運，他不再是歷史中的一個盲目的客體，事件的工具，和政治或經濟的戲法中的傀儡，而是在他自己的命運和全人類的命運的形成方面一個有意識的合作者。

人類變得自覺和在各方面發展了以後，便能自由地自覺地在自然的基本的制度中合作。國家必須保證公益：那便是每一個人和每一個自然的基本團體的正常生存和發展（家庭，基本的經濟的，文化的，宗教的機構）同時，在世界的合作機構中合作，保證遍全球的正常的生存和發展。

因此，眞正民主的意義是使人類完全有人性徹底的解放，使經濟，科學，政治的制度完全有人性，使他們爲全人類的命運服役，並將人類從所有的錯亂中解放出來，在那些錯亂的情況中，經濟的政治的制度並不服役於任何人和全人類。

只有這一種民主才有意義，才能作爲一個活動的理想而起作用，才能推進人類走向眞正的人類的進步，因此值得爲之而戰。

因此，在發起一個「民主國際」以前，必須使民主的觀念純正，使它免於一切的紊亂和妥協，在歷史上和現在常引起這些紊亂和妥協。或者，爲了要避免任何可能的紊亂最好是另給一個名稱，例如「自由的人類國際」預告了什麼是今日最成問題的，卽人類自由的存在，它被各種經濟的，擬似文化的，擬似科學的和獨裁的壓迫所侵擾。

三、民主國際和反共戰爭——

1 新的人類國際在我們所敍述的意義上是人類現階段中絕對必須的，與共產國際的存在或不存在無關。

這個人類國際的主要目的不是消極的抵抗共產主義，反對某人，或反對某事，它的主要的目的是積極的，是爲某人，和爲某事。

這個的人類國際的主要目的是調和、集中和團結全世界的人類精力，使人類的生活在制度上（經濟的、文化的、宗教的、政治的、國際的制度）得到保證漸漸地成爲人的生活，它的目的是爲世界上的每一個人和世界上的每一地。

2 因爲我們現在在世界上有共產國際的存在，這是巨大的悲慘的重要的事實，它是有力的，經過了科學的組織和良好的訓練，有豐富的經驗，在歷史中它是首次以一種世界的規模有系統地無情地抑制所有的基本人類權利，甚至於要消除人類自由的意義，迷失了正路，極力迫害人類本身的結構和基本的人類制度，以及一個國際的存在。這另一個國際將維護人類的自由，使人類免於一切的壓迫，因此這種國際在今日是更絕對需要的。

我們反對共產主義，並不是因爲共產主義是另一政黨，或是因爲共產主義是反對資本主義的，因爲它提供了一個新的經濟制度的。我們不反對共產主義因爲它是一種社會的或經濟的革命。我們反對共產主義，因爲它不是一種革命，而是反動，因爲共產主義不是一種人類的革命，不是解放人類。我們反共，因爲共產主義僅僅是迫害人類。

我們的反共戰爭不是兩個政黨或是兩種經濟制度之間的戰爭，而是一個基本的戰爭。

因此爲要在這反共戰爭中得到勝利，我們必須首先集中力量消除共產主義的勝利原因。

一個壓迫常常產生了另一個壓迫，這在歷史中是慣見的。因此我們若要消除共產黨的壓迫，必須首先消除所有的個人的、經濟的、政治的、種族的、國際的剝削和壓迫，這些剝削和壓迫正給殘忍的共產主義的壓迫以沃土。

但是因爲共產主義不僅是一個觀念，一個革命的計劃，並且還是一個實在的力量，是一種獨裁，這種獨裁不僅藉宣傳的工具而施以迫害，並且無情地運用實在的力量。因此新的人類國際若要發生效力絕對必須注意這個因素，必須也組織它自己的一個實在的力量以阻止和毀滅共產主義的獨裁，侵略和壓迫。

有一種綏靖主義是最不負責任並且常常是一種最諷刺的殘酷。

有許多綏靖主義者，他們之所以爲綏靖主義者是因爲他們的家仍未被火燄燃及，他們的皮膚仍未被觸及，他們對於他人的毀滅是不負責任或是漠不關心的。

今日有一種最諷刺的綏靖主義，製造一些和平的故事極力痲醉別人，而同時自己又準備着最殘酷的戰爭和侵略。

民主國際的性質、組織及形成的步驟

新的人類國際的一些基本的結構輪廓已敍述如上，這裏我們謹列舉幾點：

一、民主國際的性質

a. 一個新的國際首先必須有一個廣大淸晰的計劃，什麼是它所維護的，它對人類提供建立什麼，提供什麼是爲人類福利要實現的理想，什麼主義值得爲它而戰甚至於爲它而死。

這個計劃，這個思想必須普通，對於每個人都很淸楚，沒有例外，沒有性別，階級或是種族的區別；必須廣大普遍，免於地方的狹隘，爲地球上的每一個個人所知；必須是基本的，包括每一個人的所有基本的價値，因此可爲每一個忠實善良的人所容納。

這個計劃必須包括人類的基本結構（生理學的，感情的，精神的，以及人智所不及的）和基本的人類制度（家庭，賦有人性的經濟，文化，宗教生活，政治和國際的制度），爲每個人，人類的社會以及全人類服役。

b.這個新的國際若要有深遠永久的成功，必須首先組織一個合乎潮流的，永久的，有組織的運動，使男女人士，每一種年齡的人，每一階級的人，每一國家的人，每一種種族的人，和有此共同理想共同目標的人都有自覺。

若無這個運動，若無這些有活力的社會，若無一些有生命力的人所組成的這股潮流和人類團體以及他們個人的共同的義務，一個計劃不過是紙上的話，一張廢紙，有利於檔案，却不能影響改變世界。

因此，一個有組織的有力的運動比組織的本身更爲重要，因爲每一個組織若無一個有力的運動支持它，終致被判無效，僅僅是一個虛架。

二　新的國際的組織和形成此國際將採的步驟

這個組織必須由下而上，不能由上而下，房屋是從基石上而不是從屋頂上建立起來的。

a.這個組織必須從單獨的個人出發，喚起他們人類的尊嚴和人類的責任。組織應在集中的範圍中進行。一個人喚醒兩個人三個人，其中的每一個人又喚醒其他的兩個人三個人；如此以人類的關係和個人的接觸爲基礎便形成了初步的小組織。

b.這些有組織的團體或小組織必須同時在各種環境中在所有的人類生活的範圍中進行，在智識份子中，在工人、農人、僱員、商人以及士兵之中，若僅限於或主要地限於智識份子之中是非常危險的，也是違反歷史的潮流的，歷史是進步的不是退步的。理由如下：

(一)與民主國際的名稱和目的相矛盾。因爲民主的意義是人民，不是一個抽象的觀念，沒有階級或是職業的區別，每一個人單獨的個組成了人民。

(二)違反歷史的一般趨勢，廣大的民衆、農民，和工人們在昔日封建時代不過是被動的傀儡，是某些人手中無意識的工具，現在歷史將他們漸漸帶上了歷史的舞台，漸漸變得自覺，成爲歷史的創造者，和他們自己命運的創造者。

(三)將這新國際的觀念僅限於智識份子，讓成群的農人工人們迷失正路，被反人性的共產國際動員起來是很危險的，共產國際不管智識份子是如何的有理想企圖如何良善，要將他們與民衆隔離。

c.這些基本的團體或小組織必須在組織上是同等的，首先根據地方的基礎，然後根據區域的基礎，國家的基礎，區域的國際基礎，大陸的國際基礎，最後根據國際的世界基礎。

這個運動必須與各種不同的現存的組織合作，着重國際間的合作。但是這些組織必須是眞正進步的有力的，因爲這運動的旨趣是最大限度的效力，不是形式，也不是名義上的無思想的參加者的長名單。

d這個運動應利用影響輿論的正常機會，如報紙和無線電，以喚醒新的人們警覺到這運動的觀念，使這些觀念影響和滲透各種不同的環境，但不要僅僅信任和過於信任報紙和無線電的工具。

世界上眞正有動力的力量是經過有系統的發展和組織的運動，有他們自己的力量和心性，最大的報紙和無線電也不能停止或消除這種運動的征服力量。

民主國際與聯合國間的關係

在討論民主國際與聯合國間的關係以前，根據五年來的經驗，我們需要看看什麼是聯合國的弱點，因此，我們才知道什麼可以期待於聯合國，什麼不能期待於聯合國。

一、目下的聯合國俱有舊國聯某些同樣的缺點

(1)聯合國和國際聯盟一樣，是頭重脚輕的官僚式的，試想從屋頂向下建立世界，而不從下而向上建立；僭望將整個世界立刻組織起來，而不同時將世界上不同的部份組織起來，第一步是區域性的組織，然後組織大陸聯邦，最後調和起來組織成世界聯邦。

近來戰爭的恐懼和共產主義侵略的威脅，已變爲唯一的有效的動力，仍未能推動各國組織眞正的有機的區域聯邦，而組織了一些區域集團，如西歐聯盟大西洋公約集團以及正在醞釀階段的太平洋集團。

(2)目下的聯合國和舊國聯一樣地將世界各國分爲兩類：戰勝國與戰敗國。

前者具有一切權力，而後者權力很小，甚至於根本沒有任何權力。因此，在這個國際組織的基礎上有了差別待遇，產生了一個眞正的階級，甚至於在國際間產生階級差異，所以從開頭眞正的國際合作就不可能。

在平等者之間的合作是可能的，在「卓越和劣下的」國家之間只有命令，新的痛苦，新的復讎，最後發生新的侵略。

聯合國在差別政策上較舊國聯更甚，五個享有否決權的任何一國現在和過去一樣仍可否決一個國家的會員資格，否決一個國家並不是因爲她是在大戰中的侵略者，而是由於與享有否決權的大國的反覆無常的心情不能和諧一致。

譬如，葡萄牙和愛爾蘭是在聯合國中被蘇聯否決入會的兩個國家，這兩個國家的制度與生活和聯合國憲章一致，兩國人民所享受的基本權利非廣大的蘇聯集中營的人民所享者可比，而蘇聯竟否決她們入會。

(3)聯合國和舊國聯一樣由於在制裁方面缺乏有效的國際警察力量而無實際的效能。所以，才有共產主義在東歐，中國以及最近在韓國的直接的或間接的種種侵略。

只有在此次韓國的侵略中，才刺激聯合國建立國際警察武力，以阻止及消除侵略。這種國際警察武力是在聯合國剛成立時就必要的。因爲缺少這個有效的國際武力，聯合國和舊國聯一樣仍不能制止繼續擴展的軍備和經濟的破壞，由於沒有限制，必發生新的戰爭。

二、聯合國有它本身的根本缺點

(1)「反覆無常的否決」使聯合國癱瘓和僵化並使聯合國的所有重大活動沒有結果。

(2)聯合國，從開始就建立了一種極大的危險的矛盾。在第二次世界大戰中和戰後西方國家是不負責任、天眞，而世界共產主義却抱的是遠見的犬儒主義，一方面認爲聯合國的建立是保全和發展民主，即世界上的人類尊嚴和人類

自由。而另一方面，在聯合國創造者之中，從開始在理論上和實際上就是最愚昧的最有組織的極權的獨裁，壓迫人民，即世界共產主義，如在蘇俄所實現的一樣。

世界共產主義竟採納了聯合國憲章，而把西方國家天眞的愚弄了許久，同時在國內外繼續不斷地作違反憲章的行動。

（3）所以，聯合國的所有行動是矛盾的，因而有重大的失敗。

如上述開始對於世界共產主義發生基本認識的混亂，接受了世界共產主義最慘酷的、最極權的獨裁，認爲是一種「人民的民主」（不可能有兩種不同的民主，一種有自由，另一種沒有自由，因爲不可能有兩種不同的人類自由，一種是眞正地使人自由，而另一種是壓迫人，人是自由的，或是不自由的；任何其他的都僅僅是詭辯）聯合國忽略了在鐵幕後的，在蘇俄境內的和東歐的千萬人民，不阻止世界共產主義對中國發動的新侵略，結果招致共產主義最近對韓國的侵略。

歷史中的一切都支付了，聯合國由於開始對世界共產主義天眞和不負責任，現在正在韓國戰場支付血的代價，將世界共產主義獨裁引入國際社會的就是聯合國，並且給它更多的技巧，更多的危險軍備，新的侵略機會以及淸算人類自由的機會。

（4）聯合國中的非共產主義方面從開始就不理會共產國際組織存在的重要事實，這是他們的天眞也是應負責任的，共產國際本身就是一個國際單位，是聯合的共產主義國家，暫時地與聯合國合作，並不是誠心地和聯合國合作，而是爲了支配聯合國，如果不能達到這個目標，則擾亂聯合國以建立其共產主義世界組織、世界國家、世界獨裁。

從這個分析也可澄淸民主國際與聯合國之間應有的關係。

A. 第一、由於聯合國的實際情況及其基本的缺點，民主國際不能全然地信任聯合國。相反地，民主國際應盡力使其民衆，政府、聯合國組織本身知道聯合國的缺點。

B. 民主國際必須鼓勵聯合國每個國家有眞正的國際合作的純正精神，這種國際合作的純正精神是基於世界上每個人的尊嚴和權利。民主國際必須接觸和利用聯合國現存的路徑以促進眞正的自由的國際合作。

C. 民主國際尤須使世界和聯合國意識到在一方面保全基本的人類自由，基本的人類尊嚴，基本的人類權利，而在另一方面甚至於人類最大的部分中讓同樣的人類自由，同樣的人權毀滅，這是不可能的。民主國際必須使世界和聯合國知道它們對於在蘇聯，東歐和現在中國千萬被壓迫的人類有重大的責任，由於聯合國一部份的罪惡的天眞，使世界共產主義繼續壓迫蘇聯人民且進而壓迫東歐，中國和韓國人民。

D. 民主國際必須糾正聯合國的封建和不民主。

聯合國組織，像過去封建制度一樣，以實際掌握行政權的黨派和集團來淆亂人民和國家，所以聯合國組織的實際名稱應該是聯合的執政政權的組織。執行的政權和國家是兩回事，國家、人民是比執政的政權更爲複雜的實體。

目下的聯合國完全忽略了這個社會的事實，對於各國人民之間，構成國家的社團之間，個人家庭、知識份子、農工大衆之間的直接接觸未供給什麼。他們之間的直接平等的接觸將是眞正民主的國際合作，而不是首要官僚之間的關係與合作，首要官僚時常代表國家，可是現在往往不能完全代表國家，甚至於根本不能代表。

聯合國是封建的反民主的機構，不幸地，又有蘇俄獨裁的共產黨政權和共產黨衛星國家參加。這些政權不僅不能代表其民族和人民，而且欺詐其民族和人民，並僅僅靠暴力來維持。所以這些國家的各民族，人民，包括俄羅斯民族，從沒有機會在聯合國發言，在聯國合國說出他們純正的而無虛僞的話。

更不幸地，是俄國人民而不是蘇俄政權，以他們數百萬兒女的生命將其他國家由納粹、法西斯、極權主義的專制壓迫中拯救出來，而所謂聯合國中的民主國家竟讓蘇聯人民在共產黨極權統治之下，在戰後也不給蘇俄人民一點機會傾述關於蘇聯共產黨政權的意見，相反地，却給與蘇維埃共產黨政權一切國際的便利，繼續專制地壓迫俄國人民，甚至於，在德黑蘭、雅爾達、波茨坦會議以及成功湖給予所有一切便利，在蘇聯境外，東歐和亞洲滅絕人類自由。

自由中國在民主國際中將處何地位

在此最後一點有兩個特殊問題。

一是自由中國在民主國際中將處何地位，這個問題的回答非常簡單：自由中國在民主國際中所處的地位與權勢是靠她自己的活動、動力、與能力而定。

另一問題是自由中國在民主國際中應處何地位。這個問題也非常簡單：自由中國在民主國際中應有其最初的地位，最有力的地位，其理由是：

A. 我是歐洲人，所以我愛歐洲，我時常住在美國，所以我愛美國，但是我說：世界歷史的中心不是歐洲，也不是美國而是亞洲；尤其是中國，她有五億人民，在地理上是亞洲人類的心臟。

亞洲是世界最大人類的潛力，有十二億五千萬人民，在歷史的現階段中沒有比它更主要更有動力，喚起組織動員人類的潛力——廣大的群衆，他們將決定歷史的潮流。

B. 中國鐵幕仍未像蘇聯鐵幕緊緊關閉。

由於共產黨在韓國的新的侵略和在緬甸、越南的滲透侵略，西方國家被迫變更其對中國不負責任和「一筆勾消」政策，西方國家在蘇聯共產黨革命初期就將蘇聯人民放棄。勞合、喬治（Lloyd George）曾說：「讓俄人之間自己分離」，如此蘇聯就不會騷擾大英帝國，因此西方列強任共產黨專制欺壓蘇聯人民，可是大英帝國並未能拯救她自己，而在二十年後的今日在大英帝國所屬的馬來聯邦正對共產主義做流血的鬥爭，並非常恐懼地等待共產黨的原子彈投擲在倫敦、利物浦和哥拉斯哥。

在凡爾賽會議的時候，法國是那樣的強盛，而現在正在越南與共產主義作戰，美國在威爾遜時代，布爾希維克專政剛開始的時候，對俄國人民的命運毫不關心，同時對於在歐洲和中國的戰爭中共產黨的陰謀毫不負責和不注意。而現在她的軍隊正在韓國戰場上作殊死戰。

在台灣的自由中國現在必須利用所有的新環境新事件去阻止鐵幕密罩大陸上的中國人民。自由中國必須使世界各民族，西方列强，尤其是亞洲的各民族關心在共黨獨裁下的中國人民的眞正命運。更重要的是自由中國必須用各種手段經常與大陸上的被壓迫的人民和其他國的人民取得連繫，以未來的解放爲生活最高的希望，並必須爲中國的解放而作有效的準備，因爲沒有自由的中國，即沒有自由的亞洲，最後便沒有自由的世界。

C.中國是亞洲天生的感召者和組織者，因爲華僑實際地遍佈了亞洲各國。不幸，世界共產主義本能地了解這個特別的中國的使命是影響全亞洲的人民。自由中國應利用在亞洲各國的華僑團體爲途經以感召組織新的自由的人類國際。在越南、韓國、菲律賓、緬甸、暹羅、馬來亞、印尼、印度有許多中國人受到共產黨威脅。

共黨獨裁給亞洲各國的經驗使自由中國在這新工作中的使命變得容易，感謝共黨獨裁的殘忍，亞洲的國家漸漸正確地認爲共黨主義是壓迫人類的。

在這工作中特別重要的是印度的影響。中國和印度爲亞洲和世界上兩個最大的國家，她們必須並肩而行，也只有如此，亞洲和世界才能得救。

印度不會被尼赫魯短見的緩和政策所淆亂。尼赫魯的政策是一個自相矛盾的政策，而沒有一個自相矛盾的政策可以永久。尼赫魯是實際的，很關注印度內部的共產主義，認爲它是印度最大的威脅，可以毁滅印度。但是尼赫魯却天眞地認爲若由於他的緩和政策和國際共產主義比較合作，特別是中共，那麼國際共產主義對於陰謀顚覆和毁滅印度將收較小的效果。

尼赫魯忘記了他愈幫助鞏固中共的獨裁，他便愈推進了印度的共黨獨裁，因爲共產黨從未和尼赫魯一樣的天眞，共產黨的頭腦是國際性的而不是如尼赫魯一樣是地方性的。所以尼赫魯的自相矛盾政策不能長久。

不是尼赫魯改變（或是印度換掉他），就是世界共產主義取得印度。

有無數的中國人居留在美國，法國、英國、比利時、意大利、他們都是强有力的採取偉大行動的人。

D、中國有特別的使命和可能向世界表示並實現在社會生活，經濟生活和政治生活方面的新方法。

中國被可怖的共產黨革命所震撼，所幸仍未被統治，一方面，她的舊有的社會經濟制度被革命推翻，爲歷史的進步所廢棄，新的一代受了革命的影響，她再不能回復到舊有的社會經濟制度，也不能回到美國和西歐社會經濟制度，這種制度也已經爲歷史所廢棄，另一方面，她有足够的活力，動力和銳敏找出一個克服共產主義的方法。

自由中國有特別的機會在社會的，政治的、經濟的機構中實現新的方法。

玆舉數例：

一、台灣的工業自日本投降後大部在國家的手中，正與英國和一部份西歐國家中的工業國有化的階段相同。

自由中國可使工人們（所有直接參加生產的人）：手工工人，細工工人，技術人員、僱員、工程師、經理等爲工廠中有力的共有者或共同指導者。這便是眞正的工業民主化，眞正免於共產主義的侵襲。

二、在農業方面，臺灣由於三七五減租已有進步。必須更進一步地改革，使耕者完全成爲他們所耕耘的土地的唯一所有者。

同時，必須使土地耕作機械化（更多的托拉機，更多的灌溉，抽水機和肥料等），並在農民之中闡揚合作的意義，建立自由農民的自由合作，使在生產和分配分面更收效。

如此將超越共產主義的土地國有化。

三、「三輪車」已開始在亞洲的一部份排除了「人力車」，一個人跑着拉另一個人，是亞洲最痛苦的景象之一，也是一個人被另一人剝削的一個例證。

但是甚至於三輪車也是非常使人疲乏而且有害心臟，腿和血管。新中國又驚人地介紹了一種摩托三輪車，優於三輪車。

自由中國有足够的技術能力和人力從事這些小工業，改善本地的運輸，給與亞洲一個榜樣。

這種機械化對於貨物的運輸是更迫切需要的，現在和幾世紀前一樣，人們如同奴隸一樣拖着可怕的重物。

本地的貨物運輸可藉用運輸的獸類（如騾馬等），但最好是將運貨車裝上摩托。

四、台灣因爲特殊的環境有一支大軍隊。這支軍隊雖然絕對必須保衛自由中國的堡壘和解放大陸，但不必所有的部隊都參入眞正的軍事行動。所以這支强大的人類潛力至少在一部份可以很有用地幫助台灣的經濟建設和社會建設。軍隊可以幫助建築道路，運河、灌溉道和鑿井等，可以淸除沼地，開闢新的耕種土地；可以指導幫助廣大的農民建立一個較高的文化水準。

自由中國的軍隊可以給亞洲和世界一個驚人的榜樣，使他們知道一支軍隊不僅能保衛國家，還能爲國家作社會的文化的服務。（完）

自由主義底蘊涵（下）

殷海光

經濟自由主義，在十九世紀時對於英美政治和經濟發生了很大的影響。

思想的自由主義導源於三條線索。第一、是宗教改革(Religious reformation)；第二、是近代科學底創立；第三、是哲學思想底演發。這三者交互起來，匯爲自由思想之流。

馬丁路德倡導的宗教改革，發動於反對售賣赦罪符。他底這種行動，是起於長期沉思聖經上的道理。由於長期的思想反省，他終至反對羅馬公教以教會爲人與上帝之間的居間者底說法；攻擊教會底腐敗行徑和神學。宗教改革發動，風起雲湧，與俗世要求政治獨立的勢力結合，形成宗教戰爭。這一連串的煩擾，漸漸產生宗教容忍的觀念。宗教容忍的觀念，是其後產生十八九世紀自由主義的運動之一泉源。開明的新教派（Latitucinarian Protestants）喜歡中產階層，厭惡君主和貴族，否認君權神授說，並且認爲每一社會有權自己選擇其政府。這些早期的自由主義者反對中古時代的一切。他們認爲中古底哲學與政治是教權與君權底護符，是爲迫害思想而立之說，並且阻礙科學底興起。當然，這一派同時也反對新起的狂執主義者客爾文派（Calvinists）和浸禮派（Anabaplists）。因爲，他們底手段比舊派更加嚴酷。

科學的研究者常爲思想自由底先導。當着科學家發現新學說之時，他只覺得這一學說在他看來是正確的。他不屈服於任何權威。同時，如果他希望別人信服他底學說，他不使用權威或勢力，而是藉舉出論據來說服別人。在伽利略時代，亞里士多德和教會底權威，至少與親見親聞同樣有力。科學家們不斷與這些權威鬥爭。在這教權得勢的時候，教義是唯一的『主義』。思想和學說爲官家專斷，私人不能提出何種意見。僧侶階層與政治權力者結合，鉗緘百姓口舌，不許批評。任何思想學說，一與教義衝突，都在排斥之列。迫害事件不斷發生。布魯諾和伽利略諸人底遭際，便是顯著的實例。然而，黑暗終於在眞理之光面前消失：宗教的獨斷敵不過科學的眞理。幾經科學家奮鬥，人類底理性掙出牢獄，思想獲致自由解放，『理性時代』出現。培根不相信亞里士多德那一套。他著論反對偶像，提倡離開書本和傳統而作獨立的判斷。哥白尼就非常富於『疑古』精神。由於這些人底努力，掀起『知識革進』，把科學從神權救出，而向近代推進。

眞正的哲學思想之發生，從來都是以自由思想與思想自由爲必要條件。如果我們不能自由思想，而囿於既成權威，或爲現有勢力所凌逼而無思想自由，那末人就不能發揮一種無掛無礙的自由精神狀態。沒有自由精神狀態，就不能自由探索眞理。不能自由探索眞理，何由而發現眞理？所以，一個眞正的哲學家，從來就是一個自由思想者。泰理士（Thales）望海而興歎：『水哉！萬物皆水所成也！』這不是官方所給他的靈感。史大林可以訓練出十萬個間諜，但訓練不出一個自由思想家。以善於懷疑著稱的近代哲學家笛卡（Descartes）對於什麼都懷疑，最後只剩下一個無法懷疑的『我』。他當然不信時下的那一套，不信仰任何權威；而是睡在火炕裏，馳思想於大合，運神識於大化。哲學家羅素，可說是現代自由思想者底典型人物。他不接受像徵傳襲的爵位。他對於社會問題的許多主張，尤其是關於婚姻問題的，不見容於守舊派，致遭排斥；在第一次大戰時因演講非戰而下獄。這種剛健的自由精神，他數十年持之如一日。

倫理的自由主義之基本的動因，在爲人性底發展開闢康莊大道。因而，自由主義者趨向人道主義，反對對人的殘酷。自由主義底倫理基礎是功利主義(Utilitaridanism）功利主義的公理是『爲最大多數人謀最大幸福』。依此，自由主義者反對蓄奴，並且因之而進行解放黑奴戰爭。這一戰爭之倫理的含意大於別的含意。勞動法案，濟貧律，也都是自由主義的倫理表現。自由主義之永恒的精神遺產是一種心靈狀態。這種心靈狀態，反對隨意的或不公正的政治權力以及人加於人的暴虐。

在英國自由主義的傳統中，給倫理的自由主義開擴一個新領域的，要推格陵（T. H. Green）。格陵著有道德義務之原理(The Princi ples of MoralObtliga Tion）。他仍然主張個體之極終道德目的的信仰。政府底必要任務是保障個體底相互自由。個人從社會而獲得某些權利，社會對於個人施行某些權力，同樣都是依據一個事實之上，即是，這些權力乃使人成爲一道德的存在，(a moral being）之所必須。有了這一必須條件，人類乃得有效發展他自身以及別人底完滿品格。

由此，引起格陵對於國家的觀念。他認爲國家自身是『人底一個群體，因具有權利而互相認知，並且保有某些機構，這些機構是爲保持這些權利而設立的。』顯然得很，這種看法並不承認人必須服從那不能保持個體合法權利的機構。恰好相反，具有合法權利的個體必須與違反自由道德行爲的極權主義和絕對主義（absolutism ）宣戰。這是自由主義傳統底永恒核心：從道德方面思觀自由底性質。

依此，格陵更進一步，他不把國家看作『必須的罪過』，而是看作『好底必須條件 （Necessary Condition of Good）』。國家應受公民底積極支持，來實現一種積極的計劃。因而，一個好的政府，是好人之一積極的道德體制。

實在，格陵比邊沁輩更前進一步：他將自由主義與理想主義（Idealism）作一新的結合。英國費邊社影響之下的勞工運動，是從十九世紀自由主義底道德理想主義得到靈感的啓示。他們底本質，正如柯爾（G. D. H. Cole）所說，是屬乎道德性質的。所以，他們與馬克思底距離遙遠得很。

我們在上面已經將自由主義底四個層面加以勾勒；現在，我們要進一步對這四者加以權量。

在自由主義底一切層面之中，思想的自由主義最爲崇高。羅素說：『人類有兩種衝動。一種是創造衝動；另一種是佔有衝動。』人類是否能夠得到和平幸福，與進步，主要地看我們發那一種衝動。如果發展創造衝動，那末人類一定可以獲致和平，幸福，與進步。如果發展佔有衝動，那末世界一定產生鬥爭，苦難，和災害。一切從事政治權力的爭奪，無論採取什麼形式和什麼藉口，都是發展佔有衝動。發展佔有衝動的人或群體，小之危害社會，大之危害世界。自由思想則不然。自由思想是富於創造性的精神活動。精神活動只在時間綿延，不佔空間。這樣的活動無限無制地發展自我底精神能力；同時絲毫無礙於他人底精神活動。所以，自由思想是無關利害的純創造活動。在自由思想與思想自由底前題之下，各種思想學說，諸子百家，並行不悖。依附政治權勢的教條八股是統制工具之一，它當然排斥各種思想民主共存的可能性。因有自由思想和思想自由，才創造出古今中西的精神文化。我們要導人類於眞美善之境域，必須擴揚思想的自由主義。

政治的自由主義之雛型萌於古代希臘。在漫長歷史演程裏試驗底結果，證明在人間一切已知的政治制度之中，民主政治是較好的政治制度。拍拉圖底理念（Idea）或共相（universal）可作爲具體世界底範型。具體世界總不若拍拉圖底理念或共相完整。手畫的圓形無論如何不若幾何界說的圓那樣圓。同理，自由主義者並沒有以爲民主政治是絕無毛病的。它並非亦不可能是絕頂理想的政治制度。假若我們說人間的政治制度都有毛病，那末民主制度是一切有毛病的政治制度中毛病最少的。

在消極方面，民主政治主張『一個人，一張票』。這樣，可以防止不公正的權力，任性而行的禍害，和危害基本人權的危險。在這一制度之下，人民可以公開糾舉一切機構或個體所作的不利於大衆的政治或經濟勾當，以免終於一潰而不可收拾。在民主政治深植根基的國家，一切忠心的反對(LoyaLopposiTo in）都被尊重。所以，在這樣的國家，許許多多『內在矛盾』都訴諸選民，而消失於無形。因而，除非有强大的外力作用，民主國家不會因『矛盾』積漸而發生大規模的變亂。

在積極方面，政治權力來自人民，而非源於武力征服。於是政治機構絕對不會與人民處於對立的地位。一切異見被寬容着，個別差異被保持着。少數底存在被尊重着。在這種情形之下，人民或在野政治組體，對於政治機構的心理狀態，是坦然無懼的。大家覺得這些機構是爲服務我們而存在。機構底執事是抱着爲人民作『公僕』的服務觀念而來，並非爲滿足權力欲，支配欲，或物質欲而來。民主政治與獨裁政治底分別之一，就是獨裁政治只用一個頭腦，民主政治用千千萬萬人底頭腦。獨裁政治假定一個人智周萬物。民主政治確信並且經驗到多數的智慧優於寡頭底智慧。民主政治既然造成這樣的環境，於是大家得以輕鬆，活潑，愉快的心情發抒智力；各自貢獻力量。這樣一來，與極權獨裁統制之下的社會對照，民主政治之下的社會，可構成一個富有生機的整體，各個部門得以協和發展，共同進步。

政治的自由主義和經濟的自由主義容易被人注意，思想的自由主義特別爲知識分子所喜好，可是倫理的自由主義，似乎不大有人注意。這是一件可憾的事。其實，倫理的自由主義應爲自由主義的根本基礎，才能顯揚自由主義之崇高的道德價值。一切與人生關聯的政治思想或制度，一失去道德價值，便立卽成爲糟粕，甚至變成危害人類的東西。蘇俄底所謂『社會主義制度』便是顯例。從歷史事象上觀察，自由主義之衍生，固然導源於文藝復興和宗敎改革，科學思想進步，反對封建和專制，並尋求經濟利益。但是，我們更進一步追問，爲什麼要如此呢？顯然得很，都是爲了人，爲了人能有較美滿的人生。所以，『最大多數的最大幸福』成爲自由主義者底原則。於此，自由主義的倫理根源便顯露出來。既然一切爲人，當然又是人文主義的。我們提倡自由主義，除了注重政治民主和思想自由這些層面以外，更不可忽略自由主義的倫理根源和倫理要素。

也許有人說，你所說的固然不錯，可是這還不够。自由主義底倫理根源和要素太淺薄。『爲最大多數人謀最大幸福』，用流行的名詞說，只限於『功利境界』，未到『道德境界』。它缺乏理想性。因爲它缺乏理想性，自由主義一實現化，就陷溺於今日英美的物質文明，墮落入個人現世的自私生活，一遇橫逆之來，無以超拔。所以，自由主義的倫理根源和要素是不够的。

這種理想主義者（Idealists）底批評是有相當道理的。不過，其中包含的問題很複雜，在此我們沒有時間一一討論。我們現祇能指出兩點：第一、『爲最大多數謀最大幸福』一原則，卽使陳義不高，確合今日世界人類之迫切需要。試問今日世界，幾人得享幸福？試問普天之下，爲政之人，幾人照此原則行事？第二、自由主義底倫理基礎，從功利主義的邊沁起，到格陵之講『道德義務』，已經加深許多了。自由主義在發展之中，它底倫理基礎還有待今後充實。

在自由主義底四個層面之中，問題比較嚴重的是經濟的自由主義。從馬克思學說出世以來，自由主義的經濟學說一直處於受挑戰的地位。對於這一方面，我們現在要稍加分析。

在討論這一方面底問題的時候，我們首先必須將原理（Principle）和實際（Practice）劃分淸楚。主張自由經濟與非自由經濟的論戰中，似乎沒有從根本上將這二者劃分淸楚，以致討論起來常弄得混戰一場；有些說法是基於旣定政治要求的結論；有些則是無意接受宣傳而培養出來的情緒；有些論調甚至是基於一已底私利而發出。這些，都不能接近問題，更不能解決問題。

首先，從原則上着想，自由經濟理論與非自由經濟理論，卽使互不相容（incompatible），但並非共同窮盡。旣然如此，就不是一假則一眞。從原則上着想，經濟自由底原則，如前面所引亞當斯密所揭示的，是無可非議的。人類之應能自由發展其經濟能力，以滿足生活需要，亦若天賦其他人權之應予發展，沒有任何權威應予限制。至少，贊成政治民主而反對經濟自由，在理論上不易貫通。經濟自由實現了而其他條件未滿足時固然未必有美滿的人生，可是如果經濟失去自由，其他許多自由將隨之失去。動物園中的猛虎之所以必需向獸師低頭，就是因爲牠不能自由地到森林中去覓食。蘇俄當前的實例是最慘痛的敎訓。

其次，就實際而論，現在沒有百分之百的自由經濟國家，只有程度或高或低的實行統制經濟或計劃經濟的國家。凡講計劃經濟或統制統經濟的國家，人民底生活程度不及相當高度自由經濟的國家。有的甚至於相差很遠。這是事實。

實行統制經濟或計劃經濟的國家可分兩種：一種是程度極高的；一種是程度較低的。

實行統制經濟或計劃經濟程度較低的國家，有深厚的民主基礎，工業基礎，和良好的行政機構。但是，自第二次世界大戰以來，這一國家實行『社會主義』的結果，成績並不甚佳，生產減低，效率尤成問題，致貽『蛇尾社會主義（Que-Socialism）』之譏。

這種結果，引起兩個問題。第一個問題是『社會主義』本身究竟是否行得通。這個問題是先天性的問題。第二個問題是，是否由於初試，技術不夠成熟，以致實行起來發生困難。這個問題是後天性的問題。第一個問題非常嚴重。如果只是第二個問題，那末還有改善的餘地。究竟怎樣，希望留心這一問題的專家作深入的研究。

實行統制經濟或計劃經濟程度極高的國家，目前所呈現的事實，足以告訴我們：經濟權力被掌握在政府手裏，便成爲繼軍事權力與政治權力之後最厲害的統制武器。軍警底槍刺逼在你前面，秘密警察跟在你後面，這還不夠數，政府又將你底飯碗搶去（在『生產工具收歸國有』底美名下），你聽話就給你一塊黑麵包，或一口粗飯吃，不然，便活活餓死你。你還有氣力反抗嗎？顯然得很，在這樣的國家，人民繼經濟自由而失去的，是政治自由。最大部分人民變成工奴或農奴。思想，言論，集會，結社，一切自由都被剝奪。鼓掌也要規定。人民生活底每個方面和全部都被管制。整個國家變成一個奴隸國。

第二次世界大戰以來，這種『社會主義的天國』底眞像暴露了。許多人底理想隨之幻滅。對於這一制度底反感普遍增長。

這原是人類在追尋理想社會途程中的醒覺和進步。但是，在這一反感之中，有許多人回頭提出舊有『資本主義』底那一套。這是正確的嗎？

反對極權統治制度而回頭提出舊有『資本主義』底那一套以爲護符之大成問題，亦若許多標尙反共者想不出新方策而回頭乞靈於殘舊辦法之大成問題。羅素早已說過：『如果從資本家底擁護者底觀點來反對布爾希維克主義，那末，照我看來，終究是無益的，而且違反現代歷史底進程。』

我們不否認，北美的國家，人民底生活水準高於東歐平原的國家，而且高出多多。但是，這一現象之不足以作『資本主義』優於『社會主義』底論據，正猶之乎有人坐汽車先期到達花蓮港之不足以作他較步行後到的人腿長之論據。這一個問題中所包含的歷史因素，時間因素，技術因素，等等是太複雜了。擁護舊有『資本主義』的人，顯然健忘了下列的事實。

自十九世紀資本主義勃興以來，固然帶來人類許多物質文明與享受，同時也帶來許多災害。就對內而言，大資本併吞小資本，獨佔壟斷橫行；勞資分化發生，貧富懸殊顯見；少數人底經濟權力增加而支配多數人底經濟生活，多數人底經濟能力縮小而受制於少數經濟權力者。因此，引起嚴重的社會問題和勞工問題。就對外而言，商品傾銷和資源掠奪引起海外殖民地瓜分；由此而常引起殖民地戰爭。復次，幹這些勾當的主要是歐洲白人。因此又引起壓迫弱小民族，和白人優越感等種族問題。這一問題後來爲列寧所利用。形成這些惡果的因素固然不止一個，可是，無論如何，資本制度之勃興，是一主導的因素。

凡此等等，都是馬克思及其信徒藉之以宣傳與發展的資據。拿舊有『資本主義』抵擋『社會主義』的人、對於這樣的大事，似乎不應熟視無睹。

我討論到這裏，也許有人說：『這都是經濟自由原則所誘導出來的結果。你既不甚贊同舊有資本制度，怎麼可以同時主張經濟自由原則呢？』茲事體大。請臺端弗要性急，讓在下略陳一二。

經濟自由原則之無可厚非，亦若自由生活原則之無可厚非。經濟自由與自由生活有密切的關聯。你如不反對自由生活，就不應反對經濟自由。經濟自由無病，病在資本制度。一個人鑿井而飲，耕田而食。在這一階段，土地沒有兼併情形，一人如保有足以維持生活的土地，不會發生『土地問題』。土地兼併情形發生，一人擁田千萬頃，論千萬人爲農奴，支配多數人底生活，自己坐享其成，這時才發生土地問題。同樣，一個人自謀經濟發展，例如從事手工業，以滿足生活需要；而無害於他人。在這一範圍以內，根本不會發生經濟自由底弊病問題。在自然經濟階段，人人大體上是平等快樂的。什麼時候才發生呢？在因工業革進而行大規模工業化的時候。工業革進，大規模工業化實行，生產能量大增，這時，生產工具設備被掌握於少數人之手，這少數人憑藉其生產能量，擴大資本。於是，這少數人底經濟權力大於多數人。多數人底經濟生活被操縱於少數人之手的現象形成。這時，所謂『資本制度』底弊病才發生。由此，我們可以知道，同是經濟自由，無大規模工業化就不出現『資本制度』及其弊病；有大規模工業化才出現『資本制度』及其弊病。據此可見問題不在經濟自由這一原則，而在大規模工業化了。這正猶之乎發明以車代步是好的。但依製車原理大批製造坦克車就要不得。可是，我們不能因軍火工廠製造坦克而歸罪於發明以車代步的人。經濟自由底本身並不必然衍產出『資本制度』。我們更不能因『資本制度』發生弊病而否認經濟自由原則底本身。經濟自由是基本人權之一。世界上最愚蠢的事莫過於把自己底謀生自由拱手讓給統制機構。這比送槍械給敵人還要危險。剝奪了這種權力，經濟不能獨立，祇有聽任握有經濟全權的統治機構使喚宰割，或如餵牛餵馬。聽話就給你吃；不聽話就不給你吃。人之所以爲人底成分就消失殆盡，至多只成爲統治機構之下有生命現象的機械而已。這樣的人生，不亦可悲？

但是，社會是進化的。科學昌明，工業化發展，就不能叫它退回手工業時代。既然如此，這一發展附着自由經濟原則上，就事實地產生了現代『資本制度』及其弊害。問題既然發生，當然只有面對問題，提出解決的方法。馬克思一輩提出的辦法是生產工具收歸公有。這也不失爲一種原則。可是，這種原則，一經落後的東歐國家採行，立刻變成『一黨專政』之下從經濟基礎上控制人民的利器。這些地區的人民，連虫蟻都不如。英國提出相似而不相同的解決方案，這類方案正在試驗之中。結果如何，恐怕還須等待一個時期才見分曉。可是摹倣英國的人切勿忘記，英國有深厚的民主基礎和工業基礎，以及良好的行政制度。否則，東施效顰，一定更糟。

經濟自由在工業化的行程中可能引起的毛病，自由主義者並非完全未曾見及。自由主義者對於財產的觀念，並非完全相同；而且事實底發展也並非完全朝着『資本主義』前進。葛德溫（Godwin）認爲財產之適當的分配乃到政治公正之路。他贊成『各取所需，各盡所能』的原則。他認爲財富平等爲眞正民主政治之所必須。林德賽（A. D. Lindsay）認爲將君王和祭司輩所特享而不爲社會一般人民所享的利益除去了，那末一切便好。邊沁派底改革者，對於『公正』特別重視。他們志在從政治上根本改變英國社會底結構。這樣，必須對於財富重作分配。顯然，這一類底觀念，成爲迄今英國實際政治動力之一。經濟變革運動，在美國一直有許多團體進行，並且發生不太小的影響。大衆派（Populists）主張鐵路公管，土地所有權底限制。Greenbackers，Knights of Labor 等等都是着重經濟改革的社團。這些社團底旨趣和努力，多少將自由主義從放任主義底軌道移出。但是，他們受馬克思主義底影響却非常之少。他們底血緣依然是自由主義的血緣。所以。『資本主義』並非自由主義底代表。我們不能在自由主義的招牌之下販賣『資本主義』。

恰好相反，舊式『資本主義』是不合自由主義之根本精神的。我們已經指出，自由主義底層面雖有四個，可是它底『體』祇有一個。既然如此，四個層面必須是彼此相通而且互相一致的。既然如此，就不能够有一種說法對於一個層面爲眞而對於別的層面爲假。依此，凡能合於政治的自由主義的條件亦必能合於經濟的自由主義；至少不可與之衝突。在民主政治中，我們之所以主張『一個人，一張票』，爲的是抑制任何人攫取政治特權以支配大多數人。一個人，一張票，於是人人底權利和機會均等。這麼一來，少數人底政治特權就取消了。在政治方面是如此，在經濟方面何獨不然？如果少數人過分發展，掌握生產工具以支配大多數人底經濟生活，豈不是握有經濟特權？既然自由主義者在政治方面平抑特權，當然在經濟方面也應須平抑特權。二者底道理是同一的。所以，作爲一個眞正的自由主義者，不獨不應與剝削壓榨的特權選組站在一起，而且，恰恰相反，應該像反對政治特權一樣堅持取消不公平的經濟特權。

依據相同的道理，眞正的自由主義者尤其應須反對蘇俄及在摹倣者。因爲，在實際上，蘇俄及其摹倣者，在經濟事件的處理上，所發生的惡果千百倍於舊有資本主義者。他們把少數人操縱的資本，藉着政治掠奪方式，在國家資本主義（State Capitalism）底外形之下，變成『一人資本主義』。一人資本主義是經濟的父權主義（Economic Paternalism）之最後的形態。結果，一個全能的統制形體在蘇俄造成。史大林與其心腹馬倫可夫等結合，以共黨爲御用工具，藉政府機構爲施展全權的機構，集政權，軍權，黨權，以及經濟權於一身。人民爲此統制形體作工奴農奴而冀分配得些許生活資料。一切報紙爲共黨控制，人民任何痛苦無由伸訴，長年過度忍氣吞聲的悲慘歲月。這眞是百分之百實現了『朕即國家』的境界。懿歟盛哉！

從上面的分析，我們知道，舊式的資本制度發生了許多弊端。眞正的自由主義者至少不應爲這種制度而辯護。爲這種制度而辯護的人是不了解自由主義之眞諦的。但是，反對舊有資本制度，並非贊成蘇俄及其摹倣者那一套極權經濟之謂。因爲，就事實比事實，蘇俄及其摹倣者那一套極權經濟所形成的禍害人類的惡果，千百倍殘酷於舊有資本制度。蘇俄人民比北美人民窮得太多了！我們實在沒有勇氣站在這一角度來罵資本主義。

然則，我們應該怎樣解決這一糾結的經濟問題呢？我們應須在不觸犯這一條原則之下來解決。這一條原則就是：既不妨害經濟自由又不致導向由經濟的父權主義而造成全能的極權統制。怎樣才能在不違反這條原則之下來解決這一問題呢？這是一個重大而專門的問題。我們希望政治經濟學專家們以睿智和實踐來探求這一重大問題底解決。這個重大問題，在許多地方，尤其顯得嚴重。在這樣的地方，既無眞正的民主根底和工業基礎，行政機構又不健全；而且財霸與治理機構深相結納，融爲一體。他們任意決定的一舉一動都息息影響着人民生計。人總是爲自我利益打算的。結果，在這樣的治理之下，對於財霸實行『資本主義』；對於小民則實行『社會主義』。富者永富；貧者愈貧。毒害人民，了無已時。這一嚴重問題如何解決，更是需要志士仁人深切注意的。

我們在以上已將自由主義底蘊涵叙述並檢討了一番。從這一番叙述與檢討裏，我們知道了自由主義底本來面目與被各種宣傳歪曲了的自由主義究不相同。自由主義不等於放任主義，更不等於縱肆主義。它含有更高的人生價值和眞實的道德價值。自由主義與極權主義在人性關聯上最大的區別，就是，極權主義趨向於綑鎖人性，而自由主義趨向於釋放人性。本此，自由主義愛護個別差異，並且讓各人底潛能作最大限度的發展。憑着這一基本優點，所以，在民主與極權的鬥爭之中，民主總是最後戰勝了極權。在這一次的搏鬥中，難道還會例外嗎？

同時，我們知道，自由主義底內含還有待充實。自由主義者雖不欲掩飾自由主義底缺點。自由主義者從來不相信人造的主義是一字不可移易和神聖不可侵犯的天經地義。社會是一部有了待改善的草稿。一切思想學說都在接受批評中趨向完美。自由主義需要自由的批評。自由主義者不是狂執主義者(Fanatists)。他們從來沒有打算將自由主義變作不可批評的國敎。他們只有一個信念，就是：如果自由主義還有幾分眞理，它無需默罕默德底寶劍保護和推銷，自然會有神志清明而愛好眞理的人來親近它，讓它因被人愛好和批評而發展得更完備，更有益於人類。

現在，正是極權與自由臨到最後搏鬥的日子。全人類需要自由精神的培育與充實，像電瓶需要充電一樣，以便拿充實的自由精神和極權主義者奮鬥。自由主義是培幼與充實自由精神的淵府。離開了自由主義，自由便失去了思想和精神的來源，遊魂散漫無歸，或只憑一時血氣反抗之勇，而無由從內部抒發出自由精神的潛力。這樣的自由，是心理的自由，而不是精神自由。心理的自由，至多不過是一時激起反抗情緒而已。刺激一過，反抗情緒消失，無根的自由要求也隨之消失，像雨後乾涸的河流。所以，要自由而不要自由主義，正猶之乎殺鷄而取卵，鷄死卵亦盡。

現在，正是自由主義須要從新發揚的時代。這是一個艱鉅的工作。這個工作需要愛好自由的優秀知識分子共同抒展心力。（完）

★ ★ ★ ★ ★ ★ ★ ★

論愛倫堡「給西方作家的一封公開信」

歐陽賓

愛倫堡是史達林統治之下的無恥文人中最出色的一個。有人把他比作納粹德國時代的戈貝爾，其實那是太恭維了他。因為戈貝爾多少還保留了一點獨立的人格，而愛倫堡則一下筆就徹頭徹尾地出賣了他底靈魂。

今年五月間國際共產黨操縱下的所謂「世界和平會議」剛剛舉行第三次集會以後，為了配合這一陰謀，愛倫堡在「史大林的天才」指導之下，立刻寫了一篇滅祖裂宗的文章，以「給西方作家的一封公開信」為題發表在六月號的「羣衆與主流」上。該文發表後，西方作家曾紛紛為文駁斥，罵得愛倫堡體無完膚。下面歐陽賓先生這篇文章，無疑又使愛倫堡殘爛的皮膚上添上了一道深刻的傷痕。

——編　者——

設若我們已經忘記一個可怕的論證：資本主義卽是戰爭，要消滅資本主義，人類纔有和平可言，世界革命將因個別國家的內部矛盾而爆發出來，而政治局應促其及早成熟。

那麼，我們會看見一個道貌岸然，以拯救萬千善良人類的生命為已任的愛倫堡是在向西方作家說話了。

可是，假如蘇維埃政權不急切地需要尋求原子彈的秘密，不要在東歐奴役人民和剷除異已，不要在世界各地燃起野火，不要讓任何國家利益服從蘇維埃利益，我以為愛倫堡的呼籲簽名運動將是杞人憂天的行為。有了這些，我想愛倫堡將不能被認為是善良的救世者，而是一個狡詐的宣傳家，對於布爾什維克的宣傳術，世人是太失望了。我們認為，在全體人類之中，祇有納粹和布爾什維克主義者是不配說「善良」兩個字的。從一九一七年以來，在整個蘇維埃的每一個角落裏，那裏還存着半點善良的氣息。他們在國內屠殺了將近一千萬異已，餓斃數百萬善良百姓，然後又在淸黨中殺戮了數十萬黨員，現在更有一千萬的集中營勞動，和數以百萬計的異國戰俘，這一切，非但為今日世界婦孺皆知的事情，而且為布爾什維克黨內的逃亡者所證實着。這一切，在自由土地上的人類，認為是絕不善良的舉措，不文明的行動！然而愛倫堡卻這樣呼籲着：「我們要求一切善良人士簽名於呼籲書上……一個作家寫一本書，他是對前人的一切著作負責，對全世界的文學寶藏負責，對過去的偉大遺產負責。作家之描寫人類的愛，是對世界的一切愛好者負責，對一切搖籃負責，對一切花園負責。作家的責任既如此艱巨，怎麼可以噤若寒蟬，俯首簷下，苟且偷生？怎麼可以背棄兒童？背棄人類幸福，古代的文物和文化的命運呢」？

愛倫堡說：嘗言道，當炮彈說話的時候，驢子沉默了。我倒覺得並不然，在中國，炮彈還說着話的時候，數十萬工農群衆（他所說的驢子）並沒有沉默，而是在向炮彈答話。二次大戰時，烏克蘭的數十萬人民也曾向布爾什維克黨的炮彈答過話。現在，當北韓炮彈在說話時，驢子也在答話。並且請冷靜地調查一下，他們是否資產階級，或是僱傭者！

愛倫堡說他不單單祇向立場相同的作家呼籲：社會主義者和個人主義者，現實主義者和神祕主義者，過去的衞道者，和新代的明星。我並非建議他們應該同意我的社會，政治和論理的見解；我並非建議他們應該出來替一個政黨來反對另一個政黨，或者替一個國家去反對另一個國家；我也並非建議他們應該譴責這個或那個政府的內政或外交政策。我所給予的是另一些事物。我建議他們應該出來反對原子武器，反對炸彈和超級炸彈。

是的，我覺得祇要是一個現世還算受人推崇的作家，都不會有大相逕庭的立場不同，且多少是個社會主義的信仰者，這是毋用他焦躁的。然而有一點我們並不同意，我們認為單單反對炸彈和超級彈是不够的。因為在美國沒有一個人可以有權把它捺入太平洋，正如同沒有一個人有權可以讓它飛越到莫斯科去落下一樣。麥克阿瑟辦不到，杜魯門也同樣辦不到。所以，愛倫堡眞不能不使我們驚嘆為是一個外交作家。他過去給予西方作家的私人信或公開信我們看到不少了，有一個美國作家曾被他罵作偽善者，批駁得體無完膚，然而他却把自己和他的國家擱在一邊。

這裡，他是全然地捉着了西方國家的弱點的，因為他們明白，在美國，人民有權干涉政府，正如前幾天有一個跣足的婦人到白宮要去見杜門魯阻止韓國戰爭一樣。然而這些，他們是罵着假民主的，因此在蘇聯也決不會有一個神經失常的人，在克里姆林宮門首作同樣的工作的！

這裡，愛倫堡更進一步地用了一個邏輯說：「我們要求譴責那個敢於最先使用集體毀滅人類武器的政府……而且我想誰敢反對我們禁止原子武器，誰就暴露出他自己的犯罪意願，誰不願意把敢於使用這個武器的人稱為罪犯，誰就暴露出他自己的非人道陰謀」。

這樣的論調，我覺得站在克魯泡特金的人類互助文化史上看，我們認爲並無謬誤到何種程度，然而出之於信奉馬克斯鬥爭進化論的愛倫堡之口，那麼，我們不能不謹慎估價了。

住在自由國家的人們有一種惰性，他們往往失去測度利害的能力，安撫，放縱，乃至培植敵人，然後又讓自己捲入一個幾乎能够覆滅自身的災禍中。這個原因，僅僅因爲他們不想戰爭。在目下，亦復如此，我敢保證，無論西德，無論南韓、日本，或阿拉斯加，都不會有一顆子彈，突然從槍膛中向外射出的。在現世界中，我認爲絕無能力發動戰爭的人倒可能是需要戰爭的人。那就是在蘇維埃制度裏的一千萬無償勞動者，在東歐爲別國利益的受難者，和中國所有的被奴役者——我認爲愛倫堡所說的「當砲彈說話的時候，驢子沉默了」應該是這樣解釋的！

信中，愛倫堡請求六個可以在這一點上同意他的作家簽名——實際上，他們作品的全部或一部，正在東歐國家焚燬着——我認爲這個呼籲過分狹隘，因爲不但是西方作家，即全人類可能都同意，原子彈原是可厭的東西，但是我們認爲，像蘇維埃國內那樣的用槍射殺，或使之在集中營用饑餓和過度勞役致死，或像目下在南韓那樣的殺戮與使用原子彈是有何種差別的話，全人類可能都不同意。我們都認爲，禁用原子彈本應是出乎人類自覺和惻隱本能所驅使，呼籲已顯得麻木。

問題的癥結也許在這個地方，那就是；世界上有着比原子彈更危險的制度存在着的緣故——這個制度在政治上應許一億七千萬人服從一個人的意志，並且正擴而大之，要及於世界。在經濟上應許有從無償勞動到無限供應的懸殊不平等現象。人民不應許有任何自由。一人治黨，一黨治國。對外却一面封鎖新聞，一面醞釀世界革命，要把這種制度推行於全球——我們可以說，這是一顆最高超級炸彈！自由人類假如警覺的話，可以宣誓死於他們的原子炸彈之下，而不願服役於他們的意志！

愛倫堡先生，你狂呼歐尼斯特。漢明威，羅格馬丁嘉特的名字，然而我想，假如他們眞是你所崇敬的人道主義者，一個具有良心的作家，那麼他們可能以一個智慧者的身份，不作盲目的信從，而是權衡善惡與禍福的輕重！

J、B、普林斯萊，假如他也像歌德，嚮往於蘇維埃的宣傳集團，並且被你們邀請到蘇聯觀光。他被蘇聯政府人員陪伴着去參觀工農生活，然後又拒絕陪伴者獨自去參觀，結果發覺了一項眞理，即先後判然兩樣。於是歌德從幻想的園地裡逃了出來。因此，我想，J、B、普林斯萊謝絕了和平會議的邀請，因爲他厭倦了宣傳者的攏佈，一如你厭倦於他的小說和劇本一樣！

歐斯金、康特威爾會在莫斯科一個被納粹轟炸的夏夜與你躲在一個防空洞中，他對納粹的行爲憤怒。我不懷疑他是一個正義者，正如所有中國人在那時都與歐斯金、康特威爾一樣憤怒。可是，現在，所有的中國人的憤怒已轉向另一個目標，這個憤怒的目標即是由蘇維埃制度所引申而來的極權制度，思想統治，饑餓，殺戮和絕望！你深深地譴責他，因爲他還有在你們領域之外的思想自由，批判和决擇！

約翰、斯坦培克，你呼籲他簽字，你提到他的蘇聯訪問記和另一本他認爲無聊的蘇聯作家的作品。這本書你並未提起牠的名字，然而我拜讀過這本書，那就是西蒙諾夫的俄羅斯問題，一本宣傳劇。斯坦培克在幾次作家聯歡會中都吃得醉醺醺地，然後批判了俄羅斯問題，並提出相反的論證來。至於他的訪問記，正如你說的一樣，我也覺得淺薄輕佻，不過我認爲淺薄的地方是他撇開了蘇維埃政權的實質，不去看看工農生活和深入觀察，而是寫寫你們怎樣請他吃豐盛的飯，用不少篇幅描寫一個古寺院，和同行的攝影記者亞伯在旅館中胡鬧，和偷書的事！你祇因爲他說過一句「吹散戰霧是必要的」而請求他爲自由神寫下賣身契，也許做得太過火了！

我們也許像J、B、普林斯萊一樣，認爲你的呼籲使我們在自由土地上的人感到無效和厭倦，然而你們的觀察不無成功的地方，你們巧妙地利用了西方國家言論自由的弱點（其本身是優點），急切進行瓦解西方國家的自由陣線。然後，然後你們用槍砲替代超級彈進行殺戮，我們的判斷，在世界上任何角落都能找到足够的證據的！

時間對於僞善者的打擊是無情的，在和平搖籃（？）瑞典，已經證實着一則消息：自斯德哥爾摩和平大會發出的簽名運動，已因陰謀的暴露而得到報應了。最近，在哥本哈根的報上，一週之內就有四千四百九十九個人取銷簽名，使報紙爲篇幅不堪容納而煩惱。哪！我說，這就是一個現成的答案。

特載

歷史的台灣——歷史的台灣與中國（四）

郭廷以

第二節　鄭荷關係之緊張

霸占台灣的荷蘭，對於明清之戰雖處在旁觀的地位，但並非漠不關心，尤其是對於福建及沿海戰場。在鄭芝龍雄踞閩海時代，內地與台灣的通商相當旺盛。一六四六年（隆武元年，順治三年）清軍入閩，隆武政府瓦解，鄭芝龍變節，福建局面大變，爪哇巴達維亞東印度公司接到從日本方面來的警告，已感到不安。一六五〇（永曆四年，順治七年）鄭成功取得廈門金門，公司益覺台灣地位可慮，認爲至少須屯駐一千二百名的守兵，以防意外。兩年之後（一六五二），台灣的荷蘭教士報告巴達維亞，說是國姓爺（Koxinga）無時不在注視台灣，將先策動在台灣的華人起事，以不堪荷人待遇爲藉口。鄭成功當時是否有此計劃，他與台灣華人的關係若何，不得而知。所可知者，是年成功屢破清兵，連克海澄、漳浦、詔安、平和、長泰，大破清總督陳錦（後被殺），圍攻漳州，這些重大新聞自必予荷人以相當刺激。台灣華人大概一向對成功表示同情，特別是鄭芝龍的舊部，對於他們的「少帥」必更爲景慕。此輩華人久處荷人高壓之下，很自然的寄其殷望於這位青年民族英雄，儘力宣揚他的勝利，祈盼得到他的援手。縱令彼此沒有正式的聯絡，國姓爺的事業確予他們以極大的精神鼓勵，郭懷一的暴動就發生在這一年（一六五二）的九月（成功的大捷均爲春間的事）。所以東印度公司以爲他的背後有國姓爺暗中煽動，並非完全無因。

一六五三年（永曆七年，順治十年）赤嵌城（Provintia）的改建，就是鑒於郭懷一之亂，加强對華人的戒備。巴達維亞公司亦警告台灣總督對國姓爺要嚴予注意。翌年總督維爾柏（Nicholss Verburg 一六五〇——一六五五）又向公司報告，他時時不忘中國人之欲奪取台灣，郭懷一的事變並非突發，雖經弭平，不可視爲從此長久相安無事。不得志於中國的人，總想取償於台灣。「最近盛傳鄭一官（芝龍）的兒子國姓爺，正在練兵造船，伺機而動，更令人憂懼。」

一六五二年因郭懷一暴動，數千華人遭受屠戮，中國商船來台灣者爲數大減，一六五四年尤少，一由於華人的恐怖心理，一由於鄭成功的報復手段，一由於福建當局的禁海措置。新任台灣總督凱撒（Caesar）於一六五五年到任之後，國姓爺襲擊台灣的謠言，傳遍各地。凱撒一面加緊修治防備，一面派人去澎湖偵察。澎湖既不見華船，而國姓爺進兵的警報又相繼而來，凱撒益積極加强紅毛城（台灣城）的工事，儲備足敷十個月之用的糧食燃料，致書爪哇請從速派兵增援，並添建砲台。鄭成功亦以他的洋船常被荷蘭人留難，「遂刻示傳令各港澳並東西夷國州府，不准到台通商。由是禁絕兩年（一六五五——一六五七），船隻不通（從征實錄）」。國姓爺正式對台灣採取封鎖政策。雙方關係益趨緊張。

這種封鎖措施，相當有效，弄得台灣「貨物湧貴，夷多病疫」。凱撒的後繼者爲揆一（Frederick Coyett，一作歸一，一六五六——一六六二），即最後一任荷蘭總督，於一六五六年（永曆十年，順治十三年）接任，繼續以國姓爺將要入襲的消息報告巴達維亞，請早爲之備，大概公司方面聽慣了這類情報，仍不以爲意。但是華船不至，貿易禁絕的迫切問題，必須有一解決，揆一決定向鄭成功商議妥協之道。一六五七年七月（永曆十一年六月）備具禮物，派遣代表，攜帶書信，前往廈門（思明）談判，並請一位名叫何廷斌（即何斌 Pincqua）的同行，擔任通事。據延平王戶官都事揚英的記載（從征實錄），在荷人「年輸餉五千兩，箭柸十萬枝，硫磺千担」的條件下，國姓爺允許恢復通商，並覆書揆一，備述和好友誼。五年來等於停止的貿易，重趨活躍，東印度公司對揆一大加稱獎。

過去爲了國姓爺的海船常有遭受荷人干涉阻難之事，彼此已有幾次的交涉，東印度公司對於鄭成功的不甚重要的要求，大都接受。一六五八年（永曆十二年）成功又派人前往巴達維亞，致書公司，抗議荷船一再攻擊追逐自南洋返華的商船，致令擱淺失事，或遭捕拏，要求十八萬兩銀子的賠款。六月八日（陰曆五月初八日）公司監督函覆否認，予以拒絕，反指責鄭成功之禁止華船去台，建議訂約修好，免再生爭執。鄭成功如何表示，不得而知，而其感到不快，則在意想之中。是年正當他大舉北伐，一時自亦無暇多問此事。

何廷斌是一位頗有才幹的人物，他在台灣華人中有他的地位，同時擔任東印度公司的某種職務（或云掌管會計）。他原籍泉州南安，與鄭成功同里，又稱爲甲螺，亦是一位海上冒險家，有人說他是鄭芝龍的老方，或屬可信。他與鄭成功早有相當的友誼，也可以說久已傾心。當他到廈門商談台廈通商問題之時，益使彼此的關係密切。鄭成功的一位部下建議貿易恢復之後，就請何廷斌代向自台灣來華船隻征收一種貨物出口稅，將來船到廈門，即可不再繳納，藉以防止偷漏。每年許予廷斌以一萬八千兩紋銀的報酬。這個諒解或協定成立，廷斌回到台灣即暗中執行，因爲他是華人的「鄉老」，有他的聲望和力量，而華人爲了支持鄭成功的事業，又可免去廈門納稅的麻煩，亦樂於遵辦。（如無力在台付出，可另立字據，到厦補繳）。這種辦法，站在荷蘭的立場，自是違法。

一六五九年（永曆十三年，順治十六年）二月，鄭何間經濟合作秘密被發覺了，何廷斌爲荷蘭總督揆一逮捕。審訊之後，取消了他在東印度公司所享受的一切權利，革除了他在華人中的「鄉老」和通事職位，沒收了他所得的非法收入，並處以三百盾的罰款。他受了這個打擊，決定向荷蘭人報復，遂由一鯤身出走厦門，力說鄭成功進取台灣。他的動機不全是對荷人的私怨，他之幫助鄭成功征稅，亦不單是爲了他個人的利益，大而言之，他同情鄭成功的事業，小而言之，他希望他的同鄉能光復已失的臺島，重建泉州人的統治權。

事有湊巧，當何廷斌自台灣出亡西走厦門之年，正是鄭成功金陵表師，引軍南還之時，兩人的晤談，當在是歲陰曆九月。廷斌力言取得台灣之後，大可有爲，他的說詞大致如下：

「台灣沃野數千里，實霸王之區。若得此地，可以雄其國，使人耕種，可以足其食。上至鷄籠淡水，硝磺有焉。且橫絕大海，肆通外國，置船興販，桅舵銅鐵，不憂乏用。移諸鎮兵士眷口其間，十年生聚，十年教養，而國可富，兵可强，進攻退守，眞足與中國抗衡」。

說畢，就將他帶來的台灣地圖送上，「並陳土番受紅毛之苦，水路變易情形。若天威一指，唾手可得。」荷蘭的兵力和防禦情形，亦詳爲告知。據說「成功聞其言，觀其圖，……滿心豁然，起撫何斌背曰：『此殆天之使公授予也』」。

大概自一六五九年十月以後，鄭成功進軍台灣的風聲已經很緊，所有南洋暹羅的華船均奉命返國，厦門集中了二百多艘海船。台灣華人紛紛將財物運回中國，出口貨多，進口者少，欠債亦遲遲不還，荷蘭官廳已起疑忌。一六六〇年（永曆十四年，順治十七年）三月，有幾個華人鄉老密告總督及公司，謂國姓爺將爲陰曆二月十五日（西曆三月二十六日）動兵入侵，許多華人已準備逃走。這時厦門又禁船隻東來，以備運兵之用。總督揆一斷定鄭軍將到，嚴行戒備，儲存軍火，集中食糧，不許華人進入赤嵌城，拘華人領袖於台灣城（紅毛城），不使與鄭成功交通，或領導華人暴動，禁貨船出口，以免資敵，及洩漏消息，並强迫蚊港漁人離去。同時派船向爪哇報告請援。隨後情勢益急，華人不時恫嚇親近荷蘭的番人，謂國姓爺將猛兵强，以鐵甲護身，槍砲不能傷害。三月十六日（中曆二月初五日），一船自澎湖前來，携帶華人書信十八件，均謂國姓爺就要東征，勸他們的親友從速離開台灣，甚至財物亦可拋棄。於是揆一再令華人集中台灣城附近，焚田中稻穀，折毀門窗，扣留華船。一若戰事就要爆發。

四月中旬以後，事態忽趨緩和，華船又開始自厦門來台，鄭成功的部將（Gamhea）且致書揆一，否認進攻台灣的謠言。因爲台灣既有準備，而這時清福州將軍達素已到泉州，正在集中船隻，力圖進犯思明（厦門），鄭軍須以主力抵禦，一時自不便冉對荷人用兵，致陷於兩面作戰。因之台灣又漸平靜，一切回復常態（未完）。

（上接第26頁）

「幸而今天聽到他說了一句話：蘇聯的一切都是好的，要不然，我們跑這麼遠一趟路，眞太冤枉了！」

走到半路上，我還在埋怨黃小姐，她幽默一地回答我：

「可是他並沒有說過蘇聯的大便是香的。」

於是兩人又站着大笑了一陣才爬上坡來。

六、勝利以後

大概是三十五年的冬天，我帶着妻和孩子六口人好容易由重慶拖到了上海，爲了要把最小的一個男孩送托兒所去，有一天無意中會到了盧先生，過去曾有人懷疑他的思想左傾，但他一向都在政府機關做事，而且除了有時發發牢騷外，也看不出什麼左傾的現像來。這托兒所就是他的太太創辦的，裏面有八十個小孩，辦的還不錯，我和盧先先生因爲有數面之緣，所以託兒所的事也就很順利地解决了，附帶他告訴我郭沫若就住在他們的附近，問我知道不知道，我說：「聽說他住在狄思威路，但不知道多少號。」「你要不要去見他？我包你可以寫一篇好文章，」他笑着說，看那神氣，好像在譏諷郭沫若的樣子。我把過去在天言府見郭的一切情形告訴他，他說：「那就不必去了，也許他根本就不會見你，現在不比在重慶，生活更闊了，你瞧，他住在一棟那麼大的三層洋樓上，下面還有汽車間，有花園；家裏請了厨子，聽差，老媽子；每天三餐，大魚大肉的吃個不斷；郭沫若很少出門，于立群也不活躍了，他們的行動非常神祕……！」

「一個窮文人，那裏來的那許多錢，更那裏來的那一棟大洋房？」我問盧先生。

「有人說，蘇俄和中共都津貼他，當然有幾分可能，要不然，他那來的錢呢？」

他冷冷地回答我。

× × ×

此後便不聽見關於郭沫若的消息了。去年爲逃避赤禍來到這自由天地，看到郭沫若歌頌史達林「親愛的鋼，永恒的太陽！」的傑作，不覺連骨髓裏都有一陣一陣的氷感。我想不到到了老年，郭沫若竟反而越來越肉麻，越來越不要臉了。其實也用不着驚奇，如果源源本本地知道他的人格，知道他過去的一貫作風，那麼，對於他的投機，對於他人格的卑汚，就不覺得奇怪了。說不定等到我們反攻勝利，回到大陸去的時候，郭沫若又可以來一篇「蔣總統會見記」，或者寫一首「偉大的蔣總統，親愛的鋼，永恒的太陽！」

寫了這許多，還沒有寫出郭沫若醜聞的萬分之一，爲了愛惜寶貴的篇幅和讀者的時間，就此打住吧。

附註：（一）見徐志摩十日十二的日記

（二）郎朱經農

（三）這是田漢與黃大琳生的孩子，名叫海男。

（四）指安挪

（五）指陳西瀅

顧維鈞大使訪問記

本刊記者　凌霄

新近自太平洋的彼岸返國述職的我駐美大使顧少川先生，曾於本月六日上午十時半在其台北寓所單獨接見本刊記者，暢談達一小時之久。對於記者所提諸問題，大使均一一作詳盡的答覆。大使獻身我國外交工作已近四十年，自巴黎和會迄今三十年來舉世外交家能够屹立於國際外交界而爲人所稱道者，除顧氏外實無第二人。顧氏於其過去幾近四十年的歷程中不但對我國外交事務上有重大供獻，而在致力世界和平上渠亦爲半個世紀來國際間屈指可數的人物。

由於篇幅的限制，顧大使當日的談話不能全部刊出。玆誌其重要部份如次：

問：韓國戰爭，是否即是第三次世界大戰的序幕？

答：各方面的看法不同，大家注意的，大概是美國一方面的看法。她在韓國的軍事當中，現在可以說是一個主要的國家。她助韓國抵抗侵略，保持安全，是受聯合國的命令。在同時受聯合國命令的各會員國當中，她的力量出的最多。又她派駐日盟軍首領麥克阿瑟，復受聯合國的委託爲聯合國的總司令。所以美國的看法，爲大家所注意。

美國對韓國事件的態度是

第一：她決心要把這次韓國事件得到合乎聯合國憲章的解決。換一句話說：應當澈底解決。

第二：韓國事件，要保持爲局部事件的性質，不使她擴大。

由這兩個主要的意思，採取的步驟和方法，在第三者看來，不大十分明瞭。譬如六月廿七日杜總統宣言；第一美國決定派海空軍協助南韓抵抗侵略。第二，台灣安全要負責任。可是下面確要中國停止以海空軍攻擊大陸。

如果從抗共反侵略的立場看，在抗共反侵略的旗幟之下，應當完全鼓勵抗共反侵略國家，爲什麼對於我們中國抗共反侵略，還要求停止對大陸攻擊？不是一個宣言，採取兩個不同的步驟嗎？

美國的意思，剛才說：有兩個基本觀點，即美國的主要政策，不因此釀成第三次世界大戰。

問：杜魯門總統六月廿七日宣言，提到台灣地位問題，謂要由聯合國來解決。台灣問題，應該由對日和約解決，爲什麼說要由聯合國來解決？這是大家感到不痛快的。不知大使對此看法如何？

答：杜總統這個宣言沒有發表前一兩點鐘，我們就知道了，起初不十分明瞭美國說這個話的背後，究竟是什麼意思？嗣後仔細研究，再參考七月十九日杜總統致國會咨文之中對宣言這一段的說明，同時將根據美國朝野發表的意見，綜合起來，認爲對於這一段不必太注意。

第一：六月廿七日宣言，對台灣採取的政策，與一月五日的發表宣言，大有出入。要變更過去的宣言，應當有一個理由才可自圓其說的，從這裡可以了解爲什麼對台灣要說這個話。

台灣的地位，認爲是將來的問題，不採取肯定的態度，將來如何解決，方法很多，或在對日和約或由聯合國來解決，都可以。

剛才問應該在對日和約來解決，不應由聯合國來解決。而他的主張是要按照聯合國和平的方法來解決。至說由聯合國來解決，這裡面有一個道理；講和約，按普通的習慣，打仗完了，同戰敗國訂一個和約，就是告訴戰敗國如何如何，要戰敗國簽字，無所謂談判。所以波次坦會議決定要日本無條件投降，可是現在同盟國最重要的四强當中的蘇聯不合作，爲難、阻擾；使歐洲的德國東西兩部份不能聯合。在東亞之韓國南北兩部份，不克實現統一，因此引起這次的韓國事件。

大概來說，現在說是由對日和約來解決，亦沒有把握，假使和約不能解決，當然歸到聯合國。聯合國憲章上有一規定：「大致講因戰時佔領區域發生問題，由佔領國處理，不受一般憲章拘束，如果認爲這個問題不能解決時，可由聯合國處理」。台灣問題，今天沒有一個人能說它可完全由對日和約能來追認解決。美國對如何解決此問題，現在不願採取一個肯定的看法。只是把可解決的各種問題開在那裡。

美國對我國，不是沒有主張的，不過她的主張，是否辦的通，是一個問題。其次：討論台灣地位，主要的當然是我國，不過一般同盟國都要參加，都有發言權，現在各同盟國的意見還不一致，如印度澳大利，都有他的意見。所以美國沒有表示肯定的態度；甲的辦法可以討論，乙的辦法可以討論，丙丁的辦法也可以討論。却不願在這個時期引起辯論。

問：過去美國的政策很顯然地是重歐輕亞，先歐後亞；可是由於年來西歐各國防衞力量建立的緩慢，而另一方面蘇聯在遠東在太平洋則到處發動侵略。因了這種種關係不知上述的美國外交政策現在是否或多或少有所修改？

答：目前美國的政策，可以說相當顯明。與兩年或三年前比較，我們看來，是有進步。三年前美國對歐洲提出馬歇爾計劃，同時國會辯論，以及一切言論，可以看出他重歐輕亞，先歐後亞，其理由不必說了。那時我在各地演說：對這種看法都帶警告性，大概說：世界是整個的，不可分成兩段。以第一二兩次世界大戰，可以說明那裡發生事體，全世界都要受影響。就美國而論：第一次世界大戰起初本在歐洲，當時德國已控制了全歐洲，在遠東雖然失了租借我國的膠州灣，但在太平洋群島上很有力量，可以繼續作戰，引起日本的侵入，美國亦因他潛艇的破壞而參加戰爭。第二次世界大戰，珍珠港事件，不能使美國旁觀，於是又參加了戰爭。

美國處於兩洋之間，歐亞之中，應歐亞並重，如以遠大而長久的眼光來說，亞洲對美國還比歐洲重要。就美國工業發展，尤其是礦業的趨勢，已由東部轉向西部，換一句話說：東部已發達到頂點，西部正蒸蒸日上，就是說美國同太平洋的（亞洲）關係要超過大西洋。這個趨勢，兩三年前有些人注意到了，但很多人忽略。我在各地演說：就強調全世界是整個的，歐亞應該並重，不能分爲兩部份。最近四五個月來因越南、印尼、以及我們中國，菲律賓的問題，使得美國慢慢感覺亞洲受到共產的威脅，日趨嚴重。於是國會辯論，尤其是共和黨的言論，都認爲偏重不能應付現在的局面，必須並重，才有效果。

當初我們也講過，民主國家分歐亞兩部份，而共產黨呢？甲、乙、丙、丁，都看成一樣的團結統一的，我們要對付共產黨侵略也要團結統一。

剛才說美國目前已認識要歐亞並重，才能應付現在的局面，即美國國務卿演說近來也有這種表示。現在美國對抗共反侵略這個大的政策已認爲在原則上一定是整個的，歐亞並重，不過實施起來，還有輕重。譬如援外的款子，亞洲不到全數十分之一，而歐洲則占十分之九以上。

問：應付目前的局勢，民主國家應該聯合起來組織一個民主陣線或名爲民主國家集團。假使一時不能成功一個整個的，亞洲也應如歐洲，照大西洋公約一類組織，組織區域集團，可分爲近東民主集團，包括土耳其埃及伊朗等國，在遠東可成立民主集團包括中國日本韓國和菲律賓，同時英美應澈底合作。顧先生的看法如何？

答：美國做這些集團的領導者，遠東要扶助中國成爲安定的力量。當初羅斯福總統的時候，扶助中國成爲四强之一、要中國爲亞洲領袖國家，與中國爲友，他在亞洲就可高枕無憂，而以全副精神來對付歐洲；美國本來一手是歐洲、一手是亞洲、要建立世界和平，鞏固世界和平，團結民主國家，尤其是扶助中國，是最重要的了，所以當時赫爾國務卿爲此與蘇聯一再爭辯，終將中國列爲四强之一。後來經過幾年的變化，這是出乎中國也是美國意料之外，現又有這個趨向了。中美兩國密切合作，不僅中美兩國之福，也是整個世界之福。

剛才說中美合作是美國一向的意思，不過最近幾年出乎意外發生誤會，致中國受到很大的挫折，爲中國計，也是爲美國計，以及整個世界和平計，中美兩國應當敦厚友誼，加强合作。尙幸現在已有這個趨向，不過距我們的目的還有遙遠的途程。

亞洲幾年來發生許多新的問題，又成立幾個新的國家。現在急需要的是團結統一；這不僅中國需要，從世界和平上說，這是必要的。

問：民主國際組織，顧先生的看法如何？

答：上月十日在美科爾克大學講演：題目檢討美國外交政策。我的結論：民主國家，應團結一致。今天各民主國家的意見出入，不能諒解，在大敵當前的現在，最重要的集中我們的力量，團結我們的思想，要如此才能對付敵人共產黨的威脅。至其他各種問題，應使有充餘的時間來商量解決。現在團結的距離，還相當遙遠，英國承認中共政權，是有礙民主國家團結的。不過現在是向着團結的途徑推進。

亞洲駐美國十幾國國家的使館人員，每一個月有一次座談會，交換意見，我在這個座談會一再提出團結的主張，不過過去亞洲各國以國策不同，意見紛歧。照目前的情勢，組織集團，則比較容易。

自由中國通訊

張菊生(元濟)靠攏的前前後後

——上海通信

陳敬仁

一

挨了一頓臭罵　險些嗚呼哀哉！

我從去年五月上海淪陷後，一直蟄伏在滬濱，白天幾乎沒有出過大門，晚間偶然上街走走，眼看上海這個國際大都市，眞是江河日下，面目全非，現在若與以前相比，恍若隔世，而深有人間地獄之感了。最熱鬧之南京大馬路，晚飯後幾乎看不到人影子，而汽車招徭過市者，除共產黨的委員和政工們外，沒有一個別的人。請看今日之大陸，竟是誰家之天下，爲人民革命乎？向人民看齊乎？招牌上則是人民人民，可是人民快要被弄死光了——悶死，殺死，餓死，參軍死，自殺死，乃至淸算鬪爭而死，天曉得，南無阿彌陀佛，人民！人民！

我最近在朋友家中，偶爾看到幾冊偸偸漏檢的「自由中國」雜誌，篇篇盡是好文章，都是說出我們——鐵幕的奴隸——心坎中要說的話。二卷八期載有傅斯年先生「共產黨的吸引力」一文，尤其說得痛快淋漓，十分眞切。我們一群讀完之後，大家拍案叫好，感到非常高興，比看譚老闆唱打鼓罵曹還要舒服，如果當場有酒的話，我們都要浮一大白，出出這一年多的鳥悶氣。

傅先生說共產黨的一切理論和作風，都是以「恨」字爲出發點，眞是一針見血之言，好像一面照妖鏡，把共產黨的五臟六腑都照得原形畢露，一毫也無法隱藏。耳聞不如目見，我們過去只是聽說而未眼見，大家還是將信將疑，現在可說親臨其境而且目擊身受了。惟傅先生所舉的「八種恨例」還不够，還有更重要的一條却漏列了；就是共產黨的操縱者對付黨內的嘍囉們，也是採用同一典型的方法，以這個恨字來「以上臨下，以彼監此」，縱橫捭闔，發揮盡致。這種一脈相承的家法，史太林是如是，毛澤東亦如是，其他各級頭目都莫不如是。他們在黨內常用的是「檢擧」，「坦白」，「整風」各種妙法，今日教甲批評乙，明日唆丙指責丁，如此反覆循環，使黨員彼此之間，常懷疑忌之心，時存恐懼之念，則操縱者方可提綱挈領，運用自如，於是毛澤東的寶座，饒漱石陳毅等的地盤，都可安如泰山了。共產黨之得天下以此恨字，而今統治天下仍以此恨字，嗚呼！恨之作用大矣哉！馬克亞維利(Machiavelli)在九泉之下，亦可以無憾矣。可是同胞們現在已漸漸覺醒，明白共產黨這一套爲人民的把戲，不過悔之太晚，大有臆臍莫及之感了！據說今日各地鬧淸算鬥爭，沒有以前那樣熱烈徹底，每每做到適可而止。共黨這些下級幹部，都曉得狡兎死走狗會被烹的，而一般老百姓吃過苦頭，也都聰明起來，再不會聽匪幹之敎唆指使而做寃大頭的；他們深知做寃大頭的結果，只是損人而不利己，只不過爲共產黨徒造些機會罷了。而且台灣這顆天上的明星，照耀着普遍的大陸，給予人們心坎中是「無限的光明，和熱烈的希望」，人們再也不肯自相殘殺了。共產黨徒近來也機警得很，頗有「反靠攏」——靠到我們這邊來——的傾向，也有想脫下「解放軍裝」的轉念，怕的是末日快要來臨，有一天台灣反攻大陸成功後是會寃寃相報的，故他們這群人近來作惡也不敢做得過火。上海爲大陸上三大自由都市之一——其他爲北平和毛子的家鄉長沙，一切作法原比別的地方文明的多，在鄉間眞是「暗無天日」呀！

二

言歸正傳，我現在敍述上海商務印書館董事長張菊生(名元濟)靠攏後一件過於天眞的故事。這事發生於今年三月中旬，我是親耳聽得商務幾個職員講的。我的敍述完全根據有聞才錄，並無一字虛言，亦未渲染誇張。我爲甚麼說故事是天眞呢？以張老頭偌大年紀，居然相信共產黨拍賣的狗皮膏藥，認爲他們爲人民這一套戲法是眞的。張之天眞，於此可見。而共產黨的吸引力，恰如傅先生所說，也就眞眞不小了。

張菊生由於陳叔通的牽線，拉攏和慫恿，好幾年前已與共產黨發生了關係。過去共產黨派在上海的工作人員如饒漱石等輩，對他着實下過功夫，恭維巴結，無微不至。張老頭兒一生沒有受過這樣禮遇，不僅衷心快慰，還認爲共產黨眞是禮賢下士，故對共黨的行動，常是讚不絕口。由於這些因緣，而共產黨的滲透工作，遂日進月升的鑽到商務印書館各部門，尤其在職工部分。記得中央研究院於三十七年在南京舉行院士會議的時候，張老頭登台演說，大放厥詞，攻擊國民政府的腐敗和貪污，暗中則爲匪張目，當時頗有人疑其思想左傾，也有人說他發牢騷，殊不知他早已與共產黨有過親密的往來，因其年事已高，與會人員未曾理會耳。

上海淪陷後，張老頭已登堂入室而爲饒漱石陳毅的上賓，關於東南區內問題，饒陳時常向其領敎，好像要秉承他的旨意辦理似的。迨新政協會議召開於北平的時候，他以新政協會員的資格，老興勃勃的到北平去參加。他的年紀已有八十四歲，爲到會會員中之年齡最高者，毛澤東對他十分敷衍，優渥有加，其他匪黨頭目亦十分奉承，一般尾巴黨派頭子更不用說了。這時他眞是受寵若驚，自己亦莫知其身價了。他在會議席上聽到毛澤東等輩口口聲聲說是「爲人民工作，爲人民服務，向人民看齊，向人民學習」一類的話，他心中非常高興，以爲這眞是一位人民的救星（？），中國今後一定有辦法，而他自己誓要爲「政府後盾」，爲人民着想，解人民的倒懸了。及張老頭返滬後，又被任命爲華東軍政委員會副主席（主席爲饒漱石，副主席有六七人，顏惠慶亦是一個，顏則老於世故，稱病不下樓梯），更是感激涕泣，而興高采烈了。他眞眞相信共黨那一套欺世盜名的宣傳，滿以爲人民的痛苦馬上就可解除了。

張老頭自從做了副主席之後，晝夜想要實行毛記廣告諾言，解除民衆的痛苦，特地告訴來訪的親朋故舊，請其張揚出去，謂凡遭到政府官吏的欺壓蹂躪，而受到寃屈者，可到他這裡來告狀，他必定巨細無遺，把這些事件轉請政府嚴辦，以冀除暴安良。起初大家不肯置信，認爲這不過是說說而已，或者張老頭兒發了神經病，誰也不去告狀，確也無人敢去告狀。後來見他態度眞誠，說得像煞有介事，似非耍花樣，玩弄人者可比，逐漸有人去告狀，並黏附許多確實的證據。其時正是他的老家海鹽，鬧清算鬥爭最高潮的時候，共產黨的政工、鎭委、鄉幹和村幹們，天天借故清鬥，加上參軍支前，獻糧借草，征集公債，名目繁多，弄到貧富無一倖免，鷄犬不得安寧，其如火如荼之情形，鄉人以爲快要天翻地覆了。故携狀來訴者絡繹不絕，大有門庭如市，應接不暇之盛況，不一月而訴狀竟達一百餘件之多。

張家一族移居海鹽已近三百年，在當地係一望族，族衆丁多，歷代功名輩出。張家有很大的一個祠堂在海鹽城內，建築富麗宏偉，相傳已有二百餘年，祭田約有五百餘畝。海鹽清鬥日趨激烈，禍延張氏祠產及其本家，張老頭此時頗覺驚奇而深爲不快，以爲這批傢伙太不識時務，想在太歲頭上動土了。乃一面整理訴狀，準備報告饒主席查辦，一面親筆在木牌上書一啓事，派人送至海鹽張氏宗祠門首懸掛，早掛晚收，以冀可以驅除降福。木牌佈告文如左：（除張老頭住宅門牌號數不能記憶外，其餘一字不錯）

『本祠堂建立於今二百餘年，內有祭田五百餘畝，大地主張元濟現任華東軍政委員會副主席，寓上海善鍾路霞飛路上方花園〇號，如有清算鬥爭者，請至該處捉拿可也。

張元濟敬啓』

訴狀整理結果，內中確實可靠者，都一百四十餘件，各案分類編列，每案摘敍提要，彙成一巨册，並附各項證件，親自賚送饒漱石，並對饒說：

「現在共產黨政府裏面，發生了偏差作用，走錯了路線，地方鬧得烏煙瘴氣，人民痛苦不堪，請主席速予糾正，以符事事爲人民之原旨。」

不料饒某聽畢很不客氣，立予指責說：

「請你老先生不要多管這些閒事，因爲你老先生的親戚朋友，都是一些土豪，劣紳、大地主、資本家之流，他們是應該被清算的。」

張老頭聽到這些當面斥責的話，馬上五臟冒火，七竅生烟，認爲饒某不僅有意袒護部下，簡直是違反共黨主張，乃將控訴各案提要，印成一張傳單，並將懸在祠堂門首的木牌啓事，一併印在後面，最後加印上左列一句：

「本傳單係奉毛主席言論自由保證以後而發」。傳單印就後（此傳單非商務印書館所印）見人分送，復從郵局寄出許多份。共產黨立即注意這件事，認爲張老頭故意搗亂，打算予以嚴重致訓，但不願在這件事情上發作。

之後不久，有一天商務印書館職工委員會開會，特地邀請張副主席前去訓話。張老頭覺得商務是他一手刱辦，現在仍由他負責，員工們很多是他提拔出來，他去講話當然不會有甚麼問題的。但他們友人很多對他警告，勸他特別當心，最好先問饒漱石，得其同意後再去講話，以免發生意外。張老頭就照着友人的勸告，先去請示饒主席，饒立保證決無問題，張乃心安意得的前去訓話。張入會場之後，見前排所坐者，都是他所認識的員工，過去都受過他的恩惠，他見此情景，更放下了一切疑慮。不料登台開講不上十分鐘，後面叫囂咒罵之聲大作，由後面立刻傳染到前面，前數排他可認識的員工，亦接着指手瞪眼的破口大罵，先罵他是土豪、劣紳、大地主、資本家，以後越罵越不成話，甚麼滿清餘孽，文化販子，剝削階級，昏庸老朽，革命對象，老而不死，凡能形容罵人的字句，像連珠砲似的一齊迸發出來，極盡漫罵侮辱之能事。張老頭起初尤欲爭辯，很想致訓幾句，無奈下面群情洶洶，勢如潮湧，而八十多歲高齡的老人，如何能應付這一群被共產訓練有素的暴徒呢！張老頭立即不省人事，昏倒在講台上面，旋用救護車送到虹口醫院。聞說現在尚未能出院，身體已無全愈之望，最少腦筋今後不能發生作用了。

三

張菊生的身世，他這次怎樣下水，和甚麼人拉他下水，我想補敍幾句，俾這個故事比較完整，讀者也可以明瞭其前因後果。

商務印書館多年來是坐着書業界的第一把交椅，中間雖經二次大災難的磨折——一二八之役及七七抗戰，而仍能執書界之牛耳者，乃是靠着王雲五先生多年滲淡經營所造成，這是盡人皆知的事情，而王雲五之苦幹精神，也是大家最所欽佩的。共產黨想把握書業界，來幫助他在文化界的操縱工作，故必須先能把握其中最大的商務印書館。惟欲把握商務，則又必須先去掉這個刱造商務，而現在仍握有中心勢力的王雲五這個障礙，然後才能順利進行，何況王氏恰是共產黨的眼中釘，打倒王氏不僅可達滲透的目的，且可報仇雪恨。蓋有仇必報，正是共產黨人所奉行的圭臬，對敵人容忍就是對自己殘忍。

共產黨何以要懷恨王雲五，我想略敍幾句，俾大家更易明白。國民政府於三十五年一月十日在重慶召開的政治協商會議，王氏以社會賢達的資格參與其事。共產黨爲着要對抗政府，原冀拉攏社會賢達以厚自己的聲勢，故邵从恩，李燭塵、王雲五、胡霖等，都是他們的目標。但王氏在會議中的態度，一貫的站在公正立場上講話，而共產黨則認爲他是同情政府而深感不滿，王氏也確實是同情政府的。及三十五年夏季，行政院局部改組，王氏出任經濟部長，在共產黨看起來，王氏簡直是投降政府了。所以周恩來於是年十月，爲制憲國民大會開會問題，在孫科家中舉行協商小組席上，竟當面破口大罵，說王氏是背棄了他們而先參加政府，責王氏如何如何不忠實。由於這些緣故，共產黨必須打倒王氏，趕出商務而始甘心。共產黨痛恨幫助國民黨的人，比痛恨國民黨還要恨上萬倍。

王雲五原係商務總經理，他參加政府後雖辭去總經理職務，其實權仍操在他的代理人李伯嘉手中，張菊生雖係董事長，但無實權。共黨爲要達到雙重的目的，乃物色到一個與王氏有宿怨的陳叔通，來做中間的牽線工作。共黨爲要達到他進行的陰謀，他能千方百計的找尋線索以幫助其進行，這是共黨最厲害的地方，也是他能成功今日局面的關鍵，而爲國民黨員萬萬不能及的。陳叔通過去曾任職於商務，王雲五當權後被迫去職。據王氏說：陳叔通好弄權謀，把持舘務，許多改革工作，爲其所阻而不能進行。

陳叔通受命之後，以爲這正是他報復的好機會，朝夕遊說張菊生，時常稱讚共產黨之德政，說他們革命是如何如何的爲人民，毛澤東是如何如何的禮賢下士，說得天花亂墜，並介紹共黨大小頭目與其見面，耳染目濡久而久之，張氏自然爲共所動，而，潛伏上海的共產黨幹部們，遂一天一天的鑽進商務而爲張老頭的入幕之賓了。迨王雲五出長財政部的時候，實行金圓券政策，黃金收歸國有，陳叔通更鼓其如簧之舌，乘機造謠中傷，以離間張王之關係。及金圓券政策發生破綻後，民間存金兌換者，受着物價上漲的痛苦，不免咒恨王氏，陳某以爲機會到會了，竟慫恿張老頭設法驅逐王氏於商務之外。此時張老頭竟言聽計從，乃於三十七年底召開商務印書舘的股東大會，選舉董監而將王氏去掉於是張老頭則大權獨攬，一切由其決定行事。共產黨利用這個千載良機，多方滲透進來，而商務遂一天一天的成爲共黨在上海做文化工作的大本營，特張氏懵懂而不自知耳。據說張菊生之接近共產黨，陶孟和亦大有關係，因陶在滬常和張往來，散布了很多的種子。陶氏很早與共產黨有關係，去春共產黨陳兵北岸時，陶就在上海大公報做文章，暗中大捧共產黨。聞友人言，傅斯年先生在重慶的時候，當面罵過陶孟和是共產黨，時在上清寺的中央究研院。未知此事確否。

最後，張老的身世及與張與陳的關係，也想補敍幾句，以結束此稿。張陳都是浙江人，張爲前綠翰林，陳係進士及第，陳的年紀雖稍幼，但也是八十歲左右的人了。兩人平素過從甚密，可以說是多年的老友。在遜清時代，張在北京做事，以同情康梁政策而去職，南下任教於南洋工學，旋入商務任事，至今已屆三十餘年，未任他項工作，可謂忠於其事。張老頭對商務是一個剏辦人，王雲五入商務則在張之後，商務目前工作的這些幹部，不論職員與工人，很多是他一手提拔起來，故張老頭做夢也想不到這批人對他能有這樣大不敬的行動。可是他太天眞了，太糊塗了，而太不了解共產黨的欺騙與操縱之妙術了。張老頭年歲既高，平素與外間往來很少，友人中只有陳叔通幾個老朋友常相過從，故其一切行動，頗受陳之支配，張之下水，陳叔通之力最多。

中華民國三十九年六月二十九日草於上海蝸居，托一友人帶到香港付郵。

『自由中國』的宗旨

第一、我們要向全國國民宣傳自由與民主的真實價值，並且要督促政府（各級的政府），切實改革政治經濟，努力建立自由民主的社會。

第二、我們要支持並督促政府用種種力量抵抗共產黨鐵幕之下剝奪一切自由的極權政治，不讓他擴張他的勢力範圍。

第三、我們要盡我們的努力，援助淪陷區域的同胞，幫助他們早日恢復自由。

第四、我們的最後目標是要使整個中華民國成為自由的中國。

檢討韓國之戰

華府通訊・八月一日

本刊特約通訊記者　許思澄

這次南北韓戰起，蘇俄人民外交委員會副委員長葛羅米可發表文告，責備美國策動南韓侵略北韓，洋洋大文，又臭又長，也不知是葛氏不準備有人耐心看完全文，也不知是他寫得太長，於是寫到最後一段時，將前面的忘了。總之，在開端時他說：「南韓陰謀發動進攻北韓；」但到了後來，却大談其：「韓國人有以武力完成統一的權利。」如果他的結論是對的，那麼南韓卽使如他所說「進攻」了北韓，也是應當的；如果南韓「發動」戰爭是錯的，那麼北韓「解放」南韓也不會是對的。這種不能自圓其說的文告，居然也拿出來公諸世界，徒然見出侵略者打算一手遮天的心勞力拙。

其實，蘇聯的發動侵略，眞是司馬昭之心，路人皆知。相反的，說是美國人要想發動侵略，眞使人感到可憐可笑！就以「路人」說吧，你試將任何一個美國街上的人攔住問：「你想發動第三次大戰嗎？」他準會瞪你一眼，說：「瘋子才想發動呢！」不說路人，就以有力量發動的杜魯門總統說，如果世界上有人不願意發動第三次大戰的人，他該是第一個。目前美國經濟正在繁榮；失業人數遠在正常線下，他的總統座位正坐得牢靠。一旦戰起，卽使原子彈不掉下來，單是征兵、加稅就可以激怒選民，將他鬧下台，所以說是他發動戰爭眞是寃枉。

相反的，一切的事實都說明美國的缺乏準備，杜魯門爲了要討好選民，在一九四八年競選時的第一大口號就是「避免戰爭；」這口號配合了經濟繁桀，造成了他奇跡式的勝利。所以他那年起更加緊的奉行和平政策。國防部經費大加減削，國防軍不但不增加，反而縮減；艦隊大半「儲藏」（Moth-balled）。其和平政策眞是誠於中而形於外，這些情形當然莫斯科是打聽得清淸楚楚的。也就因此，所以史大林敢於發動侵略南韓，在他原意是想以雷霆萬鈞的力量直下南韓，待到美國出來說話，他就抹抹嘴說：「是的我吃了，怎麼樣？」想不到美國竟敢公然支持南韓，而且不惜以美國陸海空軍正面制止侵略。於是打到今天，整一個月了，南韓還未吞完。一班人怪美國兵打得不好。如果稍知內情，明白蘇聯對這次進攻南韓策畫之週詳，準備之充份，以及美國人倉皇應戰的情況說，就得盛贊南韓友人及美國第廿四師在朝鮮的作戰是如何英勇輝煌了。

想起杜魯門總統這五年來但求維持自己政治地位而不惜犧牲他人，不禁爲之浩歎！這裏所謂「他人」，包括中國，包括韓國，包括每一個在南韓疆土上死難的好男子；當然也包括他們美國人民！

六月廿五日北韓進攻的炮響了，杜魯門才恍然大悟，知道事實和他的和平夢大有出入，於是倉皇定策。我說他倉皇定策，是根據事實，決不寃枉他。他先想南韓可以抵住。但不幸他的寶貝國務院（等於我們的外交部）將國會去年通過的一萬萬多美元援韓物資扣押了，前後只送到了值兩百塊錢的東西（根據塔虎特Taft上議員的報告），蘇聯六十噸的大坦克既非機關槍所能請其止步，於是美國不得不親自出頭了，這已是外交上的下策。起先還以爲虛聲恫嚇一下就行，結果人家不理。於是以爲發動了海空軍就够了。結果不够，於是不能不派陸軍。起先以爲陸軍只要有一二營在，就聲威所至，敵勢披靡了，誰知被人打得七零八落。於是不得不大規模支援。然而美國在遠東駐防軍只有四師，將三師人擺上南韓，自然感到空虛。於是不能不動國內的陸軍第二師和海軍陸戰隊第一師。但常備軍全國陸軍不過十師，如果戰事擴大，必然不够，於是不能不局部徵調。徵調又尙無決心，於是先以招募爲主，這是說整個局面。

至於對台灣的政策就更不成話了！台灣之屬於中國，見之於開羅宣言，見之於歷次文告，近至今年一、二月間，杜魯門和艾其生自己還屢次說過台灣是中國領土。這次戰起，他居然明白了台灣的重要，但不出之於堂堂正正支持中國合法政府全面反侵略，却臨時聽了艾其生的話，將文告改成了非驢非馬的不許中共進攻，又不許國民政府反攻，甚至還提到中國對台的主權。其動機還只是一個：「不願發動第三次大戰，」極力減少事端。可是倉促之間對於現局又沒有觀察清楚。甚至於我軍仍佔有金門等沿海島嶼的事實都未暇顧及。於是漏洞百出。試問：如果中共進攻金門，那美國干預不干預呢？百分之八十是不干預。那麼不讓國軍進襲共軍，使共軍從容佈豈，寧非陷國軍於危機？這點杜魯門是不管的。白宮的地圖上卽使有金門島，對他是無所謂的。卽如台灣，也不過有之較妥而已，決不是如對我們之有生死相關。因此，讀者們千萬記任，美國的利害不是我們的利害，至少，只有一部份利害可共。所以倚賴美國不但是可恥的，更是危險的。

抗戰後期，大家坐候勝利，不事努力，等着美國人替我們打了勝仗，於是一班「重慶人」「五子登科」，結果將好好的勝利果實讓給中共，今日如大家仍舊不知奮惕，以爲美國人又來替我們打仗了，那卽使僥天之倖，有一日「台灣人」可以回大陸，大陸也要變色的。祖國存亡，已是一髮千鈞之際，正當上下一心，憂勤揚勵，幸勿以危爲安也！

至於這次朝鮮戰爭的勝敗，美國國防部發言人說具有絕對把握，我們在這裏也不必作多餘的預測。在白宮的打算，只要打回三十八度就行。以美國實力說，這點事自然不成問題，但問題是：蘇聯肯嗎？蘇聯萬一不肯，那麼就不能不準備全面攤牌。杜魯門的向國會要求一百零五萬萬美元初步國防費，要求全國人民降低生活水準；（美國人的生活水準，離『勒緊褲帶』的地步還遠得很呢！他們今日所講的「勒緊褲帶」只是少買一部一九五〇年型的汽車而已。）局部動員國防團隊（National Guard）以及太平洋岸各「儲藏艦隊」之晝夜趕工動員（Dem-othballed），等等措施，雖三尺童子也明白不僅只是爲解決朝鮮事件而發的。這只是表現出美國的國策已從和平轉向戰爭；已由提高人民生活（目前一般美國平民生活之舒服；恐爲有史以來所僅有。眞是「既」有新車，庖有肥肉，民有飽色，野無餓孳。）轉向備戰了。以蘇聯侵略全世界之野心言，則此種轉變實爲侵略者的喪鐘。但是否對弱小民族有利，則要看弱小者是如何自處了。

記住，天助自助者，敵人的錯誤只能給我們反攻的機會。但我們自己能否生存，能否成功，必須看我們自己勵精圖治的成就。

再說一遍，美國人是不會以我們的利害爲利害的。

卅九年七月廿五日

文藝

郭沫若的過去與現在（下）

劉治郁

二、北伐時代的郭沫若

誰都知道「北伐」是國民革命軍打倒軍閥的偉大戰事，那時候赤色帝國主義者蘇俄就看中了我國這塊肥肉，她假仁假義地裝出願意幫助我們打倒軍閥樣子，所以派了鮑羅廷到中國來給我們當顧問，同時，我們忠厚寬大的孫總理，以爲蘇俄是以平等待我的民族，因此願意聯合他們，和他們共同奮鬥，於是就有「聯俄」，「容共」，「農工」三大政策的決定；自然，有了這麼好的機會，共產黨那有不乘機而入，滲入到每個群衆組織的細胞裏而大肆活動的。又因爲他們慣用甜蜜的言語，種種的巧妙方法來宣傳民衆，欺騙民衆，他們叫出：「打土豪，分田地。」和「有土皆豪，無紳不劣」，「工人無祖國」，「工廠屬工人」的種種口號來引誘一般無知的農民、工人。在當時，自然會獲得一般無產階級的擁護，因此把神聖的國民革命，變成了一部份的無產階級革命，鬧得最厲害的是湖南、湖北。後來國共分裂，共產黨分兩路逃竄，大部份由匪首賀龍、葉挺率領進駐江西的瑞金，小部份逃到廣東的海豐、陸豐，可是在這一次暴動之後，海陸豐的黨都被國軍剿滅了，只剩下寥寥幾人，後來也參加了他們的所謂二萬五千里長征而到了延安。

北伐時候的郭沫若，在武漢眞是大紅特紅，紅得發紫。試想以一個鼎鼎大名的詩人、小說家、革命文學家來做總政治部的副主任（主任是鄧演達），那有不出風頭的道理。何況他生性風流，會寫情詩，會談戀愛，對于安娜——這可憐的日本女人，他開始感到討厭了。一個女人，她又不是鐵打的，經過了十多年的摧殘，生了三四個孩生，怎的不色衰呢？於是郭沫若開始追逐年輕漂亮的姑娘了，不，應該說革命的女性了！他首先找到的對像是胡蘭畦。但胡已經和胡愈之正在戀愛，而且打的火熱，加之胡蘭畦雖然風騷，却並不漂亮；第二個對像是彭綺蘭，這是位老共產黨員，長的不怎麼美，但皮膚特別白，特別細嫩，牙齒生的整齊潔白，圓圓的臉，神氣驕傲，說話很慢，眼睛不喜歡望人，不是向上看，便是向左右看。她是女生隊的政治指導員，和鍾復光（施存統的太太）同事，每天她穿着燙得畢挺的軍裝，薄施脂粉，走起路來一步一步地非常斯文，像一個偉大的學者。輕易不開口，一說話就老氣橫秋地帶着教訓的口吻：你們要如何如何樸素，如何如何吃苦，耐勞，如何如何爲國家奮鬥犧牲！而她自己呢？所有的人穿布軍裝，只有她一人穿英國嗶嘰的。女生隊的人沒有不討厭她，恨她的，但她却是郭沫若整天追求的對像。也許是郭沫若太性急，或者是那一對呆板的近眼不惹彭綺蘭喜歡，也許是當時還有位置比郭沫若更高，儀表比郭沫若漂亮的人在追求彭綺蘭，所以她終於拒絕了郭沫若的愛，使郭沫若神魂顚倒，日夜不安。當時在武漢一般所謂作家，詩人的浪漫生活，假革命之名，而實行性的解放的種種醜態，可以由矛盾（沈雁冰）的「三部曲」裡看出來。連矛盾自己也是其中主角之一。因爲是親身經歷，親身所見所聞，所以寫來特別深刻，比起「子夜」來，這部小說是成功的。

當時領導國民革命的是蔣介石先生。他看出了共產黨的陰謀，看見革命的質，知道已經上當不小，于是懸崖勒馬，趕快實行清黨，予叛變者以打擊。正在武漢一陣政治上的暴風雨快要來到的時候，共黨的大嘍囉郭沫若開始表明他的態度了。有一次，他在閱馬廠的群衆大會上，公開地指摘蔣先生是如何專制，如何獨裁，如何對不起老百姓，對不起革命青年。他的演講辭還在報上登出來，標題是「請看今日之蔣介石」，無疑義地，這時整個的武漢，湘南，已經赤化了。那些被共產黨麻醉了的青年和無知的民衆，也跟着郭沫若喊口號，跟着他的路線走。但紙老虎是容易戳穿的，不久民衆了解了俄國顧問鮑羅廷是個怎樣的人，勞工黨領袖譚平山又是個怎樣的人，文化界領袖郭沫若又是一個怎樣的人，他們開始感到悲哀，感到幻滅，加之大捕左傾份子的威脅，也實在使人受不了。有些青年竟爲了家裡有郭沫若著的一本書或者創造社的出版物因而喪失性命，可是郭沫若本人呢？狡兎三窟，他早已逃到東京安娜的家去了。當無數青年在爲他受難，而他却悠哉游哉地在過着他融融洩洩的家庭生活呢。

三、郭沫若的流亡生活

爲了避免日本偵探的麻煩，郭沫若改了佐藤和夫的名字，入了日本籍，住在千葉縣一個小市鎭上，有火車可通。安娜眞是個賢淑溫柔的好妻子，她以主婦兼下女的身份還不算，還要維持一家大小的生活。大孩子已經進中學，但小的還在吃奶，白天她忙的沒有一分鐘休息，到晚上還要爲郭沫若抄文章，還要安慰郭沫若的苦悶。照理，郭沫若應該怎樣感激安娜，安娜不但是他的賢妻，而且是他的救命恩人。如果不是逃到日本安娜的家來，他這條命決不會有今天。可是理論是理論，事實是事實，郭沫若終于又和在東京留學的一位于立忱小姐戀愛了。說起這位于小姐來，眞是女性中不可多得的人才，長的明眸皓齒，端莊大方。又聰明，又多情，寫的一手好文章。她當時擔任天津庸報的駐日記者，住在朝日新聞的記者竹中家裏。除了埋頭讀書寫稿外，很少出現於應酬場所。她因爲喜歡文藝而同情郭沫若，往來了幾次，郭沫若就開向她進攻了。以一個老奸巨滑的文氓去追求一個純潔無瑕的少女，當然于立忱很容易上當的，何況她已成年，還沒有決定她的對像，更何況郭沫若這個偶像，至少還可以做一做情人，她以爲做朋友絕無問題，沒想到對方早已有野心想要把她佔有。但是可憐得很，這位多情的少女，終於上當，受了郭沫若的欺騙，當她發現肚子裏有了小孩，就想趕快秘密地去墮胎，郭沫若害怕惹出麻煩來，從此就把她當做敝屣而置之不顧了。于立忱精神上受此打擊，痛不欲生，但她是個好勝的女性，她不願別人知道她的秘密，所以墮胎時她說是割治盲腸。後來由東京回到了上海，得了很利害的肺病，同時神經錯亂，有天晚上，她終于服毒而自殺了！

許多認識于立忱的朋友，對於她的死，沒有不感到惋惜的。但很少人知道她死的眞正原因，他們以爲使她病，使她發瘋至於自殺的是病，而不知道致她于死地的是郭沫若，是這位玩弄女性的浪漫詩人！

于立忱之死，並不覺得怎麼奇怪，最奇怪的是她的妹妹于立群（也就是黎明健，曾一度現身銀幕，飾一配角。）居然嫁給郭沫若做如夫人了。此是後話，讓我先談談郭沫若抗戰時期的情形吧：

四、抗戰時期的郭沫若

從民國十六年郭沫若流亡日本到二十六年的冬天回國，整整地十年。這十年中，他寫了一本中國古代社會研究和什麼甲骨文研究一類的書，於是由新文學作家一變而爲考古家，郭沫若是聰明人，尤其在「變」這一方面的天才特別發達。他知道作官的機會又來到了，如果不在這個時候回到祖國的懷抱，仍然在海外做寓公，不但自己的生活太苦，埋沒了一肚子的詩才，而且還落得一個不愛國的罪名。於是他終于毅然決然地「別婦拋雛藕斷絲」，回到一別十年的祖國來了。

「他是眞正爲了愛國，爲了想要給國家貢獻自己的力量才回國的嗎？」

如果眞有人這麼問我，那我怎樣回答呢？但我所知道的事實是這樣的：

他一回到上海，先向朋友打聽蔣先生會不會記起過去的仇恨，他熱烈地想要見一見蔣先生，是否有可能。這位朋友又跑去與一位最接近蔣先生的要人談到這一件事。某要人說：

「沒有問題，委員長的人格偉大，他是個寬宏大量的人，既往不咎；只要郭沫若承認「今是而昨非」，誠心誠意擁護蔣委員長，我相信他一定願意見郭沫若的。」

一點不假，不久，郭沫若的目的很順利地達到了，他終于見到了蔣先生。在「蔣委員長會見記」這篇文章裏，他寫着和蔣先生見面的情形，歷歷如繪，形容蔣先生的眼睛是如何烱烱發光，面貌如何誠懇，和藹，莊嚴而又慈祥。蔣先生的人格如何偉大，如何崇高，和他握手時，又是那麼緊，那麼熱，那麼有力，那麼親愛……天，我實在寫不下去了。一連串肉麻的形容詞，眞使我又回到了看這篇文章時的毛骨悚然的感覺。我做夢也沒有想到一個曾經寫過「請看今日的蔣介石」這種反動文章的人，今天居然又寫起這種肉麻的恭維蔣先生的文章來了。（如果有人想看這篇原文，請找出郭沫若那本「在轟炸中來去」的小冊子便可以看到。）我當時想，難道蔣先生眞的沒有看到那篇把他罵得體無完膚的文章嗎？他即使看不到，難道也沒有人告訴他嗎？郭沫若是一位文化騙子，大滑頭，文化界的敗類，他難道眞的一點也不了解嗎？

憑着這篇文章，郭沫若的官到手了！他做了政治部的第三廳廳長，可是他並不滿意，他希望做部長，他希望至少也有個中將階級的位置，在他的文章裏面，雖然罵過魯迅不革命，罵過魯迅脫不了「紹興師爺」的小布爾喬亞氣味，罵過魯迅不該在別人遊街示威，大喊打倒帝國主義的時候坐上洋車溜走了。但現在自己却坐上了黑亮的小汽車，住在舒適的洋樓裏和剛剛見面兩次就姘居了的于立群過着甜甜蜜蜜的生活。每天坐着汽車上班下班，出席這個會訓話，出席那個團體演講，於是那些左翼嘍囉，左一聲廳長，右一聲廳座，大拍其馬屁，把郭沫若捧上三十三重天，想不到吧，我們的革命詩人，考古家，居然做起官來比那些他天天寫文章罵他們貪污的還要擺官架子。普通一般人想要瞻仰他的，固然不容易見到，就是過去的朋友，也很難會着他。本來他的耳朶有點聾，但如果遇着一個他不願見的人，隨便你的聲音如何大，他會假裝聽不見的不理睬你，遇到他願意見的人時，就什麼話都聽得見了，如果有人送個履歷片去向他找事，他就會官話連篇地回答道：

「現在前方最需要知識份子，還是到前方去工作比較有意義。」

方才在前面，筆者曾提到郭沫若的那本「在轟炸中來去」的書，你以爲他眞的在轟炸中還在工作嗎？他和田漢于立群他們，坐上小包車，跑到大場羅店一帶去看看這位軍長，那位總司令，美其名曰到前線去慰勞將士，實際呢？他們想借此機會聯絡一般將領，一半爲自己的利益打算，一半在爲了他們的思想服務，于立群就是也這種場合之下，被郭沫若弄到手的。

這時候，郭廳長把他所有創造社

時代的大小嘍囉都搜羅到第三廳來了。很快地，他們現出了原形，露出了狐狸尾巴，他們不是眞正參加抗戰，更不是眞正在擁護蔣先生，他們和周恩來鄧穎超夫婦打得火一般地熱。不久，第三廳取消，政治部大大改組；遷到四川重慶以後，另外成立了一個文化工作委員會，仍然由郭沫若領導，擔任主委。主委和廳長比較起來，自然沒有廳長的威風，叫起來時，也沒有廳長的響亮，組織也比較縮小了。大半仍然是廳裏的原班人馬：他們的辦公地點在賴家橋，還在天官府七號設了一個辦事處，郭沫若就住在附近，（多少號我忘記了，）是一所三層樓屋前面曾經被炸過，這時候于立群已經生了一個孩子，家裏既請的男女用人，所以她還照常可以出席什麼婦女會，冒充文人，出席什麼文藝晚會之類，有一天在該會工作的黃小姐突然問我：

「劉先生，你對於郭沫若的觀感怎麼樣？」

「你這話是什麼意思？我不懂，他是個革命文學家，又是個熱情的詩人，又是個考古家……」

「得！得！快不要再往下說了！」不等我說完，她連忙打斷我的話說：「老實告訴你，過去我只讀他的文章，不知道他的爲人，我比你還要恭維他，崇拜他，我簡直把他比成屈原，比成文天祥；可是現在，我在他的部下做了兩年小科員，才知道他原來是這麼一個一文不值的貪官汚吏！」

「怎麼？貪官汚吏？你這不是明明在汚辱我們的詩人嗎？」我眞有點生氣了。

「一點也不寃枉，如果有人說我有絲毫過火的地方，我願意接受槍斃的處分！」

黃小姐正言厲色地囘答。

「我最反對人家信口開河，你說他貪汚，應該舉出事實」。

我像法官似的兩眼盯着她。

「當然囉，事實太多了！眞是不勝枚舉。比方他生了兒子，大家要送禮，他的生日，大家要送禮，過年，過節大家又要送禮，如果禮物送得多的，他就會給他升官，加薪水；不送的，一輩子還是少尉，准尉。我和女作家白薇女士同事，我們兩人一來太窮，二來是硬脾氣，偏不向郭沫若低頭，偏不低頭，結果一直到今天還是個少尉，還沒有郭公舘的勤務兵拿的錢多；如果你不相信我的話，我明天可以找白薇小姐來證明，你認識她嗎？」

「我不認識，也無法找她來證明，你說的話，我應該相信，不過郭沫若是個革命詩人，怎麼也會貪汚呢？」

哼！他是新式的貪官汚吏，他是掛羊頭賣狗肉的大騙子！」

黃小姐還想繼續地說下去，恰好有位朋友來，我們就談別的了。

五、從蘇俄歸來

名義上是國民黨的文化工作委員會，實際上，郭沫若和田漢這一般人正在幹着秘密宣傳共產主義文化的工作。蔣先生知道了他們的內幕以後，於是就宣佈解散了。當時引起了他們那班人很大的不滿，認爲政府不應該在這個時候解散一個負有對敵宣傳的文化機構，其實誰不知道他們胡盧裡賣的什麼藥呢。

郭沫若下野以後，立刻被蘇俄歡迎去了，囘國後，他寫了一本「蘇聯歸來」，害得許多有左傾幼稚病的人，大掏腰包都去搶買這本書來看，看完了，除了恭維蘇俄五年計劃的成功，勞動英雄如何偉大，普羅作家什麼什麼斯基，什麼什麼托夫的作品如何偉大而外，就是他自己如何被重視，被大鼻子歡迎，待如上賓一類的肉麻句子，其實，這還並不肉麻，眞正肉麻的還在他的客廳裏。

有一天，那位說郭沫若貪汚的黃小姐突然來約我去天官府看郭沫若，起初我猶預，後來她說；「郭沫若由俄國囘來更加大大地步了！人也特別神氣起來，他覺得全世界的國家，只有蘇俄最理想，最幸福。其實他僅僅到過日本，生長在中國，一生還只看見過三個國家，怎麼可以武斷說俄國是那麼好呢？你應該去聽一聽他的妙論，他說蘇聯的石頭特別硬，只差沒有說出蘇聯的大便特別香了。」

我經不起她後面那兩句話的誘惑，於是在一陣哈哈大笑之後，就立刻站起來，和她一同去拜訪我們這位舉國聞名的詩人，偉大的革命文學家！

我去的那天早晨，沒有見着他的太太，據說買菜去了，也許是那天他們請客的原故，所以我們坐了將近四十分鐘，還沒有看見她囘來。客廳裏擺着郭沫若從蘇俄帶囘來的紀念品，如史達林的石膏像，地氈，壁畫，布洋娃娃之類，此外在書架的最高一層上，還有一個五色斑爛，大約有一拳大的石頭，我特地走近仔細地看了又看，而且還伸手去摸了一摸，是否眞的特別硬，我不知道那時候那裏來的那一股勇氣，我居然問郭沫若：

「郭先生，這個石頭也是從蘇聯帶來的嗎？他和中國的石頭比較，有什麼不同？」

對方雖然看見我和他說話，但根本沒有理我：

「郭先生的耳朵有毛病，你大聲點說吧。」

坐在郭沫若旁邊的一個年紀大約有三十來歲的男人說。

於是我走近郭的身邊，加重了語氣重復說一遍，而且手裏還拿着那塊石頭。

「這幾天因爲不舒服，耳朵簡直聽不見了。對不起，我不奉陪，你們兩位坐一坐吧，一會立群就囘來了。」

想不到他囘答我的竟是這麼幾句令我感到失望的話，由此證明黃小姐的話的確是千眞萬確的，而且也證明了他的耳朵在什麼時候聽得見，什麼時候聽不見，我看他走進隔壁房間去了，那位客人隨着也跟着去了，我對黃小姐說：

「糟糕！郭沫若要恨死我了！」

「眞沒想到你有這麼大的勇氣，連我都發抖了！」

黃小姐臉上的表情，好像還有餘驚的樣子。

我含着勝利的微笑，趕快和她走出來。

（下轉第17頁）

怒吼（下）

——朗誦詩

田麟

（三）

中國！
永遠在受着無窮無盡的災難；
中國的人民
永遠在水深火熱裏煎熬！
我們的痛苦是這樣深，
我們的折磨是這樣重！
而，今天，
那滿嘴說人話的野獸，
那無惡不作的共產黨，
那陰狠毒辣的魔鬼，
那偷天換太陽的流氓，
更把一千倍的痛苦，
一萬倍的磨難，
加到我們的頭上。

可憐的同胞！
都壓得嚥不過氣來啊！
可憐乾枯的土地上，
流滿了毒液，
撒遍了災難的種子——
是飢荒！
是瘟病！
是死亡！

這不是今天才出的事呀！
他們早打好了主意。
怪我們先前沒看清楚，
也怪我們自己不爭氣！
大夢醒過來
整個的大陸全落在他們手裏了。

他們得了天下
死也不承認從前所的話；
你要他把開出的支票兌現，
他要你把最後一顆糧都捐獻。
你要他讓你能活命，
他逼着你趕快去參軍。
他們展開了鬥爭、清算，
要富人都變窮，
窮人都吃不了飯。

這些强盜，
是沒有心肝的呀！
他們祇知道拚命的搜，
拚命的榨；
你的房子全都讓給他住，
你的糧食全都讓他給吃，
你的金錢全都讓給他花。
你餓翻了肚皮，
他睬都不睬，
你死了，他心裏才痛快，
他說：「這是活該！」

他們把鐵幕罩下來，
人們看不見太陽光，
從此人們不知道地球上發生的事，
一個個都成了睜眼的瞎子。

他們在每個人的嘴上，
都貼上了封條，
當他要打開一下這封條的時候，
槍口對着你，
剌刀指着你，
要你高聲喊叫：
「史大林萬歲
毛澤東萬歲！」

他們要把歷史改個樣兒，
他們要把大自然翻個個兒，
他們把人類的文化全毀了。
他們在一本本的書上，
全塗上些騙人的謊話。

他們要人們學習，
——學些什麼？
學着把腦子丟掉，
變成木頭人；
子子孫孫，世世代代，
永遠做他們的奴隸！

啊！朋友！
自從魔鬼佔領了我們的家，
飢餓的野火燒遍了中華。
五月裏
城市冷冷清清，
大江裏漂着屍首，
街道上沒有行人。
八月裏
鄉村斷了烟火，
大路上鬼打死人，
匪徒們的刺刀，
在月光下發亮；
飢餓的人群，
在成堆的死屍旁邊，
發出絕望的呼號。

夜半三更
火車頭悽厲地叫着，
裝載着滿車的糧食，
從南方，
從每一個中國的地方，
向着遙遠的北方開去，
送到强盜們的窠裏，
送到魔鬼的家鄉。

啊！朋友！
請看今天的國家，
是一幅怎樣悲慘的圖畫！
老年人灣着背，抬不起頭，
小孩子翻着眼睛啃樹皮；
壯年的男人拉去當砲灰啦，
二十歲的新娘子就守了寡！
年輕的姑娘啊！
被拉去當慰勞隊，
給魔鬼强盜們糟塌！

工人們一天到晚，窮忙苦累，
增加了工時，
扣了薪水，
精疲力盡的還要去開會。
農人們吃的是觀音土，
沒有一粒穀做種，
連稻草都捐獻啦，
乾望着田地白叫苦。

商人全沒有買賣做，
窗櫥裏全是空空的，
繳不完的捐，上不完的稅，
不敢關門，也不敢掉眼淚。
學校裏全都換了課本，
他們要小學生唸的書是：
「我不愛爸爸，
我不愛媽媽，
我愛史大林。」
天哪！他們要我們下一代
全都忘了自己是中國人！

到處充滿了罪行，
到處充滿了血腥。
鮮紅的血，
從刀尖上點點滴下，
滴落遍地，
遍地開滿了惡毒的花。

（四）

朋友！
你能相信
烏雲眞的能遮住太陽嗎？
你能相信
邪魔鬼道眞會橫行天下
讓眞理永遠變了顏色嗎？
你能相信
四萬萬五千萬同胞，
眞的會都忍氣吞聲，
俯首貼耳的做羔羊？

任憑他宰割嗎？
不！
我們誰都不相信！
翻遍了中國的歷史，
我們找不到這樣的事！
看罷！
魔鬼强盜們的暴行，
叫天地都震怒了！
鐵幕把黑暗引到人間，
黑暗裏，
暴風雨跨着大步子，
跳躍着，
飛奔着，
跑過來啦！
向妖魔鬼怪的頭上
壓下來啦！
樹木都搖動起來啦！
石頭，磚瓦，
都飛舞起來啦！
山岳在戰抖，
海洋在咆哮，
野馬在呼號！
那叢密的樹林裏，
那暴雷啊！
那閃電啊！
那狂風啊！
那大雨啊！
那高山上的洪水啊！
那海洋裏的巨浪啊！
都在怒吼啦！
都在狂叫啦！
起來！起來！起來！
不願意做奴隸的人們，
不願意被餓死的人們，
不願意眼看着人類的自由
被魔鬼踏得粉碎的人們，
起來！起來！起來！
看罷！

匪徒們的刺刀
逼出了人民的反抗；
赤色的臭水流到那兒
那兒便燃燒起
游擊隊的野火。
不怕你匪徒們多兇狠，
我們的隊伍到處在生長：
在森林裏，
在山崗上，
在大街小巷，
在田野村莊，
那是漫山遍野的呀！
那是「剿」也「剿」不完，
殺也殺不光的呀！
我們的游擊隊伍，
是我們全體人民組成的。
這裏面有：
農人，工人，商人，學生；……
拉車的，打漁的，撐船的，推磨的，
拾糞的，打鐵的，做鞋的，……
男的，女的，老頭子，小孩……
瞎子，聾子，啞子，麻子，
胖子，瘦子，大個兒，小個兒……
千千萬萬的人，
個個都是英雄好漢。
大家齊心合力，
要打倒毛澤東，
要打倒共產黨，
要打大倒鼻子帝國主義。
毛澤東啊！
共產黨啊！
你們是怎樣給人受的，
今天照樣的還給你們！
你們種下的果子收穫了！
你們就得硬着頭皮
楞着眼睛吃下去啊！

（五）

啊！朋友！
你幹嗎垂着頭嘆着氣？
大陸上同胞的災難，
是不是刺痛了你的心？
魔鬼强盜們的暴行，
是不是叫你咬牙痛恨？
那千萬個自由靈魂的犧牲奮鬥，
是不是使你心裏崇敬？
那麼，請你捫着心，
問問你自己——
你還是在偷偷地享受嗎？
你是在貪生怕死地打壞主意嗎？
你還是在偷懶因循嗎？
你還沒有拿出犧牲的決心嗎？
今天
我們已經丟掉了整個的大陸，
我們要保衛臺灣！
我們要拿出全部的力量，
拚死苦幹！
臺灣！
是這樣一個小島，
却是我們最後的自由堡壘，
是我們最堅强的防地啊！
她是一把鎖，
鎖住了鐵幕中國的咽喉，
她是一道門，
管住了東南亞的國家。
有了她
匪徒們就不能稱心快意，
有了她
受難的同胞還有寄依，
有了她
中國的土地就會飄盪着國旗，
有了她
我們就有打回大陸的基地。
你看——
多少不怕死的硬漢，
多少鐵血的男兒，
冒着生死，
拚着性命，
從匪徒們蹂躪的地方，
從災難的大陸，
投奔自由的國土，
投奔他們的母親。
熱血在心裏沸騰，
悲憤的眼淚
在心裏翻滾啊！
今天
我們擺好了整齊的隊伍，
我們有英勇的三軍，
但等一聲令下
我們便衝啊！衝啊！
衝鋒陷陣！
來罷共產黨！
來罷大鼻子强盜！
你們不是兩隻眼睛
直瞪着臺灣嗎？
你們不是要吞下臺灣嗎？
來罷！來吞罷！
看你吞不吞得下！
祇要你們有胆量，
我們已經挖好了
埋伏的地方！
啊！臺灣！
我們高聲的歌唱，
爲妳唱一支悲壯的頌歌！
弟兄們啊！
姐妹們啊！
老人們啊！
小朋友們啊！
大奶奶，大嫂子們啊！
同學們啊！戰友們啊！
我們都來歌唱！
讓我們唱開鐵幕！
唱出光明！
讓受苦受難的同胞，
在戰鬥裏
迎接我們的歌聲！

中篇連載

荻村傳（十）

陳紀瀅

扣已喫下了多半碗，忽然停箸，拉住狗兒的手，對常順兒說：

「我聽人說，你近來胡作非爲，不幹正經，有沒這回事，你自然心裡明白。可是你全把我的話忘掉了不是？你看狗兒近來待我很不錯，我有心把產業分給他一點，假如你還是不務正，說不定我要都給了他。年頭兒越來越艱難，邪行事一天比一天多，我看好人眞是沙裡淘金不多見。我現在才明白，日本鬼子不是我理想中的好人，八路軍也，也，也，」說到此處，扣兩眼發直，一手鬆了狗兒，一手推開碗。

「也，也怎麼？扣大爹！」小淘氣兒見扣嘴眼邪歪，兩手顫動，嘴裡吐着白沫，一刹那間，便躺在地上，滾了幾滾，便閉上了眼睛。

「啊？扣大爹中毒死啦！」小淘氣兒大聲叫起來，嚇的大脚蘭兒，張一刀也不知怎麼好，扣奶奶也哭起來，狗兒老咬也慌里慌張。

大家正在紛亂的時候，有幾個鬼影在門前出現，小淘氣兒機靈，一看是大粗腿，完蛋蛋兒和幾個八路在指手劃脚，忙悄悄告訴傻常順兒：「八路來捉你來了，你還不快遛！」傻常順兒不顧死去的扣爹，便穿房遛走，他潛行出了荻村，見村口一枝杆上，懸着一只綠灯，好像閃爍着慘痛的光芒，搖曳不停。

十、村長

扣兒蘑菇被狗兒老咬一碗藥麵毒死，並且要把傻常順兒任八路軍捉走，是完蛋蛋兒，狗兒老咬和大粗腿共同的預謀。扣雖這樣結束了他的老命，但傻常順兒却漏了網。

跟着，兩個問題便發生：一個是扣兒蘑菇的善後，一個是傻常順兒究竟往那裡去？

那天扣兒蘑菇口吐白沫，兩眼斜歪，倒在地下，滾來滾去，終於閉上了眼睛，停止了呼吸。大家一看情況，知事不妙，當小淘氣兒再說一聲：

「怎麼咧？莫非中了毒？」

「那來的毒？不是你們也喫了嗎？」狗兒老咬說，他見他的扣爺已經一命嗚呼，他貓哭耗子假裝慈悲地啼哭起來，並且一壁還說：「這麼好日子，他老人家便歸西去了，咳！眞是我命苦，不能多孝順他老人家幾年。」

扣奶奶哭得死去活來。大脚蘭兒更是淚漣漣，不一會兒，眼皮腫如鷄蛋，一把鼻涕，一把淚，嘴裡還不住地哭着媽媽論：

「大哥喲！我還說你多福多壽喲，誰承望你一去不回頭喲！弟兄們一輩子多合順嗅，你爲什麼就這樣撒手趕黃泉嗅？黃泉路上多薄命喲，你却是黃泉路上老壽星嗅。哭來哭去我肝腸斷嗅，肝腸痛斷送西行喲。」哭完一套又一套。張一刀站在一邊，眼窩裡含着幾顆淚珠，一聲不響，却不住地觀察狗兒老咬的神色。他早料到這裡邊有毒計，一見老咬那種裝模做樣的勁兒，不由地由鼻子孔裡「哼」了一聲，咬了咬牙齒，說：

「好小子！有你的！走着瞧！」

他怒沖沖地便走開。

張五爺、黑心鬼、完蛋蛋兒、大粗腿都來弔唁。兩天以後，扣的屍體便埋入黃土。狗兒老咬以承重孫的資格繼承了他的產業，但他毒死扣的消息，也傳遍了闔府和鄰村。

不久，八路軍命令荻村村長把傻常順兒自日本皇軍處叫回來，否則這就表示不抗日。張五爺和黑心鬼滿心滿意以爲這大半年來應付的不錯，那知道還討不了好，他們向八路軍政工人員說明困難情形的第二天清晨，荻村家家戶戶門扇上便給貼上了一張「抗日到底」的紅綠紙標語，正當着皇軍根據報告說荻村村長和幾個辦公人員私通八路來査鄉，一見這家家戶戶的標語，立刻便把張五爺、黑心鬼、大粗腿等逮捕帶縣。同時又有人控告狗兒老咬毒死扣兒蘑菇企圖繼承產業一案，於是狗兒老咬也被拘捕了去。

荻村失去了主宰，人心惶惶。八路軍乘機會徵糧徵伕，密秘組織，對荻村大小人都施以個別訓練。人民漸漸都服從了八路軍的領導，毛澤東，朱德，彭德懷，聶榮臻等大名，八路軍是救國救民的抗日軍，中央軍見了日本軍就跑，和種種頌揚自己，詆毀中央的標語，宣傳，在老百姓耳中已十分熟習，並認爲千眞萬確。不多時，張五爺，黑心鬼，大粗腿等突然被釋放回來。村中人又驚又喜。張五爺爲了報答日本皇軍不殺之恩，自然要表演兩手，把村中幾個和八路軍往來最密切的年青人名單，偷偷送給了皇軍，皇軍便命令保安隊把這批年青人抓來，一個一個都給槍斃了，然而其中並沒包括完蛋蛋兒。

荻村村中的年青人成批被槍斃，不但是由這次開始，而且使村人才開始眞正嚐到殺傷的慘痛，人們在夾縫中偷生。

傻常順兒一直仍留在城裡當保安隊，八路軍既抓不到他，他也不敢再回到荻村。上次回荻村去和他扣爹拜壽，幾乎被八路軍捉住，而扣爹被毒死，他心裡明白這是誰幹的陰事，於是他便傻里傻氣地向皇軍告了一狀，皇軍又命縣政府捉拿了狗兒老咬，雖然張一刀，小淘氣兒都一口咬定是受毒身死，可是因爲人死多時，找不出確實證據，遂把老咬抑了些天，又放回來。

　這時正是三十四年六七月間，德國已經投降，日本軍在太平洋也節節失利。同盟國波茨坦會議所決定的「無條件投降」隨着原子彈的投擲震撼了日本朝野。

　八月十四日，日本天皇正式接受了波茨坦宣言無條件投降的原則，全世界狂歡慶幸第二次大戰的結束。

　八路軍以獨力戰勝者的姿態，接受日本軍隊的投降。人民也慶幸太平日子要來了。

　「這回也是眞要太平了！不打仗了，八路軍也快走了，是不是，咱們又要過以前那種好年月啊？」村中人互相私議着。

　「嗯，慢慢看吧。」經驗增加了他們的保留態度。

　果然，八路軍不但不走，而且政工人員越來越多了，以前是偷偷模模，現在是正大光明的。

　日本投降後，到荻村的一個八路幹部指導員叫王子和，是河南人，他向老百姓演說：

　「諸位鄉親們！這回和日本鬼子作戰完全是八路軍打勝的，你們是知道的，中央軍從來沒和日本軍做過戰，你們也是知道的；所以，八路軍是人民的救星，中央軍是什麼呢？」說到這兒，另一個幹部，從人叢中提高了嗓子代答：

　「中央軍是國家的罪人！」

　「對了，這位鄉親說的對！」王子和用誇獎的口吻說。

　老百姓們一聽說「這位鄉親說的對」，大家都扭頭盯着那個答話的幹部，心裡不由浮起一個疑問：「他是什麼那門子鄉親？」

　於是王子和繼續向人們發問：

　「你們知道蔣介石是什麼人？」

　「他是我們中國中央政府的主席啊！是委員長啊！」幾個老百姓不約而同地回答出來。

　「不錯，不過他不是人民眞正的領袖；眞正的人民領袖是毛主席，毛澤東同志。就是他，我們的偉大領袖！」然後他用手指着牆上貼的那張毛像。

　「所以，以後我們要服從毛主席，並且要打倒蔣介石！」

　這個演說，使荻村人墜入迷網。他們心想：天天盼中央，月月念中央，爲什麼中央是這樣，眞的嗎？以前八路不是說受蔣委員長的領導嗎？爲什麼現在又要打倒他？毛澤東好不好，我們可知不道；老蔣是我們中國的偉大領袖，我們早有所聞的。爲什麼八路這樣說？我們納悶。

　隨着第一件事便是把傻常順兒自城裡解回荻村。

　八路軍對於傻常順兒怎樣處理是傻常順兒這一輩子戲劇生活中最富有戲劇性的一段歷史。

　按道理，他既當過日本皇軍的僞保安隊，幫過日本皇軍欺壓過老百姓，當然在八路軍看來應該罪不可赦，然而不然，傻常順兒與其說被解回荻村，毋寧說是被請回荻村，八路軍並沒有把他搶斃了，反倒很瞧得起他，恭維他，王子和在傻常順兒當天回到荻村的歡迎大會上，對大家講這樣話：

　「荻村傻常順兒是我們八路軍久聞的勞動英雄，是我們無產階級的忠實同志。他被日本帝國主義及其走狗們欺壓奴役，硬逼他充當爪牙去殺害我們的同胞，這種慘痛的責任是應該由日帝和走狗們擔負的。傻常順兒同志今後要在荻村爲我們無產階級起領導作用，要在我們農民大衆中間擔負歷史革命任務！大家鼓掌！歡迎我們的勞動英雄，無產階級忠實同志傻常順兒！」

　荻村村的人，都暗暗竊笑並且驚異爲什麼傻常順兒被八路看中啊？沒人鼓掌。祇有八路幾個散佈在群衆當中的幾個幹部，疏疏落落，拍了幾下巴掌，響應着王子和的命令。

　會散了，傻常順兒被幹部們招呼一齊到國民小學校裡去睡覺，扣奶奶想和他說句話的機會都沒得到。小淘氣兒也祇和他互相用眼睛表示了一下。

　傻常順兒到學校裡一看所有辦公的人都不認得，祇有幾個小勤務員他還認得，一個是完蛋蛋的兒子小老壞兒，一個是東頭老楔子的兒子橛子，再一個是爛眼邊兒，這些傢伙們當年都是和他在關爺廟前和他做老牛背縩官兒的。他們見幹部們都喊傻常順兒叫同志，他們也管他叫同志：

　「同志，你回來啊？」

　「同志！同志！嘿……嘿……」傻常順兒茫然對答。然後王子和同幾個幹部和他談了一會兒話後，叫常順兒去睡覺，他們自己又開了半夜會。

　傻常順兒躺在炕上琢磨歡迎會上王子和所稱讚他的話，什麼勞動英雄呀！無產階級呀；這些名詞他搞不淸楚，「英雄」他懂，「勞動」是不是「做活」？他就馬虎了。「無產」他懂，「階級」是什麼東西？他則不知。他想：給皇軍當了幾年保安隊，八路爲什麼不治他的罪，反而給他高帽子帶，這眞是活該走運氣了。明天又要開什麼會，他們怎說，我就順着說。這又是什麼事？然而扣爹死了，仇還沒報，扣爹的家產還讓狗兒老咬霸佔着。想想完蛋蛋兒，大粗腿，黑心鬼，張老五，又想想蘭大娘，小淘氣兒，一個個人影在他心幕上映來映去。

　第二天，睜開眼，小勤務員已給他打好洗臉水。

　「嘿、嘿、眞不錯！」他驚奇他這樣受優待。一會兒又給他端上早飯。

　「嘿、嘿、眞不錯！」他任保安隊班長還沒這麼排場。

　喫完飯，一陣鑼響，到處喊叫：

　「開會去了！」「開會去了！」「開會去了！」

　王子和叫他：「同志，一塊兒走！記住，我們怎麼說，你就怎麼說。」隨着走的是王子和的一夥人。

　嚇！冬天的小風刮得颼颼的。在十字街口搭了一個像唱戲用的大檯，跟靠着關爺廟，座北朝南，東西南三條街擠滿了人，一個個都伸着脖子巴望着，不知爲什麼要開會，要開什麼會。（未完）

美奸希斯叛國原委（續完）

R. D. Toledano & V. Lasky原作
遠思節譯

斯特里普林應尼克遜的請求，很快地便去看張柏斯，他僅承認事實上他曾扣留證據未給非美活動委員會。尼克遜徵用了一架守備海岸的飛機飛回華盛頓，張柏斯接着一張傳票要求他據有的所有的文件。

當夜，非美活動委員會的人員隨着張柏斯的汽車駛上去他農場的一條漫長蜿蜒的道路。從鑿空的南瓜中滾出了三捲縮影膠片，裝在金屬棒中。「這裏便是你們所尋求的。」張拍斯講。

很精細地將這些膠片放大之後，所得的正片堆積有四尺多高——和文件一起都落入司法部手中。尼克遜和他的同僚們由於柯達公司查看這些寶貴的膠片，得知它們是在一九三七年製作成的。

十二月六日司法部大陪審官被召集合，而不在八日。給主犯們的傳票也發出了，爲了要使他們在非美活動委員會之前出庭。但是尼克遜不信任司法部——不願因此被阻，於是兩個調查同時展開。不論人們對於非美活動委員會說什麼，它是第一個將美國歷史上最嚴重的間諜案强行公諸於世人前。

當大陪審官再集會時，報紙上的新聞只是一些證人的名字。但是當衆院委員會次日在華盛頓重開會時，眞正的戲劇開始了。對於希斯最有損的證明來自於他以前的三個同僚。威爾斯（Sumner Welles）宣稱「無論在任何環境下這些文件都不能爲任何目的移出國務院之外。」柏利佛 John Peurifoy）是主要的保安官員，他證明說這些文件的移出便是有害於美國的目的表面上的證據。他宣稱這些手寫的記錄若拿出了國務院便瀆犯了「所有保安法規」。助理國務卿賽爾證明說只有他和兩個忠實的秘書以及希斯才接近據有這些文件的檔案。賽爾更進而指出既然某些文件是以極度機密的密碼傳遞的，便可利用它們破獲那些密碼。

兩天以後，華德雷出庭，經過了兩天他才向大陪審官詳細敍述當他在國務院時如何將成百的文件送給張柏斯和大衛卡本德用像機照下。

當大陪審官們極力從這些頑强的證人處榨取自白時，聯邦調查局從事發掘證據的工作。張柏斯的文件經過一番審查後表示它們是用一個舊式的烏德斯托克牌（Woodstoc）k打字機打下的。從國務院的記錄中得知希斯的辦公室從未用過烏德斯托克打字機。已經確定的是剛剛希斯家一直到一九三八年曾據有這樣一個烏德斯托克牌打字機。但是在「一個」烏德斯托克和「這個」烏德斯托克之間有一個決定性的距離。

聯邦調查局無法找到這打字機，於是找在間諜活動期間用希斯的打字機所打的信件或文件。希斯斷言他們沒有舊的樣本。突然一天早上，聯邦調察局交給陪審官兩件被布里西娜在一九三七年所打的信件，是由一個保險公司和一個學校的檔案中找到的。無疑地，字樣和特點正和那些文件相符合。

張柏斯辭去他在時代雜誌的編輯的那天，希斯也辭去了迦耐基基金的職務，他們顯赫的事業從此便委於荒墟。

被大陪審官傳詢的證人中還有瑪欣太太。她作證說在一九三五年自她曾在費爾德家中會見希斯決定費爾德應爲希斯的間諜機構抑或爲她的機構而工作。她在證人室中走近希斯並請他回溯那一次的會晤。他笑着說：「很有趣，謝謝你來這裏。無疑地你想你是在爲政府服務，但是我以前從沒看見過你。」

坎貝爾喚進希斯和他的一個律師。他向這個前任官員說：「我確信你犯了間諜罪，你曾經看見張拍斯華德雷和其他的人自白。假若你也如此，將對你比較寬大。」希斯否認每一件事。坎貝爾續說：

「我也確信你犯僞證罪——」

希斯打斷他的話說：「你所說的不令我發生興趣，我沒有什麼自白。我沒說謊話。我不知道你講的是關於什麼事。」

希斯在陪審官面前被問了一些慣聽的問題，也作了一些慣聽的否認。雖然「我不能發誓在三六年秋曾見過他……」但他相信自他加入國務院後未曾見過張拍斯。

「你能確定地說自從一九三七年元旦以後你沒見過他嗎？」

希斯回答說：「是的，我想我能這樣說。」

當希斯看見了用他的烏德斯托克打字機打下的二百頁文件時，很快地說道：「我很驚奇；一直到我死的那天我都要奇怪張柏斯如何能進入我的家使用我的打字機。」陪審員們大笑失聲。

大陪審官在最後的幾個鐘頭內交下了一告發狀。訴訟期限的法令阻止了控告希斯的間諜罪。陪審官依據兩項條款控告他犯僞證罪。希斯被控在誓約下撒謊。（一）否認他曾將祕密文件的抄本傳遞給張柏斯，（二）斷言他在一九三七年元旦以後未曾看見張拍斯，如此定罪和已經證明的間諜罪相等。

次日，希斯帶看沉着的神情站在一個聯邦裁判官面前，抗辯他依這兩條款。未犯罪。他被照像機照下，也印了指紋，作爲保釋的條件。

六次的延期拖延了半年之久，希斯僞證罪的審問終於在一九四九年五月三十一日進行了。果夫滿裁判官（Sam uel H. Kaufman)是一個矮小帶有一副尖刻面孔的人。主持政府的案件的是麥爾非（Thomas F. Murphz），有六尺四寸高，說話柔和，很審愼，一張文雅的臉張滿了鬍髭。斯特萊克爾主持被告的答辯短短的頭髮，很激昂，是一個孚衆望的反問者。

麥爾非在開場白中預言他要證明希斯會由國務院拿出大批的文件，然後在他家中抄下後傳遞給蘇維埃的間諜。斯特萊克爾浮誇地描述希斯的德行以及他的官方的關係。很生動地描述張柏斯是一個「賊……偽證罪者……偷竊的人，隱藏的人，欺詐的人……」

張柏斯在麥爾非的指導下，重新敍述了幾天關於他的共黨地下工作的情形，希斯和他在間諜方面合作的情形以及他們兩家長久的交情。他回憶起在一九三七年十一月曾向希斯借了四百元買一輛汽車。他講在貝可夫的命令下如何在一九三七年給予希斯一條毛氈，並不是在一九三五。他又詳細地形容和希斯家人所作的旅行以及他們家中的內部情形。

當斯特萊克爾反問時，證明人自己也幫助他，張柏斯是在一種懺悔的自控心情下。他很溫和地承認若是一個共產黨員的身份他會撒謊欺騙，並且在扣留間諜的證明方面他會重覆地犯偽證罪。他慢慢地說：「我是要使『希斯先生』免於他所做的最終的結果……」

或許對於張柏斯所加的侮辱是賓格爾博士（Dr. Corl A. L. Binger）的出庭，他是一個精神病學者，是希斯的朋友。甚至在他還未觀察張柏斯時，他便要在大陪審官面前作證張柏斯的精神狀態。當他注視着張柏斯時，他作了很多的解釋。

張柏斯太太肯定了她丈夫的敍述，並加敍了許多關於過去和布里西娜希斯親密的情形，都是瑣碎的家庭的記憶。她粗糙的雙手證明了她現在是一個三百畝農場的經理人。她講話很柔和但顯然地很誠懇。斯特萊克爾有兩天極力要把她吼下來，雖然在某些日期方面她很躊躇不定，但她口供的本身——希斯家和張柏斯家曾是親密的朋友——仍然無損。

誦讀文件便化去了幾天的時光，其中有一件應國務院的要求被保留下來。一個聯邦調查局的專家作證說所有的文件除一件外都是出自於希斯的打字機，四件記錄是希斯的筆法——這些事實是被告的答辯也承認的。

蘇聯間諜組織的根本事實被華德雷證實了，他和希斯一樣是從一個非常高尚的背景中進入政府工作的。「當我在一九三六年一進入國務院之後，我便開始取得文件並將它們給與未被許可的人」，給與卞本德和張柏斯，但是作證的這些文件之中沒有一件是他的；他證明在一九三七年曾由卞本德處收到一條毛毯。

華盛頓的一個銀行的行政人員作證希斯太太曾在一九三七年十一月十九日取款四百元。一個汽車商肯定了張柏斯太太四天以後曾由他那裏買了一輛汽車，付了四百八十六元的現款，卞彼諾教授（Professor Meyer Schapiro）作證曾爲張柏斯買了四條俄國毛毯並將它們運往華盛頓；毛毯販帶來一張單具，上面的賣期是一九三六年十二月二十三日。

斯特萊克爾提出了一個嶄新的理論：那架烏德斯托克打字機自一九三七年初以來曾爲希斯以前的一個僕人卡特萊特（Ragmondy Catlett）所有。（這些顯示的文件曾在一九三八年抄錄上來）

卡特萊特的母親曾於二月在聯邦調查局認識張柏斯，現在僅承認她曾於一九三六年看見過他一次，那時只認得他是「克羅斯貝」。卡特萊特自已輕快地說出了名字和日期，但在麥爾非的推敲下承認他不知道是什麼時候得到這打字機。他的兄弟彼利（Peryr）經過了反問後表示了一個更大的漏洞。他說當他和卡特萊特接着了這打字機後，便將它拿到在K街的烏德斯托克店中去修理，但所得的證明是此店直到一九三八年九月方開業。

自然，這訴訟的最精彩處是布斯的口供。他詳盡地敍述他對政府的供獻，他的瘦削的面孔顯得很冷靜。他握緊了拳頭，緊依住椅臂，兩隻長腿時而交叉着，僅僅這些動作顯示了他內心的緊張。

現在布斯堅持說他是在一九三六年春天接着一條毛氈，而不是在一九三七年。他說取出四百元是爲一新房子買家俱；他並不企圖解釋張柏斯如何能知道這精確的數目。他曾證明烏德斯托克打字機曾於一九三八年在他家中。他取消了這口供，因爲卡特萊特的口供已「重新提起了他的回憶」。現在他憶起他曾於分租房屋很久以後才將舊福特車給「克羅斯雷」，雖然這租戶未能付出已議定的租金。

麥爾非有兩天扭住了機警的希斯。他整列出了一串矛盾處和希斯的敍述中唐新所說的一切，但是這被告只是堅持着他的現在的回憶比他過去的回憶好。

一般的旁觀者都同意布里西娜並未有助於被告的答辯。她一點點地否認張柏斯太太所敍述的家庭中的親密關係。但她陷入了許多嚴重的矛盾中。她否認曾加入社會主義黨，於是麥爾非提出了她一九三二年爲社會主義黨員的登錄的照片。西米滋作證布里西娜在一九三七年曾計劃在巴的摩爾的慈善醫院中選修一護士學的課程。希斯太太堅決否認。當麥爾非提出了她給瑪利蘭大學的一封信時，斯特萊克爾和希斯太太都感到震驚，這信的日期是一九三七年五月，申請加入化學課程，爲選修慈善醫院護士學課程的必要條件。假若如希斯太太所宣誓的她在一九三六年未曾看見過張柏斯，那麼西米滋是如何能知道的呢？

麥爾非對布里西娜提出了其他的難題。爲什麼她告訴大陪審官說卡特萊特太太已經死了呢？爲什麼她說烏德斯托克打字機是於一九三八年在她家中，而又承認在一九三七年初便放棄了它呢？當她走下時，希斯太太似乎瀕於歇斯的里亞。

在被告的答辯結束以前，賓格爾博士被喚。裁判官允許斯特萊克爾誦讀一個四十五分鐘的「假設的問題」——這問題甚至於承認對於張柏斯最牽強附會的答辯都是事實——然後拒絕允許這位醫生作答。告發人企圖將瑪歇太太列於證人席，被裁判官的裁決阻止了。

陪審官報告了四次他們不能到達一個一致同意的判決。陪審官中八個人贊成定罪四個人贊成宣告無罪，他們鬥爭經過了兩天的評議，終於在第二天的黃昏解散。對於希斯和張柏斯漫長的嚴厲的試驗經過了二十七天以及八十萬零三千七百五十頁的口供以後便如此結束。希斯高視濶步地走出了法庭，沒有和斯特萊克爾說一個字也沒和他握手，臉孔灰白而陰森。張柏斯在他瑪利蘭的農場上僅僅說道；「我做了我所必須做的事……時光將暴露眞理。」

當希斯的第二審在一九四九年十一月十九日開審時，哥答爾德裁判官坐在裁判席官上，他在聯邦法庭中有二十三年之久。麥爾非在他這次開場白中强調具體證據的重要——「不可變的」文件，記錄，打字機等。

克羅斯（Clauda B. Cross）是一個著名的波次頓的律師，他領導被告的答辯。

克羅斯在他開始的言論中便企圖證明這些文件曾被華德雷和另外一個國務院官員所偸竊。在整個審問中新聞界一直等待着知道這第二個官員是誰，但終無從得知。華德雷直爽地否認這些文件曾在他遞送給間諜組織的四五百文件之中，被證明了他在有牽連的這一段時期中有一部份時間是在國外。

這次張柏斯和西米滋的口供更詳細，因此也更令人相信。

被告的答辯傳來一張被張柏斯在一九三五年得到的護照，名字是布林（David Breen）。這護照上的是布林有一副濃密的鬍鬚。克羅斯極力重視張柏斯未能敍及這一裝飾。然而，他所證明的是，雖然張柏斯在希斯承認認識克羅斯雷的整個時期中都帶有鬍鬚，但希斯夫婦並未叙及它。

當張柏斯太太在證人席上時，她言及一九三七年的新年是這兩家共同慶祝的。於是克羅斯得意地提出了一封信，郵寄日期是一九三六年十二月三十日，是希斯給他的妻子的，當時在卡巴迦（ChaPpapua）。布里西娜作證說她和她的兒子提米大約在新年後的兩星期會留在卡巴迦，張柏斯的回憶這一次似乎完全被毁壞了！顯然地，這慶祝未能發生。然後妮可爾遜（Dr. Margaret Mary Nicholson）提出了她的記錄表示希斯太太和提未曾於一九三七年二月二日去過她的辦公處，布里西娜却斷言那時曾在卡巴迦。

布里西娜爲了反駁她曾於一九三七年夏和張柏斯夫婦驅車同去彼德拍羅（Peterborough N. H.），她宣誓在那個夏天未曾離開過卡斯特爾鎭（Chestertown. md）但根據妮可爾遜的記錄，她在那個夏天曾去華盛頓的辦公處許多次。

哥答爾德裁判官這次允瑪欣太太作證。她敍述她曾在費爾德家中見過希斯，這叙述給人印象很深。她是第一個證人直接證明了張柏斯的敍述是眞實的。

十九個證人——很特出地吧，兩個最高法院的裁判官不在其中——一致同意被告者的聲譽卓傑。但是希斯在遠東部的主官洪伯克（Stanleg Hornbeck）承認他曾被布里特大使警告過兩次懷疑希斯的忠實。賓爾作證希斯曾慫恿他聘請賚爾德。

希斯自己在證人席上時和在第一次的審問中一樣地溫和。

但是他的妻子在對方的說問下變得萎縮。她宣稱雖然，他們直到一九三七年二月二十九日才搬進那新房子，但他們在十一月便花了四百元買家俱，那後來，提出的記錄證明她於十二月五日第一次看那房子，在十二月八日租下。雖然她一次又一次地說她「不是一個打字員」，政府提出了哥倫比亞大學的記錄證明她曾修過打字課程。

最後輪到了賓格爾博士，這一次「假設的問題」唸了有六十九分鐘之久：假定所有反對張柏斯的謠言和議論都是事實。賓格爾博士根據此診斷出「一種精神病的性格」。他似乎很熱心，以致於哥答爾德裁判官在一點上挿道：「你在這裏是一個證人，不是一個代言人。」

經過了麥爾非的兩天折磨以後，賓格爾博士的診斷已無足輕重。麥爾非指出賓格爾自己便顯示了他攻擊張柏斯所舉的「病徵」例如凝視天花板。麥爾非問他是否知道他自己在五十分鐘之內仰望了天花板有五十九次之多。此時全場滲入了一種絕妙的喜劇氣氛。全庭哄然大笑。

在這訴訟快結束時麥爾雷太太出庭作證爲原告駁辯。她於一九三六年在張柏斯家當女僕，聯邦調查局會尋過她六個月，只知道她的最初的名字唯一可依據的只是西米滋所給的一張小像片。最後他們終於找着了她。現在她以一種淸晰安詳的聲音敍述她曾和張柏斯家在巴的摩爾（當時的名字叫坎提威爾）。他們是「很適意的主顧，」而張柏斯是一個「很適意的人」，她的自然流露虔誠似乎抹去了一個星期以來關於精神病的騷亂。

麥爾非太太指着站起來辨認出布里西娜和希斯曾去過張柏斯的家。她說有一次，「布里西娜小姐來了，還住了一夜……那時坎提威爾太太正有孕而必須去紐約。」希斯和布里西娜都曾作證說他們從未去過張柏斯家。對方的反問並未使麥爾雷太太的敍述有缺陷。

政府最後駁辯的證人是杜尼斯，他曾提名希斯爲迦耐基基金委員會的主席，他徑直指明被是在誓言下所說關於他們的關係有五處是撒謊的。他又說希斯於一九四八年事實上曾被請辭職，但只到「南瓜」文件提出後他才實行。

兩次審問的口供總共三百萬字。這件事不是一個人的話反駁另一個人的話。決定的因素是物質的證明——文件，打字機，福特交易的記錄，房屋的出租，醫生的記錄等。再將這物質的證明又被置於一口供骨架中，這口供在實質上便肯定了張柏斯的故事是眞實的希斯的相反的故事只是裂片一堆。

陪審官花了廿四小時的時光達到一致。女陪審長宣稱：「我裁決被告依第一條款。犯罪依第二條款犯罪。」

哥答爾德裁判官向八位女陪審官和四位男陪審官說道：「你們宣告了一個公平的裁決。」一次一個星期，在一九五〇年元月二十四日他判決這位前任總統的顧問依每一條款處有期徒刑五年。希斯立起。他以一種淸晰帶怒聲音高聲宣稱道：「我確信在將來張柏斯如何能藉打字機揑造事實的全部眞實情形將被發覺。」

在聽衆之中，一個女人哭了。張柏斯在他曾經呆過大部份審問時間的威斯特徽斯特的農場上說道：「我的工作完成了……」

希斯張柏斯的戲劇的意義和告訴我們的是：在我們之中有一個「隱藏的敵人」。這公開與秘密的審問以及三百萬字的口供僅僅揭發了廣大的蘇維埃間諜網的一小角。希斯是一個人，陷於傲謾和自欺的悲劇中，但還有許多人（他們可說有無數）他們無辜盲目地在這善良好的美國土地播下了叛逆的種子而教唆了他和他一類的人。甚至於現在他們還拒絕看這幕劇，這是更大的悲劇。在這更大的悲劇之前，張柏斯和希斯的命運已不足道。因爲眞正的工作才開始。（完）

臺灣最大生產機構

臺灣工礦股份有限公司

地址：臺北市懷寧街工礦大樓二樓

電話號碼 3140 3895 3729　　電報掛號 2037

下設六分公司　　共轄六十三單位

規模宏大　　遍佈全省

定價公允

分公司名稱	主要產品	地址	電話	電報掛號
煤礦分公司	煤炭，焦炭，炸藥，雷管	臺北市重慶南路一段24號	2268 2217	3561
紡織分公司	棉布，蔴布，花布，呢絨蔴袋	臺北市重慶南路一段119號	3048 3380 3381 3382	4791
鋼鐵機械分公司	生鐵鑄鍛件元條鐵絲釘類鐵管類度量衡器電石氧氣電池電泡無線電機農具機及機件	臺北市中正西路64號	6046 6047	3232
陶業分公司	紅磚耐火材料陶瓷器	臺北市南陽街1號	2366 3542	2244
化工分公司	膠鞋車胎，皂類，甘油	臺北市博愛路72號	3036 4348 4349	2456
工程分公司	承辦房屋，道路，橋樑等工程	臺北市開封街一段4號	2509 4119 4789	4453

品質精良

交貨迅速　　設備完善

給讀者的報告

馬立克靦顏回到聯合國安理會來當主席了。聽說共產黨員是現實主義的，那些愛面子，擺架子等等都是封建的殘餘，應在淸算之列，這一次的確在國際的大庭廣衆之中，證實了共產黨徒的臉皮之厚，無恥之尤。他的第一砲要把中國國民政府的代表驅逐出去，由中共政權的代表來頂替，還是爲他七個月不出席的理由辯護，還是要挽回一些面子，未免有不徹底之嫌。但是因此之故可以延遲朝鮮問題的討論，則他的目的也就達到了。據報載美國代表激集各國代表開會籌商，欲否認馬立克之主席資格或在他主席期間大家拒不出席，此二法都是以其人之道還治其人之身，如果實行起來，恐怕中共黨徒要志得意滿地說：「你看，美國也要向蘇聯看齊哪！」

尼赫魯繼續甘地，素以道義爲標榜，而此次出年調入，竟以中共出席聯合國爲談判韓戰的條件，印度那完全脫離了道義的立場。據印度某作家說，印度是沒有武備的國家，沒有力量以對付共黨的侵略，只有以北平爲橋樑，以打通莫斯科路線，或許共黨可以不致入侵。這種打算如果出自尼赫魯的衷心，那麼我並不怪他對共黨之無知，只鄙視他滿懷利害的念頭，以遷就現實爲職志，而絕不知道義爲何物而已。

共產國際成立於一九一九年，三十年間鬧得有聲有色，其世界革命（即是征服世界）的口號越唱越高，馬克斯觀念上的必然眞眞要成爲物質上的現實哩？最近除蘇俄及其附庸國外，其他國家都惴惴不安，惟恐被共黨征服了，何以民主國際竟至今不能組織起來，和共黨對抗呢？如果「肉食者鄙不足與謀」，則集合各國才識之士，先從民間組織起來也是避重就輕之一法。本社於本月四日特約國際友人威廉、喬治、蕭特三位先生及在台名流開一座談會，强調組織民主國際之必要，并檢討其如何實現的途徑。本期先將喬治教授的意見刊出，其他各位的意見將於下期和讀者諸君見面。最近歐洲會議已有組織「民主反共陣線」的提議，在東方則碧瑤會議的調子越彈越低，爾後則在論壇上也愈趨寂寞了。朝鮮戰爭已驚醒了世人的幻夢，季里諾總統已公開宣佈，必要時將派兵助守台灣，如果碧瑤會議在今日召開，則其性質及議題也不會和五月間一樣了吧。我們站在言論界的立場，還要再接再厲，造成輿論，以督促民主國際之實現，而達打倒共黨之目的。

本刊記者訪問新近返國了顧大使，提出組織民主國際及其他問題，大使給了許多有關國際及外交的意見，本期全部刊出。

本刊以美國方面讀者日多，自本期起增加紐約航空版，使西半球的華僑多知道祖國的情形，以加强双方的聯繫。

自本期起增闢「半月大事記」一欄以供讀者君參考之用。

廣告刊例

一、封底裏面全幅每期新台幣八百元，半幅五百元，1/4幅三百元。

二、普通全幅每期新台幣六百元，半幅四百元，1/4幅二百五十元。

三、登一期者，按期一次付清；連登三月而一次付款者，九折計算，登半年以上者，八折計算。

四、式樣及鋅版自備，如欲本社代辦，則照價計算。

本刊售價

一、	新臺幣	三元
二、	越幣	八元
三、	非幣	五角
四、	港幣	一元
五、	暹幣	四銖
六、	美金	二角
七、	叻幣	四角
八、	印尼	五盾

自由中國 半月刊 第三卷第四期

"Free China"（總第十九號）

中華民國三十九年八月十六日

發行人　胡　適

主編　『自由中國』編輯委員會

出版者　自由中國社
社址：臺北市金山街一巷二號
電話：六八八五號

航空版

香港　香港時報社（高士打道六四號）

紐約　（紐約第三區 Apt. 2c 231E, 第十三街）

經售處

臺灣　中國書報發行所（臺北市館前街八五號）

美國　紐約民氣日報社
舊金山國民日報社

馬尼剌　中菲文教出版社

印尼　巴達維亞星期日報
棉蘭繁華圖書公司

越南　西貢中原文化印刷公司
越南華僑文化事業公司

新加坡　中興日報社
檳榔嶼、吉打邦均有出售

印刷者　臺北印製廠
廠址：臺北市民族路六四三號
電話：三三一六號

本刊經中華郵政登記認為第一類新聞紙類　　臺灣郵政管理局新聞紙類登記執照第二〇四號

自由中國

FREE CHINA

第三卷 第五期

要目

中華民國三十九年九月一日出版
社址：臺北市金山街一巷二號

半月大事記

八月九日（星期三）
美國杜魯門總統簽署法案，撥款三億五千萬元開始建立一原子時代之海軍。
渡過洛東江之北韓共軍，分三路進攻釜山與大邱。
日政府遵照麥帥命令，頒佈法令建立後備警察七萬五千名，此項法令破例未經國會立法程序。

八月九日（星期四）
美新任駐華大使館公使藍欽由港飛臺履新。此爲我政府遷臺後美國派遣公使常川駐臺之始。
麥克阿瑟將軍爲外界對其訪臺的曲解，發表聲明，特別指出：（一）此次訪問，事先曾和中美政府各部門正式洽商；（二）訪問完全限於軍事；（三）凡有關中國政府的前途及中國大陸上的發展，或任何非本人軍事職責範圍內的其他問題，都未討論，甚至未曾提及。
杜魯門總統在記者招待會聲稱，渠與麥帥合作無間，麥帥所爲，渠完全同意。

八月十一日（星斯六）
美國務卿艾其遜發表聲明，斥責蘇聯代表在安理會的阻撓策略。
歐洲會議諮詢會通過邱吉爾所提建立歐洲聯軍案。

八月十二日（星期日）
華盛頓合衆社電：英國及若干西歐較小國家，據說已促請美國同意聯合國立卽宣告託管臺灣。

八月十四日（星期二）
中國國民黨蔣總裁在聯合擴大紀會週講演，特別强調與羣衆結合，泯除形式主義，消滅派系觀念及地域成見。
菲律賓華僑臺灣考察團抵臺。
聯合國印度代表擬建議由安理會六個非常任理事國（印度、挪威、南斯拉夫、古巴、厄瓜多爾、埃及）組成小型理事會，負責結束韓國戰爭，並擬訂一自由韓國計劃。

八月十五日（星期三）
英外部發言人否認外傳英國曾促請美國國務院同意將臺灣交由聯合國託管之說。
印尼總統蘇卡諾在議會兩院聯席會議上宣佈，包括全部印尼領土和人民的單一國已告成立，此一單一的印尼共和國代替去年十一月海牙圓桌會議荷印双方商定成立的印尼聯邦（原包括十六邦）。

八月十六日（星期四）
行政院院會通過臺灣各縣市行政區域調整方案。將臺省重新劃分爲十六縣及五省轄市（原爲八縣、九省轄市、及二縣轄市）。
駐美大使顧維鈞飛美返任，途經東京訪晤麥帥。
建立歐洲聯軍之詳細方案，經歐洲議會一般業務委員會激辯結果，卒遭擱置。（贊成討論詳細方案者爲英國保守黨及法、義、西德、荷蘭，盧森堡、希臘等國；反對者爲英國工黨及北歐諸國）。

八月十七日（星期五）
英驅逐艦（Concord）在外伶仃海面與共軍炮戰半小時。此爲英艦與共軍發生正面衝突之第二次。（第一次發生於八月二日）

八月十八日（星期五）
北韓共軍迫近大邱，南韓政府遷都釜山。

八月十九日（星期六）
日政府發表白皮書，表示對韓國問題與聯合國持同一立場，且在世界思想戰中，日本亦與西方民主國家站在一線。
成功湖消息：聯合國各國外交代表頃正積極考慮將北韓置於聯合國託管下，以待自由選舉舉行，民主統一政府成立的計劃。

八月二十日（星期日）

八月廿一日（星期一）
美陸軍參謀長柯林士將軍，海軍軍令部長薛爾曼上將，飛抵東京，與麥帥及其參謀人員會商，檢討韓國戰局。
美國參議院以八十五對二之壓倒多數，通過經濟管制法案，使杜魯門總統能動員其國內資源，支持戰韓國戰爭。
我駐美大使顧維鈞返抵華府，將于本週內約晤美國務卿艾其遜，提供臺灣現狀之直接情報。

八月廿二日（星期二）
西德總理艾德諾與國會各黨領袖，會商德國安全問題。據聞艾氏已向西方三國建議武裝西德。
美國最新最大的原子爐在紐約州與普頓正式開工，此爲大戰後在美國開工的第六個原子爐。
印度支那法當局證實中共與胡志明之間已有互助條約存在。

八月廿三日（星期三）
行政院政務會議通過：特派葉公超爲我國出席聯合國大會第五屆常會首席全權代表，蔣廷黻、張彭春、劉師舜、黃朝琴爲全權代表。嚴家淦爲我國出席國際貨幣基金會議代表團首席代表。
新中日貿易協定在東京簽訂。

八月廿四日（星期四）
美衆院撥款委員會通過一百六十七億的緊急撥款，以期贏得韓國戰爭，並防禦共產黨的其他侵略行動。
薛爾曼與柯林士離日返美。
第一屆國大臨時會經行政院簽呈總統，核定緩予召集，因現有在臺代表僅一〇九〇人，其餘大部份國代均陷匪區，無自由來臺集會可能。

社論

迅速締結太平洋公約

太平洋公約或東南亞各國同盟雖然唱了年餘，然至今年碧瑤會議閉幕時已經達到了最低潮，似乎漸趨於無聲無臭了。事實上唱者既多，應者不少，則這件事情的必要已無疑問，何以這個調子會越唱越低呢？難道時至今日，各國對共黨之擾亂世界的猙獰面目還是認識不足嗎？且看各國當局極力指斥共黨之橫行，對內肅清共黨之叛亂，及贊助聯合國制裁北韓等等的行爲，已經十足地認清了共黨的眞相，爲甚麼只管自謀對付，而不相聯合抵抗呢？說者謂美英當局尙無決心，其他國家只求苟免，乃其癥結之所在。

不錯，麥克阿瑟元帥統率三軍首領來台訪問，美國內部及英國各界因此而發生軒然大波，便是美英當局沒有決心的明證。美國國務院因事先沒有知道，而在東京的政治專員又未同行，已微露不滿之意，各報因而推波助瀾，一若國務院和國防部之間有所爭執者然。以後麥帥總部的聲明亦指斥失敗主義者，可見其主張與麥帥不同者尙有人在。英國方面更形焦慮，初傳英政府下令遠東艦隊不參加台灣的戰爭，其後又謂台灣發生戰事，英國將隨聯合國爲轉移，最近又傳英大使勸美國宣佈託管台灣，勿使他國——例如印度——憂慮。麥帥來台後又恐麥帥和蔣總統發動反攻中國大陸，以激怒中共，而促使蘇俄對美宣戰。觀此則英國在今年雖飽嘗中共的冷遇，依然必恭必敬，誠惶誠恐，似乎中共一怒便可使大戰爆發的樣子。美英兩國是太平洋國家之中堅，它倆的態度已如此游移不定，不敢挺身而出，其他國家都是自顧不暇的，唯恐共黨侵略到自己，皆苦心焦思以求幸免於一時，則公約或聯盟何能實現？

共黨只知力量不知其他，美英及各國當局均已了解，而團結可以增强力量又是極其普通的常識，爲甚麼不從速團結一致以對付共同的强敵呢？我們以爲此由於各國估計共黨之錯誤。史大林是自命爲知進而且知止的人物，他的間諜網遍布於全世界，對各國的軍備情形他是瞭如指掌的，只要他的準備完成，勝算在握，隨時均可發動戰爭，各國除任他支配外亦唯有一戰。但是現在他的準備尙未完成，勝利毫無把握的時候，無論各國如何激怒他，也不會訴之於戰爭。最近他嗾使其嘍囉們到處發起和平運動，提倡禁用原子彈，韓國戰事發生後立刻命令馬立克出席聯合國安理會，由此等等行動看來，其不敢發動戰爭自無疑義。即使國民政府反攻大陸，中共節節敗退，史大林又何嘗會因此而向美英宣戰？進一步說，唯有顚覆中共政權，使史大林的賭本大大減少，然後可使他知難而退，而戢其侵略的兇燄。這一點是緊要關頭，差之毫釐便會謬以千里。我們認定史大林在最近時期不敢發動全面戰爭，只有資助各國的共黨發生內亂以奪取政權，抑或嗾使其附庸國發動局部戰爭以謀擴展，才可積小勝而至于大勝。一俟全世界的力量對比已經把握到優勢，才出於最後的一擊，而摧破美國。故民主國家的對策應該聯合一切非共產國家，使共黨的勢力不能再行擴展，乃是避免大戰之唯一的途徑，西歐要如此，中東也要如此，東南亞洲方面尤其不能不如此。

這麼說來，我們要締結太平洋公約，當然要以美英爲骨幹，而將東南亞各國通通聯合起來結成攻守同盟才是至上的策略。美英二國不參加，則各國必然畏縮不前，兩國步調不一致，尤其使各國不知何去何從，於是想自固其圉，結果必然被共黨各個擊破，可是它倆的眼光都只顧到歐洲，尤其是英國唯恐力量傾向亞洲，則歐洲的防禦因之減輕，而促使蘇俄的兇鋒轉向西歐，以危及其本國，故對亞洲民主國際的組織往往阻撓破壞，至少都是不積極的。這種態度如不改變，始終不能阻礙共黨伺隙進攻之計，至今日應該完全明白了吧。自中共佔領大陸以後，越南，菲律賓，馬來亞等地的共黨力量既已與日增强，北韓亦竟敢無故侵略南韓，遂使英美二國的將士鮮血迸流於疆場，如此明白的事實還不能使兩國的政策改弦更張嗎？如果美英兩國積極提倡起來，大部分的東南亞國家都會翕然景從吧。即使印度的尼赫魯之流獨持異議，則任令其「超然」鬥爭之外亦無不可，自由國際固不强人以從同。但是公約的內容則必須包含軍事的互助，澳洲的主張是有充分理由的。事關各國當局的結合，又處於今日逼地武裝鬥爭的局面下，軍事上沒有保障，其他一切畢竟都要落空。

至於文化，經濟及其他方面的結合、則應由民間人士起來組織，不宜由政治當局主持。過去的國際組織都是各國當局的聯合，政府雖可爲民衆的代表，然其代表的程度亦萬有不齊，即使最能代表人民的政府到底仍有距離，固不如直接由民間選派的代表，地位較爲自由，合作亦較爲密切。且政府的代表每隨政權轉移而變動，民間代表比較有永久性。但是結合的理想仍須標明，才不致爲野心家所利用。以前的太平洋學會也標榜文化的結合，但因日本人別有用心，每次集會都成爲各自的宣傳，不能收到預期的効果，中日戰事發生更增加其離心力，迨美國對日宣戰以後乃爲共黨所利用。今後要懲前毖後，必以公認的理想爲中心，一切辯論均須據此而折衷於至當。惟參加這種學會的都是知識分子，我們要謀國際的合作，則知識識分子以外工人，農民等等尤須有特別的組織，如★自由中國勞工同盟之類，以期獲得相互的深切了解，然後合作的基礎才夠廣大。如此政府代表與民間代表齊頭並進，其合作基礎日益廣大而深入，使共黨不能施其離間技倆，則克里姆宮的決策者必然歛其侵略之手，慢慢退縮回去無疑，願世界民主國家早下決心，以達成不戰而勝的目的！

★自由中國勞工同盟(Free China Labour League)，係國際的工人反共組織之在中國者，其本部爲國際自由工聯(Jnternational Confederation of Free Trade Unions 簡稱 I.C.F.T.U.)在比京不魯塞爾，在美國爲美國勞工聯盟(American Federation of Labour 簡稱A.F.L.)，中國方面陸京士先生負責。

時事述評

收復大陸時所需要的人才

近來政府各部門頗注意到將來收復大陸時各方面所用的人才；如考試院的舉行各種考試以掄才，而內政部亦遵行政院令爲儲備人才作反攻大陸時遴用的參考，舉辦各類行政人才的調查。這是應當做的事情；在考試院固然是分內的職務，在行政院亦是應有的舉動。

至於這班考取和登記的人才，應該怎樣訓練才可以應收復大陸時的需用，想有關各部門都已有仔細的研究，在這短評內是難以討論詳盡的。不過，我們有一句話要在這裏講的，就是：人才之所以爲人才，除却具備本行的知識和經驗以外，還要有遠大的見解，公正的態度，廉潔的操守。

所謂遠大的見解，高之則世界人類的福利，低之則一種事業的前途，都應包括。所謂公正，非特要做到沒有身家親戚的偏私，沒有黨派的偏私，沒有地域和種族的偏私，並且要做到「毋固，毋我」。至於廉潔，當然就是不貪污；意義雖然明瞭，能够做倒的人却不多。

我們以爲儲備人才以應收復大陸時的需用，實在是我們政府目前一件最應當做的事情。將來收復大陸時，各種人才都用得着。但無論那一種人才，如果不具備上段所講的三種德性，一旦用起來，定必一團糟。抗日戰爭勝利後，我們政府頭一件做得不好的事情，就是接收各地的人選沒有十分適當。現在如果不以覆轍爲鑒，痛下砭針，及早培植公正廉潔而具有遠大見解的人才，則將來大陸人民的失望，定必和抗戰勝利後淪陷區人民的失望一樣。

怎樣才可以看出一個人有遠大，公正，廉潔的德性？怎樣才能够培植好具有這些德性的人才？這是我們在返回大陸前所最値得研究的問題。這是有關國運的問題，不是政府所應單獨負責的。我們希望當世賢明的人士，都肯把他們經過深思熟慮的意見發表出來！

此外，我們對於收復大陸時所需要的人才，還有一種意見，似可提出來以供大家的參考。當政府從大陸國土退到臺灣省時，凡知識稍高而留在大陸的人士，固有一小部分是甘心附匪的，但大部分都是爲環境所限制，力不從心，遂被關在鐵幕內。這班留在大陸而不甘心附匪的人士，在共匪虐政下，「其操心也危，其慮患也深」；他們心性所受的鍛鍊，萬不是在臺灣的人士所能得到的。政府於收復大陸時，似應先借重這班人。對於大陸國土各項問題，如教育，經濟，土地等問題，他們所有的經驗，都應當比在臺灣的人士所能見到的爲切實。（汀）

向歐洲大陸上的民主領袖進一忠告

在蘇俄企圖征服世界的戰略棋子着着進逼的今天，世界到處都充滿着恐怖和不安。現在亞洲人的脊背上已經佈滿了俄國布爾雪維克們的明槍和暗箭，在感覺上雖然疼痛難忍，但事到臨頭，祇有捨得命來一拚，已經無所謂恐懼之感；然而今天的西歐人民却別有一番滋味在心頭，和我們亞洲人對侵略者的心理反應迥然不同。而對着蘇俄的原子彈和龐大的空軍及裝甲部隊，一旦戰爭的面罩揭開，所謂「歐洲文明」也者將於指顧間「灰飛烟滅」，而不再是世間的寵兒。因此今天歐洲人民對蘇俄侵略者心理上的恐懼實遠甚於正在煎熬中的亞洲。特別是韓共的南侵，其影響於西歐人民心理者，眞是山雨欲來風滿樓。最近西德朝野會以陰暗凄楚的語調頻頻向西方盟國呼籲兩事：其一是呼籲在西德的盟國佔領軍增強防衛力量，其二是呼籲西方盟國准許西德再度獲得武裝的機會，用以抵抗侵略。上述德人籲請盟國的兩事在用意上雖不盡相同，然而最主要的乃不外懼怕蘇俄的侵略，而思未雨綢繆。其實今天在歐洲「思未雨綢繆」者不止德人爲然，旬前古稀的邱吉爾先生在斯特拉斯堡的歐洲會議席上曾大聲疾呼，籲請歐洲的民主國家速組「歐洲聯軍」，用以抵抗蘇俄的侵略。在此以前，更有著名的「許曼計劃」。凡此種種，都可以看出五十年代的歐洲無論在主觀的要求和客觀的形勢上，都在在需要打破傳統的成見，團結一致，共同抵抗外來的侵略。

事實上今天歐洲人也只有三條路子可走：上爲者是速組歐洲聯邦，統一歐洲的政治、財政、軍事和外交等基本權力，共同與蘇俄比重；中爲者是武裝西德，加強西大西洋公約國家的防衛力量；下爲者是維持現狀，充其量使西德的盟國駐軍作某種程度的增強。充滿着智慧的歐洲人自然樂於選擇上策，所以自第二次大戰結束以後，歐洲的統一運動如火如荼。但理想是一個問題，實踐的技術又是另一問題。今天歐洲人若不在統一的技術上下工夫，祇是一味地抱着一面「統一歐洲」的美麗鏡子，無原則無步驟地照來照去，如此，則歐洲的統一工作就非等史達林來做不可了。

我們分析今天非蘇俄集團的十幾個歐洲國家中，無論在感受蘇俄威脅的程度上，或自身的條件上都有着程度上的不同。在上述的歐洲國家中我們可以粗略地分成三組：在蘇俄勢力範圍週遭的國家如西德、荷蘭、比利時、盧林堡、法國、丹麥、意大利、希臘等八國是一組，不列顛、斯堪的納維亞國家和葡萄芽是另一組；西班牙和南斯夫這一組則是例外。第一組國家因爲感受蘇俄的威脅最利害，接受的歷史訓練最深刻，本身的牽扯也少，所以在推進歐洲的統一運動上表現的最積極，也最能自我犧牲。在第二組國家中：英國因爲憑三十英哩海峽之險，又加上帝國自治領的牽掛，所以顧慮就多；而斯堪的維亞國家因爲地處偏安，所以在加強歐洲的團結上就表現的不够積極。而在第三組國家因爲權力集中於個人，問題自然更多。爲了爭取時效起見，我們在這裡敬向歐洲大陸上的民主領袖們進一忠告：但望你們不要再左右顧盼；前後徘徊。要想拯救歐洲億萬生靈，就必需斷然暫時放棄第二三兩組國家，先把第一組國家納入一個聯邦。其實單是第一組國家人口就有一億五千萬左右，而工業生產在美國的援助下祇要稍加整頓，即可與蘇俄相頡抗，聽明的歐洲大陸上的民主領袖們爲甚麼不此之圖呢？（白）

中美合作與世界和平

威　廉

「自由中國」的雷震先生向我提出，組織民主國際以防止蘇俄侵略的計劃，並且徵求我的意見。原計劃的重點有二：第一是依照胡佛等氏的意見，澈底改造聯合國，使它成爲民主國家的自由結合，成爲有實際作用的國際組織；第二，倘若聯合國一時不能改造，就卽刻將民主國家分爲若干地區（或以文化區域爲單位），各自組織成集團，以後還可將各集團聯合起來，造成新的民主力量統一陣線。除非我們民主國家能夠認眞合作，雷先生認爲是無法去和共產主義抗衡的。

雷震先生對民主國家應該取得更嚴密團結的主張，本人十分同意。過去共產主義的力量那樣容易擴展，民主國家的不能合作也是一個重要因素。

改造聯合國組織的問題牽涉甚大，未經長時間的研討，還不敢貿然發表意見。不過只求建立地理或文化性的區域集團，而不涉及現有聯合國存廢問題，却是高明之見，因爲只有這樣才可以使這個世界性的政府發揮眞實的作用。

在未來的世界建設以及目前的反共戰爭裡，中國都有最重要的使命和地位。第二次大戰中，自由中國退據西南，那時東北與大部中原都被日本鐵騎踐踏。但是日本爲了提防重慶所代表的自由中國的反攻，不得不將百萬精銳部隊陷在大陸上，不敢調往別處去；而日本此時在南洋各地却亟需大批的軍隊。所以日本會數次向中國政府提出了單獨媾和的建議，條件相當寬大，目的只在急求改變中國大陸上的膠着狀態，使她的百萬雄師可能抽調南下，睿智的蔣委員長一眼就看穿了日本的眞實弱點，絕對拒絕議和。日本軍國主義的崩潰，主要的還是歸功於自由中國對日本兵力的致命的牽掣。

今天對世界共產主義的作戰局面也是如此。自由中國的防守臺灣，使共黨如覺芒刺在背，晝夜不敢交睫。臺灣自由之火炬的高舉，使大陸上幾萬萬人民懷抱希望，並以消極不合作的態度對待共黨；更使大陸上數十萬游擊隊獲得鼓勵，能不斷地從事騷擾和破壞的活動；於是共黨最少要集結一百萬部隊在沿海地區，防備自由中國的反攻；使共黨對於不信任的以及不必要的部隊的復員工作不能進行，因而加深他的經濟崩潰；只有自由中國的臺灣堅決的繼續不斷的反抗，在未來世界大戰之中，中國的龐大人力方不致被蘇俄所充分利用。所以我們說，在自由中國恢復大陸之前，臺灣的貢獻已是足以扭轉世界大局的了。

雖然我們痛惜過去民主國家的未能互相合作，實際上我們提倡民主國家的聯合陣線太早了並無用處。共產主義的巧妙宣傳，使許多民主人士不能認明它的眞象。民主國家裡言論新聞的自由，使公共輿論的具體形成變爲相當緩慢的事情；更加上第五縱隊的滲透，操縱了報紙等言論機構的管理，自然在應付激烈巨變時會有急驚風遇上慢郎中的情形。今天，美國人民才開始認淸眞象。

美國的輿論遲至今天才明白：蘇聯是眞正的侵略者，是以征服全球爲最後目標的；又遲至今天才明白：中國大陸上共黨發動的武力叛亂，並非中國的內戰，而是蘇聯征服全球的全面戰爭裡的『中國之役』。自從北韓侵略南韓以後，美國人民方始獲得一種教訓，所謂南北韓的衝突並非韓國的內戰，而是蘇聯征服全世界全面戰爭裡的『南韓之役』。

杜魯門總統下令軍援南韓之先，蓋洛普測驗調查所作過一次民意測驗，發現杜魯門在美國人民眼裡的聲望，跌落到空前的地步。在下令軍援南韓以後，再度測驗發現他的聲望昇高了以前的一半，可見美國的民衆已經完全醒覺了。

另外還有一個原因使美國人民對於建立聯合的民主國際發生興趣的，是軍事的。美國軍事理論家一度曾以爲，第三次大戰完全可以靠戰略轟炸取勝利。南韓美軍的經驗，證明今日的戰爭仍須取決於陸軍。但美國所能供給的壯丁很有限，爲了對付龐大的蘇聯集團兵力，她必須取得併肩作戰的盟友。到那時美國才認識了中國人力的眞正重要性。

中國與美國兩大國的力量團結起來，是世界無敵的。以這兩國爲領導而號召的民主國際，一定會給共產主義致命的打擊。

至於雷先生附帶提出的美國應武裝日本的意見，本人不能贊成。一個軍國主義的形成，需要相當長久的準備時間；其影響的消除，也需要相當長久的時間。麥克阿瑟將軍的佔領管治相當成功。日本人民方才開始對民主意識形態有初步的認識和愛好，但距離軍國思想的肅淸，爲時尚遠。爲使遠東能有長久的安定，免除各弱小國家的疑慮，這種一時方便的辦法，仍以不用爲上。況且本人認爲只要美國能夠積極軍事援助自由中國，反共的人力不會有缺乏之虞。[illegible]美國對自由中國的全面援助，一定是卽將實現的事。因爲許多美國的有識之士也感覺到無組織的輿論，往往不能及時督促政府的行動。本人月底以前卽將返美，目的就是爲代表「美國對華政策協會」去參加一個强有力組織的首次公開大會。這個新組成的團體，叫作「全美反共會議」，（All-American Conference to Combat Communism簡稱A.A.C）有團體會員六十二，總計會員八千萬，佔美國人口二分之一强★。前兩次會而不宣的代表大會已經決議，要促使美國政府積極援華。政府對於八千萬張選票的意見，是無法違背的。所以我强調中美的全面合作就要產生，將會領導全世界民主國家向共產主義戰鬥！

（註）★A.A.C團體會員裡包括美國最大的社團『勞工聯盟』）AFL，最有勢力的『退伍軍人會』等。

附錄 A.A.C. 的歷史和政策及其擴展

（一）全美反共會議的歷史

由各種組織組成一個全國性的會議以反抗共產主義，這想法或許是難以使人相信的，許多人會對這想法表示信心，並有幾個人遠在這樣的一個會議被召開以前便提倡過。許多人很清晰地知道全國必須團結一致，但這想法却有待於美國退伍軍人會的會長克銳格先生（George N. Craig）來實現。

一九四九年十月七日，克銳格通電三十五個大的全國性的組織的首腦（代表各種宗教信仰、勞工、工業、農業、退休人員、婦女、教育、同業和餐館俱樂部等），徵詢他們是否相信這樣的一個會議會有結果，他們是否願予以支持。所得的回答都極讚同而且熱烈。

結果在元月二十八日與二十九日這些組織被邀參加在紐約召開的一個會議，全美反共會議並不永遠是小而不變的，這不過是一個更偉大的未來運動的跳板，這個未來的運動將聯合「所有」眞正愛國的組織反抗一個急迫的共同的敵人——共產主義。

許多其他的組織聽到了這個所提議的會議之後，表示希望參加，於是又邀請了這些請求參加的組織，當第一次大會於元月二十八日開會時，參加的組織由原來所計劃的三十五個增加到六十多個。

第一次會議結束時曾決議成立一過渡委員會，考慮方法和手段以便達到這個自願組成的會議的目標。由克銳格指定的一個十五人委員會於三月二十六日開會，對於全美反共會議的政策，會員、財源方面提出許多建議。這些建議便成爲一九五〇年三月十三日與十四日在支加哥所舉行的全會討論的基礎。全美反共會議採納了這個政策聲明書後，才成爲事實。

下面的政策聲明書便是全美反共會議的憲章和憲法。它公開邀請所有有聲譽的全國性的組織與本會議總部接洽並加入本會議。

（二）全美反共會議的政策

一、組織名稱

本組織定名爲「全美反共會議」。

二、政　策

在全美反共會議中的各組成團體衷心維護美國憲法所保障的基本自由——言論自由，出版自由，集會自由和宗教自由。

全美反共會議將繼續爲「所有的」公民爭取公平的正義，不因種族、膚色、血統、信仰或信條而有差別。

全美反共會議將在所有的生活範圍中極力鞏固美國的民主，同時證明它在道德和精神以及經濟方面優於任何一種極權政體，無論是共產黨、法西斯或是納粹政體。

本會議認爲它的任務是報導的、教育的和顧問的。

全美反共會議的迫切，特殊和一致的工作是將一些有聲譽的團體聯合在一個全美的組織中，這些團體是希望在一個全國性的運動中將他們的活動調諧一致，這個運動就是維護和促進我們的自由，並暴露和遏止在美國的共產主義。全美反共會議提議透過全國的、州的、和地方的努力而推行它的運動。它將着重利用有效的教育方法和宣傳方法。

全美反共會議將負的責任是：

（一）支援並鼓勵全國各團體維護我們的自由及反抗共產主義的計劃，依下列方法：

a. 在我們的學校和其他學術團體中建議適當的課程和活動。

b. 在每一個團體中建議紀念一個「認識你的美國週」運動，目的是幫助在場的每一個人再獻身維護美國的基本原則，這些原則將在那一週中被舉例說明並以戲劇上演。

c. 描繪我們的自由生活方式的利益，由於團體引導走向此一目標的結果，每一個美國團體中逐漸有更多的人民得到漸多的機會享有自由生活方式的利益。

d. 藉幫助美國人警覺在美國的共產黨的本質、目的、計劃和外圍組織，以維護我們的自由。

e. 幫助美國人認淸共產主義是全世界的威脅，世界共產主義是我們國家的安全以及世界和平目前的最大威脅，它攻擊的第一目標是上帝和在這最後而偉大的人類自由的堡壘中的我們美國人的生活方式。由於幫助他們認識以維護我們的自由。

（二）認淸共產主義、法西斯主義、納粹主義及所有其他形式的非美主義都是同等地令人憎惡，它們都有害於個人的權利和尊嚴。因此，所有與民主的生活方式相矛盾的我們誓予以反抗。當我們對於所有這些主義都同樣反對時，我們明顯地看淸共產主義目前的危險，必須以在此所敍述的積極的鬥爭的計劃對付它，若法西斯主義或是納粹主義或是其他形式的非美主義威脅整個的或是任何一部份的美國人民，我們也將以同一的積極的鬥爭的計劃對付它。

（三）運用一個中央的全國票據交換所（National Clearing House），在全美反共會議的指導下，通過各個組織，收集，準備和分配印刷品，電影，無線電和電視節目等，使每一個美國人認識共產黨陰謀的眞實性質和目的。這些材

（下轉第10頁）

蘇俄侵略的技術

羅家倫

自己用盡種種方法要知道人家的秘密，又設置一切的防備不讓人家知道自己任何的眞象——好神祕的國家，蘇俄！

美國前任駐蘇大使斯密士將軍在他的「莫斯科三年」那本書裡，引英國一位名記者文德頓（Paul Winterton）的話說：「當今沒有眞知道蘇俄的專家；祇有不懂得蘇俄的程度上的差別」。這話自然形容蘇俄神秘化的可驚；可是掉過頭來說，無論蘇俄隱在幕後怎樣的神祕，他把他自己的動機怎樣的遮蓋，他那能一手掩盡天下的耳目。何況他有許多驚人的把戲，是當衆表演過的；把他們分析和綜合起來，我們也自能看破他的手法。

我對於蘇俄魔掌上的把戲，發生興趣，固然是由於我喜歡研究歷史的關係；但是使我的興趣加濃，認識也比較深刻化，乃是因爲我在新疆有過幾年的閱歷。在一百十年前，爲了鴉片戰爭，在英國前面受過挫折的林文忠，居然說：「英國不足慮，將來爲中國大患者，其爲俄羅斯乎！」他在當年有此卓見，恐怕也是爲他一度充軍到過伊犂罷！

因爲直接搜集蘇俄內部的材料不容易，所以我近年來爲研究近代史和現代國際關係，頗注意巴爾幹半島乃至東南歐各國的材料。根據蘇俄在這些地方創造下的奇蹟，和他在東北、外蒙、唐努烏梁海，以及新疆各處的種種明搶暗偷的行爲，却也能發現他侵略技術上一套幾乎是刻板的方式。這自然是根據他的國策和動向而來的，一點也不含糊。對於蘇俄的國策和動向我上次已發表過一篇長文，現在不必再說。現在要說的，乃是他侵略的技術。從這裡不是要去斷定毛澤東僞政權的前途——因爲無論從那方面看他是沒有前途的——乃是要大家認淸蘇俄魔術及其最後目的之所在，不要糊糊塗塗的被他遮眼法蒙過了。

我分析和歸納蘇俄對於十七箇國家實施侵略的史實，知道他在侵略的技術上有五箇階段。普通是循序漸進，有時也雙管齊下。這一套「五部曲」就是：（一）傳教式的宣傳共產主義，製造共產黨徒，信仰其國教，使其潛伏在各國做蘇俄的第五縱隊。（二）聲明蘇俄絕無野心，保證他打主意的國家的領土安全。（三）扶助其叛亂份子或少數民族成立僞政權，或作分離運動，造成獨立的國家，最好是蘇維埃共和國，蘇俄并聲明決不干涉其政權。（四）陰使蘇俄的嫡系份子參加內閣，務求掌握其全部政權，與蘇俄建立互助同盟關係，并得使用其軍事根據地。（五）時機一到，老實不客氣的歸併。

我們不要說空話，且引一些事實來作證明。至於要詳細引到所有的事實，那寫一本大書也說不完。

第一箇藉傳教來滲透的方式，是大家都很熟悉的。看中共在蘇俄指導下的宣傳和吸收黨員的方法，就可以知道他一方面有一套蘇製項下的理論，簡單、却是易於了解，偏狹、却是富於刺激性，以仇恨來挑動鬥爭，以鬥爭來實現殘忍，以殘忍來發揮獸性，以獸性來完成人慾，以人慾來證明唯物史觀。可惜他實際上所證明的祇是機械史觀。我曾經說過，共產主義已經不是主義了，現在變成了宗教——拜物教，却是俄羅斯的國教。國際共產組織是他的國立教會，以莫斯科爲當年的羅馬，克里姆宮爲梵第岡，史太林爲拜物教的神聖教皇陛下。以種種「聲光電化」的科學工具，心理分析和廣告心理學的技術，來一息不停的痲醉和痲痺你的神經，以達到他「積非成是」的目的。弄到一般單純而衝動的青年，都熱血狂湧似的想去一吻史太林的靴尖！等到覺悟到蘇俄并不是天堂，史太林并不是天使，（若是的話，那一定是黑天使！）那時候自己的國家已經完了！這些大家目擊心傷的現象，我在此何必多講。

第二方式就是對將被侵略的國家，宣告蘇俄絕無領土野心。這是一種普遍使用的故技，舉一個例來說：一九三九年波羅的海的拉脫維亞、愛沙尼亞、立陶宛三個小國在與蘇俄簽訂友好條約後，各處報紙預料蘇俄即將歸併他們，可是那年十月莫洛托夫在最高蘇維埃會議第五次特別會議席上就對此問題特別宣告說：「關於蘇聯要蘇維埃化波羅的海三國的荒謬言論，乃是幫助我們共同的仇敵作有利於他們的企圖」。祇在第二年（一九四〇年）的七月，這三個國家却俯首帖耳的歸併蘇俄了。再舉一個例：原屬中國的唐努烏梁海，是介於新疆與外蒙的一塊土地，一九二一年蘇俄唆使其獨立，不久卽予以正式承認。當時蘇俄人民外交委員會委員齊屈林（Chicherin）特爲此宣告說：「目前蘇俄的勞農政府爲了表示勞苦大衆的意思，鄭重聲明，絕對不把唐努烏梁海這一地區作爲領土，並且也沒有這個企圖」。可是，一九四四年唐努烏梁海却列入蘇俄版圖之內了。

再追問下去，蘇俄對我們整個的中國是怎樣？一九二〇年蘇俄宣告放棄帝俄時代取得的在華一切特權及其有關條約，尊重中華民國的領土主權。可是在次年，即一九二一年，他革命政權稍微站穩一點，却還未脫離危險狀態，卽已派遣紅軍佔據外蒙古的都會庫倫。一九二四年顧維鈞與蘇俄大使加拉罕所訂的中蘇協定大綱，更明定蘇俄撤退駐在外蒙的紅軍，外蒙爲中國領土的一部份，主權完全屬於中國。誰料到當一九四五年二月間蘇俄在雅爾達會議，及八月間在莫斯科向我國行政院長和外交部長商議友好同盟條約的時候，竟毫無信義的逼迫我們要承認外蒙爲獨立國；同樣的也就是在這兩次會議裡，不但要求他會經宣告放棄過的帝俄時代在華所得的特權，而且進一步要求帝俄時代和在他自己手上早已喪失了的在華特權——旅順、大連及中長鐵路，即北滿與南滿兩路的合併線。南滿鐵路和旅順大連的租借權是四十年前日俄戰爭後俄國轉讓給日本的，而中東，亦即所謂北滿鐵路，是蘇俄在我抗戰時期，乘我之危，不得我同意而違法轉賣給日本的！說到中東鐵路，我還得要提到一段蘇軍侵入東北向我邊境軍隊開戰的橫暴史實。這事發生在民國十八年十月。當時張學良要收回中東鐵路，蘇俄發動大軍，攻入我綏芬河區域。旅長韓光第並率同梁忠甲旅長浴血抗戰，打得轟轟烈烈，結果是韓光第陣亡，梁忠甲被俘。我在清華大學時，看見玻璃版印的韓光第遺書，（其中并有家書，）其必死之心，忠義之氣，眞是光芒萬丈。我眞心推他爲民國以來，抗俄死難最早的一位英雄！至於三十四年所訂的三十年中蘇友好同盟條約，本來是英美在雅爾達會議承許了蘇俄的後果。我國一方面是逼不得已而出此，並希望英美，尤其是美國繼續的援助；一方面是要保全東北的設備與資源，爲建設國防與重工業的基礎；又一面是想以此項損失的代價買得三十年從事建國的和平。在這條約上，白紙黑字，寫得清清楚楚，蘇俄負責將整箇的東北，交給國民政府。現在做美國杜魯門總統的特別助理，曾理外交事件的哈禮曼（Harriman），正是當時的美國駐蘇大使。他是天天到中國代表團來，自然是知道詳情的人。他不一定是法律上的證人，却也可以說是道德上的證人。不料墨瀋未乾，蘇俄早已條約撕得粉碎了。所以對蘇俄訂條約，要保證，簡是等於對最下流的娼妓要求她的山盟海誓！

蘇俄侵略的第三步就是一貫的扶助他想侵略的國家內的叛亂份子搗亂，或是少數民族獨立。他表面上是聲明不干涉他們的政權，實際上却隨時隨地都要干涉操縱；他在亞洲則慫恿外蒙的獨立；唆使並以軍事協助新疆的阿哈買提江等在伊寧叛變，成立僞東土耳其斯坦共和國；在伊朗則策動亞索爾拜將族的變亂，——都是蘇俄百變不離其宗的作風。在歐洲則羅馬尼亞的共黨政權組織成立不久，重要的人員即受蘇俄的調動和支配，匈牙利更不必說，南斯拉夫的狄托，則以過分的被干涉，因而憤起抵抗。蘇俄對附庸國不僅要干涉其政權，連附庸國外交文化人員的說話都要干涉到的！一九四五年聯合國文化教育科學會在倫敦舉行首次會議，除蘇俄外，四强及許多國家都參加；我國是派胡適之先生爲首席代表，我也參加一份。閉幕的那天，他國請到中國代表講話，胡先生起初還推辭，後來是强而後可，結果大家非常歡迎。許多應該講話的代表都很客氣的避免或簡單的一講便作結束，只有波蘭的代表事前硬要許可他發言，各國都不願意答應。後來他明說他有不得已的苦衷，非講話不可，於是與會代表爲同情他的境遇，乃勉强許可。詎料該代表登台發言，竟達九十分鐘之久，前後全是粗魯的漫罵，說是英美的學校設備得如此之好，敎課書如此之多，可是不分給波蘭，這算什麼文化合作！在波蘭代表正在恣意咆哮的時候，美國代表却遞給我一張紙條，上寫：「就是我們把很多的教科書送到波蘭，他們也是會要的」！爲什麼波蘭代表一定要在文敎的場合還這般漫罵呢？因爲如果他不如此做作，會後返國便要受到處分，甚至送掉性命。

在有些國家裏，其政府雖是同情蘇俄，可是執政的人却並非蘇俄所支持的共產黨員。在這種情形之下，蘇俄便運用起他第四種的技術了。一九四五年四月二十一日波蘭成立國民政府，其實是包括共產黨在內的混合政府，這種混合的辦法，也是英美順着蘇俄的意思逼成的。成立後即與蘇俄訂定了二十年同盟合作互助條約，可是蘇俄認爲不是嫡親的兒子，終不滿足，於是在六月二十三日，波蘭國民政府的內閣便受內外夾攻，被逼迫而改組，加入了五個眞正是蘇俄所支持的共產黨徒爲閣員。這樣輕輕的一撥，波蘭就正式轉成爲蘇俄的附庸國了。又如捷克，領導捷克的老馬薩瑞克，貝奈斯，和小馬薩瑞克，都是開明、能幹、而有氣節的人。第二次世界大戰以後，貝奈斯總統所領導的捷克政府是很民主的，而且已經容許共產黨人參加內閣，但蘇俄並不以此爲滿足，非要捷克共產黨魁戈瓦特担任內閣總理不可，並且以貝奈斯有病爲藉口，把他遷居鄉間，這是變像的監禁。貝奈斯不久死了。小馬薩瑞克於悲憤之餘，竟跳樓自殺，捷克乃完全淪入鐵幕。羅馬尼亞的政府，可以算是眞正嫡系了，他嫡親到什麼程度呢？嫡親到了他的女外交部長安娜倍克是蘇俄以外的國家當政者之中惟一可以和史太林通電話談天的人！

圖窮匕首現，蘇俄侵略技術的最後一着便是不客氣的歸併。我要再說一點波羅的海的拉脫維亞、愛沙尼亞、立陶宛三小國被歸併的情形，因爲他們是自己請求歸併的！事實是怎樣呢？一九三九年蘇俄政府把這三國的外交部長邀請到莫斯科去，給予空前的歡迎，用盛大的宴會來招待，美酒鮮花，等到酒酣宴罷，蘇俄當局便要這三位外長各簽訂一箇互助協約，答應蘇俄在各該三國境內建設軍事基地，尤其是海空軍基地。三外長不敢決定，紛電本國請示。各該國政府一面因受軍事的威脅，一面又因蘇俄當局曾一再保證不干涉其國內的行政，最後乃不得已而簽定賣身契。一九四〇年六月蘇俄遂明目張膽的進兵到各該國內。就在那年七月二十一日，拉脫維亞等三國已自動要求加入蘇維埃聯邦共和國，列入蘇俄版圖了！先後的經過，可以說是手法輕鬆。這些方式不僅謀殺了三箇可憐的國家，而且把被謀殺者的血漬，都擦得乾乾淨淨。

蘇俄老是標榜說，凡是加入他蘇維埃聯邦的共和國，是可以自動的脫離而獨立的，但事實上那有這樣簡單？在最初蘇俄要把某國變爲附庸國的時候，自然總得先盡力培植其所謂民族領袖。假使這個國家在成爲蘇維埃聯邦之一或附庸國以後，還有誰胆敢脫離蘇俄而獨立，或是作扭開蘇聯的鎖鍊的企圖，那這些民族領袖就立刻要和所謂「民族資本家」一樣，首先被「幹」掉。如烏孜別克共和國的民族領袖摩柴（Faizulla modzhay）於一九三八年被控告而槍決，判決的罪狀是「企圖使其國家脫離蘇聯」。在一九三七至一九三八兩年之間，哈薩克、烏克蘭、白俄羅斯、喬治亞（史達林的故鄉）等共和國的民族領袖，也都陸續地被蘇俄政府所清除。在衛星國裡，波蘭的民族領袖甘姆爾加（Gomulka）被清算了。他的罪名是有國家主義的彩色。匈牙利的內政部長拉治克（Rajk）也是以同樣的罪名被處死，這人是幫助過蘇俄統制匈牙利政府的第一功臣。此外保加利亞共產黨的第二首要柯思妥夫（Traicho Kostov）被處絞刑的原因，是「對蘇聯缺乏誠意和友誼」。阿爾巴尼亞共產黨書記長梭梭（XOXO）的死罪是「犯有國家主義的理想超過對蘇聯的忠誠」。以上便是加入了蘇俄以後是否可以自由脫離的事實答覆！三十七年我在南京遇見過一位由外蒙逃出來的青年，他歷數了好幾箇外蒙的國務總理，都是不得好死的。我想許多蘇聯培植在中國邊疆的叛徒，以及中共的要角和尾巴，將來也一定是這樣下場。

請原諒我又要提到新疆。當民國二十一年到三十年那一段盛世才在新疆倚附蘇俄的時候，不但是紅軍第八團帶了他全付機械化的武裝，二十四架飛機，駐紮哈密，扼住中原與新疆交通的咽喉，而且盛世才的督辦公署和省政府的各部門裡，無處不充滿了俄國顧問。一切辦法，都得先向顧問請示。最重要的是財政委員會顧問，不經他簽字，一個大也拿不到！在監獄裡審問他的法官是俄國人，這是鮑爾漢親口告訴我的。新疆的資源由蘇俄組織的蘇新貿易公司和吸血蟲一樣，不斷的向北運。最有意義的是我在邊境上的一段小小的經驗，和我親見蘇俄用蠶食的方法，來侵略我邊疆的情形。三十一年我任新疆監察使時，同時擔任了西北建設考察團的團長。在赴伊寧考察的途中，我和凌鴻勛先生同坐了一部速力很大的汽車，中途忽然轉變方向，前往中俄邊境，也就是中蘇汽車線上我國國境內最外緣的一箇重要邊卡，霍爾果斯，作突擊的考察。在這裏看見許多不平的現象，其最刺目的如（一）蘇俄的大卡車可以成隊的橫衝直撞的過來，而我方則不但汽車不能過去，連單身的邊卡職員，因公接洽，也不能過去，普通人民不必說了；（二）我們正是站在同盟國方面對日作戰的時候，可是祇見蘇俄的車隊將我國的物資連同他們拆卸下來的烏蘇油礦的機器，滿載着一車車運出去，而沒有看見半點軍火，（蘇俄答應以借款方式賣給我們的），從那邊運過來。我却看見了一件大家不經見的東西。大家聽見「生入國門」這一種的詞句，可是有多少位看見過「國門」？我這次却看見了。在窄窄的霍爾果斯河上，有一道不及五十公尺長的木橋，橋的中間有一道木柵門，據說這邊是中國，這邊就是蘇俄，我正走向河邊，要想去用手摸摸國門。可是不等到河邊，邊卡的人員，搶步上前來止住我，說是對面俄國哨兵會不客氣，我當時頗爲憤慨，說是「我中華民國的人，爲什麼不能到我們自己邊境以內的地方去」。邊卡人員再三要求，幾乎是哀求，要求我不再前進。他說，「通常的情形是有人一到橋邊，老毛子就開鎗。若是監察使一定要去，我們實在負不了這責任」。我因爲有責任問題在他們身上，也就切齒痛心的止步了。我於是拿望遠鏡看對面，對面的哨兵也用望遠鏡看我們。其實現在的霍爾果斯河何曾是當年曾紀澤所定的國界！據當地邊卡人員和老百姓說，當年的國界是對岸的第三條小河，名叫霍爾果斯，離現在這條河有幾十公里遠。現在俄國人硬把這條河叫霍爾果斯罷了！當晚我們住在伊寧的專員公署裏，徐伯達專員給我們看兩個當天收到的邊卡報告，都是蘇俄派馬隊和馬拉的大車，於夜間偸移邊境上界碑的事實。這種賊頭賊腦的手段，從帝俄時代起，到蘇聯共產黨，幾百年來毫無兩樣。眞是「江山易改，賊性難移」！我不是跑野馬，乃是說明這也是蘇俄侵略的一種特殊的技術！所以我從伊犁回來以後，常常在重慶和南京演說時主張，不必將夏令營或暑期訓練班辦在南溫泉或是湯山，最好辦在霍爾果斯，讓青年們睜開眼睛看看！

我在新疆時更有一個主要的發現。我有一天和一位研究地理的學生細看蘇聯軍官所實測爲莫斯科官方印製的新疆地圖，其一九二六與一九三八年兩版，都把阿山（即承化，爲阿爾太山區）東南，哈密東北的布爾津和布倫托海區域，全畫在新疆的境內。到了一九四〇年版的地圖就把這一塊大地方畫入外蒙境內。他畫出的原則是（一）戰略性的高地，（二）水源，（三）有水草之牧地，（四）礦產區域。這個地區南可以控制哈密、奇台，北可以隔絕迪化與阿山區的聯絡，東可以切斷中原與新疆的交通。後來一九四七年全世界注意的外蒙進攻北塔山事件，外蒙硬說北塔山屬於他的，起因即在於此！蘇俄在可以控制新疆的時候，以爲這塊地方屬於新疆、屬於外蒙，有如從這個口袋裏放到那個口袋裏一樣，無甚分別。後來覺得他在新疆的控制力靠不住了，於是趕快把他畫歸外蒙。當時我曾把這三幅圖（實際是兩幅，因爲其中較早的二幅是同樣的）致人照樣的摹下數份，將其不同處着色，以資分辨。我曾將一幅送中央設計局，一幅送外交部，一幅送軍事委員會，我並且於王世杰先生赴莫斯科的時候，特別請他帶去一份。

我又提到唐努烏梁海了。他是我們中國的領土，大家毫不注意的被人家偸去了，不聽到有人提過一聲。難道我再提一下，做「歸併」一項的最後一個證明，就是罪過嗎？我在上面說過，唐努烏梁海是在民國二十年被蘇俄煽動獨立，他立刻承認，并且宣告過無侵佔其領土野心的。可是三十三年（一九四四年）十月蘇俄自食其言，予以併吞了。再過了兩年（一九四六年）才正式宣佈。宣布的那天，正是唐努烏梁海獨立二十五週年紀念日。這是何等的諷刺！

綜觀以上列舉的事實，蘇俄侵略的技術，不但不難發現，而且可以具體證明。他使盡這套手法，得到什麼收穫呢？這收穫可大了！大到可以徹底反證一九三九年史太林正式宣言「蘇俄絕對不需要一尺外國領土」這句話的絕對不眞確！他簽字「大西洋憲章」，是絕對欺心昧良的舉動！「親愛的鋼」是偉大的騙子！自從第二次世界大戰以來，蘇俄的領土擴張，北起自芬蘭的卡瑞林土峽

（Karelian Isthmus）和若干重要島嶼，滅了拉脫維亞、愛沙尼亞、立陶宛三個國，攫取了二分之一以上的波蘭（計七七．六二〇方英里），捷克的盧申尼亞（Ruthenia 於一九四五年六月壓迫捷克割的，）羅馬尼亞的巴沙拉比亞（Bessarabra）及其北部的布柯文拉（Bukavina），拓地一直南到伊朗邊境。以上所舉的乃就其重要者而言。東方的唐努烏梁海，以及極東的一半庫頁島，也都該計算進去。蘇俄犯兼併的罪行，顯著的已有九次。共計直接掠奪的領土爲二八〇．〇〇〇方英里，增加爲其奴役的人口二三．〇〇〇．〇〇〇人。

至於直接被他們控制的國家大小凡十國，就是波蘭、捷克、羅馬尼亞、保加利亞、匈牙利、亞爾巴利亞、東德、北韓、外蒙，和我們偉大的中國大陸，人口在五億五千萬以上。還有一個南斯拉夫正在掙扎出他的鐵幕，成敗雖未可知，現在暫不列入。以觀後效。

現在當全部由蘇俄策動的北韓侵佔南韓的戰爭，正在高潮的時候，大家一定要想我推論蘇俄目前會不會發動全面的世界大戰，或是還有暫時與民主國家妥協的可能。這個問題太大了，不是在本文以內可以詳細討論的。其中有許多重要的因素和不斷的演變，都是邏輯上來日大難的前假。我此地可以說的是：從他一貫的作風來看，蘇俄唱得和平調子愈高，他走離和平的里程愈遠。

史太林至今還公認他自己是列寧最忠實的信徒，那麼，我願意引列寧三段重要的演講，這些倒還像是蘇俄的自白。

一九一九年列寧在蘇俄共產黨會議席上講：「我們不祇是住在一個國家裏，我們是在一群的國家系統裏，我們蘇維埃共和國要與帝國主義國家幷排在一個長時期生存，是不可想像的事。總有一邊要得到最後的勝利。在最後那一天不會來臨的時候，有一連串可怕的衝突，這就是蘇俄與布爾喬亞國家的衝突，是絕對不可避免的」。

又一次是一九一九年列寧對莫斯科黨員大會的演講。他說，「祇要共產主義與資本主義還存在的一天，我們便不能過和平的生活。臨到最後，一定會有輓歌唱出來的，或爲蘇俄而唱，或爲世界資本主義而唱」。他繼續講下去說，「現在我們處於兩個敵人的中間。我們要是不能同時打敗他們兩個，我們便應該運用我們一切的力量，使他們相互的打起來，因爲在這些賊骨子互打的時候，像我們這班誠實的人，才能得到我們的地位；假使我們的力量能够把整個的資本主義打倒，我們一定要揪住他們的頸子，立刻把他解決」。

一九一八年，列寧在蘇俄共產黨部另外一個會議裏又說：「在某一個時候，我們沒有辦法得要休息一下，或者要退却一下，或者臨時吃了敗仗，我們最重要的事，也是理論上最正確的事，便是不放棄我們的基本辦法」。

從上面三段話裏，我們很可以了解蘇俄對於世界和平的企圖！

林肯說得好，「你可能在長期騙過了一部份的人，你也可能在短期騙過了全體的人；但是他無法在永久的時間，騙過了全體的人！」若是事實昭彰，口供明白，還有人甘心受騙，那眞是甘心送死，其愚不可及了！

三十九年八月二十四、于臺北

（上接第6頁）

料將帶有戲劇性地而明瞭地顯示出自由的美國機構和組織的價值與優點。每一種材料根據全美反共會議的指導而準備，最後必須經過編輯委員會的三分之二的大多數通過。

（四）創造和宣揚輿論，並幫助阻止共黨秘密工作人員滲透我們的機構和組織。

（五）舉行全國的、州的和區域的會議，以聯合幷發揮一些人的努力，這些人是希望以無黨派彩色而有價值的計劃促進人們對於美國的基本概念更深地了解，這些基本概念會建立了美國。

（六）此繼續的組織對於任何一個合作的組織無權力，也不代表任何一個合作的組織。

三、擴　展

爲擴展本會議的支援除現有的各組織之外，決議被選加入全美反共會議的組織如下：

（一）一般認爲在範圍方面有代表性的和全國性的組織。

（二）參加本會議的組織若攻擊共產主義，同時攻擊種族，信仰（不論攻擊其一或攻擊兩者）便將被逐出。

（三）參加的組織限於有決心反抗共產主義並接受全美反共會議所釐定的原則，理想和目標的組織。

四、組織的形式

所採取的組織的形式包括一個行政會議，由一個主席、五個副主席、一個秘書、一個會計和另外由全美反共會議的大多數選出的七個議員所組成，同一組織不能有兩個代表任行政會議的議員。

此外，另條規定一個包括六個人的編輯委員會，這六個人由主席指派而經行政會議批准。

五、議員代表制

每一個加入的組織有權派三個代表出席本會議，這些代表有完全的投票權。

對於在全美反共會議中的贊助會員將另作規定，贊助會員（個人）將以顧問身份工作，由行政會議推薦而提交下一次全體會議通過。

六、財　源

（一）加入本會議的每一個組織將每年付一百美金的會費，並將被請求捐獻它所能捐出的。

（二）此繼續的組織將準備一個最低限度的五萬美金的預算，作爲本年其餘幾個月的活動費用。

與薩孟武先生論立法權的運用（上）

——立法院提案權問題之商榷——

涂浩如

（一）

讀「自由中國」二卷十二期薩孟武先生「論立法權的運用」一文，似或有如其所自謂「所言或有偏見」，茲事體大，誠如編者所謂：憲法之頒佈雖有三年，而如何遵行憲法以立法治規模，尚少人研究。本期薩孟武先生一文就憲法條文以研究其內容，實爲今日要務。如立法委員有無提案權之問題，乃是亟需獲得定論的，否則立法委員容或陷於越權而不自知，怎能够成功法治的國家呢？」薩先生爲我國有名政治學者，所論值得重視，不可不辯，爰不揣愚陋，提供芻議，以就正於薩先生及諸讀者。

（二）

統觀薩先生全文所論，頗多有價值之處，諸如說明在分權制度之下，各院各有專司。立法院可以修改刑法、民法，而不能審判民刑案件……如果不然，則分權主義勢將破壞，這不是民主政治，而是立法院的獨裁政治。又如說明我國「法律」二字，就憲法第六十三條說，似單指立法院通過的法規，就憲法第一七一條說，似宜包括立法院一切的決議等，均爲極正確之說。

然薩先生之所論，究不免「或有偏見」者，主要爲對於「立法院的提案問題」認爲「立法院任何法案都不得提出」爲最合理。其立論要點約如下述：（一）憲法中關於立院職權的規定，只有第六十三條：「立法院有議決法律案、預算案、戒嚴案、大赦案、宣戰案、媾和案、條約案及國家其他重要事項之權」在憲法條文中，立法院只有「議決權」找不出有「立法院提出法案」之文字，而所謂議決權雖然可包括修改權，但修改權却未必可以包括提出與原案無關眞正的提案權。倘謂憲法第六十三條所謂「議決」可以包括「提案」，難道戒嚴、宣戰、條約等案，也可以由立法院提出麼？（二）在法理上有一個原則，凡條文承認某某事件者，往往排斥其未承認之事件。憲法承認立法院有議決權，而學理上議決權又不能包括眞正的提案權，則以立法院沒有提案權，確有理由，（三）考之各國制度，凡承認議會有提案權者憲法必有明文規定。並舉普魯士一九二〇年憲法爲例，說明其憲法條文僅有議會議決法律而無提出法案的規定，但其議事規則則有「議員的動議至少須有十五人連署」的規定。（四）立法院的權限與立法委員的權限是要分別的。議決權爲立法院的權限，提案權爲立法委員的權限。所以各國憲法之關於提案權也，多不曰議會提出法案，而曰議員提出法案。（五）立法的手續，最重要的是議決不是提案，徵之各國制度，提案權大率已由立法機關移屬於行政機關，立法院沒有提案權，固不妨害其爲立法機關。

以上各點，均可謂爲「持之有故，言之成理」。其論點之歸宿似從憲法條文之「文字解釋」以確定憲法上立法院地位精神之所在。故原文中一則曰：「在民主國，行使立法權者，均是民意機關。民主政治是民意政治，世人因民意是最高的，遂謂民意機關是最高的；又因民意機關是最高的，遂謂立法機關是最高的，至少在立法方面，是最高的」。再則曰：「其實，二十世紀的憲法因鑒法國議會政治之弊，均有不信任代議制度之意，所以雖然設置議會，而議會的立法權却不是『最高』的」。薩先生此種觀點，與其政治學的理論，原相一致。從某一種意義言之，自有其相當之價值，從另一意義言之，亦不無可重加討論之餘地，容從再論。唯就憲政制度之實際以觀其所論立法院提案權問題，則不免「或有偏見」，請析言之。

（三）

薩先生所論立法院提案問題，乃一憲法解釋的問題。憲法的解釋，自以「有權解釋」（在我國爲司法院大法官—憲法第七十九條）爲最後的決定。然憲法解釋的運用，可有各種的方式：（註一）其（一）從法條文字就其文義的範疇爲邏輯的解釋，意義在文字範圍之內，解釋亦僅爲邏輯之形式的推演者，是爲「文字解釋」或「文義解釋」。例如憲法第一一八條規定：「直轄市之自治，以法律定之。」就條文爲文字的解釋依憲法的規定，法律者，謂經立法院通過，總統公布之法律。（憲法第一七〇條）是直轄市之自治法，當由立法院制定。然此正是我國地方自治立法體制中的一大問題，而爲憲法解釋中須待解決者。因普通市尚可自行制定自治法，（憲法第一二八條）直轄市之自治法却須立法院制定，豈屬眞解？故「文字解釋」有時而窮。其(二)從整個憲法內容精神之所在，對於某一擬義，取其一貫的精神而作適當的解釋者，是爲「當然解釋」。例如憲法第一三五條規定：「內地生活習慣特殊之國民代表名額及選舉，其辦法以法律定之。」其初原爲信仰回教之國民選舉國民大會代表之根據，但若從「文字解釋」，則「國民代表」與「國民大會代表」原非一詞，故於立法院制定省縣自治通則時，回教立委爭取地方議會議員名額，則據此以爲憲法的根據，是爲文字解釋與當然解釋分際之所在。其（三）以另一法律對於某一條的內容作確定的解釋或補充的規定者，是爲「立法解釋」。有如前舉兩例，如僅立法院制定一「市自治通則」則憲法第一一八條關於直轄市自治之意義因立法解釋而確定；又如在省縣自治通則中規定內地生活習慣特殊之國民，當選地方議會議員之名額，則由立法解釋而擴充了憲法第一三五條的意義。以上各種的方式，在有權解釋爲最後的決定時，自應愼重考慮，爲適當的運用：（一）如立法解釋未經宣告違憲時，則立法解釋卽取得有權解釋的地位。而在未採司法機關宣告違憲制之國家，其立法解釋卽爲有權解釋。（二）當然解釋爲「憲典」（Convention）形成之所由自，不特不成文憲法國家如此，卽成文憲法國家亦多其例，有如美國法院可判決法律違憲而拒絕適用該法律卽非憲法所明定，而爲當然解釋所形成的有名的憲典。（三）純粹的文字解釋，只宜在不牽涉到憲政的制度精神上，用以解決某種問題。

無庸諱言，我國憲法在立法技術有若干的欠缺，（此種欠缺，爲各國憲法史均不可或免者，因憲法本爲一種政治性的立法，爲立法的 Compromise，自難求其立法技術上的完整，故僅能自其精神的所在求憲法的適當解釋，完成憲法的目的。）所以，在理論上研究憲法的解釋問題便不拘泥於文字的解釋。執是以論立法院提案權問題，我們可以提出下面的幾點說明。

（註一）關於法律的解釋，Jehring 有「目的解釋說」（Teleslogische Aus'egring）與本文當然解釋近似，又有所謂「擴張解釋」與「類推解釋」。均爲本文所謂「當然解釋」與「立法解釋」之內含。朱顯禎「法律解釋論」一文（見吳經烈編法學文選）可參考。

（四）

首先，就我國憲法之整個精神言之爲兼採內閣制與總統制，而又以內閣制之精神較重。在內閣制之國家，提案權以政府爲主，在總統制之國家，則提案權專屬於議會。此原爲憲法之常識，無待深論。故薩先生結論所謂：「徵之各國制度，提案權大率已由立法機關移屬於行政機關，立法院沒有提案權，固不妨害其爲立法機關。（見前舉理由五）以之爲一種憲法的理論，固無不可，但在實際上，卽薩先生所舉英國之例，其提案權雖以政府爲主，而在法律地位上，亦並非專屬於行政機關，故除政府提案外，尙有「私人議員提案」（Private Members Bill），更有所謂「私人提案」（Private Bill），其在政治制度上之意義尤爲重大，容後再論。故薩先生以無提案權並不妨害其爲立法機關的結論，在實際上與其所舉之例，卽不相合，更何況我國憲法根本精神之所謂兼採內閣制與總統制者，如立法院無提案權，則其憲政制度之體制，將何在歟？此就憲法之精神言，對於薩先生立論之總結實難認爲確當。

其次，從我國立法機關之歷史觀之，其初之「法制局」，誠如薩先生所謂爲一一「無提案權並不妨害其爲立法機關」的「狹義的立法機關」，故其立法權亦非最高的。逦後訓政時期，我國所採行的制度，爲以黨代行人民政權，其時立法機關之立法，在法律上的地位，依國府組織法的規定，爲「國民政府最高立法機關」，而有「議決法律案、預算案、大赦案、宣戰案、媾和案及其他重要國際事項之職權」，（均見第二十九條）因其僅爲國民政府最高立法機關，故黨的中央政治會議對於立法原則，有最後決定權，而依法立法院亦無得提出法案的規定，但當時向立法院提出立法案有四：（一）中央政治會議交議者，（二）國民政府交議者，（三）立院外四院移送審議者，（四）立法委員依法提出者。其中所謂立法委員依法提案所依之法，卽舊立法院及各委員會組織法院上議事規則，是薩先生所謂「凡條文承認某某事件者，往往排斥其未承認之要件」（見前舉理由（二））因立法解釋而可變更，已有前例可援。今日立法院的地位，依憲法的規定，爲「國家最高立法機關……代表人民行使立法權」（第六十二條）憲法中雖找不出「立法院提出法案」的文字，但其立法委員之提案權，亦係根據立法院組織法及議事規則而來。過去之立法院委員尙有提案權，而謂今日之立法院反無提案權，則憲政制度發展之謂何？當令人大惑不解。

以上兩點，姑以其爲抽象的推論不足爲訓，試就其較具體者言之：

其一，如假定立法院無提案權，則依憲法的規定，僅行政院得向立法院提出法律案、預算案、戒嚴案、大赦案、宣戰案、媾和案，（第五十八條）考試院關於所掌事項，得向立法院提出法律案。（第八十七條）試就上述規定觀之，如立法院無提案權，則「事實上」卽將發生重大之問題而不得解決，例如除有關行政院與考試院以外之法案，諸如國民大會之組織，總統府之組織及選擧司法院之組織及解釋制度之建立，監察院及立法院本身之法案將由何處提出乎？此不待追問卽可想見其事實上之無法解決也。故我國憲法僅規定行政院考試院得提出法案，已在事實上造成若干問題，例如監察院當時提出監察法案，卽因格於憲法的規定而改由立法委員提出，然此點在制度上實有可說，因我國憲法既定立法院爲「代表人民行使立法權」（第六十二條）則自可「當然解釋」爲其得以「自動的立法」建立憲政的制度。捨此實無他途可由。

其二，薩先生以我國立法院非具有最高立法權的機關。因爲尙有一個國民大會，立法院制定的法律，它可用複決，使其失效，立法院不制定的法律，它可用創制，使其成立。卽不但立法院之外，尙有一個立法機關，而這個立法機關居於立法院之上，有改變立法院立法之權。依此，關於憲政制度的法案，似可由國民大會來制定。但是，由於憲法第二十七條之規定，在「事實上」，今日之國民大會除對於憲法外，不能行使其他創制複決權，故上述問題仍未能獲得解決，何況創制複決權卽使完全行使，在運用上亦未必如此靈便，故立法院之自動立法，就此一點事實言，仍有其必要。

（未完）

中國的革命與美國的革命（下）

陳威伯

四　美國革命之演進

（甲）導　言

中國現代革命的進程，在過去五十六年中，在國民黨領導下，依着「迎頭趕上」的原則，照筆者個人的觀察，這企圖是有些過於操切——特別是和美國革命的進程相比較，在客觀的事理上顯得是過於操切，不免忽略了基本的革命原則。因爲企圖「迎頭趕上」，所以有些「急不擇路」。現在檢討革命之本質，中國國民黨過去所犯的錯誤就在：祇要以誠感人，以主義來化人，任何方面的人物，由殘餘軍閥，腐化政客，奸巧買辦，土豪劣紳，以至明顯的共產黨人，祇要「宣誓」或不宣誓承認願爲實現三民主義而歸附國民黨，大概都會「來者不拒」。在好的方面，這種政策是在某一個時期——在客觀上或者認爲是應付緊急情勢所必要的，倘有其緩和「反抗力量」，以利推進革命大業的優點。但這種應付非常的辦法，如果經常的使用，而不加以嚴格的檢討甄別，以期保持革命本質的合理之純正，那就很可能遭遇到變質的危險。

顯然的，過去五十六年中，國民黨領導的革命曾有過五次以上重大變質的情況，但却賴民三，民十三等次的改造，改組或革新，來企求改正其變質的本體，以謀挽救由變質而釀成的重大危機，或由是可能發生的更慘痛的局勢。

本文的主旨就在檢討革命之本質，從歷史和政治哲學的觀點，敘述理由，而極力贊助中國國民黨必須認眞實行又一次嚴正改造的大策。

（乙）漫談蘇俄的革命

蘇俄的革命，是共產黨人標榜以勞工與「農奴」階級爲主體的革命，其構成份子是以工農爲本位，取得專政的地位之後，逐步的把其他階級或職業部門的人民，納入工農統治的政權之下，而分別的加以奴役或利用。在這種階級革命與專政的局勢下，雖然標榜以大多數的工農勞働民衆的利益做革命之目的，實際上却在「民主專政」的制度下，革命之本質是產生或建築在階級鬭爭的觀念上，這裏頭既沒有博愛，也沒有平等，更沒有自由。

照唯物辯證法，共產黨的革命雖然是在「澈底」與「不妥協」的原則上追求其本質之純正，但顯然的也自有其機動性的演變，與其運用上的力求適應客觀環境；因此它的方法或手段是最好險毒辣的。儘管標榜勞働工農領導革命，但共本質却並不一定就是以工農的利益爲旨歸，亦決不一定以工農爲實際的領導者。在最高階層握有政權和秘密警察，以排除並誅鋤異已，而實行獨裁的人物，對內，對於工農和其他職業部門的人民，是施展種種政治的圈套，實行種種政治的奴役；對外，是企圖運用同樣的方式，儘管其手段千變萬化，但其中心決離不了煽惑並奴役其他各國的人民，以至握有治權或政權的政府，以圖滿足其征服與獨裁的狂慾。

蘇俄這種不斷的鬭爭，不斷的企求奴役，而絕少博愛，平等，自由的成份，違反大多數善良的人性之所謂「革命」，共本質雖比較的單純，但却是卑鄙而惡毒的。

（丙）美國革命的政理

談到美國的革命，暫時假定引用共產黨徒攻擊它的口頭禪，而稱之爲「資產階級的民主主義」之革命，這種說法實際上也太過籠統。現在針對革命之本質，參看革命演進的史實，我們可以發現上項攻擊之錯誤。

在美國革命演進的史實上看來，筆者並不否認資本家確會有把握政權，損人利已，甚至剝削或奴役一部份民衆的企圖與其實踐。十多年前政治學者萊因哈特（Reinhart）刊行「資本家與政府」（Business and Government）一書，就會專門檢討這個問題。他搜集了不少關於商，工，農，礦等界資本家「亂政」的史實。爲謀擴大並保持其本身的利益，他們不惜運用金錢，在國會等立法機關設立「疏通室」（Lobby），公開的或秘密的運動立法機關訂立有利於各該部門資本家的法案；並在各重要城市或廣大農村，設立政黨俱樂部或組設種種社團，設立報紙雜誌以操縱輿情，甚或「製造」民意，以支持或影響立法，行政，與司法等各種公務員的選擧，而謀爭取有利於各該職業部門的治權，或訂立與執行有利於該職業部門的法律。由這種種現象看來，美國的革命，自一七七六年宣佈獨立的前後，一直演進到現在，似乎可說是資產階級佔有領導權的革命。（有些學者也許會不承認美國還在「革命」）。

祇要認眞的探討美國革命的政治思想，由此而產生的法律和政治制度，以及眞正把握政權的人物，再推論由此而實施的經濟，教育，和其他社會組織與其活動情況，人們該可以認清美國的革命既不是資產階級的革命，而各職業部門的資本家亦絕不成爲固定的階級。抑且各職業部門的資本家利益既常非一致，那就可能是互相衝突，自不能造成團結一致的集權統治；因此，祇有在民主與法治的兩大軌道上，力求各種利益和權力的節制與平衡。因此一開始，美國的革命是建立在六大項目的原則，也可說是政治學理的本質，之上；這是：

（1）依照哲斐遜起草，而爲十三省公認的獨立宣言，後來並由制憲會議採入憲法，而爲美國的根本大法之神髓，這是博愛，平等，與自由。

（2）爲謀實現上項的理想，人民賦有「不可侵犯的權利」（這是生存，自由，和追求幸福）。

（3）爲要取得或享有上項權利，於是人民乃設立政府；政府必須徵得人民的同意纔能擁有並行使其權力——這是民主。

（4）政府在長時期的違法亂政，殘害民衆，充份顯出其一貫的目的是要使民衆在極端的專制壓迫下遭受剝削凌虐時，民衆爲求恢復或維持其生存，自由，與追求幸福的權利，就應當推翻這個政府，重新設立統治機構——這是人民的權利，也是他們的義務——這是革命的本義。

（5）在一個民族實行革命之前，「爲謀獲得自然律(The laws of Nature)與自然中的上帝所賜予獨立，與平等的地位時，爲了對人類的意見表示，適當的尊重，他們應當把那些促使他們獨立（革命）的理由宣佈出來」（美國獨立宣言的前提）——這是革命的本質必須應天（合乎自然律……人們都有「天賦的不可侵犯的權利」），與順人（「對人類的意見表示適當的尊重」）。

（6）憲法與一切法律之訂立，爲政府與人民所同應遵守；美憲補充條文第一至十四條，關於人民權利之保障，特別是第十四條，「無論何省，不得制定或執行剝奪合衆國公民享有之特權或特准免罪的法律；亦不得不依正當的法律程序剝奪任何人的生命，自由，或財產；也不得在各該省的管轄區內拒絕給予任何人以法律的平等保護」——革命之又一目的爲實行法治，並在法律之前人人平等。

五 革命本質的分析與比較

（甲） 三個部門

這裏應該說明，以上全文講到「革命之本質」，意義似乎尙沒有明顯的劃分；現在該加以補充，而試區別爲三個部門：

（1）革命的政治學理之本質，如上所舉中國的「應天順人」，「天下爲公」，與博愛，自由，平等，以至民主，法治等革命所應遵循的法則，或所欲達到之目的；上述有關美國革命的六大項目，也屬於這一部門。

（2）革命的領導與實行的人物之本質，如上所舉中國的「先知先覺」領導，「後知後覺」宣傳，「不知不覺」實行；或更籠統的稱爲「全民革命」；或又尖刻的疑爲「小資產階級」的革命。在蘇俄，它是標榜着「無產階級」或「工農階級」的革命。在美國，它是前奏着「商人地主」的革命，隱約的進行着「農工人」的革命；或又被共產黨徒誣衊爲「資產階級的反革命」；同時，依實際檢討，却又可能是各職業部門步伐稍有參差，但趨向却仍一致的「全民革命」。

（3）革命行爲之本質，如上述中國的革命程序，雖在國民黨領導下分爲軍政，訓政，與憲政（軍法，約法，憲法）的三個階段，但在企圖實施「全民革命」，而程序上力謀「迎頭趕上」，這種區分是主觀的（如擬定每一時期爲三年或五年），未必適應客觀環境而可以推進無阻的程序。如蘇俄，它既以工農階級領導的革命爲號召，一切革命行爲自以優先的獲致勞工勞農的權利與利益爲主旨；同時卽以鬭爭，淸算，打倒資本家與地主爲急務；繼以征服並利用其他各種階級的人物，爲工農或特權的統治階層，鞏固並擴大其政權的必要進程；同時並標榜「人民民主專政」的虛僞口號。

但在美國，因爲她佔到了地理上的優勢，在第二次世界大戰之前她有東西兩大洋做國防上的天塹，更有豐富的資源，勞力，與進步的科學技術，做她的安全和建設的保障，所以她的革命進程大體上，也可說是本質上，是嚴正把握革命的重心，順應客觀環境而發展，並非强定主觀的理想或政策而推動的——因此，美國從沒有什麼預定的三年或五年計劃，也並未强制的訂立農，工，商，學任何職業部門應該如何革命，或孰先孰後的進度。可是，在大體上，美國確在不斷的進行着，分期的或同時的，各種職業部門的革命。如果一七七六年前後的獨立運動和獨立戰爭可以比較籠統的稱爲「政治革命」，隨後隱約同時的，但又可能是分期的，不斷進行着工業革命，商業革命；直到現在比較顯著的，由羅斯福的新政，到杜魯門的「公允政治」(Fair Deal)，也可說是以農業爲中心的革命，更明顯的由一八六一到六五年南北戰爭前後，一直到現在仍在進行的是解放黑奴，以至給予黑人以選擧，敎育，社交，交通等方面的平等權利的社會革命，和加速發展，工，商，農業革命。這一切的一切，說明美國的革命程序，在其本質上是較少主觀的或强制的規定，而偏重於客觀的，順應環境的發展。

（乙） 革命的人物

在檢討美國革命之本質時，在它的政治學理一方面，這裏應該補充一個說明。這是：如果「平等」，「自由」，以至「民主」，「法治」這一類的原理尙嫌過於抽象，那就該從美國憲法的序言中兼採其較爲具體的政綱，以資補充。這是：「美國人民爲建設更完美的合衆國，以樹立正義，奠定國內治安，籌設公共國防，增進全民的福利，並謀今後人民永久享受自由的幸福，爰制定美利堅合衆國憲法」；由於信守這個憲法而建立的國家，再經林肯總統解釋，是「民有，民治，民享」的國家。

隨後談到美國革命的人物，這裏篇幅有限，祇能握要的提供下列四點：

（1）領導獨立戰爭革命的領袖們，如華盛頓固然是出身農家，涉獵過邊防保安民團隊伍的軍事經驗（他做到上校隊長），主要的革命幹部可以分爲兩大派系：第一派主管宣傳與組織的是受過良好教育（屬於小資產商，工，農家族），而富有革命思想的律師和文學家如山木爾。亞當士，約翰，亞當士，富蘭克林，哲斐遜，漢彌爾登，等十六人屬於這一派。第二派奔走號召各地農工商人們出錢出力，參加戰鬪的是教育很差，思想急進，而努力實幹的，原在山林地區開墾，或在市鎭中從事工藝的人們，如麥多哥爾，勃里安，亨利，披爾遜，蘇姆托，與格斯登等十多個人。這後一派的人們主張純粹的民主政治，如巴特力克，亨利是其中最激烈的一個，經常高呼着「不自由，毋寧死」的口號。

（2）上述的美國革命領袖與其主要幹部，都抱有大公無我奮鬪犧牲的精神；縱在獨立戰爭勝利之後，其中或不免有少數人爲着保留各省的主權，和地方自治的觀念，堅持己見；或爲着代表農，商，工人們切身的利益，在議會中爭得面紅耳熱，但絕少爲個人的地位權勢打算；尤其對於公款絕少染指自肥，決無誇功營私，肆志享樂的惡習。因此，華盛頓一生廉潔，在獨立戰爭勝利後，祇想歸農，把他的農場弄成「模範的農場」；在受民衆擁護，就任大總統後主政八年，一貫的以其大公無私，廉明服務的最好典範，昭示軍民與一般公務員，奠定了美國民主法治的堅厚基礎。

（3）革命的主要導火線是反抗英國政府橫加於美洲殖民地的經濟剝削和種種稅捐（從一七三三年的糖漿法令，一七六四年的統制糖業法令，與同年的輸出貨物法令，給予北部各省的商人重大的經濟打擊，英國商人則以進出口貿易上的重利盤剝，使南部農人陷入經濟上的嚴重不利，負債累累；而英國樞密院猶屢否決南部各省議會訂立的「破產法案」，使不得以窮極宣告破產之後減輕債務；英國會又於一七六四年禁止各省發行紙幣以調劑金融並減輕債務的重壓；對於西部的開荒拓殖，英政府並於一七六三年下令限於阿帕拉寨山以東境內，而禁向西部作「過速」的開展，使一般土地拓殖公司，退役軍人持有地權獎給狀者，和渴想向西拓展的人們感到失望，再加以一七六五年爲籌征駐軍給養的印花稅，繼之以商人們强烈反抗的一七六七年的「唐生德法令」，强行對於輸入北美的茶葉，紙，玻璃，顏料等加征入口稅；而一七七四年五月英政府頒佈的「波士頓港口管制令」，加嚴的征收入口稅，更激發了各省議會的强烈反抗。佛幾尼亞省議會中的傑斐遜，亨利，李察德，李，等氏，並爲反抗省長鄧摩爾的壓迫，既已議決對英停止通商，旋得各省議會贊同，乃於同年八月召開第一次的省代表大會，組成了革命的立法機關）。由此可知實由於英國政府經濟政策的失敗，加上財政措施之愚蠢，由種種苛稅激起美洲人民「不出代議士，則不納稅」的政治要求，終於引起商，農，工等界人民的一致反抗；而革命領導人哲斐遜，亨利，和李氏，以至善於組織聯絡的山木爾，亞當士等，遂得於一七七〇年至一七七六年間，展開了普遍的革命運動。由一七七〇年紐約「黃金崗」的市民暴動，波士頓的市民毆辱英兵暴動，一七七二年普羅威頓斯的市民焚燬英艦，以示抗稅的暴動；更由一七七三年十二月波士頓市民，在亞當士親自率領下，夜登英船，强奪三百餘箱茶葉盡棄海中。這不祇博得北美十三省人民的讚稱，並且顯已公開的向英政府挑戰。因此，可以說，美國的獨立革命是不分職業部門，而是屬於「全民革命」的本質。——但在八年苦戰中，據調查在那時不很團結的十三省裏，約有三分之一的人民熱烈參加戰事；但有三分之一的人民，如「兄弟教會」的信徒們，和大部份的德國移民，不參加戰爭；另有三分之一的人民於英國，而且有二萬五千人加入英軍作戰。

（4）依照美國開國領袖之一，所謂美國「民主主義的創始人」，獨立宣言的起草人哲斐遜的政治觀念，這是由客觀的考察與實際的經驗得來的（雖則他的比較抽象的政治理想，是師承盧梭和洛克等氏的哲學），祇有那些「自己擁有土地，自己耕耘，具有自立的性格，能憑自力分別是非善惡，而且能負責任的農人」，纔是民主政治的最優良的「監護人」；因此。哲斐遜的母親雖自稱出身於英國最高的貴族血統，而他却最同情於一般的農民。在他遺著「佛幾尼亞札記」中，他力倡建立以農民爲中堅的民主國——反對貴族政治，反對財閥政治，並反對工業的資本主義；待到晚年，他做了總統退休之後，纔改變了反對工業化的政見。

由於上述情事看來，在美國獨立革命的時期，自耕自立的，純樸而堅强，開明而愛國的農民，在農家出身的華盛頓與哲斐遜等氏領導下成爲革命人物之本質，也就是民主政治的中堅。

（丙）革命的行爲

其次，講到美國革命行爲之本質，也祇能偏重在一七七六年至一七八三年獨立戰爭前後的一個階段，列舉六點如下：

（1）革命領袖人物如華盛頓等，始終是生活嚴謹，廉潔，奉公守法；不祇不浪費公帑，除了依法領受薪給之外，並且絕不稍涉假公濟私，貪汚利己的行爲。

（2）革命成功之後，華盛頓祇願解甲歸田；受了民衆擁戴，出而制憲，當選後就任總統，和當時內閣英俊，以至未受公職的革命戰士，同以服務爲天職，絕少個人「富貴」的私念。這就建立了美國傳統的優良政風。

（3）雖然在華盛頓領導下，有着力主聯邦政府應擴充權力，以利政治建設的漢彌爾登派，和力倡地方分權，以利民主法治的傑斐遜派，但皆出於公忠爲國的眞誠絕無私人派系利益的觀念；並且各省與省間，因爲農，工，商，礦等業，在國內和國際貿易上，利害自不免有衝突，派系由是產生，但一經一七八七年制定憲法之後，一切派系利益的爭執皆循法治的途徑，由議會立法，行政首長批准，並由最高法院解釋爲符合憲法之後，乃得執行無阻，在政府各機關「節制與平衡」的原則上，消除了大部份派系專權或鬥爭等種種糾紛，而民主法治的實施乃得向前推進。

（4）其次，再講到派系之爭，到了華盛頓任滿退休，而約翰，亞當士獲選繼任之後，既已頗爲嚴重，（亞當士與漢彌爾登的聯邦派，和哲斐遜與麥迪遜的省權派對立）；到了一八二四年的大選，經過激烈的競選以後，昆西，亞當士獲選爲總統，與克萊等形成國家共和黨（旋改爲自由黨；一八六〇年以後，現在的共和黨大選獲勝，乃取自由黨的地位而代之）；昃克遜派造成民主黨。旋在下一屆的大選，昃氏獲勝，在積極推行民主政治上，雖然犯了偏私於其黨人的毛病（實行「分贓制度」），但其大前提仍很嚴正的努力革新政治，以客觀的態度積極爲平民興利除弊，而在「民衆的政治和經濟的機會均等」的原則上，認眞廢除工，商，農等業的壟斷專利和一切特權，反對資本家金融經濟上的奸滑操縱，而毫不容情的拒絕金融與獨佔利益的資本集團，聯邦第二銀行的請求重新註册。

（5）又其次，講到政黨派系的私人關係上，美國民主政治的一貫作風是跟着「個人主義」走的，父與子，兄與弟，和其他的親戚之間，決不容有非法亂政，私相授受援引的偏私行爲。胡佛做總統時，他的哥哥照舊在士丹福大學敎書；羅斯福做總統時，他的幾個兒子或開小商店，或從事政治活動，完全靠他們自己的本領；杜魯門做總統，他的兩個侄兒照舊在密蘇里鄉間耕田。憲法第一章第六條明文禁止參衆議員們兼任官職；第二章第一條第五款明文規定「大總統於任期內不得收受合衆國或無論何省的其他俸金」。由此解釋，並經後來的法案補充，一切公務員不得兼任其他有薪俸支給的公職，更不得兼任其他私營企業的職務；除了正當的發表文章或演講，照優良事例可以領受報酬之外，並不得向任何機關，公司，或私人領受違反常規的餽贈或巧借名目的非分報酬。由一八八三年的潘都爾頓的「公務法案」，一方面加速了南北戰從「分贓制度」的沒落，而在一九〇一年，考羅斯福繼任總統以後，八年之間頗兼致力於一切內政的革新，而美國的「文官制度」乃愈臻完密。關於這點還有兩項值得注意，第一是；國會和政府有關部門（包含司法機構）有權調查任何公務員的財產，收入，或其銀行存款，與日常用度。這種調查，在經常情況下是由稅務機關考查其申報入息稅，或其他應征的財產稅等項目下，密切注意。倘有謊報資產與其正當收益，而有漏稅情事，輕者得由法院處理，重者得由國會偵查審問，並交法院判罪。第二是：聯邦調查局得隨時偵查任何公務人員或公務機關的行爲，或其財務收支，以供負責監督的機關（國會，或司法部，或法院）參考，以利偵訊，以制止並懲辦貪污浪費等違法行爲。

（6）美國政治上固然還有私立地方派系，如紐約的「譚門尼堂」，和其他各地各政黨俱樂部（如杜魯門家鄉的昃克遜郡的民主黨俱樂部）假公濟私，包攬選舉，以至包庇賭窟等情事；在個人關係上、也還有利用家族的政治地位、與當地黨部勾結，把持選舉的情事（如魯意西亞那省的朗格家族，佐治亞省的塔瑪茲家族）。這類多屬於省權處理範圍內之政象，尚非聯邦政府所能過問。美國的民主政治固然不是十全十美，這正是一般輿論界，學者，和大政治家們，經常體察民意，並由忠實的民意代表，督促並協助政府，不斷進行政治與經濟等方面革新的理由。

六　結語

綜合上述的觀察和檢討，中國國民黨領導的革命到了去年，由於多年來其本質日趨糅雜腐化，更由於共產黨徒的滲透和各方面的凌逼，實已陷於腐惡夾攻脫離民衆的最艱險境地。如能實行改造，從針對國民黨與革命事業之本質上去努力澄清革化，並密切注意民衆的需要，民衆的情緒，做到「應天順人」的自我改造，進而做到「應天順人」的革新政治，改造社會，則固守臺灣，反攻大陸，收回國土，完成革命，自尙有充分的機會。但若當前這稍縱則逝的時機，如不能善爲把握，後悲將愈不堪設想。

本文列舉美國革命的進程，從革命的學理，人物，與行爲的本質上，略述要點，以供國民黨同志們之參考。

「自由中國」的宗旨

第一、我們要向全國國民宣傳自由與民主的真實價值，並且要督促政府（各級的政府），切實改革政治經濟，努力建立自由民主的社會。

第二、我們要支持並督促政府用種種力量抵抗共產黨鐵幕之下剝奪一切自由的極權政治，不讓他擴張他的勢力範圍。

第三、我們要盡我們的努力，援助淪陷區域的同胞，幇助他們早日恢復自由。

第四、我們的最後目標是要使整個中華民國成為自由的中國。

特載

歷史的台灣——歷史的台灣與中國（五）

郭廷以

第三節　渡海東征

一六五九年南京城外戰敗之後，鄭成功準備多年的北伐大計遭受了重大挫折，永曆帝的中央政府流亡緬甸，國境之內已無尺地寸土，大陸上的經略一時無甚希望。一六六〇年六月十七日（永曆十四年，順治十七年五月十日）之戰，雖於苦戰之役擊退清將軍達素總督李率泰，然清軍的船隻所失無幾，擒殺亦不為多，金廈兩島的威脅並未眞正解除，敵人將有再犯的可能。鄭成功決定把一年以前何廷斌所建議的東征計劃付諸實施，將他的恢復運動轉指海島，驅逐紅毛，先使軍事上經濟上立於不敗之地，再來繼續對滿清抗戰，相機反攻。他原擬是年八月進兵，由何廷斌屉了三百名熟悉臺灣海岸地理的人作嚮導。當他召集部下文武會議之時，曾經到過臺灣的宣毅後鎭吳豪（鄭聯舊部）認為困難，謂「臺灣前乃曠野，故太師（鄭芝龍。按芝龍時尚在，不當稱故）曾寄跡其間。今為紅毛所踞，現紮城二座，一在赤嵌，一在鯤身，臨水設砲台，又打沉夾板（船）數隻，紆迴曲折於內港，凡船欲入者，必由砲台前經過，若越此則船必觸犯沉夾板而破。堅固周密，將二十餘載，取之徒費其力」。不久又得知爪哇荷蘭援兵到臺，加之糧米不足，須待徵取，船隻損傷，應加修葺，因之不得不將東征計劃再暫延擱。一六六一年二月（永曆十五年，順治十八年正月），各處糧米先後運到，荷蘭的援軍又返回爪哇（見下），鄭成功毅然決然，傳令大修船隻，聽令出征，再度大會諸候、伯、提、鎭、參軍等文武密議，並作如下的演說：

「天未厭亂，閏位（清帝）猶在，使我南都之勢，頓成瓦解之形。去年雖勝達虜（達素）一陣，偽朝未必遽肯悔戰，則我之南北征馳，眷屬未免勞頓，前年（一六五九）何廷斌所進臺灣一圖，田園萬頃，沃野千里，餉稅數十萬，造船制器，吾民麟集，所優為者。近為紅夷占據，城中夷夥，不上千人，攻之可垂手得者。我欲平克臺灣，以為根本之地，安頓將領家眷，然後東征西討，無內顧之憂，並可生聚教訓也。」（從征實錄）。

大家對於這個決策雖不敢反對，然而震於紅毛砲火，「頗有難色」。吳豪此時重申其前見「獨言風水不可，水土多病」，「砲台利害」「縱有奇謀，而無所用，雖欲奮勇而不能施」。前提督黃廷亦謂「吳豪所陳紅毛砲火，果有其名，沉船隻，又無別路可達，若必由砲台前而進，此所謂以兵與敵。」這是反對派的議論。建威伯馬信則力為贊同，他說：

「藩主（成功）所慮者，諸島難以久拒清朝，欲先固根本而後壯其枝葉，此乃終始萬全至計。信凡人也（按馬信原為清台州鎭總兵，一六五五年歸鄭），委實不知，但以人事而論，蜀有高山險嶺，尙可攀藤而上，捲氈而下，吳有鐵纜橫江，尙可用火燒斷，紅毛雖桀黠，布置周密，豈無別計可破。今乘將士閒暇，不如統一旅前往探望，倘可進取，則併力而攻，如果利害，再作相商，亦未為晚」。（臺外紀）。

吳豪則仍行阻諫，諸將議論不一。於是參軍陳華進言：

「凡事必先盡人事而後聽之天，宣毅後所言是身經其地，細陳利害，乃守經之見，亦愛主也，未可為不是。如建威伯之論，大興舟師前去，審勢度時，乘虛覷便，此乃行權將略也，試行之以盡人力，悉在藩主裁之。」（臺灣外紀）。

戎政揚朝棟亦倡言可行，鄭成功本人持之尤堅。東征的大計，就此決定。（附註）吳豪等武將專就敵我形勢立論，從軍事方面反對進兵臺灣，係鑒於荷蘭人的砲火利害，防禦森嚴，攻取不易。此外明的故老遺臣尤多不以鄭成功移軍海外為然，主要的敵人是滿清，問題的根本在大陸，兵部尙書張煌言會謂思明（廈門）為根本，臺灣為枝葉，此時與紅夷交爭，殊非至計。「入臺灣則中左所（廈門）金門兩島不可守，是辜天下之望也」。後來並曾作詩諷勸，有「中原方逐鹿，何暇問虹梁！」「寄語避秦島上客，衣冠黃綺總堪疑」等句。此則專就整個大局來看，且誤認成功之取臺灣為消極的退守苟安。

是年三月（永曆十五年二月）成功提師移紮金門遼羅，等候修理船隻，派前隊先行，令澎湖遊擊洪暄前導引港，正式誓師，宣布進兵臺灣的目的：

「本藩矢志恢復，念切中興，前者出師北討，恨尺土之未得，既而舳艫數萬還，恐孤島之難居，故冒波濤，欲闢不服之區，暫寄軍旅，養晦待時，非為貪戀海外，苟延安樂。自當竭誠禱告皇天，並達列祖，假我潮水，行我舟師。爾從征諸提鎭營將，勿以紅毛火砲為疑畏，當遙觀本藩鷁首所向，銜尾而進。」

四月二十二日（永曆十五年即順治十八年三月二十四日）船隻四百，官兵二萬五千人全部集中澎湖，候風進向臺灣。留兵官洪旭前提督黃廷守廈門，戶官鄭泰守金門。

當動員之時，何廷斌謂「數日到臺灣，糧米不竭」，所以並未多帶行糧。此時阻風多日，因而發生「乏糧」恐慌。澎湖「並無田園可種禾粟」，經兩日的追取搜索，所得的番薯大麥黍稷，「不足當大師一餐之用」。成功大爲驚懼，即於四月二十八日（中曆三月三十日）晚間毅然傳令開船，說是「天意若付我平定臺灣，今晚自然風恬浪靜，不然官兵豈堪坐困斷島受餓」。是夜果然風雨漸息，三更以後「天氣朗朗，順風駕駛」，二十九日（陰曆四月初一日）黎明鄭成功的船即平安到了臺灣（一鯤身）外沙線，「各船魚貫絡繹亦至。辰時天亮；即到鹿耳門(Lakjemuyer)線外。本藩隨下小哨，由鹿耳門先登岸，踏勘營地。午後大艪船齊進鹿耳門」。（從施實錄）。鹿耳門在一鯤身之北，中隔北線尾，(Boxemboy)鄭軍之選擇這裏爲登岸地點，意在避開臺灣城（一鯤身）赤嵌城的砲台，而直拊其背（北線尾的砲台早已傾圮）。鹿耳門港路沙淺沙汙，大船不能出入，所以荷蘭人不會設防。據說鄭成功將到鹿耳門之時，「命設香案，冠帶叩祝，曰：『成功受先帝眷顧恩重，委以征伐，奈寸土未得，孤島離居。今而移師東征，假此塊地，暫借安身，俾得重整甲兵恢復中興。若果天命有在，而成功妄想，即時發起狂風怒濤，全軍覆沒。苟將來尚有一線之脈，望皇天垂憐，列祖點佑，助我潮水，俾鷁首所向，可直入無礙，庶三軍從容登岸』」。（臺灣外紀）。可巧這天水漲數尺，即極大之船，亦駛行無礙。當由何廷斌引導，按圖迂迴，「忽而回東，忽而轉北」，是晚鄭軍順到上岸。華人數千爭來相助。首先命戶都事揚英等看守赤嵌街（今臺南）糧粟，四月三十日（中曆四月初二日）分發各鎮，足敷官兵半個月之用，暫時解決了嚴重的糧慌問題。大隊長駐赤嵌街，水師泊鹿耳門，另派宣毅前鎮陳澤扎營北線尾。

第四節　初次光復

臺灣的荷蘭總督揆一雖屢次以國姓爺行將進軍的警聞報告巴達維亞，要求加强臺灣的防禦工事，並增派援兵，而公司當局終以財政問題，不願多所耗費，同時又以爲鄭成功不致向荷蘭啓釁，反怪揆一失之驚惶。一六六〇年七月（永曆十四年六月），因是年三月揆一的緊急請求，始決定派船十二隻，兵六百人，由范德萊恩(Jan Van der Laan)統率赴援，如若臺灣無事，即以之攻擊澳門，以補償兵費的損失。范德萊恩於九月到臺，他輕視鄭成功的力量，不相信他將襲擊臺灣的消息。因決定先派人到厦門切實調查，由揆一致書說明各方的謠傳，詢問鄭成功的態度。時爲十月三十一日（中曆九月二十八日）。鄭成功對於使者予以有禮接待，並於十一月二十一日(中曆十月十九日)覆書揆一，除申述過去的友好關係外，否認有進攻台灣之意，不過有時亦故作聲東擊西之舉。俟平定滿清，商船即照常前去台灣。因之范德萊恩益信台灣無事，力主攻奪澳門，可以發筆大財，而揆一及公司人員則均不謂然。明年(一六六一)二月范德萊恩以進攻澳門計劃不能實現，悻悻離台，回巴達維亞後，極力抨擊揆一。

鄭成功對於台灣的情形，荷人的動態，完全洞悉。華人隨時以各種情報向厦門送出。范德萊恩又一再宣布他的目的在奪取澳門，國姓爺不會來襲台灣。這種消息，厦門亦完全知道。范德來恩去後，荷蘭兵力分散，同時北風季節即行過去，南風繼起，此時進兵，台灣荷人不易派船向爪哇乞援，斷絕臺灣與巴達維亞的信訊。

當四月三十日(中曆四月初二日)黎明荷蘭人始發覺鄭軍大隊出現，台灣城與臺灣本島，已被截斷，　千一百名的守軍及四隻兵船毫無阻止的能力。五月一日(中曆四月初三日)荷軍水陸三路出動，一枝二百名由艾爾道普(AeldorP)率領自臺灣城進向赤嵌城，阻敵登陸，維持兩地交通，另枝由拔鬼仔(Thomas Pedel)統二百四十人襲擊北線尾，而以僅有的四隻兵船担任海戰。結果完全失敗，最大的戰艦一艘(Hector)燬燬，拔鬼仔及所部一百一十八人均被鄭軍宣毅前鎮陳澤所殲，槍枝大部遺失。於是台灣與赤嵌兩城均被圍困，交通斷絕，鄭軍自由登岸，華人紛起響應，鄉間亦被鄭部控制。

五月二日（中曆四月初四日）鄭成功派戎政楊朝棟偕同通事諭令荷人納降，允保其安全，「誓無殺害之意」。揆一與公司人員會議，知道無力抗拒，決定妥協，如鄭軍退出台灣，願付賠款，如不肯退兵，願與言和，但須允荷人自由前來。翌日（西曆五月三日）荷蘭代表攜揆一書來見成功，詢問進兵原因。成功告以爲便於對清軍作戰，必須取得臺灣。此地本爲中國所有，當中國不需要的時候，不妨讓荷人暫住，現在需要了，自應物歸其主。他並不要對荷蘭作戰，更無奪取公司財富之意，唯一的目的爲收回「故土」，一切珍寶之物，均可運載以去，彼此仍可保持友誼。否則是自取敗亡，前日之戰，就是證明，應仔細考慮。荷蘭代表答以台灣並不屬於中國，揆一亦沒有降意，「若藩主兵將抽回」，每年願致送餉稅若干萬，及相當的土產貨物，對於這次大軍出動，願另行賠銀十萬兩。這種條件，鄭成功自然拒絕接受，要求荷人於明日早晨八時以前決定和戰，降則懸掛王旗，戰則懸掛紅旗。他一定要收回台灣，無妥協餘地（據「從征實餘」此事應在中曆四月初六日）。

赤嵌城的建築本不甚堅固，兵力又感不足，城中飲水復缺，五月二日（中曆四月初四日）該城的「夷長」猫難實叮（似即 Jan Van Valcken）已向鄭成功接洽投降，總督揆一也認爲赤嵌城無法堅守。五月四日（中曆四月初六日）赤嵌城實行投降，而應戰紅旗則飛翻於台灣城（紅毛城）頭。五日（中曆四月初七日）鄭軍大隊分路進向台灣城，成功本人亦自赤嵌移扎一鯤身。荷軍在城外縱火，退守城內。此後二十天，成功並未積極攻擊，軍中缺糧，大約是重要原因。二十日（中曆四月二十二日）命戎政楊朝棟，戶都事楊英，及通事何廷斌查察各鄉社荷蘭人所積粟石糖麥等物，得糧六千石，糖三千餘担。二十四日（中曆四月二十六日）再向揆一勸降，翌日揆一再拒，因於二十六日（中曆四月二十八日）以四千人對台灣城發動猛攻，結果失利，但退卻之時，仍整齊而有秩序。因之改變戰略，不再攻堅，以免殺傷，斬竹樹柵，挖掘濠溝，建築工事，派提督馬信督轄各軍，長圍困之，俟其自降。六月一日（中曆五月初五日）以後，所有臺灣城的陸路，完全阻斷。

（下續第29頁）

自由中國通訊

印度尼西亞怎樣建國？

——由聯邦的共和國而至統一的共和國——

印尼通訊・八月十日

本刊特約通訊記者 谷夫

印尼聯邦的誕生

印度尼西亞（Indonesia），是東南亞洲散佈在太平洋和印度洋之間的島國。三百年來受着荷蘭的殖民統治，稱爲荷屬東印度群島，又稱爲馬來群島或馬來西亞。原住民是棕色的馬來族，現稱印尼民族。由於第一次世界大戰後，民族自決浪潮的激盪，喚醒了印尼民族爭取政治獨立的覺醒。他們鬥爭的對手是荷蘭。第二次世界大戰期間，日軍南侵，佔有全部東印度羣島，荷蘭勢力悉被驅除。日本爲爭取大戰的支持力量，極力引誘舊時反抗荷蘭統治的政治運動首領，相與合作。因此更加激發了印尼民族爭取自由獨立的情緒。由於日本當時尚對中國作戰，在相需相成的情勢下，印尼民族對華僑的印象，發生濃厚的仇視觀念，埋下日後不斷發生的華僑慘禍的種子。

一九四五年八月，日本敗降。以蘇嘉諾（Sukarno, Jr.）爲首的印尼獨立運動，便於八月十七日向世界宣佈獨立，成立印度尼西亞共和國(Republic of Indonesia簡寫R. I.)，並由日人手中將政權軍備等全部接受過來，成爲一個有力的政權。而當時奉聯軍統帥部命前來印尼受降並解除日軍武裝的英印軍隊，遲至九月底才在爪哇登陸。荷蘭勢力在英印軍掩護下，捲土重來，立卽引起印尼的堅强的武力反抗，英印軍且被捲入旋渦，在各主要城市不斷與印尼軍直接衝突，大有不能擺脫之勢。

荷屬東印度政府（以下簡稱荷印），日漸在印尼各主要城市獲得實力。印尼共和國迫得將首都自當時的巴達維亞（Botavia），遷至爪哇中部腹地的古城日惹（Djokjakarta），繼續與荷蘭抗爭。在此期間，印尼民情非常亢奮，在荷蘭勢力範圍內的華僑，被認爲親荷分子，視爲不友誼的外僑。因此，荷軍每向前擴展一步，當地華僑便遭受一番的屠害，一九四六年六月的坦其隆事件（坦其隆係Tang-erang的譯音，當地人讀爲當格琅，但多別稱爲文登），便是一個開端。英印軍受降事務未了，在印荷双方武裝衝突續發期間，適轉爲印尼與荷蘭間的中間勢力。在彼等撤退印尼之前，極力拉攏印荷双方，尋求政治解決途徑，避免武力衝突。終於一九四七年三月，達成了一項林牙渣帝（Ling-gadjati））基本政治協定。在這一個協定上，荷蘭承認印尼共和國的事實政權，並確定蘇門答臘，爪哇及馬都拉三島爲其版圖。而印尼共和國也擁戴荷皇爲將來印荷聯合王國的元首，不干預其版圖以外各邦區的存在。打下了「印尼聯邦」的基礎。英印軍便在同年底自印尼撤退。

兩次「警衛行動」

可是，基本協定條文的解釋，双方未盡相同。荷方爲保護印尼共和國內大量投資的經濟利益，要求在印尼共和國內共同組織聯合憲兵，以資安定社會秩序，便利荷方企業的生產。但印尼認爲這是干預內政的非法要求，加以拒絕。荷方便準備以武力解決。

一九四七年七月廿一日，荷軍發動一次大規模的軍事行動，向印尼共和國進攻，荷人稱爲「第一次警衛行動」。將印尼共和國領土壓縮了大半。印尼方面的戰區華僑慘遭集體殘害，華僑生存權利，受到莫大的威迫。印尼華僑迫得向祖國政府及安理會控訴。印尼共和國受侵後，亦將情形投訴聯合國安全理事會。安理會隨命令双方停戰，並派遣印尼調解委員，從事調處双方爭執。

當時情勢，荷蘭已比印尼爲强。雖然印尼要求荷軍撤出新佔領區，但荷方不予同意。荷方並於此時策動佔領區內的親荷份子，在各地紛紛成立小邦，以削弱印尼共和國勢力，企圖達成分而治之的目的。

聯合國印尼調解委員會努力的結果，以當前事實爲基礎，促使双方再訂停戰協定。印尼共和國在荷軍威脅和封鎖之下，情勢日困，迫得同意再行訂約。惟簽訂地點，不願在荷方控制地區內舉行。印委會便向美國商借軍艦連菲爾（Renvelle)號，於一九四八年一月，駛至巴達維亞港外公海地區舉行談判，達成協議，是爲連菲爾協定的訂立。荷軍新佔領區的邊界，稱爲連菲爾界線，双方停止敵對行動。

然而，連菲爾協定訂立以後，印尼方面的敵對行動，不僅沒有停止，而且滲進荷軍控制區的干擾行動，日甚一日，使得荷方難以忍受。荷方認爲這是印尼共和國有計劃的搗亂，非銷滅印尼共和國無以正本清源。於是荷軍的「第二次警衛行動」，便在一九四八年十二月十九日發動了。這次荷方使用陸空軍配合作戰，於一朝之間，佔據印尼共和國的首都日惹。印尼政治首領如總統蘇嘉諾，副總統哈達（Drs. Moh. Hatta）等，全被拘俘。初集中於蘇島，後轉禁於邦加(Bangka)島的山間。

談判重開

荷方第二次警衛行動的結果，雖然贏得了軍事，却在政治上失敗了。荷蘭內部以及國際方面的反響，均不直荷蘭的所爲。而印尼在爪蘇各地的反抗行動，轉入地下打遊擊，並於蘇門答臘中部設立臨時政府，繼續領導對荷抗戰。印度總理尼赫魯更於一九四九年正月召集亞洲各國在新德里會議，譴責荷蘭，中東一帶回教國家且拒絕荷蘭飛機過境，並向安理會建議，命荷方撤軍釋俘及歸還印尼主權。安理會於同月廿八日，嚴令荷方撤兵並釋放印尼政治領袖外，並限定印尼須於一九五〇年初獨立。

荷蘭由於第二次警衛行動而引起國際情勢的壓迫，政府當局大感不安。荷首相殖相以及駐印尼最高專員等，遂在海牙與吧城間往返商洽善後辦法。後來，殖相沙生氏引咎辭職，首相等向政府建議：提前移交政權，釋放共和領袖，惟以不在日惹作政治活動爲條件；並定期三月間舉行圓桌會議，籌建聯合邦。但印尼共和方面，認荷方此舉，意在閃避安理會決議，表示拒絕。印尼要求必須先行恢復政權，然後再談其他。因此，弄成僵局。荷蘭乃調派駐加拿大大使樊羅延（Dr. Van Royan）博士爲代表，進行與印尼共和方面重開談判。

印尼共和方面代表爲摩罕末隆（Dr. Mohomad Rum），他堅持先行恢復政權主張。双方幾經折衝，結果於一九四九年五月七日在巴達維亞發表聯合聲明，双方同意執行：（一）恢復日惹共和政權。（二）釋放第二次警衛行動所拘留之政治犯。（三）荷蘭不再設立新邦區。（四）荷蘭承認共和爲一邦，參加聯邦組織，共和在議會中席位，佔聯邦代表總數之半。（五）準備在海牙召開圓桌會議，討論移交政權於印尼聯邦。由於這「五七」協定的完成，印尼聯邦建國局勢，遂得急轉直下而正式踏上坦途。然當時在印尼發動第二次警衛行動的荷印最高專員（等於總督）培爾博士（Dr. Beer），卽憤而辭職，荷軍統帥史普爾將軍(Gen. Spoor)於半月後自殺身亡。這一來，印尼問題的解決更順利進行了。隨後，荷軍於六月廿四日撤退日惹，共和政治領袖蘇嘉諾、哈達等，於七月六日「還都」日惹。八月一日印荷双方再正式簽訂停戰協定，印委會從旁監督執行，治安秩序漸次恢復。

印尼共和國自一九四五年宣告獨立迄今，談談復打打，始終與荷蘭對抗，亦爲印尼獨立運動的主流，其政府卽爲獨立運動的核心組織。此外，當荷蘭勢力捲土重來後，於其佔領區內分別設立小邦，前後有十六個之多。這些邦區是親荷的，行動較爲溫和。因此，前者被稱爲共和派，後者被稱爲聯邦派。他們在與荷蘭舉行圓桌會議前，爲統一彼此步驟，七月末特舉行「內部會議」，先期對於政治機構，財政，治安及文化等，達成協議打穩「安內」的基礎。

結束了荷蘭的統治

印尼「安內」工作完成後，共和與聯邦兩方，便並肩赴海牙出席圓桌會議，聯合國印尼委員會，亦被邀共同參加。這結束荷蘭統治印尼三百餘年的圓桌會議，於八月廿三日在海牙開幕，旋成立政治，財政，經濟，軍事，文化及社會等六組，分別進行討論。其中最難解決者，有債務問題，新幾內亞（印尼已改稱爲伊里安Irian）問題及荷印聯合王國問題三點。

關於債務問題的焦點，荷方認爲印尼應負責全部內外債務約六十萬萬盾。而印尼方面僅承認建設債務，如荷方用以鎭壓印尼獨立運動所舉債務，則不能同意。結果，印尼承認內債三十萬萬盾，外債十三萬萬盾，合共四十三萬萬盾。次爲新幾內亞問題，荷方觀點，以地理的人種的理由，否認該地是屬於印尼的。而印尼却以爲該地過去，無論在行政，軍事，經濟等的法統上，均屬於舊荷印政府，今說移交主權，自以「全部」歸還爲其範圍；且該地亦爲荷蘭扶植的東印尼邦區域之一部。双方爭執極烈，幾於無法解決。最後由聯合國印尼委員會建議，「新幾內亞仍歸荷蘭統治一年，在主權移交之後，由印荷兩國繼續談判解決」。印尼終於忍痛接受了。關於荷印聯合王國問題，荷蘭主張設立重型聯合王國，以荷蘭國王爲聯合王國元首，設立部長和司法會議。事實等於太上政府，等於殖民地政府，將是換湯不換藥，絕難接受。他們主張設立輕型的聯合王國，荷印双方各以平等主權國地位相處，政治、外交、軍事、經濟財政等，完全自主，聯合王國的元首，不過是象徵地位，不能有實際權力。結果是，荷蘭印尼聯合王國，以荷王爲元首，双方只基於平等地位而合作。聯合王國每年開會二次，双方各派代表三人出席，任何決議須由王國元首和國會批准，始得生效。另設一仲裁院，處理一切爭執。至此，主要問題已算解決，然後双方簽訂了圓桌會議協定。而會議便於十一月二日下午宣告閉幕。印度尼西亞聯邦共和國(Republik Indonesia Serikat)簡寫爲R. I. S.等於 Unite States of Indonesia亦稱印尼合衆國）的基礎，從此確立了。

圓桌會議的結果，係基於互相忍讓的精神而達成的。印尼算是爭得了獨立，結束荷蘭三百年來的殖民統治。只可惜拖下了一條尚未解決的「新幾內亞」尾巴，倘來日國際情勢發生變化，解決更屬困難了。雖然如此，印尼也只得做到一步再行一步罷了。圓桌會議結束後，印尼便組織「建國籌備委員會」，進行成立印尼聯邦共和國政府各機構，並選舉大總統，以便接受荷蘭移交的主權。後來，共和邦總統蘇嘉諾，被選爲印聯首任大總統。並由總統任命原共和邦副總統哈達，爲聯邦內閣總理兼外交部長，原日惹蘇丹爲國防部長（以上兩人屬共和派）。東印尼邦之亞納亞公爲內政部長，原坤甸蘇丹爲不管部大臣（以上兩人屬聯邦派）。由上述四人組織核心內閣一九四九年十二月廿七日荷蘭正式移交印尼主權，印尼聯邦也就正式誕生了。荷屬東印度時代的首都巴達維亞(Batavia)，隨荷蘭勢力的撤退而消逝，印尼聯邦改稱它爲椰嘉達(Djakarta)了。

敉平叛亂

建立一個新國家，其工作是艱鉅的。新國家建立起來以後，要組成強固的政府尤其受異族殖民統治三百餘年的，近受「分而治之」擺佈後的新政府，必將遭遇若干叛亂或分離運動，是可以意料的。印尼聯邦共和國成立後，目前正在此段艱苦途程中邁進。由於紛亂迭起，愛國者除以鐵腕戡亂外，必然的要剷除亂源，因此廢聯邦而爲統一國家的運動，便強烈的展開了。

當去年秋間，印尼聯邦籌備成立時候，爪哇中部就有異軍突起，這是所謂「回教軍」的活動。他們主張建立一個純粹的回教國家，反對印尼共和國，並排斥異教徒。這完全是宗教思想作祟，雖其武備殘陋，但手段殘忍。經共和軍追剿後，已潰散鄉曲，未足爲患了。

印聯國家武力的組成，一如政治領域，係以日惹系統的印尼共和軍爲骨幹，軍隊的組織、訓練、裝備以及民族意識，均較其他聯邦區武力爲優。印聯政府成立，爲謀控制各主要地區，輒調派共和軍去駐防。一時引起原聯邦區的反對。今年初，西婆羅洲（印尼現已將婆羅洲改稱爲加里曼丹Kalimandan）就曾反對共和軍開入駐防。後已由政治解決，未發生武裝衝突。四月，共和軍開赴東印尼之孟加錫接防，兵抵海口時，東印尼軍忽起叛變，拒絕共和軍登陸。結果兵變首領被誘至椰嘉達扣訊，餘衆被壓平。五月，孟加錫以東的安汶島起而組織南摩鹿加共和國，宣佈脫離印聯而獨立，拒絕與印聯政治談判。結果，印聯政府迫得採取跳石作戰辦法，在安汶周圍逐島予以佔領，目前已達最後階段，想不久是可以平服的。這些都是印尼內部所激起的叛亂事件。

在這許多變亂事件中的一個插曲，便是韋斯德林（Westerling）事件。韋氏係一荷籍退伍上尉軍人，日軍敗降後，曾在孟加錫荷軍中服務。當時對鎮壓該地游擊隊極爲出力。去年十一月風傳彼在西爪哇組軍，說有部隊三萬餘人。今年一月中，以「女王忠義軍」名義竟向印聯政府下戰書，至廿三日突出奇兵進襲萬隆。印尼軍猝不及防，總部被侵，損傷頗重。翌日忽自動退出萬隆，兵鋒指向首都椰嘉達，擬圍攻國會並佔據首都。但於佈置未妥時，已被發覺制服，卒不得逞。二月廿一日韋氏以事機敗露，便秘密逃往新加坡，企圖獲得外援，再行舉事。惟以未備入境手續，被英當局扣捕審訊。印尼曾要求引渡歸案，格于英印之間未備此項法律手續，英方未能同意，迄今仍在星洲被看管。韋氏餘黨，隨後陸續被消滅，目前已趨於平靜了。

統一運動的完成

因韋斯德林事件發生巴巽丹（Pa-sundan）邦首府的萬隆，該邦跡近庇護或同謀，印聯政府即下令逮捕該邦首，並解散該邦議會，遂開「廢邦運動」的先河。隨後又查悉坤甸蘇丹西加里曼丹邦首哈密二世（印聯核心內閣四大臣之一），與韋氏勾結，亦予逮捕，被解送日惹研審，刻仍未判決。

廢邦運動發生後，各地民衆多請願廢除各自邦區，加入印尼共和國（R.I.）。半年之間，全印尼十七邦區中，目前只剩三個了。一個是東印尼邦（西里伯島及小巽他群島以東地區），一個是蘇東邦（蘇門答臘島北部棉蘭一帶），此外便是印尼共和國了。最近這三個邦區站在一邊，與印尼聯邦中央政府爲對手，討論組織統一國家的各項問題，於五月十九日達成協議，決定組織統一的國家。憲法草案重新修訂已竣，仍改國名爲印尼共和國（是新的Republik Indonesia＝R.I.了）。這新統一的國家，可能在今年八月十七日宣告成立。但統一完成以後，有人懷疑將與海牙圓桌會議協定發生抵觸，將來與荷蘭的政治關係，或不免有被藉口的地方。（編者按：印尼總統蘇嘉諾八月十五日正式宣佈印尼共和國已告成立。）

慶印尼新生

痛祖國沉淪

印尼在經濟方面，原有豐富的物產。但自日軍南侵以至獨立運動期間，迭受破壞，生產機能大爲萎縮。又以地鄰星洲，刺激走私活動甚烈。印聯政府接受主權以後，百端待理，經濟尤甚。政府財政不敷年達十五萬萬盾，而市面通貨膨脹情勢，却日見嚴重。印聯財政部長大呼「官窮民富」！二月間向美國商得一萬萬元借款後，經濟情勢，仍未見好轉。乃於三月十一及十九兩日，迫得採取「獎勵輸出」及財政緊急措施兩項步驟。獎勵輸出辦法，在多多獲取外匯，使日用品豐富，以壓低物價，並藉打擊走私活動。財政緊急措施，在將五盾以上鈔票截半使用，餘半加以凍結，迫使持有人向政府購買公債。於是市面銀根馬上短了一半，使人民無餘錢以囤積居奇；同時政府馬上銷售了十五萬萬盾的公債，財政赤字，即可塡補了。此外，復於三月卅日，以華商私營外匯題目，突行拘捕華僑殷商三十餘人，並標封現款達三百萬盾以上，以打擊華商經濟。事件發生不久，印尼即接受中共政權的承認，原駐印尼各地的中華民國領事官失却外交官地位，外交上成爲眞空狀態。此次僑商被拘捕，無外交商務官員負責辦理，只憑華僑自身力量去活動，無法多所爭持，結果，當局不許僑商依法起訴，強制處罰重款，爲數約等於被查封的現款（三百萬盾）。海外孤兒啊，欲哭無淚了！

印尼聯邦共和國的建立，得力於印度總理尼赫魯的支持不少。所以印尼的外交政策，大體上以印度馬首是瞻。中國大陸淪陷，北平中共政權成立以後，印度於去年底與中共政權互相承認，這影響於印尼對中國政府的態度不淺。當荷蘭移交主權大典時，尚邀請國府派代表參加，但不即接受國府的承認。亦不願先行承認中共政權。原因係印尼主權移交前，中共電台屢次斥蘇嘉諾哈達等爲帝國主義走狗。印聯成立後，彼等爲保持一點顏面計，兼外長哈達自始卽聲明稱：「如中共先承認印尼，印尼始願承認中共」。蘇嘉諾總統且於一月廿三日訪問印度。後來證明中共政權之四月四日先行承認印尼，完全係印度政府居間斡旋的結果。這一來，哈達的聲明兌現了，哈達不能不履行諾言，便接受了中共的承認，打起交情來了。

中共在印尼的活動

本來，國民政府去年在大陸節節失敗後，印尼華僑中的親共分子，便扯下他們平日僞善的假面具，開始接受中共的指導了。他們起初多混跡華僑學校及文化機關作思想上的宣傳。據某方透露，那時已有不少「馬共」份子，潛入印尼作指導活動。中共政權在北平成立後，華僑社會，立刻浮現兩造鮮明的分野。無論社團，學校及報館，凡親共分子可能操縱的，都向北平「一邊倒」。據目前不完全的統計，印尼華文日報共十四家，擁共的佔有七家，中立的兩家，擁護中華民國的五家。華文中學校，約百分之七十被親共分子所把持，小學尚無所謂。至于僑社團體，凡比較重要而有勢力的，如中華總會，中華商會等，約有百分之九十尚不同情中共。因此，親共分子時刻不忘打進這些團體去，對於懸掛國旗或代表席位問題，時常引起爭執。就一般而言，僑民當中大多數仍懷念國民政府，對中共政權尚具疑懼而厭惡的心理。

——中共政權於四月四日宣布承認印尼，越二日印尼表示接受承認。此一事態的發展使得擁共分子興高采烈，不久便成立一個所謂「工作委員會」（實即共黨支部臨時執行委員會），於五月一日擧行所謂「慶祝建交大會」。事前恐嚇多端，迫使僑民升五星旗慶祝。僑民中不少富有正義感的，是日特把青天白日滿地紅國旗升起，此光明燦爛無比使五星紅旗盡低頭。此足以顯示僑民的愛國熱情，並不願使神聖的祖國，在中共挾持下淪爲蘇俄帝國主義附庸的表現。

因爲中共與印尼已互相承認，說是中共已派定王任叔（巴人）爲駐印尼大使，親共分子更抓住這個題目，拿「大使」來四出嚇人和活動。他們除了在報章上渲染得「大使」像個神以外，還利用當地廣播電台的華語廣播節目，加以宣揚。這電台的華語廣播節目，簡直就是北平新華社的傳聲筒。曾任意攻擊國民政府和美國，致引起椰嘉達天聲日報星期日報及美國使館的先後抗議，現在已稍爲斂跡了。

關於印尼親共華人的活動情形，外國通訊員或通訊社亦有報導。茲介紹一二，以見一斑。

（一）美國波士頓基督教科學箴言報駐椰嘉達記者羅伯遜，六月廿八日通訊稱，在印尼之華僑，其數目雖不及僑居東南亞各處之華僑爲多，惟此間政界人士咸認爲北京政權，多係本地現政府之一大威脅。印尼華僑約有二百萬，其中一半僑居爪哇，而且百分之六十以上係印尼出生者，惟後者是否亦易受中共政權及經濟之影響，實屬疑問。華僑大多數掌握商業大權，且自行建立學校，目前華校中之教師，均有共產思想。華人所辦各報，左傾思想更爲濃厚。印尼反共政要認爲印尼華僑左派人士之言行，較印尼共產黨更可注意。

（二）椰嘉達有一家印尼非官方通訊社「布的打」，七月十九日發佈通訊稱，最近椰嘉達一帶之共產黨，尤其華人共產黨之活動，十分令人注目，彼等常用威嚇的手段去進行活動。例如彼等以中共大使王任叔之即將來臨相恫嚇，以期發展共產黨之活動。共產黨之活動分子，復利用政府的機關，彼等已在西里旺儀師團（筆者按：西里旺儀師團係印尼國軍中最精銳部隊之一）中組織有西里旺儀師共產部隊，這些第五縱隊活動證據，已落入有關當局手中。此外復獲悉，有少數較無知識的三輪車夫，常被共產黨所利用。

印尼不歡迎共產主義

由上所述，可知印尼政府雖然對北平中共政權予以承認，但印尼的政治首領，還是不歡迎共產主義及其黨徒的活動的。前年印尼共產黨曾在東爪哇的茉莉芬地方，煽惑武裝軍人叛亂，印尼政府即以極大壓力全面敉平。迄今仍步步提防印尼共產黨的復活。所以對華人共產黨的活動，自當更具戒心。縱使將來中共駐印尼大使到任後，欲有所掩護，亦必然會使印尼政府深切戒懼的。因爲他們承認中共政權，不過是外交政策之一，這政策決不就是同意共產主義行爲在此間推行的。在印尼外交界中，具有主要勢力的是印尼國民黨，回教黨及夏里爾(Sutan Sjahrir)派。印尼政府目前派駐外國的外交人員，主要的都由他們三個黨派分配。如駐美洲使節係屬於國民黨，駐荷蘭及中東近東各回教國家者屬回教黨，駐英國印度及聯合國方面的屬於夏里爾系人物。共產黨在印度政府中，還沒有地位，也不容易抬頭。這回印尼接受蘇聯和中共的承認，是夏里爾系人物受印度影響的成分居多。（按夏里爾是具社會主義思想而倡組第三勢力圈的。他在日惹共和政府時代曾任閣揆，頗有魄力。現任外長哈達的外交政策，常以夏氏爲背景）。

印度尼西亞聯邦共和國的政體，現正面臨結束階段。不久，統一的印尼共和國政府就要誕生。將來的印尼政治首領，大體上與目前人物無多差異。他們執政目的，與英國印度相似，是講求實利主義的。有一天，中華民國政府打回大陸去了以後，這東南亞新興的大國——印尼，還是中華民國的朋友哩！

卅九年八月十日於椰嘉達

山雨已來風滿樓

華府通訊．八月十七日

本刊特約通訊記者　許　思　澄

美國到今天（八月五日）爲止，仍舊在打敗仗。這敗仗打得好！不是我幸災樂禍，乃是因爲美國如果不打敗仗，不能激起他們的同仇敵愾心，則其中所伏的危機太大了。

一般美國人都很單純，相當的天眞忠厚。他們日子過得好，生活得快樂，要他躓到散兵壕去遭日晒風吹雨打，卽使沒有戰爭的危險，他也一萬個不願意，何況打仗可以送命？這本也是人情之常，不是美國人特別怕死。但是要說美國人不是戰士材料，這也看錯了。任何人只要看到過他們那寸土必爭，性命相撲的『國球』（美國式足球），就明白幾乎每一個美國男孩子都有着極可怕的『鬬士』訓練。從『懦夫』到『鬬士』之間的區別就在一念之差。——願意或者不願意。

所以當美國人不願意的時候，他們準吃敗仗。雖說一般美國人頗有正義感。但口頭上說說，或者發表點文章是一回事，眞正抗槍打硬仗又是一回事。一定要他們事不干己，遇事打抱不平，這又是中國老百姓的天眞想法，把美國人看得太好了！

這次韓戰打起來，美國人是一萬個不願意。也許有少數眼光較遠的政治家看到了蘇聯侵略的可怕，但普通老百姓一聽說又要當兵，就不免頭痛。要想將他們從不願意打變成願意打，是必須經過一段痛苦過程的。這過程就是打敗仗。

韓戰初起，美國一般人都以玩笑態度出之。連杜魯門都帶着笑說：『沒事，一會兒就了。』（"It will turn out all right"!）誰知事情並不如此簡單。一向自驕自大的政客，軍人一直在火山口上打磕睡，自以爲原子彈可以解決一切。待到火山已經冒煙了，還在睡眼朦朧。這時如不給他當頭一盆冷水，醒醒睡，則將葬身火窟而不自知！這一個多月的敗仗打得眞好，正如及時甘露，把美國的『天下莫强焉』的迷夢澆醒了。一方面使他們知道他們並非最强，原子彈不能解決一切問題；一方面他們已多多少少明白了些，他們不是在代韓國人打仗，而是在打一個和他們自己切膚相關的仗。雖然過去因爲他們太不知道亞洲，於是自然而然以歐洲爲第一；但今日硬被拉進亞洲旋渦裡去。不管願意不願意，一天到晚報紙，無線電中都是些聞所未聞的人名地名，也就只好發生興趣了。當自已的兒子在大田受傷時，大田，這七千哩外的怪名字也就不能不有親切之感。同樣，過去懶得理臺灣的，今日也不得不理了。（自然仍有一些死硬派，至今認爲臺灣是一個負擔而非幫手。）但這種理會及關心仍是暫時的，不得已的。任何時他們的兒子不在韓國作戰了，他們就願意馬上忘掉亞洲，忘掉戰爭，仍舊陶醉入那和平享樂的沉沉大夢去。

此所以直到今天，仍有一股暗流，想要以出賣中國爲代價，（承認中共）換取和平。不過在大敗之餘，不能下臺，於是這種暗流只能暫時隱伏。一且韓戰告一段落，隨時又會有搖旗吶喊的人出來鼓吹承認中共的。美國人太愛和平了，有些時候是不計代價的。我們已上了一次雅爾達的大當，今後不能再上第二次當。然察往知來，過去是因爲自己實力太差，所以明知是當而不能不上，甚且將許多雅爾達所未提及的都賠了進去。今後如仍不能『以工作對付工作』，自力更生，則既使美國人替我們打回大陸，待戰完美軍返國，我們這老大國家，又是共匪遍地了，如何得了！此是後話，暫且不提。

且說今日，正因爲美國戰敗，於是美國人才體會了：『獅子搏兎，必用全力』的道理。在這過去一月中，美國人所做的決定，其規模遠超過局部戰爭所需要的。在人力方面，國會已將全國軍額限制(約二百萬員名)取消。換句話說，政府可以有權無限制的擴軍。其中單說陸軍部份，最先不想徵兵，後來決定徵兵兩萬；不幾天加到九月份十月份共徵十萬；最近已決定到年底止，共增徵四十萬，我們自己所接觸的，房東太太的兒子被召了，同學的後備軍官被召了，今天同席的一位客人也被召了，而且召得很急，後天就入伍，大大後天就出發。問他那裏去，他說：『不知道。』現在調遣軍隊已不再公佈，他的回答也許是遁詞。不過就我所知，陸軍第三師已動員，另外海軍陸戰隊也續有派遣。國防團隊已下令召集四個師，卽用以補足這些外調的軍隊。如此估計，大概美方已準備將七個師（三師原駐防日本，四師自本國派遣）擺上高麗戰場。這是美國將領們事先所絕未預料到的。可是事實的教訓已證明要想將北韓軍隊趕回三十八度，這是要下的起碼本錢。縱使美國人想妥協，至少也得將北韓趕回三十八度才能說話。所以至少在此以前，中國還不至於被出賣。

以美國之强，旣肯下本錢，似乎打回三十八度不成問題；但事實上又不如此簡單。因爲蘇聯苦心積慮所計劃的就是將南韓全部佔領。今日眼看對方已只剩下個灘頭陣地，又豈肯功虧一簣？所以正如賭博者一樣，一定將可以賭的注全部放上。這賭注是什麼呢？最自然，最方便，最不心痛的就是中共的軍隊和資源。所以在最近的將來，最可能的情况是聯合國不斷增援，共產國際也不斷增援，兩方面都是騎虎難下。於是兵員，物資大量對銷，戰線似將有一長時期的膠着狀態。這種情況對我們是有利的，因爲這戰爭很可能將中共在東北華北積的一點本錢淘空。

不過膠着一個時期之後又怎樣呢？這就看蘇聯了。因爲美國的棋路已很淸楚！如果北韓軍撤至三十八度以北，一切都好商量。如果不然，則卽使來一次正面衝突，她已在所不惜。因爲美國人也明白了一切禍亂之源在蘇聯，遲打不如早打。今日在高麗使不上的原子彈，至時可以大量的向莫斯科，列寧格勒，以及所有蘇聯的重工業中心投去。而且美國的經濟社會制度並非如共產主義之可以終年備戰。要麼不備戰，現在旣已開始動員，預計在四年後可達到軍備最高峯。達到了最高峯而不打，對於一個資本主義社會正如孩子到了產門而想忍住不生一樣，同樣是件難辦而又不好受的事。

除非蘇聯眞是高人一等的聰明，利用美國人畢竟不喜戰爭的心理，懸岩勒馬，將北韓軍隊自動撤退至三十八度以北，則今日這局面似已如滾石下山，不到底不止了。

不過，也可能在這大戰來之前，在高麗戰事告一段落時，（如聯合國軍攻至三十八度，或共產國際軍將南韓全部佔領。）暫時停止。這樣則高麗之戰成了個試驗軍器戰術的序戰，一切留到以後淸算。但仇恨畏懼日深，這停戰也只是暫時的。

現在再回過來說一說美國動員情況。就美國說，現在仍只是局部動員。

國會已通過了杜魯門的第一期動員經費案一百〇五億美元。依此期計劃，增加三軍人數六十萬名。其中陸軍240,000名，海軍268,000名，空軍137,000名。空軍現有之四十八單位（48-grcnp）將增至六十九單位。已開始向全國二百家廠商訂購價値四十四億美元之飛機及零件。海軍在前已動員之「儲藏」艦隻外又再解凍四十六艘，其中有航空母艦九艘。自高麗戰事起後，共已動員「儲藏」艦隻一百二十餘艘。

美國的兵源如何呢？這可以分爲後備軍和壯丁兩部份談。後備軍是馬上可用，或略經整訓卽可用的；壯丁則是必須從頭訓練的老百姓。這可以參看附表一：

附表一　美國兵源表　（一九五〇年）

甲、後備軍	
1. 訓練精良，組織完善者：	
陸軍後備軍Organized Reserve Corps, Army	509,900
海軍後備軍Organized Naval Reserve	184,000
空軍後備軍Air Force Organized Reserve	53,000
海軍陸戰隊後備軍Organized Marine Corps Reserve	44,800
2. 組織完善，但僅有部份訓練者：	
國防團隊National Guard	327,000
空軍國防團隊Air National Guard	45,000
3. 富有經驗但未加組織者：	
陸軍預備役Inactive Reserve, Army	78,400
空軍志願預備役Air Force Volunteer Reserve	64,000
未經指定任務之空軍預備役 Unassigned Air Force Reserve	237,000
海軍志願預備役Volunteer Naral Reserve.	934,000
海軍陸戰隊志願預備役 Volunteer Marine Corps Reserve	83,200
共計	2,560,300
乙、壯丁（十八歲至廿六歲）	
1. 已登記者：	10,790,000
2. 依法延期或免役者：	
登記後已超過廿六歲者	1,637,000
十八歲者	1,000,000
退伍軍人	2,698,000
1948年七月後已服兵役者	200,000
良心反戰者	10,000
牧師及神學生	32,000
身體，精神或道德上殘缺不適兵役者	536,000
3, 依總統命令緩役者：	
已婚及負擔他人生活者	743,000
生產必需農作物之農夫	134,000
重要軍需品生產工人及理工科學生	41,600
後備軍人	133,000
4. 尙未分類者	2,160,000
5. 1-A級立即可徵者	1,466,000

依據上表，可知萬一大戰　發，除正規軍外，短期內卽可作戰之後備軍凡二百五十六萬〇三百人。又依據克拉克將軍談話，過去自平民入伍，至整個師團加入戰場，其間之必要訓練時間爲十五個月。但目前已採用新式訓練，只需要九個月。所以今年九月份，十月份入伍的壯丁十萬人，到明年（一九五一年）六月，及七月就可以分別加入作戰了。換言之，自明年六月起，每月可以添五萬人上戰場，而且可以繼續維持此率至十五年以上。

財政方面依照估計，本會計年度（一九五〇年七月一日至一九五一年六月三十日）全部政府支出約爲416億美元。收入約可有387億美元。收支不敷約爲29億元。明年度（一九五一年七月一日至一九五二年六月三十日）軍事費用大概將增至284億元；全部政府支出約共爲532億元。稅收依今日稅率推測至時可收404億元。收支不敷約將爲128億元。

補救之法爲加稅。依據杜魯門提案，目前第一步目標是加五十億元一年。其中私人所得稅將加三十億元，公司所得稅將加二十億元。杜氏原案並申明這只是開頭，將來還要多加。其初步所定稅額及現行稅額比較如下表：

附表二　所得稅額表

甲、私人所得稅（單身者）

純收入（全年）	稅額：戰時最高可能徵額	稅額：現額	稅額：1950年擬征額	稅額：1951年擬征額
$ 600	$ 23	$ 免	$ 免	$ 免
800	69	33	35	40
1,000	115	66	70	80
1,500	230	149	157	180
2,000	345	232	244	280
3,000	585	409	429	488
5,000	1,105	811	844	944
10,000	2,755	2,124	2,202	2,436
15,000	4,930	3,894	4,033	4,448
20,000	7,580	6,089	6,302	6,942
25,000	10,590	8,600	8,899	9,792
50,000	27,945	23,201	23,998	26,388
100,000	69,870	58,762	60,771	66,798
500,000	444,350	358,000	396,181	429,274
1,000,000	900,000	770,000	810,000	884,274

（四口之家）

純收入全年	戰時最高可能征額	現額	1950年擬征額	1951年擬征額
$ 600	$ 3	$ 免	$ 免	免
800	9	免	免	免
1,000	15	免	免	免
1,500	30	免	免	免
2,000	45	免	免	免
3,000	275	100	105	120
5,000	755	432	454	520
8,000	1,585	974	1,018	1,152
10,000	2,245	1,361	1,419	1,592
15,000	4,265	2,512	2,609	2,900
20,000	6,785	3,888	4,032	4,464
25,000	9,705	5,476	5,674	6,268
50,000	26,865	16,578	17,154	18,884
100,000	68,565	45,643	47,210	51,912
500 000	442,985	358,677	369,621	402,456
1,000,000	900,000	769,314	791,310	857,456

乙、公司所得稅

全年純收入	現行稅額	擬征額	增減
5,000	1,050	1,250	+
10,000	2,200	2,500	+
25,000	5,750	6,250	+
31,250	9,062	9,062	—
50,000	19,000	17,500	—
71,429	27,143	27,143	無增減
100,000	38,000	40,000	+
200,000	76,000	85,000	+
500,000	190,000	220,000	+
1,000,000	380,000	445,000	+
5,000,000	1,900,000	2,245,000	+
10,000,000	3,800,000	4,495,000	+
25,000,000	9,500,000	11,245,000	+
50,000,000	19,000,000	22,495,000	+
100,000,000	38,000,000	44,995,000	+

中國人向來不慣於看數字，所以上表的意義恐怕還不大了解，現在且試舉例說明如下。譬如有商人某甲，與人合股開設某公司。該公司營業鼎盛，今年淨賺一億元。於是在這一億元贏利中，依新稅率須由該公司繳納四千四百九十九萬五千元。即百分之四十五弱。某甲及其友人僅可得百分之五十五强。然而這還不是某甲等實得的。試仍以某甲為例，如彼係未婚，無負擔；分得紅利一百萬元，則彼須繳私人所得稅八十一萬元，即其收入百分之八十一。換句話說，則繳出純利百分之四十五之後，又要將餘額繳出其百分之八十一給政府。實際某甲所得不過其所賺十分之一，其餘十分之九都給政府抽去了。

但這是說有錢而又負擔輕的人。如果你窮，負擔重，則可以全部免稅，例如某乙四口之家（人口更多，更可多減免），收入在每年二千美元以下者，可全免稅。餘可類推。所以我們口口聲聲罵人家資本主義，罵人家財富分配不平均，其實他們這社會才眞是個殺富濟貧的社會呢！

中國如想自救，必須趕快將稅債重擔從窮人身上移到富人身上。這並不一定是共產黨觀念，而正是中國豪富們所心嚮往之的美國辦法！

山雨已來風滿樓，朝鮮的戰事也許就是大戰的先聲，大風暴將隨之而來。最要緊的是我們要趕快將自己這破樓房補補好，免得經不起風吹雨打！

——卅九年八月九日——

香港通訊

大陸的人心

——「竹簾深處看中國」之一——

李露霞

在中共統治竹幕中的大陸人民，生活的凄悲是有目共睹，心情的沉重是人同此心。現在，他們正被驅遣着上演人類的悲劇，正被磨難着低唱生命的哀歌，他們忍氣吞聲的瑟縮在暗夜的角落，懸盼着中國大陸的「天亮」！人心有如一面明鏡，中共在大陸的人心上，早經是魔影幢幢，原形畢露了。

從都市城鎮以至廣大的鄉村，從工農商賈以至自由職業的知識份子；從富甲鄉鎮的華僑以至差堪溫飽的小販中農和貧無立錐的「無產階級」，所見盡是悲戚之容，所聞盡是歎息之音，幾會見人們的嘴角浮出來一絲兒笑容？又那會見人們的心胸蘊藏了一點兒歡樂？怨恶，悲憤，哀傷，絕望，一種錯綜複雜的情緒，充塞着他們的心靈，但他們的悲淚只有倒向自己的眼內，他們的哀憤亦只有沉埋在自己的心頭！現在，大陸的人民却默默的念着，漫漫的長夜幾時終結？天邊的晨曦又何時綻露呢？大家都心如懸旌的盼着那一天，散播夜幕的「紅星」忽告隕落，而「白日青天」重來照臨這錦山繡水的中華大陸！

在「解放」以前和「解放」初期，大陸上的人民，會經帶着疑慮惶恐的心情去迎接「解放」，他們亦會期待過中共帶給他們安居樂業的日子，並會幻想過中共會「言出必行」能九十度角地轉變他使用了二十餘年殘民以逞的政策。但「解放」未到半年，「民主專政」下的億萬細民，就面臨着史無前例的一大刼運；「清算」「鬬爭」「公糧」「支前」「參軍」「重關」「萬稅」「突擊檢查」「集中訓練」等連續不斷花樣翻新的徹底「迫害」，壓迫他們跳進失業貧困饑餓絕望的深淵，使他們廣泛的感着一種迫切的生命的威脅，使他們過着失却自由在恐怖中喘息的可憐的生活！「人民政府」的「德政」，是迅速地粉碎了人民生活好轉的幻想，並使老百姓揚棄了對於中共政治變好的期望，他們現在已認清中共的狐狸尾巴，亦理解「人民政府」的葫蘆膏藥，他們再不希望鐵樹開花的奇蹟突現，中共能「搞好中國」，他們只像旱晨之望雲霓般的盼望着國軍的反攻，大陸的重光！有的却在默禱第三次世界大戰的早日爆發，原子彈從天降落，使中共和他們同歸毀滅！

爲什麼，大陸的人民對「人民民主專政」的現實政治這樣的悲憤呢？又爲什麼他們向背中共的心理這樣的判然前後呢？事實勝於雄辯，時間又是善恶是非的最好權衡，過去隱晦着的眞與善，都從現在僞與恶的對比中顯露出來。人民現在明白過來了：缺乏效能的白色「腐化政治」，當可從容割治對症治療；而「大力」「專政」的赤色「極權政治」，却使國家病入膏肓無可救藥，人民過着「苦痛」的生活，尚存一線解除「苦痛」的希望，而在生活上感到「絕望」，則人民已走到生命的最後邊緣，且在今日饑餓垂斃的狀況下始認識過去粥麵渡日的價值，今日徬徨失業的時候纔知道過去有工作的幸福，生活在恐怖迫害中乃明瞭自由眞是個價值連城的寶貝，而在中共作徹底的有關個人歷史思想及家庭階級性的坦白「淸算」中，總會感念國民黨萬流歸趣的海洋般的寬容，因爲今日中共的罪恶昭彰，大陸上的人民，只會戀念過去生活自由的幸福，完全忘記了國民黨往日遺落的瑕疵了，他們都深深的感到，現在纔面臨國家存亡的關頭和個人生死的大劫，能否安然的渡過這個劫運，則有賴一盞明燈的引導！現在大陸人民唯一的希望，只在東方的一點，這一點就是東方的臺灣，他正如雲霧掩蔽着的太陽，幾時能撥雲霧而見天日，使燦爛的陽光重來照臨中國的大陸呢？百分之九十九的人民，正在焦急着向東瞻望着！

現在，大陸的人民，從中共基層幹部的答問中，已經明白所謂「翻身」而爲「民主專政」主人的「人民」，是僅指中共的各級幹部和少數在地方上橫行稱覇的地痞流氓；他們雖然不是定爲罪犯的「國民」，但亦不是掌握政權的「人民」，他們却是上不頂天下不着地線懸中空以供中共驅策奴役和玩弄的「群衆」，所謂「人民專政」，「解放」「翻身」，是中共誘使他們「支前」「參軍」的糖衣。「群衆」已在中共蒙蔽欺詐的戲法中，自由被「專」了，財產被「解」了，更在水深火熱的絕望死亡線上，不斷的「翻」着觔斗！

「人心思漢」，現在的事實證驗了蔣總統過去的預言，他似乎會經說過，中共「解放」了一個地區，國民黨就獲得那個地區的人心；全國「解放」了，效忠國民黨的人民就普遍了全國，大陸上的人民，尤其是農工商民，始終是相信，只有蔣總統有辦法來挽回中國的厄運，只有蔣總統有魄力來拯救水深火熱的大陸人民，當他們從秘密收聽臺灣總統復職的廣播中，聽到元首仍是一片宏壯的聲音，激昂的語調，個個都說「國民黨還有希望，中國的前途依然光明，因爲蔣總統的氣勁充沛，必有力量打返大陸」他們又常常替元首推命，也說『辰運到了「庚寅」，流年甚利，無往不吉無事不成』。某市商民，亦會在呂祖處扶亂，去籲請聖靈的啓示，去年臘盡求得的是：「白（指國軍因有白軍之名）虎（指庚寅年）歸山（指返大陸）尋舊主（指人民）；兎（指辛卯年）含（普遍之義）青（指青天白日旗）草罷干戈（指天下太平）。」今年春節求得的是：「世事渾如一局棋，子分赤白任施爲。砲安台（指臺灣）後江山震，車（指唐克）到河（指黃河）邊相士悲；無足馬（指飛機）來侵殿角（指北平），中宮帥（指毛澤東）出走京門。空言兵卒强無補，籠得人心是根基！」這些雖然是人民迷信的表現，但却已充分的反映着大陸背「共」歸「國」的人心。廣東沿海一帶，在去年冬忽然傳播着一種童謠，孩童們互相指着對方的眼睛傳唱着「瞳孔瞳孔（中共中共），明年眼睛，永不相見！」雖父母禁誡亦不能絕，而在沒有成人的兒童羣裏，又嘗可聽到「東方日出太陽紅，中國出了一個禍國殃民的毛竹筒！」或「東方日出太陽白，好在中國有個救國愛民的蔣介石」等歌聲，現在，大陸人民等待「天亮」的心情，是萬分焦急的，他們都以爲殘喘苟延亦只能到今年的冬天，他們恨不得「人民政府」即刻塌台，而和國民黨馬上重逢，雖然，海南舟山的撤退，會在他們希望大陸重光的心頭上，投下了近乎絕望的暗影，但美國露佈了她鮮明的保台態度及南韓的烽火滿天，却又在他們等候「再解放」「眞翻身」的希望上，點燃了亮光！

不過，大陸上的人民，對於國軍在台提出「確保臺灣，反攻大陸」的戰略口號，却認爲有重加考慮的必要，他們以爲這個口號應改成爲「反攻大陸確保臺灣」，因爲確保臺灣未必能反攻大陸，而反攻大陸則必可確保臺灣，運用攻勢的戰術始能在守勢的戰略中取勝；殷鑑未遠，過去國軍在大陸上的失敗，癥結所在，就是在守勢的戰略中去採守勢的戰術，假如沒有源源不絕的忠貞人民來補充戰鬭的人員，又沒有廣大區域的豐富資源來供應戰鬭的給養，想單靠一個小島的人力物力去進行「確保「而又」反攻」的偉大工作，又有誰敢確信其能成功，大陸的人民，又以爲地方性的士共不是烏合之衆就是兒戲集團，實不堪一指的彈擊，而中共「野軍」的「無敵」，又是國軍過去不戰而退所造成，亦是虛張聲勢，裝配較國軍低劣，僅以數量取勝，實不足爲慮。此時，大陸已天怒人怨，中共亦四面楚歌，在此千載難逢的機會中，國軍尙不急行「反攻」，又將待何時？他們以爲國軍過去如相信人民的力量，肯放寬尺度，讓人民建立防衛自己的武力系統，則中共決不能有今天的跋扈驕橫，若今日國軍挾有新型裝配的大軍一二十萬，在大陸邊緣任何一點登陸，亦必能風吹草偃，摧枯拉朽般迅速解決了中共的大軍，何況只要「反攻」戰的號炮一響，反共的勢力必在大陸上蜂起而雲湧，而大陸的人民亦必簞食壺漿作熱烈的歡迎，知已知彼，纔能百戰百勝；把握時宜制敵機先，實較計算更爲重要。過去孫中山先生的革命，蔣中正先生的北伐，都是乘時而起，得時而成，當時又那會計較形勢的强弱，成敗的利害呢？大陸上的人民希望國軍的反攻，雖不免過於操切，但他們出自虔誠的意見都並非憑空虛構，而是値得國軍統帥部予以考量的。

客有問大陸的人心究竟怎樣？筆者，今日可以簡單的答復一句：就是大陸的人民是萬衆一心，他們只有一條心向着臺灣，只有一個心擁戴蔣總統。他們盼望着國軍的反攻大陸，盼望着中國的新生重光！

舊金山通訊

美國民意趨於援華

·榆　林·

編輯先生：我今年十六歲，初中畢業，最近才到美國，在香港時，我曾看過很多期「自由中國」，在我的心目中，認爲「自由中國」是反共言論的堡壘，我沒有到過反共聖地的臺灣，然而我從貴刊中看到自由中國一片新興氣象，不禁使我神馳響往！國家興亡，是任何一個中華民國的國民所不能逃避的責任，反共應不分易女老幼，現在寄上一篇短短的文字，請指正，如蒙刊登感激不盡！

中國是站在反侵略反極權的前哨上，今天，在整個爲赤色洪流所襲擊的世界，中國堅強地爲保衛全人類的自由而向極權侵略者奮鬥！

中國有悠久愛好自由的歷史，有廣大正義的人民和遼闊的土地，然而不幸爲俄寇及其走狗共匪所侵略，使自由的歷史，爲之汚瀆，四億五千萬的同胞受極權主義的壓迫，爲異族的奴隸，錦繡河山，染上了腥紅赤色。

這是大時代的變動，自由主流與極權逆流的冲擊，中國在過去八年中，曾戰勝了法西斯的日本。暫時的失敗，並不能使我們廣大的同胞向赤俄帝國主義者屈服的，今天自由中國在英明的偉大領袖蔣總統領導之下，忍辱負重，接受過去失敗的教訓，勵精圖治，來挽救我們陷於水深火熱的同胞，站在世界反共的前鋒，向赤俄帝國主義者挑戰，

可是，中國是個農業的國家，經過了八年對日抗戰，元氣未復，而共匪又乘機竊亂，在物質方面，需要外國的援助。

在目前美國援華的呼聲，高澈雲宵，這種正義的同情，値得我們感謝的，雖然實際的援助，還不滿人意，然而積極性的援助，總會實現的。

現在，美國民意，主張給中國以軍事援助，我們知道民意是一股急潮，它底力量是無可比擬的，以下是三藩市權威時論，每日新聞（The San Francisco News）的專欄登載，關於民意援華的測驗。

今天，美國政府已改變對蔣總統的態度，義務負起戰爭的原料和軍需，最近一部份美國國民，亦轉換其態度，趨向於中國國民政府，這種潮流趨勢，由於民意測驗的判定，就是美國應以軍事援助蔣總統防守臺灣。雖然民意測驗同意於援華的，還不到全數的一半，但與去年十月同樣的測驗，有很大的差別，那時僅四分之一主張援助中國的。

以下是最近民意測驗的結果。

題目是：「你認爲美國應否援助蔣總統與國軍以軍事供給，防守臺灣呢」

應該：百分之四十八。不應該：百分之三十五。不表意見：百分之十七。徵求這種意見的測驗，是完成於七月中。

當去年十月，國務部發表白皮書，將中國責任放棄之後，曾舉行關於中國問題的民意測驗，其中一項問題是：「你以爲美國應否嘗試援助蔣總統呢？」結果是百分之二十五贊同，百分之四十四反對，而百分之三十一不表意見。

中華兒女，黃帝子孫們！遙望中原，受帝俄壓迫的同胞，正在痛苦的呻吟，呼喚着我們，去拯救他們。我們應該自力，更生，自助人助，更應該勇敢地接受時代的鍛練，負起歷史空前的偉大責任，爲國家也爲人類的自由而努力！

文藝

駱駝（上）

殷勤

「駝鈴聲宛在，人影夢依稀。
大陸沉淪日，將誰話昨非！」

這兒正是那風振塵飛黃沙漠漠的塞上，成年裡沒有一點青綠的顏色，從玻窗中望出去，不是皚皚的積雪，便是茫茫的礫石。天連着地，地連着天，視野遼闊。偶然西天的晚霞，着意地燦然悽艷，泛出澄紅或橘黃的色彩，將玻窗映成一格格玫瑰色，淡青色，金黃色：的透明水晶塊，或是崁裝成一方方的紫玉。那時，才稍稍使人感到一絲溫情及生趣。

這是一所兩丈見方的房間。東西毗連着十幾間同樣規模的宿舍，南北兩面牆上開着同樣大小的四扇玻窗，房門是向南開着的，門外順着屋簷下有一溜三合土平鋪着的走道，走道外便是茫茫蒼蒼的大戈壁沙漠，，每天單調而平凡地平鋪直展在眼前，朝北的一排窗戶，正下臨着懸崖，隔着崖下的兩岸沙灘及一條狹小的河流，遙對着那嵯峨的祁連山岡，山勢是不斷的起伏延綿，有如一條大恐龍似的，弓起半段脊梁骨正對着我們，而它的首同尾卻都隱沒在千里外的雲端裡，半山腰上有人工鑿成的許多像蜂窩般半圓形的土洞，每天有許多人們從那裡面爬出爬進，螞蟻似地忙碌着。「祁連山」，這從前在幼小時曾經在地理書上讀到過的名詞，模糊而遙遠，不料現在竟淸晰地呈現在眼前，而且我腳下踏着的也是祁連山麓的沙土，口裡飲着的也是祁連山中的雪水。大地永遠像母親一般地愛護着我們，還抱着我們，使我們人類走到任何處都有一安身託命之所，而我們人類對大地究竟有何功績有何貢獻呢？

這兒是礦區，住在這所宿舍的人們，都是一些來自東南西北有志開發塞北的青年，他們都是雄心勃勃地甘願忍苦耐勞，與冰霜風雪戰鬪，與沙礫石塊戰鬪，唯有我，只是因了偶然的因緣，寄寓於此。自從子展因公走了之後，我便獨自遷到這所單身職員宿舍裡來。搬來還只三天，一切人和物都顯得是那麼樣的陌生冷漠，除了每天清晨有一位年輕的孩子進房來打掃，送水，加煤，及一日三餐到飯廳中吃飯外，整天很難得見到人影，尤其當辦公時間，全宿舍的人都上班去了，連人類的笑語聲都聽不見，只有寂寞伴着我，而我伴着我的懷念。每天我吃，我睡，我醒起，而又吃、睡、起，這樣毫無意義地浪費着我的青春同生命；門外經常堆積着尺來深的冰雪，寒風呼嘯着，冷同滑阻止我出外散步，只是整日對着玻窗發怔，想着想着，有時從那縈繞在窗外祁連山峯的白雲深處，似乎湧現出許多親人的幻影，在向我流淚或微笑，特別是母親的面影，經常表現出躭憂而慈祥的神色，擴大在無邊的空際，旋轉着，浮沉着，愈轉也愈快愈大愈近，似乎充塞在天地之間，直到積雪的玻窗上籠罩了一層我呼吸的水氣，一切都模糊不清了，盤旋在我腦中的幻象才稍稍淡褪下來，等到我擦掉玻璃上的水霧，窗外的景色復顯清明時，第二個第三個幻象，又一個連着一個，浮現在這些變化無常的煙雲中。時間久了，我不禁深深地喜愛着這對岸的山巒及白雲，只有它們，才是唯一埋藏我似水愁懷的所在。

有時從南面玻窗往外望，大戈壁灘上穹窿形的地平線，在青天與白雪之間，淸晰地呈現在眼前，天與地只是以此一線分隔，偶然在這大弧線上映現出一隊淡墨色的駱駝身影，蜿蜒而遲緩地徐徐移動，駝蹄下是一片皎潔的冰雪，背襯着清明的藍天，正如一幅勾勒在藍絹上的水墨畫。直到大隊駝影順着弧形的地平線緩緩地向下而傾斜而消逝，一切泯滅無痕，又如造物者從天際垂下手來，將這一幅白描，從這塊最大的藍色石板上順手抹去，而預備另行着手渲染山水人物畫面一般。有時駝隊走到近窗處，它們項下的銅鈴「丁當丁當」地隨風飄出清朗而有節奏的音調，牧人們吆喝着，獵犬們嗚吠着，駱駝昂首長嘶，這時，窗前便顯得異常熱鬧，打破了一切靜寂。

「看駱駝，看駱駝！」從斜刺裡忽然跳出那位年輕的打掃宿舍的孩子，手指脚劃地跳嚷着：我想童稚的他，平時也感到孤寂吧，深山窮谷之中連駱駝來了也成了可喜的賓客。

「駱駝氣味眞難聞，是嗎？」他跳到窗前，看見我也在那兒凝望，便向我搭話：「它們冬天還好看，夏天身上的毛脫得一塊塊的，難看極了，像癩痢頭。」他天眞地說着。我笑了一笑。

「從前我家裡也養過好幾匹駱駝，後來爲了安葬我爹，統統賣光了」

「你家在那裡？」我問：

「在流沙臺，就順着這後面河岸向東走二十里，半山腰的就是。」他一面說一面用手向北窗外一指：

「你家裡還有些什麼人？」

「還有娘，四個小兄弟，小時都死掉了，只剩下我一個兒子。」

「你今年十幾歲了？」

「十五歲。」

「認得字嗎？」

「讀過小學四年級，還考過第二名呢！」他笑着說。

「那很好，爲什麼不接着讀下去？」

「還不是爲了娘！娘老了，又有病，作不動事，自從爹死了後我就出來作工。到現在已經作了半年的工，每個月捎幾個錢回去給娘用。」他說到這裡，又轉身拉了拉他那穿在身上似乎過長的黑布厚襖褲說：「您瞧，這是娘上個月託人給俺捎來的，爹的舊衣服改的，新添的駝毛心子，娘親手作的，穿得好暖和。」

「你娘很疼你！」

「娘自己捨不得吃，捨不得穿，我每月帶回去的錢，娘都說儘量存起來給我作衣服，娘老了，快六十了，可是她自己還沒有一件老羊皮過冬。」

在塞北，穿駝毛襖及老羊皮是很普通的事。這裡不出產棉麻絲綢，即使有也無法抵擋那零下二十幾度刺骨的寒氣。在戶外工作的人們，大多是反披一件長毛毵毵的老羊皮，攔腰繫一根寬帶，腳下踏一雙厚氈呢作的「氈窩子」，這樣才可以稍避風雪的襲侵；在戶內，便經常利用馬牛駱駝等獸糞，燃燒土炕取暖，晚上一家人都睡在這差不多佔了大半個房間的土炕上，藉着炕下的燃料使週身血脈流通，也可省去被褥，至多就將白天穿的那件老羊皮或是駝毛襖蓋在身上，所謂「日作藍衫夜作被」，所謂「馬糞如香細細焚，」正好作此地居民日常生活的寫照。這裡的小孩子更可憐，因爲沒有餘布作衣服，秋冬之際大多還赤裸着全身，在戶外陽光下爬行取暖，體質堅强的便在風雪中自然成長，養成耐冷耐勞的習性，體質先天柔弱的便易在苦寒中夭折，甚至於十四五歲的大姑娘還沒有褲子穿，通常多是穿着一件長不逾膝的半截襖，下面光着兩條小腿，在寒風中戰抖着。

「張阿萬！」一付粗啞的嗓音吆喝着：「成天貪玩，還不快來擦桌椅！」廚房大師務挺起高大的肚皮，昂着油黑的圓臉，從走道的盡頭處現了出來，又着一雙手氣勢洶洶的吒責着：

「對！」張阿萬像一條小黑貓似地一溜煙跑進飯廳中去了。

冬天過去，冰雪漸漸溶，屋簷上許多倒掛着像刀劍似的冰柱，也開始在溶化，在滴水，日子住得久了，整天看山，看雲，看沙漠，看駝羣、看冰雪、看潺湲在兩山間的狹小河流，看藍色灰色白色黃色的單調的天和地，光陰像流水般從我手指縫中大把的漏了出去，我心痛着這些一去而不復返的歲月，所幸我對這些左鄰右舍已逐漸的由陌生而熟悉，同時我也已有了一個不大不小的職位，每天也隨着人們乘大卡車上班去，早上人們像潮水似地湧進辦公廳，晚上又潮水似地退了回來，星期天，不是老楊邀出去溜冰，便是小周約出去跑馬，這些生氣蓬勃的青年們，一分鐘都不肯停留地發揮着他們充沛的熱力，其間最有趣的還要算打獵，記得第一次打獵的時候，張阿萬進來報告說「車已預備好了」，大夥兒頓時興高采烈地背上獵槍，牽着獵犬，工友們也提着些水壺，乾糧，子彈之類，一窩風地爬上大卡車，馬達開動了，卡車像一頭巨大的雄獅在曠野中寂寞地怒吼着，不一會兒遠遠地從地球的弧形邊緣上，發見了成百麅群的影子，細長的腿，高挑的角，正都低着頸項一步步在砂礫中覓食着帶刺的野草。（未完）

（接第18頁）

鄭成功之攻取台灣確是一件艱巨的工作，軍事上屯兵堅城之下，須時時提防敵人的反攻與增援，政治上須爭取番人與荷蘭人的合作，最少須使他們不爲荷人之助，經濟上尤須解決糧食給養問題。在漢人與荷蘭人的鬥爭中，番族確有舉足輕重之勢，他們的態度至關重要，郭懷一的失敗就是顯著的證明。但是此次戰役番族對於國姓爺則頗爲順服，赤嵌「各近社土番頭目，俱來迎附，如新善開感等里，藩（成功）令厚宴，幷賜正副土官袍、帽、靴、帶。由是南北路土社，聞風歸附者，接踵而至，各照例宴賜之。土社悉平懷服」。成功並親至蚊港，考察番社向背，所過之地，「土民男婦壺漿迎者塞道」。成功分別慰勞。賜之酒食，「甚是喜慰」。（均見從征實錄）。三十餘年來荷蘭的宣教師對番族的多方誘導，使爲己用，而鄭成功則竟能於幾天之內取得他們的支持服從，雖由於成功的處置有方，主要的原因仍是番族和漢族一切比較接近，關係畢竟不同。陰曆七月間某鎮官兵一度激變大肚土番，發生嚴重衝突，成功立即派遣大員監制各軍，嚴禁騷擾，並將該鎮移調他處。可見其對待番族絕不採取高壓，確能持平辦理。

至於糧米問題，東征以來，無時不虞匱乏，如澎湖阻風之時，反圍攻台灣城的初期。這時成功雖已將各領分派汛地屯墾，但是解決不了目前的急需。除就地徵購，並搜查荷蘭所積外，須由戶官自內地接濟。陰曆七月「戶官運糧船不至，官兵乏糧。每鄉斗價四五錢不等，令民間輸納雜子蕃薯，發給兵糧」。一個月後，「糧船猶不至，官兵食木子充饑」，時有發生譁變的危險，成功憂慮焦急，派承天府尹楊朝棟及楊英往鹿耳門守候，凡遇有糧船東來，盡行買糴給兵。並以黃金向番社購買禾粟。官兵每日只食二餐，多有病歿。凡此均可見成功處境的艱危，及其光復台灣所經歷的困難與險惡的一斑。

巴達維亞方面一向不滿於揆一，前派援台司令范德萊恩（Van der Laan）尤多方詆毀。一六六一年六月二十一日（中曆五月二十五日）免去揆一總督之職，改以柯蘭克（Hermanus Clenk）繼任。兩天之後，得知國姓爺侵入的警報，又立即撤回揆一的免職令，集戰船十隻，士兵七百人，由一個毫無軍事知識的喀游，（Jacob Caeuw）統率，於八月十二日（中曆七月十八日）到達台灣（柯蘭克於西曆七月三十一日到達，始知台灣發生戰事，不敢上岸，數日後走日本）。因爲風高浪大，一時不易近岸，九月十六日（中曆閏七月二十三日）喀游反攻，損失大小戰船五隻，士兵一百二十八人，鄭軍亦有相當傷亡，「自是甲板永不敢犯」，瓜哇的援軍失敗。十月間城內守軍兩度襲擊，亦無所獲，喀游堅請回巴達維亞，公司人員反對。十一月間揆一得福建清方來書，亦商共同作戰，決派船夾攻閩南鄭軍的根據地，牽制其台灣兵力。喀游自報奮勇前往，結果則乘機逃走，藉口遭風，遁回瓜哇。台灣城荷人大爲失望，十二月拉第斯（Hans Jurgen Radis Van Stockaert）等出降，盡洩城內虛實。

一六六二年一月（永曆十五年，順治十八年十一至十二月）鄭成功集中兵力，並建築砲台三座，二十五日（十二月初六日）分自東南兩面開始猛攻，占領附近的重要地區，台灣城遭受到嚴重的威脅，城內能戰的守軍僅餘六百人。揆一雖仍主堅守，公司會議則均認爲無法再戰，決定向國姓爺作和平談判。二月一日（中曆十二月十三日）雙方成立了十八條協議，揆一將公家倉庫銀兩，火藥火砲等全部繳出，其餘珍寶珠銀私人所有，悉聽其載去。淪陷三十八年的台灣，完全光復，鄭成功「遂祭告山川神祇，改台灣爲東都」。（本節完）

中篇連載

荻村傳（十一）

陳紀瀅

不一會兒，祇見幾個幹部擁推着張五爺、黑心鬼、大粗腿走上了枱子。他們三個也不知犯了什麼法，臉上都顯得張惶失措。張五爺好像很生氣的樣子，兩撇小鬍越發翹得高了，滿臉橫肉不住地顫動。黑心鬼、禿着頭、睜睜眼、搔搔脖子，不知是福是禍。大粗腿露着一嘴黏滿了牙穢的大黃牙，抽抽縮縮，大眼瞪小眼，從枱上望望枱下。因爲天冷有風，他們都有點哆嗦。

當王子和和他的幾個幹部帶領傻常順兒走到枱上，所有枱上枱下的人都凝目瞪着傻常順兒，他已然脫掉那套槐花汁黃色保安隊的軍服，換上一套八路軍的湛藍的制服，他還是光光的頭，兩隻牛眼，鼻子下面還是那麼骯髒，兩隻耳朵向外聳立着，他瞅了瞅枱上的張老五，黑心鬼，大粗腿；又瞅瞅枱下的人山人海，「嘿、嘿、這是要唱什麼戲？」他默默地想。

王子和宣佈開會。他首先說：

「你們知道，我們共產黨一切是爲人民的，人民有痛苦我們就要爲他解除。荻村，這幾年來，幫日本帝國主義欺壓鄉民，貪污自私的國特就是你們的村長張老五，黑心鬼和大粗腿。我們八路軍早就有調查。現在讓他們當着人民面前，坦白他們的過錯，讓人民給他一個公正的審判。」「張老五你先坦白！」

張老五，過去是一村之長，是土皇帝，有尊嚴，有權有勢，哪從受過這種窩囊氣？但八路軍的厲害他是知道的，他低着頭，想用不言不語，表示他的抵抗。

「張老五！你快說吧！坦白承認你的過錯，我們共產黨是最原諒好人的。」

張老五雖然奸巧，然而還抵不過共產黨幹部的譏詐。「好，我說，」他走到枱前。「我張老五給村中管事自個兒覺着還沒有什麼錯，我對得起鄉親們。」

「哈、哈、哈、哈」，一連串的輕蔑笑聲從人簇中立刻揚出。

「笑什麼？」王子和問。

「他不坦白！讓傻常順兒同志指出他的錯失！」那散佈在人簇中的幹部說。

「傻常順兒同志！你說，你當保安隊是不是張老五派的？」「是！」「扣兒蘑菇家的棉花是不是他逼着賤賣的？」「是！」「他是不是包着小寡婦？」「是！」「修公路，他是不是當中尅扣了錢？」「是！」「還有什麼？」「他，他，挑唆着狗兒老咬霸佔了『扣家的產業』？」，「還有什麼？」這時枱下人聲沸動，起初誰也不敢說，不好意思說。一來是老百姓多年的積怨，二來八路幹部的佈置，於是東一個說長，西一個說道短：

「他那年非多讓我多出兩塊錢不介！」「他借了我幾斗麥子沒有還！」「他侵佔了俺家一隴地！」「他罵過俺家孫子！」……

「够了，張老五，你還說什麼？人民的話還有虛假嗎？」

「黑心鬼！你坦白！」王子和把張老五推到一邊，把黑心鬼拉向前。

「我，我，我想來想去，只有對不住常順兒！」

「好，你坦白下去！」

「我早些年常常叫常順兒給我起糞，有一次，我沒給他錢。」

「沒有了嗎？」

「再想不起什麼。」

「呸，想不起什麼？那年直奉戰，若不是你他媽的，俺家拴子不會死，北頭地狗子也不會亡！」這是張一刀的聲音。

「這，你還說什麼？」王子和怒目斥責黑心鬼。隨後又叫大粗腿。

「大粗腿！你是狗腿子，你幫兇，你趕快向人民坦白！」

大粗腿活了一輩子沒聽見「坦白」二字，自已指着自已的鼻子罵親娘祖奶奶，可算是天下奇聞，生來的賤骨頭；但眼看有權有勢的張五爺已然被他們糟蹋得抬不起頭來，自已算老幾？他們還擱在眼裡？想來想去，活了這麼五十多歲，僅當了幾年地保，雖然自已使過些昧心錢，幹過些對不住人的事，然而也犯不上挨他們的羞辱，他越想越寃屈，最後他竟「哇」的一聲哭泣了，他還一面說：

「王指導員！我若是幹過壞事，我他媽要挨天打霹靂轟，八輩祖奶奶倒血霉！我，我，我，除了有一次爲小寡婦和常順兒打，打，打過一次架以外，我，我對得起他。」

「大粗腿　我們共產黨從來不盟誓，天打霹靂轟，抵不住人民的公正審判！人民的眼睛是雪亮的。傻常順兒同志！你說說大粗腿做過的壞事！」

傻常順兒本來恨大粗腿，想藉機報仇，已有多年，這回勾起他千年萬年的心事，突然一陣酸痛，不知說什麼好。最後冒出了一句：

「大粗腿！我操你的親娘祖奶奶的！」罵完，「哵」「哵」牛叫似地哭了。

「大粗腿！你還說甚麼？你看你把傻常順兒同志欺負成什麼樣子？人家一想就心酸，只能恨得罵你，說不出話來。」

這時枱下人羣中喊着：

「有寃的報寃！有仇的報仇！打死國特，打死蔣介石的走狗！我們窮人翻身了！我們窮人翻身了！」跟着有一個人大聲喊：

「指導員！這三個人民的罪人，既然承認了錯，我們人民要求指導員給他們嚴厲的制裁！」

「擁護！擁護！」一片響應聲。

人民公審大會完了的深夜裡，荻村人民被連續槍聲驚醒了酣夢。第二天清晨，張老五，黑心鬼和大粗腿三具屍體已殭仰在荒郊。

傻常順兒同志已榮任共產黨治下的荻村的第一任村長。經過無數次「鬪爭」「清算」的結果，傻常順兒已然由扣兒齋菇家又髒又臭的牲口棚，升遷到張舉人家的住宅，也是張五爺的公館。如衆所週知的，座北朝南的大門口，一流五間大廈間門，正當中，釘着大黃銅環的黑油漆全身披釘的黑門，兩隻雄糾糾的青石獅。過門洞，一道白粉映壁牆，向左首拐，南間五間，過垂花門，一個大四合。過遊廊，穿甬道，又是一個大四合。正房一流五大間，東西廂房各三間。院裡有假山，有花架。雕梁畫棟，玉階朱欄。這麼寬敞的房子，只有一個人住，好不濶氣！。

我們的傻常順兒同志，第一夜睡在當年張舉人特從關東運回家的一張鐵牀上，顫巍巍地使他半夜闔不上眼，他還是從牀上挪到炕上，才覺得受用。

他躺在牀上，忽然憶起：當年住在關爺廟裡關老爺給他託了一夢，告訴他：「四十年後，你要大富大貴，住最好的房，穿最好的衣裳！」掐指算一算，可不是，恰好四十年了。我今天住上了最好的房，官兒的皮的緞的所有好衣服都給我穿了。關老爺眞有靈驗！

他正想得很得意，忽然聽見從遠處送來一陣淒慘的哭聲，他爬起來，振着兩隻耳朵，靜靜地聽，好像是鄰居，婦人的聲音，再傾聽一下，原來是歪歪桃兒的哭聲。歪歪桃兒自從「掃地出門」以後，遷到隔壁去住，只隔一道牆。傻常順兒聽了她然哀痛的哭聲，心裡很生氣，他想開開門去警告他，不准她再哭，恰好是臘月的上弦，月光清亮，他一開門，便見一個黑黑的人影子，再一看是張老五向他走來，傻常順兒嚇得頭髮豎立，全身汗毛打戰，他高聲喊：

「有鬼！有鬼！」

十一、傑作

張五爺、黑心鬼，大粗腿被槍殺和傻常順兒榮任村長，並且獨據張舉人家的宅第，這是荻村人連做怪夢也不敢做的奇事。正因爲把不可能變爲可能，一切反傳統，反倫常，打破道德觀念和姑息情性，用殘殺制服怕死而求生的本能，用事實誇張它的成功。張五爺是荻村土皇帝，誰能殺他？張舉人是官宦人家，誰敢强佔他家的房產？傻常順兒是個屎蛋加三級的大傻瓜，有什麼資格當村長？又怎配住張舉人家的房子？這些不可能的問題，已屬於另一世界，在共產黨的國度裡，這就叫做「革命」，「解放」。於一切是對於共產黨懷疑而却生活在共產黨範圍以內人民懾服了，驚奇共產黨原來才是比皇帝更有權威的人類主宰！

當王子和再宣佈把龍妹——張舉人愛妾歪歪桃兒的愛女，一個二十多歲的少女配給傻常順兒的時候，全荻村村的人無不驚訝：「那怎麼可以？」「這不是罪孽嗎？」

大腳蘭兒聽說要把龍妹配給傻常順兒，她跑向王子和哀告：

「王指導員！你脩脩好吧！常順兒當了村長，已經是冒了天，他已經六大七十的咧，你要給他說個媳婦，也不要緊可是要歲數人品般配，才能白頭到老，龍妹是官兒家的千金小姐，人家長得眉是眉，眼是眼，年紀才二十出頭，是黃花閨女，常順兒任憑他怎麼强，也不般配。我老婆子當了一輩子媒婆，我說的媒，差個十歲八歲的有，雖然不能說個個門當戶對，總差不了天上地下，可是今天這樁親事不光是一朶鮮花落在狗屎上，還是……」

「還是什麼？你這頑固老太婆，你懂得什麼」

王子和繼續命令他的同志們把龍妹立刻從她家拉出來，送給傻常順兒同志去。

大腿蘭兒聽說立刻要把龍妹嫁給傻常順兒，急得她趕快向王子和跪下，哭得淚漣漣似的：

「請王指導員脩脩好吧，你饒了龍妹吧？」

「混蛋！老太婆！等着，我還要叫你嫁個小小子兒！」

晚上，所有村中共產黨幹部由王子和領導，包圍着傻常順兒鬧洞房龍妹被大家糟踐得欲死不能的時候，有人來報告說，她的母親歪歪桃兒已經懸樑自縊了。

王子和同他的夥伴們去到隔壁把歪歪桃兒的屍體平放在地下，還看出她殞消了的玉容，但不見了龍英。

一陣「哈，哈，哈」集體的冷笑聲隔着牆送入傻常順兒屠場式的洞房內。

第二天清晨，傻常順兒朦朧一夜醒來，才發現他蹂躪了一夜的龍妹已然變成了瘋子。

龍妹披散着頭髮，把自已的臉搔成了無數的血流，她敞着懷，跣着足，先把室內她父親張舉人所遺留下的穿衣鏡，翠瓶盤和所有瓷器都一一打碎，然後拿起一把菜刀，發着尖銳的呼嘯，她就跑出去了。

傻常順兒緊跟在後面。

「傻常順兒，你這該死的王八旦！我殺了王子和再來殺你！」

龍妹在街上，大聲號啕着：

「王子和！王子和！你殺了我的娘！你糟蹋了我！我要報仇！你出來！你出來！所有你們共產黨出來！我要給你們拚命！」

初春，寒風颳起來，天氣比冬天還冷。昨晚，荻村人爲龍妹下嫁傻常順兒和她娘歪歪桃兒吊死的事都感到心靈上的不安。一清早又被這淒慘的喊叫驚醒，都聚攏在街頭，忍心來看龍妹的號啕。

小淘氣兒眼裡含着淚珠，上前來勸阻龍妹，龍妹一見，「你就是王子和嗎？你殺了我的娘！你傷天害理，我非給你們共產黨拚個死活不可！」說着，着說，拏起那菜刀來向小淘氣兒劈去！

（未完）

克里姆林宮中的貓

關皖同譯

韓國戰爭將要把世界領到什麼地方去？緯度三十八度以南的山地上的野火，只是在朝鮮半島燃燒？或是將波及整個世界，以致引起原子戰爭把世界上的大都市完全毀滅？或者這個戰爭只不過是一串小規模的戰爭，把美國和她的同盟國拖到一個幾十年的長期的戰爭？

在議會和一般會議席上，受驚的世界討論這些問題：甚至在舖店中，在家庭裡，都可以聽到這些問題，除此以外，或許有更多的問題要討論。答案是在克里姆林宮墻裡面花白頭髮，像貓一樣的老人的腦裡。克林姆宮中的貓還要跳嗎？如果他想跳，他該怎樣跳呢？或者他叫得很和善、像他以前騙美國人一樣，向他叫喬叔父？艾登(英保守黨副黨揆)用英國人講故事的方法，上週把這個問題說得很透闢，在下院裡，他倚着一個皮製的發文箱說：

「今天，我想起在一九四一年冬天，當戰爭很殘忍的進行的階段，我和史太林元帥的一段談話。一天夜裡，當我們討論過當前局勢以後，我們漫無目的談談，話題轉到希勒特。那時，希特勒的軍隊離莫斯科只有四十英里，我們談到他的性格，我記得史太林作這樣的評語『我們不應該小看希特勒，他是個很能幹的人，但是他犯一個錯誤，他不知道什麼時候住手』。

「我笑了！但，斯太林元帥轉過頭對我說：『你發笑，我知道你爲什麼要笑。你想要是我們一旦勝利，我也將不知所止。你錯了－我知道』。

艾登作沈思的樣子：「今天晚間，我懷疑是否已經到了他可以追憶這幾句話的時候。是否已經到了應該住手的時候」。

有一位英官員，他把整個的時間用在揣摩史太林上面，對於艾登的故事作一個明智的批評：「史太林可以知道何時歇手，但是他也知道何時動手。」

這個批評眞是透入了這個問題的核心。史太林和他所控制的力量，能屈，能伸，能轉，能扭，能瓦解，能烏合。史太林公司的罪惡是屬於精神的，而非屬於感情，他們的計劃冷若二月裡伏爾加河的水，而乾燥像馬克斯寫的東西一樣。斯太林公司可以瘋狂，但他們却下一手好棊。

他們屬於一個新的職業，專權的事業家。他們追求權力一如順從外科教科書一樣，而且出之以外科醫生冰冷般的集中意志。這並不是說他們不會錯誤，他們常常犯錯。但他們永不驚惶，不因衝動而行動，而且永遠出之以冷酷。

首要的，一個對克里姆林宮中的貓下一行動表示驚奇的世界，至少要明瞭上面說過的情形。

這個生在二十紀的最敏銳的政治觀察家，引用典型的印吉爾式術語，會一度稱呼克里姆林宮中的人是「那些殘忍而血腥味的教授」。沒有一個西方人知道他們猙獰的大學裡面正在作着什麼。上禮拜，這些教授們無疑的在研究下一次行動的正反兩方面。但，西方已經知道克里姆林宮的校園的情形。

沿着克里姆林宮高而紅的大牆後面，緩慢的踱着帶着深紫色帽子的步哨。後墻上的十九個瞰臺裡面，藍色的機槍口正對着四百萬人口，繁華的莫斯科城。在克里姆林宮的圍墻裡面，小而木造的教堂蜷伏在烏絲蟠斯基（Uspensky）和阿汗吉利斯基（Arkhangelsky）大禮拜堂的金色圓庫頂和葱樣的尖頂下面，這兩座大禮拜堂現在變成了博物館。

隔着幾個圓石子鋪的廣場就是沙皇時代華麗的建物，和俄國歷史一樣，五花八門，拜占庭式，歌德式，羅馬式，尼古拉式，紛列於前。在最高的塔尖上懸着新的附加的東西：大的五角琉璃星，聳入雲霄。斯巴基式（SPasski）大鐘俯視紅場，敲點報時。從飛簷，圓屋頂，屋簷上面，升起一群烏鴉飛入黑色的雲層裡，啞啞不休，然後又安靜下來。

許多晚間，當斯巴基式大鐘敲着七下的時候，史太林公司，以及他的政治局的伙伴，乘着黑色的大汽車，逕自駛進克里姆林宮，通宵討論着下一行動的目標。

一九五()年夏天，世界怎樣看着克里姆林宮呢？上週，在華成頓，倫敦，巴黎，柏林，羅馬，以及東京的「時代」雜誌紀者們，向研究蘇方動態的西方學者們，詢問這個問題，沒有一個專家能有把握指定克林姆宮的想法。但，對於俄國的思考的要點，過去的，現在的，未來的－他們有一個共同的見解，西方專家們綜合的見解是這樣：

克里姆林宮，幾月來，就知道它在北韓的行動足以擊潰南韓－假使美國置身戰外。史太林公司以爲美國將隔岸觀火。美國國務院和國防部認爲韓國沒有戰略上的價值。美國報紙把這個消息報導出去，且爲克里姆林宮所深信。

面對全局，史太林公司看到西歐反共力量驚人的建立起來。在歐洲的和在美國的共產黨想阻止這個努力，但不幸失敗。那麼，就臨着克里姆林宮來行動了，這個行動是經過長期準備而很明顯的－臺灣。

美國國務院和國防部，對的於亞洲變化，毫無所知，由來已久，而且也不願意爲亞洲的變化操心，所以決定臺灣也是沒有戰略價值。美國很誠懇的把這個決定公之於世，這樣，削弱了在臺灣的國民政府的地位。爲了攻略臺灣，克里姆林宮的中國傀人，在廈門周圍，集聚了幾百萬噸木船。他們已經準備好了攻取那個海島。大舉進犯的日期是六月十五日。

但，克里姆林宮不肯相信：美國竟傻得看着臺灣陷落。他們相信華盛頓對韓國的聲明。但，對美國講不爲中國政府防禦臺灣的聲明，他們疑惑它是美國的誘人的陷阱。

六月中旬，美國聯合參謀會議主席布萊德雷，國防部長詹森，共和黨外交顧問杜勒斯訪問東京。認爲臺灣必須防守的麥克阿瑟元帥，用一些特殊的事實，堅定他們的立場，然後讓他們傳語華盛頓。克里姆林宮，知道麥克阿瑟的立場，以及他的義正詞嚴的說法，以爲華盛頓將修改對臺政策，最好還是且慢下著。

在這樣情勢之下，韓國似爲安全的目標。如果美國不參加韓國之戰，臺灣以及東西各處，都易於下手。所以克里姆林宮，在最後一分鐘，停止了對臺的軍事行動，而下令北韓共黨，發動對南韓的侵略。

有好多證明，足以指出在斯巴基大鐘下面的血腥味教授們的失算。他們誤算了美國的時間表。杜魯門總統作美國將防禦南韓的聲明後三十六個小時，蘇方報紙和官吏默不作聲。如果他們料到美國有所行動，他們會訓令蘇聯在聯合國的代表馬立克出席安全理事會，而否決聯合國的行動。當聯合國集會的時候，馬立克並不在場，因而使美國得到聯合的有力支持。

這是幾年以來，克里姆林宮所犯最大的錯誤。西方外交家懷疑他們的在蘇聯外交部工作的友邦一位爲這個失算而被槍決。不可思議的美國人是難以捉摸，也正如同威廉二世，東條，和希特勒之無法估計美國人一樣。克里姆林宮對美國已經知道的很多，但是，即使蘇聯在聯合參謀長秘密的會議裡有個間諜，她也沒法預計美國的反應。甚至於美國的觀察家對於韓國戰爭所引起的美國朝野一致行動，也驚訝不置。

克姆林宮便是如此這般丟掉了臺灣：並且在韓國，還有一個沒料想到的戰爭粘着她的手。雖然嚴重，但克里姆宮的錯誤並非絕對要緊的。蘇聯的力量仍是以席捲南韓，而使美國在亞洲新樹立的顏面黯然無光。如果北韓挫敗，怎麼樣呢？共產黨的主力仍是分毫未損，可以作以後發動戰爭之用。

但，將在何時何地發動呢？西方專家們曾設身處地替克里姆林宮想了一番，想要用史太林貓樣的眼睛來觀察世界。視線裡，有五個老鼠：越南、伊朗、土耳其、南斯拉夫和德國。

作爲對韓決策之一部，美國決定對越南反共勢力加強援助。如果美國行動得很快，越南是可以拯救的，除非中共軍隊越境參戰。但，那將是對克里姆林宮的費力行動。越南人和中國人不同，一個亞洲國家對另一亞洲國家採取的侵略行動，必使亞洲人爲之震驚不已。

伊朗是個富於誘惑性的老鼠。牠有好多爲蘇聯所需要的油，而且牠又沒有多大軍事上的力量。然困難之點乃是伊朗的由共黨領導的都德黨（Tudeh Party）太弱，在內戰裡不能佔上風。如果克里姆林宮突襲伊朗，就需要蘇聯自己的軍隊，這就要冒和美國以及聯合國全面戰爭的危險，而爲蘇聯所不取。

土耳其是個瘦的老鼠，只好用蘇聯軍隊進攻。用各種標準衡量，土耳其是個落後的國家，但，她有一個簡明的外交政策，他們是步步爲營，寸土必守，克里姆林宮把他們好比看着憑險而守的芬蘭人一般，跟這樣的人民作戰，必須三思，何況他們可能得到美國和聯合國全體支持。

至於南斯拉夫，克里姆林宮覺得如果把它擊潰，比其他的九十九個國家對蘇聯俯首還快意。但狄托乃生於憂患，他是隻貓而不是隻耗子，如果想捉他，也非巴爾幹衛星國家能夠辦到的，也必須用紅軍（現在保加利亞軍隊陳師南斯拉夫的邊境，如果聯軍也向南國移動，美國又該遭逢另一個韓國的難題）。

德國是個牙齒最多的老鼠。原則上，東德有足夠的共黨可以發動一個韓國式的內戰。西方專家們以爲西德仍可以把馬克斯從東德人身上趕出去。如果蘇聯出頭干涉，就等於招致一個全面的原子戰爭。蘇聯可以在任何時候把整個柏林拿在手裡，但，他們相信美國可能爲柏林問題而宣戰。除了這許多多事之區外，共產主義還存有幾十個機會，等待西方內部分歧，和自由世界的經濟不景，乃是一個最大的機會。

史太林的俄國可以前進，可以閃避，也可以退縮。一個伶俐的蘇聯舉動也許就提出來一個結束韓國戰爭的總方案，撤軍到三十八度的界線，而美國將要承認共黨中國而准許毛澤東的代表加入聯合國。那就等於把整個亞洲交給共產主義。

上週，許多跡象指出蘇聯有緩和之意，在幾個國家的首都裡面，幾年來，蘇方代表第一次出席美國獨立紀念日的慶祝會，而和美國人乾杯，正像他們在第二次大戰時的作爲一樣。

一個法國觀察家，聽到上述的情形，認爲：「當這隻貓作咪咪叫的時候，牠正是要跳啞」！

譯自「時代」雜誌

徵稿簡則

一、本刊歡迎：
(1)凡能給人以早日恢復自由中國的希望，和鼓勵人以反共的勇氣的文章。
(2)介紹鐵幕後各國和中國鐵幕區極權專制的殘暴事實的通訊和特寫
(3)介紹世界各國反共的言論，書籍與事實的文字。
(4)研究打擊極權主義有效對策的文章。
(5)提出擊敗共黨後，建立政治民主、經濟平等的理想社會輪廓的文章。
(6)其他反極權的論文、談話、小說、木刻、照片等。
二、翻譯稿件請附原文或註明其出處。
三、投稿字數，每篇請勿超過四千五百字。
四、賜稿務望用稿紙繕寫清晰，並加標點。
五、凡附足郵票的稿件，不刊載即退回。
六、稿件發表後，每千字致稿酬新臺幣十五元至卅元。
七、來稿本刊有刪改權，若不願受此限制，請先說明。
八、惠稿經本刊刊載，版權即爲本刊所有，非經同意不得轉讓。
九、來稿請寄臺北市金山街一巷二號本社。

中國大陸災胞救濟總會啓事

(一)本會經募各界捐助款糧均經先後在臺北市中央新生中華公論四報刊載徵信錄該項徵信錄所列捐助單位姓名數額係以直接繳交各委託銀行報社及倉庫並經各該行社庫掣給本會正式收據者為憑

(二)各地縣市政府經募款糧僅將經收總數繳交各代收機構以致本會刊載徵信錄亦僅能刊列各該縣市政府所繳之總數為求各地捐助人明瞭起見本會仍希各地縣市政府將所經收之捐助單位數額於當地報紙分別另行刊佈以昭鄭重

除分函外特此公告

第三卷　第五期　內政部雜誌登記證壽內警台誌字第四六號

一八八

給讀者的報告

韓國戰事已踰兩月，洛東江防線固守三週，尚無多大變化，聯軍的灘頭陣地必可確保無疑。近日英軍二營率先趕赴，其他各國的陸軍亦將陸續增援。九月中旬以後雨季停止了，秋高氣爽，正是健兒們馳騁疆場，大顯其好身手的時候，也正是聯軍全面反攻的好時期，我們可以佇聽捷音吧。馬立克在聯合國安理會之搗亂，已無補於韓共之命運。克里姆林宮的主人豈能坐視其鷹犬之死亡而不一伸援手嗎？大家相信中共之必然參加，便是由此推出的結論。

伊朗與蘇俄言和，中東局勢爲之一弛，阿拉伯諸國不滿於美國之偏袒猶太，蘇俄豈欲藉伊朗爲橋樑，而拉攏回教聯盟諸國嗎？現於土耳其和希臘均申請加入大西洋公約，則地中海波濤未平，惟恐北歐大熊之衝破韃靼海峽而興風作浪，但是舍陸而趨海，蘇俄未必用其所短吧。歐洲方面蘇俄的軍事行動未見特別緊張，而西歐則人心惶惶大有不可終日之慨，蓋東西德之對立與南北韓遙相輝映，已施之於亞洲者無不可施於歐洲，並不是不合理的恐懼。惟歐洲諮詢會議至今議論未定，倘若蘇俄最近發難，又非倉卒應變不可，何以不接受南韓的教訓而未雨綢繆呢？

民主國際組織爲我們一貫的主張，本期又將威廉博士的意見刊出。博士以爲只要中美兩國密切合作，對於維持世界和平便綽有餘裕，允爲一針見血的議論。最近美國有六十幾個團體組成一個A.A.C.，擁有會員八千萬，在不久的將來便要召開大會。威廉博士說，他要趕回去赴會，將在該會中提議積極援華以實現其中美合作的主張，如果美國半數以上的國民擁護積極援華的主張，則當局決不敢違反眞正的民意而一意孤行了。

羅家倫先生的「蘇俄侵略的技術」一文，正是「蘇俄的國策和動向」（本刊第二卷第十一期）的續作。對於蘇俄侵略的技術，舉出十七個國家被侵略的史實，給以有系統的說明，使讀者對於蘇俄侵略的面貌，可以獲得更深切的印象。如能互相參讀，尤可獲悉蘇俄侵略世界的全豹。

徐浩如先生與薩孟武先生討論立法委員有無提案權一文，收到已久，本應早日刊登，只因這幾期稿件太多，積壓至今始能和讀者見面，請作者原諒，社中尚存有佳作多篇，亦因篇幅關係而積壓，併此向各位作者致歉。觀薩徐二先生的討論，則憲法條文中並無「提案」字樣，故解釋各有不同，似乎未能成爲定論。際此立法院開會期中，我們將徐先生大作適時刊出，仍望各位法學專家發抒高見，斬折衷於至當。

本刊近來增加通訊篇幅，頗博得多數讀者的好評。本期巴城徐先生一篇，將幾年來印尼立國的經過作扼要的敍述，尤爲難得的材料。

本刊售價

一、	新臺	幣	三元
二、	越	幣	八元
三、	菲	幣	五角
四、	港	幣	一元
五、	暹	幣	四銖
六、	美	金	二角
七、	叻	幣	四角
八、	印	尼	五盾

自由中國 半月刊 第三卷第五期

"Free China"（總第二十號）

中華民國三十九年九月一日

發行人　胡　適

主　編　「自由中國」編輯委員會

出版者　自由中國社

社址：臺北市金山街一巷二號
電話：六　八　八　五　號

航空版

香　港　香港時報社（高士打道六四號）

紐　約（紐約第三區 Apt, 2c 231E, 第十三街）

經售處

臺　灣　中國書報發行所（臺北市館前街八五號）
新生報社高雄分社營業部（高雄市鼓山一路二〇號）

美　國　紐約民氣日報社
舊金山國民日報社

馬尼剌　中菲文教出版社

印　尼　巴達維亞星期日報
棉蘭繁華圖書公司

越　南　西貢中原文化印刷公司
越南華僑文化事業公司

曼　谷　曼谷攀多社十二號

新加坡　中興日報社
檳榔嶼、吉打邦　均有出售

印刷者　臺北印製廠

廠址：臺北市民族路六四三號
電話：三　三　一　六　號

本刊經中華郵政登記認為第一類新聞紙類

臺灣郵政管理局新聞紙類登記執照第二〇四號

自由中國

FREE CHINA

第三卷 第六期

要目

中華民國三十九年九月十六日出版

社址：臺北市金山街一巷二號

半月大事記

八月二十五日（星期五）

美國政府發言人表示：美國將歡迎聯合國考慮台灣問題，但聯合國安理會不可因此而自「其議程中已有的緊急工作韓國被侵略問題」上分心。——先是聯合國總部收到中共電報，要求聯合國命令美軍立刻自台灣區域撤退，否則中共將設法「解放」台灣（按美國在台灣并無軍隊），美政府因之發表上述聲明。

八月二十六日（星期六）

我外交部長發表聲明，指出下列三點：（一）八月二十五日中共致電聯合國所作之企圖，爲蘇俄在聯合國排斥中國代表權的狂妄伎倆之又一延續；（二）我政府爲中國之唯一合法政府，北京僞政權對我所爲之任何申述，均缺乏法律力量，不應爲聯合國所考慮；（三）聯合國當前所面臨之嚴重問題，厥爲蘇俄侵略問題，韓國問題在安理會中當獲得最先商討之機會。

美國務卿艾其遜聲明海長馬修士在波士頓發表之演說不能代表美國政策——馬氏演說中有云：『爲獲致和平，吾人應不辭付出任何代價，雖該代價足以掀起戰爭，亦所不惜』。

八月二十八日（星期一）

麥帥奉杜魯門總統之命撤回其致退伍軍人協會關於台灣防衛問題的演辭。麥帥認爲美國應採取龐大及積極之步驟，確定國民政府握守之台灣永不落在中共之手。

中共指控美國飛機襲擊中國東北城市。北平電台稱，已向美政府提出抗議并呼籲聯合國對美採取行動。

我政府發言人宣稱，俄方裝備之中共部隊四個軍，據接獲情報，已開入韓境協助北韓共軍作戰。

英國援韓地面部隊在釜山登陸。

歐洲議會諮詢會議結束其爲期三週之夏季會議，今日閉幕——此次會議通過設立歐洲防禦機構，組織一統一歐洲聯軍，并決議將該會通過的各種決議案提出各自的本國國會——前此該會的決議案係向歐洲部長會議提出。

八月二十九日（星期二）

聯合國安理會通過將「武裝侵略臺灣的控訴案」列入議程，贊成者：美、英、法、印、挪、厄瓜多爾、南斯拉夫；反對者：中國、古巴；埃及棄權；蘇俄因堅持原案由（即指控美國侵略），未參加投票。 關於蘇俄所提邀請中共參加聯合國一案被否決，贊成者僅蘇俄、印度、挪威、南斯拉夫；埃及棄權；其餘各國均反對。

八月三十日（星期三）

澳外長史班德爲出席英聯邦的部長會議，行抵倫敦告記者稱，他將建議英國當局，以英聯邦爲核心，以美國充分參加爲條件，籌組太平洋反共公約，（九月一日倫敦美聯社電英方對此建議表示冷談）。

八月三十一日（星期四）

美總統杜魯門答復記者詢問時稱：韓國糾紛解決之後，美國第七艦隊即無必要留在臺灣海峽。

九月一日（星期五）

中國國民黨中央改造委員會發表「現階段政治主張」。

臺灣銀行自今日起辦理僑滙原幣存款（原幣以美金爲限其他外幣均須持換美金後存儲）。

美國杜魯門總統發表廣播演說，申述其對當前世界局勢之八項目的與希望。

九月五日（星期二）

美國務院宣佈：九月四日韓國西海岸聯合國兵艦被俄機襲擊，該機當被擊落，美政府并將事態經過通知聯合國。

九月六日（星期三）

蘇俄在聯合國安理會否決美國所提「要求各國不援助或鼓勵北韓，并採取行動使韓戰不致擴及其他地區」案（簡稱「韓戰局部化」案）。此爲蘇俄在安理會濫用否決權之第四十四次；贊成此提案者九國，南斯拉夫棄權。同時蘇俄所提「要求外國軍隊撤離韓國，并邀請北韓和中共代表參加韓國問題討論」案，以八對一票否決，南、埃二國棄權，贊成者僅蘇俄一票。

九月七日（星期四）

我國出席聯合國第五屆代表黃朝琴及代表團顧問諮議秘書等七人啓程赴美——首席代表葉公超行期暫緩，其餘代表蔣廷黻等現在美國。

九月八日（星期五）

我政府發表臺日貿易協定——該協定係於本月六日在東京簽訂，內容分三部份：（1）貿易協定、（2）貿易之財務協定、（3）貿易計劃（未發表）。

九月十日（星期日）

美國助理國務卿魯斯克在退伍軍人會講演，闡明美國亞洲政策，列舉十一點計劃。就中第六點：美國將繼續對臺灣作經濟援助，同時還給以「適當的軍事援助，以便一旦以武力解決臺灣問題的企圖發生時，臺灣可於自衛中佔有利的地位」。

社論

異哉！所謂「臺灣問題」

最近幾週來，有一個不應成爲問題的問題，居然由醞釀、傳說、演進到某些國家的政治當局一再公開表示意見，最後竟列進了聯合國安理會的議事日程。「天下本無事，庸人自擾之」！自擾者最後是否要吃到更大的苦頭，將來他自會體驗；被擾者在被擾的過程中，却不能沒有話說。我們出自本能，要作不平鳴；我們基於責任感，要爲人類文明之免於趨向毀滅而放一緊急警報。

這裏所說的「一個不應成爲問題的問題」，我們想，大家都會知道，就是所謂「台灣問題」。

台灣是中華民國的領土之一部。歷史的鐵證，固不必說，開羅宣言和波茨坦宣言，又是新近的法理依據。在鐵幕之外的國際社會，是建立在國際公法和國際正義的基礎上，這個國際社會不同於極權的奴役的共產國際者正在此。因此、我們有權利也有責任要鄭重聲明這一點：台灣是第二次大戰後中國的光復區，它的地位，不容有任何其他的曲解，今日如此，明日亦如此。

再就實際情形來看，今日的台灣，無論在政治方面，軍事方面，經濟、社會方面，都比大陸時期進步得多。今日在台灣的國民政府，不僅是所在地八百萬民所絕對擁護，也是大陸上四億以上的中國人民精神所嚮往。這個政府已經有足够的政治聲威和軍事實力，可以確保台灣的安全，更進而反攻大陸，救平叛亂；只有在蘇俄幫助中共發動侵台戰爭的場合下，我們才覺得有協同國際間反共國家予以反擊之必要。韓國戰事發生後，我們預感到這種場合或將到來，美國政府也有同感，所以有第七艦隊協同防衛台灣的措施。我們之樂於接受，是因爲這件事係中美兩國以平等地位爲一個崇高目的而建立的軍事合作。我們對於杜魯門總統六月二十七日的聲明，在措辭方面雖不能無保留地贊同，但我們了解當前國際問題的複雜微妙，初不因其聲明中的若干詞句感覺到國家主權遭受若何損害。至於最近中共所指控的「美國侵略台灣」云云，更是一大謊言。

從以上兩點的說明，可知今日所謂「台灣問題」也者，根本就不應當發生。然而事實竟有出人意料者，由於韓國戰事的發生和膠着，受過重創的大英帝國的慕尼黑精神又起了作用，方式雖不同於當年，氣氛却無異於往昔，這其間握有民主國領導力量的美國政府，也就陷於迷惘徬徨，而鬧出了所謂「台灣問題」。

今日所謂的「台灣問題」，可分析爲兩方面，其一是「臺灣地位」問題，這個問題的發生，由於杜魯門總統在最近數週內一反數月前所說的「美國認定台灣爲中國領土」，而接二連三地說出：「中國政府之在台灣，是由第二次大戰後應盟國之請接受日軍投降」，「美國歡迎聯合國考慮台灣的政治地位」，「台灣的未來地位應該像任何其他有『糾紛』的地區一樣用和平方式解決」等等，我們眞不知道杜魯門總統所說的台灣「糾紛」究何所指，如果在他的意會中有所謂「糾紛」的話，這些「糾紛」正是他自己這些言論所引起的。

「臺灣問題」的另一面，是所謂「美國侵略臺灣問題」，這個問題，形式上是由中共發動而由蘇俄正式向聯合國安理會提出，其用意一以向美國威脅，伴作要與美國正面衝突的藉口；一以淆惑世人視聽，以減輕韓國問題在聯合國議程中的重量。可是蘇俄和中共這一嚇一詐的手法，竟嚇得美國政府馬上表示願將這個指控提交聯合國討論，并願聽其進行調查。接着杜魯門總統又於答記者問時，說出「韓戰結束後，第七艦隊卽無須留在臺灣海峽」。我們從這次神經戰的回合中，看出了反共國際的領導國家，其精神條件是如何地有待充實！至於麥帥演詞的被撤消，海軍部長馬修士的言論之被聲辯，以及空軍學校校長安德生之因「失言」撤職，雖然都是說明美政府現階段的邋遢相，但這些美國內政上的問題，我們不必置論，這裏我們要特別提出的有兩點：

一、「侵略臺灣」案，雖經聯合國安理會通過將其列入議程，但在將來討論到本案時，我國代表應根據事實，力陳臺灣之受武裝威脅只是可能來自蘇俄幫助下的中共，此外無所謂武裝侵略。美國第七艦隊之協同防衛臺灣，係基於中國政府的同意，同時曾經向聯合國備案而經其認可，決不容人曲解爲美國侵臺。縱令美國願意表明心跡，贊成聯合國派員調查，我們也不能苟同，而要使用否決權來否決這樣的決議。

二、美國第七艦隊之協同防衛臺灣，如前所述，是中美兩國基於平等的軍事合作。在合作之始，中國政府了解美國在戰略上的考慮，接受了「停止對大陸軍事活動」的約束。在這個期間，無疑地便利了中共在沿海區域建築機場，集中船舶，和其他攻臺的準備與措施。現在杜魯門總統竟說出「韓戰結束後，第七艦隊卽無須留在臺灣海峽」，這是不是等於向蘇俄提議，請其結束韓戰，而以臺灣送給共黨，作爲換條件呢（美國參議員史密斯先生也會如此發問）？這不僅與中美軍事合作之動機大相逕庭，而且是背道而馳地讓共黨利用了充裕的時間增强其攻臺的力量。韓戰如何結束、何時結束，在目前還是件難於想像的事體，但作爲一個友邦的自由中國的人民，對於杜魯門總統這句話不得不提一個嚴肅的抗議。

現在 民主國際和共黨國際的鬥爭，已到了一個不能稍有差池的階段了。一着錯，滿盤輸。我們看到民主國家目前的態度和作法，不僅要爲自己訴不平，而且也爲整個世界的前途危懼。好在杜魯門總統本月一日廣播詞的最後一段給了我們一個樂觀的展望。他說：「目前美國所担負的責任異常重大，在推行這項鉅責時，我們祈求上帝給我們的心靈肅清自私和卑鄙，并賜給我們走向未來時期中的力量和勇敢」。這段話，我們相信是出自杜魯門總統的至誠，因而我們也相信美國在亞洲方面的外交政策終可走上正確的途徑。這裡、更特別希望英國的當政者也向上帝來這樣一次虔忱的祈禱，則人類世界有福了。

時事述評

我們對於大陸同胞的信任

本月一日，中國國民黨改造委員會發表國民黨現階段的政治主張。想讀者都已見到這個重要的文件了。領土主權的完整，乃立國的要素；我們中華民國的人民，除了失去性靈甘心做蘇俄的走狗的，決沒有不主張恢復的。至於切合時代需要的經濟措施和民主政治，當然亦是我們所渴望的。我們只望全國同胞，齊心協力，使這幾項主張，得以從速實現！

但這個宣言裏邊關於反攻收復時期的主張，我們雖大體贊同，卻有一點意思要補充的。收復地區的耕地歸現耕農，原則上自然可行；收復地區軍事情勢一經穩定，當然須立卽實行軍民分治。至於為蘇俄所刼去的路礦資源，不容說，應該一律收回。凡此種種，都沒有什麼問題。惟對於人事的處理，則原文措辭似不無可議的地方。茲謹參照國民黨改委員會諸君的意見，作下述兩點的補正。

第一、大陸上的民衆，除少數存心出賣民族和國家以遂一已私圖的而外，莫不痛恨共匪。他們盼望政府軍的反攻，眞是「若大旱之望雨也」。這樣的人民，除去不能揭竿而起以誅慘無人道的共匪外，沒有別的罪名。但共匪之於大陸上同胞，好像虎狼之於一羣小羊。你能怪小羊的不合力以禦虎狼麼？就是被脅迫而參軍的民衆，亦是屈於威暴，萬不是本心；他們將來一有機會，定能倒戈殺賊的。我們以為將來收復大陸時，政府對於一切民衆，非特宜取「脅從罔治」的古法，並宜儘先加以安慰，自引「牧人」失職之咎，以冀得他們的恕原，似不宜在他們頭上更用「寬宥」的字樣。

第二、共匪中的元兇巨憝，罪大惡極。將來收復大陸時，卽政府能寬容他們，大陸上的同胞亦決難饒赦他們。這些壞人的難逃顯戮，理所當然。不過我們要請政府注意的，所謂元兇，僅指現在利用共黨權勢，實地做賣國殘民的事情的而言。一個共匪的幹部！就是位置高至省主委或更高的職務的，如果不做出賣國家的勾當，不殘害老百姓，我們亦不必把他們當作元兇。因為他們的本性，未必是壞的，不過因見事不明，遂至誤入歧途。這種人雖然不多，恐亦不少，如被發現，宜一概加以原宥。根本講起來，我們將來的反攻，只是為國為民；如有愛國愛民的實迹的，就是共匪中重要的幹部，只要能在適當的時候改邪歸正，我們非特不究既往，並且要量才任用。這個意見，國民黨改委會宣言中雖沒有明白說出，但我們相信他們的意思一定是這樣的。

總之，對於大陸同胞的信任，是自由國土的人士所同有的。（汀）

政治家民主風度的榜樣

這些時美國杜魯門總統有些關於外交和內政的言論與措施，不免有點令人悵惘；但有一件事－在報紙上不佔重要位置的一件事，卻值得我們敬佩。

杜魯門總統因為「修辭之不幸的選擇」（杜魯門總統的原語），在一個函件中，對於海軍陸戰隊說出了一兩句不中聽的話，引起該隊的不平，要求他公開道歉。杜魯門氏不僅給該隊司令寫了一封道歉信，而且於本月七日陸戰隊聯盟大會開會時，突然蒞臨，親向與會的人解釋誤會。結果掌聲熱烈，皆大歡喜，完成了一幕輕鬆的喜劇。

這件事從我們中國某些人看來，不免覺得有虧體統，至少也會感到驚奇。其實，民主政治的要件，就在當政者有民主類型的觀念和風度。「我、都是對的；即令錯了，也得錯到底：體統有關，尊嚴所繫！」如果這樣，請大家想想，這是屬於那個類型的氣質－是民主的，還是布爾雪維克的？我們反共抗俄，我們走向現代化的民主政治，除尊重外在的制度和法律外，政治家更應在這些地方多多省察。（平）

現任縣市長競選問題

台灣省地方自治，現正積極推進。按着縣市參議會選舉完成以後，就要實行民選縣市長了。「一切從台灣做起」，將來光復大陸時，政治和其他各方面的重建，台灣是一個模範。因此，我們對於台灣這次辦理選舉的情形，不得不特別關心。關心，關出了一個問題來：

台灣省政府本年四月二十一日公佈的「台灣省各縣市縣市長選舉罷免規程」第八章附則第三十五條，會規定「本省實施第一次縣市長選舉時，現任本轄縣市區域之縣市長，如參加競選，應在選舉二個月前辭職」。這個規定對不對，這裏不擬評論；但是既經公佈的法規，政府和人民就得一律嚴格遵守，誰也不能有所增減。可是頒佈這個規程的台灣省府，其主席竟公開主張現任縣市長一律不得在本轄區參加競選；而把上述規程第三十五條的最後一句，如參加競選應在選舉二個月前辭職，給它一筆抹殺了。吳主席說出這話時，好像是在出巡台東花蓮的旅途中，我們想，也許當時他手頭未帶着這份法規，以致他的話與法規有了出入。可是更奇怪的，後來台東縣參議會爲擁護該縣現任縣長參加競選，向省府請願，而吳主席又「俯順民情」，特准該縣現任縣長在本轄區參加競選。這更弄得我們莫名其妙！民主政治的開端，竟可以這樣不守法規，始而部份地截劃，繼而以「特准」替代。如果說這是「民主」，「民主」二字須另下定義——「民主不要法治」。（平）

大戰、韓戰與台灣

龍倦飛

本年四月下旬，我爲自由中國寫了『第三次大戰何時爆發』一文，結尾有這樣一句話：『此文寫得太長了，然至少還有一個問題未觸及，那就是對於第三次大戰勝負誰屬的推測，且待有工夫再寫罷』。此文承自由中國於第二卷第十期一次刊完，屢催續稿，我終未照辦；表面上雖也以沒工夫爲理由，實際上別有眞意，而且是我在那一篇文字寫到那一個問題時，卽已決定託詞不再寫下去的。

現在情勢大大不同了。我那時候對於第三次大戰勝負誰屬的問題，不便率直發表意見者，現在不妨發表了。

我在那時的意見是：

(一)美蘇兩國的軍備力量，除海面軍艦美國以一六四比蘇聯之一二七爲多，且還有美國的蛾球式巡艦未括入，祇此一項美國占優勢外，他如陸軍空軍及海軍中的潛艇各項，優勢皆屬於蘇聯。

(二)原子武器已非美國所專有，惟美國所製成者遠較蘇聯爲多；如第三次大戰立卽發生，美國對於原子武器運用得宜，或可藉此一項而獲勝。

(三)第三次大戰倘不作有效的制止，終久難免爆發；如果第三次大戰眞個發生，則除由於蘇聯在其認爲適當之時突然發動外，將以偶發事件作爲導火線而發動。

(四)若要避免第三次大戰，美國一方面絕不可存妥協的希冀，必須積極擴充其軍備，另一方面則盡力鞏固其外圍，不僅在歐洲，而且在亞洲，特別是東南亞與自由中國的最後堡壘並重。

(五)第三次大戰之起因有二，一是計劃的發動，一是偶然的發動。如果屬於計劃的發動，則蘇聯必須熟權利害，於確信能操必勝之時始發動，最速亦以年計。如果屬於偶然的發動，則不僅由於德奧境內之美蘇兩國軍隊的密邇，而且由於亞洲方面今後美蘇兩國的摩擦，無時不可發生嚴重事件，縱然雙方均在避免由局部衝突發展而爲全面的大戰。

(六)由於美國一方面未能積極擴充軍備，他方面則重歐洲而輕亞洲，而其應付遠東的政策亦多失當，坐令共黨在亞洲的勢力日益强大。同時蘇聯則整軍經武不遺餘力，縱然在原子武器與海面軍艦兩項目前尙視美國有遜色，但按照美蘇二國一九四九年的軍費預算，美國計一百三十八億美元，蘇聯則按八個半盧布當一美元，計得一百三十一億美元，兩者相差極微，然由於蘇聯生活水準之低，且有二三千萬强制的奴役勞動者從事生產，因此在蘇聯一元之效用至少等於美國的二元半乃至三元；如果兩國的軍費預算比例不變動，則蘇聯一年間的軍事生產無異等於美國之兩年半乃至三年。

(七)基於上述各項，依我在那時的推測，如果第三次大戰在今年內發生，則美國軍事準備遠較蘇聯薄弱，惟原子武器一項美國占壓倒的優勢，如果運用得宜，美國可能仍占勝利；不過大戰之發動完全操自蘇聯掌握，蘇聯在其準備尙未周全，將不僅不作計劃的發動，甚至偶然的發動亦必使其局部化，但今後若干年間，美國對軍備如仍不作積極的準備，坐視蘇聯以三對一的速度，使其尙遜於美國之部分軍備迎頭趕上，並使其旣已强於美國之部分軍備日益加强；同時由於美國在亞洲的安撫政策，致蘇聯在此方面之勢力日益伸强，美國在此方面之戰略基地日益喪失，那時候蘇聯如認爲第三次大戰的時機已屆，則以雷霆萬鈞之力，在歐亞美三方同時大規模進攻，美國之居於劣敗地位殆已判定。此則不僅美國之不幸，亦世界人類之大不幸也。

自從最近韓國戰事發生後，局勢便大不同了。美國初時雖尙輕敵，但經數次接觸，卽已瞭然於目前局勢之嚴重，與前途危機之重大，固然美國所有之秘密武器尙未出現，然俄國除保留未使用之武器外，其現已裝備及陸續補充於北韓者，已見一斑。於是美國朝野驟然，縱不若珍珠港打擊後之緊張，至少已深加警惕。無論韓戰之結果如何與其結束遲早，美國懲前毖後，今後對於軍備之積極加强自不待言。以美國工業基礎之强大，財力物資之豐富，一二年之加緊準備，定可使美蘇軍備目前的局勢改觀，縱然俄國亦不肯後人，其極力與美作軍備上的競賽，自毫無疑義。然畢竟由於國家潛在力之不同，在美國弛懈之時，蘇聯固可偸占上風，及至雙方積極競賽，則除人力一項外，蘇聯之物資條件與科學條件均遠遜於美。加以蘇聯在第二次大戰所遭遇的毀損至爲龐大，近年雖力謀恢復，仍多未復舊觀。例如蘇聯戰局的最後一次五年計劃，原定於一九四二年完成，及一九四一年夏遭德軍之進攻而中輟，乃於戰後公布一個新的五年計劃，定於一九五〇年完成；而其所定目標，竟有比一九四二年所定爲低者。其實今日的蘇聯領土較戰前擴張甚多，一九五〇年的生產數字原應比一九四一年大增。但就各項主要工業物資而論，鐵的產量一九四〇年爲一千五百萬噸，四二年定爲二千二百萬噸，而五〇年的預定額僅爲一千九百五十萬噸。鋼的產量亦如此。一九四〇年爲一千八百萬噸，四二年定爲二千八百萬噸，而五〇年的預定額僅爲二千五百五十萬噸。煤油的產量，一九四〇年爲三千一百萬噸，四二年定爲四千八百五十萬噸，五〇年定爲三千五百五十萬噸。煤的產量，一九四〇年爲一億六千六百萬噸，四二年定爲二億四千三百萬噸，五〇年則定爲二億五千萬噸，雖是增加，亦未免太少了，這些主要物資在一九五〇年的預定產量，如與美國現在產量比較，則鋼鐵僅及美國百分之四十左右，煤油僅及美國六分之一强，煤僅及美國三分之一强。又除物資外，工業與技術的人材顯然也以美國占優勝。故美國不積極從事軍備則已，若果有決心，假以一二年的時間，無有不從劣勢而轉爲優勢者。不過民主國家好和平而不免傾向於苟安，一二年後，如美國軍備加强，蘇聯不敢發難，則美國人民認爲大難已過，緊張情緒漸弛，其對於軍費預算未必肯長此保持鉅額。反之，在蘇聯等極權國家，旣以侵略爲目的，又可由少數人掌握政策，在大敵未除之際，與沙皇主義及世界革命的聯合目的未達以前，其對軍備之擴張斷無肯須臾稍懈者；於是再經數年以後，美國軍備上已恢復之優勢又將轉爲劣勢，其時蘇聯鑑衡彼此之實力，認爲機會難再，其乘機一擊，勢必不免；而復轉於劣勢之美國能否相抗，亦至顯明。總之第三次大戰此時如能幸免，並予美國以積極準備之機會，則發動過早，準備或未必充分，發動過遲，優勢恐又轉移，故把握時機實爲雙方勝敗之所由決。

或謂此次韓戰中，美國之弱點暴露；而美國警覺後之努力準備，將不利於蘇聯，是則爲蘇聯計，如以局部的韓戰擴展爲全面的大戰，似是利多於害。我以爲就蘇聯目前種種迹象觀察，似仍不欲遽行發動大戰，其主要原因當不外由於原子武器。就近年各方所得的證據，如果說蘇聯還沒有原子彈，自不足信，但原子彈非短期所能製成，需費亦極龐大，故穩健的推測不能不承認蘇聯已能製原子彈，但卽已製成，爲數定然不多，斷難與美國積聚之數相比。假定蘇聯祇有極少數的原子彈，而以之襲擊美國，其所加於美國之損害固然很大，但以美國國土之廣，工業亦非完全集中，其積聚之原子彈尤當分儲各地，設於遭遇空襲後，或在突襲前已獲有情報，還來得及交互襲擊，則十倍或數十倍數量之原子彈所加於蘇聯之損害，自亦不下於十倍或數十倍。以史太林之老奸巨滑，非操必勝之權不敢冒險嘗試，其出以愼重之成分定然較多；故除因偶發而不能制止之事故外，此時蘇聯對於第三次大戰，似尚不致作計劃的發動也。

或者又謂蘇聯縱不直接參加韓戰，以致釀成全面的大戰，中共則已陳兵韓邊，藉詞挑釁，咄咄逼人，且已引起美國的重大憂慮，遂使其國內國外之安撫主義者紛紛抬頭。其實，中共本無獨立的意志，一切須聽命於蘇聯。中共復與蘇聯攻守同盟，如中共公然參加韓戰，進而對美作戰，蘇聯依其攻守同盟的關係，自不能置身事外；於是由韓戰一變而爲中共對美國之戰，再變必爲蘇聯對美國之戰。蘇聯如不惜於此時發動第三次大戰，則勿論有無中共對美國之戰，自可直接行動，且在不動聲色之下，一如日人之於珍珠港，從事極秘密的突襲，以達成對美國最大的破壞，斷不令中共先行對美作戰，使美國預知蘇聯之介入爲不可免，而早爲之備。至恐北韓力量終久不克支持，爲維持蘇聯威望，而有使中共赴援之必要，則事實上韓共中共已在我國東北比肩作戰，彼此相混原不易分別，卽在目前韓共之中恐已不免滲入中共分子，祇須照此辦法，作不正式之介入，已能收其實效，又何必旗幟分明，公然對美作戰，以致釀成蘇聯尚不願發動的第三次大戰呢？然則中共之陳兵韓邊原因何在？美國前駐蘇大使史密斯說得好，『蘇聯在以某一罪行指責他國之時，定必是自己已犯此罪行或將犯此罪行』。因此，在北韓指責南韓進攻之時，正是北韓向南韓發動攻勢之日。此種事例，在蘇聯與其衛星國中屢見不鮮。但此次中共指責美機侵入中共地域之後，祇聞一面向聯合國控訴，尚無直接行動，似出乎常例之外。正惟出乎常例之外，此中定含有微妙文章。此一微妙文章，依我的推測，不外是我國古語所謂聲東擊西，而中共此時所採取的戰略，卽爲『聲北擊南』。中共深知美國政府中不乏安撫主義者與不敢擴大戰事者，特別是美國對於台灣之防衛，當局中頗有歧見，於是利用美國這一類人的畏禍心理，與夫國際社會中若干視現實重於正義之國家，而實施其『聲北擊南』的戰略。所謂聲北，就是陳兵韓邊，躍躍欲試，並藉抗議，大施恫嚇；果爾則美國當局內惑於安撫主義之言，外誘於現實主義國家之勸，今日報載杜魯門總統對記者發言，保證韓戰結束後，第七艦隊不再防衛台灣。此項傳說確否尚待證明，其中是否別具深意亦不得而知，設竟如所傳，亦非別具深意，則中共聲北擊南之戰略實已勝利，不發一彈而使美國屈服矣。但我對此終不能無疑。美國當局在過去二三年間對我國民政府縱然沒有好感，然按諸美國立國原則，向鮮有爲自國之利或他國之利而犧牲無辜之第三國者。此次美國政府如以爲在韓戰進行中，爲避免中國國民政府與中共作戰，益增遠東局勢之不安，乃有中立化台灣之舉，一方面制止中共進攻台灣，他方面亦制止國民政府進攻大陸；韓戰結束後，中立化之舉已無繼續之必要，儘可將第七艦隊撤回，聽任國民政府與中共重新作戰。此在美國某些人看來，似乎沒有不對，但在今日同一華盛頓合衆社的報導中，又有美國參議院外交委員會委員史密斯提出質問，謂『此是否向蘇聯提議結束韓戰，而以台灣送給共黨作爲交換條件乎？』我們雖深感史氏之能持正論，但不願仿效史氏措詞之激昂。我祇想美國當局平心靜氣考慮一下由於美國中立化台灣之政策，使中共軍隊能在沿海充分結集，並建築機場船艦，而不致像從前之屢遭國民政府海空軍打擊；此在美國第七艦隊繼續防衛台灣之時，倘該艦隊實力充足，可以阻止共軍渡海，尚無問題，否則此種措施或尚有考慮修正之必要。至若於中共軍隊在沿海布置妥當後，假定彼時韓戰結束，美國第七艦隊卽爲所傳說者撤退，而使台灣暴露於遠較第七艦隊開始防衛前更强有力的敵軍，益增台灣防守的危險。是則美國以防共之名，而有助共之實；美國固未嘗想陷害台灣，而台灣終爲美國所陷害。以美國朝野明達事理者之衆多，我深信其斷不出此；我對此傳說，不是希望其爲誤傳，便認爲美國當局或別具深意。但無論如何，中共之聲北擊南政策已收效於一時了。

三十九年九月一日於香港

國內紛爭與國際組織（上）

提議修改聯合國憲章第二條第七項

戴杜衡

（一）

本文所打算提出討論的是這樣一個問題：以維護世界和平秩序爲基本任務的，並且由世界絕對大多數國家參加的國際組織，究竟應不應該有權力干涉個別國家內部的紛爭？所謂內部紛爭，其最尖銳的表現當然是內戰，此外則還包含以非法暴力爲行使手段的騷亂、陰謀、暗殺、破壞等等瀕於戰爭的事態。我深知，在許多人看來，這是一個不必討論，甚至不應提出的問題。聯合國無疑是人類有史以來最進步、最完美、最有力的國際組織。而聯合國憲章第二條第七項明明白白的這樣規定着：

「本憲章不得認爲授權聯合國干涉在本質上屬於任何國家內管轄之事件，且並不要求會員國將該項事件依本憲章提請解決……………。」

這裏所謂國內事件，應已包含各種形態的內爭在內。我個人，對這個條文所依據的原則與精神隱懷異議，已有數年之久。但，我始終沒有敢於把自己的意見輕易發表。我感覺不能太走在現實前面。懷疑一個根深蒂固至今未嘗動搖的傳統觀念，無論這觀念是好是壞，總多少顯得離經叛道，甚且駭人聽聞。一個具有爆炸性的突出意見之過早提出，會招來許多意外也是意中的麻煩，被蔑視而至於湮沒，則要算是它最好的遭遇。

還有一個動機使我隱忍不言。當韓國事件尚未發生之際，一般人對聯合國組織效力的估價並不太高。就是國與國之間的紛爭，它究竟能不能處理都是疑問，要它擔當更加艱鉅，至少是更加複雜而微妙的任務，未免奢望，未免苛求。是這麼一種失望的心情使我感覺不如「卑之無甚高論」。

再也沒有想到，韓國事件爆發以後的一聯串經過，卻使大家對世界，對人類前途的黯淡展望，頓然爲之改觀。再也沒有想到，現實已如此的邁進了一大步，竟把觀念遠遠的拋落在後面。過去生怕觀念過於超越現實，今天叫觀念急起直追，都還怕追趕不上。我曾經謹愼着不打算太早提出的問題，卻突然發現在今天提出已不是太早，而祇嫌太遲。

聯合國組織對韓國事件的處置眞如曙光穿破了黑夜，不僅對聯合國本身賦予新的生命，且爲全世界全人類帶來新的希望。我這樣說，並不是作爲尋常的贊美詞令。我確是由衷的、經過清醒理智的這樣感覺。如何運用集體力量以制裁侵略，原是一個人類曾經探索、辯論、並試驗了數百年甚至數千年之久而仍然不能獲得解決的難題，今天，聯合國是用一個行動來把它順利而迅速的解決。聯合國五十九個會員國之中，有五十三國竭誠支持此一空前（不折不扣的空前）義舉，爲千百年後世作出一個崇高的榜樣。我們及身而見國際民主正義力量之擡頭，眞是說不出的欣慰。但，如果容許我們冷靜一點，客觀一點，我們於欣慰之餘，卻會痛苦的發現，聯合國此一空前義擧並不是絕未留下絲毫遺憾的。如果容許我們不專爲宣傳的便利着想而聽一聽敵對方面的意見，我們似乎不能不發現，這樣個光明正大的行爲，卻竟連其「合法性」都有爭辯的餘地。

蘇聯和共產集團對聯合國的這種處置，是毫不留情的攻擊爲「干涉內政」，爲「非法」，爲「破壞聯合國憲章」。上文所擧憲章第二條第七項的規定，竟成了侵略勢力手中一件有力法寶，使民主國家出席聯合國的代表們多少感到難於招架。誠然，這一方也並不是絕對不能就法律的觀點找出若干論據來對抗，但確實不容易把對方的理由完全擊敗。聯合國的職權，是祇能處理國與國之間的紛爭，而不能處理在一國之間發生的衝突。我們誠然可以强調韓國事件的國際背景，但要把大韓民國與平壤政權解釋爲兩個國家，總是相當困難的。我們於此，縱不必完全接受敵對方面的理由，但至少得暗自認識，這的確構成一個邊際事例（Marginal case），使法律條文可以作兩種剛巧相反的解釋與應用。若干程度的伸縮性，本爲任何法律所不能避免，但伸縮性如大到可以作兩種剛巧相反的解釋與應用，即等於把法律取消。由於聯合國憲章之未臻完善，蘇聯和共產集團就看準了這個弱點，乘虛而入。

一個完全符合於正義的行爲而居然有「非法」之嫌，這是異常可悲的事。逢到這種場合，如果是一個執法者，他應該考慮怎樣使行爲更加符合於法律；但，如果是一個不負任何實際政治責任的思想者，他應該考慮的，卻是怎樣使法律更加符合於正義。在韓國事件上，正義與法律發生參差，以致法律與行爲也發生了參差，其根本原因是在於我們的觀念過於落後，而眼前的法律，正是落後觀念的產物。觀念跟不上現實，因此法律也就不能解釋正義的行爲。處此困境，我們與其修改正義行爲以適應法律，或是到法律的隙縫裏去强求行爲根據，還不如勇敢打破傳統觀念以引導法律本身的修改，不讓它拖住正義，並因此而拖住了人類的進步。

（二）

從來的國際法，正如國內法專以個人爲對象一樣，是專以主權國家（Sovereign nations）爲對象的。國內法不認識任何略大於個人的單位，卽令明明白白是一個團體會社，它也必稱之爲「法人」，卽先把它假定爲個人而後再來處理。國際法則同樣的不承認任何略小於主權國家的單位。被保護國和殖民地之類，都不能成爲國際法所要處理的素材。它本身的名字就被這一原則所束縛：它是國「際」的（"inter"national），有人甚且指摘它的舊稱 Law of nations 爲不當，至少應解釋作 Law between nations。從來的國際組織，本質上就是拿現成的國際法觀念爲觀念，並沒有十分意識到要想向前推展。國際組織像國際會議一樣非主權國無資格參加。英屬自治領之參加國際聯盟，烏克蘭與白俄羅斯之參加聯合國，算是構成了例外；但公法學家在硏討的是自治邦（Autonomous States）究竟能不能算主權國之一種形態，並沒有因而懷疑到祇有主權國可以參加國際組織的慣例。

國際法與國際組織，均以國家相互尊重主權爲基本的骨幹；而主權是不可分割的，至高無上的，從這裏自然而然的申引到『不干涉內政』的原則。國際法充分承認任何國家都可以自由改變其政府形態並自由行使其對內權力。政府形態之改變及對內權力之行使，未必一定經由和平手段，極可能伴同着某種程度糾紛與爭執。所以『不干涉內政』，也自然而然的包含着『不干涉內爭』，並進而包含着『不干涉內戰』。對於一國內部的交戰狀態（Belligerency）與暴亂狀態（Insurgency）任何外國都應該嚴守中立，任何形態的『介入』都構成干涉內政與侵犯主權的行爲。

相互尊重對內主權，本來是一件極好的事。但這主權是用怎樣的方式得來，用怎樣的方式在維持，也爲外人不許過問。這樣的國際慣例，不僅承認革命的果實；不僅承認合理合法的統治，同時也承認暴力專制的統治。甚至進一步，當甲乙國家互相衝突之時，國際法及國際組織還可以把衝突當作國『際』事件而與予以某種處理，但若乙國不幸而被甲國所征服、所吞併，以後甲乙兩國（現在祇能稱爲兩民族）之間的反抗與鎭壓無論進行得如何激烈，也祇能算是甲國的『家裏事』外人無法過問了。

總一句話，國際法的主要動機祇是爲着某一種的便利（Expediency），並不是誠意的想要建立一種政治倫理學，定出若干普遍的行爲規範來，讓世人可以奉爲標準，從而判定那一類政治行爲爲正當，那一類爲不正當。歸根結底它承認權力。祇有在兩個或兩個以上的權力達於平衡狀態之時，它才想出些辦法來緩和其衝突，如此而已。所以在最初，它還認爲這些辦法祇適用於歐洲國家或所謂基督教國家，到後來才算漸漸擴展於全世界。

舊時的國際法，可說是充滿了祇顧利便不論正義的特徵，漸漸的形成一種習慣、一種傳統，讓現在的國際組織繼承了下來，中間雖也經過修改，但修改是有限的，至少若干基本原則未嘗動搖。不干涉內爭的原則卽爲其中之一，所以聯合國憲章還有着第二條第七項的規定。

我完全承認，歷史的某一階段，具體說，卽是在尙未有常設的民主國際組織存在之時，不干涉內爭的原則，確實有極大用處。可以說，在那時候，這原則大致是好的，至少是不得不然的。如果任何一國都被准許干涉別國內部紛爭，流弊將不堪設想；一點點輕微的事故，都可以供給强國侵犯弱國的藉口，使世界秩序弄得無法收拾。在那時候，雖然已經有所謂國際法，但並沒有大家公認的立法者，也沒有强制執法的機構，國際社會還沒有從無組織狀態進入組織狀態，所以國際法縱已存在，却是極度柔性的，還不能算是一種絕對法（Positive）且事實上也常常被人違犯而莫可奈何，到戰時，它更成爲完完全全的廢物。在這樣的情勢下，不干涉原則及其所依附的國家絕對主權學說，至少還是利多害小。但，世界是要進步的，而且確實在進步之中，過去有用的東西，很可能成爲進步的絆脚石。現在國際組織不僅已經存在，而且在加强之中，而且是建立在很穩固的民主原則之上，我們是否應讓舊時的原理學說，仍然支配着我們現在的一切政治關係呢？

（三）

一個較周密的討論，不得不從國家絕對主權說開始。

絕對主權，是一種不受任何外來約束的行動自由。譬如說在原始時代是每一個個人都擁有絕對主權的。甲對乙仇視，甲就可以把乙任意殺傷而不受到任何制裁；乙要抵抗與防衛，也祇有憑藉自已的膂力。在每一個個人都擁有絕對主權的時代，力量決定一切，無所謂正義。但漸漸的有了法，有了立法者，有了執法者，同時也隨着某種凌駕個人之上的權威（Authority）之樹立，這就是政府。一有政府，個人就喪失了一部分絕對主權。我們如果承認人類從無組織狀態入於組織狀態是一種進步，我們承認絕對主權受到某種限制，正是人類進步之不可缺乏的標記。

在人類歷史上一個極長期間，社會早已進入組織狀態，個人行爲受法律拘束，習以爲常，但國際社會，仍處於無組織的原始狀態之中。從十六世紀以至十九世紀，國家主權學說盛極一時；國際法會企圖對主權國家行動自由給予輕微的約束，而其成就，竟比它渺小的企圖還要渺小。有一件事可以說明一切：在凱洛榕．勃里安公約（Fellogg- Briand pact）以前，一般公法學者竟很少有人敢於提出『戰爭爲非法』的主張。承認或至少默認戰爭爲合法與原始時代容許個人間互相殺傷沒有什麼分別。

這一點，到二十世紀纔多少有了進步，雖不是在實際政治上，至少在思想上，國家主權說已經漸漸動搖，無復往時的氣燄，人們開始譴責戰爭，人們開始懷疑國際會議上的全體一致原則（principle of unanimity），人們開始討厭否決權。可以說，凡是關心人類前途的進步思想者，都有了約束國家絕對主權的要求。一點也不偶然，今天尚在出死力辯護國家絕對主權學說，還想把歷史拖住的，正是野心勃勃的蘇聯。

但國家主權與個人主權有一點不同。從亞里士多德起的無數政治思想家，都會犯過一個嚴重的錯誤：他們在解釋國家權力時常把國家與個人作類比的（Analogous）說明。其實國家與個人頗有不同。個人是一絕對的單位，它是個體，是不能分割也不能合併的。國家祇是一個相對的單位，它對外可說是一個個體，對內卻是一個複體，可以合併並且可以分割。我們不能把一個生命分爲兩個或兩個併爲一個，但國家的分合卻是常事。進一步說，我們從未看見一個絕對個體身上有兩個部分發生衝突，譬如說：手與足衝突，心臟與肺臟衝突之類，至於一個複體，如國家，它內部的若干部分發生衝突卻是常事。所以個人主權，祗是對外的問題，而國家主權，卻有對外與對內兩方面的問題。許多政治思想家，特別是公法學家，由於前述把國家與個人視同一類的錯誤，常假定國家對內爲一像個人那樣的整體，其對內主權，絕不會成爲疑難的對象，討論的題目。它甚至成爲神聖，成爲一種禁忌（Taboo）。到今天，進步的思想家也僅僅想到主權之對外的一面應該受相當限制，而不敢想到那對內的一面也可以，並且也應該有所限制。由於對內主權之漫無限制，一國中的一部分人就可以因掌握到政權而對另一部分人施行壓迫，壓迫可以激起反抗，包含了騷亂、暗殺、陰謀、破壞，以至於內戰等形態的紛爭，卽種根於此，等到內爭形態一經存在，法律上失去效用，這個國家就恢復到原始時代力量決定一切的地位。

國家絕對主權對外一面所造成結果是弱肉强食，其對內一面所造成結果是成王敗寇。今天對前者已在設法解決，爲什麼對後者還不敢觸及其一絲毫髮呢？

我們進一步試行分析內爭之最激烈的形態，卽內戰，可以在怎樣的情勢之下發生。大致說，內戰有兩種：一種發生於非統一國家，另一種則發生於統一國家，非統一國家，名義上有一個中央政府，而事實上則是割據的局面，它有它的軍隊，甚至有多元的行政系統。這種國家的主權名義上祇有一個，事實上卻有多個。如果兩個地方政權進行軍事衝突而名義上的中央政府無力維持和平秩序，這樣的情勢，在實質上與兩個獨立國之間的戰爭根本沒有分別。但正因爲那個名義上的中央政府擁有名義上的主權，國際組織就無法過問，無法爲恢復和平秩序而努力，祗好聽任生靈塗炭。這樣有名無實的對內主權，用處是沒有的，害處卻非常之大。

在統一國家發生的內戰一定是政府集團與反政府集團之間的衝突。這是一個政治倫理上最麻煩的問題，麻煩到甚至連一個稱謂都無從確定，站在反政府方面，人們把這種衝突稱爲革命，站在政府方面，則稱爲叛亂了。如果眞正要作一個客觀的道德評價，『太祖高皇帝』與『反賊』『匪徒』之間的分別，常常是微乎其微。這裏面縱有是非曲直，並非純粹的政權爭奪，但正因爲戰爭狀態存在，雙方都使用了集力，理智不得不歸於沉點，當時當地的人們祗有被迫而『一面倒』，決不會有機會提出其眞正客觀的道德評價。在這種場合，要能够曲直，明是非，進而作較公正的調處，恐怕祗有借助於外來的力量，而國家絕對主權說，又偏偏在拚命阻檔外來力量之介入。當政府集團有力量或自信有力量把反政府武裝消滅之時，它藉主權說拒絕外來的調處，把戰爭進行到底。當反政府集團將要或自信將要把政府壓倒之時，它必也有了某種的政府形態，而堅稱這個新政府是代表國家及的主權，它也可以藉主權說，或至少藉不干涉內政之說，以拒絕外來的調處，把戰爭進行到底。主權說是拿和平或合理解決紛爭的唯一機會給破壞了。

就政治方面說，人類的進步是包含這樣的意義：從非組織狀態入於組織狀態，有一套基於正義（至少是多數人公認的是非標準）的法律，樹立一種權威以執行法律，一切紛爭變得由法律來解決，人類脫離了暴力的支配。我替文明社會勾劃如上的輪廓，大概是不會遭人反對的。但我還要强調，上述原則必須普遍的適用，不能有所例外，不能在此一場合接受正義與法律，而在另一場合仍然承認或至少容忍暴力。所以我認爲：人類在政治生活方面要經過三個步驟纔算從野蠻時代進步到文明時代：

第一步，限制個人的絕對主權，把個人與個人之間的關係置於一種凌駕個人的權力（政府或國家）約束之下。這一步我們大致已經做到。

第二步，限制國家的對外絕對主權，把國家與國家之間的關係置於一種凌駕國家的權力（國際組織）的約束之下。這一步，我們今日正在漸漸的做到。

第三步，就應該輪到國家的對內絕對主權，把它內部諸集團（民族的、地域的 宗教的、經濟的等等）之間的關係，特別是對立、矛盾、衝突等事態，置於一種超越這些集團的權力約束之下。這是我們今後所要爭取的前途。要如此，世界纔能說是普遍的入於組織狀態，因爲國家本來應該是一個組織體，但到了發生內戰或瀕於內戰之時，組織歸於崩解，已不成其爲組織體，也可以說，這國家已不復是『一個』國家。要如此，世界纔能說是普遍的有了法律，因爲在內戰或瀕於內戰之時，國家的法律必早已失去其功能。要如此，世界纔能說是普遍的免於暴力支配，因爲既然人與人之打架，國與國之戰爭，都可以受到制裁，我們就決不能單單把國家內部諸集團間的武力衝突永遠的放任不顧。不做到這第三步，人類離文明實在還有一段很大的距離。

（未完）

論中共的經濟政策

王光華

中共佔領大陸各地，時間雖有先後不同，而各地經濟卽隨之破產却先後一致。現在工商停閉，都市蕭條，農村枯竭，飢民載道，整個的社會經濟陷於窒息和死滅的狀態。但中共并不承認這是它製造的罪惡，反諉過於國民黨的封鎖和轟炸，以及「國特」的造謠和破壞，這種無稽之言，不值得駁斥。說是由於「第一是十二年的戰爭，第二是十二年的通貨膨脹，第三是舊中國變成了新中國」（見最近出版的新觀察第一卷第一期經濟調整的來龍去脈），似乎接近事實；然而大陸經濟的總破產是在中共佔領後經過相當時期纔呈現的，國軍撤退前并沒有這種跡象。所謂由於「十二年的戰爭，十二年的通貨膨脹」的原因，也不能自圓其說。「舊中國變成了新中國」，應該變好，爲什麼變到這樣的壞？既然變壞，又何取乎變？又怎能說「變成了新中國」？這也露出了狐狸的尾巴來。

舉世固知，今日大陸經濟的破產，唯一的原因是中共逼債，逼稅，逼糧的惡果。强迫工商業購買「折實公債」，大者幾萬份，中小者幾千份，至少幾百份，過期不買卽加倍；各種捐稅既提高，捐稅的項目又增多，延期不繳，卽捕入集中營，逼得工商業倒閉和破產，或迫而自殺　最近七月十二日廣州愛群酒店爲稅債所逼全家跳樓自殺的四屍五命的慘事，便是千千萬萬中之一個。農民繳納糧額比過去多百分之四十或五十，又以補徵，大戶加徵，自由獻糧等等花樣，徵獻得一乾二淨，一般老百姓都以樹皮草根和觀音土爲渡命之資，飢餓而死者不知凡幾。這種超經濟的剝削，殘酷的搜括，必然的造成社會經濟總破產和失業，飢餓的現象。「苛政猛如虎」，還不足以形容今日中共的暴虐政策。

徵收租稅，發行公債，是現在國家財政收入的重要部門，不待說，國家應該徵取，人民應該繳納；但其輕重多寡須以繳納者的負担能力如何而定，并且國家往往以稅率的高下和公債發行數額的大小爲調劑社會經濟的有效方法，例如英國工黨內閣，舉世指摘其推行重稅　然而并未有害於社會經濟的繁榮；蓋能取其餘以補不足，使財富不集中於既得利益的階級，以之與辦公共事業，吸收失業人口，創造社會的購買力，增進共同福利，消除經濟發展的不平衡。中共的舉債，徵稅，徵糧，既不管人民負担的能力，也不顧社會經濟發達的程度如何，只求滿足自己的貪婪；而且將搜括的物資和黃金外滙貢獻於蘇俄，據確實的估計，僅糧食一項，今年輸送到蘇俄的已達六百萬噸；以黃金外匯爲償債和購料之資流到蘇俄之手，亦不在少，這些黃金外滙和物資都是蘇俄對中共超經濟的剝削，或以不等價交換的方式掠奪而去，使大陸經濟更陷於空虛的絕境。誠然，今日大陸各地的物價穩定是不可否認的事實，但以物價穩定爲生產增加的結果，人民幣值穩定的原因，絕非事實。報載上海失業有五十萬人，廣州有十五萬人，武漢有十萬人，重慶有七萬人，各都市有大量失業人口的存在，生產量只有減少，如何能增加？人民幣對內價值的穩定，是由於中共高壓手段，禁止貶低；但人民幣對外價値，如對美鈔，港幣的比值，一年來的牌價，沒有抬高，而黑市反逐漸降低，證明人民幣膨脹依然存在。其實大陸物價所以能穩定是由於人民沒有購買力；人民所以沒有購買力，由於大量的失業者的存在；大量的失業者的存在，由於中共逼債，逼稅，逼糧，逼倒了工商業的結果，這是顯然的事實，掩不了天下人的耳目。

有人說，經濟政策是解決經濟問題的手段，中共經濟政策既不能解決經濟問題，反引起經濟問題的激化，這是自己折自己的臺子。「人民政協共同綱領」「第四章經濟政策」所說的頭頭是道，而所做的都是禍國殃民，說與做完全相反，這是中共失敗的根源。這種觀察是不了解中共政權性質和中共經濟政策的作用。要知道中共是一個陰謀集團，它是由陰謀而建立，由陰謀而壯大，除了陰謀，沒有思想，也沒有行動；要施展陰謀必須運用欺騙手段以達成陰謀的目的；比方說，偷窃財物的盜賊，必須運用種種方法逃避被盜者的耳目察覺，乃能乘其不覺而竊盜其財物；如果不能逃避耳目的察覺，便不能偷竊其財物，中共一面好話說盡，一面壞事做盡，就是這個道理。換句話說，中共的說與做相反不是偶然的，也不是「幹部執行的偏差」，而是先天的秉賦了陰謀和欺騙的素質。要運用陰謀和欺騙以達到的目的，則這個目的是最壞的目的，也可想見。因之，以一般經濟政策的眼光來比擬中共現行的經濟政策便陷於牛頭不對馬嘴的錯誤，必須了解中共經濟政策的特徵，它是以經濟政策達成它的陰謀的手段，所以大陸社會經濟問題的嚴重和整個的破產，并不是它的經濟政策的失敗，而是它的經濟政策必須經歷的過程；蓋不如此，便不能混水摸魚，不如此，便不能偷樑換柱。

經濟政策包括的範圍甚廣，如交通，工業、農業、金融、土地、租稅、公債、貿易等等，在這裏，無須將中共各種經濟政策一一臚列而加以個別指斥；不過中共各種經濟政策有一個共同的方向，只要描準了它的共同方向，則各種經濟政策所變出來的花樣，如見其肺肝然。它的各種經濟政策的共同方向是什麼？就是以經濟政策爲手段將全國一切資財掌握在它的手裏，即是不僅僅掌握國營和公營的一切資財，且要掌握私人一切資財；但這個問題正大，弄得不好，可以推翻秧歌王朝的。所以中共對於這個問題，審愼周詳，口口聲聲以新民主主義爲號召，而毛澤東幾次也强調「現在中國實行社會主義是錯誤的思想」，可知它們的用心。如果中共宣佈實行「蘇俄式社會主義」，一來招致國內國外强烈的反感，激起社會經濟混亂，無法收拾；二來所接收整理的國營公營的

(11)

企業并不能滿足需求，還需要私人企業爲之補充；三來藉此號召海外民族資本回國投資，增加生產，將來更多現成的接收。所以不得不以「新民主主義」爲欺騙的幌子，暗中却是以它的經濟政策代替「蘇俄主義」，并沒有停止「蘇俄主義」的進行，而依照「新民主主義」的去做。現在國營公營企業都已接收管理了，進一步掌握私人一切資財的時機到來，如何掌握法？可分三方面說。

第一，私人工商業方面。中共對私人經營的大小商業是不許其存在的，更不聽其發展的，這是已經決定的政策。現在各大都市都有中共建立的百貨商店，販賣商品；因爲本成求得低，物價當然比普通商店便宜，私人經營的商業，不能與之競爭，只有關門。各城市和鄉鎮都組織各種合作社，共同販賣，共同購買，縮小原來的商品流通的市場，再加之對商人千稅萬捐，不關門，別無支持和應付的辦法。私人經營較大的工業，據我所知，屬於重工業的，大半無代價的交出，由中共繼續經營，有的或給以少數的代價收買，還要看設備和產品的銷場如何，値不値得收買。私人經營較大的輕工業和化學工業，大半還在私人手上；但這些工業既苦於中共的債，稅、捐，無法供應；而又苦於原料來源，販賣市場的窄狹，工人待遇問題不易處理，也無法維持。中小工業處境，也是一樣。毛澤東最近在中共三全大會報告，極力强調「工商業合理調整」，所謂調整，不是對私人工業有扶持獎助的意思，而是需要更加緊控制私人的工業，凡不合於它所需要的，聽其自生自滅，甚至於不許關閉，儘其賠光。合於它所需要的，以原料換製成品，給以最低廉的工費，使加工者無利可圖，有時賠本也不能不接受。另一種方式，合於它所需要的工業，使之附屬於同種類的國營或公營的工業下，負担其分配的業務，而所得的報酬，一樣的低廉。所以現在鐵幕內的工業不外三種結果：一種結果不取代價奉送中共，或給與少數代價，得以脫禍求財；二種結果，中共既不需要，而又不能繼續維持，終致倒閉。三種結果，現在照舊開工，直接或間接爲其所控制，無論工人廠主都做了它的奴工。這樣一來，所有的工業，縱然名義上屬於私人的，實際上是屬於中共的。

第二，「土改」的作用。一般人對於中共的「土改」，總以爲這是中共去掉封建剝削，改善農民生活的一種措施，就是最激烈反共的人，對於中共的「土改」，只反對它改革的方法，并不反對它「土改」的目的，這無形中做了中共宣傳的俘虜。殊不和中共「土改」的方法既違反情理，而其「土改」的目的是爲得鞏固自己的政權并不是爲農民謀幸福。現在北方幾省已實行「土改」，而農民莫不叫苦連天，痛恨中共「土改」政策，因爲農民收穫量減少，負担加重；而中共所以積極進行「土改」的原因是爲的要將土地私有權完全消滅，不屬於任何階層的農民所有，而是屬於中共所有：以達到掌握全國所有資財的重要手段，此其一。「土改」後徵糧工作容易進行，同時也便利於糧食的統制，農民不能掌握糧食，從糧食的生產，消費、交換、分配都掌握在中共手中，這不僅控制農民的生活，全體社會人民的生命也在它的掌握中，此其二。「十改」後，全國人民不能運用土地作爲資財的活動，而中共倒可利用「土改」作爲控制百分之七十以上的農民工具，由政權決定土地的分配，通過土地的分配以統治農民，由統治農民以企圖穩定政權。此其三。中國工業不發達，工人階級不佔社會勞動者的重要成份，工人無產階級的革命是一時不能製造出來的，所以中共不能不把農民作爲造亂的資本，要把農民作爲造亂的資本就要抓住農民；「土改」就是抓住農民和利用農民的武器，是膨脹中共統治的勢力，加緊榨取農民血汗，中共是地主，農民爲佃戶，在這種吃人地主下的佃戶，只有更加重牛馬的工作和生活的痛苦，絕無改善的可能。

第三，儘量搜括資金。據確實的統計，中共佔領大陸一年多，搜括的黃金外匯及一切物資約計値十三億美元。中共的估計，這十三億美元只佔全國資金百分之三十，其餘百分之七十還存在民間，無論如何，要鬥出來掌握在它的手裏，所以以後租稅，公債，還要加重加緊，沒有止境的逼迫人民徵納出來，一面繼續不斷的激起淸算，鬥爭、退租、反霸運動，永不終止，使全國所有的資財，徵光、鬥光、不留一點一滴在人民手裏，然而還有人希望中共的經濟政策走到溫和方面，那眞是與虎謀皮，天大的妄想。

中共運用各種經濟政策把所有的資財掌握手裏，是不是集中使用，建設中國經濟，以提高人民生活的水準？絕對不是。中共要掌握全國所有的資財，其根本的作用，在鞏固政權。羅斯福總統說過「貧窮人不是自由人」，貧窮人就是給與種種自由也沒有法子享受，只希求最低生活，以維持生命。俄共中共最能充分發揮這一句話以爲統治的作用，所以要使每一個人變爲貧無立錐之地，窮無隔日之糧，它要如何統制便如何統制，人民一切自由完全喪失，牽着你的鼻子走，你就是心裏百分之百的反抗它，也無可如何。它們以爲如果一個人有了自由支配的資財，就有了自由活動，也就可以自由造反，就共產主義說，私人有了資財自由運用，可變成資本主義勢力，阻礙共產主義的進行。然而中共今日要掌握全國所有的資財，不是爲着完成什麼主義的建設，而是以掌握全國所有的資財，統治貧窮無告的民衆，除服從外，再無別法。在進行把全國所有的資財掌握自己手裏的過程中，更要徹底的破壞現社會經濟秩序，人民的財產破產達到空前未有的程度，於是飢餓而死，爲債所逼而死，繳不淸租稅被殺而死，就不知道要死多少。老實說，今日大陸工商停閉，失業成羣，不過是這個問題的開端。

以上所說，中共運用經濟政策以掌握全國所有的資財，只是消極的破壞，另一方面，它的經濟政策，有演成以下三種類型的積極的傾向。

第一　軍事經濟。獨裁政治是少數人發展其支配慾的政治，是發展少數人自私自利的野心；這種政權是國內受壓迫的全體人民時時刻刻要推翻的，而獨裁者的「做賊心虛」也是時時刻刻防止國內人民推翻他的政權，於是建立强大的軍事勢力，以鎭壓人民的反抗，爲中外古今獨裁政治必然的要求。軍事勢力建築於經濟基礎上面的，沒有經濟力量，就沒有軍事力量，蘇俄五個五年計劃都是偏重於軍事經濟的建設，犧牲人民生活的享受，以爭取龐大軍備的完成，證明獨裁者的政治命運要寄託在强大的軍事勢力上面。中共當然（下轉第13頁）

今日婦女的時代使命

宋　英

每一個時代，有一個時代問題。而每個時代在社會有相當地位的人們，不是站在正的方面有助於這個時代問題的解決，就是站在反的方面加深這個時代問題的嚴重性。簡言之，他們對於其所處的時代，不是或多或少地有功，就是或多或少地有過，很難說他們中某個人是既無功又無過的。

中國自有成文歷史以來，已經有了四千多年。在這四千多年的過程中，先先後後有不少重大的時代問題，可是由於歷史上的婦女們，除極少數特殊人物以外，既沒有政治地位，也沒有甚麼社會地位，婦女只是家庭中之一份子，而且這個份子在「三從」的倫理下，即在家庭中也顯不出他的人格來，更不會對社會國家發生甚麼影響，因而他們對於時代問題，就無所謂正的或反的作用，也就是說，他們對於其所處的時代，也就無所謂功過了。我們如此說，是指一般的婦女而言，自然也有極少數的例外。

現在，情形可不同了，不同的情形，發生在兩方面：第一、今日的時代問題，就其性質說，是亘古所未曾有的。第二、今日的婦女，就其地位說，不但在家庭中，即在社會上，政治上，都不像從前那樣不發生作用了。所以今日的婦女，對於他所處的時代，再也不能說是可以無功無過了，功過儘管有大小不同，總難逃於功過之間。

我們先說今日這個時代問題的特質：

今日的時代問題，是歷史上從來沒有發生過的。它雖然包括着政權交替的問題，但不只是關乎政權的交替；它雖然包括着國家民族的存亡問題，但不只是關乎國家民族的存亡；它雖然包括着社會結構的維持或破壞的問題，但也不只是關乎社會結構的維持或破壞。這些方面的問題，雖然爲今日時代問題所包括，但究非今日時代問題的特徵。它的特徵，是關乎人性的存亡！這一點，在反共抗俄的階段，我們必須明白地深刻地認識。

甚麼是「人性」呢？這裡，我們用不着徵引許多哲學家的成說，只須從我國文字結構上即可得到一個概念。我國的「人」字，其原始形狀爲「儿」，「儿」是頂天立地的象徵，即爲具有「自由獨立」的意思之動物。這是人性的一方面。另一方面、人，是群體動物，所以漢文文字又有個「仁」字，仁、從人、從二，人與人相處，靠着仁愛。這是人性的又一方面。「仁者人也，親親爲大」，「汎愛衆，而親仁」，都是說明這個意思。有此二方面，才是完整的人性。共產黨正是對着人性這兩方面開刀閹割。它不許人們有自由，能獨立，同時更以仇恨代替仁愛。所以我們爲着維護人性生活，至死也要反共，至死也要抗俄。

其次，我們再說今日中國婦女的地位：

自現代化的學校教育開辦以來，尤其是經過五四運動、國民革命軍北伐、七七對日抗戰，和這次行憲以後，中國婦女的一般智識水準和地位，已經不是二三十年以前那樣地低下了。在這個過程中，婦女政治地位提高得最快的，是在行憲這個階段，中華民國憲法硬性地規定了婦女參政人數的比例。對於這一次跳躍式的進步，有些人很懷疑這是好現象還是壞現象。因爲他們很自然地是把歐美民主國家婦女參政的進度表來和我國比較。由於這種比較而產生的懷疑，如果我們不囿於虛榮心的話，也該承認有其存在的理由。這是一個觀念的問題，我們婦女界即被公認具此懷疑，我們如能從實際行爲方面給這種懷疑以否定的答覆，我想現在正是時候了。

我們的國家，遭受這一次空前大變亂，原因是多方面的。每個人，只要他的智識水準到了相當程度，而又肯虛心反省的話，他總可以從其本身，從其所屬的集團，從其所處的社會階層中，或多或少找出若干造成這次大變亂的罪過來。作爲一個智識階層的婦女們，如果也這樣反省一下，當然也免不了有些慚德。

智識之所以可貴，因其用之可以增進人類社會的福利。近半世紀來，中國的智識婦女確是增多了。但我們仔細觀察和反省，總覺得除少數例外外，智識的增加只是提高了個人的享受慾，而沒有增加社會服務心。我這個感覺，自來到臺灣以後，更是深刻。臺灣婦女的一般智識水準，比內地來臺的婦女低得多，可是臺灣婦女們却參加了社會各部門的工作，而她們的生活也比內地婦女簡樸得多。這裡的原因，我想，是由於日本文化的影響和美國文化的影響之不同，我們反對戰前日本帝國主義的侵略思想，但就中國國情來講，我們的生活方式，應該學學日本，尤其在樸實與刻苦這方面。美國生產水準高，國民所得高，因而美國人的享受也高，這是未可厚非的。中國是個窮國家，各部門的生產均落後得很遠，享受方面當然不能與美國人比。一個窮家庭要像一個富家庭那樣享受，其結果不過是破產而已；一個窮國家，如果一部份人的享受是和富的國家一樣，其結果不僅是國家更窮，而且在這個國家以內，還會鬧起階級仇恨的亂子來。既窮且亂，這個國家還不危險嗎？我們國家弄到今天這個地步，或多或少是種因於此。中國過去道德，崇尚節儉，力戒奢侈，古語說：「儉則約、約則百善俱興，侈則肆、肆則百惡俱縱」，又說：「儉者，君子之德，儉則足用，儉則寡求，儉則可以成家，儉則可以傳之子孫」，這些節儉的訓示，歷代聖賢均以此教人，就是因爲中國地大而物不博，而人口又衆多，貧家惟能行儉尚約，爲官才可以養廉，做人才可以保身，一家一國才可以昌盛。美國的消費文化，影響我國的智識份子太大，好萊塢的生活方式給我們智識婦女的影響更是不淺！

智識婦女高度的享受慾，其爲害尚不止此。她的享受慾每每誘導她的丈夫走進罪惡的深淵。丈夫身敗名裂，國家社會也因之受害，這樣的事例，近年來已數見不鮮。造成這種事例的太太們，又多半是智識婦女！我們這樣說，並不是詛咒智識，而是說，如果智識不與服務心同時增進，而與享受慾結合的話，則反不如智識低下者之日夕埋頭做活，更有益於社會國家。服務於社會各部門的臺灣婦女，給我們內地來臺的婦女一個對照，更可證實我這個觀點。

當前，共產主義的威脅，是個世界性的時代問題。它之所以成爲世界性問題者，最主要的一點，就是它利用了社會上不平的怨氣，而這種怨氣大部份是來自物質享受之不平等。共產黨以「經濟平等」作號召，同時煽揚社會上不平的怨氣，使之發展到高度的仇恨，於是天下大亂矣。現存的社會制度，確不是一個理想的境界，改造是必要的；但我們反對共黨訴之於仇恨的辦法，而主張以人性中的愛爲出發點。一般地說，女性是較富於愛的成份的，英語國家常稱女性爲“Gentle sex”或“Safter sex”“Gentle”或，“sfter”相當於中文「慈」字的意味。「母慈」或現代語中的「母愛」，爲人類社會文明所賴以持續的一個重要因素。母愛的擴充，可以達到「民胞物與」的大同世界。這恰是反乎共黨的所爲，而是走向理想社會的正當途徑。軍事上反共抗俄的最後勝利，不一定是這個時代問題的根本解決，要澈底消蝕這個問題的癥結，只有發揚人性中愛的成份。就這一個任務說，我們婦女可能而且應該比男子有較大的貢献。如果有了這個基本認識和信念，則我們婦女所追求的幸福，就不會囿於個人或其家庭，而是着眼於國家社會乃至全人類了。那末，上文所說的個人享受慾，也就毫無勉强地樂於自動抑制，壓低了。我們如要有助於時代問題的解決而不增加它的嚴重性，這是一個起碼條件。

有了上面這個消極方面的起碼條件，才可談到積極地有助於反共抗俄這個時代問題的解決，說到這裡，目前婦女所應担任的工作甚多。慰勞兵士，看護傷兵，縫製征衣，照顧征屬等等，尤爲婦女所優爲。這些工作在婦聯會發動領導之下，做得有了一點成績，可是未動員的婦女還多，那動員的也須再多貢献點時間和精力。此外，在生產部門，婦女們也是可以提供勞務的。第二次大戰時，英國婦女動員除直接服役軍中者不計外，參加戰時工業的婦女，卽達六百七十萬人。農業方面，有「婦女土地服務隊」的組織，凡畜牧，種田，駕駛曳引車，開溝，園藝等工作，無不有婦女參加。隊員中志願參加者卽有八萬餘名，這個服務隊，擔任流動式的服務，以補助當地各田莊之臨時需用。今日的臺灣，其處境正與當年的英倫相若，但我們今天的動員工作，則瞠乎其後多矣。就婦女動員來說，則更使我們感到萬分慚愧。現在的情形只可以說是動員的開始，距離眞正的動員差得很遠，更須我們加倍努力。本文上面說過：「今日的婦女，對於她所處的時代，不是有功，就是有過，儘管功過有大小，總難逃於功過之間」。因爲今日婦女的智識和地位，已不同於前了。智識須與服務心成正比，地位是與責任同升降的。我們認淸時代問題的嚴重性，我們致力於時代問題的解決吧！負起時代的使命，才是時代的寵兒，否則就是時代的棄嬰。卽僅就我們婦女本身言，也不能無視這個時代！

三九、八、三〇。於臺北

（上接第11頁）要向它的主子學習和看齊，何況有幾百萬游擊隊無法消滅，還要企圖進攻西藏和台灣，更不能不以軍事經濟爲中心而建立軍事勢力。所以今日大陸上的經濟完全爲軍事經濟所籠罩，在一切人力物力「支援前線」口號之下，一切人力物力集中於軍事經濟，卽一切人力物力都變成了砲灰，而社會大量的資源無代價的消耗了，民生工業只有漸漸的爲軍事經濟勢力所侵略，人民更陷於窮困。中共政權與軍事經濟連成一體，要保障中共政權就要偏重軍事經濟，要偏重軍事經濟就要餓死人民，人民要不餓死就要摧毀中共政權，所以中共政權的滅亡是與生俱來的，無藥可救。

第二、貴族經濟。所謂貴族是指中共的黨官，黨員，軍隊的士兵，這一羣人，現在政治上已成了新興的貴族，而在經濟上也享有特權；下級至少無飢餓之虞，中級和上級一切生活享受，應有盡有，中共要運用這一羣人保障它的政權，所以把這一羣人置於養尊處優的地位，這一羣人的生活，佔了中共經濟營運重大的成份，一般人民生活如何，死活不管，多死一些，倒是減少它的政權發展的障礙。不說別的，自命代表工人階級的中共政權，既製造大量的失業人口，而對於失業救濟，始終空喊，都市失業者回到農村，農村失業者又流到都市，沒有安身之所，沒有求救之處，中共眼看着他們一個個的倒下去，無動於中，以此爲例，其他可知。因爲中共經濟的重大設施，在顧及它的圈子內之人的生活，而這一圈子內之人，有了生活保障，卽是比較全國人民經濟生活有了特權，所以我稱之爲貴族經濟。

第三、殖民地化的經濟。俄共控制中共與中共控制中國人民一模一樣，明白中共控制中國人民是什麼樣的，也就明白俄共控制中共是什麼樣的。俄共控制中共也是以控制經濟爲控制一切的手段，所有中共對外的經濟事件，對內的重大的經濟設施，沒有事先取得俄共的同意，和事後俄共的參加，中共不能自由處理的。現在沿海的海關由俄共管理，重要的企業和交通由俄共主持，對外貿易完全爲俄共操縱，或組織「中蘇合作公司」，或由蘇俄人直接組織各種公司來經營，自從中共僞政權成立以來，中國的猪鬃和茶輸到美國漸漸減少，而蘇俄輸到美國的猪鬃和茶却漸漸的增加，從這點來看，可知蘇俄如何控制了中共的經濟。總而言之，這種連搶帶混的搜括，與十七八世紀初期資本主義一面海外通商，一面搶奪落後區域的財貨的海盜行爲可相比擬，中國經濟已完全蘇俄的殖民地化了，可知毛澤東的兒皇帝，還不及石晉！

從以上的分析和研討，中共的經濟政策完全是破壞性的，沒有一點是建設性的，爲什麼沒有建設性的？這是中共政權的性質決定了它，它不能不有軍事的保障，要有軍事的保障，不能不破壞一切以求成全軍事；但是軍事的準備是無窮盡的；今日中共雖然佔領大陸，但要把大陸人民嚴密的封鎖在鐵幕內，還得將一萬二千餘哩的海岸線嚴密的防守，要完成一萬二千餘哩的海岸線的防守，就要將南韓，日本和東南亞圈進鐵幕內，軍備是無窮盡的，戰事也是打不完的，終必引起第三次大戰，第三次大戰一起，中共必亡，蘇俄亦同時解放，這就如王船山所說：「擁離散之人心以當大變，其勢必亡」，所以史達林要滅亡中國，不是吞下一顆炸彈，而是吞下一顆原子彈，連本帶利一回丟光！

與薩孟武先生論立法權的運用（下）

——立法院提案權問題之商榷——

涂浩如

（五）

我們對於薩先生前舉理由，尚有兩點，須附加說明：

（一）薩先生以爲各國制度凡承認議會有提案權者，憲法必有明文規定，但於舉普魯士憲法無議會提案之規定而由議事規則補充憲法之規定爲例以說明其議會提案權之根據，（見前舉理由（三））此原爲「立法解釋」之一例，但對於我國立法委員提案權之根據立法院組織法，則又期期以爲不可，原文中有曰：「憲法是國家的根本法，憲法所容許者，法律不得禁止，憲法所禁止者，法律不得容許，換句話說，立法院組織法不能爲最高的根據，最高的根據應求之憲法」。其論證如彼而立論又如此，殊爲費解。

（二）薩先生以爲分別立法院與立法委員的權限，而以議決權爲立法院的權限，提案權爲立法委員的權限。（見前舉理由（四））故以立法委員無提案權並不妨害立法院是有議決權即成其爲立法機關。並舉各國憲法關於提案權的規定，多不曰議會提出法案，而曰議員提法案爲例。實則此處所謂立法院提案權者，乃就其對內之意義言，亦卽立法委員向院會提出法案之謂。如就其對外之意義言，則所謂立法院之提案權者，乃向另一機關提出法案之謂，有如立法院得向國民大會提出憲法修正案，（憲法第一七四條）但其提案權之發動仍須由立法委員行使之，而於議決後以立法院之名義提出。如謂尚有所謂立法院之提案權，與立法委員不發生關係，實陷於不可解之境地。故立法委員有不可分離之關係，提案權與議決權均爲立法委員行使立法院職權之程序，二者不可截然分屬。至於所舉之例，各國憲法亦非無議會提出法案的規定，（如比、意、日、波、西、等均是）蓋規定議會之提案權，實際上亦卽議員行使其提案權，原無如此之奧妙存在也。

據於上述，立法院有提案權，亦卽立法委員有提案權，乃憲法之眞解，不可拘泥於文字上無「立法院提出法案」而否認之，【見前引理由（一）】似無問題。但其所謂「如以憲法第六十三條可以包括提案，難道戒嚴、宣戰，條約等案也可以由立法院提出麼？」於此，實提出了更進一步的立法權運用問題，有待申論。

我們以爲，立法權的運用，有兩種方式：一爲「被動的立法」，是爲立法院的「議決權」，一爲「自動的立法」，是爲立法院的「提案權」，二者實相輔爲用，不可偏廢。被動的立法爲「消極的監察政府」，自動的立法爲「積極的督導政府」；被動的立法所以表示政府對民意機關負責，自動的立法所以課政府以責任。至於立法權的運用，究採取自動的立法抑被動的立法，自各有其範圍與作用，總統制的國家，在法律上固以自動立法爲主，但實際上，亦多被動的立法；在內閣制的國家，自以被動立法爲主，而自動立法亦不乏其例。我國憲法既並採內閣制與總統制，則於立法權的運用，何者應爲被動立法，何者應爲自動立法，亦卽立法委員提案權的範圍問題，確實値得加以研究。

首先須要加以解決的問題，是立法委員的提案，除依憲法第一七四條提出的憲法修正案外，是否以法律案爲限？關於這一點，我們很同意薩先生對於法律二字的解釋，卽憲法上之所謂法律宜包括立法院的一切決議。如是，則我們承認立法委員有提案權，當不能以通常之所謂法律案爲限。而且，根據「立法解釋」，立法委員之提案有四：

（一）法律案——立法院組織法第十五條：「立法委員提出法律案，須有三十人以上之連署。」

（二）變更行政院重要政策案——立法院議事規則第十二條：「立法委員之提案，除憲法及立法院組織法所規定者外，對於行政院重要政策不贊同，請予變更之提案，應有三十人以上之連署。」此卽憲法第五十七條規定立法院得以決議移請行政院變更重要政策職權之行使，如無提案權，則此種職權實陷於不可能行使狀態。

（三）其他提案——議事規則十二條下半段：「其他提案應有十人以上之連署。」

（四）臨時提案——議事規則第十五條：「立法委員得以提出臨時提案」。又第十六條：「臨時提案以具有亟待決定之特殊事由爲限，並應有委員二十人以上之附議始得成立。」

故立法院組織法第八條規定：「依憲法提出於立法院之議案，由機關提出者，應先經立法院有關委員會審查，報告院會討論，但於必要時，得逕提院會討論；議案由立法委員提出者，應先提院會討論。」其所謂「議案由立法委員提出者」，自包括以上四種提案在內，而非以法律案爲限。至其討論方式之不同，則爲對於政府提案之重視，因先從院會討論，可能初讀打消，但政府提案之於必要時，得逕提院會討論者，其意義不同，乃省略審查之程序。

又舊立法院委員會組織法規定委員會得討論本委員會委員提案，換言之，卽可經委員會決議，以委員會名義向院會提案，現行立法院委員會組織法無此規定，是在立法院內提案權之行使，以立法委員爲限。但以上所說明者，僅爲立法委員行使提案權之形式，至於其所包括的內容，尙須進一步加以具體的說明。

第二點我們要說明的，亦可以說是立法委員提案權的實質，除憲法修正案外簡單的分析，約如左述：

（一）行政院考試院所掌事項以外有關司法、立法、監察以及總統、國民大會等組織及其職權之行使等法案應由立法院提出。但誠如薩先生所謂，立法院雖可提出此類「法」案，却不可行使有如司法、監察等職權，換言之，亦卽不可提出行使司法、監察等職權之法案，否則，便是立法院獨裁。此乃立法權之分際，而非其運用方式之不同。然立法委員當可向行政當局提出有關行政風紀，及司法行政之質詢或要求提出工作報告，並加以質詢，此乃立法院權力之運用，非立法權所可包括。唯立法院就質詢之答復或工作報告中有待監察院或司法院行使其職權之部份自可分別移請「查照辦理」，則為權力之分工與合作，有如監察院行使糾舉權或彈劾權，如涉及刑事，應移送法院辦理，（憲法第九十七條）具有同一之意義。

（二）考試院所掌事項之法案，固宜由考試院提出，立法院亦可自動立法，課考試院以推行憲法所定考試制度之責任。但依憲法之規定，立法院既不可向考試院提出質詢，亦不能要求考試院提出工作報告，則上面第一點下半段之立法院權力之運用不得對考試院行使之，此正如憲法獨特規定考試院有提案權，在憲政制度上是否為合理，乃憲法解釋以外之問題，於茲不論。

（三）與行政院有關之法案，可分別述之：

（1）變更行政院重要政策之提案，應由立法院提出，不必說。

（2）與行政院有關之法律案、預算案、戒嚴案、大赦案、宣戰案、媾和案、條約案，宜由行政院提出。對於法律案，立法院因可以自動立法，而依憲法規定，立法院又可以決議移請解嚴，（第三十九條）更依憲法臨時條款的規定，立法院可依變更重要政策程序變更或廢止總統之緊急處分，並得由立法院咨請總統宣告動員戡亂時期之終止，是前述變更重要政策之提案可以推廣適用，則薩先生所謂「難道戒嚴、宣戰、條約等案也可由立法院提出麼？」在必要時亦未始不可為推廣的適用，以積極的督導政府。因為，立法權如解釋為不以法律案為限，則其他法案，自均可自動的立法，但須視其作用而妥為運用耳。故立法院對於上述案件，可以出之以質詢的方式，亦可出之提案而作成決議，例如關於對日和約事件之提案，如為敦促之性質，則其實效與質詢無異，如作成硬性的決議，則行政院認為窒礙難行時，可以用覆議的程序提請覆議。又倘如應行宣戰而不宣戰，應行戒嚴而不戒嚴，於必要時，立法院自可提出質詢或以決議移送行政院執行，行政院亦可依法提請覆議。唯關於變更領土之事件，則非行政院與立法院可得而決定，當須經國民大會之決議，（憲法第四條）是為不可不注意者，但其中有的案件是立法院事實上所不能提出的，例如預算案，不過預算案如未依照憲法規定提出時，立法院亦可提出質詢或其他提案。

（四）所謂「其他提案」據於上述，可以包括以下各種：

（1）附屬於上述法案之提案——如前舉各例，又如對於法律案，如不採自動立法，例如關於國防之組織，亦可提案促請行政院提案送立法院審議。此類提案大都可出之以質詢之方式，然自亦可算作提案之一種。

（2）與憲法第六十二條所定立法院得議決之「國家其他重要事項」有關之提案——本條所謂「國家其他重要事項」與憲法第五十八條所定行政院會議所議決之「其他重要事項」不同。後者乃指政府高級人員之任免以及變更行政院各部門所主管之重大事件等事項，前者則包括立法院同意權之行使以及行政院重要政策及對於監察院所提決算案之決議等事項，除同意權本身不發生提案權問題，但對於同意權之行使得咨請提出施政意見，（議事規則第五十三條）亦可提出有關案件，以及對於同意案及決算案可以提出類似質詢之議案或其他提案均屬之，他如有關行政院所掌重要事項之提案，有如控蘇案，如不解釋為變更政策之提案，則屬於其他提案。又依立法第七十一條規定：「立法院開會時，關係院院長及各部會首長得列席陳述意見」，如不以就其所自提之法案為限，則立法院之提案權是否可及於行政院以外之其他機關，事實上因立法院已提出有如促請代總統視事之提案，曾開其例，則關於立法院得議決之國家其他重要事項之解釋，不無可加討論之餘地。

（3）與立法院職權本身無關之提案——例如籲請援華及慰勞前方將士等提案，任何團體均可得而提出之，但立法院以其代表民意之地位，自有不同的作用。

（五）關於立法院可否提出類似施政方針的法案，於茲須加一論。施政方針與政策縱非一體，亦有不可分離之關係。依憲法的規定，立法院得為變更行政院重要政策之決議，似僅能為消極的提案，換言之，即僅能就原有之重要政策為相當之變更，而不能另提一新的政策。但因法律案可以由立法院自動提出，則關於重大政策之實施，有如過去徵收臨時財政稅法案一經立法院自動立法以法律案之形式通過即可送交行政院執行，實無異於殊途而同歸。此蓋由於行政權與立法權之關係較為密切，在權力之分配上採取制衡，但於其運用時，施政方針固宜由行政院提出，故行政院並保留其覆議之權。至於「臨時提案」，僅有程序性質，不發生提案實質問題，故不具論。

（六）

總上所論，我們的主張，似近乎薩先生所謂「立法委員的提出任何法案」之說，其實「並非如此」。我們不贊成薩先生的主張之「立法院不得提出任何法案」之說，已詳述於前，我們也不贊成薩先生所謂「立法委員只得提出法律案」之說，主要為法律案之解釋固不以普通之所謂法律為限，換言之，即立法院限於行使並非狹義之立法權，而為監督政府政策之民意機關，故立法院之權力除同意權及聽取報告與質詢權外，其立法權之行使乃與之互相為用，狹義之立法權因有時可收廣義立法權之效果，而不足以盡其用，但廣義立法權之行使自亦有其範圍，有如上述。故我們以為立法委員之提案雖以狹義之法律案為主，但不應以為限，不僅有其憲法解釋之理由，而且與立法院權力之運用有關。至是，我們的論點，稍涉本文主題「立法院提案權問題之商榷」之外，須略加引申，以盡其意。然此點說明，亦可有助於立法院提案權問題之了解。

於此，我們須分別立法院職權之三種含義：

（一）最廣義之立法院權力——就最廣義之「立法院權力」言，可包括：（1）聽取施政方針及報告之權，（2）質詢權，（3）廣義之立法權三部份。

（二）廣義之立法權——即立法院得作成決議之一切權力。其行使職權之程序，有（1）提案權與（2）議決權。而提案權非以法律案為限。

（三）狹義之立法權——即通常所謂之法律案。其行使職權之程序亦包括（1）提案權與（2）議決權。

以上可說，乃立法院在法律地位上之權力。憲法第二十二條規定「立法院為國家最高立法機關……代表人民行使立法權之意義，因其乃代表人民行使立法權而為國家之最高立法機關，故其行使立法權實為廣義之立法權，而帶有監督政府之民意機關的性質，當非狹義之立法權所可包括，尤非只有議決權之更狹義的立法機關所能比擬。至其最廣義之立法院權力，乃用以完成其立法權的運用以達到監督政府之目的。

其實，立法院提案權問題之所以發生，根本就在於一般人不甚了解立法院權力之運用。因爲事實上，我國過去旣少議會政治的經驗，一般人所習慣者，多爲參議會參政會一類機構權力之行使，至多亦不過舊立法院的經驗，所以，他們不知不覺提出較多的建議參考一類的案件或則大而無當的原則性的提議，而忽畧了今日立法院之職權，其決議送交行政院即須照辦，故大可多多利用質詢權，來幫助立法權的行使，因質詢權之行使，固不以聽取報告時爲限，（參考憲法第五十七條及議事規則第五十七條）在開會時均可隨時提出也。至於立法權之行使，在法律上，固可採自動立法，但在運用上，則與行政院有關事項，宜多採被動立法，以免事實上窒礙難行。立法院如高瞻遠矚，多多着眼於行政院政策之推行，而隨時以質詢或自動立法積極的督導之，與監察院消極的監督各盡其用，然後憲法所定的政府這一部機器，才能發揮最大的效率。

（七）

本文之所說，可以謂爲「平易近實，就事論事」，與薩先生之所說，「高瞻遠矚，自成體系」者，實相差數籌，然而亦可說，薩先生乃「道其所謂道，非憲法之所謂道」也。薩先生之憲法學說如何，爲另一事，但是，我們可以確定的說，中國的憲法是與薩先生的理論不相符合的，甚至我們更可進一步說，中國的憲法是與國父的遺敎亦不盡相合的，然而與國父遺敎不合並非就是與薩先生理論的不合，這又是另一回事。憲法上留下了很多的問題，因爲立法技術上的欠缺，是可以憲法的解釋來解決的。但是，也有的問題，是解釋所不能解決的。我們來研究憲法的解釋，只能就事論事，因此，我們不贊成立法權的運用出乎憲法規定的範圍以外，無論是擴張的或者是縮減的，因此，我們以爲薩先生的解釋憲法，毋寧是修改憲法的問題。

前面所引薩先生說的：「議會的立法權不是最高的」，恐怕是薩先生全文精神之所在，這種理論是在提高行政的權限，就政治制度發展史來看，確有其相當深刻的認識，但是，我國憲法的實際，恐怕立法院的立法權確是最高的，不特由於憲法規定其爲「國家最高立法機關」，而且還是因爲其是「代表人民行使立法權」。（均見第六十二條）就整個制度來看，覆議的結果，行政院只有接受或辭職，另外却沒有方法來對抗立法院，在國民大會沒有行使創制複決權之前，我國立法院的立法權確是最高的了。

如此說來，大家或將以我國憲法的根本問題爲慮，其實亦用不着過份担心，因爲誠有如薩先生所謂「行政權的發動須在法律範圍以內，立法權的發動却須在憲法範圍以內」，而且因爲命令雖然不能違背法律，法律又不能違背憲法，（憲法第一七一、一七二條）立法院立法權的行使須要依據憲法，又受了司法院的制衡，（憲法第一七三條）在法律上立法院不致陷於獨裁。司法院解釋憲法，固不會偏袒立法院，而且可能顧到政治上的環境。但是它始終不能變更憲法，所以憲法的解釋是有其限度的。

在事實上，立法院行使它的權力，也有它的顧慮：第一、是政治的環境，例如在非常時期所造成的政治旣成事實，在政治的環境上，有的是不容許立法院來提出非議的，那末，只有在立法技術上來設法解決，例如台灣實施地方自治，嚴格的依立法程序是不許可的，但立法院決無人提案反對，所以，即使立法院不能提授權法案，有些事能辦得通，亦可以辦下去。第二，是政黨政治的運用，這一點在我國尚未發揮很大的作用，所以，立法權的運用，有時顯得很紊亂。但是，在我們中國今日的情況之下，只要政治的路綫正確，法律的問題是很難發生的，大可不必要求取消法律上的問題。

這里，我們倒是要有一個先決的認識。薩先生的理論，從政治制度史來看，是有其相當價值的，但是從「政治史來看」，則我們這一部不一定很健全的憲法，毋寧具有較有價值的作用。因爲，在政治發展史上，民主政治在我們中國還是一個開端，一切還不外學習與訓練，對於民主政治缺少素養的我國，前面所說立法院運用立法權所發生的錯誤經驗，正是它一種訓練的機會，我們大可存着「諒解的心情」。對於民主政治有認識的人，只有設法加以誘導與策進。反之，行政權的提高，也只有一個民主政治有素養的國家，才會有利無害，否則，怕有更大的危險。

最後，有一點看來似小關係實大的事須要提出加以說明。即在立法權的發動上，我國有「人民請願書，經審查後，得成爲議案」的規定，（議事規則第十八條）此點可反證不特立法委員應有提案權，而且人民亦有提案權。更進而從政治權力的分配以觀立法權的運用，則憲法上所定「人民有請願權」，（第十六條）實爲人民立法權力的保留，（前舉英國私人亦得提案，亦是其例），議事規則所定乃「立法解釋」的補充，而由國民大會代表行使創制權及由立法院代表行使立法權，則爲同一權力的兩種崗用，故一切制度的運用，皆當以民主政治爲其依歸，這是政治的眞諦，也是我們研究政治與憲法宗旨之所在，本文的根本論據在此，特爲提出說明。（完）

『自由中國』的宗旨

第一、我們要向全國國民宣傳自由與民主的真實價值，並且要督促政府（各級的政府），切實改革政治經濟，努力建立自由民主的社會。

第二、我們要支持並督促政府用種種力量抵抗共產黨鐵幕之下剝奪一切自由的極權政治，不讓他擴張他的勢力範圍。

第三、我們要盡我們的努力，援助淪陷區域的同胞，幫助他們早日恢復自由。

第四、我們的最後目標是要使整個中華民國成為自由的中國。

特載

歷史的台灣——歷史的台灣與中國（六）

郭廷以

第五節　明鄭時期的台灣內治

一、鄭成功的設施——設治、屯田、撫番與尚法

自鹿耳門登陸，赤嵌城克復，荷蘭人被困於「臺灣城」之後，整個臺灣島的光復祗是時間問題。一六六一年六月（永曆十五年，順治十八年五月），鄭成功卽着手臺灣的全部規劃。首爲確定行政區域，改赤嵌地方爲東都明京，設承天府（臺南）及天興（嘉義）萬年（鳳山）兩縣，改臺灣城爲安平鎮，以紀念他的故鄉。派楊朝棟爲府尹，莊文烈知天興縣事，祝敬知萬年縣事。這是臺灣設置郡縣的開始。

其次爲隨來數萬文武官兵軍民的安屯，衙門的設立，村莊的創置，房屋的建築，田園的分配，以及經商捕魚等事，均須予以規定。六月十四日（中曆五月十八日），他正式宣諭：

「東都明京，開國立家，可爲萬世不拔基業。本藩已手闢草昧，與爾文武各官，及各鎮大小將領，官兵家眷，總必創建田宅等項，以遺子孫計。但一勞永逸，當以己力經營，不准混侵土民（番人）及百姓（漢人）現耕物業。茲將條款開列於後，咸使遵依，如有違越，法在必究。着戶官刻板頒行。特諭。」

條款一共八項，大致可區分爲四類：第一、爲圈地的限制，承天府安平鎮爲建都之地，文武各官及總鎮大小將領家眷，卽暫住於此，隨人多少圈地，並設立衙門。文武官員可隨意選擇田地，創置庄屋，將領官兵，亦准撥派汎地，起蓋房屋，開闢耕植。均可永爲世業，但均「不許混圈土民及百姓現耕田地」，一切以無主荒地爲限。第二爲林木陂池的保護。圈地及撥派汎地的山林陂池，應詳爲備圖具說報告，酌定賦稅（汎地林地可免），「須自照管愛惜，不可斧斤不時，竭澤而漁，庶後來永享無疆之利」。第三爲漁區的規定。沿海各澳，除現有網位罟位，由政府委官徵稅外，「其餘分與文武各官及總鎮大小將領，前去照管，不許混取，候定賦稅」。第四爲墾地的稽察。文武各官開墾田地，必先行向鄭成功報明面積，百姓則須向承天府報明，方准開墾，「如有先墾而後報，及報少而墾多者，察出定將田地沒官，仍行從重究處」。

臺灣當時雖多未開發之地，但已墾者亦不在少數，爲保護原居番人及先來漢人的利益，尤其是預防他的部下以征服者的姿態來强奪熟田，所以有圈地的限制。同時爲了防止濫占土地，以充少數有勢者壟斷，所以有墾地必須預向成功本人報明的規定（承天府不易管制這些文武官吏）。此外森林漁業亦均與臺灣民生利害有重大關係，所以亦特別囑咐他的部下照管愛惜。

民以食爲天，對於糧米增產，鄭成功最爲重視。東征以來他所最感苦痛的，亦是糧食問題。登陸後的一個月，除以一部分部隊包圍臺灣城外，卽將各鎮分派汎地屯墾。及八項條令公佈，再遣發所部分紮北路新港仔、竹塹，及南路鳳山、觀音山、屯墾，並預給文武原額俸役銀六個月。不過這時尚在軍事期間，他所行的僅是軍屯。荷蘭人退走之後，卽有計劃的實施寓兵於農的政策。他首先親至新港、目加溜、蕭壠、麻豆等處巡視踏勘，然後大會諸提鎮參軍宣佈他的主張：

「大凡治家治國，以食爲先，苟家無食，雖親如父子夫婦亦難以和其家；苟國無食，雖有忠君愛國之士，亦難以治其國。今上托皇天垂庇，下賴諸君之力，得有此土。然計食之者衆，作之者寡，倘餉一告匱，而師不宿飽，其欲興邦固國亦難矣。故昨日躬身踏勘，揆審情形，細觀土地，甚是膏腴，當倣寓兵於農之法，庶可餉無匱，兵多糧。然後靜觀釁隙而進取」。

然後又說明寓兵於農的原理和辦法：

「古者量人授田，量地取賦……兵民無分。……今臺灣乃開創之地，雖僻處海濱，安敢忘戰。暫爾散兵留勇，侍衛二旅，以守安平鎮承天二處，其餘諸鎮，按鎮分地，按地開荒。日以什一者瞭望，相連接應，輪流迭更，是無閑丁，亦無逸民。插竹爲社，斬茅爲屋，圍生牛教之以犂。使野無曠土，而軍有餘糧。……其鄉仍曰社，不必易，其畝亦曰甲，以便耕。……三年開墾，然後定其上中下則，以立賦稅。但此三年內收成者，借十分之三以供正用。農隙則訓以武事，有警則荷戈以戰，無警則負耒以耕。寓兵於農之意如此。」（臺灣外紀）。

於是卽分命所部，按照地方，從事墾種。

鄭成功入臺不久。叛將黃梧向清廷密陳沿海五省劃界遷民之策，謂成功之能抗拒官軍，「實由沿海人民走險，糧餉油鐵桅船之物，靡不接濟，若從山東江浙閩粵沿海居民盡徙入內地，設立邊界，布置防守，則不攻自滅」。同時再「將所有沿海船隻，悉行燒燬，寸板不許下水，貨物不許越界，違者死無赦。如此半載，海賊船隻無可修葺，自然朽爛，賊衆許多，糧草不繼，自然瓦解」。這種「大陸封鎖」辦法，對臺灣雖不無影響，直接受其禍害的則爲海濱居民。沿海三十里遷界令下，他們將失其故業，流離顛沛，加之官兵肆虐，嚴刑脅迫，限以時日，弱者只有「棄田宅，撇家產，別墳墓，號泣而去」。而强者則憤而東渡，投入國姓爺的旗幟之下，所謂「浮海而遁，去此（清）歸彼（鄭）」。成功亦正需要這批不甘屈服的羣衆，以開發其新復疆土，增强其抗敵力量。他曾謂，設若他不自斷東征，收取臺灣，而仍株守金廈，將無用武之地，「今當馳令各處，收沿海之殘民，移我東土，開闢草萊，相助耕種，養精蓄銳，俟有釁隙，整甲而西，恢復迎駕，未爲晚也」。因之漳泉惠潮的流民來者益多，他

們身受滿清虐迫之痛，自是徹底的反清者。

番族的撫綏，他同樣的重視（參看本章第四節），八項條令於土民的利益，亦再三致意，當他勘察新港目加溜等處之時，各社俱羅列恭迎，分別「錫以烟布，慰以好言，各跳躍歡舞」。不過此均係消極工作。進而則力謀改善他們的生活，提高他們的知識。戶都事揚英是一位有心人，復以職掌關係，對於農務尤爲留意。他認爲他所到之地，未有如臺灣之土地膏腴饒沃者，所可惜者是土民耕種未得其法，無人加以敎導。他曾於永曆十四年四月隨同成功巡視蚊港，路經四社，（新港、目加溜　蕭壠、蔴豆）又曾於永曆十五年八月親歷南社，適値秋收，「目覩禾稻遍畝，土民逐穗採拔，不識鈎鐮割穫之便，一甲之稻，亦採數十日方完」。至於開墾，不知使用犂鋤。他主張於歸順諸社，各派農夫一名，鐵犂耙鋤各一副，熟牛一頭，敎他們以耕種劃穫的方法，「用心撫綏，家諭戶曉，恩威敎導，墾多力耕者有賞，怠玩少作者有罰」。就各家的人力授田，再計畝徵輸，進而敎之以禮義。

南明遺臣官至太僕少卿，自稱爲流寓臺灣野老的浙江寧波人沈光文於一六六二年（永曆十六年康熙元年壬寅）來台（或云光文於荷蘭時代入臺，誤，其康熙二十四年「東吟社序」自云於壬寅年飄流至臺，「今二十有四年」可證），據他的「平臺灣序」，鄭成功入臺之後，番族馴服異常，所謂「雕題黑髮之夫，跳梁不敢，鑲耳文身之輩，蠢動無聞」，近者如南社、二林、新港、蕭壠、目加溜灣、到哆囉、蔴豆、大武壠，諸羅山、遠者如阿里山、奇冷岸、打貓社、大居佛、他里霧、斗六、大肚、大武郡、南北投、大傑巔、小琉球、卑南覓、新港仔、竹塹　南嵌、鷄籠　淡水等處，均歸附聽命。

成功的爲治，一向以法爲尚，「犯者雖親信無赦」。克台之後「兵民慴伏，上下悚惶」（平台灣序）。「其立法，有犯奸者，婦人沉之海，姦夫死杖下，爲盜不論贓多寡必斬。有盜伐人一竹者，立斬之」（僞鄭逸事）反對進兵臺灣的大將宣毅鎭吳豪因「掠百姓銀兩，盜匿粟石」而被殺，力　其東征的首任承天府尹楊朝棟及萬年知縣祝敬，斗給陳伍等因以小斗扣克士兵月糧而伏誅。即最敬服他的大將馬信亦認爲宜用寬典。成功則以爲「立國之初，法貴於嚴，庶不至流弊，俾後之守者易治」，子產的治鄭，孔明的治蜀，均係如此。有人評論他「英年得志，局量未宏」，不能容人，「中道摧折，不竟其業」（朱希祖從征實錄序），亦是知其一不知其二。這正是他崇尚法治，不徇私情之處。明太祖會謂紀綱不立，法度不行，必至威福不移，縱爲暴亂，民志不定，人心渙散，無以馭下，必須申明約束，確立禮法，使大家皆稟號令，有所遵遁。否則就不成爲一個有組織的政府了。直至鄭氏政權亡後的十四年，有人尙目覩「臺灣百貨露積，無敢盜者」（僞鄭逸事）。

與鄭成功同時的大學者黃梨洲會總述他在臺的設施治績，盛稱其「立興法，辟刑獄，起學宮，計丁庸，養老幼，恤介特，險走集，物土方，臺灣之人是以大集，鄭氏遂安」。（鄭成功傳）。此並非過譽，乃是紀實。

二、鄭成功之歿與鄭經繼立

不幸鄭成功享年不永，未能完成他的大業，於光復臺灣後不足五個月，即

一六六二年六月二十三日（永曆十六年康熙元年五月初八日）竟齎志以歿，年僅三十有九，眞是中華民族革命運動上一大損失，更係臺灣的無可補償的損失。一般的說法，均謂成功於十六日（中曆五月初一日）成功感受風寒，近來有人謂是瘧疾，但不論是風寒或瘧疾，以正當壯年的鄭成功似不應於八天之內不治而亡。所可知者，成功是一位意志堅强，性情比較暴烈，律身謹嚴，崇尙禮敎的人。是年二月以來，接連發生了幾椿使他極其痛心難堪的國事家事，在心理上生理上接連予以重大刺激，對於他的健康自必大有損傷，終至悲忿恚恨而卒。所謂家事，一是淸廷依照降將黃梧的建議，將成功的祖墓「一概遷毀，暴露殄滅」，並將他的被禁於北京的父親及弟輩等十一人棄市（事在一六六一年十一月二十四日，即永曆十五年，順治十八年十月初三日）。他們父子雖政治主張異趣，過去他雖有「不敢以子自居」，及「大義滅親」等壯烈的表示，「然父子之情不能忘，常於中夜起立北向，私自悲哭痛哀」（夏琳，閩海紀要卷上）。他並非無父子私情，但更重國家民族大義，當忠孝不能兩全之時，他斷然爲後者而奮鬥。永曆十六年（康熙元年一六六二）他得知正月父親等的不幸消息，「頓足擗踊，望北而哭」，「及知毀墓，向西切齒」（臺灣外紀卷十二）。在感情上無論如何他一定覺得自己對父親與祖宗是負罪的。二是他的世子經的不檢行爲，與連帶而至的部將抗命舉動（鄭經留守厦門，私通乳媼生子）。成功立身治家極其嚴正，定要處以死罪，金厦諸將拒不奉命，一時形成與臺灣對峙的局面。這是永曆十六年四月的事。他一向是直正有威，令出不二的，而現在竟到了這樣的地步，自不無情何以堪的感覺。所以淸方記載有成功因此「得狂疾」而死的說法。所謂國事，一爲呂宋華人的慘遭屠戮。鄭成功旣克臺灣，頗有意於呂宋，遣使召令歸附，當地華人亦謀乘機而動。西班牙人鑒於荷蘭的前轍，大事殺戮，遇難者數千人，時爲永曆十六年　月（參看下節）。成功旣感愧對僑胞，又痛憤西人。二爲永曆帝在緬甸的蒙難（永曆十五年十二月初三日）。永曆君臣播遷緬甸阿瓦附近，爲緬人所賣，俘獻與吳三桂。這個不幸的消息，由兵部司務林英於永曆十六年四月從雲南賚西帶至臺灣，成功頓足嗟歎。明的正統斷絕，十七年來枕戈泣血，西迎聖駕的抱負未能實現，他深痛自己的「罪案日增」，「忠孝兩虧」。這個打擊，恐怕比上述任何一事都大，他臨歿時說他沒有面目見明太祖於地下，可知其至死仍以不克達成恢復大業爲自己罪戾。

自從諸將抗命的事變發生，金厦與台灣已成對抗之勢，及成功憤歿，繼承的問題發生異議，厦門奉戴鄭經，東都則擁立成功之弟鄭襲。此時淸方乘機招撫，欲迫鄭經投降。鄭經一面佯與週旋，一面積極布置東征，以熟悉臺灣形勢的周全斌總督五軍，集兵澎湖，一六六二年十一月二十七日（永曆十六年康熙元年十月十七日）一戰而勝，鄭經成了延平王國的眞正統治者。不久得知永曆帝在雲南殉國的訃聞，但仍繼續奉其正朔。他對於新闢的臺灣似不及金厦的重視，而金厦方面亦有重大問題需要處理（如對淸的和議，及其伯父鄭泰交通臺灣叛將事件），一六六三年（永曆十七年，康熙二年）二月復行西返。是年十一月，福建總督李率泰會同荷蘭戰船大舉進攻，奪占厦門金門，鄭經退往銅山，十多年的基地喪失。距臺灣的取得僅一年又兩個月。這時軍心動搖，李率泰復多方離間，施行所謂政治滲透，各鎭紛紛離叛。翌年（一六六四）春，鄭經決

定過臺，退保東都，明宗室有寧靜王、瀘溪王、巴東王、魯王世子、遺老有王忠孝、辜朝薦、沈佺期、郭貞一、盧若騰、李茂春等均從行。從此不僅完全退出大陸，而且喪失了所有接近大陸的島嶼，延平王國的領域，暫時只限於臺灣本島與澎湖。同時清軍亦無力渡海，仍繼續其遷界禁海政策，雙方和平相待，達十年之久。（一六六五卽康熙四年四月淸將施琅一度進兵，舟師遇颱風飄散，遂止。）在此期間，鄭經從陳永華之議，一意於臺灣的開發締造。

三、陳永華的事業——民生，經濟與文教

鄭經在臺灣的政治措施，事無大小均諮之於陳永華。永華對於臺灣貢獻之大，關係之鉅，僅次於鄭成功。鄭成功光復了臺灣，可惜他統治的期間太短，臺灣的經營建設，與臺灣的澈底內地化，均有待於陳永華來完成。臺灣經濟基礎的奠定，文化教育的推進，幾均出於他的一手。他是泉州同安人，「遇事果斷有識力」。一六六四年（永曆十八年，康熙三年）評定行政區域，改東都爲東寧，天興萬年二縣爲州，設安撫司於南北路及澎湖（澎湖爲軍事重鎭，於媽祖宮設立營壘，置烟墩砲台，派大將鎭守）。行鄉治，承天府分置四坊，坊置簽首。鄉鄙劃爲二十四里，「里有社，社置鄉長，十戶爲牌，牌有首；十牌爲甲，甲有首；十甲爲保，保有長」（臺灣通史陳永華傳）。這些坊里，均爲漢人集聚的中心。番人悉係「斬茅編竹，架樓而居」，永華「教匠取土燒瓦，往山伐木斬竹，起蓋廬舍」，並設立圍柵。官室衙署，亦一一興建。鄭成功寓兵於農的政策，仍繼續推行，他會「親歷南北二路各社，勸諸鎭開墾，栽種五穀，蓄積糧糗」。復倡導種蔗煮糖，向外興販。又「以煎鹽苦澀難堪，就瀨口地方修築坵埕，潑海水爲滷，暴曬作鹽，上可裕課，下資民食」（臺灣外紀卷十三）。

寓兵於農是繼續鄭成功的政策，貿易經營，亦復如是。鄭經的祖與父一向享占通洋之利，財用因而大足。臺灣平時的日用所需，並不能完全自給，而戰時的軍事物資，更有不少須取給於大陸或海外。一六六六年（永曆二十年）陳永華派人入駐厦門，交驩滿清沿海邊將（遷界之後，厦門已荒廢），在商業上互通往來，吸收大陸的物資（以布帛爲主），推銷臺灣的產貨。「凡貨物入界者，以價購之，婦孺無欺。自是內外相安，轉運毋遏（通史，卷二）。（遷界之後，表面上雖是堅壁淸海，但能賄通守界弁兵，商販照常可以出入）。至於海外，更可自由活動。除鑄永曆錢與販暹羅、交趾、東京、及馬來半島的柔佛大泥，海船往返日本、呂宋外，並與英國的東印度公司成立有特種協定。其詳另於下節述之。

經濟有了辦法，臺灣的「田疇市肆，不讓內地」，國計民生均獲得解決之道，進而則是人民的教育問題了。除嚴禁賭博，詰治盜賊外，一六六五年（永曆十九年康熙四年）他勸鄭經速建先師孔子的聖廟，設立學校。鄭經認爲這是不急之務，臺灣地方狹促，而且人民稀少，不妨待之將來。陳永華自有他的遠大看法與抱負，他說：「成湯以百里而王，文王以七十里而興，豈關地方廣闊？實在國君好賢，能求人材以相佐理耳。今臺灣沃野千里，遠濱海外，且其俗醇，使國君能舉賢以助理，則十年生長，十年敎養，三十年眞可與中原相甲乙，何愁其狹促稀少哉？今既足食，則當敎之，使逸居無敎，何異禽獸？須擇地建立聖廟，設學校，以收人材，庶國有賢士，邦本自固，而世運日昌」。鄭經從其所請，明年（一六六六）二月（永曆二十年康熙五年正月）臺灣的第一座孔廟在承天府落成，並於其旁置明倫堂，設學校於各里社。定科考制度，「兩州（天興萬年）三年兩試，照科歲例開試儒童。州試有名送府，府試有名送院，院試取進，准充入太學，仍按月月課，三年取中式者補六官內都事，擢用陞轉」（外紀卷十三）。第一任學院卽由陳永華兼任，國子監助敎爲葉亨。「自此臺人始知學」，文敎因之漸漸昌明。

對於番人的教育，他一樣重視，亦設有學校。番人子弟能讀書的，則免其力役以資鼓勵。這種工作，由近及遠，逐步向北推行，同時改進他們的生活習慣。受益最深的則爲承天府以北的四大番社。郁永河的「裨海記遊」中，曾有記述如下：

「新港、目加溜、蕭壠、蔴豆於僞鄭時爲四大社，令其子弟能就鄉塾讀書者，蠲其徭，欲以漸化之。四社番亦知勤稼穡，務蓄積，比戶殷富。又近郡治（承天府），習見城市居處禮讓，故其俗於諸社爲優」。

此四大社也就是荷蘭宣敎師布道的中心，永華大概是有意要掃除其督敎的異端影響，而施之以中國的正統敎化。東來避地的縉紳耆德，對於臺灣的文敎，自亦有其貢獻，被尊爲海東文獻初祖的沈光文且曾於目加溜教授番童，並以醫藥活人（以醫藥濟世的尚有沈佺期）。

黃梨洲謂「永華爲政，頗雜儒術，與民休息」，意思是說儒術之外，尚有法家黃老的成分。郁永河謂「初鄭氏爲法尚嚴，多誅殺細過。永華一以寬持之。間有斬戮，悉出平允，民皆悅服，相率感化，路不拾遺者數歲」，「市物者不飾價」。在他主政期間，內明政敎，外給餉糈，民以大安，軍無乏絕。連雅堂謂其「開物成務，體仁長人，至今猶受其賜」，比之於諸葛武侯。（本節完）

自由中國通訊

美國原子能研究的發展

紐約通訊・九月二日

本刊特約通訊記者　焦　木

全世界各國的原子能研究，一直是保守着秘密，牠的發展情形，外間絕難獲知。蘇聯雖曾宣布已能製造原子彈，且說更能應用原子能於伐木開河等工業方面，而杜魯門也證實在蘇聯確有過原子爆炸，但實際眞相如何，因爲鐵幕後的消息封鎖，直到如今，始終是一謎，一般仍覺得宣傳成分多於事實。在目前，無論從那一方面來說，美國無疑仍是執原子能研究之牛耳，英國和加拿大雖有原子能研究機構，但不過等於附屬於美國的國外研究部門，還談不上有獨力發展的能力。

關於美國的原子能研究發展情況自鬧了原子間諜案後，美國的保密工作亦較前加緊，故亦不易獲知。可是原子能的應用，也有壞的和好的兩方面。牠應用於壞的方面——供製造武器，就是人類的不幸；牠應用於好的方面——供工業動力，就是人類的幸福。最近美國原子能委員會對於原子能在好的方面之應用，已不如一前之秘密，時常透露一點實際情形，美國許多科學雜誌亦經常取以發刊。這裏就是根據這些零碎材料，加以整理，由此我們對於美國的謎樣的原子能發展情形，當可窺知其梗概。

美國的原子能研究及管理之最高機構，爲原子能委員會（簡稱AEG）。牠是一個由國會授權並撥款設立的政府機構。牠的工作網非常龐大，共有十四個主要附屬研究製造單位，計有橡樹嶺工廠（Oak Ridge Operations），橡樹嶺國立實驗所(Oak Ridge Notional Laboratory)，阿高尼國立實驗所（Argoune National Laboratory），幅射實驗所，羅斯阿拉謨斯科學實驗所(Los Alamos Scientific Lab.)，布魯克哈威國立實驗所（Brookhaven Natl. Lab.），紐約原子工廠，芝加哥原子工廠，哈福特（Hanford)原子工廠，羅傑斯特（Ro-chester）大學實驗所，諾爾斯實驗所（Knolls Lab.），布倫維克國立實驗所（Brunswick Natl. La.），阿姆實驗所（Arms Lab.），及聖大菲原子工廠（Santa Fe Operation）等。幾乎全美各大學以及各科學技術學院均分別參加以上這十四個單位共同從事原子研究工作，此外在維克森林（Make Forest），羅傑斯特技術學院，哥洛勒陀大學（Colorado U.），拜羅大學（Baylor U.），但維爾大學（Denvor U.），加利福尼亞大學，黎德學院（Reed College），俄勒岡大學（Oregon U.），及俄勒岡國家學院等處設有藥物及原子工作人員訓練機構。原子能委員會的主要工作，是指並導管理這些一切有關原子能研究的單位，調整牠們的研究所得，決定原子能研究的基本方針。牠並且和許多工廠大學訂立合同，委託牠們去維持，組織並管理鈽鎮的生產工廠，實驗所以及研究工作。如通用電氣公司，孟山都化學公司及芝加哥大學等都和原子能委員會訂有合同。

原子能委員會每年經常費原定約有美金七億元。其中百分之九十是分撥給牠所屬各研究單位，大學及工廠在一九四七至一九五〇年間共撥用十八億美元。而一九五一年度預算中則列爲八億一千五百一十一萬元。

在目前，原子能委員會的工作重心，自然是放在改進及製造原子武器方面。現在正耗費大批金錢與時間去發展一種原子電抗機（一種產生原子動力的機械），準備能應用於潛水艇的推進器上去。至於應用原子能去製造原子砲彈等軍器，更已是一日千里，已到達我們所想像不到的境界。在一般人看來，美國的原子能研究只是一種達到軍事上的目的，是一種可咒詛的事情。但這只是從壞的方面想。事實上，原子能研究也有牠好的方面。美國原子能委員會固然目前正效力從事於應用原子能製造殺人的武器，但另一方面，牠也在研究原子能對人類有益的方面，探求方法，應用原子能去生產廉價的動力，供給電灯，運輸以及機械之用。在藥物和生物學方面，原子能已表現出鉅大的貢獻。杜魯門最近宣佈：他請求國會撥款二億六千萬元，交給原子能委員會「建立額外及效力更大的工廠」，用以「加速原子彈發展及氫彈實驗」。但他也附帶聲明：「基本目的在使原子能作爲和平的用途」。所以美國的原子能委員會確未忘記原子能在和平世界的用途，目前也正向這方面走去。本年三月間，原子能委員會代理主席派克（Sumner T. Pike）在蒙特霍爾約克學院關於原子能作和平用途之演講，曾經將該委員會研究原子能工作分爲三大類：武器，動力及幅射能同位原素之應用。他的演詞原文之一部：

『武器：我們正在製造並儲藏原子武器，繼續不斷研究發展工作，以期達到較可能的敵人擁有更多而更有效的武器。

『動力：除進行武器生產外，我們在從原子核能獲得動力工作方面，現在僅是從實驗和設計階段達到初步的建設階段。……在依坦霍（Idahs）我們已在建造一部電抗機。另一部等到春天地面解凍時亦卽在同一地區開始建造。第三部預備將來供給一個動力工廠爲製造海軍艦艇推進器之用，亦已達加速設計完成階段。……我們用這些新的機械作大胆的試驗，希望比較我們的其他動力生產者的成功，，能夠在最短時間內以最簡捷的程序，達到更好的結果。

『幅射能同位原素之應用：他們的應用已達到這樣的程度：依据合理的正確的估計，單在藥物與生物的研究領域中，百分之四十工作是應用幅射能原素。……平常都以最廉價格出售這些同位原素，遇癌症研究工作時，均免費供給用戶。』

原子能委員會所屬十四個主要研究單位，每個都能從事於上面派克所說三大類原子工作中之一部或全部。其中在華盛頓的哈福特工廠及橡嶺工廠K-25是生產鈾與鏷的中心。茲依據原子能委員會的透露，就其中五個重要單位的非機密部分工作加以說明。這一說明雖是簡單，但當足以使我們約略明瞭第二次大戰後美國關於原子能研究這一鉅大工作的發展情形。

（一）橡樹嶺工廠　田尼西州之橡樹嶺原子工廠，是目前全世界最著名最鉅大的原子研究中心。這一工廠爲保持牠的神秘性，簡稱K-25。實際上，牠就是一個生產U-235的工廠。U-235就是產生原子能的一種鈾之代表公式。K-25所佔面積長達半哩，方圓一百三十英畝，耗費二年時間建造完成。牠是完全依據工業經營方式，委託卡培特卡朋化學公司管理，年耗美金六千萬元。

在橡樹嶺，另外尙有橡樹嶺國立實驗所，生產幅射能同位原素。這一實驗所和橡樹嶺原子核研究院共同工作，並取得美國南部二十四個大學之合作，從事原子研究與實驗。原子能委員會在整個橡樹嶺區之原子研究工作，或大部分交由橡樹嶺國立實驗所負責。在本年四月一日，原子核研究院創立了一個癌症研究機構，開原子能委員會之新紀元。這一研究院根據原子研究，並用同位原素治療學理，特別注意於醫治小孩所患白血球過多症——一種血液中的癌症。

K-25工廠本身，是在完成原子研究計劃的最後生產部分工作，是原子事業的中心。牠所需要的鏷——人工造的原素，是由華盛頓的哈福特工廠供給。在橡樹嶺原子區內有人口三萬以上，在哈福特週圍有二萬以上，每個人都實際上參加鈾和鏷的生產工作。這二種東西，是依照非常複雜而秘密的程序生產，是原子武器製造上最優良的必需原子料。

美國之如此大量生產鈾和鏷以供製造武器之用，在一般看來，確是一件駭人的事。可是美國原子能委員會代理主席派克最近說過，『鈾235和鏷現在雖是專爲製造武器而大量生產，但亦可以不用於製造武器之用。如果國際關係改善，吾人認爲安全獲得保障，則這些原料亦可從武器堆中取出，由原子核動力工廠去應作，俾可造福人類。反之，動力工廠中的原子燃料，亦可容易再變爲製造武器之用。

在目前，據美國原子能委員會透露，採用廉價簡捷方法以應用原子動力於工廠家庭，還是一件非常困難的工作，但他們相信這種困難將來一定會加以克服。用原子能動力去發動汽車以及其他一切機械，決不是一樁遼遠而不可想像的事。

（二）阿高尼國立實驗所　阿高尼國立實驗所爲美國中西部的最重要原子研究中心。這一實驗所設立於伊里諾州的杜帕鎮，離艾加哥西南二十五里。牠由芝加哥大學負責管理，由三十一個大學，學院以及研究所聯合參加工作，如著名於世界的梅岳基金委員會（Mayo Foundation）以及亞克蘭霍姆農業機械學院（Oklahoma Agricultural and Mechanical College）亦均參加。

阿高尼國立實驗所的原來工作重心，本來是從事於有關物理學及生物學等科學之高深研究和發展。牠雖不是一個生產中心或一個工廠，但正如美國的其他原子能研究單位一樣，也在製造發展有關原子核工作的應用工具。因爲幅射能使原子核研究工作非常危險，所以所有關係這種工作必須應用遠距離控制方法來工作。阿高尼國立實驗所的科學家，因而就發明了一種遠距離工作控制機，使工作者利用這種控制機站在較遠不至受危險的地方，從事原子核上一切分解研究工作。牠也發明了一種幅射檢測機，可是，牠的主要工作，仍是有關如何增進原子堆中之幅射能及原子能之一切研究與發展。

（三）布魯克哈威國立實驗所　布魯克哈威國立實驗所，是美國西北部屬於原子能委員會的工作網中之最重要的原子研究單位，牠設立於長島（Long Island）之烏卜敦（Upton），由一個非營利性的事業機構——大學聯合會去管理經營。這一聯合會包括哥倫比亞，哈佛、耶魯、康納爾、賓雪尼亞、約翰霍布全、普林斯敦、羅傑斯特等大學以及馬薩諸塞州技術學院等。這一實驗所的工作，正如其他原子能委員會所屬單位一樣，一切均照民主方式，從事科學上研究工作，不受他方的干與。

這一實驗所的最重要最出色的工作是發明一種機械，叫做Hornet（擬譯大蜂式測驗器）。這一種機械，可幫忙物理學家去檢測可能從原子動力工廠中所用原子核電抗機所洩漏出來的幅射性鋇（Barium），這種元素對人是有害的。由於應用這種機械，使今日從事於原子能研究工作的科學家獲得生命上的保障，將來一定也可以使普通原子能動力工廠中的工作的工人的生命獲得保障。這一實驗所的另一重要工作是對於宇宙光的研究。這一研究已使探測空氣中的幅射能元素容量變成可能。

（四）羅斯阿拉謨斯科學實驗所

羅斯阿拉謨斯科學實驗所設於新墨西哥，創立於一九四三年，專爲研究製造原子彈之用。牠的成續已表現於一九四五年日本廣島長崎之可怖的爆炸中。一九四六年比尼基的原子彈爆炸試驗及一九四八年的恩尼維托克的原子彈爆炸試驗，均爲這一實驗所的產物。目前這一實驗所仍繼續設計原子彈，並進行氫氣彈之製造工作。

當這個實驗所創立的時候，由加利福尼亞大學管理，僅有工作人員科學家三十名。現在，這一實驗仍由加利福尼亞大學和原子能委員會簽訂合同加以管理，其所雇用科學家，工程師及技術人員已超過二千名以上。牠是目前全世界原子核能研究最優良者之一。牠的研究工作範圍，幾乎包括所有和原子核能生產及應用有關之科學領域，如物理，化學、治金學，生物學，藥物學及工學。

關於這一實驗所的原子武器實驗部分，事關機密，無從公開討論。但牠關於非秘密的一般工作部門亦是非常偉大，據最近四五年來各科學雜誌所公開發表的，這類工作部門約可得五百種之數。就中，成功最大的爲發明二種原子核電抗機，是目前全世界獨一無二的機械。一種叫做「快速度電抗機」利用快速中性電子工作。另一種叫做「水汽鍋」，單聯式；這種構造形式使電抗機的內部體積縮小，對於小規模原子核研究工作非常有用，將來在有用的原子動力生產上一定亦可實用。

（下轉第30頁）

日本與聯合國合作的一着棋

東京通訊・九月一日

本刊特約通訊記者　荻秋

戰敗的日本，被盟國佔領忽忽已五年，它在這五年中，和第一次世界大戰後德國的情境完全不同，它能够扶搖直上的迅速復興日本的經濟，並在和約難產的現狀下，與日俱增的實際恢復日本尚未確立的國際地位，這無非歸因於戰後國際形勢美蘇冷戰的推移。誠然，過去五年來動亂不定的國際形勢，會使日本沾受其利，也可以說這僅是它的開端，而自六月杪朝鮮戰亂爆發以來，展望此後國際形勢的進展，民主國家與共產國家的尖銳對立，縱使朝鮮戰爭可以局部化，不至於擴大，第三次大戰可以暫時幸免，但國際間如斯的前景，將會給予日本的利益，恐非一變五年前盟國佔領日本之初意不可，時兮時兮，夫復何言！

日本絕不會輕易放縱時機的，她會抓住機會，利用機會，努力爲自己國家前途打算。八月十九日日本外務省發表的所謂「外交白皮書」，闡明「朝鮮動亂與日本的立場」，在它的最後一章——結論中，明確表示，祇有與聯合國合作，才能保障日本的安全，成爲一個民主國家，聯合國軍對北韓的軍事行動，就是在打着保護日本民主的戰爭。

事實誠如是，然而日本政府在朝鮮戰亂下的今日，宣佈了願與聯合國合作的立場，實有時不我再之感，不能不表明態度，它關係日本國家前途，至爲重大，應該及時播下這顆種子，等待其開花結實。此中玄奧，且聽分解。

戰後美蘇兩國的不協調，在某方面，固然有利於日本，但在另方面，也阻撓了對日和約的簽訂。從法律觀點解釋，盟國和日本的關係，現仍處於戰爭狀態中，日本仍是敵國，尚未恢復她的獨立與主權，自去年下半年美國單獨訂和之說醞釀以來，日本國內贊成與反對者分庭抗禮，爭辯激烈，日本共產黨當然反對，沒有包括蘇聯和中共的單獨訂和，社會黨和民主黨也不贊成，（民主黨現已改變態度，贊成與多數國訂和）而問題的核心，在於日本訂約後，安全保障問題，日本共產黨和社會黨主張永久中立，反對戰爭，反對租借日本軍事基地，自由黨的吉田內閣，則是魚與熊掌，皆我所欲：一方面極欲迅速單獨訂和，恢復日本的獨立主權，結束佔領，一方面也不願以日本軍事基地租與任何外國，這一點吉田曾公開聲明過，可是不以軍事基地租借美國，或在佔領結束之後，美國軍隊若不繼續駐紮日本某些地區，一但日本遭受侵略，她的安全保障何所憑恃？這個問題實傷腦筋，且不易解決。

自依照聯合國決議，麥帥指揮聯合國軍援助南韓，反抗侵略，維護和平以來，聯合國對朝鮮戰局的決議與行動，使得久爲日本安全保障問題而苦悶的吉田，恍然體會到保障日本安全的一種辦法，只要與聯合國攜手，假如一但日本遭受共產國家的侵略，聯合國此次對朝鮮的行動，似可成爲先例。所以吉田在北韓南侵，聯合國援助南韓反抗之初，曾公開聲明日本要與聯合國合作一致，但是當時國內頗有人反對，認爲日本如與聯合國合作參加援助南韓作戰，這是違反日本憲法的規定的。

我在上文曾提及這五年來的陰霾欲雨的國際形勢，大有利於日本，而以朝鮮戰亂爆發以來，更趨高峯。我也曾指出，日本朝野，除極少數外，不會也不容坐失良機的。在過去一個多月以來，國外主張與日本即速訂立和約的報導，接二連三傳來日本，而且美國民主及共和黨參議員如 Warren Magnuson 及 Walter F. George等，或主張招募日本志願軍參加美國陸海空軍對北韓作戰，或主張再武裝日本，贊成日本設常備軍，國際情勢既如此有利，日本輿論也不斷在鼓勵日本政府，督促日本政府應及時採取行動，例如八月一日的「日本經濟」社論，題爲「兩個軍事陣營」，主張日本現雖在佔領之下，不能依照自己的自由意志表示其立場，但事實上，日本正受美國及聯合國的保護，應無保留的表示其願望，如果在這樣動亂國際情勢之下，仍堅持中立，必引導國家於毀滅。八月七日的「讀賣新聞」社論，亦指出美國與西方國家甚願及早與日本訂立和約，以使日本成爲民主陣營的一分子，當此時際，日本對此項國外的動向，應明白表示態度，設若依然要求中立，反對單獨訂和，勢將遭受分割這個世界的民主與共產兩個陣營的一樣冷落。吉田首相審察時勢，並順應國內外輿情，遂於八月初在箱根會議中，和各主要閣僚商談並決定了日本應和聯合國積極合作。

日本政府在這次外交白皮書中，雖曾表明願與聯合國合作的堅決態度，但合作的方式究竟如何，並無具體的提出，這是不足奇異的。我們應瞭解日本這次外交白皮書，題爲「朝鮮動亂與日本的立場」，它所着重的是表明態度，確定立場而已，它表示願與聯合國合作，就是說明她在共產主義和民主主義兩大世界中，日本是站在民主主義世界這一邊的，反過來說，日本既以這種立場自居，無疑的就成爲共產主義世界的敵對目標，表明態度之後，民主主義世界的各國應如何保護日本成爲民主國家的一員，就是下文。同時，日本尚在佔領之下，她要與聯合國合作的方式，是無從自己自由決定的。舉例說，從日本和朝鮮的地理上關係來看，日本協助聯合國在韓行動的一種方式，似可提供日本基地供其軍用，但是仍在佔領之下的日本，事實上盟軍可以使用日本的任何口岸、港灣和機場，不必徵求日本的同意，他如日本志願軍問題，日本憲法明白規定，日本不能有陸海空軍以及其他一切的武裝力量，日本政府

（下轉第24頁）

香港通訊

看中共統治下的工農

吳一井

斯賓塞教人說一句話：「拿證據來！」對於中共統治下的大陸人民生活狀況，我們不欲徒託空言，以下即將被中共尊爲革命功臣的工農生活情形，就中共自已廣播的材料，加以分析說明，以見一斑。其他非工農大衆，被列爲應改造、鬪爭、淸算者的生活，無須一一列舉，讀者當能想像得知。

（一）

中共以工農階級爲基礎，其叛亂成功又全靠工農的血汗支持，照理，中共的「人民政權」成立後，革命功臣的工農大衆當可分潤革命的果實，過着溫飽的日子；但事實上「飢餓」、「失業」隨秧歌、王朝以俱來，當工農大衆以「革命」、「前進」身份進入各種會場，受到熱烈鼓掌的歡迎時，妻子啼飢號寒的陰影已緊映在心頭，口裡儘管「人民革命成功萬歲」，「毛主席萬歲」的喊，情緒聲音早已不如前此緊張有力，後來並慢慢變成沉默，不經領導就不高呼了。

工農大衆爲什麼會飢餓失業呢？老闆、工廠主被鬪爭淸算了，商店工廠也就跟着關門，不准關門的也坐待「吃光」，儘管中共可以沒收財產，可以殘酷手段殺人，却無法强迫老闆工廠主點石成金，來開門安插工人。在農村裡，地主被淸算，不但雇農失去僱主，貧農也無處借貸了。高利貸雖是剝削，但到底可以濟急，現在却高利無從借貸了。原有的中小農則因農業稅的重負，淪爲貧農。佃農經減租運動後，似乎可以多些收入，但享受革命的成果，須盡革命的義務，受減租的利益，須負擔徵糧；而爲了「保障勝利」、「支前」、「參軍」雖過去，「民兵」及各種義務勞動却接踵而來。這種義務，自耕農固然同樣負擔，貧農雇農也無可倖免。

飢餓失業的情形並不限於某一個地區，而是普遍存在。中共本來是善於宣傳的，從不肯讓不利的消息透出鐵幕來；然而普遍存在的事實，已不能一手掩盡天下耳目了，於是毛澤東、周恩來、陳雲、饒漱石、劉伯承等都，分別在中共中委會第七屆第三次會議，全國政協第二次會議及華東、西南軍政委員會會議席上大喊「失業情形嚴重」，應設法救濟了。而且相信可以克服困難。究竟如何救濟呢？看上海的辦法吧：

新華社電：『上海市協商委員會勞資關係小組爲維持生產，克服困難，特於六月十六日擬定「剩餘勞動力處理辦法」，業經呈准市政府實行，要點爲下列三項：

一、生產雖不够成本，而產銷尚無大問題，資金還勉强能維持之工商企業，可採用暫時的合理遞減工資辦法，力求節約增產，減低成本，維持目前生產。在將來生產恢復，不妨礙經濟的情況下，逐步予以恢復。

二、產銷不正常，成本過高，並勞動力暫時過剩之工商企業，可採取公開抽籤，減少每個工人工作時間的辦法，或採輪班工作制。停工時間之薪工，按各業具體情況，由資方付給相當於百分之三十的工資爲原則。其有困難者，經各該企業勞資双方協商解決之。職工在停工時間，由工會負責組織學習。

三、產銷不正常，開支過大，機構臃腫，人力根本過剩，確須緊縮機構，改革內部，才能維持生產的工商企業，可根據「上海市爲維持生產停薪留職員工暫行救濟辦法」的原則，對確爲多餘人員加以緊縮，實行停薪留職，由資方於一年內按月付給百分之三十的工資爲原則。一年以後如尚無就業機會時，則按「失業工人救濟辦法」處理之。在此停薪留職期間內，由工會負責組織學習，以提高其政治、文化、技術水平，擴大就業或轉業條件。

所謂「剩餘勞動力」就是失業的別名，處理的辦法按工商企業的三種不同狀況而各異：第一種是有銷路，但要賠本的工商企業，其辦法是遞減工資，力求增產。「力求增產」大約是增加工作時間吧。現在的政府是工人自已的了，爲什麼不叫老闆工廠主一直賠本下去，「遞減工資，延長工作時間」幹麼？想來大約是受「吃光」結果的教訓吧。第二種是無銷路，並要賠本的工商企業，辦法是抽籤減少每人工作時間或輪班作工。減少工作時間和輪班作工，這原是工人所歡迎的，只可惜工人自已的政府不讓工人分潤革命的果實，在停工時間只能得百分之三十的工資。即這百分之三十的工資，老闆工廠主如果實在拿不出，也只能由勞資双方協商解決，工人自已的政府雖掌握有大量糧食物資，但這是爲了「保障革命供給」，不能動用分毫的。第三種是無銷路且根本無法維持的工商企業，不得不「實行停薪留職」了，由資方於一年內按月付給百分之三十的工資。不作工坐領工資，這不能不算是自已的政府一種德政；但中國的勞動大衆一天不生產，就一天要餓肚子，這不但是工人革命領袖所承認，並且也是工農要革命的原因，現在革命是「成功」了，工農也「解放」了，但工人本身及其家屬的肚子，似乎還未能適時地緊縮至百分之三十。而且倘一年以後仍無就業機會，將怎樣呢？依照辦法是按「失業工人救濟辦法」處理，救濟工作分以工代賑、生產自救、回鄉生產、集中整訓及貼補救濟等項，以工代賑是好的，可惜受救濟工人不多。即以上海爲例吧，失業工人在五十萬以上，而市政府僱用失業工人重修地方公園，僅能容納二百五十人，時間也僅有三月。生產自救說來很好聽，生產需要的資金，自已的政府能負責充分供給麼？原有大規模的工商企業都不能維持了，新起的小規模工商業就保能贏利麼？回鄉生產可以和鄉村農民同樣分得一份地，可是工農雖同爲革命階級，却是兩種不同的勞動職業，需要不同的技術體力，長期在商店工廠作工的工人，不易在短期間就變成農民吧。集中整訓有一定時間，不能無限期整訓下去，受整訓工人的數目也有限。貼補救濟只可惜少不濟事，各省市的失業工人多則百萬以上，少亦數十萬，工人自已的政府雖大慷其慨，拿出數百萬斤糧食來貼補，但恨少耳。

（二）

爲什麼過去的工商企業可以維持，過去工人雖也有失業，都還沒有成爲大問題，「解放」後忽然一且情形嚴重呢？一句話，到處都被淸算鬪爭到民窮財盡了。在普遍的飢餓中，工商企業的產銷何從「正常」起？中共竭澤而漁，殺雞求卵的剝削政策，是收效一時了，這使他從西北一隅擴展到整個中國大陸；但惡果也就跟着到來，這就是全國普遍的失業飢餓，普遍的經濟癱換崩潰。目前大陸上的情況，僅是開端，大飢餓還在後頭裡。過去上海等大都市的工人，有工資可拿，有配給的救濟麵粉可領，好像尙吃得不够舒服，天天喊「反飢餓」，渴望「解放」，現在天從人願，工人自已的政府成立了，輪流作工，領百分之三十的工資，以今例昔，悔不當初吧。

可是工人的肚子雖餓着，工人對革命的責任却不容放棄，革命的思想也絕不容動搖，所以在停工或留職停薪期閒內，仍須由工會負責組織學習，以提高其政治、文化、技術水平，「新民主主義」，「毛澤東思想」仍然是要加緊的學習。

難道就永遠這樣飢餓失業下去麼？不會，絕對不會！毛「主席」不是於六月六日在共黨七屆三中全會上報告要在三年時間，或者還要多一點，爭取財政經濟情況的根本好轉嗎？那時工人自然有好日子可過，而且土地改革法已經頒布，決定本年秋收後開始實行了，農民也就可分得一份土地。我們希望工人能堅決忍着飢餓，等待財政經濟情況的根本好轉，而農民分得土地後，公糧的負擔也不要超過對地主的三七五交租。因爲根據人民政府政務院財政經濟委員會主任委員陳雲向全國政治協商二次會議的報告，一九五〇年夏徵公糧，自耕農的負擔，連大行政區及省附加在內，約佔其夏收的百分之二十上下，假定秋徵和夏徵相同，已等於百分之四十了，此外民兵及各種義務勞動的負擔，還未計算。地主的剝削雖然廢除了，農民的負擔却反而加重了。

（三）

縱使工人以超人的忍耐力，餓着肚子等待着毛「主席」所預言的三年，或者還要多一點時間以後的財政經濟情況的根本好轉，縱使農民爲着「解放」，再勉力擔負加重的革命光榮義務，等待劉少奇「副主席」在二年半到三年內基本上完成全國土地改革，到了那時，中共究竟會替革命的工農大衆爭取到多大的利益，也很難說。現實的共產黨似乎不很講人情，念舊勳，過去就會因擴大叛亂需要農民來支持，竭力討好農民，到現在革命成功，情勢不同，因此對農民的政策也就跟着改變。不信，且看毛澤東在共黨七屆三中全會上報告的一段話：

「……關於我們的黨已發展到四百五十萬人，今後必須採取謹愼的發展黨的組織的方針，阻止投機分子入黨。在老解放區，一般地停止在農村中吸收黨員；在新解放區，一般地不應在農村中發展黨的組織，以免投機分子乘機混入黨內。」

「飛鳥盡，良弓藏。」現在革命成功了，爲免投機分子混入黨內，對於會經出錢，出力，出命支持過革命的農民分子，當然不能許其入黨了。再看劉少奇在全國政協二次會議上「關於土地改革問題」的報告中的一段話：

「土地改革法草案對富農的土地及其他財產的規定，其目的是要保存富農經濟。爲什麼在過去的土地改革中，我們會允許農民沒收富農多餘的財產，而現在又主張保存富農經濟呢？這主要的是現在中國的政治軍事形勢，已根本不同。兩年以前，戰爭的勝負誰屬，還沒有明白，人民革命戰爭要求農民付出極大的代價，出兵出糧支援戰爭，故我們允許農民沒收富農多餘的土地財產，並對地主的一切財產也加沒收，以便更多一些地滿足貧農的要求，發動農民的高度革命熱情；現在的形勢已與過去根本不同，戰爭在大陸上已基本結束，現在我們所過的困難是財政經濟方面的困難。實行保存富農經濟的政策，是能够爭取富農中立的，並且能够更好的保護中農，解除農民在發展生產中某些不必要的顧慮。因此在目前形勢下，在今後的土地改革中，保存富農經濟的政策不論在政治上，經濟上都是必要的。」

總結一句話，因爲戰爭在大陸上已經結束，爲了政治上，經濟上的必要，農民的要求可以不必再顧及了。那麼，在工人忍着飢餓，等待到了「財政經濟情況根本好轉」的時候，在農民勉力擔負革命義務，等待到了「全國土地改革基本上完成」的時候，誰能擔保人民政府的主席副主席不爲了其他政治上經濟上更大的必要，而不顧他們的利益呢？中共的空頭支票太多了，全國人民已受够了教訓，誰也不敢作肯定的回答吧。

九月五日。香港

（上接第22頁）

格於憲法規定，不可能組織志願軍協助聯合國軍在朝鮮作戰，除非爲了情勢需要，麥帥有特別訓令給日本政府這樣做，才可勉强附會解釋，但是麥帥在八月八日答覆美國民主黨參議員Warren Magnuson氏建議時，已明白指出招募日本志願軍一節，非至對日和約之後，凝難採納。由此而觀，何怪乎日本政府只能空泛的表示願與聯合國合作？

吉田之流，心裏明白，他下這一着棋子，重在下面佈局，目前第一需要是和約，迅速單獨訂和，所以把握這個時機，一面表明立場，日本願爲民主國家陣營的一員，趕速給我參加的資格，恢復她的獨立與主權，另一面，則再度努力擬說服民主和社會兩大政黨，標榜超黨派的外交看情勢，拉攏社會黨未必樂觀，但民主黨如能與自由黨合作一致，似亦可以表現國內政見步伐一致，也有助於促進加速訂立和約，訂了和約之後，主權恢復，一切問題，行之在我，可視國際情勢隨機應變，卽志願軍和再武裝等重大問題，都有重行考慮的可能，這不是徒托空言的，八月十日日本「每日新聞」社論會提到：日本簽訂和約恢復主權之後，她與聯合國發生一種新的關係，則可能以新的角度，重行檢討日本現有的憲法與制度，在和約訂立之後，日本志願軍問題，當較容易解決的。又據合衆社華盛頓八月廿二日電，據美國高級官員稱，一且對日和約簽訂，美國得贊成日本再武裝，但在和約未訂立之前，美國無贊成此種步騤之意向，除非唯一的例外，卽在對日和約未訂之時，美國和蘇聯已展開了全面的熱戰。這些，蛛絲馬跡，可資以窺測日本訂和以後可能發展的前景。日本朝野淸楚得很，日本要翻身，要重成爲安定遠東的主要力量，一切的關鍵必先爭取和約的儘速簽訂，和約至上，和約第一，確定立場，願與聯合國合作，是爲促現這個希望不可或少的一着重要棋子。

（九月一日於東京）

文藝

駱駝（下）

殷勤

「快！快！是青羊，青羊。」車上人叱喝着，車身也戛然而止，大家頓時從肩膊上迅速地取下獵槍，跳下車，弓着身子，像野鬼似地朝前面竄着。「砰！」第一聲槍響，打破了四野的沈默，遠處麂群中立刻起了極大的騷動，幾百隻高瘦的腿如飛地向天野的彼方奔散，接着第二聲第三聲，槍聲此起彼落地響應着，有的麂隻倒了下去，又竄起來，塵土在空中旋舞，獵犬狂嗥着向前追撲，麂隻的哀鳴聲震蕩着朔野。

「快，快！遲了就跑光了。」張阿萬在傍邊裝着獵槍子彈，他忽然遞給我一支槍，我接過來慌張失措地朝前開了一槍，槍托子倒退回來震得我肩胛發痛，餘聲在耳畔迴旋着。

「不瞄準是打不中的。」阿萬咧開嘴笑了，我也不好意思地笑着。

載着兩隻獵獲物歸來，房門外砂地上圍了一大堆人，看剝麂皮，看開膛洗肚，人們嘩笑着喧鬧着。

「今天有好菜吃了，燒青羊肉，」阿萬進來打水，一面高興地向我報告着。

「好吃嗎？」我問。

「我沒有吃過，聽俺娘說同駱駝肉味道差不多。」

「駱駝肉滋味又是怎樣的？」

「這個我也沒嚐過。」

「你娘沒有告訴你嗎？」我向他微笑，阿萬不好意思地一跳一蹦地跑出去了。

當冰雪在陽光下完全溶化了的時候，窗後小河的水也從凝冰下甦醒了它的生命，開始嗚咽，潺湲、甚至發出澎湃的波聲，推開北窗向外望去，呀！小河的水，一夜間就漲了幾尺，兩岸的沙灘已漸淹沒，以前只如一條小溝般可以一舉步跨過去的溪流，現在已成了可以負載小舟的寬廣的河面了，駱駝結隊響着鈴聲從對岸山腰邊蜒蜿着走過，住在山腰畔土洞中的人們，已脫掉他們在冬天一直披着的那件又臭又重的老羊皮，穿着短打在洞窟邊爬出爬進，上山下河時，似乎顯得身手更較前靈活，由於夏日的降臨，人們長年在氷雪凝封下的精神也同陽光一般開朗起來。同時住在土洞中的娘兒們也開始三三兩兩地提着桶到河畔來洗衣，微風一陣陣傳來她們的笑語及歌唱聲，將這岑靜的沙洲平添了無限活潑的風趣。

一天，炎夏的傍午，天上忽然響着怒雷，大滴的雨點打在地面發出沙沙的聲音，一會兒更大了，嘩啦嘩啦，簡直是大雨傾盆，雷電交加，在沙漠，下雨原是一件稀有的事，成年裡也飄不到幾次牛毛細雨，它除了冬日的冰雪，便是夏日的風沙，然而今天卻例外地狂風夾着暴雨捲着砂石打得屋頂同窗門拍拍作響，這樣情形一直延續到下午五點鐘，我正坐在辦公室中整理着最後一件公文，同時舉目欣賞着窗外這稀有的雨景，突然，「噹噹噹……救水，救水，救水……」窗外的鑼聲震響，外面的脚步聲，喧鬧聲，呼號聲，……一片人仰馬翻，加上驚雷怒電，狂風驟雨的音浪，似乎天同地顚倒了過來，我疑心我耳朵聽錯了，恐怕是「救火」吧？

「不好不好，山洪暴發！山洪暴發！……」對座老鄭一脚踢開座椅，跳起來脚，辦公室中已是人心惶惶，此時更是一窩蜂地湧出辦公室，也不顧頭上的雷雨，脚下的泥漿，大家高一脚低一脚緊跟着一陣黑壓壓的人羣，向河岸邊奔去。

對岸祁連山岡橫壓着暗沉沉的巨影，似乎要整千崩塌下來，天同地在震怒，千百道雨水像千百條皮鞭般鞭撻着沙漠，人們在風雨雷電下呻吟，戰慄，在大自然的巨變中，人類竟顯得如此的渺小，柔弱、無能，像無數卑微的蟲豸在巨人的足趾下宛轉求生，那橫在我窗畔懸崖下的一條小河，今日已變成一片汪洋澤國，將山脚下的兩岸沙灘完全淹沒，同時從上游兩山之間，發出一種轟隆轟隆排山倒海的聲浪，似乎蟄伏在地殼下的雷霆要破山飛出了。

「山洪就要來了，快逃命呀！快逃命呀！」站在高崖上的人們亂嚷着，那些居住在山腰土窟中的人們，他們本來大多是工人們的眷屬，此時都從那「蒙古包」似的土洞中鑽了出來，扶老携幼，趕驢牽羊，沒命的向山崗上爬，平時這山勢已是陡峭絕倫，經了這一整日大雨的冲刷，更是又滑又陡，那往日上下山的路徑已被完全冲毀，有的人爬上幾步又倒溜下來，有的人站在風雨中望着山頭痛哭，可是哭聲已被雷聲完全掩沒，熱淚也和大滴的雨點融成一片，我們站在高處遠處，只看見他們面部肌肉的抽搐，而彼此的呼應聲卻絲毫不聞，年壯力強的丈夫，站在山頭上哀呼着他的妻子，白髮蒼蒼的老毋，坐倒在土洞傍悲喚着他的愛兒，人們束手無策，雨流像瀑布似地懸掛在兩崖，有人主張挑泥砂掩水舖路，有人主張用沙袋石塊築堤，有人計劃着如何冒險溜下山去用大索挽救他們上來，有的已立刻行動，有的正在議論紛紛，就在此片刻中，那從西而東的轟隆巨聲已自遠而近了，一瞬間，一座壁立數十丈高的水頭正如一梁城牆般從兩山間排闥而來，濃雲密佈，水色烏暗，裡面似蘊藏着無數惡毒的蛟龍，無數憤怒的魔鬼，滾捲着風雲雷電一齊向人類張牙舞爪而來，完了完了，地球毀滅的末日降臨了！匍匐爬行在山腰上的人們恐怖地無助地倒了下去，房屋、壓囪、大人，孩子、牛、馬、羊、搖籃、几榻、……一切傢俱什物都似小孩的玩具般被水頭吞沒下去，沒有一絲痕跡，整個的沙灘、山麓、房舍、一齊盤旋着滾動着，像落葉隨着狂風般飄蕩而去！站在山岡上的人們已無力支持全身重量，有的兩腿癱瘓，倒下來坐在泥淖中，有的失聲痛哭，有的呆若木鷄，……眼前是一片狂烈的洪濤，宇宙在浮沉着，天地不仁，眞是以萬物爲芻狗！

天色更見昏暗，無情的風雨仍未稍歛，人們在無可奈何的心緒下，只有拖着濕淋淋的身體同重沉沉的脚步，各自回舍，我倒在床上，一夜輾轉無眠，天快亮時，才稍稍合眼，一霎猛然驚覺，已是紅日滿窗，揉揉眼睛，幾乎疑心昨夜的一切只是一場噩夢，匆忙走到北窗下往外一看，呀，洪水已經完全消退了，若非山腰畔的許多土窟已經蕩然無存，新的流沙在山麓下徘徊，對岸山腰上尚橫抹着一痕水漬，誰能說夜來的一切不是一場噩夢？

帶着餘悸上辦公室去，人們都在忙着辦理水災善後，有許多工人涕泣着騷亂着，各自訴說他們的室家或親友的不幸，一整天都在打撈，慰問，救死，扶傷中討生活，晚上回到宿舍房，疲乏不堪，卻不見有工人送開水進房，這時才想起張阿萬的娘不也住在離此二十里路的河岸下游嗎？難怪不見他送水來，不知是否已趕回家去了？吃晚飯時同桌的老謝告訴我，「阿萬在昨夜大風雨中就獨自摸黑路趕回家去了，到今天還沒回來。」大家都替他躭着心。

三天後阿萬回來了，黎黑而且瘦削，失去了以前的活潑及愉快，似乎完全換了一個人。

「怎樣了？你的家？」我一見到他就問。

「唉！眞糟，我的土屋連屋基都給大水冲掉了，幸好娘在別人家幫短工，沒淹着，可是趕回家一看，什麼東西都完了，連一粒米一寸布都沒有，以後只有討飯了，娘眼睛都快哭瞎了！」

「留得青山在，不怕沒柴燒。」我這樣安慰他：「只要人口平安就算萬幸了，你這幾天回去做些什麼事？」

「幫娘掘土洞，晚上娘好有個安身的地方，瞧，手掌心都掘破了！」他說時伸出他一雙粗糙泥汚的手。

「土洞掘在什麼地方？」

「還在原來的地方。」

「爲什麼不換在高處呢？原來的地方不是要被水淹嗎？」

「沒辦法，原來的地方依山靠水，到冬天背後的山可以擋西北風，山下的水也可以每天挑着吃，娘老了，搬到高處上下山挑水不方便，而且這種大洪水，據老年人說八十年纔有這麼一次，現在過一天算一天，窮人的命只有靠天保佑了！」幾日來的折磨，這孩子似乎突然長大得像成人一般，說話也透得那麼老氣。

「拿去，給你娘改改還可以穿，」我從我寒儉的行篋中抽出兩件舊夾衣丟給他。

「謝謝，有這兩件夾衣，娘這幾個月可以混過去了，……只是到了冬天怎麼辦？」他表現着感激而又耽憂的神氣咕噥着退出去了。

八月未盡，塞上的雪花已陣陣飄灑，大地又成了白茫茫的一片，在江南還正是桂子飄香的好季節呢！「全家盡在秋風裡，九月寒衣未剪裁！」我微吟着黃仲則的詩句。現在豈只是「九月」的「秋風」，八月就已是零度下的朔風了，黃仲則雖然潦倒窮愁，但他還享受着家庭的溫暖，而我呢？獨自僻處在這荒涼的瀚海，眼前只是冰雪與駱駝，母親以垂老的暮年遠處巴蜀，每日倚門倚閭，凝望着萬里外的遊子歸來。子展更遠赴極西的邊陲，爲着祖國的使命以及本身的職責，在冰天雪地中支撐周旋，一家人雨散萍飄，何時才是一堂聚首之日呢？半夜裡懸崖下飄蕩着陣陣駝鈴聲，「丁當丁當」，它一聲聲敲打着旅人的心絃，催起懷家之夢！

「哞……哞……哞……」，忽然一種撕裂人心臟的哀鳴聲將我從夢中驚醒，這不是人類的聲音而是獸類的啼號，我疑心是窗外狼嚎，又疑心是山間鬼叫，傾耳細聽，才辨認出這是駱駝的哀鳴，一聲緊似一聲的啼喚，似正在我的窗下，枕畔，耳際。暗夜中四野寥闊，鳴聲悠長而悽厲，震蕩着濃黑的空際，使人毛骨悚然。

「人就像駱駝一樣，負着重擔跋涉過辛苦的長途，最後終須在旅程的終點上倒下來，作幾聲垂死的哀鳴。」我一面想一面緊緊用被蓋住頭，勉強使自己合上雙目。

次晨起來，窗外鳴聲猶然在耳，只是已變得急促，微弱，喘息，我推開玻窗望出去，就在山脚下河岸邊大雪堆中，橫躺着一隻龐大的駱駝，雙峯已半埋在雪堆內，腹部隆然翕動，嘴唇哆開，露出雪白而整齊的牙齒，不停的噴氣，抖動，發出嘶啞的鳴喚，我不忍久看這與死亡相掙扎的畜類，逕自關上窗到辦公室去了。

回來吃午飯時，我已忘記了此事，可是飯桌上新添了一碗異味，嚐了一口，與麂肉相似，只是質料較粗較硬。

「誰打了獵的？這是靑羊肉嗎？」老楊大聲問。

「這是駱駝肉，」高胖的大司務從廚房中跑出來，兩手搓絞着圍裙回答。

「就是昨夜直着嗓子叫了一夜的那隻駱駝嗎？」老謝問。

「是的，先生，」

「它是生病死的？還是外傷？」

「難產，小駝死在腹中了，不是生病的駱駝我才敢買回來作給先生們吃。」大司務得意地回答：「而且價錢也不貴，駝主人還要帶着大隊駱駝趕路回家，急於脫手，駝毛也賣呢，二百元一斤。」

「一對駝峯誰買去了？」小周問。

「東面招待室裏招待貴賓，給他們買去了。」大師務咧開厚嘴唇笑着說。

「又是招待貴賓，招待貴賓，這些貴賓們從來不知道礦山中人們的辛苦，每次打着調查的招牌，花着公家的路費，到這兒來吃了，玩了，住幾天就回去了，除了剝削掉我們應得的福利外還有什麼呢？」大塊頭老陳發着牢騷。

「這次貴賓來調查什麼的？」老鄭問。

「說是來調查礦區工人們的生活

的，並且來看看上次水災的情形，見鬼，他們吃着駝峯，飲着美酒，抽着雪茄煙，住着最上等的招待室，他們知道礦工們的生活究竟是怎樣的？礦工們住的伸不直腰的土洞，他們肯屈尊進去參觀一下嗎？礦工們吃的糜粥黑麵條，他們肯皺着眉頭嚐一口嗎？礦工們遭遇了空前的大水災，他們肯拔下一毛來救濟他們嗎？」一向老陳的味口最好，牢騷最多，今天更借着沒有吃到駝峯，滔滔不絕地批評了一頓。我對於駝肉絲毫不感到興趣，也許是因爲它昨夜的哀鳴聲還在腦際迴旋，也許是因爲它是一個可憐的難產而死的母親吧！

飯後，各自歸房去，今天却換了一個瘦小的孩子進來送水添煤。

「張阿萬呢？」我問。

「調到招待室去招待貴賓去了，因爲他是熟手，這兒換了我來打掃。」

「你叫什麼名字？」

「吳大有。」

半夜裡，我忽然被一陣雜沓的人語及脚步聲所驚醒。

「開門！開門！」有誰急迫敲着隔壁小周的房門。

「什麼事？」小周驚訝而惺忪的聲音，一面開門一面問。

一陣馬靴的脚步進房去了，「噗通！」門外三合土走道上似乎有一個沉重的軟東西倒了下來。

「周先生，救命救命……」是阿萬的聲音，急促而悲慘。

我感到異常驚詫，急忙披衣坐起，從窗隙中望出去，黯淡的天空中有幾顆星星在閃爍，屋簷下黑黝黝地站着幾個穿着制服的人影，在地上蹲伏成一團的正是阿萬的身形，似乎向那站在房門口的小周不停地叩着響頭。

「究竟是怎麼一回事？」小周勉强沉住氣問。

「他們說我偸了錢，一千塊，住在招待室裡的客人的錢，我沒有偸，寃枉寃枉，求您救命，救救命……」阿萬嗚咽繼續地哀訴。

「劈拍！」是誰在傍舉手打了阿萬一個嘴巴：「住口，你這小混蛋！」有人怒聲叱喝。

「周先生，您別聽他胡說，他剛才已經自己承認是他偸的，我們已在他身上搜出三百元，還有七百元贓款，他自己承認偸來後就塞在您先生的墊褥下，我們現在是奉命前來搜査的。」一個穿制服的人在向小周解釋。

「啊！他偸了錢放在我的墊褥下？」小周似乎驚訝得嘴巴都沒有合攏來。

「不是的，周先生，那三百元是我自己積蓄的工錢，今天拿出來給娘買駝毛，他們看見了，說我是偸來的，他們打我，要我的命，我急了，只得說是藏在您的床下，求您幫忙，想法子弄七百元來贖我的命，……」

「小鬼，專說謊話，半夜三更驅爺們走寃枉路」阿萬的話還沒有說完，就被從室內衝出的一羣檢査者拳打脚踢地，反扭着他的胳膊拉走了，一路上阿萬發出一種非人類的慘呼聲，正似昨夜那隻垂死駱駝的哀鳴般，悠長地劃破了長空的寂靜。同時沙地上皎潔的積雪，也深深地給他們劃下了一大條泥黑色的人類的脚跡。

「究竟怎樣一回事？」第二天宿舍的人們紛紛議論着。

「阿萬這小子倒挺有孝心的，平時他老是說要積錢給他娘作冬衣，昨天早上他還對我說：『那隻難產死的駱駝有駝毛賣，去買兩斤給娘作衣服穿，已經下雪了，我倒有衣服暖和，娘快要凍死了，』沒想到昨夜竟會出這種事！」大師務在開飯時搓着兩隻油手對我們說。平時他對阿萬老是惡聲惡氣地，今天却表現出深刻的同情。

「平時他打掃房間，從沒摸過誰的零錢，我看這事情是寃枉，」老楊說。

「他昨天才調到招待室去，就偸了客人的錢，恐怕沒有這樣大的膽？」老鄭說。

飯桌上大家都在討論着這件疑案。

「一千元就貴賓們說只是件小事，他們自己不見了錢也應該含忍一點，」

「他們整天的生活只是「遊覽」，「參觀，」美其名曰「調查」，喝酒喝得昏昏沉沉地，誰知道他們的錢是在什麼時間，什麼地點掉的？」

「就是因爲是「貴賓」的錢，所以才查得這麼認眞，這麼起勁。」

「聽說還差七百元就可以了案，阿萬侍候我們這許多日子，也辛苦了一場，我看這一筆錢大家爲他湊一湊如何？」

「我第一個贊成。」

「不管是不是寃枉，總之助人爲快樂之本。」

討論的結果，全體同意湊款贖人，當場就募集了七百五十餘元，七百元作爲贖金，餘款作爲阿萬的慰勞費，由小周親自送去，也不枉那孩子叩頭求了他一場。

晚飯時，小周回來了，後面並沒有跟着阿萬。

「贖出來了吧？那孩子？」大夥兒爭着問。

「沒有贖出來！」

「是不是要明天才能贖回來？」

「明天也不能贖回來！」

「什麼時候才可以回來呢？」

「他永還也不能回來了！阿萬，那孩子，已經死了！」

「啊！」大家同聲驚嘆着。

「他怎機會死的？」

「病死的呢？還是逼死的？」

「誰知道！」小周黯然地回答。

「天呀！……」大家無言地深沉地嘆息着。

天上的大雪紛飛，駝羣仍在一遍一聲地昂首長嘶，駝鈴聲也淸亮地隨風蕩漾，我俯伏在窗前，沉思地凝望着那雪裡的山河，望着那對岸山腰畔新掘成的許多土洞，人們像黑螞蟻似地在雪地上土洞傍經營忙碌，牧人們吆喝着百來隻駱駝夾着獵犬的嚎叫聲走過去了，望着它們那遲鈍板滯的步伐，望着它們那任重而負遠的身形，使人不禁深深地感到人生旋途上的辛勞！抬頭看看天際的濃雲及那空中飛舞着的雪花，許多往事，許多人物的面影又從雲端中湧現出來了。忽然，背後似乎有很熟悉的孩子們跳縱着的脚步聲，好像是阿萬跳進房來了，急忙回頭一看，原來是新來的孩子吳大有，正低着頭拿着掃帚，一帚帚打掃着門前的積雪，打掃着雪堆裡前人的脚印。

（完）

第三卷　第六期　荻村傳（十二）

中篇連載

荻村傳（十二）

陳紀瀅

還是大腳蘭兒一把把她抱住，哭着說：

「姝兒！我的冤家！你受了委曲，趕快到我家歇息歇息吧。」

「哈！哈！你這騷女人也幫着共產黨來害迫我嗎？我來和你拚命！」

這時王子和傻常順兒幹部們都趕到街心，大腳蘭兒一再撫慰她說：「姝兒！指導員來了，趕快走吧。」

龍姝一聽說指導員來了，突然顯得精神百倍，把一綹頭髮叨在嘴裡，舉起刀來向王子和砍來：

「王子和！你這傷天害理的王八旦！我要殺死你！」話剛說完，王子和的一個幹部，舉起粗壯的拳頭向着龍姝的胸前猛猛地一擊，龍姝立刻倒在地上，嘴裡流出濃重的血漬，像一朵開榭了的鮮花，又被暴風雨侵蝕，銜着仇恨，枯萎以死。

「怎麼，死啦？常順兒同志！明天再給你配一個！」哈，哈，哈，又是王子和同他的幹部們共同發出的那麼奸婪的冷笑。

看熱鬧的人群默默地離開。

傻常順兒回到自已的「公館」，看看滿牀是血漬，全屋是破碎的傢什，又想一想不到一天工夫死了兩條人命，他的良心忽然發現：

「這是何苦！這是何苦！」他自已絮叨着。

過了些天，王子和靈機一動，要把大腳蘭兒配給傻常順兒，他聽說這件事，忙去找王子和。

「指導員！我不要再娶媳婦咧。蘭兒大娘是我的長輩，我怎麼好娶她，她又是個老寡婦，我叫了她一輩子大娘，怎麼可以當我的媳婦！」

「傻常順兒同志！你要明白，這是黨的決定！你要不依從，就是違反黨的紀律！違反紀律的罪可不輕，你要放明白些！你的地位是黨給你的。」

「我，我，不當村長好不好？嘿，嘿……」

「你不當？哈，哈，哈……」

過了幾天，大腳蘭兒終於被强迫送到傻常順兒的屋裡。大腳蘭兒對常順兒說：

「常順兒你這死不了的王八，兎崽子！他們這樣顚倒倫常，你就依從，好！我老了，也沒有臉皮了，六七十的人咧，我看你怎麼把我當媳婦待？來，你來和我睡覺！」說完，她拉着常順兒上牀。

常順兒羞怯地說：

「蘭兒大娘！不，我絕不能把你當媳婦待！我沒法子，我養着你就是咧。」

這時忽然在窗外，有人高聲喊着：

「傻常順兒同志！你不能違背黨的決定，黨叫你給大脚蘭兒成夫妻，你不能再叫她大娘！你要提防受懲罰！」

「好！我的蘭兒太太！」屋內傻常順兒的聲音。

話還沒說完，祇聽屋內「啪」的一巴掌打在傻常順兒的臉上。

「哈，哈，哈，」那群聽房隊才一鬨而散。

長久時間的折磨，傻常順兒似人非人，非人又是人，在獸類之中，也找不出這麼一個個性失常的怪物！有一天，他忽然要清算狗兒老咬和完蛋蛋鬼。

「你不能拿私仇破壞黨的政策！」王子和對他說。

「不行，狗兒老咬毒死了我扣參，霸佔了扣家的產業，這樣人不清算他，不鬪爭他，實在不公平。完蛋蛋兒是荻村頭等大壞人，張老五，黑心鬼，大粗腿，所幹的壞事都是他背後出的壞道道兒，爲什麼不懲罰他？爲什麼不清算他？」

「村長同志！你別胡塗了，我們共產黨從不和人講是非，也不計較私人間的恩怨，祇看他聽不聽從我們的指揮，合不合黨的要求。狗兒老咬毒死你扣參，事已多年，我找不出佐證；而況扣兒蘑菇是個中農，他本身就沾染着濃厚的封建農民意識，他把你使喚了一輩子，你不記他仇恨，反而替他打抱不平，你的思想還是落伍的很！完蛋蛋兒平素得罪了你，鼓勵張老五等害迫人民，正是無產階級勞動大衆達成社會革命的必要手段，我們現在所需要的就是這種有階級意識和有革命性的村幹！在舊社會裡的所謂『好人』，在我們這新社會裡僅是殘餘的渣滓，不會擔當新任務的；你想想，像你在舊社會裡配當村長嗎？你能平白無故住這麼好的房子嗎？還有，你樂意娶年青的媳婦，就娶年青的；樂意娶年老的，就娶年老的，你到哪裡去能享受這樣的自由？你的腦筋趕快清醒清醒吧。」

「啊？不錯，不錯！嘿，嘿……」

「可是那個年老的大脚蘭兒我並沒有把她當媳婦待，我是把她當我的大娘養着哩。」他答覆了王子和後，又心裡找補上了一句。

傻常順兒雖然一時順服了王子和的話，但琢磨了幾天，終究覺得不是味兒。而且自從那夜看見張老五的鬼影，再加歪歪桃兒自縊，龍姝瘋死，他就時常覺得歪歪桃兒吐着長舌在嚇他，龍姝披散着頭髮，穿一身黑衣手持菜刀，向他索她娘的命。蘭兒大娘一個好說好道的人，於今竟變成啞吧，起初她是以淚洗面，以恨形於面容，天長日久以後，她變了，見人就癡笑，但不說一句話。她雖然和傻常順兒被亂點鴛鴦硬配爲夫妻，但他倆的私生活仍保持舊日的關係。

又是一個夏天半夜，他心緒紛亂，睡不着，又看見龍姝披髮持刀而來，他拳起一根鐵棍向鬼影撲打，什麼也沒有。他隨意蹓出門來，手握鐵棍，漲漲膽，蹣跚地走過扣兒蘑菇家的大門，他向扣家的棗木柵欄瞪了一眼，抬頭又看見那棵老槐樹， 望望天，天沒有一顆星，他把頭上的又冷又熱的汗，揩了一把，「他媽的！天你永遠黑吧！連你也嚇我！」他記得有一年也是這麼一個晚上，他要去鬪爺廟，會在這樹下聽見毛頭鷹叫，嚇過他一跳。事已多年，怎麼今天又遇着這麼相同情景？正在納悶，「嗚嗚」兩聲，果然又是毛頭鷹在喊叫。「他媽的！社會變了，怎麼禿梟死不絕?!等着，死禿梟，村長，我懶得再用垃圾投你！明兒格叫指導員淸算你！」

他繼續向前走，一邊走，一邊還咕噥着：「四十年後，你要大富大貴，話是應了，可是，」不一會兒又走到十字街口，路南是「觀音菩薩廟」拆得平平的，另外建築了一個「狹村抗日民軍死亡烈士碑」，路北巫道廟換蓋成了「第十八集團軍抗日將士陣亡紀念堂」，原來的關爺廟改爲「人民公所」，紅漆大門，兩副黃銅環，一扇門寫着「打倒蔣政權」，一扇門寫着「擁護毛主席」，橫批寫着「人民民主」，白天人民利用這裡開小組會，晚上則空閒起來。常順兒下意識地把它當成原先的關爺廟，他推開門，一大步邁進去，漆黑看不見一點東西，他划起一根火柴，剛剛看出牆壁上貼着的是毛主席肖像，忽的一陣冷風把火吹滅，接着無數的鬼影顯現，有扣兒蘑菇，張拴子，地狗子，拐子蓮兒，歪桃兒，龍妹，還有許許多無頭鬼，幢幢蹦跳的並夾雜着尖銳的哭聲，嘯聲。傻常順兒毛骨聳立，一下子便被吓倒地上。

第二天，傻常順兒村長被扶回家去，便吓病了。「他頭腦裡還有沒排除淨盡的封建意識，所以容易受刺激。」王子和批評他。

「望中央大會」舉行的時候，傻常順兒村長抱病登上了主席臺，臺前豎起了一根點天燈用的杉木桿，臺上擁擠了全村的人群。

王子和瞪着他那殺人不眨眼的兩只貓眼，露着奸笑，張大了鬼哭似的喉嚨叫：

「自從日本投降以後，蔣政權違反民意，壓迫人民解放軍，强佔我人民解放軍防地平津保地方，並教唆國特份子施行破壞，擾亂廣大農村，我們今天就懲罰這些國特份子！」

隨後，他從衣袋裡掏來一張名單，在他還沒有叫名時，所有看熱鬧的人誰也不知道究竟哪一個是國特份子，正在懷疑，王子和大聲喊叫：

「小淘氣兒！你還不站出來，讓人民來懲罰你！」

小淘氣兒一聽便發了愣，摻合在人簇中的幹部們立刻從他背後用拳一捶一搡便把他推到臺前了。

「我，我不是國特！」

「你還不承認，完蛋蛋兒同志站出來給他作證！」

完蛋蛋兒，留着寸八長的頭髮，小老鼠眼，黃豆瓣牙，擰着鼻子，豎着那兩只兎子耳朶，從人簇中走出，說：「小淘氣兒！你她娘的承認了吧！昨兒晚上，我爬在你家屋簷上聽見你和你媳婦正在抱怨八路軍，你給你媳婦說什麼老蔣打過來就好了。你不相信，你家屋簷上的一塊瓦我揭來了作證。」隨後，他從口袋裡掏出那塊屋簷瓦遞給王子和看。

「完蛋蛋兒！你這賊狼養的，你來偷我，你還來害迫我。」

「呸！小淘氣兒！大爺在中央政府時代沒喫沒喝，祇得靠兩隻手偷偷！今天是八路軍的世界，大爺已經不是窮光蛋，我這隻手用不着再去偷，我用他專打你這國特份子！」說着，說着「啪」的一巴掌打在小淘氣兒的臉上。

小淘氣兒剛要還手，已經被幹部阻住，站在臺上的傻常順兒村長滿嘴噴着吐沫星子，鼓着肚子，振着精神，喊：

「完蛋蛋兒！你不要盤纏好人，你他媽的才是禍害精！」

「請問指導員！村長的話如果是眞的，我在指導員面前認罪，如果是假的，就請指導員治他的罪。」完蛋蛋兒提出嚴厲的質詢。

王子和命令完蛋蛋兒少說話，隨後問人民：「小淘氣兒是不是國特份子？」臺下一片「是！是！是！」

「好了，請國特份子上旗杆望望中央，望望老蔣來了沒有？這件事必須請村長傻常順兒同志拉繩！」王子和說後，幹部已把小淘氣兒綑綁起來。

傻常順兒趦趄不前。「村長還要庇護國特份子嗎？」王子和嚴厲地釘了一句。

當小淘氣兒被衆多幹部和村長經過一個滑車拉上了衫木桿頂端，王子和問：

「國特！你看見中央來了沒有？老蔣來了沒有？」

小淘氣兒激憤得閉着眼一句話也不答。

看熱鬧的許多人平素誰不恭敬喜愛小淘氣兒，今天偏可他被懲罰，他們想走又被幹部包圍着，他們敢怒而不敢言，面對着慘狀，只得低下頭來不看。

王子和再命令拉繩的幹部們鬆手，只讓村長一個人拉繩。

「村長同志！這個國特份子裝模着不言語，想必是他已望見中央和老蔣啦，那麼，就請他下來休息休息吧，你要馬上鬆手！」

傻常順兒雖然病中無力，但他明知道這突然鬆手，必使小淘氣兒摔死，他不忍心，正在猶疑之間，完蛋蛋兒忽然從地下檢起一塊碎磚頭，他看準了傻常順兒拉着繩的手，用力地擲去，正打中他的手背，傻常順兒不提防，突的把手鬆了，小淘氣兒從桿頂猛然落地，傻常順兒也昏倒在桿下。

笑聲夾雜着人群的騷動。

接着又同樣懲辦了幾個國特份子，張一刀自從那年和扣兒蘑菇一起喫壽麪，喝壽酒，並且送了扣兒蘑菇的終以後，這兩三年來不但田地被鬪爭了僅膭下一畝半地，殺猪用的燙鍋也被抬走。殺猪用的那套傢什祇有一把刀還給他留着。他氣悶不舒，老毛病不能改，賣着，當着，也得喝點酒。半夜三更，他睡不着覺，從炕上爬起來，再搖搖酒瓶子，把那瓶底的幾滴酒也倒出來，喝下去，打了一個膈，他從抽屜裡拏出那把刀來，一把磨刀石擺在炕沿上，他用力地磨，一會兒磨得爭明澈亮，那刀双鋒利無比。他看了又看，試了又試，然後把這口刀壓在褥邊下，又躺下去睡覺。

一天如此，兩天如此，幾乎天天如此。

那天「望中央大會」上，他也擠在人群中看熱鬧，一幕一幕演過，他看得淸楚，他上了幾歲年紀，火氣從肚子下邊一會冒到嗓子裡，一會兒又落下去，他閉了幾次眼睛都被幹部瞧見，他們問他：「張大眼睛怎麼咧？晚上沒睡覺嗎？怎麼打開閃啦？」

「唔，晚上讓耗子攪得一夜沒閤眼。」他心內却說：「他媽的！這是什麼世界！」

那天夜裡，他照舊喝酒磨刀，但

最後他無論怎麼睡也睡不着。他又起來喝酒，今夜喝得比往日多了幾盃，他推開門，正是八月節後第四天，十九月亮八分圓，天上地下都很明耀，樹枝人影照得十分清楚。他在院裡舒展了幾下腿脚，把那口刀揣在懷裡，悄悄出了大門，他踉踉蹌蹌，跟頭列切，走在街上，路過村長的門，那一流五間厦間門和雄獅還在月光下，照得發亮。他忽然憶起幾年前張五爺住在裡邊的時候，門口多麼榮耀，誰敢正視一眼？於今成了傻常順兒的監獄，那股子風水早已不見了。又走過大街，雜貨店，藥舖，炸菓舖，棧房，幾年前還是渾渾和和，生意十分興隆，現在一律關門大吉。他打從十字街口路過，見「人民公所」四個大字，他忽然想起當年的關爺廟，傻常順兒藉宿的情景。拐彎抹角，他來到完蛋蛋兒家的門口，忽然停住脚步，從那土牆豁口望見完蛋蛋兒家屋子裡有微弱的燈光，不一會兒，忽的一下，燈光熄滅，他躡步穿過豁口，逼近屋門，等了會兒，他撬開完蛋蛋兒的屋門，完蛋蛋兒的外屋已堆滿了鬪爭來的傢俱什物，幾乎使他進不到內屋去。

完蛋蛋兒這天完成了得意傑作以後，被王子和着實誇獎了一番，他高興得半夜不能入寐，恰好他的兒子小老壞兒今天不在指導員辦公處值班，回到自己家來住，父子二人談談笑笑，一直說到後半夜，剛要睡覺，他作賊多年，耳靈心快，他聽着有脚步聲咳嗽了兩聲，寂靜了一會兒，又有響動，他叫小老壞兒出去看看，小老壞兒披上他那身列寧裝，剛剛走到外屋，張一刀心慌無智，從懷裡掏出那把刀來，一下子就把小老壞兒砍死在地上了。完蛋蛋兒和他的媳婦不知事妙，奪窗逃跑。

「殺人了！殺人了！」全村立刻沸騰起來，所有共產黨的幹部都緊急集合，不一會兒把張一刀捉住，張一刀手提着小老壞兒的人頭，大搖大擺地喊叫：

（未完）

徵稿簡則

一、本刊歡迎：
(1)凡能給人以早日恢復自由中國的希望，和鼓勵人以反共的勇氣的文章。
(2)介紹鐵幕後各國和中國鐵幕區極權專制的殘暴事實的通訊和特寫。
(3)介紹世界各國反共的言論，書籍與事實的文字。
(4)研究打擊極權主義有效對策的文章。
(5)提出擊敗共黨後，建立政治民主、經濟平等的理想社會輪廓的文章。
(6)其他反極權的論文、談話、小說、木刻、照片等。
二、翻譯稿件請附原文或註明其出處。
三、投稿字數，每篇請勿超過四千五百字。
四、賜稿務望用稿紙繕寫清晰，並加標點。
五、凡附足郵票的稿件不刊載即退回。
六、稿件發表後，每千字致稿酬新臺幣十五元至卅元。
七、來稿本刊有刪改權，若不願受此限制，請先說明。
八、惠稿經本刊載，版權即爲本刊所有，非經同意不得轉讓。
九、來稿請寄臺北市金山街一巷二號本社。

（上接第21頁）

在藥物方面，這一實驗所亦發明了許多輻射能混合劑和元素，由原子能委員會去分發給各研究單位使用。這些製品中，其和原子有關的如碳14，氮15及硫35等，均由橡樹嶺國立實驗所分配給全美各研究機構使用。衞生團體已認爲各種輻射能藥物對於人類及動物的細胞組織之功效，這使參加輻射能物質工作的人之安全獲得了保障。

目前，這一實驗所的工作重心雖放在特定的原子武器方面，但她在工作中所獲得的基本知識，對於人類仍是非常有用，使我們的物理世界獲得了新的知識。

（五）輻射實驗所　當一九三〇年勞倫斯（Ernest O. Lawrence）發明（Cyclotron）（原子分解機）的時候，在柏克來的加利福尼亞大學中已經在進行重要的驚人的原子核研究工作。至一九三六年，創立輻射實驗所於柏克來，由勞倫斯爲所長，主持這項研究工作。這一實驗所仍屬於加利福尼亞大學的一個工作部門。

輻射實驗所在過去數年的主要工作，是從事研究發展核的物理學，核的化學以及和核的物理學有關之藥物，生物等科學。在第二次大戰期中，這一實驗所曾經進行一個偉大的計劃，發展電磁分解法，由橡樹嶺原子工廠採用。這一實驗所的化學師更發展了鈈的分解法，由哈福特工廠採用。大戰以後，原子能委員會授權這一實驗所進行更龐大的計劃，專門從事於有關原子之基本的研究。

自一九三四年以來，輻射實驗所發明主要的研究上應用工具有下列各種：

1.三十七吋原子分解器，現由洛桑磯大學採用。
2.六十吋原子分解器，於一九三九年完成。
3.一百八十吋複式原子分解器，於一九四六年完成，是目前全世界最大最有效力的原子分解器。
4.直線加速機，完成於一九四七年，此機爲生產原子原料之用。
5.現在正計劃設計一部最大「加速機」，爲生產原子原料之用，預定三年內完成。

輻射實驗所除上述數種發明外，在各種科學研究部門尚有許多成功，其中最著者有：

1.八種新的元素之發見。
2.無數輻射能同位原素之發見，如碳14及氫3。
3.實驗所中的生物學家應用輻射物質，從事某種疾病之治療實驗，如對白血球過多症，膀胱症，軟骨症等。
4.在生物學研究方面，最偉大的爲最近進行一種實驗，如一旦成功，則可以探出動脈硬化症之原因，並將可以預先獲知心臟病之發作。

由上面所述，我們當可以對美國原子能研究的情形有了一個輪廓。美國的原子能委員會目前雖致力於從事原子武器之研究製造，今年更將特別側重於發展原子動力以供海軍艦艇之需，但我們由於原子能委員會在其他方面之發展，亦可證並未忘記了和平時代原子能之應用，總有一天原子能對於人類幸福將發生偉大的作用。

一幅亡命圖

——我逃出了羅馬尼亞人民警察的魔掌——

Uicolas Baciu原作
子介節譯

本文原載瑞士洛桑日報，作者 Nicolas Baciu 是布加勒斯特一位知名的律師。共產黨控制羅馬尼亞政權之後不久，五千一百名律師中有四千三百位被清算解職，作者便是其中之一。當同業們先後紛紛失縱的時候，他開始逃亡，中途被捕入獄，後來再從集中營中越獄逃走，浮過多腦河，逃出國境，但不幸又落到南斯拉夫警察手裏，最後才逃往自由的西歐。

這是一篇可貴的忠實報導，承本刊瑞士讀者子介先生翻譯寄來。從這裏、不但可以窺見蘇俄控制下羅馬尼亞共產政權的面目；而且更證明了：任何共產主義的政府——無論是史太林型的或是狄托型的，都是同樣的殘暴與專制。——編者

逃出羅馬尼亞只有三條路：一是經過黑海，一是乘飛機，最後就是由陸路經過匈牙利。

因爲過去逃往匈牙利的路線已經被發覺了，所以我不能再從那裡走。可是海路更不可能：一切船隻都在警察控制之下，黑海沿岸都有俄國人監視着，巡邏隊常川地來往偵察，至於運輸機雖然航線很多，可是一般羅馬尼亞航空員或是被撤職或是由一個俄國人來監視着，所以也只有棄捨這條路。

我不會匈牙利話，一個人絕對不能冒險經過匈牙利，匈牙利當局每有難民落在他們手中就毫無顧慮地移交給羅馬尼亞或蘇聯警察；爲免去這種危險必須找一個嚮導，我知道有若干俄國官員做這種勾當，只要你付給他五百至三千元的報酬他就把你領出境外；他們的汽車或火車在過邊境的時候是不須檢查的，而且有的還供給你制服和護照，一直送你到維也納爲止，一到奧國境內他就收回制服，把護照撕掉，你便可以自由行動了。我有幾位依色列國朋友，他們就是用這種方法把他們的子女送出鐵幕。

幸而我遇到一位很要好的女友葛爾貝斯克(Corbesco)夫人，她告訴我在三天以內將同一位俄國軍官祕密地出境，這次扈送費是一千元；她說她很認識這個軍官，可以全心地託靠他，於是我們就商量好明天晚上九點鐘在公園裡同這俄國人見面討論這事。

這個俄國軍官是一個三十歲左右的青年，光頭。他在羅馬尼亞已住了三年，羅馬尼亞語說得十分流利，他指示我一切應當知道的事項，在假護照上貼一張照片，然而事實上並不是護照，不過只由一個蘇聯上級軍官簽名，然後再註上一個假出境號碼而已。他告訴我若干由他領導出境的人名，這些人如今都已到達法國了。

我們商量好了起程的日期：復活節後星期四。我決定留下一些文件和幾封信，辭別了幾位尚未被捕的朋友，他們都以爲走爲上策，並且也在準備着等我安全到達目的地以後他們也照樣去做。同時我把幾張重要文件託一位外國朋友由他的領事館轉送到他的本國去代爲保存。另一方面，我十分小心防備將來被捕，結果，由威克多爾（ Victor ）的朋友把我的名片由警察局偸出來，這樣以後就不容易查出來了。

我的房間仍然保持着原來的樣子，絲毫不動，免得叫別人起疑心，我只隨身帶了一個小手提箱。

到了預定的時候，我就到了預約的離城八里的巴乃桑（ Banesan ）公路，我的俄國軍官早已和兩個穿着制服的兵——一個車夫一個士兵——在那裡久候了。

「一切都準備好了」他對我說：「只等着其他的人了，他們就來。」

果然幾分鐘後，他們都來了：有我前面說的葛爾貝斯克夫人和姚乃斯哥（Gonesco ）青年夫婦，雖則警察不發給他們護照，然而他們仍然決定潛逃。

在手電筒的微光下，這位俄國軍官給我們每人一張護照和一身俄國軍裝，這身軍裝須到將近國界的時候才能穿呢；等到衆人都上車以後就開車了。

「同志！」我在黑暗中和姚乃斯哥握手說。

「……我們好運氣呀！」他的太太在旁邊嬌聲說。

「還是別說運氣哪！」她的丈夫說，喉嚨彷彿發燥。

車向着伯萊斯地（ plast?s ）駛着，車外十分昏黑，每個人心中雖則抱着快享自由的希望，但是都有一點焦急不安，全都無精打彩地呆坐着。外面的風打在車箱上忽忽作響，證明車子正在很快的飛駛着。大約走了一點鐘左右，忽然車子慢下來了。

「站住！」

在燈光之下來了兩個人，手中拿着機槍，從車蹬上爬上車來，一個在右邊，是一個少校，一個在左

邊，是一個穿着皮斗篷的平民，我往後一瞧，見另有兩個平民在車後邊監視着。

「拿出護照來！」少校大聲說，同時走到那俄國軍官和我們面前。

從前在這地方從來不檢查，這次我們可倒霉了！或者這是一計，或是有人告發我們，警察趕來追蹤；然而可慶幸的就是我們現在離邊境還有七百公里之遙，他們不能證明我們是意圖潛逃；在我的口袋裡有一個紙條上面寫着幾個地址，於是我急忙擱在嘴裡呑下去，同時迅速地把那裝着一千美元的信封溜到地下。

「你的護照呢？」那個穿着皮斗篷的人用羅馬尼亞話問我。

我把我的護照遞給他。

「你叫什麼？」

「上面寫的很清楚……」我因爲那塊紙咽不下去不好答應他。

「你們都下來！」

於是我跳下車來，那兩個在車後邊的警察立刻上前檢查我，然後他們叫我上一個在旁邊停着的吉普車，我坐在那兩個人中間，他們拿着槍，對着我的兩肋骨。

我們坐着來的那部汽車轉過頭去向布加洛斯特駛去，那位俄國少校和那位羅馬尼亞人跨在兩旁。

過了很久的時間我們終究到達了布加洛斯特，汽車就停在阿加德車站。於是我被監視起來：把我領到內政府來了。

我們都被領到五層樓上的辦公室裡，一進門，俄國軍官和葛爾貝斯克太太就被領到一邊去，那位少校叫他們進到另一個房間裡。

當時是半夜一點鐘，來了一位別的警察，我一看見他歡喜的幾乎喊起來，因爲我們已是十五年的老交情，今夜他來值班我實在倖運極了。原來他也是不得已而入黨，免得妻子兒女餓死。

「我已知道你的事了，」他向我很快的說，「我要盡力爲你幫忙，倘若你老在這司法警察所裡事情還好辦，如果你要轉到公安局去，那就……」

當時我身上還帶着兩萬羅馬尼亞錢未會叫警察搜去，於是我就把這些錢都給他託他盡力幫忙，並且賄賂一下應該賄賂的人；反正無論如何我的錢也算失落了，即便賄賂不成，我的朋友也可以發筆小財。

過一會兒，警長的老伴兒來了，他是一個蒙古種婦人，年約二十五歲左右，她很費力地說着羅馬尼亞話，滿口烏克蘭難聽的音調。我們都知道羅馬尼亞的警察總局是由俄國人指揮，警長名尼克爾斯基(NIKelsky)。每個羅馬尼亞警察和偵探都要有一個黨中的忠實份子或一個地道的俄國人來陪伴着。

「把他送到八號房間去，」她指着我向那位警察說。

於是他把我領到一間十米來長的大房間去，葛爾貝斯克夫人也在那裡，她站在一個牆角，有一個警察手持手槍叫我到另一個牆角，於是我們就這樣在那裡站着，後面有警察拿槍比着我們。早晨三點鐘警長來了，辱駡我們以後叫我們坐下。我以爲審問就要開始了，誰知他竟坐在公事棹前，拿起電話聽筒說：『我是費郞(Firan)警長，把六十二號房間的七號犯人領來！』

十分鐘以後，兩個警察拉進一個半身光着約摸四十歲的人來，兩腳都是血，同時都腫的很厲害，指甲都被拔掉了。

「你是不是要坐下呢？」警長大聲喊着說。

「我沒有什麼可說的」那人答說，「我沒有同謀人，我什麼也沒有作。」

「好吧！我們明天再說，你先到醫生那裡去叫他給你治治手，把他帶走，再把十四房間的二十號帶來！」

於是又來一個人，鬍子上滿是血塊，他已不能行走，只是一跛一拐地呻吟着。

「給我點水喝！一切我都承認，只要給我點兒水喝！」

我當時立刻認出他來了，他過去曾作工程師，被捕已經有三個星期的光景了，因爲始終自認無罪，所以就被囚在一個六十公分寬兩米長的地窖裡，不給他吃的，也不能睡覺，就這樣整囚了一星期。

至於他該承認些什麼，只有警長知道。

「我知道你過去是個好人。」警長說：「把他領到打字機那裡去，我隨後就去。」

於是在這裡又剩下我們幾個人了，一直到早晨四點鐘又來了另一個警長，於是又換一幕，有人告訴我說新來的犯人是一位還俗的司鐸名叫特路沙(Troushea) 後來，警察又打電話叫另提上兩個犯人來。

第一個人手腕上帶着一個特製的手鐐，上面有一個螺絲釘，可以隨時鬆緊，昨天這人已經昏過去三次；因爲他說沒有什麼可供認的，所以警長就命看守的人緊螺絲釘，那人疼得大叫，結果把他帶出屋去了。

替他的是一個老頭兒，我認出他是過去的陸軍總長和參謀長。

「我被囚禁在這裡並沒有任何正式的命令，到如今已經一百二十天了，我也不知道爲什麼囚起我來；莫非這就是個人自由的意義嗎？今天我被第一次提審，實在萬幸！」

「不止這一次，」你看着吧！你想我們不會別的嗎？你在這裡已經一百二十天了，是！不錯！你等着吧，在這裡有囚禁已經兩年的！你說你不知道爲什麼被捕……好個無罪的羔羊！難道你不知道你當過一時期軍部領袖嗎？你忘了，我們可沒有忘！我們知道在軍部裡有若干事情並不是完全公教化的，比如，扣除人家田產。最好告訴我你作些什麼，我們早日結束這件案子。」

「我想控告人第一先要有證據，」這位總長答說：「你若可能的話，請你拿出證據來。」

「我們沒有時間，我們知道你同那些反動份子一樣受了賄賂；如果你不願意供出那事來，就把你在這裡囚十年，叫你的骨頭爛在這裡。但無論如何我們要盡量使時間縮短。」

差不多在六點鐘左右，把我送到底下內務部的拘留所，這拘留所的情形當然更不用提了。

每人在進房間以前都要受一番徹底的搜查；按照這裡的規定，我們都把鞋帶、領巾和腰帶交給看守人員，然後我們都彼此隔離開，被領到地下室二層地窖裡，這些地牢都是用三和土砌成的，一點光線沒有，不通空氣，十分潮濕，唯一比較好的地方就是每個地牢都沒門而只用鐵柵欄隔着，所以在這裡面可以看到外面走廊上，同時也可以看到隔壁的犯人。當然沒有床也沒有被褥；所以我只得睡在一個很薄的大衣上，房內又潮又冷，還有老鼠來來往往地在各房間內作祟。

差不多每隔五米就有一個武裝兵站崗，有的拿着機槍，有的拿着步槍；他們都穿着共和國的新軍裝——就是俄國軍裝。

復活節夜裡又來若干新的囚犯，因爲房間不夠用，所以好幾個人一屋；在這些新來的人中有好些我認識的。其中有一個羅馬尼亞最享名的律師名杜米來斯克（Dumitresco）。

大家都問我爲什麼被逮，我就把我潛逃未遂的事實都說給他們聽，有人以爲我們是中了計了，有人以爲這是因爲我們當時不仔細：

「一定是有人向他們告發了，他們爲監視那些潛逃的人，簡直是無微不至。」

大家知道這些事實以後，都建議我說實話好能快送去公審。

正在討論之際，又來了一個囚犯—前任駐巴黎總領事多羅先（Hrand Toresian）在總清算以前他是巴拉斯加諾（Patraseano）的知己朋友，他在逃往匈牙利的時候在國境上被捕的。他說：

「我是一個最傻的傻蛋，當我被召回國的時候，本該安安靜靜地住在法國；可是如今已經到這步田地了，只有等着將來有一天把我發配到伯利亞同那些羅馬尼亞在一九四四年交付給俄國爲質的二十五萬人一齊混下去而已。此外，我們這個政權與蘇聯相差無幾，羅馬尼亞現在日趨無條件的歸併於蘇聯，俄國人也極力接受，這些事實我知道的十分清楚。」

我們屋裡的人越來越多，反倒覺得好一些；因爲大家擠在一齊，這樣可以暖和一點。於是我們開始捉老鼠，並且爲消磨時間，彼此述說自已的痛苦。

大部分囚犯是以反動派的中產階級的罪名被捕，有的在這裡已經三年多了，有的一年多了！除去幾個例外，自從被捕以後就沒見過天日，也沒有人來過問他們。

我們在這裡囚了兩星期，可是從沒有審問過一次。

……………

我終于幸運地從獄中逃出，第一夜就在布加勒斯特郊外一位朋友威克多爾家中藏着，他告訴我最近又有若干人被捕；一般民兵們爲避免被人認出來在捉人的時候都帶上假面具。人民雖然起來反抗，結果反被肅清。……最後談到過境問題：如今只剩去南斯拉夫一條路了，所以我就決定由南斯拉夫走。

「這個意思很好」我的朋友說：「因爲南國人一向不驅逐難民的，我親眼看見過若干經過南斯拉夫到的里雅斯特以後來的信和明信片。南國人一再地在電台上擴播或在報紙上宣傳他們怎樣優待一般由蘇聯控制區逃出的人們。」

「國境上的哨兵把守怎麼樣？」我問。

「自從史狄決裂後國境上把守的十分嚴，俄國人在那裏佈置若干摩托車部隊。」

我想逃出國境唯一的出路是浮過多惱河了。這河固然很寬，但是可以避免哨兵的監視。

我不能再遲延下去了；因爲這種潛伏的生活實在危險，星期六晚上我就離開布加勒斯特，我買了去一座離國境不遠的小城火車票，只帶一個背包，一個游泳圈和幾條細繩。

第二天早晨——星期日，到了一個在地圖上早已看好的火車站下車，就到站長那裏去叫他驗票。

「我要在這裏待幾個鐘頭，請問下次去買哈底亞的火車幾時開呀？」我問。

「下午四點！」

車站上有一個哨兵在站崗，我就前去問他到那座離河幾公里的小城去該走那條路，他於是告訴我一切的一切，我表示很注意地聽着；後來我就順着他指的道路走開了。

我走出幾十分鐘以後，就進到一片樹林，隱藏那裏直到晚上才能動身。

在離開那小樹林以前，我又看看那個羅馬尼亞最後的小村，祈禱後，走出樹林直奔多惱河而去。

當時已是夜間了，我謹慎地前行，從這個草叢到那個草叢，結果來到一條離河二百米的小路。忽然聽見遠處有小車聲和人聲。

月亮已經上來了，這地方十分危險，我一跳從路這邊跳到路那邊。因爲我不能再等小車過去，我在地上爬着前進，幾分鐘後到了河邊。

忽然左邊五十米的地方發現一個小房子，我以先沒有注意到，無疑的、這是一個崗樓；然而如今退回去也不成了，一切聽天由命吧！於是我趕緊把繩子拴在腰帶上，跳下河裏，幸而水不很冷，我就輕輕地泳着，盡力避免作聲。

經過這幾小時的精神緊張後，我當時不自覺地十分輕鬆十分坦然，這次在多惱河沐浴使我的精神十鬆弛。我毫不費力地往前進，只用兩脚泳着。當時我幾乎站在水裏，不時地往後看看背後的背袋；當我游到河當中時忽然發現從右邊來了一隻船，船上燈光明亮。我以爲這是一隻南斯拉夫的巡邏船，但並不十分放心，因爲我聽說南斯拉人幾時看見有人泳過多惱河並不招呼就開鎗射擊，（因爲有若于與俄國有嫌疑的南共逃到羅馬尼亞去，我想大聲喊，告訴他們我是逃到他們這邊來的，可是沒想到那隻船却很快地駛往南國那邊河當中的一個沙灘後面去了。

我自起身的地方已經往下流冲下約五公里之遠。不多時已到了狄托樂土了。於是我便口親這塊福地。穿上衣服後，毫無顧忌的找哨兵去自首，並以政治犯的資格向南國當局請求保護權。

我一到南國河岸上，就想大聲吶喊希望叫哨兵聽見我，但是結果一個人也沒有；我走到離岸不遠的一所房子前，撤兩下窗戶，裏面有人用羅馬尼亞話答應了。原來這裏的居民大部份都是羅馬尼亞人。出來一個年約三十左右的男子，膚色青白，把我帶到裏面，請我同他太太和一位朋友喝酒。這位船家的熱情招待使我十分感動，他又告訴我曾經有若干羅馬尼亞人從多惱浮過來的。

「有很多人從這裏走嗎？」我問。

「曾經有五千人從這裏過到布爾格來德。」他答說。

隨後他又問我羅馬尼亞的生活如何，我也一一地告訴了他。

「在這裏同你們那裏一樣，」他向我說：『你們到我們這裏來，而我們却往你們那裏逃，眞叫人莫明其妙。我們已經被剝削淨了，而我們却不敢反抗，如今監獄裏都滿了。所以請你多加謹愼，說話要小心一點。」

因爲在這村裏沒有憲兵，我要求他領我到村長那裏去，我願意到當局那裏去自首。

那天夜裏我就在那位朋友家裏過宿。當時我很能够叫他們領我到奧國去，但是因爲我一味地信任這塊「民主樂園」，所以我才决意留在那裏。結果我估價太高了，後來十分懊悔。

次日早十一點果然來了一個憲兵把我領到村長辦公處，我到了以後全村的人都來看我。村長爲愼重起見把我帶到離那裏不遠的一個憲兵所，以便審訊。然後把我送到十四公里外的克拉多瓦城（Kladova），一路徒步而行。

在路上一個鄉下小孩手提一籃菓子，跑到我們跟前叫賣，那個伴着我的兵不懂羅馬尼亞話，他不知那孩子同我說什麼。

「你是瘋子或是傻子呢？」那孩子同我說：「在這裏怎麼會比你們那裏生活舒服呢？昨天晚上還來過一隊兵呢，突然衝進我們村裏，把我們所有的完全搶去了；假設戰爭老不停止，我們就要沒命了。」

過一會兒，又來一位鄉下婦人向我說：「我的老先生，他們是把你送到監獄裏去呀！唉！我可憐的同胞！昨天我還看見他們送若干人到監獄裏去呢！你將會永遠出不來了！」

果然，一到克拉多瓦城我就立刻被押到地方監獄裏，晚上給我送飯的人告訴我說他們不久就要把我送到伯爾格來德（Belgrade）城內一座專爲收容羅馬尼亞人的監獄。

晚上我睡在地板上，第二天把我傳去審訊，一個廿五歲左右的中尉軍官用羅馬尼亞話問我，然後譯成南國語告訴給隊長：

「你爲什麼從羅馬尼亞出來？爲什麼想到這裏來？」他問說。

「理由很簡單，因爲我不願意爲現在的政府和俄國人工作，在那裏時常有生命的危險，所以我十分信任南國政府的廣播才决定經過這裡到西歐去。」

那位中尉和隊長聽了我的話，彼此作了一個鬼臉。當時我聽見背後開門，就回頭一瞧，忽然我面色嚇白了，原來在背後牆上也掛着史太林和莫洛托夫的照像，中間是狄托將軍。

隨後他們就嚴格地搜查我一番，把我所剩下的一些値錢的東西和錢都拿去了，並且還保證我到布爾格來德要領到相當的數値。

以後每夜總有其他的羅馬尼亞逃亡的人送到這裏，其中有兩個學生，一個海軍軍官和一個公務員，他們都是同我一樣從多惱河中游泳過來的，也是因爲信任南國攻府優待逃亡人士許他們往的雅斯德去才出來的。

一星期後，我們就被用船送到布爾格來德去。當天晚上，我們就到了布爾格來德東邊的保柴窩科城（Partchevo），這是一座著名的監獄城。

一個民兵在等候着我們，他身邊臥着一隻警犬，右手拿着一艇機槍，左手拿着一大把舊鑰匙，毫不客氣的把我們關進監獄裏，那裏還有一位前三天從各瓦奇克（Kovatchik）羅馬尼亞集中營送來的學生。

「在各瓦奇克（Kovatcik）同這裏一樣，」他同我說：「天天是一樣的麥粉菜湯，想要出來只有一個方法：就是到礦裏去工作；至於想逃到西歐，那是夢想。」

「如果他們專爲監禁我們或送我們到礦裏工作，爲什麼他們不斷地宣傳優待逃亡人士呢？」我問。

「這不過是一種騙術而已，如果你後來到各瓦奇克去，你就會看見那位檢查員雅爾道（Yardo），他每星期秘密地到羅馬尼亞去蠱惑工人們離開工廠到這裏來工作。」

「可是，我也時常看見若干羅馬尼亞難民從的里雅斯德寄來的信，他們當然也是經過南國的了。」

「這也是一種騙術，事實上他們如今都還被囚禁在各瓦奇克呢，幾時他們要求給他們家裏或朋友寫平安家信的時候，他們很容易得到許可，只要他們不提他們的地址。這些信都收集在一齊，送到的里雅斯德，然後再投郵寄到羅馬尼亞去，所以當然他們的父母朋友們接到信以後，都以爲南國是一個最好的避難所了。」

「這些方法有什麼用意呢？」那位海軍軍官問：「他們招我們來究竟有什麼用意呢？」

「他們希望召集各蘇聯控制區的反動份子，想造成一種國際離間運動。此外，他們可以間接地網羅一些專門技師和工人。」

「卽使如此，他們爲什麼不放我們出去，反而叫我們坐監呢？我們對於他們毫無損害，不過只是過境而已！」

「起初，他們以爲那些逃到這裏來的人大部份都是與克姆林宮不能合作的共產黨；可是，事實上，我們一來到，他們看我們都反對共產黨，想逃到西歐去的，所以他們就不願意，也不敢任用我們了；」

我們整夜在談論這些不愉快的事。早晨我們隔着鐵柵欄往隔壁一看，看見若干人帶着手拷、脚鐐，釘在牆上不能動，這些人都是保皇黨和米海洛維池（Draga Mihailovitch）將軍的同黨。

在這監獄裏有一千五百人，在巴池瓦（Patchevo）城有八千人，據說在全南國共有十二萬左右坐監的。

巴池瓦城不過是路過的地方，在這裏住一星期後卽被遣到各瓦奇克羅馬尼亞集中營去；這座監獄是在瑪麗德雷（Mariethirese）王朝時修的，中間是一個院子，四周爲九所房子環繞着，外面圍以兩米五十公分高的牆，在那裏有兩百羅馬尼亞人，包括各階級各政黨人士，他們從來不會出過監門，每兩米五公分大的地方住十六個人。

監獄長是一個中尉，約在二十八歲左右，他的毒辣手段無法形容。有一天，他叫我們看牆上的血跡，同我們說：「我曾親手拷打過二百八十三個反動派和資本主義的走狗。你們看廁所門口上的許多窟窿，這是因爲一個司鐸在執法以前願意藏着祈禱，我就隔着門連打幾鎗把他結果在這裏。」

晚上，在各房間裏，每人述說自己過境的經過。

「無論如何，我們在這裡比在羅馬尼亞好得多，」一位司鐸說：「因爲在羅馬尼亞只有害怕，而在這裡我們尚有一線的希望。」

……………………

我在南國度過幾月監獄和集中營的生活以後，結果又浮過多惱河逃到西歐來。

譯自一九五〇年六月十一日洛桑日報

第三卷 第五期 內政部雜誌登記證臺內警台誌字第四六號

給讀者的報告

跟着國際情勢的變化，台灣一島乃爲舉世矚目的重要地方，此地雖然很小，而且光復不久，但中國呻吟於共黨鐵蹄下四五億人民，其不絕如縷的希望均繫於此。大陸雖全面垂下竹簾，然輾轉逃到此島的人們至今還是絡繹不絕，只要臺灣存在一天，則竹簾不能成爲鐵幕自可斷言。最近菲律賓華僑考察團與蘇門答臘華僑觀光團後先到達，盛況空前，尤足見中國人心之向背。現在菲律賓的團員已經歸去，對政府之勵精圖治。人民之充滿信心，抱着滿懷收復大陸的希望轉達於三十萬的僑胞，使祖國與僑胞作熱烈情感的交流，我們深信其必能完成此重大的使命。蘇島團員正在觀察中，我們希望諸君將應興應革的大端建議於政府，將此間實情轉達給五十萬的僑胞。

聯合國大會快要開幕，馬立克爲中共提出對美國侵略臺灣的控訴案已在安理會通過，必須在大會中討論了。美國自願當被告，由國際公平審判，自合乎民主國家的法治精神，但是原告的資格先應審查清楚，始能作成定讞。我們以爲中共對於台灣絕對沒有發言權。爲什麼呢？台灣是滿清割讓給日本的，國民政府得美國的援助才由日本人手中奪回來。中共對於國民政府的所作所爲概不承認，對於外國的關係尤其如此，那麼對於台灣何以要承認呢？照中共的邏輯，台灣之收回不是「國民政府勾結美帝的罪惡」嗎？國民政府之於台灣不是於承襲，乃是苦戰八年所獲的領土，其佔據自極合理；美國對日戰爭損失了許多生命財產才將台灣奪得，而交於國民政府，共對台灣的關切自與他國不同。中共以絕無發言權的僞政權居然做起原告來，我們以爲聯合國應該乾脆不受理，才合公正無私的法官態度，至少也應予以不起訴處分。

龍倦飛先生以上海文壇的宿將，論當前的國際局勢，本期「大戰，韓戰與台灣」一文是「第三次世界大戰何時爆發」的續篇，也就是勝負誰屬的結論。其精密的分析和獨到的觀察，較之時流議論自高一籌。

中共佔領大陸後的經濟政策，使農民飢餓，使工商業凋殘，使知識分子失業，這是什麼緣故呢？這不是單純的無知，實有其惡毒的用意，本期王光華先生一文，詳爲分析，的中肯綮。王先生對經濟學修養有素，故對中共的用意亦有獨特的解釋。

韓戰震驚了日本朝野，年來紛歧的意見最近已漸趨一致了，吉田茂首相以鮮明的態度宣布和聯合國合作，博得多數的贊同，中立的思想已經過時了吧。詳情請讀本期荻秋先生東京通訊。

本刊售價

一、新臺	幣	三元
二、越	幣	八元
三、非	幣	五角
四、港	幣	一元
五、暹	幣	四銖
六、美	金	二角
七、叻	幣	四角
八、印	尼	五盾

自由中國 半月刊 第三卷第六期

"Free China" 總第二十一號

中華民國三十九年九月十六日

發行人 胡適

主編 『自由中國』編輯委員會

出版者 自由中國社

社址：臺北市金山街一巷二號 電話：六八八五號

航空版

香港 香港時報社（高士打道六四號）

紐約（紐約第三區 Apt, 2c 231E, 第十三街）

經售處

臺灣 中國書報發行所（臺北市館前街八五號） 新生報社高雄分社營業部（高雄市鼓山一路二〇號）

美國 紐約民氣日報社 舊金山國民日報社

日本 東京南友堂 東京內山書店

馬尼剌 中菲文教出版社

印尼 巴達維亞星期日報社 棉蘭繁華圖書公司

越南 西貢中原文化印刷公司 越南華僑文化事業公司

曼谷 曼谷攀多社十二號

新加坡 中興日報社

檳榔嶼、吉打邦 均有出售

印刷者 臺北印製廠

廠址：臺北市民族路六四三號 電話：三三一六號

本刊經中華郵政登記認爲第一類新聞紙類

臺灣郵政管理局新聞紙類登記執照第二〇四號

自由中國

FREE CHINA

第三卷 第七期

要目

中華民國三十九年十月一日出版

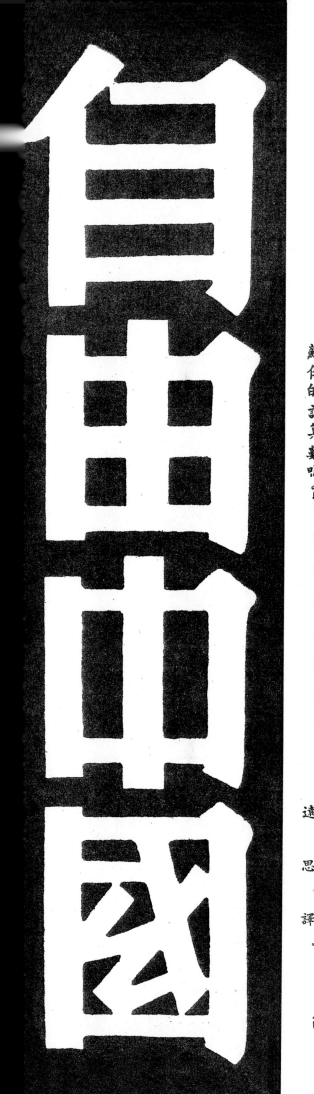

社址：臺北市金山街一巷二號

半月大事記

九月十一日（星期一）

聯合國安理會以一票之差否決蘇聯所提「邀請中共代表列席安理會參加討論美機侵襲中國東北邊境」案。贊成者：英、法、南、蘇、挪、印六國；反對者：中、美、古巴；厄瓜多爾和埃及棄權。

九月十二日（星期二）

立法院第六期會開幕。

美、英、法三外長會議在紐約舉行。

美國國防部長詹森辭職（本日十九日生效），杜魯門總統宣佈以馬歇爾繼任。

蘇聯在安理會第四十五次使用其否決權，否決美國所提「聯合國實地調查中共指控美機侵襲中國東北」案。同時安理會以八票對一票否決蘇聯所提「不用調查逕行譴責美機轟炸東北」案。

九月十三日（星期三）

澳洲外長史班德在華盛頓記者招待會宣稱，他建議締結一個類似北大西洋公約的太平洋公約，包括澳洲、紐西蘭、菲律賓、美國、加拿大、以及南美西岸的一些國家。

九月十四日（星期四）

杜魯門總統在記者招待會宣稱，他已訓令國務院與遠東委員會其他國家（遠東委員會十三國：中、美、英、法、荷、菲、印、巴、緬、蘇、澳、紐、加）開始關於對日和約的非正式討論；同時探討結束對德戰爭狀態的可能性。

英下議院一致通過約須支付三十六億八千萬鎊之重整軍備計劃。

美、英、法三外長就其三日來會議結果發表公報，其中宣佈他們已同意立即採取必要步驟强化歐亞兩洲自由世界的防務。

九月十五日（星期五）

聯合國海軍陸戰隊在麥克阿瑟將軍親臨指揮下，於仁川登陸，開闢南韓第二戰場。

聯合國小型大會決定將中國控蘇侵略案（一年前經聯合國大會交小型大會研究者）交回大會處理。

美參衆兩院先後通過三軍統一法修正案，特准馬歇爾破例擔任文職的國防部長。

九月十六日（星期六）

北大西洋公約理事會在紐約開會。

九月十八日（星期一）

北大西洋公約理事會發表公報，宣佈該會對於組織聯合武力以保衛歐洲自由的建議，已完全同意。

九月十九日（星期二）

立法院發表外交聲明。

聯合國第五屆大會（以下簡稱聯大）開幕。

聯大以三十三票對十六票（十票棄權）否決印度所提「准許中共出席聯大」案。反對者：澳洲、比利時、玻利維亞、巴西、智利、中國、哥倫比亞、哥斯達黎加、古巴、多明尼加、薩爾瓦多、阿比西尼亞、希臘、海地、洪都拉斯、冰島、伊朗、伊拉克、利比亞、盧森堡、墨西哥、紐西蘭、尼加拉瓜、巴拿馬、巴拉圭、秘魯、菲律賓、暹邏、土耳其、南非聯邦、英國、烏拉圭、委內瑞拉；贊成者：阿富汗、緬甸、白俄羅斯、捷克、丹麥、印度、以色列、荷蘭、挪威、巴基斯坦、波蘭、瑞典、烏克蘭、蘇聯、英國、南斯拉夫；棄權者：阿根廷、加拿大、厄瓜多爾、埃及、法國、危地馬拉、黎巴嫩、沙地阿剌伯、敘利亞、也門。

聯大通過加拿大提議：由聯大主席選派一個七人小組委員會，研究中國代表權問題。

美、英、法三外長會議結束，並發表公報，重申防禦西歐之決心，允許西德增加其警察武力，增加西德鋼鐵生產，結束與德國間之戰爭狀態，並使西德能有更大的權力處理其外交問題。

九月二十日（星期三）

美國國務師艾其遜在聯大會議提出四點重要建議：（一）聯大得於必要時於二十四小時內召開緊急大會；（二）聯大成立和平巡邏隊；（三）組織聯合國武裝部隊；（四）設立集體行動研究委員會。

九月二十一日（星期四）

聯大十四國指導委員會通過將中國控蘇侵略案列入議程。蘇聯動議打消此案，卒以十一票對二票否決了蘇聯的動議。

九月二十二日（星期五）

美國務院聲明美國的政策是使聯合國託管琉球，小笠原群島，以及硫黃島。

九月二十三日（星期六）

聯大資格審查委員會宣佈中國國民政府代表團的資格完全齊備。蘇俄代表馬立克隨起發言，强說該委員會的決定不正確不合法，並請大會宣佈中國代表團的資格無效，但經大會以四十一票對六票否決（三票棄權）。大會復以四十三票對五票通過資格審查委員會的報告。

九月二十四日（星期日）

臺南臺中兩市議會議員選擧開始投票。

三强（美、英、法）外長及國防部長結束其爲期兩日極爲秘密的會議。在其簡表公報中，僅宣稱他們曾討論到「歐洲的適當防衛力量。」

社論

我們對於美國新任國防部長馬歇爾的期望

美國總統杜魯門於九月十二日宣佈他已決定任命前國務卿馬歇爾爲國防部長。我們以爲杜魯門這個決定，自然是爲適應現在世界局面和美國政治的，無需我們的批評；但就我們中國的立場而言，我們對於馬歇爾，自不能不寄以深切的期望。

馬歇爾在二次大戰結束後，被派來中國進行調處共產黨事件，於一九四五年十二月到了中國；在中國一年多，未能完成使命，於一九四七年一月返美就國務卿的職。馬歇爾本爲一片好心，然而不能得到中共的諒解，同時，在馬歇爾心中也覺得未能得到中國政府的諒解，忿怨的意思，自不免流露於言辭。

中國共產黨，自抗日戰爭起後，卽乘機擴張勢力，佔據土地，非特沒有幫助政府對日作戰的心思，也沒有絲毫爲中華民國和爲中華民族的心思。他們的最大目的，只在推倒中華民國的任何政府，而使中國成爲蘇俄的衞星國。這非特現在已成爲明顯的事實，當時的明眼人也都知道這個情形。以「不妥協」精神自詡的中共，又有陰險的蘇俄做後盾，在政府八年抗戰筋疲力盡以後，正得着推翻政府的好機會，那肯和政府合作呢！當時美國朝野上下，誤於中共欺騙的宣傳，認定中共只是要參與政治或改良政治，所以對中共都主張調協政策。我們以爲如果馬歇爾當日識得中共實情，必不至貿然來華任調人的。

我們儘管如此說，但我們仍不得不敬佩馬氏在華期間的工作辛勤和用心良苦。尤其是在參與草擬整軍方案的過程中，馬氏確是煞費苦心。如果中共眞有與政府合作建國的誠意，使那個整軍方案，在政治協調的局面下得以切實施行，未始不是中國乃至遠東之福。中共誠意，我們固早已不敢信任，但是當時如果沒有其他方面的小小波折，擾亂馬氏的眼光，則馬氏對於中共的眞面目，也許認識得更淸楚些；調停失敗以後，他的忿怨之情也會兩樣；從而近幾年來美國對華政策，也許不是如此這般。

人總歸是人，除是非觀念外，或多或少總不免要受喜怒愛憎之情所激動。我們不能假定馬氏是一個超人的「神」，因此我們對於他離華後的情緒，深爲諒解；同時我們却承認馬氏是一個不平凡的政治家，因而我們可以相信，他的智慧終會克服其情感上的成見。我們有此信念，所以對馬氏之出長國防部又深致期望。有所期望，所以不得不有所陳述。這裏要請馬氏再回頭想一想：

一個國家的政府，肯對叛黨講妥協，這非特表示我們政府對於和平的重視，亦表示我們政府對於調人（美國）的尊敬。試問：假使美國有一班人因爲自己的妄想或受蘇俄的指使，藉共產主義的名目以興兵作亂，美國政府肯一天容忍他們嗎？又肯接受第三國的調停而向他們講和麼？馬歇爾使命之所以失敗，完全是因爲共產黨的不肯講和，決不是國民政府容忍的不到家。我們且以美蘇兩國的外交事情來說明。馬歇爾於一九四七年春天在莫斯科的四强會議中沒有得到結果，於那年的十一月在倫敦的四外長會議中亦沒有得到結果。馬歇爾任國務卿的期間，和他前任貝爾納斯的情形一樣，大部分的精力，都用於美蘇調協上。但成績如何呢？我們相信，這不是因爲美國沒有和平的誠意，乃是因爲蘇俄不願意世界上有和平。國民政府和中共的情形，亦正是這樣！

我們中國明達的人士，對我們自己的不爭氣，當然只有自怨自艾，決不輕易怪人。我們非特不怪馬歇爾，卽對已故的羅斯福總統亦從沒有出過怨言。我們深知羅斯福總統因爲一時性急，所以在雅爾達會議墮入史大林的奸計中，致釀成今日遠東的浩刼。但「前事之不忘，後事之師也。」設使羅斯福總統尙在，或許會深悔雅爾達會議的失策，而已經考慮補救過失的方法了。

以馬歇爾的明智，又加以自二次大戰以後對於中共和蘇俄所親歷的經驗，當然已知道共產黨政府沒有和平的誠意了。今後我們非特希望馬歇爾在消極方面不惑於中共的宣傳，不誤於共諜的詭計，不屈於蘇俄的威脅，我們也希望馬歇爾在積極方面能保守道義和世界和平的立場，竭力援助一向爲美國所承認的中國政府，使得早日恢復爲蘇俄爪牙所佔據的大陸國土，而成爲民主自由的大國。這樣，則美國非特在世界上多有一個忠實而有益的良友，並且可以補救偉大的羅斯福在雅爾達會議所留下的憾事！

時事述評

爲蘇俄出一奇計

韓國戰事，在我寫這短評的時候（九月廿三日），已可斷定勝利必歸於聯軍了。

聯軍是否打過北緯三十八度以北，有待於聯合國的決定。甲可以無故打乙，乙自然可以理直氣壯的還打甲。且北韓和世界上一切爲蘇俄所控制的國家一樣，永遠是世界和平的障礙；這樣的國家能去了一個，世界和平便穩固一點。我想，爲南韓計，爲世界和平計，聯合國應該毅然決然就乘勢打進北韓，將北韓政府取消，而使韓國全境成爲一獨立統一的國家。所以我敢斷定聯軍一定打過北緯三十八度以北。

聯軍打過北緯三十八度以北，蘇俄的態度怎樣呢？我以爲爲蘇俄計，莫如於聯軍將越過三十八度時，亦出兵加入聯軍；這樣，已不至丟臉子，還可分得些戰利品，是一舉兩得的事情。

或以爲：「北韓的打南韓，顯然是蘇俄所指使的。如果蘇俄現在又加入聯軍打北韓，不是太沒有信義麼？史達林雖然狡詐，這樣的沒有信義恐怕還不至於吧！」

這個想法太老實了。史達林會在什麼時候有過信義？設使他稍有信義，今日的世界或不至壞到如此地步。蘇俄的加入聯軍與否，只看聯軍統帥的答應不答應，不在乎這件事情的有害於信義與否。

不過這計雖妙，恐難行得通；聯合國決不敢讓蘇俄加入聯軍，麥克阿瑟亦不會要蘇俄的。如果麥克阿瑟不讓蘇俄加入聯軍，那麼，爲蘇俄計，最好是取袖手旁觀的態度。因爲蘇俄如果要幫助北韓，便需要大量兵力；而蘇俄的兵力，是留待西歐戰場上用的，所以只能命令中共出兵。不過中共佔據大陸中國以來，天怒人怨，非特處處有游擊隊，連共軍的將領中，亦有許多覺悟到已往的過失而要乘機反正的。蘇俄處心積慮三十年，才能把中國大陸弄到自已勢力圈內；如果爲幫助北韓而命令中共出兵，結果必連中國大陸一起丟了。爲北韓而丟了中國大陸，是不合算的。若蘇俄現在不叫中共動手，就算北韓爲南韓所併，聯軍一定不好意思再打進中國的東北去。蘇俄能保有了東北，等待時機成熟，隨時可以打入韓國的。

寫到這裏，看見法新社倫敦二十二日的電報，謂「據傳，中共政權已向印度新德里政府提出和平解決韓國衝突的建議。據說，這個建議主張北韓軍退到北緯三十八度以北，在聯合國委員會主持下，舉行總選，以建立「聯合陣線」政府，其中包括共黨和其他黨派。」這是一個沒有經官方證實的消息。如果眞的話，則中共這個建議，比我在上面替史達林所出的「加入聯軍」的奇計還要高妙。因爲這樣一來，史達林定可不須再用兵而併呑全韓的。但不知騙得過聯合國這一大班老練的外交家否？

（汀）

北緯三十八度

由於聯合國海軍陸戰隊於本月十五日在南韓仁川的登陸，韓國戰事，已經有了一個大的轉變。目前漢城雖尙在共軍困守中，但該城的克復，當屬指顧間事。漢城克復後，北緯三十八度以南的共軍，將受到聯軍南北的大夾擊，如果韓共沒有外援，其主力是不難擊潰的。北緯三十八度以南的韓共主力擊潰後，那時的問題，就是聯軍是否越過北緯三十八度？

北緯三十八度這個界線，本爲戰後對日軍受降而設的。一時的權宜措施，竟被蘇俄利用，致釀成韓國當前的浩刼。有責任感有人類愛的國際政治家，懲前毖後，當已深深醒悟對付蘇俄這樣的國家再不能稍有寬假。自由獨立而統一的韓國，是第二次大戰期中歷次國際會議所保證，也是聯合國成立以來所努力扶持的；爲着國際正義應該如此，爲着國際和平也應該如此。但是，如果這次韓國事件結束之時，北緯三十八度的界限仍然存在—不管在何種方式下存在，都有礙於自由獨立的韓國之統一。

現在，韓國總統李承晚先生已聲言南韓軍隊將要收復北韓，完成國家統一；而在聯合國最有影響力量的美國則聲言聯軍是否越過北緯三十八度，則聽任聯合國決定。立場不同，講話的方式各異。我們想，美國將來在聯合國討論到這個問題時，應該是主張聯軍進入三十八度以北，幫助韓國完成軍事上的統一更進而完全其政治上的統一的。「除惡務盡，樹德務滋」，作爲一個民主自由世界的領袖國，就應當有這樣一個抱負。

（平）

入境與生活

據中央社香港二十二日電，調景嶺六千八百難民，以絕食的辦法，抗議港府遣送大陸，同時向蔣總統上呈血書，請求准予集體赴臺。計滴血者七十餘人，其未輪及者均感失望，甚有泣下者。我們看到這個消息，心頭有說不出的難過。

我們向來主張臺灣的大門不要關上。大陸上生死不得的同胞，爲着追求人的生活，想到臺灣來呼吸點自由空氣，我們政府也應該讓他們進來，何況他們深受共黨殘虐之後，抱着反共抗俄之決心，來增加我們陣營的力量呢？可是，問題當不如此簡單。不簡單的問題，我們想，倒不是治安機關所縈心的防諜問題，防諜只是技術上的問題，而我們認爲最不易解決的是許許多多的人入境後的生活問題。這個問題，早已存在，臺灣的失業群現在已不算小了。

一個人在物質生活和精神生活兩受迫害的時候，他寧可逃到自由空氣之下來餓死。可是到了自由空氣之下，如果眞的無以爲生，他依然是有怨望之心的。這是人之恒情，你和我都會如此。我們主張政府盡量地讓難胞來臺，同時我們也希望政府爲來臺後的難胞設法生活。在今日的局面下，我們如此主張，又如此希望，似乎給政府出了一個大難題。難，確是難；但我們信賴我們的政府，信賴我們的政府是個有能力的政府，難題總得有個解決。「盤根錯節，可以見利斧」，在這個難題面前，請政府當局多用點思考！

（葆）

揭開中印間有關西藏的幕

羅家倫

(一)

關於西藏問題，在我心裏面是壓迫得很久的問題，我現在不能不說出來了。我不能不說的原因，因爲這是一個關於國家領土主權完整的問題。這問題現在和一個悶葫蘆一樣，吊在一根細細的藤上，正飄蕩在狂風暴雨之中。稍一不愼，這根藤斷了，這葫蘆就不知落在誰家。這悶葫蘆得打開了，中國的這樣一個大問題，不能老是蒙頭蓋面的下去。我旣然是知道這個問題內幕比較淸楚的一箇人，逼到現在，爲了忠於國家，也是爲了西藏前途的安全，實在是有不能不說出來的責任，但是我絕不說空話。我說的每句話都有人證物證，尤其是有可考的文件，在背後支持。

西藏和中國本部的關係，建立遠在一千多年以前。從唐朝文成公主下嫁後，文化和血統的交流從此愈加親切。經淸朝完成了統一的工作，西藏更是中國不能分解的部份。幾次中華民國的憲法不但繼續規定西藏屬於中華民國的版圖，而且予以特別優惠的保障。況藏族在血統上的關係和中原人口的黃種是一家，和印度的亞利安種與達維汀種絕不相同，何況與俄羅斯的斯拉夫種及英國的盎格魯撒克遜種相比呢？所以西藏屬於中華民國是不成問題，無庸置辯的事實。可是從有侵略野心的鄰國看來，這問題可不同了。

西藏發生問題是在十九世紀中葉，當英國陸續併吞了許多印度土邦，造成了可以統一印度的形勢之後，又因爲英國在鴉片戰爭和英法聯軍戰爭兩役，打敗了淸廷的軍隊，更增進了它「狡焉以啓封疆」之心。它要把印度邊界擴充到希馬拉雅山以北，所以它不但把布丹、尼泊爾、錫金，當作印度的土邦看待，就是對於西藏也是一樣當作土邦看待；在它眼中達賴喇嘛至多也不過是一箇印度的土王罷了。這種看法到現在受過澈底英國訓練的印度人眼中，一點沒有兩樣，這是一件最不可忽視的事實。英國侵略西藏，當然首先從西藏的門戶錫金土邦，就是西藏的藩屬哲孟雄部下手，在一千八百六十一年，它以大兵進逼錫金，成立了城下之盟，把這塊西藏的屬地放在它統治之下，於是進西藏的鎖鑰，也就抓在大英帝國印度總督的手裏，此後更有一串挑撥離間陰謀暗算的把戲，此地限於篇幅，不必細說。

到了一九〇二年帝國主義的假面具不能不撕開了。英國駐印軍官榮赫鵬(Younghusband)奉印督寇松（Curzon）之命，帶了大軍從錫金攻入西藏，佔領江孜，藏軍一千五百名力戰以後，全軍覆沒，於是神秘之城拉薩第一次被碧眼紫髯的英國軍隊打進去了。達賴由青海逃到北京，在拉薩的喇嘛於是當一九〇四年在榮赫鵬的刺刀之下，訂了九條條約。這條約的內容無異把西藏全部送給英國。自然淸廷絕不承認，駐藏大臣有泰也未敢簽字。一九〇五年淸廷派唐紹儀赴加爾各答與英方談判，沒有結果。原因是主權與宗主權之爭。當然我方所主張的是在藏的主權，而英方只肯承認我方在藏的宗主權，於是談判宣告決裂。我們不可忘記，時至今日，印度與我國對西藏問題之爭，還是爲了這個問題。帝國主義傳統是多麼可怕呀！一九〇六年唐紹儀回到北京以後和英國公使薩道義（Ernest Satow）繼續談判，成立了六條協議，其中最重要的第二條就是把西藏劃歸英國的勢力範圍之內，第三條就是爲英國取得由西藏通印度的電報權。說到勢力範圍這點，此中還有一段有趣的揷曲。就是當達賴被榮赫鵬趕出以後，逃到北京，駐北京的俄國公使同他過從甚密，要設法把他弄到俄國去，後來英國公使又用了許多手段把他秘密運回加爾各答，再把他運回西藏，做它威迫利誘下的傀儡。這一幕間諜戰的小丑戲，居然在北京演出，當然可以表示淸廷的糊塗，可是也充分暴露了英俄在西藏爭霸的野心。

一九〇六年的協議未免過於簡單，於是在一九〇八年由張蔭棠担任全權大臣到印度去談判，結果就在這年簽訂了一個「中英續行藏印通商章程」，共十五條，這個條約裏面最重要的有五點：第一、各商埠事務由中國官吏督飭藏官辦理，英國駐藏商務專員不得自用衛隊，所有治安秩序，由中國警衛維持。第二、劃定江孜商埠界限。第三、指定通商路程，英商入藏不得另繞別道或潛往西藏內部。第四、由中國收回英人從前所建沿途旅舍。第五、關稅未定或已定而尙未開徵時，禁止印茶入藏。這個條約雖然不能盡如人意，但是在當時環境之下，是比較對我方有利的，因爲這個章程全部的精神是根據承認中國政府對於西藏的主權的基礎上而擬定的。其中如原章程第三條第一款規定「各商埠治理權應由中國官督飭藏官管理……」和同條第二款規定關於商務事項「……如拉薩西藏大吏與印度政府不能斷定之事，應按光緒卅二年北京條約第一款，由中英兩國政府核辦。」這都是明白承認中國在西藏的主權，而不是宗主權。這點非常重要，後來我們願意承認這個章程，也就是爲了這個理由。在這個章程第十三條內並且規定「此項章程自兩國全權大臣及西藏代表員簽押之日起，應通行十年；若期滿後六個月內彼此俱未知照更改，此項章程應再行十年；每屆十年，均照此辦理。」我希望大家特別注意這項規定，因爲以後有一段中印爲西藏問題的外交戰，是從這個根據產生的。

民國成立以後，袁世凱當政，以前做過印度總督的寇松出任英國外務大臣，他認爲這是乘中國大局未定壓迫袁世凱對西藏問題讓步的最好時機。於是他叫駐華公使朱爾典威迫利誘要袁世凱派員赴印談判。當時袁世凱派去的是陳貽範。這一個以外交爲職業的官僚不堪英國方面的壓迫，竟在印度的夏都西姆拉（Simla）商訂了一個草約。這個草約的內容眞是荒謬絕倫，把中國的西藏和西藏以外的許多土地，一股腦兒實際上送給英國。這個條約一共十一條。並且有七個附件，因爲這條約的原文外邊沒有印本，很少人知道，而現在又是中印對於西藏問題爭執的中心。所以我得比較詳細的說明一下。商議這條約的時候，西藏達賴的代表和陳貽範站在同等的地位，可見開始情形就不對了。在這條約的第二條裏，就聲明英國政府只承認中國在西藏的宗主權（Suzerainty），並承認所謂「外藏」的自主權（Autonomy）；要中國政府承認它領土的完整，而不得干涉其行政，連敕封達賴也不可以。這完全把西藏放在一個脫離中國成爲獨立國家的地位。第三條却開宗明義就說，「爲了西藏地理的關係，得承認英國在西藏的特殊利益」，并且規定中國不能派任何軍隊和文武官員進入所謂「外藏」，已經在西藏的部隊，在該約簽字後三個月內一律得退出。中國在藏官吏的衛隊不得超過三百人，英國駐藏的商務專員却可以隨時帶衛隊進入拉薩。第五條的規定很是離奇，就是中國與西藏政府之間對於西藏問題不能有任何的討論和協議。最荒謬的莫過於第九條了。這一條替英國所認爲的西藏畫了一個擴大的地圖，强分作「內藏」「外藏」，全部西藏的範圍不包括我們一般地圖上所畫的西藏區域，而且擴大到西康全省，四川的松理茂，甘肅的拉卜楞寺和隴西南部的地區，青海全省，甚至於到新疆天山南路的婼羌一帶。浩浩乎！當年吐番極盛時代稱兵內犯所侵略的疆土，也不會同時有過這樣廣大。這張地圖充分表現了英國要利用西藏作工具，激動它擴大領土的野心，將來好被英國一網打盡，收進它「袖裏乾坤」口袋子裏面。這個條約對於中國西北南的嚴酷性，等於日本二十一條對於東北一樣。可是這個條約，中國并沒有簽字，更沒有批准；陳貽範這個糊塗蛋，只在草條上面簽了他西文拚的姓名上開頭的兩個字母，（就是他的名字縮寫，這個在英文裏叫做 Initiated）這不能算是正式的簽字，因爲正式的簽字要在條約正本上，事前經過政府的允許事後經過立法機關通過，最後由政府公布，才能生效的。當時這個消息傳到國內，引起了輿論猛烈的攻擊，袁世凱立刻把陳貽範免職召回，同時否認陳貽範任何的協議爲有效。可是無賴的英國政府却强辭奪理始終認爲這個不具備條約資格的條約爲有效，這眞是史無前例的誣賴，因中國和其他國家所訂的不平等條約，還是簽過字的，而這個東西不但沒有簽過字，自始至終我們就否認它的存在。當年英國帝國主義以猙獰的面目來做這種無賴的行動，不足爲怪，所可怪的是自命爲反帝國主義以甘地主義爲標榜的印度政府，在二十世紀五十年代中，還要抹煞事實，以正式文件覆我們，硬說是「西姆拉條約」爲有效。

（二）

當國民政府對日抗戰的時候，我們爲了西藏問題，還受了英國不少的氣。我們雖然在珍珠港事變以後和英國成爲同盟國家，可是我們有一次要和英國商量給我們軍事援助的時候，英方一位很重要的人員開口就回答道：「現在我們可以談西藏問題罷」。這無疑義的是要從談西藏問題裏來取得他所要的交換條件。我們在最困難的時候爲了要增闢國際路線，懇切地和英國商量要建築印藏公路輸入美援的軍火，却始終沒有得到英國方面的允許。爲了這些寃氣和敎訓，我們不能不想到要是印度獨立以後，彼此間的關係總該好些。我知道有一次蔣委員長有一段關於西藏問題的話，要敎沈宗濂當面和尼赫魯說。爲了不想形諸筆墨，所以沈宗濂把這段話背熟了以後，親自向尼赫魯說過，尼赫魯當時滿口答應。我到印度去就了大使的任務以後，又曾經兩次和尼赫魯談過這問題。有一次我對尼赫魯說起，『現在印度政府派在西藏的商務專員黎吉生（Richardson）是一個英國計劃侵略西藏的專家，你得設法更換』。尼赫魯當時也滿口答應。他並且伸出手來做一個將五個手指先伸開而後握緊的姿態，很緊張的對我說，「好的，等到今年八月十五以後我一定辦，因爲過了八月十五以後，我們就有權了」！但是，過了第二個八月十五和第三個八月十五以後，關於這件事的處理如何呢？請讀者且聽「下回分解」。

一九四七年四月間在印度新德里開了一個亞洲會議，這個會議不是由政府召集，而是由印度國大黨以民衆團體的資格召集的。最初尼赫魯還沒有做副國務總理，所以由他出面號召，其目的是想借亞洲民族聯合的口號來要挾英國，取回政權。後來英國有心還政，尼赫魯又担任了副國務總理，倒不好意思自己出面了，於是把這個會交給奈都夫人（Mrs. Naidu）主持。我國參加的代表也不是以官方名義去的；同去的只有葉公超先生，是外交部的觀察員。在開幕的那一天，會場上掛了一張大的亞洲地圖，把西藏畫在中國領土之外。當時中國代表團就發現了這件事，感覺得大大不安，由葉公超先生前往向尼赫魯交涉修改。葉先生頗費唇舌，過了兩天，這張圖的疆界方才修改完成。可是當尼赫魯答應葉先生修改的時候，說了一句話道：「這張掛圖可以修改，只是我希望以後不要把這件事再來麻煩我了」。他雖然是帶笑說的，却在不知不覺裏顯然表現他不願意的態度。

就在那年五月一日，我動身到印度就任中華民國第一任駐印大使。在我赴任之先，外交部已經在南京和印度駐華大使梅農談判「中印通商友好條約」了。外交部交給我一份該條約的草案，要我帶到印度去實地研究改進華僑待遇、和邊境界務、交通、與商務等問題。我到印度之後，召集駐加爾各答總領事等詳加商討，簽註意見，託人帶回南京。可是印度方面對於我們最後交去的一份草約，始終規避不談。我們曾經催過，印方也始終不會答復。在這過程裡，很可注意的是民國卅六年（一九四七年）十月十四日葉公超次長邀見印度大使的談話紀錄。在這次談話的時候，葉次長於表示希望這項條約能够早日進行談判，正式簽訂，俾使中印兩國之友好及商務關係，更得增强以後，就把我們最後修訂的草約稿子，親自交給梅農。葉次長緊接的說明這草約裡第二十九條的規定希望兩方從速進行談判締結關於邊界之協定，並且說明一九〇八年的「中英續行藏印通商章程」將於明年四月二十日，即屆更改之期，中國願意和印度進行討論，予以修改。不料我方這樣懇切的表示，連同這份草案，一起像石投大海一樣。這是什麼道理呢？主要的障礙就是關於西藏問題的條款。在這三十二條草約之中，第二十九、三十、三十一、三條都是直接間接有關西藏問題的。第廿九條規定雙方應從速討論中印邊界劃界事宜，中印邊界成問題的地方，自然是西藏與印度接界的地方。在印度要想繼承英國開疆闢土的心理之下，中國要想和他做一種一刀兩斷的劃分，他自然是不願意的。第三十條是維持中國的西藏人口進入印度現在所有的便利，同時也維持雙方邊界上交通來往的情形，以待將來商決。可是第三十一條規定在本約未成立之先，唯一有效的條約，只有一九四三年一月十一日在重慶成立的中印條約，再加上葉次長面告梅農一九〇八年的通商章程屆時應當修正的聲明，這一些顯然都是我們絕對不承認所謂「西姆拉條約」的表示。這是要繼承英國帝國主義的既得權利的印度所絕對不願意聽的。無怪這草約一遞交過去就被印方埋藏到內心中隱痛的深處去了！一般人都不了解爲什麼中印通商友好條約經過這許久時候始終不能成立，誰知道他不能成立的主因，就在於此！

在這當兒，我不能不提起一件事，雖然小，但是也是值得紀錄的事。在一九四八年的秋天，正是印度爲克什米爾土邦問題和巴基斯坦在安全理事會舌戰，在克什米爾本地兵戰的時候，印度總督請全體外交團團員在總督府看一個新製的宣傳電影，片名「克什米爾」；我自然以外交團團長的資格到場。可是在電影開始的第一張片子，就使我非常刺目，這就是一張克什米爾和它四周的地圖，在這圖裏又把西藏劃在中國之外，作爲一個獨立國家。我回到大使館以後，立刻擬了一個抗議，指出這地圖裏的錯誤，要求改正。可是遲了許久不曾得到答覆，經我催詢幾度以後，才來了一個覆文，支吾其詞，說是這個影片不是印度政府製的，印度政府即將注意此事。據我所知道這個影片以後仍在各處映放，而這張地圖則并未改正。眞巧呵！這件事同亞洲會議有關地圖那件事如出一轍。我們所奇怪的是，這種錯誤爲什麼經過中國第一次抗議以後，還會重犯？而且重犯這錯誤的時候，還是中國爲印度在安理會對克邦問題，盡過旋乾轉坤的努力的時候！這難道僅僅是下意識的作用嗎？

還有一件事，也應當在這當兒提到的，就是印度對於拉搭克——小西藏的態度，拉搭克本來是西藏極西南部的一塊不小的地方，只有三萬多人口。奉的是喇嘛教，人種是黃種的藏人。後來被英國用明爭暗奪的辦法幫助克什米爾土邦把拉搭克歸併到該邦裡面去了。現在正當克什米爾發生歸附印度還是歸附巴基斯坦的時候，印度慫恿拉搭克的喇嘛做種種願意歸附印度的表示。印度恐怕這還不可靠，在一九四九年的夏天，尼赫魯親自往訪拉搭克的首都列城（Leh），去施展種種懷柔的辦法；拉搭克的喇嘛也送了尼赫魯一套很講究的喇嘛衣服。尼赫魯回到德里以後，有一晚請印尼的總理哈達在官邸裡面晚餐，我和我的太太也在被請之列。那天晚上，晚飯許久開不出來，只見尼赫魯的小姐進進出出，我們都莫明其妙。當時我太太問澳洲高級專員戈能（Gollen）的夫人是怎麼回事。戈能夫人回答說：因爲外面有一大批難民要衝進總理的官邸來要飯吃。最初尼赫魯的小姐以爲只有一百多人，預備分給他們一些食物，那知道陸續的來了一千多人，尼小姐也沒有辦法了，所以請客的晚飯到十點半鐘才開。不想到飯後尼赫魯在客廳裡取出各邊境的土邦送給他的衣服，一件件的穿起來給客人看，其中拉搭克大喇嘛送他的一套，完全是一件中國織成團龍花樣黃緞子的長袍，訂的是古銅圓形的扣子，加上一根緞子的腰帶，再配上一頂縫上金邊有兩個耳旁遮風的帽子，這和當年北京滿洲貴族和雍和宮黃教大喇嘛的袍服完全無二。尼赫魯問我穿得對不對，我只有一聲不響的點點頭。這種時裝表演式的姿態，固然可以在印尼總理夫婦前面炫耀，而且可以得到許多西洋女賓齊聲的讚美，只是我們在宴會後出來的時候，整個的總理官邸前面，地上睡滿了難民，如數已經不在三千以下了！

從小西藏問題上使我聯想到印度派一個代表團，由一位印度國會議員同時也是國大黨黨員領導，帶了甘地火葬後的骨灰到西藏去撒在主要河流裡這件事。這個代表團，印度非常重視，報紙相當宣傳。據印度一般人的觀念，以爲甘地骨灰撒到的地方，就是甘地的影響，也就是甘地所代表的印度的影響所達到的地方。這種舉動，我不知道甘地先生生在，是否贊成。可是從大印度建國的觀點上看，不能不說是很有政治上的深意。

（三）

要把印度的邊境推廣到希馬拉雅山以北，這是當年英國經營印度時代既定的國策，印度雖然痛罵英國帝國主義對於印度的侵略，却是認爲英國帝國主義處心積慮之所得，是印度不可分割的遺產。印度是大英帝國這一切權利的繼承人。所以他在將要獨立和已經獨立的時候，就開始要凝結和開拓希馬拉雅山一帶的邊疆。想盡種種方法要使他歸於一尊，純粹的一元化。

印度獨立之後，以疾風掃殘葉的辦法，歸併了幾十個希馬拉雅山一帶的土邦，組織了一個行政單位，直接歸中央的指揮監督。這種工作進行甚爲順利，也沒有惹起外間的注意，其所被外間注意的只有三個單位，因爲這三個單位都與西藏有關，所以約略的在下面說一下。

（一）錫金（Sikhim）。錫金在我國清朝時代稱爲哲孟雄部，本來是西藏的屬地，在布丹尼泊爾之間，窄窄的像一個葫芦口兒，爲印度進西藏幾乎是必經的要道，我在上面說過，英人初次攻下布丹，是在一八六一年；可是在一八九〇年中英双方訂立印藏條約的第二條內，才承認哲孟雄爲英國的保護國，並承認哲孟雄的內政外交都由英國逕行辦理，不得與任何國交涉往來，這樣一下就把錫金的主權完全斷送了。錫金的性質，究竟還是印度的一個重要的土邦；印度國大黨也久已暗中在裡面活動了。到一九四九年六月，印度完成了黨政軍三方面的佈置，突然宣告錫金有糾紛，可能危害秩序，於是立即進兵錫金，把錫金過渡時期政府一把接收過來，由印度政府所派的行政專員主管。這樣一下，錫金立刻就完了。後來錫金過渡時期的政府的總理來到新德里，公開對記者談話，說是印度進兵錫金以前，該地並沒有任何秩序不安定的現象，印度政府純粹以維持秩序的藉口進兵。可是說這話的錫金總理，正是印度國大黨的黨員，以前受了培養去錫金做工作的領袖呀！沈宗濂先生告訴我，以前他經過錫金的時候，錫金的土王，抱出王族的宗譜給他看，譜上所用的完全是漢字，他們的祖宗是由內地遷去的。這份宗譜是印刷的，本數印得有限，當時沈宗濂先生要向他討一份，國王很恐懼的說他不敢送人，因爲這是英國人不許可的。後來我在前任駐華大使梅農先生家裡晚餐，有兩個錫金的王子在座，他們都在德里大學讀書。那晚他們穿的都是中國的藍袍，各繫一根紫色的腰帶，像貌和我們相似，並且很清秀。同時在座的有印度現任錫金行政專員達雅（Dayal）先生。我很不知趣的向這兩位王子舉杯祝錫金，害得這兩位青年不知所措，突然臉色變成蒼白。

（二）布丹（Bhudan）。在通行的地圖裏，於西藏與印度之間，常常畫着兩個獨立的小國，一個是布丹，一個是尼泊爾。可是現在錫金這個名詞，已經輕輕的被擦去了。布丹在乾隆二年（一七三七年）還得過中國「額爾得巴第」的封號。到一九一〇年英國以經濟的手段把布丹變爲他的保護國，答應不干涉他的內政，只是主持他的外交，這是騙小孩子的玩意兒。英布這個條約，我國始終不予承認。在一九四八年聯合國文教科學組織在南京召集亞洲區域的基本教育會議，一般報紙簡稱爲基教會議，（可不是「鷄叫會議」），要請布丹參加。這個請帖是寄到新德里要我設法轉交的，並且要我搜集一面布丹的國旗寄到南京以備基教會議在會場裡懸掛。可是我在印度四處打聽，找不到一個布丹的代表。不得已我向印度外事部打聽，該部的高級負責人員，自告奮勇，願意轉遞。以後南京來電屢次催我，我也轉去印度外事部，迄無回音。等到南京的基教會完了，外事部的答復才姍姍來到，說是布丹政府回答，不能參加，他們也沒有國旗。該部也沒有把回答的原件轉給我，我也能够領略到印度的「苦衷」。可是在一九四九年的八月，我派一位秘書前往印藏邊境的噶倫堡（Kalimpong）迎接我政府在西藏被迫出境的人員，這位秘書在該處遇着布丹的王族，他們說，他們簡直不知道這件事；至於國旗他們是有的，拿出來看，是一面藍底繡黃龍的旗子，大清國旗的化身。果然在一九四九年八月初，就是在印度歸併錫金以後還不到兩個月的時候，印度又宣佈布丹歸他保護。他和布丹訂了一個新約，把以前英國政府每年給布丹十萬盧比的津貼加到五十萬，雖然聲言不干涉布丹的內政，可是其外交和商業概由印度主持。這條約是八月八日宣佈的，在八月十五日印度獨立兩週年紀念刊物上所登載官方發表的地圖，已經把布丹畫在印度境內去了。按照中國不承認一九一〇年英布條約的原則，我們是有根據可以提出抗議的，可是在那時候中國處於非常顛簸的局勢之下，這話也就不提了。

（三）尼泊爾（Nepol）　尼泊爾在中國歷史上稱爲廓爾喀，因爲泥泊爾的軍人都叫廓爾喀部隊，所以因此得名。從一七九〇年起就向中國進貢，其國王受封爲平南果敢王。一九〇一年英國提出以尼泊爾爲獨立國，但是却又附帶的聲明，若有人侵略該國的權益，英國不能不保護，則尼泊爾獨立的性質也就可以想見了。英國在尼泊爾駐有公使，實際上是太上皇，後來升格爲大使。等到印度政權移交以後，印度繼續的遣派大使，而英國大使還是仍然在尼京代表英國。一九四八年美國在尼設立公使，令其駐印大使兼任，第二年法國也照這樣辦。這就是尼泊爾現在名義上對外的關係。實際上尼泊爾的外交，受印度支配的成份很多。尼泊爾內部也有一個國大黨，和印度的國大黨是一致的，也可以說是印度國大黨的分店，後經尼泊爾政府監視，不能在尼大規模的活動，於是這國大黨的總機關搬到印度來了，天天攻擊尼政府，要求印度替他解放。在新德里的尼泊爾大使館前面，常常有群衆示威，弄得這位大使天天慓慓危懼，如坐針氈。一九四九年夏天，有一件很有趣味的事。在尼泊爾大使館前發生了一個規模相當大的示威運動，領導的是印度的社會黨的秘書長羅哈博士。因爲這次示威對於外國使節太難堪了，有人說話，於是印度政府以治安法將羅哈逮捕。羅哈到了法庭以後，要求法庭一定要把尼赫魯總理傳訊到庭和他對質。第二天各報登載尼赫魯總理送了一大籃芒菓給監獄裡的羅哈博士；第三天各報又更正說這是尼赫魯的私人秘書送的。私人秘書爲什還要做這個姿態，這就引起了各報許多的揣測和疑問，有人說羅哈的組織示威運動是事前和尼赫魯有默契的。這件事不經法庭宣判，誰可以斷定？可是尼赫魯總理始終沒有出庭，大家自然也就無法向法庭求得正確的解答。

以上所述是印度積極經營邊疆拓殖土地的情形。在這個當兒，我又不能不提出中印交涉上一件有意義的事。我不是說過印度以大英帝國唯一遺產繼承者自居嗎？不幸得很，因爲印回的分家，大英帝國這部份遺產的繼承者有了兩個——印度和巴基斯坦。因此在中國新疆的疏附（克什噶爾）發生了印巴相爭要承繼該處英國所設的總領事館問題，我們便有點左右爲難；而且嚴格的說，這個總領事館雖然名義上是屬於英國的外交部，而實際上直屬於印度總督府，但是這是他們內部的問題，我們不必詳細過問。中國只知道疏附英國總領館是撤銷了，代表英國的商務官已遷到廸化。印度和巴基斯坦要去疏附設立總領事館，應當是另外一件事，須重新得到中國政府的許可。聰明的印度政府乃以敏捷的手段，不先同我們外交部打招呼，逕行派遣前任駐華大使館秘書沙地上尉（Captain Sathe）爲印度駐疏附總領事。這護照送到我大使館來簽證，我發現了印度這種舉動是不會和我國政府商量過的，於是把這曲折的情形，電外交部請示。外交部復電認爲設置領事館本來是兩國間交換的權益，現在印度雖然要在疏附設館，我們也得要求印度允許我們在印度國境內我們所指定的某一地方設館；並且諮詢我要是我們添設領館，以何處爲宜。我復電建議在克什米爾的都城斯林拉加（Srinagar），因爲這是通新疆和小西藏的要道，雖然該地將來屬印屬巴尚未確定，可是現在還在印度駐軍手中。我得到政府允許後把這個對案提出去了，印度立加拒絕，理由是該處尚在戰區。我們於是得另選一個地方。經我的建議，選擇了在藏邊的噶倫堡，這地方不但沒有軍事，而且是中印陸路通商的要道，在該處西藏雲南經商的和居住的人口很多，正是我們應當設立領館的地方，印度沒有理由可以拒絕。不料印度居然拒絕，他想出了借口是不成理由的理由。我們自然也不爲沙地的護照簽證。這是一九四八年七月間的事。到八月九月還沒有解決，梅農外次急了。有天傍晚他來中國大使館找我，首先說，這件事是孟加拉省政府不贊成，因爲恐怕他國援例在噶倫堡設館。我告訴他，他國是沒有理由援例的，因爲這只是通中國西藏的要道，有中國的人口和商業；而且我要請問印度既然是統一的國家，印度的外交是由省政府作主的呢，還是由中央政府作主的呢？梅農外次沒有話可以回答，於是他說出一半老實話來。他說：「這是因爲印度政府正在這一段邊境上有事於錫金和布丹，不願意在這時候，中國揷一個脚進來，增加我們的困難。」我說這是一半眞理。還有一半呢？讓讀者猜罷。對於這件事，僵持了三個月之久。我國政府終究是度量寬大，不願意爲這件事和印度多打麻煩；結果由外交部指示一個遷就的辦法，要印度承認設立領館乃是根據兩國間互惠行爲之原則，至於中國將來在印度何處設館，等將來再考慮，但是噶倫堡仍然還在考慮之中。印度同意了。我們把沙地的護照也簽了。這件事看去像是一件小事，但是觀微知著，正可以看出印度對西藏一步不放鬆的深心。

（四）

現在要講到西藏事變的經過和內容。

在說到西藏事變發生以前，我們不能不把下面這件事放在心裡：在民國三十三年（一九四四）五月，我國軍事委員會接到報告，說「有英人四十餘名，聲稱勘測公路線，由印度的薩地亞（Sadya）到康境察隅（Dayul）。」又接蒙藏委員會報告說，「察隅到有英軍四十名，積極籌建營舍，揚言察隅已由藏方交與英國。」以後綜合各方報告知道這件事是發生在三十二年年底，有英國軍官二名率領印度兵三十餘名及當地伕役四十名以勘測公路爲名，由印度之薩地亞進至察隅，並派野人由托洛嶺修簡單道路到距察隅約四日程之桑丁，在三十五年二月更有英印官吏四人帶有軍隊越過察隅，進至科麥（Khmei），樹立界碑，而以瓦隆爲根據地；沿途建築兵營，其各處兵營容量約爲三百餘人。爲了這件事我國外交部曾於三十五年七月二日，九月十一日，十一月九日，和三十六年一月二十八日四次照會英國駐華大使館，禁止前項侵入我國國境行動，並於三十六年二月五日由外交部照會印度駐華大使館作同樣的抗議，請其禁阻。因爲英國的答復是向印度身上推，而一九四七年二月印度已經有過渡政府了，所以我國政府立印照會印度政府，以極友誼的態度請其停止前項非法行動。這個照會去後，外交部於同年二月十四日接到印度大使館一個回答，說是已經轉到印度政府去了，此後又是石沉大海，渺無音訊。雖經口頭催詢，總以尚未調查清楚一類的話來搪塞。此事至今還是懸案。

從印度入西藏的路徑，除了克什米爾那邊由拉搭克入藏，那一條大家知道的山路而外，其餘狹小的山路自然還有幾條，但是主要的路徑却只有以下三條：（一）自大吉嶺噶倫堡經西藏南部之亞東江孜入藏；（二）自印度往布丹東北境經西藏東南部之門大旺（Towang）等地入藏；（三）自印度之薩地亞經西康南部之察隅取道昌都等地入藏，而以此路爲最捷，且可深入康藏腹地。這三條路之中，第一條自然是現在由印度進拉薩的「陽關大道」；第二條路印度政府在我們抗戰的初期，已經煞費苦心，從事侵略和經營門達旺；這第三條路的開闢是與印度開發阿薩姆（Assam）省的四年計劃有密切關係的。阿薩姆省緊接西藏，那一邊萬山重疊，雖有少數部落民族（野人）居住，實際上是無人之境。講起邊界來，你要佔據多少地方，統可以指定多少地方。這一帶森林異常豐富，其他的天然富源，雖無明確的調查，可是其豐富蘊藏量的可能，也是可以想見，何況是進西康以達四川的捷徑呢？因此在英國佔領印度的末期，定了一個四年計劃，步步推進，以達到開疆闢土的目的。所以這種侵略察隅麥科的行爲，正是阿薩姆省四年計劃的一部份。

印度雖有開疆闢土的野心，着着往西藏前進，可是西藏政府的內容是怎麼樣呢？按照西藏宗敎信仰的傳統，班禪同達賴兩位喇嘛都是轉世的，他們任何一位死的時候總有一點暗示，說他來世投生在那個方向，於是他的徒弟朝着這個方向去找。在這位佛爺死後，所生的靈童，往往能被找到幾個；再加一種測驗，就斷定誰是死去佛爺的轉生。把他迎到拉薩來舉行坐床大典，供奉在宮裡，可是他不能親政。在這期間，另外一位攝政替他代行職權，等到十八歲，才是他執行職權的時候。所以在這期間，他固然是「大權旁落」，但等他親政以後，也往往是「積重難返。」若是他親政以後，自己主張太多，往往有被請再轉世的危險。達賴第十三世活到七十幾歲，算是最精明而親政最久的，他後一段頗爲親英，但是還能守着相當的分寸。他死以後，轉世在青海，化爲現在的達賴第十四世。他的家屬完全是青海人，在他到拉薩的前後，都是由熱振佛爺親政。熱振對國家是擁護，對中央是親近的，所以達賴十四世坐床的時候，西藏歡迎吳忠信專使前往勅封，這是違背所謂西姆拉條約的舉動；英國在拉薩的商務專員當時不能參加大典，英國方面當然一肚子不願意，但是無可如何。在一九四七年西藏發生了一個政變，榮增打札勾結了貴族把熱振推翻，關在監裡，以後把他眼睛弄瞎了，弄死在監裡。於是釀成了西藏三大寺的反抗。榮增打札派兵去攻打，可是派去的軍隊不知如何放砲。據西藏朋友說，在這沒有辦法的時候，英國商務專員黎吉生以羅賓漢的姿態出現，親自教那些部隊放砲。開了幾砲之後，這三大寺的喇嘛不知所措，也就先後投降了。榮增打札專政以後，西藏政治日益腐敗，黎吉生便成爲幕後導演的人物。我在上面不曾說過，我曾經要求尼赫魯更換黎吉生，而他答應等他有權以後就會更換嗎？可是尼赫魯抓到政權以後，並不曾換黎吉生，只派了一個印度人叫做戈卡勒去做副專員。我會經問過梅農次長，爲什麼不讓戈卡勒做正式的商務專員呢？他的回答是「我們要敎戈卡勒在黎吉生底下學習一年，先做學徒（Under-Study）這是他原來用的字）再行扶正」。戈卡勒要跟黎吉生學什麼東西呢？我們可以想像得到。只是我相信這位通梵文的專家，旁的可能學會，只是不見得可以學會放砲。黎吉生留在拉薩，西藏也就從此更多事了。西藏在一九四八年二月，派來一個商務代表團由夏古巴領導來訪問印度，和印度政府人員有過許多秘密的來往。他們政治的談話外間不得而知，可是商務方面的談判並沒有什麼成就。西藏所希望是西藏出口的貿易，如羊毛，麝香等項， 據說每年出口量約値二百萬美元，從前是由印度居間統制以盧比結滙的，將來改用美金結滙。可是印度統制的掌握絕對不肯放鬆。後來經我們婉勸，這代表團乃前往南京。後來在南京得到英國大使館暗中的幫助和香港某國總領事的介紹，居然得到許可，漫遊歐美。他們在歐美歸來以後於一九四八年年底，和一九四九年二月再兩度來到新德里，與印度政府有所洽商。他們這一次的出國頗受到他方面的煽動，頗有出軌的言論。爲了這種情形我於一九四八年十二月三十一日寫了一封很懇切的信給尼赫魯，希望印度政府對商務代表團的接洽不致於會損害中國的領土主權的完整。一九四九年元旦的中午尼赫魯就到他故鄉阿拉哈巴德（Olahabad）去和他的孫女證婚去了，所以他命令梅農外次代他復我一封信，（通常他復我的信都是親自簽名答復的，這次實在是因爲他離開了德里），內容說，「首相先生囑我奉函閣下，爲了一九四八年十二月三十一日關於西藏商務代表團的信，謹向閣下保證我們絕無意圖欲與該團討論任何足以損及中國主權領土完整的問題，同時我們作夢也沒有想到當中國在艱難的時候，來作任何使中國受窘的事體。」這當然不是一封私人的信件，而是一封印度外次奉首相命令給我的保證，可是將來實際的效果何如呢？

此後中國國內情形因軍事失利，而愈加惡化，同時因爲印度政府有開彊闢土的雄心，所以黎吉生更覺得有賣弄手段的餘地。到一九四九年七月八日西藏的變亂起來了。那天「噶夏公所」（就是西藏的內閣）最後決定將中央駐藏辦事處和其他一切中央機關在拉薩的人員趕走。那天下午西藏內閣的要員請駐藏辦事處代理處長陳錫璋去談話，告訴他噶夏公所的決定。說是凡是中央軍政人員所到之處，就是將來共產黨所到之處，西藏方面現請駐藏辦事處、學校、電台、醫院、及其他有重大嫌疑之人（按此指國防部人員）一律限期出境。當卽把中央電台加封，不許對外通電，也不許他們向中央請示，七月十三日第一批人員離拉薩，十八日黎吉生居然爲陳錫璋餞行，十九日陳等向達賴辭行，二十日他們帶着悲痛的情緒離開拉薩。這個事變從八日起至二十日止，都經守住了絕對秘密，印方的電報機關也不讓任何中國人從拉薩和印度互通電報。這消息於二十一日傳到新德里大使館，我在得到相當的證實以後，立於七月二十三日訪問梅農外次。我事前敎參事告訴他是爲拉薩叛亂事件去和他談話的。梅農承認他收到拉薩的電報，說是西藏方面認爲駐藏辦事處的人員之中，有共產黨份子，已令其出境。他再重複一句說，「來電中確切說有共產黨份子。」我當時告訴他這些人員都是多年以前派去拉薩的，其中絕無共產黨份子。萬一有一兩個也不應該牽涉全體。梅農外次沈重的說「我們全體外交部都在憂慮，加爾各答的共產黨已經够多了，再來這些中國共產黨，我們眞不知道怎樣辦法，只要他們能立刻走，我們印度政府願意給他們通行。」他的意思很爲明顯，就是印度爲了要幫助西藏，並且要討好西藏，去完成這件工作，所以不惜咬定這些在藏人員都是共產黨員，而不讓他們在印度停留，以免除西藏覺得還有後顧之憂。其實當時西藏驅逐中央人員的理由是恐怕有中央機關和人員在西藏，萬一中共勝利之後，會派員來接替，以致引共產黨的勢力進西藏，卻並不會說現在中央在西藏的人員都是共產黨員。事後把兩方面的話核對起來，顯然是印度要用這個藉口不讓中央人員在印度停留，以消除他們重新回到西藏的機會罷了。我爲了這件事非常悲憤，所以在二十五日發表一個談話，說明辦事處人員絕非共產黨，「要在這樣的高原上釣大海紅魚（"To fish red herring on such a high plateau"）的辦法，不但是太天眞而幼稚，在政治上是何等的不聰明。」這一句話當時不但爲印度並且爲歐美各報紙用顯明的字體標明出來，表示他們的欣賞，可是我始終不能說服胸有成竹的梅農先生。不但第一次的談話和這次的書面談話不能說服他，以後還有兩次正式的會談，也同樣的沒有效果，當卽遣派秘書赴噶倫堡邊界上迎接由西藏退出來的人員，於八月底我自己飛加爾各答和他們會晤，並且代表國家給他們一點小小卻定很悲痛的安慰。於九月初我把他們送上掛着中國國旗的招商局的海地輪船，放洋回國。我和他們在船上握別的時候，於一把酸辛眼淚之中，大家重新振作精神，高呼中華民國萬歲三聲，然後說「再見！再見！」

我在加爾各答和陳錫璋處長和其他人員分別談話中知道這事變發生的時候，黎吉生在拉薩非常活躍，印度商務專員公署有門庭如市之概。黎吉生到現在不過四十幾歲，精力飽滿，雄心勃勃，若是他生在一百年以前，他可能是克萊武（Clive）哈斯汀（Hasting）一類的人物，建立奇功，封候拜將。可惜他生在現在，做一個印度政府下的商務專員未免太委屈了！有人說，黎吉生是英國人，可能他是爲英國做的。說這話的人卻忘記了黎吉生是秉承印度政府意志並且是被印度政府雇用的一個中級公務員呀！

在西藏事變發生以後，印度卽行派收復錫金和統治錫金的行政專員達雅冒了嚴寒，前往拉薩，住了幾個月。其確實任務，不得而知，據我們所知道的是他在拉薩非常活躍，其商談的問題之中，最重要的是劃界問題，想趁西藏政府徬徨的時候，商議一個邊界的協定，可以撈摸一批。至於結果如何，要等將來才能清楚。

（五）

這是最後的一段，我這篇文章是以外交戰開始，現在請以外交戰結束。這倒是一幕很有意義的外交戰。

我不會說過，中印關係之間的一塊重要的絆脚石是西藏問題，而西藏問題的癥結是印度主張我們從未承認的西姆拉條約爲有效，我們則認一九〇八年的印藏通商章程爲有效嗎？在一九四八年四月我回到南京的時候，和外交部商量想要打破成立中印通商友好條約的難關，於是決定在本年，就是一九〇八年中印修訂印藏通商章程期限屆滿的第四個第十年，我們應該通知英國（原訂約的國家）印度和巴基斯坦三個政府，說是在今年期滿以後，該約不再繼續，應該重新訂定新約。這個照會於一九四八年十月九日分別送出。給英國的照會是由駐倫敦鄭天錫大使送出的，給印度的照會是由外交部送給印度駐華大使館的，給巴基斯坦的照會是由我在新德里送給巴基斯坦高級專員轉達的。送去以後，英國外交部十月二十九日卽復鄭大使說是正與印度和巴基斯坦兩政府商量。一九四九年五月二十四日英國外交部再照會鄭大使，說是這個問題現與英國政府無關，請和印度與巴基斯坦兩自治領直接商量。巴基斯坦駐印高級專員於一九四九年一月六日照會我，說是關於西藏和其他問題，另訂新約事，都願意重新商量。可是印度如何答復我們的外交部呢？當時我沒有知道。等到那年九月我到廣州的時候和葉公超部長談起這件事，葉部長當時立刻教人去查。因爲那時候一部份文件已經向重慶疎散了，調卷有點不方便，到十一月十六日外交部乃從重慶復我一電，說是查出來了，印度駐華大使館在一九四九年三月二十二日才送給我們外交部一個照會，說是印度只認一九一四年的西姆拉條約爲有效！這復文提出的日期是三月二十二日，正是南京兵慌馬亂、鬧共產黨軍隊渡江的時候。印度大使館計算時間如此得當，眞是了不起呀！外交部查出以後，當時要想答復，可是在重慶已經找不到印度大使館和任何的印度代表了，於是外交部把我們中國政府反駁印度照會全文由電報打到新德里；我於十一月十八日上午九時接到以後，當天就整理好了，用正式的照會送到印度的外交部。這照會送出以後，我心裡覺得非常平安，因爲在印度承認中共以前，我們中華民國的政府還來得及最後否認這一個沒有任何承認根據的損害領土主權的所謂西姆拉條約！

印度之所以趕忙承認中共，也與這件事情有關，而印度最近拉攏中共和西藏代表在新德里開會，便與這件事情有關。印度最初是要防止中共的軍隊進西藏，所以要黎吉生策動西藏的叛變，以免中共借駐藏辦事處的機構滲透進西藏去。後來看見中共聲勢很大，印度有點害怕，於是一面勸達賴喇嘛和西藏政府要人把金銀財寶搬到印度來並請他們作退入印度之計，（這話是有人證的。）一面則以趕快承認中共的方式來見好。關於底下這件事，我也是很有根據才說的。在去年年底有某位先生和印度外交部某要人談話。他問這位要人「你們急忙要想承認中共，是不是要想中共承認西姆拉條約？」這位要人答道：「是的」。他又問：「你們和中共方面談過沒有？」他又答道：「沒有。」這位先生於是說道：「你們既然沒有談過，得到中共同意，我看這事情，恐怕沒有這麼容易罷，因周恩來一上台，怎麼首先就承認這個無根據的不平等條約。」這位要人爲之愕然，停了好一會，於是連聲說道：「我們就要研究研究。」印度終究承認中共了，一不做二不休！於是印度研究出來的結果是把中共和西藏代表拉在印度的首都新德里開會，使印度政府能夠在中間左右一切。就是這次印度在安理會和聯合國大會裏，爲中共謀取席次，賣這般死力，據明眼看來，也是他們這整個圈套裏的一環。他們說的話是在成功湖，他們的心卻存在新德里的中共與西藏的談判席上。他們是想在一邊做不費錢的功德，一邊可以安定邊界，擴大疆土。在印度的謀士想來，這是一着很好的棋子，但是中共是不是開始就接受一個無根據的不平等條約？這個問題等中共拿事實來答復罷！

關於印度不願意承認中國在西藏的主權，至多祇承認宗主權一點，固然是由英國的帝國主義遺傳而來，可是現在印度當局處心積慮的神情，也無時無地不在充分表現。上面所叙的地圖問題，條約問題，不必說了，我再舉尼赫魯總理親自說的話，來做一個鐵打的證明罷。一九四九年尼氏訪美歸來，行經英國，於十一月十二日在倫敦招待記者會席上，明說印度祇承認中國在西藏的宗主權。等到十一月十六日在新德里招待記者會席上，則連這一點點宗主權也都不願意承認。他說，「我們現有一個代表在拉薩。我們同他們直接通商。」但是我在模糊的意義之下，承認中國的宗主權。走到什麼地步，誰也不知道。」（英文原文是："We have got a representative in Lhasa. We trade with them directly. But in a vague sense we have accepted the fact of Chinese suzerainty. How for it goes, one does not know"）宗主權的意義都會是「模糊的」，這是什麼話？以鄰邦總理，對當時外交關係還是存在的友邦，會說這樣的話，我們不禁深爲惋惜。

（下轉第14頁）

遠東局面徹底澄清前的幾片暗雲

劉光炎

（一）

遠東局勢，自美總統杜魯門宣佈協助臺灣防務，並保障越南不受攻擊以後，已日見澄清。麥克阿瑟元帥來訪臺灣以後，自由中國在世界反共戰爭中所佔的比重，突然提高。這一點對於堅定反共的人士，是一種極大的鼓舞。俗語說：「道高一尺，魔高一丈」。又說：「在黎明之前，必有一段更黑暗的時期」。不要說在倫敦和華府，還潛伏着少數妥協份子，他們陰魂不散地隨時隨地找機會出漏子；專就蘇聯而論，它也決不甘心坐視其到口饅頭，被人奪去。因此，在最近期內，業經澄清的遠東局勢，天空上又飄起幾片暗雲。起先是哈里曼大使的來訪東京，後來是美駐英大使陶格拉斯的訪問康寧街，叩詢英國對於協防臺灣的意見。前些時英倫的報紙，議論紛紜，千奇百怪，除了「經濟週刊」從法律觀點上，認為美國無放棄臺灣的理由外，其他報紙，都鼓吹妥協投降的謬論。香港報紙，更為推波助瀾。於是已經混沌的遠東大局，格外顯得晦暗。本文目的，在從本質上討論這兩個事件發生的必然性，並從時代的主潮上，推論遠東大局的將來。

（二）

先講美國朝野最近對華的觀感。美國朝野對華的觀感，毫無疑異地一天比一天好。援華的呼聲，自從麥克阿瑟元帥訪臺以後，更由議論而見諸行動。但華府與東京並不是沒有距離，這距離卽是東京往往走在華府前面，但這只是「速度」問題而非「方向」問題。更明白點說：關於援助中國，共同抗俄，東京與華府意見上並無出入。只不過執行起來，在速度上稍稍不同罷了。

但是為了對華問題，美國的政府當中，並不是完全一致，國務院與國防部意見，就有重大出入，這是眾所週知的事。杜魯門總統六月廿七日宣示其遠東新決策時，曾經表示：「我的這個決定，當然會影響與過去政策有關的個人。但時局已如此嚴重，我們沒有辦法顧到這些情形」（大意如此）。他這宣文中所指的個人，當然是指艾卿而言。由此，表示杜魯門總統為了美國的前途，已不暇顧及其助手在政治聲譽上所受的打擊，這是杜魯門總統明智之處。但是，當杜氏採取了如此急轉彎的政策以後，而那位從前主持國策的大員，依然留在國務院，並且杜氏當面保證，只要他做一天總統，他便要繼任一天國務卿。這表示杜魯門總統的人情味十足，因為他不願他的主要助手艾卿，為了過去的政策而一敗塗地。過去的政策，本來是由他批准的，他必須負起責任，這是政治家應有的精神。此外還有兩個原因，其一，他不願因艾卿去職而增加政府內人事上的裂痕，他寧可把這事留在十一月大選以後去自然解決。其二，他不願對共和黨過於示弱。其三，他也許認為大開大闔的時期還未到。在這一個尙未分明的時期，艾卿留任，有他的「中和作用」。

但是我們必須明白：在美國的各界，都潛伏有蘇聯所派的諜報人員。他們看見美政府態度，還不够堅決，因此，就加速活動來削減美政府所採堅定政策的成果。哈里曼大使的來東京據華府消息，是由於艾其遜國務卿的建議；但是此種疑雲的造成，則是這一批間諜份子的力量。他們有許多還潛伏在美國政府內或散處在社會各階層。他們的議論，外面裹有糖衣，一不留心就會上當。我們雖然沒有從新聞上看出這件事的線索，但我們在常識上可以判斷這件事的來蹤去跡。

（三）

關於美國方面發生疑雲的情況，大致如上所述。至於美國的原委，則據連日報載，議論甚為龐雜。傳說有二十三位議員，提議請求美軍撤退臺灣。英國的倫敦泰晤士報，向來是代表官方的，它正選擇這時間來為中共宣傳，在六月廿八、廿九那天的報上，它以「中國在演變中」為題，盛讚中共的統治，甚至說中國一向在專制政權下，中共的獨裁專制，合於中國的國情。就中只有「經濟週刊」是主張不放棄臺灣，它所持的理由是：「臺灣歸還國民政府，本來是由開羅會議決定。但是中共自從竊取政權以後，卽正式宣佈任何國家與中國國民政府所訂的條約一概無效。既然如此，臺灣的屬於中國，已經在法律上失去效力，美國在這種情形之下，又何必定要放棄臺灣呢？」（大意如此）這篇文章雖然同情美國做法，但是純由法律觀點立論，一些看不出心中的熱情。這本是英國人的本色。

英國最近在聯合國附和美國，制裁北韓，對於蘇聯代表馬立克排擠中國代表的建議也投反對票，顯然已與美採取平行行動；但是對於美國協防臺灣，却又採首鼠兩端的態度，這種矛盾，下列理由可以解釋，（1）英國國力衰弱，其本土的安全保障非依賴美國的助力不可。但是要美國及時援助，英國必先對美國的援韓行動加以支持。這是英國在聯合國改採反蘇政策的主要原因。（2）英國所以反蘇是要保障她本土的安全，但要保證本土安全，就必需美國多多把力量放在西方。如今美國對遠東加強注意，在英國看來，是對她不利的事。所以她在協防臺灣一事，分外表示得不起勁，其目的在說明美國，重新把力量拉回來保衛歐洲，(3)臺灣是遠東最富於爆炸性的區域。越南雖然危險，但越南距美國根据地遠，而且是陸上區域，共軍如侵犯越南，其與美作戰的可能性不大。但如中共侵犯臺灣，其與美全面衝突的可能性就分外大了。英國最怕打仗。她打不得，一打便要垮。因此，她希望把美國拉出臺灣，以免美國與中共發生衝突，把力量膠着在東方，日期一長，她便不能不被捲入。(4)香港雖然危險，但美國終以爲非到三次大戰發生，中共不會拿香港。所以英國對中共的手法依然是萬般遷就。英國總以爲她的「忍」「狠」「等」政策在對付中共方面，一定可以奏效。她要在這次大衝突中討盡便宜。她甚至連二次大戰時的硬仗，一個也不願打。

因此種種，所以倫敦上空，又疑雲重重了。

(四)

中國人的觀感，最敏銳，也最脆弱。由於八年抗戰，接下來是五年戡亂，一般人都打得支持的力量也沒有了。大家都覺得如果沒有國際上的大力支持，我們遲早是完。因此，大家對於國際間對遠東的氣壓，反應得非常敏銳。上次美國宣佈協防臺灣，派遣第七艦隊前來，於是一般人以爲這一下好了，臺灣決無問題了，甚至有些人在準備回大陸了。後來大家一看北韓共軍打得很兇，美軍總討不到便宜，於是社會上重復發生謠言，忽而說第七艦隊要去；忽而說第七艦隊打不過機帆船。胡說八道，猶如白天做夢。不久，麥克阿瑟元帥來了，接着噴氣機也在臺北上空出現了，於是悲觀的又樂觀了；頹喪的又鼓舞了。現在華府倫敦，旣因上述兩事而浮起了幾片暗雲，這些人當然又有在動搖。試問一個獨立國家的民族，應該這樣脆弱嗎？

當然，這是少數人的現象。不過害群之馬不除，必定影響全體。這些謠言，還都悶在各人的心中，並未見諸外在的行動。但是心中之賊不除，到了緊要關頭，一定發生不良的後果。因此，我們願就時代主潮方面，對上述幾片飄來飄去的暗雲，述說我們的觀點。

(五)

首先講美國。我們必需對下列各點，予以明白承認。

（一）美國是民主國家，民主國家的唯一毛病，是決策遲緩；但是唯一優點，是行動堅定。因爲民主國家的政策是全體決定的；所以一決定以後，就不會更改。獨裁國家的決定，是獨裁者一二人的意志隨時可以改絃更張，民主國家則不然。民主國家的政策，決定以後，便悉力以赴，愈來愈强。在二次大戰前，民主國家的行動，何等遲滯，但一經決定，便愈戰愈强，雖以希魔與日本軍閥的頑强，也無法抵禦。美國的遠東政策，近兩年半來，無時不在研究中。百折千廻，左旋右轉，才有今天的決定。既經決定，便會愈做愈堅定，決不會中途變卦，半路抽腿。

（二）美國人的修養相當高。他們在平時議論紛紜，而一到戰時，國論立刻一致。他們開會時爭得面紅耳赤，而一經多數決定，便樂於服從。他們有任何爭持總是在當面鬥，決不到背後弄人事、鬥摩擦。艾其遜國務卿是一位很有修養的政治家，也許他心中對中國問題，還不能無所介於懷，但是我們可以擔保，他絕對不是背後說長道短，弄意見、鬧摩擦的人。我們不可過於重視人事上意見的紛歧，而忽視了美國人全民一致共赴國難的偉大精神。

（三）我們應當充份承認美國是一個最尚法治的國家。美國的軍人，決無「將在外君命有所不受」的情形。美國沒有驕兵悍將。在第一次、第二次大戰時，潘興大將、艾森豪威爾將軍，都手握千萬重兵，叱咤風雲；但是一到戰事終了，他們立即解甲歸田。麥克阿瑟元帥，聲譽崇隆，備受全美人士愛戴，但他的護愛法治精神，更非一般人所能及。他對於美國遠東政策的失誤，看得最清楚，但過去三年來，他除了適當時機作一點建議外，一向恪守他軍人的本份，一直到蘇聯惡貫滿盈，美總統下令制裁以後，他才有所行動。東京與華府之間，如何會有距離？相信這讕言的人，不但不明白美國的法治精神，而且厚誣了麥帥。

（四）美國人是最愛享受同時也是最勇於犧牲的民族。他們在歷史上從未受人欺侮。如果韓戰不能達成聯合國付與的任務，我們不可能想像美國人民會坐視其弟兄們在韓國戰場受欺侮。他們一定督責政府。他們一定願以更大的

『自由中國』的宗旨

第一、我們要向全國國民宣傳自由與民主的真實價值，並且要督促政府（各級的政府），切實改革政治經濟，努力建立自由民主的社會。

第二、我們要支持並督促政府用種種力量抵抗共產黨鐵幕之下剝奪一切自由的極權政治，不讓他擴張他的勢力範圍。

第三、我們要盡我們的努力，援助淪陷區域的同胞，幫助他們早日恢復自由。

第四、我們的最後目標是要使整個中華民國成為自由的中國。

犧牲來取償敵人的血債。

以上是關於美國方面我們應行注意之點。由此，我們可以看出散在華府上空的陰雲，是不值憂慮的。在美蘇未正面衝突以前，這類疑雨暗雲還多着呢。我們若無堅定信念和透闢目光，只隨着消息的時弛時張而隨喜隨懼，那麼，我們會鬧成神經病患者呢。其次再說英國。

（六）

英國當然不比美國。她國力太弱，防備的方面太多。她向來富有妥協投降的精神。一貫會弄犧牲他人的把戲。在這大局尚未十分明朗的時間，她可能還有花樣出來。但我們認爲反共抗俄，已成爲時代的主潮；在時代的主潮衝刺之下，任何曲澗迴徑，都會被冲沒的，英國的妥協、綏靖，遲早必會放棄。在時代主潮之前，英國縱老謀深算，工於爲已，也不能不低頭。

我們所以如此斷言，因爲照我們的看法，下列許多事件的發生，極富可能性。這些事件之任一發生了，便可使英國的妥協政策，根本失去意義。

（一）中共可能提前取香港。因爲中共最怕的是中英美聯合反攻大陸。中共最脆弱的一環是華南。爲應付反攻起見，中共可能先取香港。因爲香港在戰略上是一個要緊地方。此外中共還有一個理由要取香港，那便是中共爲應付盟軍攻勢，會先從華南及沿海撤退，但在撤退以前，先對華南來一次大的刼掠。「華中軍政委員會」在匪兵南下時會經爲刼取港澳，開了好幾次會，後來他們因爲環境變遷，在物資補充方面，還有利用香港的必要，所以遲遲未會下手。如果中共決定撤退華南，這種利用便告終止，於是香港的被刼，便成爲不可避免的事了。

（二）攻取緬甸：中共對於越南，還不敢公然下手，以免引起世界大戰；但是中共亟需要南亞的谷倉。緬甸相當富庶，而且十分弱小。緬共的勢力，又深佈在各方面。因此，敏感的人多以爲緬甸是最可能爲中共攻佔的地方。

（三）印度被偷襲：最近中共正準備進攻西藏。報導新聞的人，認爲中共同時有攻襲印度的可能，因爲北平方面的匪寇，曾經有此表示。我們以爲這個判斷是對的。因爲中共的士兵，已集中了八十萬人爲進攻西藏之用。大家知道西藏武力很差，只有萬把人有武器。藏人又多信佛，無組織力量。如果專爲攻擊西藏，中共只需要四五萬人，至多十萬人絕對是够了。中共一次集中八十萬人，必有攻襲印度的陰謀在內，是可以斷定的。「由北平經加爾各達，是到歐洲最簡捷的路」，這本是列寧的指示，這指示正由他的徒子徒孫在忠實執行呵！

總而言之，英國在期待的苟安，絕對不能維推長久，由於內在危機的壓迫，中共必向外衝，而其衝擊的對象，處處都是英國。水向低處流，攻擊箭頭向弱處射，中共最知道這個道理；而不幸英國在遠東的屬地，處處都是最弱之點。英國人縱十分退讓，是不能變更中共的進攻策劃的。中共今天已遭大水災，不久必再遭大飢荒，民窮財盡，游擊隊遍野，中共不向外猛衝，便會崩潰。這種客觀的緊張情勢，豈是英國片面退讓所能緩和？此外匪有一個更大的原因，即是莫斯科的命令。由於北韓的侵略南韓，我們可以看出一點消息，即是今年過七十整生的史魔王，對於「完成世界革命」的計劃，已迫不及待。他要及身見其成功，正如一般老年人的心理一樣。他在韓國碰了美國硬釘子，他延誤了時間表上的進程，下一次他的冒險，可能另選英國的屬地做他的對象。

英國那時還能退讓嗎？不可能的。英國今天縱不向時代主潮低頭，明天也會的。

中國人應付這局勢的辦法，只有兩個字——「堅定」。歷史上命定中國是反侵略的急先鋒，同時也是民主國家的中心支柱。第二次大戰後那種光輝的局面，是中國一手打成的。今天的局面，比前一年已好多了。這種有利於民主國家的局面，也是中國打出來的。中國只要堅持下去，一定獲得最後的成功。（完）

（上接第11頁）　爲了這類問題，我有幾句話要坦白誠懇的敬告我們在邊疆的同胞。我個人對於邊疆政策，是反對滿代傳統的辦法，而極力主張取開明的態度，以誠懇的心情、互助的方式、來使我們的國族，和弟兄一般團結在一塊兒的。可是分離運動的主張，要破壞中華民國領土主權的陰謀與策動，我一定堅決的反對。卽以西藏而論，他本身是不够現代獨立國家的客觀條件的，所以分離的結果，必定淪陷在他人的手裡。印度的土邦，就是前車之鑒。我不能不把我見到的事實，披肝瀝胆的對你們說明。

印度爲什麼東北對西藏西北對克什米爾發生這樣大的興趣，要費這麼大的氣力呢？這個問題梅農先生可以給大家一個答復。他在駐華大使任內曾經從印度的克什米爾經過明塔加隘口進入新疆，再由疏附往廸化蘭州而達到重慶。於是他著了一部遊記，書名爲「從德里到重慶」。這部書並且是他還在大使任內出版的。在這部書的廿九頁有一段記載，我現在雖然沒有這部書在手邊，可是我確切的記得，他在中國和印度的邊界明塔加隘口，發揮了下面一段議論。他說：有人問甘地若是有人來侵犯你，你怎應麼。甘地的回答是，用愛來轉變他。他說，這眞是太迂濶了。印度有一位大政治思想家高鐵崖（Kautier），他是印度的馬奇維尼，他對「敵國」下了一個界說是：敵國就是他邊疆和我們最接近的國家。梅農先生於是拓開一句說，中國和印度雖然二千多年沒有過軍事衝突，將來若是有衝突的話，恐怕就是這些邊界上罷。這眞是馬奇維尼的理論，不勝佩服之至！

民國三十九年九月二十二日、臺北。

國內紛爭與國際組織（下）

——提議修改聯合國憲章第二條第七項——

戴杜衡

（四）

但是，為什麼直到今天，聯合國這一個國際組織還不敢把『不干涉內爭』的原則修改呢？我以為，障礙不僅在於那些已經發生內爭或可能發生內爭的國家之堅持對內絕對主義，同時還在於參加國際組織多數國家之認識不足，僅看到自己眼前利便而不能發展一種充分的責任感，來担當一個艱鉅的任務。

西方先進國家的政治家與思想家，有許多是抱持這樣的見解：內爭或內戰，可以用一種純粹國內的方法來避免，而其最有效的方法便是民主政治。記得美國前任國務卿馬歇爾就會說過，在民主國家，根本就不會發生內戰。這說法我承認其有部分理由，但祇是部分的理由而已。林肯時代的美國總該算是一個民主國家吧，但林肯時代的美國有南北戰爭。民主政治並不能保證國家之不發生內戰，也許是因為民主政治尚未臻於完美之域；但，今天最進步的民主政治，比林肯時代的美國又進步了多少呢？

我們可以承認，在民權較為發達的國家，內戰的機會較少，因為歸根結底，眞正的人民總是不會歡迎內戰的。但我們不能無視於這一個不幸的事實：今日的世界，民主政治至多祇是在三分之一的土地上樹立了相當規模，其它三分之二的土地，不是根本沒有民主，就是民主基礎極淺，隨時可以動搖，譬諸個人，如果人人都有道德，法律可以不要，警察可以不要，甚至連政府都可以不要。今天是正因為許多國家都沒有民主政治，所以更有迫切的需要，去找一個國家法律之上的法律，國家權力之上的權力，來維護這些國家的和平秩序，同時並導致這些國家走上民主之途，正如國家法律之導致國民道德一樣。

既有這種迫切需要，聯合國組織是現成的，並且它確實是建立在較為穩固的民主基礎之上，並且它也正在一天天加强之中，為什麼不能把聯合國建立為超越國家權力的權力，讓它担當比今天所担當更進一步的任務？它果能被建立為這樣一個權力，它就成為國家政府之上的機關，准許它調停以至於制裁各國家的內部紛爭，就不為太過；如果不能建立為這樣一個權力，恐怕就連維護國『際』和平秩序的任務，它也一樣的無法担當。

事實上，聯合國在其理念與行動之中，也並不是完全沒有觸及我們這樣提出的問題；不過它剛剛觸及問題的邊緣，就有所瞻顧而縮手。憲章第五十五條說：『聯合國應促進全體人類之人權及基本自由之普遍遵守與尊重，不分種族、性別、語言、或宗教。』字裏行間，透露了過問各國內部事件的意圖。因為，人權及基本自由之是否被遵守與尊重，難道不是同一憲章第二條第七項所謂的『在本質上屬於國內管轄之事件』嗎？基於第五十五條的精神，聯合國大會且於一九四八年十二月十日通過『世界人權宣言』（Universal Declaration of Human Rights），更具體的規定國家在對內事件上所應遵守的若干行為規範，牽涉到了政府對人民的統治方式問題。這豈非表示聯合國多數會員國對個別國家的內政，也有了興趣與關切？但，由於憲章第二條第七項之文字及精神的拘束，『人權宣言』也僅僅作為一種希望，一種鼓勵，一種勸告而已。它不是法，甚至也不是條約，它沒有拘束力。我們想想僅僅是希望鼓勵或勸告，對今天世界上那些强暴無理，專以奴役人民為能事的國家或政權，會產生一絲一毫的效果嗎？

既然可以表示希望，為什麼就不能採取一種有效步驟以使這崇高的希望實現？問題仍是在此：任何有效步驟都必須打破國際組織不干涉國內事件的傳統原則。然則，傳統又為什麼如此的難於打破？這就不是純粹的理論探討所能解答，必須顧及現實。

我會一再指出：國際法與國際組織的最初動力，是某種利便，而不是正義。它是現實主義的，直到最近數年，纔漸漸想從現實主義進入理想主義的境域，但也必須利便與正義相結合，理想主義纔有所依託，纔有眞正擡頭的機會。人類早就知道和平是合乎正義的，但一直到付上了無數血的代價之後纔接受『和平不可分割』的教訓，纔知道以集體力量維護普遍的國際和平，不僅是正義的，並且也是利便的。十九世紀以前許多學者思想家都認為很少或甚至絕無可能的事，如民主的集體制裁之類，到今天已經現實或漸漸現實。這是德意志國家發動兩次大規模侵略之所賜：沒有威廉二世，不會有國際聯盟；沒有希特勒，不會有聯合國。威廉二世與希特勒從事侵略，主要是以對外戰爭為手段，所以，人們也僅僅覺悟到任何地區『外』戰，都是『不可分割的和平』中之一部分，應該設法防止。但，和平的敵人是異常狡猾的，你守住了陣地的左翼，他就來攻打你的右翼。聯合國及多數愛好和平的國家要制裁『外』戰，他就避免了一切『外』戰的有形表現，採取其它手段，以達成與『外』戰所能達成者同樣的目的。這便是包含內戰的各種形態的內爭。他暗地裏煽動內爭，製造內爭，支持內爭，而自己還可以『裝作不知』的逃避一切有形責任。臨到這樣的局勢，人們難道還沒有瞭解，任何國家的內爭，內戰，也同樣是不可分割的世界和平之一部分嗎？難道還沒有瞭解，今天的戰爭，事實上已經沒有所謂『內』『外』的分別了嗎？難道還沒有瞭解，設法制裁這些國『際』性的『內』戰，不僅是正義的，同時也是利便的嗎？世界還打算付上多少生命和自由的代價，來學到這個聰明呢？

我不僅主張國際組織應該干涉這一種形似實非的內爭內戰，並且還打算主張進一步干涉在今天這文明世界還存在着的那一種不能忍受的極權統治。極權是侵略的必要準備，而侵略也正是極權的必然結果。可以說，侵略與極權，不過是一物之兩面，不過是同一發展之兩個階段。從來對外的侵略戰爭，都起於對內的極權政治，這不會是碰巧。要永久消滅侵略，祇有把極權政治連根拔起。在這裏，舊時國際法承認國家對內絕對主權的原則，更是全不適用。如果說，聯合國人權宣言所標揭的那些行為規範，要從希望而進為現實，其所採手段，決沒有法子擺卸『干涉內政』之嫌。一點也不奇怪，今天仍在口口聲聲強調『不干涉內政』原則的，正是蘇聯及其衛星國家。

我想，聯合國憲章第二條第七項文字之修改及其所代表的精神之放棄，今天應該已是水到渠成的時機；在這一點上，正義已經與利便深相結合了。韓國事件，就是一個再清楚不過的說明。

（五）

不干涉內爭原則之完全放棄，它所可能引起的流弊，我完全瞭解。所以我要強調：並不是某一些強國被賦予干涉弱國內爭的權力，而是國際組織被賦予干涉包含強國在內的一切國家的內爭的權力，而這個國際組織又必須是民主的，參加的國家有強有弱，有大有小，其中人物有的是白色有的是黃色黑色，有的來自歐洲有的來自亞洲非洲，有的信奉基督教有的信奉佛教回教，有的思想激烈有的則中庸或竟極端保守。如果是這樣一個國際組織，它必能從各種角度周密考慮問題，擬議辦法，並訂法律條文，預先塞住了種種可能顯現的漏縫。我相信聯合國準備了這些條件，我們似乎不必十分害怕它會一步就走得太遠。

詳盡的設計，不是我的學識所能企及。在實踐方面，我祇想到一個大致輪廓。我以為，所謂干涉，第一步仍應經由國家內部民主政治的運用，國際組織祇是處於一種公證的地位而已。某一國家發生內部紛爭，經一定形式的提案或控訴，由國際組織投票決定受理以後，也並不是立即就可以由國際組織作一裁決而強制執行，此一是非之裁決，仍應交在那一國家的全體人民之手，祇是，國際組織應該造成一個機會，使那個國家的真正民意能夠充分且自由的表達出來，而其具體辦法，不外是由國際組織密切監督，舉行一次絕對普遍而又秘密的全民投票。祇要技術上不犯重大錯誤，這投票一定可以表達出人民的裁決與選擇。國際組織採取的第二步驟，便是使這一裁決見諸實施。譬如，在政府集團與反政府集團的衝突之中，人民多數支持政府，國際組織就要叫那反政府集團停止一切暴亂行動；反過來，如果人民多數反對政府，國際組織就要使那個政府讓位於在野的反政府集團。如果說，衝突的雙方都能懾於民主道義的壓力而肯服從如上的調處，衝突就算有了解決。

如果和平調處不能順利進行，那就要用到制裁。衝突雙方如有拒絕舉行投票，破壞投票，以及不服從人民最後決擇等情事發生，過失方面就成了制裁的對象。在這裏，今天聯合國準備用以制裁國際侵略（具體規定於憲章第七章）的種種辦法，差不多全部都可以移用，包含軍事行動在內。

也許有人懷疑軍事制裁的合理性。以戰爭為手段來消滅戰爭（War To End War），似乎本身就是一個矛盾的觀念。但我要問：為什麼國家法律被允許以殺人（死刑）為手段來禁絕殺人？國家殺死一個殺人犯，可以使以後千百次的殺人動機在無形中消滅。以戰止戰誠能行使而有效，好戰者受到應受的懲罰，千秋後世千百次戰爭（無論對內或對外）的動機也會在無形中消滅的。這能說對和平沒有貢獻嗎？

本文題內的討論似乎祇能到這裏為止。但，我想任何人都會這樣感覺：無論那一種戰爭或準戰爭狀態，等到已經發生或行將發生之時纔去設法制止，總已太晚。與其戰以止戰，何如在事先即留意着去消滅一切暴力衝突的原因？上文說過，民主政治雖不是預防內戰的絕對特效藥物，但至少可以減少內戰機會。國際組織是不是能夠採取步驟，促使各個國家內部的民主政治實現或加強呢？我的答覆是，這是可能的，但勢必又在干涉內政的路上更走遠一步。舊時國際法承認各國有選擇政府形態亦即統治形態的自由，今天這個原則，是應該解釋為各國人民，而不是各國政府自身，有這樣的自由。國際組織可以留意着那些政府是否確實得到它本國人民的支持，是否經過普遍的選舉，那選舉又是否確實能夠合乎民主原則，確實能夠表現出人民不受任何索縛的完全自由意志。根本不行選舉的國家不用說，有些國家縱令有了形式的選舉，那裏有沒有民主，仍是大可懷疑的。如蘇聯，它的選舉票祇有一名由共產黨提出的候選人，而且選舉的結果，當選者往往是獲得選民百分之九九點幾的支持。這樣的選舉一致，真同奇跡。民主猶如自治，它實在還需要一個監督者。否則，形式的民主正可以粉飾暴政，而暴政，如上文所說，也正是對內以至對外一切暴力衝突的根原。

對那些從來不行選舉的國家，國際組織可以接受其一部分人民的要求而強制其進行選舉。對那些雖有形式的選舉而選舉未能遵照合理合法的民主原則進行的國家，國際組織也可以接受其一部分人民的控訴而調查其真相，並監督其選舉的進行。總之，國際組織要能夠接受任何國家人民的請願，協同人民制裁其政府。這是民主政治真能在各國普遍實現之較為確切的保證。

祇有在一個場合國際組織完全無能為力，但這是一個非常極端的事例：即人民如果確是出於自願的選舉了極權政府，那真是無可奈何的。這樣的事例雖少見，卻不是沒有。第一次大戰以後若干年，德國多數人民確曾以自由投票選舉了希特勒，讓希特勒來把民主萌芽扼殺，建立了他「合法的」專制統治。在這個場合，國際組織就缺乏一個道德的根據，以作任何積極性的干涉。它所能從事的，似乎祇能限於對那個國家內因不同意而受到迫害的少數分子，盡保護之責。

民主原則是除了服從多數之外還要保護少數：換言之，那少數人的基本權利不能因多數決定而受到損害。如果有這樣的事情發生，一個國家內多數人決定對某些少數分子施行壓迫，就人權的立場說，這少數人不僅可以託庇於外力，甚至應該被賦予自由選擇國籍之權。

人類的組織應該是自由的，而國家卻至今仍然是一種強制的結合：即偶然生在那一個國籍的家庭裏，就屬於那一個國籍，並非出於自由意志。這正是許多悲劇的起點。千百年前，宗教也曾經是這樣的一種強制結合，子女跟隨父母的信仰，無法選擇；今天，在多數地域，教籍已不如此嚴格了。說不定千百年後；國籍也變得像今天的教籍一樣，漸漸失去硬性的拘束。當教籍觀點異常嚴格之際，宗教組織時常成為人權之迫害者；在教籍失去其嚴格性以後，宗教組織纔停止搬演悲劇，它聖潔的精神反而更見發揚光大。我們對國家，也可作如是觀。國家，也要到真正成為一種自由結合的階段，纔能百分之百的清除了迫害的動機與可能；清除了迫害，就再也不會發生什麼內部的暴力衝突。要這樣，纔算徹底解決了本文提出的問題。

可是不要說得太遠了。以我們數十寒暑的生命，還能盼望這樣的日子嗎？

提前反攻中國大陸與世界反共戰爭

張仲仁

自一八四八年馬克思等發表共產主義宣言以後，卽種下了世界災禍的根源，一九一七年的俄國革命，使這種教世人以互相殘害的臆說有了暫時立足的空間。由於世界各國之未能對共產黨充分了解及有效的制裁，以致共產主義由第二次世界大戰時僅僅奴役了一億七千萬人，竟至目前的奴役了八億人的程度。現在世界各民主國家中，對內是共產黨徒以暴力奪取政權的問題，對外更是各民主國家與共產國家武裝對立的問題，所以共產問題成了一個世界性的問題。不論內戰，局部戰及其他種種形式，都滙集於一個目的——蘇俄征服世界。

比方中國反共問題，在早期被世人目爲「內戰」，這完全是受了共產世界宣傳的欺騙，最近的韓國戰爭，馬利克仍然在聯合國安全理事會內稱之爲「內戰」。幸好，在這方面大家已經明白共產黨的宣傳戰術，尚未斷送韓國。六月廿五日韓國戰事發生以後，聯合國立卽採取堅强行動，美國在聯合國號召下出動陸海空三軍，但「奔鯨觸羅，倉卒難治」，所以二月來的軍事行動節節失利，退守釜山一隅，現援軍雖已及時趕到，但要反攻到北韓卅八度殊非易易。韓國戰事發生，世界大戰序幕已啓，如果大戰眞正爆發，則戰場恐怕可以多到十幾個，在這樣多這樣大的戰場上民主國家究竟有多少兵力來對付共產國家千萬以上的兵力？

在近代戰爭中，有很多人早已不認爲作戰的人數是重大的制勝條件，在韓國戰事發生以前，美國的軍方亦持此種見解，但韓境戰事的發展對於這點已有修正。根據最近的統計，具有堅決反共決心的民主國家，西歐各國現僅有兵力五十萬左右，美國現時動員一百萬人，自由中國的六十萬人，而共產國際的兵力：蘇聯有四百萬人，中共有五百萬人，與其他各共產國家的兵力合計當在千萬人以上，這是現有的兵力。所以反共國家的兵力與共產武力相比眞少得可怕！要是全球性的戰事馬上爆發，以這二百一十萬的兵力去應付，是沒有不節節敗退的。

第二次世界大戰以後，若干戰略家認爲，在英美加三國保有原子彈的秘密情形下，一旦戰事發生，蘇聯本土一定被原子彈破壞無遺，可是蘇聯的陸軍仍可以長驅直入，統治全歐，所以最後還得美國進攻歐陸與蘇聯陸軍決戰以後才能擊敗蘇聯。現在的情形遠較這種推測更爲嚴重，因爲蘇聯已得原子彈的秘密，將來在原子戰爭中，美國已沒有絕對優勢。最近南韓戰事中聯合國有壓倒性的海陸空軍仍不能立卽擊敗敵人，結論仍然必須有一支數目强大的陸軍始能獲勝，故兩方的武器相若時，則陸軍的數量便是制勝的重大因素了。

以決心反抗共黨的民主國家的幅員人口同共產國家相比，顯然居於劣勢，民主國家所憑藉以擊敗共產國家的是什麼呢？除信心之外，就是美國的「工業潛力」。第二次世界大戰時，美國是民主國家的兵工廠，因爲這個「兵工廠」在後方，所以它才可以製造充分的武器以擊敗獨裁國家，如果世界第三次大戰發生，美國不再是後方而是最前線，蘇聯的炸彈，也許是飛彈，也許是原子彈，一定要投擲到美國的工業區內。在一個高度工業的國家內如有一種工業遭到破壞，卽能影響整個工業體系的平衡，使「工業潛力」遭到損害。

韓國戰事中北韓用陸地戰勝海空，人數壓倒武器，要擊敗它，必須增加軍隊的數量，卽是必須從其社會中抽出更多以事生產的人力，這又是削弱美國「工業潛力」的辦法之一。倘若中共參加，則人力可有幾百萬，倘若中東歐洲或東南亞一齊發動戰爭，則美國出兵愈多，而工業潛力也反比例地更加削弱了。所以我認爲人員多寡的問題，在這個世界性戰爭中，實在是很重要的。

在東方國家中有世界人口佔第一位的中國，由四億五千萬中抽調一千萬兵員並不困難，如果在美國抽調一千萬人則不單影響工業生產，並有種種問題，是以杜勒斯最近又向西德和日本轉念頭，這無非是從節省美國人力的觀點出發，七千萬人的日本，在未能使其人民的民主思想成熟前，能否應予武裝頗屬疑問，德國也是一樣。故只有中國的人力才眞正是反共戰爭中的骨幹。

自由中國雖然退守台灣一隅，但其本身力量有六十萬人以上的武裝部隊，要從事世界性的戰爭，一定得解決兵源問題，要解決兵源問題便一定得奪回中國大陸，奪回中國大陸，則惟有賴於台灣現有的六十萬反共的武力。美國如以優良同足量的武器援助臺灣，則反攻大陸自可提早，尤其是在目前的情況下提前反攻大陸以解決兵源問題更是刻不容緩的當務之急！

中共雖有巨大的兵力，但是這個暴力集團已早失人民的支持，我們六十萬精兵全力進攻，再加上民衆的擁護及大陸反共游擊隊的協助，一定能操勝利的左劵。

有人也許認爲六十萬人如此出動，難免「稍嫌危險」，其實這都沒有看清我們以往失敗的原因並今後可以成功的道理，我們以往的失敗是在經濟與政治，目前我們在這些方面的努力與共產黨在大陸的行徑是很鮮明的對比，共黨在經濟上使民不聊生，以饑饉爲統治的手段；在政治上恐怖殘殺，威脅迫害，現在大陸上的同胞人人洞燭其奸，我們只要有足够的食糧同武器，打回大陸，一定會「簞食壺漿以迎王師」，以與爲人民痛恨的共黨相比，孰勝孰敗，不戰可知！

蘇聯的策略旣然以北韓中共的人力來牽制美國的人力，使其在軍事上遭遇困難，「工業潛力」上遭受人力的阻礙，我們就應該針對這個惡毒的計劃予以紛碎，它的本錢是中國大陸，所以民主國家最要緊的是協助國民政府，光復大陸，這樣就可以反過來以中國的人力同空間來牽制蘇聯，如此，民主國家才能在這個世界性戰事中對抗蘇聯，擊敗蘇聯，使世界獲得永久的和平。（完）

特載

歷史的台灣——歷史的台灣與中國(七)

郭廷以

第六節　明鄭時期的外國關係

一、荷蘭的敵視與清荷聯軍

台灣雄踞巨浸，當東亞海道要衝，國際關係相當複雜。爲了經濟的需要，鄭成功一向重視海外貿易，光復臺灣之後，他仍繼續這種活動，除了先時的日本南洋各國，菲列賓亦曾引起他的注意。到了鄭經時代，復與英國建立關係，但是已經不是純商業的，其中實見有政治意味。所有這些國家，均可以說是延平王國的友邦，菲列賓似乎介於敵友之間，幾度岌岌乎訴諸干戈，然始終不曾正式破裂，仍不妨視作友邦。眞正的敵國自然爲彼此曾經疆場相見的荷蘭。

巴達維亞的東印度公司原與淸廷有其關係，一六五六年（順治十三年）荷蘭使臣曾至北京，目的是爲了商務，淸廷則認爲是「慕義抒誠，航海修貢，念其道路險遠，着八年一次來朝」。於是荷蘭列入了淸朝的貢國。這次外交活動的收穫，公司自然不滿，「貢國」的地位，亦未肯承認。此後數年，双方未再接觸。及至鄭成功東征，淸方的福建總督纔發覺彼此有共同的利害，共同的敵人，曾邀約台灣荷蘭總督夾攻鄭軍的閩南根據地，但不曾成爲事實（參看本章第四節）。台灣退出之後，東印度公司不僅希望對淸廷重續舊好，並進而希望成立軍事同盟，對國姓爺採取一致的戰鬥行動。一六六二年(康熙元年)它的海軍統領巴爾特（Bathasar Bort）大概即中國記載中的總兵官巴連衞林帶着十二隻甲板船到了閩江口派人（L.V.Camhln）與靖南王耿繼茂總督李率泰商議聯合作戰，願作先鋒，先攻厦門金門，然後由淸軍助其奪回臺灣。因爲李率泰另有看法，談判未協。巴爾特頗想有所表現，卽單獨行動，以海盜的方式連續襲擊鄭軍的船隻，但並未發生什麼大的效果。翌年(一六六三)巴爾特奉命率領更多的兵船前來。此次頗受李率泰的禮遇，淸廷允其二年貿易一次，軍事協定，亦隨之成立。是年十一月，淸荷聯合艦隊進攻厦門金門。鄭經的大將周金斌雖力戰殲滅了福建提督馬得功，但終未能保有兩島，喪失了十餘年來經略大陸的根據地。而荷蘭所得的報酬，只是康熙皇帝的兩道褒獎敕諭，及三千兩紋銀，數十疋綢緞。關於進兵臺灣，淸方不惟不感興趣，而且有所顧慮。明末紅毛爲患閩海的歷史教訓，福建當局並不曾忘懷，如果幫助荷蘭，擊敗鄭氏，使其復據台灣，勢必重演四十年前强要互市，寇掠閩粤的故事，非祇是拒虎進狼而且爲禍可能更大。再者遠洋作戰不是一件容易的事，金厦之戰，鄭軍並未大挫，淸軍則已蒙損失，李率泰頗想以政治方法分化鄭經的部下，所以連近海的銅山亦不主進攻。爲了敷衍巴爾特，他曾派兩隻蓬船助戰，自然無濟於事。

鄭經退囘臺灣，頗想與荷蘭言和，以拆散敵人的聯合陣線未能成功。一六六五年（永曆十九年康熙四年）巴爾特用通事楊宗九之謀，攻占雞籠，留比特爾（de Bitter）以兵二百人駐守，作死灰復燃之計。然而今非昔比，臺灣已有了堅强的組織，不容其重溫一六二四年的舊夢。三年之後（一六六八），爲勇衞黃安逐退，名將林鳳卽於是役戰歿（「台灣通史」亦謂逐荷人去雞籠者黃安，但又謂黃安，卒於一六六五）。

一六七四年（永曆二十八年，康熙十三年）鄭經乘三藩之亂，再有閩南各地。後來局勢逆轉，但仍堅守海澄厦門。因之淸廷又想借助於荷蘭的水師，希望她出動甲板船二十艘，協力攻取金厦，再來一次淸荷聯合作戰。此時福建方面的統帥奉命大將軍和碩康親王傑書於一六七九年（康熙十八年）三月四月先後奏覆，謂事有困難，第一戰艦水師未備，自己的實力不足；第二鄭軍據有海澄一帶，不易急圖；第三制海權仍操於敵人之手，去爪哇的海道被阻，無法與荷人聯繫，甲板何日可望來會，不能預定。康熙皇帝爲此頗感煩惱。其後總督姚啓聖的代表劉仔及通事黃鏞林奇逢雖到了巴達維亞，說其前來會師合擊，先復各島，再取臺灣，交予荷蘭。但是東印度公司鑒於一六六三年淸方之未能切實相助，雖經劉仔再三解說，終於無意出兵。淸荷的聯合陣線似乎並不堅强。一六八三年（康熙二十二年）淸軍大擧東征，事先復檄荷蘭艦隊助戰，但是甲板到時，臺灣戰爭已了。然仍可見淸荷的關係。

二、英國締交

淸荷的「同盟」，確給台灣不少困擾，如果有一個外國願意予臺灣以同情或援助，自爲鄭氏所歡迎。和荷人同時來東方作商業活動，而與之處於敵對的地位的則爲英國人。據說在荷人侵入臺灣之前，一六一七年（明神宗萬曆四十五年）英國東印度公司已有來臺通商之意，不過那時英人正集中其力量於南洋。一六二三年（天啓三年）當福建的代表在巴達維亞與荷蘭人談判退出澎湖問題之時，他曾同樣的告訴英人，他們亦可以去臺灣貿易，如果願意的話。巴達維亞的英人曾於是年二月二十四日(天啓三年正月二十四日)寫信告訴倫敦東印度公司本部，請求指示。公司作何決定，不得而知，大概是不會同意。中英關係的眞正開始，實在一六三七年（崇禎十年）。因爲葡荷的仇視，中英的內部不安，此後二十餘年英人不曾再來。一六六四年（康熙三年）公司貨船二次到粵復遭葡人的阻難及廣州當局的勒索，失敗而去。於是轉變計劃，前來臺灣嘗試。一六七〇年六月二十三日（永曆二十四年，康熙九年五月初七日）湯浦遜（W.Thcmpson）克利斯浦（Ellis Clisp）率領兩船（'Bantam Pink'及,peall'）自蘇門答臘的班丹（Bantam）抵達東寧（今台南），立即受到鄭經的優遇。六月二十六日（中曆五月初十日）正式晉謁，呈遞英王查理的國書，聲明他們是英國人而非荷蘭人，願意和台灣通商，並派人駐紮。九月十日（中曆七月二十七日）雙方成立了一個二十條的協議，允許英人自由買賣，自由雇用通事，自由行動，自由携帶現金出口，自由販運鹿皮食糖往日本呂宋等地，隨時晉見「國王」，進口貨稅百分之三，出口免徵，每次船來應帶進火藥、槍砲、鐵器及紡織品，並留下修理槍砲工匠一人，如遇有損害之事，應互相賠償。其中有許多條件是外國人在廣州所不易享有權利，亦有一部分爲臺灣所需要的援助。（以上大致根據甘爲霖「荷蘭統治下之台灣」W. Campbell, Folmosa Under The Dutch。據 H. B. Morse, The Chronicles of the East India Company Traling to China 卷一，謂英船 Bantam及Crotvn 於一六七一年來台，中途失事。一六七二年六月續派Return及Exheriment兩船前來，由Camel號領導，停留經年，情況並不順利，以砂糖鹿皮均由台灣政府專營。對於英人，祗允許他們依時價購買出口貨的三分之一。'Exheriment,號回航時爲荷船所俘。各方參證，照英船初次來臺經過，應以甘爲霖書所記爲可信）。

從此之後，鄭英的關係頗爲友好，當時東方的國際形勢儼然是兩個對抗集團：一方是滿淸與荷蘭，一方是台灣與英國，不過前者是軍事同盟，後者則僅爲經濟合作。

一六七二年（永曆二十六年，康熙十一年）英船由倫敦來臺，鄭經會致書英王，鼓勵英人的對台貿易。一六七五年（永曆二十九年，康熙十四年）英船（Fling Eagle號）續到，極受歡迎交易十分順利，因爲她載來的有槍砲火藥。那時正當鄭經回師大陸，參加吳三桂所領導的反淸聯合軍，新式軍火自是他所急需。鄭經並保證在他的占領區內可予英人以各種商業的方便。他們接受了台灣的銅礮定貨單，鄭經則請英船留借兩位礮手教練他的礮隊，允許英人去厦門通商。大陸互市是英人的最大希望，東印度公司認爲機不可失，翌年（一六七六）卽派船到厦，設立商館（分公司），帶來的有若干軍火，帶去的爲銅類，並無砂糖，因爲價格過昂，一六七七年（永曆三十一年，康熙十六年）的「台灣」（"Formosa"）號卽朱滿載。是年三月鄭軍連失泉州漳州，對於厦門的英國商務亦爲一大打擊。（英人絕無所愛於鄭經，祗求牟利，是年曾擬與淸軍占領的泉州及福州通商）。一六七八年鄭軍反攻獲勝，再入閩南，厦門成爲英國在華的總商館，（台灣商館附之），明年有兩船前來。一六八〇年（永曆三十三年，康熙十九年）鄭經復失厦門，是年有一船來台，所載貨物除紡織物外，有火藥二百桶，毛瑟火槍六箱。一六八一年鄭經卒後，台灣情勢益惡，東印度公司的商館停閉，僅留了一位代理人淸理賬目，追收債款。鄭英的關係告一結束。一六八三年（康熙二十二年）淸軍平臺，商館被占，英人曾向提督施琅（英人稱他爲 Sego或Secoe）及其部下行賄，運動收回，並繼續追索欠款，未能生效。

英人給予台灣的物資，特別是西洋軍火，爲數雖不見得很多，如鄭經能善爲運用，應該發生相當的效力，一六七四至一六九六年康熙十三至十四年鄭英之閩南粵東的大捷。以及一六七八年反攻的勝利，可能是得力於英國的武器。但是武器不是决定勝負的惟一條件。何況敵人淸軍亦有西洋敎士南懷仁（Ferdinand Verliest）所監製的大礮。

三、西班牙的齟齬與呂宋經略的擬議

鄭氏政權與呂宋的關係，始終不甚美滿。十七世紀前期，華僑兩次遭受西班牙人有計劃的大屠殺，遇害者四萬七千人之多！明政府均無力問罪。閩南時代，鄭成功與呂宋已有商業的往來，光復台灣之後，進一步他决定經略菲島。一六六二年四月派遣原在厦佈敎的義大利宣敎師李科羅（Vrctorio Riccio）出使馬尼剌，要求呂宋總督入貢歸服，並偵察情勢，暗中聯結華人，謀相機行事。久處西班牙人虐迫之下的閩南人，（呂宋華僑大都爲閩南人），對於國姓爺的逐走荷人自不無欣喜興奮之情，而對於國姓爺專使的涖臨，當更寄以莫大的厚望。相反的，西班牙人鑒於荷人在台的覆轍，早有戒懼，李科羅之來，及華人的躍躍思動，愈增加其恐惶。於是决先下手，陰行佈置，再來一次冷血的屠戮，以免其作國姓爺的內應。五月六日（永曆十六年康熙元年三月十九日）集中大兵，實行尋釁，華僑苦戰數日，終於不敵，死者約近萬人，冒險出海溺斃者亦不在少數，這個不幸的惡耗，對鄭成功自是一重大刺激，他準備予以武力膺懲，更不幸的是他不久因病而逝（參看本章第五節）。否則西班牙人能否抗拒國姓爺的南征軍，他們在菲島的統治能否延續下去，大是疑問。菲列濱的歷史可能是另一個寫法。

一六六六年九月（永曆二十年，康熙五年八月），呂宋總督，爲欲緩和對台灣的關係，亦派遣一位敎士代表前來，鄭經令賓客司予以禮待。這位敎士負有建築敎堂和傳敎的使命，陳永華力持不可，鄭經賜以衣冠，令去本俗穿戴，依臣禮進見。這時台灣正要修整礮船戰艦，需用材料，同時亦想重開菲島貿易，當卽約定兩事：第一、商船到呂宋交易，應予保護，不許生端勒索；第二、每次船來，須進貢舵梔，如若背約，卽興師問罪。隨之亦再遣李科羅赴菲報聘，臺菲照常交好。我們知道自一六六四年鄭經退回台灣，大將周全斌黃廷先後降淸，一六六五年淸軍一度東犯，在這種情勢之下，鄭經實無再向呂宋生事之理。

經過五六年的休養生息，大陸方面又無可乘之機，一六七二年二月（永曆二十六年，康熙十一年正月）統領顏望忠楊祥自報奮勇，願領兵船進征呂宋，以廣領土。侍衞馮錫範則持反對的意見，謂呂宋「並無所產，況年已納貢舵梔，今若征之，有三失焉；一師出無名，有失遠人之心；二殘擾地方，得之不足爲臂指；三欲守之有鞭長莫及之勢。況年來安守，幸爾豐熟，豈可妄用無益之兵？」於是此議未行。據十一年後中書舍人鄭德瀟的追述，一六七三年，鄭經又決定興師南征，因得耿精忠的邀約，改變戰略，移兵西上，進征呂宋的計劃復行放棄。可見台灣當局無時忘情菲島。

一六八三年(永曆三十七年，康熙二十二年)清軍施琅大破鄭經，延平王國將要傾覆之際，台灣政府的實際負責人馮錫範大會文武，商應付之策。建威中鎮黃良驥建議向以全軍向菲島轉移，死裏求生，另謀出路。他說：「今日澎湖失守，台灣勢危，不如將大小戰船及洋船配載眷口兵士，從此山邊直下，取呂宋爲基業」。提督中鎮洪邦柱力爲贊同。中書舍人鄭德瀟是一位素來留心呂宋問題的人，情事十分熟悉，謂良驥計策甚妙，並出示地圖，評論可取之道。略謂「呂宋者，南海之外國也，……漳泉逐利之夫多往焉。……三五載借事殺唐人，名曰洗街，恐其大或生事也。平時毆詈不敢回手，殺傷從無抵償。諸島中惟呂宋待我中國人最無禮，先王（鄭成功）在日，每欲征之，以雪我中國人之恨，因開創無暇。至世藩（鄭經）業已興師，因接耿藩（耿精忠）之變，遂移兵過廈。細查其衆不過千有餘人，所恃者城上數門大熕（砲）而已。然佛郎機，（西班牙）之得國非有信義，守國又無材武，……竊據玆土，已有四十餘年（？），成（我？）漳泉人積骸其地者，何啻數十萬，羈魂厲魄，痛恨何極。夫積怨者，神人所共憤，而叢貨者，興盛所取資也。呂宋初無重寶，故不炫於外國，自干系臘（Castilla，卽西班牙）舶銀至，而後貿易，富饒甲諸國，今之積於公班（公司）巴藩（教士者數十百萬，是皆昔所誘惑貪愚死而括藏之物。天下安有久積而不散，虐侮而不復之理乎？又安知非天之鍾其藏以待興王之探取也哉？……故以議取呂宋爲上策。」十一年前持反對態度的馮錫範此時亦深以爲然，卽請鄭克塽動員。這個決策，頗似鄭成功江南失敗，改而東取台灣，而鄭德瀟則似當時的何廷斌。誠如鄭德瀟所言，「欲建非常之功，當與非常之人謀之」，鄭克塽絕非乃祖之比。而今日的情勢亦與二十三年前大異，江南雖然喪師，厦門會獲勝利士氣尙屬可用，今則澎湖不守，人心動搖，高級將領，紛紛自謀出路，暗中與敵人通謀接洽，準備納降內應，大將何祐卽其著例。同時兵弁亦無戰意，不聽命令，百姓又驚惶不安。而主帥劉國軒更認爲時勢已非，衆志瓦解，有變起蕭牆之憂，惟有舉全地版圖以降。黃良驥鄭德瀟的計劃成了泡影。鄭成功以來三世經略呂宋的企圖終未成爲事實。否則遠東的國際形勢可能另是一個樣子。

四、日本南洋的通商

以浙閩爲根據地的明人恢復運動，爲要爭取外援，日本自然會受他們的注意，特別是最初鄭芝龍所支持的隆武帝的福州政府。芝龍的發蹟既與日本有關，而他往來於日本漳泉之間的貨船尤多，他本人曾想向日本請過援兵，鄭彩曾派人齎樂材絲絹交易日本的武器鳥銃腰刀衣甲硝藥。據日人的記載，一六四八年（永曆二年）鄭成功亦曾有求援的書信。不過鄭成功所重視的不一定是日本的直接軍事援助，實爲經濟方面的互惠。當他初舉兵時，集數百人於鼓浪嶼，「方苦無資，人不爲用。適有賈舶自日本來者，使詢之，則二僕在焉。問：『有資幾何？』曰：『僅十萬』。成功命取佐軍。僕曰：『未得主母命，森舍（成功）安得擅用？』成功怒曰：『汝視我爲主母何人？敢抗？』卽立斬之，以其資招兵製械，從者日衆」（僞鄭逸事）。所謂「通洋之利」的海外貿易，一向關係着鄭成功的財用，日本相去既近，在海外諸國之中，亦最富强，需要中國百貨尤多，商務往來素繁，而成功於日本的情形亦最熟悉，彼此自易接近，至於說日本與成功「以渭湯誼相親，有求必與」，自不必是主因，但由於成功的外祖母爲日婦，在心理上或不無幾許影響。成功對於日本，確在力事交好。其一六五八年（永曆十二年）致德川幕府書中，一再表示此意。當一六五一年（永曆五年）以士卒繁多，器械未備，糧餉不足，參軍馮澄世卽建議與日本通好，「借彼地彼糧，以濟吾用，然後下販呂宋暹羅交趾等國」。成功卽令鄭泰等造大艦前往，販運鉛銅，鑄銅礮盔甲器械及永曆錢。後來鄭泰授爲戶官，掌管東西洋貿易，逐年派船到長崎交易，頗有營私之手。及一六六三年（永曆十七年）鄭泰以他事被誅，鄭經查閱他的賬冊，發現尙有不少銀貨寄積長崎，因卽致書長崎奉行索取。而投降滿清的鄭泰的兄弟鄭鳴駿對這批財產亦提出要求，反對移付鄭經。後來鄭泰孫鄭奎等復來索取，鄭經亦不放鬆，一六七五年（康熙十四年）在七十一萬兩中鄭經得到了二十六萬兩，餘爲鄭奎等所得。這是日本存款的一幕爭奪。

自由中國通訊

他山之石

華府通訊・九月十七日

本刊特約通訊記者　許思澄

塔虎特上議員（故總統塔虎特之子，共和黨右派領袖）九月六日發表了一篇對他故鄉歐海歐州選民的公開信。他批評杜魯門政府有知覺，但是沒有腦子，所以不能將許多事實貫串成不自相矛盾的政策。如果用這話來衡量杜政府，特別是其對華外交政策，却也幾分中肯。

最近發生了幾件不大不小的事情，可以對上文作一注解。

第一件自然是麥克阿瑟論台島戰略性事件，向例，美國海外作戰軍人會（Veterans of Foreign Wars of The United States）每年有一次全國性的代表大會。今年八月廿七日五十一屆年會在支加哥召集。到會代表來自一萬不同單位，約共六萬人。大會總司令路易斯事前特別函請麥克阿瑟書面致詞。麥氏於是寫了一篇很精彩的戰略論文，特別着重臺灣必須在友邦手中的道理。如果站在美國人純軍事學的立場看，可以作爲陸軍大學教科書讀。不過畢竟臺灣是現實問題。於是一方面固然在結句中着實恭維了一下杜總統六月廿七日支持臺灣擧措之賢明；另一方面却欲罷不能的寫了下面這樣一段：

『天下沒有比那些在太平洋上妥協的失敗主義者的主張更荒謬的東西！他們竟用那破爛不堪的理論來說：「保衛臺灣會得罪亞洲大陸上的人！」那些人根本不懂得東方。他們不知道東方人的心理崇拜服從於勇往堅決有力的領導者，而會很快的離棄胆小，猶疑的領導者。他們低估了東方人的智力！』

這段話何所指呢？誰是『太平洋上妥協的失敗主義者』？誰說過『保衛臺灣會得罪亞洲大陸上的人民』？誰是『胆小猶疑的領導者』？這一切的一切，都是美國國務院的代名詞！項莊舞劍，意在沛公。

打擊國務院就是打擊杜魯門

是在廿六日早上，杜魯門得悉這篇講詞之後，馬上下令麥帥收回，麥帥立即遵令辦理。可是原詞早已經一個週刊排印付郵了。於是乃爲衆所週知。

這次事件是有牠的背景的。遠的不說，且自韓戰爆發後說起。記者在七月廿五日通訊中（參看本刊三卷四期）已指出北韓進攻南韓後，杜魯門倉皇定策，一面支援南韓一面下令第七艦隊協助保衛臺灣。支持臺灣本爲事實上必需之着，不過過去五年錯棋下得太多，白皮書既已落井下石，而近在本年初，猶再三申訴不理臺灣。嘴說得太硬，一時回不了頭，所以遲遲不發。朝鮮亂事一起，擧世注目朝鮮，正好順手一來將臺灣問題，如附帶解決。這本是政治戲法之一，如果手法乾淨利落，也就毫無所謂。但不幸當事人是個拖泥帶水的杜魯門。兩月以來，一看『區區北韓』，竟其勢洶洶，把現代化的美軍打得只有招架之功，於是胆又虛了。他不能（抑或不肯）用腦子體會到北韓只是『共產國際』的一部份，所以能如此强；竟妄想以一種舊式的外交手腕，使中共脫離那不可分的共產國際而置身事外。這些日子來，杜魯門和他的國務院向中共丟媚眼，獻殷懃，一則曰：一且高麗事定，第七艦隊即撤離臺灣海峽；再則爲美空軍掃射中共事道歉，表示願意賠償損失。其目的是想避免和中共正式衝突。這種態度在國內的人看來也許不明白，但站在國外看，却頗有其根由。原來，自從抗戰八年以後，只管在我們自己覺得是『勝之有愧』，但世界各國（除了蘇聯）却得了一個結論：『中國是征服不了的。』根據這個結論，美國固不願將其準備對俄的兵力膠着在中國大陸上；而歐西各國尤其怕美國和中共開戰後將無力救援西歐。所以歐洲各國雖然爲了自己的利害贊成援韓，因爲創此先例；將來可以有藉口要美國立即參加歐戰；但也同樣爲了自己的利害不喜歡美國和中共正式開戰。西歐目前可說是空虛得很。所謂重整戰備仍只在紙上談兵階段。在明年十一月之前，自己無力抵禦蘇聯的全面進攻。即使在明年十一月後較有辦法，也仍必須美國的全力支援。所以他們最不願的是美國和中共決裂。美國駐歐使節，記者，以及旅行的人自然以此觀點反映回來；而歐洲十多國駐美的上上下下各色人等，更是人多口雜。於是衆口鑠金，更何況國務院本就是臺灣的對頭，於是乃造成了近來這種拉攏中共的氣氛。麥帥的論文就是針對這種事實發的。只管麥帥在形式上收回了這文章，實際上已散入民間，杜魯門的主人——那些早已表示不滿的選民們又待到了一份參考資料。

不過就中國人的立場來觀察，麥帥的文章也僅只限於支持臺灣而已。連他也不敢說替中國反攻大陸的話。所以有些人想着美國人替我們打回大陸，至少在目前，還只是空想。那麼，難道我們就沒有反攻大陸的機會了嗎？這又不然。我們不但有，而且如果努力，則回大陸的日期並不在遠。不過必須自己打回去。自己有決心，則成功是極可能的。

在國際棋局上，自然最好是淨吃，不丟。萬一非丟子不可的話，也是以丟小兵的爲宜。下棋下到拼車，已是中下，但至少還不吃虧。所以如果美國在我們的棋局上是隻車，則至少當留下牠和俄國對拼。不過目前却有比拼車更好之着。

在朝鮮的戰事，兩月餘來，都在南韓疆界內打。這是對我們最有利的局面。因爲如果聯合國軍被共產國際整個打敗，趕出朝鮮，則即使麥克阿瑟還可以再一度的說：『我一定回來。』（"I Will Come back" 二次大戰中麥帥對菲律賓人說的名句）究竟是民主集團失威之事。反之，如果聯合國軍戰勝，一直打到三十八度，馬上就牽涉到好些問題。第一、是否追擊？不追擊吧，難道坐候北韓重整軍備後再挨打？如果追擊吧，立刻逾越聯合國原議決案的範圍。提請聯合國重議，則蘇聯已回來，必定多方阻撓。不提請聯合國議決，則師出無名。所以怎樣都不妥。不過這些是美國的困難，我們不必去替她担憂。我們所担心的是一旦打到三十八度，除非兩方已冒了火，否則美國有了機會下臺，也許會在講條件中不輕輕的把中國出賣一下以苟安一時。明明他們的妥協是不會太長的，但中國又得吃一次眼前虧。但目前形勢則不然。美國是輪家，而且退不得，於是不得不一船船的物資人力放下去。另一方面，蘇聯眼看對方只剩下了小小一角，殺得眼紅，也決不肯懸岩勒馬。但對方抵抗力既繼續加強，他這邊也自然不能不將可用的人員物資拼進去。蘇聯既尚不顧直接捲入旋渦，而北韓力量又不會無窮無盡。最合理的結果是將中共在滿洲的軍隊物資去塡美國的炮眼。這樣頂下去，等於美軍替我們打了中共。然而因爲戰場小，兵力集中，美軍可以發揮火力的長處，而沒有暴師中國大陸的危險。更就中國老百姓說，戰場不在中國，少吃多少苦！中國的都市，工業中心，也暫時可免挨炸。但中共如不斷的將主力消耗於朝鮮，則其對中國統制力將日益薄弱。同時進行戰爭不能不加強榨取。民怨將益深，反抗將益烈，這些都增加了異日反攻的機會。不過反攻却只有我們自己能作。

韓戰初起時記者即作此種觀測。戰爭打到今天，情勢更證明這種觀察的不錯。只管美國對於中共參戰諱莫如深；甚或想拉攏中共；只管中共也明白捲入韓戰的利少害多。但情勢所趨，中共和美國都已身不由主。這是一個悲劇，但也未始不是喜劇。我們所担憂的不是美國在韓的一時進退，倒是臺灣的不能自強，不能收拾人心，不能利用這一髮千鈞的機會作一次起死回生的革新。這種時機太不易得，太短促，代價太高，如果仍不能使國民黨和「國民官」們洗心革面的悔改努力，就太可惜了！

話回到美國，第二件事，是海軍部長馬休斯（Matheus）先後在歐麻哈和波士頓發表了演說、主張擒賊擒王，認爲必要時當不惜以戰止戰，先發制人。演說之後，國務院（外交部）馬上發表申明，說這只是馬氏個人言論，美國政府決不發動任何戰爭。跟着空軍大學的校長安德生（Orvil A. Anderson）因爲主張先發制人之戰被無定期停職。

這件事的處理不算太壞。但問題却在堂堂海軍部長怎樣可以在這種微妙關頭發表這種不負責任，有害無利的公開演說？這不是杜魯門用人不當，就是內部不協調，對外不一致。

同時，馬氏和安氏的理論在政府內外都有着相當的勢力。因爲目前蘇俄的戰略似在陷美國入一連串的小型戰爭，以消耗其物力。尤其盼望的是引起經濟恐慌。關於此點，蘇聯的如意算盤不會實現。（當另爲文論之。）但美國人之不喜歡多和小國交戰，則是事實。打起蘇聯來危險雖較大，但總算是和一個對手對打。和些小國作戰，至少在表面上勝之不武，而敗却難堪。可是由於某種我們尚難確定的原因，（多半是蘇聯尚未準備好原子戰爭。）事實說明蘇聯還未打算立刻直接衝突。於是有些率直的人就主張單刀直入的進攻蘇聯。這倒也是老老實實正本淸源的辦法。不過今日美國打的是反侵略的旗號，如果贊成侵略戰爭，豈非爲蘇聯的宣傳添藉口？所以杜魯門不能不將這種觀點壓下去，其實這個問題是毫不成問題的。到時候就自然而然的解決了。侵略者既存心侵略，尤其當戰爭已開了頭，正如一連串的炸彈，丟第一顆炸彈的人即使不想牽連其他炸彈，又那能由他自主，結果還不是一連串的爆炸下去？在這個時候，美國人來談發動戰爭，眞是：『官鹽拿來當私鹽賣』了。高級負責人而出乎此，是不智。一個政府之內海軍部和國務院矛盾如此，是總統未盡協調之責。換句話說：杜政府沒有腦子。

第三件事是有位議員寫了封信給杜魯門，請求在三軍參謀長會報中添列海軍陸戰隊一席。杜回信說海軍陸戰隊是海軍中的警察，海軍作戰部長已經代表了他們，不必另有代表。順便又發了一句牢騷，說：『海軍陸戰隊的宣傳和史大林的一樣利害。』這兩封信都印入了國會紀錄。誰知引起了軒然大波。適値退伍陸戰隊全國年會在華盛頓開會。在其領導之下，全國上下均要求總統道歉。杜氏倒也還算有風度，當即寫了一封很謙遜的信給海軍陸戰隊總司令，向全體陸戰隊道歉，並且親自出席退伍陸戰隊年會滿面笑容的解釋說他之所以說陸戰隊是海軍中的警察，不是輕視陸戰隊而是說陸戰隊隨時隨地可以打擊作惡者之意。這事件的解決總算圓滿，陸戰隊的士氣總算未降低，然而正如杜氏道歉信所說他的『不擇言詞』是件『至爲遺憾』的事。因爲史大林這名字之在今日美國，和十年前希特勒一樣，已是大衆所深惡痛絕的了。用來形容爲國犧牲的壯士，豈非荒謬？幸得杜氏總算是民主國家長大的，有勇氣當衆悔過。不然使國內因一言之不愼，平添裂痕，寧非大罪！

原來這事也有其歷史背景。陸戰隊在美軍中一向是很自負的。平時就趾高氣揚。上次三軍合併時，整個海軍受到壓抑，連海軍作戰部長都憤而離職。陸戰隊更遭到了縮編。但陸戰隊有其光榮的作戰史，而且作戰力向來強。參加過陸戰隊退伍後在社會上有地位有勢力的人也不少。所以一直想出頭。這次請求特別添一席，也就是這種努力之一，但這與整個軍事政策相違，杜總統尤不滿其活動，於是打擊了他們一下。誰知起了反作用。現在杜氏又不得不大捧陸戰隊。這一出一入之間，多少反映出他的軍事政策有毛病。如果杜氏的解釋只是一時的「米湯」，那不必說，如果心口如一，則等於承認其縮編陸戰隊之不當。因爲今日美國所需要的正是大批隨時隨地可以打擊敵人的部隊。

說到這裏，可以順便報告一下有些理論家的主張。他們認爲蘇聯既隨時隨地會發動使衛星國出面的小型戰，美國應立即組成一支隨時隨地可以應戰的機動部隊應付之。因爲美國之所以不應將全力投入朝鮮，是怕蘇聯在別處（如伊朗，如芬蘭：）發動戰事，如果有這一批機動部隊，對於世界任何一角都可在短期內趕到，則蘇聯鼓動的新戰事，即使不能避免，也可減少損害。

但願杜魯門政府能從過去的錯誤中學習，不至再貽反對黨以『沒有腦子』之譏。其實這話又豈止指美國而言。人非聖賢，孰能無過，其政府之遠不如杜魯門者，當也可以有借助他山之處。

民卅九年九月十七日

芝加哥通訊・九月十日

萬事莫如反共急

——美國人民的覺醒——

本刊特約通訊記者 林慰君

學校重地 共黨莫入

没有教育部的美國教育界在反共抗俄的步伐上却表現得非常齊一。七月初在聖路易城所舉行的第八十八屆全國教育協會年會，參加者計各地代表四千餘人。該會擁有會員四十五萬人，爲美國全國教育界之權威。當時與會的代表，各個都準備一付雄辯的喉舌，磨拳擦掌，以便於大會期間討論如何排斥「紐約市教師公會」的問題。因爲該公會純爲左翼人士所把持，而且其主席和其他七個會員都因拒絕承認他們是共產黨員而被留在原地，等候開庭審判。

不料出乎大衆意料之外的，紐約的教師公會在教協年會中自己竟自動讓步，放棄了牠的被選資格。一反其過去把持和刁難的作風。這大概是他們鑒於近來國內一般人民反共情緒的高漲，因此知難而退，不敢太過囂張了！

大會於七月七日通過一項新的規定，卽凡屬共產黨員或擁護共產主義者，均無加入該會之資格，這樣一來，美國全國教師中之左翼份子，將被大部肅清了。

最近規定，凡是大學教授講師均須宣誓並非共黨，如不肯宣誓，卽不聘請，但如宣假誓，則以欺騙政府而治罪。

防諜與除奸

自從舊金山碼頭工人協會會長布理治氏被政府法官提起公訴控其爲共產黨員而判罪後，彼雖聲明不服上訴，但已正式取消其美國公民的資格。

除此之外，又逮捕了幾個有名的大間諜，第一是魏本博士(Dr. Sidney Weinbaum)。該氏爲加里福尼亞大學研究噴射推進學的科學教授，現年五十二歲，原籍蘇俄，於一九二二年來美，一九二七年在落杉磯入籍。據聯邦調查局發表，魏氏的被捕，與其他間諜案並無牽連，他的罪狀是：一九四九年，他曾在工業工作者審查會中宣誓並未加入共產黨，因此以欺騙政府僞造事實而被捕。

第二是前陸軍軍官格林格拉(David Greenglass)。格氏年廿八歲，他的罪狀是替蘇俄偵察和傳遞原子彈消息。他是金恆利氏(Harry Gold)的黨羽，而金氏則爲英國戰時的間諜——福克博士(Dr. Klaus Fuchs)的同謀。

第三、金恆利於日前由政府按「戰時爲潛伏敵人作間諜」罪起訴。根據戰時法規，金氏可能被判死刑。現在美國一般愛國人士，都在望眼欲穿的等待着看這個間諜的下場。

按金氏現年卅九歲，爲一化學家，曾承認他自已爲蘇俄採取原子彈的情報。他的父母爲俄國人。於今年五月被捕，偵察至今，始正式起訴。被捕後每次出庭，他都是帶着手鐐，這樣嚴重的待遇，在美國是不易多見的。

第四、在格林格拉氏被捕後的數小時之內，紐約省一位化學家司來克(Alfred Dean Slack)亦被捕。他現年四十四歲，也是金恆利的黨羽，爲蘇俄作間諜的無恥之徒。

在他那兒，調查人員得悉他們——金恆利、格林格拉和司來克等人——過去與蘇俄駐紐約市的副領事(Yakoler)時有來往，而他們所偷的秘密文件、圖樣、計劃、方程式……等等，也都是在那個蘇俄副領事指揮領導之下而進行的。可惜這個副領事已經回國去了，不然恐怕難免要有點難爲情吧？

報紙雜誌和廣播的新方向

美國的報章雜誌和無綫電台，一向是言論絕對自由而喜歡互相漫罵的(指民主共和兩黨)，但自從韓國戰事爆發後，所有的報紙雜誌和無綫電台，則一致把所有的力量發揮在反共抗俄的大前提上，而成一種宣傳的競爭了。每一家報紙雜誌都盡量搜集有關反共的資料，甚至平常反對援華的民主黨人主辦的報紙，也居然又把蔣先生的像片從塵封中取出，巍然的印出來，而備加誦揚了。

在所有關於共黨內幕消息的文章中，有一篇很引人注意而哄動全國的，在紐約和和芝加哥兩個大報上均連續刊載十餘日，爲匈牙利人耐耳(Sulners)夫婦所寫。

按蘇氏夫婦爲布達佩斯(Budapest)有名的字體學家，他們於最近，在千辛萬苦之中，跳出了匈國共產政府的魔掌。到了美國後，將過去共產政府怎樣威脅他僞造函件和字據，陷害誣賴該國紅衣主教敏生悌(Cardinal Mincszenty)的詳細情形一一露佈。

蘇氏過去一向在警察署服務，他爲了要逃出匈京，不得不與共黨合作，因爲不服從就得死。

據說紅衣主教敏生悌氏的治罪，完全是蘇俄的主使，因爲他們認爲在所有歐州的共產國家裏，敏主教最「大胆」最「無政治常識」(因爲他竟公然反對共產黨)，所以他們把他治罪，以儆效尤。

據蘇氏透露：敏主教會被匈政府以各種藥品和催眠術的方法，使其招認種種揑造的事實，這已爲世人所週知。他在所謂「公審」以後，會入精神修養院休息數月之久，於此可見共產黨手段毒辣之一般！

關切的語片

——寄語台灣——

金門通訊・九月十日

心白

當韓戰爆發、第七艦隊進駐台灣海峽的時候，很多遠慮之士都躭心我們會從而鬆懈了應有的努力。三個月來，各方面的表現，使我們這種隱憂無時或釋；——曾經一度高唱入雲的節約、勞軍、戰時動員的口號，現在早經消聲斂跡了。該是多麼令人戒懼的現象！

此地，我們刊出一位金門戰友寄來的通訊，這「關切的語片」，是如何的真純而懇摯，值得我們深深地反省惕勵！

編者

最近我們連裡的一位戰友，接到由台灣寄來的三份舊的雜誌，在金門這極度缺乏精神食糧底我們，該是多麼值得興奮的事啊！尤其對於我沒有書讀、報看，就像沒有吃飯、睡覺、或患了病一樣，難受底人，乍然吸取了文字的滋味，眞是如獲山珍般地從心裡快活出來。我發現這些雜誌的確字字珠玉、篇篇都是好文章，尤其使我不忍釋手的是自由中國，這雖是一本已經很舊了的雜誌（一卷十一期），但當我一字一字地讀完了那篇社論：今天的臺灣，十年前的英倫一文以後，使我有無窮的感想，於是我情不自禁地提筆寫這篇通訊，寄語在臺灣的同胞。這篇社論裡曾爲軍隊待遇呼籲，這種關心愛護軍人的好心，站在軍人的立場，是該感謝的！但是：若照我自已的良心來說，我就不贊成。爲什麼呢？因爲在我心裡，從來沒有起過希望加薪的念頭，依據我自轉進金門以來，將近十個月來的觀察，凡我所接觸過的戰友除掉極少數的錢迷外都可說完全沒有過這種想加薪的奢望。因爲我們每個人都知道，軍人要錢是沒有用處的，軍人隨時有殺身成仁、爲國爲民盡忠的時候。試問人死了，有錢又怎麼去用呢？像我雖然在大陸上曾因爲隊伍潰散，而淪落在汕頭過着行乞的生活，雖身受這種深刻的刺激，我還沒有改變我看淡金錢的心理。

況且，我們要想恢復過去富裕的享受，就必須打敗共匪，收復大陸，如今僅留下復興國家民族的最後本錢——台灣了，還能懷着過去的錯誤觀念？應該盡量節約、免增國家的負担，引通貨膨賬的惡果！祇要國家的經濟能長久保持隱定，我保證一定能夠擊敗共匪，光復大陸。

再說我們父母兄弟在鐵幕裡正受着殘酷痛苦的鞭笞，過着以樹皮、草根、觀音土充饑的生活（這是千眞萬確的事啊！在敵人的報紙上，我曾親見登載着推荐可供充饑的樹皮、草根的名稱）。我們生活在自由中國的人民，已經是够幸運的了！

從上面三點看來，我不贊成「軍隊的待遇是否已經改善」底質問，是有我底理由的，不管這理由聽起來似乎有些强調，或像有些騙人，但是我憑天良說，我確是在說着老實得不含絲毫欺騙成份的眞話。

但是話說回來，我前面聲言軍人不想錢，並不是說連吃飯、穿衣、都可不要，軍人最要緊的，就是强健的體格，雖然身體是從鍛練中堅强起來的，但基本的維持生命延續的吃飯問題，和補充生命消費的營養問題，總免不了要希望解决的。明白點兒說，我們的希望並不高：不管是什麼糧、祇要吃得飽，不管什麼菜、祇要有油鹽，不管什麼衣、祇要能保暖，我們就覺得已經够了。關於軍人待遇如何改善？我提出這樣一個最低原則。

我們金門的戰友生活要求很簡單，就我個人而言每月僅花一只牙膏、二條洗衣肥皂、一對電池、幾個燈泡、一些郵票和文具、一季換一個牙刷，還有、我從前還需要化錢到理髮店去剪髮，近幾月來，我發覺了這是一種無謂的消費，何不每月化五角台幣，請戰友們代剃「革命頭」；既省時又經濟，同志們！你們說對嗎？

至於談到，「陳先生做了院長以後，其作風，反比任省主席時期來得妥協」一點，實使我萬分婉惜！爲國家的前途，爲民族未來幸福着想，我均覺得陳先生不應該有這種向惡勢力妥協的事實，我希望陳先生應該發揚人民所擁護你的眞正軍人氣慨、有毅力、有敢胆、明是非、不畏難、永遠不向惡勢力妥協，爲國家、爲人民做事。

前些時，一本雜誌上有這樣沉痛的記載大意是：「當台灣糧價蒸蒸日上的時候，有錢有勢的大戶，仍然抗不繳納田賦，甚至有積幾年的田糧，竟有沒繳的，」負責當局，竟不追索、以調濟糧荒。這成什麼道理？我看後實在氣極了，惱恨得連飯都嚥不下喉嚨，負責的首長先生們！現在人民所需要的是一種祇維護公理、不與强權妥協的賢明政治，要拿出有正義有魄力的政治方法，排除任何刁難的阻礙。

還有更使我氣憤塡胸的事，就是今天既然大家都承認國家已到了存亡續絕、間不容髮的嚴重關頭，台灣這個唯一的復興基地，我們還不咬緊牙根，發揮出最高度的衛國精神，激底的動員所有的人力物力，使台灣海峽成爲抗拒敵人的天塹，進而反攻大陸，竟依舊過着以往所以招致失敗的、祇圖享受舒服的、貽害國家民族的腐化生活，社論上所說的：「沒有一點刻苦奮鬥的戰時氣氛，街頭巷尾，到處洋溢着黄色樂歌，戲院酒館門前，經常有小型汽車排列，商店玻璃櫥內、陳滿了用外匯換來的華麗服料、和化裝用品……「唉！這一切一切，滚你的吧！我實在氣得連話都說不出來了，雖然我未曾到過台灣，我相信記載是眞實的，叫人怎能不氣殺呵！

（下轉第32頁）

香港通訊

腐蝕墮落中的中共幹部

本刊特約通訊記者 祁自珍

這完全是出乎意料之外，實亦在意料之中的，毛澤東的王朝，在中國建立還不到一年，中共的幹部們已開始糜爛腐化了。如果就中共過去的宣傳來估計，或拿「革命」的眼光來推測，目前中共幹部在中國大陸所表現的生活形態，是令人難以置信的。卽以中國傳統的「改朝換代」的眼光來看，一個新興的王朝，也不應該墮落的太快。不過，如果我們能仔細分析一下中共構成的因素，及其成長的歷史，再來看他們今日的墮落，就不會大驚小怪了。

「在中上級幹部中和高級領導機關中，思想上滋長着驕傲居功的情緒；在工作上存在不深入下層的現象；在生活上成長着舖張浪費的風氣。」這些是他們自己的供詞，是他們自己在報紙公開發表的事實。關於舖張浪費的情形，凡是來自大陸的同胞，都能津津樂道，如數家珍，這裏不打算多說。目前，最值得我們注意的，便是「官僚主義」的爛漫了。所謂「驕傲居功」，所謂「不深入下層」，無非官僚主義的一兩個方面。近幾個月來，從「人民首都」的北京和全國各地都普遍展開了反官僚主義的鬥爭，這個鬥爭是配合着整風運動進行的，也可能是這次整風運動的核心與成敗關鍵。

據中共中央以及一般高級官員的解釋，他們所說的官僚主義，比之過去國民政府時代，大不相同，而且嚴重的多。這種官僚主義表現有八：（一）在人民面前威風十足，擺起官架子，發號施令，只想騎到人民頭上，毫不尊重自己的主人。（指人民）（二）在同事之間，勾心鬥角，播弄是非，打擊別人，抬高自己，竊他人之功以爲己功，諉自己之過以爲人過。（三）日常辦事，敷衍塞責，對人態度冷淡，對事生怕麻煩。處理問題，既不作調查，也不加研究，隨便應付，得過且過。他所抱的宗旨就是：做一天和尚撞一天鐘，下了辦公，萬事大吉，絲毫沒有責任感。（四）好出風頭，好表現自己，出頭的事就來，埋頭的事就不幹；有點成績就到處吹噓，做錯了事就不敢承認。（五）辦事有偏心，認人不認事，講封建關係，講地方主義，包庇親屬，提拔私人，團結小圈子，樹立宗派。（六）逢迎上級，欺壓下級，到處鑽空子，對人要手腕，陽奉陰違，口是心非。（七）自以爲是，不顧聽群衆的意見；爭自己的面子，不肯向眞理低頭。（八）假公濟私，貪污舞弊，違法亂紀，禍害人民，中共王朝建立還只有十個月，官僚主義何以如此猖獗呢？這顯然是極權主義，官營主義，包辦主義必然的結果，其由來也久矣！

中共能擊敗官僚主義嗎？絕對是不可能的，除非他們能放棄極權，放棄專政，放棄父事蘇聯的「一面倒」政策，這一切都是不可能的，中共先天是一個附庸性的政團，歷史已命定了它今日的悲哀。據傳劉少奇曾邀其內親某任職於「人民政府」，某問以何以「一面倒」？劉說得很坦白也誠懇：「我們如果不一面倒，就沒辦法」。

丟開中上級幹部，我們再來看看中下級的幹部是怎樣的在腐蝕着。據他們自己說：「在一般中下層幹部中，則主要的是想老婆，想回家看看，鬧享受，……貪污腐化，違反紀律……認爲勝利了應該分些勝利果實，因而不願再在艱苦的地區執行任務，不願意再做勞累與埋頭的工作，不尊重地方工作同志……。」中共當局認爲這些都是「落後農民狹隘思想」，無奈中共大多數的老幹部，多係農民出身，所以這種現象是「有普遍性」的存在着。而新進的知識份子幹部，常爲老幹部不容，事實上，僅僅幾個月的短期訓練，中共也不敢放心。從另一方面看，知識份子無論如何是不可能死心塌地，爲中共做尾巴做爪牙的。

上面所說的毛病，確是普遍存在的。我且隨便舉一個典型的例子來說。（中共貪污事件舉不勝舉）八月十七日所謂人民政府「柳州市公安局」撤了一個公安連指導員王誠訓的職務，並經上級黨部批准，開除了他的黨籍，罪名是「貪污，腐化，不知悔改。」王誠訓現年卅三歲，山東泰安人，家庭成份是中下農，一九四三年參加「解放軍」，一九四七年入了黨，由戰士一直升到連指導員，一九四九年被派任「柳州市太平分局副局長」。初到任事，還能「應付公事」，今年一月後便成天喝酒，講享受、搞女人，逐漸走向貪污腐化。據「柳州市公安局」的公告稱：「他經常的喝酒，市局開會時他總是帶着濃厚的酒氣和赭紅的面孔來。市局長同他談，說他不應當喝酒，妨害工作，他却强調工作忙，需要興奮。二月份一個月當中，他曾喝過大酒廿多次，經常的和一個姓趙的流氓在一起大吃大喝，把姓趙的認作自己的知心朋友，和姓趙的在分局裡抽大烟，分局開重要會議時，也讓姓趙的在旁邊聽。市局查問他，他說沒有這回事，說姓趙的是他工作關係人。二月份以後，他對上級佈置的工作，發出的指示，置之不理；下面對他的意見很多他也不管，反而採取報復的手段，誰提意見就找誰的麻煩。

「他的經濟賬目更是一塌糊塗，他把一些沒收的物質任意處理，隨便開支，一直不立賬。市局查他的賬，他說：分局裏找不出做會計的人。他私自將鐵出賣，從中貪污。市局問他，他說：員警生活苦，他將賣的錢拿去改善了員警的伙食。六月份，他借口搞合作社，由警士每人集股一萬元共卅多萬元，他把卅多萬元化了，買很多傢具給自己享用。警士們問他錢到那裏去了，他推說交到市局去了。市局追問他，他說：錢我已化了。可在我的津貼內扣。

「王誠訓又和一個『僞』軍官的妻鄭某勾搭上了，時常深更半夜到他那裏去，他利用自己的職權，將這個『僞』軍官老婆的一部汽車强賣給一個姓黎的。

「三月份市局在整頓思想，檢查領導當中卽發覺他的錯誤。局內領導上組織上都找他談，他一直不肯承認自己的錯誤。爲了敎育他，調職公安連，希望他坦白反省，認錯改過。可是他到公安連後，仍然和從前一樣，時常喝酒和『僞』軍官的老婆往來，還打算和她結婚，和家裏的老婆離婚。市局張藜科長和他談了幾次話，他都鬧翻了。張科長要他寫反省書。他說：我不會寫，就是這一塊，隨便好了。還發牢騷，說上級對他的問題不處理，並對戰士發洩憤恨，弄得公安連意見也非常多。」

從上面這段公告裏，我們可以證實三個問題：第一，中共幹部的貪汚腐化，已相當嚴重，王誠訓的例子，可算典型，他不過是若干中共中下級幹部貪汚份子之一，像他這樣的人，在中共幹部中尚不知幾何。第二，中共當局對於其「黨員」，其「老幹部」的包庇寬縱，總算是充分的「發揮了黨性」。如果王誠訓不是黨員，不是老幹部恐怕早已完蛋了。第三，王誠訓在發牢騷時說「上級對他的問題不處理：弄得公安連意見很多」。可見他一定尙有幾分道理，否則，公安連的戰士怎會同情他？王誠訓的問題，我相信不是他個人的問題，而是中共中下級幹部的一般問題，也就是中共當局所斥責的「落後農民的狹隘思想」。他們拚命參加「革命」多年，勝利以後他們眼看着毛澤東及其左右，昂然走進北京城，住洋房，坐汽車，左擁右抱，子女玉帛，應有盡有；普通中上級幹部各人的問題，也都有了解決。而他們這批中下級人員呢？什麼也沒得着，依然一個月幾十斤小米，四兩黃烟；依然要拚命、冒險、吃苦，他們當然有問題了。這怎能怪他們想要鬧享受，鬧地位，想老婆，想回家呢？他們不是人嗎？不應該有慾望嗎？

一九五〇、九、廿。

俄國大鼻子在上海

上海通訊

齊霞

俄國大鼻子從北站一下車便給人以不好的印象：頭髮蓬亂，面目陰險，衣服襤褸，皮鞋破舊。號稱建設三十幾年社會主義祖國的蘇俄人，原來就是這樣蹩脚，眞叫上海人夢想不到。

別看他們的樣子不濟，到了中國個個都像皇帝一般，握有至高的威權，享受人間無上的幸福。上海當一名局長，每月不過賺三百個單位（每單位約合港幣一元），但大鼻子起碼是三千單位，最高到一萬單位，故有人統計上海每月稅收，不够大鼻子每月開支。

大鼻子到上海，很有點像重慶人到了紐約，頭一件事是先換服裝。冷落已久的洋服店，自他們到後大做其生意。洋服店出出進進都是大鼻子，故每個洋服店招牌都重新換成俄文。他們都是熟讀「資本論」的經濟家，換上「美帝」新洋服後便把那襤褸洋服，破舊皮鞋，還捨不得丟掉，一包一包地都寄回他們的祖國去。

大鼻子換上新裝後，便輪到搜購司馬手表，派克水筆，金戒指，照相機。他們對於這些東西愛好的程度，恰好像餓蒼蠅見了血一般；因爲據他們自己講，在俄國是不易得到這些東西，搜購到手，寄回祖國是可以賺到一筆大錢的。

美軍在上海玩女人是拿美鈔向人肉市場上購買。大鼻子則異於是，他們在中國雖然拿到那麼多的單位，可是在女人身上是不肯花分文的。他們玩女人辦法便是强姦。這莫非便是資本主義與共產主義不同處嗎？環龍路一家花園裏，淸晨發現一强姦致死的女人。這家主人派人報告派出所，派出所警員說：「這宗案子太多了，我們只好裝聾做啞，這叫做中蘇友好啊！不必大驚小怪。」大鼻子不僅强姦民間婦女，而且在浦東還鬧個亂子，把「解放軍女同志」也强姦了五六個。女同志「思想未搞通」，以爲受了汚辱，便氣憤地報告解放軍。解放軍多出自農村，「封建思想」未除，一聽女同志被大鼻子强了姦，不及小組討論，卽刻動員包圍大鼻子，據說一次打死他們二十幾個。東北某「人民敎授」來滬招聘技術人員，我會問他大鼻子在東北强姦情形。他說：「現在沒有啦，在瀋陽有一次中國解放軍槍斃了他們强姦犯二百多個！」如此說來，浦東事件便不値得什麼了。中共明知大鼻子到中國是要出亂子的，所以他們和他們的主子想法子使大鼻子與中國人加以隔離。隔離尚且如此，假使不隔離更不知鬧成什麼樣子。

來到中國的大鼻子，包括軍人、技術人員、專家。所謂技術人員，實卽一些藝徒，初中程度，都是三五個月藝徒學校出身。他們只能學一種很狹的技術，所以每建設一工程，或製造一機器需要用很多的人才能完成，而修理很簡單的機器也是如此。但因他們是主子派來的，所以必須另眼看待，中國大學畢業，並獲得外國博士頭銜，能力比他們高多少倍的工程師的待遇却不及他們十分之一，這怎敎中國工程師不冒火呢？有一次在北平中國工程師會聯合起來，向他們鬥爭過，要求待遇公平。上海工程師們開小組會議時，也有人提出這問題。結局中共指導人員說：「他們離鄉背井到遙遠的中國來已經是犧牲很大了，所以應當特別看待他們，我們不應和他們比。」橫豎，大鼻子高於一切，這又有何說呢！

今年春，中共大吹大擂地宣傳，說蘇俄派來專家努日金等敎授到中國講演如何如何。上海文化界聽到這個消息，都寄以很大期待，以爲蘇俄專家必定有它了不起地方。那料到這些專家都是些草包。在上海他們共講了三次，而三次都是一樣，他們在講壇上等於唸稿子，而所講內容盡是些普通常識，但大學生都已懂得的東西。他們肚子裏雖無東西，但中共把他們抬舉得却像天神一般。在他們出席的地方，解放軍、警察、密探層層包圍着，深恐他們發生不測。其實，這些無名小卒，未必值得一刺的。

文藝

巢湖邊上

宛　宛

一

張家圩，在巢湖邊上，二百來戶人家，男女七百幾十口子。圩董張漢良，讀書人，七十出頭的年紀，本是地方上有名的紳士。他熱心公益，遠近聞名。民國初年，領頭開圩，出份子的人很多，一年多點功夫，張家圩就閙好了。一連四五個豐收，張漢良固然發了大財，出份子的也都喜笑顏開，就連幫工的伙計，佃戶們，沒幾年，也一個個成家立業，修船蓋房子，熱烘烘的好不興旺。

三十多年，也不算太短的時間，張家圩裏家家戶戶過的太平日子，就日本打中國那幾年，也沒受到什麼禍害。

巢湖附近，原就是魚米之鄉。張家圩裏的人，多半是赤手成家，平時勤勤儉儉，忙過了莊稼，又忙打漁，不但家家溫飽，不少人家，還有少許餘積。說它是人間一片樂土，不嫌過份。

二

三十七年臘月裏，巢湖附近幾縣，都給八路軍解放了。張家圩裏的人們，剛吃了一陣金元券的虧，既然解放了，也和別處老百姓一樣，認爲今後該可以太平了。八路軍比國軍規矩得多，不拉夫，不要錢，不亂拿東西，大家心裏想，怪不得土八路前幾年到處宣揚共產黨好，如今看來，確是名不虛傳。

轉眼陰歷年到了，張家圩的人們，也不甘落後，和附近的鎭市比賽龍燈，中年人、少年人，一個個興高彩烈。

圩裏的龍燈，從正月初五起，直玩到十六七，大家還像沒有盡興。初九是圩董張漢良的生日，他老人家雖是多年不問事，大家都還沒有忘記他開圩的功勞。這天晚上，圩裏的龍燈不算，還特地請來附近鎭上的龍燈一齊來爲他老人家祝壽，流水席不斷的開着大罈的酒，盡量的喝着，從日頭剛落，直鬧到天明。

十五元宵節，四鄉八鎭的龍燈獅子燈，各式各樣的燈，約好在城裏會齊，慶祝解放，張家圩自然也不放過這個比賽的好機會。因爲離城還有五十里路，十四一早就浩浩蕩蕩上城裏了。城裏可眞熱鬧，當晚便先來個小演，十五白天休息養神，一到傍晚，各路燈會，分從東南西北六門出發，爆竹不停的放，舞龍燈的人，個個滿身汗透，大街小巷，眞個是人山人海，最後到體育場聚齊，群龍亂舞，百燈競豔，好不奇鮮。

三

狂歡過後，大家打算好好做活了。這時候，保甲長開始換成了村幹鄉幹。張家圩派來一個指導員，他也姓張，叫張明，他是山東人，四十來歲，自然是老同志啊。指導員剛一到張家圩，大家請他住圩董張府上，他不肯，說，別打擾他老人家。又請他住國民學校，他說也不必，別躭誤小朋友上課。大家沒法，還是讓他自己決定吧，他就住在圩頭上茶店裏，他說這裏方便，隨時都可跟大家碰頭。

指導員來到的當天晚上，召集幾個村幹開會，直到半夜才散。茶店裏平時晚上最熱鬧，這一晚指導員說有公事，暫停招待客人。

第二天家家戶戶接到通知，一家一個代表到國民學校開會。大家都很守規矩，凡接到通知的，都一律到齊。

指導員報告之後，大家才明白，原來是要「支前」，指導員很客氣，話也說得很動人，好在「支錢」不多，大家都舉手擁護，開口贊成，心裏承認的圓滿散會了。

四

十天以後，指導員又在國民學校召集開會。

凡是上次承認「支前」一個袁頭的，這次請加個倍，兩個袁頭，好，沒問題，擁護，贊成，承認，又熱烈的完成了任務。

又過了一「七」的功夫，又要開會。

這次跟上次稍微有些不同，除了袁頭照第二次的例，再加一番以外，指導員又很詳細的說明大軍馬上就要過江，需要糧草，凡是上次「支前」二個袁頭的，這次爲了支援大軍過江，除了加一番「支錢」，再照「支錢」的數借糧、借草。

張漢良第一次就是最多，這一次的數目，照算是：

袁頭四十四枚。

米（指導員聲明是借的，熟米糙米都可以。）四十四石。

草（也是指導員聲明是借的，不拘稻草荒草都行。）四十四石。

其餘最少的數目是：

袁頭四枚、米四石，草四石。

大家心裏一划算，行，還拿得出，只好再是擁護贊成承認了。

指導員很誇獎大家熱烈的自動精神。

五

這以後，差不多一個月要開三次到五次的會，有時七次八次也沒定，只是辦法一次一次不同就是了。

辦法儘管不同，而大家卻非要保持「熱烈的自動精神」不可。

從第四次開會起，還有一點跟前三次不同的，那就是並不眞像打麻將算和一樣，開一次會加一次番，只不過斟酌情形，多少總得加一點，以表示不但「自動」，而且「進步」。自然也有極少數是略略減了一點的。這個斟酌，要看你「自動」咬緊牙根的情形如何，來變點花樣。

三個月，短短的三個月，大家「自動」得有點抬不起頭了。但是還好，張指導員調差了。大家心裏想，換一個指導員也許要好點。

新調來的是本縣南鄉人，他叫羅特立，二十六七的年紀，聽說是省立師範畢業的，大家想，本縣人，總是好講話點。

果然，大家想的不錯，羅指導員到任快十天了，還不會召集過一次會，只是每天挨家挨戶的訪問啦，談話啦，大家心裏說，到底是本縣人不同點，往後的日子總該好過些了吧。

六

羅指導員到任的第十四天，召集開會了。

這回開會不在國民學校，是在國民學校的操場上搭的台，除了十二歲以下的小孩和眞正有病爬不起來的以外，都要到會。

新指導員報告到一半的光景，台下的人就有點發抖；直到報告快完了，大家漸漸明白指導員有點不對勁。最後，羅指導員說：

「以前我在南鄉聽得來的不算，先就這十幾天訪問本圩兄弟姊妹們的結果，大家都一致檢擧張漢良是個惡霸，他的財產，都是剝削你們大衆的，在今天人民的時代是不容許這樣的惡霸存在的，你們大衆說該要怎麼辦他？」

他說完了半天，大家沒有響，不敢響。

「你們說呀，現在是人民大衆的時代了，你們想說的都說出來呀，怕什麼呢？」

又過了半天，有一個人擧手。指導員說：「好，請你說。」

「張漢良是天下第一等好人，三歲娃娃都曉得。請指導員調查，如果有人說他老人家是惡霸，那簡直是沒有良心。指導員如果不信，請指導員叫他們擧手看看。」

這人話剛落音，那邊又一個人擧手。

「這傢伙是走狗，是反動份子，我主張今天要淸算這個老惡霸。」

接着又有兩三個人附和要淸算。

指導員獰笑着說：「旣然大衆今天就要淸算，那末，請大家提出具體辦法來。」

「分他的田，分他的家。」

「先攆他滾出門。」

還是那幾個人在叫。

「大衆有沒有別的意見，沒有，就這末辦。好，現在散會。」指導員說着就和村幹們往台下走。

「指導員，不能！不能！不能啊！」台下的人們喊着哀求的時候，指導員已經下了台了。

當天晚上，那第一個擧手說話的人失蹤了。

七

張漢良一家掃地出門以後，天下並沒有就太平。接二連三的又淸算了一百四十幾家人，他們算比張漢良稍勝一籌，沒有掃地出門，只把田產和別的東西，拿出來分了。

八

剩下幾十家，也都只剩幾個光身人了。別說稻米都獻了，連五穀雜糧也都献光了。

據指導員報告，張家圩有二百九十幾個壯丁，都「自動」參軍了。

九

三十八年的張家圩，因爲年青力壯的漢子都「自動」參軍去了。祇剩下些老的小的和婦女們，所以沒有好好揷秧，這年秋天，收成只有往年十分之二三的樣子。

新穀還沒有登場，村幹的條子已經下來了。大家一合計，收的穀子，還不够繳夏征和秋征的。

怎麼辦？村幹天天上門來催，凡是能變點錢的，都變了。但還不够，沒辦法，婦女們也只好動員出來幫着打漁了。第一、沒繳淸的夏征秋征要緊，得從打漁上想辦法補上去。同時，人們自己也還得要弄點吃的來飽飽肚子。

十

打漁，起先村幹還沒管，後來看這一門還有點出息，指導員便出頭講話了。

「巢湖不是私有的產業，巢湖裏一切的產物都應該歸公。現在的政府是人民自己的政府，大衆不能侵佔人民公有的產權」。

於是規定，凡是打漁的人家，一條漁船，一律繳二萬元人民幣的登記稅，領一張准許證，才准下湖打漁。打來的魚，政府爲了特別優待人民，一百斤魚，抽出百分之十，作爲漁人們的獎勵，政府只收回百分之九十，該算天公地道吧。

大家欠繳的糧，還沒有繳淸，政府旣然優待人民，給人民百分之十的獎勵，人民自然十分高興，照舊去打漁，並且對於政府肯放公有的湖，准許人民自由的去打漁，尤其感激不盡。

十一

巢湖裏載重五十石以上的大船，都忙着運糧，自然，這些船也跟參軍的人自動參軍一樣，是「自動」去爲人民服務去的。因爲是自動，自然，也就不計較什麼報酬了。

張家圩裏的蔡四海，一個樸實的老農夫，他也有一條載重一百五十石的大船，也自動去爲人民服務了。連船帶人，一去九個月沒有回過頭。蔡四海六十多歲年紀，力氣漸漸衰了，只合撑撑舵，兩個兒子倒結實，也在船上，另外僱了兩個幫手，船就在他們的汗水下面動起來。

出人意外，蔡四海這老頭子，忽然在臘月初頭獨自從浦口回來了。

原來蔡四海的船，在釆石磯撞了一個大窟洞，船上的米漏掉了不少，江水直往上漫。幸虧同航另外兩條大船，硬給救出了險，總算沒沉下去。可是一船的米，漏的漏到江裏去了，濕的也給江水濕透了。押運的隊長說他是國特，故意要沉船，破壞運糧接濟蘇聯老大哥，便把他關在牢裏，原說要槍斃，後來總算祖上有德，查明了確是水太溜，年紀太大，力氣不濟，把不住舵，才撞在磯頭上。國特的罪雖是沒有定下來，一船米的損失，可賠不起。憑這也得關個十年八年，可是蔡四海在巢湖邊上，因糧沒法自己帶來，老是關着，不免要浪費糧食，還是放了的好，於是關了三個月，就結放了出來。撞破了的船，一直還靠在浦口江邊上，船上年青的幫手，夥計和他的兒子們，都不知去向，蔡四海便自個兒轉回家來了。

蔡四海在牢裏關了三個月不算，其餘六個多月，日日夜夜都是在替人民服務運糧。上自蕪湖，下截鎮江，來來回回，日夜不停的把白花花的大米往浦口運。這樣的船很多，多得數不清數目，都是運到浦口卸貨。蔡四海說，浦口那地方，從江邊到火車站，堆的糧袋像山一樣，火車運也運不完。他一回到圩上，看到大家都沒吃的，心裏這才明白，怪不得蕪湖鎮江有那末多的糧，要往浦口運。

十二

蔡四海在外面替人民服務那陣子，雖說不大吃得飽，每天却還有十六兩米，這一下回到家裏，連一兩米也沒有了。他便只好跟着大家一樣，去剝樹皮，撈湖草，對付着挨日子了。

往日張家圩總是鬧烘烘的，一股興旺的氣象。如今張家圩，白天也跟晚上一樣，死沉沉的，什麼聲音也沒有。家裏有幾口人的，彼此也沒勁說一句話。平時愛哭愛鬧的小孩子們，一個個變成蝌蚪一樣，瘦得只剩一個骷髏頭，兩只眼睛黃得沒有光，手臂大腿像幾枝樹枝子，連哭也不大有氣力了，別再說鬧。

好容易挨到年下，今年可不比去年，去年是個什麼景象，跟今年一比，簡直是一場夢。今年不要說龍燈了，家家戶戶，連屋裏一盞菜油燈也好半年沒點了。去年的人，一個個生龍活虎似的，今年一個個躺在屋裏，像死蛇一樣，動都懶得動一下了。

大年初一，人跟人見了面，誰也沒看見誰，不要說拜年了。一個個死搭落着頭，走一步挨一步的，要不是想找一點樹皮草根什麼的來度度命，怕誰都不想走出來了。

十三

張漢良四個兒子，十四個孫子，重孫子也有兩個。外加媳婦孫媳婦沒出嫁的孫女兒，合攏來三十來口子。自從光身子給攆出來，起先圩上東家養一口，西家養一口，總算還沒挨着餓。後來別人也給算光了，便只好各奔各的門路。老傢伙本身受不起氣，攆出來沒多時，便自個兒病死在土地廟裏。剩下的兒孫們，趕着要自己找吃的，想想從前，又想想以後，大兒子、四兒子和四媳婦，便前前後後投水了。年青的孫子們，多半拗不過白米飯的誘惑，終于聽了肚皮的勸告，「自動」參軍去了，剩下老的小的，和一些婦道們，一樣跟別人在樹皮上湖草上打主意。

一交冬，他們不但挨餓，還要挨凍，他們全家被攆出來的時候，原是四月裏，留在身上的衣服，一人只有一件單的，秋天還是別人給想的辦法，冬天衣服半件也沒有。

首先是年老的婦人，和小的小孫子，他們經不起餓，更經不起凍，便陸陸續續在冬臘月裏結束了生命。

挨到年下，張家祇剩三兩口人還有一口氣兒。

剩下的三兩口子，還能再活好久呢？

十四

樹皮也有剝光的時候，草根也有掘盡的時候。只有湖裏湖草倒多，大家的目標，便集中到湖草上來。

這東西往年是撈起來餵豬肥田的，如今要靠它來養人了。

打漁原是有百分之十的獎勵的，可是，魚都是從政府收回去的大魚當中挑剩下來的小毛魚兒，平時就不值什麼錢，這年頭更不好賣。自己煮來吃，原也沒有什麼不可以的，祇是人究竟不是貓，這種小魚吃多了，別說飽不了肚子，因爲沒有油水，鹽也買不起，吃下去，十回倒有九回連肚裏樹皮草根化成的那黃不黃黑不黑的苦水，也吐了出來，這樣，大家吃魚的興趣，自然也就淡了。

漸漸的村幹們發覺了，漁船載上岸來的，不是魚，而是湖草，先還勸導一番，要他們努力爲人民服務，後來看看勸導沒有效果，便大罵大衆不識好歹，白白的放着百分之十的獎勵不拿，偏要撈什麼湖草，一怒之下，便把大衆的入湖准許證給收回了。

沒有下湖准許證，好，連湖也不下去了，下不了湖，湖草怎麼撈上來呢？

趕着老天也作怪，一連括北風，下雨又飛雪，人們躺在家裏，絞着腸子，伸長着頸子，口裏流着苦水兒，眼睛昏黃得沒有了光，分不清白天和夜晚……

自然誰也沒有聲音，誰也沒有了想念，怎麼躺在那裏，老是就怎麼躺在那裡，連翻一翻身的氣力也沒有了。

他們都死了嗎？沒有，他們的鼻子裡還能吸進一點冷的風。他們的瘦骨頭上那一張皮，枯焦的貼在骨架上，胸前陷下去的那一個大坑，坑裡的心臟，還很鎮定的，不慌不忙的，慢慢的輕輕的在跳，這證明他們沒有死。

十五

過了正月半，指導員和村幹們爲着天晴了，好久沒開會啦，勝利折實公債該分配了，欠繳的公糧也該催了。召集開會吧，當村幹挨家挨戶發通知的時候，這才發現圩裏的老老少少，男的女的，都「自動」把自己解放了。

他們什麼時候「自動」解放了呢？誰知道。

指導員得到他們以「自動」解放來逃避出席開會的報告以後，照例是要檢討一下，批評一下，結論是這些人不肯勞動，太懶，莊稼不好好種，魚不好好打，是他們自己放棄生存的權利。

是的，不肯勞動的人，還不該餓殺嗎？

中篇連載

荻村傳（十三）

陳紀瀅

「完蛋蛋兒！你殺死了我的兒子，我也殺死你的兒子了！哈，哈，哈……我報了仇，可惜我沒把你殺死，我張一刀一刀只殺了一個，沒有一刀兩個，一刀殺死你們狗娘養的千個萬個！哈，哈，哈，拴子！你死了二十多年了，我今天才給你報仇！扣大哥呀！我也給你出了一口氣呀！哈，哈，哈……」他又狂笑着。

十二　儍常順兒這一輩子

「殺了人償命」，這個連幾歲黃毛孩子都知道法律，在解放區引用起來，可不那麼簡單。殺了人可以不償命，不殺人也可以失掉性命，眞正殺了人，遇機兒也許就得償命。歪歪桃兒上吊死了，她的女兒龍姝明白這是誰殺了她，她向王子和索命，反而被村幹一拳打死，搭上了一條命，但沒人認爲這兩條命應該有人償。張一刀殺死了完蛋蛋兒的兒子小老壞兒，人人就認爲非償命不可。

王子和接受了完蛋蛋兒的控告，憑他一句話，就判決了張一刀的死刑，並且讓完蛋蛋兒用兇手的刀，定期親自執行。「我們共產黨從來講究以牙還牙，以眼還眼，完蛋蛋兒同志！你要給小老壞兒同志報仇！」王子和宣判後，又這樣鼓勵完蛋蛋兒。

荻村又添了一代新興人物：獨眼龍、周秃子、巴巴眼、牛兒老渴、楔子老錐、大碗肉、大青樹楷、望天猴兒、洋學生、狐狸精、小蹺脚鬼。這班人物都是近年來八路軍一手造出來的幹部，滿身解放味兒，一臉八路表情，扭秧歌，打腰鼓，查路，站崗，送信，担架，鬥爭，清算，打擊，坦白，開會，廣播，都是他們拿手好戲。不久，上邊又派來了一個副指導員馬克新，烟村人，馬二棍子的兒子，二十年前他的爹馬二棍子因爲跟荻村打架，打死了拐子蓮兒，被縣官處了死刑。馬克新長大了，記得他爹被殺的仇恨，他在抗戰後就投入了八路軍，現在被派到荻村來，正是他報仇的機會。

「王指導員！荻村的村風從來就壞，敝村多年以來就受他的迫害，因此兩是世仇，我的爹就因爲和他們打架坐了班子，償了人命。村正副趙楞、李鍾也因爲這件事押了十年。可這麼說，現在是咱們共產黨的世界，我來是奉上級命令來的，我們只讓窮苦大衆翻身，讓所有無產階級起來革命，自然不是報私仇的時候，我們還要各村的窮苦人民都携起手來。所以，我幫助你執行的工作，完全是遵照黨的指示，完全以黨的利益爲利益，沒有任何一點私情夾雜在裡面。」

「馬副指導員！你的話我完全同意。一個忠實的共產黨員，一切行動離不開黨。你對荻村歷史熟，還仗你的大力，執行黨的決定。」

馬克新，二十六七歲，矮矮的小胖蹲兒，秃和尚頭，北瓜臉，濃重的兩道眉，但兩只老鼠眼，看人時，一吊一斜，嘴又旁邊永遠掛着奸笑。這和王子和的尖腦殼，吊斜眼，唯物辯證法的臉兒活是一對兒。他先取得了王子和的諒解，於是展開了他的傑作。

在馬克新幫助下，荻村富農早已沒有了，中農也在很短時間內清算完了，貧農雖然多得了幾畝地，但捐稅和參軍，使他們快樂在前，痛苦在後。所有以先住磚房的人家，一律和住土坯房的人家掉換。富一點的「掃地出門」，指定地區去「討飯」，拆假牆，掘地，揭房頂，鑽探，老鼠洞，搜刮人民掩藏的財富。好，連毛廁坑也光顧了，大糞翻身，耗子解放！

張一刀被處死刑執行的前幾天，王子和，馬克新和幹部們已然做了不少次宣傳工作，臨執行死刑以前，又開了一個羣衆大會，王子和當衆發表演說：

「張一刀這個小資產階級，他的劣根性丟不掉，他受了狹義的復仇心理支配，受了國特份子的暗中的鼓動，企圖殺害我們的革命同志完蛋蛋兒，結果誤殺了他的兒子，我們的青年幹部小老壞兒同志！共產黨不容許小資產階級壓迫無產階級，無理取開，我們共產黨只有階級仇恨，沒有私人仇恨。張一刀代表殘餘的國特思想的，大家要提高警覺性，當心遭受國特的暗中殺害。殺死一個國特，就是替黨盡了一分力量；殺死一個國特，就是保障了我們社會的治安！起來！捉拿國特！」

跟着，馬克新也發表簡短演詞：

「諸位鄉親大衆！今天懲罰國特張一刀是替你們除害，完全爲了你們的安全決定的，給仍然潛伏的國特份子一個嚴厲警告！國特份子看了張一刀的下場，你們就當趕快出來自首，我們共產黨從來寬容坦白份子的！國特份子站出來！站出來！」

群衆人瞧我，我瞧你，一片寂靜和驚惶，但沒人肯站出來。

「好！你不站出來，人民的眼睛是雪亮的，也知道是你，等慢慢再檢舉你吧。」馬克新從他們的黨學會一套欺詐。

刑場設在「人民公所」前面，又在十字街口搭上了一個蓆棚，所有荻村的人民都擁擠在這四個路口，房頂，碑椿，樹叉上都爬滿了人，看張一刀是怎樣被處死。

實凍臘月，風刮得割臉。儍常順兒村長戴着一頂毡帽頭，穿一件青高陽布厥厥小棉褲襖，腰間束着一條黑粗布褡布，鼻子眼下堵着膿一樣的鼻涕，牛眼瞪得圓而又大，兩只貓耳朶一掀一掀的，他和王子和，馬克新一併排坐在蓆棚裡。

忽然一陣鑼響，從東頭來了一簇人，張一刀五花大綁，脊樑後邊揷着一根白紙貼的標扦，寫着「殺人兇犯國特張一刀」，由幾個年青力壯的幹部架着，踉踉蹌蹌，一搖一擺，走來了。後面緊跟着的是劊子手完蛋蛋兒，裡面穿着一條白十斤布袂褲，外面又穿着露屁股的黑洋緞套褲，絲帶紮腿，雙道臉的皂鞋，束一條紅布腰帶，上身脫得精光，用一塊紅布包了頭，在額角還結了兩個紅布抓髻。他那兩只胳膊上暴露着青筋，右手攥着那把張一刀用做殺猪開膛的亮光光的長刀。完蛋蛋兒圓滾滾的橫肉臉上佈滿了狠毒，瞪着那三稜角子的鷹眼，繃着那鉤兒鼻子，驕傲地邁着大步，走向十字街來。

這一簇人把張一刀擁到席棚前，看熱鬧的人群，立刻閃開了一個圓圈兒。張一刀七十來歲的老頭子，長方臉兒，絡腮鬍子，已有寸把長，兩個顴骨，尖峭暴露，眼皮低垂，但兩只眼睛，因爲喝足了燒酒，冒着紅光，再加上他內心的不平，織成憤怒的紅光，上額的愁紋和鬢角的衰老，驟然也被膨脹的血管代替，而顯得年青。他倒背剪着兩隻手，本來他有點佝僂腰，這一刻，他反而能挺起身來，毫無畏怯的樣子。

王子和，馬克新用眼睛盯了他一下，似乎感到這個罪犯還有點不服氣，傻常順兒一見張一刀帶着出斬的標杆，雖然他不認識那上面寫的什麼字，但看見完蛋蛋兒裝扮成了一個劊子手模樣兒，他不免一楞，「嘿，張大爹眞的要出斬了？」他腦子裡一轉，才證實了他的疑惑。「他媽的！爲什麼又是完蛋蛋兒掌刀？」他正在自己胡思亂想，他忽然發現完蛋蛋兒瞪着三稜角子眼，握着刀，直直望着他。

他想起扣爹，想起張拴子，想起二十多年以前當兵的情形，想起過去一樁一樁的事，「眞他媽的是寃家對頭！」他心裡覺着不慰貼，摸摸後腦勺，緊了幾下鼻子，擠了幾下牛眼，他立起來向王子和、馬克新說：

「我不明白，爲什麼一定把張大爹問斬？」

「嘻，你又來咧，村長同志！你不知道他是國特，殺死了小老壞同志嗎？是不是你要給他講情？」王子和說。

「不介，指導員！別人我不敢說，張大爹一輩子給村中人殺猪，沒多燒人家一個樹稽，也沒有落下人家一條猪腿。他的兒子張拴子被完蛋蛋兒害死，我知道。完蛋蛋兒是他媽透頂，鐵板上定上釘子的壞人一個，爲什麼……………。」

王子和正要答話，只見張一刀張大了喉嚨，怒目望着席棚叫：

「傻常順兒！你這屎蛋瓜子，你還在青天白日說胡話！這是什麼世界？你別再說下去！」

「怎麼樣？村長同志！你這不是狗咬耗子多管閒事，是不是猪八戒照鏡子裡外不是人兒」

「哦！我不信！」他還絮叨。

「村長反動！村長反動！」人群中發出了怒吼。

「村長同志！你聽見了沒有？人民對你的態度下了最公正的批判。」馬克新說。

這時人們睜大了眼睛，看看究竟怎樣處斬張一刀。

王子和跟着也提高了嗓門，問：

「張一刀！你還有什麼話說沒有？我們共產黨從來不寃枉殺一個人的，你有話，儘管說！」

張一刀聽了，忽然滿面浮起一層淺笑，挺挺腰，把臉抬向席棚，他向王子和，馬克新全身上下掃望了一眼，然後他感情地說：

「謝謝你們倆，王指導員，馬副指導員！在我臨死前，還容我說幾句話！」

「是呀！我們共產黨言論從來就這樣自由，絕不屈一個好人！」

王子和得意地揮嘴。

然後，張一刀把嘴張了張，又上下把王子和，馬克新打量了一下：

「其實，我的話也很簡單！」

「你說！你說！」王子和，馬克新督促他。

「我嗎？活到今天，這把歲數，也不算短壽。殺了人，償命，我也應該。但只有一件，我覺得我不如你們……。」

「不如我們什麼？你是不是後悔你殺了人？你是不是後悔當了國特？」

「不，我不如你們的是：我這一輩子僅是開了一個屠房，宰了些猪，天天在殺，沒有像你們開的那個屠場，天天在殺人！」

「啊？啊？你說什麼?!」

「別着急！我這一輩子走錯了行道，殺了些吃屎嚥糠的獸！下一輩子我一定跟你們學，屠殺那喫五穀雜糧的人，人，人！」「可惜，可惜！你們還有下輩子麼！」他把三個「人」字，一個比一個提得很高，「可惜」以後的聲音，已經微弱得叫人聽不見。說完「你們還有下輩子麼」以後，他望着天「嘿，嘿，嘿」，冷笑了三聲。

十字街口一片沉默。

「住嘴！國特！你至死不悟，你這頑固份子！完蛋蛋兒同志執行砍！要一刀砍掉！」

完蛋蛋兒剛要舉手要砍，張一刀轉過臉衝着他，說：

「慢着！你讓鄉親們閃開點，我的頭顱血濺的誰身上，髒了他們的衣裳，怪不好意思。蛋蛋兒！咱們一輩子寃，八輩子恨，這回輪到你，下回輪到我，陽世不見，陰世見！好小子！你既是共產黨的子孫，掄起你大爹的刀來，一刀將你大爹送終，大爹要眨一下眼，也不算荻村的種！來，大爹跪下，也好便利你這矮小子！」

完蛋蛋兒剛掄那明亮的大刀還沒砍，傻常順兒嗚嗚的哭聲，隨着張一刀的頭顱落地震動了所有村民。

「毛主席萬歲！共產黨萬歲！」群衆勝利的口號結束了這場屠劇。

小淘氣兒望中央跟張一刀被砍頭都給傻常順兒很大的刺激。大腳蘭兒幾個月以來越法變得癡了，起先，她還偶然說幾句話，無非是罵傻常順兒什麼死不了的活王八，沒心腸的屎旦瓜；又是什麼死去的寃鬼喲，快來勾魂喲。近來，她忽然變得連這句罵詞也沒有了，整天介把髮髻梳得整齊光亮，帶上幾朵紅芙蓉花兒，老皺紋的臉皮，搽上灰似的一層厚粉，兩個長滿了雀班顴骨上還拍了一層濃重的胭脂，把她出嫁時候的一副燈籠耳環也帶起來。穿一件黑緞子半截棉襖，湖縐絜腿棉褲，一双綉花小脚鞋。手鐲，手鐲，簪子，首飾，頭上，耳上，手上，身上，叮叮噹噹，帶了個滿。早晨，她梳洗打扮停當，就走出門去，先在大厦門底下，來回遛幾蹓，然後就在大街上從東走到西，從西又走到東，來回走上十幾蹓，嘴裡哼着沒字的小曲兒，眼睛也不望兩邊瞧，一直盯向面前。街上看熱鬧的大人，小孩，常常喊她：

「蘭兒大娘，蘭兒奶奶！你怎麼啦？」

她不理。

「你要嫁人了麼？」

她還是不理。於是他們張大了嗓子問：

「你瘋了麼？」

她好像有了感覺，於是嘴裡哼的小曲兒立刻有了詞：

「我－沒－瘋－你－們－才－瘋－嗡－嗡－嗡－嗡－嗡－嗡」

「你癡了麼？」

「我、沒－癡－你－們－才－癡！吱－吱－吱－吱－吱－吱」

王子和馬克新見她這個樣子，並不感到驚奇，只是囑咐傻常順兒好好看着，不許再讓她望街上跑。

這以前，保定，北平常有國軍沿平漢路掃蕩。保定失守後，三十六年秋天，忽然有一枝國軍突擊隊從河間突擊到臨近幾縣，當突擊隊從十里以外可能經過荻村時，王子和、馬克新和一些高級幹部都偷偷溜走。突擊隊到了荻村首先燒燬了「人民公所」和「第十八集團軍抗日將士陣亡紀念堂」，又砸倒了「荻村抗日民軍死亡烈士碑」，並且把作爲指導員辦公處的學校門前白粉皮牆上，用黑油寫了十個大字：「打倒毛澤東，擁護蔣介石！」又把村長公舘那一流五大間厦門燒了一半。

荻村人民給突擊隊送茶水，送飯。

突擊隊在荻村只停留了三小時便走了。晚上，王子和，馬克新和他們的幹部們大模大樣又回來。

除了燒燬以外，另外的發現是：小淘氣兒失蹤，突擊隊隊員中，有一個騎馬的年青人是張龍英。

完蛋蛋兒呲着那黃豆瓣子牙，搧着那勾兒鼻子，諂媚的向王子和報告：

「指導員！你們猜怎麼着？張龍英那猴兒崽子原來去當了玩固軍啦！那小子穿一件米黃，叫什麼卡嘰布的軍裝，領子上還有兩道金煌煌的銅條，歪戴一頂道士小帽，耳朵上還架着黑鏡，腰結皮帶，足穿高統皮靴，手裡提着一桿馬搶。他騎的那匹馬呀，可眞好看，棗紅毛鬃，白嘴白蹄比當年他爹做官兒時養的那匹川駒高一倍，也有我兩個高。」

他報告到這兒，王子和把眼珠向上一轉：

「嗯！」「你接着說下去！」

「他一到村裡，就指手劃脚，讓他那些兵們燒這個砸那個。又大聲「喊着你和我的名字，捉住了有賞！」

「唔！你藏到哪裡去了？」

「我麼？我知道他們沒有好，雜粹，我躲在陳三爺家房上草垛後頭，所以我看得淸楚，他們也沒有捉到我。還有小淘氣兒和他們嘀咕幾句就跟他們走了。傻常順兒還在門口笑呵呵的和龍英說話來呢。」

「啊？」馬克新詫異。

「還有，楔子老錐，大青樹，稽狐狸精幾家給玩固軍送茶飯呢。」

「眞有這事？」王子和驚異他一手訓練的村幹也發生了不穩的行動。

王子和馬克新爲鎭壓反動份子和制裁心懷不穩的幹部，連續在一個月裡，把荻村的所謂「人民大衆」兩百多男女，分別讓他們沒影兒了。

娘不知兒子到那裡去了？媳婦不知丈夫怎麼死的？兒子和爹一塊不見了，女兒和娘也對對離開家。自然小淘氣兒的一家，也跑不了。但荻村人明白：荻村這群有了罪的「人民大衆」是馬克新作主在黑夜之間送他們給活埋的。馬克新說：「懲辦反動，報復世仇！」

傻常順兒自從龍姝瘋死，大脚蘭兒大娘癡魔，親眼看着張一刀被完蛋蛋兒砍了頭，又見張龍英騎着棗紅大馬突擊到荻村，小淘氣兒出走，這些事都在他那愚蠢的心眼裡估據了位置。

「他媽的！我他媽的這是幹什麼？」他心裡盤算了半天，然後自言自語。

（下期全文續完）

（上接第24頁）

生活在台灣的同胞們！若想永遠永遠地享受着勝過目前千萬倍的、超現時代的、天堂上的生活！那末你們就應該接受空前的最大難險的熬煉，貢獻出你們的生命、財產和幸福，來換取國家民族的生存使我們億萬代子孫光榮的與日月俱存！祇要地球不爆炸，青天白日滿地紅的國旗，是永遠飄揚在地球上的！

據說大部份來台的內地人，除靠已往的儲蓄而生活，或靠某種名義時常向政府要求救濟性的津貼以外，全是些不事實際生產的坐食階級。請問你們爲何逃亡到台灣來？無容思索；你們都是不願做蘇俄底奴隸的富有國家觀念、民族思想的忠貞之士，你們是萬分希望國家民族有恢復過去的光榮歷史的一天！自然你們極願意拿出你們所有的一切力量，來共同實現你們的希望！而如今你們總算幸運的生活在自由中國，但剎那間竟又失去你們救國救民的理想，反而一變而成了拖累國家的罪人！你們爲什麼沒有決心和勇氣來投身革命陣營、參加實際的保土衞民的戰鬥行列呢？這樣不但解决了個人的衣食問題，而且減輕了國家和人民無謂的負担，更加强了國防力量。

退一步說：臺灣有的是公地，那麼；政府爲什麼不開闢許多農場，供給這般坐食階級來實行對國家復興最有裨益的增加生產的工作呢？爲什麼不有計劃地分配他（她）他們所勝任、而對於國計民生有補益的工作呢？再有政府爲什麼不大刀潤斧去解决關乎反共抗俄成敗最鉅的經濟問題呢？爲什麼不向自私自利、沒有國家民族意識的「濃包」開刀呢？爲什麼那些終日坐在舒適的辦公廳裡、無所事事的國營金融機關裡的「人民公僕」，還在吸着人民的血汗，享受着優厚薪俸造成的盡情浪費公帑的超美式生活呢……？我實在不能再想下去了。我們司令官胡先生說：「救國家者，不要拖累國家！救人民者，不要擾害人民」！這實在是無可如何的最低的要求了。也許我說的話，有些氣慣過火、語無倫次，或竟因而開罪於人，但我們也確不能有畏疾忌醫的心理，所以我決不要求原諒，更不畏怯人家的反擊，反而我更大聲疾呼地要求大家接受我的愚見，再不要吝嗇你們的人力和物力，更再不要有向惡勢力妥協、貽誤國家底行爲了！

最後；我還要來個自私的補充，前面我說過軍人祇要吃得飽，係指物質而言，對於精神食糧，則不受此限制，雖然金門有一小型鉛印日報，還有一些我們司令部出版的書籍，但憑這少量的精神糧食、無法滿足我們的高度求知慾望！所以我誠懇的請求，假如諸君是眞誠關懷戰友生活，愛護我們備至的話，我就要老實不客氣的伸出行乞者的手，向你們討些每日看了不要的廢報，和舊雜誌、及充滿着溫暖底友誼的信件，我想慷慨如諸君一定是不會使我傷心失望吧？

卅九年九月十日子夜於后宅軍次

蘇俄的話算數嗎？

Jacob Epstein
遠思譯

第二次世界大戰的秘密史實揭露後，人們知道了三强協約——在德黑蘭、雅爾達、最後在波茨坦——之所以能獲得成就，完全是因爲英美對史達林讓步。

當英美蘇三國團結一致而勝利在望的時候，同盟國的人民並未煩心遷就蘇俄。現在可不同了，德國侵略的危險已告終結。

蘇俄的阻碍戰術，聯合國事件和一九四五年秋在倫敦的外長會議中的僵局不能因藉口全是爲了勝利的原故而被掩飾。

自從歐洲勝利日以後，蘇俄緊緊地掌握了波蘭、德國的大部、奧國、羅馬尼亞和保加利亞；在伊朗陰謀鼓動叛變；同南斯拉夫保持友好，威脅土耳其，覬覦希臘。

而英美對莫斯科的信用却充滿了信心——史達林從未毀約也從未失言。

從現在流佈的共黨宣傳中所得的結論是：蘇聯在兩次世界大戰之間是無罪的旁觀者，而其他列强却破壞條約，將裁軍、和平和安全的計劃弄糟。一個親俄的評論家最近會說：「其他列强將世界事件認爲是本國的事，而將蘇俄視若一個旁觀者。」

可是歷史未能支持任何這樣的觀念。蘇俄直到一九三三年才爲美國承認，一九三四年才被允許加入國聯。然而，從一九一九年到現在，列寧、史達林政權一直在積極地促進安全計劃，成立條約，參加裁軍會議和和平會議。

蘇俄在一九三二年和一九三三年的日內瓦裁軍會議中居領導地位。蘇俄首倡安全和平裁軍計劃的是蘇維埃外交委員李維諾夫，後任駐美大使。

李維諾夫是有名的條約締結人，初在列寧屬下，後爲史達林工作。他不僅是歐洲最活躍、善辯而不倦的締約人，並且是第一個正式給侵略下國際定義的人，同時將這種定義置於與蘇俄的鄰國所締結的條約中。所有這些條約後來全被史達林撕毀。

一九三三年七月，世界經濟會議在倫敦舉行，李維諾夫找到了機會將不侵犯條約賣給蘇聯勢力圈內的小國。他起草了蘇聯不侵犯公約。然後，單獨地或集體地，與鄰近小國簽訂宣言，這些小國包括波蘭、拉托維亞、立陶宛、愛沙尼亞、捷克、羅馬尼亞、土爾其、南斯拉夫和芬蘭等。

就波羅底海三國——拉托維亞、立陶宛和愛沙尼亞而論，他們與蘇聯所訂的條約彷彿從未簽訂過一樣。一九三九年蘇聯和希特勒協議瓜分波蘭以後，便吞併了這三個國家。所謂的公約也不能使芬蘭在一九三九年免遭蘇聯的攻擊，直到一九四〇年，芬蘭投降，戰事才終止。

這侵略的定義下得很好，但對於蘇俄絕不適用。任何國家將被認爲是侵略者，若它：

(1)向任何其他國家宣戰；

(2)侵犯任何其他國家的領土，或經過宣戰或未曾宣戰；

(3)經過宣戰或未曾宣戰，以陸海空軍攻擊任何其他國家；或是不論在什麼地方攻擊他國的陸海空軍；

(4)經過宣戰或未曾宣戰，封鎖任何其他國家的海峽或海港；

(5)支持、鼓勵、或未能鎮壓在侵略者的國土上所組織的武裝隊伍，這些武裝隊伍組織的目的是在別國煽動叛亂。

事實是：每逢史達林認爲毀約是有利於蘇俄的時候，便破壞他所簽訂的任何國際條約或協定。在這方面，他的政策是純粹的强權政治。

史達林所考慮的唯一問題是：「我能進行到什麼地步而不激起國際報復呢？」

同盟國中的輿論分爲兩部份，一部份人堅持史達林可被信任，另一部份人認爲必須緩和史達林。

很多人以爲若不緩和史達林，戰爭便將發生。事實上適得其反，歷史證明緩和就會引起戰爭。防止戰爭的方法不是緩和，而是決心加强在歐亞的誠意而公正的和平。

每當史達林破壞條約或協定時，蘇維埃宣傳家便有「馬克斯主義者」的解釋和「歷史的」辯解。可是李維諾夫在他所著的一本書中却毫不掩飾地寫道：「通常，一個中立條約不過是準備戰爭的要素之一，使侵略成爲無惡意的要素之一。」

雖然蘇俄在一九三九年與波蘭訂有互不侵犯條約，但當希特勒進攻波蘭時，紅軍由東部侵入波蘭並佔領一半領土。外交委員莫洛托夫得意地宣稱：「給波蘭一個迅速的打擊，德軍首先進攻，然後紅軍進攻，凡爾賽條約的這個醜惡產物什麼也沒留下。」

進攻波蘭，史達林所毀的條約如下：

(1)在一九二一年三月十八日所簽訂的蘇波和平條約。列寧稱此條約是「一個永遠有效的自願而公正的協定」。

(2)在一九三八年八月廿七日所簽訂的布里安凱洛格非戰公約。在這公約中蘇聯以及波蘭曾鄭重地非難戰爭。

(3)蘇波互不侵犯條約。

史達林和希特勒於一九三九年瓜分波蘭完全違反了蘇聯所維護的一九三三年的『侵略定義公約』。

由於進攻波蘭，史達林又破壞了國際公約第十條。

蘇聯侵略波蘭的正式藉口是波蘭不再是一個國家。

一九三九年十一月三十日蘇聯進攻芬蘭。此一舉又破壞了布里安凱洛格非戰公約和國際聯盟約。蘇俄因此被國際聯盟逐出。

對芬侵略違反了一九二〇年十月十四日所訂的蘇芬和平條約和一九三二年七月七日所訂的蘇芬互不侵犯條約。

蘇俄更進一步利用一九三九年的史達林希特勒條約，「吞併」了愛沙尼亞、拉托維亞和立陶宛。史達林此一舉是蔑視保證此三國完整和不受侵犯的條約。

史達林在一九三九年與希特勒締結一特別協定，在此協定中史達林保證不使波羅底海國家蘇維埃化。但在一九四〇年六月史達林便破壞了這個協定，那時他認爲已是安全的時候。

直到一九四一年六月希特勒狡詐地破壞了與史達林所訂的條約後，蘇俄才與西方民主國家聯盟。甚至於當戰爭的趨勢已轉變爲有利於民主國家，只要蘇維埃政府覺得對善變的克里姆林宮是有利的時機，便毫不顧忌地破壞任何條約。

一九四二年元月一日李維諾夫在華盛頓簽訂加入聯合國。在大西洋憲章中，這些國家包括蘇聯在內保證「不擴張……反對領土的變更，領士的變更違反人民自由表示的願望……尊重所有人民選擇他們自已的政府形式的權利……恢復主權和自治給被剝奪的人民。」

蘇俄的合併東普魯士和庫鋭爾群島（Kurile Islands）表示了史達林是如何誠意地服從「不擴張」。至於「所有人民有權選擇」他們自己政府的形式，這個問題可以在突襲波羅底海國家、波蘭、羅馬尼亞、匈牙利、奧大利和朝鮮的命運中找到解答。

蘇俄在西歐和巴爾幹的作爲是不斷地破壞三强莫斯科宣言（一九四三年十月三十日），德黑蘭宣言和雅爾達宣言。這些宣言的內容都是一樣的，保證在戰後忠實地調協一致，保證在被解放的國家中有『自由和獨立的選舉』，保證維護和平和安全，並消除對於和平的一切威脅。

凡是妨礙克姆林宮擴張政策的條約都被輕率地撕毀，但有兩個與我們第二次世界大戰的敵人所締結的條約，史達林却謹愼地履行到最後一刻。一個是與德國訂的協約，另一個是一九四一年四月十三日所簽訂的蘇日中立條約。

一九四五年秋在倫敦舉行的外長會議中證明了莫洛托夫的政策是難以預測地隨時改變。波茨坦宣言規定，外長會議包括五强外長——美國、蘇聯、英國、法國和中國。但規定只有英美蘇三國簽訂歐洲和平條約，此外法國參加起草對意大利的和約。

在九月十一日外長會議的第一次會議上全體一致同意——莫洛托夫與其他各國一致同意——法國和中國外長可以參加所有的討論，正式的簽約將限於三强。但在九月廿一日莫洛托夫突然宣佈，蘇聯不同意法國和中國參加討論和約。結果外長會議不歡而散。

在蘇維埃違反條約的史實中，蘇聯與伊朗的關係值得特別注意。一九四五年十一月，共黨鼓動的叛亂在伊朗的北部亞塞貝爾然省爆發。蘇俄佔領官員拒絕波斯軍隊到出事地鎮壓叛亂。此一舉破壞了四個個別的協定。莫斯科的計劃是在這石油豐富的亞塞爾貝然地區鼓動「人民革命」，最後使亞省併入蘇維埃聯邦。

這便是莫斯科一貫的作風。李維諾夫的話更明示了這種作風：

「通常，一個中立條約不過是準備戰爭的要素之一，是使侵略成爲無惡意的要素之一。」

這些是蘇俄毀約的記錄。還有什麼呢？

史達林所破壞的條約

條約名稱	簽約日期	地點
一、蘇波和平條約	一九二一年三月十八日	里加
二、布里安、凱洛格非戰公約	一九二九年二月九日	巴黎
三、蘇波互不侵犯條約	一九三二年七月二十五日	莫斯科
四、蘇聯侵略定義公約	一九三三年七月三日	倫敦
五、國際聯盟公約	一九三四年九月十八日	日內瓦
六、蘇芬和平條約	一九二〇年十月十四日	道派特
七、蘇芬互不侵犯條約	一九三二年七月七日	赫爾辛基
八、蘇愛（沙尼亞）和平條約	一九二〇年二月二日	塔都
九、蘇愛（沙尼亞）互不侵犯條約	一九三二年五月四日	莫斯科
十、蘇愛（沙尼亞）互助條約	一九三九年九月二十八日	莫斯科
十一、蘇拉（托維亞）和平條約	一九二〇年八月十一日	里加
十二、蘇拉（托維亞）互不侵犯條約	一九三二年二月五日	里加
十三、蘇拉（托維亞）互助條約	一九二八年十月五日	莫斯科
十四、蘇立（陶宛）和平條約	一九二〇年七月十二日	莫斯科
十五、蘇立（陶宛）中立及互不侵犯條約	一九二六年九月二十八日	莫斯科
十六、蘇立（陶宛）互助條約	一九三九年十月十日	莫斯科
十七、蘇日中立條約	一九四一年四月十三日	莫斯科
十八、蘇日邊界協定	一九四一年四月十四日	
十九、蘇波友好條約	一九四一年七月三十日	倫敦
二〇、蘇伊（朗）友好條約	一九一九年三月	莫斯科
二一、蘇英伊（朗）盟約	一九四二年一月二十九日	德黑蘭
二二、外長會議協定	一九四五年九月一日	倫敦
二三、爲蘇聯所贊同的大西洋憲章	一九四二年一月一日	華盛頓
二四、四國聯合宣言	一九四三年十月三十日	莫斯科
二五、三國宣言	一九四三年十二月一日	德黑蘭
二六、雅爾達宣言	一九四五年二月十二日	雅爾達
二七、波茨坦宣言	一九四五年八月二日	波茨坦

第三卷　第七期　內政部雜誌登記證壽內警台誌字第四六號

給讀者的報告

當聯合國軍隊在韓國戰場上，進行着制裁侵略、爭取和平的戰爭之際，第五屆聯合國大會適逢其會的在紐約揭幕；在第一次全體會議中，首先否決了印度、蘇俄所提使中共代表出席聯合國的提案。消息傳來，我國朝野一致振奮。聯合國多數民主國家這一明智而正確的抉擇，不僅給在反極權反侵略中的中國人民帶來了熱情的鼓舞與希望，而且更為聯合國自身的前途奠下了一個良好的基礎，使人類在為眞理正義而奮鬥的過程中，更增强了一分堅定的信心。至於印度所表現的愚昧無知、背信負義，那已經是不足再掛齒的事了！聯合國此一行動在我們看來，原在意料之中固無足以驚異之處，聯合國是第二次大戰後，為了實現世界和平的理想而產生的，要達到這樣的目的，就必須將聯合國建立在廣泛的正義基礎之上，這次對印、蘇提案的否决和前次安理會對韓國採取的行動，均揭示着嚴正的道德精神，在人類爭取和平的歷史上是值得大書而特書的。

本期社論中述我們對於新任美國國防部長馬歇爾將軍的期望，美國國會通過馬氏的任命，打破了歷來軍人不長國防部的成規，在這世界風雲緊張之際，馬氏出任足以關係全球軍事形勢的美國國防部長，對於反共抗俄的前途，當然是會有重大影響作用的；尤其中國人民，對於這位曾經不辭勞瘁出任國共調人的美國友人，印象更異常深刻，而今事過境遷，使人有無限感懷。

上月十五日美軍登陸仁川，使韓國戰局頓形改觀，本刊付印時盟軍正直指漢城，旦夕可下。這一伙、韓戰的勝負大致已定，南韓境內的戰事指日可望肅清，今後的問題怎樣呢？——聯合國軍隊是否就止於卅八度不再前進？抑或乘勝北逐，完成韓人統一的素願？對此我們特在時事述評中為文論列。當然，蘇俄是不會認輸的，它的次一行動很值得世人注意，國際局勢是和是戰，不久的將來便可見到分曉了。

羅家倫先生本期為本刊撰述「揭開中印間有關西藏的幕」一文，是一篇很有價值的文獻，文中引述了很多羅先生在大使任內搜集的有關西藏問題的文件，揭開多年來便已存在中印間「外交戰」的內幕，使世人恍然於新近獲得獨立自主的印度政府，原來仍然是承襲着昔日英國帝國主義的傳統，中共以暴力奪取政權以後，印度政府率先予以承認，并與聞西藏叛變，從中為中共牽線，最近更在聯合國中一再為中共効力。這許多令人大惑不解的行徑，從這篇文章裡我們才領悟到此中的奧妙！

「遠東局面徹底澄淸前的幾片暗雲」，雖是密密欲雨地掠過台灣的上空，但在正義與公理的面前，暗雲終究是會消失的。作者指出反共抗俄是時代的主潮，只須我們堅定到底，必有撥雲見日的一天。

廣告刊例

一、封底裏面全幅每期新台幣八百元，半幅五百元，1/4幅三百元。

二、普通全幅每期新台幣六百元，半幅四百元，1/4幅二百五十元。

三、登一期者，按期一次付清；連登三月而一次付款者，九折計算；登半年以上者，八折計算。

四、式樣及鋅版自備，如欲本社代辦，則照值計算。

本刊售價

一、臺　幣三元
二、越　幣八元
三、菲　幣五角
四、港　幣一元
五、暹　幣四銖
六、美　金二角
七、叻　幣四角
八、印尼幣五盾

自由中國半月刊　第三卷第七期

"Free China"（總第二十二號）

中華民國三十九年十月一日

發行人　胡　適

主編　『自由中國』編輯委員會

出版者　自由中國社
社址：臺北市金山街一巷二號
電話：六　八　八　五　號

航空版
香港　香港時報社（高士打道六四號）
紐約（紐約第三區 Apt, 2c 231E, 第十三街）

經售處
臺灣　中國書報發行所（臺北市館前街八五號）
新生報社高雄分社營業部（高雄市鼓山一路二〇號）
美國　紐約民氣日報社
舊金山國民日報社
日本　東京南友堂
東京內山書店
馬尼剌　中菲文教出版社
印尼　巴達維亞星期日報
棉蘭繁華圖書公司
越南　西貢中原文化印刷公司
越南華僑文化事業公司
曼谷　曼谷攀多社十二號
新加坡　中興日報社
檳榔嶼、吉打邦均有出售

印刷者　臺北印製廠
廠址：臺北市民族路六四三號
電話：三　三　一　六　號

本刊經中華郵政登記認為第一類新聞紙類
臺灣郵政管理局新聞紙類登記執照第二〇四號

自由中國

FREE CHINA

第三卷 第八期

要目

中華民國三十九年十月十六日出版

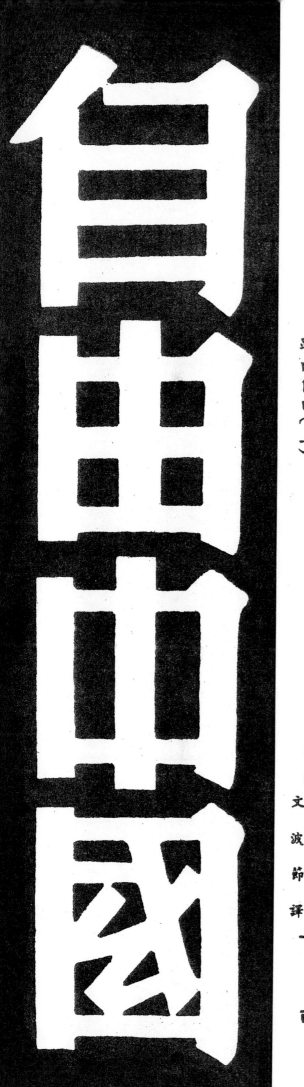

社址：臺北市金山街一巷二號

（2）

半月大事記

九月廿五日（星期一）

我國代表蔣廷黻在聯大發表政策聲明。

蘇俄代表馬立克以肯定語氣答覆美國馬利蘭州和平請願團對蘇四點詢問，藉以對聯合國發動和平攻勢。白宮發言人認爲此一行動爲蘇俄及共美國「友人」所安排好的宣傳設計。

九月廿六日（星期二）

聯軍完成對漢城之包圍及佔領，大韓民國首都光復。

聯大以四十四票對六票（七票棄權）通過將中國控蘇案列入議程。

聯合國安理會將蘇俄控美侵臺案列入臨時考慮議程。

北大西洋公約理事會閉幕。該會議依照三外長會議決議組織西歐聯軍。至於如何使用德國人力問題則交付十二國國防部長會商。

九月廿七日（星期三）

行政院正式任命蔣廷黻爲我國出席聯合國本屆大會首席代表。

國防部政治部宣佈共黨自首分子四百三十六人名單。

美國杜魯門總統簽署一項防務費法案，總數一百七十億零九千九百九十萬零二千二百八十六元。用途爲加强美國及其同盟之防務：就中四十億元爲對友邦軍援經費，同時幷規定禁止以經濟援助及軍用物資畀予蘇俄及共衛星國。

九月廿八日（星期四）

國際關稅會議在英國托岐開幕。

聯大通過印尼加入聯合國。

九月廿九日（星期五）

聯合國安理會票決邀請中共參加十一月十五日該會對所謂美國侵臺問題的討論，贊成者七票：蘇、南、英、法、印、挪、厄瓜多爾；反對者三票：中國、美國、古巴；埃及棄權。我國代表蔣廷黻當聲明所投的反對票構成對本案的否決。旋又投票通過本案爲程序問題，不受中國政府代表之否決。

聯合國軍統帥麥克阿瑟代表聯合國將韓國首都漢城之行政權交回韓國政府。

南韓軍進抵三十八度，奉命暫停前進。

英、澳、巴西、古巴、荷蘭、挪威、巴基斯坦、菲律賓八國向聯大共同提出解決韓局草案。

聯大選出荷蘭、巴西、繼挪威、古巴之任，爲非常任安理會理事國。

九月卅日（星期六）

聯大政治委員會通過中國所提邀請南韓代表列席韓局問題的討論，同時否決蘇俄所提邀請北韓代表列席的動議。

十月一日（星期日）

台北、基隆兩市參議員選舉投票。

南韓陸軍部隊奉命越過三十八度。

聯合國軍統帥麥克阿瑟對韓共發佈招降公告。

中共僞外長周恩來發表强硬聲明，聲援韓共幷反美反英。

十月二日（星期一）

行政院長陳誠向立法院提出本年度三至八月施政報告。

蘇俄、烏克蘭、波蘭等蘇俄集團向聯大共同提出韓國問題七項建議。就中主張聯合國軍立郎撤出韓國。

十月三日（星期二）

新臺幣限外臨時發行準備監理委員會發表檢查公告：截至九月卅日止發行總額爲四千九百萬元（按限外發行總額規定爲五千萬元）。

十月四日（星期三）

聯大政治委員會以四十七票對五票（七票棄權）通過英、澳等八國所提解決韓局方案，題目是韓國「獨立問題」。該方案第二點之含義，爲承認聯合國軍有權越過卅八度。同時以四十六票對五票否決蘇俄及其集團國對同一問題的另一提案。

土耳其應北大西洋公約理事會之邀請，參加北大西洋公約組織軍事設計工作之有關地中海防務的適當部份。希臘會同樣被邀請，但尚待答復。

外長葉公超告美聯社記者稱：國民政府一定反對聯合國派遣一委員會來台調查所謂美國侵台案。

十月五日（星期四）

聯大指導委員會以十票對三票通過將美國所提台灣問題列入本屆大會議程。反對者：中國、蘇俄及捷克。

麥帥總部遠東軍事駐臺考察團奉令結束（按該團係八月四日成立，原名駐華軍事聯絡組，主持人前爲福克斯，後爲康克鹽）。

十月六日（星期五）

行政院長陳誠向立法院報告明年度施政計劃及國家總預算編製經過。

十月七日（星期六）

聯大以壓倒多數通過有關韓國和平統一的八國提案，同時否決蘇俄對同一問題的另一提案。旋又通過「台灣問題」列入議程案。

聯大選出土耳其繼埃及之任爲非常任理事國。

澎湖縣參議員選舉投票。

十月八日（星期日）

聯合國軍於聯大通過韓國獨立問題案後，開始越過北緯三十八度，進兵北韓。

十月九日（星期一）

政府第六次派機向大陸空投救濟米。

十月十日（星期二）

總統發表雙十節昭告同胞書。

美國白宮宣佈：杜魯門總統和麥帥將於本週末在太平洋某地會晤。

聯大選出菲律賓外長羅慕洛爲聯合國韓國臨時委員會主席。

社論

聯合國不要腐蝕了勝利的果實

最近三個月來，由於聯合國的行動和聲音，我們想起了迭更士（Dickens）雙城記上面的一段開場白：這是個最好的時代，這是個最壞的時代；這是個光明的時代，這是個黑暗的時代；這個時代是智慧的，這個時代是愚昧的；這個時代充滿着和暖如春的希望，這個時代籠罩着蕭索似秋的沮喪。「承百代之流，會乎當今之變」，而又不禁深思其故且推究其後果的我們，這些時所以有這般矛盾感觸者，一方面是由於聯合國在韓國問題方面，有聲有色地伸張了正義的力量；另一方面又由於聯合國在中國問題方面，如癡如昧，着了魔鬼的迷。「自欺」、「短視」、和「幻想」是這個魔鬼的化身。

聯合國軍援南韓，制裁蘇俄卵翼下的韓共的侵略，是有史以來國際社會的首創義舉。過去的國際聯盟因爲對於國際侵略者沒有有效的制裁力量而垮台，今日的聯合國能夠以軍事力量來伸張正義，除掉史達林和其一般夥伴以外，誰不承認這是光明時代的到來？到來的時代光明，本應更加發揚光大，可是正當麥帥統率下而又是以美國健兒爲主幹的聯合國軍在韓國苦戰之時，而聯合國中最有影響力量的美國，其首都華盛頓卻在同一問題的另一方面，瀰漫了失敗的氣氛：麥帥的訪台，海長馬修士的演說，麥帥向退伍軍人協會的致詞，以及空軍學校校長安德生的講話等事件所引起的反應，已使我們「一葉知秋」了。現在，聯合國軍已於聯大通過韓國問題的八國提案後，正正堂堂地越過北韓三十八度進兵北韓，自由獨立而統一的韓國，不久的將來當可實現。聯大在對韓問題方面始終是循着正義的途徑向前走，蘇俄及其集團國的叫囂和阻撓，沒有發生作用；印度的奔走游說也是徒勞。在這方面，我們對於聯大油然生敬佩之心。可是，韓國問題與近年來的中國問題在本質上并不兩樣，爲擴展其亞洲鐵幕，史達林援助金日成并不比援助毛澤東的地方更多或更明顯，一年前中國政府向聯大提出控蘇侵略案，已有了一大堆證據在。換言之，韓共之侵略南韓，爲一國際性的侵略行爲，中共之以武力侵佔中國大陸，同樣是一個國際性的侵略，而且是同一的發動力——克里姆林宮。然而聯合國在韓國問題方面是如此堅持正義的立場，而且劍及履及，軍事與政治配合得很緊湊，但對於中國問題，不僅在上屆大會中延擱了我們的控蘇侵略案，而且本屆大會反先後通過將蘇俄所提「美國侵臺」一案和美國所提「台灣問題」一案列入議程！最奇怪的是在前一案的將來辯論中，安理會竟允許中共屆時列席參加（蘇俄所提邀請北韓代表參加韓國問題討論的動議是被否決了！），這個決定正是美國代表奧斯汀前些時所說過的「把中共代表從聯合國後門偷運進來的辦法」！而奇怪尤有過於此者：中國代表對於這個問題使用否決權，也沒有得到應有的承認（本期時事述評中對於否決權問題另有論述）。

所謂「台灣問題」（包括「美國侵台」及「台灣地位」二問題而言）之不應發生，本刊在三卷六期社論上已說得夠多了。這裏我們所要特別指出的，是聯合國中若干民主國政治家的精神病態——自欺、短視、和幻想。

中國近年來的問題與今日韓國問題，在本質上是一個事件，本爲不待分析而明如白晝的事實，然而若干國際政治家偏偏不這樣承認，我們不敢以愚昧輕視他們，唯一的解答，是自欺！

自欺緣於短視：重歐輕亞的心理始終沒有改變過來，在這種心理下，用抱薪救火的笨法來處理亞洲問題，尤其是中國問題。他們想以大堆的薪遏抑一時的火焰，卻不管明天的燃燒對於自由世界的毀滅性更大。

此外還有一個盡人皆知的幻想——「毛澤東狄托化」。這個幻想在華盛頓和倫敦早經存在，近來又因印度政府以巫婆的姿態說神說鬼，蠱惑聽聞，或又發生了某種程度的作用。

中國問題與韓國問題作兩樣的處理，是聯合國不可原恕的錯誤。可是在聯合國中有影響力量的若干政治家有了自欺、短視、和幻想的精神病態，則這個錯誤的發生，卻爲勢所必然。但是人類的智慧，無論在那個時期究不會盡行消失，歷史儘管有短暫的黑暗時期，而人類文明終未歸於毀滅者，正有賴於此。這裡，我們不得不向目前對聯合國政策最有影響的政治家們，在討論所謂台灣問題的本身以前，作如下扼要的提示：

第一、勇敢地公開地承認一個明明白白的事實：中共與韓共同樣是史達林的貓腳爪。韓共之武裝侵略南韓，也就是中共武裝侵佔中國大陸之小型翻版。

第二、堅持一個確定不移的原則：在同一問題上不應有兩樣不同的處理。即比着救火的技術來說，至少不要一邊灌水，一邊堆薪。

第三、爲維護聯合國的基本精神，民主國在對蘇的政略上，要永久保持主動。六七月間安理會對韓問題的一些決策，由於蘇俄當時的退席得以順利形成，否則安理會將一無作爲，正是這項提示的有力例證。

第四、確認蘇俄世界革命的企圖。她何時發動世界性戰爭，完全決定於史達林的選擇；打擊之不會促其提早，安撫之不會使其延遲。

第五、確認前世紀國際政治中制衡原則、勢力範圍等把戲，不再適用於國際間有了蘇俄這樣國家存在的今天。新現實下的舊觀念，將鑄成天下之大錯。

以上五點要充實其論據，每點都可寫成一篇長文。但我們想，對於一般頭腦清醒而又忠於歷史的國際政治家，這樣扼要的提示，應該足夠了。我們希望：這幾點提示對於自欺、短視、和幻想，能夠發生有效的針砭作用。否則，照目前的趨勢發展下去，則聯合國在韓國問題方面獲得的勝利果實，將會被腐蝕得一乾二淨！

時事述評

聯合國歷史中最汚濁的一頁

九月廿九日聯合國安理會繼廿八日之後，對於邀請中共代表參加「美國侵台」問題的討論一案，再度舉行票決。結果贊成者七票：蘇俄、南斯拉夫（廿八日表決時棄權）、英、法、印、挪、厄瓜多爾；反對者三票：中國、美國、古巴；埃及棄權。

我國代表蔣廷黻當聲明其所投的反對票，構成對本案的否決。但該會主席英國代表傑布，宣稱本案爲一程序問題，因之不能使用否決權。於是蔣廷黻氏又反對傑布的裁決；這個反對，無疑地是對於一個實質問題而發，也就是所謂「双重否決權」的運用。然而該會主席傑布仍堅稱多數表決是有效的，除非再有多數反對，則該決議即成立。旋即就蔣氏的反對動議舉行投票，但除蔣氏放棄投票外，竟無一票贊成，於是傑布的專斷而不合法的裁決成了定案，中共代表在下月十五日討論「美國侵台」問題時，竟取得了列席陳述意見的機會。事後，英美的代表還得意洋洋地說出這樣的話：「我們做過一次的，以後便能再做」。「安理會此次行動，將使創用雙重否決的蘇俄今後亦難濫用這否決權了」。

我們對於這件事，有下述的幾點感想：

一、安理會常任理事國所享有的否決權，應否存在，本爲聯合國憲章中可以研究之一點。但在憲章未修改以前，竟由該會主席專斷的裁決來變更，畢竟是不合法治精神的；而該會主席偏偏又是以法治精神著稱的國家——英國的代表，這在英國外交史上又添上一個大污點。

二、我們即撇開「法」的觀點，專就政治的觀點來說，蘇俄使用了四十五次否決權，包括三次雙重否決，而每次都是破壞聯合國基本精神的。中國只使用這一次否決權，而這次否決權的運用，不僅是出乎中國應有的立場，而且也爲的是挽救聯合國。然而否決權之被取消，不始於對付蘇俄，而始於對付中國，這說明安理會在強權與正義之間的向背或依違。

三、我們即承認英美代表對安理會這次行動的樂觀看法是對的，即是說，有此先例，蘇俄今後已難濫用其否決權，這也無異於爲警戒一個慣常的罪犯今後再犯罪而鑄就一把新刀，爲試試新刀利鈍，先找一個善良的人來開刀。而這個善良的人，又正是那個慣常罪犯的眼中釘。

總而言之，九月廿九日安理會這一行動，是聯合國歷史中最污濁的一頁。（平）

密件

有人說：「中國人最不能保密」。這句話眞是寃天下之大枉！但是，如果我們把政府機關凡是蓋有「密件」二字的東西，都認爲是應保守的秘密，那末，我們相信，每個公務人員都犯有洩漏秘密的罪行。因爲我們從日常談話中，聽到公務人員談到他們機關的首長姓名，從不引以爲怪，而談及其首長姓名的公務人員，也決不會想到他已犯了洩漏秘密罪。可是擺在他辦公桌上的「各機關首長名冊」，明明是蓋上了「密件」二字！

不當密而密的「密件」，大家看得慣常了。眞正當密的東西，自會從無意中洩漏出來。如果允許我們補充現行刑法或行政法規的話，我們將要增加幾項條文，對於濫蓋「密件」戳記的人要課以比洩露秘密更重的罪刑或更重的行政處分。「中國人最不能保密」正由於「密件」戳記的濫蓋！

最近聽說有一個文件，是審計部向行政院提出的查核四行兩局帳務的意見，這個文件的封面也蓋上了「密件」二字。因爲他是密件，我們無法探悉其詳細的內容，但我們可以想像到那裡面總有些違法開支浪費公帑的龐大數字。

民主政制下一個主要的條件，就是人民要監視政府的荷包。經理政府荷包的國家行局，其本身的帳務，我們人民更有要求公開的權利，爲甚麼要把它當作密件密起來呢？「密件」，「密件」，政治上多少罪惡是在你的掩護下孕育和滋長！（平）

自治與負責

最近各縣市的議員選舉已經告一段落了，經過情形大致尚屬良好，選舉糾紛也不算太多，這種初步的民權行使總算差強人意了。政府此次以實行地方自治以建立憲政的根基，欲將台灣一省爲其他各省的模範。看到此次選舉的情形，不特政府實行民主政治的決心已大白於天下，即各級官吏的奉行，雖未能達到理想的境地，也可以說相當達成任務了。我們現在要對台省同胞特進一言。

自由與責任相聯，有了自由，必須由自己負責。此在西方民主國家的人們，幾乎視爲自明的道理，但在中國人的行動上則往往只要求自由而並不勇於負責。今只就台灣的政治來說吧。過去在日人統治時代，臺省人士對於政治毫無過問之權，絕不能自己作主，故其爲好爲壞均應由日本人負責，與臺省同胞無涉。近五年來臺灣復歸於祖國的懷抱，雖然各級官吏多半是來自大陸的，而政府希望臺省人士參加政治，且極尊重其意見，則爲毫無疑義的事實。可是臺省人士之中，以爲政治之好壞都是「你們」的事，和「我們」沒有關係的，正復不少。這種現象照理是不應該有的，而事實上往往如此，我們覺得，不無遺憾。過去的由他過去吧，現在可不同了，政府既已還政於民，人民已有了自己作主的權力，必須實行負起政治責任來，好不好都是自己做的，不能諉卸於他人了。你說某種事情辦理不善，那麼請你來試試看！以前在野而現在上臺的人們應將其支票兌現，否則民衆要向你算賬。即今日在野的人們，也要準備他日上臺時的兌現，而不敢濫發支票。所以在民主政治下，政治家的言論都是負責的，準備兌現的。惟其有輪流執政的可能，所以絕少不負責任的言論，這正是民主的長處。有人說：這次當選的人員都是些活動分子，眞正衆望所歸的人士並沒有出來競選。我不肯相信這句話的事實。如果眞眞如此，則那些素負物望的人們實在是太不負責任了。（漸）

形式主義與官僚政治

雷　震

一

甚麼叫做「形式主義」(Formalism)

這本是哲學上一句話，發生於對認識問題的看法。說得更適切一點，這是哲學上、或者美學上和倫理學上一個名詞。我們要想了解形式主義的意義，最好先求了解「形式」二字的意義。

「形式者，係與事物的實質或其內容相對，專就事物的形狀或其結構而言」。

我們爲求眞正明瞭形式主義的確切含義，我想簡單敍述幾句他在哲學上或美學上和倫理學上的含義及內容，可能有助於本問題之說明和了解的。

哲學上的形式主義，是以主觀的形式爲認識的要素，卽從主觀的形式去探求認識的普遍妥當性。所謂形式者，如康德的「純粹理性批判」所舉的時間、空間和十二範疇之類是。康德說：「一切現象進入我們的直觀時，必須經過時間和空間的形式，一切現象進入我們的悟性時，必須經過範疇的形式」。到了新康德學派，更有人主張「認識問題，要不外乎認識的形式問題」。可見他們在認識問題上對形式本身的看重了。在其相對這一方面，專從事物的實質上或從其內容上，覓求認識的妥當性，則有經驗論一派；他們主張由直觀或知覺以直接認取對象，視我們的「心」等於一張白紙(Tabula Rasa)，不具任何特殊內容，故特別重視實際經驗，認爲所有的觀念都是由經驗得來。至於美學上或倫理學上的形式主義，也是一樣專在形式方面做工夫，而不注重其材料與內容。在美學上不問美的對象的內容如何，專從表現法的方面去求美；不注重材料和內容，專重配置他們的方法，以形式如何爲美的表現。在倫理學上謂善惡存乎自然律的意志，而不關於行爲的效果，因主普遍的形式法則，以之爲道德的模範。總之，這三者完全的犯了一個同樣的毛病，就是過分重視事物形式之故，而忽略了他的實質，蔑視了他的內容，故其所蘄求的眞理，則流於空想空論而缺乏實踐性了。

政治上的形式主義，係指行政機關的處理事件，專注重處理上應該具備的形式，而忽略事件的實質或內容。就是說：行政機關執行人員當處理一宗案件的時候，往往只問該案件應行具備的手續如何，卽規定的法律程序，是否履行完備，有無瑕疵存在，而不去詳細審度事件發生當時環境和實際情況，是否和平常狀態一樣？現在的環境，包括時間和空間，是否和法規制定時候的情況一樣？或者情況發生局部變異，法規不能全部照樣適用，必須有一部分要斟酌實際情況而採取適度的考量措置？一味只求事件處理的形式完備，就算辦完一件公案，也就算盡其執行人的責任，而自視爲「忠於職守，克盡厥職」了。這樣的情形，可以說是過去在大陸上很普遍的現象，尤以中下級職員最容易犯着這種毛病。現在雖然侈言革新，大家也確實在各部門倡導改革，努力實行，可是病入膏肓，積重難返，這種形式主義的作風，依然到處存在，只要稍一留心政治，就可馬上看到。我們要打破這種積習，决不是一件很容易的事情，必須出以最大的决心，謹愼的心情，加以時刻不斷的努力，始有革掉這個毛病的希望。

形式主義發展到了實際政治上頭，如果執行者不能充分考慮當前環境而體貼入微，殊有變本加厲之可能。因爲政治的本身，本是一件講究形式、注重手續的東西。換一句話講，每一案件都有每一案件應該具備的手續，而政府機關辦理公事，凡處理一件公案，必定要求該案所應具備的手續，要履行完備而無絲毫漏洞，方可算得辦完一件公案，而該案的效果因以發生，而辦理該案的所有人員，也就可以解除責任。至該案經如此處理，對國家是否有益，對人民是否有害，那不僅是另外一件事，而且也有見仁見智之不同了。

二

「官僚政治」(Bureaucracy)的含義如何？這眞不是很容易能够下一句很簡單的定義。

官僚主義或官僚政治這句話，可以說是批評政治現象不良，或執政不負責任時，很平常的一句慣用語，幾乎成爲批評者對政治現狀不滿而發出來的一句口頭禪，我們到處都可聽見，也不僅是在中國如此。但是，慣用此語的人雖然很多，若要問其眞正語義如何，不僅很多人瞠目不知所對，就是能够明白道出來的，恐怕也是言人人殊，內容各異。因爲這句話的意義是多方面的，包含許多因素在內，常隨使用此語的人而異其意義。自今日一般用法析之，可有以下幾種意義。

第一、官僚二字是與官吏同一意義使用，官僚政治係指由一羣官僚——官吏——所支配的政治形態而言。卽由官僚集團組成決策的政治中樞，而以官廳或衙門(Bureau)爲發號施令的政治中心的政治，係對於以政黨爲中心的政黨政治，或以議會爲中心的議會政治的稱謂。這種政治制度的本質特徵；是不問人民政治意願如何，不以人民選舉的代表參與國政，而以政府任命的特殊階級，或有特殊地位和資格的一群官僚來掌握政府大權，來支配實際政治。霍伊斯

（Heuss）曾經說過：「官僚政治是以官廳（Bureau）來支配的國家生活的狀態，不問在法律上或政治上如何構成，在事實上或在想像上，認爲官吏團體或官廳就是國家根本權力之所在」。這種政治組織，其實就是施行專制或集權的政治，根本無視人民的意見。故潘來伊（Mechior Palyi）嘗謂：「布爾雪維克的中央集權制，亦是官僚主義的政治」，而羅素更指出蘇維埃式的政治制度，乃是官僚政治的再生。此外，官僚主義或官僚政治在一般用法上，尙有以下幾種意義。

第二、在某些特殊場合，官僚主義又與機會主義意義相同，而官僚政治就是指着實行機會主義的政治形態，所謂機會主義（Opportunism）者，卽謂做事沒有一定遵循的原則，完全看風使舵，無論在政治或其他方面。稱某人爲官僚者，卽謂某人爲人做事，沒有定見，沒有一定確守的原則，一切採取觀望態度，視機會如何而定行止，無所謂「有爲有守」或「有所爲與有所不爲」的界限，完全是「見機而作，遇變而動」。這樣的手法施之於政治方面，通常稱之爲官僚主義或官僚政治，就是沒有政策的政治。「識時務者爲俊傑」，「有奶都是娘」，都是官僚政客們所奉行的圭臬，這一次在大陸上靠攏的人們，除被脅從者外，都是屬於這一類。

第三、官僚政治是指辦事敷衍塞責，只問應付週到，不求實際效果的政治。中國過去爲官的人，嘗有一套奉行的金科玉律，就是「不求有功，但求無過」的妙法；還有一套「以不變應萬變」的天賦官則。這兩句話最可以說明官僚主義一部分的眞面目。從這個意義上說，官僚政治是一種不求進步的政治。政治上的成敗，不一定完全係於政策的本身，而其環境則關係甚大，如王安石的變法，在當時非法之不良，乃環境之不許可，故不求進步的政治，决不會遭到當前的失敗，同時亦無所謂成功。

第四、官僚在某些場合是與官吏同意義，上文已經說過，惟一般人用官僚二字，都含有不敬或惡意存在，稱某官吏爲官僚者，含有唾駡或譏諷之意：如駡某人擺架子，打官話，裝腔作勢，官派十足，都稱他爲官僚。駡人打官話，就是說他所說的，都是冠冕堂皇而不切合實際的一派敷衍語。官僚二字常與政客（Politician）一辭相連使用，此時官僚與政客意義完全相同，就是指着喜歡玩弄政治而不負責的人們。這種人掌握了政權，亦稱之爲官僚政治。官僚一語這樣用法，係由上面諸種意義派生出來的。

綜合以上所述，官僚政治實包含以下各種意義，在某種場合，也許只包含其中一部分。卽（一）形式主義；重形式而不重實質，尙表面而忽視內容，其結果一切容易流於繁文縟禮。（二）集權主義：只冀政權鞏固，不顧人民公意，如專制政治，法西斯政治和布爾雪維克政治。（三）機會主義：執行者無政策，乏定見，完全是看風使舵，臨時抱佛脚。（四）應付主義：頭痛醫頭，脚痛醫脚，不求有功，但求無過，其目的是應付得當，了事第一。官僚政治是患了以上各種結核病症，其結果是保守而不求進步，求苟安而不求發展，政府與人民之間日趨隔閡，最後則必趨於崩潰矣。大陸上的前車可鑑，我們應該深深引以爲戒。

三

形式主義只求形式的滿足，而忽視事物的性質和內容，官僚主義只冀程序的完備，而不注重事件的實際情況，兩者在表面上在外延上（Extension）儘管不是一樣的東西，在實質上在內包上（Intension）則幾乎完全相同。卽形式主義在政治方面的發展，就變成爲官僚主義，而官僚主義在本質上的要求，又完全和形式主義同一旨趣。兩者雖不是孿生兄弟，最少亦有血統關係。奉行官僚主義的政治，一般稱之爲官僚政治，而執行官僚政治的人，則又通稱之爲官僚，上文已略加說明。這種政治若以另一角度來觀察，又名之曰「圖章政治」。因爲官僚政治最講究程序和手續，而滿足此項要求的行爲，就要靠用圖章這個東西來表現。所謂圖章政治，卽一件公案所應具備的各階段執行人員的圖章，必須蓋得齊全，才算辦完一件公事，而法律的或行政的效力因以發生。凡做長官的人，都有一個代蓋圖章的工作人員，終日不作別事，專替長官打圖章，公事內容固毋須一一過問。又這些公事都是由主管科員辦稿，稿成後由科員而科長、司長、次長、再送到主管長官判行繕發，中間經過的地方，都只注意蓋圖章，並不一一詳察和審定其內容。因權責界限未能分清，每件公事都要如此旅行，長官判行時如果認眞一一詳審，在事實上决不可能，蓋中央部會的文稿，每日動輒以千百計，故長官只有照主稿原樣判行，結果則是科員决定一切。故此種政治，一般又稱之爲「科員政治」。科員政治這句話，抗戰中期在重慶的時候，爲批評當時政治不良所常用的一句話，雖非當時各機關都是如此，然亦可見其情形之普遍矣。科員政治和圖章政治，都是從官僚政治另一角度來說，惟官僚政治一語，似可包括其全體了。

官僚政治的流弊，就是一切憑着主觀，一切注重形式，對於民衆的意向，民間的疾苦，缺乏實際的考察和研究。換句話說，凡行一事，凡辦一案，不重視民衆的反應，不注意客觀的事實；政策决於主觀，工作流於形式，所作决定與所下命令，完全缺乏實事求是的態度，只求在公文上辦交代，不考慮增進人民的福利；專在表面上講應付，不探求實際的效果。舉個例子來說明；如某人因行政機關的不當處分而遭受損害，乃向其上級機關提起訴願，請求予以救濟，此時上級機關依理應該調查詳情，仔細審查，然後再作准駁之裁定。但事實上，上級機關接到訴願公文後，往往不作實地調查，只將訴狀批交原辦機關，卽被告人來聲復，再據以决定申請之准駁。其結果如何，自不難想見，只不過在公文上兜了一個圈子，有何實際效果之可云。而請求救濟的人，亦不過白費了一頓精神。這樣情形的演變，久而久之，使被害人再遇到類似的情形，只有啞子吃黃蓮，苦在心裡，再不願自討煩惱呀！

官僚主義最大的毛病，就是執行人員只管自己免除責任，而不顧到對方有無麻煩或損害，卽行政官廳只想自己可以交代下去，而不問人民是否因而遭受痛苦。我現在舉出一個親眼目擊的例子，以說明形式主義及於政治的弊害：

緬甸華僑劉君梧桐，現任僑務委員會委員，僑居緬甸有年，經營船舶業和米商業，爲緬甸重要僑領之一。抗日期間協助我國遠征軍，對祖國貢獻甚大，曾經政府傳令嘉獎，緬甸被日軍侵佔後，避居重慶數載，勝利後仍回緬甸，重理舊業。劉君此次因經營的船舶被扣而特來台處理，其入境證係以僑委會委員資格，由僑委會代爲請領。今年八月四日由港乘機來台，下機後經過所有檢查，一切均符合手續，惟台灣入境辦法規定：「凡入境人員，須持有身份證」。劉君以身居海外，緬甸無此證書，乃出示護照以資證明。惟機場檢查人員，堅持護照不能視爲身份證的意見，認爲護照不能符合入境辦法所規定的身份證的要求，並謂若無身份證，必須覓人（或商號）担保，否則不得離開機場。我因往接劉君，目擊此種情形，乃告檢查人員，謂國外無身份證之物，而護照應視同身份證一樣。可以說護照係金字招牌的身份證，因身份證只能在國內有效，而護照則可通行於國外，這二者應解釋爲一樣的東西。但檢查人員堅持不可，結果只有依照規定覓保後，始獲准走出機場。

照這件事情的經過來看，檢查人員絲毫沒有錯誤，也可以說是百分之百的執行了法律的規定，因入境辦法上明明規定：旅客要有身份證，始得獲准入境。旅客已備身份證而入境，在檢查工作上沒有瑕疵，此後如有甚麼問題發生，該檢查人員絕對可以免除責任。儘管護照與身份證在實質上是一樣，可是在形式上則不相同，儘管找人担保是一件麻煩的事，尤其在機場與輪船碼頭，但麻煩係在對方，與檢查人員毫不相干。因此，他們決不肯根據法律的「條理」精神，去解釋護照與身份證具有同等效力，情願自己擔負判斷錯誤的責任，而讓人民受到方便。這不過是一件很標準的形式主義的例子，日常遇到這樣的事情眞是很多，老百姓尤其感到這類的痛苦。我要切實說明一句，下級人員不敢自出主張，權衡情勢，乃由於過去辦事的權責不清，未能養成他們獨立判斷的習慣，故他們也只有膠柱而鼓瑟了。

上面這個例子，有人也許認爲特殊，不足以證明政治上形式主義之爲害，我再舉出一個普遍而必須從速改革的例子，就是我們過去審計制度、銓叙制度所行的審查辦法。就審計言之，今日實際情形我不甚明白，在大陸的時候，且在抗戰以前，我是有過長期經驗的。當時審計部是憑着各機關所送單據，以審查他們的支出是否合法，有無浪費情事。如果按照預算科目，手續完備，單據齊全，一定可以不受挑剔。如果根據機關必需，照實開支，按實報銷，假使預算無此科目，誰定遭其駁斥。如科目可能發生歧異解釋，也會遭其詢問。他們不問是否眞正需要，是否確實這樣開支，只問形式合不合，結果逼得各機關往往假造單據，以求符合形式，好的人因此喪氣，壞的人橫豎是這一回事。故這種形式審查，是不會發生監督作用，只給好人以苦痛，給壞人以方便罷了。我在教育部五年總務司長任內，感覺這種痛苦眞是不少。只舉一個小例子說一說，我那時爲應各級教育機關的需要，將教育部制定的各種法規，彙印成册，發給他們應用，並向坊間出售，以三四百頁之巨册，只售國幣二角——批發尚有折扣，以冀收回成本，再行復印，因爲印刷費是由教育部支出的。但是依照當時的法令，出售書價的二角必須繳歸國庫，不能抵補印刷費用，可是教育部經費極爲有限，辦了一二年之後，只有交給書局去印刷發行，而售價自然增高了。因此，審計制度必須改善形式審查，應從實際方面去發揮監督作用，蓋機關衆多，支出浩繁，審查單據，是無法完成責任的。

過去預算制度與審計辦法之不合理，不合實際情形，尤其超然主計之阻碍政治發展，凡是做過主管長官的人，類能詳細道之，茲爲篇幅所限，不擬詳細論列。寶貴的經驗是給我們做革新的借鏡，我們受了這兩種辦法多年的苦痛，我們如不能根據經驗去革故鼎新，我們眞是糟蹋了經驗，我們今日敗退到台灣，乃是我們應該遭受的懲罰，也可以說是應遭的天譴了。今春在非常委員會小組會議，討論簡化中樞行政機構的時候，我們力主取消超然主計制度，而由財政部設立一個歲計局以主辦預算各事。老實說，我們起草憲法的時候，就未打算將主計機關獨立設立。主計是主管預算，政策是決於預算，主計當然要隨着政策爲轉移，主計可以超然，豈非一大笑話。財政部長只管籌措收入，而不能控制支出，這個財政部長能做得下去麼？除非兩個長官是屬於一個系統，或私人交誼是極厚的。孔祥熙做財政部長的時候，爲甚麼要以其次長徐堪去做中央政治委員會——在抗戰中改爲國防最高委員會——的財政專門委員會的主任委員（那時一切財政政策是決之於這個機構，主計處不過是辦辦收發而已），又徐堪做財政部長的時候，爲甚麼要請龐松舟去做主計部長，這都是很明顯的事實，用不着詳細申說。今春在討論主計機關撤銷的時候，閻院長百川力主維持，他說他在行政院長任內，主計機關在六個月的期間帮政府省了五千多萬銀元，我立卽答復說：「如無主計機關存在，也許要省到一億銀元」。因爲歲入和歲出分爲個兩機關，究竟是在兩個機關，主管人員私交儘管親密，究竟還是兩個人，自難收到如臂使指之效。過去財政崩潰到這步田地，主計制度是不能不負責任的。

今日的人事制度和銓敍制度，也是一樣的犯了形式主義的毛病，應該徹底檢討，從速改正，使其在政府用人行政，發生實際的監督作用。我們設立一種制度，要充分利用這個制度的優點，使其發揮最大效用，同時還要注意這個制度所發生出來的缺點，隨時設法減除。政治本是二件事，一是用錢，二是用人，錢與人均能用的得當，兩者發揮高度效率，這就是良好的政治，否則就是貪污和無能了。政策決定之後，在施行工作上，主計和審計是監督用錢，人事與銓敍是監督用人，我們要希望政治有進步，必須注意監督制度本身的合理和監督機關本身的健全，才能發揮實際的效用。

我想使大家明瞭政治上形式主義之可惡，不憚詞煩，再擧出一個很普遍的例子，希望各方面能够加以注意，想法來矯正其弊害：

我們各級有權逮捕人民的機關，如法院、縣政府、警察局所、區署和負治安責任的機關，如衛戍、警備或保安司令部等等，每遇逮捕嫌疑人犯，經審訊後發覺所稱嫌疑不足，或係誤行逮捕，照常理來講，逮捕機關應將該嫌疑人犯，立即自動釋放，用不着其他手續。如果情勢許可，該逮捕機關應該對被拘人民表示歉意，最少亦應安慰幾句溫暖的話，以減少被拘者精神上所遭受的苦痛。但各級機關在此種場合，往往不肯自動釋放，偏偏要課對方以責任，要對方取保而後開釋，且要課保人以擔保他能隨傳隨到的責任。

這是何等不合情理的事情，但一直任其演變下去，沒有人出來想法糾正。若照保障人權來說，被捕人因無辜遭受逮捕，拘禁，致其精神上和物質上所受的損失，應該要求政府賠償才是，過去許多人要求政府制定寃獄法，就是爲着這個緣故。假定有這種規定，有權逮捕人民的機關，也許不敢濫捕人民了。逮捕機關既知誤捕或嫌疑不足時，何以不肯自動釋放而硬要交保呢？這就是惟恐自已判斷有誤，因而釋放錯了，交保可以減除自己的責任，至對方找保的苦痛，當非主辦人所願知。其實覓保確是一件很困難的事，尤以鄉間爲甚。第一，一般人都不願作保，惟恐做保而自己受累。我們鄉下有一句俚語：「若要無煩惱，終身不作保」。第二，保人往往希冀酬報，或竟勒索金錢。第三，交保與對保已成爲胥吏這般人尋好處的機會。我過去目擊或耳聞很多這樣的事情，故我於三十三年起草「保障人民身體自由辦法」的時候，特別加上了左列一條，以冀減少人民的苦痛。（該辦法於民國三十三年由國民政府頒佈，同年八月一日施行，爲提審法施行前的過渡辦法）。

各機關依法逮捕人民，經訊明後如認爲誤行逮捕或嫌疑不足時，應立卽釋放，不再經取保手續（該辦法第二條前半段）。

這件保障人民身體自由的辦法，乃鑑於當時的環境而頒布，如果能澈底實行這一條，確可減除人民痛苦不少。惟據我聞悉，各級逮捕人民機關，並未完全照辦，而主管監督機關，如司法行政部和軍法執行總監部，亦未認眞監督。

四

政治上的形式主義，卽官僚政治的由來，就是因爲政治未能做到分層負責的緣故。從前在大陸上的時候，儘管天天喊着分層負責，實際上並未認眞去做，各機關的長官雖然都在隨聲附和，可是一到他自己的工作分上，依然作風不改，一切萬能，如果一位長官喜歡管閒事，連一個聽差都可以管到。擧例來說，各部次長一官，都設有政務與常務二職，這本是仿效外國的制度，依理各有主管的工作，彼此權限應該分明。惟實際情形則反是，名目上雖有政常之分，而工作多不分開，因權限的混淆，常易發生磨擦之事。鬧磨擦一事，在我國各級機關特別的多，並非中國人喜歡鬧意氣，實由於制度之未建立，工作和權限未能劃清之故。次長分設政常的理論，是政次產生於政黨，應隨長官同進退；而常次則由各機關職員中，以資深、學優、能力强與經驗富者升任起來，除退休或辭職之外，不隨長官而去留，以保持工作之連續性。但我們今日實際情形是怎麼樣？試問常次中究有幾人係由各該機關職員中升任起來？又有幾個常次能不隨着長官更動而進退？自從西洋制度輸入以後，外間常流行一句話：「在外國很好的制度，一搬到中國來，馬上就會變壞了」。就因爲中國人只模仿其皮毛，而不注重其實際的運用，結果自然會變成形式主義了。我在本刊三卷一期，發表過一篇文章，其題目爲：「我們要以工作對付工作」，說明我們過去各方面之所以失敗，由於黨員同志和政府官吏之不努力工作，苟且因循，蹉跎歲月，而終被敵人趕上前頭去了。並說明造成不努力的原因之一，就是因爲「權責不淸」。茲引述其一段如左：

「國家設官分職，機關置司分科，權責各有界限，辦事各有專司，上下不容侵犯，彼此不能混淆，然後工作才可推行，政務才有進步。倘若權限不淸，責任不明，工作人員必致難於負責，縱欲有所努力，亦感無從做起。工作旣失客觀標準，則大家只有敷衍應付了」。

我們如想免去敷衍塞責的毛病，改革官僚作風的弊害，我們唯有在政治各方面均能做到分層負責的實際，始克於事有濟。惟如何才能做到這一點，要從法制與人事兩方面來研究，來設計，並來確立一種進步的政治制度。

在法制方面，須要做到以下三點：

第一、今後一切政治制度，不論是中央或地方，不可過度集權化，在一個機關或一個系統之內亦應如是。中央如果過度集權化，地方政治則不易展開；長官如果過度集權化，部下則無法運用其智慧。因此要採取適度的分權。

第二、一切法規之制定，要從時間上或空間上來考慮，使法規富有彈性。中央凡所規定，旣不可閉門造車，亦不可繁雜瑣碎，一則可適應千變萬化之社會現象，二則可適應包括寒溫和亞熱三帶之廣大地區。

第三、權責分清，分層負責。如部長管甚麽？政次管甚麽？常次管甚麽？司長和科長管甚麽？在各機關服務規程中要明白規定，且須實際執行，俾工作各有分際，責任始有攸歸，磨擦旣可減少，推諉亦可免除。

在人事方面，要從教育和取士兩方面來考慮：

制度旣已確立，徒法不能以自行，必須要有推行良好制度的人才。如執行人有辦法，事事運用智慧，亦可補救法規的缺陷。法規總是平面的、靜止的、僵臥的東西，必須要靠人們去靈敏活用，才能適應川流不息的社會生活，更進一步推動社會去求進步。因此，在人的方面，我們要使每一工作人員，個個運用自己的頭腦，事事考慮當前環境——時與空，不做官樣的文章，不畫依樣的葫蘆。要想達到這個目的，應從教育與取士兩方面論之：

在教育上要注重自動教育，啓發教育，避免刻板式的敎育，和灌香腸的敎育。「學而不思則罔，思而不學則殆」，這本是求學問最好的方法，我們在敎育上應該充分朝這條路走，不但要學生能夠「學」，並且要學生能夠「想」，要兩者兼程並進，才不致於敎學生讀死書。「學以致用」這個原則，在某方面是對的，如果行之過度，必會變成機械主義。惟此處所指的「用」，當然是狹義的。

在取士方面，要選拔眞正的人才，而斥退唯命是聽的奴才。唯唯否否之徒，必須敷衍應付之輩。今日考試院所採行的考試方法，實有重新檢討，澈底改革之必要，就是要改掉今日考試制度所表的精神。文官考試原係爲國取士，以選拔執行國策具有能力的人士。惟今日推行的考試方法，儘能考驗人們的知識，不易測驗人們的能力，尤其是潛在的能力。有知識的人士，不一定是都有能力的。如要測驗人的能力如何，其所考試的科目，應該注重測驗人們的思想，有無條理，有無系統，人們的思考能力如何，想像能力如何。故其考試科目，要注重思想方面的課程，如哲學、邏輯、思想史和數學之類。至少一部分的課程應該如是，以考驗士子是否能夠思想（Thinking），有無想像力，能否自動出主意。自普通高等文官考試言之，法律、政治和經濟的課程，每種只考一二樣卽可，除必須考試哲學、邏輯之外，要多多考試法律、政治和經濟各種思想史，和法律、政治、經濟、哲學之類。一個人如富於想像力，卽是具有能力之人，至於公敎人員的普通知識，當可由實習與工作中體驗得來，只要他肯努力學習的話。有思想的人，做事不一定有條理、有辦法，於是要在實習與工作過程中測驗其工作能力，以選拔各部門的領導人才，因爲這也不是考試方法所能達到的。以考試取人才，不一定是最佳的方法，有能力的人未必一定參加考試，故同時並用其他方法來選拔眞正人才，以濟考試制度之窮。故試制度本身具有不少的缺點，我們要利用其優點，而儘量減少其缺點才好。

五

政治上誰也不願意實行官僚主義，那一個人也不會承認他的政治是官僚政治，因爲政治講手續、重程序，很容易發生僵化而走到形式主義；也可以說這是很自然的趨勢，若爲政者不能時刻有臨深履薄的心情。行政與審判，都是執行法規的機關，法規不能隨時改訂，必然的會發生硬化的作用，故要靠執行人員的靈活運用，方可救濟與時俱來的毛病。政黨政治之可貴，就是兩黨交替掌握政權，確可減少這些毛病。因爲甲黨在朝的病症，乙黨在野看得很明白，等到乙黨一旦當政，當可不重走失敗的道路，所謂當局者迷，旁觀者清；而且也很容易改掉，無所謂積重難返那一套事情。惟如何運用才可以避免官僚主義？首先要考慮政治的目的是爲甚麽。如何運用才能達到這個目的。而且我們在執行政策上，還要念茲在茲的抱着這個觀念。這樣，政治不僅不會走上官僚政治，且有與時俱進的發展。

政治的目的是「爲人民謀福利」，卽林肯的名言，民有、民治和民享之意。謀福利的意義，有客觀的標準，決不能憑着掌握政權者的任意解釋，如共產黨一樣。政府每做一件事，要處處以人民爲前提，要時刻考慮到這樣的作法，在積極方面，是否與人民有益，在消極方面，是否給人民有害，是否給人民有不必要的痛苦，是否與人以不必要的麻煩，不要只求自己處置方便，不要只想自己卸除責任。總理常說，「人生以服務爲目的」，而官吏尤應如此。民主國家稱官吏爲公僕，就是說官吏應以服務人民爲目的的。旣爲人民服務，一切處置自應爲人民打算，所謂「民之所好好之，民之所惡惡之」。這種政治可以叫做「服務政治」，也就是眞正的民主政治，如其不然的話，那就是欺人騙世的說話，是共產黨徒的作風。共產黨歡喜在甚麽上頭都加上「人民」二字，口口聲聲說是爲人民，好像連吃飯拉尿都是在爲人民，究其實，人民只不過是他們的招牌罷了。

政治要做到是眞正的在爲人民服務，則第二步要使各級官吏對於人民的態度，要謙恭誠懇，寬柔和惠。最緊要的是親民之官，卽和人民頂接近的官吏，如察警、憲兵、審判官、執達吏、徵收官吏和檢查人員；及有獨佔性的國公營事業人員，如郵、電、航、鐵路、公路、電力公司和金融機關的服務人員，要他們在心理上眞正認爲「人民是主子，官吏是僕役」，「對人民要抱着同情心，不要存有蔑視心」。要處處如此、時時如此，不要片刻忘掉自己的身份，不要反客爲主，不要以此爲幌子。薛敬軒先生從政名言有云：「處鄉人，皆當敬而愛之。雖三尺童子，亦當以誠心愛之，不可侮慢也」。各級官吏如能以此心情對待人民，則一國政治爲有不走上清明進步的軌道呢？同時要想到公家供給官公人員許多便宜，如官舍、汽車和工役隨從之類，都是爲着服務上的利便，而非爲其個人及一家享樂之使用。故要時時想到節約，想到這是人民的血汗，不要成天大吃大喝，住宿舍用電爐燒飯，用公家汽車送接兒女上下學。

其次，政治既是以人民爲目的，行政與審判既是執行法規的機關，其在運用進行上，必須根據以下二個原則，才能達到這個政治的目的。否則表面上儘管是爲人民，實際上仍是背道而馳。

第一 運用條理解釋。

第二 運用自由裁量。

今日社會的現象，千變萬化，日新月異，靡有止所，任何事件，沒有一個法令可以規定得天衣無縫，無論如何周密，總有掛一漏萬之虞。所以我們處理一個問題的時候，要斟酌當前環境，儘量運用條理解釋和自由裁量，以求因時而制宜，因地而制宜。

甚麼叫做條理解釋？ 表現法規內容的淵源，則有制定法和慣習性二種，此外尚有未示明白的內容，而在潛在的進行，靠着「理性」以支配我們社會生活關係的東西，通常稱之爲「條理」。所謂條理，就是道理，事物的道理，在德語法語均稱爲「物的自然」（Natur der Sache, Natur des Choses ）與普通所用「自然法」（Law of Nature）是同一意義 ，我國平常所用「天理」一語，亦是一樣的意義。宋儒謂「在物爲理，處物爲義」。自實質上觀之，我們的社會生活，若以全體來觀察，不能不說是由於統一的法律秩序所規律，除非像共產黨一樣，硬說殺人放火的黃巢、李自成、張獻忠等是革命的領袖。這種法律秩序所規律的特殊具體的生活關係的法律規範，如果在制定法或慣習法裡面不能發見，我們仍不能不認爲規律這種生活的客觀規準，是在潛在的行動，以維護我們正常生活關係，如無此項規準，全體的法律秩序幾乎不可想像。職是之故，我們的生活，若是在統一的法律秩序之下進行，我們必須認爲有一種妥當的客觀規準，卽普通所稱「條理」存乎其中，以適應我們的生活關係。蓋社會現象，日新月異，任何法規不能規定無遺，必須依賴條理解釋以資補充。

條理解釋又要以衡平觀念爲準繩。

「衡平」(Equity)的意義，比公平這句話更有法的意義。韓非子說：「懸衡而知平」。衡平與正義都是法的基礎原理，故我們解釋法律的時候，應將衡平與條理一樣，均作爲解釋的指導原理。卽(一)依照法文所包含的規範，探究法的意思，以求適用未規定的事象。(二)不拘泥於法規的文字，詳度立法者的意思。(三)執法人憑着自己的判斷，以補充成文法的缺點，甚至無視或違背現行法規，以求適用正義的要求。英國的衡平法（Equity），就是要使法律能隨社會的進步而解釋適用，使審判合乎公正的要求，以補救普通法 （Common Law）的毛病。瑞士民法第一條，特別闡明這個意思：

「在本法沒有規定的時候，審判官應從慣習法，連慣習法亦不存在的時候，審判官應以自己爲立法者而設立的法規以審判之」。

行政機關處理日常問題，如遇法律沒有明文規定的場合，或有規定而不能適合當前實際情形的場合，都應該依照條理或衡平來補充解釋，以求適應進化的社會生活。如國民大會今年應否召開的問題，如立法院立法委員任期屆滿問題，除依條理或衡平來解釋之外，別無其他途逕可以遵循。國民大會今年必須召開，國民大會的決議，除其本身能作決定外，無人能變更之。這是憲法的規定，在通常的場合，如有人敢違反者，可課以違憲的責任。但是憲法未規定應變的場合，如今日所遭遇的情形。這種特殊的情形，可是說是在制憲當時的想像之外。自今日實際情況言之，無論從那個立場來看，國民大會都是不能召開：從在臺灣的人民方面來說，他們是要求政府以全力鞏衞臺灣；從在大陸上陷於水深火熱的人民來說，他們是要求政府以全力準備反攻，若於此時下令籌備召開國大，人民必說政府是在發瘋了。有一位國大代表來對我說：「政府不能假定國大代表到開會的時候會不足法定人數，而先下一道緩開命令；政府此時應下令籌備，屆時如不足法定人數，當然不能開會，又何必此時下令緩開，而不兼顧憲法呢」？此話驟聽起來，似乎言之成理，若詳細分析時局，自不能承認這話合乎條理。我當時答說：「政府此時下令籌備召開國大，人民必以爲政府發了神經，無論人數足不足，今年不僅不能召開，此時亦不能開始籌備。換一句話講，卽足法定人數，今年亦不能召開，戡亂條款只有照條理去解釋爲自動之延長。且不要說別的道理，十一月那個時候，臺灣局勢究竟怎樣，此時誰也不能預見，政府的措置，不能只講臨時應付。那是沒有政策的政治」。立法委員任期問題也是一樣。憲法上沒有規定立委延期之事，總統亦無權命令其延期，立法院自己更不能議決其延期。單從憲法的字面來講，已到了山窮水盡的地步，但若依照條理來解釋，自然可以見到柳暗花明之境。就是說：我們今天所行是的憲政，憲政必須有個人民的代表機關，如議會、國會或立法院以監督政府。今年立委選舉旣不能辦理，明年立委任期屆滿後，人民代表監督機關的立法院，當然不能中斷，故只有自動延長任期至能够辦理選舉，而將下屆立委大部分選舉完成之日爲止。這就是按照事理的道理來處理的。

其次。講到自由裁量的問題。

何謂自由裁量？ 法規不能無遺漏的規定一切社會現象，上文已重複說過，這在行政方面爲尤甚。故行政官吏對於某些問題的處理，要靠自由裁量來補救，以何者爲適宜而決定並執行之。自由裁量的目的，就是要問何者適於公益，何者適於國家和民族的目的，根據此項原則，由執行人自由考慮來決定，然後根據這項決定來執行。行政機關的意思決定，在一般場合，必須根據法規，惟法規的拘束力並不完全一樣。法規有很詳細規定的時候，行政機關在原則上只有照樣執行，即機械的適用之。然爲適應社會現象起見，法規對行政機關的意思決定，認爲在一定範圍內有選擇，乃至自由認定的權利，於是行政機關就有自由裁量之權了。自由裁量本有廣狹二義，廣義的自由裁量分爲法規裁量和便宜裁量。法規裁量即法規對於行政機關賦予某種程度的自由，行政機關在判斷的時候，可依照過去的經驗，言語的文法，慣習或條理等不文律以決定之。至於便宜裁量，即普通一般所稱之自由裁量：法規對行政機關的意思決定，完全認其自由判斷，此時行政機關的決定只問何者適於公衆利益，何者適合國家目的，完全憑着自己的見解，根據自己的認識，按照公平的原則，訴諸個人的良心，是故便宜裁量的場合，行政機關的行動，在某種程度上，可說與立法機關的行動相類似。裁量上如有錯誤，亦不發生行政訴訟的問題。僅爲公益上的不當，非對人民有所違法。一部行政法規之運用，要靠各級執行人員之自由裁量，靈活運用，方不致於發生膠柱鼓瑟的毛病了。

總之，行政機關（或審判機關）當處理問題的時候，如能事事以社會公益，人民福利，和國家目的爲前提，考察當前環境，問題發生實況，而以條理和衡平兩個原理來裁量處置，自然不會重視形式，而官僚政治自然不會發生了。

三十九年十月三日於臺北。

（上接24頁），總有着一群群，排成豆腐塊兒，整整齊齊地，在那裡拍集體照！不然就是由翻譯帶着，講解出那些事蹟來，給他們聽，「顧問」們總是像小學生聽講似的，現出口張目呆出神的樣子，社會主義國家的人民，不知爲甚麼都是像木頭一樣的死板，或者偶爾還會作出神經質的小動作來！

對於他們紀律的控制，大約還是很嚴格的。除了長安街、交民巷、東單、東安市場和紫禁城這一帶外，恐怕不會見到他們的影子！那些眞正表現中國風土人情的地方，大概他們一點印象也沒有，顧問們所見到的，只是最富麗，最繁華的地方，此外禮拜六，禮拜天，他們常要逛一逛天壇或是頤和園。他們所走的這些道路，恐怕是已經規定了的，因爲從他們的集體行動上，可以看得出！

說到頤和園，那將是「顧問」們所最中意的了！中共之向主子諂媚，此亦爲其一具體表現。頤和園是北平郊遊的勝地，人們在假期，都願意出城來散一散心，在好年頭，各地到北平來遊覽的人，都要到此來觀光觀光西太后的避暑樂園，其他國人來此的亦復不少，可是今年，則大不同了！不但外地人沒有來的，就是北平當地人，也都懼於兩千元之高價門票而不敢問津，如此一來，便自然形成蘇聯大哥及達官貴人所獨享的樂園了。每逢假日，西直門外眞是車水馬龍，美國的新式小包車加雜着蘇聯的遊覽車，飛快地向前駛着，園門口更是擠得水洩不通，如同召開汽車大會一樣，把那寬濶的廣場，排得一絲不空，汽車的笛聲鳴成了一片，眞是繁榮無比。園內則油畫一新，並到處添以俄文的指標及說明，綠衣的翻譯及園內的嚮導，帶領着各處遊覽解說，園內的飯館，到了這一天格外的忙碌，幾家官辦的「人民食堂」，自是不必說，就是商家的，也將有人滿之患了。達官及友人之暢遊樂園，令吾人觀之，眞不敢相信此外尙有四千萬同胞，正掙扎於饑餓的死亡線上！

「蘇聯大哥」們這等的享受，讀者不免懷疑他們錢是那裡來的呢？這個問題很好解答，只要一說就會明白，「中央人民政府」爲了「照顧」「人家是享受慣了的」，自然不敢剋扣薪俸，所以「顧問」們「服務」的報酬，以日計，至少也在二百斤小米以上，以麵粉來折合，每月的薪水是一百二十袋。其數相當於普通公教人員的三十倍不止！雖然如此，他們仍是不枉花一個錢，中國人從沒有看到過他們曾向追隨着他們的乞丐施捨過一文，這也許是因爲社會主義國家的人民不懂得甚麼叫乞討！某次記者在東安市場門前擦皮鞋，我問那個擦鞋的，是否蘇聯大哥也像老美一樣擦完鞋，給許多錢！他說：「他們還擦鞋！美國人是來花錢的，他們是來吃咱的！您沒看見他們都穿着套鞋嗎?!」果然，「顧問」們都把他們新買的皮鞋外面套上一層舊膠鞋，不管下雨還是晴天。

一九五〇、九、二十五。

第三卷　第八期　東南亞當前的危機　二七二

東南亞當前的危機

陳國礎

蘇俄趁美國重歐輕亞的政策空隙之際，向亞洲發動積極攻勢，赤色帝國的第五縱隊利用這一弱點展開滲透戰術。由於亞洲各國最近一世紀以來，多半處於殖民地或半殖民地地位，經年累月受着帝國主義的壓迫和剝削，以致生產落後，工業不振，人民知識水準過低，過着牛馬般生活。因此民族意識的潛在力非常强烈，他們尋求掙脫桎梏的機會，以實現多年來的願望。民族革命的火花日益熊熊，在這種環境之下，正適合於赤色毒菌的滋生。蘇俄帝國主義戴着民族主義者的面具，高唱新民主的口號，混進亞洲落後民族陣營內，進行煽動的陰謀，其實力逐漸蔓延，遂成燎原之勢。廣大的群衆爲了爭取自由，一面以全力排斥西方國家以謀完全自主；一面受惑與蘇俄携手藉以完成民族解放運動，正應了「前門出虎，後門進狼」的俗話，恰好中了蘇俄的奸計。它儘量的培養共產國際第五縱隊，造就大量鷹犬，兵不血双，坐收戰果。於是東南亞洲各國成了蘇帝的囊中之物。

尤其蘇帝在中國的成就，影響於東南亞洲各國至深且鉅。蘇帝對中國早存侵略野心，二十年來，處心積慮，扶持中共，擴張軍備，破壞行政統一，準備推翻政府。更且發動國際宣傳說：「中國共產黨是土地改革者，不是屬於世界共產黨的。」這種歪曲理論竟也遮掩世界人士視聽，第一流的政治家都爲之迷惑，甚且國際共黨在各國發動破壞中國政府的宣傳，減少援助的力量。美國共產黨領袖福斯特曾經在美國共產黨全國委員會宣言中提到中國問題的一段說：「在國際方面，主要的工作是阻止美國干涉中國事件……中國戰事是解決一切問題的關鍵，就在這裡我們必須予反動勢力以最大的打擊……對於我們全神貫注的中國問題，我們要在全國各地召開五百個會議，動員我們所能接觸的人民的全副力量，以阻止對中國的干涉」。從這一段話裏充分的表現共產黨對中國所運用的政治陰謀。歐美的新張伯倫主義者，却不知不覺重新踏上了綏靖主義的舊路，認爲毛匪要鞏固其政權，就必須發展其落後國家的工商業，改善其人民生活，增進其社會生計，而這些事業所需要國外資本與技術的大量協助，決非其奉爲宗主國的蘇帝所能勝任，必求之於西方的富强之邦，因而幻想亞洲的第二南斯拉夫必然可能出現，不妨予與各種誘惑，以觀後效。這種極嚴重的錯誤觀念，使國際共產黨從容不迫的佈置其侵略中國的計劃。第二次大戰勝利以後，蘇帝乘機截獲日寇的軍火轉讓中共，作爲反叛資本，更派遣大批軍事技術人材，替中共後方訓練擘劃，大批軍火源源接濟，助長中共的勢力。在有援助與無援助的對比之下，中國大陸遂至淪爲蘇帝附庸。這種不幸遭遇，實由於綏靖主義者之膚淺幼稚的功利和現實主義所造成，尤其是一般短視的政治家動輒强調歐洲第一的結果。中國的防共堡壘被突破以後，東南亞各地共產黨的氣燄突然高漲起來，聲勢煊赫，盛氣凌人。作風也改變了，從滲透戰略一變而爲直接侵略。蘇俄嗾使韓共進攻南韓，便是此種作風的開端。因着西方民主國家的一念之差，造成中國無與倫比的嚴重損失，更促成東南亞各國的危機重重，大有朝不保夕之概。玆特分區述之。

一、越南

蘇俄南進政策已經蓄之有素，絕對不會更改的。而南進最理想的地點，莫如越南。因爲越南在戰略上佔有重要地位，它是國際通路。日本南進的政策是十分有計劃的，然而遠不若蘇俄的完整。日本自特有海空的優勢，進佔了南洋，而未在陸上留有國際通路，結果美國壓力一加大，日本在南洋的部隊，便失了補給，供應品送不上去，軍隊又接不回來，臨了匆匆忙忙打通陸上道路的計劃，而遭中國堅強的抵抗，計劃未行通，美國原子彈投下了，致使無條件投降。蘇俄明白這道理，在目前中共已控制中個整個大陸，形勢已不同於日本，蘇俄是一個海權沒有發達的國家，她要南進，勢必取得國際通路的越南，以越南爲據點，攻略暹羅、緬甸、馬來亞等地易如反掌，甚至印度也在她的掌握之中。

就戰略而言，越南與中國毗連，在地理上爲最易攻擊之地點。自二次大戰以後，民族自決問題，風起雲湧，國際共產黨乘機潛入，於是胡志明因緣時會成立越南共和國，以與保大政府分庭抗禮。四年來不斷地明攻暗鬬，法國維護保大，蘇俄支持胡志明，在國際政治舞臺上，也一再爭辯着取得合法政府的地位。而法國爲着維持越南殖民地的利益，除了苦心孤詣地用政治手腕企圖苟延殘喘外，更不惜在內竭外枯情形之下，派遣十五萬大軍遠戍越南。法國在越南所施用的軍政双管齊下的政策，仍舊無法解除內心的苦悶。

更不幸的是中共在中國大陸上的勝利，已經迫近了這個號稱爲東方「最大糧庫」及「殖民地的珍珠」的越南。在共匪方面說，對於這產米豐富的越南是垂涎已久，如果囊括所有，卽刻可解決共區的饑饉；並且由越南作跳板，進一步向緬甸、暹羅、馬來亞、以至印度，完成東南亞的共產主義陣線，然後再進軍歐洲，這是共產國際侵略的路線。因此劉少奇曾經說：「共產黨在中國的勝利，應該爲其他殖民地區的示範」。這就是一個最好的明證。越南的胡志明會受史太林知遇之恩，爲着要爭取政權，逐驅法國的勢力和摧毀保大的地位，企圖領導二千二百三十餘萬人民投靠克里姆林宮紅旗之中，作共產主義的先鋒隊。

憑着這双方的有利條件之下，中共的進軍越南幾乎是必然性的。越南在東南亞區係最弱的一環，法國的力不從心，已爲共產黨所洞悉，祇要付出少數代價，便可收龐大利益。

自從韓戰發生以後，美國已加緊援助越南，這不僅在實質上增加法越的力量，尤其在精神上給予法國遠征軍的刺激不少，今後自然加緊戡剿越共。可是展望前途，又覺並不十分樂觀。當前越南的危機，固不僅是胡志明的越共與陳列中越邊境的中共二十萬大軍躍躍欲試；其實越南內在的危機朱容輕視。第五縱隊的猖獗相當嚴重，保大政府所在地的西貢，亦難免時遭共黨份子的突擊。保大政府名雖獨立，實權有限，且內部派系分歧，棘手掣肘，而保大又復優柔寡斷，調度欠靈，縱令共黨坐大。法國當局確實感到難以應付。

由於聯盟軍登陸仁川成功，南韓首部漢城重光，戰局已急轉直下，韓共已註定了無可挽救失敗的命運。今後韓國的前途，聯盟軍是否止於卅八度，抑或一鼓作氣逐韓共於韓境之外，以完成大韓共和國的統一，這是有待於聯合國的決定。一般人擔心蘇俄指使中共增援韓共，以挽救在崩潰中的局勢。其實在共產國際集團尚未意圖發動第三次大戰的當兒，大約不致甘冒危險與美國作正面衝突。它可能開闢第二戰場以分散美國的主力。而第二戰場當以越南的可能性爲最大，因爲法越之間早有戰爭狀態存在，越共發動新攻勢，僅可視作戰事的擴大，不致於加深美國的刺激。同時共產國際觀察得相當深刻，它估透美國當前的反共政策，還是以歐洲第一。而且當美國軍事動員未臻充實階段，極端避免大戰提早爆發，尤忌兩面作戰，除非萬不得已，美國是不打未準備的戰的。最近越共發動總攻勢，大戰序幕經已揭開。美國務院發言人當卽聲明謂美國對是否要派遣軍隊赴越南一事，尚未有肯定之決策。並且說：美國認爲尚未嚴重到急須美國直接干預之地步。這一項聲明，刻劃出美國的反共政策，不欲在目前接受疲於奔命之勞，以削弱防衞歐洲的實力。可是事實上越南的現階段，已面臨千鈞一髮的生死關頭，單靠着駐越的十五萬法軍，無法遏止赤潮的氾濫。胡志明領導下的越共正規軍，數目有八萬名，都是曾經受過嚴格的訓練，此外還有十餘萬名遊擊隊，實力未可小視。同時由於國際間聯繫的便利，從中共方面獲得軍火的補充，新式武器的取給，是輕而易舉，必要時還易於獲得中共武力的支持。這一切對於越共的有利條件，都是加速越南戰爭的爆發。越南成爲繼韓國之後的第二戰場，已是無可避免了。

二、緬甸

緬甸名義上雖云獨立，實際仍是英國附庸，其政治路線也完全以英國之馬首是瞻。她是蘇俄集團外第一個承認中共僞政權的國家，她之承認中共與其說是基於「友好」，毋寧說是中共以武力的威脅，迫使緬甸訂城下之盟的。遠在去年二月二十五日，中共派遣章會華，陳家康，杜淑華等在緬甸平鑾與緬共秘密簽訂五項互助協定：（一）双方堅守從事東南亞解放鬥爭任務，對於行動步驟之戰略，必須配合；（二）對反英、美帝國主義之行動戰略，互相交換情報；（三）對東南亞之反帝國主義行動，須以國際決議爲標的；（四）必要時，以中共武力在中緬邊界直接支持緬共，並進一步爲前哨站；（五）「全緬工協」，「全緬人民主青年聯盟」，「全緬學聯」，與中共組織切實聯絡。

從上述的秘密協定看來，赤色帝國主義對於侵呑緬甸早在計劃之中。一九四八以來武裝共黨卽向緬甸政府叛變，當時曾佔據緬甸生命線的伊拉瓦底河上一要鎭白里英及其他各要鎭，聲勢浩大，形成割據局面。緬甸政府雖以全力彈壓，總不能澈底肅清。依然是處在混亂、殘殺的狀態中，過去的暴動事件，簡直成了家常便飯。連軍警戒備森嚴的仰光，也時遭共黨暴徒的突擊。共產黨並未因緬甸與中共發生了國交而減少其威脅性，反之緬共虎視眈眈仍將伺隙而攻，局勢之動盪仍屬風雲莫測，今日的緬甸，決非一塊安樂土，大批第五縱隊密佈全緬。緬甸使蘇俄帝國所未能忘懷的，就因爲她是一塊產米之區，也是進攻印度的一個前哨戰略地。早在共產帝國征服亞洲完成世界革命的計劃書中，它不但沒有丟棄日本南進政策而且更積極地兼採西進戰略，自緬甸至印度，由印度向西與歐非戰場接通。正如列寧說：「由北平經加爾各答，是到歐洲最便捷的道路。」今後的緬甸，不須流血卽可建立極權統治。我們用「危機四伏」四個字來形容緬甸當前的局面，再也合適沒有了。

三、馬來亞

馬來亞北境與暹羅接壤，向爲走私孔道。戰後的馬來亞，由於共產黨徒的滲透，勾結日治時代的地痞流氓，發動其擾亂社會治安的陰謀。當時馬來亞當局之放縱寬容，未能及時嚴予制止，澈底肅清，致令星火燎原。戰後數年來，因着共黨的暴動，發生空前未有的紊亂，到處充滿了搶刧，勒索，甚至在光天化日之下，人煙稠密之區，公開拋擲炸彈，任意施行械刼，暗地裏更是打單恐嚇，强横霸道，無所不用其極。鄉村居民由於受彼等不斷侵擾，無法安居，迫得拋棄數十年若父若子滲淡經營之土地，美滿融和之家庭；流浪無依，度其艱難困苦之生活，馬來亞所賴以繁榮的錫米樹膠生產減少，因而金融窒息，經濟衰落，人民生活瀕臨艱苦境地。

馬來亞聯合邦政府爲了戡剿共匪動亂，曾調動七萬軍隊聯合警察及義勇軍合力進剿，而且由英國特派伯力中將擔任剿匪總司令，指揮陸空兩軍。每日爲剿匪而用之經費數達三十萬之叻幣（合美金十萬元），每年則爲一萬萬元之鉅，費時兩年餘，所謂「馬共暴徒」依然未能預期肅清。根據官方公佈，去年一年間暴徒被擊斃、受傷及俘虜的數目計二千餘名，但是平民及警察因公殉職及受傷的數字，也有一千餘名。本年來，被擊斃的暴徒爲數約在八百名以上。馬來亞當局一再估計馬共暴徒爲數不過五六千名，但是根據官方所公佈兩年餘暴徒傷亡數字已超過全部暴徒一半有奇，可見潛伏在馬來亞的武裝共黨份子决不止官方的估計。而且由越、緬、暹等地的國際共產第五縱隊滲入馬來亞，是輕而易進的。

馬來亞共匪未能預期敉平，是有其主要原因。馬來亞當局本意努力進行戡剿馬共，可是由於英國承認中共，雖曾强調决不贊成中共政策，但一丘之貉的馬共無形中受着激勵。而且共黨機關報公開宣傳共產主義爲蘇俄及中共張目排斥民主國家；不僅是馬共發施號令的大本營，甚且鼓勵全馬各民族傾向共產主義。馬來亞當局最近以果斷决心，毅然停止兩間共黨報紙發行，俾有助於剿共戰事。不過馬來亞當前的危機並未解除，如果蘇帝發動向馬來亞進軍，毫無防衛的英國只有走上撤退一途。不用說得更遠，卽就目前的剿匪問題來說，英國已經感到焦頭爛額，因此反映出英國對蘇俄的外交政策，極盡遷就之能事，徘徊不定，前途誠堪可慮。

四、印度

印度在亞洲方面就其人口與土地言，僅次於中國，她有三萬萬二千萬人口和二百萬方英哩面積。這一個古老文化的國家在近世紀被英國統治了九十餘年，經印度民族運動領袖甘地的領導，近乎三十年的奮鬪，才實現了獨立自由。獨立後的印度是需要健强起來，但是國際風雲日形緊張，遠東的赤焰已逐漸逼近印度。身披民主外衣的尼赫魯以妥協逢迎之策企圖苟安一時，標榜中立，妄想作亞洲領導人物。他在國際間所表現的一切：承認中共僞政權；協助中共攫奪聯大安理會代表席位；替蘇俄奔走斡旋和平，動搖民主陣線。尼赫魯一連串的錯謬，聲譽掃地固不必說；而這種誠惶誠恐趨奉唯恐不及的獻媚醜態，倒未必改變蘇俄侵略印度的旣定計劃。這些都是有事實可資證明的。

雖然印共還沒有什麼顯著人物，與毛澤東及胡志明輩齊名，但是印共的實力却未可輕視。印度共產黨的破壞，突擊及恐怖行動而致間接斃命的人數，每月至少有二千人。共產黨在海德拉巴與馬德斯交界區一帶，曾控制二千五個百以上村落，佔面積一萬五千平方英里。他在加爾各答、孟買、新德里等處幾個大城市，共黨的暴動與示威，幾乎是日不間斷，甚至公共汽車的司機因時遭共黨份子的襲擊，不得已在駕駛座前裝設保護物，以防意外。印共均擁有優良武器，有的地區，儼然是武裝整齊的游擊隊，印度正規軍無可奈何，這正是說明印度遭受共黨的動亂，已瀕臨最嚴重的階段。

任何人都明白印度內部的動亂，是由於駐在印度的蘇俄官員在幕後指揮。據查在印度各部的蘇俄貿易代表達三百人，這是個不平常的數目。如是衆多的貿易代表，他們的使命爲何？固不待知者而後知。今天蘇俄對印度的侵略，就是採取第五縱隊滲透的政策，尤其印共的活動，更不同於其他國家的共黨。印度內政部官員說：印共不着重誇耀宣傳，只在幕後指揮游擊隊的活躍，培養一支人民軍隊，煽動印巴戰爭，擾亂治安，以及用盡種種其他方法來促成全面革命的爆發，以推翻尼赫魯政府。這是印共的實際行動，不誇耀宣傳，避免民主國家的警惕。只要一旦時機成熟，蘇俄則可坐享其成。

印度的地位太重要了，她是介於歐亞之間的橋樑，是一個純戰略地帶。無怪蘇俄自列寧以來，迄至現時的史太林，夢寐難忘這一塊僅次於中國的大陸。現時的印度已立於刀尖上，而尼赫魯却蒙在鼓裡，天下間最悲哀的莫過於此了。

五、印尼，菲律賓，暹羅。

印尼合衆國具有一百九十萬方公里面積，七千萬人口以及最豐富的資源，在荷蘭統治下三百多年。由於二次大戰以後，民族自决的怒潮像排山倒海般壓來，經過四年的奮鬪，印尼民族獲得了新生，同時赤潮也隨着滲透而來。蘇俄早已覬覦印尼這一塊豐富的資源，可是無隙可入。蘇俄原來是反對印尼參加聯合國的，現在竟也承認印尼。它的走狗中共且已和印尼互換大使。不可抗拒的國際共產的侵略，魔手已伸進印尼腹內，這是印尼前途最大的危機。爲了美國的經濟援助印尼，蘇俄曾經公開指責說：「操縱印尼局勢的主人並非哈達政府或荷蘭軍隊，而是美帝國主義者」。蘇俄極欲將美國的經濟力量由印尼踢出去，對荷蘭更是不放在眼中，蘇俄對於印尼所需求的，是大量的軍需物資，諸如樹膠錫礦等等，據說現時蘇俄正與蘇加諾政府進行膠錫交易。獨立未久的印尼怎經得起此種摧殘呢？況且印尼內部潛伏着武裝共黨份子，數目雖屬不多，總是心腹之患，誠然是印尼的不幸哩！

菲律賓受共黨的威脅，雖然沒有像東南亞其他地區的嚴重。可是其國內不斷的發生暴動，好像馬尼剌南面，巴坦加斯省森林區的數百名政治叛徒，及菲島與婆羅洲之間的蘇祿島摩羅暴徒的猖獗，不能說與共產黨無關。菲律賓的民抗軍一度曾衝進距馬尼剌不遠的地方，使季里諾不得不着急起來。菲律賓也絕對不是一個世外桃源所在，共黨的勢力正是方興未艾哩！

暹羅，這是一個專以看風駛舵的投機國家，她現在正度着多災多難的日子。這個小國家裏充斥着共產國際第五縱隊，甚且是馬來半島的共黨間諜大本營，馬來亞共匪的軍火接濟，據說大多數是從暹羅來的。緬暹交界的景東擇族，早被中共虎視眈眈。暹羅的生命緊握在共黨手中，簡直是一舉之勞罷了。

以上各國完全爲共黨所控制，大有朝不保夕之概。今年上半年，共產黨所控制的世界工聯在北平召集歐亞澳三洲二十國代表大會，公開聲明，要進行對太平洋及東南亞洲的「世界革命」計劃，並在華設立永久祕書處，不啻爲遠東的共產黨情報局。最令人警惕的，就是在其宣言裡有謂：「印度，緬甸，印尼，越南以其他東方國家，今日已成爲鬥爭的中心或革命之後備區矣」。這可算是國際共產的對東南亞侵略野心的自白。

今天東南亞洲各國身受斑斑的創痕及切膚的刺激，應當及時而起，大家急速團結起來，集成堅强的反共陣線，尤其西方民主國家不應再事猶疑徘徊，加緊切實作軍事上的援助，纔能挽救將要臨到的空前危機哩！

社會主義乎？辯證唯物神學乎？（上）

楊一樵

（一）天堂的追求

什麼叫做社會主義？社會主義的涵義、範圍、與達到社會主義的方法，實無法計數。因爲每一個人都有他的定義、理論、與他所信仰的方法。在人類歷史上，從柏拉圖寫共和國聖奧格斯丁著天都起，有謨耳的理想國，有康派奈拉著太陽城，有哈林頓著海洋共和國，與培根的新大西洋洲，因爲連年的戰禍，宗教的鬥爭，農民的叛變，社會的不安，使思想家在理想上創造一個政治團體，多少帶些『小國寡民』，世外桃源的意味。

到了十九世紀，因爲科學的發明，使生產技術與組織，發生了革命。使生產效率大大提高，衛生進步。於是歐州的人口從十九世紀初年的一億八千萬，增加到十九世紀末年（第一次世界大戰前）的四億五千二百萬。大量人口集中城市，無產勞働者形成了一個階級，對於事物另有種看法與評價。這在人類歷史上是一個前所未有的現象。一方面有大量財富的增加，有資產階級的興起。一方面有無產者所造成的貧富的對照。女工童工之被剝削，貧民區的慘象，在以前封建時代，都不顯露的，現在都呈顯到社會的表面。這些現象使有警覺性的人士，感覺社會的病態。被俾斯麥看透了是個糊塗蟲的拿破崙第三，尚且向議會警告，社會問題的嚴重性。

於是思想家對於經濟自由主義的哲學，開始懷疑，而提出理性的改造的：有歐文的社會新景，聖西蒙的新基督教，勃朗的勞工組織，加斐德的到伊加利亞之路等，所謂『烏托邦』社會主義者。

更有認爲一切工業文明，生產工具，若不由國家控制，便將走向貧困之路。於是有布雷著英法勞工的貧困，馬克斯恩格爾的共產主義者宣言，與馬克斯的資本論。有普魯東的貧困的哲學，有巴枯寗的上帝與國家，有列寗與布爾希維克的革命。這都是社會主義各種理想與現實方法的表現。

一切社會主義者，不論他們是烏托邦的，或是科學的，他們最終的目標是相同的，就是要建立一個人間的天堂——一個自由平等無階級的大同社會。（柏拉圖康派奈拉的貴族社會主義除外）在這個大同社會裡，生產與分配是按照『各盡所能，各取所需』，或『各取其分』的原則。

但是怎樣可以達到這個目標呢？耶蘇基督說：人類『互愛』精神可以使人類進入大同。十八世紀農業社會主義者（Agrarian socialists）認爲土地的專有，是惟一的剝削制度，所以取消土地的專有制，可以使社會進入大同。十九世紀初年，聖西蒙、富理埃、歐文等相信人性的至善，階級間的合作，可以達到大同。社會制度的可展性，政治上的干涉主義，可以創造新社會。這完全爲十八世紀惟理主義的思想。他們建立新社會的實驗區。做烏托邦的實驗。所以被稱爲烏托邦社會主義。

另有一派，認爲新社會可以由資本主義文化中演進而來。這是孔德（Auguste Comte 1798－1857）及斯賓塞（Herbert spencer, 1820－1903）的理論。這個理論與利嘉圖地租論的推廣，演成費邊社會主義。

認爲新社會的產生，只有用暴力推翻現有制度，并且由無產階級專政，將一切生產工具及組織收歸國有，才可以造成一個平等無階級的新社會。這是馬克斯的理論，自稱爲科學的社會主義。

各派社會主義者，都有幾個共同的認識與目標：（一）對於現存的政治制度與社會秩序，認爲不公平。（二）要求經濟上的平等，與生產成果合理的分配與享受。（三）無責任政權的限制。（四）人類福利的增加。（五）工資階級對於生產事業支配權限的增加。（六）具有宗教的熱忱，從事新制度的建立。

（二）馬克斯的理論

唯物史觀與階級鬥爭——

馬克斯認爲他的理論是根據歷史演進的必然性。所以他稱他的理論爲科學的社會主義。他認爲人類社會上層的建築物，如政治、法律、宗教、藝術的特徵，都是由人類物質生活的生產方式所決定。物質的生產方式變更，一切政治社會文化的性質亦變。這是馬克斯的唯物史觀。

人類社會演進的主要動力，是由於階級間的衝突與鬥爭。階級間爲什麼有衝突？因爲代表生產力的階級與現存生產分配的法則相衝突。人類的歷史——馬克斯心目中的先史時期——是由一聯串的階級鬥爭所組成。馬克斯彷照黑格爾的辯證論理法說：社會上永遠有階級的對立。中古時由封建貴族地主階級統治下的社會裡，地主貴族與新興的城市工商階級相衝突。鬥爭的結果，貴族階級爲中產階級所推翻而成爲資本主義的社會。在資本主義的社會裡，布爾喬亞的資本家，與無產勞働階級相對立。代表生產力的無產勞働者必推翻布爾喬亞階級而建立一個無階級的社會。無產階級的革命是人類社會最後一個階級的解放，所以是最後一次革命。人類以前的歷史，只可作爲這個解放革命的預備時期。從此以後，人類的先史時期就此告終。以後是新社會的歷史。這個新社會是一個完全自由平等無階級的社會。用黑格爾的辯證法術語來說：這個社會就是最後的『合』（Synthesis），沒有『反』概念（Anti-thesis）的對立。在這個社會裡，沒有一個階級來控制生產工具。一切生產力量均由理性統制，人人均可各取所需，這不是人間的天堂嗎？

剩餘價值：資產階級與無產勞働者何以衝突？馬克斯用『剩餘價值』的理論（Theory of Surplus Value）來說明：馬克斯認爲人類的勞働是惟一的生產要素。資本不過是以前未消耗的勞働，在生產過程中的應用。因爲在資本主義制度之下，工人一天的勞働，所完成的生產價值，超過他維持一天最低限度的生活所需。而他的工資，是以最低限度的生活所需爲標準的，所餘下的就是剩餘價值。一切資本的利息，企業家的利潤，土地的地租，都是由工人的剩餘價值裏支付的。所謂資本也者，是產生剩餘價值過程中的一種工具。勞働者爲資本家生產剩餘價值，並非因爲有法律上或身體上的强制。是因爲土地與生產工具在資本家的手裡。

產業集中與恐慌定律，及無產者永恒貧困論：由剩餘價值的理論，馬克斯又推演出產業集中與恐慌定律（Law Of Concentration and Crisis）與無產階級永恒貧困論(Theory Of Growing Misery Of The proletariat)。資本家因爲剩餘價值的積聚，控制更多的生產工具。生產工具的集中，剝削更多的剩餘價值。如此造成惡性的循環，使財富集中到少數人手裡。而無產勞働者的境遇也就愈來愈貧困了。一方面是財富的集中，生產效率的提高；另一方面生產成無政府狀態，生產過剩，使分配不能解決。而龐大的私人企業，吸收了大群日益貧困的勞働者。勞資的對立，造成日益加深的危機。自身的矛盾，使資本主義社會崩潰。無產勞働者起而控制生產工具，變成社會主義的生產，這就是世界革命。

國家枯萎論：從剩餘價值的理論看來，則近代國家，不過爲剝削階級的一種工具。其惟一作用不過爲穩固布爾喬亞的特權而已。在新的生產制度之下，階級無存在的理由，國家反成了生產事業的鎖鍊。新社會是生產者自由平等的集團『國家』這個古董，將被送到博物院，與銅器紡車陳列在一起了。這是馬克斯的國家枯萎論（Theory Of Withering Away Of State）所以馬克斯及一切社會主義者，政治上的理想，都走上無政府主義的路。

共產主義的社會是馬克斯經濟理論自然的歸宿。無產者爲唯一的階級，負有建立新社會的使命。一切傳統的道德宗敎的拘束，都得斬斷廢除。用暴力推翻現有制度爲正當而必要的手段。否則工人階級永遠不會取得政權。在高度產業集中的社會裡，工人以革命的手段，取得生產工具的控制。由無產階級的專政，消滅一切階級的存在而進入共產主義的社會。全體人群，由代表生產力的無產勞働者所組成，無剝削階級存在，結果必可造成無限的繁榮。這是馬克斯的預言。

以上是馬克斯學說的大概，馬克斯的各項理論，在歷史上都有先驅，並非馬克斯的單獨發明。如 Turgot Godwin Hall Thompson 已啓發了剩餘價值論，Fourier, Blane, Owen, Sismondi, Rodbertus 也先後指出了產業集中及無產勞働者貧困論，柏拉圖亞里斯多德卽已指出人類歷史上階級鬥爭的現象，Guizot, Turgot 又加以近代化。不過，這是馬克斯，使這些理論學理化，感情化，而成爲革命的動力。尤其是階級鬥爭與剩餘價值論，提高了無產階級的意識。加强階級的對立與仇恨。馬克斯非但拋棄了階級合作的原則，并且認階級鬥爭爲無產勞働者的使命，做了歷史演進的中心。

社會主義到了馬克斯手裡，由各個思想家孤立的空想及試驗工作，而一變爲全世界群衆運動。

（三）　一個世紀的進步與矛盾

馬克斯恩格爾的共產主義者宣言，於一八四八年發表。並沒有引起羣衆了不得的興趣。資本論第一册於一八六七年出初版。這是馬克斯在不列顚博物院下了十八年苦工的產物。恩格爾到處拉人寫評論以引起世人注意。可是使馬克斯失望得很：『資本論版稅的收入抵不過我寫書時所抽的雪茄』。但是『宣言』發表後一百年，馬克斯主義併吞了半個地球，統治了七億六千萬的人口，馬克斯主義眞的參通了『天人之際』？求出了人類社會進化的定律嗎？沒有！矛盾的現象是馬克斯主義的發展，證明了許多馬克斯假設的錯誤。馬克斯認爲資本主義高度發展的西歐各國，是共產主義的孕育所。瓜熟蒂落，西歐應該是世界革命的發源地。但第一個應用馬克斯主義發生共產革命的是產業落後的俄國。按馬克斯的理論，工人的境遇是愈過愈慘，事實是全世界各處，工人生活水準提高。不過工人生活雖然改善了，而階級鬥爭反尖銳化了，這是什麼道理，這是因爲貧富的差別永遠存在。在機械發明以前，貧窮的普遍，認爲是自然的，不可避免的。在機械發明以後，貧窮被認爲是資本家的陰謀，加深了階級間的仇恨。這是馬克斯主義成功的秘密。

馬克斯主義發表後，對於西歐社會主義運動發生什麼影響呢？按照馬克斯的產業集中律與無產者永恒貧困論，西歐資本主義國家，應該首先發生共產革命。實際却不然。第一及第二國際組織都失敗了。由歐洲各國民族氣質而論，除神祕主義的斯拉夫民族外，喜歡在形而上學裡面深思的德意志人民，應該最易接受馬克斯主義的理論與預言。然而一八七八至一八九〇年間，俾斯麥的社會立法，竟打敗了馬克斯主義。以後西歐各國民治主義之抬頭，與經濟的繁榮

「自由中國」的宗旨

第一、我們要向全國國民宣傳自由與民主的真實價值，並且要督促政府（各級的政府），切實改革政治經濟，努力建立自由民主的社會。

第二、我們要支持並督促政府用種種力量抵抗共產黨鐵幕之下剝奪一切自由的極權政治，不讓他擴張他的勢力範圍。

第三、我們要盡我們的努力，援助淪陷區域的同胞，幫助他們早日恢復自由。

第四、我們的最後目標是要使整個中華民國成為自由的中國。

，使社會民主黨(Social Democratic Party)成爲德國最强有力的政黨。帶着無產階級革命色彩的馬克斯理論，無人歡迎。因此在德國產生了馬克斯主義的修正論，一八九九年，波恩斯坦（Eduard Bernstein）發表其結論：（一）社會全體的利益超過任何階級的利益；（二）工業集中，並非代表財富的集中；（三）資本主義無崩潰的跡象；（四）勞働大衆並非永恒貧困，生活反有改善；（五）托辣斯（Trust）及卡德爾（Cartel）的組織加强生產的合理化，沒有無政府狀態的生產。

至於法國呢？法蘭西民族明朗活潑的思想，加上法國大革命自由平等傳統與人道主義的宗敎，對於馬克斯主義的命定論，與個人權利的廢棄，實在不能相容。況且法國之富主要是獨立小農的農業經濟，强有力的手工業制度，平衡了大工業的勢力。與馬克斯共產革命的條件不合。只有馬克斯的經濟理論，與革命色彩，爲普魯東採納了而發展成工團主義（Syndicalism）。

馬克斯的理論，對英國的社會主義運動，從來沒有，或許永遠不會發生領導作用，英國人的常識哲學與實利主義，固然使他們不喜歡馬克斯的辯證玄理與抽象哲學。不過最重要的因素是：在民治主義永恒擴展的空氣之中，社會主義原則，滲透了一切政治上與宗敎上的運動。英國勞工不論在保守分子中，自由分子中，或是教會中，都找着了同盟。在大不列顚領導着世界的金融與貿易之下，職工協會取得了許多權益，而走向一種漸進政策。英國勞工並不感覺自己是資本主義社會下的化外分子，而是一個逐日在擴張其政治地位與社會福利的集團。沒有獨立的政治運動的需要。在一八八四年一班作家，科學家，與理論家創立了費邊社。提倡一種實驗的社會主義，（pragmatic Socialism）或稱爲費邊社會主義。韋伯夫婦（Sydney & Beatrice Webbs, later Lord & Lady passfield）成了費邊社的名人，在政治經濟宗敎各方面推行社會主義化的改革運動。這個運動建立了職工協會與社會主義間的橋梁，協助了英國工黨的形成。（一九〇〇年）。

不過社會主義主要的問題是：工人的組織如何取資本家的地位而代之，來主持生產與分配。一部分人認爲費邊社會主義的改革運動，永遠不會推翻資本主義的經濟。因此又提出行會社會主義。（Guild Socialism）主張職工協會（Trade Union）應該担任中古行會的責任，主持生產，管理分配。但是維多利亞時代的樂觀主義，只看見人類的無限進步，與社會的無限繁榮，其信仰之堅，與當年的原子，一樣的牢不可破。對於激進的社會主義是不感興趣的。

從英倫三島越過大西洋到新大陸。美國的社會背境與經濟條件，更與馬克斯主義風馬牛不相及。自由的政治制度，高度的社會流動性，廣泛的社會遷升可能性，（Social Mobility and Possibility of Social Ascendency）近乎取之不竭的自由土地的存在，雖然不能使每一個公民，都變成總統，每個窮漢變成富豪，確阻止了社會階層的形成。工作無貴賤，勞働階級既無自卑心理，資本家，亦無傳統的傲慢性格，勞働者的希望是變成布爾喬亞。實際上美國許多大企業，很多股東就是工人，階級鬥爭的理論，對於美國人是毫無興趣，簡直不能了解。美國工會的性質是典型的職工協會（Trade Union）政策。

（四）馬克斯主義的復活與列寧主義

第一次大戰前，西歐社會的一般繁榮，與各階層的富足，幾乎推翻了馬克斯的悲觀經濟定律。可是第一次大戰結束，帶給歐洲各國前所未聞的經濟紊亂與貧困。經過美國人短期的救濟，一個史無前例的經濟恐慌終於來臨。馬克斯主義者，認爲這是馬克斯公式的實現。但馬克斯主義之發揚光大，並不在經濟恐慌的西歐，而在經濟落後的俄羅斯。

俄國二月革命的結果，布爾喬亞與農工階級合作，組織了柯倫斯基政府，農工階級從沙皇手裡獲得了民主與自由。但列寧及其少數革命專家認爲「天堂」的造成不能等待民主的演進，應該按照馬克斯的理論，由無產階級的專政獨裁，用暴力來造成。把他們剛到手的民主奪去。在一九一七年的十月，組織大暴動攫取政權，推翻柯倫斯基政府，對俄羅斯人民宣布道：「讓我們在俄國建築一個無產階級的社會主義秩序」。列寧的秩序如何建設呢？無他，把萬物之靈的人去飼喂生產工具的機器。列寧的方案是：創造產業的集中，來適應馬克斯主義革命的先決條件。其步驟：（一）創造社會主義化所需要的基礎——工業設備。（二）消滅布爾喬亞的餘孽。（三）集合農民，耕作集合農場。（四）創立無產階級的軍隊。（五）塑造共產範疇的人性。其辦法：（一）用警察來管理人民的生活。（二）放逐富農。（Kulaks）（三）犧牲勞工階級的一切個人自由與權利，做國家機器的奴隸。因爲要進天堂——共產主義的社會——任何犧牲都是應該的。自由主義者考茨基（Kautsky, Diehl, Schmidt）等大不謂然，這樣的辦法，與馬克斯的理論風馬牛不相及。照馬克斯的理論，共產主義的社會，應該由資本主義社會裏產生出來，而資本主義俄國剛在萌芽時期。可是布爾希維克的理論家(Sombart, Liefman, Brutzkus)認爲布爾希維克主義是馬克斯主義的嫡系兒子。現在俄國的共產主義，尙非眞正的共共產主義，是一種過渡時期。俄國的資本主義幼稚，確是資本主義的鎖鍊中最弱的一環，共產主義的革命，應該從此發軔。布爾希維克的革命，造成一龐大極權政體，由一黨專政。廢棄一切民族、種族、宗敎的傳統，造成一個反上帝的「上帝王國」，用最不人道最反自由的手段來實現一個自由與人道的理想！

馬克斯的革命理論，經過布爾希維克應用於俄國的革命，演變而成列寧主義。列寧主義是什麼呢，史達林的定義說：「列寧主義是帝國主義及無產階級革命時代的馬克斯主義」。包括下列革命的條件，（一）廢除第二國際策略及觀點。認爲他們是社會主義的叛徒。在莫斯科組織第三國際勞工協會。（二）資本主義國家必須完全消滅。（三）消滅之道，是利用國際戰爭發動內戰。（四）發動民衆暴動與造成鬥爭恐怖。（五）無產階級專政。（六）由資本主義社會變成共產主義社會，必須經過國家社會主義的過渡時期。（七）無政府的社會實現之後，國家的權力，必須無限止的增加。（八）用獨裁來建立共產主義的生產制度。（九）廢止宗敎。（十）由國家管理强迫教育。（未完）

第三卷　第八期　韓國問題解決了之後

韓國問題解決了之後

黃錫和

馬克思主義以無產階級爲宣傳的對象。無產階級人數愈多，馬克思以爲其主義的宣傳愈會發生效用。馬克思所謂「無產階級」不是指一般貧無一文的流民，而是指現代工業國家的機器工人。這種無產階級，照馬克思說，是隨着資本主義的發展，自然生長，自然增加的。這個見解不甚眞確，現在姑捨不談。我們所宜注意者，俄國共產黨只接受馬克斯見解的一半，而放棄其他一半。其所接受者是「無產階級人數愈多，共產主義的宣傳愈會發生效用」，其所放棄者是「無產階級隨着資本主義的發展，自然生長，自然增加」。於是他們爲了主義的宣傳能够發生效用起見，就用人爲之法，盡力創造無產階級。無產階級可用人力創造麼？漢的赤眉黃巾，晉的八王五胡，唐的黃巢秦宗權，明的李闖張獻忠，確會有這本領。中原蕭條，千里無烟，飢寒流隕，相繼溝壑，造成了流民叛變，而使中央政權窮於應付，而至於顚覆。馬克思主義與黃巢主義結婚，這是可怖的現象。

蘇俄唯恐天下不亂。第一次世界大戰，成立了蘇俄這個國家，第二次世界大戰，又予蘇俄以擴張勢力的機會，戰爭對於蘇俄是有利的。但是蘇俄最希望的，是別人打仗，自己傍觀。兩敗俱傷，既可收漁人之利，而兵燹之後，赤地千里，又可使第三國際有宣傳共產主義的機會。有這兩重利益，所以戰後，任何內亂，任何戰爭，無一不與蘇俄的陰謀有關。因之，要確保世界和平，必須徹底解決蘇俄這種國家。聽蘇俄逍遙法外，而惟零零碎碎的應付蘇俄附庸國的侵略，必陷入蘇俄的陰謀之中，而不自知。

這次北韓侵略南韓，誰都知道是由蘇俄策動。美國奮然而起，見義勇爲，其能打敗北韓，驅逐共軍退回北緯三十八度以北，自然祇是時間問題。（編者按：本文收到時聯軍尚困守釜山一隅，現已克復漢城越過北緯卅八度矣。）但是北韓軍隊被逐出南韓之後，韓國危機已經消滅麼？我們不說北韓可以待機而動，再來一次侵略。只就南韓本身言之，也埋下了許多危機。大兵之後，人民破產者必定不少，這大批破產者的存在，便是危機的癥結。美國賑救耶，既消費美國的物資，又難保第三國際不以破產者爲其宣傳的對象。美國不賑救耶，流民遍地，更可以威脅韓國政府的安全。何況共黨的第五縱隊已乘現今混亂之時，潛入南韓，和平克復，他們將由地面工作變爲地下工作，一旦北韓再來侵略，其勢更將猖獗，美國疲於奔命，而蘇俄又可以坐享其成。

然則美國進兵北韓，推翻三十八度的限界，困難問題可以解決麼？北韓受刀兵之禍，猶如南韓。大亂之後，南韓統一全國，爲了戰後的復興，勢必增加美國物資的消費，而第三國際若尚存在，共產主義的宣傳必不終熄。原來無產者的存在，在民主國，祇是一種負担，在共產國，反可以增加政府的力量。用饑餓以壓迫人民，麪包乎？服從乎？這是共產政府控制人民的工具。中古敎會的勢力是建築在土地集中與大衆貧窮的基礎之上。當時歐洲有三分一以上的土地，集中於敎會。敎會有糧食以誘惑貧民，而貧民亦須依靠敎會的布施，才能維持其生存。貧民愈多，敎會愈有勢力，到了大部分人民淪落爲無產者的時候，敎會不但精神上，便是物質上，均成爲全歐的帝王。第三國際的組織無異於羅馬敎會，由共產主義者看來，馬克思便是耶蘇基督，列寧便是聖彼得，史太林便是羅馬敎皇，而狄托似宜視爲受驅逐出敎的享利第四，但是羅馬敎會幷未曾創造貧民，而第三國際却不斷的鼓動戰爭，以增加無產者的人數呵！無產者人數的增加，對於蘇俄，是有利的，對於美國，則爲有害。美國用物資賑救貧民，而蘇俄則用戰爭創造貧民，貧民遍地，勢將難於賑救。何況韓國問題解決之後，蘇俄又可在別個地方，鼓動戰爭，以創造無產階級，戰時消耗美國的兵力，和時消耗美國的財力，等到美國疲於奔命，人民發生厭戰心理之時，蘇俄的海軍渡過太平洋，蘇俄的飛機越過阿拉斯加，這個時候，美國欲向蘇俄宣戰，已經遲了。

然則美國退出亞洲，可以不可以呢？現今世界與門羅時代不同，赤禍遍於全球，一國要想倖免，勢不可能。亞洲淪陷於鐵幕之中，經過相當消化之後，用亞洲的人力與物力，必能席捲歐洲。歐洲平定，進兵南美，轉鋒北向，美國雖然富强，到了這個時候，其勢也必岌岌乎危哉。何況蘇俄最會利用滲透方法，使一個國家發生內亂，美國能够保險其全國人民不受共產主義的蠱惑麼？如其可能，何以原子彈的祕密竟會洩漏，如不可能，則蘇俄不必與美國宣戰，而美國內部也可以發生動搖。

單單解決韓國問題，無補於事，退而保守美洲，更無異於自掘墳墓。爲美國計，只有領導全世界民主國，直接與蘇俄作全面戰爭。蘇俄一向用和代戰，目前還是一樣。它不敢戰，也不必戰。認識了它不必戰，必須預防其和平攻勢，認識了它不敢戰，必須强迫其戰。我們不是幸災樂禍，我們知道戰速則禍小，戰遲則禍大。我們不會忘記大戰之後，貧民更多，但是第三國際既已瓦解，貧民雖衆，亦不至受人蠱惑，毀棄自由，戕賊生命。倘有開明政府，用民主之法，本社會主義之意，施行政治，則貧民不但無害於社會的治安，且可爲經濟復興的動力。　要之，民主與獨裁，自由與壓制，勢不兩立，倘不斬草除根，毀滅第三國際的組織，而單單援助南韓，縱令南韓復國，統一北韓，世界危機仍然存在。羅馬敎會終須沒落，一因爲它抑制自由，二因爲它蔑視民族觀念，三因爲它剝削全世界，以利意大利。第三國際的缺點有似乎此，所以民主自由之師一旦興起，我敢斷言最後勝利是在民主國方面的。

特載

歷史的臺灣—歷史的臺灣與中國（八）

郭廷以

據日人的記載，鄭芝龍受明招撫之後，商船歲詣日本，「至成功時以爲序」。成功進兵台灣之前，且曾遣兵官張光啓前去借兵。鄭經時代，益獎勵海外貿易，一六六六年（永曆二十年，康熙五年）「遣商船前往各港，多價收購船料，載到台灣，興造洋艘鳥船，裝白鹿皮等物，上通日本，製造銅熕倭刀盔甲，並鑄永曆錢，下販暹羅交趾東京各處以富國」。（台灣外紀卷十三）。

爲了台灣扣留入貢於滿清的琉球貨船（大概是要對大陸反封鎖），引起與日本的爭執（日本以琉球的保護者自居），鄭經一度停止商船，不通長崎，以示報復。一六七四年（永曆二十八年，康熙十三年）有日船漂至台灣，鄭經此時正在參加大陸上吳三桂的反清戰爭，需要日本的武器，謀復舊好，對於遇難的日船日人，特予修繕遣歸。復由東寧留守楊英遺書長崎，謂彼此如同一家，璧還日本的謝銀。（川口長孺，台灣鄭氏紀事卷下）。鄭經之差兵都事李德駕船往日本鑄錢，並銅熕腰刀器械，卽此時之事。可知台灣所需要於日本者，實以兵器爲主，至於輸入日本的物品，則爲砂糖、鹿皮爲主，此外尚有獐皮、米穀、藥材之類。據英人的記載，平均每年鄭經有十五隻商船前往日本。

鄭氏興販的船舶，有東洋西洋之分。明人所謂西洋指今之南洋，而以呂宋、蘇祿（Sooloo）美洛居（Molucca）文萊（Blunei）及琉球日本屬之東洋。鄭氏與南洋的商業關係，與東洋一樣悠久，主要的國家有中南半島的交趾（東京）廣南柬埔寨（Cambodze）暹羅、馬來半島的大尼（Patani）柔佛（Djohor）滿剌加（Malacca），及咬𠺕吧。所以鄭氏失敗之後，有不少遠走南海之人。

第七節　鄭清和戰與延平王國的結局

一、初期和議的無成

清廷因爲本身的缺點，短於海上的戰鬪，總想以政治方式來消滅鄭氏的抵抗。一六五三至一六五九年的和議或招撫始終無成，鄭成功自謂他之與清方進行和談，祗是「將計就計，權措糧餉，以裕兵食」。成功東征之後，清廷既下沿海遷界之令，復誅鄭芝龍於北京，以示不再作和平解決之想。及鄭成功病歿，台灣厦門又成對峙，清方認爲和平機會又到，由福建總督李率泰派人到厦，與鄭經談判。此時鄭經正處艱難之境，「順之有負先王宿志，逆之則指日加兵，內外受困」，不如「暫借招撫爲由，苟延歲月，陽和陰違，俟靖內患，再作籌畫」。不久鄭襲之變底定，鄭經時代的第一次和談破裂。一六六三年（永曆十七年，康熙二年）戰事再起，清軍奪取金厦兩島，不少高級將領叛降，清軍思一舉而下台灣，但是天然的困難無法克服，一六六五年舟師遇到颶風，船隻飄散，於是又回到「招撫」的舊路。一六六七年（永曆二十一年，康熙六年），清使孔元章到台，進行第二次和談，鄭經則堅持照朝鮮事例。這是過去清方所不能接受的條件。降將福建水師提督施琅欲效吳三桂窮追永曆帝於緬甸的前事，復與鄭氏有殺父之仇，上疏力請進剿。但是台灣海峽不是容易渡過的，清廷權衡之下，認爲仍以政治誘降爲上策。召施琅進京，裁水師提督缺，焚燬戰船，並將鄭氏降將分別安置北京及各省屯田，以示無對台灣用兵之意。一六六九年（永曆二十三年，康熙八年）特命刑部尚書明珠兵部侍郎蔡毓榮入閩，與靖南王耿繼茂等齊集泉州，切實進行第三次和議，遣興化知府慕天顏都督僉事季佺渡海東去，鄭經亦命禮官葉亨刑官柯平西來，仍執（一）照朝鮮事例，（二）不薙髮，（三）世守台灣，（四）稱臣納貢四條件。明珠則要求削髮易服，再令慕天顏等面與鄭經商談，終於不協。此後數年，雙方相安無事，鄭經部將江勝駐守厦門（自一六六六年始），安邊息民，不事騷擾，專以通商爲務，以吸取大陸的物資，並與據守潮州達豪的邱輝相結，「善爲交通接濟，貨物興販，而台日盛」。

二、三藩事變與同軍閩粵

一六七三年（永曆二十七年，康熙十二年）以吳三桂爲中心的「三藩之亂」爆發，不論他的動機究竟何在，不能不說是驅逐滿清，恢復漢族治權的最有希望的時代。所有的反清力量一時自然會聯合一致，應付共同的敵人。雲南與台灣雖不易取得切實連絡，但三藩之一鎮守福建的靖南王耿精忠則已與鄭經有切實的接洽，是年十一月（中曆十月）鄭經卽令整備船隻士卒。明年（一六七四）春，精忠正式發動，鄭經以陳永華爲留守東寧（台灣）總制使，親自進駐思明（厦門），吳三桂相約舉兵之書，亦於此時接到。幾個月的時間，雲南、貴州、湖南、四川、廣西、福建，及湖北、廣東的一部份，均爲反清軍所控制，不久並及於陝甘浙江江西，從西北經鄂西湘北贛中至浙東，形成一個與滿清南北對抗的陣線，聲勢至爲浩大。但是結果終於失敗。其原因並不完全由於敵人的頑强，實由於反清聯合軍自身的矛盾，政治上缺乏足以動人的鮮明旗幟，台灣與吳三桂的立場不能一致，軍事上復有直接的利害衝突，鄭經與耿精忠尤爲水火難容。

吳三桂究竟以何種名義來相號召？不少人勸他仍奉明之正朔，立崇禎皇帝後裔，以收拾人心，鼓舞忠義，然而他有他的苦衷與野心，對於永曆帝之死既無以自解，事成之後，自問又不能終守臣節，所謂「篦子坡（永曆遇難處）之事，可一行之，又再行之乎」？同時迫於時勢，又不得不假借明的名號，拋棄明的關係，但又處處露出破綻，無法自圓其說。在他的檄文中，他說他所奉的是「先皇（崇禎）之三太子」，在他的上康熙皇帝書中，又說他所擁的是「太祖十四代孫周王」。這明明是種騙局。（此題不在本文範圍之內，暫不詳論）。他知道臺灣方面是絕對主張恢復明朝的，所以他給鄭經的書中故意撇開這個問題不提，祇說「令祖（鄭芝龍）舉全閩投誠，大有勳勞，橫遭俎醢，必百世必報之仇，令先王（鄭成功）心存大義，九死靡他」，是一位特立獨行的大丈夫，深佩其為偉人，請他「揚先人之名，雪家門之恨」，「復梟世大仇，泄神人共憤」，始終是拿私怨來打動鄭經。而鄭經的復書，則光明磊落，不及其私，反復申說其一貫的政治主張，逼着吳三桂走向這條路上。先謂「殿下（三桂）忘家為國，不顧其子（三桂子應熊在北京被殺），欲申大義行天下，不禁雀躍，既慶朝廷之光復，又喜所懷之謬」，繼卽懇勸三桂「先建天下之大義，擇立先帝之苗裔」，「早建匡復之業」。三桂的回答則一片支吾通詞，說是「先朝盛德，何日忘之？然藉擁戴以號召人心，乃草創故智，不愼於始，後必終凶。項氏之於義帝，諸將之行更始可鑑也。使大勢既定，親賢自不乏人，與天下公議之。……倡義除暴，首當削號，故改為周」（接三桂舉兵後稱周王元年）。鄭經知道三桂別有懷抱，不勝感嘆失望，謂「吳藩萌念已差，不但不能取信天下，號召英雄，實為後世羞耳」。臺灣的實力有限，地位偏辟，不足以左右大局，鄭經之於這位自私的反清聯軍的領導者，自無如之何。後來三桂稱帝建號，鄭經曾作其「老而反愚，妄自尊大，英雄失望，恐不能久」。

軍事方面，吳三桂所望於鄭經者為「大引舟師，徑取金陵，或抵天津，斷其（清）糧道，絕其咽喉」。臺灣的實力在海軍，鄭軍之長為水戰，如能深入長江，橫截南北，與湖南的吳軍相呼應，或北攻天津，直接威脅北京，撼搖清軍的神經中樞，自為最有效的戰略。但是先決問題，要看鄭經的力量究竟能否勝任。十年以來，臺灣不曾有過對外戰事，士兵大都從事耕墾，戰船間亦不免腐損，鄭經應約西去之時，「兵不滿二千，船不過百隻」。一六五九年鄭成功的數以萬計的北伐軍尚不免失敗，何況區區此數。此其一。卽令有足够的兵力，海上用兵，不惟有風濤之險(如一六五八年鄭成功草山遇風)，前線距基地愈遠，運輸接濟愈難，進軍金陵天津不是一件容易的事。此其二。臺灣一島，資源有限，加之全島多未開發，人力物力均成問題，必須據有比較富庶地區，先將脚步站穩，預立不敗之地，並可就近與友軍取得切實聯繫，一致行動。此其三。這些均應是鄭經先取閩南的主要原因。何況漳泉是他的故鄉，又係舊有領土。但是問題亦卽由此而起，耿精忠本是一位小丈夫，為了把持福建的地盤，自不顧他人染指。當精忠舉事之初，尚感到有需鄭經的聲援，及他占有全閩，控制浙南，贛東，輕視鄭經的力量，決心與之相絕，合作的局面，從此破裂，鄭經收有泉州漳州，北敗耿軍，南入粤東。精忠一再失利，乘吳三桂的調解，致書請和，一六七五年（永曆二十九年，康熙十四年），復行通好。實仍同床異夢。此後鄭經卽轉移兵力南下，大舉經略廣東。明年（一六七六）三月，平南王尚可喜兵敗勢窮，其子之信歸附於吳三桂，更易旗幟，加入了反清聯合軍（三藩之亂正式形成）。於是鄭經陷於耿尚之間，南止惠州，北限於泉州楓亭，無法再求擴展。此時他的出路祇有兩條，一是海道，北攻長江，一是西入江西，以謀與吳三桂會師。他所採取的是後者。汀州為入贛必經之道，適該地守將劉應麟來降，是年六月，鄭經遣後提督吳淑前往襲取，耿鄭和好再度破裂。平情而論，鄭經自應負寒盟背約之責。耿精忠的反清意志本不堅定，外有清康親王傑書的大軍南下，內有鄭經的步步緊迫，最後他就決心重向滿清屈膝，十一月十日（中曆十月初五日）清軍入福州。

耿精忠的投降，自是反清聯合軍的一大不幸，而對於鄭經尤為一嚴重打擊。在此之前，臺灣軍始終不曾正式與清軍的主力接觸，而由耿軍作其屏蔽，鄭經得以從容經營擴展。從此以後，臺灣軍須要身當其衝，直接應戰，耿鄭最後之兩敗俱傷，我們不應全歸咎精忠，鄭經實亦應付不善。當時延平王吏官都事陳駿音曾上啓鄭經，論其處置的失宜，頗為中肯：

耿尚連和，漳泉安枕，雖未效先王航船瓜鎭而取江南，亦當速命將鼓勇由興寗而直搗贛州，大會周師（吳軍），以倡義舉。何得聽吳淑煽惑，引師借道，信應麟私意，反兵據城？旣敗兩國之好，隨失同仇之義，致耿藩勢窘，我師忙蹙，不知當事者作何主意，不以為怪，而反詡詡榮幸。臣恐禍不旋踵而至。（不久駿音又上啓斥鄭經左右無謀，聽信煽惑，歡一將之苟合，攜釁鄰邦，棄萬載之良策，失約周師，遂致前門拒虎者灰心薙髮，主以水陸大軍迅攻福州。鄭經亦不能用）。

在奪取汀州之前，鄭經已據有閩南漳泉和廣東的潮州惠州，頗可有為，如果他眞有他父王的遠大抱負，照陳駿音所論而行，三藩事變當係另一個結局，明室能否恢復雖不可必，而滿清的統治可能就此結束。我們縱不能說鄭經應負此次反清運動的失敗之責，最少可以說他不識大體，不顧全局，祇知爭目前的雞虫得失。歷史上許多國家大事往往就是為一般祇見其小而不見其大的負責者所遺誤。

三、和議復起與大陸的再退出

清軍入閩，耿軍作其前導，長驅直進，三個多月內（永曆三十年十二月至明年二月），連陷邵武、汀州、興化、漳州、泉州五府，除左提督趙得勝戰死興化外，將近二十萬的鄭軍以欠餉之故，大都望風潰逃，鄭經一敗塗地，又退到金厦兩島，不久潮州惠州兩府亦失，尚之信繼耿精忠之後，以廣東降清。斯時鄭經本擬東歸台灣，厦門百姓哭留，聲如海濤，其母董夫人復下令切責，始決定暫駐。康親王傑書又乘機進行第四次的招撫（一六七七），鄭經復書峻拒，謂：「萬古正綱常之論，春秋嚴華夷之辨，此固忠臣義士所朝夕凜遵不敢忘也。我家世受國恩，每思克復舊業，……倘天意厭亂，人心思漢，則此一旅亦可挽回，何必裂冠毀冕，然後爲識時務之俊傑哉」？措詞正大壯烈，軍雖敗而仍不改變其政治立場，這是鄭經的至可佩之處。其後康親王再遣使前來作第五次的和談，允照朝鮮事例，但須讓回金厦各島，鄭經則要求閩南四府。尋復由寗海將軍喇哈達以長函懇勸其「罷兵休士，全車甲，歸保台灣，自處以海外賓臣之列，其受封爵惟願，其不受封爵亦惟願」，不強要其投降，允許以台灣爲鄭經君臣完全名節之地，歲時通奉貢獻，通商貿易，條件似尚寬大。鄭方堅執「邊所海島悉爲我有，資給糧餉」兩條件。和議復歸無成。

劉國軒是支持鄭氏晚期政權的擎天柱，亦深不以鄭經與耿方失和爲然，說是「豈有前門人爲之拒虎，可以高枕無虞，反轉聽左右，而爲狼假道，竊恐失信天下，逼人於無可奈何，一旦共爲瓦解。」當時他是經略粵東的主將，局勢逆轉，自惠州返回厦門，鄭經盡以軍事委之，集中兵力，整頓船隻，軍勢稍振。議和不成，一六七八年（永曆三十二年康熙十七年）戰事再起，國軒及吳淑分任正副總督，採取攻勢，兵雖數千，倏永倏陸，飄驟馳突，以機動的戰略，連獲大捷，海澄之役，殲清提督段應舉以下三萬人。南安永春德化安溪惠安長泰平和均爲所有。惟終以兵力不足（時已增至三萬），久攻泉州不下，清軍雲集，鄭師失利，傷亡頗巨，大陸上僅保有海澄一城。福建總督姚啓聖重提撫議，要求讓還海澄，鄭經拒絕。這是第六次的和議。清方一面繼續執行經濟封鎖政策，令沿海遷民築牆，一面聯結外援，請荷蘭再派甲(夾)板船助戰，一面進行政治分化，瓦解鄭方的團體，所謂以（高位厚祿，買散人心，不用干戈，可收績效」。姚啓聖特在漳州設「修來館」，主持此種工作。這確是相當厲害的政策，一六七九年間不少動搖投機份子絡繹投誠。軍餉遺乏，厦門隨時有兵變可能（據英人報告）。康親王又直接致書言和，以退守台灣，沿海各島歸之清廷，定澎湖爲界，通商貿易。鄭經則要求以海澄爲往來公所，金厦諸島不允退出。姚啓聖極力反對，第七次的和談又歸失敗。

此後姚啓聖屢取攻勢，劉國軒悉力抵禦，堅守海澄，清軍無如之何。而荷蘭夾（甲）板又不肯前來相助。啓聖卽大造戰船，積極運動內應，加之鄭軍餉糈艱難，苛派勒徵，百姓怨聲載道，鄭經本人亦意氣消沉，酣飲達旦，部將且有計劃將其出賣之事。一六八〇年（永曆三十四年，康熙十九年）姚啓聖及水師提督萬正色水陸大舉進攻，劉國軒棄海澄回援，金厦震動，三月二十七日（中曆二月二十七日）鄭經倉皇退回台灣，其情形較一六六三年尤爲狼狽，部將朱天貴等先後投降，水師精銳喪失殆盡。從此鄭經僅保有台灣澎湖。姚啓聖不再採用遷民築牆的辦法，沿海諸島均設防駐兵，許民復業。

四、東寗政變

三藩之變，眞是台灣的千載良機，鄭經控有閩南粵東，本屬大可有爲，卒以胸襟器識不够，不能見其遠大，一失而不可收拾，連失七府兩島，精神上自受嚴重的打擊。「遇事輒暴怒少可」，心理已不正常。而老成耆宿如陳永華以及柯平楊英等又相繼物故（鄭經西征，永華居守台灣，事無大小均由其主持，轉粟餽餉，五六年軍無乏絕，方正敢爲，爲馮錫范所忌，解去兵權，悒怏而歿。大概他知道鄭氏的前途已少希望，可能係自盡），鄭經無心政事，令長子克𡒉監國，縱情花酒，夜以繼日，藉以消愁解憤，因而體力大衰，竟於一六八一年二月（永曆三十五年，康熙二十年正月）病卒，與他父王享年相同，亦僅三十九歲。遺命由克𡒉繼位。

延平王國的政情似乎相當複雜，特別是在政權交替之際。鄭成功殂後有鄭襲鄭經叔姪之爭，此時又重演鄭克𡒉鄭克塽兄弟相殘。鄭襲與鄭經之事，不妨說是東征派（台灣方面，當然不是全體東征文武人員）與留守派（厦門方面）的鬥爭，克𡒉與克塽之爭，看來近於西征派（厦門方面）與留守派（台灣方面）的衝突。馮錫范劉國軒等在外多年相處，私誼情感當較密厚，陳永華輔鄭克𡒉居內監國，且有翁婿之誼（克𡒉娶永華女），關係自異尋常。過去數年馮劉有大陸的地盤供其活動，東寗可由永華全權處理，彼此尚少直接之爭。還師之後，範圍大大縮小，僅餘台灣一島，利害衝突趨於尖銳，不易相容。陳永華之解辭兵柄卽係馮劉的陰謀。這是西征派的一大勝利。永華卒後，克𡒉處境雖艱，但深得其父的信任歡心，奉令監國秉政，文武啓章，悉由他處理，條條有緒，「剛斷果決，有乃祖遺風」，「上至董國太（鄭經之母）諸叔，下及鎭將兵民，繩以禮法，不肯阿容狗縱，故兵民感戴，權勢屏息」。這樣的一位主子，自不爲近乎權臣的馮錫苑等所喜，何況又是他的政敵的女婿，素有芥蒂。一旦克𡒉正式承繼大統，最少不會再縱容錫範擅權，甚至予以不利。爲了自己的利益，馮錫範自然認爲將自己的幼懦女婿克塽擁上王位是最安全的辦法。（一說克𡒉爲馮錫範甥，誤）。他先取得了劉國軒的諒解，然後聯合失意的「貴族」如鄭經的兄弟鄭聰鄭明等，以及其他鄭克𡒉素不肯狗縱的軍人、外戚（董氏），一致包圍這位老邁的董國太，謂克𡒉非鄭氏血脈，乃螟蛉子，人心不服，將招致變故，竟將其刺殺。他的夫人亦壯烈殉難。這不祇是鄭氏家庭的悲劇，實爲台灣政治史上甚至中國民族革命史上的一幕悲劇。

政變之後，十二歲的鄭克塽依照馮錫範的計劃被擁爲傀儡，鄭聰作了名義上的「輔政公」，錫范成了實際的統治者，親貴用事，庸碌貪鄙，人心不服，眞所謂「氣數當盡」。清方機會又到，寗海將軍喇哈盆卽發佈文告，謂鄭氏「內亂方深，揆之天時人事兩端，不可不爲敗亡之兆」，勸誘台灣將弁兵民及早效命，翻然悔悟，歸正輸誠，「各圖功名，乘時建業」。不久董國太以克𡒉死非其罪，內疚於心，亦積鬱而卒。此後台灣內部愈是動搖，被敵人收買，謀內應立功者頗不乏人，馮錫范亦借通敵罪名，誣陷正人，人心惶惑不安。加之年成欠收，米價高昂，災異屢見，訛言四起，已成不可終日之勢。

自由中國通訊

蕭條苦難話杭州

杭州通訊．九月廿九日

野萍

杭州是東南的美化都市！凡是到過的人，回憶起來，一定有很多懷念：那氣魄宏偉的錢江大橋，山水秀麗的西湖，古色古香的佛殿，高入雲端的北高峰，聳峙江頭的六合塔，滾滾來潮的錢塘江，熙熙攘攘的旗下營，商肆櫛比的中山路；還有醋溜魚的鮮美，虎跑茶的清香，……那一樣不夠你緬懷神往！

於今，杭州在赤色奴役下，已經整整一年又五個月了！昔日的繁榮，早已逝如雲烟；美麗的景色，也蓋上了一層慘淡無光的陰影：一切的一切，只留下一片漂渺的印象，使人留戀，使人惆悵，更會使人回首前塵，如同一個無法追回的噩夢！

當去年四月中共開始統治這個都市的時候，新貴們會經鄭重的向市民宣佈：「……只要不是戰犯和罪大惡極的反革命份子，人民政府都一律寬大不咎既往。……」又保證的說：「……要把一個消費的杭州變成一個生產的都市，……在徹底改造的過程中，必須經過一段艱難困苦，……光明幸福的遠景，就在前頭！……」這一寬大的諾言和美麗的遠景，會經騙往了市民的一時苟安：成千成萬的國民黨員和三青團員，前往登記「坦白」；遺留未走的軍警官佐，也繳出武器「改造」「自新」；各機關公務員工，也都報到，替毛酋完成了接收工作；若干工廠和商店接受了新貴們很大數字的軍服、膠鞋、布疋的定單，莫不沾沾自喜；青年學生和工人，憑着淺見的眼光，更踴躍參加「秧歌」「腰鼓」的行列；而「東方紅……」的調子，在街頭巷尾，也就盛極一時。

可是，好景不常，還不到半年，面目已全非了！從前登記過的軍警黨團員，行動漸失自由，有時竟告失踪；各機關員工接二連三的精簡下來，幸而留用的，薪餉也打過六折；在工商業中，由於「債」「稅」「捐」的橫暴，購買力的普降，商店一天一天的倒閉，工廠一家一家的停歇；而學生和工人，面臨着本身和家庭的苦難，活躍的情緒，也慢慢的降低了。那最可愛的西湖，除了貴賓和新貴的踪跡外，也看不到紅男綠女的遊客了；那最熱鬧的街頭，變成了冷靜蕭條的景象了；三輪車和人力車始終沒有人敢坐，因爲去年鬧過一幕「坐車的人下來拉車」的滑稽劇，至今市民還是保持着走路的習慣，而車夫們還是逢人便罵「解放軍」不止；物價雖然比上海還便宜，米每石不超出二十萬元（人民幣），肉每斤不過五千，客飯也不超過二千，但是在「無工可做」「無錢可賺」的情勢下，又有什麼辦法來享受所謂「情況好轉」的生活；靠房租吃飯的人，更是苦不堪言，房租跌到每間一斗米，地價稅還是少不了一個；而住洋房的朋友，房子有空，「解放」同志馬上進來，連現任杭州民革常委過去官至總司令的陶廣，也得把客廳書房讓出，請他們暫住到現在。

寬大的諾言，畢竟是宣傳的濫調，美麗的遠景，畢竟是愈過而愈遠；而擺在眼前的苦難與時俱增！最現實不過的，莫如生產問題。所以市民目前最迫切而時刻担憂的：第一是吃飯，第二是吃飯，第三還是吃飯！

「公安局」爲了防止「壯丁殷富」逃亡，和「匪特」潛入，對於人口異動管制得十二分徹底！從今年七月起，凡到上海衢州去的人，固然要領通行證；就是晚上不在所報的房內住宿，也得於每晚八時以前，就向小組組長報准，若是組長的日報送了上去，什麼辦法也做不通！家裏來了生客，全家一致動員，趕往報告。不然，白天挨得過，晚上假如來一個突擊檢查，戶主固然過難，客人也就遭殃。而最使市民談虎色變的，莫如小組訪問和特警調查，從你的身世問到國際問題，有時會使你驚惶失措，有時會使你呆若木鷄，稍一不慎，便要跟他們一去不復返！

其他關於「衣」「食」和「行」，那一樣不是共幹調查的對象？中國銀行三朝元老的金潤泉爲了有自備汽車，在座談會上，便要「自動」加認一千份公債！胡慶餘堂伙食有五菜一湯，說是吃掉一部份賺頭，工商稅便得再加上百分之十！貿易公司留用的職員，穿了一件帕來品的純毛大衣，就受到嚴重警告，幾乎撤差。

「警備部」和「公安局」的便衣幹部，大部份是山東和蘇北的人，對於南方的方言不能盡懂，三個月以前，在河坊街，曾經鬧過一次聽錯了話的案子，雖然審訊了三天，才弄個明白，但「無妄之災」，畢竟由小民承當了。所以在公共場所和馬路上，市民都不敢說話，到了非說不可的時候，也得故意提高嗓子，說些三不像的江北話。

無論在那裡，可看得見有一個人敢穿上一套華麗的新裝？有誰敢公然拿出百萬千元的現鈔來買進家常日用的必需品？更有誰敢公開提出國家大事，來惹是招非？因此識時務的人，經常抱着「舊衣布鞋，粗茶淡飯」的生活態度；而「無事不出門，有事不邀伴」，更是至高無上的行動準針：能够打扮得像一個窮鬼的啞吧，才是今天杭州最標準的市民！

各機關是精簡了，工廠和商店都要關門大吉了，城鄉物資的交流，又都統制在貿易公司的手中；失業的人數，安得不增加起來？再加上「反覇」「迫債」的結果，內地不能立足的人，接踵的湧到杭州；而在「萑符遍地」的環境下，爲了避免「通匪」嫌疑的，又多[illegible]着杭州跑：這一類生客，不都是無職業的嗎？當然，不事生產專門消費的人，從而愈聚而愈多了！據估計，這一類無業和失業的人，爲數總在五萬以上，連同家屬以及原有的無業失業者，總數不下於十五萬，佔了杭州人口總數一半以上。有人說：「杭州已經更快的向着消費的路上跑。」信然！

在這般人中間，也會有人「回鄉生產」過：據說僱人種田成了「地主」，農會就會給你戴上一個「剝削」的帽子；若是自己下田，受不了日晒雨淋，生了一場大病，還算事小，種下去，生長不起來，曷論收獲？本錢乾淨了，於是只有跑回杭州；重溫「失業」的痛苦。至於那些當光賣光吃光的人只有到江頭跳水而死；下城路上，拱星橋畔，也不時發現餓殍；連鼓樓外的油條小販，也會被饑民搶吃一空。問題的嚴重，可以想見了。

這許多人向那兒走？第一擺地攤：——隨處可見，其種類之多，據說是十幾年所僅見。第二做流浪人：——據估計一年來乞丐添上了十倍以上，夥計們閒來無事，都是在應付這些人。除此，再只有一條大道，便是參加游擊隊去！

在這一類人羣中，流行着幾句話，大意是：「富人門光；窮人吃光；商人捐光；工人走光；學生跑光；一切都快光了，要等到什麼時候才天光呢！」他們體會到物質和精神的雙層壓迫，才發出了這樣的心聲。

「政府」對於治安方面，不見得有什麼頂好的辦法。在距杭市不到廿里的留下，深夜常有槍聲，等到「解放軍」趕去，連影子也沒有了。滬杭路城站臨平間，自去年一直到現在，會經發生過好幾次觸雷翻車的事情。到富陽去的公路上的橋樑，也破壞過幾回，「準備部」都無可如何。到三天竺去的路上，時常發現「縣政府」催糧同志的屍首，過路的鄉下人碰到，都輕輕的笑。在四郊，穿「解放裝」的人，三兩天遇着怪漢，要是佩有「中國解放軍」的符號，十九置之死地，若是普通老百姓，也得把外裝卸下，撕成粉碎，然後放你回來，從此，下鄉的人，也就不敢再穿「解放裝」了。

杭州的四圍，早已有人高擧起「反共抗俄」的義旗：在東南方有四明山的游擊隊，活躍於紹興奉化一帶；在東北角有王八妹所屬的游擊隊，馳騁於江浙沿海地區；在西北面，有太湖地區的游擊隊，神出鬼沒於湖州常州之間；朝西，有天目山的游擊隊，出入於浙皖交界的陸路交通線上；向西南方，又有丁谷領導下的游擊隊，往來於浙東水陸交叉的交通圈裡；我們翻開地圖一看，杭州已經在游擊勢力的包圍中間！

雖然經常有隊伍去「剿」，但到目前止，杭州外圍的游擊活動，始終沒有絕跡。據說，他們都在郊外設有秘密交通站，做相互聯繫的中心。最怕的，當然是毛朝新貴，老百姓還在暗地裡爲他們掩護，而有血性的男女，反而跑到郊外，等候時機，好跟着志士們一路走！

最近市面上謠傳着「第二期勝利折實公債」又將發行，「抽丁」的風聲，更是愈傳愈緊，市民們莫不提心吊胆，一若大難即將臨頭！他們在苦悶的情緒下，一聽到某日午夜靈隱寺大殿上的香烟，繞成了一個青天白日招展的影子，就哄動一時；又風聞某日清晨，有人在三潭印月的中間一個潭裏，看到了蔣總統的肖像，竟有人幾夜不睡，候到天明，獨自僱舟跑去，希冀一睹眞蹟。凡是稍有常識的人，都不會信是事實，而市民們至今還是津津樂道，於此，可以看出民心的向背了。

最具有歷史意義而令人興奮的，莫過於八月一號那一天了！由於「麥克阿瑟訪問台灣」的珍貴消息，頭一晚已被市民在「自由中國之聲」裡偷聽着，第二天大早，各向最知己的人，奔相走告，到了中午便傳遍了全城，刺激着每一個市民的心房；燃起了熾烈的火焰。這一消息能够博得市民的愉快和欣慰，是由於大家都一致認定：麥克阿瑟能够到台灣，自足證明中美兩國的軍事合作，不啻預兆着大戰之愈趨愈近，而國民黨不久可以打回大陸，市民不獨可以一吸自由空氣，而且還可以重溫那「經濟民主」下的舊業了！其反應之强烈自有民國以來，只有在抗戰末期，聽到了日軍投降時的市民情緒，可與倫比。凡是沒有嘗過淪陷區滋味的人，是不能體會到這類消息的可貴！

這種愉快和欣慰的局面，當天就給新貴們發現了，晚上忽然來了一個擴大陣容的「突擊檢查」，沒收了很多短波收音機，主人也跟着關到公安局裡去。但是到了八月五日，市面上又暗地裡傳遍了頭一天美國噴射式飛機到達台灣的消息，從而格外加强了對國民黨的信心，而「人民政府」與「人民」的距離也就愈隔而愈遠了！

在蕭條苦難的一年中，杭州市民是愁眉苦臉的度日如年！只有這幾天，才普遍的現出了滿面的笑容！

（完）

大鼻子在「北京」

北平通訊·九月廿五日

基　夫

正是一九四八年年終的時候，號稱四十萬衆的八路軍，將這座古老的名城—北平，圍得水洩不通，人民都在躭心這一場災難！聽說是要和平解決，可是，誰又知道葫蘆裡究竟賣的是什麼藥呢？整天的沉悶，也不見動靜，大家心裡鬧得有點轉不過這個灣兒來了！

街頭上謠言紛紛，三三兩兩在談論着。是一九四九年的一月裡，一天忽然號外出來了，說是和談已經成功，「解放軍」就要來接防了。果然，整隊的國軍開出了城外，換進來的是更破爛，更土氣的土八路！北平就這樣地易手了！共產黨人不費一點力，垂手而得了這座蓄意已久的「紅都」！誠如他們自己所說：「不是改朝換代！」從此以後北平便不再是中國人的故都，而成爲克里姆林的駐華分號了！

街頭巷尾，樣子一天一天的轉變過來了，起初是穿灰制服的人一天一天的增加起來，在馬路上東張西望，有些手忙脚亂現出不暇應接的樣子，繼之坐汽車的幹部也日多一日，把頭伸出窗外來，在馬路上兜風兒，不時地露出征服者驕傲的微笑。

「人民」的「新秩序」「整理」得差不多了，也該是奴才向主子獻殷勤的時候了。於是大批的蘇聯老大哥們乘了遊覽專車，湧進了山海關，來到這座莫斯科分店上班！他們並不是爲了景仰中國的古蹟來到這裡觀光的遊客，更不是基於互助精神來到這裡參加建設的工程師或是設計師，（如中共所說）而是「新中國」的主宰！是上自中央政府，軍隊，以至於學校，商店的「顧問」！總之一句話，他們是主子！

自從「主子」到了北平，市面上的一切頓時地煥然一新，商店外邊豎起俄文的招牌自不必說，而那些快要關門的西服莊也即刻復活起來了。三個五個一伙的「顧問」，帶着「政府」的官方翻譯，從這家穿到那一家，凡是有英國料子就買，錢是不發愁的，拉開西洋皮的公事包，整札的萬元新鈔排得整整齊齊。做西裝，很少做一套的，總是三套五套地做。做完之後，不必試樣子，爲的是越快越好。然後或是自己穿，或是包得平平地，寄回國去！

飯館子，生意特別興隆，可是小飯館却難得照顧，「顧問」們所照顧的是烤鴨子，涮羊肉，上等的筵席，而不是大衆食品。所以墨蝶林，東來順總是貴客滿，座可謂賓主盡中西之美矣！

到北京想住高級飯店，硬是難得，因爲大飯店早被做爲招待「顧問」之用了，最考究的北京飯店，六國飯店，門前總是整整齊齊地擺着兩列美國最新式小轎車，出入的是西裝嶄新的高鼻子洋人，中國人今天談享受是沒份兒的，正如同共產黨人所說：「社會主義國家的友人，享受慣了，不能讓人家吃苦的！」

盛錫福帽莊，不知走了甚麼紅運，每一位「顧問」都要買一頂他家的禮帽來戴！貴賓們所喜歡的顏色是淡紅的和天藍色的，你如果是初來的話，一定會驚奇他們的整齊劃一，如果你不信，你可以走到天安門前，時常會看到三十五十一群在那裡指手劃脚的高聲大笑着，注意他們的頭上，一個也不會忘記戴着他們新買的帽子的，大概這也是集體行動吧！

街上的美貨小攤，又死灰復燃了，這些剩餘物資，是「顧問」們最歡迎的對象。政府特別爲了主子的方便，把攤販集中到東單，並定以明碼，凡有討價不實者，一律處以「民主罰款」或迫使停業！這樣便可以免去對於國際友人的不忠實。但是可苦了這一群本小利薄的商人，價錢高了也不是，價錢低了也不好，只得叫苦連天！但究竟蘇聯大哥還是最好的主顧，除了他們，今天誰對這些東西還敢於問津呢？綜合他們所喜歡的，可以歸納爲軍用糖菓罐頭，衣服，毛氈，皮箱等，大約後者是預備寄回國去的。

「顧問」們，離鄉背井，遠涉西伯利亞，來到了異國，不免有鄉土之戀，所以是離不開女人的，因此不少的前進小姐「自覺」地倍伴着這些國際友人，據說招待非常週到，穿衣舖牀無不親手服侍，這是偉大階級愛的發揮表現！並且某次記者行至東安市場門外，見一「顧問」携一綠衣翻譯，購得滿滿一皮包美國軍用橡皮套，付錢後從容而去！這種東西也是向俄國人批發的大宗呢！

馬路上行駛着專供俄國人遊覽的「遊覽車」，這一批方頂方頭棺材式的中型汽車，是隨着他們由社會主義國家帶來的。人們很難相信號稱「工業先進國家」的「和平堡壘」，只能出產這樣不體面的汽車來！據他們的翻譯說，原來這一批古董是第一次世界大戰前蘇聯向德國購買的汽車改裝的。雖然如此，坐在裡面的洋人，還是耀武揚威，不可一世！

故宮是「顧問」足跡常到的所在，三大殿前，品階臺下(下轉第11頁)

長沙通訊．九月廿七日

中共統治下的長沙

再生

民國卅八年八月四日，程潛陳明仁等倒戈，共黨不費一槍一彈，便長驅直入盤踞長沙。長沙市民對於共黨的殘暴、曾經受過兩次慘痛的教訓：第一次是民國十六年五月馬日事變以前；第二次是十九年秋天，共匪攻陷長沙以後，這兩次盤踞的時間雖不久，然而燒殺擄掠的慘，至今猶令人談虎色變。這次「解放軍」未到以前，一般市民在無可奈何的情況下，懷着一種奇異的幻想：希望根據毛澤東的「新民主主義」，不致過分虐待無辜的人民，毛也是湖南人，對於故鄉，多少總該寬大一點。殊不知共黨是老狗玩不出新花樣，一年來的事實演變，粉碎了一般人的迷夢，程潛陳明仁和所有靠攏人士都沒有例外。

提起程潛，湖南人都知道的，民國元年任湖南陸軍第三師師長，以後任廣州大元帥府陸軍部長，北伐時任第六軍軍長，接着就是省主席，綏靖公署主任，副參謀總長等職。他在國民黨是老前輩，黨的領袖也相當推重他，一直擔任重要職務，養尊處優，何求不遂？以常理推測，誰也料不到他會變節向共黨投降的，現在居然倒行逆施，這是什麼道理 追究他叛變的原因，要先從他的個性說起。他的政治慾望很高，個性很強，但是才具很短，當年富力強的時候，還有一股直往向前的勇氣，現在六十七歲，血氣既衰，就不免昏聵糊塗，對於黨國大事，從不聚精會神去研討，全由部屬代辦。做幾句歪詩，打幾圈麻雀，陪姨太太喝酒聊天，這就是他的日常生活。近幾年來，兩目幾乎失明，往來文件，都由秘書唸給他聽就完事。像這樣昏庸老朽的人，還配談革命講氣節麼？講到他的家庭，可以說是共匪的巢穴，他的姪兒程博能，廿七年在湖大讀書，就加入共產黨；還有一個姪兒程星齡，做過福建省政府秘書長，現任「湖南人民政府」副主席，早和共黨有密切聯繫；其他加入共產黨和替共黨做工作的，一時無法數清，林祖涵和他是兒女親家，因此他在家庭方面，早已被共黨包圍。卅八年五月十四日武漢淪陷，岳陽告急，共黨曹瑛袁履道等，利用他的子姪關係，便和他非正式商談過。毛澤東和他在北伐以前就有往來的。

去年六月，毛澤東會電程潛云：「華中政務，仍請我公主持」，他奉到這道上諭，眞樂得手舞足蹈。七月初長沙謠傳他失踪，又說他赴邵陽商洽要公，同行的有參議長唐伯球，其實他正在對河水陸洲，密秘召集仇黨，唐生智、陳明仁、劉公武等，和共黨代表曹瑛、袁履道等，商談投降條件。商談結果，由中共派程潛爲「湖南軍政管制委員會」主任，陳明仁仍任「湖南臨時省政府」主席，所屬部隊，須從新整編。八月四日由程領銜通電，宣佈「起義」，八日共黨政工人員進城，兵不血刃，長沙便落於敵手。接着程陳兩人先後飛往北平，晋謁毛澤東，返湘後，程潛對人說：「在國民政府統治下，工作三十餘年，從沒有遇着一個知己，現在毛主席對人誠懇熱情，眞是肝胆照人」。陳明仁說：「和毛主席長談七小時，他對於人民痛苦十分關切，眞是偉大的領袖」，一種得意忘形之態，令人作三日嘔。不過這是登峰造極的時候，以後事實的演變，便使他們啼笑皆非。共軍進城後，即成立「支援前線委員會」，向人民借錢，征糧，收稅支援前線，指定唐伯球捐獻銀洋壹萬元，唐向程哀求，請電毛澤東核減，復電是：「事關軍事，未便照辦」。程陳兩人家裡田產很多，每人應繳軍糧千餘石，陳在省務會議時說：「征糧過重，人民無力負擔，似應酌量減少」，話未說完，即被袁履道等制止，說：「這是中央已定政策，祇有徹底執行，不允絲毫更改」，從此次碰釘子以後，便不敢輕於發言。今年二月，「中南區軍政委員會」成立，林彪任主任委員，大權獨攬，名義上程潛任副主任委員，形同傀儡，什麼事情都不能過問。共黨美其名曰「保護」，由長沙警備司令部派兵一排，分駐程陳兩人住宅，每天出入，事先須得衛士許可，朋友往訪，要把事由先向衛士報告，十有九次是擋駕的，萬一僥倖會見，談話時，由派定的秘書詳細紀錄，送交警備司令部備查，這和囚犯有何區別？今年四月，僞湖南省政府改組，陳明仁任第四副主席，連例行公文都看不到，他的軍隊開往醴陵整編，半路上跑掉一大半，受過嚴厲的申斥，弄得他欲哭無淚。這就是「起義」人士的下場，孽由自作，夫復何言。

中共所謂的「人民政府」，其政策，文告，法令，講演等無一不是官冕堂皇，爲人民謀福利的，但是實行的時候，完全和公布的文件相反。共黨頒布的經濟政策是：保護民族資本，扶助私營工商業，繁榮農村經濟，促進生產等，假使根據這種政策去實施，陷區的人民，應該豐衣足食，安居樂業，何以都是在一種半死的狀態下掙扎着 要知道他們的經濟政策是對外的一種宣傳技術，欺騙民衆的工具，唯有財政方面的一切措施，才是眞正的目的。所謂捐獻、納稅、征糧、公債、減租、退押，以及清算鬪爭，那一樣不是剝削人民利益，吸盡人民血髓呢 關於陷區人民生活的悲慘，各種刊物都有詳細的記載，用不着贅述，我現在只列舉幾件事實，證明共黨的毒辣。離長沙城四十里的榔梨市，有個張姓的農民，在去年舊歷年底，爲着不能繳足一百市斤的公糧，投水自殺，等到撈起來，匪幹用秤一秤，死者體重約七十市斤，於是爲表示「體卹」起見減征公糧七十市斤，而且逼着他的妻子要馬上如數繳清，這種慘絕人寰的辦法，只有共幹們想得出來。長沙市民陳長簇，任高等法院院長三十餘年，廉潔自持，爲着無錢購買公債，共黨派出數十名小學生，自早到晚，輪流去教育他。所謂教育，就是罵他過去如何貪汚腐化，「人民政府」對他如何寬大，倘再執迷不悟，將來應交人民公審。接連教育三天，他是七十多歲的老人，有生以來沒有受過這種侮辱，氣得頭昏腦漲病倒床上，後來還是他的親戚湊一點錢，買三十分公債，才沒有再受教育了。李默庵的父親，因爲他的孫子在革大讀書，在小組討論會上，坦白他的祖父是販鑵出身，鄉間稱他鑵老太爺，是壓迫人民的惡霸，應該向他清算、鬥爭提交人民公審，他的祖父聽了這個消息，急得一病不起了。看一看上面幾件事實，就可以知道陷區的人民過的是如何黑暗的日子，這還是人民的社會麼？

共黨指謫國民政府官僚作風，封建思想，貪汚無能，其實這是他的自供。自北平僞人民政府成立以來，中央機構組織之龐大，部會之衆多，眞是前所未有。劃分全國爲六個軍政區，區政府以下又有部會，省政府以下共設八廳，還有局處等機構，省府委員增加到三十餘人，四五個副主席。經濟方面、有糧食、油脂、土產、鹽、煤、貿易、花紗布、有色金屬等公司，每公司都有分公司或零售店。長沙市政府，原僅有職員百餘人，現在增加到一千多人。這些公務員不都是拿人民的血汗來養活的麼？人民的負擔，焉得不加重？共匪的公教人員待遇，分薪給制和供給制。薪給制是每月一百斤米，到七百斤米，供給制分：大灶、中灶、小灶、特灶四種。士兵和低級公務員，都是吃大灶，只有高級幹部，才能享受小灶特灶，吃的山珍海味，住的洋樓大厦，此外還有汽車、奶媽、男女工人，無不應有盡有。口口聲聲叫：「一滴汽油一滴血」，共幹們的太太，小爺，小姐還不是一樣坐汽車，出入戲院，舞場，酒館，反正血是人民的血，和他們有什麼關係？平江長壽街，有個吳鐵匠，曾參加二万五千里「長跑」，現任僞卅九軍政治委員，去年舊歷年底，由洛陽回家，除帶着愛人，（共黨對妻子的稱呼）女僕，通訊員外，還帶士兵一排保護，到長沙後，改坐汽車三輛，滿載金銀和其他貨物，浩浩蕩蕩，衣錦榮歸。長沙貿易公司經理，派衛士護送少爺到北平唸書，往來旅費報公帳，派太太到漢口購買麪粉二百袋，要報損耗二十袋，這件事由主辦會計的人，親自對我說的。

共黨到達長沙，即刻創辦兩個大學：革命大學和政治大學，收容十七歲到卅五歲的青年，受六個月訓練，就算是他們的幹部。程度參差不齊，有的已經大學畢業，有的小學還沒讀完，只要共幹們出函介紹，便一律取錄。教授課程是：馬列主義、史毛思想、掘泥、挑糞、唱歌、扭秧舞和開不完的會。知識水準既低，肄業期間又短，除了做共黨的奴才外，一無所知，這就是他們的目的。畢業後，大部份派往東北工作，許多游離份子，認爲這是充軍，便開小差跑掉了。中小學校課本，如公民，國文，歷史都由文教部改編，內容都是一些歌功頌德的肉麻文字，歪曲事實，强詞奪理：北伐、抗日全是中共的功績，沒有俄國出兵東北，日本不會投降。共黨認爲這樣可以欺騙青年，改造思想，其實適得其反，徒增加學生的厭惡和憤恨情緒。今年三月一日蔣總統復職，大多數的市民並不知道這件事，然而明德、長郡、廣雅、麗文等中學，發現擁護蔣總統的標語，組織青年救國軍，宣言打倒共產黨，共幹們大爲驚訝，派兵包圍各學校，大肆搜索，捕獲百餘人，從這件事實觀察，可以知道人心的向背。湖南大學學生，過去受了麻醉，在反饑餓，反內戰口號上，常常請願遊行，有意無意地做共黨的幫兇。現在怎樣？所有過去的公費、貸金、獎學金、各項補助費，一律取消，他們的家庭，在僞政府層層剝削之下，那裏還有多錢給子弟讀書，許多學生只好在半饑餓狀態下過活，但他們再也不能喊一句反饑餓，更不能成群結隊的向政府或學校申請貸金。氣憤之餘只好暗地把共黨的歌更改來洩憤，譬如：「太陽紅，東方昇，中國出了一個毛澤東」，把最後三個字改爲「毛雜種」，寫在黑板或牆壁上，還有一首對聯：「掛紅旗，五心（星）不定；扭秧舞，進退兩難」。由此可見共匪青年們的心情了。

在共黨統治一年的長沙，一般市民都是死氣沉沉，但聽到韓國發生戰事，看到杜魯門六月廿七日的聲明，立刻感到莫大的興奮和愉快。他們認爲美國支援韓國，俄帝必定幫助北韓，中共早已一面倒，自然唯俄帝之命是從，第三次世界大戰從此爆發，國民政府乘機反攻大陸，驅逐共黨，人民就可安居樂業。一時謠言蜂起，不是說國軍三路反攻，便是說美軍在大連旅順登陸，還有說共黨在軍事方面的策略是：放棄華南，游擊華中，決戰華北，死守東北，農人本來多謠，碰到這樣的好機會，眞是發揮天才的時候。共幹們聽到韓戰發生，也不免張皇失措，馬路上軍警滿佈，隨時檢查行人，清查戶口，由南往北的火車，裝滿了軍隊，大炮和物資，一時客運，貨運都停止，黃昏後，路上斷絕行人，充滿了戰時氣氛，僞警備司令部一再廣播，要求市民鎮定，不要輕信謠言，否則，要採最嚴厲的辦法來處罰，可見他們內心的虛怯。報紙上的歪曲和虛僞報導，說美軍如何潰退，擊落美機若干架，俘虜美軍多少人，一般市民都不置信，認爲這是共黨的造謠慣技。文化教育界人士，則認爲第一第二兩次世界大戰，都是旁的國家打到精疲力竭，美國才參戰，這次韓國戰事剛一發生，美國便挺身而起，遣派海陸空軍積極援助南韓，這可表示美國維護自由民主的決心，同時又有五十三個國家支持美國的行動，戰事前途，必能勝利，不過杜魯門請求臺灣國軍停止反攻大陸，使中國廣大的人力全爲共黨所利用，他們認爲這是非常遺憾的！

文藝

旅行的陰暗面

椰广

（一）

「由於一樁公事的差遣，需要我到K港去一趟」我的朋友告訴我最近經過的一段經驗，S君說：

「現在旅行去K港的人，確已很少，但入港證麻煩，還是不能減少，因此不得不採取黃魚的辦法，坐船到澳門，再轉K港」。

我呈出我的出境證，而取得了船票，船價是台幣一千五百元，另繳公債三百元，因爲這是統艙，旅行社小姐，很客氣，她告訴我「船是明天開，碼頭在高雄，你要趕夜車去，明天上午，就好在船上吃中飯，雖則統艙，船是相當舒適的」。我感謝了這位小姐，便到台北車站去定臥票，票價一百七十九元一角，臥舖六十，二等減半，因爲二三等都沒有位置了，我只得忍痛，繳納這份車價，車是廿一點三十分開，很準，早晨七點鐘到高雄。

高雄的雨是怎麼的大，大得比基隆更狂更凶，我沒知道船停在那一碼頭，我得先到旅行社去探問一下，糟了，他說「船，今天不開」。

「那要什麼時間開呢？」我焦急地問着，他沒有答話，我再問，他忽然抱歉似地露了個微笑，「你找個客棧住罷，這裏的船期是沒有一定的，」我納悶地退出來，找了一個很普通的客棧住了，好得我沒帶行李。

次日，雨還是那樣猛，我冒雨又到旅行社去問，不好了，門裏外擠滿了百多人，他們好像已經開過會議，要將旅行社拆破似的，一座木櫃子擋住洶湧的人潮，昨天那位先生，昂然坐在櫃子裏，一塵不驚，他好像美軍在洛東河的防線，以最少數勝多數，絕不考慮有人攻入或偸襲，一下子，防綫潰了，很多人攻入堡壘，但他確是英勇，他並不因對方的滲入而撤退，或轉進，他高聲發表意見，「諸位，靜一靜，本社是只管賣票的，而不管開船的日期呀！」

一個穿軍服的將級人員，將大手在木櫃上一拍巴掌，吼道：「不管，不管，你死了人也不管嗎？這船，十一號掛牌就說要開，你算算，今天是廿一，怎麼還不開。」

我倒抽一口冷氣，原來他們在高雄等開船，已經等十天了，我昨天才到，眞是幸運，大家看見有軍官發話，知道有了救星，一轟地都嚷：「爲什麼不開船　爲什麼不開船？」可是這位坐櫃子的先生，又回復了啞吧。我知道這交涉是沒結果的，冒着雨到船上去看看罷，唉，怪不得她，原來船上還沒有卸貨呢！她從K港裝好多豆餅，經驗告訴我，非等天晴，不能卸貨，船上的老闆，也是這樣對我說，等罷，我含着愁眉，回到客棧，這裏也住着候船的客，約模有二三十人，他們緊着，在咒罵這交涉的結果，而結果歸咎於天，於自己，不該乘這一隻倒霉的船，其實，到澳門，她是獨行。

一天的悶，雨聲在睡裏漸漸消失，正做夢，忽然茶房來打門，「先生，先生」他操着閩南話，「你不是要上船呀，上船的都走了。」我一骨咯爬起來，出門一看，果然那同路的旅客都走了，我來不及吃早點，扱着皮包，立刻跑向輪船碼頭，天氣是這樣地晴明，沒有一片雲片。

（二）

我擠進了碼頭的倉庫，看去，登船的，約模有二百多人，檢查非常地嚴密，可是秩序非常地凌亂。聽說：這船向來從基隆開出，這次因卸貨的關係，突然改在高雄的，因此、檢查員是不十分練熟。我聽見放聲筒在說話了，「諸位，請你們將行李，一律搬在船邊，手裏拿好船票，挨次檢查，」我一看，我的艙位七十一號，輪到我，早得很呢，我只得找到一面陰暗角落，捧着皮包，去打磕睡。

好傢伙，你知道我是什麼時候上船的。我找到那七十一號舖位時，我的手錶，長針是十一點，短針是五點鐘！天哪，我還沒有吃飯呢，但困難的重大問題絡續跟着來，使我來不及考慮吃飯。統艙的人，像散了群的馬，全部在船倉亂竄。從船底到烟篷，滿是人，也滿是行李，我好容易在箱籠推成的兩座高山中間，找到我自己的舖位，嚇，原來是用白粉在地板上的一小方編成一個碼號。(71)幸虧四面有箱籠替我做碉堡，否則我這(71)號地點，準早淪陷。但是這方寸之地，怎麼渡過我海上二十小時的生活呢，可憐的臺幣，一千五百元買到這塊方寸之地，我竟沒方法把她使用。

船上的茶房眞聰明，立刻堆出笑，滿臉地笑，「先生，等一等，就會有的，就會有的，」他像我的兄弟，無禮貌地拉住我的臂，一路繞過兒啼女哭，殺得長坂坡七進七出，好容易找到機器房邊頭，一間靠烟窗的艙間，一推門，立刻一股黃魚鮝，和烟臭衝出來，我喉間立刻反應，一陣嘔惡。他閉上一隻眼睛，調皮地說「先生，這裏最好了，比頭等艙要好，那是我的私舖。」他指着六隻叠舖裏最高的一隻，我搖搖頭，表示不能領他的盛情，他倒並不失望，「那到頭等艙罷，下舖是美金五卜。」我沉默地跟他爬出甲板，忽見後梢有一間統艙，光線很明亮，一共有二十多個舖位，我連說：「這裏好，這裏好，」他冷靜了，他停止了，他說「那是二等艙呀，你先生住不慣的，舖票也要三十塊美金。」

「該死」我心裏暗暗咒了一句，但我沒有反對他的勇氣，他也不再有前番的熱忱，他說：「你沒有行李罷？這裏的票，全歸帳房賣，你拿好錢，他們會來收的」。他處理得自已厚黑的面孔，一點笑容也沒有，離開了他所謂的二等艙，他活像尼赫魯。

二十張舖位，最先是全空，一到臺灣海峽，一張舖一張舖都被人搶購了，我冷眼地看，那票價並沒有一定。他好像隨着風浪而漲落，風浪愈高，艙位價也愈高，而出錢的人比我出得更情願。

七月中的季節。臺灣海峽就便沒有颱風，船隻也相當地難駛。何況這僅僅是一條一千多噸的超過年齡一倍以上的老船，乘客和引擎起了喘息的比賽。吐嘔和呻吟，四壁競起，而大家互相的安慰是。「這磨難，忍着，歷却二十四小時就到澳門了，」誰知走了三十六個鐘點。他還是茫茫漂蕩在大海洋裏，我要甘地的方法，抵抗吐嘔，但總被尼赫魯搗亂，他不是硬要我吃客飯，就是要茶水也不來了。要水，還得自己扶着甲板走下去要，我遇到尼赫魯先生，我問他，爲什麼理由要我們漂在風浪中三十六個小時，而不得靠岸，他詭笑道，「三十六點鐘何足爲奇，上次我們到了澳門，還坐着舢板在港口以外，打轉二十小時，才登陸呢」！

「這是什麼緣故？呵！天！」我驚呼起來，他却若無其事地笑着，「什麼緣故，皆因我們船主對於大葡萄牙人不想出登陸費的緣故！」他說。

「我們一千五百元船票，不是包括入港費了嗎？」我第二次驚呼，他還是冷笑說「那是你們出給船主的。」

船主不捨得再轉帳，你有什麼辦法。我背上眞澆上冷水了，我用失神的眼看他，他却笑了，「先生，你別怕，你們不會的。上次，他已經被船客們打了，險些抛下海去，這次當然事前有接洽，不過出錢總到此爲止，還不知道對方的接受滿意不滿意，所以我們寧願在船上多兜幾圈子，總比困在舢板上要好得多。」

我眞有些憤怒了，但這不是尼赫魯的過失，我沒有向他發怒的理由。

我不想將這種離奇而恐怖的壞消息，帶給同船的任何一個人，中國人有一句哲學，船到橋頭自會直，有橋門船自會搖去的，一夜的困惑，忽地一排槍聲。

「船長打傷了，」

「船長打傷了，」我一嚇起來，看見船裏的人，儘往東面的甲板奔。槍聲還是繼續地從西岸發出來，旅客們確有十年逃難的經驗，立刻向甲板臥倒，我下意識地隨着他們操演，仔細觀察，原來我們的船正在前山群島間進行，船開足馬力，這超年齡的老傢伙，在海洋上蹶了整五十一小時方步，此刻要命，居然奮不顧身，拚命逃出光線，船得到安全了，船上重又起了騷擾，有的射傷手脚，有的打開行李查看有無損失，這喘息萬般的古佬船，却向我們顯出驕傲，他已查了對每位一千五百元的責任，三小時後，她居然向澳門靠攏，我們却支持了尼赫魯的小帳。大家好像感到事後的滿意，而忘却了五十四小時的痛苦。

（三）

我安逸地躺在一間最高等旅館的席夢司床上，我吃到了石塘咀的乳鴿和膏蟹，我也聽到滿街的骰聲和賭徒叫嚷，但是我沒功夫欣賞，我知道今晚三點鐘，有船開往香港。

船上的那位茶房，尼赫魯先生他又出現在我面前了，「先生，你要不要到香港去的證件？這裏辦，大約一百塊美金可以了。」

他眞當我初出門的小毛子，我正色地說「謝謝你，前十天我或許會厭煩你，可是現在報上已公布澳港是開放了，自由出入。」

他鼻子裏有一聲笑，細得聽不見，「先生，你廣東話一定很好。」說着，他走了。夜飯後，我已登了香港去的船，雪白的廂舖，雪亮的電灯，我銜一支烟，償還我五十小時的精神損失，船，七點鐘已到了香港，一羣白制服查關的上來了，我們魚貫地，要從他們面前經過，而得到上岸，我留心看，他們一個一個過去很容易，確然，澳港間入口是自由的，忽然，一個時髦的短夾克，長裙子的香港式摩登女士，被攔住了。

「你不能上去。」女士不開口，「你說話呀，」白制服催促着，她開口了，原來不是廣東人，白制服「太太請你向那邊站一站，」於是重又開始一個一個的從他面前走過，或問或不問，我眞佩服他有樟柳神，他聽得這一羣旅客肚子裏的話，只要經着問話的一開口，準不是廣東人，於是一個一個攔到艙的一面去，連我，一總是十八位，沒有一個會講廣東話的，這時我總覺悟到尼赫魯的臨別贈言和譏諷。

船艙裏走得空空然了，白制服開始吃大菜，而讓我們十八烈士，立着侍伺，直到咖啡水菓，伏維尚饗以後，他們開始將我們審問，第一名，當然審那位女士。

女士英語說得很流利，她承認是外省人而久住在香港，白制服只搖搖頭，問她要居住證，她才楞了，流利的英語，立刻停，結果輪到我了，和其他十七人一樣，沒有例外，他的判決，是原船送回澳門，不準上岸。

這死刑是判決了，我倒死心，回艙儘睡，隔壁有兩個困難的在商量，想用某種政策，去得到通過，誰知白制服已上岸了，將他們交給船主，負責送澳。如果中途逃走一名，船上罰款港洋四千，誰的身邊帶着四千港紙呢？

結果，我被退回澳門，又退回臺灣，再進一步率性退回到我的家裏，原來，我的公司會計報告上去，澳港回來，淨耗公款三千一百五十八元六角，總經理下了一手諭將我停職。

我倒記念那十七同人，一定會受到和我們同樣的命運。

從我出去到回來，臺北的雨沒有停止過一天，在博愛路碰見了一個穿雨衣的人，正是十八位同難烈士中的一個，我不由喊着「你也從澳門回來了嗎？」他說「不，咱是從香港坐飛機回來的。」我呆住了半天，我眞猜不出他是用什麼方法而衝進那封鎖線的，後來，我才知道十七個人都安全地進去的，而且眞眞進不去的只有我一個。

中篇連載

荻村傳（續完）

陳紀瀅

於是向蘭兒大娘告別：「大娘！你好好在屋裡歇着，我出去散散悶兒。」蘭兒大娘回答是把眼一瞪，把頭一點。然後把屋門一鎖，他就溜出大門。五間厦間門一半燒得糊焦焦的，那破碎的椽檻要掉落的樣子，使他趕快邁了一大步，他向厦間頂望望，「唉，唉！嘿，嘿！」發出又嘆又喜兩種聲音。

他走在街心，忽然身後似乎有人喊他的名字，很像扣爹的聲音，扭過頭看，什麼也沒有。雖然是黃昏，但街上連條狗也看不見。他正爲這聲音發楞，突的又有「常順兒」，還是扣爹的聲音。回頭看看，還是沒人。他的頭髮根子霎時豎立，他用手摸摸後腦勺，咳嗽一聲。他猛然想記：這天是陰曆十月初一，五年前扣爹今天死的，是他的忌日，是鬼節日子。

「啊！是了，扣奶奶家，我多時不去了！」他漲大了膽，走到扣奶奶家門口，扣奶奶正在炕上紡綫桌上一盞菜油燈，一聽村長駕到，她那敢待慢，忙放下紡車，睜大了老花眼，湊近村長的鼻子樑，兩隻手發着抖，去撫摸他的手，聲音顫巍巍地說：

「順兒！你好吧？怎麼這麼一程子看不見你！」

「嗯！奶奶，你還結實吧？」

「說什麼？我聽不見，耳朵太背了。」

常順兒見扣家屋裡的東西已經精光，一個三合房，折了兩合，當年那間牲口棚也早被狗兒老咬拆毀，把材料運到他家去了。扣兒奶奶那三十幾畝地，一再鬪爭清算，除了十幾畝歸了狗兒老咬，其餘東分西散，給扣奶奶留下了一畝半地。

傻常順兒在扣奶奶屋裡逗留了一會，用他那兩隻包了淚水的眼表示了他的心情。

他離開扣家，又蹣蹣跚跚走到十字街口。「人民公所」，「紀念堂」，「紀念碑」被突擊隊燒燬砸碎的痕跡還在。他走到黑心鬼家門口，從門縫往裡望了望，一片添黑，他想起當年自已住在關爺廟，頭一回給他家起糞時的情景，那時自已年青力壯，能喫能做，就是和那群孩巴芽子們鬥鬥趣兒，玩玩老牛背祭官兒，也滿痛快；再不然，跟大粗腿，拐子蓮兒，罵罵街，數數貧嘴。也怪開心。今兒格，這班人死的死了，殺的殺了，痴的痴了，跑的跑了，這輩人只賸下我一個，不介，還有他媽的完蛋蛋兒！

他想着想着，扭身往回走，那棵老槐樹在他眼前出現，他想起當初他來荻村時，這棵樹還沒房沿高，現在高到昌天雲兒，可不是，四十年咧，人都老了，樹還不發旺？他心裡正在感嘆，忽的，一隻禿梟又「嗚嗚」叫了一聲，傻常順兒一聽激起他的憤怒，罵：

「怎麼？你他媽的還沒死！賸下的東西裡面也有你？」

共產黨爲了徹底肅清反動，淘汰腐化，厲行整風運動，又在各地普遍展開了大規模的屠殺。

季和首先遭到上級的嚴厲批判，說他犯了姑息主義的嚴重錯誤和不能徹底執行黨的決定。把他調訓。

根據馬克新和他的幹部們的檢討，村長傻常順兒不但不能擔當任務，而且犯了不可赦免的罪過：一、勾結玩軍。二、放縱國特小淘氣兒逃走。他們對於他的性格分析所得到的結論是這樣：一、無產階級依附小資產階級的心理始終去不掉。二、一切舊的意識不能排除淨盡。三、在他的素材上，他不能體味勞苦大衆自身解放的偉大性和自發性。四、再加上他不但沒在人民中間發生了領導作用，反招致了人民大衆對共產黨估量的減低。五、基於以上分析，對於這麼一個型態的落伍的無產階級中的渣滓，已然沒有再教育的必要，並且必須嚴厲給他一種處罰，才能使新的村幹儆惕，才能使人民大衆對共產黨有清楚的認識。

傻常順兒一連三晚做着惡夢。第一夢，他夢見四十年前，他被義和團裏走，走到河西村，怎樣被那位老頭兒一槍刺傷了腿肚，自己臥在血泊中。第二夢，夢見當年直奉戰爭，他和張拴子逃跑．結果挨槍斃的不是張拴子，而是自己。第三夢、夢見所有荻村死去的張拴子，地狗子，拐子蓮兒，扣爹，張老五，黑心鬼，大粗腿，歪歪桃兒，龍姝，小老壞兒，張一刀，甚至於陳三爺，郝秀才，馬二棍子和被王子和處死的幾百村民，夢見了。一個個都似人非人，似鬼非鬼，來回糾纏。尤其龍姝母女披頭散髮，吐舌瞪眼，在嚇唬他。第四夢，可就怪了，他夢遊過去所有去過的地方，他每走到一處就看見那裡的人民起初還人似的歡迎他，一轉眼功夫，這些人一個個都變成有尾巴的獸類。有的變成狗，有的成豬，有的成豺狼虎豹，還有的成四不像一類的東西。他正在稀罕，不料自已的兩脚忽然變得麻木，登時，自已的兩隻脚也變成了豬蹄，再一摸，自己屁股後邊忽然長出了一根尺八長的豬尾巴。他忽然想起，我這一輩子並沒有得罪猪，我一直伺候牠，給牠起糞淨圈，爲什麼叫我變成牠，有點不甘心，他恐怕馬上再往上變，變成猪頭猪嘴猪耳於是他極力掙扎，但見遙遠處有一萬丈深淵，裡邊蠕蠕動的倒完全是人，他顧不得一切，他撒腿便跑向深淵，一面還叫着：「我摔死，也要做人！」他往下一跳便驚醒了。一夜三四次，做同樣的夢。

三天，醒來，他不敢把惡夢說給別人聽，自已琢磨來琢磨去，「反正不好！」他說。第四天，他做第五夢，夢見一邊給拐子蓮兒趕着蒲欏車，一邊有許多人在和他鬪趣兒。走着走着，猛然見周倉抗着大刀來說：「傻常順兒君！遵聖爺的旨意傳諭給你：四十年後你大富大貴，穿好衣，住好房」常順兒一聽，可逮住機會，要訴訴苦了。當周倉要繼續說下去，他也要訴苦時，一種嚴厲的呼喊聲把他驚起：

「村長，醒一醒！日頭照紅你的屁股眼兒啦，還在睡？」

「幹什麼？」他衝着那群聲色俱厲的幹部問。

「指導員請你有話說。」

這兩天，街上就興起了許多謠言，說什麼要更換村長咧，整肅咧，淘汰咧。他樂得被淘汰，於是急忙穿上一件春天常穿的黑布小薄棉襖，下身穿上一條毛藍袷褲，戴上那只四塊瓦栗子皮毡帽，光着脚，穿上一双兩道臉的皂鞋，這兩年來，頦下多了一綹山羊鬍子，梳了梳，他和蘭兒大娘打了個招呼，跟着這群幹部到了學堂。

提着，鑼鼓喧天，十字街先召開群衆大會，各街又開街民大會，每一區又開區民大會，小組會，幹部會，一致討論「如何懲辦一個勾結頑軍放走國軍無產階級中的懦弱份子傻常順兒村長」。從清晨到傍晚，各個大會都得道一致的結論：「這種危害解放大業的懦弱份子，不予以嚴重打擊，不足以安慰和振奮所有努力的同志們，活埋！」

結論出來了，幹部們又用喇叭筒到處廣播，房穿房廣播。

半夜裡，荻村幾千村民男男女女，老老少少一人手裡，擎着一根火把，都聚攏到村東一塊官地，由狗兒老咬自告奮勇樂意爲傻常順兒刨一個土坑，做爲他的葬穴。

所有共產黨幹部都來了，又講演了大半天，最後輪到傻常順兒跳坑。

「村長！你還有什麼話說沒有？」馬克新問。

「沒有，沒有。」他漫答。

「要有，可說呀，咱們共產黨從不寃枉好人呀！」

「是，只是我現在眼睛花了，怎麼我看你們都不是人哪，你們的聲音是人，怎麼你們一個個都長上了尾巴？」

「這老東西還說俏皮話呢。」完蛋蛋兒說。

「不是，眞的，我也在變猪！」

「傻小子！你還會唱歌嗎？」完蛋蛋兒故意取笑他。

「我會，我唱：先殺天主教啊，後殺洋鬼子兒！」

「好，再唱個！」完蛋蛋兒高興似的，又慫恿他。

「我唱，我唱：先殺共產黨啊，後殺老毛子鬼！先殺王子和喲，後殺馬克新兒！」

「啊?!啊?!快活埋他！」馬克新憤怒地命令。

「慢着！我得向鄉親們辭別辭別，特別向完蛋蛋兒拉拉交情。」說完以後，他作了一個羅圈揖，又說：

「鄉親們，完蛋蛋兒狗小子！不久再見！不久再見！」

然後他望了望狗兒老咬，說：

「老咬！聽說是你給我刨的這個坑兒，謝謝你，你可別忘了給扣奶奶也刨個坑兒！老侄兒，拜託，拜託」！

幾個幹部又來推他，他拒絕說：

「別介，我先看看，可惜坑兒太淺了。我摔不死。不介，我摔死，我也要做人！」

當他從容頭衝下，兩脚朝天鑽進那個坑兒時，忽然有一個女人「哈哈」的一陣冷笑，衝破了這曠野的寂靜。

完蛋蛋兒當夜做了村長。

當夜，人們又發現大脚蘭兒失踪，第二天清晨，他的屍體在村東邊的荻濠裡浮起。

荻村的荻子，又從濠坑裡長出，春長秋割，一年，一年，無盡的年月繼續牠的除幹和新苗。

（全部已完）三十九年九月廿一日。

躍向自由（上）

嘉森金納夫人原著
文波節譯

一九四八年夏天，在紐約一位叫做嘉森金納的中年蘇俄女教師，因不願被送回祖國而跳樓自殺，幾乎喪命，後幸獲救治，傷勢痊癒，獲准避難美國，現住紐約。「躍向自由」一書，是她自己的血淚生命史，全書分兩部份。第一部份，敘述她在沙皇時代的童年，以及革命後的情形，她的丈夫德姆陽，革命後被捕，送到西伯利亞，一去不返。當她被迫參加慶祝史大林成就的大會時，她的女兒也因營養不良死去。的愛子俄來格，因為不是共產黨員，而送上前線，不給制服，不發裝備，結果在列林格勒一役中失蹤。第二部敘述蘇俄的魔掌、如何罩住在美的俄僑，並揭露在美的蘇俄「貴族」的真面目。她是一個教師，極力用自己的技巧來拯救在說謊、偷竊、偵察的氣氛中的孩子們，她以超人的勇敢來反抗極權的統治。

關於蘇俄鐵幕內的情形，已有各種不同的報導，這裏特將第二部節譯出，以饗讀者。

——譯者——

（一）新奇的美國

醒來是一種奇異的感覺，我隨着一片浮雲漂浮在天際，僅僅意識到高而暖的太陽，突然我由夢中回到現實：紐約的地平線慢慢的漂過了艙門。我從床上躍起，匆忙地穿上了衣服跑上了甲板。

人們都已在甲板上，嘈雜而興奮。大家擁擠在欄干前不斷指出紐約的景物。我看見了自由神像在那裏向我微笑，莊嚴而優雅，她彷彿是一個仙母，給了我無限希望。我憶起了昔日教書的歲月，和我的孩子俄來格。

我的心彷彿要爆裂了，我走下了船艙，穿衣，收拾行李。當我帶着行李上來時，船已拋錨，航警也上了船。美國人有着明朗微笑的面孔。他們迅速地完成了他們的任務。然後在一陣歡迎的叫囂中我走下了跳板，踏上了美國的土地。

我帶着行李擠過了快樂重聚的人們，四處探望是否有人在找我。我把行李放在一個角落裡，興奮已使我疲倦，我坐下來等待。忽聽有人嚷着：「在你們之中有一個生物教師嗎？」我跳起來叫道：「我就是生物教師！」這便是紐約蘇聯總領事館的副領事和學校的校長索諸金。車夫幫我搬上了行李，我們漫游仙境的旅行開始了。

我們在一大列汽車中駛去，沿着街道兩旁的汽車有着奇特的式樣和各種想像得到的顏色，開車和停車都很神秘地和諧一致，因為那天我沒有看見交通警察。我想，顯然地，我們所知道的是錯誤的，在這資本主義的國家中只有資本家！

索諸金告訴我必須在幾個星期中完成一年的課程。但是周遭的景物深深地吸引住了我，無暇在此時想到這問題。

高聳的摩天樓，彷彿隨時有倒塌而吞噬我們的危險，令人感到威脅。店鋪何其多！貨物琳瑯滿目，所有街上行走的美國人似乎都帶着恬靜的神情，不像莫斯科的匆忙而帶有倦容的人們。然後，我們經過一個教堂，當我看見在教堂外的人群時，我才知道是星期天。忽然我感到迷惑：為何我沒有看見婦女們排隊等待買他們的配糧呢？在蘇聯多數的婦女只有在星期天才有時間做這事。我想或許美國人太窮以致於連配糧也不能供給。然而我不再想下去了。只要欣賞美國女人便足夠了。在莫斯科，偶而可以看見某人的太太穿戴得很好，但在這裏每個女人都穿得很好而且不能相比。她們衣服的式樣和顏色的豐富令人不敢相信，我張着嘴凝視着。我又看見了許多肥胖的婦女，在蘇聯，幾乎看不見一個肥胖的人。

索諸金在旁絮絮不休，但我沒有聽到什麼。兩個大問題開始困擾了我：我如何能立刻觀看我想看的一切？美國的配購券將允許我買多少東西？

車在學校的門口停住，若不是門前的雜亂和廢物，這建築還保有它的莊嚴。我好奇地凝視了一會，在未來的兩年中我將在這裏消磨大部時光。我們走了進去。裏面是陰沉的，空氣惡劣。和在俄國一樣，窗戶是緊閉着的。列寧和史達林的肖像不可免的掛在牆上。索諸金帶我走上了五層樓到一個門前說：「這是你學校的主任，進去介紹你自己。」後又說：「明天四點鐘去領事館見我，不要遲到。」他說後走了。

我屏息了一會兒才按鈴，古特林主任很和藹，幫我搬進了行李。介紹了他自己和他的太太，我立刻參加他們喝咖啡，坐在奢侈的椅上。古特林敘述着學校的情形，只有五個教師，全是女的。約有一百個學生。他常講到一位數學教師蘇塔諸法，顯然她不是一個令人滿意的教師，正要被送回蘇聯。他告訴我兩星期後她的房間才能空出來讓給我，在這期間我住在他女兒的房中，他女兒現正在格林灣的夏令營中。他說：「由於缺乏有能力的教師，不能按照我們的課程時間表順利進行，這問題會使我的上司們感到苦惱。然而他們並不極力幫助我，好像還極力阻礙我！」看到他太太在蹙眉便停止了談話，過了一會兒才大聲說：「我並不是不忠於蘇聯，當愛國的戰爭開始時，我已在美國，自然我便不可能參加保衛我們的國家。但是我教蘇維埃的主義的成績，特別是在資本主義的美國，可以證明我的忠誠，這是每一個人都知道的。」這是對於蘇維埃政權熟悉的口頭服務，一半是贖罪，一半是祝禱。我開始又感到十分厭倦。他繼續講到蘇塔諸法。他和他太太一兩分鐘以後便要去格林灣看他們的女兒。在他走之前給了我一些忠告：

「我們在美國的蘇聯人民不像我們所想像的那樣自由。例如在幾天以前，我們在華盛頓的學校的主任沙馬林來訪我，我們出去喝了一點啤酒，在那裡僅呆了幾分鐘。然而次日領事館不僅知道我們曾飲過酒，而且知道我們飲的只是啤酒！所以，你必須十分小心，我們每一步都有人跟隨着。我應該知道，因為我在這裏已七年了。」然後他和他的妻子離去了。

我單獨在那裏僅一分鐘時光，未聽按鈴聲門便開了，進來一個大約五十歲的婦女。雖然那天是星期天，她仍帶着一個裝文件的皮夾。他說：「啊！你已經來了！我很高興看到一個剛從莫斯科來的人。我是俄羅法，給你拿來了一些俄國茶。還沒喝茶嗎？我想沒有，古特林家的人嗜好咖啡。和我一道來。」她溜進了另一個房間。

我强烈地想喝茶，於是隨着她的聲音走去，走到了一個潔白的房間。好一會兒我才認出那便是厨房。裏面的每一樣東西從瓷盆和火爐到各種設備和器皿都是光輝奪目，多半的東西我不認識。俄羅法正在那裏忙於弄罐子和盤子。

我摸着一個白色的大箱問道、：「這是什麼？」

「這是一個冷却器，在這裡稱為冰箱。」俄羅法走過來拉開了它的門。看到裏面所有的食物我屏住了氣。她立刻又關上了，漫不經心的說道：「我有一個，我還要買一個洗衣機。」

我喊起來了：「多美麗的一個機器呵！美國人什麼都發明！」

俄羅法諷刺的說：「美麗的機器！這不過只是一種簡單的電器，」她開始倒茶。我等待着她繼續說下去，但顯然地她已丟掉了這話題。

我又說道：「但是我不懂……」

俄羅法不耐煩地打斷了我的話說道：「那完全是一個電力的問題，美國人有這麼多的電力，他們必須發明些東西以免破產。」她拿起了一個裝着食物和茶的盤子。「所以你將在這裏看見許多這樣的器械。」他用一隻手頂着盤子，另一隻手拿起了她的皮夾，她從未讓這皮夾離開過她的眼界，於是又飄然地離開了。

我因為緊張而僵硬，俄羅法的出現彷彿是已經計劃的，她的皮夾以及那些評語已使我謹防。然而當我想到在蘇聯不需要冰箱的原故僅僅是因為每餐沒有剩餘的食物時，我幾不能自制。

茶後我感到好多了。俄羅法又談到蘇塔諸法。此時，另外的一個女人沒有敲門便進來了，未滿二十歲，穿着絲寢衣，戴着金戒指，金手錶，這一切好像用來極力支持她的精神。「我是蘇塔諸法，會是這裏的數學教師，」她對我這樣說，完全不理會俄羅法，她的態度很爽快，「我是來告訴你等待着你的是些什麼。你是一個『教師』，你將懂得，」她特別加重「教師」這兩個字。

我點點頭，對於這個瘦弱的女孩子我感到無限同情，她似乎很緊張。她告訴我她每星期教六十個鐘點的課，此外還要整頓疏忽了七年的物理實驗室和化學實驗室。「我對古特林的請求無效，我的健康開始衰退，當我再求助於他時，他不但拒絕我而且控告我怠工！」她的眼中充滿了淚水，跑出去了。

俄羅法大笑失聲叫道：「這就是我們青年的例子。她來到這個資本主義的國家後立刻便學壞了。她不再需要工作，只知買更多的東西，顯然地她正準備她的嫁妝。」

她邀我去中央公園，我的頭劇烈發痛，急需呼吸一些新鮮空氣，甚至於和這個女人一起我也願去。

沿街的店舖令我心神恍惚。俄羅法很費力才把我拉開。當她告訴我買任何東西都不需要配購券時，我不勝驚奇。我幾不能自制。因為花一塊錢便可買到我所能吃的所有的巧格力和糕餅。

公園的景色綺麗，全不像一個蘇維埃的公園。孩子們在廣豁的操場上無羈的嬉戲，母親在旁看守着，與俄國工廠中污穢的孩子們和飢餓襤褸的母親們是如何的不同啊！

不知是有意還是無知，俄羅法指着一棵白橡樹說是械樹。我又有些疑惑，這麼快便在我旁邊按上了一個密探麼？

她又接着很快地錯說了許多樹的名稱，時常斜視我，在這期間她又設法問我一些問題：誰遣我來的，我丈夫的身份以及我教書經驗。

我知道我是在受審。

回來時走得很快也沒說話。我到房中脫下了衣服躺到床上。輾轉不能入眠，一種絕望的情緒偷襲着我。來美國僅幾個鐘頭的時光，我發現我並未遠離俄國。

在這裡，也有密探，貪焚和怨恨，但我想也許我觀察事物是受了極度疲乏的影響。一旦我習慣了這裏的風土，一旦開始了教課……

然而絕望的情緒仍重壓着我，我起來拿出了俄來格的照片，比以前更感到空虛寂寞。

（二）蘇維埃的溫室

我上課的教室令我驚喜。很寬敞，窗戶高大，光線充足，大約有二十二個不同年齡的男女學生，看上去都極健康，依照蘇維埃的標準，穿戴得也極好。俄羅法很愉快地和我寒喧，彷彿頭天沒有任何事發生一樣，我開始想：昨天我一定是太疲乏了。

俄羅法和我隨着古特林進了教室，我便被正式介紹給他們。

接着是古特林一篇冗長的演說，講解灌輸蘇維埃理想的價值，重覆歌頌了史達林後，便離去了。我對學生們笑笑，然後又對俄羅法笑笑，她以一種慈愛的神情站在一旁。下面是一片令人發窘的安靜。然後她的笑容消失了，勉强地告辭了。

門已關上，我輕嘘了一口氣，又望望下面的學生們，感到很愉快：我又自在了。

我問了問每個人的姓名和他們的情形。不一會，我發覺我的第一個印象是錯誤的。在美國的蘇維埃學校的情形比在國內更壞，得不到課本，缺乏教師，各班的學生分配不勻，分配的標準是根據他們自己的身材大小與他們父母的政治地位。

下午我去領事館會索諸金。他告訴我他唯一的興趣是看見第十班的學生畢業。

我反駁說：「但是我作教師的興趣是教書。」

他回答說：「很好。但是對於學生的家長和他們的怨言我有一點厭煩了！他們羞於讓成年的子女仍在學校裏。所以畢業便是他們所需要的……」

我立起來要走，顯然地我不會得到幫助，時光也不容虛費。但是索諸金阻住了我。

他說：「在你走之前，我還說幾句話。我們在此的婦女們時常口角。她們專從事陰謀，製造閒言，你必須知道在這裏還有許多舊帝俄的殘餘。他們時常設法惑亂我們。謹防他們！你的工作將使你無時間受引誘和美國人講話，或是看他們的布爾喬亞的電影。七月廿五日以後你就可以去格林灣休息。」接着他詢問我的過去——我的家庭、學校、德姆陽(我的丈夫)、俄來格、以及每一件發生過的事。

在隨後的六星期中，我的全付精力專注在工作上。學生們都很虔誠地和我合作。

忙碌給了我一個好藉口避免俄羅法的糾纏。有一天夜晚，她溜進我的房，沒有敲門。她後面跟着我的一個第十班的學生。是一個高而瘦的傢伙，頭髮常常是新捲過的，他是這班中穿得最好而最敏銳的一個學生，喜歡穿英國衣服，常帶有神秘的微笑。

俄羅法愉快地說道：「好不容易才把諾哥夫拖

到你這裏來。他課餘是在領事館工作。工作很忙，因此趕不上你的功課。但是這孩子太害羞，一直不好意思來請妳私下指導。你看他！爲什麼在這世界上你却這樣害羞呢？」

在她說這段話期間，諸哥法的確沒望着我。但我觀察到他的害羞却允許他看遍了我的房屋。我的書、壁橱、在桌上的小無線電，甚至於我的花也成了他觀察的目標。

她離開後諸哥法立刻開腔了，開始强迫問我一些問題：我對紐約的印象，我會遇見的人，我的計劃等。我回答說實際上我沒有看見紐約的什麼，也沒遇見過一個人，請他明天再來，我要做的工作太多。我把他推出去以後，不禁對自己微笑。從此我得了一個小教訓：我應常記得鎖上門。

我購物僅限於在隣近的一個花房裏買點花。當我第一次看見這花房時我驚得痴呆，因爲在蘇維埃沒有一個花房存在。蘇聯的運輸工具有限而且很慢，以致於只有最重要的物件才能搬運。如寄私人郵件也是一個冒險，運輸像花這類的東西，是更不可想像了。同時在俄國也沒足够的冷氣汽車，花到時也已經凋謝了。

在美國我將看到千百家花房，陳列許多新鮮花樹，有許多是過時的。送花也是美國的一種工業！每次我買一些我認爲是比較接近於美國人的花。

期考日期將近，學生們幫助我準備一個非正式的小會，慶祝這一學期的結束。古特林聞風後，也認爲是一個很好的念頭並着手計劃。

史達林，列寧和莫洛托夫的巨大肖像直立臺上。牆上張貼着他們的話和口號。其中最大的是列寧的「學習！學習！學習！」蘇維埃的新國歌也是惹人注目的。

所有的家長都被邀請，準備將在格林灣休假的小學生們也帶來。還有演講。甚至於一個小會也被蘇維埃化了。

考期那天來到，當我將我會重覆講過的各基本問題問學生時，每一個學生都回答得很好——包括諸哥夫在內。從此我這個教師很被重視，可能這便是我永未被送回蘇聯的最重要的原因。

考後兩天開會。枯燥無味，拖了整個下午。但我第一次看到了在美國的蘇維埃的貴族。蘇維埃駐聯合國代表格羅米克的兒子和一個隨員進來，引起了一陣騷動。他們態度傲慢，不屑於對任何人打招呼，進來後立刻如餓狼似的大嚼起三明治、糕餅、蘇打等。我驚奇他們這種行爲未引起其他人的批評。

古特林告訴我他將是我的學生。他將另一個教師瑪利葉法介紹給我。她告訴我她和她丈夫將回蘇聯。

「你必定不要重犯我的錯誤，」她說。

哦……什麼錯誤？

「我一直太疏忽購物。我沒有什麼可帶回去的。現在我必須倉促行事。我不知道將買些什麼好。所以你現在應立刻開始買東西，你若買了一双鞋，不要等穿壞再買另一双，穿上一星期便放開，所糟糕的是我知道得太晚了——我只有三十双鞋。」

我喊起來了：「三十双！還不够嗎？」

「只够幾年，但是誰知道一個人什麼時候再出國呢？」

古特林用力的點頭道：「的確，的確。你沒有忘記膠鞋吧？」

「只有十双。但我還要買。」

當我告辭時，瑪利葉法正講到她所買的皮革，她估計可供她的家人穿十年鞋子。

我回到房中，鎖上了門。漸漸地我覺得我的屋子變成一個避難所。只有在這裏我才能遠離矯飾和貪婪。

次晨去格林灣。我首次看到可愛的美國鄉村。我們在一所莊嚴的大厦前停下。到處是污穢。

那裏的負責人是愛凡勒夫娜。她告訴我將照顧二十九個孩子，替他們洗澡、掃除、餵養他們。

我反對道：「但我是被允許來休息的。」

她僅望着我，面孔變得更長更可憎。

「跟我來！」她發怒了，然後高視闊步走開去。

我望了她一會兒，覺得自己在發抖，我擦去了眼中的淚水。我應該早就知道的；因此而懊惱是愚蠢的。我忙去追隨她。

我們進了大厦，她帶我去到地下室。當我們在一個門前停步時，她拿出了一把鑰匙。告訴我這裏常有偷竊。

「可怕，能是誰呢？」我問。

「自然是學生。謹防他們。」她說後走了。

我決定工作、工作——只有工作才能制止內心的洪流。我感到一種幻滅和絕望的潮汐在內心氾濫。

午後是最好的時光，我可沉溺於工作中。我極力使學生們對於植物感到興趣。我們收集標本。進步很大。我宣佈將可舉行一個展覽會。

對於權貴我有一種違反的天性。如在格林灣的毒常春藤事件。

有幾個孩子已中毒，有的已臥倒床上。我從圖書館中找到一本關於植物學的美國書，從那書中我得知什麼是這種有毒的植物。我覺得最好是盡可能地斬草除根，教每個人如何分辨它。但是他們覺得這樣太不正道也太費脛。負責人僅發佈命令禁止學生教師們到公園裏去。

我很惱怒，因爲我將不能和學生們研究自然，於是我帶着那本植物學書，一個毒常春藤標本和一種佛吉尼亞州的牽藤植物，去愛凡勒夫娜那裏。我盡可能地溫和地對她講解兩者的不同點並將書中解釋給她看。她陰沉沉地望着我：「那是一種什麼書？」我解釋了那書的種類。

她叫道：「但是那是美國書喲！」好像因此這本書便變得無效。

我又和她抗辯了幾句，最後她說：「我們今天有熱水，你的工作是照顧孩子們洗澡和看護他們的病床，你回去後將有充足的時間去看書。」

我咬着嘴唇離開了，我知道我倔强的氣質不會在這個受着權威支撐的笨人前屈服。我的第一個行動便是灌輸他們關於常春藤方面的智識。

但從此我和愛凡勒夫娜變得更不能相容。我被監視得更嚴密。在格林灣的最後幾天中，一個工程師的兒子克魯賓不斷地在我周圍徘徊。每當我說完了一篇話，便立刻展開了他的小記錄簿，不辭勞苦地在上面寫着。有一次我使他大吃一驚。我向其餘的學生們示意安靜，然後輕悄悄地走到他那裏，從他的記錄簿上，我大聲唸出我剛才所說的一切。他臉紅了，不自然地說他正在研究我的教學法。

展覽日來到，那的確是一個精彩的展覽。所有的標本都有小白卡片註解。有一張大卡片寫着：「美國的植物種類和昆蟲的種類和蘇聯的如何不同呢？」我高掛了一張達爾文的肖像，但是沒有掛一張蘇聯領袖的像，甚至於沒掛史達林的像。我犯了一個極大的罪惡。

據說蘇聯駐紐約總領事羅馬金將要來，我想將史達林和列寧的像掛起，但我抽不出時間；此外，這些美麗的花和那些政治偉人們的陰森容貌令人感到太不相稱。

在格林灣的生活尚可忍受，工作使我免於一些麻煩，同時那次的展覽會就我看來是一個大的成功。

（三）覺　醒

當我們快到紐約時，我的心又跳動着。自從我來到此以後，我探知這裡是世界的最大海口，有着最高的建築，是藝術、經濟和宗教的中心。然而我所看到的紐約比一個週末的旅行者還要少。僅在公園中散過幾次步，去過一次植物園，匆忙地買過一些東西——僅止於此。假若我回到蘇聯，我所能報告的是：美國人有一種很好的洗牙物質，稱爲牙膏，美國女人看上去特別年青，可以買任何東西，但我還必須承認未和紐約八百萬人中的任何一個人談過話。

這一學期我被派定教化學和生物，管理第九班和第十班的學生，還要整頓實驗室。古特林告訴我他已被召回莫斯科，新主任是沙馬林。

「他的名譽很壞，因爲辦事無效力而解去他在華盛頓的主任職務。」他低聲對我說。

古特林給我介紹沙馬林，他很高大，寬肩。當他笑時，我的心感到一陣痛楚——那完全是德姆陽的笑。德姆陽！有一會我想哭出來。

當我幫助沙馬林工作時，我感到他的行動如機械似的，雖然他總是很嫺雅地講着話，但他的聲音是一種磨挫的聲音，紡彿隨時要破裂。雖然他工作得很安靜，但他的眼睛常是茫然的。

我仔細的看了他好一會，然後衝動的喊出來了：「你不是一個黨員！」

他大吃一驚，望着我，眼睛突然明亮，直望入我心中。他這樣望了我好久，他的臉才漸漸緩和，最後搖搖頭。

「你呢？」

我回答不是。

他淒涼地笑了，安祥地說道：「我沒有資格做一個黨員，做一個共產黨員必須有兩個條件——我怕我是缺乏這兩個條件的。一個是過度的想像力，信任共產主義；另一個是絕對的殘忍，以完成共產主義。」他繼續說到在這世界上有一個不可解的問題——如何適當地教養一個孩子去恨他的同胞而崇拜一個主義。他說這話時，聲音是辛酸的。

他所感到的和我一樣，然而他太沮喪。我疑豫，什麼是解答？

我感到一種奇妙的慰藉：畢竟我不是孤獨的。

我聽見門上有一個輕微的聲音，很快的走到沙馬林的面前輕語道：「我們必須常常談談。」然後我輕輕地走到門前急力一拉。

是俄羅法。

她臉上是一種受驚的表情，然後笑了，很甜密的說道：「我想我聽見了這裡面有人說話的聲音。」於是立即詢問沙馬林的一切和以前詢問我一樣，無恥地探究他的個人歷史，絮絮不休，什麼事情都注意。

沙馬林的動作又變成機械似的。

我有幾天不再看見沙馬林，至少是沒有看見他一個人在一個地方。或是俄羅法或是卡拍尼客不斷地在他周圍纏擾。

一天下午瑪利葉法的錢袋被偷，次日所有上體育課的學生們的衣服也不見了。不久以後我攔住了兩個學生對他們說道：「你們可以對於我們這個小團體供獻一個有價值的服務，爲什麼不將賊捉住呢？我知道以你們的智慧同耐心可以很容易地將賊捉住。」這兩個學生一個叫可爾青，一個叫萊米卓夫。他們對我們的回答只是：「一個人應該照他所受的命令去做。」他們分辨是非唯一觀念似乎是完全以上面人的命令爲轉移。

就我所能看出的而論，所有的學生都與內心交戰，在美國比在俄國更强烈。我不顧被報爲反革命者的危險，老是暗示着在美國存有詢問的自由和良心的自由，這兩種自由對於眞正的了解是重要的。

羅馬金出席了歡送古特林的宴會。經過了一慣的對史達林的祝禱以後，他起立演說。

「親愛的同志們，今天我們歡送前任主任古特林回國。他回祖國後，將忘掉這個根據腐敗的資本主義所建立的布爾喬亞的世界！」

下面是一陣喝采。

他接着贊揚古特林的功蹟，一再地告訴他不要在莫斯科提及在美國的任何情形「以免使國內的人有錯誤的印象」。最後，他轉向沙馬林。

「沙馬林同志，你負責這個學校必須使這學校保持它可能的最高程度，因爲我們大家都知道你在華盛頓的學校中的學生的紀律太壞，以致不值評論！」他的聲音變得很硬。

沙馬林一陣臉紅，凝視着羅馬金一會兒，然後將他的椅子推進了桌子，大步而去。

接着是一片死的寂靜。每一個人都望着羅馬金，突然沙馬金的太太也站起來了，高昂着頭隨着她的丈夫而去。

古特林又在那裏大聲疾呼。當我確定俄羅法沒有望着我時，我也離開了。

我發現沙馬林和他的妻子在主任室裡。門開着，我可以聽見他正激動地非難羅馬金，共產主義以及每一個與共產主義有關連的人。當我出現時，他的妻子急忙以手指按住他的嘴。

他說：「沒關係，他不是這些下賤人之中的。」他的妻子以一種求援的神情望着我，我會心的點了點頭。

我說：「我早想和你談談關於偷竊的事，但是一直沒機會。」

他激烈的說道：「什麼也幹不出來！我在華盛頓也遭到同樣的困難。連學生的家長們自己都告訴他們的孩子們說偷竊不是可恥的，你還能希望什麼呢？」他的妻子柔和地止住了他的憤怒。我問他是否願讓我見見總領事，或許我能說服他相信這情形的嚴重性。

「可以，但是我確信不會有什麼結果。」

他的妻子又用力拉他的衣袖，他爽朗地笑了，和我道過晚安後回到他們房中去了。

我獨自站在那裡，感到疲憊和頭痛。

「一個人嗎？」

我一驚，俄羅法站在門口，嘴上浮着微笑。

「我來給你一些忠告。不要和這個沙馬金交往過密。」

「爲什麼不呢？」

「因爲他的行爲迷失常軌。」

我立起問道：「就是這麼？」我抑制住對於這個矯飾者的憤怒。

她聳起兩肩，我離開她時，她臉上帶着同樣的微笑，是一種深意的狡猾的笑。

（四）恐怖和特權

經過了沙馬林幾星期的努力，我見着了羅馬金。他很熱烈的接見我，我們談了一會似乎很投機，我充滿了希望。他問我有什麼事，我回答說：「是一件極重要的事，當你在我開展覽會那天參觀夏令營時，我就要告訴你，但是我很遺憾——」

羅馬金打斷了我的話：「不要遺憾，關于展覽會的一切我都知道。一切都很好；我們蘇維埃的孩子們很有才幹。但是我很遺憾，你沒有掛起一張史達林同志的照片！」

我驚訝的張着嘴：完全忘記了在格林瀾的克魯賓以及他忠實的記錄簿。

「你如何敢忽視了我們的領袖！這就是你教學生們的方法嗎？」

「我——我忽略了，」我口吃地說。

他粗暴地喊道：「忽略了！」

我仍保持着沉默。

他繼續以一種較低的聲音說道：「我很高興你來了，我知道你爲什麼而來。你們時常會有很多煩惱，閒言，非難，甚至於偷竊。但是，請想想我們的人民在美國所處的環境。他們的周圍全是一種布爾喬亞麻木不仁的氣氛。美國人在機械方面很進步，但他們對於社會的進步什麼也不知道。自然我們要禁止我們的人民和他們混在一塊；否則我們就有受污染的危險。因此我們不與他們交往或是看他們的電影戲劇。我們沒有什麼事可做，於是每一個人都擾得別人心煩。我們有偷竊的事發生也是十分自然的，因爲我們在這裡顯得待遇不平等，外界的引誘太大。偷竊自然是意料中的事。」

我很生氣。喊道：「但是將孩子們放在一種偷竊的氣氛中是罪惡啊！」

「你爲孩子們大操心了！他們會自己發展。當他們逐漸長成時，他們自會停止偷竊。」

我立刻站起，預備離去。

羅馬金攔住我。我又一次遭到那一老套的詢問

學校裡來了幾個新教師，有一個叫尼可羅法，還有一個叫雷葉法斯珈。雷葉法斯珈時常纏繞着沙馬林，當他坐着讀書時，她便偷偷走上來：「我看你十分喜歡英文。你買了這麼多的英文字典，將來是不可能全帶回莫斯科的。」

雖然雷葉法斯珈也沒忽略我，但我變成了尼可羅法的特殊目標。又來了一個新教師叫法斯勒佛娜，是來代替柏可法的，柏可法是一個有良心的教師，不和那班黨員同流合汚，因此她和我一樣不受人歡迎。羅馬金和格羅米克的女兒都是全班成績最壞的學生，而柏可法祇給了他們應得的成績。於是激怒了格羅米克夫人。學期終結後不久，柏可法被召回莫斯科。後來未被送回莫斯科，却接到命令去加拿大補一教師空缺。我和她沒有什麼關係，然而我很高興聽到這消息。所有新來的教師全是黨員，因此生活對於沙馬林和我更不可忍受。

有一天沙馬林到我教室裡來等我下課。他變得很瘦，面色慘白，我已有好久沒看見他的笑容了。

他對我說道：「我不知道誰是這裡的主任。我一點權力也沒有。我極力想建立一個眞正的學校，但我的努力受到阻礙。我會無數次要求課本，他們老是告訴我課本已在途中。我要求教師，却遣來特務！他們所知道的只是爭吵和告密。」

「俄羅法比較機警。」我說。

沙馬林蔑視地笑道：「機警！」他走到門前將門打開，沒有一個人。他又繼續說道：「她一定是病了。她常常偷偷躲在屋外。我頭天晚上關好辦公室的門，常常在第二天早晨大開着。我常發現我桌子的抽屜是被搜索過的。她才是這裡眞正的主任！我感謝她的報告，領事館比我更清楚學校裡的事。我在華盛頓的學校中也是同樣的情形。他們眞正的制度是使每一件事都在混亂的狀態中。這樣才可以充實密探們的記錄簿，這便是我們的政府，密探的政府！撒謊的政府！僞善的政府！」

我走近，他溫和的說道：「那麼，我們怎麼辦呢？」

他的臉會因憤怒變得緋紅，現在慢慢地回復了原狀。當他回答我的話時，聲音很低。「每一個人必須爲他自己決定。」

我等待他再說下去，但他奇妙地望了望我，然後走開了。他的話是什麼意思呢？在隨後的幾個星期中，我時常想到他的話，但我不了解這話的意義——直到很久以後………

（未完）

徵稿簡則

一、本刊歡迎：
(1)凡能給人以早日恢復自由中國的希望，和鼓勵人以反共的勇氣的文章。
(2)介紹鐵幕後各國和中國鐵幕區極權專制的殘暴事實的通訊和特寫
(3)介紹世界各國反共的言論，書籍與事實的文字。
(4)研究打擊極權主義有效對策的文章。
(5)揭出擊敗共黨後，建立政治民主、經濟平等的理想社會輪廓的文章。
(6)其他反極權的論文、談話、小說、木刻、照片等。
二、翻譯稿件請附原文或註明其出處。
三、投稿字數，每篇請勿超過四千五百字。
四、賜稿務望用稿紙繕寫清晰，並加標點。
五、凡附足郵票的稿件，不刊載即退回。
六、稿件發表後，每千字致稿酬新臺幣十五元至卅元。
七、來稿本刊有刪改權，若不願受此限制，請先說明。
八、來稿經本社刊載，版權即爲本刊所有，非經同意不得轉讓。
九、來稿請寄臺北市金山街一巷二號本社。

給讀者的報告

漢城被聯軍攻克以後，北韓共軍的作戰能力幾已全部喪失，韓國軍隊幷已于本月一日揭着正義的旗幟越過了北緯卅八度——這一條韓國歷史上楚痛的痕跡；一旬之間韓軍已深入北韓百餘英里，直搗東海岸工業重鎮元山。同時在聯合國的會議席上，蘇俄代表亦復黔驢技窮，無所施其狡計，大會已正式通過授權麥帥命令聯軍進入北韓，幷設立一個新的七國委員會協助韓國統一與戰後經濟復興。此一具有歷史使命的計劃之實現，爲期已在不遠，被共黨奴役的半個韓國的人民卽將獲得解放。林肯曾經說過：「我們不能讓一半人自由、一半人奴役」，大韓民國在流血犧牲與戰火破壞之餘終于得見渴望已久的自由民主與統一的曙光；這是韓國人民血淚換來的幸福，也是聯合國一個輝煌的成就。

「形式主義與官僚政治」是中國百年ꝏ的積習，也是國民黨在大陸上所以招致失敗的原因。今天，在大家談改造與革新的時候，我們來反省 檢討過去的錯誤，提出應該改革的大端，自屬必要的步驟。作者雷震先生以其廿年來從政的經驗，深切體認到這種病症爲害于中國政治是如何的深鉅，正是針針見血之論。作者語重心長的一再提示政治的目的是在「爲人民謀福利」，這個平凡而不易的道理，竟爲多年來執政者所漠視，以致流于只重形式的官僚政治，造成全國人民數不清的痛苦和今天國家所面臨的嚴重災禍，這是多麼沉痛的經驗！我們如果仍不能洗心革面，那眞是要葬送盡了國族的命脈，豈只是「糟蹋經驗」而已！

「東南亞當前的危機」的作者陳國礎先生是新加坡很有權威的報紙——中興日報的社長，在南洋一帶從事新聞事業垂廿年，對東南亞各國的情形有深切的了解。他警告西方國家：東南亞洲已經暴露在共產侵略的嚴重威脅之下，隨時有受到直接進攻的危險，這種形勢的造成，乃由于中國反共堡壘被突破的後果。東南亞各國應該提高警覺，及時成立一個反共聯合陣線以對抗面臨的極權主義的侵略。

楊一樵先生所撰「社會主義乎？辯證唯物神學乎？」一文，從理論上說明共產主義只是辯證唯物的神學，不能實現社會主義「追求天堂」的理想。因爲限于篇幅，只好分作兩期登載。

黃錫和先生的大作本刊收到已久，當時聯軍還困守釜山一隅，現聯軍已反攻勝利幷越過了北緯卅八度，韓國的統一已經在望，此時討論「韓國問題解決了之後」的問題，是再適當沒有了。

廣告刊例

一、封底裏面全幅每期新台幣八百元，半幅五百元，1/4幅三百元。

二、普通全幅每期新台幣六百元，半幅四百元，1/4幅二百五十元。

三、登一期者，按期一次付清；連登三月而一次付款者，九折計算；登半年以上者，八折計算。

四、式樣及鋅版自備，如欲本社代辦，則照值計算。

本刊售價

一、臺	幣	三元
二、越	幣	八元
三、菲	幣	五角
四、港	幣	一元
五、暹	幣	四銖
六、美	金	二角
七、叻	幣	四角
八、印尼	幣	五盾

自由中國半月刊 第三卷 第八期

"Free China" （總第二十三號）

中華民國三十九年十月十六日

發行人 胡 適

主編 『自由中國』編輯委員會

出版者 自由中國社

社址：臺北市金山街一巷二號

電話：六 八 八 五 號

航空版

香港 香港時報社（高士打道六四號）

紐約 （紐約第三區 Apt, 2c 231E, 第十三街）

經售處

臺灣 中國書報發行所（臺北市舘前街八五號）

新生報社高雄分社營業部（高雄市鼓山一路二〇號）

美國 紐約民氣日報社

舊金山國民日報社

日本 東京友南堂

東京內山書店

馬尼剌 中菲文敎出版社

印尼 巴達維亞星期日報

棉蘭繁華圖書公司

越南 西貢中原文化印刷公司

越南華僑文化事業公司

曼谷 曼谷攀多社十二號

新加坡 中興日報社

檳榔嶼、吉打邦 均有出售

印刷者 臺北印製廠

廠址：臺北市民族路六四三號

電話：三 三 一 六 號

本刊經中華郵政登記認為第一類新聞紙類

臺灣郵政管理局新聞紙類登記執照第二〇四號

自由中國

FREE CHINA

第三卷 第九期

要目

中華民國三十九年十一月一日出版

社址：臺北市金山街一巷二號

半月大事記

十月十一日（星期三）

蘇俄爲對抗七國所提「強化聯合國計劃案」，在聯大政委會正式建議舉行五強會議商討國際和平與安全，並要求在安理會支配之下建立常設之國際警察（按七國提案內容即九月二十日美國務卿艾其遜向聯大會議所提出的四點建議，後經英、法、土、烏拉圭、加、菲等六國附議。該案本月九日起在聯大政委會開端辯論）。

菲律賓外長羅慕洛被選爲聯合國對韓臨時委員會主席（該會由澳、荷、智、菲、土、巴基斯坦、泰、七國組成）。

十月十二日（星期四）

越南北部法軍自太原撤退，中越邊境法軍益居劣勢。

聯合國對韓臨時委員會推舉麥帥暫管北韓，限制韓國總統李承晚權力於北韓三十八度以南。

十月十三日（星期五）

越南法軍自七溪撤退。

十月十四日（星期六）

美國杜魯門總統與麥帥分別飛抵威克島，作兩小時之會談。

華盛頓美國新聞處發表，美國國防部長馬歇爾已向法國國防部長莫熙財政部長潘區保證：將加速軍援越南法軍。

大韓民國政府發表公報並分電聯合國會員國，反對本月十二日聯合國對韓臨時委員會所通過之決議。

十月十五日（星期日）

台省花蓮台東兩縣民選縣長舉行投票。

十月十六日（星期一）

越南法軍撤出那岑，退守距諒山九哩之同登。

十月十七日（星期二）

美國杜魯門總統在舊金山大戰記念歌劇院發表演說，報告威克島會議經過（按杜魯門發表演說時，舊金山地方時爲十七日正午十二時半，台灣地方時爲十八日晨三時半）。

美國駐泰大使代表美國與泰國簽定軍援協定。

美政府與法國國防部長及財政部長關於軍援問題之會議，今日結束。法國已獲配給美國軍援經費百分之三十至四十（按軍援經費總額爲六十億）。配備之運交，越南法軍享有最高優先權。

十月十八日（星期三）

聯大政委會通過「強化聯合國計劃案」。其要點：①安理會如無法執行其維持國際和平與安全，而聯大又在閉幕期內，則安理會得在任何七個理事國請求之下於二十四以內召開聯合國大會；②設立一個和平觀察委員會；③聯合國各會員國應在本國軍隊中維持一部軍力，準備爲聯合國服務；④設立一個集體措施委員會；⑤請各國尊重人權，維護經濟與社會福利，以作爲維持和平與安全的手段。

聯合國軍攻入韓共首都平壤。

越南法軍撤出同登，退守諒山。

十月十九日（星期四）

聯大政委會通過：中國、哥倫比亞、捷克、法國、印度、伊拉克、以色列、紐西蘭、瑞典、巴基斯坦、蘇聯、聯合王國、美國、烏拉圭十四國爲和平觀察委員會委員；澳州、比利時、巴西、緬甸、加拿大、埃及、法國、墨西哥、菲律賓、土耳其、聯合王國、美國、委內瑞拉、南斯拉夫十四國爲集體措施委員會委員。

蘇俄重返十三國遠東委員會（按蘇俄代表於今年一月十九日退出該會）。

美國駐伊朗大使與伊朗政府簽訂一項五十萬元之美援協定。此爲美政府第四點計劃的第一次實施。

十月二十日（星期五）

美國前國務卿史汀生逝世。

蘇俄及其東歐附庸國——阿爾巴尼亞、捷克、波蘭、羅馬尼亞、匈牙利及東德在捷京布拉格舉行會議。

十月廿一日（星期六）

聯大政委會通過伊拉克和敍利亞所提要求五強舉行集體的或個別的會談。

越南法軍棄守諒山

北韓共黨政權宣佈新義州爲首都。

蘇俄及其東歐附庸國外長會議結束，發表公報，反德國重整軍備和把德國包括到任何「侵略」計劃中。

十月二十三日（星期一）

聯大政委會開始討論蘇俄所提的「和平計劃」。該計劃要點：由五強締結和平公約，進行裁減軍備，並禁用原子彈。

十月二十四日（星期二）

蔣總統發表聯合國五週年紀念文告。

美國杜魯門總統在聯大發表演說。

十月二十五日（星期三）

臺灣光復五週年紀念蔣總統發表告臺胞書

北大西洋公約國軍事首長會議發表公告，宣佈「對於幾項重要事項，已獲致協議」。

北平廣播電台宣佈，中共已向西藏進攻。

社論

解救越南危局的根本之圖

共產侵略者在韓國恥辱地失敗了，它的魔掌又復指向多事的越南。一個多月以前，越共胡志明開始對法越軍發動空前猛烈的全面攻勢，東溪一役，越共挾其强大的兵力出奇制勝，自是法軍節節敗退，高平、七溪，那岑、同登、太原、諒山等重要軍事據點相繼失陷，紅河以北的險要山地悉爲共軍所控制。勞開、芒街東西兩孤立據點，其棄守只是時間問題，次一戰役就要決定海防、河內的命運了。這情景，宛似一九四八年中共在東北所獲的勝利，今後的越共顯然將在軍事上轉入優勢的主動地位，一變以往游擊戰術而爲攻堅的姿態。

這裏我們得首先指出與越南危局而俱來的全面的意義及其影響。越南問題和過去中韓兩國問題一樣，無論形式上或實質上都不應視爲局部的或一個民族內在的鬥爭，越南一旦淪爲共黨控制，東南亞洲勢必迅卽爲之變色，其結果將構成對自由世界嚴重的威脅。越共爲什麼要在北韓潰敗之際大舉進攻？這是本刊早便一再向世人提出的警告，於今果然言中。這并非偶然的事實，在說明共產侵略的國際性。爲了應付這種有組織有計劃的國際侵略陰謀，民主國家就必須在亞洲採取全面的主動的有力對抗。這是歷史的教訓，但這教訓在一年以前仍爲多數民主國家所漠視。直到中國大陸淪入共黨鐵幕以後，具有領導世界地位的美國才開始在中國領土以外劃下一條抗拒共黨侵略的防線，確立一個較有積極意義的亞洲政策。當韓共突破這條防線發動侵略之時，民主國家迅卽予以無情而有效的制裁。另一方面美國政府與英國同時在今春承認越南保大政府，隨而予以經濟及軍事的援助，是項援助更由於韓戰爆發及越南戰局轉緊而日益加强。這些果決而明快的措施，使我們對自由世界的前途深致欣慰。但是，我們瞻顧越南危局，則又覺得難於樂觀。

越南問題除前述國際共產侵略的根源以外，還存在許多歷史、地理的矛盾與危機，她外與中國的邊境毗連，內有民族主義的煩惱，這兩重不幸的因素，正決定着越南民族今日的悲慘命運。

胡志明及其所領導的越共興起於第二次大戰結束之後，當時共軍不過是一群爲數有限的烏合之衆，法越當局向視之爲不堪一「勦」的匪徒，何竟能於四五年中茁長壯大，使法軍在長期游擊戰中疲於奔命，終至演成燎原之勢。其原因絕不是軍事的而實具有政治與歷史的意義。一個世紀以來亞洲民族深受西方殖民地主義的宰割，有着長期痛苦的經驗與强烈反抗的要求。二次大戰後，印度、緬甸、印尼等均已先後獨立，越南人民身受時代思潮的激盪，更渴求其民族獨立願望的實現，但不幸法國政府在這方面犯了嚴重的錯誤，始而施之以高壓政策，欲以武力壓服，繼則擁立保大虛僞粉飾，至今越南政府的內政外交依然不能自主，因此加深了越南人民對於法國的仇恨。此種强烈的民族意識反轉爲越共所利用，從而助長了他們的力量。

解決越南問題的必要條件是使越南完全獨立，越南總理陳文惠說：「越南所要求者爲完全獨立，只有完全獨立，才能爭取勝利」。這是越南人民的心聲，不容西方國家漠視。

目前越南戰局已經十分險惡，美國積極的軍事援助是否能使十五萬鬥志消沉的法軍扭轉面臨的頹局，實已很成疑問；直接訓練大量越軍，又非短期所能奏效。爲了防止更惡劣情勢的來臨，民主國家現在就應考慮一個有效的對策。我們主張必要時聯合國軍隊可以參與越南作戰。誠然越南情形與韓國不盡相同，但只要越南政府能够眞正成爲一個獨立自主的政府，只要法國在政治上撤出越南；聯合國執行其警察任務，消除該地區內的戰亂，并恢復其和平與秩序。我們想，這不僅爲越南人民所渴望，而且也符合聯合國憲章及其基本精神的。

如果越南政府一旦獲得完全獨立及聯合國有效的支援，則越共的瘋狂攻勢當可遏止了。但是越南所面臨的共產侵略之威脅是否卽已完全解除？答案是否定的。越南邊境與中國唇齒相連，中國大陸一天爲共黨所統治 則越南以及任何與中國爲隣的國家就不可能避免共黨國際侵略的威脅。越共胡志明爲什麼會在中共竊據大陸一年內聲勢坐大，正是一個有力的明證。年來中共與越共勾結，訂定密約，并予越共以武器及訓練的協助，已屬衆所週知之事實。最近很多人在臆測并躭心中共要直接參與越南戰事，這對共產侵略者而言實在無此必要，因爲讓侵略戰爭保持着一種表面的內爭形式，對他們更爲有利。我們如果設想今天大陸中國仍是自由的中國，或是國民政府仍能在大部份地區與中共作主力的對抗，則我們可以保證韓國問題便不會發生，而越南局勢也不致如此嚴重了。所以本刊歷來主張亞洲國家應迅速締結一個太平洋公約或軍事同盟以共禦共產之侵略，在這個公約或同盟之中自由中國自有其重要的地位。

民主國家不惜支付龐大的軍費甚至流血犧牲來挽救亞洲的危局，却竟將造成亞洲戰亂的根源——中國問題置之不顧，誠屬令人費解。華府方面對於代表自由中國的台灣，至今尚存觀望與「中立化」的意圖，一味是「船到橋頭自然直」（杜魯門總統答記者語）的作風。這實在是美國遠東政策中一個可怕的漏洞，這漏洞不補好，則所謂「太平洋主義」及一切在亞洲抵制共產侵略的努力，都將被證明只是暫時的揚湯止沸。不用釜底抽薪的辦法去救火，火是救不完的！

民主國家在抗拒共產侵略的不斷失敗與嘗試之餘，似已逐漸發現一項眞理：那便是「和平之不可分割」。我們不能相信當亞洲民族自由被剝奪的時候世界會有和平。同理，中國大陸一天爲共黨所控制，亞洲就不能享有和平。解救越南及亞洲危局的根本之圖，只有全力支援自由中國，摧毀中共加諸中國人民的極權統治。

時事述評

悼念史汀生先生

從同一天的報紙上我們看到本月二十日的兩個國外電訊：（一）在國際行爲軌範中首倡「不承認主義」的美國前國務卿史汀生先生死了；（二）英國代表蘇斯基斯在聯大政委會討論聯合國承認會員國政府代表權的原則時，說道：「該受承認的政府應控制該國全部或幾乎全部的領土，并獲得人民服從」，他并且指出：這個有效控制原則的應用，并不含有承認該政府政策的意思，只是「承認事實」而已。

這兩件事恰巧在一天發生，更增加我們的悵惘。我們悼念史汀生先生，我們更爲國際道義的趨於墮落而哀悼史汀生先生的精神。

史汀生先生於一九三二年一月爲「九一八」事件，向中日兩國提出照會，聲明不承認在强力壓迫下所獲得的任何讓步或權益。這個聲明，不久就形成國際政治和國際法中的一個術語「不承認主義」或「史汀生主義」。我們想：如果當時英國的當政者，不是像西門那樣的沒有理想只顧現實者流，而由英美堅强合作，以實力爲後盾，把「史汀生主義」發揚光大起來，也許當時星星之火可以撲滅，不致鬧出第二次世界大戰來；然而一九三七－四五年的人類浩刼，終由有權力的但是短視的國際政治家種下了禍根。現在，歷史的錯誤已擺在眼前，而竟不能發生點教訓的作用！今日在英國政府當中，還是當時西門的那一套；無原則、無理想，只知承認現實而已。蘇斯基斯說：承認中共政權，是個「睿智行爲」，承認事實并不含有承認其政策的意思，這又何異於說：我不承認某甲可以殺人刼貨，但他既已殺人刼貨，我將予以承認，這是「睿智行爲」。

蘇俄以毛澤東爲工具，以武力佔據中國大陸，其手法雖不同於當時日本軍閥在中國東北之所爲，但前者的目的較後者的更不應容於天地之間。如果說，承認毛澤東政權也就是承認一個普通內戰後的新興政權，這是撒天下之大謊，犯天下之大罪，更鑄成天下之大錯；「睿智」云乎哉？「睿智」一詞，應銓釋爲「撒大謊」、「犯大罪」、「鑄大錯」！

史汀生先生是死了，史汀生先生是美國人，他的精神是美國人的歷史光榮，這個歷史光榮，美國政治家該知道如何珍惜，如何光大吧！我們中華民族正在水深火熱中爲國際正義作殊死鬥，爲人類文明作殊死門，我們謹以心香一瓣，隔海遙奠，史汀生先生！來格來歆！（平）

華萊士先生還未完全覺醒

美國前任副總統華萊士先生，原爲親蘇人物，羅斯福總統時代的外交政策，尤其是關於遠東方面，多少受了他的影響。可是華萊士先生究竟是一位忠於自由民主而迷途知返的人，當國際共產主義者發動韓國侵略的當兒，他翻然悔悟，毅然脫離他所親手創造的固執親蘇政策的進步黨，轉過來擁護美國政府所領導的聯合國對韓政策。一個有理性的人，縱然受一時的迷惑，但不會永久與那般反人性的傢伙結成友伴的。華萊士先生是覺醒了。

可是，華萊士的覺醒，到現在還只是一半。

據本月二十三日香港工商日報訊，華萊士最近給毛澤東寫了一信，文長萬餘言，正由香港美國新聞處翻譯中文，不日即可寄往北平并由該處發表。據說，該函內容，是華萊士就其親蘇經驗勸告毛澤東勿循其舊軌，勿信賴蘇俄有何道義；并且說：「新中國若不熱中於蘇俄之瘋狂征服世界運動，則共黨中國與美國成立諒解，此爲適當之時機」云云。

現在，我們雖未讀到華萊士這篇信的全文，但僅就上面這個簡略的報道，已有足够的理由說說我們的感想了：

華萊士寫這篇信的動機，我們不得不承認他眞是苦心孤詣。我們更相信華氏以「一個農人對一個農人」之資格，說出話來，一定是富有人情味而娓娓動人的。可是我們所躭心的，能够說得動一般人的文字，不見得能够說得動一個普通的共產主義者，何況是毛澤東！

我們再退一萬步講：毛澤東還有點人性，他在唸完華氏的信以後，從內心深處激動起來，自悔、自譴、乃至提起脚步，準備來一個一百八十度或九十度的轉變，如果眞的如此的話，毛澤東的命運只有兩途：不是被殺，就是自殺。此外還能有甚麼作爲？

「華萊士先生！」我們必須要在你半酣的睡榻前，大聲呼喚：「醒過來吧！今天統治中國大陸的不是毛澤東，而是你已經看清了眞面目的那位史達林」！（平）

迷途應知返矣

現實永遠追不上理想，而富於理想者則往往是不滿現狀。由於青年人最富於理想，所以表現於青年心理上的特徵，是不滿現狀，並思進而打破現狀，改造現狀。否則，那就不成其爲青年了。

過去一個時代來的中國青年在「改造現狀」一方面曾作過種種犧牲和努力，然而不幸礎上了這樣一個乖張的時代，他們三十年來爲了「改造現狀」所作一切犧牲和努力的成果，却被國際共產黨這獠牙的巨獸一口吞下了。「無產階級的天國」是一幅多麼誘惑的漂亮圖面！三十年來共產黨的祭司們就到處高張這一幅富於誘惑性的圖面，把千百萬富於理想的純潔青年，一步一步地趕進了墳墓；而另有千百萬純潔的青年則被帶到了絕望的邊沿。我們的這種說法若在兩年以前恐怕很少青年人能够相信，然而在洪水淹沒了大陸以後，到處血跡斑斑的今天，就證明我們的這說法信而有徵了。

不過青年人的心地總是純潔的，善良的，青年本來無罪，他們的一切破壞行爲即使已經構成了罪惡，這種罪惡的行爲都是政治的神學家們所導演出來的。因此我們向來主張：對共產黨的若干元凶巨魁絲毫不能寬恕；而所有脅從和一些被騙而參加共黨組織及其外圍團體的青年，只要能够翻然覺悟，就「既往不咎」。數月前政府曾經頒佈了一條寬容的法令：要求所有受共黨欺騙而參加其組織或外圍團體的份子自首自新，最近台灣省政府又將上述的法令延長一月，以爲最後期限。我們十分同意政府的這一措施。這裡我們懇切地向潛伏各地會參加共黨組織或其外圍團體者進一忠言：是時候了，迷途應知返矣（萬）

史達林怎樣攫取中國的大陸國土？

介紹胡適之先生的一篇關於現代史實的著作

毛子水

歷史的知識，是構成人類文化重要的質素。一個民族有較準確的歷史知識，這個民族的文化便較高。

反過來說，文化水準愈高的民族，一定會尋求準確性較大的歷史。求眞和求善是有同樣的動機，求眞和求美亦是有同樣的動機的。

新近胡適之先生寫了「史達林併吞世界策略下的中國」一文（原文係用英文寫的，載在本年十月份美國出版的Foreign Affairs雜誌。十月十九，二十，二十一三天臺北中央日報會譯載全文），一方面反映出著者公正和誠實的性格，一方面反映出我們民族的文化水準。

這是一段慘痛的歷史，但是一段眞實的歷史。我們雖然有不忍卒讀的心情，但我們又不能不仔仔細細的一讀。著者是在史達林策略的失敗，轉變，和勝利，是在寫史達林陰謀詭計的表演。這篇文字，非特國民黨人讀了可以得前車之鑑，就是共產黨人讀了亦可以知道蘇俄的狡詐而作速回頭。至對於普通一般人，則在史學上這是火候純青的珍品，在教育上這亦是頭一等有用的文章。我們恐怕有許多人還沒有機會得讀，所以略述原文的大意，並摘譯數段，使大家得窺一斑。間有穿插，眞所謂「佛頭着糞」。

原文分六章。第一章開宗明義，指出蘇俄所用以蠶食東歐各國的方法，正和用於亞洲的一樣。第一，共產黨必須全副武裝：牠必須自己有一個强有力的軍隊。第二，蘇俄須先成爲全世界最强的國家，然後用絕對的軍事優勢來征服毗連和隣近的國家。第三，爲避免用明顯的暴力、需要和所有的「民主」以及「反法西斯」成立「聯合政府」。最後——並且最上——是欺詐的策略：列寧說得很好，「我們必須準備應用奸詐，欺騙，違反法律，壓抑和隱藏眞理等等的手段」。

著者又用歷史的方法，證明史達林的策略是和馬克斯——列寧——史達林的經濟理論毫沒有關係的。整個的策略，是一點不多一點不少的明目張膽的武力主義，有時輔以各種方式的巧詐和欺騙。「這樣的一個策略，在一個和平世界以及正常的國際情勢裏是決不會成功的。牠的成功，專靠着那「客觀條件」——空前的世界大戰。這個條件，是這個策略的作者用盡種種方法以使牠長久存在的」。

原文第二章記述共產黨怎樣滲入中國政府的軍隊，蘇俄怎樣處心積慮要在中國建立紅軍，並要在中國掀起「帝國主義者」戰爭。

中國共產黨，半由計劃，半由特殊的歷史環境，差不多在成立的初期自己即有一支可驚駭的軍隊。「中國共產黨這個特點，是牠的力量最重要的來源。這個力量，經世界共產主義的巧妙策略家史達林的培養的扶植，在二十五年中間，使牠成爲征服中國和宰制整個亞洲的最有力的工具」。

著者記述孫中山先生允許國共合作的事情，似不能沒有微辭。這是實事求是的精神所應當如此的。共產黨專善於利用偉大人物的忠厚心腸以推行他們的奸計。這裏，我們正可以把著者在第五章末尾所下的一句話先抄下來作批評：「在一個偉大人物恢弘的理想上玩弄詐謀的人，歷史決不會寬恕的」。

當孫中山先生容許共產黨員加入國民黨作黨員時，「成立於一九二一年的中國共產黨已經隸屬於共產國際了。國共合作的三年中間（一九二四——一九二七），共產國際竭力利用這個非常的機會，在世界上一個最要緊的戰略地區——中國——裏，大量嘗試牠的世界革命的策略」。

「無疑的，所有國共合作期間，共產國際在中國的冒險行動，是由史達林所指揮的」。

共產黨滲進國民黨以後，蘇俄處處想挑撥中國和其他强國中間的感情，以冀造成世界的混亂。關於這點，著者旁搜遠紹，盡鈎稽的能事。

一九二七年一月四日，國民革命軍用武力收回漢口英租界。一九二七年三月二十四日，國民革命軍在打敗北方軍隊以後，進入南京，很野蠻的襲擊城中的外人，侵入外人的住宅和領事館，殺死幾個外國居民，內有金陵大學的副校長。這些事情，都不像理性的中國政治家和軍人所應出的。著者從許多根據，斷爲這是史達林策略的一節，可以使我們的疑惑渙然冰釋。

「拉拖立忒（Latourette）教授說：『這個（南京）事件，這樣的引起外人的憤怒，就是有一個時期，廣泛的干涉似乎馬上便會發生的。』」

「當南京事情發生的那一天，我正從紐約赴支加哥。我可以感覺到，這個一向對國民革命軍具有同情的美國民意，一夜之間，便成爲相反的意見了。但是差不多一個月後，我才體會到這個「廣泛的（外人）干涉」的幾乎發生。我到了東京，一個日本外交部的朋友帶我遊覽。適逢東京每日新聞在牠新建的房中舉行「現代新聞事業展覽」。我的日本朋友對我說：「胡適博士，我正要你看一小房子」。這個小房子的三面牆壁俱貼滿了當時從南京和上海拍致東京每日新聞公事房的原電報文，都是關於南京日領事館的被搶掠，日皇相片的被污辱和日本領事館衛隊長因接奉不准抵抗的命令而要切腹等等的事情。一九二七年三月二十四日那一天，共計有四百多個急電。我的朋友說：「你現在當還可覺到，在那可怕的一天，日本擧國是怎樣的情況」。他於是告訴我列强對干涉問題會擧行過嚴重的會議，而據他所知，日本是當時反對干涉者之一。

「照我們現在回想起來，南京事件似乎是一串有計劃的排外運動的最後一節，是要招致列强出於武力干涉因而發生一個「帝國主義者的戰爭」的。這個戰爭，我們須記到，是史達林和第三國際所認爲革命勝利所必要的客觀條件。當時在南京肇事軍隊的司令官是程潛，目下在中共政府裏邊。而美國政府當時所認爲這個事件負全責的人，是林祖涵，乃這個軍隊中政治指導委員會的主任，現在是共產黨最顯著的領袖之一」。

著者以爲當時中國排外事件是受了史達林和共黨國際「客觀條件」理論的影響。這自然很對。但據我們的觀察，蘇俄要控制一個國家，便要叫這個國家和其他國家多多少少斷絕關係。當時蘇俄所以慫恿中國採取排外的行動，這一層可能亦是有力的理由。試看一直到現在，中共和英國還沒有正常的邦交。這多半亦有蘇俄的影響。非特英國，就是美國要承認中共，可能在三年五年以內不能和中共樹立正常的邦交的。這沒有別的理由；只因爲蘇俄不願意中共和其他自由獨立的强國發生關係。

原文的第三章，是記述中國紅軍的開始建立直至牠退出瑞金止。中國紅軍的建立，是由於克里姆林宮的命令。當寧漢分裂的時候，「克里姆林宮給了一個密令給在漢口的鮑羅廷，叫他命令中共要求國民黨的多數控制權，沒收地主的土地，建設獨立的工農軍。鮑羅廷不想提出這些要求，結果由共產國際的印度代表羅易（Roy）通知汪精衛。就是左翼的國民黨，也不能忍受這樣彰明較著的違反合作條件了。於是鮑羅廷和其他俄籍顧問被逐出黨，離開中國；而漢口政府亦遂併入南京的國民政府。」

誠如著者所云，「中國工農紅軍的組織，是受命於克里姆林宮的，所以亦卽是史達林策略的一部分：這個事實，是極値得注意的。」從中國共產黨執行克里姆林宮的命令以後，中華國土便有直接受蘇聯指揮的軍隊了。

一九二七年年底，第一個「蘇維埃」成立於湖南茶陵。一九三一年十二月，「中華蘇維埃共和國中央蘇維埃政府」成立於江西瑞金。從這個時候起，中華民國的國土內便已有受克里姆林宮控制的政府了。

非特在積極方面中共是受莫斯科命令的，就是在消極方面中共亦是受史達林的指示的。著者敘述中共退出瑞金後說道：「到了後來，中國共產黨徒能够自由和黨外的朋友談話時，一個可靠的報告說：共產黨首領把長征的成功歸於史達林所敎的『退却的策略』。」

原文第四章記述共軍退至延安及一九三六年張學良在西安叛變的事情。著者推論西安叛變的事情，以爲當時蔣委員長所以能够安然出險，南京元老的決策以及中央軍隊的包圍西安固然是原因，但主要的原因則爲史達林的命令。戴林（Dallin）君以爲克里姆林宮所以要保護蔣委員長，完全欲得蔣氏的力量以抵抗日本。著者則以爲除此以外，「史達林顧慮中國紅軍的將來，對於他當時的計謀可能有很大的影響。」

「蔣委員長在中國人民眞正的歡欣中飛返南京。他在西安，並沒有簽訂任何條約。但這個淸淨敎徒又被史達林策略中最精彩的一節所籠絡了——可能是他生平的第一次。至史達林一向所做的事，以這一件爲最近於政治家的風度。蔣委員長覺得他可以把中國共產黨當作抗日的伙伴。剿共的戰事從此中輟。紅軍遂得以保全」。

至於蔣總統在這個事變中所表現的人格，著者寫得極爲切實。「蔣委員長完全知道他的赴西安是身入險地。……那他爲什麼去呢？我們的答案當然是猜的。蔣公是中年才翻然覺悟而皈依淸淨敎的人：世人要了解他，須知道這點。他當時或許想用信義的表示把這個任性的「小兄弟」張學良感化過來。他非特不帶軍隊赴西安，並且在西安召開軍事會議。因此，十二月十二日的早晨，蔣公被刼持，國民政府裏面著名的將軍——除何應欽顧祝同外——均被拘留」。

原文第五章記述紅軍於一九三七年九月加入國軍對日作戰以後逐年增長，以及抗戰勝利後得蘇俄的幫助遂能佔據整個大陸國土的事實。

共軍在一九三七年九月只有二萬五千人；到了一九四五年四月，已有正規軍九十一萬人。「所以在抗日八年期間，共軍非特沒有重大損失，並且增加到三十六倍有奇。如果我們照民衆武力估計，可以說增加到八十九倍。」讀者看這些數目字，便可以知道共軍「抗日」的實情了。

蘇俄於知道日本要投降以後，遂進軍東北，並且幫助中共在那裏鞏固地盤。這當然藉口於雅爾達密約的。

「由於這些極浮泛的條文，東北和全中國以及韓國（雖然這裏沒有提到），甚至可能整個亞洲大陸的命運，便被注定了。」「這整個是一套欺騙的策略」「史達林是在深思熟慮的來欺騙並且詭詐羅斯福，我以爲是毫無疑問的。」「在一個偉大人物恢弘的理想上玩弄詐謀的人，歷史決不會寬恕的。」

原文第六章爲短短的結論。但亦有可以補足前文的地方：「差不多等到二十五年，紅軍才有充足的力量來佔據大陸中國。這個紅軍，屢次爲中央軍打敗，幾至於完全消滅。如果中間不插入歷史上空前的戰爭，則史達林和共產國際或許不會在中國成功。」這幾句話很重要。世間無論好事或壞事，恐怕都是由許多原因會集而生成的。

對於國家和民族最有用的歷史，是眞實的歷史。胡先生這篇文章，就是這種的歷史。

民族主義與國家主義

羅鴻詔

一

十九世紀之政治思潮無出民族主義之右者。其實民族之形成非一朝一夕之故，則潛存的民族主義實爲夙昔所固有，惟未經思想家的鼓吹，不成其爲有力的政治運動罷了。民族主義已爲政治運動所標榜，則必與國家有關，故民族主義往往與國家主義相混同。此中實含有四個問題：即是民族是甚麼？民族主義又是甚麼？國家是甚麼？國家主義又是甚麼？其間有同有異，尤須仔細認清。我們現在由民族說起，漸次論到其他問題，並不將四個問題截然分開，而要其歸當可各得其所。

民族是甚麼？平常以爲民族與種族相關至密，如中國人大多數自認爲黃帝子孫，即是自認爲同一的種族。依據科學的立場分析起來，今日的民族都不是由於單一種族而成，乃是集合多數種族而成功的。但是種族亦並非毫無關係。印度婆羅門教的階級所以有那樣截然的區別，說者謂由於亞里安人與土著人距離太遠之故。今日美國的黑人雖受法律平等的待遇，但要說他們和白人是同一民族，恐怕兩方都覺得有些勉强。故要使各份子自認爲同一民族，則其種族亦必本相接近而不易截然分開而後可。如果比較接近的幾種民族，在同一政權之下，受共同文化的薰陶，自易於融合而爲一。

其次民族之形成由於語言、宗教、習俗等等之相同。總括一句話說，由於共通的文化。縱使種族相同或相近，而文化完全不同也不能說是同族。中庸以「今天下車同軌，書同文，行同倫」爲言，車雖是物質文明，也和社會制度（禮）有關，玆不具論。書同文的「文」大概是指文字而言，但文學亦可包含於其中。行同倫即是行爲有共同的標準，大家都據此以評判某一行爲之是非善惡。這兩點最關緊要，如果書不同文，行不同倫，則絕沒有「自己人」的感想，而必以之爲「非我族類，其心必異」了。

語言因山川之間隔幾於百里不相同，只賴文字的幫助然後可舍小異以趨大同，所以說，「言之無文，行而不遠」。有共同的文字而後有共同的典籍，有共同的典籍，而後可以施行共同的教育。故秦始皇初并天下，最先即推行秦國的文字，而將列國文字之不與秦文合者罷之。受教育者皆讀同一文字的典籍，則其思想雖不能盡同，亦必相近似。且這批有教育的「士」到處都是社會的領袖，其行爲均可影響他人，則由書同文而可達到行同倫了。中國自秦漢以後歷朝均以同文爲施政之要，故民族逐漸凝成，而且日益拓展其疆域。中古時代西歐各國皆讀拉丁文的書籍，故各民族雖有許多各自的特異性，而並無顯著的自覺。近代的國語運動以法國爲首倡，英、意、德諸國繼之，至十九世紀形成幾十種文字，而西歐乃分崩離析而不可復合。

文學雖爲藝術之一，然與音樂，繪畫，雕刻等等不同，就其技術而論，則關乎文字，就其內容而言則關乎生活。要懂某民族的文學，除文字外，必須深悉其生活而後可。西方向來爲藝術而藝術的主張，故美與善平列而無軒輕；中國則以美置於善之下（眞亦在善之下）。故中國文學之感人最深，價值甚高者，均與作者之人格固結而不分，詩家所謂「格調」即是品格情調之流露，而各類文學無不以自占身分爲主要，我們若能記住美在善之下，則這些說法都很可以理解了。文學的內容不離生活，而生活即行爲，文學的目的雖在求美，而究不能離乎善，所謂善只是行爲之標準而已。講到這裡，便要講明行同倫了。

同一的行動而各民族評判往往不同，此之所是或彼之所非，此所謂善或爲彼所謂惡，這是甚麼緣故呢？——只是其評判行爲所據的道德標準各不相同罷了。此標準即中國所謂禮，輓近西方倫理學家謂之爲社會制度(Social institution)。孔子謂「殷因於夏禮，所損益可知也；周因於殷禮，所損益可知也；其或繼周者雖百世可知也。」社會制度是人與人的關係之約束，其間因革損益雖由於環境之變遷，然亦不能滅卻歷史綫索。社會環境不能止於橫斷面，故必考其歷史而後可探本窮原，獲得充分的理解。各民族所以行不同倫因其社會制度之相異，而此所以相異乃因各自有其獨特的歷史，黑格爾以文化史對抗自然法自有其獨到的見地，孔子預測將來謂百世可知，也確有其理論的根據。

馬克斯的唯物史觀則舍民族而標階級，謂道德標準因階級而不同，有產階級和無產階級之是非善惡乃是互相顚倒的。可是在一民族內，各階級之共同標準儼然存在，其中各分子無不執此以評判他人之行動，如在百年前的中國，則三綱，忠孝便是一切人的行爲標準，並不因士農工商而別，亦不因貧富而異。那麼民族之道德標準與階級之道德標準，其同異之程度如何乃成問題。如果甲族的無產階級所持的標準與乙族的無產階級所持者迥異，而與甲族的有產階級所持者反較爲接近，則以何方爲敵爲友，亦在未定之天。階級不固定，民族有恆常，以貧富而區別的階級是很容易轉變的，以經濟的階級論道德標準者，唯依據利害才說得通，不像民族道德標準之有歷史可憑。史大林雖自信依據馬克斯，其實則自造一標準以判定行爲之善惡，甚至欲切斷歷史和過去絕緣。蘇俄卅年來的實驗乃復歸於俄國的歷史，步沙皇的後塵，此一大諷刺即顯示歷史之不能切斷，民族的彝倫(Sittlichkeit)不能完全消滅而已。

民族性卽指其共同的道德標準而言，卽是行同倫。比方說日本的民族性是好勇鬥狠的，卽因其崇尙勇的行爲，以鬥爭的勝利爲最有價値，故相習成風。若非其民族之共同標準，則雖有少數好鬥者亦不致成爲風氣，不成其爲民族性。又如中國從來不以成敗論英雄，只要盡忠盡孝便是有價値的行爲，成功與失敗則委天任命，換句話說，成敗是自然的和社會環境所致，非一人之力所能爲，故不應據此以判定其行爲之善惡。如此的崇尙大多出自政治上有力者的意志，若爲時甚暫，則沒有多大力量，然若歷時久長，則深入於人心而牢不可破，其力量亦甚大。故民族性實淵源於其歷史。

總之一個民族以其歷史的積累而有共同的精神財產，各分子皆於其中取得自己的一份，雖淺深廣狹萬有不齊，但都是由其總財產中取得的。所謂創造大都是繼往而來，眞不媿爲獨創的部分是僅少的，卽此僅少的部分亦是推陳而出新，並不是完全與過去絕緣。孔子自稱「述而不作」，有人却謂他「以述爲作」，究竟他的一部分是述，那一部分是作，在今日固然很難辨別，然若不斤斤於考據，而只言其大略，則可以說他是有述也有作，而且他的述作早已爲漢族的精神財產，且已推行於東亞各國了。蓋創作一經認定，爲社會所採用，就變爲民族的精神財產，任後人「學焉而得其性之所近」了。民族之所以爲民族卽在有此精神財產，無此則決不成其爲民族。此財產之存貯則在口頭的傳說，書籍的記載，社會的制度，國家的典章，及其他文物（如繪畫，建築器物等等）。摹仿外族的文化所以困難也就因爲無往可繼，故往往事倍而功半。尤其評判行爲的道德標準，其由歷史累積而成者，族中各分子皆已熟悉，故一說卽明；若摹仿外族者，則雖舌敝唇焦而聽者尙覺茫然，怎能够據之以行動呢？（中共以搞通思想爲第一要義，其故在此。）

二

民族已以文化爲主要，有共同的文化然後謂爲同一民族，文化是歷史傳來的，故民族一經形成，必須保全其文化，而且謀其發揚光大。民族也是一個體，個人必有自尊心，民族亦必自尊其文化。「吾聞夏變夷者，未聞變於夷者也」，「孔子之作春秋也，諸侯用夷禮則夷之，進於中國則中國之」，中國的夷夏之分全憑文化，蓋當時的各種族的膚色體格並無顯著區別，儘可一視同仁，惟以文野之不同，乃不能不內諸夏而外夷狄。因爲「春秋」的態度如此，故中國歷來對於外族，消極方面則欲保全自己的文化使不受摧殘，積極方面欲使外族向化而至於歸化，若能歸化，也就一視同仁，不再以異族目之了。但要保全自己的文化而不受外族之侵凌，則非組織國家不爲功。民族主義不外是建立民族的國家(National State)。民族是一種客觀的事實，要建立獨自的國家才成爲主義，故有人說民族主義着重在國家，且看十九世紀的民族運動，其目標所指無不以建立國家爲歸宿者。但是國家與民族並不相同。一民族不一定成立一個國家，如南美諸國大半都是西班牙民族，但分成十幾個國家。他方一個國家也不止一個民族，其由武力兼併者固多，自願依附者亦復不少。如蘇俄與大英帝國之中都含有百種以上的民族，蘇俄分爲十餘邦，大英帝國亦分爲十幾國，而一邦一國之中也不止包含一個民族。國家本無一定的疆土，而民族則有自然的界綫，故滅人之國儘可會不崇朝，而同化他族必經多年浸漬。民族的根本在文化之共同，而國家的基礎却在武力的統治。平常以土地，人民，主權三者爲國家的要素，其實仍重在主權……統治權。統治必有强制的成分，而强制要其貫徹必以武力爲後盾。民族之形成雖與政治有關，然其塗徑由於教化的獎勸，故其形成是緩慢的，而一經成立以後亦不容易消滅。國家的基礎在武力，武力的鬥爭勝敗無常，其失敗之最甚者卽爲亡國，故歷史上國家的興亡是很頻繁的。

對於國家的評價歷來有極端相反的兩面，自然也有站在中間的。基督教早期的教父們以爲「國家是不得已的不幸，罪惡使國家成爲必要」。奥古斯丁則謂國家是因人類墮落而生的產物，他極力描寫「神之國」（天國），卽是輕視地上的國家。但是較後的基督教理論家則有相對承認國家的，照他們講，國家雖然是惡魔的作品，然亦可以治愈罪惡。故國家如不服從敎會，則純粹是惡的；然若能服從教會，則有相對的權利。

康德以爲國家施設的問題，不論它是如何困難的問題，對於民族，也是爲惡魔所能解決的，只要惡魔有理性的話」。早年的費希特也說：「故國家趨向於揚棄自己，何則國家之終局目標是道德，而道德乃揚棄國家」。

這些理論都是輕視國家的，其中心是罪惡的問題。如果事實上滿街都是聖人，個個人所作所爲只有善而無惡，那還要人來管理做什麼？只因社會上還有惡人，有惡的行動，若不加以糾正，則社會秩序不能維持，群居生活必被破壞，故非有統治者去做管理的工夫不可。惟其有罪惡，所以需要政治，需要國家；那麼治者與被治者之分，應該以有道德與無道德爲準則，換句話說，治人者應該是有道德者（賢者），治於人者則應是沒有道德者（不肖者）了。中國古代的君子和小人本來是統治者和彼統治者的意思，到後來儒家的手中，一轉而爲有道德者與無道德者，便是這個理由。如果統治者都是賢能，而被統治者都是不肖，理論與實際翕合而無間的話，則國家正可以其權力教導民衆，使他們向上而爲善，故歷來對國家施以好評者正復不少。

柏拉圖的「共和國」雖描寫理想，並非說明實際的國家，但是他以國家爲共通的關係點，所有人的價値，不論是那一種，都和國家生活有關，確屬獨具隻眼。

亞里士多德以爲人與人的結合在國家中發見其共同的運命，「人是政治的動物」是他的名言。要實現個人之道德的完成必以國家爲條件，孤獨的個人決不能完成其道德的人格。群居是人的天性所固有，有了國家的權力纔能指明目標，而不斷地引導個人意志前進。

至黑格爾乃有國家至上論，其理論雖由希臘而來，然已超過太遠了。他以爲「眞的理念（Idee），現實的理性，當作國家而生存」，故「國家是道德的理念之實現」。要理解國家不應由自然出發，應由精神經由歷史的現實而進展的過程去理解之，「精神遠立於自然之上位，同樣國家亦遠立於自然生活之上位」。他稱讚國家之現實的客觀性，因爲在其生命及內面性中國家自己就是善的，而個個人之主觀的願望，意見等等不列於考慮之內，主觀的感情個人的確信，由全體的觀點看來，是不足取的。卽良心亦不免爲道德之主觀性，決定的要素是客觀的意志，這不以關係者之明瞭的同意爲必要。因爲這客觀的意志「在它自己的概念上是理性的，是否爲個個人所認知，是否爲那些人所欲求，是沒有關係的」。他以此思想來反駁契約說。但他之讚美國家並不是讚美其一切經驗的狀態，大槪以爲國家是現實存在的理性精神之一片吧。

三

上面對國家種種不同的評價中，已可窺見國家之性質，現在再從其對內與對外兩方面來作進一步的分析。

由國家之對內方面言之，中國歷來談政治者都說要使民畏威而懷德，威卽是武力，德卽是仁義。既有威而又有德，則統治無不成功者，力有餘而德不足，其統治還不易穩固，力雖弱而有德，尙可以守成。儒家論政治欲將力的成分除開，孟子謂「以力假仁者霸……以德行仁者王」。其實尙有政府以管理其人民，則必有强制的成分，而强制則必賴武力，若完全不要力，則政府亦必廢而不用了。但是僅僅武力並不足以維持良好的秩序，人與人的結合必以愛爲根苗，而後社會乃能永久融洽而爲一體。儒家所謂仁政只是愛民，故「視民如傷」，要使匹夫匹婦無不被其澤，不論王霸均必須行仁。若只恃力而不行仁，則其力便爲暴力，其政必爲暴政，雖能煊赫於一時，斷難維持於永久。恩格斯以爲國家是統治階級壓迫被統治階級的工具，只是就物質利益而言。統治階級大權在握，必先謀其本身的利益而後及於其他，其甚者則剝奪人民的生活必須品以供其無度的揮霍。然而此壓迫亦有其限度。如果「庖有肥肉，廐有肥馬，民有飢色，野有餓莩」，則人民將不堪其壓迫，群起革命，以推翻其統治（周易所謂「湯武革命」的革命只指推翻政府當局而言）。孟子主張行仁政，卽是反對這種壓迫，而强調藏富於民。中共公然否認仁政，專謀其一黨的利益，實施最嚴厲的壓迫，而驅千萬人民於餓死之途，只是自承其爲暴政虐政罷了。

至於義卽是行爲標準，据之以判定是非善惡者。國家當局必須制定一套行爲標準，且以慶賞刑罰爲工具，而勸民爲善，禁民爲非。所謂「行而宜之之謂義，義者事之宜」，只是合乎標準的意思，乃是義之形式的解釋，不論何種社會，何種國家，均必有其特定的標準，卽有其所謂義。然若論到標準是甚麼，論到義之內容，則因時代因地方而不同，未免千差萬別了。

此行爲標準（規範）又有兩方面。一方，所認爲善的或對的，則國家當局必施以教化，使人民知所趨向而勉力以爲善。此雖有威力攙雜於其間，畢竟着重於獎厲鼓舞，並不强人以必從，如道德、學問、藝術等等深刻的造詣，當局雖多方敦勸，希望人人能够獲得眞美善的價値，以發揚其國家的文化，但對於無所造詣者亦不加以刑罰。他方對於惡的或不對的行爲，則必「勢以臨之，刑以禁之」，務使痛絕根株而後止。强制力之所以認爲正當根本因爲有罪惡，已如上述，而罪惡只是不合乎或反乎行爲標準而已。但是國家當局所認定的是非（行爲標準）便是眞是非嗎？歷史的答案往往是否定的。如果當局所認定的是非並不是眞是非，而又恃其威力而强人以必從，則其行爲便是罪惡了。普通的民衆有罪惡，需要國家當局禁止之，處罰之。國家當局有罪惡，誰能禁止而處罰之呢？革命所以認爲正當便是因爲國家當局的罪惡。那麼所謂眞是非憑藉甚麼來決定呢？我們還是根據歷史，聽從多數，以爲一個時期的標準吧。一方要尋求歷史上的由來，他方要聽多數人的意見，凡歷史所確定，現存的多數人所贊同者，便可據之以爲標準，而强制少數人的服從。

由國家之對外方面言之，實以力量爲主要，尤以武力爲其代表。從來國與國間雖亦有文化的交流，但談到國家必論强弱，說者謂國家是鬪爭的機器，就國際關係而言，實合於事實的眞相。如果國力微弱，則雖有高度的文化，仍要受他國的壓迫侵略，結果其文化亦必日卽於萎縮。故在列國對立之際，必然是「捐禮讓而貴戰爭，棄仁義而用詐譎」，必然是「力攻爭强，勝者爲右」。其戰敗者必爲魚肉，任戰勝者的宰割；若强弱懸殊，不待交綏而勝敗可以逆料，則在外交壇坫上便要着着吃虧了。近代的西歐，宗敎力量日趨衰微，人們都不憧憬天國，而着眼現實。故在國內則想做統治階級，以發揮權力意志，奪取物質利益，對國外的爭權奪利尤爲露骨的主張，切實的執行，於是鬥爭便成爲行動的原理，大家都唯力是尙了。

事實上國家是最自私自利的，一個人確有犧牲自已以救助他人者，社會上亦讚美其行動之偉大。但團體則有些不同。如銀行、教會、大學等等，自行解散以救助其他團體者，事實上幾乎沒有，有之亦必由於外力（如國家當局）的壓迫。故團體較個人更自私自利，而團體越大則其自私自利亦愈甚。國家是今日世界上最大的團體，故其自私自利的程度亦爲最高。如果一個國家當局自願滅亡以救助他國，則該國的民衆必同聲咒駡，憤恨無已，旁觀的第三者亦必報以譏笑，卽被救助的當事國也怕覺得奇怪吧。

四

國家的本質已經明瞭，則國家主義也不難理解了，盧梭只愛國家而不愛世界，黑格爾更以國家爲至上，據之以衡量一切。其實他倆的國家都是民族的國家，惟有同一民族才有倫理的感念，才有共同的文化史，若民族不同，則雖在一個國家中，也不會有這些事物。但是實際的國家與民族不同已如上述，故國家一成爲主義，乃與民族主義有別。近代西歐的國家多由民族而成，故國家主義仍以發揚文化爲其任務，自誇其文化以鼓勵其人民上達之心，設立種種教育及研究的機構，以期文化之提高與普及。但是對於國內的少數民族則往往運用強制力以使其歸化。我們以爲民族是文化的，故文化亦應該是民族的。國家主義的本質本來不以文化爲主要，故我們要向其他方面去尋求。

那麼，文化以外還有甚麼？——只有權與利兩途罷了。就權而論，國家主義以爲國家的主權是至高無上的，再沒有站在國家之上而命令它的權力。國家本有強制力，可強迫其人民服從命令，實爲發揮權力意志的機構。然若還有更高級的機構可以命令它，則其權力意志必然大打折扣，故必以其主權爲絕對的。就利而論，國家是最自私自利的，故國家主義亦必以國家的利益爲依歸，而其個個國民的利益乃居於次要。至於其他國家的利益，則不特不予尊重，而且可以任意掠奪搾取。國家既要爭權，又要奪利，只有力的競賽罷了。其強者則思開疆拓土，征服他國，以擴大其權力，而奪取他國的利益，奴役他國的人民；弱國只有依附大國以求存，取其害之輕者而事之；若不強不弱，則謀獨立自主，與他國互不侵犯。由此可知強國的國家主義即是帝國主義。當史大林閉關自守，以建設其一個社會主義的時候，固然是實行國家主義，即第二次大戰後的征服他族，設立許多附庸國家，乃至欲征服全世界，依然不脫其國家主義的本質。世人慣說「狄托主義」，據我看，狄托並沒有特殊的主義，其對內那一套完全是史大林的共產主義，而對外之異於史大林亦不過兩國之強弱不同而已。狄托不是塞而維亞人，南斯拉夫國並不是單純的民族國家，故狄托主義與民族主義無涉，只是一種國家主義。

民族主義的運動之歸宿，必建立獨自的國家，但國家一經建立，往往恃其強力而征服他民族。被征服者喪失其自主的權力，全族人均爲被統治，被壓迫的階級，其物質的利益亦任由被征服者掠奪搾取。在民族國家內，統治階級與被統治階級在權與利上雖亦優劣懸殊，但此二階級並非一成而不變。若受他族統治，則兩階級截然分明，整個民族遭受壓迫，乃有共同運命的感想。權利而外，民族文化的衝突更爲顯著，征服者要以其行爲標準強迫被征服者遵從，若被征服者不顧改變，則必引起激烈的衝突。滿清的薙髮令，由今日觀之，實不算怎麼一回大事，但當時的中國民衆却出全力以抵抗。孔子謂「微管仲，吾其披髮左衽矣」，薙髮與披髮左衽相類，即是文化上的衝突。中國普通的改朝換姓只改變了統治階級，並不變更其文化，故只有前朝的「臣」才要盡忠死節，被統治的「民」依然過着其完糧納稅的生活，誰做皇帝都是一樣（顧亭林所謂亡國）。至於外族入主，則要以其文化及行爲標準來強迫一切人民服從，故匹夫也有抵抗的責任了（顧亭林所謂亡天下）。毛澤東一般人雖是中國人，秧歌王朝表面上只是改朝換姓，只改變了統治階級，但是數以萬計的俄國人君臨其上，自主權力業經失去，經濟利益亦任其搾取，且以俄國的文化與行爲標準來強迫人民信從，短期間要實行一百八十度角的大轉變，這不是外族征服是甚麼？且他們革命的對象便是整個中國的文化，欲將中國歷史重新揑造一部，使下一代的國民無從知道，最後使中國文化全部滅亡，則他們的革命也就大功告成了。故史大林的主義是強國的國家主義，即是帝國主義，而毛澤東則較之劉豫，張邦昌之流更爲猖狂而無恥！

十九世紀是英國獨霸的時代，民族主義固如火如荼，國家主義亦方興未艾，英國人處理國際爭端的原則，以保持本國的利益爲主要，運用巧妙的外交政策，力謀各國之勢力平衡。自第一次世界大戰爆發以後，有識之士已知此路不通，必須改弦易轍，迨戰事結束，威爾遜總統提倡國際聯盟，以謀民族自決，但因美國國會之拒絕參加國聯，致其理想無由實現。第二次世界大戰將終，羅斯福總統倡導聯合國，猶是繼承威爾遜之理想，以謀解決國際之糾紛。其原則是斥武力侵略爲不合法，削弱國家的主權，即在排斥國家主義。如果國家的主權及其利益都是至高無上的話，則只要它認爲有利便可以武力侵略，誰能斥之爲不合法呢？可惜安理會允許強國的否決權，法律上已授人以柄，使史大林仍可貫徹其國家主義而作變相的侵略。其他強國——尤其是英國——依然固執其勢力均衡的策略，不能效忠於聯合國的理想，實在還是國家主義在暗中作怪，舊觀念的勢力不亦大哉！我們以爲要實現聯合國的理想，而謀永久的和平，必須拋棄國家主義的觀念而後可。聯合國已是居於各國之上的機構，有權可以命令各國，則國家的主權決不是至高無上了。各國的利益比起全世界的利益來亦應居於次要的地位。爲甚麼世界上大多數的人們都希望和平而反對戰爭呢？其明白的答案是：戰爭縱使有利於少數人，而對於大多數人是不利的。墨子說過：「雖四、五國而得利焉，猶可謂之非行義也」，這不是明明白白說國家的利益不是至高無上嗎？

國家主義應該拋棄，以實現世界之永久和平，但民族主義却不但不應拋棄，而且應該保持。因爲民族主義着重文化，而文化不應定於一尊。清一色的文化，無所觀摩，其結果必爲單調而阻礙進步。我們可以歷史的事實證明之。地球上大別爲四種文明，中國、印度、回教、以及歐洲。此四種文明都有一個時期會執世界之牛耳者，恐不能武斷其本質之優劣，故不應獨尊一種而拋棄其他。若從中國和歐洲的歷史以觀其演變的陳迹，尤足證明相觀而善之謂摩。漢武帝罷黜百家，獨尊孔氏以後，中國思想界極少傑出的作品。東漢佛教傳來，魏晉人受其影響而趨向老莊，六朝隋唐乃成儒釋道之鼎立，至宋代匯合而成新儒學，放出中國思想獨步世界的異彩。希臘文明崇尚知識，其科學與民主彪炳於一時。至羅馬帝國興起而成爲基督教的天下，以其一神教的排他性故，不但異教必須消滅，而且尼凱亞（Nikeia）會議（西曆三二五年）以後，基督教義的任意解釋亦在嚴厲禁止之列，而歐洲乃有黑暗時代之稱。文藝復興以後，循着希臘的途徑，以科學與民主爲依歸，而開出光明燦爛的近代歷史。二十世紀交通工具發達，文化的交流特別容易，正是四種文明匯合而更進一步的絕好時機。若停止武力的鬥爭，而爲合法的競賽，則遠超往古的文明必能於最近的將來出現於地球上面。這才是今日人類應該趨向的目標。故我們以爲各民族均應建立其獨自的國家，而以平等的資格參加聯合國。民族與民族間若有爭執，絕不許訴之武力，應遵守聯合國的憲章以獲得和平的解決。但是事實上要做到此地步，則只許聯合國有武力，不許各國有武力，乃是必不可缺的條件。此理想何時才能實現，今日殊難預測，最近組織聯合國軍隊的建議已提出討論，且其成立的可能性很高，也可以說是微露曙光了吧。

論考試權

趙虛吾

孫中山先生同意歐美一般學者把政府比作機器。但他更進一步說：機器和政府都不能自己管理自己。管理機器的是工程師，管理政府的是人民的四權。由此觀點發展而成他的權能分立論，的確是近代政治思想史上的一大發明。

不過根據中山先生的理論，最新最進步的機器，雖然最後還要依賴工程師的管理，才能發生效能；可是就在它們的本身，也多已具有「能發能收」的作用，這便是新而進步的機器，所以比舊而退化的機器遠爲優越的所在。要把權能分立的政府比作機器，那末這部機器也就是最新的而且也是最進步的類型。

表現政府有能的五項治權，當然都是「各有各的統屬，各有各的作用」，用不着强爲軒輊。但是爲了補偏救弊，爲了因時制宜，爲了加强制衡作用，似乎考試權的改進或重建，確實會有發揮正本清源的妙用之可能。因爲現階段仍然逗留於「人存政舉，人亡政息」時代的中國，考試權實無異於這一部政治大機器中的發動機。假如能够讓它得到它所應該得到的表現機會，一切政治上的貪汚，無能，傾軋排陷，私而廢公的種種醜態與罪惡，縱然不能立刻一掃而光，但也不難由新生力量的不斷增補，逐漸收到全部廓清之效。

自來中國的政治就是人本主義的政治，雖然自周以來即有「選舉」（鄉舉里選與考試之總稱）制度，但是打開我們的歷史自我檢討一番，亦未見其盡善盡美。今自兩漢說起，我們「選舉」制度的發展，大致可分爲三個階段。第一個階段就是兩漢時代的鄉舉里選；第二階段就是魏晉以迄南北朝的九品官人法；第三個階段就是隋唐以來一直到清末的科舉取士。這三個階段所採行的辦法，各有利弊得失。就大體來講，鄉舉里選比較適宜於求賢，而不適於求才。科舉取士則反是。九品官人法本爲漢末軍事時期的一時權宜之計。推行未久，即已發現許多流弊。劉毅疏中所說：「上品無寒門，下品無世族」，可見弊端嚴重情形於一斑。但假如「中正」（主持此法的官員）得人，眞能作到至中至正的地步，以此進退人才，拔置寒畯，也很可以得到極良好的成果。

過去我們的選舉制度，無論是在兩漢，是在魏晉南北朝，或是由隋唐以至清代，都有很多流弊，前人已有論述。如唐朝國子祭酒楊瑒所說的：

「臣竊見入仕諸色出身，每歲尙二千餘人，方於明經進士多十餘倍。則是服勤道業之士，不及胥吏之得仕也。陛下設學校，務以勸進之。有司爲限約，務以黜退之。臣之微誠，實所未曉。」

又宋馬端臨於其所著文獻通考中說：

「魏晉以來，雖立九品中正之法，然仕進之門則與兩漢一而已。或公府辟召，或郡國薦舉，或由曹掾積累而升，或由世胄承襲而用，大率不外此三四途轍。」

又清人姚石甫疏說「日知錄」有云：

「後世取士之途廣矣。科第取之，鴻博取之，館職吏員取之，乃至入貲者取之。登進甚多，而常有無人之歎。」

從這幾段話裡，我們可以得到的啓示，略如下述：

1, 歷代取才，得之於選舉者，不過佔全人數的極少部份。像唐朝就還不到十分之一。

2, 歷代入仕的途徑，用現代的話來說，可以分成幾大類：一，憑藉封建關係（即世胄承襲）二，憑藉類似社會賢達的聲望（即博學鴻詞）三，憑藉最高當局的賞識，（即公府辟召）四，憑藉地方官吏的賞識，（即郡國薦舉）五，憑藉資歷的累積，（即曹掾積升或館職吏員的擢取）六，憑藉財富的捐納，（所謂入貲包括輸財納票獻馬種種方式，清代特稱之曰捐班）七，憑藉考選的及格。（即科第，九品官人，鄉舉里選等）。

3. 綜計上述入仕之途，至少應有七大類。卽使國家用人，依此七類平均分配，那末由選舉而來的人，頂多也不過是全數的七分之一。假如說非經選舉，卽無所取才，則以其取才之少已可概見。

當唐太宗最初開科取士之際，很躊躇滿志的說：「遂使天下英雄，入吾彀中」。從這很簡的一句話裡，我們不難看出，專制時代的選舉制度，縱然是帝王統治的一種手段，但如運用得宜，倒也可以收到一時治平的效果。至於如何才算是運用得宜；依我之見，並不一定要在「搜索」「糊名」之類的手續上着眼。最要緊的却在選舉出來的人才，必須能够獲得重用和重視，而後才能驅使天下英雄，雖然顚倒一生，也還是情願入彀。譬如漢廷察舉賢良方正茂材異等及孝廉等科，多有位至三公出將入相者。光武尤特別重視士人，以後成爲東漢風氣。在野儒修，聲名洋溢，往往凌駕朝廷爵位之上。故言士風之美，莫不首舉東京。自唐以下，朝野言仕進者，皆以科甲爲重。士君子不由進士出身，「則自以爲慊」。陸贄知貢舉，選士十四、五，而數年之內，居臺省清近者十餘人。宋取士有一榜進士得宰相數人者，各科所得名臣。尤不計其數。宋太宗以後，榮寵狀元及第，比之凱歌勞旋，獻捷太廟，有過之無不及。明清以科舉出身爲正途，雖妾婦小人，亦知加以禮重。凡此種種，都是我國過去選舉制度也能有所成就的原因所在。

現在要說到作爲我們五種治權之一的考試權了。今日之中國，是依照孫中山先生遺教來施行民主政治的中國。孫中山先生所主張的民主政治，一方面固然要人人都能依法取得四種政權，同時在另一方面也應當讓人人有機會取得各種治權。而後「就業自由」才能成爲眞自由，「天下爲公才能成爲眞爲公，而考試權的建立，也才有了牠的眞意義。因爲人民行使政權，只要投出神聖的一票，就可以達到目的，但要取得治權，就絕對不能這樣容易。治權的行使是要靠着行政能力的。因此能否取得治權，要不能不以有無充分的行政能力以爲斷。爲了裁定這種能力的有無，在人類尚未發明出更有效的方法以前，只有借重考試，才能勉强達成這種任務。所以考試權這一權，在政府方面講，是裁定人民能否從政的一種權力，而在人民方面講，也可以說是取得從政機會的一種權利。合而言之，政府運用一種權力，以公開而普遍的方式來裁定人民能否取得從政機會的權利，這就叫做考試權。

可以不經過考試而取得從政機會的現象，是政府放棄考試權力所造成的惡果。在帝王「家天下」的時代，有這種現像是無足責的。到了民主世紀，還要讓考試制度還不能充分施行那就是無可寬恕了。這還是就一般民主國家而論。若根據孫中山先生遺教建國的立場來說，關於考試權的行使，無論爲了權力的貫徹，或是爲了權利的公開，假如仍有不經過考試而取得從政機會的現象存在，豈不是奇怪至極嗎？在一般民生國家，所謂文官考試，可以不涉及隨政黨進退的政務官員。因爲競選勝利的政黨，就是人民信託的政黨。人民既已信託了這一政黨，當然代表這一政黨執行政務的官員，也就同時受到了信託。他們究竟對於他們所擔當的職務，能否勝任愉快，自有執政的政黨代他們來負責，所以這類國家的政務官，應當可以不必參加考試。至於在權能分立的國家，政權操諸全民。除去直接間接由人民選舉出來的元首及各類代表，以及經由各類代表同意而任命的政府官員，他們能否勝任愉快，應由人民來負責外，其餘一應大小官員，設非經過考試，似乎就都沒有擔當職位的資格。依此而論，中山先生所主張的考試權，其行使範圍，實在比英美一般的文官制度要更爲廣泛。換言之，就是中山先生選賢任能的主張，不但適用於一般公務員，而且還適用到很多爲一般人所公認的政務官。（依現行憲法，各部會首長及委員等，即非直接間接經由人民選擧或代表同意之政務官）我們必須並且應當如此解釋，而後能眞正符合中山先生的意旨。

說到這裡，再檢討一下我們現行的考試制度，就實在不能不感覺大有改進之必要。

首先我們必須承認，二十年來，我們高普考及格人員總計不會超過一萬到兩萬人，（估計如此）以此數與中央機關人員二十九萬（三十六年下半年調查數字）之數相較，僅及其二十分之一强。如以此數與全國公務員人數（勝利後約爲一百數十萬，手邊資料無存，約計如此）相較，不過稍高於百分之一耳。這種由考試選拔的人才，在實有人員中所佔比例之微是空前的。

其次二十年來，我們考選出來的人才，得任最高職位的，照我記憶所及，只有一個監察委員。一兩萬人之中，竟沒有一個可以够得上「政要」的資格。

再次二十年考試權的行使，雖然時間尚談不到如何悠久，但並不十分短促，應該有些成就。然而事實彰彰在人耳目，凡是應高普考的讀書人，十之八九都是別無進身之階，最後才採取了這一條無可如何的下策。不但社會觀聽，不會重視過考試，就是被指派分發工作的機關，也往往看成是一種不當有的負擔。其在本人，分發之後，露立於種種並不正大的關係派系之外，反而遭受岐視，時刻有孤立無依之感。

凡此種種，均足以證明我們現行的考試制度，處處與孫中山先生的意旨背道而馳。它只是承襲了前代選擧制度的皮毛，連分配餕餘一點僅有的內容，也作得非常寒乞相。這眞是意想不到的。

爲今之計，無論爲奉行遺教，爲實施第八十五六兩條現行憲法，必須由政府明令規定，今後各級機關，凡非經考試院考試及格人員，一律不得任用。此其一。再則現在任職之未經考試及格人員，均須嚴加裁汰，不能任其濫竽充數。此其二。這兩件事說來自很簡單，而見諸施行，當然會覺得有種種的困難。但如果認爲這是應當做的，就該克服困難，期其成功。

這兩件事做通了以後，我們將來仕途的前瞻是：

1. 除去國家依照憲法所賦予的考試治權，得以選用各級政府所需要的人員，和總統得依據憲法提名經人民代表同意任命人員外，其餘任何機關或個人，均無選用人員之權。如此由封建裙帶等關係，個人愛憎與親信，盜竊社會虛聲，以及由夤緣請託賄買而來之人，均將失所憑藉。於是「私而廢公」的風氣，可以消滅。

2, 幹部屬於國家，而背公死黨之風息；公僕服役人民，而私人恩怨之念廢。

3, 國家考選用人，必賦予以工作保障。人員不必旅進旅退，自能安心工作，而歐風也才能整飭。

政治上的隆汚，人的關係和法的關係，本屬同樣重要。但在人事法度兩俱缺失之我國，與其偏於重法，就莫如先於得人。所以現在許多人都已然有一個共同認識，就是說今日之事，一切都是人的問題。人人都知道人的問題關係重大，却很少有人能够提供辦法，可以[illegible]破這一個「死扨」的。即使有人有所論及，又往往支離滅裂，不成其爲正本淸源之道。我眞奇怪住在森林裡邊却去到處找樹的人，究竟何所用心。孫中山先生創立這一項考試權，也是以點綴昇平爲目的的嗎？

孫中山先生所創立的考試權，是排除一切人事魔障的一把利斧，是陶鑄金銀鋼鐵各種材料的一座鎔爐，是供應人才動力的一部發動機。在作爲供應人才動力的發動機一個意義之下，它便是五個治權之中屬於「能發」的掌握者。而監察權便是五個治權之中屬於「能收」的掌握者。假如每一個治權都各自有其能收能發的權能，換言之，也就是說每一個治權都可以任意進退人才動力，則五權之間，根本無法保持牽制（Check）和平衡（Balance）的作用。世間也許有這樣的兒童玩具，可是孫中山先生却絕對不會創造出這樣的五權憲法。

社會主義乎？辯證唯物神學乎？（下）

楊一樵

五　「薊木叢中不產葡萄」

批評馬克斯主義的學者，可以車載斗量，批評馬克斯主義的書籍，眞是汗牛充棟，我們暫且不必討論，我們先要問的是馬克斯列寧主義這貼苦藥，吃了就可以登天堂嗎？假如天堂的降臨人間，有馬克斯列寧所宣教的那樣必然性，則人類閉了眼睛，担了鼻子，吞下這口苦藥，以求天堂的實現，亦無不可。可是歷史所昭示我們的事實，實在使我們太失望了！

西諺云：「薊木叢中不可收獲葡萄。」猶云：「惡莠恐其亂苗也」。馬克斯列寧的學說，可以拯救人類的慘境！而成爲新救世主嗎？這眞如採葡萄於薊叢，或植莠而求穀，實在太矛盾了。稍有警覺性的人士，對於强有力者的殘暴社會的慘境，善良人民所受的苦難，無不痛心疾首，一旦有一豪傑之士，提出一個辦法說，這個辦法能救人類於水深火熱之中，則凡有人心者，無不寄以熱烈的希望，這是人性自然的趨向。馬克斯與列寧就做了一代豪傑之士。可惜馬克斯與列寧所提出的辦法，是薊而不是葡萄藤，是莠而不是禾苗，莠與苗在初生期，若非老農，是分辨不出來的。中國大陸不就是這樣斷送了的？

蘇維埃革命的初年，俄國青年對於新制度的成立，熱忱與狂歡的表現，幾乎使每個人都相信，人道與民主將代替沙皇時代的專制。但時間一年年的過去，新政權逐漸穩固增强，但所標榜的民主，終未來到。所期望到的，是一個更有威力的專制政體。在西歐，反對蘇維埃的人，最初只限於反對社會主義的人。但後來批評蘇維埃制度最力的，確是社會主義者。因爲他們見布爾雪維克人在俄國所建立的制度，完全與他們所倡導的主義相反。社會主義最顯明的目標是：(一)經濟平等(二)勞工階級對於生產事業的控制(三)無責任政權的限制(四)人類福利的增加。這些目標如何達到？按照馬克斯的理論，是用鬥爭辦法。鬥爭的結果，發生恐懼與仇恨，恐懼與仇恨是一種毒素，可以毀滅人類的社會。結果，勞工階級的利益，變成政爭的工具。打倒資本家的衝動，遠比爲勞工階級謀福利爲重要，一切放逐、鬥爭、清算等等制度，都是「仇恨」主義的表現。

共產主義社會的基本病原體，是馬克斯列寧主義中的「武斷」「不仁」與「權力」。毛澤東也驕傲地說：『我們是獨裁』「我們是不仁」。這些都是病源。「武斷」是理性上的病，「不仁」是道德上的病。因爲有這兩種病，獨裁與殘暴方法的應用，認爲是正當方法。因爲有這兩種病，一切惡果，自然接踵而來。「天下無新事」，（There is nothing new under the sun）稍具有歷史常識的人，或對於人類天性稍有了解的人，或者在哲學上稍有訓練而懂得武斷主義之虛妄的人，對馬克斯列寧主義所造成的新世界與其後果，沒有什麼可驚異之處。不幸的是，當社會病症控制乏術之時，或痛楚經驗無法忍受時，人們求速治速愈之心也愈切，於是人們再也不受理性上的指導，凡有救濟啓事的福音，都爲人們所接受。「溺者抱毒蛇以爲援」，這是辯證唯物神學的共產主義勝利的秘訣，也是共產主義者信仰的基礎。

武斷主義與獨裁政治，可以創造天堂嗎？歷史上不乏獨裁的先例，可是都使人失望得很！結果非但沒有創造地上的天堂，反演出了天堂裏的地獄。第一個有基本信條而建立獨裁政權的，是希臘的哲學家畢「撒哥拉斯」。他與他的門徒在「克洛頓」城（意大利半島南端）樹立了一個獨裁政權，改革希臘人的政治及道德生活。敎人民多研究幾何學，遠避紅豆。不知是希臘人恨幾何，還是愛紅豆呢，終於把這個哲學王趕跑了。最顯著的武斷主義的政權是中世紀的敎會，基督敎本來以博愛爲出發點，結果爲了要統一世界，維持敎權，却有異端裁判所，禁書錄，炮烙湯鑊之刑，來强制人們去信他們的敎義。英國十七世紀克林威爾（Cromwell）的「淸敎聖治」，原以倡導民主與自由爲始，却以軍事專政爲終，克林威爾的軍人大會，與列寧的蘇維埃，頗多相似之點。法蘭西大革命發軔於「天賦人權，」結果先產生了鄧通維培斯比爾與「恐怖之治」，終於產生了一個拿破侖。他們對於人權沒有絲毫的尊敬。

這些悲劇的病源，是武斷主義，武斷地相信他們的萬應靈藥，可以消除社會萬惡，創造人間的天堂。因爲信仰的武斷萬應靈藥之可貴，與天堂之必可達，使他們相信任何殘暴的手段都是應該的，何況專政與獨裁。

這些歷史前例與現在蘇聯一樣，都犯了一種心理上的錯誤，迷信「權力」。「權力」是甜的，可是一種麻醉藥，愈多用，癮愈大。雖然有經世濟民的高貴動機而攫取了權力，也不免造出許多理由，持權不放。或找出理論，證明反對派的剛愎無理，阻撓樂園的降臨人世。增恨恐懼的心理，使他們認虐殺反對派爲正當。攫取政權的豪傑之士，建立了寡頭政治，變成了特權階級。但是繼承這些特權的，都是些庸材。他們只知道享受特權，却忘了千秋事業。只知道把持權力，忘却了建造樂園。將手段變成了目的，原來的目的都忘却了。

還有一種是哲學上的錯誤。在歷史上有一聯串的命題，在當時是人類所相信的眞理，後來却證明是虛妄。巫術妖咒的盛行，使多少受害者喪失生命。伽利略（Galileo）倡地球繞日之說，與當時的「眞理」相反而遭禁止。異教判所，使多少善良無辜者在釘板上受刑而死。朋友教徒因信仰新約而受虐殺。這些荒謬與殘殺的事實，在十八世紀已少見，到十九世紀完全消滅，不意在二十世紀又復活了。廿世紀辯證唯物論之靈妙，與第六世紀拜甸與(Byzantium)的正教(Greek orthodox)神學一樣。而近代蘇聯對於自由思想的處罪，與中世紀教會之虐殺異端一樣嚴厲，所不同的是，蘇聯對異端論罪的根據是「科學的社會主義！」

共產主義專政的理由，是人間樂園的來到，是必然的。所以今生無論如何受罪，都是應該的。貧窮、飢餓、强迫勞働、奴役、監視、消滅獨立思想，等等，都是到天國樂園去的必要過程。在人類的歷史上有沒有這回事呢？有之，即基督教的神學，決非史達林的信條。

六　天堂裏的地獄

歷史上的人物，最有先見之明的，要推鐵血宰相俾斯麥親王坐第一把交椅。他對於馬克斯理論所包孕的社會，比馬克斯自已還要看得淸楚。一八七八年，俾斯麥預言道：「假使我能發現馬克斯主義未來的國家是個什麼樣子，我可以從罅隙中窺見一班。每人所需的一份，都要由上層權威分發下來，則我們的生存，如在監獄裏生活一樣。一切都看典獄長的有無慈悲心腸。但是近代的監獄，典獄長是一個可以認識的官吏，因犯有所不滿，還可以抗議，在一個共產主義的總監獄裏，誰是典獄長呢！還不是一群無法無天的獨裁者。除典獄長以外，都是一群奴隸而已」。

現在的蘇聯還不是一個人類的「總監獄」嗎？君不見多少蘇聯及其衛星國的外交官，一出鐵幕，便丟掉紗帽，拋棄國籍，寧願在「美帝」「英帝」「不自由」的社會裏流浪，做政治犯。再也不願回自己的「天堂」去了。

因爲有這些歷史上，心理上，與哲學上的錯誤，與共產主義不相容的事物，都遭遇到必然的結果，一九一七年俄國二月革命後的國民大會，布爾希維克的反對黨占多數。但布爾希維克人相信他們是正確的，所以他們就解散國民大會，用武力來統治俄羅斯。少數黨靠武力維持政權，就不得不靠警察，因恐懼人民的反叛陰謀，就不得不造成一個警察國家。警察制度，又轉而造成民怨。這樣的惡性循環，輾轉相承，以致特權者的範圍，愈來愈狹，果人人自危，人人懷疑，以至父子相棄，夫婦相猜。沒有一人知他明天的命運是跪在劊子手前俯首就戮呢？還是到北極去做苦工。這是武斷信仰天堂必然來到的結果。

共產主義者奪取政權的目的，是要保障經濟平等。這也是社會主義最重要的一個目的。第一代的統治者，爲了他們的信仰，一生在放逐虐待中過生活。得了政權，爲了理想，仍舊過着堅苦樸素之風。但他們的繼承人，就完全變了，當共產主義走上成功之路，特權便成爲享受的工具。創造出經濟的不平等。在蘇聯國內，國民收入高下差別之大，超過世界上任何各國。眞正無產勞働者境遇之惡，比英國工廠法施行以前的工人更慘。經濟史家哈孟特 John Lawrence Hammond 所著「鄉村勞工」描寫十八世紀後期英國農田勞工之苦，使二十世紀的人驚異，但比起蘇聯國內數百萬農民之死亡與放逐，便不足爲奇了。英國工業革命初年，煤礦雇用婦女與兒童，掩曳煤車的悲慘故事，兒童工作了十二或十六小時回家後，剛把麵包塞到嘴邊就睡着了，但比起韋伯所描寫蘇聯成群的無家可歸的兒童，又是天堂了。

蘇聯的奴役勞工，與英國十九世紀的貧民法一樣，都出發於人道主義。但結果却走上了邪道。原來的理論，認爲一切罪犯，並非天生，都是不良環境的犧牲者，給與正當工作，在新環境生活他們會改造自己。但蘇俄在第一次大戰後，所走的路，已脫離了這個原則。雖然沒有獎勵犯罪，但秘密與專制，產生了當然的結果。蘇聯官員發現集中勞働營，是一種於經濟上有利的制度，於是罪犯的供應與來源必須維持。於是淸算放逐更改法令，都是增加罪犯的方法，在被征服區裏的外國人，尤其是波蘭人，都是罪犯的候補者，有人統計，蘇聯境內有百分之十六的壯丁，被判決爲强迫勞働。這個估計或者過高，但無疑的，强迫勞働者的總數當在數百萬人以上。

蘇聯境內最大的惡魔是不可滲透的一漆黑團的秘密。其他國家都有統計數字公佈，蘇聯除了宣傳未來天國的統計外，不公佈任何數字。其他國家都讓外國人在境內旅行，蘇聯不准。其他國家都准許人民出國旅行，蘇聯不准。蘇聯外交官紛紛拗紗帽的原因，因爲在外國發現了天堂與地獄的差別。在西伯利亞東北角有一塊等於德法兩國之和的面積，在氷天雪地裏除掉官吏典獄長與强迫勞働的罪犯奴隸外，無任何人居住。在這個鐵幕後面，究竟在幹些什麼呢？我們相信決不是在創造天堂！

什麼是地獄？人類爲什麼墮入了地獄的深淵？但丁在「神曲」「地獄篇」(Inferno)說得最淸楚最動人也沒有了。地獄裡一片黑暗，有洪水的泛濫，狂飈烈風的吹刺，有青焰紅火的燒灼，有毒蛇的橫行，惡獸的狂奔，有魔鬼的怪叫。人們在地上匍伏蠕動着，在慘痛飢餓中哭泣呼號。人類爲什麼墜入了地獄的深淵呢？第一貪婪，豪奪、仇恨、自私的本性使他們墮入了第一到第四層地獄。暴力主義者墮入了第五層地獄、諂媚、爲善、作僞，造謠者墮入了第六層地獄。狡猾、邪惡、叛變者墮入了第七層地獄。人類如何再進人間的天堂亞當的樂園呢？要經過「煉罪所」(Purgatorio)淸除驕、羨、仇恨、怠惰、貪婪、及淫蕩的根性。然後人們才可看見智、毅、博愛與公道統治下的天堂。列寧與史達林在俄國創造了人類最大的煉罪所。不過並不是在淸除驕、羨、仇恨、怠惰、貪婪。而是在培育仇恨、僞善、作假、造謠、與暴力。這樣可使人類進入天堂嗎？我們憂慮的是正向相反方向邁進。

七　「天下大道、均通羅馬」

全世界各國的政治趨向，都向社會主義的路邁進。這是不成問題的。就看你選擇那一條路。「天下大道均通羅馬」(All roads lead to Rome)要達到社會主義的樂園，不一定要先造成地獄，君不見資本主義的發源地聯合王國現在變成一個什麼制度？不是社會主義的國家嗎？雖然還沒有達到理想的鵠的，但已經上了道路，並且走了一大節。君不見資本主義的堡壘美利堅合衆國，在做什麼？在辦社會保險法（Social Security Act）在執行公平勞工標準法（Fair Labor Standards Act）在造 T. V. U. 電化農村，在造「大苦利」「保爾多」……等等等等的大水堰（Grand Coulee, Bonlder... Dams）灌溉沙漠。在長江大河裏繁殖魚子魚孫。在海裏保護海獺水貂的公子哥兒。不讓貪婪的毛皮商亂捕亂殺。數百萬，數百萬英畝的森林，數百萬，數百萬英畝的礦地，在收歸國有，加以保護，不讓資本家亂砍亂開。數百萬，數百萬英畝的枯竭了的耕地收歸國家管理，改種苜蓿，使他恢復地肥。這是「爲誰辛苦爲誰忙」？還不是爲老百姓？這些錢從那裏來的？政府向收入一千元的人，拿五十元。向收入一萬元的人，拿三千元。向收入十萬元的人，拿五萬元。收入五十萬元的人，拿三十八萬元，都要交給政府！在這樣的高度累進稅率之下，一個不名一文的個人，要變成一個豪富，也就很難了。

在美國，經濟的放任主義，拓殖時代的個人主義，(Rugged Individualism)都跟着自由公地的竭盡，拓殖邊疆的消失，都變成了歷史上的陳迹。兩年前只有七十高齡的退休總統胡佛，還偶爾提起這兩件法寶，高呼過一、二次，爲共和黨競選人打氣。此外再沒有人提了。

在英國工黨的勝利，完全接受了費邊社會主義的理論與政策，在賡續性的演變中，使資本主義的國家，漸漸變成社會主義的經濟制度，馬克斯認爲勞働是生產唯一要素，其實生產價値的決定，要由「效用」(Utility)來衡量，勞働不是唯一的尺度，馬克斯認爲社會主義經濟的實現，必需經過革命，而革命之發生，是由於勞働階級的逐漸貧困，與資本主義之無法解決其分配問題而崩潰。費邊主義者，證明勞働階級的經濟地位，在十九世紀中已大爲改善。並非逐漸貧困。而且今後繼續不斷在改進中種種社會立法，如工廠法、礦業法、住宅法、教育法等，都是社會主義之始。至於最低工資法，高度累進所得稅法，都是財富公平分配的開端。次一步就是生產事業公有，這許多步驟，相當於共產主義的「清算」「鬪爭」，不過這是用立法程序互相同意的辦法來「清算」。比用群衆大會感情用事的淸算，高明得多了。

生產事業公有，豈不與資本主義的私有財產制衝突？費邊社會主義的步驟與政策理論上的根據是利嘉圖地租論的推廣。我們熟知地租的起源是由於各級土地爲個人占有而發生的差別專利。過分地租是由全體社會所造成，應屬於全體社會，不是個人的專利。因之，問題就變成由專利所有權社會化的辦法，使專利收入歸諸社會全體。資本與土地並無性質上的不同，土地公有或由土地專利而發生的地租，應公諸社會的理論，既爲人們所接受，則工業資本亦同，因資本的專利所發生的收入，亦應歸公。這是孫中山先生平均地權與節制資本的理論根據。我們相信，這樣不脫離過去的漸進政策，是達到人間天堂的最實際的道路。最好的例證是十九世紀，一方面有經濟的放任主義，一方面又有國家的干涉主義，兩者會並行發展，證明在資本主義的生產中，可以逐步的造成社會主義的分配。

（上接第34頁）却不一是民主的。蘇俄底選擧形式做得更較一式一律，熱鬧好看。所謂民主，必須預先承認反對者乃民主程序中之一合法的伴侶。民主承認價値觀念和政治組織之多元性。民主主義者反對將國家當做極權或獨裁的黨；也不贊成藉政治權勢迫令手無寸鐵的人民信奉一種敎條主義。（毛澤東强迫中國人民一體學習『新民主主義』。所以眞正的自由主義者都必反對他。）

二十世紀底極權政府認爲民主是爲保護某些階層底利益之一虛僞的幌子。這話用到極權統制者底自身恰好合式。他們常自稱爲『最新的民主』，極權統制者又認爲民主不能適應現代繁複的集體生活。他們以爲民主政治衰落了，民主方式不適用了，信仰民主者少了。民主主義者不像極權主義者那樣具有狂妄氣質和撒謊的習慣，一口咬定自己底制度或辦法之完整無缺，某某主義的理想之『偉大崇高』，或首領之永遠無有失誤。照民主主義者看來，民主並不完整。因爲，人是有錯誤的。要實行民主，必須有健全的公民，人民受過高等敎育，而且不受情緒的激動或習慣惰性之拘束。但是，民主縱然有這些缺點，民主在一切政治制度之中還是最合乎人情的制度，這種制度可以增進人底尊嚴和每一個體底創造能力。它相信大家底智慧超過一個統治者或首領底智慧。這樣，民主制度的本身就是一個富有生機與進步的體制。這樣的體制底本身就可以逐漸而堅定不息地改正它自己，以趨於完備。由此所發生的力量，比極權統制之下所發生的力量，實不可同日而語。

可是，繼法西斯與納粹之後，目前民主受到重大的威脅。這一威脅無疑爲共產主義的極權帝國主義的威脅。爲了應付這一威脅以確保人類底自由、和平、安全與幸福，民主國家必須聯繫起來。具有這種見地的人並非沒有。早在一九一八年，安琪勒（Norman Angell）即著書立說，指出民主國家之聯結，是維繫和平與保持自由之一必要的條件。他提出民主的國際主義（Demo cratic-Internationalism）的思想。而在民主國際主義的聯盟之中，美國担任一個主要的脚色。

依此，綏靖主義是不可採取的。綏靖主義使人對于當前情況痲木，鬆懈必要的準備，和癱瘓及時的抵抗。凡此等等皆屬有助于敵人底侵略計劃。綏靖主義者在客觀上幫助了地球上最反綏靖主義的力量。

對于罪惡不加抵抗，就是墮落到承認罪惡的存在，就是呼籲大家接受罪行，並寬宥不義之事。所以，綏靖主義，不是爲眞是眞非挺身而鬥的，而是叫人陷入普遍的危機之中。侵略者正好利用這種弱點來糟踏眞理，顚倒是非，以遂其慾。這種覆轍，豈可再蹈？

所以，綏靖主義必須放棄。大西洋公約是維繫世界秩序之最有希望的步驟並不囘復到主權觀念和分裂觀念。民主國家底人民不再在盲目中行動。他們知道隱伏的危機，並且預爲之備。在當前的危疑震撼以外，西歐與北美緊密聯繫起來，爲未來奠定良好的基礎。這種基礎就是西方文明之一新階段底基礎。西方文明底這一新階段要棄絕狹隘的絕對國家主義，並且恢復西方人對于自由的信心，以及對于和平的保衞之力量；並且進而將這種意念及其影響擴及全世界。

特載

歷史的臺灣——歷史的臺灣與中國（九）

郭廷以

五、施琅的軍事準備與台灣的內部不安

施琅（原名郎）是鄭成功初舉事的幹部，個性極强，不肯輕易下人，而成功又是命令必求貫徹，用法極嚴，不稍寬假，兩人內心各有不滿。一六五一年（永曆五年）爲了施琅捕殺一名改投成功的親兵，彼此破裂，施琅父及弟顯被誅，琅則走降清軍，成了鄭氏的生死對頭，亦是一位勁敵大患。一六六八年（康熙七年）以第二次對臺進行和議不成，施琅曾上疏詳陳台灣勦撫機宜，主以大軍壓境，先取澎潮，如仍不降，卽三路進兵，一迫安平港口，一往南路打鼓港口（今高雄），一往北路蚊港海翁窟港口，俾其首尾不能相顧。俟鄭經失去控馭部衆之力，自相疑惑，勢釁變生，再登陸次第攻擊，所謂「因剿寓撫」。如其踞城固守，則先清剿其村落黨羽，撫輯其各社土番，孤城無援，可計日而平。確係相當厲害的戰略。部議持不可，琅亦內召。鄭經死後，因閩人大學士李光地及福建總督姚啓聖的力保，施琅再授爲福建水師提督，積極籌備東征（北京及沿海均有鄭氏情報人員關於施琅的消息，卽係由「都門偵者星馳膠州快哨飛報臺灣）。一六八一年（永曆三十五年，康熙二十年冬），施琅爲聲東擊西，上疏定來年三四月（陰曆）進兵，故使鄭軍知其必乘北風，然後出其不意而攻之。同時，「密用間諜，亂其黨羽，自相猜忌」。一六八二年三月三次上疏，認爲最好的時機，「莫如就夏至南風當令，連旬盛發從銅山開駕，順風坐浪，船得連艕齊行，兵無暈眩之患……。賊縱有狡謀，此時反居下風下流，進不得戰，退不得守」，可一舉而下澎湖；「拒其吭，附其背，逼近巢穴（臺灣），使其不戰自潰，內謀有應。」是年五月，整船練兵，一一就緒。但是北京主張愼重，姚啓聖又謂南風不如北風，堅執從緩。八月，施琅三次上疏，堅主極早進攻，並詳論臺灣內情及其弱點，謂「劉國軒舛慶操權，動輒殺戮，以威制人，誰肯甘爲幾肉？我舟師若抵澎湖，勢難遏各鎭僞卒之變亂。……雖劉國軒輕命死敵，於人猜忌之際，靡有不潰」。最後他說如不使他及時進剿，將志無能爲，後更恐無擔當之臣，敢有渡海滅賊之任」，請獨任之以「討賊」。康熙皇帝答應了他的請求，他有了用兵的全權。設若不是姚啓聖的持異，東征之戰不會延遲到明年。

秋冬之間，北風正盛，臺灣海峽的波濤洶湧，而施琅又係一向要利用南風的，勢須待至來年夏季。姚啓聖卽乘機進行第八次的和談，亦是最後一次的招撫。許以不削髮，只稱臣納貢，此次的問題已經不在台灣方面，而在姚啓聖與施琅之間。啓聖主「撫」主緩，陸路提督萬正色附之，施琅則主「剿」主速，他認爲時機已經成熟，一六八三年六月（康熙二十二年五月）一再上疏力請乘夏至南風當令進發。就在是年七月，大軍出動，啓聖的招撫，自無結果可言。

再看台灣方面的情形與應付措施。澎湖是台灣的咽喉門戶，但十餘年來，未曾設防。鄭克塽繼位，始派兵鎭守。及知施琅復任水師提督，方由劉國軒出汎，相地設險，修築砲台，改洋艘爲戰船，以陳諒林陞江勝總統。爲防姚啓聖從海壇進襲雞籠淡水，另以何祐爲北路總督。由於清方統帥姚施意見未能一致，一六八二年（水曆三十六年，康熙二十一年）雖平安渡過，但內部情勢愈趨惡劣。第一，軍需財政困難，而以橫徵苛歛爲裕餉的唯一辦法，所以村落民舍，周圍丈量，以屋簷滴水爲準，按寬闊徵收房捐，謂之「厝餉」，有瓦厝草厝之分，片瓦寸草，均按册拘追（台灣府志卷五），百姓多自毀屋室，又復攤派車稅毛丁，奸吏乘機肆虐，人民不堪其苦。鄭氏不肯出其內帑，官吏不肯捐款助餉，一切取之於民。第二，天旱糧荒，五穀不登，米價騰貴，每擔價銀五六兩，民食艱難達於極點。第三，番人叛亂，台灣北部尙爲未經開發區域，大軍駐紮雞籠淡水，一面驅令土番兵士負土搬石築城（舊城已拆毀），在士卒爲不服水土，手足沾到硫磺，發腫糜爛，番人供給軍糧，老幼男婦均須供役。他們向來是計口耕種，並無餘蓄，「枵腹趨公，情已不堪」，又遭督運鞭撻，遂相率殺各社通事，搶奪糧餉，竹塹新港等社，皆應之」，演成了大規模的暴動。官軍武力鎭壓，一時未能得手，只得採取封鎖政策，迫其屈服。而南路爲了採金問題，亦引起卑南覓社（台東）番人的抗拒。第四，劉國軒馮錫范的高壓暴戾，「持威妄殺，稍有嫌隙，全家屠戮，人人思量，芒刺在背」，造成嚴重的恐怖不安，多有叛離之心。第五、鄭氏的前途益形暗淡，意志不堅的文武將吏，各謀出路，施琅復遣其心腹，密往台澎煽惑勾結他的舊部故識，令其就中取事內應。一六八三年春天，卽有不少向他投誠之人。在這種行將自潰的狀態之下，如何能抵得住敵人的壓力。

六、澎湖會戰與明鄭的結局

一六八三年七月五日（永曆三十七年，康熙二十二年六月十一日）清福建水師提督下令渡海東征，八日（六月十四日）官兵二萬餘人，大小戰船二百餘

號，自銅山出動，乘南風柔和，波浪靜恬，全綜指向澎湖。而延平王國的武平候正總督劉國軒則以爲時值颱風季節，風波不測，以爲敵人不敢興師來犯。九日（六月十五日）早晨施琅的艦隊出現於澎湖洋面。鄭方的兵力亦二萬有奇，戰船百餘，環泊娘媽宮前，其中眞正有作戰經驗的不及半數。國軒雖是老於用兵大將，這時已有幾分氣餒，過分持重，偏於守勢，大概他明白自己的弱點，同時他希望天助——颶風。七月十日（六月十六）會戰開始，雙方衝擊十分猛烈，殺傷相當，鄭軍小捷（施琅以八罩嶼爲據點）。十六日（六月二十二日）施琅再督全綜分隊進攻，戰鬥的熾熱遠過前役，火矢噴筒齊發，短兵相接，「熢焰怒張，水爲之赤」，半日酣戰，鄭師失利，高級將領林陞邱輝江勝等均歿於陣，（清總兵降將朱天貴亦戰死），劉國軒遁回臺灣，船隻或沉或焚，將士或死或降，可以說是全軍覆歿，眞是一個殲滅戰。這一戰決定了臺灣的最後命運，臺灣喪失了抵抗的力量和意志。

澎湖喪師之後，臺灣已成風鶴之勢，有人建議南取呂宋，劉國軒力持不可，謂計策可行於澎湖未失之前，今則人心懷疑，隨時可能發生意外。有人主張分兵死守，國軒又謂衆志瓦解，祇有舉全地版圖以降之一途。施琅復許降後保國軒以現任總兵，更促成他的決心。不祇是劉國軒，北路總督何祐亦自淡水遣人赴澎湖納款，進行其「局部和平」。此外秘密與施琅的在臺地下工作人員通謀聯絡者更多。這時馮錫范尙表示反對，但是脅於武人的威勢，已無如之何。十四歲的鄭克塽更作不了主。國軒立卽派兵監視鄭氏的子孫，恐其漏脫遺禍，他要來一個徹底集體的投降。卽以「延平平佩招討大將軍印臣鄭克塽」的名義正式修進降表，聲明「顏行何敢再逆，革心以表後誠」，另致書施琅，表示「知過」，「奉國制而遵勒諭」，希望仍留臺灣，「使守先祀」。七月三十一日（閏六月初八日）克塽國軒的代表過澎進見施琅。施琅拒絕承認這個條件，必須將臺灣人民土地悉入版圖，否則惟有誓師決戰。毫無談判講價的餘地。克塽君臣祇有聽命，再修降表，「納土輸誠」，繳上延平王印，「待命境上」，使「數千里之封疆悉歸土宇，百餘萬之戶口，並屬版圖」。惟仍希望還居閩南，請撥賜田園廬屋，對於明室宗親，請特予優待，士庶予以安撫，文武諸官予以遷擢，過去歸附鄭氏清方人員予以寬免，私人的利益安全，總算一一顧到。九月五日（七月十四日）由馮錫范劉國軒之弟面見施琅，卽由施琅的代表吳啓爵携帶告示過臺，曉諭兵民削髮，姚啓聖深悔自己未能躬與此役，亦遣人自福州東來，頗有爭功及參與接收之意，九月二十二日（八月十三日）施琅親到臺灣，二十七日（八月十八日）鄭克塽以下正式削髮，卽具疏奏報，盛稱劉國軒日見機識時，力主歸命，不用戰攻，收取全臺。清封國軒伯爵授爲天津總兵，鄭克塽馮錫范分封公伯，編入漢軍旗中。（何祐及另一降將林興珠曾參加一六八五年黑龍江的對俄戰爭）。抱持大節，義不受辱，從容自盡的祇有明宣宗九世孫寧靖王朱術桂和他的五位姬妾。

鄭氏君臣投降之迅速，出於施琅的意料。澎湖之戰雖獲得決定性的勝利，而損失亦至重大，官兵傷亡二千餘人，須待醫治，大小戰船被礮打損破壞甚多，須待補葺整理，而澎湖又缺乏材料工匠，必須在厦門設法，柴米火藥弓矢，亦須補充，此外尙須添造新船，凡此均非短時間內所克完成。加以兵力不敷分配，澎湖須留屯四千，新附投誠者又不便遽用，「征兵不足，禦剿乏人」，尙待福州補充，而姚啓聖心存妒嫉，並不能眞正合作。而汪洋遠隔，「港道紆迴，地勢窄狹，波濤湍息，可謂至險至固」，施琅自負用兵頗能籌度，等他親至臺灣詳細閱看，亦承認「若非皇上威靈遠震，未可力鬥取勝」（施琅入鹿兒門時，坐船自相衝觸，損壞十有餘隻，卽可想知如若進攻，不是一件容易的事）。不意兩週之後，鄭氏降書卽至，眞是喜出望外，臺灣君臣之庸懦，令人可歎！有人論及此事，謂「昔紅夷」（荷蘭）有衆一旅，據守安平，攻圍期年（？），猶不能克，今澎湖雖破，全臺南北固無恙也，而旬日之間，國祚傾覆」（沈雲「臺灣鄭氏始末」），亦不勝感慨。當然鄭克塽的處境不能與一六六一年荷蘭總督揆一相比，揆一堅守所以待援，克塽則無此希望，北部何祐又已先降，但是延平王國之傾覆，確非一朝一夕之故。

三十八年來以鄭氏父子祖孫爲中心的恢復事業失敗了，二十二年來他們所光復經營的臺灣喪失了，然而他們的民族革命精神和運動並不會就此終止，而臺灣亦在名義上實質上正式與大陸中國合而爲一。

（以上第三章完）

第四章　開發之成就

第一節　施琅與台灣

十七世紀以前，中國的台灣經營雖已千有餘年，但祇是人民的經濟性的活動。吳隋的東征，不過是曇花一現，元明的設官，亦僅限於澎湖。鄭氏時代進入了另一時期，中國的政權正式成立，大規模的移殖，有計劃的開發，一切大都出之於政府的力量，台灣成了民族抗戰的基地。就爲了這個原因，海島大陸成了不兩立的敵對態勢。滿清事實上已經控有大陸，台灣並沒有一個正式的中央政府，雖然名義上仍奉明帝用的正朔。一六八三年（康熙二十二年）施琅的定台，從某一方面來看，當然是民族運動的不幸，從另一方面來看，未始非塞翁失馬。自此台灣與中國名實成爲一體，對於今後台灣的開發建設的促進，大有俾益。彼此的關係轉入了第三期。

來自東北的滿清皇室固然對東南海上的台灣不眞瞭解，卽一般官吏亦未能認識台灣的地位。祇有留心海防，而又親自到過台灣作過實地觀察的東征統帥施琅爲例外。他於一六八三年九月二十二日（陰曆八月十三日）抵台受降，十月二日至五日（八月二十三日至二十六日）親率劉國軒等勘察南北兩路，「見其山川峭峻，土地膏腴，茂林修竹，人烟輻輳。且番民雜處耕種，實海外之雄鎭。」鄭氏的降將，特別是「決意傾心，見機力主歸命」的劉國軒，自亦給他不少正確的情報，與有價值的意見。施琅在台灣停留了將近百日（九十八天），於十二月二十九日（陰曆十一月二十二日）內渡（留總兵吳英總統鎭守），他對台灣的情形愈加熟習，智識愈加豐富，瞭解愈加深切，認識愈加明白，他愈加知道台灣的重要性。回至福州，他參加北京特派大臣侍郎蘇拜所召開的台灣善後會議，在會議中竟發生「宜遷其人，棄其地」的問題（時福建總督姚啓聖以台灣平定，賞不及己，鬱鬱發病而死，新任總督施維翰未到任，尋亦歿，參加會議的主要人員除蘇拜施琅外，則爲巡撫金宏。遷人棄地是中央方面的意見）。但同時反感「留恐無益，棄慮有害」，大家所議不一，未能獲得結論。施琅則堅主必留，絕無棄之之理，單銜入奏力爭，翔實懇切的說明棄留的利害及關係海防的重大。確是有關台灣的一篇重要文件，值得我們一讀：

台灣地方，北連吳會，南接粵嶠，……乃江浙閩粵之左護。……原爲化外土番雜處，未入版圖，然中國之民潛至生聚於其間者，已不下萬人。鄭芝龍爲海寇時，以爲巢穴。及崇禎元年（？），芝龍就撫，將此地稅與紅毛，爲互市之所（據此芝龍與荷蘭應有諒解）。……臣奉旨征討，親歷其地，備見野沃土膏，物產利溥，耕桑並耦，漁鹽滋生，滿山皆屬茂林，遍處俱植修竹，硫磺、水籐、糖蔗、鹿皮，以及一切日用之需，無所不有。向之所少者布帛耳，茲則木棉盛出，經織不乏，且舟帆四達，絲縷踵至，飭禁雖嚴，終難杜絕，實肥饒之區，險阻之域。……此誠天以未闢之方輿，資皇上東南之保障，永絕邊患之禍，豈人力所能致哉？

夫地方既入版圖，土番人民皆屬赤子，善後之計，尤宜周詳。此地若棄爲荒陬，復置度外，則今台灣人民稠密，戶口繁息，農工商賈，一行徙棄，安土重遷，失業流離，殊費經營，實非良策，況以有限之船，渡無限之民，非閱數年，難以報竣。使渡載不盡，苟且塞責，則該地深山窮谷，竄伏潛匿者，實繁有徒，和同土番，從而嘯聚，假以內地之逃軍流民，急則走險，糾黨爲祟，造舟製器，剽掠濱海，此所謂藉寇兵而齎盜糧，固昭然較著者。

甚至此地原爲紅毛聚處，卽不貪涎，亦必乘隙以圖。一爲紅毛所有，則彼性狡黠，所到之處，善能鼓惑人心。重以夾板船隻，精壯堅大，從來海外所不敵。未有土地可以托足，尙無伎倆，若再得此地數千里之膏腴，附其依泊，必倡合黨夥，竊窺邊場，逼近門庭，此乃種禍後來，沿海諸省，斷難宴然無虞。至時復動師遠征……恐未易再建成效。

如僅守澎湖而棄台灣，則孤懸海中，土地單薄，界於台灣，遠隔金廈，豈不受制於人而能一朝居哉？是守台灣卽所以固澎湖，台灣澎湖聯爲臂指，沿海水師汎防嚴密，各相犄角，聲氣關通，應援易及，可以寧息。況昔鄭逆之所以得負抗遁誅者，以台灣爲老巢，以澎湖爲門戶，四通八達，游移肆虐，任其所之，我舟師往來有阻。今地方既爲我得，在在官兵星羅碁布，風期順利，片帆可至，雖有奸萌，不敢復發。……部臣（蘇拜）撫臣（金鋐）未履其地，不敢造次。臣閱歷周詳，不敢遽議輕棄者也。

伏思皇上建極以來，仁風遐暢，聲威遠播……以斯方拓之土，奚難設守，以爲東南之籬藩。且海氛既靖，內地溢設之官兵，盡可陸續汰減，以之分防台灣澎湖兩處。台灣設總兵一員，水師副將一員，陸師參將二員，兵八千名；澎湖設水師副將一員，兵二千名。……然當此地方初闢，該地正賦雜餉，殊宜蠲豁，見在一萬之兵食，權行全給，三年之後，開徵可以佐需，抑且寓兵於農，亦能濟用，可以減者，無庸盡資內地之轉輸也。

蓋籌天下之形勢，必求萬全，台灣雖屬外島，實關四省之要害，勿論彼中耕種猶能少資兵食，固當議留，卽爲不毛荒地，必藉內地輓轉運輸，亦斷斷乎其不可棄。……棄之必釀成大禍，留之誠永固邊疆。

力征經營收復的疆土，會發生棄留的問題，洵爲不可思議的事，可知若干當局者的糊塗。經過施琅將遷民的困難，棄地的後患，專守澎湖的不可能，設官留兵並不加重政府的負担，議政王大臣再議，仍不決，康熙皇帝召詢廷臣，僅大學士李霨（直隸高陽人）力主從施琅之議，不久蘇拜等亦贊成應留，棄台之說作罷。一六八四年五月二十七日（康熙二十三年四月十四日）明詔設台灣府（原承天府），領台灣、鳳山（萬年州）、諸羅（天興州）三縣，澎湖設巡檢，置台廈兵備道及總兵，隸福建省。台灣與大陸同屬於一個行政區。就民族革命的觀點來論，施琅應是一個罪人，從國家統一的觀點來論，則爲一位功臣。而其力爭台灣之斷不可棄，則於民族國家均爲有功。否則千餘年來漢人流血流汗所經營開發的台灣勢將與祖國分離。十七世紀晚期以後，正值歐洲國家積極在東方掠奪領土之時，台灣又爲荷蘭西班牙英國奮遊之地，她們決不會輕易放過，台灣的地位將不堪想像，近代中國的歷史可能又是一個樣子。

鄭氏時代，軍政用費開支，均須台灣負担，賦稅頗爲繁重。平定之後，侍郎蘇拜等所定錢糧數目，與鄭克塽所報額數，相去不遠。施琅則以爲台灣戶口較前減少，且遭經兵戰，主張減租賦，予以修養。否則「遐陬初化之人，萬或以繁重爲苦，輸將不前」，難保不釀成地方禍階，彼時用費更甚。國家之保有台灣，「非因其地而可以加賦」，實因其關係沿海數省地方安危。在久經鄭氏苛徵的人民，輕賦薄斂，安集撫綏，使他們能夠樂業徽戴，「至數年後，人民盛繁，田疇悉易，賦稅自爾充盈」。此外他又請「收拾遺棄人材」，他認爲「台灣新附人員，亦有勇敢歷練者，一旦棄置，未免屈其已效之力，而辜其歸命之心」，應「使新舊投誠老弱者，遂安處之榮，精銳者有功名之望」，自可不生異念，衆心自安。此兩項建議，施琅均能見其大。但是他的一切主張與動機，大都出於消極，希望台灣安定，國家不再受禍，並無積極開發經營之意。此於他的「論開海禁疏」中又可見之。台灣未定之前，政府嚴通海之禁，既平以後，一六八四年（康熙二十三年）禁令取消，允諸商民出海貿易捕魚，爲沿海居民開了一條廣大的生路，不僅是一項德政，更爲有重大意義的措置。施琅則就海防上表示異議，深恐內地「奸徒與海上的鄭氏餘部勾結（據琅奏，柬埔寨卽有鄭氏某鎭楊彥廸部黃進，擁船百餘號），又慮其遠之外國作不軌之圖。並謂聽令人民出洋，亦非善固邦本之法，必須加以規定限制。至於新闢的台灣澎湖，「設有藏機叵測，生心突犯，爲患又不可言」。潮州惠州人民，卽以通海不法，「禁止來台。就這一方面說，施琅尙未能完全見其大者，他的識見畢竟有其限度。

（本節完）

自由中國通訊

冷戰、溫戰與熱戰之間

華府通訊・十月十三日

本刊特約通訊記者 許思澄

由于聯合國睿智而堅定的措施，與盟軍作戰的英勇，韓國戰事可望順利結束，韓國人民統一的素願經過戰火的楚痛終於得以實現。獰兇的蘇俄與北韓傀儡對于韓國的侵略企圖已遭粉碎，只有暫時一息旗鼓自認倒霉了。這局部戰很可能就這樣局部的消失，不致因此引起全面的熱戰。于是冷戰變熱，熱戰又將慢慢變冷了。看情勢，今後還有一段時間的戰爭狀況的和平。

那麼，爲什麼國際局勢會這樣地冷冷熱熱，熱熱冷冷？又爲什麼爲世人恐懼而又不能避免的「原子大戰」一時不致爆發呢？要捉摸這些令人迷惑的問題，就不能不從雙方的軍備情形來了解了。

據估計，美國今日至少已儲有原子彈四五〇顆。李梅將軍指揮下的戰略轟炸隊可以在十二小時內轟炸蘇聯境內任何一個城市及工業中心。這個轟炸隊約有二百架可以直接飛襲蘇聯的B—36式機。如將其餘可載原子彈的飛機計入（約二百架戰後的B—50式機及上次大戰的B—29式機等）。至少有二千架隨時可以出動。蘇聯境內人口在十萬以上的城市共八十一座。平均美國可以奉送每個城市五顆原子彈。這還是假定有百分之二十的飛機失事。這個損失率是依據上次大戰中最高損失率再從寬計算的。從反面來說，據估計，蘇聯目前儲存的原子彈至多二十五顆。而要想有效破壞美國一個主要城市，約需五顆至十顆原子彈，單只求嚴重破壞分散在各地的美國鋼鐵工業就需要五十顆原子彈。比較之下，蘇聯只好暫時忍下一口氣來。

就美國說，起初打得焦頭爛額，直到動員了七個師（內一部爲海軍陸戰隊）的陸上部隊，加上南韓兵力，配合了絕對優勢的海空軍，以三個多月的時間，才從劣勢轉成優勢。根據這次教訓，如試驗一下，在韓戰前美國正規陸軍（不計陸戰隊，國防團隊等），不過十二個師；再想一想今日西歐各國全部的軍力也不過十二師；而蘇聯在東歐一區能立即使用的陸軍却至少有一百七十師。則美國人的不願意在目前全面作戰也是很易了解的了。

那麼，這種或冷或熱的情形將長期繼續下去嗎？也不會！第一、蘇聯的國策就是征服世界。她更不會眞相信她發動了張阿二、李阿三所簽的一紙反對原子彈宣言能長期保障她的安全。如果蘇聯眞是這樣一個老實可憐的國家，那今日的世界也不會如此翻山倒海了。所以一方面口口聲聲反對原子武器，一方面她却積極研究製造原子彈。至於美國，杜魯門也早已正式宣佈不論韓戰如何，美國兵員至少將增至三百萬。而且要裝備西歐，甚至不惜武裝西德。等到一方面蘇聯的原子彈積蓄足用，電網及其他防禦佈置完成；另一方面美國及西歐各國建軍完畢，這第三次世界大戰就要正式登台了。今日的韓戰，也許還不能算「天官賜福」，但至少已是跳加官前的鑼鼓喧天。

從打鑼鼓到正戲登台要多久呢？保守點的估計是四年，但今日很多人却認爲只有兩年的「和平」了。他們將危機爆發點放在一九五二年八九月間。爲什麼呢？

蘇聯正在瘋狂式的建立國防，凡是製造原子彈及防禦原子彈的工作都得到最優先的機會進行。所有製造原子彈的原料源源不斷的自各衛星國流入蘇聯。蘇境和捷克、東普魯士的鈾鑛（原子能之源）都在晝夜加工採煉。波羅的海上雷達網已在使用，北冰洋的正在建立。更多的新型高射砲已在定製。阻止轟炸機入侵的噴射機日日增多。兵工廠日益建入地下，或者疏散下鄉。這些計劃到一九五二年秋可以完成。以原子彈一項說，據估計，蘇聯今日每月能製造四顆。即使此率不增加，兩年之後，她也可以儲存了一百二十一顆原子彈。即使還趕不上美國，但至少已可發生「中和」作用，使美國不敢先用此武器。如此，則蘇聯對美無所顧忌。過去幾年美國靠着原子彈的優勢換得的和平就要失去存在的條件了。

另一方面，美國已經決心備戰，由於目前的軍備工業基礎比二次世界大戰前好，預計四年後可以達到最高峯。但情形緊急，則兩年後也可以應戰了。就兵員說，美國本身三百萬的軍隊兩年後大致可以組成。西歐各國，至少在理論上兩年內應該可以增加三十八個師。連同今日已有的十二個師，可以達到防禦的最低需要五十個師。

就軍需軍械方面說，美國境內有四百七十個戰時工廠隨時可以啓用。加以三萬個從平時工業擴展的工廠，在總動員令下六個月內即可生產值四十一萬萬美元的軍械和軍需品。由於目前已有大批儲藏艦隊，故預算對於造船的需要可以較上次大戰爲低。再假定將平民的消耗壓低至上次大戰標準，則美國軍備全面動員後的可能生產量如下表：

附表

美國軍備可能生產量

項目	年產量	
	上次大戰最高峯1944年	未來大戰中可能生產量
中型坦克	13,468	27,529
輕坦克	4,048	8,274
裝甲車	5,509	11,260
軍用卡車	621,000	1,268,000
轟炸機	35,003	37,453
戰鬪機	38,873	41,594
運輸機	9,834	10,522
各種飛機總數（除以上各種外，尚有教練機，偵察機等等）	96,318	103,059
軍艦	380	190
商船	1,786	893
其他船隻	27,388	13,694
重炮	3,284	6,700
坦克炮及輕炮	19,991	40,780
高射炮	9,636	19,660
迫擊炮	24,842	50,680
軍用鋼（噸）	36,300,000	44,900,000

上表數字指的是最高峰。但如依目前速率，其各年進度如下：

一年以後：輕坦克車將大量生產。其他型者在試驗期中。飛機增加三培，自年產2,500架增至7,500架。巨型平射炮(攻擊坦克者)進入大量生產。新「掃天」式火箭高射炮將大額生產。

二年以後：中型坦克進入大量生產。輕坦克生產量增多。飛機增至年產20,000架。輕氣彈完成。防空飛箭(Guided Missiles for Antiaircraft Use)全面生產。

三年以後：新裝甲車大量生產重型、中型、輕型之新式坦克車均將大量生產。飛機生產增至60,000架一年，接近二次大戰時之標準。第一艘原子能推動之潛水艇完成，並繼續增製。遠距離火箭炮大量生產。輕氣彈開始增產。地面部隊使用之原子武器完成。飛箭（Guided Missiles）進入生產程序。

如因情勢緊急，尚可加速進行，因爲目前還僅只小規模動員也。不過待到四年以後，軍用品生產增至最高量時，平民生活水準就要降低很多了。新汽車、電氣冰箱、洗衣機、眞空吸塵器、電熨斗、新無線電收音機和無線電傳眞機，這些今日美國家庭中的享受均將斷絕來源。這些東西以中國水準來說，是天堂中的奢侈品，但就美國一般人說沒有了却感到很不方便。比這些更不便的是服兵役。既不自由又妨害了事業的發展。因爲美國人很少願以當兵爲事業。所以這種局面在太平歲月下是維持不久，但這種局面既非維持不可，其結果乃不入於大戰不止。在此備戰飽和點時，只要蘇聯再盲動一下，一連串的炸彈就將響了。

以上是冷戰、溫戰、熱戰的總趨勢。[illegible]間的台灣，冷一陣熱一陣，自然很不好受。但如看得準，拿得穩，幹得狠，自然也就遇難呈祥，逢凶變吉了。

美國當政者認爲歐洲的德國，亞洲的日本是工業和工業人才的中心，所以和蘇聯爭霸以保全此二國爲重。其中歐洲又重於亞洲。但雖如此，如日本安全受直接威脅，他們也仍重視。肯爲保衛韓國而戰，正可說明他們此戰主要在消滅對日本的直接威脅。台灣地位正如韓國可以直接威脅日本。所以不論美國人說出口也罷（如麥克阿瑟），不說出口也罷（如杜魯門，阿其生），心底裡都是不願意中共進佔台灣的，我們不必希望他們替我們守衛台灣，但只要沉住了氣，把穩了槍，狠狠的將內政、經濟、軍備搞好，任何人都不能奈我何。國際間是最勢利的，自已站的住，別人才敢來幇忙。自已先惶恐動搖，誰又肯來替死？總之，臺灣是穩如泰山，除非我們自已將自已搞垮。

再者，將來一日熱戰發生，美國一定是以擒賊擒王的戰略，直攻歐陸蘇聯。不論雙方誰勝誰敗，若干年內蘇聯均將無力欺負中國。至時，美國也多半無暇理會中共。假若大戰如賽籃球，以一人看一人的戰術來講，目前最要緊的問題是：我們能在工作上壓倒中共嗎？

（上接第26頁）

田漢的第四個特點是「寡人有疾，寡人好色。」和他發生過戀愛關係的女人，自然無從統計，只就和他同居過的太太來說，就有四個，第一位正式的太太是易淑瑜女士，生了個男孩叫做海男。易女士是湖南省立第一女師畢業的，舊文學的根底很好，可惜在她二十二歲的時候就因病逝世了。第二位正式的太太是易女士的同學黃大琳，但不久就離婚了。第三位太太便是三十六年從上海追到臺灣來找田漢安娥算賬的林維中了。她和田漢曾生過一個女孩，取名瑪麗，田漢和安娥逃到臺灣來時，偷偷地把女兒也帶來了，急的林維中眞是涕淚雙流，有苦難言。

說起田漢和安娥的關係來實在太不漂亮了，他們姘居的時候，會生有一男孩，一直寄居在安娥的母親張老太太那裏，安娥離開田漢後就與任光同居，（漁光曲的作者）過不了多久，兩人因爲性格不同也離婚了，從此安娥到處一個人飄流，過着在異性朋友中找安慰的生活。她雖然長的不漂亮，但寫的一手好情書，也會做新詩，與田漢過去既有那麼一段孽緣，自然是念念不忘，民國三十八年的秋天，她曾隻身到第五戰區走了一趟，名義上是搜集寫作材料，實際上是尋找對象，因爲沒有適當的人，於是後來只好又回到田漢的懷抱裏去了。

安娥在文壇上並沒有一點貢獻，只寫了一些歌頌「勞苦大衆」的白話詩歌，而左翼文人大捧她爲女作家、詩人，眞只有天曉得。

共產黨侵佔北平以後，田漢帶着安娥很快地到了北平，想去效忠秧歌王朝。新民報的記者去訪問他，他大談其自由民主的妙論，第二天報上發表了一篇田漢訪問記，立刻受到中共當局的警告，叫他不許隨便發言，「我們只有黨的自由，沒有個人自由」。於是這位漫浪成性，生來愛好自由的風流才子田老大，從此便關在鐵幕裏去做他那自由民主的惡夢去了。

田漢是聰明的，他知道如何捧女人、玩女人，也知道如何捧政客，巴結官僚。他在抗戰期間，一直追隨郭沫若，現在郭沫若成了赤色文壇的紅人，而田漢反而默默無聞了。

李四光靠攏初觸霉頭

香港・通訊・十月廿一日

齊霞

世人總是平凡的多，沒有主見，不懂眞理，頭腦簡單，隨聲附和，以故往往爲了眼前的一點虛榮，不惜對現實屈膝磕頭，原不足怪，所可怪者，有許多號稱高等知識份子，甚至著名學者專家，竟也禁不起考驗，在鉅變下會露出了狐狸尾巴。在過去「日汪政權」下，有周作人之流的下水，在今日「俄毛政權」下，便有李四光之輩的靠攏。

李原是在抗戰期間，國民政府教育部把他當做國寶一般派送到英倫去休養，考察的。他在英倫數載，養尊處優，吃得肥肥胖胖，那料到蘇俄魔掌一旦支配了中國大陸，北平「蘇俄政權」給他一個什麼「中國科學院副院長」的高帽子，便馬上大轉灣實行靠攏了。

李的靠攏，可以說對「俄毛政權」究竟是怎麼一回事毫無所知，更談不上研究，而是盲然從事的；因爲，假使他能稍微有點瞭解，決不會一入「中華人民共和國」的大門，便觸霉頭啊！茲把經過報告如左：

一九五〇年四月十日，我接到一個通知，說四月十二日下午三時，「中國科學院副院長」李四光先生在岳陽路「中國科學院」（原中央研究院）講演「歐美自然科學界的現狀」。自上海易手後，我是從來不參加中共他們的講演的。然而，這次我都破了例，接到通知後決定去參加，並且還約三位專家朋友同往。因爲一則我震於李四光地質學家的大名，一則我也想聽聽「歐美自然科學界的現狀」。

當我們四個人到了講演廳時，人都坐滿，也許這些人都和我抱着同一的心理。移時，經過主席一段客套介紹，李便開講了。他首先說：『今天在座的，可以說，差不多有一半以上是老朋友。別開了這麼久，忽然間都看到了許多老朋友，心裏有說不出來的喜歡，感情上很興奮，因此說起來恐怕不够有系流，這是要請諸位原諒的。

我在昨晚上纔得到通知，要我來報告這麼一個題目：歐美自然科學界的現狀。這個題目好大！把我嚇了一跳。而且我祇是在歐洲走動，沒有到美國去；而且在歐洲所走動的地方也很有限，因爲身體不好。現在祇有就個人與很少數友人接觸所得與少數出版物所見到的來說一說，當然很不完備，而講的時間又短，——不完備處也請諸位原諒。』

這是他的開場白。從這個開場白裡，得到一個重要啓示，即李雖是中共中央任命的什麼副院長，但上海中共一方面領導機構，便可在頭天晚給他出題目，第二天命他去講，事先並不徵求他同意，宜其講的『不够有系統』，在講壇上臨時翻書，幾個重要年代反反復復，弄不清了。

『歐洲自然科學界的現狀』這個題目的重心，很明顯的是着重『現狀』二字。假使李能把歐美自然科學的現狀加以分析，也便可以交卷。而他不然，偏要討好，要想從事實上證明了科學工作不能離開社會的經濟政治背景。』他說：『如果承認一切知識都是社會的產物，那末科學的知識當然也帶有社會性。這一問題，就比較嚴重地提出在科學工作者當前，即是科學工作者對人類社會變化的責任有相當重大。從前，有退步的地方，說我們科學工作是超脫了一切的工作，其目標與結果，完全與社會無關，是超然的；倘使所得的結果，很坦然地說是工具罷，則是社會工作者去做的事了，好的好，壞的壞，與科學工作者無關。這種態度，今天在座的人大家都很清楚，我們都是從這樣的環境中走過來的。這樣的情況，在歐洲，恐怕在美國也一樣，抱着這樣看法的仍然盛行於科學界，認爲科學祇爲發見眞理，此外都與他無關。但是我要反轉來說，這是不對的。因爲科學是社會的產物，是有社會性的；不但科學的知識是社會性的，就是我們的思想觀念，都有社會的影響。儘管你自豪爲超過或是超脫了一切，關閉在實驗室裏，然而實際上可做不到的。』這是他的理論中心，以下他便從這個中心，用第一次第二次工業革命去加以證實。不料，他拉拉扯扯談到『第二次大戰時，一九三九年到四五年，歐洲的銅鐵年產量是五千萬噸，而一九四六年，美國的產量是一億一千萬噸。』又說：『據一九四八年的估計，科學工作者在英國有二千八百人以上在做戰爭方面工作，而用作科學研究的預算，其中是百分之八十用之於戰爭科學。美國這方面的規模更大。』又說：『美國人不應說那樣的話，世界打完了後可以再興起來，將西歐炸完了又可以重建……等等一類話。因爲心裏祇有這等想頭，所以又得爲科學造出一套理論來。大名鼎鼎的羅素就也照樣變到如此地步了。他居然這樣說過，世界上最壞的就是蘇聯的存在，要世界好，就得先炸了它。這要是小孩子或瘋子說的，可以；然而是 B. Russel，以文字流利，思想漂亮的大科學哲學家說出來的。這人，根本已經擺出來這樣一副樣子了。在英國看來羅素是哲學家，科學家，思想進步的人，而居然有這等識論，這是什麼緣故呢？—這是資本主義發展以後的變態，使他發痴了。或者說，他是老糊塗了。』

我聽完後，便對同來聽講的朋友說：『李四光要觸霉頭了。他所講的話，無異爲敵人（美、英）張目，共產黨一定不高興的。』果不出所料，當李的講演稿在『科學』第卅二卷第五期發表後不多幾天，『北京中共中央』便對李提出嚴重的訓斥，訓斥他講演隨便，不該講的而竟衝口而出，應該講的反而略去不談，應予警告處分，命他趕快糾正和認錯。李曾說：『幸而回到鐵幕之內的中國』這要叫他嘗嘗鐵幕內的滋味了。

一個人必先有了一定主見，乃可以對外講演，所謂一言出口駟馬難追，既講出了怎可以再把它收回呢！尤其鼎鼎大名的地質學家李四光，講演還會鬧笑話，誰都不肯相信，假若照中共命令去做，豈不是把一生英名毀掉了嗎？所以，當李接到中共訓斥後，好幾夜未能成眠，終於病倒了。

中共對靠攏份子是決不留情面的，而且故意挑出問題來，試驗你是否已拋棄了布爾喬亞的舊意識。故李雖病倒了，中共仍要叫他糾正和認錯。李這時纔後悔在英倫時中了奸人之計，然也晚矣。在中共疊次指導和督領下，李無可奈何，終於寫出下面的糾正和認錯妙文。

他首先說：『這一段講詞的紀錄是刊在『科學』第卅二卷第五期上。勉强看了一遍，不能不令人懷疑是否值得爲它費了兩頁多紙張。……其他顯而易見的錯誤，想大家也很容易看得出來，最可怪的是那一些話爲什麼那樣說？用意在那裏？捉摸起來，實在太費勁了。可能紀錄有錯誤，有遺漏，應該錄入的，沒有錄；更可能應該說的話，根本就沒有說出或者說的太不清楚。爲了避免誤會，還是索性再費一點紙張，把它大致的搞個明白。……』冒頭一段這是認錯，而其主要糾正文字則爲臭罵英美，而大捧蘇俄。他說：『說到這種工業革命和學術思想革命的空氣之下，便發生了兩種相反的趨向：（一）是反動的，混亂的，保守的，反社會的，主觀的，孤立的，自誇的，迷信的，任意妄爲，憑藉强權，利己欺人，增加內在的矛盾，假自由而實受束縛，執着個體本位彼此互相傾軋，企圖向側面發展，其結果：在學術思想方面重主觀、主權感、走死路，終流於神祕主義，悲觀主義；而在實際生活方式上，處處過着矛盾，現出種種衝突，依附着垂危的資本主義，帝國主義，在混亂中討生活，用一切慘毒的手段壓迫進步的『知識階級』和工人階級以及殖民地或半殖民地的人民，時時刻刻用一切科學的成果，準備發動戰爭，用戰爭掩蔽他本身的矛盾並乘機奪取利益。（二）是進步的，有規律的，開明的，理智的，有計劃的，互助的，自省的，聯合的，謙遜的破除迷信的，顧全公共利益，反抗强權，解除一切束縛，爭取眞正自由，根據集體要求，從社會主義的觀點解決一切問題，向上發展，其自然的趨向：在學術思想方面，不重權威而重理智，着重主—客和物—物的聯繫以及不斷的變化，是活動的，進展的，樂觀的，前途遠大的；而其實際生活方式，常常用理智和社會主義的觀點，站在工人階級和一切被壓迫的人民的立場來克復一切矛盾；反對本位主義，部落主義，資本主義和帝國主義，反對戰爭。前一趨向所指的前途，顯然是黑暗，不通的，終究趨於死亡；而後一趨向是由『共通主義』達到無階級的社會，共同向上發展，前途光明，永遠生氣勃勃的。……』

從這段文字去看，顯然的這並不是李四光寫的，更非如「科學」編者附記說這是李在病中口述經人筆錄下來的東西 ， 而明明是中共方面撰就交李照抄的 。 這篇東西看來眞叫人好笑，題目是『歐美自然科學界的現狀』，而這一大段完全與這個題目毫沒關係，這就叫牛頭不對馬嘴！

『自由中國』的宗旨

第一、我們要向全國國民宣傳自由與民主的真實價值，並且要督促政府（各級的政府），切實改革政治經濟，努力建立自由民主的社會。

第二、我們要支持並督促政府用種種力量抵抗共產黨鐵幕之下剝奪一切自由的極權政治，不讓他擴張他的勢力範圍。

第三、我們要盡我們的努力，援助淪陷區域的同胞，幫助他們早日恢復自由。

第四、我們的最後目標是要使整個中華民國成為自由的中國。

海南島在鐵幕裡

海南通訊・十月十四日

念慧

今年四月十五日共匪第十一次登陸海南，地點是琼西的臨高角，人數約一萬餘人，爲第四野戰軍的鄧華兵團。登陸後東南趨澄邁，會合五指山內出來的馮白駒琼山縱隊，於四月廿三日早晨進入海口，又分路向南追擊，經八、九日始佔領全島。當時中共會宣傳人民如何熱烈歡迎；其實事實恰恰相反，共軍進入海口那天，街上靜悄悄地沒有一個老百姓，只有疲憊的共軍坐臥人行道上，直到翌日下午三時左右，才由共匪地下人員所組織的先進人員辦事處命令各商店楸放爆竹；可是情況却遠不如兩天以前慶祝殲滅共匪場面的熱烈。這些不歡迎中共的老百姓，如今正在共匪集體主義的高壓統治下掙扎着！

最初，中共政治人員未及趕到，所以一切皆無變更。唯一影響海南全島人民的是海南銀行發行的銀元券的停兌。海南銀行券因現金充足，兌換方便，一向信用很好，人民樂於使用；一旦變出倉卒，沒有一個人來得及兌現。聽說當撤退時現金尚有二十萬銀元，因副經理以下，大多數不願撤退的人員阻止外運，全部爲中共接收。中共接收了現金，却不承認所發行的紙幣，被剝削的還是一般良善的百姓。

大約在四月底，海南的政治機構逐漸成立。海南島隸屬廣東省，間接受中南區的指揮監督；但海南島又單獨成立一個海南軍政委員會，綜理海南全島軍政事宜，由鄧華，馮白駒分任正副主任委員。但鄧從未來琼，實際由馮匪負責。下設文教、農林、財務等處，由史丹等任處長，昔日五指山上的老匪幹，而今都成了人民政府的新貴！

中共對于思想的統制一向是無孔不入的，「解放」不久，各公立學校便派駐軍事代表，隨後又有校務委員會的出現，學校行政大權均操軍代之手，國立僑民中學等均已先後舉行師生檢討大會，清算賬目，批評教員，僑中校長黃琴，及國立高級農業學校校長，因爲「賬目不清」，都被拘押在監獄裏「改造」了。

海南「解放」到現在還不到半年，但僅就海口一地而言，先後被捕者數百人，其中知名之士如海口市副市長雲實誠(已於六月底前後病死)，海南日報副社長李雲鶴，海南大學總務長黃昌度，教授陳禹德，及私立西瑾中學校長等，被捕理由各有不同，例如雲實誠爲「貪污」，黃昌度、黃琴、陳禹德等爲「國特」；李雲鶴的被捕理由是因爲參加僞員訓練班後，思想搞不通，因此關進監獄去「特別改造」。其他有因任意離開原地，旅行別處而被捕的如文化人周石璋；有因四個人在一塊兒打橋牌，而被疑爲「意圖不軌」者如海大學生某君等，五花八門，不勝枚舉。其中最妙的是海大一位助教，這位先生原來在中央大學肄業，因爲參加學聯，鼓動風潮，爲政府通緝，於前年冬天逃到海南島，仍然參加了海南島的學聯工作，榮任「顧問」。平日思想「前進」，淪陷時尤其高興，到處發動學生出壁報，貼標語，歡迎「天亮」與「翻身」。這些唯一的「歡迎解放」的熱烈表現，大都出於此君的策動。誰知霹靂一聲，學聯被解散，不久此君也就被請去「改造」了，所謂狡兔死走狗烹，中共獰兇的面目如此，「前進」的知識份子，可爲殷鑑！

在中共錯捉不錯放的政策下，海口監獄經常客滿，氣象臺與府城的舊法院，現均已擴充爲臨時拘留所了。

表現在人民生活方面的是貧困與購買力的大減。香港運去的貨物，有時價格比香港還低，茶樓酒館大都門可羅雀。而最痛苦的是恐怖，每個人都有隨時被捕的可能，每個人都有失去自由的危險！

這種情形下，讀書的學生當然也大量地減少了，公私立學校最多祇一半學生，這學期起已紛紛合併。情形最慘的是海南大學，三個學院八個系，只剩下幾十個學生，十幾個教員，課程經「精簡」之後，每系四個年級都只四、五門課程，教授們紛紛在外兼課，每週非教二十五小時以上，無法維持生活。

解放之初，表現得最肉麻的是少數的文化敗類，例如海大校長范會國，教授吳某等，拚命鑽營，到處拉關係，與新貴們攀交情，開辦俄文補習班，發起「新民主」文化團體。其中風頭最健的是自稱共匪地下人員的張仁川，招搖撞騙，爲人「搭線」，聽說他生意興隆，收入可觀。

海口原有三家日報，淪陷時各負責人都不辭而別，留下幾十個無告的員工。其中中央與海南二報最慘，連薪都開不出，中共接管之後，每人每天發一斤半米，得以活命而已！大光報存款存紙均豐，起初很好，還發行過幾天「靠攏」報，只是「靠」而不「攏」，不久即因「官僚資本」而沒收，員工一律無條件遣散。後來中央與海南二報員工經過僞員訓練班改造以後，也大多數遣送回籍，各人領到幾文旅費。海口後來有一新海南日報，是軍政委員會發行的，每天四開一張，照例都是「生產」、「剿匪」一類的「新聞」，尤其多的是各種「訓令」、「綱要」等，與其說是報紙，不如說是教科書。然而這份新海南日報，正是每個學校「政治」課程的教材呢！

文藝

魔窟塑像

雲蓀

沒頭沒腦的謠言，滲透籠罩山城的迷霧，混成重濁的低氣壓，窒息每一個人的呼吸，收縮每一個人的心臟，使血液循環受到極度的阻礙，面對即將到來的大恐怖，無不慄慄地發抖。因爲情勢的突變，超過他們的意料，影響到一切預定的計劃都無法實現，大家飛不高、走不遠、逃不了，祇有在憂鬱、惶惑的窘狀下，任命運擺佈和戲弄，靜待末日的來臨。

這時住在小城裡的人們，誰也想不出較好的計劃，可以使自己的生命財產獲得安全的保障，白天、夜晚、惟有悄悄地躲在家裡，打開腦門，回想那些片斷的不完整的生活史，來作一次澈頭澈尾的檢討，先提出幾個具體的問題來研究一下：

『有沒有得罪過地棍流氓？自從立生處世以來，有沒有積不相能的活寃家、死對頭』？

『有沒有充任政府的官吏？和政府中人發生過直接間接的關係？在前年有沒有競選立監委員及國大代表？是否也會幫助別人來競選』？

『在過去有沒有獲罪於替天行道的「新統治者」？在應運而起的「新貴人」之中，有沒有似會相識的熱人？有沒有謬托知己的朋友』？

這些問題，在每一個人的腦海裡，考慮又考慮，檢討再檢討，雖然得不到什麼結論，也說不出有什麼實確的解答；但多數是從好處看，總有一套自我寬慰的理論，企圖解消自己的鬱憂的。他們大概是這樣想：如果自己過去的行事，會經有『爲公事，結私仇，』或者是借公家的名義，保復個人私寃的事實，便會自我陶醉說：『好在時過境遷了，彼此即有過不去的地方，已被悠長的歲月冲淡了』。如果自己會在政府的各機關混過一官半職，也有許多理由爲自己解釋的，例如『政府統治中國這麼大，中國的知識份子誰沒有與政府發生過關係。就是毛澤東，朱德，周恩來……也做過政府的官吏的，像我們這些小公務員何足掛齒呢！況且我決不想昇官發財，最大的原因，還是爲了要吃飯呵』！像這些官冕堂皇的理由，既已把自己動亂的心情，暫時鎮壓，自然而然地就會在數不清的『新貴們』的名單中，逐一審查，能不能在同學、同事、同鄉……等等名義上，與自己攀上關係？等而下之，在那些依附權貴的『尾巴們』之中，能不能發現『我的朋友』，在必要時，請他爲自己說幾句好話，或作爲『攀龍附鳳』的橋梁。當眞被他們查出某某『新貴』是自己的同學或同鄉時，那種欣快的心理狀態是難以描摹的。

至於在前年參加立監委、國代的競選，他們認爲是人民的公意，是人民希望他們出來的。『新統治者』是爲『人民而革命』的，他們的參加競選，也是爲人民的，自然是殊途同歸，能獲得『新統治者』的諒解了。

總之，每個人的思慮，都不敢從壞處看，爲的是不願在『解放』之前就被沒頭沒腦的謠言驚破了胆臟，活活地該死；而自己所想到的那些寬慰的理由，祇有自己明白，對任何人都密而不宣；因爲當你無意中向別人說起自己的理由時，所得到的回答，決不是你樂於接受的，不說你是『國民黨的老黨員』就說你是『青年團的新同志』，要言不煩，畫龍點睛，立刻推翻了你的全部幻想，愈益增加你恐怖的成分，比謠言厲害得多，你的一顆脆弱的心，馬上別卜、別卜，如同小似鹿的動盪，在那極度緊張的時刻，正流行着一種『幸災樂禍』的變態心理，決不容許別人的命運勝過自己的。

這以後，他們便根據報紙的記載，口頭的傳說，仔細研究『新統治者』在『解放區』表現的『德政』，歸納出幾點具體的事實決定盡可能地投其所好，來滿足『新統治者』的歡心。聽說：『新統治者』不歡喜宗教及宗教家；於是，那些本來是信仰宗教，受過洗的教徒們，從那時起，就同彼得在鷄叫之前，三次不認識耶蘇一樣，乾脆否認自己是教友的身份，立刻撤除了屋子裡的耶蘇像，把新舊約一律視同禁書，束之高閣，永不去禮拜堂，聽牧師講道了。又聽說：『新統治者』不准男人着洋服，女人披海勃龍大衣、塗口紅、燙頭髮；於是、每個人把什麼要緊的事，暫時不管，必先找到一件『百孔千瘡』的青布長衫，藏在人不知、鬼不曉的箱底，有備無患，作爲「不時之需」。女人呢，迅速騰出大部份的時間，運用半溫不熱的開水，把自己的鬈鬈擦着，抹着，一心要使波浪式的鬈髮，恢復到平直的常態；如果怎樣也擦不直抹不平，乾脆就把波浪式的鬈髮，一刀剪去，好像是一個初見世面的鄉下大姑娘。同時，藏起牠們的海勃龍、口紅、寇丹以及從香港帶來的時髦化裝品。不知又是從何處傳來的謠言，說是『解放』以後，學生、先生、醫生，最受到『新統治者』的優待。因此，『三生有幸』的傳說，掛在山城裡每一位知識份子的嘴邊，誰都想在各級學校裏謀到一席教師的職位，便是學校裡的書記，庶務，工役……都願意做，在以前被社會視同糞土、識爲一文不值的『窮教書匠』，忽然『身價十倍』，引起普遍的重視。這時候，有些時髦的少女，渴望嫁給醫生，不論是中醫、西醫，都成爲她們惟一追求對象。孩子們呢，學校就是他們的避難所，無不用盡力量，把自己的孩子擠進學校裡去；并且鼓勵他們儘量學會秧歌舞，學會喊口號，巴不得自己的孩子塗上『前進、革命』的色彩，連帶地使自己的生命財產能够逃避『清算、鬥爭』的危險。

山城的形勢，已一天緊張一天了，政府爲要挽囘危在旦夕的頹勢還在力竭聲嘶，呼號『有錢出錢』，來改善士兵的生活，强調士兵的戰志的；但是，那些有錢的人，明知銀元券的壽命，已如日薄西山，爲時無多，然誰也不肯捐一個大，解救國家的急難。他們已有牢不可破的打算，决定把積蓄的美鈔、黃金，當作『將功贖罪』的資本了。他們預料到絕對講唯物的『新統治者』，要是拿到了他們準備孝敬的美鈔和黃金，一定是心花怒放，笑逐顏開，不僅放任他們的過去，也許能得到意外的幸運的。於是，這些有錢的豪富，就會竭盡自己的心計，處理堆積的金鈔。他們所能想得出的方法，不外乎是：在深更半夜，由自己選擇內室裡、毛廁裡、厠房的鍋爐下、花園的架山石旁……等等不被人注意的所在，掘成深及丈餘的洞窟，把黃澄澄的金子，包包紮紮，分成若干部分，秘密珍藏起來，另外在總數中取出一部分，存放在銀行或自己的保險箱裡，準備孝敬；再把白晃晃的袁頭、孫頭，同樣埋藏了大部份，而以極小的數目，放在容易發覺的地方，隨時可以貢獻，借此表示自己的坦白和慷慨；關於美鈔和港幣，有些人早就匯到香港，留存的已不算太多，除在棉被的夾層、大衣的肩頭女人的內褲、藏匿了可觀的數字，也預備剩下一點兒自動奉獻的。這些人最大的憂慮，此刻已不是想像中的那些『新統治者』一副猙獰的面目，而是社會上還在流傳着，『某某日之銀行老闆，某某是大公司的經理，某某是大工廠的廠長，某某是國難期間的暴發戶，某某在勝利刦收時着實撈到一票的』，這一類的猜測和謠言。他們爲要擴清謠言，排除自己的憂慮，祇有冒充『前進』，把流行的口頭禪，時刻掛在嘴角，見人便罵『資產階級』是混蛋，藉以隱蔽自己的身份，一面儘量放縱他們的下一代，擺出『前進』的姿態，積極附和學校、機關及社團的秘密組織。在多數人的眼光裡，他們的一舉一動，像剎是秘密接受『新統治者』一種有計劃的策動，使得大家出神見鬼，無中生有，從此再也不敢公開指說他們的爸爸是應該『清算鬥爭』的對象了。在那時期，凡自己覺得有某種嫌疑，十足具備了『清算，鬥爭』資格的人物，他們的思想和行動，倒是最『前進』最『革命』的。他們在過去雖蒙受政府的殊恩，滿足了『昇官發財』的慾望，而到了那時期，他們的反對政府，却比任何人更爲激烈。他們總得要想盡方法，洗清自己與政府所發生的關係，遮蓋自己在社會上的種種劣跡的。因爲這樣，他們對於別人的思想和行動，常常吹毛求疵，無微不至，就是至親好友，也不肯輕易放鬆，都想擬定一張够得上『清算』的名單，揑造一似似是而非的證據，準備在山城『解放』之後，適時提出，一面邀功，一面粉刷自己的門面的，這使住在山城裡的一百多萬『治物』，個個失去魂魄形同槁木死灰，那可怕的繁殖『黑死病菌』的瘟神，像露出猙獰的吃人的獠牙，張手舞爪，緊緊跟隨着每個人的週圍一樣。實在說起來，他們爲自己的打算，已經週密到無以復加了；但始終是恐懼、懷疑，絕對不能放心。

過了幾天，山城果眞『解放』了。在『解放』的第一天早晨，各報館都以職工會的名義，照常出版，無不匠心獨運，在字典裡挑選最吉利的字彙，用大如『飯碗』一般的超號字，對『新統治者』盡到『善頌善禱』的能事；雖被恭維的一方，也許有點兒肉麻難耐，而他們猶以爲未能略表頌禱的悃忱似的。市街上闐無一人，家家戶戶闔攏着大門，門前是一堆炮竹的殘骸，連夜趕製起來的旗子橫八豎八地掃在門邊，濃重的愁霧，低低地壓在山城的屋脊，彷彿是提前過新年，又像是張天師在拿妖捉怪時所佈置的道場。

各學校的敎師和學生，因爲今天早晨的升旗禮，與過去截然不同都起得極早，有些人雞叫第一聲就起牀了，不約而同地剝下西裝，穿上百孔千瘡的青布大褂，慌忙趕到操場上，連永不參加升旗禮的先生們，也踴躍賁臨了，大家假裝嘻嘻哈哈，一團和氣，帶着不自然的笑聲說：『哼……哼……屁股，面對旗杆，站住各自的立脚點，忽然睡魔偷襲，輕輕打一個哈欠，伸手抹擦朦朧的倦眼，凝視昨夜趕製的旗子徐徐上升，音樂老師站在旗杆下，舞着指揮棒，領導大家重唱久已淺忘的『義勇軍進行曲』蝌蚪似的嘴壳，一翕一合，模索着人家尾音，時和時輟，誰也聽不出一句比較完整的歌聲，這時刻，自以爲『前進』的份子，爲要糾正大家的聲音，便大聲高唱，想以聲音領導聲音；但亦終於不成體統，因爲這隻歌已經七八年不唱了。好容易唱完了，大家又荷荷地笑起來。

整個的山城，變成魔窟，變成一般『前進』份子跳躍的舞台，他們的塑像，都是奇奇怪怪，莫可名狀，有以小丑的姿態出現的，在人叢中跑來跑去，拿了一本『新民主主義』表示很熟悉這方面的政治行情，要大家跟他學習。有的是表現大花臉的模樣，跳到學校的和公衆講台上去，自作聰明地大講其『辯證法，唯物史觀』來，講得舌疲唇焦，汗流浹背，聽衆們疑心他們眞是老於此道的內行，無不相對咋舌，表示極的佩服，但是那些雜在聽衆中偷偷察探的『新統治者』，認要這些傢伙膽敢隨意亂吹法螺，胡謅馬克斯『聖經』，是十足的投機份子，已把他們的大名記在日記簿上了，結果是吃力不討好，勞苦而功不高。

在山城的『解放蜜月』裡本來在各方面顯得非常活躍的塑像，聽說現已露出自己的原身，失去『新統治者』的寵倖，打入了十八層地獄。此刻又是一批新的塑像，在魔窟裡活躍了。以前那一羣爲自己打算得十分週詳的人們，並沒有如願以償，照樣在接二連三的『清算鬥爭』下，破家蕩產，結束自己的恥辱的生命。

風流才子話田漢

劉治郁

田漢，這位頂頂大名的戲劇家，我想凡是愛好文藝的人，沒有不知道他的名字的，尤其三十六年年底，田漢曾和他的情婦安娥悄悄地來到臺灣，演了一次非常熱鬧的桃色悲喜劇，鬧的全寶島的文人都知道了，使一般過去崇拜他的文藝青年，感到萬分失望，甚至萬分痛心！他們想不到田漢是那麼浪漫，不負責任，能夠把一個會和自己共過二十多年患難的太太林維中拋棄，和他已經離棄了的情婦安娥恢復舊情，固然我們局外人無從知道其中底細，但根據林維中的「一封公開的信」及田漢的：「告白與自衛」所說的種種看來，林維中的嫁與田漢，不可否認的是虛榮心在那裡做祟，她以爲田漢在中國是一個有名的戲劇家，嫁給他可以名利雙收，沒想到田漢是一個風流人物，他是以浪漫出名的，他沒有家庭觀念，對愛情不負責任，只要是年輕而漂亮的女人，他見了就愛，對於別人的太太，他尤其喜歡獻殷勤。凡是田漢足跡所到的地方，總有幾個年輕漂亮的太太小姐陪他玩，陪他跳舞上館子，究竟爲什麼他有這樣的魔力能夠吸引女人，使被他遺棄了的安娥再重新回到他的懷抱，使林維中死死地抓住不放，這裡，我們不妨把田漢的過去做一比較詳細的介紹，那麼我們就可以了解田漢的人格和女人爲什麼要愛他的原因了。

凡是認識田漢的人，都知道他有一個爲大家所熟悉的外號，叫做「田老大」，也有時簡稱「老大」的，他是個不修邊幅，行爲不檢，澈頭澈尾的浪漫主義者。他的別號叫壽昌，湖南長沙人，曾留學日本，返國後，即從事話劇運動，組織南國社，後來又創辦南國藝術學院，自任院長，雖然只有短短的兩年功夫，但無可否認，對於話劇的貢獻在當時是很大的，他曾翻譯過「咖啡店之一夜」，著有「南歸」，「湖上的悲劇」「孫中山先生之死」，「名優之死」等，劇還率領了南國社的男女社員到南京，廣州等處公演，頗得好評。

田漢是個有藝術天才的人，可惜聽明人往往被聽明所誤，田漢如果走正路，他的前途是光輝的，然而不幸，他太把自己看的了不起了，不但別人喜歡稱賞他一聲：「風流才子」，而他自己也以風流才子自居，才子是好的，值得人們羡慕的，而一加上「風流」兩字，人家對他的印像就變質了。

論起田漢的思想來，會起個不少變化，起初是由個人主義，唯美主義，進到浪漫主義，這從他的「南歸」和「湖上的悲劇」裡可以看出，他和郭沫若，宗白華是很要好的朋友，他們三個人曾聯合出版了一部「三葉集」。但後來宗白華的思想變了一改過去的作風：他變得很冷靜，有理智，埋頭做研究的工作，很少發表文章，更不像郭沫若田漢之流喜歡出風頭，想做官，於是一般人漸漸地忘記了，會經在創造社時代喧赫一時的宗白華，但在宗白華本人一方面，卻成了中央大學的一位名教授，桃李遍京滬，比起郭沫若田漢他們來，眞有天壤之別。

前面說過，田漢是個不修邊幅的人，對於衣着，從來不講究，有時穿長衫，有時穿西裝，不打領結，不穿襯衣，皮鞋破了洞，襪子沒有後跟，他從來不去管牠，他覺得非如此不足以表示是藝術家，非如此顯不出田漢的瀟洒風流，這是田漢的第一個特點。

田漢的第二個特點是喜歡熱鬧，不甘寂寞，他和什麼人見面都說：「我們是老朋友」，他隨時流露着熱情，隨時都是笑容滿面，因此青年人都喜歡他，他說他沒有架子，有時晚上演完了戲，他很慷慨地請演員去館子裏消夜，他拼命地勸這個喝酒，勸那個吃菜，到最後你說付賬的是誰？是被請的客人，而不是做主人的田漢。

他喜歡約朋友來家裏吃飯，但往往十回便有九回是忘記了的，等到客人來到，他還在莫明其妙，被請的如果是生客，只好自認倒霉，空着肚子再回去吃飯，比較熟的就毫不客氣地說：「老大，你又忘了，今晚不是你請客嗎」？

「呵，糟了！糟了！我又忘了，家裡沒有預備，我們上館子吃罷」。

結果，他們上館子了，而且吃了個酒醉飯飽，但會鈔的人又不是田漢，而是客人。

像這樣的例子，舉不勝舉，有一次朋友也沒有帶錢，吃的又是一家生館子，（欠熟館子的債太多，他已經不敢去了），田漢不付錢，老板不許他走，不得已，只好把西裝上衣脫下做抵押，自己穿着一件破汗衫陪着朋友沒精打彩地走回來。

別人請田漢吃飯，他喜歡帶一群朋友去吃，這是田漢的第三個特點，遇着什麼人結婚或做壽的日子，他帶幾個人去湊湊熱鬧，還不打緊，但往往主人請客是預算好座位的，一個也不多，田漢偏偏又帶了兩三個人去，過到這種場合，做主人的眞是再窘沒有了。知道田漢脾氣的人，往往請了他，一定要多留幾個座位，但有一次是例外，湖南省府張主席請田漢吃飯，他也像平時一樣帶了三位女客去，在他一來要在女朋友面前表示自己的聲望，帶她們去赴主席的宴會，好像是無上的光榮。二來，這已經成了田漢的習慣，並不稀奇。沒想到那天竟碰了個大釘子，恰好遇着主人請的都是男客，而且也沒有給田老大留出多的座位，主席公館的用人，以爲女客是來會太太的，於是便引她們到了另一個會客室，事情又偏偏這麼湊巧，主席太太因爲有人請吃飯，早已出去了。結果，這三位小姐一直坐在客廳裏挨餓，田老大以爲是男女分座，所以也不管她們，只顧自己吃飽了打哈哈，等到席終人散，田老大才記起三位小姐來，一走出大門，小姐一齊向田漢大發雷霆，田漢除了陪罪外還破鈔請她們吃了一頓。

（下轉第20頁）

躍向自由（中）

嘉森金納夫人原著
文波節譯

五、我在鉄幕中

學校堆積的拉圾和不清潔的情形，引起了美國當局的注意。衛生局警告數次後便將此事告到法院去了。後來法院令所有居住的人遷出。爲了保全面子，領事館下令所有的教師在廿四小時以內遷出學校。但事實上只有我一個人被迫遷出。這個變遷對我是最不受歡迎的。我一直和沙馬林夫婦住在一塊，雖然我們很忙，很少見面，但我至少不是和密探們住在一塊，這對我也是一個安慰。在這裡我能夠聽無線電，收聽一些外文節目，可以看我要看的報紙，可以常常去看我的教堂。偶而我還可以向沙馬林太太談到美國。她似乎知道有關美國的一切。當她論及美國的選擧，政府和法院時，我彷彿若在夢中。

但現在可不同了。我和領事館秘書柏諸尼可夫一家住在一起。我的房門對着餐室，成天開着。我不能聽無線電，一切的行動都要受到詢問，不久我知道柏諸尼可夫是一個秘密警察。現在一天廿四小時我都在密探的包圍中。柏諸尼可夫的太太也談論一切，但她的談話完全是蘇維埃式的宣傳。

我每天很早起床。在街角四處張望後，急忙買一份斯羅佛報（一種反蘇的俄文報紙），將它藏好，然後去學校，在我的辦公室內有一小會時候可做自已的事。雖然不可能再研究英文，但我可從這份俄文報紙中得知美國的情形。

我被一個我所喜歡的學生發現了。一天早晨法西尼夫出人意料的出現在門檻上，當他看見了這報紙時，嚇得他目瞪口呆。驚惶地喊道：「你爲什麼要看這種敵人的報紙呢？」

「爲什麼不應該看呢？」

「我請求你，不要再將這報紙帶來。這對你只有傷害。你知道我們是愛惜你的。請撕毁丟掉吧！」他很激動，想從我這裡將報紙搶去。

我阻住了他。對他說道：「我要丟掉的。」

「謝謝你。」

「——但是你以後未得我允許不要來這裡。」

他的臉紅了。「請你原諒，我只是想念你而已。」他轉過身走了，但又停住。慢慢的走向我，對我說道：「我——我不得你的允許決不再來。」

「法西尼夫……」

「什麼？」

「你能保守這秘密嗎？」

「自然？」他堅決的說道。「我不會讓任何人知道，但是——但是請你小心。」

他走了，極小心的關上了門。

我深深的感動，仍有人是關心我的。

有一天尼可羅法跑進教員休息室，告訴我們賊已被一個學生可爾青捉住。這賊便是一位要員的女兒，偷了可爾青的短皮外衣，這消息引起了一陣騷擾。尼可羅法擧手示意安靜。

「同志們！不要將這事宣揚出去，可爾青所作的是一件輕率的事，對任何人也沒好處。」

我苦笑。顯然地尼可羅法的意思是怕引起有權勢的共黨要員的怨恨。她看見了我的笑，直接對我說道：「這是一個學校，不是一個調查處。」

「只有偸竊是你們未曾調查的。」我不顧一切地說道。

「這是什麼意思？」她威脅地問道。

「我的意思是你不是一個教師。」我感到我的心很快地跳動。

「是的，是的，嘉森金納的一切我們都知道。我們要看你將在莫斯科如何教導你的學生們！」

「不論在莫斯科或是在美國，我決不要我的任何學生偷竊。我只要做一個適當的俄國人！」

俄羅法尖刻地喊出來了：「够了！」

我又說道：「可惜捉住這賊的不是我。」

當尼可羅法被俄羅法推開時叫道：「你永也不能够找出賊來，你的學生們不信任你！」

此後我的境遇更糟糕。課後來實驗室找我談論問題或撩天的學生會逐漸增加。但自從這件事以後，人數更形增加，甚至於有一些不是我班上的學生。

這些學生並不談論生物，只是對於黨的路線絮絮不休。漸漸地我開始感到我不能信任任何一個學生。似乎沒有一個人免於狡猾和蘇維埃的觀念。我經心與所有的學生們所建立的密切關係開始瓦解。我剛到美國時所抱的高度希望都粉粹了……

我急迫地需要一個變遷。考試完畢後我立刻去見沙馬林，問他我們是否有假期。

「我不知道，那得看領事館的意思如何。」

「你的太太常常談到尼加拉瀑布。」

「這很困難——特別是對於你。他們不願讓非黨員走得太遠。」

「你肯批准嗎？」

沙馬林苦笑。「我很樂於這樣，但沒有一點用。」

最後沙馬林才告訴我他已不再是這裡的主任。我很奇怪。他對我說道：

「因爲主要的我不是黨員。或許因爲我對於每件事太苛求。」

一陣失望掠來。我突然感到懼怕。他叫我快去見新主任，他已來此。

新主任是安德里安可，曾在莫斯科時見過。談了一會話後，我告訴他想去尼加拉瀑布。安德里安可嬉嬉頷。

「好，這事須去找副領事索諾金，但是爲什麼去尼加拉瀑布呢？還有更重要的事要做。」

我去見索諾金。和他爭論了一會後，索諾金說道：「你可以去尼加拉瀑布，但是俄羅法和尼可羅法陪你一道去。」

「俄羅法和尼可羅法！」我惶恐地反覆說著。「爲什麼我不能一個人去呢？爲什麼在所有的人之中必須和他們一道去呢？」

「他們也很觀喜這旅行。此外，你不懂英語；他們可以幫助你。」

一想到將和兩個密探在一道我所有的希望全粉碎了。「我不要他們陪我去。」

索諾金發怒了。「你不是在莫斯科！你是在美國，你得照所告訴你的話去做！」

一星期以後我去尼加拉瀑布，俄羅法和尼可羅法形影不離地伴着我。

旭日照耀，瀑布的轟聲震耳欲聾。瀑布的中央，七種不同的色彩閃灼發光，萬點明珠飛騰，目前的世界變成了一個仙境。我屏住了氣，極力將這景色深印腦際永遠不忘。腦中湧上了一個念頭。我凝視着飛奔的流水，極力抑制住自己的情緒。

啊！上帝！我願隨流水被驅到那不可達的遠方！消散在空中，屬於虛無，屬於萬物，不再嘗到懼怕，疲憊和希望的傷痛！……

逃脫！

爲何我曾想一旦我離開了蘇聯便可找到我的孩子呢？在這裡蘇維埃的魔掌比在俄國籠罩得更緊嚴。誰也不能逃脫，我的孩子和我也不能逃脫，不論他死活只有在國內才能找到他。我的丈夫孩子和我終有一天在那裏身舊塵土。這便是我們的命運……

俄羅法和尼可羅法堅持着要乘遊艇，我感到十分疲憊。我極力睜開雙眼，只到船游到了平靜的尼加拉河上，我才昏昏睡去。

次日，尼可羅法決意去參觀當地的博物館。她對我說：「你是一個專門研究自然科學的。我要你看看這裡的博物館的情形。什麼也沒有，只有塵土。這是因爲這個博物館不是屬於國家和人民而是屬於私人的。」

但這個博物館是一個公共博物館。不花分文便可進去，而在蘇聯最差的博物館也要收費。

玻璃內整列着全世界的動物，如活動物一般，令人震驚。俄羅法和尼可羅法爭相購買陳列品。感謝這個博物館，整整有三個鐘頭我離開了俄羅法和尼可羅法的視線。我珍惜這些時光。當她們找到我時，我正在欣賞與大利、南美和印度的動物展覽。從此空氣變得更沉悶。

尼可羅法焦灼地四處搜尋，突然高興地大叫一聲：「看這塊玻璃上的灰塵！」用手抹了一下說道：「我會告訴過你吧？」然後拉出一條手帕擦上了一點灰塵，小心的摺好後說道：「這是我給祖國最好的紀念品。」

走出博物館後，俄羅法絮絮不休地說道：「美國人這樣落伍，讓水力浪費，看看我們的蘇聯！我們利用瀑布建立了偉大的工廠。現在我們的電全用不完！」

我不能自制。「你們倆是怎麼回事？你們怎麼會這樣盲目呢？你們在蘇聯有洗衣機和冰箱嗎？」

「我們可能已經有了。」俄羅法回駁道。

我忍不住說：「我只有用六十瓦特燈炮的電。」

尼可羅法說道：「用電現正漸漸地增加。」

我問題：「你們眞的以爲美國人讓尼加拉的水浪費嗎？你們在美國看見了勞工營嗎？你們和美國人一樣地可以自由行動嗎？」

她們倆互相望看。

尼可羅法說道：「嘉森金納變得百分之百的美國化了。」

我的話破口而出——我沒有顧慮也沒有感覺。「拿出你們的紀念品給我們的人民看，但不要忘記告訴他們在這裡的人是如何地被珍重。告訴他們這裡的餐館和商店充滿了食物。告訴他們凡是爲人類的尊嚴和快樂所需要的一切這裡都有！告訴他們這便是美國人如何的落伍！」

俄羅法抓住了我的肩。「停止這一套廢話！」

我開始笑了，喊道：「爲什麼？你們知道得和我一樣清楚。你們知道在我們的國家裡機器高於人。國家將產品全取去，甚至於連人自己也在內。人不是人。看看你們自己！你們不過是政府的子孫，政府的思想就是你們的思想！政府的希望就是你們的希望！政府的任務就是你們的任務！你們能稱你們自己是什麼呢？」

他們倆人首次這樣不發一言。

在回紐約的途中我們很少說話。

六、麻　痺

從尼加拉瀑布回來以後，俄羅法和尼可羅法馬上報告了我的反革命的談話。人們都遠離我，和我講話就是冒險。然而官方對我未採任何行動。俄羅法和尼可羅法日夜纏繞着我。我的學生時常告訴我他們曾看見俄羅法或是尼可羅法從鑰匙洞中窺看我的教室。我每一鐘頭的行動他們都能報告。我在房中便要聽柏諾尼可夫夫婦的宣傳，出外散步便被俄羅法或是尼可羅法跟踪着，因此我將大部時光消磨在學校的實驗室中。

在這幾個月中，我很少看到沙馬林。他已搬遷。每當我看見他時，便看見雷葉法斯珈或是偷跟着他或是找着他談話。

我更感到孤獨，也極度疲倦。我的熱情可能已消失，但我的教學法仍然依舊。

一九四七年冬沒有什麼可憶起的。我慢慢地沉入了一種麻痺狀態，什麼地方也不去。我的空餘時間全消磨在悶睡中。每當我覺醒時便凝視着俄來格的照片，一直看到我失去知覺。因爲我不需要任何東西令我想到窗外的自由世界。除非我知道我的俄來格在什麼地方，窗外的世界對於我並不是自由的。

柏諾尼可夫太太告訴了我一個消息，使我從昏迷中驚醒。

二月二十二日紅軍節將舉行慶祝大會，維辛斯基和烏克蘭的代表曼紐爾斯基（Manuilsky）將參加。

起初我很淡漠，但當我想到維辛斯基時，我的興趣漸增。我要看看這個殘忍的動物是個什麼模樣？他曾在清黨運動中使無數人民湮沒無聞。

慶祝大會開始是一個戴着史達林勳章的蘇維埃上校的激烈演說。德國法西斯主義是被世界上最强大的武力蘇維埃紅軍擊潰的。然而若不是有和藹可親的史達林甚至於紅軍也不能有所成就。

無敵的紅軍萬歲！史達林同志萬歲！

我首次看見所有的婦女都穿戴得十分華美。她們耀目的珠寶尤令我發生反感。似乎每一個人都要極力勝過其他的人。

當總領事羅馬金進來時，全場靜默無聲，全體立起。隨後而來的是維辛斯基和曼紐爾斯基，格羅米克夫婦以及羅馬金太太。

維辛斯基的演說不過是重覆那個軍官的一套話。一再歌頌無敵的紅軍，紅軍是擊敗德國的唯一武力。

曼紐爾斯基的演說和以前的兩個人完全一樣。每說一句話便望望維辛斯基，彷彿在求得他的贊許。

跳舞開始了。我只感到孤獨。格羅米克的兒子托爾亞正醉薰薰地和美麗的克娜法歡舞，她是格羅米克的車夫的女兒。其他的學生也都喝得醉薰薰的。我決定離去。

在門口格羅米克夫人對我打招呼。以前我們未被正式介紹過。

「你看見了我的托爾亞嗎？我找不着他——也找不到克娜法。」

我知道她腦中正想什麼。她邀我去隔壁的一間屋裏談話。她告訴我托爾亞正熱戀着克娜法。雖然托爾亞很愛鬧，但我發現他是一個好學生。

「他是一個蘇維埃的大外交家的兒子。你總該了解。」她含笑的雙眼現在變得陰沉。

我自然了解。托爾亞是格羅米克的兒子，而克娜法是一個車夫的女兒。這便是我們的統治階級！

「我知道托爾亞喜歡你和沙馬林。他時常講到你。在他房裡還有一張你的照片。我知道他會聽你的話。」

我冷冷地望着她說道：「我喜歡克娜法。」

她請求我勸阻托爾亞。

「因爲我的托爾亞和阿娜喜歡你，所以我常常爲你辯護。我願繼續做你的朋友。」她笑了。我驚奇地望着她。她便是我的保護人麼？是否是因爲她的原故我未被送回蘇俄呢？………

當我們離開時，她對我說道：「請相信我是以一個母親的身份來請求你這樣做。」

那一夜我不能入眠。

七、抗　議

我並未對托爾亞談話。直到一星期以後在領事館聽演講「藝術和科學的自由」時才又見到格羅米克夫人。這個演講是小波里索法所引起的。

有一天夜晚波里索法到我的實驗室裡，緊張而不自然。她以一種擅抖的聲音問我關於西蒙諾夫（Simonov），愛倫堡（Ehrenburg），馬亞可夫斯基（Mayakovsky）等人的作品的見解。

我握住了她的手直望入她眼中。「確實是你自己想知道嗎？」

她的臉紅了，眼向下望着，回答我道：「是的，」

我感到一陣失望。這些孩子們將變成什麼呢？

在此頭一天我已察覺當我離開學校時有學生跟隨着我。我的眼光模糊了，幾乎看不見波里索法。

「波里索法，我要告訴你兩件事，但是你必須答應我永遠記住我所告訴你的。」

她低語道：「我一定記住。」

「第一，我要你記住在一切人之中藝術家必須是自由的。最重要的是他們必須對他們自己眞實。他們所說的必須是他們所感覺到的，否則他們不能創造藝術。你能了解麼？」

她的眼睛潤濕了。她點點頭。

我繼續溫和的說道：「在這方面所有的人都是藝術家。每一個人必須爲眞善美而工作。他們必須對他們自己眞實。他們必須做他們所認爲是公正的和善良的事。波里索法，我的孩子——你能告訴我你所做的是對的麼？」

她的眼睛睜得很大，孤獨地望着我。突然眼淚流出了，哭泣着說道：「我不能不這樣！我不能不這樣！」

她轉身跑了。

次日宣佈將舉行一個演講，講題是「辯證唯物論和藝術科學的自由」。這消息是尼可羅法告訴我的，每一個人都必須出席。

演講人是副領事巴古諾夫，他是領事館的政治委員。他的話從頭至尾和我對波里索法所講的話是相反的。

「在這個所謂自由民主的國家裡，每一個人僅爲他自己而工作。沒有人爲人民而工作。因此在這裡不可能創造眞正的藝術和文化。……」

他講完後下面一陣熱烈的喝采，人們一個一個和他握手祝賀。人們走向我，好奇地詢問我關於這次演講的觀感。

當他們都離開我後，格羅米克夫人走上前來。她帶着一種憂鬱的神情告訴我關於格羅米克因托爾亞而發怒的情形。她哀求地望着我說道：「請你幫助我。我爲我的兒子害怕。」

當她開始對我講話時，我只是想什麼時候能够避開她。現在我却充滿了同情。我答應了她。

一天課後我將托爾亞喊到一邊，我不知道我將說些什麼。我問他近來做些什麼，他講了一大陣，忽然提到克娜法。他告訴我他非常喜歡她。

「不知爲什麼她得不到我母親的歡心。我母親要我把她的照片全扔去，你知道嗎？所有的男孩子都有女朋友，爲什麼我就不應該有呢？」

我的話塞在喉頭，但我畢竟迸出了：「克娜法剛巧是一個車夫的女兒——」

「——而我是一個著名外交家的兒子，我討厭聽這樣的話！一個車夫有什麼錯呢！我曾經想做一個車夫。」

我想擁抱他，但我記起了他母親哀求的神情。

「繼承你父親的志向必須要下很多功夫。」

他憤怒地說道！「我永不願做外交家，我喜歡數學，我要像沙馬林一樣做一個數學教師。」

最後我對他說：「托爾亞，照着你的希望去做。你與克娜法的友誼它本身當然不是一件壞事。但是不論你要成一個什麼樣的人你必須現在即時準備。你必須專心。你必須求得知識。」

然而他的話令我吃驚。「請原諒我問，智識對你有什麼作用？」

我茫然地望着他。「你是什麼意思？」

他會心地點了點頭。「波里索法和演講，顯然你所求的智識是一種錯誤的智識。我知道每一個人都遠避你。關於演講的一切我都知道。」

他跑開了。我嘆息。這個父與子之間的戰爭將發展到如何地步？

自從那次演講以後，所有的學生都不理波里索法。可憐的波里索法在課堂裡靜坐着，彷彿是在懺悔。下課收拾好她的東西後，便偸偸地溜出去了，不看其他的學生，也不看我。

一天黃昏我正坐在教員休息室裡，波里索法的父親走進來了。他談到天氣，他的工作，領事館、學校，最後談到波里索法。

「爲什麼這些小子不理我的女兒呢？是你煽動他們的！因爲你的原故我的波里索法既不吃東西也不睡。假若她發生了什麼事，我一定不饒你！」他拍着桌子叫道。

我驚呆了一會兒，怒火慢慢上冲。

「我從來沒有以你們對待孩子們的方法對待他們。你使自己的血肉作密探。你卑汚你自己還不够，還要卑汚你的孩子。你這樣盲目嗎？你不知道他們不理波里索法你應負責嗎？你還責備誰呢？」

他的怒氣已消。我指着桌上的文件說道：

「這便是和你一樣的一個共產黨員所作的。不但密探跟踪我，孩子門也跟踪我。還有什麼呢？」

「這種監視不是對你個人的。你沒有什麼可懼怕的。我們都知道你是一個有能力的教師，我們很尊敬你，不要以爲僅僅因爲你被密探監視便減少了我們對你的尊敬。」

「這樣嗎？」

「自然。我們被一個資本主義的世界包圍着，因此我們必須得到有關我們人民的一切情報。甚至於密探們也被監視着。孩子們不過是協助，同時我們正爲未來準備人材。到他們成年時，他們便可爲共產黨服務……」

兩個共產黨員都是爲了他們的孩子來找我這個非黨員。他們兩個的動機都是正當而慈愛的。一個是母親關心自己兒子的幸福。另一個是父親關心女兒。然而他們兩個都爲共產黨自我辯護而隱藏了他們眞正的動機。

次晨，安德里安可主任宣佈了一個驚人的消息。學期終結時學校便關閉。每個人必須加緊趕課準備期終考試。

大家都抗議。教師們的工作加重，學生們的功課加多。若學生們不做功課而考試不及格，教師們便要被控怠工。安德里安可答應請求家長們的合作。

在家長會議上，安德里安可請求他們合作。並要他們回到莫斯科後將他們的孩子們送到內政部特設的一個學校中去——自然是除掉可能沾染上的任何布爾喬亞的腐敗。

這個消息對我是一個不可形容的凶兆。我感到恐怖。

在一陣衝動下，我寫了一封長信給安德里安可，抗議密探，煽動，和跟踪。我知道不會有什結果，但我感到好些了。

那便是我第一個追求自由的行動，但那時我還未察覺。

（下期續完）

△　▽　△　▽

書刊評介

第二十世紀

The Twentieth Century, 1949, By Hans Kohn

海光

一八四八年是現代歐洲史裡的焦點，也是十九世紀底眞正開始。在此以前，歐洲底社會型模與十九世紀無殊。在此以後，歐洲進入一個工業與技術化新時代。政治情勢也發生激劇的變革。這一變革，一直延展於廿世紀。

一八四八年以後，歐洲被二種新的起於群衆的力量所控制：一種是社會主義；另一種是國家主義。這二者之混和則產生了許多形變。二者於十八世紀時產生於西歐人道主義的個人主義及批評的理性主義的氣氛之中。但是，二者將十九世紀自由的人道主義變換爲侵略的排斥主義，將着重個體尊嚴的態度轉換而爲着重集體的權力。二者合共起來，給予西歐近代文明以重大的創傷，而且使廿世紀的紛擾益形激化（Intensifing）。鐵幕政治及其模倣的組體，是排斥主義之當前的現實例證。

以社會主義和國家主義爲基型，普魯士主義、斯拉夫主義、帝國主義、種族主義、法西斯主義、國家社會主義和共產主義橫行于廿世紀。這些主義的推動的勢力和行動是破壞性的勢力和行動。這種破壞性的勢力和行動，主要地以民主、自由與和平爲對象。本書作者漢斯康(Hans Kohn)以爲欲致世界於和平、自由與幸福，必須鞏固民主力量並實現民主聯盟。

廿世紀初葉，似乎出現了具有共同文化型模的統一的人性。可是，人類底分裂確也爲前所未有。人與人之間衝突在擴大地區進行着，並且掀起很深的激情。文化的接觸助長國與國之間衝突。西方人將西歐文化帶向各處。但是，爲文化所培育出來的許多人民則起來反對西方。例如，英國人將英國底觀念帶到印度。印度人民用英國底觀念喚醒了他們自己。他們要求建立國家，激起運動以反對英國繼續統治，以至於實現今日獨立。甘地可算這一運動之中的代表人物。西歐國家主義底性質與別處有所不同。在英國與法國，國家之成長，主要是由於內含的力量，乃土生土長的社會與政治力作用之結果。而在中歐和東歐以及亞洲，國家主義之發展，乃由於外界底影響。因而，前者底政治形式發展爲西方的國家主義，爲英國或的巴理門機構，爲法國中產階層的共和國。這類型模是可以普遍採用的。而後者則注重各自底歷史文化，而不注重各國之共同的發展；只注重集體的力量，而不注重個體權利。因而，這一型式底國家主義者注重軍國民教育。發展所及，不免窮兵黷武。斯拉夫派則反自由主義、個人主義和資本主義的經濟。他們誇張俄羅斯底任務是解救人類，尤其是解救衰落的西方。麥尼開(Magnicky)認爲韃靼統制也許是俄國歷史上的一大幸事。因爲，這一統制，使俄國與歐洲隔絕起來，因而保存了俄國底純潔。照作者看來，這種念頭，也許就是今日蘇俄鐵幕政治之精神的起源。大清帝國一與此種西方文化接觸便持深閉固拒的態度。此一帝國之所行幾爲一極權的孤立主義(Totalitarian Isolationism)。但是，這一態度和辦法，招致一連串底慘痛失敗。但是，吾人未知此種餘毒已否滌除盡淨。土耳其則順應文化潮流，成爲一民主國家。雖然，土國會經過凱末爾過渡的獨裁專政，可是，以國家爲重而不以黨派與權力爲重的凱末爾在他執政的期間並沒有倚權藉勢迫害合法的反對黨派底合法活動。結果，土國眞正走上了民主的道路，眞正復興起來，渡過幾次難關，而成爲一個有秩序的民主國家。

『唯力是視』乃獨裁在極權統制底一大特徵。一切獨裁極權統制者，在力量足够時，便實行對外擴張，因而造成世界戰爭；在不是以對外擴張時，便『視民如冠仇』，以人民爲使行暴力底對象，猜防抑壓之唯恐不及，因而造成恐怖統制。

歷史進入二十世紀，崇拜暴力並以迷信代替理性，二者成爲許多非民主國家風尚。西方底態度是尊從個體自由和理性，有秩序的程序和公平競爭。而這種良好的傳統至此則歌頌暴力與迷信所掩蔽。第一次世界大戰以後，戰爭似乎使武力合法。許多人把人不是看成朋友就是看作敵人；而此外沒有其他的人。依照極權政治的原則，這種非友卽敵的主張，是必須承認而且接受的。同時、國家及其永無失誤的領袖才能決定誰是敵人。而且這些敵人及其幫兇必須以無情的方法予以消滅。

在『唯力是視』的主義之下，當然崇拜强有力的人，崇拜永無失誤的領袖。在二十世紀，新拿破倫輩出。這些新拿破倫們，具有無可計量的感輿，似乎具有無可抗拒的善的力量，具有價値極高的英雄成功的績業。他們走進實際政治場合裡。在他們底領導之下，教育變成戰鬥訓練，並且是爲了接受戰鬥所含蘊的危險而施行。

在這種『唯力是視』的世界裡，世界成了强者底天下。强者不需要良心。他們所要的是成功。

唯力是視的時候，當然就不講理性。

法國哲學家笛卡是近代理性主義底奠基者。他所引用的基本方法是合理的懷疑。他懷疑任何事物，一直到我之存在爲止。依據這種懷疑精神和態度，人底權利是謹嚴地分析每種教條和意見，一直到最後的自明理爲止。不過，這種態度，祇有政治高度成熟的社會才可能。在其他社會裡，只重迷信，只重意志。所謂意志，是一種黑暗而盲目的驅策。叔本華（Schopenhauer）將這種意志定義爲生存意志。這種生存意志沒有任何確定的目的。尼采（Nietzsche）將叔本華之生存意志底主張形變而爲權力意志底主張。這種權力意志乃生命之唯一的意義。這種人要拗執地活下去，永遠地活下去，爲其權力而生存。這種權力意志，實乃權力政治之基本的動力。

歌頌生命和鄙棄理性會引起對于世界之一新的迷惘，卽是，再把首領抬出，整天呼口號，政治的巫醫再度勝利。凡此等等，在這一新時代，都藉最新的技術和群衆催眠術來實行。世界底事物一天繁複一天，往往弄得羣衆困惑不耐煩去了解，並且不信任理性、協調和緩慢的進步。於是，許許多多人易接受簡單的口號，並易受自命不凡的人物之影響，甚至於領導；沒有獨立思想能力的人尤其如此。

時至今日，在許多地方，文明底基礎，個體尊嚴和一切民族與階層都是平等的信仰，遭受了嚴重的打擊。在這類底打擊成功的地方，生活是極度繁逼的。權威者只相信『技術』，只注重『訓練』，只注重於將羣塑造得一式一律。於是，穩藏在群衆中，個體才比較安全，所謂普遍的眞理及其探討，全爲辯證的實用主義(D ialectic Pragmatism）所拋棄。要求理性的和諧之希望，愈來愈渺茫。歷史則被看作爭鬥過程；而且面對此情境的人只好承認，只好接受，似乎無可奈何。

個體的理性既被擱置一旁，羣衆口號思想統制既然從新迷惑這個世界，於是西方文明底發展爲一種新的集體神話所威脅。集體神話之所以能够把握多數人，是因它底內容把握着群衆底欲望。例如，共產黨人說『提高生活水準』。這一符咒在他們未現出原身以前當能迷惑大衆。其他類似共黨者底辦法類此。在這個神話時代，個人底沉思自由討論不復重要，而是代以無可批評的熱情和有訓練的動作。

既然唯力是視又廢棄理性，而且群衆神話和有訓練的動作主宰一切政治場合，於是個體自然陷入危厄之中。

藉群衆運動而產生的專制與靠世襲得來的專制二者之來路固然不同，而其爲專制則一。而就現代的實例看來，起於群衆運動的專制，對於個體之迫害，十百倍嚴酷於起于世襲的專制。起於羣衆運動的專制者較起於世襲的專制君王更知個體尊嚴與自由對於專制之不利。至少，從心理方面解析，各個個體有了尊嚴，專制者的尊嚴便爲之減色。『每種專制主義對于保持人底尊嚴和獨立的任何事物，都具有特別尖銳和厭惡的本能。』這可以說明爲什麼專制主義者絕不與人平等討論問題，而且除非你願接受其當面侮辱才能爲其所用。在暴政之下，任何人都失去人底尊嚴。

唯物論是每種暴政底輔助理論，不管這暴政是一人暴政還是羣衆暴政。在十八世紀，個體可以對抗一人暴政；在廿世紀，個體要對抗產生于羣衆的暴政，其事更難。共黨不是動輒談反對者是『違反人民』嗎？這樣暴政，他們叫做『民主專政』；而這樣的『專政』，據說又是從『革命』而來。所以，在他們底『邏輯』之下，『民主』與『革命』可以聯在一起，其實，在辯證法的實用主義之下只要是需要幾乎任何二個冰灰不相容的名詞都可以聯在一起。這是二十世紀非民主世界裡的語言運用之一大特色。原來在權勢高壓之下，旣無自由討論，錯與對、眞與假都無分別。

現代，一種新的軍事精神漸漸將對于個體的着重移到對于組織的着重。國家主義環繞軍營。社會主義環繞工廠。每一種都是集體民動和訓練底符號。在蘇俄，則將這二者混合起來，因而產生了一新型底極權統制。在這一統制之下，兵士卽是工人，工人卽是兵士。這與十九世紀底情形是完全相反的。在這種統制之下，個體底獨立只爲一人享有。

這種新型底極權獨裁制常經過『民主』步驟。這是廿世紀政治上的一種特殊現象。其實這種『民主』步驟並非眞正民主，而是在某些外形上與民主相似的羣衆運動。這種羣衆運動，一定歸結於暴政。希特勒底興起就是如此。它是普魯士主義乃對軍事訓練和嚴密組織了一種强烈的崇拜。德意志認爲它不獨在政治上，而且是在文化與道德方面，與『羅馬』及『西方』敵對。希特勒主義仍德國對于西方觀念底挑戰之最後答覆和面向西方力量之抗鬥。這正與大林主義之在蘇俄底情形相同。這些主義削弱了西方社會底道德信仰和社會凝結，並且到處引起猜忌和恐懼。希特勒主義者將一切困厄敗壞歸咎於世界底陰謀，而從來不歸咎於自己底錯誤。史大林也是如此。一切與之同型的人物與組體也是如此。希特勒以爲在第一次世界大戰中並沒有被外面的敵人擊敗，而是由于內部底自由主義、社會主義、綏靖主義、一切西方思想、基督教、或布爾喬亞的人道主義所擊敗。因此，爲了免於再度失敗，他們認爲必須排斥這些東西，將德國封閉起來，在精神上，完全自給自足。反對自由主義和西方思想，原來是一切閉關的軍事獨裁主義者共同的心理傾向！

蘊涵在希特勒主義裡有二種重要的因素。第一種是種族主義；第二是國家社會主義。國家社會主義可說是前述國家主義與社會主義底混合；而爲普魯士主義進一步的發展。

由於膚色不同和種族差異所引起的種種政治和社會問題，在十九世紀和二十世紀中佔據重要的地位。其實，一切文明都由有色人種創造。中國黃河流域底黃種人，印度、美索布達米亞（Mesopotamia）、和埃及底棕色人，以及地中海盆地底黑色人，都是文明創造者。在這些人種之中，有的創立了偉大的宗教。他們之深邃的宗教情感和玄學的思想從未爲洛底人（Nordic）所超過。然而，西方近代的興起，情況便不同。在法律之下的個體自由精神使西方人得以在經濟上獲致財富，並且在知識上有所發現。西歐底社會因此而有自由研究的科學方法和有責任的政府。既然如此，於是歐洲底社會，特別是北大西洋和北海邊沿的社會，與別地方底人民比較起來，顯得特別優越。自十九世紀以來，全球便爲西方人所控制。白人優越論遂興。遠在國社黨人得勢以前，德國人多信這種論調。德國國社黨人則將這種論調提高至於極峯。原來，瓦革納（Richard Wagner）在先認爲人種有層次高下之不同，而德國人代表最高一層次和最富於創造力的一種。人種底能力基於『血統之純淨』。所以，雜婚有害於文明。這種論調，到一九三三年，成爲德國科學和國家底官方正式的基本理論，亦若『無產階級爲一切之本』之爲蘇俄科學和國家底官方正式的基本理論然。在德國影響之下，種族神話遂成法西斯運動之不可少的部分。日本帝國主義與德國相似，是建立於種族論之上的。日本神道教就認爲日本大和民族乃優於一切民族的民族。基於這一心理，他們便會在發動的侵略戰爭中，任意殘害別的民族。

其實，種族之見係一種謬見。卽使是口頭堅持種族優越論者也並不能牢守種族界線。德國人固嘗强調一種族戰爭以征服全球，但是，彼等畢竟與種族相近的英法作戰，而聯絡與其種族大爲不同的馬雅人（Magyers）和日本人。時至今日，人類底衝突不依膚色種族而劃分，而依政治觀念及利害來劃分。所謂種族類型，有時不過用來作政治與經濟關係之藉口而已。德日以强調種族之不同爲宣傳底中心。蘇俄共產主義者則以强調階級衝突爲宣傳底中心。二者對于人類都是有害的；而且都使理性趨於混亂。

法西斯主義與國社主義同爲歐洲政治上的二朵奇花。法西斯主義是現代巨大羣衆運動之一，也是反理性主義之一。法西斯運動具有兇猛的國家主義的原素，並且愛好暴力和冒險。除此以外，法西斯主義者似乎並無確定的貢獻。莫索里尼說：『我們底主張很簡單：我們就是要統治意大利。』這種表白近乎老實，並不像許多人那樣習於文過飾非。基於這種要求，莫索里尼建立了一個極權秩序。他將國家與法西斯黨等而爲一；又將這個黨與他自己等而爲一。雖然，他宣稱以反布爾希維克爲職志，可是，他却採用了共黨方法。結果，在號稱反共的意大利，其政治空氣與在蘇俄共黨統治之下的幾無以異。在這種統治之下，每一件事取決於首領。首領底決定不能再討論，只有盲目服從，而且立刻執行。法西斯主義自認爲完全而且毫無妥協地反對自由主義和民主政治。從最初的開始，法西斯主義卽是民主與人權底死敵。他們認爲社會必須嚴格建立於一個層次之上：首領並非由選舉而出，他也不對人民負責，而人民則需對首領負責。法西斯黨名言之一爲：『Mussolini ha Sempre ragione（莫索里尼總是對的）』。此語殊堪玩味。在墨氏統制之下，軍事訓練與盲目服從瀰漫于公民日常生活之間。

幾乎與法西斯主義同時開放的一朵花是國家社會主義。國家社會主義之花似乎開的更燦爛，影響也更大；可是，它凋謝以後，更顯得寂寞。像法西斯主義一樣，國家社會主義將國家主義與群衆革命聯繫起來。但是，除了多少學習法西斯主義以外，它更有其特別的德意志根源。

國家社會主義者兇猛地反理性主義，他們相信有權超越一切普遍律則。例外的事物，成爲他們底律則。依此推衍下去，他們相信投機。他們又迷戀過去。希特勒將强烈的反資本主義的社會革命與軍事的和神秘的國家主義聯繫起來。在許多技術上，他也是列寧底徒弟。而在許多地方他却已超過了他底老師。當着共黨將一切罪惡歸咎於『資本主義』之時，他將一切罪惡歸咎於猶太人和猶太主義。興登堡死後，希特勒攫取政權，他立刻强迫文武百官對他個人效忠。魏瑪憲法死亡。全國成爲一個極權國家。國家等于國社黨。國社黨又等于希特勒。希特勒底意志決定一切。這種『新秩序』並不限於德國。國社主義底動力推其感染於別的地區。

政治是消除戰爭的藝術。戰爭應被視爲一種變態。政治家底努力是在竭力保持正常生活。因而，戰爭之爆發，明智之士往往認爲乃政治之失敗。但是，希特勒之流所持的極權哲學則將一切歷史看作殘酷的戰爭。現在，政治成爲戰爭底準備。蘇俄共黨將這種哲學更發揮到極緻。時至今日，戰爭不復是有何限制的東西。戰爭與和平底分界愈來愈流動不定，模糊不清。每件事物都成爲戰爭底一部分。所以，現在的世界都陷入戰爭的恐怖之中。這便是極權哲學所衍生出來的影響。極權哲學相信，生命底物資與歷史是鬥爭與衝突。黑格爾辯證法與達爾文進化論底應用於社會科學，使戰爭顯得是自然界裏的正常現象。在這自然界裏，人類不過是其中的一部分罷了。在殘酷的鬥爭裡，人類底物資設施不獨遭受破壞，而且交通情意的橋樑也爲之中斷。共黨就不承認世界其他部分底是非善惡之標準。

現代工業底成就，及其着重機械化，標準化，和有訓練的團體動作，不僅完全爲極權統制所接受，並且形成一個軍事的超工業的組織。在這一組織之下，工人完全變成一個機械化的和軍事化的工人，變成了一個現代的機器人。這樣的人是在祇有一種思想主義流行並且被這一種思想緊密綑綁起來的社會中之一分子。這種綑綁，是爲了高度的效率和外在的行動而設施。因而，現代的極權統制，較之古代的極權統制，其惡益彰，其控制效能益高，以致幾於毫無逃避的空隙。

顯然，在這樣的統制之下，國家不復是眞正的國家。它不過是一個獨斷獨行的黨派之工具而已。這樣的黨派認爲自己就代表了甚至於就是國家和社會，它代替了國家和社會底一切功能。無疑，希特勒之遠近的信徒，無論在事實上能否做到這步田地，在腦海中却嚮往這樣的天堂之實現。因為，一旦這樣，他們便無人掣肘，可暢所欲為，而決不會遇到災害了。

但是，奇怪得很，暢所欲為的法西斯和納粹，在國內並無强有力量的自由民主分子『掣肘』，為什麼一一由瘋狂而帶着整個國家自殺，以至於完全幻滅？

和自由民主為死敵的，除了法西斯和納粹以外，還有更兇猛、殘暴、計劃周密，和富於煽動力的共產主義，談到共產主義，我們不可不了解壯大了共產主義的最大現實背境。這個背境就是蘇俄。

早在一八四五年科門雅科夫（Khomyakov）就說過：『俄羅斯底問題，在一切方面，無疑，是我們這個時代唯一眞正的世界問題。』

這話不幸而言中了！在我們這個時代，除了作為世界共產問題之核心的蘇俄問題以外，世界現在還有那一個問題比這個問題更為重大？

自俄國底東正教會脫離君士坦丁堡而獨立以來，俄國即以負有世界使命自居。她說要救世界，尤其是要救墮落的西方。這種觀念，成為史大林征服世界之內在而深沉的觀念動力。其規模之宏大，滲透之深入，遠勝於希特勒底種族優越論。拿破倫之崩潰，給予俄國此後的伸張以無窮的便利。一八一五年以前俄國即會入侵西方。自一七一一年至一九一八年俄國軍隊會佔領羅馬尼亞十次；並會牧馬萊因河畔；大掠柏林。一八一五以後，俄羅斯帝國領土包含維斯土拉（Vistula）到阿拉斯加。大多數俄國人以為：『我們瞭望這世界無與比倫的偉大帝國，我們就覺得自己渺小。羅馬也沒有她這樣偉大。』

中國自清末有洋務派與國粹派之爭。俄國自十七世紀與西方文明接觸以後也有洋務派與國粹派之爭。國粹派反對彼得大帝底改革，並且希望回復到莫斯科底舊秩序。洋務派則贊成與西方接觸，並且痛心於俄國底落後。有人以為俄國可以超過歐洲底革命的社會主義。有人則以為俄國單獨可以保存眞正的基督教。

在大體上，國粹派戰勝。因國粹派具有土生土長的思想根源。洋務派即使不受排斥，俄國之向西方學習的，也不過當作工具，免被西方淹沒而已。國粹派强調俄國精神優於西方。自十八世紀以來，俄國底思想家反覆伸述俄國對于人類的使命。這種思想深植於正教之中。馬克思主義之輸入，遂使『俄國使命』穿上現代時裝，一變而為所謂『世界革命』。從『俄國使命』變成的『世界革命』，一入史大林之手，與權力政治結合，便成為征服世界的工具。

因為俄國底歷史順着這條綫索發展下去，所以她與民主底距離日益遙遠。俄國人民底臉面毫無表情。這反映着他們內心底空虛。公民權利和義務，個體尊嚴與自由，這些深為西歐人民所呼吸的觀念，對于俄國人民全是陌生的。共黨之無孔不入的極權統制，使俄國人民一天一天地墮入非人的深淵。現今世界上，恐怕沒有那一種思想能够如此强勁地與民主主義對抗。列寧將共產主義從馬克思主義之知識的階段實現化地塑造而成一個實際有力的政治工具。許多社會主義者相信以進化的和民主的方法來實現經濟公正和社會平等。而列寧則從一開始便將使用暴力和陰謀的行動神聖化，並且認為必須藉精選的少數人來領導群衆。這樣一來，就使其後由一黨專政而行一人專政者振振有詞，獲得『理論的根據』。他們認為，這樣的獨裁是過渡性的，所以並不妨事。因為，獨裁結果，資產階級消滅。作為統制工具的國家隨之萎謝，一個自由人結合而成的無階級的社會便會出現。可是，俄國底實情如何呢？俄國處於共黨獨裁之下三十餘年於茲，國家不獨沒有萎謝，而且成為眞正極權統制底第一個典型例樣。在這個國家裏沒有個體生活可以脫離那無所不包的掌握以外。

因為出現了法西斯、納粹，尤其是以蘇俄共黨為中心的共黨，所以對內形成極權統制，對外則形成新型的帝國主義。英國式的帝國主義固然可惡，然而，它底經濟背景是海外拓殖；它底文化背景是西歐文明。在這樣的背景裏產生的帝國主義，多少還含有人道主義——自由主義——和法治主義的成分。所以，這一型式底帝國主義者固然從事經濟剝削，但是還知道『將羊子養肥了再剪羊毛』。因而，隨着這一型式底帝國主義者而來的，是教育的啓發，衛生的改進，民主自由思想的灌輸，法治的確立。無論如何，這一型式底帝國主義者不會將幾十萬的人口消滅或强迫遷徙。甘地並非死于英國之手，這種帝國主義之自然的發展結果，是各殖民地之獨立。例如印度、菲利濱等便是。新型的帝國主義則不然，它恢復古代統一帝國的思想。由于沒有人道主義和自由主義的文化背景，新型帝國主義者對待殖民地較之十九世紀英國型底帝國主義者酷烈十倍百倍。蘇俄是這種新型帝國主義底典型。它之奴役殖民地，實屬史無前例。它有屠殺幾十萬人或將幾十萬人强迫遷徙的偉大氣魄。假若甘地這樣的人在蘇俄治下，已不知犧牲多少個了！

依漢斯康看來，種族主義、法西斯主義、國家社會主義、共產主義、和帝國主義，都是損害個體尊嚴，輕視理性，剝奪自由，危害人類和平，阻礙進步的東西。這些東西是不可取的。可取的唯有民主。然而，僅僅有國內的民主還不够，還必須組織民主聯盟。民主國家盟結起來，才能制止侵略的野心，而消弭世界禍亂於無形。這未始是必不可期的事。至少民主國家必須朝此方向努力。

民主是一種生活方式。這種方式就是，在法律底承認與保護之下，一切個人都平等地享有行動自由，言論自由，思想自由，以及尋求幸福之自由。民主生活，預先假定了寬容和容忍的態度，以及協和的意願。這樣的態度和意願，是以尊重他人底自由和信仰為基礎的。各個人、團體和階層之各種不同的態度、利益和意見，都可藉自由討論底方式來求得一致同意之共同基礎。民主底目的是在承認每一個體為其自己底目的，而不是任何他人底工具。當然，這是一種最精緻的政治組織形式；因而也就最難達到。所以，只有少數國家才有貨眞價實的民主。在禍亂如麻的時代，或帝王思想瀰漫的地方，民主只是人民渴望的福音而已。當然，在蘇俄，政府甚至於有計劃地將人民底這種希望連根消滅！

測驗眞民主與假民主之簡便而明顯的尺度，是看是否允許不以陰謀暴力而以合法方式活動的反對黨派存在。如果允許，那末便是眞民主。如否，而一味藉權勢以迫害之，便是假民主。在甕中捉鼈，當然比出海捕鯨容易；但眞正能幹的漁人必不感覺興趣。民主固常藉選舉表現，但選舉表現（下轉第15頁）

內政部雜誌登記證臺內警台誌字第四六號

給讀者的報告

聯軍自跨過卅八度以來，追奔逐北，勢如破竹，直趨中韓邊界，韓境戰事指日可望結束。以此輝煌豐碩的成果紀念五周年聯合國日，使世人對自由世界前途深致欣慰。

向被喻為遠東火藥庫的越南，現果如我們預料地爆發了！她將繼韓國問題之後為民主國家之另一考驗，為求解救越南危局我們特在社論中論列，并提供了我們的意見。旬前杜魯門總統與麥帥有威克島之會，今後美國將實行全面反共的政策，誠可慶幸。不過，台灣問題于此并未受到應有的重視，這實是一個很大的漏洞，殊堪惋惜。

莫洛托夫又在布拉格統率其附庸國家大開其會議，其決議案是「反對武裝西德」。這是共黨的一貫作風，他們儘可武裝東德，而西德的武裝則絕不容許。此次戰後，韓分南北、德劃東西，正是遙遙相對、無獨有偶。且看四個月前北韓的行動，則今後東德的行動如何？布拉格會議中洛托夫當必有所指示，來年的德國恐將有驚人的演出呢！

本社發行人胡適先生為澄清華府外交界對于自由中國一向所存的成見與幻覺，特應美國國際問題權威雜誌 Foreign Affairs 之請，在該刊十月號上發表了一篇長達卅頁的長文，題為「史太林併吞世界策略下的中國」，此文發表後在國際間發生的影響是可想見的。因此中共不惜事先來了一套神經戰的苦肉計，仿假陳垣名義的故計假胡思杜之名為文「批判」胡適先生（為此，傅斯年先生會向報界聲明，揭穿共黨造謠的醜計）。中共的手段不可謂不「高」，其用心不可謂不苦，然而這種種卑劣的行徑又何損于胡適先生的人格與聲譽？胡適先生將本文于上月十二日寄到本社，因原文甚長翻譯費時，未及趕于上期登載。這篇文章是近年中國歷史上很難得的文獻，內容至堪珍視，特由毛子水先生摯摘成篇，加以介紹，置于本期篇首，題曰「史達林怎樣攫取中國的大陸國土？」。至於已經譯就的原文，當再予詳為校正，將於下期中全文一次載完，以饗讀者。

最近聯合國的聲譽雖因韓戰而日隆，然前途還有種種困難，不易實現其理想。究其由來，實由於國家主義從中作梗，蘇俄的侵略政策，英國現實外交，雖表現不同而實原於一本。本期羅鴻詔先生「民族主義與國家主義」一文，將二者分開，而主張要實現聯合國的理想，必須根除國家主義而後可，可謂別有見地。

本刊創刊以來瞬屆一年，下期將發行週年特大號以為紀念，特此預告。

廣告刊例

一、封底裏面全幅每期新台幣八百元，半幅五百元，1/4幅三百元。
二、普通全幅每期新台幣六百元，半幅四百元，1/4幅二百五十元。
三、登一期者，按期一次付清；連登三月而一次付款者，九折計算；登半年以上者，八折計算。
四、式樣及鋅版自備，如欲本社代辦，則照值計算。

本刊售價

一、臺	幣	三元
二、越	幣	八元
三、菲	幣	五角
四、港	幣	一元
五、暹	幣	四銖
六、美	金	二角
七、叻	幣	四角
八、印尼	幣	五盾

自由中國半月刊　第三卷第九期
"Free China"（總第二十四號）
中華民國三十九年十一月一日

發行人　胡　適
主編　『自由中國』編輯委員會
出版者　自由中國社
社址：臺北市金山街一巷二號
電話：六八八五號

航空版
香港　香港時報社（高士打道六四號）
紐約　（紐約第三區 Apt, 2c 231E, 第十三街）

經售處
臺灣　中國書報發行所（臺北市舘前街八五號）
新生報社高雄分社營業部（高雄市鼓山一路二〇號）
美國　紐約民氣日報社
舊金山國民日報社
日本　東京南友堂
東京內山書店
馬尼剌　中菲文教出版社
印尼　巴達維亞星期日報
棉蘭繁華圖書公司
越南　西貢中原文化印刷公司
越南華僑文化事業公司
曼谷　曼谷攀多社十二號
新加坡　中興日報社
檳榔嶼、吉打邦均有出售

印刷者　臺北印製廠
廠址：臺北市民族路六四三號
電話：三三一六號

本刊經中華郵政登記認為第一類新聞紙類

臺灣郵政管理局新聞紙類登記執照第二〇四號

自由中國

週年特大號

FREE CHINA

第三卷 第十期

要目

中華民國三十九年十一月十六日出版

社址：臺北市金山街一巷二號

半月大事記

十月二十六日（星期四）

南韓軍第六師進抵楚山區中韓邊境。

美聯社漢城電：據南韓軍總部消息，中共武裝部隊已越過鴨綠江，深入韓境五十英里，開始進攻南韓軍。

聯大政委會通過成立十五人小組會議，研究有關會員國代表權之各項建議與修正案。我國代表被任爲委員之一。

十月二十七日（星期五）

暹羅僑胞觀光團一行十四人自曼谷飛抵台北。

我駐日代表團團長何世禮將軍返台述職。

印度政府爲共軍入藏事向中共提出抗議。

十月二十八日（星期六）

大西洋公約國防務會議在華府開幕，美國防部長馬歇爾會中發表演說，籲請各國實行聯防。

美政府發表貝爾調查團報告書。（按美政府今年七月應菲總統季里諾之請，派該團赴菲調查。）該報告書中建議一項二億五千萬元的經濟援菲方案，惟須菲政府徹底改革。

十月二十九日（星期日）

合衆社貝爾萊德電：狄托元帥公開演說，盛讚美國。此爲狄托與蘇俄及共產國際情報局决裂後首次重要外交政策宣言。

瑞典國王加斯泰五世逝世。享年九十有二，在位四十一年。

十月三十日（星期一）

韓北共軍反攻，溫井一帶聯軍損失甚重。進入楚山之韓軍被迫後撤。

聯大政委會經一週激辯後，以壓倒多數否決蘇俄所提禁用原子彈并減縮五强部隊三分之一的「和平計劃」。

十月卅一日（星期二）

蔣總統六秩晉四華誕，各地熱烈慶祝。

空軍副總司令兼聯合國軍事參謀團中國代表團團長毛邦初將軍，奉召自美返國述職。

印度政府發言人稱：中共已答覆印政府之抗議，中共表示西藏爲中國之一部，共軍入藏爲國內事件。

中央社東京電：麥帥發言人承認「中共軍」所屬士兵已參加韓境戰鬥，惟拒絕證明中共已正式參戰。

十一月一日（星期三）

政府發言人申明我對共軍入藏事所持之立場，認此爲中共叛亂之擴大，并重申我對西藏之宗主權。

北平中共電台廣播，將全面協助北韓抵抗聯軍。新義州韓共電台亦謂中共「志願軍」已開入防地，防衛鴨綠江水力發電廠。

波多黎各叛黨兩暴徒謀刺杜魯門總統於白宮，未遂。刺客一死一傷。

大西洋公約國防務會議閉幕，對武裝西德問題因遭法國反對未能獲致協議。

十一月二日（星期四）

越南法軍撤離勞開。

英劇作家蕭伯納逝世。

十一月三日（星期五）

聯合國大會以五十二票對五票（三國棄權）通過七國所提之「强化聯合國案」。同時分別選出和平調查團及集體措施研究委員會。（我國當選參加和平調查團。）

合衆社東京電：中共及韓共約十三萬人，大舉進攻北韓西北地區之聯軍陣綫，迫使聯軍後退十至五十英里。

十一月五日（星期日）

麥帥總部發表第十一號公報，指斥中共破壞國際法，越境支援韓共。

越南法軍放棄河內西南卅英里之和平。

十一月六日（星期一）

聯軍統帥麥克阿瑟將軍向聯合國安全理事會提出特別報告，列舉十二項證據，說明中共軍隊已干涉韓國戰爭。

十一月七日（星期二）

美國舉行第八十二屆國會改選。

尼泊爾政變，國王基可蘭業因避難印使館構成違憲行爲而喪失王權，由年僅三歲之王孫繼立王位。

十一月八日（星期三）

聯合國安全理事會召開特別會議，商討麥帥提出之報告，美代表建議安理會應要求中共自韓撤軍。

聯合國韓國臨時委員會要求現在韓境的菲、土、澳、荷四國代表調查中共在韓國意圖，并向中共保證聯軍不致越界。

美國大選揭曉，共和黨在兩院俱獲小勝，但國會控制權仍操民主黨之手。計民主黨在參院共佔四十九席，共和黨四十七席。民主黨在衆院佔二百卅四席，共和黨二百席（外無黨派當選者一席）。州長選舉則共和黨佔先（共和黨廿六席，民主黨廿二席）。

美機數百架猛炸韓共總部所在地之新義州，投彈六百噸。

十一月九日（星期四）

麥帥總部宣佈中共現有四個軍約六萬人在北韓作戰。

聯大政委會以五十一票對五票（兩國棄權）通過南斯拉夫所提遏止戰爭案。

聯合國安理會通過英國提案，邀請中共於安理會討論麥帥報告書時列席。

美機出動千餘架，猛炸韓共境內重要目標。

十一月十日（星期五）

美、英、法三國要求安理會命令中共自韓撤軍，並建議安理會不等中共代表到達立即討論此項問題。

聯合社新德里電：西藏當局已於八日逕向聯合國乞援。

蘇俄封鎖柏林，防止東德人民西逃。

美機千餘架再度遍炸韓共軍事目標。

本刊一週年

本刊問世已有一年了。回憶去年這個時期，廣州淪陷不久，重慶搖搖欲墜，國民政府板蕩播遷，自由中國大有奄奄一息行將消滅之概。中共乃至全世界的共產黨均趾高氣揚，滿以爲世界革命之成功在望了。中國大陸上的人民久經戰亂，望治心切，咸以十二分的熱情期待共產黨的新猷，希望從此可以安居樂業，過太平的日子。海外的同胞雖懷着疑慮的心情，也還希望共產黨能够好好地做善後工夫。卽在台灣島上的人們亦多意志銷沉，悲觀失望者，懷着苟且偸生的心思，不能挺身而出，以自救而救人。惟本刊同人知悉共黨之根本錯誤，自其中心思想以至內政、外交諸政策，都患着無藥可醫的病證，故標出反共抗俄的旗幟，揭露其謬誤以喚醒迷妄的人心。積極方面則闡揚自由民主之眞諦，以爲吾人努力的目標，以此反對中共，亦以此監督政府。此一年間我們的所有言論無不以「自由中國的宗旨」爲中心。我們相信惟有確定的宗旨始能建立健全的輿論，惟有健全的輿論始能產生優良的政治。故以此自勉，先求自己的立論之健全。發刊以來，荷蒙海內外讀者的讚許，而慰勉、激勵、協助者絡續增加，銷流日廣，同情益衆，今日的輿論較之一年前已經完全改觀了。雖則中共荒謬的施政致使天翻地覆，民怨沸騰，然亦足見本刊宗旨之正確無訛，能引人率由正路，最後必能到達目標。

一年來的政治軍事亦由黑暗而漸進於光明，有不負國人之期望者。西北與西南四五省的區域，號稱百萬的大軍，沒有幾個月便完全冰消而瓦解了。海南島以瓊州海峽的天險，且擁有海空軍的絕對優勢，竟被木船渡海的敵軍擊敗，而不得不完全撤退，這是我方的最低潮。大間諜案之破獲粉碎了共黨拆散台灣內部的妄想，舟山之有計劃的撤退，增加了確保台灣的力量。海空軍的改進，軍風紀的革新，以及防禦工事之修建，使共黨一再延遲其進攻期限。現在台灣海峽雖有美國第七艦隊之協防，而金門一島，中共尚未能越雷池一步，謂非懾於我方的威力，其誰信之？新台幣幣值穩定，金融上未見風波，各種物資不虞匱乏，經濟上顯出健全。政治上則各級民選積極展開，可見其力求進步，宵小盜匪愈來愈少，治安日益良好。凡此種種均能表現政府自力更生的精神，內可以鼓舞台灣之士氣民心，外可以告慰大陸及僑胞喁喁之望。我們以爲失敗不必尤人，成功必先立己，如果台灣一島都不能好好治理，則收回大陸固難期望，卽使僥倖於萬一，藉國際力量而收回，亦決不能納政治於正軌，出民衆於水火。故要逆料中國的前途，必先看今日的台灣。此一年來的進步雖發生了微弱的曙光，然距離理想境地未免太遠，猶望政府今後邁步向前，勤求精進，建立一個模範省，以作將來推廣之基。

放眼一看國際大勢，一年來的變化確屬驚人，而其愈變而愈有利於我方，亦爲有目所共見。正當共軍逼近廣州之際，美國國務院發表一篇「白皮書」，敍述近年來中美外交之經歷，將大陸反共失敗的責任完全諉卸到我國當局的身上。他們的意圖只求表白其政策之無失，而其反面則對我政府的打擊至爲巨大。正當重慶陷落，西南快要崩潰的時候，杜魯門發表了一個聲明，將台灣一筆勾消，劃出於其防線之外。而且大英帝國集團之承認中共爭先恐後，繼之而承認者竟有二十餘國之多（連非聯合國會員國在內）。印度與英國大爲中共加入聯合國而賣力，多方奔走拉攏，大有非實現不可之勢。故不獨台灣內部人心動搖，有錢的日想遠走高飛，貧窮的只有唉聲歎氣而已，卽海內外同情我方的人士也就心憂慮，惟恐只此僅有的基地也要淪入共黨的手中，則中國的自由種子完全被他們斬盡殺絕，再沒有傳播的希望了。可是韓戰爆發形勢爲之大變。大韓民國爲聯合國一手扶植的國家，其當局雖被美國責其無能，然而確爲眞正民意所建立。克里姆林宮的主人要吞噬此一小國，已不能像東歐諸國一樣，用壓力以改變其當局的人選，也不能像越南一樣，豢養出一個胡志明來稱兵作亂，只好嗾使其走狗金日成用武力的侵略，其猙獰面目完全暴露出來。杜魯門認爲再不能忍受，聯合國安理會亦毅然令其撤兵。不料金日成逼於命令，克里姆林宮怙惡不悛，不顧聯合國的命令而橫衝直撞，加緊進攻。於是聯合國決定派兵援韓了，杜魯門因對韓作戰之故而派其第七艦隊協防台灣海峽了，賴伊爲中共加入聯合的努力忽然停止了，九月十五日的聯合國的大會，我政府的代表團也依然出席了。這一連串的變化雖有偶然的因素，亦早在本刊作者意料之中。最近中共公然用兵西藏，參加韓戰，使英國態度轉變，印度表示震驚，聯合國也快要採取行動，豈不是越來越有利於我們嗎？

總之，這一年間我們唯一的目的在確保台灣，現在業經達到了。明年的計劃當然是反攻大陸。反攻自以軍事爲首要，然非各方配合絕無成功的希望，徵諸過去數年的演變，已明如觀火了。本刊的任務在澄清紛雜的思想，以建立健全的輿論。輿論如何健全，則必需有客觀的標準，既不可危詞聳聽，故作驚人，更不應播弄是非，含沙射影。要實現民主的政治，必需在個個人的心理上培養好「毋固毋我」的態度，然後能服從多數而寬容少數。今日在野的人士多以政府爲不能容物者，我們正希望政府應有恢宏的大度，只要對方是反共的，不論屬於第幾勢力，都要予以容納。然若在野諸公一旦身爲當局，便眞能表現出寬容的大度嗎？眞能不堅持已見而從善如流嗎？中國過去政局之演變，患在一朝大權在握，則過去的言論都抛到九宵雲外去了。這種人還是佔着多數的社會，是很難實現民主政治的。我們深信惟有民主政治才是長治久安的制度，國內施行民主則無內亂，國際實現民主則無戰爭。故必政治行民主，人人有自由，然後中國的戰爭可以敉平，世界的和平可以永續。

社論

臺灣、香港與大陸

台灣、香港與大陸，這三處的政治形態雖不相同，而人心卻是一樣：反共！台灣的反共，除人心外，有軍事政治的力量在；人心有了實力的寄託，一般的情緒自然比較簡單和安詳。香港是個承認了中共政權的國家之屬地，當地政府對於反共的人心縱有發乎人性的同情，勢難有何積極的政治性的支助。那裏的人，既靠近鐵幕邊緣，而又在反共的實力圈外；兼之香港這個地方，新聞報導絕對自由，正確消息、荒謬謠言、中共在大陸的種種罪行，台灣被中共的種種漫罵，在那裡統統可以聽到。在這樣的環境下，反共之心愈切，悲憤、苦悶、燥急、沮喪等等情緒愈是夾雜不清，因而表現在語言和文字方面者，也就不是那麼單純。至於大陸方面，反共的人心是滋長在極度的暴力壓制下，同時又因爲極度的壓制，人心儘管反共，但并不必然地形成有效的反共實力。他們的希望是寄托在中央政府所在地的台灣。

上面這個簡略的分析，我們想，該可加强台灣的責任感了。

香港的人們似乎有一個普遍的感覺，覺得台灣在反共的立場上有了一種優越感。這種反共的優越感與反共的責任心相形之下，而後者反爲見細了。香港對台灣有這樣一個感覺，當也不無道理。多年來我國政要當中，確有些人可以舉之爲「反共專家」的，時至今日，這些人更可以反共的「先知先覺」自豪了。所可惜的，他們用以反共的，正是學自共黨而又學得不到家的一些方法，因此，反共適所以助共！今天，政府中人已經認識到反共不是一黨一派的專業，而是天下大家的事，因而在一切人事的措施上，也很想做到恢宏大度。然而香港人的仍不免感覺到臺灣有反共的優越感，這究竟是出於誤會，還是有一部份事實的根據呢？這是個很重要的問題，值得政府當局從各方面切實檢討檢討。

上面說過，香港反共的人心，夾雜着悲憤、苦悶、燥急、沮喪等等情緒，這些複雜的情緒，我們覺得，臺灣方面有使其純化的責任，有使其純化的必要，也有使其純化的可能。問題很簡單，只要我們的政府讓一切忠貞反共的人，在實際上，至少在精神上，能够包含在台灣這個反共實力圈內，有機會發揮他們的反共力量就足够了。於此，我們又涉想到台灣入境的問題，我們也涉想到臺港兩方聯擊的問題。

就入境問題說，原則上那些人應該讓其入境，尺度似乎要放寬些。反共的人，不一定都會滿意政府；但不滿意政府的人，并不一定就是不愛護政府的人。這是我們從原則上談入境問題時所應有的一個起碼的認識。說到入境的技術問題，現在還有不少應該改善的地方。香港有人說得言之鑿鑿：有些人遵循法定手續申請入境，幾個月得不到結果，而從旁門左道來活動的，就可很快得到入境許可證。像這一類的事情，我們無詞爲政府辯護，我們也無詞解釋香港人的憤慨。

說到臺港兩方精神聯繫的問題，我們就想到：一般人的看法，每每把反共工作限之於對共黨的直接打擊，而忽視了對政府的批評督責也是爲的增强反共的力量。這個錯誤觀念必須首先改正過來，才可以顯得我們反共政府的偉大性；再進一步，從大同中求各個小異之中和，才可以達到大家共同的反共目標；更進一步，顯出「成功不必在我」的氣概，才可以獲致大家和我的成功。我們政府爲加强臺港兩方反共精神的聯繫，更重要的，爲樹立民主的政風，必須有這樣一付氣派。

我們也知道，今天廁身香港的人，少不了若干投機份子，還有些由於個人的恩怨，對政府採敵對態度的。可是我們還應知道，這些人如果能發生若何作用的話，正是因爲有其他大多數的反共人士也自覺見外於台灣，因而轉以同情他們。如果忠貞的反共人士在精神上都與台灣一體，則少數人的異志陰謀——如果有所謂異志陰謀的話，也無法得逞。

純化香港反共的人心，是台灣方面的責任。純化之道，可以簡約到四字：「毋固毋我」！

大陸的反共人心，到今天已簡單到而極點。他們只希望中央政府早日從台灣反攻回去，至於今日的政府是否比昔日的政府好了一些他們也不要過問了。飢者易爲食，渴者易爲飲，這是人之恒情；但我們政府中人却不應以大陸人心轉向得如此單純而得意到忘其所以。如果將來還回大陸的政府，眞和當年重慶還回南京的政府一模一樣，則這次反共戰役，又是白費！因此，我們要向政府呼籲：

一、在台灣樹立良好的政績——中央政府遷台後，平心而論，確比大陸時期進步得多。軍隊的訓練和編遣，經濟的相當穩定，肅奸工作的縝密和社會治安的維持，尤爲彰明較著者。但另一方面，行政、司法、教育、以及公營事業各部門，仍未盡改大陸時期的惡習：低能、腐化、昏瞶、營私等等現象仍未剷盡，已是今日台灣政績的汚點，必須一一滌除。

二、爲光復大陸作一充分準備——凡事「豫則立，不豫則廢」。民卅四的抗戰勝利，勝利得毫無準備，以致演出一幕「刼收」大醜劇。而且醜劇告終後，又未做一點重建的工作。今天，在台灣這個反共圈內，仍不少那幕醜劇中的主角和配角，在這裏等待機會。政府在這個時候要特別警覺，要在「天下爲公」的前提下，將來光復大陸時的人事安排，確立一個標準；同時也應爲重建大陸研擬一個切實可行的計劃。

大陸人民目前的迫切要求，是打垮中共政權的軍事反攻；但他們潛在的基本希望，還是與民更始的政治興革。台灣對於大陸，在完成軍事上的反攻以前，必須準備政治上的迎合。

台灣、香港與大陸，人心都是反共的。但如何純化香港的反共人心，如何滿足大陸的反共要求，却是台灣所特有的責任。

時事述評

我們的政府夠民主嗎？

我們國家現在的情形，正如狂濤巨浪的一葉扁舟。同舟的人，只應當協力同心，聽駕長的指揮。自然，這個駕長必須不是一個瘋子或醉漢，這隻舟方有度過危險的希望。而我們現在自由中國的政府，就大體講，無疑的是一個勵精圖治的好政府。這是我們一向竭力支持政府的大原因。

近來常有人，以爲政府許多舉措，還不够民主。這點我們不能完全否認。我們政府中人，大部分固然是道德學問都有值得稱述的地方的，但腐敗的現象仍有難免。我們要期望政府的徹底改善，我們只有先期望教育效力的盡量發揮，先期望社會道德的日以進步。政府的好壞，是社會好壞的反映。這是一個現代國民所不可不具有的常識。

反過來說，一個值得支持的政府，至少是要能時時刻刻檢討自己的。但這件事情亦「談何容易」！就仍用「民主」來講罷。我們知道：民主的心習，不是可以隨便拾取得來的。就整個民族講，至少須數十年乃至百年的訓練，民主的學動，在社會上方能習慣成自然；就個人講，則從幼稚園起，便應當從事培養民主的心習。「毋固毋我」，自然是民主心習的一種成就，但豈是凡人容易得到的境地。說得粗淺一點，政府是做官的人組合成的。大凡做官的人，都免不了有點官架子。（這是常人的常情，毫不足怪。不太大的便算好了。）這個官架子，十分之九是和「毋固毋我」的精神相反的。從這樣一個簡單的分析，我們可以知道，構成政府的材料，根本是不大民主的。因之，我們可以知道，一個眞正民主的政府的不容易有。

「人之性惡；其善者『僞』也。」一個政府要成爲一個好政府，成爲一個眞正民主的政府，需要政府中人能夠時時刻刻檢討自己，各自強勉爲善，各自強勉養成「毋固毋我」的心習。政府要能這樣，才可以不使人民失望。（汀）

臺灣的軍隊該出動了！

韓國戰事發生後，我國政府爲履行聯合國安理會軍事援韓的決議，曾於六月二十九日及三十日分別向聯合國秘書長及美國政府兩度提出備忘錄，表示願即派兵援韓并徵詢其關於此事的意見。當時因爲聯合國的若干會員國葸葸過慮，尤其是美英外交當局幻想韓戰局部化，恐怕自由中國的軍隊一旦參加援韓，中共即有所藉口參加對方作戰，致將戰局擴大。

現在，事態的演進，已證明中共之參預韓戰并不須要任何藉口。國際共產主義者在其推行世界戰略時，一切一切都是敢作敢爲，能忍能受；從來不失其主動的。當他不想動手時，你雖直唾其面，他會嘻皮笑臉讓其自乾；當他想動手時，你雖向他磕頭，他也無所動於中。流氓惡霸的作風，近年來大家該已領教够了，然而民主國家的政治家們，——唉，眞是其愚不可及也！

中共軍隊參加韓戰，并不是這幾天的新鮮事，我國政府早已提供這一類的情報了。但直到現在，聯合國始根據麥帥的報告來正式討論這個問題，時間雖不太晚，但聯合國的態度尚未明快到對中共明申討伐，也未明快到商請台灣出動軍援！但是，我們已經有理由可以相信：總有一天聯合國軍會喝采歡迎我們台灣軍隊并肩作戰，或在不同的戰場上向同一個敵人作戰的。這一天不會是很遠的將來。準備着，自由中國的鬥士們！（萍）

從美國大選的結果
看美國人民反共的態度

截至記者署稿時爲止，美國第二號重要性的大選已經全部揭曉了。這次大選改選的範圍是參院三十六席，州長三十三人，衆院全體四百三十五席。改選的結果是：民主黨新分得參院十八席，衆院二百三十四席，州長十一席；共和黨新分得的席次計參院十八席，衆院二百席，州長二十二席。除衆議員一席爲無黨派人士獲取外，未來新國會及四十八州的双方陣容是：

民主黨參院四十九席，衆院二百三十四席，州長二十二席。共和黨參院四十七席，衆院二百席，州長二十六席。

前表表示第八十二屆的美國國會仍然控制在民主黨的手上，不過双方的數字已極接近。此後美國國會和政府的局面不是極度緊張，就是高度妥協，不可能再處於正常的狀態。由於双方席次僅祇些微的差數，故在本屆國會中（特別是參院）若干重要委員會勢將落入共和黨之手。雖則在三權分立的美國以相差極微的少數無法迫使政府辭職或垮臺，然而對政府的政策至少有了拖延或阻撓的力量。在某些場合若共和黨能與南方民主黨的議員採取聯合行動，則其結果將使杜魯門政府束手無策。

在這次選舉中值得注意的一點是民主黨競選的王牌是杜魯門的「公政」，而共和黨則以強硬的外交政策相號召。杜魯門總統在選舉中會利用工會組織來支持他的「公政」，而共和黨却得了更關切外交政策的「退伍軍人協會」的有力支持。從双方已當選和落選了的人物中我們可以看出：凡是素來主張在國內外對共產黨採取強硬政策的候選人都已當選，並且獲得很大的個人勝利，此類多屬共和黨候選人；反之，素主對共產黨採取妥協，綏靖或安撫政策者大都名落孫山，此類多屬民主黨候選人。在美國全部選民中，工人和中產階級仍佔絕大多數，人民並不是不歡迎杜魯門的公政，不過在二十世紀的國際社會中，一個國家有飯不能關起門來吃，從這大選的結果中，我們可以看出來美國人民對民主黨外交政策已經深惡痛絕了。共和黨發言人史塔生說的好：「這次選舉就是人民對國務院投的不信任票」。

民主國家的一切措施必須以民意爲依歸，而反映民意最佳的場合莫過於選舉。一種秘密無記名的普選就是一付民主國家人民的心理動態的季候錶。任何政權逐鹿者若是忽視了這季候錶上的刻度，其前途都是不堪設想的。（白）

史達林雄圖下的中國

胡適 著
雲軸 譯

本文係本刊發行人胡適之先生應美國著名雜誌Foreign Affairs編輯者和主事人之請而作，發表於該刊十月號上。本社於上月初收到胡適之先生寄來之原文。因篇幅甚長，翻譯費時，歉未能即期刊登。副經中央日報為之譯成載出。胡先生此文是近年中國歷史上一篇重要的文獻，其在國際上的影響甚為重大，故本刊特在上期由毛子水先生為文予以介紹。茲從讀者之請，將本刊數經校正的譯文，於本期完全刊出，以便讀者參閱。

編　者

壹

在本文裏面，我打算研討在中國所能看得出的史達林征服世界的雄圖——從試驗階段，修改階段，經過許多成功和失敗，一直到長期失敗後而獲得勝利的地步。這個故事，從一九二四年到一九四九年，亘延二十五年，而結束於近日的世界共產黨以不可抗禦的武力來征服—我相信是暫時的—大陸中國。我打算用國民政府和世界共產黨間—蔣總統和史達林間—的長久而艱苦的鬥爭爲基本材料，來檢討這個意外成功的雄圖；這個雄圖，已把地球上極廣漠的面積和八萬萬人民放置在世界共產黨的管轄下了。

差不多兩年以前，外交季刊戰了一篇極有見解而可驚奇的論文，題爲「史達林的革命觀」，著者署名「史學家」。（註一）這是研究史達林對於世界革命的理論，程序，策略，和戰術的文章，而且顯然是以仔細的探索和參考爲根據的。

著者的方法是文字和檔案的，大部份是依據史達林所出版的著作。這個方法有其嚴重的缺陷，也是著者所完全承認的：

「因爲將軍們通常都不發表他們行軍用兵的指令，所以我們亦沒有理由希望史達林發表他的。從他的寫作裏，我們可以想出他的策略和戰術的某些大概，但非法和地下的動作，在共產黨行動中佔了極重要的部份的情形，亦從他的寫作裡洩漏一些出來。……所以史達林所發表的關於共產黨策略和戰術的意見，受了共產黨高級指揮部最後教令的補充或改變的地方，究有多少，仍是一個問題。」

所以我以爲檔案的方法，應當用歷史的見解來補充。雖然「將軍們常不發表他們行軍用兵的指令」，但一個歷史家却能從蹤迹他們戰場上的行動和思考他們勝敗的情狀以推求他們的策略和戰術。

史達林怎樣併吞波羅的海的國家的？他怎樣兩次征服波蘭的？維辛斯基怎樣於一九四五年二月接管羅馬尼亞的？共產主義怎樣贏得南斯拉夫，保加利亞，和匈牙利的？促致一九四八年二月捷克斯拉夫的政變是什麼步驟？什麼是史達林佔據我國東北的策略？史達林怎樣指揮征服中國的戰役和他怎樣在國民政府二十五年的强硬抵抗以後終於成功的？在征服的方式上，我們能够看得出一點相同的地方麼？我們能够從這些侵略戰爭的結果上想出史達林的策略麼？

在他的文章快到末尾的地方，這位「歷史家」提到「『冷靜的革命』的技術，……如新近東歐所表現的。」他好像把史達林的征服東歐當作「一個通則—革命的暴動是必要的—的倒外，因爲他連公開的暴動亦可以不用。」他眞相信新近表現於東歐的冷靜革命的技術是史達林征服世界策略的例外麼？我以爲從歷史的觀點講，從一九四五年到今天所表現於東歐的，正和從一九二四年到今天所表現於中國的一樣，都是我們研究史達林式的共產主義征服世界的策略和戰術的眞正對象。東歐冷靜革命的技術，并不是通則的例外：這是通則的本身；這就是這個策略而用較精緻的形式顯示出來的。

「歷史家」所舉出的策略上的要素，在征服東歐顯現出來，在征服亞洲亦顯現出來。必需有一個具備充足力量的共產黨；必需有從社會革命的基地取得最大限度的幫助，包括武力在內；最要緊的，必需有革命的客觀條件，就是，人類歷史上最大的戰爭。

但除此以外，還有其他同樣重要的要素，不是檔案的研究所能發現，却可從共產黨西自波羅的海東至中國及韓國的許多勝利中很明白的看出來。第一，共產黨的領導權還不够。要做一個有效的征服工具—共產黨須全副武裝：牠必須自己有一個有力的軍隊。第二，用蘇俄做革命的基地還不够。蘇俄須先成爲全世界兵力最强的國家，然後用絕對的軍事優勢做成「革命式的」征服毗連鄰近的國家。第三，爲避免用「公開的暴動」或「革命的暴動」，需要和這個國家裡所有「民主」和「反法西斯」的黨團組成「聯合政府」。最後—并且最上—，是欺詐的策略；這個策略，列寧闡述得最好：「我們必須準備使用奸詐，欺騙，違法，壓抑和掩藏眞理等等的手段。」（註二）

然而還有反面的結果，正和正面的發見有同樣的價值。用了這樣一個歷史的研究，我們可以知道這個策略所沒有包括的東西。例如，從這個研究，我們可以知道這個策略是和馬克思—列寧—史達林的經濟理論—如生產力量對生產關係的理論—毫沒有關係的；這個理論，據「史學家」的意見，是馬克思的關於將來歷史程途「科學的」必定性的主要基礎，而這個將來歷史的程途，又很明顯的是史達林一生工作所依循的。

一九四五年，英美軍隊獲得德國外交部檔案處的秘密文件；一九四八年，由美國國務院印行，題爲「一九三九—一九四一年間納粹德國和蘇俄的關係」。我們試一讀這樣的眞實的歷史記載，我們就可以知道怎樣的在短短九天的秘密談判，從一九三九年八月十四日到二十三日，整個德俄中間的關係都反轉過來了：他們成爲同盟國，而西方的民主國家却是他們的仇人了。這個快速談判的結果，蘇俄得隨意併吞波羅的海的國家，而在波蘭的新瓜分中，牠得到最大的部分。這些秘密談判的記載，有數十頁之多，但沒有單文隻字提及像「國際資本主義的衝突」和「生產力量對生產關係」那樣的經濟理論的。

這個秘密文件中關於一九四零年九月德國要想誘致蘇聯加入三軸心國同盟的部分，亦給我們以同樣的印象。史達林和莫洛托夫都動搖了。他們坦白的表示：蘇俄在土耳其，保加利亞，羅馬尼亞和匈牙利等國的利害關係，和蘇俄的願意參與行將降臨的不列顛帝國崩潰後的分贓，而且特別表示，巴統巴庫以南到波斯灣的區域，是蘇聯的大欲所在。無論是史達林或莫洛托夫，在這些秘密談判中，都不會提到任何「基本的」經濟原因，像所謂「生產力量對生產關係」的。

「自由中國」的宗旨

第一、我們要向全國國民宣傳自由與民主的真實價值，並且要督促政府（各級的政府），切實改革政治經濟，努力建立自由民主的社會。

第二、我們要支持並督促政府用種種力量抵抗共產黨鐵幕之下剝奪一切自由的極權政治，不讓他擴張他的勢力範圍。

第三、我們要盡我們的努力，援助淪陷區域的同胞，幫助他們早日恢復自由。

第四、我們的最後目標是要使整個中華民國成爲自由的中國。

總之，整個「史達林」的策略，是一點不多一點不少的明目張膽的武力主義的策略，并時時輔以各種方式的巧詐和欺騙。這樣的一個策略，在一個和平世界以及正常的國際情形下是決不會成功的。牠的成功，專靠着那「客觀條件」——空前的世界大戰；這個策略的作者，用盡了種種方法以使這個條件長久存在。

貳

有一件歷史的事實使中國共產黨和其他國家—除却蘇俄—的共產主義運動截然不同：這件事實，對於明瞭過去二十五年在中國所發生的事件，是很重要的。這就是，中國共產黨，半由計劃，半由特殊的歷史環境，差不多在成立的初期，即有一支可驚駭的軍隊。斯諾（Edgar Snow）先生在一九三七年年底估量中國共產黨說道：「除却俄國的以外，這是世界上最有力量的共產黨了，並且除却俄國的以外，這是唯一的自己擁有一個强大的軍隊的共產黨了。」（註三）中國共產黨這個特點，是牠的力量最重要的來源。這個力量，經世界共產主義的巧妙的策略家史達林的培養和扶植，在二十五年中間，便成爲征服中國和宰制整個亞洲大陸的最有力的工具。

去年八月一日，中共發行紅軍二十二周年紀念郵票。中共領袖很驕傲的告訴世界，謂紅軍現改名爲「人民解放軍」，有正常兵力四百萬人。一年以後，一九五零年的八月一日，新聞紙都報告共產中國正慶祝紅軍在中國創立的二十三周年。紐約時報的香港通訊說：「預備明天紀念紅軍節，中國共產黨今天描寫他們五百萬人的軍隊爲『在防衛東亞和世界和平上負有重要任務的軍隊』。」「這個五百萬人的紅軍，加以由俄國訓練、俄國供給的空軍，是現在日以滋長的世界共產主義的武力在亞洲的一支。

在史達林和共產國際爲企圖世界無產階級的成功而設的大策略中，在每一個國家組織一個共產的軍隊那一件事要佔了一重要位置：那是無疑的。一九二八年九月一日第六屆世界會議所採取的共產國際的計畫，每個國家的共產黨所要設法完成的八種最重要的特別任務之一就是「組織革命工人和農人的軍隊」。（註四）就在這個程序中，有一節是講到「共產黨的策略和戰術的基本的任務」的。這些「基本任務」之一就是：在革命最後步驟的時機成熟時，共產黨須領導羣衆向資產階級的政府直接攻擊。「實行這事，就在組織群衆行動。……這個群衆行動包括：罷工和示威的並擧，罷工和武裝示威的並擧，以及最後的普遍的罷工和相關聯的爲反抗資產階級的國家權力而起的武力叛亂。最後這一種鬥爭，那是最高的形式，……須有戰鬥的計劃，進攻的行動，和無產階級方面的無限熱誠和勇敢。這種行動的一個絕對重要的先決條件是把廣大的群衆組成戰鬥的單位……而且在陸軍和海軍方面加强革命的工作。」

一九二零年七月至八月共產國際第二屆世界會議所採取的「二十一種加入第三國際的條件」中，第四種是：「堅持的和有系統的宣傳和激動，必須在軍隊中繼續下去；軍隊中每一武力的組織中，須有共產黨的集團。因爲法律的壓抑而激動做不通的地方，必須非法的繼續這種激動。但是拒絕繼續或參與這種工作，即作爲不忠於革命主義看待，便不得加入第三國際。」（註五）

在正常的狀況下，沒有一個國家要容許革命黨組織一個軍隊的。孫中山先生——一個革命黨的領袖，並且好幾次一個獨立地方政府的首長——於一九二三年和一九二四年間要求第三國際遣派政治和軍事的專家到中國，非特幫助改組他自己的黨，並且實際上組織一個新軍隊來擧行新革命：這在第三國際眞是一個極度非常的好機會。孫中山先生因爲誠懇的想要「加强本國內革命份子的力量」，容許共產黨徒做他自己的國民黨員，遂使共產黨徒得以影響國民黨的政策，甚至於在新軍隊中推行共黨的革命的宣傳和煽動：這在孫中山先生亦可以說是非常的擧動。

中國共產黨成立於一九二一年；在那時早已加入第三國際了。國共三年（一九二四——一九二七年）合作的期間，共產國際利用這個非常的機會，在世界上一個最要緊的戰略地區——中國——裏，大量的嘗試他的世界革命的策略。

在這個時候，史達林正做他的鞏固蘇俄的題目：這絕不是說爲完成「一個國家的社會主義」而放棄世界革命的主張，乃是强調從一個强固基地所發出的有效的幫助的重要。那時正是史達林和托拉斯基在俄國爭奪政權時期，但共產國際的政策已經全在史達林掌握中了。無疑的，在國共合作幾年中間，共產國際在中國的作爲，是史達林所指導的。

這個合作的基礎，在孫中山先生和蘇聯及共產國際的代表越飛所發出的聯合宣言中解說得很清楚：

「孫逸仙博士以爲共產組織甚至蘇維埃制度事實上均不能引用於中國，因中國並無使此項共產制度可以成功之情況也。此項見解，越飛君完全同感，且以爲中國最急之問題，乃在民國的統一之成功與完全國家的獨立之獲得。關於此項大事業，越飛君並確告孫博士：中國當得俄國國民最摯熱之同情，且可以俄國爲依賴也。」

孫先生是中國革命之父，於一九一一年推翻滿清，廢除帝制，建立亞洲第一共和國；他早已主張一種三層的政綱了：民族主義，民權主義，民生主義。但他的俄國顧問在這裏却提醒他，說民族主義——特別是「民國的統一之成功與完全國家的獨立之獲得」所需的奮鬥——仍是最急迫的問題。這個聯合宣言，實際上確定了國民革命的問題：牠摧毀割據軍閥的武力以完成國家的統一，並且廢除外人在中國所享有的特權，取消列强所强加於中國人的「不平等條約」，以實現完全的國家獨立。從開始起這就很明顯，國民革命運動的後邊這一方面主要是一種排外的運動，一種反抗帝國主義國家的革命。無意中孫先生的國民黨就這樣的被引向一個可能發生的國際戰爭而行。

共產國際用盡全力以幫助國共合作。大部分的幫助，是物資和專家。共產國際送了一群可注意的政治和軍事顧問，以鮑羅廷和加倫爲首。鮑羅廷是一個英邁而狡黠的革命組織家，加倫則即是後來著名的布魯徹元帥。鮑羅廷不久成爲中國共產黨的指揮者，同時爲新政府裏面最有勢力的人，指示國民革命的政策和方略。一九二四年六月黃浦軍官學校成立於廣州，校長爲蔣介石將軍。布魯徹所領導的俄國的軍事代表團則協助蔣氏訓練大批的新軍官；他們是要成爲新革命軍的核心的。

後來蔣介石將軍的國民革命軍，是依倣俄國紅軍而組織的，由黨代表施以政治教育和主義的灌注。黨代表中，有許多是老練的共產黨徒。因此，共產黨徒和共產主義得能對國民軍的軍官和士兵發生了很大的影響。後來共產黨重要的首領，如毛澤東、周恩來、林祖涵（林伯渠）等等，都是當時政局和軍隊中重要的角色。這些共產黨徒，協助組織羣衆，執行宣傳事務，並灌注軍隊中的軍官和士兵以主義。在莫斯科的訓練中心——列寧大學，東方勞動大學，和後來的孫逸仙大學——，不斷的遣送訓練好的青年回來在黨中和軍隊中工作。

孫中山先生於一九二五年三月逝世。一九二六年六月，國民革命軍在總司令蔣介石將軍之領導下，在廣州誓師北伐。革命軍的前進，差不多是一串連續不斷的勝利。一個興奮的軍隊，輔以有力量的宣傳和有組織的羣衆，自然不是北方軍隊所能抵抗得過的。七月攻下長沙，十月攻下漢口，十一月攻下九江和南昌。一九二七年年頭，革命軍到了揚子三角洲。上海城於三月被佔領；租界僅賴外國海軍强大兵力的保護，沒有爲國民軍所攫取。

在那個時候，革命臨到一個極危險的關頭。一九二四年三月二十四日，國民軍的隊伍，在北方軍隊敗北以後，進了南京城，很野蠻的襲擊城中的外人，搶掠外人的住宅和領事館，殺死幾個外國居民，包括金陵大學的副校長在內。停泊長江的外國砲船，放了掩護砲火以阻止暴亂的繼續並引導逃亂的外人避入小艇。

拉拖立特（Latourette）教授說：「這個（南京）事件，使外人忿怒到這樣地步，就是有一段時期，廣泛的干涉似乎馬上便會發生的。」（註六）

當南京事情發生的那一天，我正從紐約赴支加哥。我可以感覺到，這個一向對國民革命軍具有同情的美國民意，一夜之間，便反轉過去了。但是差不多一個月後，我才領悟到這個「廣泛的(外人)干涉」幾乎發生。那時我到了東京，一個日本外交部的朋友帶我遊覽。適逢東京每日新聞在牠新建的房子裏舉行「現代新聞事業展覽」。我的日本朋友對我說：「胡適博士，我正要你看一個小房子。」這個小房子的三面牆壁貼滿了當時從南京和上海拍致東京每日新聞報社的原電報文，都是關於南京日領事館的被搶掠，日皇相片的被汚辱，和日本領事館衛隊長因接奉不准抵抗的命令而要切腹等等的事情的。一九二七年三月二十四日那一天，共有四百多通急電。我的朋友說：「你現在當還可覺到，在那可怕的一天，日本學國是怎樣的情況。」他於是告訴我列强對干涉問題曾舉行過嚴重的會議，而據他所知，日本是當時反對干涉者之一。

照我們現在回想起來，南京事件似乎是一串有計劃的排外運動的最後一節，是要招致列强出於武力干涉因而發生一個眞實的「帝國主義者的戰爭」的局面的。這個戰爭，我們須記到，是史達林和第三國際所認爲革命勝利所必需的「客觀條件」。當時在南京釀事的軍隊的司令官是程潛，目下在中共政府裏邊；而美國政府當時所認爲這整個事件的負責人，是林祖涵，是這個軍隊中政治委員會的主任，現在是中國共產黨最顯著的領袖之一。

在這段合作的期間，中國共產黨顯出極有功效的作用；滲入政府和滲入軍隊的工作，進行得順利而成功。所缺少的，是一個眞實的戰爭，一個帝國主義者的大戰；沒有這個，照着史達林思想的方式，你要想贏得全盤受俄國影響的國民軍而把國民革命變成另外一個輝煌的「十月革命」，那是很難的。一九二五——一九二六年間所有大規模的反英的罷工和抵制運動，都是要打破英國在中國的勢力而逼出英國武力的干涉。但是英國人採取不抵抗主義。甚至漢口英租界於一九二七年一月四日被武力接收以後，英國政府還固執着牠的政策，並且命令牠住北京的公使館派員到漢口和在共產黨控制下的漢口政府商談解決辦法。這些商談的結果，漢口和九江的英租界正式交還中國。但是英國人這種不抵抗的態度，擊敗了共產黨的策略；這個策略，就是想逼英國人挺而走險而在中國引起一場國際的大火災的。很可能的，三月二十四日南京的事件，是一種曾經熟慮的策略的行動，意在把許多强國捲入武力干涉的旋渦。我上文曾證明過，武力干涉的事情，是幾乎實現的。

這個外國干涉和共產革命的危險，由於蔣介石先生和國民黨穩健派的決定而避免了。他們決意和共產黨「分裂」，終止合作，舉行「淸黨」以排出國民黨中的共產黨徒和同情共產黨的人。「淸黨」運動開始於一九二七年四月十二日，最初在上海，後來在廣州。四月十八日，蔣先生在黨中元老支持之下，在南京成立國民政府。

叁

斯諾報告道：「早在一九二六年，托洛斯基便開始極力主張成立中國蘇維埃政府和獨立的中國紅軍了。（註七）從史達林的反對黨有這樣的獻議，這至少可以說明那時在共產黨的範圍內，這樣一種意見是很流行的。

在國民黨的穩健派已在揚子江下游實行「分裂」和「淸黨」並且在南京成立國民政府後，克里姆林宮便給在漢口的鮑羅廷一個密令，要叫中國共產黨要求國民黨的多數控制權，沒收地主的土地，建築獨立的工農軍。鮑羅廷不想提出這些要求，但是共產國際的印度代表羅易(Roy)把這個命令傳達給在漢口的左翼國民黨政府的主席汪精衞。這樣公然違反合作條件的事情，就是左翼國民黨也不能容忍了。鮑羅廷和其他俄籍顧問被逐出黨，離開中國。最後，漢口政府崩潰，幷入南京政府。

中國工農紅軍的組織，是受命於克里姆林宮的，所以亦即是史達林策略的一部分：這是極值得注意的。而這個命令，是由共產黨領袖和軍隊將領——朱德，賀龍，葉挺，毛澤東，李立三，以及其他——執行的。這班人要推進中國共產黨，但是他們知道，在一九二七年的大政變以後，這個黨必須有他自己的軍隊。一九二七年八月一日發動南昌暴動和九月裡在湖南發動秋收暴動的，就是這班人；在敗退而逃入山地以後，湊集殘餘以編成第一支紅軍的，亦就是這班人。

紅軍開始時大概不到一萬人。幾年以後，牠在人數上和作戰經驗上俱見長進。牠的流動部隊，在湖南、湖北、江西、廣東各省和福建的邊境，從事叛亂。到一九三〇年，紅軍號稱有六萬人左右。

將近一九二七年的年底，第一個「蘇維埃」在湖南的茶陵成立。蘇維埃的制度漸漸推廣；一九三〇年初，一個贛南臨時蘇維埃政府宣告成立。一九三一年八月，共產國際的執行委員會勸中國共產黨在一個安全的區域建立一組織完備的「中央蘇維埃政府」，並且推行一「布爾希維克國策」。（註八）這樣的一個「中華蘇維埃共和國中央蘇維埃政府」，成立於一九三一年十二月，都城設在江西的瑞金，靠近福建邊界。毛澤東被選爲中央蘇維埃政府的主席，朱德被選爲紅軍總司令。

在江西蘇維埃期間中，紅軍的兵力最高曾到過多少，我們現在沒有可靠的紀載。在一九三三年十二月舉行的共產國際執行委員會第十三屆全體會議中，中國代表王明（陳紹禹）報告稱：在中華蘇維埃共和國的疆域內，「紅軍正規部隊有三十五萬人；非正規部隊有六十萬人。」（註九）

在一九三四年在莫斯科舉行的蘇聯共產黨第十七屆大會中，曼諾爾斯基（Manuilsky）報告共產主義在中國的進展，稱讚中國共產黨和牠的軍隊說：「這個年輕的中國共產黨，現正成爲共產國際最好的支屬之一；這也是因爲他們和紅軍都曾經過多年內戰的訓練的緣故。」（註十）

這個紅軍，本質上是一種游擊隊，用恐怖政策控制農業區域，以爲糧食和人力的來源。這是一種具有巨大流動性的作戰部隊。斯諾曾宣揚過紅軍戰術的這些口號（註十一）：

（一）敵人進，我們退！

（二）敵人停下來紮營，我們便去搗亂！

（三）敵人避戰，我們進攻！

（四）敵人退，我們追！

紅軍那時所宣佈的目的是「推翻國民黨政權，摧毀牠的軍事力量」。甚至一九三一年九月日本侵略東北的爆發和這個侵略的迅速的擴張到華北和上海，都不能停止或減輕這個兇猛的反國民黨的叛亂。國民政府呼籲團結抗日，但共產黨則報以一九三一年九月三十日的宣言；在這個宣言中，他們很激烈的痛斥「統一陣綫，抵禦外寇」的言論爲「可笑，荒謬，說謊」。他們宣稱：「中國共產黨，仍將爲與帝國主義者及國民黨勢不兩立的死敵。」（註十二）一九三二年九月，共產國際的執行委員會在莫斯科通過一項決議，强調「中國共產黨必須打倒國民黨——帝國主義的代理人」。（註十三）

江西紅區的共產黨，曾於一九三二年二月，用中華蘇維埃共和國臨時中央政府的名義，發出通電，對日本「宣戰」。但就在同一月裏，當國民政府第五軍所部奉命參加「第一次上海戰爭」對日作戰時，撤回的軍隊竟在江西贛縣被共產黨軍隊從後面所襲擊，並且蒙受極重的損失。

一九三三年，共產黨發表一個宣言：這個宣言雖然仍舊攻擊蔣介石和帝國主義的國家，但聲明中國共產黨準備「在三種條件下，和任何白色隊伍合作：（一）停止內戰，停止對中國蘇維埃區的攻擊，（二）保證人民的各項自由和民主權利，（三）武裝羣衆，從事抗日戰爭。」讀者請注意：這個建議，僅是對任何白色隊伍而發的——就是說，任何封鎖共區或攻擊共區的政府軍隊。（註十四）

從一九三零年至一九三四年，國軍在蔣委員長的指揮下，曾對共產黨軍隊舉行多次的圍剿。到了一九三三年秋天，共區漸漸縮蹙爲贛閩邊境的一塊較小的地域了。爲對抗游擊戰的流動性起見，一九三三—三四年的圍剿（常被稱爲第五次或最後一次圍剿）注重軍事包圍和經濟封鎖的配合進行。這次戰役，延續了一年多，據說曾經需要動員靠近百萬的兵力。利用軍用公路網和以千計的碉堡，蔣委員長的策略是打算沿着共區建築一種長城；「這種長城，是漸向內移的。牠的最後目的，是用一種石頭鉗把紅軍夾起而且壓碎」。（註十五）

包圍和經濟封鎖顯出這樣的有效，就是紅軍和共黨政府竟被迫採取一種大膽的退却策略——先向西退却以逃避消滅，後向西南，後向北，後向東北，最後達到在陝北的目的地。這次的退却，曾被叫做「長征」；歷時一整年，計程約六千英里。

這回長征，用毛澤東自己的話，「開始於一九三四年十月。……到一九三五年一月，紅軍的主力已到達貴州的遵義。在那以後的四個月中，軍隊差不多經常在移動，最强烈有力的戰鬥也不斷發生。經過無數的困難，穿過中國最長最深最險的河流，跨過最高最險的山隘，經歷了兇殘的土人區域和廣漠草原，備受冷凍、炎熱、風雷、暴雨；後面追逐的是佔中國半數的白色軍隊：紅軍經歷這一切的天然阻礙，衝過廣東、湖南、廣西、貴州、雲南、西康、四川、甘肅和陝西各地軍隊的包圍，終於在一九三五年十月抵達陝北，并擴大此一目前在中國大西北所佔有的基地」。（註十六）

紅軍在戰爭和長征中所受的損失究有多大？斯諾先生告訴我們說：周恩來自己承認「在這一次包圍戰中，紅軍本身損失六萬人」。（按即指一九三三—三四年的長期封鎖言。）斯諾並記載着：在一九三四年十月從江西開始退却時，「紅軍的主力」是「被估計約九萬人」，而在一九三五年十月移動終止時，爲數「不到兩萬人」。（註十七）

但最有意義的事實是：紅軍已在一九三三年—三四年大規模的殲滅戰後而得生存了，已在歷時一年的英勇的長征而得生存了，且已和在一九三三年即在陝西建立一小蘇維埃基地的共產黨軍隊聯合了。在這個陝北的地方，正在長城底下，這些紅軍的殘存者和中國共產黨的領袖，現在安定下來，儘量靠近蘇俄——革命的基地——的邊境，建築他們的新基地。

一九三四年瑞金紅軍會議中那些討論的紀錄，沒有留存下來的；這些會議，最後決定離開贛閩邊區而把紅軍生存的力量的核心移到在西方或西北的新基地。到了後來，中國共產黨徒能够自由的和黨外的朋友談話時，有一個可靠的報告會說：共產黨首領把長征的成就歸功於史達林所教的「退却的戰略」。因爲史達林在他的最著名的「列寧主義的問題」一書中，曾經定下一種方略：「當敵人强盛而退却爲不可避免時，當敵人挑戰而我們明知應戰必致不利時，當兵力比例已明知而退却是唯一的避免前方的受損傷而保存後方的實力的方法時，便應當巧妙的運用後方的預備以爲正當的退却。」這裡，史達林引用列寧的話以支持自己的主張：「革命的黨團必須完成他們的教育。他們知道這樣進攻了。但他們又應當懂得：進攻方法必需用怎樣是最好的退却方法的知識來補充。他們必須懂得（並且革命階級常由艱苦經驗以懂得）：沒有把怎樣進攻和怎樣作正當的退却兩種方法俱學好，勝利是不可能的。」史達林這樣論：「這種策略的目的，是要爭取時間，鬆懈敵人，結集力量以爲後來反攻的準備。」（註十八）

因此，照我所得到的資料而言，影響一九三四年瑞金的軍事思想而產生紅軍的長征而使紅軍得以留存的，便是這個列寧——史達林的「正當退却」的主義。

肆

但是定居陝北——全中國最貧瘠的地區之一——的殘餘紅軍，仍面臨着爲優勢的國民政府的軍隊所重行包圍而殲滅的危險；政府的軍隊，在一九三四—一九三六年間，已是日漸加强的了。共產黨長征的出人意料的結果之一是：西南各省，像貴州、雲南、和四川，以前本維持着某種程度的地方自治的，現在因爲追蹤紅軍，國民政府反而能够在這些地方鞏固政治的控制了。舉例來說：四川是一個富庶而經濟能自給的內陸省份；當牠於一九三五年爲紅軍所侵入時，即遣派代表至南京請求政府給予相當的軍援，以幫助省軍抗禦紅軍。所以使蔣委員長能够鞏固大西南以爲後來長期抗日的基地的，乃是紅軍的長征。而蔣委員長是決意先消滅中國共產黨的軍事力量而後對付更艱鉅的抗日戰爭的。

史達林和共產國際於是變一個異樣的並且是更重要的戲法以護衛而保存紅軍的實力，並使紅軍得有巨大的生長和擴張的機會。這個新方略便是「聯合陣綫」。

甚至正當紅軍竄奔的時候，共產國際的政策便作重要的變更。在一九三五年七月至八月在莫斯科所舉行的第七屆世界大會中，共產國際正式宣布採取「

聯合陣線」的政策，以防禦一天一天增長的「法西斯」國家侵略的危險。大會要求各國的共產黨和願意反抗法西斯主義的資產階級的政府以及政黨合作或聯合。對中國和中國的共產黨加以特別注意。會中選舉毛澤東、周恩來、張國燾和王明爲共產國際的執行委員；以往會黨代表的資格而居留莫斯科的王明，並被選爲共產國際主席團的主席之一。但是中國共產黨亦因爲「還沒有把這些「聯合陣綫的」戰術眞正一貫而毫無錯誤的執行起來」而受斥責。(註十九)中國共產黨沒有能够和反叛國民政府而於一九三三年在福建成立人民政府的十九路軍的領袖結合，是被特別指出的大錯誤之一。福建叛軍的迅速崩潰，使國民政府得於來年對共區施行更有效的封鎖。

共產國際「在中國的聯合陣線」的政策，意在保護疲弱不堪的紅軍，使牠不受國軍的再度攻擊。但這個對蔣介石惡戰八年多的中國共產黨，一時還不能當衆取消他所矢言的目的：「推翻國民黨並擊潰其軍隊」。牠所喊的口號是：「中國人不打中國人！」「停止一切內戰！」「各黨派，各團體，各軍隊，聯合起來，一致對日！」「打倒一切賣國賊！」牠却仍要打倒「大賣國賊」蔣介石和他的政權。那個時候，共產黨刊物中所謂「聯合陣線」，乃是「抗日與反蔣」並舉的聯合陣線。

在黨的這種新方針下，中國共產黨着手組織各種前茅組織，如「民族解放抗日協會」，「人民抗日同盟」，等等。這些團體，都是用抗日的假面具以實行反政府的煽動的。他們要求立卽抗日，並立卽停止剿共的內戰。一九三六年的夏天和秋天，有「救國會派」的七個著名的領袖被捕。這件事情，自然給予反對政府的煽動以口實。整個的一九三五——三六年間的冬天，學生罷課和學生示威遊行的事情迭次發生於北平和其他爲敎育中心的都市。成百成千的青年學生，男男女女，常常躺臥鐵軌上面而要求免費乘車赴南京以請政府對日作戰，遂致阻礙鐵路的交通。(註二十)

這些反日的示威運動和民衆的組織抗日聯合陣線的要求，在被派赴陝以剿殘共的政府軍隊的心理上，不能不發生影響。這話對東北軍隊尤其對。這些軍隊，在日本侵佔東三省以後，便從那個地方撤退出來，現在他們舊時的領袖「少帥」張學良指揮之下。張是當時陝西剿共軍副總司令，他的司令部設在陝西的省城西安。反對這些軍隊的宣傳口號是特別的動聽：「打回老家去和日本鬼子作戰！」

不久，「剿匪軍官訓練團」便開始和「匪」相勾結。到了一九三六年夏天，在陝北共產黨領袖，張學良，以及他的西安同事陝西省綏靖主任楊虎城三方面中間，便有某種的秘密諒解了。剿共的戰事鬆懈下去，因而給了紅軍一個十分需要的機會來休息和復原。

這個「少帥」張學良，那時正在三十四十歲的中間，是一個因縱容而變壞的豎子：他的理解力從沒有成熟過。生於有錢有勢的家庭，他是野心而自負的。因爲富於愛國心而且有激烈的反日情緒，他很容易的被救國會派和學生團體所說服，而來支持抗日的游說和示威的工作。南京政府開始接到關於這位在指揮權上僅次於蔣介石的剿匪副總司令以經濟資助各種反政府的前茅組織的報告了。他已陷入夜郎自大的地步。幻想他可以成爲反日反蔣的「聯合陣線」的領袖。

一九三六年十二月十二日的早晨張學良刧持蔣委員長的事情，就憑這樣一個背景發生的。因爲可靠的記載差不多完全沒有，西安事變的故事從沒有「可能永不會」被人詳盡的講過。但是下面所舉的事實似乎是很重要的。

第一、蔣委員長去西安時，完全知道他是身入叛徒的地域。我的朋友地質學家翁文灝博士，那時任行政院的秘書長，至少在事變前五天在南京告訴我說，委員長是完全知道這位少帥是在圖謀反叛政府的。那麼，蔣公爲什麼去呢？答案當然只有猜的。蔣公是中年才翻然覺悟而皈依淸淨敎的人：世人要了解他，須知道這點。他當時或許想用信義的表示把這個任性的「小兄弟」感化過來。他非特不帶軍隊赴西安，並且在西安開軍事會議，把他所有最高級將領都召集來。會議是十二月七日開始的。因此，十二月十二日早晨的事變，卽是蔣委員長的被刼持，和國民政府裡面全數著名將領——僅有的顯著的例外是何應欽和顧祝同——的被拘留。

爲什麼蔣公要召開軍事會議呢？他可能要示叛徒以在洛陽和沿隴海路政府兵力不可抵抗的優勢，使他們明白反叛是難以成功的。他也許要他們知道，就是沒有他們的協助，政府亦能推進剿共的軍事的。總之，在西安召開軍事會議的目的，可能是要使這些謀叛者相信，政府沒有什麼隱瞞他們的。

第二、張學良必是獨自作全盤的計劃的。當機立斷和殺人不眨眼，都是他所優爲的；他請了他父親的兩個最能幹最受信任的將軍——楊宇霆和常蔭槐——到自己家裏吃飯而當場殺了他們，便是明證。在他的計劃中，定必把西安事變當作用「抗日反蔣的聯合陣綫」的旗幟以從事反叛的一節。試看十二月十四日宣告成立的聯合抗日軍，由紅軍，楊虎城的西北軍，和張學良的東北軍三方面的武力組成，便可以瞭然了。而少帥則被「選」爲聯合抗日軍事委員會的主席。

第三、有一段時期，蔣委員長的生命，確實在危險中。當張學良的部隊在天亮前開火而他的衛隊三十名全被殺死時，他很可能在他的寓所中遇難的。在他被刼持的兩星期中，曾有堅決的要求要處決他或公審他。那時我在北平所能得到的共產黨或「救國會」地下活動所發出的油印精良的新聞稿，都一致要求判他死刑。

第四、許多關於在南京「爭奪政權的陰謀」的謠言，都不是眞的。十二月十二日那一天，國民黨，國民政府，以及軍事委員會開了整天的會議。每個黨國元老，只要是沒有忘記歷史的，都把明代第六代皇帝在一四四九年因戰敗而被一蒙古部落所執的故事來相比擬。那時政治家于謙提議：爲了預防敵人把皇上當作人質而來要求不可能履行的和平條件，太子應卽登位，政務應照常進行。他的提議被採納了；一年的工夫，被執的皇帝也回來了。因此，一九三六年十二月十二日，南京決定：蔣委員長的各種職務，由政府中，黨中，軍事委員會中的同僚代爲行理，這樣，在委員長缺席期間，各部門的工作仍可繼續進行。

第五、政府把數師軍隊迅速的開往豫陝邊界和以數隊飛機天天飛臨西安上空的決定，乃是愼重考慮的結果，而且很明顯的，目的是想促速蔣委員長的平安回來而使叛徒認清他們自己所處情勢的嚴重。這個意思，蔣委員長完全了解。他在他的日記寫道，當他聽到飛機飛翔於西安上空時，他甚感快慰。

最後，是個最重要的問題：蔣委員長怎樣能够於耶穌聖誕節飛回南京的？什麼東西使這件事情實現的？當時在西安的斯美特來（Agnes Smedley）女士報告道：在蔣委員長一行離開西安後，一群年輕的東北軍官和救國會的領袖對她說，「我們被騙了：紅軍勸導少帥釋放了蔣氏。」（註廿一）斯諾相信，被張學良召赴西安的共黨代表（周恩來，葉劍英和秦邦憲），是促成釋放蔣氏的「最有力」的人。（註廿二）

美國國務院和戴林（D.J.Dallin），似乎同以為蔣委員長的釋放，顯然是由於莫斯科的命令。國務院說：「中國共產黨……最初是贊成處決蔣委員長的，但是顯然的由於莫斯科的命令，轉向保留蔣氏生命的政策。因爲莫斯科的鼓勵，中國共產黨的觀念便成爲和蔣委員長及國民政府組成「聯合陣線」以抗日的了；這個觀念，在保全蔣委員長的生命上，有了很大的份子。」（註廿三）

但是戴林君指出，在西安事變以前，莫斯科和南京已在談判「一項極關重要的新的互不侵犯協定」了。這個新協定（一直到一九三七年八月才簽字），是後來中日戰爭初期內俄國援華的基礎。因此，戴林相信，「莫斯科以爲和蔣氏所訂的約，比起和叛黨中非正規軍隊所訂的約，價值要高些」他並相信，這或者可以解釋爲什麼莫斯科「對西安叛亂採取一種毫不含胡的敵對的態度」。（註廿四）戴林引述十二月十四日消息報的社論以爲這個「敵對的態度」的證明；那個日子，就是西安叛變的新聞在莫斯科發表的第一天。消息報的社論說：「西安叛亂不管是在什麼口號和程序下做出的，這個行動……非特給了南京政府，並且給了全中國，一種危險。這是很明顯的：張學良雖然揭着抗日的旗幟，但他的行動，只是對日本帝國主義有利。只要南京政府引導着一項反抗日本侵略者的政策，則所謂民衆的聯合反日陣線，不是指反抗南京的，乃是指和南京合作的：這是凡參加這個陣線的人所要知道的。」（註廿五）所以戴林君的結論是：「無疑的，莫斯科的態度，有一種決定性的影響在西安事情的演變上，並且可能是救了蔣氏的生命的。」但戴林又說：「分析到究竟，則蔣氏的得救，一由於日本在亞洲大陸的强有力的進攻，二由於在中俄兩國人心目中，日本恐怖的活現。」換句話說，克里姆林宮對日本的恐怖頗感憂慮，但相信蔣介石比起任何高喊着「立刻以武力抵抗日本」的叛亂團體，乃是能够對日本作更大的抵抗的。爲了自己安全的緣故，俄國要中國能够向日本作戰。因此遂有中國和蘇俄中間互不侵犯協定的秘密談判。因此遂有莫斯科對於西安叛亂的敵對態度。

就大概講，上面的結論雖然是對的，但我則以爲：參照後來事情的趨勢，則史達林的計謀，可能從對於中國紅軍將來的顧慮上，受到不少的影響；這支紅軍，是史達林一手造成的。已故的友人斯美特來女士引述一個青年軍官在蔣委員長和張學良飛離西安一小時後對她說「紅軍勸導少帥釋放了蔣氏」的話時，她的啓示可能越出她的本意的。共產黨知道，新成立的「聯合抗日軍」，決不能抵敵前進的國軍隊伍兇猛的攻擊；這些隊伍，已把西安的四周包圍起來了。他們並且知道，倘若他們的軍隊能變成國軍的一部分，牠的擴展的機會是無窮的。

從中國共產黨在西安事件後所發出的一種秘密小册子裡面，我們可以知道：在一九三六年十二月以後，批評和不滿很爲盛行，因之不得不準備解釋的「演講」，以使共產黨和紅軍都能够完全明瞭在西安的行動。在這些秘密的解釋中，極有趣味的是注意到：辯論的主旨是，共產黨必須服從共產國際的指示；這些指示，是因爲考慮到在共產黨面前儲備着的「更大的利益」和「更大的勝利」而發出的。下面是最足以啓示的文字：

「當〔一九三五年〕十二月決議發表時，政策是「反蔣抗日」。現在的政策是「聯蔣抗日」。如果我們要抗日，我們就必須和蔣聯合；如果共產黨要獲得更大的勝利，就得和日本作戰。

在西安事件中，張學良楊虎城和其他軍閥，對反蔣比對於抗日，更感到眞正的興趣。共產黨對這點看得很清楚，而且極力主張和平解決，因爲內部的戰爭，只有對日本才會有利，而對我們的黨是有害的。況且，假使西安事件引起了其他反共軍閥們的憤怨和不滿，那末這場戰爭會〔對我們〕極爲不利。所以我們的策略是『和平解決西安事件！』和『停止一切內戰！』

因爲中國共產黨是一個國際的政黨，而且我們所奉到的第三國際的命令也以爲和平解決是對的，是有利的，所以我們決定：爲了將來的更大利益，我們必須要有和平。」（註廿六）

所以，使西安事變得以和平解決以及救了蔣介石和實際上所有他的高級將領的生命的，又是史達林的策略！

蔣委員長在中國人民眞正的歡忭中飛返南京。他在西安，並沒有簽訂任何條約。但這個清淨敎徒又被史達林策略中一種最精彩的手法所籠絡了－可能是他生平的第一次。在史達林一向所做的事裏面，亦自以這一件爲最近於政治家的風度。蔣委員長很安心的覺得可以接納中國共產黨當作抵抗日本侵略的共同戰爭的伙伴。殲滅紅軍的戰事，從此停止。紅軍遂得以保全。

七個月以後，在一九三七年的七月和八月，中國開始對日抗戰。實際上在一九三一年九月十八日便已在東北發動的第二次世界大戰，而蔣介石六年以來常在極端忍耐的態度中想要避免了的，現在乃得充分展開了。

一月以後，一九三七年九月，紅軍被收編爲國軍的第八路軍。牠被派赴山西前線作戰；在這種地力，牠展望着一個無限的滋長和擴展的前途。

伍

紅軍於一九三七年九月初被收編爲國軍時，官方估計的兵力是二萬五千人。七年以後，在一九四四年九月，中共中央委員會林祖涵向國民參政會報告說：「在七年多的戰爭過程中，共產黨的軍事力量，已在依正當的途徑發展。現在計有軍隊四十七萬五千人，和民軍二百二十萬人。」（註廿七）幾個月以後，一九四五年四月，毛澤東向在延安舉行的共產黨第七次大會上提出了一個五千字長的報告，裏面說道：「當我準備這篇報告的時候，我們的正規軍已經擴充到九十一萬人，民團增加得超過了二百二十萬人。」

所以在八年抗日的戰爭中，共產黨的軍隊，非特沒有受到重大損失，並且增加到三十六倍有奇！如果我們把二百二十萬的民團也包括進去，可以說增加到一百二十四倍有奇。林祖涵說，這是因爲「共產黨的軍事力量已在依正當的途徑發展。」

從一九三五年到一九三七年，陝甘邊區的共產黨只佔有二十一（或二十二）縣。根據他們自己的估計，人口約爲一百五十萬。但在一九四五年四月，毛澤東宣告：「解放區現在已發展得北到內蒙古，南到海南島，包括有十九個省份和九千五百五十萬人民。」他又說：「在大部份日本敵人所佔領的地區中，都可找到八路軍，新四軍，或其他實施黨的活動的人民的軍隊。」毛澤東所提到的十九省份是：遼寧、熱河、察哈爾、綏遠、陝西、甘肅、寧夏、山西、河北、河南、山東、江蘇、浙江、安徽、江西、湖北、湖南、廣東和福建。

中國政府對紅軍力量的數字會表示懷疑。根據政府的估計，一九三七年二萬五千的共軍，到戰爭結束時，增加到三十一萬。（註廿八）戴林君亦以毛澤東九十一萬人的數字爲過分誇張。戴氏以爲在一九四五年，中國共產黨軍隊的實力，約爲三十萬人到三十五萬人。（註廿九）

這是一支分散在十九個省份的小軍隊。而且牠的武器和裝備都很壞。從一九四一年以後，實際上牠已經不能從國民政府得到經費或彈藥的供應。在戰爭那幾年中間，蘇俄做得很正派：中蘇交換物資協定中的軍用品，都送交給中央政府。能從蘇俄領土流入中共區域的軍火的數量，定必很小。

美援物資和武器供給中共的事情，並沒有實現。羅斯福總統，於一九四四年，曾企圖把史廸威將軍置於蔣委員長之下，以指揮所有中國的軍隊，「包括共軍在內」，却沒有成功。羅斯總統會對蔣委員長說：「當敵人正在把我們迫向可能的大凶災上，拒絕任何能殺死日入者的幇助，好像是不合理的。」但是蔣氏反對這件事。他的主意得着美國駐華大使赫爾利的支持。所以史廸威終被召回。中國紅軍的武器和裝備陋劣如故。牠仍舊是一支具有大流動性和技巧的游擊力量；一直到抗戰的最後一年，牠還沒有得到能和日軍或國軍公開戰鬥的軍隊的資格。

一九四五年八月，太平洋戰事突然終止。八月九日，蘇俄向日宣戰。就在那一天，蘇俄軍隊開始進入東北。八月十四日，日本投降。蘇軍由空運達到瀋陽，吉林和長春。在八月底以前，蘇俄軍隊便完全控制了東北——東北的鐵路，旅順的大海軍基地，大連的大海港，以及其他一切港口和城市。

八月十一日，共軍總司令朱德命令共產黨的四個集團軍開向東北，進入察哈爾，熱河，遼寧和吉林。

二三個月中間，許多中共軍隊佔據了東北許多重要的區域。在這些共產黨的士兵中，許多是僞裝沒有武器的「老百姓」和穿着制服的「國軍」進入東北的；他們一到了東北，便很迅速的很完備的用日本關東軍所留下巨量的軍用品裝備起來了。

和蘇俄軍隊進入東北的，還有在蘇俄組成的中國軍隊；這個軍隊，是由於一九三零年以後幾年中離開東北的各種中國部隊集合起來的。「許多留住俄國有年的中國共產黨，也和他們同來。這支軍隊……挾有技術的和行政的巧練，服從紀律和忠於俄國的德性；牠是要在將來的東北擔當一種基本的任務的。」（註三十）

蘇俄軍隊一直到一九四六年四月底才撤出。在牠佔據東北的九個月中，任何便利都給予中國共產黨，而對於由美國政府給以運輸上的帮助徐徐進入東北的國軍，則給以厲害的阻撓。

一九四五年十月，巴貝(D.E.Barbey)中將的艦隊奉命護送中國政府軍隊前往東北。但東北一切的港口，都拒絕了他們。共產黨從葫蘆島的岸上向巴貝中將的旗艦的屬艇射擊。美國的差遣隊和運輸艦只得轉囘。十月二十九日，蘇俄駐東北軍隊總司令馬林諾夫斯基(Malinovsky)同意中國國軍在營口登陸，並且同意蘇軍於十一月十日撤離營口。但在十一月六日那天，巴貝中將獲悉：蘇軍已故意的在定期前五天撤退，而把這個港口交於中國的共產黨。這些中共，以要開砲射擊美艦爲威嚇。結果，中國的軍隊在長城以內的秦皇島登陸——從這個地點，他們開首由陸地向東北作長途的進軍。那個時候，世人都以爲東北已淪入世界共產黨的手中了。（註卅一）

一九四六年六月，中共向全世界廣播說：「人民解放軍」的正規組織，現在已有一百二十萬人。一九四七年十二月二十五日毛澤東發表廣播演說道：「從一九三七至一九四七這十一個年頭內，中國共產黨的黨員已擴展到二百七十萬人，人民解放軍則有二百萬人。」一九四八年十月十四日的共產黨廣播說共軍實力達到三百萬人。一九四九年八月一日，牠是四百萬。一九五零年八月一日，牠是五百萬。

一九四七年十二月，毛澤東向共產黨中共委員會提出了一個報告，題爲「目前局勢和我們的責任。」在這個長篇報告中，他把紅軍在軍事上的成功描繪得極生動：

「中國人民革命戰爭現在已到一個轉捩點。人民解放軍已經打垮蔣介石反動軍的攻勢，而開始自己的攻勢。在第一年（一九四六年七月——一九四七年六月）中，我們的軍隊在好幾個戰場上打敗了蔣介石的攻擊，而迫使他採取守勢。在第二年的第一季（一九四七年七月——九月），我們的軍隊已經在全國各地轉取攻勢了。」

從新裝備和整補過的共產黨軍隊，從東北越海傾入山東，由陸地竄進華北。一九四八年九月，山東淪陷。到了十一月，東北淪陷。一九四九年初，華北淪陷。史達林用了他的策略的一種最狡黠最兇狠的手法，取得了東北，並使牠成爲中國共產黨新兵力的毗連蘇俄的基地；這個基地的後邊，就存着蘇俄——算是現在全世界最大的軍事强國——的無限制的支援。

三強會議，於一九四五年在雅爾達舉行。會議延長到七天。在卽要完畢的一次會議中，邱吉爾首相沒有出席，而羅斯福總統－據霍浦金斯(H.Hopkins)的記錄－－則「疲倦而不願再從事辯論」。在這個會議中，史達林提出蘇俄參加太平洋戰爭的條件。最後的協議，對中國保守着秘密；直至六月十四日，才由赫爾利大使在重慶告訴蔣委員長，說是羅斯福，邱吉爾，和史達林，於一九四五年二月十一日，代表他們各人的政府，在雅爾達簽訂了一件秘密協定。協定的全文如下：

「蘇聯，美利堅合衆國，大不列顛三強的領袖已經獲得如下協議，卽在德國投降歐戰結束前的二個或三個月內，蘇聯應基於下列條件，站在盟國方面參加對抗日本的戰爭：

（一）外蒙古（蒙古人民共和國）的現狀應予維持。

（二）過去曾爲蘇聯所有，而因日本一九零四年的詭譎攻擊而受到侵害的權益應予恢復，此等權益如下：

（甲）庫頁島南部及其附近的小島應歸還給蘇聯。

（乙）大連商港應予國際化，蘇聯在該港的優越權益予以保障，並仍許蘇聯租用旅順港作爲海軍基地。

（丙）以大連爲出口的中東鐵路和南滿鐵路，應由中蘇合組的公司合作經營，蘇聯在該路的優越權益應予保障，中國仍應保有對東北的主權。

（三）千島列島應由蘇聯接收。

以上有關外蒙古各港口各鐵路的協定，應取得蔣委員長的同意。根據史達林元帥的建議，應由羅斯福總統採取行動以獲得蔣委員長的同意。

三強領袖同意蘇聯的此等要求，於日本失敗後無疑應予實現。

蘇聯方面，已表示準備和中國國民政府締結中蘇友好同盟條約，以便協助中國及其武裝部隊，使中國脫離日本的羈絆。」

由於這些極浮泛的條文，東北和全中國以及韓國（雖然這裏沒有提到），甚至很可能的整個亞洲大陸的命運便被注定了。歷史倒退了四十年。這三個簽字人當中，顯然的只有史達林是把歷史記得還不差的。因爲在日本投降的時候，史達林發表了一件文告；在這文告裏面，他說明他的四天對日作戰是俄國於一九零四年－零五年敗於日本人手裏的報復。這文告裏面說：「俄國軍隊於一九零四年的失敗，……在人民心裏留下辛酸的記憶。牠好像在我們的國家上面塗了一個黑點。我們的人民相信並且希望總有一天我們會把日本打破而把汙點擦去的。我們老一輩的人，等待這一天的到來已有四十年了。」（註卅二）

這就是祕密協定中的主要的文句「過去曾爲蘇聯所有，而因日本於一九零四年的詭譎攻擊而受到侵害的權益應予恢復」的歷史的意義。史達林是用俄國的報復的歷史的理由來懇求羅斯福的支持的。依據霍浦金斯的記錄：「史達林向羅斯福說，如果他所提出的條件沒有得着承認，那便很難向俄國人民解釋爲什麼要叫他們去打日本了。……但是，史達林又說，如果他所要求的政治的條件能夠被承認，那他便不難向最高蘇維埃和人民解釋到底什麼是他們參加遠東戰爭的報酬了。」（註卅三）

整個事件是一套欺騙的策略。中國當時沒有在場，但是羅斯福總統應採取行動以獲得中國的同意。甚至於總統這樣答應還不夠。史達林堅持把這個協議寫成文約，並且須含有這句話：「三強領袖同意，蘇聯此等要求，於日本失敗後無疑應予實現。」（註卅四）這便是說，就是中國拒絕同意，蘇俄亦要取得這些要求的！

史達林是在深思熟慮的來欺騙並且訛詐羅斯福：我以爲這是毫無疑問的。好幾年來，史達林和莫洛托夫利用每個機會，務使美國的領袖得到這樣一個印象，就是，蘇俄因爲中國共產黨根本不是共產黨，所以沒有維持他們的意思。蘇維埃領袖曾堅決的說，蔣介石是一個偉大的人物而值得支持的，並且說，美國必須領導援助中國。一九四四年八月，莫洛托夫甚至於把一九三六年十二月蔣委員長在西安被刼持的「內幕」故事告訴赫爾利大使和納爾遜(D. Nelson)先生，並確告他們，說是蔣委員長得以生還復位，乃是「蘇維埃政府的政治和道德的支援」所致。（註卅五）

華萊士、赫爾利、以及霍浦金斯都曾把這個蘇俄和史達林所給予蔣介石的友誼的殷勤以及政治和道德的支援告訴了羅斯福總統。在國務院所印行的關於遠東的雅爾達協議的本子中，有一條很有意義的脚注。這條脚注引用哈里曼大使關於「租用旅順港作爲蘇聯的海軍基地」一句的評語。哈里曼先生說：「爲了兩友好國家的互保安全，美國曾和其他國家進行磋商，由美國取得若干特權。我相信羅斯福總統把蘇聯租用旅順港爲海軍基地一事看作和這種特權相類似的事情。」（註卅六）

哈里曼的評語，使我囘憶到一九三九年九月的一天了。在那天，我以中國大使的資格去拜會羅斯福總統。戰事已在歐洲爆發，總統頗感煩惱。他告訴我說，「我正在考慮斡旋中日和平的事情。最困難的當然是東北問題。我有一個新公式：我們剛和英國簽訂一種新協定，是關於太平洋中康登(Canton)和恩德背理(Enderbury)兩島的共同利益和管轄的；我可以在相同的基礎上解決東北問題。爲了中日兩國的利益和安全，關於東北，正可以訂一種相類似的協議。」

我辭別他以後，就設法多知道一點關於這兩個珊瑚島的事情。我隨卽發見，康登島九英里長，最寬的地方五十碼。島上居民有四十人。恩德背理三英里長，一英里寬，並且有居民四人！東北，大家知道，有居民三千三百萬人，面積四十一萬三千平方英里。

我現在確信，一九四五年在雅爾達、羅斯福總統心中必念念不忘他一向得意的康登島和恩德背理島的成例。這兩個小島，照着英美兩國政府於一九三九年四月六日所簽訂的協議，由兩國共同管理五十年。

在一個偉大的人物恢廓的理想上玩弄詐謀的人，歷史決不會寬恕的。

陸

簡單說，這樣便是史達林征服中國策略的開展的故事。這個策略的心臟，爲中國紅軍的創立，保全，和養成豐滿的力量。差不多費了二十五年的時間，紅軍才得着充足的實力以攫取大陸中國。紅軍曾經好幾次爲蔣介石的軍隊所擊敗，破散，且幾至於消滅；設使中間不夾着人類歷史上最大的戰爭，史達林和世界共產黨可能永不會在中國成功。

史達林自己會把中國情勢用一句話總括起來：「中國革命，是武裝的人民反抗武裝的反革命：這個事實，便是中國革命的特徵。」（註卅七）講得淺近一點，史達林作出這個定式，意卽是說：共產黨用武力征服中國的企圖，一直到史氏說那句話的時候，都被國民黨的軍隊有效力的阻住了。因爲政府軍隊的這個很有成功的反抗，中國共產主義的運動，在毛澤東和他軍事同人的心目中，簡直就是用武力以攫取政權的鬥爭。毛澤東在一九三九年一個講演中說，「在中國，沒有武裝鬥爭是沒有無產階級的餘地的；沒有武裝鬥爭是沒有人民的餘地的；沒有武裝鬥爭是沒有共產黨的餘地的；沒有武裝鬥爭革命是不會勝利的。」

所以征服中國的模型，是和征服波蘭、保加利亞、匈牙利、羅馬尼亞、南斯拉夫和捷克的模型相同的。這個模型是：「一個衞星或奴隸國家（這九字譯者所加）的征服，是由於從鄰近的蘇俄基地所設計的武力和暴動而成的。中國的征服，似乎和外觀上容易得多的中歐和東歐的征服不同，實在那不過是因爲征服中國較爲繁雜而困難罷了。因爲牠的繁雜和困難，使史達林不得不乞靈於秘密外交的最巧點的形式，以期克服國民黨政府從二十餘年以來便已能夠採用的抵抗。

（全文完）

註一——一九四九年一月所出的外交季刊（Foreign Affairs）。

註二——列寧，「共產主義的嬰孩期病症」。本文所採用的英文譯文，係取於安傑爾（Angell）所著的「陡峭的地方」（一九四八年紐約出版）一書中的第七十一頁的。

註三——斯諾，「紅星閃爍下的中國」一四〇頁。（一九三八年紐約。）

註四——「征服世界的藍圖」一二一頁。（一九四六年芝加哥。）

註五——前書六十七頁。

註六——拉拖立特，「中國的發展」六版第二六〇頁。（一九四六年波士頓。）

註七——上引斯諾書三七七頁。

註八——戴林，「蘇俄和遠東」一〇九頁。（一九四八年耶魯大學出版部）

註九——上引戴林書一百十一頁。可參考上引斯諾書中二九〇頁所引一共軍班長所說的話：「在我們江西蘇維埃區，人口不過三百萬，但我們招募到志願黨軍五十萬人！」

註十——上引戴林書一百十一——二頁。

註十一——上引斯諾書一五九頁。

註十二——上引戴林書一二六頁。

註十三——同上。

註十四——毛澤東，「論聯合政府」二十三頁；上引斯諾書一六六頁；上引戴林書一二七頁。

註十五——上引斯諾書一七三頁。

註十六——上引斯諾書一六七頁。

註十七——上引斯諾書一七四，一七五，一九四頁。參考上引戴林書一一二頁：「離開共區的十萬人中，達到目的地的不到一半；餘下的不是被擊斃便是失散。」

註十八——史達林，「列寧主義的問題」。本文所採用的英文譯文，係出自蒲立德「大地本身」（一九四六年紐約）書中附錄三（二九九頁）。張浩（郎林玉英）〔譯音（譯者）〕所著的「中國共產黨的戰略」一書會引這段全文。

註十九——美國國務院所發表的「一九四四——四九年間美國對華關係」（一九四九年華盛頓）四十六頁引王明，「殖民地國家的革命運動——一九三五年八月七日在共產國際第七屆世界大會的報告」（一九三五年紐約）。上引戴林書一二八——九頁。

註二十——幾年以後，中共領袖如毛澤東等公開承認這些學生的群衆運動是由中國共產黨所組織的。十二月九日——一九三五年北平第一次大示威那天——現已被中共定爲「學生節」。

註廿一——斯美特來，「中國的戰曲」（一九四三年紐約）一四九頁。

註廿二——上引斯諾書四二〇頁。

註廿三——上引美國國務院〔白皮書〕四十七頁。

註廿四——上引戴林書六十七——九頁。

註廿五——上引戴林書六十九頁引一九四六年十二月十四日莫斯科消息報。

註廿六——張浩（林玉英）〔譯音（譯音）〕，「中國共產黨的戰略」（約一九三七年出版）四十八頁。

註廿七——上引國務院〔白皮書〕五四五頁。

註廿八——「一九五〇年中國一覽」（一九五〇年紐約出版）二六二頁。

註廿九——上引戴林書二二三頁。

註三十——上引戴林書二五〇頁。

註卅一——穆拉德（moorad），「在中國失亡了的和平」（一九四九年紐約）九一及九二頁。上引戴林書二五二頁。

註卅二——多揣爾（Deutscher），「史達林傳」（一九四九年紐約）五二八頁引一九四五年八月莫斯科出版的「布爾希維克」第十六期。

註卅三——薛渥德（Sherwood），「羅斯福和霍浦金斯」（一九四八年紐約）八六七頁。

註卅四——同上。

註卅五——上引國務院〔白皮書〕七一——二頁。

註卅六——上引國務院〔白皮書〕一一四頁。

註卅七——毛澤東一九三九年十二月「中國革命和中國共產黨」一文中（第十九頁）引用這句話，且加以贊許。

胡先生這篇文章，可以說是現代歷史著作中的精品。我這個譯文，草草趕成，誤謬固然難免，拙劣更不待說了。中間有幾處，疑不敢擅定的，差不多全依中央日報所載的譯文；理應聲謝。擬將來得著者的改正後，再請自由中國社以單行小冊印行，以廣流傳。——卅九年十一月八日譯者附記。

我對蕭伯納的看法

傅孟真

我不是記者，也不是研究英文學的。由前一點，我不必寫悼詞，由後一點，我不配作蕭伯納的批評。姑且寫幾段感想，趁個熱鬧罷。

我在二十六七歲以前，是一個崇拜蕭伯納的人，至少到那時候止，他寫的戲我大半看過。在英國住了兩年多之後，尤其到了德國之後，知道了他對于瓦格納，尼采的關係，對他的興趣大減，覺得他那個調調兒翻來翻去總是那一套，在他每一戲中，「假如男主角不是蕭伯納，女主角一定是」。所以他的文章雖多，只是一個調子，遠如王爾德，近如且斯特頓（G. K. Chesterton）每人都有一個動人的調子，却也一本又一本總是那個調子，讀者久而久之，自然倒了口味。

那麼，他那個調子是什麼調子呢？我說，就是莎氏比亞戲中的丑角，（Fool）或應云「獃子」因與中國之丑角大不相同。莎氏比亞戲劇中的獃子是這樣的：用極傻的姿態，和表面極傻的語言，說極有幽默，極其富於批評意義的話。蕭伯納自負不凡，他說「也許莎氏比亞比我高些，但我站在他的肩膀上，」這話的道理，假如文藝進步如科學一般，後來居上，然而並不如此。他和莎士比亞確有一個關繫，就是他是莎氏比亞袋中的人物「獃子」，多嘴多舌得很有趣味而已。莎氏的戲劇氣象萬千，他只得其一曲而已。托爾斯泰批評莎氏，謂他的藝術無人生熱誠，彷彿「性命無安頓處」，這話自有道理，奈何蕭伯納以一曲之才而要「蚍蜉撼大樹」？

然而蕭伯納得到一世的傾倒也正在此，說一句話，惹人笑一陣，近代社會要有解悶的人，他就是在解悶上最有供獻之一人。他的詼諧雋語，只够供人解悶。在這一點，雖然大小不同他可以比於約翰生，服爾德，而且因為時代的關係，他的觀衆遠過於這兩人。但，他實在不如這兩位，我的理由是這樣：約翰生儘管見解不對，或者可說「落伍」，但他說的話是自信話，不是為鬥趣而說話，這可以服爾德批評他的一段為證。

約翰生在當時是保守的，服爾德是進步的。有人問服爾德，約翰生如何人？服爾德說：「他是一個迷信的狗」，當時英國人說話作文常用狗字代替東西，約翰生又信教，所以這樣說。後來服爾德和普魯士伏里迭里大王吵架翻了，趕出普魯士，原因由於服爾德改了大王的法文詩。當時的社會對於誰是誰非有不同的意見。有人把這一件事告訴約翰生，約翰生說：「伏里迭里那能和服爾德論詩？服爾德的僮僕作出來的法文詩還要比伏里迭里好！」有人又把這話說給服爾德聽，服爾德大笑說：「約翰生不是一個迷信的狗了，他是一個誠實的人！」誠實的人是約翰生！

服爾德却不如約翰生的誠實，但他確實佔在時代的前邊，為洛克牛頓作普及的宣傳，不像蕭伯納的晚年，專讚揚反自由的極權主義，和反科學的惟生主義，並且作了許許多多關於醫學的怪說。

但是蕭伯納仍是屬于約翰生服爾德一類的，就是說「滑稽之雄。」

蕭伯納之所以不够大，因為他自己實在無多創造的思想，而善於剽竊別人的思想，只是他能用他的怪調兒說出別人的思想來，說得聽衆感覺有趣而已。

那麼他所剽竊的人是些誰？

在政治思想上他所最受影響的是魏伯夫婦（Sidneg and Beatrice Webb）。他們都是費賓社的創造人，這些創造人中好些因為意見不合而退出來，例如威爾士（H. G. Wells）。於是久而久之，魏伯夫婦成了社會中的靈魂，魏伯夫婦是社會主義的新官僚派，人道主義的色彩甚淡，效能的觀念甚重，而謂人道主義者為幻想家。這和馬克斯恩格爾斯犯了一個毛病，大勢所趨，後來總要把社會主義變做帝國主義。魏伯夫婦晚年大大讚賞蘇聯，以為是一個新的文明，這話是在蘇聯清黨後做的。蕭伯納晚年先佩服了墨索里尼，後又大佩服斯大林。在東方的民族中，三個人都極其佩服日本，而極其看不起中國人，因為中國人「乳烘烘」「不會辦事」，（好個帝國主義的看法）！魏伯遊中國後，說中國人是劣等民族，蕭伯納遊日本，路過上海幾有不屑上岸的樣子。

費賓社開始時保守的人批評：你的主義很好聽，只是行不通。魏伯蕭伯納一群回答說：你的資本主義也許好的，只是以後再行不通。費賓社何以行得通？靠工會。結果：工會專政，不就是文化進步。

在一般思想上，人人覺得蕭伯納受瓦格納尼采的影響，這話「然而不然」。誠然，蕭伯納以給一個報尾巴作音樂評論而起家，他當時大恭維瓦格納，後來印成一本書，叫做 A Perfect Wagnerite 但是，他於瓦格納眞正淺嘗的很，似乎只有滔天的自大是瓦格納的傳授。尼采是個眞的詩人和創造思想者，蕭伯納可不是。蕭伯納聽到這些話，到也說出實話來了，他說：何必求之於遠，我是獨得之於巴特勒的（Samuel Butler）。

巴特勒眞是一個偉大的思想家，猶如洛克是個偉大的思想家，服爾德之於洛克，猶如蕭伯納之與巴特勒，一味的剽竊。

巴特勒不滿意達爾文，創為習慣遺傳說，達爾文認為一無可取，直到門得爾（Mendel）研究重新在一九〇〇年發見，後來又發展，推翻了達爾文的進化論（至少可說基本的修正），才為人所注意。巴特勒不是科學家，然有奇闢的

（下轉第36頁）

亞洲赤禍的外在原因

——世界的一般情勢和西方、特別是盎格魯撒克遜民族的心性招致共產主義進襲亞洲——

喬治教授原作
聶華苓譯

本刊二卷九期刊有喬治教授「亞洲當赤禍之衝」一文，本文即其續篇，譯文全長約四萬餘言，意在說明亞洲遭受赤禍的全部原因。作者識見淵博，對世界的一般情勢瞭若指掌，更以歐洲人的身份批評西方民族的心性，故能客觀而入微。最後作者對多年來迷惑世人的「狄托問題」特詳加分析。作者為狄托「同鄉」，在第二次大戰期間曾率民軍在東歐及蘇俄從事游擊戰多年，對國際共產黨及狄托元帥深具瞭解。故其議論允當推為權威之見，特為讀者介紹。

編者

筆者曾在「自由中國」發表一文，題為「亞洲當赤禍之衝」（註一），談到世界共產主義之所以集中其注意力和行動於亞洲，一部份原因是源於亞洲本身，一部份是源於盎格魯撒克遜的心性。前文已詳論源於亞洲本身的許多原因。本文將首先分析造成亞洲赤禍的世界一般情勢，然後分析西方，尤其是盎格魯撒克遜的心性，這種心性有意識地或無意識地引起世界共產主義首先選擇亞洲為進襲的目標，然後準備從亞洲征服全世界。

一、世界的一般情勢

（一）我們翻閱世界地圖，便可察覺自國際共產主義征服中國大陸以後，它已控制了大部份的歐亞大陸，而這部份正是全球的核心。

世界共產主義一旦征服了整個亞洲大陸——中南半島（越南、暹羅、緬甸、馬來亞）已遭受其害，印度、阿富汗、伊朗雖然表面很平靜，但也已經受了共產主義的暗傷——它不但將控制約有十二億五千萬人的人類最大潛勢，同時將握有世界上最有利的戰略地位，並將據有過往下列其他各大陸的孔道和門戶。

一、經過白令海峽和阿拉斯加，直通加拿大、美國和南北美洲。

二、經過馬來亞、印尼，直通澳大利亞。

三、經過伊朗以及中東直通非洲。

世界共產主義一旦控制了整個亞洲大陸，它將很容易地一方面將紅色箭頭指向澳洲，組織第五縱隊，降落傘兵和破壞工作人員以切斷鐵路，爆破隧道，孤立中心地區，然後瓦解其國家。像澳洲這樣面積廣大而人口稀薄的大陸是不難瓦解的。它又可從另一方面將另一紅色箭頭指向非洲（事實上現在已指向非洲），以瓦解廣大的非洲大陸（註二）。

（二）一旦世界共產主義征服了亞洲，瓦解了澳洲和非洲以後，世界留下的將是什麼呢？僅僅剩下了孤立的西歐——一個微小的半島，僅擁有兩億人口——以及孤立的美國（註三）。美國和西歐陷入孤立以後，世界共產主義將利用長期政策，甚至於短期政策很容易而有效地在經濟、政治、軍事方面瓦解西歐和美國。如此，甚至於無需美蘇間直接發生武裝衝突，世界共產主義便可贏得共產世界與西方民主國家間的一切冷戰熱戰。

（三）亞洲大陸的征服將給蘇俄和世界共產主義最有利的戰略地位，世界共產主義將立於不敗的地位。戰爭可以利用原子彈，但是單靠原子彈的轟炸並不能使戰爭獲勝。若要在與世界共產主義作戰中獲勝，只用原子彈摧毀鐵幕後所有的戰爭工業中心地區是不夠的，而必須進軍佔領所有的鐵幕國家，將那些國家由共產黨的壓迫下解放出來，讓她們完全自由地在經濟、政治、社會、文化以及精神方面從事建設。但若世界共產主義已佔先有效地控制了亞洲所有的人類潛力，那也就是瓦解了非洲的人類潛力。

在歐洲小小的諾曼底半島登陸作戰是很容易的，可是，在亞洲廣闊的原野發動最後勝利的攻擊便是另一回事。若在歐洲戰場需要三個師的兵力在亞洲則需要三百個師的兵力。希特勒進攻蘇聯失敗的原因即在此。而蘇聯平原與亞洲大陸地域相比不過是一片小土地而已。

過去凡是僅從歐洲進攻俄國的人無論是拿破崙或是希特勒都沒能征服俄國——世界共產主義的中堅。一旦世界共產主義立足於亞洲，它將永遠隱蔽在亞洲的幕後。如此，則使來自歐洲的任何武力的戰綫拉長，同時以零星的、長期

的疲勞攻擊而消滅它（註四）

（四）世界共產主義的集中全力於亞洲的政策是與最現實、最審慎和辯證的史達林政策相符合，所謂史達林政策是永不使它自己從事冒險（註五）。世界共產主義可以在亞洲，只有在亞洲，不必與美國發生戰爭而獲得擴張。它完全察覺這事實。在目前發動戰爭對於世界共產主義是最危險的。

最近在韓國的共產黨侵略充分表示了共產主義的世界戰略是如何的審慎，對於西方國家，尤其是美國的心性瞭解得如何深刻，對於西方國家和美國不會與蘇聯——實際的侵略者——作戰這一點忖測得如何精確，蘇聯是誘陷西方國家的軍隊、技術、財政、人力和寶貴的時間與她的衞星國家周旋。

只要是爲了世界共產主義，一切都無足輕重，衞星國家的土地任其荒廢，衞星國家的千百萬無辜人民任其受戰火的摧毀。共產主義唯一主要的目的是削弱、疲憊和消耗敵人而統治世界。

（五）共產黨對於亞洲的估計中，還有另一因素：心理因素。這個因素是最重要的。沒有人知道一旦亞洲被共產主義征服時美國人和歐洲人民的反應如何。也許由於失望悲觀向蘇俄投擲原子彈，自然蘇俄也將以原子彈報復美國，如此，則美國與蘇聯互相破壞。也許退而採取新的孤立政策，如果眞的採取這種政策，不過是世界共產主義暫時延擱統治世界而已。

二、誘致共產主義侵襲亞洲的西方、特別是盎格魯撒克遜心性的心理分析

對群體的正確的心理分析和對個體的正確的心理分析同樣必要。

不論個人或是群體，在情緒方面，往往不是被有意識的動機而是被潛在意識和盲目的動機所推動與引導的。

潛在意識因素在羣體行動方面的決定的影響比在個體生活方面更爲强烈更有力，這種潛在意識是被所有各觀念的，歷史的，經濟的和傳統的複雜關係所造成。因此群體的情緒域是盲目的，更容易不安定，更不易制防，因爲群體的情緒是錯綜複雜的。

下面我們將說明一些隱匿在幕後的最重要的動機，這些動機，雖然是潛意識地或是無意識地，但有效地引導西方尤其是盎格魯撒克遜國家對在亞洲共產主義的實際態度（到一九五〇年仍舊如此）。

（一）最嚴重而悲慘的事實是近代西方、特別是盎格魯撒克遜的心性不能完全瞭解共產主義的意義，因此不能知道共產主義是令人顫慄的實體。

西方尤其是盎格魯撒克遜民族的反基督精神，反人性和現實化的心性在近幾世紀以來變得幾乎完全重經驗和商重主義，隔離了上帝，隔離了絕對價值，絕對眞理，因此隔離了絕對而有價值的原則，絕對客觀而有價值的標準，和絕對客觀的理想。在每天生活中，差不多完全被重商主義的原則所鼓勵和引導，重商主義的原則就是短視的個人和妄自尊大的群體的眼前利益。

不論個人或群體判斷別人或別的團體時都是依照他自己的心理和他自己的心性。

所以現實化的，實利主義的，重經驗的西方盎格魯撒克遜民族的心性變得不能瞭解會有別的團體，別的心性，別的政權嚴肅地信仰一些絕對價值和絕對原則，即使這些絕對價值和原則僅僅是假的。西方特別是盎格魯撒克遜民族的心性更不能瞭解會有別的政權和政府傾其所有的經濟的、人類的、技術的和政治的資源以達到他們所信仰的那些絕對觀念和絕對理想。

西方、盎格魯撒克遜民族在判斷別人時老是犯可怕的嚴重的錯誤，就是完全依據他們自己的心意，而不鑽入別人的心性中，看看他們如何有他們自己的特殊心意。

在西方人的心目中，忘記還有其他民族集團，如俄國東歐和亞洲的民族，他們甚至於鑑識上帝時被導入錯誤的方向：將他們所信仰的眞上帝和假上帝混淆起來，他們很少曲解，並更瞭解人類對上帝的需要。

所以西方、盎格魯撒克遜民族的心性自共產黨開始革命，便根本不能辨認共產主義的嚴重性，現在仍不能瞭解共產主義。當蘇俄和亞洲的共產黨徒談論共產主義，共產黨世界革命時，他們是鄭重其事，因爲共產主義對於他們就是上帝的替身。

（二）西方、盎格魯撒克遜國家的另一個實際態度也是由上述的重現實的重經驗的心性中導引出來的。他們暗中甚至於公然地認爲物質享受不僅是一種手段，並且是一種目的，是人類生活的唯一目的。因此 個人的和群體的物質享受成了他們心目中的上帝，這個假上帝竟取全人類所深深需要的上帝而代之。因此，這種態度是冷漠地，淺薄而固執地逃避和輕視困難與危險，這種困難和危險足以減少或摧毀這外在的物質享受。

所以，根據這個基本態度，西方、特別是盎格魯撒克遜國家老是漠視威脅世界甚至人類基本的危險，直到這個危險直接威脅西方、盎格魯撒克遜的重大的物質利益和物質享受時，他們才開始予以重視。

（三）西方、盎格魯撒克遜民族的心性，不能堅持絕對標準、絕對眞理和絕對理想，同時以個人和羣體的享受代替了此絕對標準，絕對眞理和絕對理想，我們將這兩個因素連結起來便可明白爲什麼西方、盎格魯撒克遜民族的心性本能地僅對物質享受感到興趣，但另一方面，當別人被壓迫（殖民地被剝削的人民，在鐵幕後被壓迫的人民），而西方、盎格魯撒克遜國家的重大利益和享受沒有問題時，便很容易忘掉所有的基本人權和基本道德原則。可是當盎格魯撒克遜民族的重大利益和享受受到嚴重威脅的時候，卻感情地呼籲和暫時創造所有的道德原則和人權。

從一九三三年到一九三九年，西方、特別是盎格魯撒克遜國家對於希特勒就是如此。他們固執地拒絕承認納粹主義信條的嚴重性。固執地拒絕承認納粹信仰日耳曼民族優秀的假絕對眞理的嚴重性。直到納粹極力要統治世界的時候，他們才知道事態嚴重。因此、奧大利，中歐和東歐很容易地在慕尼黑犧牲。直到納粹觸及盎格魯撒克遜民族的重大利益和享受時，直到英國本身將被毀滅時，直到美國窒息在孤立的危險中時，盎格魯撒克遜國家才開始抵抗希特勒。

他們對共產主義也是如此。在一九一七年，共產黨革命以後，俄國人民被西方、盎格魯撒克遜國家所遺棄。第二次世界大戰時，東歐和中國東北被遺棄

。二次世界大戰以後，世界上最大的國家中國又被棄給共產主義。羅斯福和邱其爾違反東歐人民的自由意志，不顧西方、盎格魯撒克遜列强的正式諾言，在德黑蘭將東歐棄給了共產主義。五億的中國人民公然在雅爾達被棄給共產主義。有力的强暴的共產黨以少數而吞併東歐，吞併了中國，但西方盎格魯撒克遜世界竟無動於衷。

（四）由於西方、盎格魯撒克遜世界的反人性的，反精神的、現實化的、重經驗的、和重商的心性，他們很容易對亞洲人民有一種假的優越感。

由於現實化的重利的心性，他們認爲物質享受是絕對的和唯一的人生目的，他們擁有大量的機器和金錢，認爲他們在各方向都是優異的。

物質享受對於他們變爲判斷所有人的「優越與劣下」的唯一標準。他們看亞洲人民沒有機器，沒有金錢和外表的物質享受，而認爲他們不是眞正的人類，沒有同等的基本的人類价值，認爲他們是劣下的烏合之衆，廉價的人力。亞洲有豐富的資源，但亞洲人民只是爲西方盎格魯撒克遜列强的優秀民族建立更大的物質享受（註八）。

（五）西方、特別是盎格魯撒克遜世界對於亞洲的基本態度仍舊是對殖民地的態度，而不是有人性的。

因此，西方的心性不能瞭解廣大的亞洲民衆的重要性，不能瞭解亞洲人民的人類的發展，不能瞭解他們對於人類自由、經濟的和政治的公正，以及民族獨立的迫切需要。

而共產主義敏銳的慧眼却很快地察覺這種情形，不斷的對亞洲人民叫囂他們的諾言：卽完全的社會的和經濟的公正與平等，完全的民族獨立。

（六）西方世界重視金錢和機器，對於人却不然，他們不能瞭解一個新的有決定性的社會因素（這個新的社會因素在亞洲也有決定性）：卽民衆、農人和工人開始活躍在歷史的舞台上。

西方的心性根本低估了這些羣衆，他們自信他們的金錢和機器的優越，長時期不去接近那些群衆，不去協助他們發展和組織，不去加速他們在社會、經濟、政治和文化各方面的發展成熟，而讓世界共產主義直接接近、喚醒、發展和動員這些群衆。

一些西方列强，例如美國在中國，在理論上和實際上也瞭解這些群衆的眞正需要（參考聯總和其他在經濟和衞生方面的援助），但未能以具體的、有系統、有效的方法援助、接近喚醒和組織這些群衆，又未能有一個積極的通盤計劃從事在社會、經濟和政治各方面以及組織上的改革。而只是消極地批評現政權，天眞地（有時甚至於冷漠地推斷）認爲那些國家的共產黨是一個新的積極力量，能够重建國家，他們依據事實判斷那些國家的現政權（尤其是中國），有時很客觀，有時很偏見。但他們却依據共產黨的宣傳而判斷那些國家中的共產主義。

（七）由於這種反人性、機械化的、重商主義的心性、西方世界不能領會國際生活和國際關係的深刻意義，不能瞭解人類漸成熟爲人，人類漸漸意識到他們是一個整體。因此，西方的心性不認爲人類是一個實在的和有機的個體，是一個單獨的整體，於是他們認爲國與國間的國際關係只是外表的並列，是一羣不同的單位的全體，沒有實在的和有機的凝聚，沒有基本的統一。

在這方面西方的心性所引起的具體結果有三：

（a）西方的心性仍不能發起國際運動（並不是上層官僚間的正式接觸，這些官僚多少可代表人民或全不能代表人民），這種國際運動是由下而上在國際的標準上合作，推廣和實現正確的觀念與正確的社會經濟和政治改革，甚至於在必要時實行政體的革命。所以西方的心性對於國際關係仍留置在爲歷史所遺棄的觀念中，分爲「國外和國內」政策，國外政策是採取所謂「不介入」政策（甚至於聯合國的原則也如此）。當西方列强的經濟或重大利益不成問題時，當然採取不介入政策。

（b）西方的心性不能眞正瞭解人類是有機的整體，仍保持老朽的舊式帝國的假政治原則，在國際方面採取「均勢」政策。

西方世界今日正要着東西勢力均衡的把戲，和英國維多利亞帝國在第一次世界大戰前與舊沙皇主義者或是與法國以及德意志帝國所耍的把戲一樣，他們不知道這「均勢的把戲」在歷史的現階段中是如何天眞和反人性的。

西方世界的這個淺薄的均勢把戲，表示西方世界對全人類的福利和命運並不感到興趣，而僅一心保持他們自己的特權，雖然時時說些甜言蜜語，但若鐵幕不擴張，不觸及西方列强的經濟利益，他們會漠不關心地讓大部分的人類在鐵幕的後面衰微和毀滅。

這便是爲什麼西方列强不顧大西洋憲章關於民主和全人類自由的決意，不顧東歐人民的意志，輕信史達林「自由選擧」和「人民民主」的含混諾言，而輕易地將東歐放棄給蘇聯，置於共黨獨裁暴政之下。

這便是爲什麼西方列强不與自一九三一年抵抗日本侵略的中國政府和中國人民會商，而輕易地在雅爾達將中國東北放棄給世界共產主義。一旦世界共產主義佔據東北，卽將佔據整個中國，而將粉碎全亞洲，這是幼稚的兒童都會知道的事實，但西方世界竟不理會和不負責任地忽略了這個事實。

這便是爲什麼西方世界不考慮俄國人民的深切願望，俄國人民在第二次世界大戰前，尤其是在大戰期間，曾多次以行動表示他們最堅决的意志就是從共產黨獨裁中解放出來。西方列强，尤其是天眞的羅斯福政策，缺乏聰敏和責任感，不理會俄國人民的深切願望，使反抗共產黨政權的俄國人遭受失敗，讓英勇的俄國人民呻吟在最反民主的、非人道的、最無情的極權統治之下，無希望，無援助。第二次世界大戰是反抗極權、爲民主、爲全世界人權而戰的戰爭，俄國人民曾英勇地反抗德國的侵略，在同盟國中犧牲最大，但他們仍未能享有民主和人權。

這也便是爲什麼西方列强立刻變得那樣清醒而有力，在世界的其他地方堅强而有效率地反抗共產主義。因爲那兒的西方列强的重大利益將被染指。在戰後最好的例子就是伊朗的西北部亞塞爾貝將省。該省的蘇軍和地方叛軍被强迫逐出，主要是因爲世界共產主義太靠近西方列强的中東油井。

西方列强在希臘表現得也很積極。因爲世界共產主義控制了希臘，從希臘一方面可以威脅東部地中海，封閉蘇彝士運河和孤立中東油田，另一方面可以控制愛琴海，包圍西方的艦隊、達旦尼爾海峽和黑海。若將來蘇聯與西方列强發生戰爭，西方軍隊便不可能由此發動攻擊，或在有戰略價值的蘇聯黑海沿岸登陸，進攻蘇聯心臟。

最近共產黨在韓國的侵略立刻引起西方列强尤其是美國的轟響的反應。共產黨在韓國的侵略雖然比世界共產主義在中國的滲透侵略較爲壯觀，但並不是更重要的，因爲韓戰並不能使更多的人捲入戰爭漩渦，並不剝奪更多的人的基本人權，並不如共產黨的佔據中國足以威脅全亞洲和全世界。而西方列强，尤其是美國，英國表現得那樣積極，英國一直與共產黨合作將世界共產主義引至中國。這自然不是爲了韓國人民，而是因爲南韓太接近美國的太平洋側翼前進基地——日本。世界共產主義已從北面，庫頁島、千島群島將日本包圍，它一旦掌握了韓國，北韓青年團已被共產主義灌輸了五年思想，得到了在中國共產黨運動中的游擊戰教訓，能說流利的日語，所以世界共產主義可以利用他們並藉日本共產黨的援助滲透到日本和在日本發動游擊戰，如此，則可以兩翼包圍美國的遠東基地日本。東南亞的門戶也因此洞開，共產黨可以完全自由推進。當美蘇直接發生衝突時，世界共產主義可經阿拉斯加、加拿大由側面進攻而直達美國的心臟。

（C）西方世界不能了解世界共產主義的國際性，因此他們未能積極而有效地發動一個適合社會、經濟、政治和文化需要的國際運動，而却讓世界共產主義組織獨一而有效的國際運動。

最近，西方世界從上而下地組織了勞工同盟，透過新建立的自由國際勞工同盟開始與非共產黨佔領的亞洲的工會接觸。可是他們不像共產黨那樣用有效的方法直接和勞工大衆接觸，他們與農民大衆的接觸更少。

（八）由於西方世界的反精神和重商主義的心性，西方世界自共產黨開始革命就不能了解布爾雪維克革命的意義和它的嚴重性，只是沉溺於物資享受中，喪失了任何的絕對理想，在兩次大戰期中，完全淘醉在如願的想法中，即共產主義將由內部崩潰，或是由內部變更，因此對於西方世界不是威脅。

這便是爲什麼西方世界，特別是天眞的羅斯福先生容易相信他對史達林影響成功，相信史達林如變更其心意，則共產黨俄國也會變更，世界共產主義也會變更，甚至於不再存在。

蘇維埃共產主義，世界共產主義完全忠於其唯物辯證法，自一九三三年納粹在德國興起後，便變更了它的策略。（參考前共產國際秘書長狄米托洛夫所著：「如何與法西斯主義鬥爭」）尤其第二次世界大戰中，它的策略更有變更，但它的最終目的和最後目標始終未變，卽共產黨世界革命，共產黨統治世界。

（九）西方世界由於它重商主義的心性，幻想共產主義將因它內部的經濟困難而瓦解。西方世界惑於它自己物質享受的習性，忽略和遺忘了簡單的心理事實，就是一個人可以一日五餐，一日三餐，但若他被一個偉大的理想所鼓勵和領導，不論這理想是對的還是錯的，或是被一個無情的科學化的組織，從各方面包圍他，並控制他在社會上生存的細節，便使他不能逃脫，那麼他一日一餐也可，甚至於還可減少。西方世界還忘記了一個歷史上的事實，就是沒一個近代的極權獨裁政權僅僅由於它內部的經濟困難而崩潰的。

在二十世紀的初期，西方經濟學者曾預言共產主義的內部崩潰是不可避免的。當納粹主義和法西斯主義興起時，同一的西方經濟學者也曾預言納粹主義和法西斯主義的瓦解是很迅速並且不可避免的。可是墨索里尼、希特勒和蘇維埃社會主義並沒有因爲內部的經濟困難而瓦解，而是長期的破壞性的戰爭摧毀了墨索里尼和希特勒的獨裁。（未完）

△　△　△　△　△　△

（註一）自由中國二卷九期一九五〇年五月一日出刊。

（註二）莫斯科會派遣大規模的醫藥訪問團到阿比西尼亞的亞的斯亞貝巴（Addis Ababa），所有那些蘇俄的醫生和護士不僅對醫藥有專門研究，而且更精於共產黨的陰謀。共產黨細胞已從亞的斯亞貝巴不僅滲入了埃及並且滲入了非洲的心臟：盧安達、烏干達、比領剛果、南非和西非。不僅北非已在法國共產黨直接影響之下，馬達加斯加島也已如此。

由於南非政權極端反動的政策，南非已變爲共產黨活動的沃土。南非聯邦治下的一千一百萬人口中有八百萬以上是南非洲種的黑人，五十萬印地安人，白人只有二百萬。這二百萬白人享有所有的人權和特權，而絕大多數的黑人根本沒有公民權和人權可言，只是做苦工。廣大的工人和手工工人完全是黑人。但他們沒權組織他們自己獨立的自由工會，以保障他們的權利反抗白人的剝削。

黑人佔了南非聯邦人口的大多數，但黑人無權直接選舉他們在代表機構中自己的代表。他們僅被允許選舉少數代表，三人或四人，代表人數與他們的實際人數不成比例。

所有的白人代表却以「特別代表」的資格代表黑人，並創造奇異而壓制的怪論說是代表「所有的黑人群衆」發言。所有的這種人種的、政治的和經濟的剝削，自然使非洲變爲共產主義作迅速而有效進展的理想園地。

（註三）我們說「孤立的美國」，因爲由於南美和中美特別不健全的社會的，經濟的和政治的情況——大部財富集中在少數人手中，而廣大的民衆却陷入悲慘和貧困中，——南美和中美已被共產主義暗傷，若世界情勢危急時，將不免發生被世界共產主義所煽動的紛擾，使他們陷入孤立，並使他們忙於他們自己的內部問題，與外界隔離，而不可能援助別人。

由於中南美複雜的地理環境——高山、森林、高原、廣闊的土地，貧乏的交通工具——世界共產主義將很容易在很短期間使這些國家變成廣大的游擊地區。加拿大面積廣大，是隱藏游擊隊的理想地方，並且由於不健全的社會狀況，尤其是加拿大東部，共產主義比較容易煽動共人民。因此在世界情勢危急時，加拿大將不會出很多力量保衛美國。

（註四）當筆者撰此文時（一九五〇年十月末），規模相當小的韓國戰爭根本還未停止。這表示了美國的優秀的裝備和武器——超空堡壘，噴氣式飛機，新型坦克和海軍——均不能抵抗有組織的人海。直到美國調遣了她自己的必要人力，才使韓國戰場有新的轉機。

美國和聯合國的五十三會員國現正從事保衛韓國的獨立，但他們惶恐將有一個可能發生：赤色中國的廣大人力加入韓國戰爭，並且她的領土也捲入了韓戰的漩渦。

（註五）所謂史達林政策，並不是說史達林個人握有這個政策。史達林政策是經過籌劃而有動力的現實主義的政治方法和策略，是由史達林個人的長期政獨裁所造成。共產黨世界機構的樞紐是掌握在更年青更有力的人手中，並且主要的是掌握在狡猾、有生力而無情的馬林可夫手中。

天眞的幻想者可因此覺悟。他們希望史達林的死將使一切變更，這是自欺欺人。史達林的政治壽命已經終結，史達林的死絕不會變更一切。

（註六）我們現在所討論的是，西方的心性使西方社會，在社會、文化、經濟、和政治方面，有支配力的行爲賦有特殊性質、方向和精神。我們絕沒忽略，更未否認一個事實：就是所有西方國家的廣大羣衆和個人中有許多人類價值。這些人類價值被此有支配力的一般範式所削滅而湮沒。我們深深相信這些眞正的人類價值將使西方人民從西方「一般生活」的狹隘、利己、重利和專斷的唯物主義中解放出來。

（註七）抗議的通諜對於共產黨無關緊要。共產黨事先就知道那些由盎格魯撒遜列强所發出的通諜將不會成爲事實。他們不會因抗議而惑亂，因爲他們看透了那些抗議只不過是歸檔的費紙而已。

（註八）甚至於所謂杜魯門第四點計劃當此世界最大危機之際仍低估亞洲，這是根深蒂固的西方心性所使然。廣大的亞洲地區是世界人口最多的地方，而美國國會在一九五〇年僅撥三千五百萬元的小數目援助亞洲落後地區，但通過軍援西歐的款項却達五十億美元。此外還有數十億馬歇爾計劃的經濟援助款項。

英國也是如此，在國內有一個代表勞働大衆的工黨政府，而在北非和亞洲仍繼續其帝國主義的舊式殖民地政策。這個政策是建立在眼前的商業利益上，如英國最近在香港和馬來亞所表現的行動。

法國也是如此。她是歐洲民族革命民族獨立的先鋒，第二次世界大戰剛結束以後，雖然在國內誇耀她實現了（事實上並未完全實現）高度的組織的、經濟的和社會的改革，並尋求更多的社會的和經濟的公正，但在國外，法國成爲唯利是圖的殖民地政策的俘虜，不能及時瞭解越南人民的願望，他們的願望是民族的完全獨立和尋求更多的社會的和經濟的公正。甚至於當赤禍壓境的時候，還不給越南人民在外交政策和國防政策方面的完全獨立，法國仍處保護監督的地位。她在印度也是如此。印度雖然獨立了，但法國——民族獨立的老戰士——仍極力保持在印度國土上的小屬地。

荷蘭退出印尼是由於在印尼群島長期的戰爭所迫使。

甚至於葡萄牙，雖然她在國內的政權是基於基督教的社會原則（我們對其貫徹性與效能仍表懷疑），但她對亞洲的態度仍被舊殖民地帝國主義的錯誤的憧憬所誤導，仍繼續想保有在中國、東印度群島和印度的殖民地，而將這些殖民地與其地理上的民族上的自然單位隔離。

至於西方的心性對於非洲仍是一世紀以前的看法，認爲非洲是白人的「包定的狩獵」領土，是白人包定的剝削土地，毫無給予非洲人民社會、經濟、政治獨立的意思，西方國家的短見將使非洲和亞洲一樣淪落於共黨手中。

（註九）羅斯福在美國內政上是一個赫赫的政治家，但他太自信自己的魔力，甚至於天眞地相信他在影響史達林這方面也獲得成功。可是這個老「革命家」的史達林——狡猾、殘酷、有長期鬥爭經驗的獨裁者——決不會被羅斯福所感動，迷惑或變更的，因爲羅斯福對於共產主義和複雜的世界情勢尤是對歐亞事務缺乏較深切的認識。

羅斯福和西方國家的許多天眞人士（甚至於謹愼的邱其爾也承認他被狄托及其黨徒所欺誑）曾因史達林受羅斯福的壓力解散共產國際而大爲歡欣。他們認爲這是西方國家對世界共產主義的眞正勝利，甚至於認爲世界共產主義會從此瓦解。當共產國際宣佈解散時，共產黨政治局不禁竊笑，俄國和東歐的共黨領袖以及當時和他們在山地從事游擊戰的本文作者也都爲之冷笑。共產黨中的每個人都知道所謂共產國際的「解散」不過是共產黨的策略。實際上，共產國際在新共產國際正式產生以前從未像它被「解散」以後那樣活躍。

人們可以問：「在第二次世界大戰中和戰後，誰使人類遭受重大的浩劫？是希特勒、墨索里尼、史達林或是羅斯福以及那些繼續他的政策和繼承他心性的人！」

國際法庭的成立表示人類已經進步。引起死亡、災難和奴役千百萬無辜人民的戰犯要負國際責任。時間不會太遠了。人類將把那些政客，外交家和國家元首召至國際法庭受審，因爲他們的天眞（天眞並不是美德，而是對於事務的嚴重性缺乏研究判斷的能力），愚蠢、偏見、和缺乏責任感，而引起死亡和災難，並使千百萬甚至於大部份人類陷入長期奴役中。

（上接第22頁）

中共參加韓戰的眞正理由。（我們以爲艾其遜、貝文的單相思，尼赫魯之殷勤服侍都依此而可以理解）。這麼一來，中共已是聯合國的正面敵人英美的外交家縱使還想將中共拉入聯合國，也想不出理由來自圓其說了。

照上面的分析，中共之參加韓戰不獨損害中國的利益，而且損害中國共產黨的利益，只是替蘇俄火中取栗罷了。可是蘇俄若因此命令而毀滅了中共，似乎對它自己也沒有甚麼利益，爲甚麼要出這一着呢？我們以爲極權國家日唯以控制其人民爲務，對其附庸國也是一樣，能控制便有利，不能控制便有害。倘若中共被西方國家拉去，即使是嚴格的中立，也是蘇俄的大損失，當然不如使之與西方爲敵，即使毀滅了，也可以抵消西方國家一部分的力量。且在蘇俄的心目中聯合國不會傾全力以對付中共，儘可以拖延一些時間，它則於此期間加强其戰備，一旦對西方國家發動正面的攻擊，則中共始終站在它的一面了，豈不是大有利益嗎？蘇俄唆使金日成發動侵略，以致韓共毀滅，韓國全部亦糜爛不堪，已爲有目所共見；現在又要逼毛澤東出馬，非使中共毀滅，中國糜爛不止。中共明明看見眼前的榜樣，而不知所鑒戒，還要違背自己的利益去服從其「祖國」的命令，這便是附庸國命運註定的悲哀。然從另一個角度看，任令金日成失敗而不加援手，恐有損於史大林對各國共黨之聲威，那麼，當毛澤東失敗的時候，史大林會不會親自出馬呢？英國前外相艾登說過，一九五一年是最危險的一年，第三次世界大戰之爆發也怕越來越近了吧。金日成的侵略由於錯誤的估計，毛澤東的參戰實爲明知而故犯。聯合國大會上維辛斯基着着失敗，七國的和平方案業經通過，對付否決權的有效武器業經造成，美國的外交太順利了，蘇俄不以武力作答覆，還有甚麼辦法呢？

蘇俄為甚麼嗾使中共參加韓戰？

羅鴻詔

最近遠東風雲勃然變色，北韓南侵以至於挫敗，人們以爲共黨受了聯合國的教訓，必然偃旗息鼓，只有到別一方面去點火了。不料這幾天消息傳來，推翻了華盛頓及東京的判斷，中共公然派兵援助北韓，竟不惜與聯合國爲敵。雖然華盛頓及成功湖至今仍待麥師報告，亦有謂其只以少數兵力作防禦戰意在防護水力發電廠者。可是轉眼一看中國大陸的動態，則東北各地的民衆大會「熱烈」召開，强調抵抗「美帝」侵略，關內各地民衆的「請纓」，亦慷慨激昂，一若大難之將至者，這是專關一個發電廠，以少數兵力作防禦戰的姿態嗎？其實中共之參加韓戰已不自今日始，韓戰一經開手，林彪部隊立刻北調，一個月前已全部集中於鴨綠江邊。初期參加的大概是林部的韓籍官兵，戰事逆轉後華籍官兵之參加亦早已成爲事實，不過穿上北韓制服以冒充，尙未明目張胆而已。現在則假面具完全揭開，擺出全面作戰的架勢，以作孤注之一擲了。

那麼中共爲甚麼甘冒天下之大不韙，來打此無把握的仗呢？聯合國的旗幟決不能甘受失敗的恥辱，卽使中共以百萬大兵作人海戰術，要驅聯軍下海也是絕無可能的事體。如果戰事擴大，則東北的工業盡是聯軍轟炸的目標，中共最大資本儘可都成灰燼，禍害之大何可勝言？返觀其內部，則民窮財盡，正在竭澤而漁；據毛澤東自己的招供，要財政經濟好轉必需有三年的時間，若繼續戰爭下去，則非至崩潰不止。其次全國的游擊隊正繼長增高，卽使全力從事肅清，亦需要相當時日。現在精兵多調至國外，游擊隊更加乘時活躍，不但兩廣川湘是如此，據新華社自供東北的游擊隊最近也活躍起來了。故中共爲鞏固其統治權起見，也不應於此時從事對外戰爭。且中共今年的外交豈不是參加聯合國爲最重大的目標嗎？今竟公然援助北韓，與聯合國正面爲敵，則這一目標的實現不是完全絕望嗎？一方希望加入，同時又以之爲敵，此一嚴重的矛盾怎樣去統一呢？故從軍事、經濟、政治、外交諸方面來檢討，中共均無參加韓戰的理由，爲甚麼實際上又不能不參加呢？

據中共當局所持的理由，則「美帝」的侵略已達到邊境，人民再不能忍受，故起而抵抗。這只能欺騙其狂熱的信徒及無知的民衆罷了。如果中共不出兵參戰，要聯合國大會通過衞過鴨綠江的决議案，簡直是不可設想的事體，中共當局豈有不知之理？說者又謂毛澤東要做亞洲的史太林，故向各方拓展其兇鋒。其實依據今日中國的內情，毛澤東如果善學史大林，正是閉關自守，休養生息的時候，來幾個五年計劃，把國力充實起來，然後向外發展，乃能有成功的希望，何必於此時與全世界爲敵，以自速其滅亡呢？

這麼說來，爲中共自己的利益計，絕無投身入韓戰的理由，只有爲其祖國——蘇俄——的利益而參戰了。那麼蘇俄驅中共去參戰，能得到甚麼利益呢？中共的成功實予世界的尤其亞洲各國的共黨以莫大的鼓勵，反過來說，如果中共慘敗，因蘇俄而犧牲，豈不令各國共黨寒心，而削弱世界革命的力量嗎？故爲蘇俄自己的利益起見，「似乎也不應逼中共出此一舉，何以事實又居然出現呢？

我們以爲這是史大林控制中共的策略。美國有一批人估計毛澤東必會變爲狄托，而天天希望其實現，而用盡策略以阻止其實現。狄托和史大林的破裂已有二年以上的時間，除使用武力外，克里姆林宮再無其他方法可以促狄托政權之崩潰。如果毛澤東胆敢步狄托的後塵，史大林還能用武力去打倒他嗎？他對區區的南斯拉夫尙不敢使用武力，對於龐大的中國當然更不敢作此想。故必須用武力以外的策略，使中共服服貼貼供其驅策。就國際方面而言，則關閉中共，使它沒有獨立資格和列强交涉，乃是史大林的妙計。且看年來的事實，便是具體的證明。去年七月一日毛澤東宣布一邊倒，會使世界震驚，據內幕傳來的消息，則不但「民主人士」皆持異議，而且共黨內部亦有不贊成者，其所以要宣布的理由，不消說是由於蘇俄的壓力。今年一月英國承認中共作敲門之計，而結果仍然嘗到閉門羹，至今將近一載還沒有建立正常外交關係。本來中共自己請求他國的承認，有一個頭等强國惠然而來，理應歡欣鼓舞之不暇，今竟提出許多條件而拒人於千里之外，則當日的請求豈不是多此一舉？謂非外力壓迫，其誰信之？英國承認中共以後，法國也很有意思接踵而來，史大林乃另玩一個新花樣，趕快承認越南的胡志明政權，而逼中共也來一個承認，於是法國再無法和中共談到承認問題了。印度比較順利進行，大使已經互派，外交關係顯得頗爲親密，不但聯合國內的印度代表事事袒護中共，而且美國也往往經由印度駐北平的大使去向中共保證甚麼甚麼了。史大林誠恐這些眉目傳情演成陳倉暗渡，乃着急起來，趕快命令中共進軍西藏，使之與印度隔離，以後必然引起邊界糾紛，援助印共以增强騷擾，以擴大印度和中共的裂痕吧。最後，此次維辛斯基在聯合國大會上處處做出爲中共賣力的樣子，替中共提出「美國侵略台灣案」以對抗韓共的南侵，且要求中共的代表出席說明。他以爲美國必會反對此案，不料美國竟贊成其列入議程，而且邀請中共代表出席。克里姆林宮聞悉之下大起恐慌，心想，這個鄉下姑娘碰到豪門闊老，挾其優越的條件來作多方的誘惑，其不爲出牆紅杏者幾希！所以極力逼迫，使中共出面參加韓戰，以遂其關閉的目的，而斷絕美國的念頭。這便是蘇俄嗾使

（下轉第21頁）

借箸為美國及聯合國籌一現階段的遠東戰略

李長空

經由聯合國美國代表團之手，麥克阿瑟元帥關於「外籍」軍隊干涉韓戰的報告已經在本月六日送到了他的世界政府。這位聯合國的第一個總司令經過縝密而長時間的資料搜集工作後，用着謹愼嚴肅和沉重的語氣把中共干涉韓國戰事的行爲歷歷地刻畫出來。從此以後聯合國又算多了一個正式的敵人，而這個敵人此刻正驅策着他的軍隊，源源地渡過鴨綠江和麥克阿琴元帥麾下的聯軍狠命交手。軍人在某些情況下的處境是最痛苦的，雖則中國有「將在外，君命有所不受」的古訓，然而此刻韓境的聯軍總司令除了使用現有的兵力，遵循着過去的訓令硬着頭皮挨打外，竟是一籌莫展。據合衆社成功湖七日電說：安理會應美國代表的請求將於本月八日舉行秘密會議，商討如何應付中共干涉韓戰的問題。此時北美合衆國的杜魯門總統也從他的故鄉匆匆地趕回華盛頓，有人推測他可能因鑒於韓戰局勢的複雜與嚴重而於日內召開美國國會的特別會議。總之，韓戰局勢已經發展到一個新的階段，美國和聯合國的當局都在針對着這個新的局勢而擘劃對策。筆者願在此時爲美國和聯合國現階段的遠東戰略提供一些意見，藉供卽將分別舉行會議的決策者用作參考。

對中共一向持綏靖或姑息政策的某些美國官員們對於中共公然大規模地干涉韓國戰事或者會感到大驚小怪，然而和上述的美國官員自來持不同觀點的中國觀察家則對中共的這一舉措，絲毫不感到意外。自從南北韓戰事發生以來，美國的決策當局，特別是杜魯門和艾契遜，曾苦心孤詣，用盡了一切安撫和妥協的辦法，企盼中共不要干涉韓戰，然而中立臺灣，韓戰結束後撤退第七艦隊，拒絕中國軍隊赴韓助戰，撤回麥克瑟元帥退伍軍人協會的講稿，撤退麥帥總部駐臺灣的代表團，縱容中共從後門混進聯合國等等，這一連串的甜頭美羹被中共逐一吞下後，韓戰仍然被毛澤東驅使下的軍隊干涉了。早在一個多禮拜以前在華盛頓就有人解釋說：中共的派兵進入韓境，意在造成一「緩衝地帶」，用作保護鴨綠江畔的水電廠云云。他們所依據的理由是：當聯軍局促於韓國東海岸一隅的時候，中共未實行參戰；當聯軍自仁川登陸而迫使韓共狼狽潰逃的時候，中共未加援手；當聯軍越過北緯三十八度的時候，中共未實行干涉，而在聯軍已迫近鴨綠江畔，接近水電廠的時候，中共突然干涉起來了。所以順理成章，照他們的邏輯推論：中共的突然干涉韓戰其前不會有較深遠的意圖，其後不會有太複雜的背景。因此日前東京盛傳一項未證實的消息說：美方已就鴨綠江畔的發電廠問題與中共進行談判，美方保障是等發電廠的電力供中共使用。假定這個傳說屬實，則上述關於中共何故干涉韓戰的判斷必定也是官方的判斷，或已爲官方所同意。設若如此，那眞是民主國家的一大不幸。

共產黨徒們常說：「個人服從組織，下級服從上級，部份服從全體。」進而至於一切的一切都服從無產階級天國的理想，都服從這天國的主宰史大林。幾十年來由於宣傳操縱、組織控制的結果，史大林確早成爲共產帝國的主宰。在民主國家，群情激昂常會迫使政府採取不以爲然的措施；而在史大林主宰下的共產帝國，輿論變成百分之百的御用工具，史大林的舉措絕無絲毫衝動的成份。自列寧以來，國際共產黨的重要領袖都是出色的機會主義者，然「機會」不到絕不妄動，絕不冒險。共產黨的行動原則是永遠立於主動(這一點在瞭解共產黨和擬訂針對共產黨的戰略時非常重要）。當它和對手打交道而萬一估計錯誤時，則寧可吃虧也不肯被動地起而應戰，如這次的南北韓戰爭，卽其一例。當時史大林估計美國決不會起來援助南韓作戰，「智者千慮必有一失」，沒有想到杜魯門竟當仁不讓，毅然揭起了反侵略的旗幟，擋住了紅色大帝的御駕。然而此時史大林並不動容，寧可忍氣吞聲，縮回了已經伸出去的魔掌，絕不感情用事，被迫打自己所不願意打的仗。這是一個共產黨行動的通則。從這通則我們可以引伸到國際共產黨的另一個重要的行動上去：一九四六年春天有人問邱吉爾：「斯大林需要戰爭嗎？」邱翁立刻答道：「斯大林所需要的不是戰爭，而是戰勝後的結果。」的確，「不戰而屈人之兵」是史大林世界戰略的第一原則，以不引起世界大戰爲條件的武力征服是第二原則。至少在進行世界大戰沒有絕對把握以前，這兩個原則必被奉爲金科玉律。史大林充份瞭解民主國家所具備的條件和他自己所具備的條件。「知已知彼」，未見得能「百戰百勝」，知已知彼再能充份地利用自己所具備的條件，才不會喪失可能勝利的機會。史大林和所有的共產黨徒都是十足的馬加維里主義者，他們爲目的不惜用盡一切的手段，他們絕不肯使他們所具備的條件廢而不用。上述共產黨行爲的基本原則是瞭解它每一重大措施企圖的「必要」也幾乎是「充份」條件，若捨此而專從其行爲的表象，或布爾希維克宣傳的喇叭筒裡去尋找答案，則必將被「知已知彼」的馬加維里主義者們所欺驕、所玩弄、所利用。

假定讀者不能確證毛澤東有劇烈的狄托主義的傾向時，則根據前面對共產黨行爲原則的分析，我們對於中共干涉韓戰的意圖可以作一個合理的推論了：不問中共在表面的宣傳上持何種理由—保衛鴨綠江畔的發電廠也好，「協助韓國人民打退美國帝國主義侵略者」也好，迫使「美帝國主義者對韓戰作一公平合理的解決」也好，然而它干涉韓戰的第一個意圖是要在鴨綠江右建立一「緩衝地帶」（估且名之）。不過這個「緩衝地帶」的建立決不是單單地爲保衛江邊發電廠，而最重要的是爲了符合共產黨世界戰略的更高原則。」以希臘爲例，共產黨在該國原無深厚的根底，而其社會基礎也遠優於今天的韓國，可是希臘共產黨就僅憑着阿爾巴尼亞和南斯拉夫邊界上的幾座山頭，竟使偌大的英美兩國窮於應付。截至目前爲止，英援不算，即美國一國援助希臘的款項已在五億美金以上。所幸後來人助天助，狄托因和國際情報局翻臉而封鎖了南希邊界，否則希臘將是一個無底的深坑，雖十億廿億美金也無法填滿。史大林目下在韓國就是利用會在希臘所利用的原則：以最小的代價，無限地消耗西方國家的力量。假定今天聯合國和美國眞的容許中共在江右建立一「緩衝地帶」，則惡劣的場面將隨之而至。以韓國人口之多（與希臘相較），面積之大，社會基礎之不隱固，共產黨五年來的深根固蒂，外加上面積可觀的所謂「緩衝地帶」，在史大林的指導和中共的接濟指揮之下，美國究有多大力量可以填滿這個可怖的深淵？這是一個可怕的問題。假定上述的情勢果眞發生，那是民主國家無條件服從了史太林的原則，而澈頭澈尾地犧牲了自己。以杜魯門總統的明敏果斷，他會上這種當嗎？

這裡讓我們作另一種考慮：假定聯軍能佔領了韓國全境，以鴨綠江和圖門江爲天然的險要疆界，則無論史太林毛澤東們會如何處心積慮地策動韓共的陰謀活動，其結果都不會過於嚴重。現在的問題是如何將「外籍軍隊」——中共軍隊驅逐出境的問題。麥帥在致聯合國的電文中已明白表示：聯合國以往所付託給他的任務已經完成，韓共的武力已經消滅。目前他面對着的是一個新的敵人。對付新的敵人需要新的原則，新的辦法，否則，那是無法獲得勝利的。

現下麥帥在戰略上所遭遇的嚴重困難頂重的還不是兵力的不足，而是那些他擬訂戰略時所必須依據的外交和政治的方格絆着了他的手脚。過去數月韓戰的經驗告訴我們，以美軍和共軍目前的裝備爲例，聯軍雖握有空中的絕對優勢，然而一師美軍永遠不能擊退倍於他的敵人。我們再作一個可能的假定，假定此後美軍的裝備再提高若干程度，而和他對壘的共軍相對地再降低若干程度，則一師美軍也無法擊退三倍的敵人。目下美軍開往韓國參戰的僅祗七個師，還不到二十萬人，據說這個數字已接近最大限度。而另一方面中共可能投入這個戰場上的軍隊，五十萬，一百萬，三百萬……可以源源不絕。它無需使用像林彪第四野戰軍那樣的精銳部隊，反正有的是過剩的人力，又可以不擇手段的使用。以有組織和起碼裝備的人海，就足以冲倒裝備精良的少數聯軍——美軍。另一方面在整個的中國大陸上除了需要應付反共的遊擊隊外，它可以高枕無憂，沒有任何力量可以牽制它。這主要的原因是台灣缺乏足够的軍援物資，並且被「中立化」了。此刻坐在東京聯軍總部的麥克阿瑟元帥必是如坐針氈，面對着一個兇惡的敵人，而自己却被不合時宜的政治的和外交的打算繩綑索綁。我們爲聯合國謀，爲美國謀，爲世界的和平謀，目前加於麥克阿瑟元帥在擬訂戰略上的桎梏必須解除。而一個足以對付聯合國新敵人的新戰略就必得以解除上述的桎梏爲起點。

根據新戰畧新形勢的要求，聯合國必須迅速地給她的總司令一個包含下列兩個主要因素的新訓令：（一）聯合國的空軍得以越境攻擊任何以武力支援韓共的地區。（二）所有聯合國的會員國得以採取一切必要的措施，在對方同意的條件下，相互援助爲遵照聯合國的決議案而支援韓戰的國家。根據這個決議案，美國政府須立刻採取下列的兩項步驟：（一）撤消對台灣施行的「中立」政策，並大規模的軍援國民政府和中國反共的遊擊隊。（二）以大量的空軍增援麥克阿瑟。果眞聯合國和美國採取上述的步驟（也必須採取上述的步驟），則對中共作戰的形勢當可立刻改觀，並將穩操勝算。下面將是新戰略展開後的戰爭形勢：台灣國軍經大量軍援而獲得加强後，除了海空軍可以隨時採取攻擊外，强大的陸軍（獲得大量的軍援後可以擴充到八十至一百萬人）可以選擇自長江口以迄廣州灣沿海的任何一點登陸突擊，或大規模地進攻。而經過外援加强後的遊擊隊更可以大規模地破壞共區的交通，並能隨時響應沿海國軍的登陸攻勢。據經常可靠的估計，目前被牽制於長江以南地區的共軍約一百至一百五十萬人。若上述的情形發生，則中共必須經常以三百萬左右的兵力應付廣大的內陸和沿海一帶可能發生的情勢。如此則中共可能用於韓境的軍隊便有了限制。而此時麥帥麾下的空軍既已不受「特惠地區」的限制，迨實力加强後經常以五百架左右的輕轟炸機和戰鬥機封鎖鴨綠江兩岸，使越境增援的中共軍隊無法大量地渡江進入韓境作戰，另以三百至五百架的中型和重型轟炸機攻擊所有東北和華北地區的交通綫，動力設備，軍火庫和軍需工業。如此一來，則在短期間內，中共必感到窮於應付而宣告屈服。到了那個時候雖唯目的不擇手段的斯大林也不會再驅中共軍隊渡鴨綠江作戰了。

我知道上述新戰略和它展開後的新形勢的描繪，可能被譏爲「如願的想法」(Wishful Thinking)，持反對論者可能以「引起世界大戰」爲詞而加以反駁。殊不知第三次世界大戰之是否發生完全基於史太林的準備和估計：在他估計到不能够操絕對勝算以前，無論如何吃虧他都不肯被動的從事世界大戰，反之，即使美軍退回美利堅的老巢，大戰也難避免。因此，世界大戰的是否發生和聯軍如何對中共作戰是兩不干相干的。過去民主國家完全受了傳統心理的影響：以爲以甜頭美羹式的安撫政策便可以使共產黨就範，或適可而止；而不知道這種政策適足以鼓勵共產黨侵略的勇氣，向民主國家索取更多的美味。羅斯福錯了，馬歇爾錯了，艾契遜也錯了。一個世代以來（至少自十月革命起），一再的證明對付共產黨絕不能用安撫、姑息和妥協的辦法，對於貪得無饜者香餌美羹是吃不膩的。民主國家的決策者必須記住：共產黨是永遠不會被動地起而應戰的，在和他們打交道中，必須以「苦頭」代「甜頭」，以「辣味」代「美羹」，才可望獲得無損、或「够本」的結果。

最後假定還有人拿「狄托問題」提出責難時，我只好仿培根的口吻來答覆他：當洪水潰決猛冲下來的時候，就無人再談「狄托問題」了。

十一月九日于台北

特載

歷史的台灣—歷史的台灣與中國【十】

郭廷以

第二節　政府之消極政策

一、初期措施與渡台令

力主保留台灣的靖海侯施琅的對臺政策是消極的，也可以說當時政府的臺灣政策一開始就是消極性的。這種政策一直執行到一八七四年（同治十三年）日軍犯台爲止，前後維持了一百五十年（一六八四—一八七四）之久。在台灣的經營上，自是重大失計。但是儘管政府消極，而人民則頗爲積極，台灣的開發成就，就是靠這種民族的偉大力量。政府的消極政策是基於一種不正確的政治觀點，防制台灣再成爲「盜藪」——反政府的根據地，人民的積極擴殖，則大都由於經濟的需要，台灣爲膏腴饒土，謀生較爲容易。政治的手段很難制服經濟的力量，經濟的因素往往壓倒政治的干阻，最後政治仍須跟着經濟前進。台灣的經營故事，卽是如此。然而由於政策失當，已經貽誤匪淺。

台灣初定，雖設置郡縣，但井里蕭條，哀鴻未復，諸羅鳳山的知縣均寄居府城，而施琅反將原居台灣的官民內遷。鄭克塽和他的族人劉國軒馮錫範等及各眷口，明宗室監國魯王世子朱桓，瀘溪王朱慈，巴東王朱江輩固均被載入內地，然爲數尚屬有限，而所謂「僞文武官員丁卒，與各省難民」之相率西移，還籍安插，其名額恐當以千萬計。施琅謂「人去業荒」，可想見其不是一個小數目，對台灣經濟生產，必有影響。海禁開後，招徠內地人民墾田報賦，而施琅則「嚴禁粵中惠潮之民，不許渡台」據云是「惠潮之地，數爲海盜淵藪，而積習未忘」（台灣府志，卷十一。其中可能有地域的成見（琅爲泉州晉江人）。直至一六九六年（康照三十五年）施琅卒後，始漸弛其禁，惠州潮州的人始得越渡。

政府雖不禁人民渡台，但並非無條件的。第一，船隻自厦門東來，須由官府（海防同知）發給「印單」（證明書），開載舵工水手年齡像貌，及所載貨物，再照單查驗放行。到台之時，復行查驗，人貨相符，方准進港，如有夾帶，卽行查究，嚴禁自由來台，目的在防範所謂「不法奸徒」偸渡。地方官失察，亦有處分。第二，不許携帶家眷，祇准隻身前去，這一項奇特而不近人情的規定，自有其用意，一是使你有所戀念，不易在台灣永久安居落戶，生養滋息，必須於春耕時前往，秋收後回籍。二是使你有所顧慮，不敢在台灣爲非作歹，有軌外行動，否則就要牽連到留住內地的妻子。不過這種禁令，執行起來相當困難，厦門及鹿耳門雖設官稽查，難免沒有賄縱之事，而有大陸出海的港口不一，台灣西岸更是隨處可以登岸。所以在康熙中期渡台人民特多，在此期間，台灣亦頗有幾位有才識的良好官吏，對於開發經營，實多貢獻。如首任知府蔣毓英之「安撫土番，招集流亡」，「相土定賦，以興稼穡」，「振興文教，創立義學」，諸羅知縣張玗之招墾曠土，「流民歸者如市」，及先任台灣知縣，後任台厦道陳璸之獎勵讀書紡績，賑恤窮黎。外如沈朝聘（台灣知縣）季麟光（諸羅知縣）孫元衡（台灣府同知）靳治揚（均台灣知府），王敏政（台灣道）等均有正聲，無形中實大有俾於招徠。當康熙皇帝的四皇子雍親王允禛（後來的雍正皇帝）和他的弟弟暗中爭奪將來大位之時，各處密佈黨羽，他的一位幹部戴鐸任官福建，台灣地位引起了戴鐸的注意。一七一七年（康熙五十六年）曾上書允禛，請爲設法調台厦道，說是該地遠處海洋，沃野千里，兼管兵馬錢糧，可以替主子（允禛）屯聚訓練，亦可爲將來之退計」，直欲作日後割據之計，可想見台灣之重要。

二、藍鼎元與陳夢琳

康熙晚年，承平日久，吏治漸壞，文恬武嬉，貪汚成風，於是予野心者以可乘之機，因之接連發生幾次暴動，而以朱一貴所領導的叛亂或革命尤爲嚴重。朱亂既定，一七二二年（康熙六十一年）巡台御史吳達禮黃叔敬奉令至閩，與閩浙總督滿保商台灣第二次的善後問題，滿保以爲「沿山一帶，易藏奸宄，命附山十里以內居民，勒令遷徙，自北路起至南路止，築長城以限之，深鑿濠塹，永以爲界，越界者以盜賊論」。這是一種主張。施琅東征，決之於澎湖一戰，朱一貴之變，福建水師提督施世驃（琅子）南澳鎭總兵藍廷珍亦先據澎湖，旬日之內，克復台灣府城，全台隨之底定。因之大家多認定澎湖重要，控制住澎湖就可以控制住台灣，中央擬移台灣總兵於澎湖，台灣改設副將。這是另一種主張。台灣地位又要發生動搖，而不被重視了。

藍廷珍是再定台灣的首功，爲他運籌決策，草檄作書，襄助一切者，則得力於他的族弟藍鼎元（鹿州）及陳夢林（少林），他們（均漳浦人）的勞績不在廷珍之下。而他們對於台灣善後計劃的貢獻，瞭解的深切，見識的遠大，尤爲前無古人。嘉慶年間著「哈仔難紀略」以通儒稱的謝金鑾最能認識他們的地位，謂「自施靖海（琅）以後，善籌台事者，莫如陳少林藍鹿洲，二公者，可謂籌台之宗匠」。眞是英雄知英雄。陳夢林曾於一七一一年（康熙五十年）應聘修諸羅縣志，留心台事，他已看出台灣的危機，與應有的設施，他說天下之事「其始爲之甚易而不爲，其後乃以爲不可爲而爲之，勞費十百千萬」，「半線（今彰化）至淡水，水泉沃衍，諸港四達」，「雞籠爲全台北門之鎖鑰，淡水爲雞籠以南之咽喉，六甲、後壠、竹塹（今新竹皆有險可據」，應視久遠之計，爲之增置縣邑防守。他是力主積極經營台灣北部的最早的一人。

藍鼎元與台灣的關係尤大而且多。沿山劃界議起，他力持不可，以藍廷珍的名義覆書滿保，說明這種政策有六可慮，「疆土既開，有日闢，無日蹙」，「今乃欲令現成村社廢爲坵墟，設爲厲禁，斷斷不能」。進而他更認爲擴殖開發不惟不能遏抑，政府且應予倡導，「人無良匪，教化則馴，地無美惡，經理則善，莫如添兵設防，廣聽開墾。地利盡，人力齊，雞鳴狗吠相聞，雖有盜賊，將無逋逃之藪。何必因噎廢食，乃爲全身遠害哉？」南路於羅漢門瑯嶠（恒春）下淡水崗上，北路半線笨港下茄冬，各設防兵，就地屯田；鄉民入山採木，加以管理。半線以上另設一縣，八里岔（今淡水對岸）笨港等處均設巡檢，最後歸之「興學校，重師儒」（東征集）。滿保深韙其議，放棄了燒毀羅漢門、檳榔林（朱一貴等起事之處）、阿猴（屏東）、瑯嶠等處房屋蓬廠，及驅逐人民的原議。不知道有多少人蒙受藍鼎元之福，獲免傾家敗產，失業流離之難，關於台鎭移澎裁營減兵，他一樣反對，認爲是變像的放棄台灣。在他代藍廷珍所擬的另一致滿保書，謂爲部臣不識海外地理情形，憑臆妄斷。澎湖本身既無力自立，且鞭長不及。「以澎湖總兵控制台灣，猶執牛尾一毛欲制全牛，何異欲去棄台灣。台灣一去，漳泉先爲糜爛，而閩浙江廣四省，俱各寢食不寧，山左遼陽，皆有邊患，此土萬萬不可委去」。滿保據以入奏，巡台御史黃叔璥亦以爲言，此議乃止。然而可見一部份政府人員對台灣的輕率態度。此外他對於台澎的設施的意見尚多，如力主北部設治。「平台紀略」中有一段話最可以代表他的整個看法：

「台灣山高土肥，最利墾闢，利之所在，人所必趨，不歸之民，則歸之番，歸之賊。卽使內賊不生，野番不出，又恐禍自外來，將有日本荷蘭之患，不可不早爲綢繆。」

三、攜眷入台問題

雍正一朝（一七二三—一七三五）對於台灣的措施爲之一變，一七二三年（雍正元年）添設彰化縣、淡防廳，藍鼎元的希望實現。台廈道原係半年駐台，半年駐廈，一七二八年（雍正六年）改爲台灣分巡道，專駐台灣。最重要的變動是准台灣居民攜眷入台。一七二四年（雍正二年）朱一貴亂前藍鼎元認爲如能使「民生各遂家室，則無輕棄走險之思」，而容莊（粤東來台傭佃者之客子，所居村落謂之客莊）居民從無眷屬，既「無家室宗族之系累，欲其無不逞也難矣」。他主張「凡人民欲赴台耕種者；必帶有眷口，台民有家屬在內地者，願搬取渡台完聚，許具呈給照」（論治台事宜書）。福建當局亦感覺過去祇許人民隻身去來，「迨後海禁漸嚴，一歸不能復往，其立業在台灣者，既不能棄其田園，又不能搬移眷屬」，不是妥善辦法，奏請予以變通。一七三二年（雍正十年）大學士鄂爾泰等亦認爲此數十萬閩粤人如終年羣居而無家室，則其心不靖，難以久安，因規定凡「有田產生業，平日守分循良之人，情願攜台入籍者，准其搬攜入台」。此對於台灣的移殖，自有其重大影響。但以已經在台居住者爲限。越年，復准調台官員酌量携眷（康熙六十年定台灣文武大小各官不許攜眷）。乾隆前朝，政策又返於消極，一七三六年（乾隆元年）重申禁內地人民偸渡之令。一七四〇年（乾隆五年）以台灣留寓民眷，均已自內地搬取，停止給照，不准搬移。但是偸渡者仍舊不少，寃死者尤多。一七四四年（乾隆九年）因巡視台灣給事中六十七（人名）等及閩省督撫之奏，一七四六年（乾隆十一年）又將禁令修正，「嗣後台民如有祖父母父母及妻子欲赴台侍奉就養，仍准給照搬眷」。不過這只是短期的規定，明年（一七四七年）從總督喀爾吉善請，定限一年之年，不再給照。所以自一七四八年（乾隆十三年）起，攜眷復遭禁止，所有渡台民人，禁絕往來。

這種不合理的政策是絕對行不通的，徒祇爲害人民，便利奸徒。一七六〇年（乾隆二十五年）福建巡撫吳士功（河南光州人）在「題准台民搬眷過台疏」內論得極爲痛切明白。他說：

自此停止以來（按指乾隆十三年停止給照搬眷），迄今十有餘年，凡有渡台民人，禁絕往來，不能搬移。現在台地漢民已逾數十萬，其父母妻子之身居內地者，正復不少。十年長養，凡向之孑身飄流過台者，今已墾闢田園，足供俯仰。向之童稚無知者，今已少壯成立，置有產業。若棄之而歸，則失謀生之路，若置父母妻子於不顧，則又非人情所安。故其思念父母繁戀妻孥，冀圖完聚之隱衷，實有不能自已之苦情，以致急不擇音，甘受奸梢之愚弄，冒險偸渡，百弊叢生。臣一載以來，留心察訪，緣事在汪洋巨浸，人跡罕到之地，被害者已沒於巨波，倖免者亦緣於有干禁令，莫敢控訴。故例禁雖嚴，而偸渡者接踵。……在海洋被害者，不知凡幾。

以下他說明允許攜眷的有利無弊，及開禁的必要與辦法，實台灣開發史的上有價值文字。

伏念內外民人，均屬朝廷赤子，向之在台爲匪者，悉出隻身之無賴，若安分良民，既已報墾立業，有父母妻子之繫戀，有仰事俯育之辛勤，自必顧惜身家，各思保聚。……蓋民鮮土著，則有輕去之思，人有室家，各謀久安之計。乃因良民之搬眷，禁以奸民之偸渡，致令在台者身同羈旅，常懷內顧之憂，在籍者悵望天涯，不免向隅之泣。以故內地老幼男婦，煢獨無依之人，迫欲就養，竟至挺而走險，畢命波濤。……

臣既知台民之搬眷，事非得已，而奸梢之偸渡，貽害無窮，合應仰懇勅部定議，嗣後除隻身無業之民，及無嫡屬在台者，一切男婦，仍遵例不許過台，有犯卽行查拏遞回外，其在台業良民，果有祖父母妻妾子女子婦孫男女，及同胞兄弟在內者，許先赴台地該管廳縣報明造册……移明內地原籍查對相符，給予路照，搬接過去。其內地居住之祖父母父母等如欲過台探視相依完聚者，先由內地該管州縣報明造册，移明台地查確，再行給照過台。

這次所定章則，仍是以已經在台的居民搬眷爲限，並非允許由內地人民自由攜眷入台。此後政府雖未再積極的干涉，亦不會積極的倡導，祇是跟着人民所制造的已成事實去决定方針與設施。而偸渡的禁令，一八三四年及一八三八年（道光十四年及十八年）政府復一再申明。

（下轉第42頁）

自由中國通訊

中共怎樣奴化下一代？

—關於共黨兒童組織的報導—

凌秀峰

蘇北通訊・十月三日

共黨統治區域裡的人民，是沒有自由的；每個人都被加上一個沉重的枷鎖，使你不得任意行動；空氣窒息得使你透不過氣來。中共惡毒的陰謀意在使人們喪失天性，毀滅自己的國家民族，他們不知什麼是道德；什麼是同情？老的要被凍死餓死，壯的要去參軍，爲秧歌王朝去作犧牲，縱是無辜無知的兒童，也不能幸免於他們慘絕人寰的統治。

今天，大陸上千萬不幸的兒童正遭遇着同一個悲慘的命運，他們在魔鬼們的符咒裡一個一個地變了，變得失去天性，這些可憐的孩子們，他們失去了愛，失去了童年，失去了家庭的溫馨！

中共憑什麼在奴役我們的下一代，滿足它無恥的陰謀？他們憑籍的血刃正是他們一慣的拿手戲法—組織，這個嚴密毒辣的囚籠，統治兒童奴化兒童的工具。

中共的兒童組織，其嚴密不下於青年組織，它以鄉鎮爲基本單位：以上縣區，分設縣區團長及組織委員，這裡，我所報導的正是鄉兒童大隊的組織，亦即最殘酷的基層組織。

鄉兒童大隊

鄉兒童大隊的組織，按所有鄉鎮，每鄉（鎮）設一大隊部；每村成立一個中隊，每中隊分三個分隊，每分隊有三個小組，純係由六歲至十五歲的男女幼童組成，至於女兒童則另有女兒童中隊，跟男兒童是分開的；大隊部內有組織股，康樂股，宣傳股，每鄉並設一「兒童俱樂部」是匪幹們用來教育一班失學兒童的奴化機構，大隊部下有少年先鋒隊一個分隊，是一個直屬大隊部的兒童恐怖組織；少年隊有聽壁組，糾察組，以及特別小組，是專門用來監視兒童行動言論的特務組織，每中隊亦有這種組織，牠們就利用這種層層監視，互相猜疑，來統治兒童；一不注意，說出了對共黨不利的話，做出反對他們的行爲；那就扭不開組織的囚籠，逃不了監視人的獰眼，兒童們在這重重壓制下，失去了天眞，失去了笑容，……恐怖的生活着。

「少年先鋒隊」

少年先鋒隊，（簡稱少先隊）是直屬兒童大隊部的一種特務組織；他的隊員，選自一班貧苦而無賴的十二歲至十五歲之高齡兒童；並且要經過一個長時間的考核；考核成績的標準，是以兒童對家庭父母密告之多寡，及報告同志中行動之劇烈與否，來決定成績的高下；越劇烈的，越是牠們最歡迎的人物；也就是牠們標準的隊員。他們的權力，可以監視每一個兒童及兒童幹部的行動；並可隨時密告某一個兒童，和唆使每一個兒童對家庭提出反抗檢舉；他們更有一種特別任務，就是兒童一經犯規及爲父母辯護者；所有一切懲罰，皆由他們來執行；他們可以任意打駡兒童，也可任意唆使兒童與兒童間的互相挑戰與仇視；兒童們的行動與言論，他們沒有一時一刻的放鬆；他們經常在製造兒童中的分化，他們是每一個兒童中的不定時炸彈，說不定某一時會炸毀某一個無辜的兒童。

「女兒童中隊」

女兒童中隊，是由六歲至十五歲的女孩子們組成；她們不但照例的須受少先隊的監視；和男兒童做着同樣的工作；甚且她們比男兒童更加上了一層任務，就是在任何的一個集會上或殘酷的殺人示衆等遊行的行列上，都有她們在扭秧歌；扭秧歌成了她們唯一的課目。她們也變成了扭秧歌的老師了；在家庭裡，要教會家人；在學校裡，要教會老師，更常要用天眞的口吻，勸告一般青年參軍；她們不知什麼是羞恥；什麼是貞操；什麼是罪惡；她們只知道這樣做，就可以得到大隊部的嘉獎；她們的父母不敢阻止她們，教育她們；她們最怕的，就是少先隊；因爲他們可以隨時以「兩小無猜」的姿態，玩弄她們！欺凌她們！

「兒童俱樂部」

「兒童俱樂部」是一般兒童的教育宣傳機構，也是兒童們娛樂的地方；這裡面充滿了歡笑，也充滿了恐怖，多少兒童在這裡學着獰笑，多少兒童在這裡遭受到嚴厲的懲罰，永遠失去了天眞；兒童俱樂部，屬於中共鄉政府治安股；俱樂部主任，係由鄉指導員兼任；而指導員是一鄉內共黨組織最有權力的一個人，他統治了全兒童大隊，指揮兒童幹部怎樣去奴化兒童，監視兒童；他指揮一個兒童糾察組，是屬少先隊的一個特別小組；用做中共的耳目，監視全隊的行動。

「兒童俱樂部」完全由匪幹們主其事，以輔助兒童在學校教育的不足；實則是增加兒童的奴化强度；朦蔽兒童天眞誠樸的思想，其對兒童的教育中心題材計有四點；

（1）崇信蘇俄；是他們每天必讀的一課；他們渲染蘇俄史大林，是世界唯一了不起的人物；……「快樂的年時代，是毛主席賜予我們的」；或者「我不愛爸爸，我不愛媽媽，我愛毛主席。」「蘇俄是一個多麼強盛的國家；蘇聯的兒童，是多麼的快活」：甚至宣傳，蘇聯是他們多少年前的祖宗；他們要使兒童們輸進亡國的思想，教育這批聖潔的兒童，去做他們亡國勾當的繼承者。

(2)教育兒童對家庭溫暖及天倫的仇視，他們策動兒童對家庭的仇視；他們被逼自動犧牲自己的享受，把零用錢拿出來捐獻，並且要逼他們互相競賽，互相挑戰；不應戰或應戰而不力的，（即沒有挑戰者出的錢多）他們即將在這裡遭受到嚴厲的懲罰；應戰，他們一個兒童那來這許多錢，結果，又是匪幹們唆使我們，向家庭強要，不應，便要檢舉其父母，兒童如有袒護家庭的言論或行動，不但會遭受到有調往軍區受訓的危險，（蘇北之華中軍區設有一情報訓練班最歡迎幼童去受諜報訓練）家長也會受到殘酷的處分。

還有一種兒童對家庭仇視的方法，即指使兒童對自己父母提出清算鬥爭：連父母打了幾下，罵了幾次，也要提出鬥爭。很多兒童看到這樣慘酷的情形，抑制不了他們的天性，而不願說出時，他就不免遭到少先隊做宰人遊戲的下場。

(3)教育兒童不知禮義廉恥；禮義廉恥，他們認爲封建殘餘的渣滓，與牠們新民主主義是對立的，所以他們要盡量的使這下一代澈底消滅禮義廉恥的觀念，因此，就不惜用五花八門的欺騙方式，假俱樂部作狂妄的宣傳，以達成牠的陰謀。

(4)教育兒童說謊與欺騙的眞本領：他們欺騙兒童，誇耀共產黨怎樣的偉大，怎樣的成功，工業怎樣的發達，商業怎樣的茂盛，農業怎樣的發展，逼兒童去宣傳；他們以爲兒童是無知的，可以欺騙的，但是今天的兒童，看在眼裏的事實，與所誇耀的情形，好像在倒轉二十五萬里似的；他們的小心靈中，有時也會提出使人驚異而不敢答覆的問題。

處處在利用兒童

因爲兒童沒有知識，所以牠們認爲利用兒童，是一個最有效的方法；欺騙兒童；每一個集會，都有兒童精彩的節目；——扭秧歌•和像機器人樣的，講着共匪常教的僞裝欺騙的民主術語。公審（鬥爭的別名）翻身（清算的別名）等會，他們更要被逼着在人群中，高喊着預先教好的懲罰刑具，及罰款的數目；動員參軍、慰勞、他們更被強迫着檢舉自己的父兄參軍、母姊慰勞；少先隊，更有聽壁小組，任何人講一句不愼的話，他們都要報告。兒童普遍的任務，就是拿着小揷子，（即是一種八英寸長兩面口的小刀匪又稱之爲五號槍）在每條大小道路上站崗；兒童們被不自覺地欺騙着做匪幹們的耳目。

可怕的懲罰

慘酷可怕的懲罰，能使兒童心理恐怖；更能使聖潔心靈的兒童趨於惡化；——像機器人一樣的被他們利用，被他們擺佈。

他們對兒童懲罰的殘酷，是令人目不忍覩的；這裏例舉其一二。

(1)對共產理論與人民政府措施提出疑慮詢問的兒童，常要被罰在「兒童俱樂部」服役；服役期中，要不斷的學習共產理論；更要不斷的坦白。

(2)照他們的說法，兒童是「史大林賜予的」，「毛澤東培植的」，因此孩子們如果留戀家庭而爲父母的罪錯申辯的，也是一種犯罪的行爲，他們的懲罰，是把這樣的兒童調往受諜報訓練；讓兒童永遠脫離溫暖的家庭，不讓兒童們見到自己的父母親人。

(3)一星期不密告三個人的兒童，就要被斥爲工作不力，對這種孩子的懲罰，站崗一星期，且勒令加倍密告；如仍不聽，則罰至「俱樂部」服役。

(4)開會站崗不到的，由全體團員開會，決定罰款，或罰文具用品，小揷子等物；（其實牠們早已決定，開會不過是形式的宣佈）因爲兒童大隊部，沒是辦公費；所以紙張，小揷子、筆、墨、完全靠懲罰所得；即使有時大家都不犯規，他們他會無中生有的找出兒童來懲罰。

他們的懲罰方式，以及規定的殘忍，簡直是無法形容；以上所述爲不及一二耳。

希奇古怪的會

他們有一連串的謊騙名目，那就是例會啦，臨時會啦；一天到晚，使兒童沉醉在會裏；

1. 兒童幹部會：這是一星期一次的，是分隊長以上的兒童幹部例會。
2. 兒童檢討會：也可以叫做懲罰會；每逢星期日召開，並且每個兒童不得缺席。
3. 兒童學習會：每週二次，在「俱樂部」由匪鄉指導員講述共產理論。
4. 小組討論會：每兩天晚上開一次，以分隊或中隊爲單位，集合後分組討論，

以上是兒童必有之例會，以下是兒童臨時添加的會。

如公審會，翻身會，坦白會，捐獻支前會，配婚會，獻身會，反清鄉會，慰勞參軍會，娛樂晚會，（這是一個匪幹們調笑肉麻的無羞會）以及史大林會，毛澤東會，……花樣之多，簡直不勝枚舉。總之，他們把這一群自然天眞的兒童，教得像機器人一樣的，任牠們加油，不許兒童有半刻休息，更不許兒童有半刻遲疑。

兒童學校教育

中共對兒童學校教育，從來並不重視；因爲兒童如果學會了眞正的道理，他們是會反對現實的；所以當兒童初步教育，即是教育他們，怎樣開小組討論會，怎樣扭秧歌舞，怎樣宣傳。他們的課本裏面，從初級到高級，莫不是「史大林偉大」，「毛澤東萬歲」。

他們一天到晚，並沒有固定上課時間：從三年級起，就有小組討論；由教師出題目，讓兒童去討論；高級學生並增加一堂社會，那就是講述蘇聯紅軍的故事，及蘇聯十月大革命的故事，這就是跟初級兒童不同的地方。

中共普通每鄉鎭均設有一國民學校，教員都須要經過軍區文教會受訓六個月以上者，方可充任；

以上的報導，是蘇北各縣的一般情形。今天，大陸上千萬兒童同遭遇着同樣的命運！人本來有不同於禽獸的人情與天性，今天共產黨正在用盡方法來消滅人與禽獸之間的差異！中共這種奴化我們下一代的陰謀，目的是要澈底消滅人性，還不僅是出賣國家民族而已！

香港通訊・十一月六日

「獨眼」將軍喪威巴蜀

江　望　光

系列中共「解放」軍四巨頭之一的「獨眼」將軍劉伯誠，因爲他過去長於「神出鬼沒」的鑽隙流竄戰術，曾在騷擾國軍後方搗亂國軍陣勢上，替中共建立下不少「殊勳」，且被克林姆宮譽爲中國第一流的戰略家，他又瞎了一隻火眼，老天仍留還他另一隻金睛，使他可以不必眨眼來殺人。所以他會被稱爲是中共軍人中能騰雲駕霧呼風喚雨的「獨眼龍」，但目前他在大陸人民的心頭，却是人人恨惡人人叫打的「過街鼠」或「攔路蛇」了，當去歲國軍退守西南之時，這個「獨眼巨頭」就奉「命」由贛而湘，率領「二野」羣鼠，浩浩蕩蕩作「窮進猛打」的衣錦還川，這是他參加「革命」二十多年來的心願，亦是他私自慶幸的任務，因爲巴蜀自古號稱天府之國，形勢天然，物產富足，有此一者，小成足以割據稱雄舉足重輕，大就則日可以北而爲王建基垂遠，進可由陸出擊陜甘西北並順流遠征東南各省，退能固守巴蜀盆地並屏隔西南高原，過去劉備僅具「人和」而得鼎足偏安之局，未始非採諸葛之計取得了兩蜀的「地利」，而抗戰能堅持八年轉敗爲勝，又何嘗不是繫於國府入川穩定的根據。

我們看四川省四境，岷山大巴由北迤邐而東，邛崍大涼崔巍聳立於西，而武陵大婁餘脈則懸削俯伏川南，眞是峻嶺環繞巉岩崎嶇，好似一圍銅牆鐵籬，交通：則水有楊子巨流偏南貫通省境西東，嘉陵渠涪沱泯五大水系，廻環潺湲由北而南滙流大江，而烏江下遊又蜿蜒川南，陸則有成渝成萬爲省內交通的二大幹線，而省際間，有以成都爲起點的川康川陜川滇三線，及以重慶爲樞紐的川黔川湘川鄂三線，眞是六流交會，八路縱橫，脈脈相通，好一幅天人共繡的蛛網，這一幅錦山繡水，已使川省地靈而人傑，這一片，網狀交通，亦已致川省經濟的活躍。不料今天在中共的眼中和劉伯誠的心頭，這却是煩惱之媒亦是痛苦之源，好像西蜀三十萬方公里的沃野已變成了浩瀚無垠的泥沼，坑埋住他們的形體：而川中四千八百萬的人民，又個個能口吐盤絲，網纏住他們的靈魂，他們正煩惱如絲愈理愈亂，痛苦若井愈掘愈深，曾經在國共戰爭中叱咤風雲的「獨眼」將軍，不料今日榮歸故里，竟困惑於飛沙走石的八陣圖中，而不知何方是乾坤震艮離坎兌巽呢！

爲什麼？劉伯誠對於自己幼年所熟習的明媚的山水竟不免「草木皆兵」，而對這數千萬的「上江」良民亦「疑神猜鬼」呢？簡單來說，就是因爲「袍哥」爲首的反共武裝，年來風起雲湧遊擊全省，以致社會內部動亂不安，而「解放」軍亦感受到一種旦夕不安的威脅，現在，四川全省一百四十餘縣市中，尙有三十餘縣沒有看見過「解放」軍的蹤跡，而各路「英雄」竟可以橫行七十多縣廣大的鄉村平面上，自從韓戰爆發以後，反共份子更胆壯心雄，反共鬥爭竟如火如荼，省中的水陸交通也被寸寸剪斷，如在川北的廣元綿陽間，川中的簡陽南充大竹間，川南的瀘州永叙、綦江桐梓、和南川黔江間，無不感到有蜀道難行之概，使中共武裝護運仍戰戰兢兢，調防行軍則非大隊不敢出發，各江水運，亦時被襲擊，平地常起風波，險灘盡屬入爲，那長江的門戶－夔州卽曾被活躍巫山的遊擊健徒佔領多時，他們扼住了川鄂間的水運咽喉」而震驚了駐防川東的共軍，在五月間，距蓉市二十里的龍泉驛，亦發生過「不打起義兵，專打解放軍」的「石板灘事件，這種民衆的，反共鬥爭運動，曾威脅「西南軍區」的巢穴，曾鬧到中共勞師動衆了一個月，目前，四川全省，遍地鎗聲，遊擊聲勢之壯，實爲全國之冠，如胡宗南部未及撤離四川的三四萬國軍及劉湘夫人與其舊鄰四麻子所率的三師之衆，則出沒於川西峨嵋邛崍諸山，正四出進軍川中盆地來威脅成都；川北「袍哥」首領賴應爸及李某，則率領門徒數萬，活躍於劍門鹿頭諸山，擬佔據川陜交通中樞的綿陽：而川南「袍哥」頭子歐華軒和娃娃營長（十六歲時爲營長的一個袍哥頭子），亦集結「舵把子」四五萬，遊擊川南，窺伺盧州合江綦江等縣，有意奪取「二野」的渝市總部，據巴蜀最近來客稱，川省的遊擊活動，夜間已進至蓉渝二市的郊區，中共幹部出入戒備，有點談虎色變之概，而反共的武裝勢力，難得確實統計，因爲「袍哥」善變，忽然是「化整爲零」，忽然又「無中生有」，雖然「二野」會如「鬼沒神出」，但「袍哥」則更「幻變無窮」不過，四川，一省，現已遍地「袍哥」全省騷動，則反共英雄，至少也有五六十萬之數，不然，則「獨眼」將軍不會弄到今天的焦頭爛額而束手無策了。

四川的反共武裝，是以具有革命傳統和嚴密組織的洪門「袍哥」爲主力，而以留川國軍和各「軍頭」的川中子弟兵出爲輔翼，雖然，那些「起義軍頭」，如熊克武劉文輝潘文華王鑽緒鄧錫侯孫震等，曾一度隨同老督軍許開祥起「京」參加「政協」虛中共委蛇，但因「封建」的「軍頭」天生的本質和中共相冲相尅，而利害的背馳，更使他們感受到一種迫切的生存威脅，所以「軍頭」的子侄輩老早就「別懷鬼胎」去和「袍哥」們暗通聲氣，等到他們的老子看清了中共眞正面目回來時，也就不再客氣來「起義」參加「叛亂」的行動了。數千萬的巴蜀同胞，在去冬嘗到了「解放」的滋味，受够了「翻身」的酷刑，到了今春乃就如春雷般怒吼，湧起了漫山遍野的反赤巨流，他們爲了爭取生存的權利，而高舉抗共的大纛；爲了保衞生活的自由，而起來反抗徵糧，反抗徵槍，反抗中共在恐怖的鐵幕所進行的一切苛政，他們現在擁戴着「海湖」巨頭之一的「忠厚大爺」范哈兒－紹增，來做他們反共鬥爭的統帥，正在大巴山南揚子江北的廣大盆地之上佈好天羅地網，來圍殲那「獨眼」將軍統帶而善於流竄的「二野」拏鼠呢！

誰不知道，四川是哥老會的發祥地，四川是「袍哥」潛力最大的省區，清洪帮所奉祀的始祖，不就是建在重慶山上的「五祖廟」嗎？提起了范哈兒的名字，長江流域的下層社會，那個不是如雷貫耳般的衷心敬畏，范氏是重慶人，以前曾充任過軍長，現在還不到六十歲。因他「忠厚」過人，豪俠性成，是四川「軍頭」爭奪的目標人物，是江湖人士盛道的「忠厚太爺」。自從二十四年中央軍入川以後，他就解職歸「湖」，徜徉滬漢蓉渝，致力於「袍哥」的組訓聯絡了。四川「解放」不久，大哥頭王陵基微服出川，不愼被捕，（中共和他雖有海樣深的血仇，爲了要綏和「袍哥」情感，也只得優待軟禁未被處決）范哈兒乃爲衆望所歸萬民共仰，他登高一呼，全省「袍哥」即翕然相從，在本年的端節前，范氏會應各地「袍哥」頭子的邀請，前往資中內江簡陽一帶的川中地區，巡視「袍哥」組織，檢閱遊擊武裝，道路傳聞，聲勢赫赫，中共當局大爲震怒，乃擬採「打鬼就鬼」之計，托由民盟領袖張瀾，轉命民盟四川負責人牛範九充當說客，以私人友誼關係，親到資中銀山鎭訪晤范氏，請他出任四川副主席，負全省剿匪總責，以綏靖地方共維桑梓，范氏因牛爲熟友，不便而拒所求，靈機一動，即「將計就計」的向牛氏說：「川省之事，川人均責無旁貸，應共赴艱鉅，今日全省擾攘，實因解放以後，遊雜遍地，乏人收拾，本人認爲袍哥兄弟數十萬，均是爲本身自衞及地方安寧而組織，別無政治上的目的，不但易於節制，若政府加以扶植，則必爲安定地方的勢力，如果二野現在充借卡賓萬枝，裝備這種勢力，則不僅本人不感心餘力絀而可勉爲其難，即袍哥兄弟亦必均能悉力以赴，共謀於三四月內肅清全境土匪，」牛範九未虛此行，喜氣洋洋的返歸覆命，即和劉伯誠等四川中共巨頭詳商范氏「出山」意向，劉伯誠一方面「望治心切」想急於「犒好四川」以挽回過去信譽；另一方面又正感賀就「分庭抗禮」的威脅，思得此數十萬的「坐地虎」以穩定西南的王座，乃力排衆議，慨然允諾，費力的籌出「卡賓」五千，「衝鋒」一千，其他輕便短槍四千，勉強的湊足萬枝之數，交由範九，轉送范氏，范哈兒將槍一一點收，分發川中的「袍哥」主力後，乃強邀範九爲長期的「隨身參贊」，劉伯誠人槍兩損，「偷鷄不到蝕把米」，大受中共當局的責難，啞吧吃黃連，他奈何「袍哥」不得，只有暗暗叫苦而已，而「袍哥」則意外的補充了了萬件利器，如虎添翼，更鼓舞起反共抗俄的遊擊高潮！

大巴峨眉劍門等山的雄風正在狂嘯，大江嘉陵岷沱等江的浪濤正滾滾奔流，數千萬被壓迫的巴蜀同胞也在怒吼！「二野」數十萬的「王軍」已陷入泥淖，不能自拔，調韓參戰一似畫餅充饑，「解放」西藏亦只見樓梯空響。「獨眼」將軍，雖會風雲際會橫行中原，對着大陸的同胞不斷發出驕矜的獰笑，但會幾何時，而今却喪威巴蜀，「衣錦還鄉」「登極西南」，都如一「黃樑一夢」般瞬息幻滅了！

（上接第31頁）

度的領袖正沉緬，在媚共的幻想中。

越盟在大戰中形成，在極端的劣勢下爲反對日本與法國而掙扎，自戰後法國恢復其統治以來，即與越盟戰爭，胡志明是共產主義的信徒，我們援助脆弱的保大政府，這不能不受共產的宣傳攻擊，因爲美國支持法國在越南的地位，并應保護英國在香港與馬來亞的安全。

反共陣線的聯合，爲團結自由民主反抗極權的侵略。

至於日本戰前提出「亞洲人的亞洲」底口號，反對歐洲的殖民地政策，日本除去中國東北，韓國及台灣的財富，即使武裝起來，其力量遠不及一九四一年的強盛，但是她參加自由亞洲同盟，其被注重當無疑義。』他在「蔣總統居亞洲領導地位」一文中，駁斥一般對自由中國錯誤的心理，指責美國政府延遲援華，認定中共必敗，全文如下：

『如果中共一旦援助北韓，共產黨，蔣總統必居亞洲的領導地位，他有偉大的人力，五十萬精銳的大軍，集合在台灣，其力量遠超於亞洲自由國家的武力的總和，是有訓練而勇於戰鬥的優良軍隊。

對於國軍的作戰能力，每多有所評論，其實他們忘掉在緬甸戰役中，國軍與美軍比肩作戰，反攻裝備優良的日本軍隊會有輝煌底戰績。

韓共受蘇俄指揮與訓練的，會參加中共軍隊，現在他們正以久經戰鬥的經驗和我們軍隊作戰。

國民政府的失敗，大部份由於軍事的失敗，無力支持作戰部隊的軍械與軍需，在大陸戰役中美國遲遲未能以適當的援助，致使戰機縱逝。國軍通常受復雜的指揮機阻礙軍械的調遣，蔣總統會極端關心國軍的軍心渙散，現在此種情形，已由國軍轉到共軍方面，因爲中共目前有大量士兵，而所需較國民政府者爲多。

國軍近來有很大的進步，團結與統一服從上級的指揮，觀察家報導認爲在台灣軍事演習時，將官均身先戰士。他們需要新式的武器，如坦克、大炮及飛機原料的供給。

美國在杜魯門總統的宣言之下，對台灣與大陸採取中立態度，中共可能轉移其戰略與國際共產黨參戰於北韓

如果中共一旦出兵援助北韓，則必調兵於東北邊疆，因之中原地區的潛伏勢力，必群起響應，蔣總統必爲衆望所歸，將士用命，民心擁護，齊起推翻北平的政權，這是預料中事。

惟有台灣國軍，然後足以牽掣中共的進攻越南，倘能有美國海空軍的援助，戰事必有把握。

美國應全力支持，使此一戰略的要地——台灣能够確保。』

自由中國與亞洲的前途

舊金山通訊・十月卅日

榆林

編輯先生：

我首先報告給你一件令人興奮愉快的消息！國慶日在這裏由中華總會館領導之下，展開反共救國獻金運動，僑胞熱烈響應。上議員諾蘭特由美京趕到，參加盛會；諾氏說：「中美友誼，歷史悠久，必能合作，相信今後一年內，共產力量，將受摧折，中華民國必能永享自由及獨立」。應邀參加者還有：我國出席世界警政會議代表李士珍先生，威廉博士，魏德邁將軍代表，下議員，海軍上將，省市長代表等。可見外人對我反共抗俄奮鬥的重視與期望之深切。是日盛況空前，僑情激發，誓支持為自由作戰之祖國軍民，擁護政府之決策，驅除俄虜，還我河山。

其次我還報告你：「自由中國」在三藩市的銷路非常好，最近我介紹給我的親友同學，他們很多願意長期訂閱，一致認為是反共抗俄之最好讀物，「自由中國」的流廣，就是人心擁護自由、反對極權的明證。

際此國族危亡之秋，凡是炎黃子孫，應共同起來捍衛祖國，身處異國的我，每念我自由祖國及匪區為爭取自由堅苦奮鬥的同胞，其悲憤之情，雖海天相隔，精神與共。故不自度年輕學淺而敢大膽地向貴刊投文，希望盡自己的能力，追隨愛國同胞之後，為反共抗俄而努力。

現寄一文，內容均譯自美國三藩市報專欄(The San Francisco News)，因文長，故未將原文附上，至歉！敬祝

編安

中國大陸淪入共黨鐵幕後，整個亞洲被投下了一道陰黯的黑影，然而在這充滿了赤色恐怖的夜海當中，自由中國燃起了萬丈光芒的火炬，照耀着亞洲的人心，給自由的人們帶來了溫暖，勇氣，從事新的鬥爭。「自由中國必勝，亞洲前途光明」這是亞洲人民心聲底共鳴。

中國為亞洲最大的國家，自有史以來卽本其「天下為公」的高深哲理，對於各鄰邦弱小國家以「存亡繼絕，濟弱扶傾」的仁愛之心，行「己立立人，己達達人」的忠恕之道。所以五千年來，東亞各民族或內附而同化，或相依而共保，或獨立而自存，各順其民志民心，各隨其國情民俗，各發展其文化之所長，以貢獻人類的共同進步。(中國之命運第一章)由於中國有深長的平等博愛歷史，故亞洲各國家民族都誠意地接受中國的領導，共為人類的幸福而努力！

中國對於亞洲影響至大，所以中國大陸淪陷，亞洲便黯然無光，一般人認為此乃不可挽救之狂瀾，則實為謬誤，他們不明瞭中國民族性，更不了解現實，目前大陸同胞在政府領導之下，正為反抗極權而奮鬥，倘若沒有政府正確的領導，大陸人民便失去了精神的支持，那才是不可收拾的局勢，故今後中國的前途實繫於臺灣，而亞洲人心的寄望亦在台灣。

在世界風雲急變的今天，美國政策關係着整個世界，而美國輿論對於其國家的政策則有直接或間接的貢獻，這是值得我們注意的，最近美國朝野人士，對於自由中國與亞洲前途的重視，民情鼎沸，大有不可遏抑的趨勢。

美國霍華德系報記者派克摩理（Parker La Moore）對中國有深切的認識，他曾寫過許多有關中國的理論，對美國政府的政策，嚴厲批評，他在「亞洲共黨與杜魯門計劃」一文，詳細地分析亞洲的現勢，必須亞洲民族自求團結，加以美國的支持，強調自由中國地位的重要，原文是這樣的：

「許多觀察家認為杜魯門總統的計劃并不能阻止共黨在亞洲的伸展，因為共產黨係一種內在的潛力，我們處於遙遠的地位，而沒有像英國和法國在亞洲佔有大量殖民地。

在一九四九年五月，中國蔣介石總統，韓國李承晚總統與菲律賓季里諾總統會商關於亞洲反共同盟，籲請美國支持。此一同盟如能成立，則必能領導亞洲反共武力，反抗來自歐洲的極權主義者。

但國務卿艾奇遜對於該項建議，表示冷談，認為時機尚未成熟，其實已是太遲了，當時國民政府已遷到台灣，中國大陸完全在共黨控制之下。

如得美國的支持，亞洲反共同盟必能實現，很久時間以來蔣總統領導亞洲最強大的國家——中國，為反共而堅苦奮鬥！

印度雖然為亞洲第二大國，但是她脫離了一切反共的聯盟，直至最近尼赫魯公開表示，中共并無威脅其鄰邦。假如他能夠認識蘇俄共黨主義是極權的帝國主義，他就不會承認中共政權了，他以中立國自居，企圖運動中共進入聯合國，以換取中共的不侵略印度，但是他的中立是值得懷疑的，因為他的態度親共，尼赫魯常常指責美國支持法國在越南的地位。這位印（下轉第30頁）

「解放」（獨幕劇）

余水姬

太陽下山了——平時，這是一天最美的時候。做完了工，吃過了舒適的一餐，浴着殘霞，迎着爽神的晚風，帶着孩子漫步在芬芳的，不知名的野花間，追着蝴蝶，提着蚱蜢，孩子在跳，媽媽在笑，爸爸悠閒地望着那逐漸隱去的遠山，舒了口氣，笑着叫孩子們去數那天上初現的星星。可是，現在呢?!

黃昏，陰雲遮蔽着天空，從窗口望出去，看不見藍天，更沒有閃爍的星星，房裡沒有燈，一片灰黯，微弱的光線下，依然可以看出房內的輪廓。靠牆是一張床，被子破舊不堪，沙發上零亂的堆積着換下來的髒衣裳，棹上無花的花瓶，缺口的杯子，沒嘴的茶壺。牆上掛有字畫，房角是堆滿了書的書架，一切陳設都顯示着主人往昔的生活曾經是康裕的。

躺在床上的女主人，頭髮有點蓬鬆地覆着雙肩，憔悴而灰黃的臉，并沒有了減損了原有的清麗，三十來歲的年華仍保持着她應有的青春。悒鬱的陰影，鎖住了她的雙眉，空洞無神的眸子，顯示着她無可奈何的心神。這時在幽暗的房間裡，她提心吊胆地收聽着台灣的廣播：在這被魔鬼的恐怖，饑餓統治下的解放區這是極端危險的。

（廣播）……「在過去，毛澤東以動人的口號欺騙青年，欺騙大衆，他們不惜以任何手段來汚蔑政府，汚蔑領袖，他們用盡了方法來挑撥人民與政府的感情。看，現在大陸已成了一片什麼景象?!學校停課，工廠停工，商業凋敝，農田荒廢，千百萬人民嚙着草根樹皮，在饑餓線上掙扎；千百萬人在死亡的恐怖籠罩下呻吟；千百萬人民被送到西伯利亞去給赤色帝國主義者蘇聯作牛馬。看，那千百萬人的血，所染紅了的大地，上面這就建築了毛澤東的王朝，共匪用清算，鬥爭，飢餓，死亡來執行史太林屠殺消滅我同胞的陰謀，他們忘記了祖國，滅絕了人性；他們用特務，用恐怖來統治；來壓搾，使人民連咒咀，嘆息都不敢……」。爲了窗外，隔壁隨時可能有人偷聽……。突然窗一響，女大驚，急起身關上了安在床頭的收音機的電門。房內是死般的靜寂。女怔視着慢慢開啓的窗門，一隻灰色的貓頭探了進來，咪的叫了一聲，又了縮回去。

女：死貓。（深深舒了一口氣，用力關上窗門。稍停，又扭開了收音機。）

……（播音）「我們祇要加强信心，自力更生，記住總統的昭示：一年準備，二年反攻，三年掃蕩，五年成功。讓我們再忍耐一年，最後勝利必然是屬於自由民主的……。」

女：（無神的眼睛閃耀着生命的光輝。）吁——

……播音「台灣廣播電台，XURA，波長49.2公尺，週率6095千週，台灣廣播電台，XURA，首先報告新聞提要，救濟大陸災胞勸募成績意外優良。國軍突擊松門順利登陸，美國援台日趨積極，我英勇空軍廣泛……。」

（外門突啓，一男人影閃入。女急關住收音機。斜倚床側）。

男：（大笑）哈……哈……。

女：（氣憤地）哼，你還笑，差點兒把我嚇死了。

男：嚇死啦？妳的胆子也太大了，這麼早就敢收聽台灣的廣播？要是給那些聽壁隊知道了，我看，就別活啦。

女：我……。

男：怎麼還不開燈。

（燈亮了，照在他蒼苦的臉上，既示了他心靈了的悲痛；是一個清癯的中年人。眼光在不停地變幻，是悲憤與疲憊的交織。）

男：吁—（將拿着的外衣放在沙發上，走問女，）病好點了沒有？（摸女額）倒不發燒了。萍，妳瘦得多了。

女：（望着他，憐惜地。）劍青，你也比從前瘦多了，飯吃不飽，工廠裏事繁，精神又不痛快，我看你還是想法子另外找個事做吧！

男：哼，另外找事，談何容易？那兒還不都是一樣?!在解放區裡能夠活着，就算很幸運啦?!

女：（沉默，半嚮）外面還在下雨嗎？

男：沒有，這些日子老是下雨，見不到一點太陽，愁雲慘霧，低氣壓的人連氣都喘不過來，悶得人眞有點受不了，（突然想到了藏在外衣內的東西，目光驟然一亮，興奮地。）萍，妳猜？我帶回了什麼？

（神祕地，取出了裹在外衣裡的長紙包，揚了一下。）

女：（不耐地）發的小米？

男：不是。

女：總不會是布。

男：哈！我知道妳猜不着，是，大白米。

女：大白米？

男：是老張分給我的，他聽說妳病了，她……。

女：他不是和我們一樣窮嗎？現在，在解放區，除了共產黨的高級幹部，誰的家裡會有白米？

男：（有意戲謔地對着她的臉）嘿，老張昨天睡在床上，忽然聽說國軍回來了，而且從台灣帶來了很多白米，分給老白姓。他高興極啦，流着淚去歡迎，他對國軍說：「我們祇盼國軍能打回來，救救我們。其實，我們這裡也是出產米的地方呵，可是都給共產黨搜刮個乾乾淨淨一車車的運到蘇聯去孝敬史太林去了。我們每天挨着餓，就盼望國軍來。正在說話的時候，一個又高又大的國軍，裂着嘴笑瞇瞇地擧起了一包米就一下子丟給了他……。

女：（含笑地）好啦，好啦，於是，他就醒了，是一個夢。

男：是的，是個夢，他醒了，可是，腿上壓着一袋米。

女：一袋米？

男：唉，一袋米，而且還是眞正台灣的蓬萊米。

女：你騙我，結婚都十年啦，你還是像從前都麼頑皮，老喜歡賣關子。

男：（正經地）我沒騙妳，米是從台灣飛來的，掉下來的時候，還把他們的房頂打了一個大窟隆，（急急打開紙包，得意地）妳看！（是一個印有「大陸同胞挨饑餓，台灣同胞送米來。」紅字的蔴袋，裡面有小半袋米。他抓出了一把，又慢慢地倒入袋內。）

女：倒底是怎麼會事？別老開玩笑啊？

男：我告訴你，昨天晚上國軍飛機空投的，有一袋恰巧落在老張的破房子上。

女：（扶着床抓了一把。）哦！米！大米！多少日子我們沒有吃過啦！（感動地，語調低沉而有力。）在台灣的同胞眞的還沒有忘記我們。

男：（含笑地望着他，放下米，又將手伸入了褲袋）妳猜猜看，還有什麼？

女：（想）還有……我想台灣同胞總不會給我們空投魚肉吧?!

男：（變魔術似地掏出來。）

女：（驚奇地）鷄蛋?!

男：是張太太送妳的。

女：他們還敢養鷄？

男：他們偸着養，爲了一隻鷄，叫他們受盡了洋罪。養吧，又沒有米糧餵，宰了吃吧，又怕給聞香隊發現了拖着淸算，送給該死的解放軍吧，又不甘心。這個世界：……（忿恨）。

女：（望望窗外。）你看你，又發牢騷啦。

男：（警覺地住口，將米和蛋收了起來。）

女：（看看米，又望望蛋）我們簡直可以大打一次牙祭了。蛋可煎着吃，不，還是蒸的好，小明最喜歡吃蒸蛋羹。（稍停）這孩子也眞可憐，跟着我們吃苦挨餓……。

男：眞的，小明呢？還沒有回來嗎？

女：他從學校裡回來，沒有多少時候，隔壁李家的孩子叫去啦，大概又是他們史太林少年團開什麼會吧?!

男：什麼？史太林少年團？

女：我也弄不淸是史太林，還是蘇維埃，總而言之下一代是活不成啦！

男：哼！（倒了一杯凉茶）。

女：其實孩子們又懂得什麼呢?!爲了你還沒回來，飯還沒有做，他一點東西都沒有吃就走啦。現在一定餓壞了。

男：……。

女：等會小明回來，要是看到白米飯，還不知道多高興呢！

男：不一定，現在的孩子們，在共產張的奴化教育下，往往會做出些莫明其妙的事來……。（指書架）收音機放在那兒，我看眞有點不保險。現在外面查的非常嚴，如果讓小明知道啦，到外邊去一說，哪……。

女：不要緊，他怎麼會想得到，書架後面，還會有……。

男：可別那麼說，也許會被他偶然發現啦，孩子們，曉得什麼？要是一「坦白」，好啦，一頂「國特」的帽子……。

女：我想，不至於吧！（懷疑地）。

男：老孫是怎麼死的？在這個魔鬼橫行的世界裏，孩子就可能是父母的劊子手。我看還是在夜深的時候，收聽好啦。

（掐了一碗米，倒入鉛鍋內，準備走向門外）。

女：（興奮地）唆，劍青，我眞糊塗，我竟忘了告訴你一個聽了會使人發瘋的消息。你猜，你猜，你一定猜不着。

男：（頑笑地）我不上妳的當，（有意地）反正國軍也不會登陸反攻。

女：什麼？不會反攻？國軍已經在松門登陸啦。

男：哈，妳上了當啦！（嚴肅地）我已經聽說了，方才還在和老張研究，這恐怕是一種試探，也許是國軍想利用反攻登陸，好派遣組織人員滲透到匪區來。正式反攻的時機，還沒有成熟呢！

女：什麼？

男：這很簡單，雖然，大陸的民心，傾向國民政府的，共匪也大多數想找機會投向自由中國的陣營裏，在國軍反攻時是不會缺乏接應的人的；但在特務密佈，控制嚴密的共匪統治下，接應的人如果沒有組織，是無法發揮力量，發生作用的。我想國軍一定隨時都在準備着反攻的，可是現時，兵力也許還不够分配，後援隊也許還不够充裕，而匪軍倒有蘇聯全力支持。所以目前國軍一定要先做爭取國際援助，培植大陸接應和反攻武力的工作。

女：（悒鬱地）難道我們就這麼不生不死的呆着，在地獄裏等下去嗎？

男：（激昂地）。不，在目前要想活命，要想早早重見天日，提早國軍反攻大陸的時機，就全靠我們自己……

女：噓——（指門外）。

男：（一怔，緊張地開門探望，自譏地），我們連在自己的家裏談話都是提心吊胆，這樣過的是什麼日子呵！（稍停）。妳知道我今天爲什麼回來得這麼晚？

女：（諷刺地）你們現在是領導階級了，是不是又爲了給你們的人民政府增產又自動延長了工作時間？

男：自動。

女：一向工人們減薪，買什麼勝利公債支援前線不都說是「自動」的嗎？將來餓死了，那一定也是「自動」願給野狗去作糧食，給閻王去做工增產的。

男：妳看妳，還說我愛發牢騷呢?!今天我們工廠裏出了事。（悲憤地）一個女工被俄國兵姦死了。

女：嘔？

男：老毛子每天在街上，到處醉醺醺地，惹是生非，無惡不作，尤其見了女人就像狼兒見了羊一樣，一付佔領者的面孔，共匪把他們當作了太上皇爺，我們早變成亡國奴了。

女：共匪不是說他們是國際友人嗎？是來協助進行解放事業的嗎？這些事準備怎麼辦呢？

男：「禁止聲張」。（間斷說出以上四個字）。他們說因爲老毛子是人，一樣也有性的需要，供給他原是光榮的責任，至於被姦致死那是因爲他的身體不好。

女：這是什麼辯證法呀！你們爲什麼不罷工抗議，遊行示威——？

男：還要「找死」??（哏）哼！在機關鎗的包圍下還談罷工？那是共匪的專利品，用來對付民主國家政府的武器。

女：（怨恨地）難道忍受的下去嗎？

男：（激昂地）血的教訓、血的債，就祇有用血來淸債，現在的人們都已經覺悟了。（輕聲地）就是我們工廠裡，也有人在秘密聯絡，不少工人都準備來一次暴動，然後跑到山里去參加國軍游擊隊。

女：你怎麼知道的？

男：（羞慚地）方才我們在老張家裏秘密商議決定的，他們要我也參加，可是我怎麼能到山裡去？我……

女：你的意思是說孩字跟我連累了你，爲了家，爲了……。

男：（低頭）我知道這是我的弱點，我們總有很多顧慮，什麼身家性命，地位和享受，總是放在心裡，拿不起，放不下，有時候祇想出些理由來騙自己。過去我們被共產黨的宣傳所騙，自命前進，跟在別人的後面盲目地瞎喊；可是現在呢？（稍停）現在看清楚了自己的道路，方向，但可不敢毅然地去作。我眞不知道我們這些知識份子究竟有什麼用?!甚至不如一個工人，農人，販夫，走卒。（黯然）。

女：（溫柔地）劍靑，你；你；不要難受……

男：從前在國民政府時期，我們老是感到不滿足，其實那時我們技術人員到處都受人尊敬，豐衣足食，多麼自由，每到星期六我們還可以聽聽音樂看看電影，晚上帶着小明浴着晚霞，在晚風裏散步，看那被炊烟籠罩着的遠山，有月亮的時候，我們在小河邊，望着點點的漁火。

女：劍靑，你……。

男：星期天我們去看畫展，到郊外去爬山划船野餐，我們的生活充滿着靑春，可是現在呢？學校停課了，學生被迫參軍，工廠拆走了，工人被逼失業，社會整個在動盪不安，人爲的災荒弄得餓莩遍野，共匪祇是在奉行蘇俄的政策，毛澤東自然唯史太林之命是從，把我們的東北，新疆，蒙古，礦藏，工廠，鐵路，及領空都奉送給蘇俄了，他們還想餓死我們一半的同胞，好讓大鼻子來移民，那一個有良心有血性的人還能够忍受？可是我們除了一顆心還沒有死以外，這些日子我們做了些什麼呢？爲了國家，爲了民族，爲了自己和良心，我們究竟又能做些什麼呢?!

女：劍靑我覺得你太誇大了事實，也太輕視了自己的存在，留戀過去同追悔過去都是沒有用的，（興奮地）我們應該把握現在，實際行動。病好了，我還是去教書；最低限度我們應叫孩子們認識善惡，辨別是非，了解民主的眞諦，自由的可貴。只要我們打破小我的束縛，不以個人的安樂爲前提，我們可做的事太多了。你能够教給工人們技術，爲什麼不能將共匪的罪惡告訴給他們呢？鼓勵他們去參加游擊隊呢？我們也可以作秘密宣傳工作，鼓勵智識靑年投向自由中國，到台灣去增强反攻力量，更可以秘密連絡國軍游擊隊，供給他們情報，處處打擊共匪，時時破壞他們禍國殃民的勾當，祇要我們有決心去從事反共抗俄。

男：對，妳的看法很對，讓我們從今天起下決心，把自己的一切貢獻給反共抗俄的神聖任務，自救救人。（窗外突有聲響，男女相對愕然，男急步至外門緊張的探頭，什麼都沒有，悄悄地內室門開了，一個頑皮的孩子伸了伸頭，最多祇有十歲光景，活潑而鬼祟地張望着，做了一個鬼臉）。

小：媽！（跳進室內）

男：小明！

女：（同時）小明！孩子（慈愛），什麼時候回來的，怎麼你倒跳到裏面去了。

小：嚇了你們一跳吧？我鑽窗子進去的。

女：你越來越頑皮啦！

小：，飯好了沒有？

男：我去給你做，（向女做一眼色，

努嘴向小，女點頭，男拿鍋下）。

女：小明，（小手），你方才做什麼去了？

小：我們開會，「坦白」。

女：「坦白」？怎樣「坦白」？

小：「坦白」就是說爸爸媽媽的壞話，向爸爸媽媽鬥爭。

女：爲什麼呢？

小：（背語式地）他們都是老頑固，反動派，一點不前進。

女：爲什麼？誰告訴你的？

小：指導員說的。我們書上還有呢，（開抽屜取書包拿出一本書），你看，（讀書），我不愛爸爸，我不愛媽媽，我愛共產黨，我愛史太林。

女：（厭惡地）別再唸啦！你們今天「坦白」了些什麼？

小：吳愛珠說她的媽媽欺負工人。

女：噢?!

小：王鵬說他的爸爸是個地主，是個國特，把錢都埋在床底下，解放軍已經把他抓去了。

女：（沉痛地）嗯——。

小：指導員說明天開群衆大會時就活埋他，還說要王鵬的哥哥參軍。要他的姐姐去慰勞呢！媽媽！慰勞是什麼啊？

女：你坦白了沒有？

小：我說爸爸媽媽都很好，都愛我。

女：（鬆了一口氣）哦——

小：可是指導員說我「思想搞不通」。

女：什麼？思想搞不通，你們還懂得什麼。叫思想？

小：指導員說的麼！我也不知道什麼叫思想。

女：小明，我問你，誰最愛你，疼你？

小：媽媽。

女：爸爸呢？

小：爸爸也愛我，給我買糖吃。

女：你看對門孫家的一家多可憐？孫小元不是你的好朋友嗎？

小：嗯——。

女：他的爸爸叫解放軍殺了，他的哥哥叫他們抓到外國去做苦工給史太林去開礦，他的媽媽又急瘋了，你看他現在多可憐，每天到處去要飯，有那一天他吃飽飯過？

小：他們家裏原來有錢麼？

女：爲什麼有錢就眞是罪過呢？他們一家省吃儉用剩了一點錢，可有什麼好不呢？

小：指導員說他爸爸是惡霸，錢應該捐給人民政府。

女：爲什麼呢？

小：他說現在是解放了，人民政府是人民的，大家應該聽人民政府的話，有錢就該捐給人民政府。

女：嗯——。

小：不服從的就是人民的敵人，是國特，就應「鬥爭」「清算」。

女：（興奮激昂）人民政府做了些什麼好事呢?!讓富的變窮，窮的去死，讓孩子失去了爸爸媽媽，讓青年失去了理智，忘記了祖國，讓人民喪失了人性，互相猜忌，互相仇恨，互相殘殺，這那裏是解放？這是毀滅！

小：（將書放回書包。在抽斗內桌上下到處亂翻。）媽媽，你說些什麼？我怎麼一點都不懂。

女：是的，你還小，你不懂的事很多，應該聽爸爸媽媽的話，祇有爸爸媽媽才是最愛你的，才不會騙你上當。

小：（探頭床下）——

女：你在找什麼？

小：（一面找一面說）指導員叫我們檢查各人的家裏，有沒有槍，錢藏在什麼地方？（將米袋提一下提不動，可放下了，忽發現了床頭的收音機的電線及插頭）有沒有收音機。還……。

女：不要動，電綫壞了，小心觸電。

小：（順電線找到了另一頭在書架後。）……。

（男上）

男：小明，你在幹什麼？飯都快好啦！（去取鷄蛋）今天有好東西給你吃。

小：（向書架方面探望）什麼好東西？（回頭）我還要到指導員那裡去呢？

女：你不吃飯啦？

小：我回來再吃，他還在等着我去報告呢！

男：報告？

女：（同時）什麼？

小：報告家裏有沒有槍和收音機，還有你們背地裡說了些什麼話？

女：（瞠然）啊?!

男：（同時）你方才回來躲在房裡是在偷聽我們的談話？

小：嗯！指導員叫我們——（準備走向室外，不小心將書架弄倒了，露出了壁洞內的收音機。）

男：（厲聲），小明。

（小明隨跑向室外）。

（小聲）：我去……。

女男：（同時）小明，回來！天啦不要再出去了！

男：（追問室外），小明（下）。

（女焦急地望着室外，室內死寂，有頃，女微泣，男頹然上）。

男：（自語）寃家！

女：——。

男：莽！

女：劍青！

男：（在室內轉，自語地），不知他跑到那裡去了。

女：——。

男：（坐沙發上），寃家，（又立起）這是什麼世界?!

女：劍青，我看你還是走吧，至少先躲開。

男：可是你呢？你又有病。

女：——。

男：（自語地）唉！連兒子都變成了敵人。

女：劍青。

男：嗯？

女：（毅然）你還是不要管我吧，我們終久不能都呆在這兒等兒。

男：——。

女：——。

男：到那裡去呢？

女：到山裡去，去參加游擊隊。

男：——。

女：萬一我遭遇了不幸，你…你…還可以替我報仇。
男：（暗然）——。
女：你爲什麼沒有丈夫氣？劍青，你快走吧，時間寶貴。
男：——。
女：（急），你還不走，還來得及嗎？
男：——。
女：你如果不放心，可以先躲到老張家里去，聽聽消息。
男：（憂悒），那不會連累他們嗎？
女：（憤然）好，那麼我們就一同等着死，去做鬼夫妻。
男：好！我走。（轉身向室外去，回身看女。）
女：帶長衣服去吧，那隻手提箱裡還有我們的結婚戒指，還有一包銀元，你都帶去吧。
男：我不能。
女：你眞急人，那你就帶一半去。
男：你得快去收拾啦！
女：（有頃）好。（轉身入內室。）
（女暗然拖泣，男提一小包上）。
男：我看還是將收音機及方才那個米口袋藏起來吧！
女：（抬頭，眼簾掛着淚珠，）來不及了。而且他們幷不一定需要有實在的證據，才來定罪的。
男：（扶起書架及準備檢地上的書）。
女：你還弄那個幹嗎？快走——快走——。
男：（望望女，又看看地下的書，不勝憐惜地搖頭嘆氣。）
女：你快走呀！
男：（下決心）好，我走！

（男才開步，外室門突開啓，小明上，男女瞠然。）
小：（愕然）爸爸你要到那裡去？飯還沒有好嗎？
男：（急望門外，見無人，厲色地。）你到那里去的？爲什麼不聽話，就跑？
小：我去向指導員報告。
男女：（同時）你報告了些什麼？
小：我說家裡沒有槍，家裡電線壞了。
男：（色稍轉）你沒有向你們指導員，報告我們的談話嗎？
小：報告啦！
男女：（同時）呵?!
小：我說我藏在房裡聽不淸楚，就聽見爸爸說我們要抗餓。
男女：（同時），抗餓。
小：嗯，我還告訴他，媽媽跟我說：「人民政府做了很多好事，這就是什麼解放」。
男女：（同時），「解放」
小：嗯！媽媽說的話很多，別的我都記不淸了，我也沒有報告指導員。
男女：（相視會心，舒了一口氣。）
小：媽媽，倒底什麼是「解放」呵？
男：（微笑看看女。）
女：（望着男，眼一霎，含笑地。）這就叫「解放」，這才是「解放」。
小：嗯？
男：（望着窗外。）天亮了，才是眞「解放」。
女：（也轉望窗外。）
小：莫名其妙地，也望着窗外。）外邊好黑呵！
女：黑暗是不會長久的，天就要亮啦。
（大家同望窗外，幕徐徐落。）

（上接第16頁）

見解，蕭伯納關於這一類的說法，只是亂講一陣而已。巴特勒的「理想世界」恰恰與一般人的理想世界相反，所作的三部妙書，① The Way Of All Flesh ② Erowhon ③ Erowhon Re-visited 含有極深的社會批評，例如揭破牧師的僞善，稱敎堂爲音樂銀行（不兌現的），稱學校爲反理學校，學科爲假想語言（評牛津圜橋）謂病人應送到監獄，罪犯應送到病院，機器造反，而人爲所制（現在機器眞正造反了），等等一切，是對傳統的英國社會作了一個極大深刻的批評。蕭伯納的批評英國社會僞善，正出於此。

蕭伯納對於巴特勒眞是亦步亦趨，卽如巴特勒發了奇想，「考證」出荷馬歌詩的作者是一個希臘女人，蕭伯納也就是「考證」莎士比亞短詩中的暗色女人是誰。

二人有個大不同。巴特勒文字雋美，思想深入，生前幾乎無人讀他的書。蕭伯納的文字囉嗦思想淺出作品風行一時，一輩子賺了很大的錢。他對於抽版稅是絲毫不苟的。章士釗求見，說：「先生在中國很出名」，他說：「在中國出名何用？中國不曾參加國際版權協定。」這雖然帶些笑話，但我在英國讀書時，（三十年了）大學學生演他的戲，版稅一道決不放鬆——儘管他是一個社會主義者。

蕭伯納晚年的哲學是柏格森的（Henri Bergson），他在他的劇序中已經說明。巴特勒柏格森刺激出他的生命觀，就是——不要死。

蕭伯納將老，怕要死，寫了一本「返於老彭」（Back To Metuselah）還是一部大作（大約是一九二〇年）。從此以後，剽竊得越發生呑活潑，見解越無中心，越說越無責任心，直到專稱頌墨索里尼，斯大林，似乎「江郞才盡」了。我想，假如不返於老彭，少活三十年，豈不更爲完美？這實在不像人死後的說話，但這樣場合，這樣說法我却有點摹仿他的調兒。

我的看法總括如下：

他在政治上，是看效能比人道更重的。

他在思想上，是剽竊大家。

他在文章上，是滑稽之雄。

他在戲劇上，是一人演說。

他在藝術上，是寫報紙文字。

五十年來，英國文學家兼不滿現狀者，有三個巨星：威兒斯是近代主義的人道主義者，高爾斯窩次（Galsworthy）是眞的藝術家，蕭伯納是滑稽之雄。三個都作了古人了，英國還有誰呢？

三十九年十一月六日

躍向自由（下）

嘉森金納夫人原著
文波節譯

八、躇躊

一九四八年三月八日國際婦女節，我被通知去參加羅馬金夫人歡迎婦女的招待會並聽演講。

羅馬金夫人的演說大意是我們來到美國以後，對於蘇維埃婦女的光榮使命有了一個新的認識。她詳論俄國婦女英勇的勞働，她們和男人並肩爲一種更好的生活而工作。但是羅馬金夫人所沒有講的，是蘇維埃的婦女若不要她的孩子們餓死便必須工作。她必須工作，因爲專靠丈夫所賺的錢不能養活家。爲了要補助家庭收入，她們只有將孩子送到托兒所去——假若有一個托兒所——而與男人們一道出去工作。當她工作完畢時，便領回孩子，準備餐事，處理家務，還要抽出幾個鐘頭站隊買食物；還有成千萬的婦女在戰爭中喪失了她們的丈夫。羅馬金夫人並未提及這一切。而她却說蘇維埃的婦女們時常準備爲「小父親史達林」犧牲。

這一次的喝采並不像通常那樣熱烈。

當我站在門口準備離去時，羅馬金夫人同一個青年的女人走近我，她穿得很簡單但很吸引人。羅馬金夫人對我說道：「將我們學校的情形告訴這個美國人。」

我反駁道：「我不會說英文。」但是羅馬金夫人已向她告辭離去了。

這美國人開始很快地講話。我一點也不能了解。當她停止時，我試着說：「你喜歡這——」

「招待會麼？很喜歡。」她會意地說。「我認爲這招待會很精彩。」

她也是一個教師。

這裡是一個友善的人，一個美國人，我可以和她講關於我國家內的生活情形——以及我自已的生活情形。但是語言是一個障礙，彷彿一面堅固的玻璃牆豎立在我們中間。此外還有俄羅法。她發現了我們之後馬上趕過來了。

她的英語說得比我好得多。她立刻開始形容在蘇聯的美景，全是一套虛構。雖然我只能了解一半，但我很驚奇地看見這位美國人只是點頭微笑，顯然她相信俄羅法的假話，我不禁爲她感到羞愧。我開始感到不安，很快地告辭了。

有一天，學校第二層樓因電線而着火。大家都很驚慌，而學生們都歡天喜地大叫：「讓它燒掉！」若讓火這樣蔓延下去，可能造成很大的損傷。但是沙馬林用他粗大的手抓住了幾個學生。他大聲疾呼道：「你們這些小儍瓜，快搶水桶——我們現在不能讓這地方燒掉！」

一分鐘以後，他便組成了一個水桶救火隊。當救火人員到來時，火已熄滅，只剩下黑烟一團。

那一天沙馬林未離開過我的腦海。當我回到家時，我不斷的想他在失火時所說奇特的話。我憶起了他在幾月前的一個下午所說的話：「每一個人必須爲他自己決定。」我會常常細思這句話，但我總不能了解這話的意義。每一個人應爲他自己決定「什麼」呢？我終於在那天晚上得到了解答。

柏諾尼可夫午夜回來時我正睡在床上。我聽見了柏諾尼可夫對他太太所講的話。

「昨天我看了這電影。」柏諾尼可夫說道。

「你怎麼有時間的呢？」

「領事館的每一個人都去了。」

「爲什麼高會科要逃脫呢？」

「他是一個叛徒，一個賊，一個流氓！」柏諾尼可夫叫道。

「逃脫」這個字痲木了我的全身。沙馬林從未談及怠工，或正式抗議，或設法回國。每一個人必須爲他自己決定——是否就是逃脫！

從柏諾尼可夫夫婦的談話中，我知道高會科是一個書記的名字，他會從鄂大瓦的蘇聯大使館中逃出。「鐵幕」這電影便是他逃脫的經歷情形，那時正在諾克西戲院放映。

九、決心

次日課後，我溜出來叫了一輛汽車去諾克西戲院。

在蘇聯電影院是一個稀奇。在較小的市鄉或村莊裡根本沒有電影院。而且看電影是一個特權，不是普通的公民所能享受。

到我進戲院以後，我的心才開始比較安靜。雖然我不太懂得電影中的會話，我知道那完全是我的故事。高會科和我都是在蘇聯生長；學會了懼怕蘇維埃人，生命對於他們沒有一點意義，我們痛惡他們的生活，僞善和追求權勢的貪婪；在身心兩方面都受到迫害；來到這新世界後便熱烈地切望自由——決心逃亡。當我們要失敗時，我屏住了氣息。當加拿大當局表示漠不關心並缺乏了解時我因憤怒和無助而哭泣。然後漸漸閃出了理解的光輝，於是採取了迅速而亡命的最後一分鐘的行動；最後獲得了那令人神往的自由！

我不禁鼓掌喝采——慢慢地我意識到只有我一個人鼓掌。

黑夜已降臨。我站在戲院外觀看着走過的美國人，有的很匆忙，有的和他們的妻子悠閒地漫步，他們看上去都健康和愜意。我也會找到我的恩人嗎？有人會聽我而伸出他援助的手嗎？我有一個時候幾乎想攔住這些人之中的一個人……我看看錶，考慮當我回去時對柏諾尼可夫的太太說些什麼，我覺得我絕不像高會科，因爲高會科逃亡無所牽掛：他的安娜和他的孩子們和他在一塊。但我的孩子——不可分的一部份却不知在何方……

當我回去時，柏諾尼可夫的屋子沒一個人，我內心感到十分沉重，坐立不安，在房中激動地踱來踱去。

當夜我寫了一封信給總領事羅馬金。信的內容是：

「為了抗議對於非共黨員的教師卑劣的手段我不再去學校教課。我尤其抗議對我的偵察，甚至於孩子們也參入其中。只有你們共產黨才不認識一個教師的價值和地位。為了維護我個人的榮譽以及其他非黨員教師的榮譽，我不得不作此抗議。假若必需，我準備立刻回到蘇聯。否則我打算離開柏諾尼可夫處而住在一個旅館裡。

從現在起我不再是你們的工具。」

寫好這封冒險的信後我感到一陣輕鬆。那一夜我睡得很熟。

第二天早晨醒來，我又感到一種柔和而不可思議的感覺，我知道將有一種新奇的東西來臨……

柏諾尼可夫太太將我搖醒。

「快醒！快醒！你要遲到了！」

「遲到！」我跳起了。我又回到了蘇俄，凝視着一長條蘇維埃的婦女站在法院外，等待着受審並為遲到而定罪。

柏諾尼可夫太太問我昨夜何往，我告訴她曾去看「鐵幕」。

她的瞭睛大張着。「我昨夜也在那裡！——和柏諾尼可夫以及我們的孩子。」

「你也看過嗎？你認為那電影怎樣？」我熱烈地問道。

「你不應去的。這樣一個反蘇的電影！」

「但是這電影很好——」。

她打斷了我的話。「注意你正在說什麼話，每一個人都不喜觀那電影，那是資本主義的宣傳片。此外你違背了不看美國電影的規定。」

「你也去了！」

「那不同。」

的確是不同。她是特權階級；她是秘密工作人員的妻子。

「我要看所有我想看的美國影片，我太愚笨，等了這麼久。」

她凝視着我；然後聳聳肩離開了。

不到一個鐘頭以後，我將頭天晚上所寫的信遞給了羅馬金的私人秘書沙莫羅法。當我遞給她時，我深深地吸了一口氣，感到雙肩特別沉重；但後來這小小的一片紙竟變成了一個魔物驅出了我所有的懼怕和掛慮。

次晨醒得很晚。我平靜地躺着，沉溺在一種非蘇維埃的怠墮和不負責的享樂中。彷彿我曾經等待着這一刹那，會經知道這一刹那終要來臨；我感到完整無恙，無所掛慮，我復活了………

柏諾尼可夫太太告訴我立刻去見副領事拿占諾夫。我沒想到羅馬金會這樣躲避我而將這件事交給他的下屬。我拖着沉重緩慢的步子去到領事館。

拿占諾夫安撫了我一番，要我去上課，我請求見羅馬金無效。

我的自由只是短暫的。

學校一切順利結束：所有的孩子們都及格，家長們表示滿意。我們等待着蘇維埃的船隻載送回國。柏諾尼可夫家中又來了一個名叫愛凡且可的人和他的妻子，他們從古巴來此等船。為了避免他們的糾纏，我不常留在屋內。不論天氣好壞我都逃避到中央公園。有一天黃昏，我又和一個美國人講了話。

一天黃昏，我坐在一張椅上，不遠處坐着一個很文雅的老年婦女，手裏拿着一本書，我時常想對一個美國人講話，但最後總是變得很害羞。我望着她希望她對我講話，她彷彿聽見了我內心的請求，她放下了書本走向我，我不勝興奮。

她笑着問我道：「你一個人嗎？」

我點點頭。

「為什麼你看上去很悲傷呢？」

我極力要回答這問題，但是我找不出字來。她以很簡單的話語問了我許多問題，我是什麼人，在什麼地方工作，我的衣服在什麼地方買的。我用蹩腳的英語一一回答了。我說話很費力，但她對我很有耐性。

「你馬上便要回到俄國去嗎？」

「是的。」

她立刻現出同情的神情，握住了我的手，像慈母般地對我說道：「每天念英文，不要回到俄國去，因為你回去便要餓死。在這裡我們什麼東西都有很多。看美國報紙，聽收音機，讀報紙和雜誌上圖畫下的字句。這一切都會幫助你學習英語比較快。」

她是這樣的仁慈和聰明。每一句話每一個字都說得很清楚，以致於我能夠聽懂她的話。我們像這樣談了很久。雖然我極力想將我在蘇維埃之下的恐懼生活的眞實情況告訴她，但我知道，我未能成功。天變黑時，我們才告別，彷彿是一對親愛的老朋友。

一次偶然的談話，僅交換了幾句話——然而那是與一個美國人的談話啊！陰暗的雲終究消散，陽光在藍空中閃灼，我又意識到我愉快的希望。

我走到門前又停住，我走向了沙馬林的住所。他看上去彷彿幾夜沒睡。當我告訴他關於我和這個美國人遇見的情形時，他立刻高興起來了。

「很有趣，她說了些什麼呢？」

在我回答以前猶豫了一會。提及美國人是很危險的，引用美國人的話可能於生命有關。但我又一次記起了他的話：「每一個人必須為他自己決定。」

「蘇維埃對於我似乎很遠很遠。」

「她告訴我不要回去！」

沙馬林點點頭，好像那就是他所希望的。「還有什麼嗎？」

她告訴我她知道我們在國內是如何的飢餓，她會聽到關於我們的秘密警察的情形。

沙馬林評論道：「這是一個有希望的象徵，外界漸漸知道我們國內的情形。也許有一天——」他止住了，不敢表示一個希望，那就是有一天世界將使蘇聯的人民從他們的集體的束縛中解放出來。然而他轉變了話題。

我們談到關於我們被跟踪的情形。他說甚至於當他帶他的妻子和孩子們出外晒太陽時，他也會看見羅馬金的私人秘書沙莫羅法或是柏諾尼可夫遠遠地窺視着。

然後，我告訴他許多關於我自己的情形，講到德姆陽和俄來格。

沙馬林注精會神的聽着，有時嘆息，他不時看看他的臥室，但他沒說什麼。

「謝謝你傾聽我的申訴，對人講講，心裡才痛快一些。」

「我知道你對於你兒子的心情。」他又望着臥室。然後直望入我眼中說道：「我只能告訴你一點，我的雙生子出生在美國。我想其中是有意義的。以我作父親的身分，我不願他們在蘇聯成長。」

最後他對我說道：「任何事都可能發生。你可能遇見你的兒子——在美國。若他來到美國而你回到俄國怎樣辦呢？」

現在一切都在耀目的光輝中浮起，然後分裂成無數碎片，思想、懼怕、夢幻………一切都消逝了，所留下的只是一片黑暗的空虛。

當我神智清醒時，我知道，我曾常常想逃亡。

十 苦悶

次日黃昏以及接連着幾個黃昏，我都去公園，仍到那會經遇到過我仁慈的老年婦女的地方，但她永未出現。

時間很緊要，但我不能聰明地利用它。在這期間我看了很多美國電影。我徒讓時光虛費，不能採取任何堅決的行動。回國期更近，我幾乎每天去教堂求主的啓示。我每次回到房中時，確信次日我能採取行動。但到第二天早晨，恐佈又緊罩着我。

人們開始貪婪地購物。六個打包人經常在體育館裝釘裝滿物品的大箱。自行車、毛氈、縫紉機、洗衣機、衣服、皮貨、無綫電、留聲機、冰箱、罐頭食物等等。學校變得不能通行。當格羅米克突然被召回莫斯科時，我會聽說格羅米克夫人買了一頓食物回國。現在才知道這不是誇大。現在再沒有人咀咒美國的生產，每人以全付精力去買，買，買！

我也開始購物，不如此便會引起懷疑。

我去過公園，仍見不着一個人，行期愈近，我只有去教堂祈求主的援助。

一天晚上約十點鐘時，我發覺我後面有脚步聲，不論我走得快或慢，這脚步總和我的一致。我立刻斷定必是一個密探。於是我轉過身。

是一個老年人，我從未見過他，他笑着走上來。

「不要跑，你是俄國人，我知道。」

他是一個密探，我這樣想，於是繼續向前走。

「我知道你是俄國人，」他又重覆說。「你將立刻回到俄國，是嗎？」

「是的，我是俄國人，我不太懂英文。」

「不要回去。俄國——不好。留在這裏。」於是他開始講到俄國人和盟軍在一塊時的行爲如何壞。他提及柏林的封鎖，並說俄國的人民在國內受的是非人的待遇，有千百萬的人被送往西伯利亞。

我的恐怖漸漸消失。也許他是一個朋友，也許我的祈禱已經應驗。但我仍不能確定。

我告訴他我願意考慮他所說的，若他願意的話，可於次日黃昏八點到十點之間在八十九街會晤。他點點頭，愉快地和我道過晚安。

第二天黃昏，我從八點鐘一直等到午夜，他並未到來。

七月已近結束，離我們回國期只有一星期的時光。

在後來幾天中，在柏諾尼可夫家住的愛凡且可夫婦開始對我大加注意。我的行動受到限制。

夢想在美國的生活是美麗的——但是蘇聯却是現實。這個地方是所有在此的蘇維埃人所要去的地方；他們屬於那裏。我也屬於那裏。

於是我感到暫時的安寧。一天我和愛凡且可夫人安閒地坐在一張橙子上俯視着哈德遜河閒談。

忽然聽見一個聲音說道：「你們的俄文說得眞漂亮，我有幾年沒有聽到說得如此好的俄文了」。

這些話是用俄文講的。

我們倆望着這個坐在我們橙子上的人。我們倆又彼此互相望着，同時站起來走開了。但當我最後看着他時，我將他的面貌印入了腦中。

那夜我輾轉在牀上不能入眠，我知道我將永不再會感到寗靜，甚至於我會感到的那虛僞的寧靜。現在語言不再是阻礙；不再是藉口。似乎命運正强迫着我行動。

當我次日在同一橙子上看見他時，我一點也不驚奇。

「昨天同一個朋友在此的就是你嗎？你的俄文說得這樣好。」

我回答道：「是的。」我的脈搏急跳着。

於是他用俄文告訴我關於他自已的一切：他於第一次大戰時從烏克蘭來此，從那時便生活在這裡。他似乎很誠懇；但我警惕自己要謹慎。

我講話時特別强調俄國參入上次大戰的供獻，歌頌紅軍的英勇。但他似乎更急於要談他自己，漸漸地減輕了我的恐怖。

他邀我和他一道去吃冰淇淋，我拒絕了，幾次我想告訴他我的情形，但當我開口時，我的舌頭似乎萎縮了。我的胸很痛，我的雙腿感到顫抖。

他又邀我次日七時去他家用餐。

我點了點頭，開始感到昏眩。他給了我一張名片，上面是他的名字和住址，他是亞歷山大博士。我從他手中急忙拿過來後，沒有看一眼便很快地走開了。

次日經過幾番猶豫後我才去他那裡。我向他傾盡了胸懷。我請求他的幫忙。但我得到的回答只是：

「你留在美國是完全不可能的事，你應回到你的祖國去，我想我不能給你一點幫助。」

我的情緒立刻起了反應。我將一切告訴了一個陌生人——他會報告領事館的官員嗎？我跳起跑了出去。眼前一片模糊，我將他的名片撕成粉碎扔進了溝裡。

回國前的三天領事館爲回國的教師們擧行了一個歡送會。雖然是一個慶祝會，會中的空氣似乎很壓抑。所有的人像小孩一般亡命地滿足他們的感覺以安慰他們的良心。最後我看見總領事羅馬金搭着俄羅法的肩，他極力細聲說話，但聲音仍很大。

「我決定爲你在這裏的優異成績而推薦你。你將接受一個勳章。」

俄羅法的眼睛是滯鈍的，她擁抱了他。

羅馬金繼續說道：「但必需繼續和平常一樣地忠實地爲你的國家服務！」

她立刻沉靜了；直直地站着，用力地點了點頭

我立起悄悄地離去了。

出去後我叫了一輛汽車。「河邊第八十九街」

他在那裏。我發現那老年人正沿着人行道慢步

。在那時他對於我是一個不可思議的人。

「你在什麼地方？我會於每一個黃昏尋找過你。你沒有再到這裡來麼？」

我對他笑笑，我感到希望在烱灼。

我們很難彼此了解，但他是如此地誠懇和坦白，以致於我不再有一點懼怕和懷疑。

我知道他的名字叫可斯特羅。他又講到蘇聯的情形；他又警告我不要回去。

於是我告訴他我不願回去而希望留在美國。

他很興奮，目光烱灼，緊緊地握住了我的臂。

「你應找斯羅佛報的編輯。他會說俄文。他定能幫助你。」

我們約好時間和地點，他將和我一道去見這編輯。

但我們的約會，因碰見沙莫羅法和愛凡羅法而未能實現。

離行期只有兩天。

兩天……………

我必須採取行動。所發生的每一件事都是鼓勵我採取最後的堅決的步驟——獨自行動。

我的手指撥斯羅佛報的電話號碼時是顫抖的，我的心劇烈的跳着。

十一 逃亡

接電話的人回答我的是：「文伯姆編輯不在，明天早晨才來。」

次晨我去斯羅佛報館見到了文伯姆先生，我將一切告訴了他——我的不幸，我在蘇聯的生活，德姆陽和俄來格……我對他說我不願回到蘇聯。

我不禁哭泣出聲。

他告訴我有一位俄國記者曾幾羅夫先生是一個最可靠的人，他會給我一切必需的援助，要我立刻去見他，他打電話通知了他，將他的地址給我後，祝我成功。

曾幾羅夫先生很熱烈的歡迎我。他對我說道：「你不是第一個到這裏來的，還有其他和你一樣的人也就坐在你坐的這張椅子上。」

我將一切又重述了一遍。他告訴我托爾斯泰的女兒勒佛夫娜組織了一個托爾斯泰基金委員會專幫助從「蘇維埃天國」逃出來的人，離紐約不遠她有一個大農場，在我的行動未對美國政府公開以前我可以住在那裏。

當他和勒佛夫娜通電話時，我坐在我的椅中感到舒適，終究我要開始領受這個奇蹟了，我感到無比的安全和愉快。一切是多麼容易啊！

於是他帶我去托爾斯泰基金委員會見勒佛夫娜。她正和我所想像的一樣——典型的俄國人，剛毅而果斷，寬肩，走路慢而優雅。她的臉幾乎和男人的臉一樣強壯，但同時也很仁慈而敏感。藍色的夏衣使她眼睛的灰色更深。

我又一次敍述我的一切。

她對我說道：「親愛的，不要煩惱，我定盡可能的幫助你。」

我們討論了一下我的環境，決定我仍繼續住在柏諾尼可夫家中，等到星期六早上船要開行時，我不上船而直去曾幾羅夫處，然後我便被帶往里德農場。

黃昏時領事館通知我去領船票。我本被派定和學生們一道坐頭等艙，但我領到的是一張三等艙票。經我詢問後才知道學生們的艙位是根據他們父母的官階高低而定。我要乘頭等艙還得付四十五元。我不耐煩地付出了四十五元，取得了船票。

我從領事館出來碰到羅馬金，他自願用車送我回家，上車後他才對我說：「有一個陌生人在這裏徘徊，所以我想最好是送你回去。」

次日是船開行的頭一天，我在房內整理零星物件。從那天晚上起柏諾尼可夫對我特別注意，晚上他闖進來，沒有說話，也不顧我，只是檢查我的行李，我害怕我已被看破，他將每一件東西都很仔細地看過，甚至於還搖了搖我的袋子。

第二天一早他又上來精細地察看我的行李。好奇地對我注視着。最後指着我自己還未曾注意到的右臂上的兩塊小印痕。

我無精打采地察看了一下之後說道：

「是因爲熱或是刺激而起。」

他離去時還叮囑我說道：「汽車在十一點鐘時便來送所有的人上船，屆時準備妥當。」

絞盡腦汁想找出一個最好的辦法離開這屋子。我告訴愛凡且可太太我要出外買東西。她說要買一双拖鞋，要和我一道去。於是我們同去哥倫布大道。在街上我停了一會，我告訴她我很輭弱不能繼續行走，我要回去。她正注視着陳列的內衣，她考慮了一會才決定讓我離去。

「我立刻就來，但你一定立刻回去；時間差不多到了」。當她看不見我時，我喊了一輛汽車，首先回去取我必須穿戴的東西，愛凡且可很驚奇，問我幹什麼？我告訴他，我要獨自乘汽車去，我和他們在船上會。他並未阻止我。

到達曾幾羅夫家時，我將所有的錢全給了車夫。我立刻和曾幾羅夫乘上了去里德農場的公共汽車——奔向我認爲在美國的自由。

十二 流產的自由

「吃罷，我的孩子，吃點東西對你有益」。勒佛夫娜這樣勸我。

我和曾幾可夫，勒佛夫娜在里德農場上一所大房子的地下室中用餐。

我自由了！

勒佛夫娜告訴我她曾送沙馬林一家去另一個農場，這消息令我驚喜若狂，不僅爲沙馬林一家而喜，而且因爲在我所採取的行動方面我不是孤獨的。爲了避免被人詢問，勒佛夫娜建議我裝作是從希臘來的一個俄國人，名字改叫幾美娜。在那裏住的人大約有一百人，其中有各種年齡不同的人，有各階級的人。多數是從布爾雪維克革命以後由蘇俄跑出來的，包括有貴族和軍人等。

次日一早，我便去廚房中幫助其他的人工作。那裡的管理人是一個有經驗的社會工作者，叫魯特遜，在她的指導下，我做一些雜務。

但是不到一天我已經感到不安。我成了人們好奇的目標。每當我走進一個桌子時，桌上的人立刻安靜，目光都集在我身上。一俟我轉過身後，他們立刻互相耳語，漸漸地人們以一種懷疑的眼光觀察我。

我只有在廚房中更操勞地工作。但工作令我衰弱的身體不堪忍受，白天在廚房中熱氣逼人，晚上整夜受着寒氣的侵襲而顫抖。

有一天那裡管賬先生對我叫嚷道：「你必須在我這裡登記。每一個人必須給我一個適當的地址才能留在這裏。你也沒有例外——你必須和其他的人一樣在我這裏登記！否則，我就要喊美國警察！」

我感到昏眩。我跑回房中躺到床上，喘息，哭泣。

現在我確定了，我不能逃避我的命運。在這裏的自由也是一個空中樓閣，我的自由因人們對我的敵意和懷疑我是一個布爾雪維克的密探而消失。在任何地方也是一樣，我想我是要常受到猜疑和被人背棄的。

我看到俄來格死在泥澤中，德姆陽在西伯利亞做苦工。我也應死在我的故鄉。我一直太孤獨了；現在我必須回去和他們永遠在一塊……

我寫了一封信給總領事羅馬金。信中我敍述所發生的一切事情都是命定要發生的。我愛我的國家和我的同胞。他願來帶我回去嗎？接着這些忠實的自白以後，我又形容了我在紐約的不愉快的生活。

我打電話給會幾羅夫約好星期天會晤以徵求他的意見。但在星期六的下午，當我在廚房中時，總領事羅馬金，副領事捷伯尼克和特魯非莫法突然出現在我旁邊。

羅馬金拉着我的手臂溫暖的說道：「親愛的嘉森金納，我接着了你的信。走！快和我們一齊走」！

我感到一種莫可言喻的安慰——一切終究是過去了。

當我去取東西時，勒佛夫娜進來對我喊道：「不要走！他們將鎗斃你！」但我走在前面回答道：「假若他們鎗斃我，那對我是一個最好的結束」。

我們乘汽車直驅領事館。結束了我在那裡的七天生活。

十三　昏迷與痛苦

到領事館後，潘友新大使和羅馬金盤問了我許久，威脅我要我說出是誰幫助我逃脫，他們要我出席記者招待會時，告訴他們托爾斯泰基金委員會幹些什麽事，要我說是這幫「土匪」指導我逃脫，並有美國秘密警察的幫助。他們甚至於知道可斯特羅，問他是否是勒佛夫娜的秘密工作人員。

我叫道：「不是，不是，在我到里德農場以前，我從未見過勒佛夫娜。我的確認識幾個美國人，可斯特羅，亞歷山大博士……我不知道他們是什麽人，我只知道他們是可以幫助我的美國人」！

柏諾尼可夫抓住了我的手臂，捲起了我的衣袖問道：「這些印痕從什麽地方來的？是可斯特羅注射藥針嗎」？

我突然感到站立不住。是柏諾尼可夫自己曾經指點這些印痕給我看……我感到彷彿正在被絞縊。

「是的，是的，是可斯特羅」！

潘友新大使拍掌大笑道：「精彩！你在記者招待會上必須說明這。你也要說可斯特羅是托爾斯泰基金委員會的一個有報酬的秘密工作人員，他和你接觸是爲了要說服你留在美國。此外，你還得講是他給你注射藥針以毀去你的意志力量。你懂得嗎？」

我被引到第二層樓的一間大屋中，那裏擠滿了美國記者和攝影師。羅馬金和捷伯尼克分坐在我兩旁。這一場假的記者招待會開始了。我很難注精會神聽羅馬金的開場白，他的話只是片斷的傳進我的耳中。全是歪曲事實的談話，毀謗勒佛夫娜。最後他又示出了我的信，高聲翻譯。

接着記者們提出了許多問題。「你在什麽地方遇見可斯特羅？你和他談了些什麽？你在里德農場幹些什麽？……」

我所回答的沒有用，因爲他們全不懂俄文，所以捷伯尼克能够虛造歪曲事實的談話。

羅馬金並出示我的臂上的印痕以資證明。「你們可以將這照下」，當照明機的光閃灼時，羅馬金很和藹地握住我的臂，帶着爽朗的微笑。

我被監禁着，甚至於不准我走進窗口，索諾金副領事，愛凡羅法，特魯非莫法不斷地進來擾擾我。我什麽也不想吃，只希望讓我獨自一人呆着。

十四　躍向自由

我從窗口看見人們自由地在街上行走。我是如何地忌妒他們……我看見幾個人拿着照像機在街對面的旅館門口站着，美國人還沒忘記我……

他們仍不斷地煩擾我，我請求出外購物，他們不加理會。

羅馬金要我準備去美國法庭出庭。現在仍有一綫希望……最後一個逃脫機會。我要將我個人的悲慘遭遇告訴美國法庭，美國報紙和美國人民，我還要告訴他們在我國家中的被奴役的人民的悲慘遭遇，成羣無辜的人民被放逐到勞働營……是的，是的，我可以將這一切在美國法庭中向美國人民公開陳述！我又將置身在美國人之中了！上帝賦予我另一個機會！

在我要出庭的頭天，我曾試探着逃跑。晚上當看守我的人離去後，我脫下了鞋，赤脚走到樓下走廊。有兩個衛兵在門前打瞌睡。我能開這門不被察覺嗎，若門被鎖住了將如何呢？我又走回房中。此外，我將出席美國法庭，任何事都可發生。

我要出庭的那天早晨，捷伯尼克要我更改我寫給羅馬金的信，第一段保留，其他的都要删掉，要我繼續寫上這樣的話，「對我的國家的愛，對於共產黨政策和偉大的史達林的虔誠……」

「不！不！不！我決不那樣寫！只寫『愛我的國家和人民』。我決不更改一點，不論你們怎樣……」

他離開我幾個鐘頭又進來告訴我，我不出庭了，假若我感到不適，他們便請一個醫生來。

我感到麻痺……我請求自由的最後一個希望也幻滅了……怎麽辦呢？……怎麽辦呢？……

我跑到窗前。許多許多人圍着領事館。他們似乎全朝着我窗戶的這個方向看。我看到有人從對面的三層樓看我。他們知道我的境況嗎？

怎麽辦呢？怎麽辦呢？

我拿起了錢袋和手套走下樓。有許多人在那裏，我沒有被察覺。突然許多手向我伸來。「你到那裏去」？「誰允許你離開你的屋子」？我看到了羅馬金的臉。他雙眼血紅，嘴唇上有許多唾沫。「你知道外面是什麽情形嗎」？他又轉對其他兩個人說道：「將她立刻帶到樓上去」！

兩個人抓住了我，我被帶回了我的房中。柏諾尼可夫太太和她的孩子俄來其加在我房中。她對我說道：

「怎麽回事？你看上去面色慘白。你要喝水嗎？牛乳嗎？我請一個醫生來嗎」？

俄來其加正在哭。

正在那時我起了一個念頭。可憐的俄來其加！爲什麽哭呢？她要喝派普西可樂嗎？我去爲她取點來」。

我儘快地跑到餐室中。從冰箱中取了一瓶派普西可樂。

俄來其加喝下笑了。

她將杯子遞給我，我說道：「這是羅馬金總領事的杯子，我必須拿回餐室去」。

我又走到餐室。

我將杯子放在桌子上，跑到窗前。

我爬出去。在底下是電話線。

我低語着我母親教我的禱告。

啊！主啊！幫助我！請……

我向下望，我畫着十字……又畫十字…又畫…

只要抓住了那電線！啊！主啊！

我跳下了。

（完）

（上接第26頁）

四、偷渡條例及封山令

關於偷渡的全部條例，一八七四年（同治十三年）沈葆楨曾有一個概括的總述，大致分爲六項：

一、拿獲偷渡船隻，將船戶等分別治罪。文武官議處，兵役治罪。

二、如有充爲客頭，在沿海地方引誘偷渡之人，爲首者充軍，從者杖一百，徒三年。互保船戶及歇寓知情容隱者，杖一百，枷一個月。偷渡之人杖八十，遞回原籍。文武官失察者分別議處。

三、內地商人置貨過台，由原籍給照，如不及回籍，則由厦防廳查明，取保給照。該廳濫發，降三級調用。

四、沿海村鎮有引誘客民過台，數三十人以上者，壯者新疆爲奴，老者煙瘴充軍。

五、內地人民往台者，地方官給照盤驗出口，濫給者分別數次，罰俸降調。

六、無照人民過台，口岸失察之官，照人數分別降調，隱匿者革職。

禁令之嚴，於此可見，至於實效若何，則爲另一問題。

內地人民限制渡台，在台的居民則不准入山，動機大致相同，深恐其圖謀不軌，據險爲亂，或勾結番人，同時亦所以維護番人。偷渡令爲內地人而設，封山令爲台灣人而設。王敏政任台厦道時（一七〇四——一七〇九）規定凡墾番地者，須先得官府批准。一七二一年（康熙六十年）經朱一貴之亂，地方官於凡逼近生番處所，相去數十里或十餘里之地，豎石爲限，禁止越入，即所謂「番界」。沿山險要之處，各設隘寮，駐有隘丁。一七三八年（乾隆三年）閩浙總督郝玉麟奏請查明番漢地界，劃界立石，此後一再補立，如一七五二年、一七五五年（乾隆十七年及二十年）及一八一五年（嘉慶二十年）。人民私入番境者杖一百，如在近番處所，抽藤釣鹿伐木採椶者，杖一百，徒三年；偷越運貨者，專管官失察降調，該管上司罰俸一年；人民不得與番民結親，違者離異治罪，地方官參處。這種規定與偷渡禁令其一樣有名無實，要可知政府的政策。林爽文亂後，政策漸變，嘉慶年間噶瑪蘭（今宜蘭）的設廳即係明證，到了道光咸豐，主張積極開發台灣的地方當局漸多，封山政策已到了非變不可的時候了。

（本節完）

台灣鐵路管理局 台南貨運服務所

業務要目

貨物運輸

搬運裝卸

聯運保險

倉庫保管

地址：台南站前

電話：七　一
一〇九
一一九號

所屬服務站

新營　番子田　善化　新市　永康　車路墘　岡山

新市服務站

番子田—佳里駐在站

新營—布袋　太子宮　鹽水　岸內　柳營　駐在站

第三卷　第十期　內政部雜誌登記證壽內警台誌字第四六號

給讀者的報告

本期發行特大號（篇幅增至四十四頁），以慶祝本刊週年紀念。本刊誕生在去年十一月二十日，距本期出版的日期還有四天，便是足足地一個年頭了。一年間，我們毫無間歇地發行了廿四期，中間因爲配合年度的關係，自元旦起劃每半年爲一卷，并將出版日期改作一日與十六日，所以算起來本期是三卷十期，也就是總字第廿五號。

首先我們得感謝讀者們對於本刊的愛護與支持。一年來本刊在各方的鼓勵與敦促之下，竭盡我們的努力，本着本刊揭櫫的「自由中國」的宗旨，爲自由民主而奮鬥。回憶本刊創刊之初，正是大陸陷落人心逆轉之時；現在，雖然國際風雲益急，但經過這一年堅苦的奮鬥，自由中國的前途已經漸見曙光。我們深盼朝野上下更能精進不懈，以摧毀共黨極權，爭取民主之勝利。此乃本刊今後繼續努力的目標，仍祈讀者諸君時予是正，以求進步。

反共抗俄原是一個艱鉅的時代使命，凡爲中國人，不論其在臺灣、港澳，甚至是大陸或海外，都應以反共抗俄爲責職。而事實上，今天很多仁人志士也確實是在不同的地區爲反共抗俄的同一目標而奮鬥，爲同一目標而奮鬥的人本應該同舟共濟、同甘共苦，但是由於偏狹心理與自我意識的作祟，使很多人在這方面仍然不能捐棄成見，本刊對此久欲有所論列，本期社論中特爲指出，并呼籲各方人士之團結。

胡適先生這篇關於現代史實的著作——史達林雄圖下的中國，已由毛子水先生於上期爲文介紹，經將原著詳加校譯，於本期全文一次載完，俾便讀者保存參閱。

舉世聞名，而自詡爲莎士比亞以後最偉大的詩人、劇作家蕭伯納，本月一日以九十四歲的高齡平靜地在他倫敦郊外別墅裡逝世。照他自己的說法，他是哲學家、小說家、社會學家、批評家、政治家、戲劇家和宗教家，因此，他應該享有七種榮譽。的確，無論在生前或死後，他享盡了世俗的榮譽。現在全世界的人都關心并悼念他的死去。那麼，這「一代巨人」究應在歷史上佔怎樣一個地位？這期傅孟眞先生發表了他的看法。傅先生此文風諧而深湛，在我們看來，作者是在用史學家的態度，爲蕭翁作「蓋棺論定」呢！

自由中國之友喬治教授的近著：「亞洲赤禍的外在原因」，是一篇難得的精心之作，謹向讀者鄭重推薦，本文長達四萬餘言，將予分期載完。

本刊售價

一、臺	幣	三元
二、越	幣	八元
三、非、	幣	五角
四、港	幣	一元
五、暹	幣	四銖
六、美	金	二角
七、叻	幣	四角
八、印尼	幣	五盾

自由中國半月刊　第三卷 第十期

"Free China"（總第二十五號）

中華民國三十九年十一月十六日

發行人　胡適

主編　『自由中國』編輯委員會

出版者　自由中國社
社址：臺北市金山街一巷二號
電話：六八八五號

航空版
香港　香港時報社（高士打道六四號）
紐約（紐約第三區 Apt, 2c 231E, 第十三街）

經售處
臺灣　中國書報發行所（臺北市舘前街八五號）
新生報社高雄分社營業部（高雄市鼓山一路二〇號）
美國　紐約民氣日報社
舊金山國民日報社
日本　東京友南堂
東京內山書店
馬尼剌　中菲文教出版社
印尼　巴達維亞星期日報
棉蘭繁華圖書公司
越南　西貢中原文化印刷公司
越南華僑文化事業公司
曼谷　曼谷攀多社十二號
新加坡　中興日報社
檳榔嶼、吉打邦均有出售

印刷者　臺北印製廠
廠址：臺北市民族路六四三號
電話：三三一六號

本刊經中華郵政登記認爲第一類新聞紙類
臺灣郵政管理局新聞紙類登記執照第二〇四號

自由中國

FREE CHINA

第三卷 第十一期

要目

中華民國三十九年十二月一日出版
社址：臺北市金山街一巷二號

半月大事記

十一月十一日（星期六）

美、英、法、挪、古巴與厄瓜多爾六國所提要求中共自韓撤兵的議案，聯合國安理會以十票對一票通過被列入議程。該議案對中共表明兩點：(1)中韓邊界將被尊重；(2)聯合國軍隊將儘速撤離韓國。同時要求中共立即撤退其入韓軍隊，並附有中共如不遵行則聯軍將施行全面進攻之暗示。

南斯拉夫與阿爾巴尼亞斷絕外交關係。南國外交部發表公報稱：阿爾比尼亞政府之親共黨情報局的行動使南國不能忍受。

十一月十二日（星期日）

北平廣播稱：中共「外長」周恩來已分電聯合國秘書長及聯大主席拒絕安理會邀請其就麥師報告中共參加韓戰案列席說明。

十一月十三日（星期一）

蔣總統對大陸軍民發表廣播演說。

大西洋公約國代表舉行會議，以期對德軍參加西歐防務問題再行商討妥協辦法。

十一月十四日（星期二）

美海軍部長馬休士首途來遠東考察。

我駐日代表團團長何世禮將軍自臺北返東京。

菲總統季里諾與經合總署署長福斯特簽訂一項協定，美國將予菲律賓二億五千萬之經濟援助。

「中共代表團」爲列席聯合國所謂「美國侵臺案」的辯論，首途經由布格拉和倫敦赴成功湖。

十一月十五日（星期三）

聯合國政委會通過美國建議，將所謂「臺灣前途問題」置於聯合國大會議程之末，並決定將中國控俄案置於俄國控美侵臺案之前討論。

十一月十六日（星期四）

聯大主席恩第瞻根據九月十九日聯大決議，建議由比利時，加拿大、印度、伊拉克、墨西哥、菲律賓、和波蘭七國組織特別委員會研究中國代表權問題。但因蘇俄對人選問題持異議，未付表決。

美經合總署署長福斯特由馬尼剌飛抵臺北，

埃及政府於要求英軍撤退蘇彝士運河區之商談破裂後，正式宣佈一九三六年的英埃條約「已失去其作爲兩國邦交基礎的合法性」。

十一月十七日（星期五）

聯合國安理會開始討論六國所提中共干預韓戰案。

聯大通過「用行動爭取和平」案，要求所有國家用行動表示其求和平的意志。

聯大通過一項建議，要求加速進行前義大利屬地利比亞的獨立工作，使其於一九五二年一月一日以前達到完全獨立。

美參議員諾蘭抵臺。

十一月十八日（星期六）

美聯社華盛頓電：杜魯門總統即將要求國會通過八千五百萬元的援南（南斯拉夫）款項。總統已爲此事致函國會兩黨重要領袖。

韓國代理總理申性謨，外交部長林炳稷發表聲明，反對傳說中的在北韓設立緩衝地帶。

蘇俄代表維辛斯基對賴伊的二十年和平計劃在聯大提出六點對案，就中以第一點「由中共代表以合法代表的資格參加聯合國」作爲主要的先決條件。

薩爾瓦多正式要求聯合國譴責中共侵略西藏並建議成立一特別委員會研究對策。

法國內閣完成一項計劃，全力支援越南以抵抗越盟第二綫的攻勢。

十一月二十日（星期一）

聯大通過九國（加拿大、智利、哥倫比亞、海地、黎巴嫩、巴基斯坦、菲律賓、瑞典、南斯拉夫）聯合提案，要求聯合國適當機構就賴伊和平計劃加以研究，向下屆聯大提出報告。同時否決蘇俄所提六點對案。

十一月二十一日（星期二）

聯大政委會討論我國控蘇案。美代表杜勒斯發表演說，支持我國提案，贊成組織調查委員會，調查蘇俄侵略的事實。

韓境美軍第七師未遇抵抗進佔中韓邊境之惠山鎮。中共軍隊在新義州、泰川、雲山一帶部署新防線。

日本前外相重光葵假釋出獄。

十一月二十二日（星期三）

行政院第一六〇次會議通過「耕地三七五減租條例草案」，使三七五減租成爲一永久而普遍之制度。（該案將送請立法院完成立法程序）

美國務卿艾其遜表示，美國並不同意英國或其他任何國家所主張的，在中韓邊境成立一緩衝區域。

臺灣省保安司令部發表「破獲匪黨中央政治局社會部潛臺地工組織案」經過詳情。

十一月二十三日（星期四）

我代表蔣廷黻在聯合國政委會痛斥英法短見以後，撤回控俄案中成立調查委員會之建議。同時該會以三十五票對十七票通過敘里亞所提方案。該方案主張對中國控俄案「訓令臨時委員會繼續調查此問題，如此等調查可以實現，則進行調查，以獲得對問題直接有關的更多情報與事實，並於明年九月向聯大提出報告」。

十一月二十四日（星期五）

聯合國軍統帥麥克阿瑟飛北韓督戰，發動「最後總攻擊」。

美國宣佈，美國已經向遠東委員會各國建議台灣未來的地位問題交由太平洋區四國（美、英、蘇、中）四國處理。

蘇俄公佈美蘇對訂立對日和約雙方交換之牒文。

社論

教育文化向那方走？

世界底發展正在民主國際與共產國際由磨擦生熱而冒火冒花之邊沿。這一場史無前例的鉅大衝突，將決定舉世究竟淪為克里姆林宮極權統治之下的奴隸，抑是推翻了這種統制而獲得全部的民主自由解放。吾人沒有理由設想在這個大的決鬥過後誰還有力量再製造這樣的決鬥。這個決鬥是最後的決鬥和總的清算。

在這最後的決鬥和總的清算之進行演程裏，民主國際底一切力量，不獨是物質的而且是精神的，都應與這個大目標配合，以期逐漸匯聚而成一個無可抗拒的民主洪流，來主動地解決目前的世界問題。

相對於這個大的目標，民主國際在貢獻它底物質力量上，確是比較努力。以美國為首的民主國家，正在將他們底軍事、經濟和政治力量貢獻出來，以與共產國際周旋。可是，在另一方面，民主國際底陣線有一個大的漏洞尚未填補起來，就是他們在文化方面動員得還不夠：在思想戰上準備得還不充分。

大家可能看得清楚，共產國際底科學技術水準不及民主國際，因而他們之可計算的有形工業力量不及民主國際。但是，在思想戰上，他們却早着先鞭。憑着思想戰所衍發出來的心理力量，共產國際底勢力就如洪潦泛濫，到處困擾着民主世界，浸浸乎橫決東亞大陸。

今日的形勢之構成不是偶然的。自一八四八年以來，馬克思主義就逐漸成為一種富於激動力的教條。凡了解歷史上基督教與回教對於現世政治的影響是如何巨大的人，亦必能夠體會馬克思教之所以能夠掀起舉世不安，不能全然歸因於陰謀與暴力，而自有其廣泛的心理因素在。凡能分析這種心理因素的人，必不忽視文化潛力對於民主與極權這二種對立體底勝負形勢之形成以及對於最後勝負之決定是具有如何深遠的作用。

無疑，中國共產黨目前的禍亂，是自思想運動開始的。從陳獨秀於一九一九年創辦馬克斯主義研究會算起，共產主義的思想運動已三十年於茲。在這三十年間，共黨或直接或間接，從文藝、音樂、藝術、各方面反映共產意識。吾人如敢正視事實，便應承認自五四運動以來，在文藝創作上有成就和在音樂方面有貢獻者大率直接或間接受共黨思想之沾染。大陸沉淪以後，三十年來文藝和音樂人才幾乎被共黨一網打盡。至於思想方面，或所謂哲學方面，共黨則以從事學術研究的面貌，鼓吹所謂唯物史觀與辯證唯物論，不遺餘力。好新奇的青年，甚至學無根底的大學教授，多不知這是共黨政治工具之一，而相率附和，一時蔚為風尚。文藝、音樂、思想既為共黨所大部佔有，文化陣地幾乎盡失。共黨活動具有尖劈作用。文化陣地一失，政治就受動搖。政治一動搖，軍事就受打擊，以致有今日之結果。我們試將共黨三十年來在思想文化方面步步滲透的經過加以思索，不難瞭解思想文化對於實際的軍事與政治之影響是如何深遠。

怵於這一次失敗，我們必須亟謀補救。吾人需知，從那一陣地失敗，必須從那一陣地收復，此外別無近路可抄。但是，從新建立思想文化，並非恢復舊有辦法之謂。舊有辦法在過去未曾成功，在將來也無成功之理。藉政治力量將一個政治組織口頭常談的教條加諸在學青年，在實力所及的範圍以內固屬易為。但是，要收實效，必須採取切合心理的辦法。世上並無不變的眞理陳述。關於自然現象的法則尚且常在修正之中，何況關於人文政治的主張？世上那有一成不變而值得奉若聖經的典範？

自第二次世界大戰以來，共產國際底威脅，尤其是蘇俄底挑戰行動，刺激了歐美的學術思想界。英國和美國第一二流的大學，或自動專設科目講授蘇俄問題，或由教授自動專心著作。數年以來，成績斐然可觀。學府從事這類研究，匯為一種空氣。這種空氣，可使人逐漸明瞭共黨眞相，因而對於共黨之發展大為不利。所以，近年以來，英美學術界，雖未正面明言反共，而實際則收反共之實效。學府是知識權威底象徵，對社會起領導作用。學府認眞研究蘇俄與共黨問題，而這種研究又產生反共底效應，社會風氣怎不隨之逐漸轉變？因此，民主國家近來注意到『心理作戰』。這樣一來，民主國際陣線底漏洞可望逐步填補起來。

自由中國既然必須反共抗俄，那末，除了軍事力量以外，對於以思想起家的敵手，尤須以思想克服之。但是，平心自問，我們從事思想戰的裝備足夠嗎？許多人士在主觀心理方面誠然是反共的，可是他們却不自覺地吸收了滿腦袋的共黨思想，天天用共產黨底詞彙，時時說共產術語。他們還在以懂唯物史觀和唯物辯證法傲人；而未識透這一套東西是信仰不得的：你一信仰了，共黨意識就於無形之間滲透進來。甚至於還有人以為共產主義是好的，只是共產黨不對而已。我們在教育文化方面做的功夫實在太不夠了！

我們以為與其藉命令強使在學青年讀無法得到感興的空洞東西，不如使青年多知道一點有益於反共抗俄的實際知識。依此，我們主張通過教育的方式，使青年得到下列三種知識：

第一，選習俄國史。共黨將俄國說成天堂，史大林捧成上帝，許多青年居然信以為眞。這是由於太不明俄國史所致。我們要青年選修俄國史，從而知道俄國底沙皇傳統，東正教會，以及農奴制度，三者如何形成今日的極權統制之基礎。

第二，請眞正懂哲學的人，講解並分析唯物史觀和辯證法唯物論。讓青年們離開片面宣傳和漫罵，自己判斷這一套東西要不要得。

第三，極端產生另一極端。只有民主自由才能根絕赤禍。如果我們眞正願望中國成為一個民主自由的國家，在思想上必須趁早鋪路。西方三百年來的民主思想，自洛克、穆勒、哲斐遜，以至格陵的，都有待學習和闡發。相信了這一主流的思想，若再信共產極權思想，那才是怪事。

這是今後教育文化應走的正路。祇有從這一條路上，我們才能配合世界民主力量，而在這一場對抗極權的最後大決鬥和總清算中作有效的貢獻。

時事述評

談談黨員競選問題

臺灣省地方自治，一年來積極推行，各縣市參議員選舉已告了一個段落，現正進行縣市長選舉。一般地說，臺灣省這次選舉，總算在我國政治史中顯現了一個光明的前景；但在選舉過程中，仍有若干令人不快的事象。好在那些事象均未形成嚴重的問題。民主政治開步走，總不會事事滿人意的，我們也不必事後掀風波，多加論列了。但目前有一件事我們覺得仍有說說之必要：

據報載：中國國民黨總裁蔣先生在本月二十日一次講演中，提到黨員競選問題，他說：「黨員要競選，應由他的政黨提名，不能够自由競選。而政黨對於一個縣市的選舉，支持一個黨員來競選，一方面要考慮環境的需要，另一方面還要選舉適當的人才」。蔣先生這段話，我們認為正是政黨政治的常軌；在黨內說，應該是黨員所一致遵守的。可是今天已登記參加臺北市長競選的國民黨員就不只一個。其他縣市想也有同樣情形。縣市長不同於參議員，每個縣市只有一個「長」的位置。可見已登記競選的國民黨員，都是個人活動，自由競選的。於此，我們有一個感想和一個憂慮。

我們的感想：中國國民黨改造委員會已經成立好幾個月了。所謂改造，應該改造的是些什麼？我們懷疑改委會已經抓住了要點。選舉是政黨政治中的一件大事。一個政黨對於它的黨員參加競選，事先沒有一個好好的安排（最合理的辦法應該是經由黨內選舉），而竟讓其自由活動，這不是表示改委會正在冬眠，就是表示改委會控制無方。

我們的憂慮：現在，黨的領袖已經剴切訓示了，「黨員不能够自由競選」。那末，對於那些正在自由競選的若干國民黨員怎麼辦呢？我們想，辦法只有三個：（一）由黨勸說他們無條件地服從黨的指示撤消競選登記；（二）如有堅持必要競選的，只好開除黨籍或讓他自動退黨；（三）允許交換條件，給一個甚麼官爵或其他優遇，以代替他所斬求的縣市長位置。我們承認，在自由競選縣市長的國民黨員當中，總應該有些品德很好的人，這些人或可接受上述的第一個辦法；即令是照第二個辦法做，站在國民的立場而非黨員的立場言，似也未可厚非。而我們所憂慮的是蔣先生所說「只知道個人升官發財才是黨員的權利」的那般國民黨員，會以退出競選作為其他官爵或甚麼優遇的交換條件，而他們也居然如願以償了。這種黑市場的交易，過去在大陸上是做過的。改造中的國民黨能不能從事實上證明我們這個憂慮是多餘的，或者說是「陳腐」的呢？我們拭目以待。（萍）

「自作孽」的尼赫魯

合衆社新德里十一月二十日電：「印度總理尼赫魯今天在國會中報告說，印度『將不許任何人』自西藏進入印度境界。尼赫魯的警告，顯然是指中共而言。」

按自中共進兵西藏以來，印度政府曾兩次向中共提出抗議。這種抗議，我們早以為非特沒有效力，並且可笑。為什麼呢？中共的進兵西藏，完全是共產國際的戰略的一個步驟。毛澤東在目下自然沒有進兵西藏的必要；但克里姆林宮的主人，決不能讓毛澤東遲延這個舉動。因為西藏對於愛好和平尊重自由的國民政府，不過是中華民國西邊的一個屏藩，而在史達林征服世界的戰略中，西藏的確可以為赤化印度的基地的。所以印度政府這個抗議，當然不能發生任何效力。至於這個抗議的可笑，更為明顯。中共為共產國際作倀，以武力奪取大陸中國的政權；無論從中華民族的觀點講，或從世界和平的觀點講，中共俱是第一等大罪人：這是毫無疑問的。但尼赫魯既已承認中共於前，則從印度的立場講，中共的進兵西藏，自然是中共的家事；尼赫魯有什麼資格來干涉人家的家事？（事實上，尼赫魯不度德，不量力，繼承英帝國主義的政策，把西藏當作印度的禁臠，所以做出這個可笑的舉動。本刊已屢次揭發這個陰謀，所以這裏不再詳講。）

到了現在，中共軍隊，即將壓臨印度國境，尼赫魯乃有「不許任何人自西藏進入印度境界」的聲明。在我們看起來，這個聲明，和對中共進兵西藏的抗議一樣，非特沒有效力，並且可笑。

中共的軍隊一奠定了西藏，則共產國際的軍隊的進入印度，不過是早遲的問題。將來進入印度的共產國際的軍隊，不管是用什麼名稱（如：「印度人民解放軍」，「印度無產階級革命軍」等等），必不會沒有中共的軍隊在內。因為如果史達林不想利用西藏的基地和中共的人力以赤化印度，他亦必不會要急急叫毛澤東於這個時候進兵西藏的。「日中必熭，操刀必割。」史達林策略上的大步驟，又豈是愚懦無能的尼赫魯的空言所能阻止！

但尼赫魯身為印度的總理；他的聲明不許中共進入印度境界，似是他職務上所應做的事情：有什麼可笑呢？這個，我們可以用極簡單的「因明學」來解答。尼赫魯是承認中共為合法的，是承認中共的軍隊為合法的；而中共的軍隊不過是共產國際的軍隊的一支；所以尼赫魯是承認共產國際的軍隊為合法的。已承認共產國際的軍隊為合法，則將來這種軍隊的進入印度（不容說，定必用「印度人民解放軍」或其他更好聽的名稱來出現的），自然亦是合法的事情。我們實在想不出尼赫魯有什麼理由可以「不許」！

總之，尼赫魯一向只知道玩弄小花樣，全不知世界和平的大道。當初見利忘義，承認中共；到了將受「噬臍」的災殃時，乃作出這樣毫無實在意義的聲明。中國古書上說：「天作孽，猶可違；自作孽，不可活。」尼赫魯不足道！我們希望世界上心術不正而想乘機取巧的人，可以從尼赫魯的這些事情上學得一種教訓！（汀）

聯合國的威望轉入低潮

陶希聖

中共匪軍侵入韓國的事實，由莫斯科與北平宣佈之後，姑息政策在聯合國組織內抬起頭來，聯合國的威望是轉入低潮了。

六月二十五日，北韓强盜在莫斯科指使之下，突破三十八線，大擧侵入大韓民國。聯合國安全理事會立即開會，宣佈韓共的軍事行動破壞國際和平，下令叫他停止攻擊，退回北緯三十八度界線以北。安全理事會接着就號召會員國出動空海陸軍，對北韓强盜採取軍事警察行動。聯合國的威望立即提高，在國際和平運動和國際和平機構的歷史上所未有。

自此以後，蘇俄集團採取的策略，就是力謀分化民主國家的聯合陣線，並阻止聯合國安理會爲民主國家所利用。而民主國家的活動也順着兩條路線進展：第一、在軍事上爭取韓國的統一；第二、在外交上努力韓國戰事的局部化。

所謂韓國戰事的局部化者，質言之，就是希望中共不參加韓國戰事，並不在別的地域再開戰場。莫斯科侵略主義者看透了民主國家對於中共有了這一希望，乃指使中共乘機施展其敲詐的手腕。

中共敲詐的條件，第一是索取聯合國的中國代表權，第二是誘使美國撤退派到臺灣海峽的第七艦隊。

但是莫斯科今天對遠東的戰略，却是驅使中共向東北集中兵力，牽制並消耗美國在聯合國旗下派到韓國的七個師以上的兵力，以便利他對越南和對西藏的進軍。

中共對越南和對西藏的軍事行動，一時固然激起法國和印度的反感。但是美國既無法分兵支持越南，干涉西藏，則法國和印度不敢刺激中共，仍然只有回到姑息或投降的道路。

最顯著的事實，就是英國和西歐各國憂慮美國兵力在東方捲入中共的戰火，即失去其全面援歐的力量。如果蘇俄發動歐洲的戰事，他們這些國家便陷於無救之境。

在美國方面，首先是顧到大西洋盟約的歐洲各國的呼籲。並且，蘇俄已經回到安全理事會，以否決權阻止其有所作爲。美國要把聯合國大會加强權力，代替安理會，便不能不爭取聯合國多數會員國的團結，也就不能不遷就多數會員國的意見。

而美國也不願把他有限的陸軍投入中共的長期消耗戰。對蘇俄作戰以止戰，今日尚非其時。因此他對歐洲國家姑息中共的政策，也不能堅決的採取反對的行動。

我不信民主國的政客們看不出毛澤東決沒有轉變爲狄托之可能性。儘管毛澤東不會做狄托，儘管民主國的政客們也知道姑息政策只有促起大戰的效果，但是民主各國的政客們還不能離開各自的利益，爲世界人類的安全幸福和對付國際共產黨而作全盤的打算。

因此今日世界外交坫壇上的主動，還操在莫斯科的手裏。中共一朝奉命出馬，民主國的聯合陣綫顯然顯出紛歧和動盪，使聯合國的威望轉入低潮。

我認爲民主國的外交是走之字路。今日的低潮不過是之字路上的一折。假如中共乘着鴨綠江上的冰凍，以中國人民的生命爲犧牲，用五倍美軍的兵力，壓倒麥克阿瑟元帥的總攻。美國的兒郎已有將近三萬人的數目傷亡在韓國戰場的上面，如果再有挫折，美國的外交家是否在聯合國議場上接受中共的敲詐，使韓國作戰美軍放棄勝利的要求，鎩羽退陣？假如聯軍直抵鴨綠江上，中共匪軍片甲不還，美國的外交家是否在聯合國議場擊敗聯軍在戰場取得的勝利，甘心退陣？假如中共被逐到鴨綠江之北，中共「代表團」在聯合國議場上的敲詐還有什麼力量？假如中共擊退了麥克阿瑟將軍的總攻，中共「代表團」的敲詐是否就適可而止？假如越南胡志明攻下了河內與海防？假如蘇俄在西藏佈置空軍基地的野心企圖有了更進一步的暴露？蘇俄集團再作更進一步的侵略，預料聯合國的外交陣容和動向必將有更進一步的轉變？

我們在兩點之間劃一直線，是錯誤的。我們把一點拉長爲一條直線，也是錯誤的。因爲兩點之間的綫，永遠是曲線。更因爲一點的運動，也是走曲綫的。

沒有獨立自由的中國，就不會有和平安全的亞洲。中國大陸上朱毛政權多延續一天，則東亞每一角落必多有一天的動盪。世界民主國家如不從中國大陸的本體着想，而只從中國大陸周圍的每一問題尋求解決，那一定是沒有成效的。要從中國大陸的本體着想，則任何一個西方國家，無論有多大的陸軍，也沒有方法到中國大陸來打仗。事勢如此，那西方民主國家除了姑息中共而外，

（下轉第25頁）

亞洲赤禍的外在原因（中）

喬治教授原作
聶華苓譯

（十）西方世界惑於他們自己的信仰，有時對於所謂「輿論」的看法很天眞，他們妄想共產黨政權將由於內部輿論的反對自行從內部瓦解，他們相信歷史的經驗，即暴虐政權是不會長久的。

所以，他們以爲可以利用各種不同的方法，譬如利用「美國之音」，使鐵幕後被壓迫的人們意識到他們所受的壓迫，如此喚醒鐵幕後的輿論，以擊潰他們的共黨壓迫者，他們以爲僅此便足够。對於共產黨政權甚至於有比這更天眞的想法。

鐵幕後的人民，尤其是蘇俄的人民，比所有美國之音的甜蜜演辭的撰稿人更能警覺他們所受到的壓迫。鐵幕後的輿論有百分之九十八是反對共產黨政權的，而共產黨政權也完全明白，但這並不使它感到威脅，正如同納粹佔領下的歐洲輿論全都反對希特勒並未能威脅希特勒一樣，納粹控制的歐洲若無外力的攻擊將仍在希特勒的魔掌中。雖然鐵幕後的人民反對他們的統治者，但若無外界的有效援助，這些人民仍將有幾世紀呻吟在共黨壓迫之下。

至於所謂歷史經驗，我們也曾有過暴虐獨裁的政權，這些政權的組織不如共產黨組織嚴密，並且不如共黨殘暴，雖然輿論反對它，但也延續了有幾世紀之久。譬如，侵略的土爾其人的獨裁曾長期地統治過在中東、巴爾幹、中歐的那些國家，蹂躪那些地區。（註十）

（十一）西方世界深深地沉溺在他們的物質享受和「泰然處之」的政治生活方式中，眞正殘暴而持久的獨裁統治對於他們早已疏遠。他們對於社會和經濟結構所必需的澈底變更沒有一個積極偉大的想法，因此他們不能想像和理解共產主義的嚴重性及其兩重不可分的實際性質：共產主義是一個世界性的社會革命之理念，共產主義又是實質的力量，實質的獨裁統治。

的確，共產主義有不可分的兩面，不可分的兩種實際性質：從一方面看，共產主義是一個理念，是一個涉及人類生活和人類命運的極權理念。共產主義是一個新的世界幻想，有它自己的形上學、社會學、科學和神學。它是反宗教的宗教，以黨的層級代替教會的層級；以黨的主義的絕無誤謬代替教皇的絕無誤謬；以對史達林的無條件信奉代替對上帝的崇拜。另一方面，共產主義是一個實質的力量，是實質的獨裁，並且是唯物的。因爲它本身便沒具有眞理，根本不相信別的信仰，和信念，不相信別的統治，而只相信利用武力，純暴力和無情的實質力量而實行統治。

西方世界一直在共產主義的這兩個因素之間游移不定。有時瞭解第一個因素，而完全忽略了第二個因素，有時被第二個因素所困惑，而低估或完全忘記了第一個因素。由於缺乏明敏，他們對共產主義的認識時常極端混淆不清。在世界的某一部份，尤其是在他們國內或是在對西方沒有重大利益的地區中，他們根據第一個因素來看共產主義，認爲共產主義是一個理念，一個新的社會計劃。而在世界的另一部份，尤其是在殖民地和對西方世界有重大利益的地區中，他們只從第二個因素來看共產主義，認爲共產主義是實質的力量，只能用反對的純實質的力量粉粹它。

我們看看英國，他們向中國的共產黨徒獻媚，同時却又無情地轟擊在馬來亞的共產黨。再看看美國，美國的國務院老早就認爲中國共產黨是善良的土地改革者，完全和世界共產主義無關，與中共良好的合作是可能的。但美國同時又無情地肅清在希臘的共產黨游擊隊。美國國務院堅持意大利和法國政府整肅政府各部門中的共產黨，而同時又矛盾幼稚而短視地指示馬歇爾將軍在中國使中共加入組織聯合政府。

所以，西方世界一直不斷地在此兩種最矛盾的態度之間犯了極大的錯誤。有時低估，忽略或完全忽視共產主義是一個理念，認爲共產主義僅是實質的力量，實質的獨裁；有時，尤甚是西方智識份子和所謂「精華」的外交官，甚至於情報人員（註十一），文官和軍人等則又認爲共產主義只是一個理念，是社會革命。

西方世界忽略共產主義是實質的力量，是實質的獨裁，而同時又深知和懼怕共產主義是實質的力量，是實質的獨裁。

西方世界對於世界缺乏一貫的吸引人的理想，以符合人類的新問題，尤其是關於社會和經濟方面的問題。他們長期地忽略了共產主義是社會革命，或是被共產主義所誘惑，認爲共產主義是社會革命。

因爲忽略了共產主義是社會革命，所以西方世界從沒愼重其事地消除全世界的悲慘、貧困、剝削、以及社會的、國內的和國際的不公正，因此世界共產主義外在得到了滋長的沃土。因爲被共產主義所誘惑，認爲共產主義是社會革命，所以西方世界從沒愼重而深切地觀察共產主義是否是一個一貫的理想，是解放人類還是奴役人類，也沒有創造出一個符合人類的深切意願和實際成長的，一貫的吸引人的偉大理想。西方世界的心性的和精神的混亂與智力的困惑以及精神的空虛，使世界共產主義毫不困難地侵入了他們的腦中。

西方世界最近（一九五〇年）也開始想到所謂落後未開發地區。但對於這些落後的未開發地區的援助仍是極不實際的，小規模的，如同對窮人的施捨一樣。他們未會想到實現社會、經濟和政治組織的基本改革以符合全人類的成長和尊嚴。他們更未會想到除了帶給這些地區絕對而基本的必需品食糧之外，還得帶給他們精神的食糧，即一貫的理想。這個理想將顯示出並使人意識到人生的意義和個人的以及集體的命運。

由於缺乏這種理想，西方世界在落後未開發的地區中面對着共產黨的侵襲時變得非常無能。

共產主義是一個實質的力量，但西方世界長時期地不理會和低估共黨獨裁的重要意義。共黨獨裁是根據世界規模有系統地組成的實體。

無經驗的，愚昧而淡漠的西方世界起初以爲純粹內部叛亂再由外界稍加純精神的支援便可推翻在蘇俄和其他地方的共黨政權。

可是，一旦共黨統制在一國建立起來，一旦它掌握大權時，一旦它絕對掌握生產工具，絕對可以給你工作，也可剝奪你的工作；可以給你麵包、衣服、住宅，也可以剝奪這一切；利用你自己的子女、妻子、丈夫和父母在你家中監視你；利用你的鄰居，信差和所有的修理工人在街上、在工廠裏、在學校、在辦公室中跟踪你；將你的活動範圍限於一個城市，一個地區；派它全能的無所不在的秘密工作人員在一天任何時間尤其是在晚上來訪問你；沒有法庭的定罪，僅僅由於嫌疑，虛構的控告或是强迫手段而將你逮捕入獄或送入集中營；不經過訴訟，僅因爲你的親屬或朋友的行爲而將你監禁或處死。你不是安琪兒或神人，你是和我們所有的人一樣是肉做的人，那麼你別敢想有效地計劃叛變，你更不能組織或發動實際有效的叛變。

因爲無情的共黨獨裁在各方面都是組織嚴密的，它的主要而急切的目的是獲得和保持權力，並擁有爲它任意支配使用的幾萬人。如在蘇俄有兩百萬無人性的秘密警察。他們是經過精選的，曾被精確地灌輸思想，經過有規律的訓練，變成一群眞正的獵犬。他們有立時裁決的特權，沒有思慮，沒有心肝，沒有愛，也沒有感情。他們在偵察工作中用各種詭計壓榨千百萬的平民。妻子、丈夫、朋友、孩子、父母們，爲了要極救他們自己和他們最親愛的親屬，必須供獻給恐怖的秘密警察所伸出的魔掌。在這種情形之下，你將很少有機會大聲說話，甚至很少有機會爲你自己着想，更不用說有機會去組織一個有效的叛變。

若實際的行政權把握在共黨獨裁手中，並且是完全而絕對地把握在原始人的手中，那末從這個無所不包的機構的鐵鉗中逃脫出來的希望是如何微小，推翻這樣一個獨裁統制的希望又是如何飄渺（註十二）。甚至於一個大學教授也可以是一個原始人，所謂原始人，就是沒有疑問的人，沒有用他們自己的頭腦思考的習慣，只是像計算機一樣，一致盲目而卑屈地制服他們自己的思想使合於黨的一般政治主張，只是盲目而卑屈地執行無誤的各級黨部命令，和絕對無誤的黨書記長的命令。

共產黨獨裁是根據世界規模而組織成的國際獨裁。它包含所有人種的優越點。除了俄國特別的動力之外，還滙合了中國人和其他亞洲民族的技巧與能力。有德國人的堅忍，法國人和意大利人的銳敏，西班牙人的熱情，英國人的打算盤，和美國人的效能。這個世界機構可從全世界直接獲得極度機密的情報，在每一國家中都是像在自己家裡一樣從其內部工作，不如希特勒的納粹秘密工作人員是外國的第五縱隊。因此這個國際獨裁是滲透到政府，無綫電，新聞界，工業界，金融界甚至於世界各國的軍隊中。它征服其他的國家不是藉公然的外國侵略，而是藉其國內的滲透，或是藉由唯一的國際中樞所指揮的各該國內部的軍隊。世界共黨獨裁的進展不僅是靠對民衆和平的呼籲，並且有效地武裝殘酷的少數人來恐嚇大多數，以武力征服地方、省和國家。（註十三）試看看另一個事實，在第二次世界大戰期間，世界共產黨在它最堅强的基地蘇俄以它長久的革命的和壓制的經驗，再教育所有的共黨重要領袖，特別是歐洲和亞洲的那些共黨領袖，或是培植新的年青的領袖。它對於各國共產黨的控制是無情的，恆久而有效的。因此，所有別的國家的共產黨實際上在財政上、軍事上、戰略上絕對不能離莫斯科而獨立。如此，你可了解要紊亂這個世界獨裁機構的希望是如何渺小。西方有些人以爲在意大利，法國、英國、德國、中國、印度或美國的共產主義不是蘇俄的共產主義而是另一種典型，這種想法是如何的天眞。他們這些人的希望是令莫斯科感到愉快的。

「自由中國」的宗旨

第一、我們要向全國國民宣傳自由與民主的眞實價值，並且要督促政府（各級的政府），切實改革政治經濟，努力建立自由民主的社會。

第二、我們要支持並督促政府用種種力量抵抗共產黨鐵幕之下剝奪一切自由的極權政治，不讓他擴張他的勢力範圍。

第三、我們要盡我們的努力，援助淪陷區域的同胞，幫助他們早日恢復自由。

第四、我們的最後目標是要使整個中華民國成爲自由的中國。

在波蘭、捷克、匈牙利和其他地方還有他們的許多天眞的朋友們也會如此幻想，他們認爲在捷克和波蘭的共產黨不是俄國共產黨而是另一種典型的，認爲在波蘭、捷克、匈牙利和其他地方的共產黨不能完全掌握各該國家。但事實上他們却完全掌握了各該國家，因而摧毀了捷克的貝奈斯和史哈邁克(Sramek)、波蘭的米可拉傑克(Mikolaiczyc)、南斯拉夫的薩巴西奇(Subasic)的幻想……也摧毀了他們西方的天眞的支持者的幻想。他們將這些人置入與國際共黨獨裁作殊死的鬥爭中；但沒有給他們有效的靠背，也沒有給他們有效的維護。（註十四）

（十二）西方世界對於世界共產主義所作的一切判斷和鑑別是錯誤的；對於在亞洲的尤其是對於在中國的共產主義的判斷和鑑別犯了更大的錯誤。

我們已經看清關於西方世界低估亞洲，因而低估在亞洲的共產主義危險之一般的深遠背景。

這裏，我們將說明引導和誘惑西方世界對亞洲共產主義的政策的一些動機和原由，特別是對中國共產主義的政策的動機和原由，這些特殊複雜的動機和原由會使世界共產主義很容易地吞併了亞洲最大國家——中國。

中國之所以陷於鐵幕，是三個因素所合共影響而促成的：

(a)中國的國內局勢。中國從廿世紀初到現在（一九五〇年），由於長期的內亂外患，引起了許多可怖的社會、經濟、文化、精神和政治等問題。由於缺乏關於組織、經濟、社會和政治各方面的迫切需要的改革，不能消除所有老朽的封建制度，腐敗已使政府遭受暗傷，因此沒有一個有效能的政府。（註十五）

(b)世界共產主義不斷地，積極而有系統地對中國打主意。自列寧時代開始，世界共產主義便虎視中國。因爲中國是征服全亞洲的最重要的跳板。

(c)西方列强特別是美國對於在中國的共產主義的態度。在下面幾段中我們將分析後兩個因素的相互影響：

(1)西方列强，特別是美國，不重視在中國的共產主義的嚴重性，不僅如此，並且自與德國開戰，以及後來與日本開戰後，西方列强和美國更堅持他們天眞的信念，卽世界共產主義若本質變更，在中國的共產主義也將變更。

第一，美國的政策忠於羅斯福（註十六）對世界共產主義天眞而錯誤的瞭解和錯誤的估價，認爲世界共產主義在共產國際「解散」後便成爲一死物，因而如願地斷定蘇俄在第二次大戰期間重變爲舊的民族主義的俄國；認爲共產世界的帝國主義已被不太危險的老沙皇帝國主義所代替；認爲世界共產主義在東歐、巴爾幹和中國的東北對於西方特別是盎格魯撒克遜世界沒有危險的野心。

羅斯福和他的外交政策認爲蘇俄和沙皇俄國相同，第一想獲得前滿洲的鐵路和旅順大連的海港，想在太平洋獲得一個冬季不凍港。

他們不知道中國東北對於蘇俄，尤其是對於世界共產主義完全另有一種意義，這種意義比短視的羅斯福之流和雅爾達會議中的外交家們所預料的更有動力，更有革命性，更深遠。羅斯福和西方的外交家在雅爾達會議中勒索自一九三七年抵抗日本侵略的中國人民和中國政府，貢獻給蘇俄，貢獻給有眼光的史達林，貢獻給計劃久遠的世界共產主義。

他們不知道一旦他們將共產主義引入中國東北，那便是將整個中國，整個遠東，整個亞洲委棄給共產主義。

理由有三：

(a)中國東北有巨大的工業潛力，是遠東最富裕之區，富有一切原料、煤、鐵，還有廣濶的森林，肥沃的農田和重工業設備。蘇俄僅從瀋陽便拆運了數千件重工業機器到蘇俄。所以中國東北和西伯利亞東部及中部的工業連合起來足以供給征服全亞洲的戰爭物資。

(b)一旦世界共產主義握有中國東北，以西伯利亞腹地爲後援，那麼它在戰略上已控制韓國和日本。從中國東北在幾小時的空襲中便可使日本陷入癱瘓狀態，可降落共產黨傘兵，破壞工作人員和第五縱隊，並使之滲透到日本。

(c)一旦世界共產主義在中國東北喧賓奪主，必將握有通往華北、華中和華南的門戶。首先可從大連和旅順由水路到隣近的山東半島。控制了全部中國東北後，便可由陸路經天津、北平而南下。

西方列强尤其是美國天眞地允許甚至於邀請蘇維埃軍隊佔領中國東北，並解除精銳的日本關東軍的武裝。他們沒料到蘇維埃共產主義將利用這大量的武裝，甚至於利用日本人，特別是軍官、技術人員、士兵，去武裝中國共產黨，和建立堅强的中共軍隊。自從世界共產主義佔領中國東北的第一天起，它便堅決而有力地根據赤化中國和亞洲的深遠的計劃而行動。但是，西方列强却遲鈍而毫無計劃地相信共產主義「人民民主」「不干涉」「不侵略」的綏靖口調。同時，世界共產主義使蘇維埃紅軍佔領東北的時期延長達半年之久，如此獲得了更多的時間以鞏固中共在全東北的地位。

蘇維埃軍隊部份撤出東北後，實際上仍在東北的西北角，在齊齊哈爾地區，在旅大，在遼東半島，在接近北韓的東部邊界地區，在與外蒙毗鄰的西部地區中，仍駐留大批軍隊。由這些共黨基地，世界共產主義武裝了在中國東北和其隣近地區中的中共軍隊。在這些基地中，世界共產主義爲中共軍隊訓練了新核心和新的政治工作人員，因而得以有組織地滲入並攻擊中國東北的非共產黨地區，熱察邊區，華北和西北。

自然，世界共產主義在中國東北的滲透和侵略戰略頗得某些中國國民黨領袖的嚴重錯誤之助。他們拒絕將前僞滿軍隊合併入中國正規軍中，因此前僞滿軍隊被迫入共黨手中，而中共很成功地利用了他們。另一錯誤是中國國民政府某些委員將東北的大小負責的職位全委諸接收的南方人，而不完全信任東北本地人。

世界共產主義在中國東北和中國其他地方的滲透政策更得到了許多不勝任而迂腐的美國外交代表的幫助——他們有些是被不負責任的天眞所引導，有些也許是處於親共產黨的地位——，他們認爲蘇維埃援助中共沒有充分的「證據」。他們有目無睹，或故意裝作看不見下列重大事實：日本的武裝由蘇俄傾入中共的手中；蘇俄高級共產黨給中共以軍事和政治方面的顧問：不斷地訓練並監督中共。他們不能或是不願瞭解那嚴重的意義，即一個國際革命運動之可怕的實體和力量正在遍世界發生作用。

在過去的五年中美國政府曾利用所有的方法使美國的輿論和世界相信蘇維埃共產主義實際上並未嚴重地從事赤化中國，中國共產主義不過是中國本身的內部事體。（註十七）但同一的美國政府於一九五〇年經其總統（註十八）向世界不斷地呼籲世界共產主義在亞洲的危險。這是一個很有意義的歷史敎訓。所以，在歷史中凡是不依據眞理和實際而建立的一切都會得到報應，幻想所燃的火焰往往是回傷那些妄作此幻想的人們。在個人的生活中如此，在國際生活中也是如此。浪費在韓國的戰場上年青美國士兵的鮮血正是報償一些不負責任的外交家的幻想或預想。

第二，西方列强特別是在中國和在華盛頓的左袒美國政策的外交人員，有些是天眞地，有些是故意地哄慰他們自己和別人，認爲中共並不是眞正的共產黨，而是土地改革者，所以他們與莫斯科沒有重大的關聯。

我們曾親自聽到從美國各不同的機構派來中國的美國人甚至於軍人那樣讚佩中國共產黨，稱共產黨是對中國有好處的「唯一政黨」，能使中國恢復秩序的「唯一政黨」。他們和一些親狄托或是親中歐東歐的共黨統治下的政府的美國英國的同僚一樣，非常天眞地判斷中國共產黨，以共黨的美麗的聲明、奇妙的諾言、和關於「人民」的誇大的談話而判斷共產黨。（註十九）

他們訪問中共區域時，天眞地爲共黨所告訴他們的而感動，爲他們周圍的虛飾的環境所感動，而完全沒有意識到他們是置身在一個爲共黨所安排的虛飾的環境中，這種環境根本不能代表眞正人民的眞正情緒。（註二十）

在這種想法之下世界共產主義很容易說服美國和西方的外交代表，藉他們的宣傳，又說服美國的和西方的輿論，即中國的共產主義純粹是中國國內事務，僅是內部的社會的和經濟的問題。結果達到了共黨的最終目的，將一個最大的世界問題——以精巧的戰術赤化中國——化爲內部地方性的問題。因此，排除了世界上所有援助中國的有效的積極力量和在中國的正義力量，而讓一個外界的有效力量，即國際世界共產主義，統治了中國。（註二十一）——未完——

◎　◎　◎　◎　◎　◎

（註十）所謂輿論的力量往往不過是一個無稽之談，甚至於在西方世界也如此。

且斯特頓(G. K. Chesterton)以幽默和尖刻的口吻說：「什麼是輿論？——是被少數憤世疾俗的人所引導的一群情緒激動者所發出的言論。」不幸，在西方社會的、經濟的、政治的和國際的生活中，這句話大部份是眞的。

甚至於在西方世界實際有決定性的力量也不是所謂的輿論，大部份是在一些金融巨子、工業巨子、軍人、政客、或政府行政官的手中。

新聞紙、無線電、廣播、電視都沒有實際的決定力量，人們往往把它們的影響誇大估計。甚至於最大的新聞紙和無線電廣播都不能停止或發動一個有力的大運動。

在美國大部份的新聞紙和無線電預測杜魯門於一九四八年不會當選，可是杜氏竟當選。其中有許多複雜的原因（塔虎脫法案，華萊士親共進步黨……），還有一個原因是民主黨人撐握政府機構有十六年之久，與千百萬的選民已有特殊的內部關係。

（註十一）例如，在中國不僅有許多美國外交官甚至於情報人員，尤其是較年青的，深深確信中共並不壞，只有中國共產黨在中國才可以幹些好事，他們熱烈地讚佩中共的「成就」，自然是剛開始的一些「成就」。

他們經過幾年或幾月後便覺醒了，是深沉而澈底的覺醒，但是太遲了。

在同盟國開始佔領德國時，特別是在美軍佔領區，很多的美國佔領官員熱烈地傾向蘇俄，差不多全變爲世界共產主義的讚佩者和宣傳者，他們不尊重基本人權，無情地將在所有東歐國家的無數逃亡的紅軍、俄國戰犯、和平民推入史達林或狄托血腥的魔掌，完全不顧這些人的意願。

在中歐和東歐有一個公開的秘密，即在中歐所設立的最好的間諜網是聯總(UNRRA)。自然，其經費是由美國擔負的。

直到後來柏林封鎖，開始將美國的共黨同路人從西方國家佔領區驅逐時，才將兩重面孔的世界共產主義的眞面目顯示給許多天眞爛漫的人們。

國務院任命工業組織委員會（C. I. O.）的一個美國共產黨爲東京美國軍政府的勞工部首長（這件事發生在肅清工業組織委員會佔重要地位的共產黨之前）。

後來，麥克阿瑟終究將這個高級共黨代表從佔領的日本驅逐。但是共產黨的腦筋是國際性的，永遠是有效地依據共產黨的世界計劃而工作，這個勞工部的美國共黨首長在他任職期間曾在增强日本共產黨在日本工會中的重要地位方面獲得成功。

（註十二）俄羅斯民族很聰明而現實。他們和別的蘇俄民族一樣，很積極而英勇地反抗共產黨獨裁。在一九三二年至一九三四年期間，在中俄羅斯和烏克蘭有大規模的農民暴動反抗史達林的强迫的集體化運動。作者曾親眼看到農民暴動，和共產黨的恐怖的鎭壓。爲了鎭壓暴動的農民，史達林政權派遣了精銳部隊，秘密地以坦克、裝甲車和機槍包圍全區，然後開始歷史上最殘酷和恐怖的搜索，那些精銳部隊的武裝人員衝入屋子和農民的田舍，把所有的活着的人，男人、女人、小孩和老年人都裝入卡車，載往距離最近的火車站。再從車站將他們關閉在貨車裏運往莫斯科。到莫斯科後便將他們分開。將所有的成年男子裝入一種列車裏，送到北極海地區中蕭殺的森林中，做可怕的奴工。那些人很少可以活下去。所有的成年女人被裝入另一種列車，把他們送到如活墳墓似的西伯利亞集中營中做强迫勞働。小孩子們又被裝入另一種列車，送往南部和高加索一帶。史達林政權無情地拆散農民的家庭，其用意是粉碎農民叛亂。但在農民暴動的中心地區，共產黨政權並不把人口轉送到別的地方。它將那些地區秘密包圍起來，把所有的食糧運走，不准任何人出入，使那些地區與外界隔絕，一直到每個人由於飢餓而致死。當共黨政權認爲每個人都已死去時，便派遣特別共產黨青年團到那些地區去清理各村的農民的屍體。

作者曾遇見一個被派遣至那些村莊的年青共產黨員。他當時是一個學生和在莫斯科共產黨青年團的團員，他告訴我下列的事實：

當這些年青的共產黨到那些村莊時，他們發現在路上，街上遍佈着農民的、男的、女的、小孩子的屍體。在路上仍然有一些農民、男人、女人在痛苦的呻吟中掙扎。

可是，那些年青的共產黨絕對被禁止去接近他們，援助他們，甚至於不准槍殺他們以減除他們的痛苦。他們所得的命令是讓他們活活餓死。等到全村的人死光後，青年共產黨便去收屍，裝進卡車，運到郊區，洒上汽油，然後將屍首焚毀。

共產黨政權在一九三〇前是如此彈壓蘇俄的農民暴動。

所以蘇俄的人民從他們自己悲慘的經驗中獲得了一個教訓：在平時反抗共黨政權是不可能的。理由很簡單：共黨政權的報復是無情的。

因此，蘇俄的各民族等候着第二次世界大戰，認爲第二次世界大戰是將他們從共產黨獨裁中解放出來的唯一機會。在第二次世界大戰剛開始時，紅軍代表了俄羅斯民族和蘇維埃聯邦內其他民族的願望，發起一個大的謀叛以反抗統治的共黨政權。他們的基本口號是：「消滅第一號敵人史達林！消滅第二號敵人希特勒！」

他們的計劃是：讓德國人深入俄國，藉德國人消滅史達林共黨政權，然後藉美國人和英國人的協助將德國人逐出。

爲了要達到這個目的，紅軍在大戰開始時便發起大規模的破壞行動。後來作者和很多的俄國軍官和指揮官在東歐一齊從事游擊戰反抗德國時，他們很詳細地告訴我關於這個計劃和大規模的破壞行動的情形。俄國的新邊界有利於希特勒向西部瓜分的波蘭心臟推進。在一九四一年六月二十二日德軍進攻蘇俄的前三天，防守俄國新邊界的蘇軍指揮官得到了蘇維埃總部的一個命令將一切重要裝備放下準備檢點，其中包括坦克、卡軍、槍、機槍……。因此當納粹在六月的星期天一早進攻時，這些重要裝備都不能利用。

德軍開始進攻蘇聯時，同一的蘇維埃總部發佈命令不許破壞橋樑和道路。彈藥完全被錯送到別處，或是有計劃地拖延時間，很多的槍彈和手榴彈根本不爆炸。從德國進攻的第一天起，矛盾的命令便不斷從蘇維埃總部發佈，而使軍隊一天天地陷入混亂。蘇軍的大部隊被指揮入德國的陷穽而被集體包圍，戰鬥力優越和佔據堅强陣地的各師被命令退至臨時的陣地；因此很快地很容易地被消滅。蘇維埃的作戰單位、團、師和軍自由地集體向德軍投降。因此德軍在戰爭剛開始的幾星期內長驅直入蘇俄，如同一把刀揷入溫熱的奶油裏一樣的順利。

紅軍的謀叛者的計劃是：

一部份蘇軍投降德軍，希望德國人能瞭解他們，讓他們重新組織蘇俄的被佔領區。當大部蘇維埃領土已爲德國佔領，而叛變的紅軍已重新組織這些地區時，另一部份追隨史達林的紅軍便將發動「武裝政變」推翻史達林政權，然後和投降德國的紅軍重組新織非共黨政權。最後藉同盟國的幫助，將納粹驅出。

可是，納粹進入蘇俄並不明瞭蘇俄人民的心理，他們在希特勒和羅森柏的民族主義觀念之下來到蘇俄，認爲蘇俄是德國的新殖民地。認爲是優秀的民族來統治劣下的斯拉夫民族。在進攻蘇俄以前，德國人表示深切地關懷烏克蘭獨立運動。甚至於在他們進攻之前還在柏林組織獨立的烏克蘭政府。但是，當他們一進攻蘇俄、烏克蘭，他們便將獨立的烏克蘭政府的所有委員逮捕入獄。德軍到俄後，納粹立刻開始大規模有計劃的掠奪、集體放逐和屠殺。把蘇俄成百萬的牲口運到德國。納粹士兵在街上和田野中捕捉俄國和烏克蘭的年青少女和婦人。甚至於不讓她們有時間向她們的父母告別，便將他們裝進列軍，集體地送往德國做苦工。

當俄羅斯和烏克蘭的人民開始抗拒納粹的這些暴行時，納粹便以集體屠殺來報復。在哥美爾(Gommel)戰役中，有幾十萬蘇軍和他們的司令部一齊向德軍投降，納粹將這些士兵和軍官的武裝完全解除後，便將他們裝上卡車，送往波蘭，又從波蘭將這些俄國戰俘裝入貨車送往德國。一節車裝一百五十人到一百六十人，擠得像沙丁魚一樣，健康的人和病人，甚至於將要在一二日內死去的人全裝在一齊，死屍也和活同志擠在一塊。沒有地方坐或躺下，沒有洗面間，沒有設備，也沒有出入口，列車是緊緊關閉着的，一直關到六天七天，沒有開過一次。在此痛苦的旅行中，沒有食物，甚至於不給水喝。疲憊餓極的士兵瘋狂地喊：「給我水！給我水！……」

在這種恐佈的情況下，成千的蘇軍被送到德國做奴工。在哥美爾戰場剩下的少數蘇軍再也沒有卡車輸送他們，怎麼辦呢？於是納粹發佈命令給機槍手，包圍俄國戰俘，將他們全部以機槍掃殺。理由很簡單：沒有更多的卡車輸送他們。

俄國戰俘的生命在納粹侵略者的眼中還不如一個蒼蠅。

無怪蘇軍不再向殘酷的、短視而驕橫的納粹投降，而立刻先從事組織小的，後來組織大的共黨游擊隊，開始在敵後攻擊德軍。可是，當共黨游擊隊爆破某些村莊附近的一個小橋時，納粹通常並不攻擊隱匿在森林和池沼地帶的游擊隊，而在夜晚到隣近的村莊，無情地將熟睡的女人、老年人，甚至於小孩，五十、一百，甚至於二百地吊死在周圍的樹上。

紅軍，俄羅斯民族，烏克蘭民族和蘇維埃聯邦內的別的民族既察覺納粹進入蘇俄並非變更政權，並不協助蘇維埃各民族反抗共黨壓迫，而是摧毀和奴役俄羅斯和烏克蘭民族，於是共同奮起反抗納粹壓迫者。當俄羅斯和烏克蘭民族爲生存而戰時，戰爭開始轉入後半段。他們的計劃變更了。第一號應消滅的敵人變成了希特勒，史達林變成第二號敵人。

此後，蘇維埃聯邦的未佔領區以及佔領區都變成了廣大的戰場。在這個廣大戰場上的人民都爲自己的生存而戰。

所有被佔領區變爲廣大的游擊戰場。婦女、年青的少女、老年人、甚至於小孩，都參加無黨派的游擊隊，無情地抗拒納粹的侵略。納粹侵略者在森林中、在路上、在田野裏、在村莊中、在房子裏，沒有一個安身之地，也沒有一刻安靜時間。

所有在敵後和前線的俄羅斯和烏克蘭的人民與紅軍滙成了一股巨大的力量，使史達林格勒之役成爲戰爭中有決定性的轉捩點，帶來了歷史上的勝利。

因此，蘇維埃共產黨在德國一簽約投降後，便不敢重彈他們在西歐、美國和亞洲所常彈的老調：「你們看在俄國的共黨政權是如何堅强，是共黨政權將納粹擊潰而獲勝的。」在戰爭剛結束時，（那時，共產黨獨裁和在戰時一樣地濫和，因爲他們爲了戰爭而懼怕人民並需要人民。）年青的俄羅斯青年、俄羅斯人、烏克蘭人民、和俄羅斯、烏克蘭的士兵們回答共產黨道：「誰打的勝仗？你們共產黨？不！是我們俄羅斯人，我們烏克蘭人，是我們打勝的，你們共產黨，由於你們和希特勒的協定（一九三九年八月），才有戰爭，才有納粹的侵略！」

在歐戰末期，作者曾和紅軍從東部推進到德國的心臟部。那時，美軍正由西方推進。許多蘇維埃的軍官、指揮官，將軍、和軍隊都深深相信並衷心地希望美軍將從柏林進至莫斯科，而變更共黨政權。他們的幻想比勝利的光榮和快樂更令人沉醉，但是他們所受的哄騙也更辛酸。美軍在柏林終止前進，甚至於退到西部。

英勇的紅軍士兵、指揮官和軍隊，英勇的俄羅斯人民和烏克蘭人民，他們在堅決反抗納粹獨裁的鬥爭中所付的犧牲比世界上任何民族都大，但在他們純潔的英雄主義中未曾察覺英勇而豪邁的美國士兵不過是不負責的天眞的羅斯福政策的無辜犧牲者。羅斯福政策鑄成歷史上一個最重大的錯誤：將俄羅斯民族、蘇維埃聯邦內各民族和共黨政權混淆，以爲共黨政權就代表俄羅斯民族和蘇維埃聯邦內各民族。但實際上，共產黨並不能代表這些民族。

因此，在反抗納粹極權的鬥爭中犧牲最大的英勇的俄羅斯人民和烏克蘭人民被羅斯福型的錯亂的想法，被他們的盟友遺棄在最恐佈最可怕最極權的共黨獨裁之下，沒有援助，沒有希望；而那些盟友曾在大西洋憲章中動人地聲明所有各種自由，特別是免於恐佈的自由，都沒有爲他們所得到。

當蘇維埃共產黨瞭解美國忠於在德黑蘭和雅爾達的短視而不負責的羅斯福政策將不進軍蘇俄時——在那裏的民衆和紅軍正等待着他們，認爲他們是唯一可能的解放者——，共產黨又變爲勇敢，開始有計劃地整肅在蘇俄，特別是在紅軍中的所有反共份子，起初還很審愼，後來逐漸加緊。

在這些肅整運動中，成千的軍官、指揮官、和將軍失蹤。起初是些顯著的反共者，後來是些僅僅反共的，最後是大批的非共黨份子或是不十足爲共產黨的群衆。

但當這些肅整運動開始時，在紅軍中也開始了對這壓迫政權的新抵抗。成千的士兵，大的紅軍單位，甚至於炮兵部隊都背叛了紅軍。他們受烏克蘭和西部俄羅斯人民的支援，組織了一個巨大的游擊隊，積極地反抗共黨政權。在某些地區，特別是在烏克蘭和西部俄羅斯的一些地區中，共黨政權僅控制城鎭和主要道路，鄉間完全爲反共游擊隊所控制。共黨政權迫不得已也曾總攻游擊隊，但沒有成功。於是採取最恐佈的眞正布爾雪維克的方法：將所有這些地區的平民遣到別的地方，以期消滅帮助反共游擊隊的人民。所以自一九四五年末到一九四八年有四百萬到五百萬的俄羅斯和烏克蘭的農民、工人和平民從西部俄羅斯和烏克蘭被運到廣大的、蕭殺而孤立的西伯利亞集中營中。

如此共黨政權無情地將最大規模的俄羅斯和烏克蘭人民反抗共黨政權的叛亂平息。被共黨獨裁役奴的人民沒有大規模的自由世界的外援，他們被註定將再被奴役幾十年或是幾世紀。因爲共黨政權是無情的壓迫，無情的報復，人在共黨政權的眼中是不存在的。

（註十三）在第二次世界大戰期間和戰後，共產主義在蘇俄國外建立其獨裁是那些在這個整世紀中或這世紀的一部份時期中有紅軍和秘密警察出現的國家裏，這事實是非常有意義的。歐洲的芬蘭、愛沙尼亞、拉托維亞、立陶宛、波蘭、奧大利、東德、捷克、南斯拉夫（紅軍在該國的北部）、匈牙利、羅馬尼亞、保加利亞、和在亞洲的中國（中國東北）以及韓國，在所有這些國家中，雖然有現在紅軍的一切壓力，但至少被允許有半自由的選擧。如在波蘭、捷克、匈牙利和羅馬尼亞，共產黨保持絕對少數，但由於紅軍的帮助以及莫斯科的壓力，在各地都利用壓制人民的內政部和現存的秘密警察或新建立的秘密警察而解散非共產黨的多數黨，經過一個時期之後，無情地攫取了政權。這自然也得到了西方列强不負責的容忍主義的帮助。

有一次西方列强和美國變更了他們的容忍主義和無效的紙面抗議的態度，那就是在捷克斯拉夫戰後的第一次大選的時候。共產黨和他的蘇維埃支持者已經預見這次選擧中共產黨的失敗，於是要求蘇維埃軍隊的援助。在一九四六年五月二十六日大選的前幾天，紅軍突然宣佈佔領保加利亞和匈牙利的蘇軍將與佔領東德的軍隊換防，並且換防的軍隊將於一九四六年五月二十六日正是大選的那個星期天在捷克會師。

很明顯的，這便是莫斯科和捷克斯拉夫共產黨的陰謀。

共產黨預料紅軍在大選日那天出現於捷克將使每個人感知紅軍的存在而生恐怖，那麼選民將集體投共產黨的票。共產黨知道得很淸楚，在斯拉伐克和東波希米亞、摩拉維亞(Bohemia-Moravia)的人民對於「蘇維埃解放軍」的恐佈記憶猶新。「蘇維埃解放軍」會將成群無辜的人民送往烏克蘭和西伯利亞的集中營中；僅自普累索夫(Presov)地域的兩個區便有三萬人被送到蘇俄的集中營中；他們「解放」了人民的家畜、家具、尤其是手錶，他們「解放」了婦女的貞操，甚至於强姦七十四歲七十六歲的老年婦人和七、八歲的小姑娘。

但是在布拉格的美國大使的勇敢的宣稱：「若蘇軍於選舉日進入捷克斯拉夫領土，美國坦克將由西部奧大利和西德進入捷克斯拉夫。」

蘇維埃很知趣，紅軍並未爲選舉而進入捷克斯拉夫，於是捷克斯拉夫的各反共政黨聯合起來獲得了壓倒共產黨的大多數。

有一個論證是根本而唯一相信實質力量的共產黨所能了解的。就是在波蘭危急時，在一九四八年二月捷克斯拉夫最後危急時，在匈牙利、羅馬利亞和保加利亞危急時，在狄托整肅時，若西方列强發表了與前同樣的聲明，並實際地準備以行動表現，若少數美國坦克開動，那末共產黨將永也不敢在波蘭、捷克斯拉夫、羅馬尼亞、匈牙利肅清反共的多數黨和他們的政府，狄托的少數也不敢肅清克羅地(Croatia)、斯羅汶尼亞(Slovenia)、塞爾維亞(Serbia)所組織的反共多數黨，那末東歐、中歐和南歐將完全是另一個景象。

但是西方列强，特別是美國政府，忠守他們在德黑蘭的出賣行爲，忠守他們對於戰後世界共產主義天眞而不負責任的估量，忠守他們對於共產獨裁侵略的固持的態度，基本上仍保守着他們無效的不負責的容忍主義。世界共產主義奴役一億二千萬東歐人民，西方列强應負大部責任，或許應負與世界共產主義相等的負任。

(註十四)依照那些悲慘的事實，很明顯的，在歐洲，特別是在法國和意大利的智識份子是很天眞的。其中有一些甚至於是基督徒，他們對資本主義的布爾喬亞、混亂、狹隘、和自尊自傲而感到厭倦，但他們不鼓起勇氣自己去尋求對於在痛苦中的西方世界的社會的、文化的、精神的、政治的、和國際的問題的眞正合乎人性的解決，而天眞且不實際地分開共產主義的不可分的兩重性質：共產主義是一個理念，是社會革命，共產主義是一個存在的壓制人的獨裁。他們承認第一重性質，認爲共產主義是一個理念，他們時常批評，而批評時常是怯弱的，意識不清的，他們用力否認(至少，他們如此想)共產主義是一個存在的壓制的獨裁。他們缺乏對共產主義的直接經驗和對事實的認識，從屠殺者所聽到的比從犧牲者所聽到的更多(我們所謂的犧牲者絕不是在鐵幕後支離破碎的剝削的資本主義，而是破碎的人。)因此他們妄想將能夠幫助建立法國自己的，意大利自己的和英國自己的共產主義。他們忘記共產主義是存在於遍世界的歷史事實，在蘇俄和鐵幕中已根深蒂固，而意大利，法國和英國不過是小小的半島和島國，早爲他們各自國內殘酷的嘲罵的共產黨所暗傷，他們在鐵幕後的主子們盤據於龐大的歐亞大陸，緊緊掌握着大的東歐群衆。假若法國、意大利、英國或其他國的智識份子，甚至於共產黨員同意共產主義的一般主張，則目前以蘇維埃爲基礎的共黨獨裁不會詢問他們關於共產主義的觀感，他們若不同意，便將以鎗彈或集中營冷靜這些智識份子和理想主義的共產黨的頭腦，正如同在東歐和蘇維埃本身，共黨獨裁所對待成千的智識份子和理想主義的共產黨一樣。這些天眞的智識份子不敢擔負起他們在歷史上的責任，只是無意識地或下意識地尋求一個較容易的解決。他們加入世界共產主義的貨車上，天眞地忽略了共產主義的列車的終點不可避免地是共產黨的世界獨裁，並且忽略了可怕的歷史事實，建立獨裁是容易的，但從內部停止、終結或脫離獨裁是困難的。實際上不可能從內部終結一個血腥的獨裁，這個獨裁是科學地、有規則而無情地組織起來的、是世界規模的。還有可怕的歷史事實是：一旦共黨獨裁建立在世界規模上，在所有的大陸上有千百萬的原始壓迫者(Primitive Oppressor)供它使用，並且時常藉它自己的方法形成成群的原始人使成爲新的原始壓迫者，那麼人類將陷入幾世紀的黑暗時代，將遭受幾世紀的可怖的壓迫。在人類未消除以世界規模爲基礎的共黨壓迫以前，所有的人類價值將可怖地有系統地絕滅，因共黨獨裁是藉它殘酷的辯證法而使它自己延續，任何反抗將召來新的壓迫，又因爲所有的要害所有的資源全在獨裁者的掌握中，將無外來的力量以壓倒獨裁者。

人類彷彿在一個巨大的集中營中，不斷地被摧殘。在這個巨大的集中營中，世界將被遍世界的共黨獨裁而改變。在這漸死的人類的悲慘道上，必須鼓起所有的勇氣，喚醒所有的想像力、所有的智慧、所有的人的愛、自由人的愛、以尋求其他的遠景，和其他的解決，而不能天眞而不負責任地從事。

(註十五)人必須公平和正直，不要認定只有亞洲和中國是缺乏積極的組織的改革，不要認定低能和腐化是亞洲和中國所獨有的。甚至於歐洲，拉丁美洲，甚至於美國也急需許多在社會、經濟、文化和政治方面的組織的改革。

歐洲和拉丁美洲政府也不見得不低能，美國也是如此。請看第二次大戰後可怕的幾十億美元的浪費；在西歐被美國士兵炸毀幾百架的飛機，僅僅爲答應他們早回家幾星期；在太平洋可怕的作戰物質的浪費，特別是在冲繩島的吉普車和其他作戰物資的浪費(一九五〇年十二月二日出版的時代雜誌所載的審計長華倫，陸軍參謀長柯林斯將軍和上院武裝委員會布利吉參議員的聲明)。

政治腐化不僅出現在亞洲和中國，在歐洲和蘇聯也很普遍，在拉丁美洲更甚。甚至於在美國腐敗欺詐也是非常著名的，譬如，在堪薩斯市的政治下流社會的策略中；在前著名的波斯頓市長的市制運動中；在支加哥地方政策中，都有許多欺詐存在。不僅在阿爾加本時代(A－Capone era)就是在最近，紐約市警也有腐化的醜聞，甚至於在戰時以及戰後武裝部隊與不同的公司訂定合同時，腐化也扮演重要角色。今日當人們宣稱腐化是這個或那個國家所獨有的時候，他必須先反省自己然後再開口。

(註十六)不僅羅斯福個人天眞地認爲蘇俄將根本變更和放棄共產主義，很多他的有學問的政治、工業、和軍事參謀人員也都有此如願的想法。

以後若研究這種心性所引起的一連串的影響，和誰是這方面的有支配力的精神動力，是羅斯福還是他的某些顧問，這將是一個很有興趣的心理的、歷史的和社會學的研究。這種心性至少是一部份這種心性在羅斯福死後很久還爲領導國務院的動力，我們可以說直到韓戰爆發(一九五〇年六月)國務院一直爲這種心性所驅使。這種心性也爲倫敦外交部所遵循，關於世界共產主義倫敦外交部似乎久已失去了它如比著名的明慧和實際主義的觀念。戴高樂至少在表面反應上是堅決反共的。他會於戰後訪問莫斯斯，甚至於他也認爲和蘇俄的眞誠合作是可能的。更天眞的是貝奈斯，他會於一九四四年匆匆去莫斯科，他當時是在倫敦的捷克流亡政府的總統，一九四五年，從莫斯科隨紅軍到捷克斯拉夫，他幻想共產主義已變更，已變爲眞正的民主，忠於它的話和諾言。假若不，那麼他至少也能勝過共產黨，手腕高於共產黨。因爲他和馬薩里克一道在凡爾賽會議中會勝過西方無知的政治家，並在東歐建立了虛飾的國家，特別是在捷克斯拉夫建立了捷克的霸權。因爲他會藉他各種「小布爾喬亞」的大小陰謀和奸策在他個人的黃金時代兩次大戰時間在捷克斯拉夫保持了他自己和捷克的霸權，又因爲他成功於幫助在其他的「小協商」國中的不健全的政權，幫助賽爾維亞人在南斯拉夫建立霸權和軍事獨裁，並幫助改善羅馬利亞惡劣的社會和政治情況。但是，貝奈斯雖善於陰謀和短視的議會政治的詭計，以他的渺小怎能勝過共產黨凶猛的辯證法的詭計。貝奈斯若有更大的活力，更大的責任感和更大的道義感，他仍能在一九四五年，四六年、四七年使捷克斯拉夫免於共黨統治。但他和所有的有野心而無能的人一樣，只是怯弱地退却，一直退到他無光榮地死去，結束了他大部份無光榮的政治生涯。

（註十七）艾其遜發表對華關係白皮書時致杜魯門的信是近代史中最不公平和最不正直的文件，因爲它是未加考慮的和片面的，僅僅是被用來洗清（但很少成功）一個愚拙的和不負責任的政策。這政策已造成而也將造成中國的、亞洲的和全世界的許多悲劇。

艾其遜說：「中國內戰今日所造成的結果是中國內部勢力所造成……」自然，在中國東北蘇俄紅軍將日本軍隊的武器交給中共，蘇維埃訓練的軍官、政治工作人員，蘇維埃訓練的中國共產黨黨員，蘇維埃在政治，軍事和戰略方面的顧問與控制：所有這一切都純粹是中國內部勢力所「造成」，所有這一切都是「在中國內部」發生。一九五〇年夏天北韓的侵略也僅僅是韓國內部勢力所「造成」，但美國動員五十三國，戲劇性地有效地干預了韓國事件。除了維辛斯基一人以外，再沒有一個人誠心地稱他們爲侵略者，而同時對於中國却撒手不顧，並仍是那一老套不負責任的藉口：不干與中國內部事件！

（註十八）見杜魯門在威克島與麥克阿瑟會談後於一九五〇年十月十七日在舊金山所發表的演說。

（註十九）共產黨在某些國家中撐握大權以前，他們老是談到「人民」、「人民的權利」，這裏也是「人民」，那裏也是「人民」……他們嘴裏全是「人民」。但是，一旦他們握有政權，人民只有一個權利，就是沉默地繼續作奴工，或是進入集中營的權利。然後共黨中的統治階級被稱爲「人民」，他們的偏見、想法、意志和反覆無常說是「人民」的思想、意志和利益。這種情形在歐洲和在亞洲一樣。

（註二十）在東歐的共產黨也同樣地慣於製造虛飾的環境。例如，在狄托的各游擊司令部中，嚴禁游擊隊員接近美國或英國的軍事代表團，違者處以重刑。僅僅是被挑選的共產黨包圍他們。所以這些代表團在各該區爲虛飾的共產黨環境所包圍，完全與眞正人民隔離，因此不知道人民之間的眞正情形。這就是爲什麼甚至於連邱其爾也被狄托所欺騙的重要原因之一。因爲他的報告員被欺騙。這也就是爲什麼美國和英國以及其他西方列强如此輕易而幼稚地承認狄托是「南斯拉夫」一致擁護的民族領袖，而沒察覺狄托共產黨在過去、甚至於在游擊隊中，是傲慢而無情的少數黨，說狄托是領導全南斯拉夫的領袖純粹是無稽之談，絕非事實。因爲南斯拉夫民族已不復存在，不過是一個假觀念，因爲在所謂的「南斯拉夫」的領土上，現有三個不同的民族：塞爾維族、克羅地族、斯羅文族。在這些民族中，狄托沒有獲得任一民族的眞正的全民支持，在這些民族中，狄托的共產黨一直是殘酷獨裁的少數者。

（註二十一）作者在戰後到過世界上不同的地方：鐵幕後的東歐、蘇俄、法國、意大利、比利時、英國、美國、日本、菲律賓、印度和中國。令作者發生興趣的是觀察共產黨世界組織是如何一致地精細地關注中國。共產黨的宣傳核心、共產黨領袖、共產黨機構一直不斷地注意着中國的重要性；對於非共產黨的輿論他們宣傳着對於中國不關心的態度：「爲什麼爲中國的事而擔憂呢？讓中國人自己解決他們自己的問題。」但是，遍世界的共產黨曾經而也正關注着在中國所發生的一切。

徵稿簡則

一、本刊歡迎：

(1)凡能給人以早日恢復自由中國的希望，和鼓勵人以反共的勇氣的文章。

(2)介紹鐵幕後各國和中國鐵幕區極權專制的殘暴事實的通訊和特寫

(3)介紹世界各國反共的言論，書籍與事實的文字。

(4)研究打擊極權主義有效對策的文章。

(5)提出擊敗共黨後，建立政治民主、經濟平等的理想社會輪廓的文章。

(6)其他反極權的論文、談話、小說、木刻、照片等。

二、翻譯稿件請附原文或註明其出處。

三、投稿字數，每篇請勿超過四千五百字。

四、賜稿務望用稿紙繕寫清晰，並加標點。

五、凡附足郵票的稿件，不刊載即退回。

六、稿件發表後，每千字致稿酬新臺幣十五元至卅元。

七、來稿本刊有刪改權，若不願受此限制，請先說明。

八、惠稿經本社刊載，版權即爲本刊所有，非經同意不得轉譯。

九、來稿請寄臺北市金山街一巷二號本社。

美國選舉前後

王紀五

一、為什麼今年美國的選舉特別重要

在美國，十一月七日的選舉不單是兩大黨的決鬥，也是社會上的一個勝會。選舉在美國老百姓的心目中，和春天的巡迴馬戲團，秋天的棒球大決賽有幾分相像：不過如今不是承平的年代了，熱鬧的氣氛中平添了許多緊張和焦慮的景象。因爲憲法的關係，美國的選舉和英國的有許多不同，如果把選舉當作民意測驗來看，其區別最爲顯著。在英國，這種民意測驗是隨時可以舉行的（雖然英國亦有五年一度的定期大選，但重要的政府更迭多半在臨時選舉中完成）。內閣每次解散國會，重行選舉，多是因爲一個重要的問題或一個重要的政策，在國會中被贊成派和反對派弄成了僵局，因此訴諸於民，以求多數的解決。這時老百姓所面對的問題較單純，政黨間的矛盾也明顯，選民們的抉擇，主要是基於他們對一個較單純，較明顯的爭點的看法。因此選票公佈之後，勝負立見分曉，競選的政客們，也無須多掉槍花。在美國，這種民意測驗是定期舉行的。在法定選期以前，政府內部無論有無矛盾，都沒法直接請教老百姓（如一九三一年）；反過來說，在屆法定選期之時，卽令政府內部受一個穩定的多數黨控制，也得再多問一次老百姓的意見（例如一九四七年）。這種定期選舉，使老百姓考慮的問題，是複雜的而不是單純的，是全面的而不是部份的。政客們必須對老百姓作全盤的解釋，因此興師動衆的從事競選運動，竭盡心智的搜索一些新鮮花樣，想用出奇制勝的方式和敵黨鬥爭。有人說在富於游戲精神的美國社會裡，只有競選消息可以和報紙上的體育版爭奇鬥妍，一決雌雄，這話或許不假。以往的學者每認爲這是美國社會不成熟的表現，我們覺得這個見解雖然不能一筆抹殺，但多少是忽略了制度的必然影響。這種定期選舉不但影響競選的方式，而且有減低選民對投票的興趣的力量。選民覺得政黨交給他們的題目太大，太複雜，不容易尋找答案。而且問題一大，政黨自身的矛盾也多，對一個政黨，很難作可否二字的簡單批評，再者問題既是全面性的，就使選民容易發生空泛的感覺，覺得選舉與自己目前的切身利害，相去甚遠，每每忽略了自己的政治義務。由於這種關係，美國人投票的踴躍，始終不及英國人。有人喜歡說英國人是政治的民族，但從沒有人用這句話來形容他們在大西洋對岸的表親；儘管競選熱鬧，但選櫃前的行列，在美國常是不太擁擠的。選舉總統的年份中，投票的總數往往較高，因爲問題雖大，卻比較象徵化了，而且競選更爲戲劇化，有的人以爲這是和元首接觸的唯一機會，便興會淋漓的趕去投票。在其他的年份裡，投票的總和，很難超過選民總數的三分之一。

今年的情形有些異樣。國內國外的局勢，在美國人的心自中都有急遽的變化。在國內，杜魯門總統一個人的任內所化費的錢比他前任三十幾位總統所化費的總和還多。有人懷疑他的「公平政策」(Fair Deal)是否已成官僚政治的變型，勞民傷財之餘，還會妨害老百姓的基本自由。有人對他的社會福利政策是原則上表同情的，但感覺聯邦政府在執行政策時浪費太多，不够經濟。有人則單純的反對高稅，認爲在杜總統的任內，他們得不償失。國際局勢的變遷更使美國人民觸目驚心。共產勢力在亞洲的高漲，自韓戰爆發以後，已經成爲美國社會上的第一號問題。看見報上逐日登載的美軍傷亡名單，美國人痛定思痛，想起的便是艾契遜兩年來軟弱無能的遠東政策。國務院幾年來用「先歐後亞」的藉口，把中國大陸斷送給蘇俄，現在美國人已用生命和財產來償付這個錯誤了，老百姓至此覺得不能沒有話說。在歐洲，艾契遜的北大西洋公約還沒有能收到實效。馬歇爾計劃花了不少錢，但西歐的防綫能否抵抗强敵，誰也不敢說：美國社會裡已有一句流言：「我們一放手，他們自己就站不穩了。」在聯合國裡，蘇俄集團和騎牆派的印度不斷爲中共叩門，韓戰之後復盡力阻撓聯合國的多數決策，使聯合國風雨飄搖，不絕如縷。美國人至此尤須考慮年來美國是否有堅定貫徹的方案，在聯合國中起積極的領導作用？一年來一連串的國際間諜案，在美國社會中也起了極大的反應。共產黨的猙獰面目不但在國外暴露，在國內也出現了。這些間諜案使美國人懷疑杜魯門的防諜工作是否徹底，懷疑政府中是否有共黨或他們的同路人滲入。這些問題是一年來輿論上爭辯不休的題材，現在逢到選舉，都送來給選民做答案了。今年不是總統選舉年，但政黨交給選民的問題尖銳而具體，政府內部的矛盾，又亟須民意測驗來做裁判，而且美國人雖不是政治的民族，卻是不愛打仗的民族，現在戰爭就在目前，愈是退縮，愈是危險：這種種因素加起來，使美國今年投票人總數超過四千一百萬，打破了所有非總統選舉年份的投票紀錄，儘從這個數目上，我們就能看出今年選舉的重要性。杜魯門在選舉揭曉之後對記者說，他對選舉的結果很失望，但對選民的踴躍感到欣慰。這句話雖不能保證他將充份接受民意的判決，但從他歡迎民意批評的態度上看，這句話是有民主政治家的風度的。

二、候選人爭執的焦點

美國是兩黨政治。平素我們要知道選擧中的爭執，只須比較民主共和兩黨的政綱便能知道大概，但今年則是例外，和林肯初次當選總統時相仿，因爲兩黨的內部都分裂了。民主黨和他們在南方的分店——南方民主黨——磨擦日深一日，即是正規民主黨中，反杜魯門艾契遜的亦不在少數。共和黨革新保守兩派間的裂痕也極顯著，在內政方面，後者是高呼反社會政策，前者只是反杜魯門的社會政策。在外交方面共和黨內意見大體相近，但亦有少數人做艾契遜的應聲蟲。民主黨素來用一頭驢子做他們的「黨徽」，共和黨則用一頭象。有人爲今年的選擧作漫畫，畫了一個驢頭象身的怪物和一個象頭驢身的野獸在賽跑，這幅漫畫對今年的選擧是一個相當傳神的寫眞。美國人要了解今年選擧的爭點，必須自每個候選人本身的言行上去觀察，以往所遵循的一個單純的「黨的道路」是行不通了。今年共和黨以壓倒多數勝利的是俄海俄州的塔虎脫(Taft)參議員和紐約州的杜威(Dewey)州長，但俄海俄州同時選出了一個民主黨的州長(註一)，紐約州也選出了一個民主黨的參議員(註二)，從這件事我們看出今年美國人「對人投票」 「對黨投票」要看得重些，「對問題投票」比「對人投票」更格外要緊。

問題究竟是些什麼？美國是個龐大的國家，各地情形相去很遠，再加上他們的定期選擧制度，選民所接觸的一般性的問題都由候選人加以解釋，找出不同的重心，因此今年的選擧，有的地方是在爭論地方性的問題，有的地方是在爭論國際性的問題，有的地方則是爭論全國性的問題。納布納斯加州(Nebereska)今年民主共和兩黨爭論的主題是公醫制度(註三)，紐約和加里福利亞州的州長選擧，爭執的中心多半是州政府的各種措施。杜威打敗了對手林區(Lynch)，主要是他修公路和造平民住宅被公認爲德政。相反的是加州州長華倫(Warren)打敗了勁敵小羅斯福(James Roosevelt)，是因爲他的政府少做事少化錢，能得人民歡心。這幾處的選擧固然也表示人民的各種意見，但它們都是地方性的爭執。在西南各州，共和黨打敗了民主黨，共和黨的口號是「打倒左派」，他們說民主黨自稱前進，卻只知用苛捐雜稅剝削人民，這些話很動人聽聞。在東北部的新英格蘭各州(New England States)，兩黨平分秋色，因爲兩黨的候選人都說自己是自由主義的信徒，候選人間政見的距離較小。這幾州的選擧中，所爭的雖是全國性的問題，但問題提得較空泛，我們無從自選民的態度上得到具體的結論。今年選擧中，双方的爭執能具體而不狹隘的，當推俄海俄(Ohio)，馬利蘭(Maryland)和伊利諾(Illinois)三州參議員的選擧，這三州的民主黨候選人都是杜魯門艾契遜的大將，共和黨的則是反杜魯門最激烈的份子，兩方都要求人民對杜魯門數年來的施政作一個總批判。我們要研究美國一般百姓對國內外局勢一般的反應，最好從這裡下手。

在俄海俄州，民主黨處心積慮的要趕走塔虎脫參議員。塔氏由于十幾年來反政府的激烈，已被一般人稱爲共和黨的化身(註四)。杜魯門和副總統巴克來數月前早就到俄海俄公開活動，並且聯絡工會，用大批的人和大批的錢去競選。塔虎脫對這個聯合攻勢毫不躲閃，直接反擊，說杜魯門的「公平政策」腐敗，艾契遜的外交政策矛盾軟弱，並且說上屆國會因民主黨佔優勢，實際已成杜魯門的橡皮圖章。由於塔虎脫的態度强硬，俄海俄的選擧遂成爲擧國注目的焦點。選擧結果，塔氏以四十三萬多數當選，打破他自己歷年戰勝的紀錄。塔虎脫的勝利，主要的由于：(一)工會領袖在反塔虎脫的競選中，氣焰囂張，聲勢奪人；塔虎脫因而警告選民說民主黨已成爲工會大亨們的玩偶。(二)民主黨候選人傅格生(Ferguson)聲望太差，而且競選的時候逢人便作允諾，竟至前後矛盾，這種浮而不實的私人態度，對民主黨的選票頗有不利的影響。(三)最要緊的，是最近美國普遍的通貨澎脹與中共捲入韓戰這兩件事，加强了塔虎脫攻擊杜魯門的力量。塔氏這次獲勝，許多人以爲是一九五二大選的一個徵兆，這話雖言之過早，但就預測杜魯門已經走上下坡路一點來看，也不無道理。

馬利蘭州的參議員競選也有同樣的緊張場面。民主黨參院軍委會主席泰丁斯(Tydings)落選了。泰丁斯已蟬聯四任，新任的共和黨員白特勒(Butler)卻是個初次競選的律師。泰丁斯所以落選，主要是他半年前擔任參院小組會主席調查麥卡塞(Seuafor McCarthy)控告國務院案時，多方替國務院洗刷，甚且爲拉鐵摩爾(Lattimore)辯護，以致在本鄉弄到聲名狼藉。這次選擧中，兩黨只提出一點來徵詢選民——麥卡塞控告共黨滲入國務院一案有無價值？結果共和黨以四萬票多數獲勝(馬利蘭是小州，四萬票已可觀。)，這對杜魯門艾契遜不啻一個嚴重警告。說人民認爲政府對國外國內的共產黨活動都太軟弱。

伊利諾州的參議員選擧主要是以外交政策爲爭論題材的。民主黨參院領袖盧加斯(Lucas)是替艾契遜在國會中說話最力的人，伊利諾又是民主黨的重要基地，但這一席參議員竟被共和黨員德克遜(Dirksen)奪去。盧加斯失敗的理由很多。老百姓對國務院的外交政策本已不滿，選擧前夕中共公然援助北韓的戰報，立即就變爲促成的因素。此外芝加哥的幾件謀殺案，暴露了民主黨一些黨棍子的污點，也與盧加斯的失敗有關。共和黨政客史大森(Stassen)評盧氏的失敗說伊利諾的選擧證明人民要清白的政府，尤其是要艾契遜辭職。

總括起來說，一九五〇年的美國選擧，選民所必須考慮的是下列六個問題：(一)國務院的外交政策，尤其是遠東政策。(二)政府被共黨滲透的危機。(三)政府漠視共黨滲透的態度。(四)杜魯門所謂「公平政策」的方案及代價。(五)大城市中政黨機構(City Party Machine)的腐敗及其操縱選擧的企圖。(六)工會領袖在選擧中獨斷獨行的勢力。就參院選擧的結果而言，老百姓對這六個問題的答案都是對政府不滿的。

三、選擧的勝負

今年選擧對於國會席次的更動，可見于下表：

參議院	八十一屆（1948—1950）	八十二屆（1950—1952）
民主黨	54	49
共和黨	42	47
衆議院	1948—1950	1950—1952
民主黨	263	235
共和黨	171	199
其他	1	1

就數字表面言，民主黨始終是多數黨，但美國選擧背景複雜，在政黨內部分裂的時候尤然，前面已經述及，我們研究這次選擧的勝負，必須從其他資料入手。今年美國三分之一的參議員，三分之二的州長和全部下議員重選，民主黨在國會中的優勢，則是由上任蟬聯的議員造成，今年的四千一百萬票中，贊成民主黨的不過一千八百萬票，佔百分之四十六弱。再者民主黨的選票有一半是由保守的南方民主黨掙來（註五），這一半票數是不能看做擁護杜魯門的選票的。要估計杜魯門派的失敗，須自南方十二州以外的選票中去觀察。除去南方各州以外，民主黨在衆議院競選中，勝一百廿六席，負一百九十六席；在參議院中勝九席，負十八席；在州長選擧中勝三席，負二十三席（註六）。若看這篇數字，所得的觀念就截然不同。有人根據過去國會的紀錄和各人競選的演說，分析新國會的組成如左：

參議院：民主黨中（一）積極擁護杜魯門的十二人，（二）大致擁護杜魯門的廿五人，（三）堅決反對杜魯門的十二人。共和黨中遵循黨紀的四十二人，向杜魯門艾契遜靠攏的五人。

衆議院：依照上述分類法來分類，民主黨屬于上述第（一）類的，有九十二人，屬于上述第（二）類的爲九十四人，屬于上述第（三）類的爲四十九人；共和黨則是一百八十八對十一。

換句話說，參院中反杜魯門的合佔百分之五十六點五，擁護杜魯門的佔百分之四十三點五。下院中反對與擁護的對比則是五十四對四十六。共和黨在今年雖未能控制國會，但民主黨的困難卻不比一九四六年共和黨控制兩院時輕鬆。南方民主黨的集團，在八十二屆國會中，尤有擧足輕重之勢。

上面是自量的方面觀察美國新國會。若從質的上面看，民主黨的損失更大。民主黨參議院中的領導人物如盧加斯，泰丁斯，邁爾斯（Myers），湯馬斯（Thomas）等都紛紛落選，共和黨的現任參議員則只失去密蘇里州的一席，尚且不是緊要的，由此看來難怪杜魯門說他對選擧「失望」了。

歸納上項所言，這次選擧的勝負已很分明。有人說如果把民主黨當作全國性的政黨看，它尚能控制國會，不算失敗，但這點必須牽涉到民主黨與南方民主黨的關係，才能討論，非本文所能及。姑無論整個民主黨勝負如何，下列的四個人卻無疑的是今年的失敗者：

第一是杜魯門總統。除去紐約的李門（Lehman）和康州的本頓（Benton）兩個參議員外，沒有一個擁護杜魯門的參議員沒有落選。而李門的當選主要是因揭發了政敵的一些私人隱秘，本頓當選的多數尚不足一千票，兩人都可說是僥倖。杜魯門親自出動爲康州的鮑斯（Bowles）活動州長，爲加州的道格拉斯太太（MRS. Douglas）活動參議員，爲紐約的皮可拉（Pecora）活動市長，但這三人俱告落選。在南方反杜魯門的前任國務卿貝爾納斯（Byrnes）膺選州長，擁護總統的皮柏（Pepper）在佛羅里達州失敗，使南方民主黨中的不合作主義更加抬頭。至於杜魯門在國會中發言人的慘敗，已詳前述，不再復贅。最狼狽的是杜魯門在選擧前夕廣播，預測今年又將是民主黨得到壓倒的勝利，這句話今天已成了一個絕大的諷刺。

第二個失敗的是民主黨在各大城市中的政黨機構。這些機構操縱人口稠密的選區已久，一九四八年且曾造成選出杜魯門的「奇蹟」。今年這個龐大的組織在中西部工作最力，但失敗也最慘，而且被指爲腐敗的象徵。

第三個失敗者是國務院。除李門和本頓二人倖獲當選之外，所有爭論到外交政策的選區中，老百姓都對艾契遜投了不信任票，這情形在本雪文尼亞、伊利諾、俄海俄、艾俄瓦、猶他、和加里福尼亞諸州尤其顯著。

第四個失敗的是全國性的勞工組織的領袖們。這些大亨平素由于工會的紀律，常能支配幾個工業區的議席，但這次他們的失敗彰明昭著，尤其以中西部的工人背棄工會，選出了被工會大亨指爲「勞働階級公敵」的塔虎脫，足以發人深省。

四、選擧的風氣

今年美國選擧的秩序相當良好，連風氣敗壞的大城如芝加哥紐約都沒有發生打架和賄賂的事。但競選諸公的宣傳方式，很有走極端的，令人不能不加指責。第一是競選言論的不檢點。許多顯要的競選演說都極盡攻擊政敵私人名譽之能事，如紐約市長的三個候選人互相責備對方是賭棍和流氓的走狗，殊屬無謂。第二是商業宣傳的習氣太重。康州落選的鮑斯州長乘了直昇飛機巡游全省，凡見了三五成群的行人，就自天而降的宣傳。其他有的人是靠濫貼標語當選，有的是靠四處和人握手寒喧起家，這種方式並無什麼不對，但用之過度，就有混淆爭論重心之弊。杜魯門是這種馬拉松競選的發明人之一，這次卻身受其害。伊利諾州的共和黨人德克遜競選廿一個月，演講一千五百次，旅行廿五萬哩，跑壞了兩部新汽車，終于打敗了對手盧加斯。紐約的杜威州長在選擧前一日連續在無線電和無線電傳眞電台上宣傳十八小時，聲嘶力竭，果然報應不爽，榮膺連任。這種種方式固然深入民間，但並不一定是向人民介紹政策的良好方式，過度使用「重量不重質」的宣傳，選擧的結果有時反不足表示眞正的民意。第三是少數競選者用不負責的手段，揭發政敵的陰私。紐約州的李門利用政敵韓利的一封私函，强說杜威用錢收買韓利，一時輿論沸騰。馬利蘭州的布特勒攻擊民主黨參議員泰丁斯縱容共黨。選擧前夕，市上流傳一張泰丁斯與美共頭目合影的相片，民主黨雖辯說相片是剪裁底片僞製的，但老百姓中有人已有成見，不容辯白。這種先入爲主造成偏見的手段，相當卑汚。十一月十日的生活雜誌，爲此特寫專論，大呼人心不古。現在臺灣初行地方自治，對民主先進國家，須要學習的地方很多，但對他們的民主病，尤不能不引爲前車之鑑，深自警惕。

五、從一九五〇看一九五二

有人說每次選擧不過是下次競選的前奏曲，如果用這種態度來看今年的選擧，就另有一番意味。美國的報界對一九五二的總統提名已經紛紛揣測，塔虎脫的名字不斷被提起，這位保守的共和黨參議員卻只肯用最審愼的語句答覆記者說他尙無意活動，但如黨中推他競選總統，他當不致拒絕。若說一九五二年共和黨能在總統大選中操勝算，未免言之過早；不過兩年來許多人覺得共和黨已死而不能復生，這種論調已不復有人再提。較穩健的看法是一九五二年民主共和兩黨將有一場勢均力敵的決賽，鹿死誰手雖不可知，但兩黨旗鼓相當的形勢，將會達到南北戰爭之後所未見的平衡。

前面已經述及共和黨內部的分裂，但黨內各派勢力的消長，却仍舊是個謎。保守派的塔虎脫，溫和派的華倫，激進派的杜威同時當選連任，三人又同得到壓倒的多數支持，這件事實使美國最富賭博精神的無線電預言家也噤若寒蟬，不肯斷論誰將是一九五二年共和黨的領導者。支持塔虎脫的人說只有塔虎脫的勝利能象徵共和黨的勝利，因爲只有他一人在競選時是和杜魯門全面宣戰的。另一方面，杜威的力量仍不能輕視，他今年獲勝之後在一九五二的共和黨全國代表大會之中說話的力量將大爲加强。十一月初杜威公開聲明他將擁護艾森豪威爾將軍競選，艾帥的名望加上第一大州紐約的共和黨人的支持，在黨內提名時會有相當力量的。加州的華倫州長這次雖因地方問題當選，但他得票超過政敵小羅斯福的一倍，而加州來年人口增加，已成美國第二大州，後年共和黨代表大會裡，對這位第二大州中爭取選票最有力的人物，不能不有相當考慮。兩度圖取共和黨總統提名的史大森在這次選擧中是個失敗者。他在本雪文尼亞州與共和黨激進派的州長杜弗(Duff)不和，預言杜弗失敗，結果杜弗當選，史大森和黨中的激進派便仇深難解。此刻史氏和塔虎脫的保守派還維持友好關係，但他在一九五二年的提名競爭中，希望已極微弱。

六、美國向右轉了嗎？

擧世矚目於美國選擧的，不是幾個重要人物的更迭，而是這些人物更迭以後，對美國政策發生的影響。由於共和黨和南方民主黨在國會中得勢，杜魯門的社會經濟政策是告一段落了。兩年來民主黨同時操縱國會和白宮，但杜魯門的所謂「公平政策」，仍多半是滯留在議而不決，決而不行的階段。今年選擧之後，我們雖不敢斷論整個的「公平政策」已經壽終正寢，但其中最惹人注目的社會醫藥保險和布來南農業改良計劃兩項，即將流產，已爲一般輿論所認定。對於美國內政的動態，我們若卽以「左轉」和「右轉」來定其好壞，危險甚大。第一，我們須認淸今日爭論的焦點，不是社會福利政策的原則，而是其手段和範圍。杜威和杜弗一派的共和黨員，早就宣稱他們以地方自治團體爲單位所推行的社會福利政策，比杜魯門在白宮發號施令的「公平政策」來得徹底，他們反對的，只是白宮包辦的方式。保守派的塔虎脫等，雖然口稱反對美國社會化，但我們亦不能用一九二〇時代的共和黨標準來衡量他們。他們反對最烈的是聯邦政府支出浩繁，效率不高，至於半世紀以前徹底放任的資本主義，誰都知道是打碎了的盤子，再也拼湊不攏的了。眞正的保守派和頑固派有截然不同的區別，後者只知盡力把時代的輪子向後拉，前者却能認識時代的需要，當時代的改變到來的時候，他們就順水推舟，任其自然的轉變。我們若認爲只有頑固份子是右派，未免低估了保守主義的價值。今年共和黨在國會中說話的力量加强了，在保守主義和頑固主義之間，可以任擇一途，共和黨正面臨一個重大的考驗。其次，我們須要避免爲誇張的宣傳口號所迷惑。政黨向人民宣傳其政策，是不能避免誇張的。共和黨如果覺得社會政策推行至今，已能適應現社會的要求，更進一步，就要因人工計劃的缺乏適應力，阻礙社會蓬勃的生機。但他們對選民宣傳的時候，決不肯用這樣學究式的說理，必定危言聳聽，說美國已面臨社會化的「生死關頭」，要求人民「懸崖勒馬」。我們要研究共和黨的確實態度，必須躲過這陣誇大宣傳的烟幕，往事實中研討。就過去的事例說，小而言之，杜魯門口稱推行社會政策，但國庫收支不平衡時，他不知在別處緊縮，只知減裁國防攸關的軍費和民生必需的郵政費用，這兩件措施共和黨都未同意；大而言之，共和黨雖反對政府開支過鉅，但一九四六年共和黨操縱兩院時亦從不會反對過累進的所得稅率。如果他們並不反對將百萬富翁的所入抽稅百分之八十，我們只因共和黨高唱資本主義就說他們是華爾街反動派的走狗，是不合事實的。總而言之，自一九二九年美國經濟崩潰以後，老的共和黨已跟着不景氣死了，新的共和黨還沒有負過責任，今年選出的國會中，共和黨勢力再度抬頭。其內政動向，尙有待於事實的證明，我們且拭目以看。

就外交政策而言，今日的問題只有一個，便是與赤色侵略集團的鬥爭。這個鬥爭的中心與其說是爲保存經濟制度而戰，不如說是爲保存自由的生活方式和思想形態而戰。把問題的癥結看清楚了，就知道反共產的國際政策中，根本無所謂左派右派可言，若强分左右，則妥協派是右，强硬派是左，這與共黨宣傳的粉紅色「民主人士」是左，反侵略的自由主義者是右，恰恰相反。民主共和兩黨在反共的原則上了無區別，但在政策上有許多差異。第一是民主黨艾契遜派的反共政策帶有姑息的意味。他所稱「先歐後亞」的外交政策，是想在歐洲建立一個堅强的反共陣線，這個陣線未建立穩固之前，先把亞洲送給蘇俄做出氣筒。第二是在執行這個政策的時候，須對西歐民主國家使用大量的金錢。共和黨一般的看法反是。他們首先指出如果任令共產洪流在亞洲發展，則在西歐防線完成以前，共產主義的禍害已不可收拾了。其次他們認爲美國援歐的款項用得大而不當。前者已由韓國戰事得到有力的證明，後者他們指出西歐國家重整軍備的遲緩，便是事實根據。這次選擧之後，共和黨在參議院的收獲遠大於在衆議院中者，第一是民主黨在參議院中只以兩票獲得多數，太不穩定，但在下院中，其佔多數的比例較大，較能支配每一個委員會，第二是參院中民主黨的領袖，會場總幹事（whip）和兩個重要委員會的主席(註七)都已落選，在衆院中民主黨的要人尚全盤未動。杜魯門若另覓親信以補充參院的缺，則威信不足經驗不够，如果找威望較高的人，則多半是和白宮不合作的南方民主黨。依憲法的規定和慣例，參院幾乎是在國會中獨享外交權的，這種事實合併起來，今後共和黨在外交政策上發言的力量，將較內政決策上强大，殊無疑問。這個新的形勢，正强迫美國的外交政策向平衡的方向轉移。歐洲的國家首先感到切膚的痛癢。英國外相貝文第一個替艾契遜感到不安，法國的第一大報世界報（Le Monde）在十一月八日也作論替艾契遜的位置感到焦慮。英法懼怕的是什麼？塔虎脫一向對北大西洋公約是不感興趣的，但英法並不懼怕共和黨主張放棄西歐，因爲這幾乎是不可能的事。他們怕的是塔虎脫競選時說的削減援歐款項，讓歐洲「提前站在他們自己的脚跟上」。對亞洲問題言，共和黨一向反對與中共來往，一向否認中共有成爲南斯拉夫第二的可能，這個態度是對的，但還不够，更積極更具體的政策尚待提出，以替代目前的無政策。總括而言，共和黨一面主張全面反共，一面主張節約開支，這在美國人的立場上看，並無錯誤。問題是節約援外費用有一定的限度，超過了這個限度，便要使美國無力担負她的國際責任。共和黨的外交政策能否全盤貫徹，單在他們接受美國國際責任的程度上便可看出。今年選擧之後若干民主黨人已開始宣傳共和黨要引導美國走向孤立主義的途徑。塔虎脫爲了闢謠，他向記者簡潔有力的說：『今天只有白癡才走孤立主義的路線』。這句話講得很强硬，不過今天世界局勢變了，孤立主義的定義也變了。一九二〇時代，美國不參加國聯便是孤立主義，但今天單看美國是否參加聯合國，決不足以評論美國是否孤立，美國如不走孤立主義的道路，必須充分担負起她的國際責任才行。美國在今年的選擧中發生了許多變化，但人人承認的是共產國際的侵略主義沒有變。塔虎脫闢謠的豪語，當是看清了這一點而發的。我們對共和黨擔負國際責任的決心沒有憂慮的理由，但政治性的言語必須用事實來兌現，替美國第八十二屆國會中共和黨評定是非功過的，仍是將來的史家。

註一：Govenor Lausche　註二：Senator Lehman

註三：即强迫醫藥保險制度。　註四：美人稱塔虎脫爲「共和黨先生」（MR. Republican）

註五：南方十二州自南北戰爭失敗後自成一個反共和黨的壁壘，現在遂成民主黨的老巢，但與正規民主黨常不合作，近年反杜魯門尤力。

註六：米西根州州長選票計算錯誤，至今勝負未定。

註七：軍委會主席Tydings和勞工委員會主委Thomas

蘇聯的幕後戰術和聯合國應有的和平計劃

鄒景蘇

1.第三次大戰已在進行中：蘇聯以策動世界革命的方式進行其侵略陰謀，這是帝國主義侵略史中異常特別的面目。它既不宣戰，甚至亦不動員紅軍，可是世界上的名城一個一個陷落了；數萬萬方里的沃野，數億以上的人口，五六年之內均投入克里姆林宮統治者的掌握。蘇聯指定這是各國內部發生的革命，不容其他民主國家置喙，民主國家如天眞的相信蘇聯的詭辯，則民主國家意想中的那種大戰是不會發生的。蘇聯可以用偸竊的方式擴張它的版圖。但被侵略者勇敢的抵抗，局部的戰爭當然繼續發生；而這一連串規模或大或小的抵抗共產侵略的戰爭，正是將來史家所說的第三次世界大戰。這樣說起來，第三次大戰不但業已發生，而且我們已進行戰爭多年了。

蘇聯的侵略，於第二次大戰的初期業已開始。當時它利用希特勒的掩護以覇佔波羅的海國家。第二次大戰結束之際，它又利用盟國的疲勞，乘機攫取所有東歐的國家。這幾次的侵略，雖招致民主國家外交上的抗議，但爲實際環境所限，並沒有惹起戰爭。波蘭捷克的民族義士，固亦曾艱苦對抗，然在孤立無助的狀態中，很快的成了瓦解的局面。其後蘇聯侵略的箭頭移向遠東，迫得中國韓國以及越南先後抵抗，而第三次大戰的戰火，就一直在蔓延與燃燒之中。反侵略者對於侵略的勢力必然予以對抗，在打擊與反打擊的過程中，愛好和平的人士不知不覺走入了戰場。

侵略者的面貌，最初亦許不容易認識。中國的共黨，許多人就認爲是一種土地改革者。可是時間一久，侵略的姿態必然暴露。現在，民主集團的聯軍已在韓國爲抵抗侵略而戰，民主國家如何能說還沒有發生世界大戰呢？我們如果不承認我們已經在戰爭中的事實，那我們必然拉長戰爭而增加了戰爭的破壞性與殘忍性。

大多數的政治家，都在期待韓國軍事的結束。他們希望重新整頓軍備，以强大的實力鎭懾蘇聯，使之不走上大戰的道路。但是玩火者已投擲了第二個炸彈，在越南加緊侵略的攻勢，使民主國家不可能得到偸安的機會。蘇聯正以其預定的程序導演世界大戰。

民主國家的人士，爲什麼認爲世界大戰還沒有發生呢？這是受了蘇聯宣傳的欺騙了。民主國家有和平的決心，所以相信蘇聯不先進攻，大戰是不會發生的。現在蘇聯沒有在北韓參戰，而且國際情報局亦宣佈韓戰與蘇聯無關，韓國的戰事已經「地方化」了。這一種形式邏輯完全否認了事實，使民主國家深陷於陷阱之中。蘇聯沒有參加戰爭麼？蘇聯的軍事顧問，在每一個動亂的區域負指導與指揮之責；蘇聯的槍礮，在每一個動亂的區域變成屠殺的利器，蘇聯固然沒有宣戰，但蘇聯決不會採用宣戰的方式的。自從上次大戰以後，宣戰的方式本來已是落伍了的，蘇聯對於這一點，實在有更進步的手段；它發動了戰爭，却硬說與戰爭無關。民主國家能相信蘇聯的宣傳而容許它選擇進攻的最好機會麼？

2.蘇聯以附庸國家的人海消耗民主國家的軍備：民主國家的政治家們，有時爲優越感所欺騙，認爲蘇聯尙不敢於此時發動戰爭。他們還有充分的時間備戰，而且備戰的工作眞能成功，蘇聯更不敢挑戰，大戰終於可以避免的。殊不知蘇聯已經進入戰爭，而且還規定了這一時期的作戰目標：以附庸國家的人海，消耗民主國家的軍備及士氣。

蘇聯因爲是戰爭的策動者，所以很知道它已經在戰爭之中。它所以沒有向民主集團的主力進攻，乃因爲向弱小國家滲入對它更爲有利。它所以不採取正統的宣戰方式，乃因爲它要保留宣傳上的有利條件。蘇聯慣於以戰爭販子的惡名去阻止反侵略者的武裝準備，所以它盡力避免戰爭的形式；可是它一切的行動，均以戰略爲前提。而這一階段的目標，我們必須强調而重覆的說明，無非想完成消耗民主集團的力量的使命。北韓的侵入大韓民國，完全出於蘇聯的策動，那已是衆所週知的事實。北韓於侵略開始之時，準備的充分，兵員的衆多，器械的進步，行動的迅速，既非北韓的人力財力所可供應，也不能解釋爲猝發的偶然事件。幕後有人，呼之欲出，這是前三月每一個人對於韓國戰事所得到的印象。但是蘇聯爲什麼指使北韓侵略呢？它對民主國家估計錯誤，認爲民主集團不致有所行動麼？不然，蘇聯對美國維持日本海安全的決心是很清楚的。它的進攻南韓，正是攻其所必爭，而後它可以逐步達到消耗對方的目的。

當聯軍在韓國登陸之際，一般人均恐懼蘇聯將在德國伊朗以及越南普遍發生軍事行動。然而蘇聯沒有這樣做，因爲這個對策過於正統了，蘇聯不肯這樣光明正大的表示它有發動大戰的決心。蘇聯採取了更陰狠的更毒辣的對策。它表示鎭靜，它表示不採取戰爭的方式，然而幕後指揮各地的土共進行車輪戰術，輪流的吸住民主集團的軍隊，而繼續的使民主國家的人力物力受到巨大的損失。這一種陰謀，在最近越共的加緊行動的事實中暴露出來了。民主國家希望韓國事件局部化，甚至對中共這個傀儡亦不願稍予刺激，深欲個別的解除金日成的武裝，而在朝鮮半島加强反共勢力。蘇聯沒有出兵援助金日成，中共亦沒有正式參加這個戰事，似乎侵略集團並不想擴大事態。殊不知韓國問題可望結束的時候，越共的侵略又形緊張，法軍在中越的邊界受到嚴重的一擊。越共的實力，據時代週刊的報導，作戰部隊八萬人，民團十萬人（無武裝），作戰的力量遠非法軍可比，然而胡志明發動總攻了，而且侵入三個重鎮，迫得法國要人紛向西貢和華盛頓飛航，而美國軍事代表團也得及時趕到中南半島。幕後有人，呼之欲出，這又是這一次越共猖獗所予我人深刻的印象。越南事件，是民主國家不能坐視不救的。這一個區域，可能又要吸住民主國家若干師軍隊。法國以往派遣越南的軍隊，幾佔全國精銳之半，而這種軍隊，本來是法國本土迫切需要的。現在爲應付新的局面，勢必增加新的力量。情形如繼續惡化，美國將被迫考慮軍事援助，到那個時候，美國在麥帥統率之下的雄師，可能又要移防中南半島。

越南問題到可以結束的時候，蘇聯或再嗾使保加利亞會合希共向希臘前進。如是，美英法諸國的注意力，自然又得集中於巴爾幹半島。蘇聯這樣個別策動所謂「地方性的事件」，表面上看是非常愚蠢的。因爲在每一個地方事件中，民主集團均有獲得勝利的可能。然而這一個戰略，實有其嚴重的威脅性。第一，蘇聯既不直接參與這種地方事件，民主國始終假定大戰還沒有發生，因此亦就得不到直接轟炸莫斯科的理由；而且在各個戰場之中，因不願使用猛烈的新式武器，常會造成曠日持久的局面。這樣，民主集團與蘇聯之間形成了勞逸的差別。第二，蘇聯在各個地方事件中所犧牲的是附庸國的人力，這正是蘇聯最不愛惜的，而民主集團所犧牲的是寶貴的財力物力。韓國戰爭之中，美國消耗二十億以上的財力，二萬人的死傷，軍火的消耗雖沒有正確的統計，但數字一定是可驚的。共產集團都慣於使用人海戰術，而人海戰術的眞正意義，無非以人類的生命去交換對方的彈藥。這是異常不人道的，但在長期性的戰爭中，人力多的一方常可因這種戰術而得到很大的便宜。第三，蘇聯在各處造成地方事件，民主國家就得奔馳於各個戰場之中。這樣的事件一多，很容易造成民主國家人民厭戰的心理。美國以及其他民主國家的人民，在長久的艱苦鬥爭中，將感覺他們的浴血抗戰對祖國的安全亦許沒有十分的關係。尤其經過蘇聯的宣傳，它將一再誣蔑民主國家干涉了他國的「人民的願望」。因之，大家在厭戰之後，甚至還要怨恨政府錯誤的領導。

這三種可能性，完全在蘇聯的預計之中。所以它既不承認大戰業已發生，而又不讓戰爭結束。一旦它的預計成熟了，蘇聯大行動的時機也成熟了。到那個時候，它就不再以安理會的否決權爲滿足。到那個時候，它將動員龐大的紅軍，傾巢進犯所有的民主國家。到那個時候，一般政治家所承認的世界大戰爆發了。但是民主國能允許蘇聯選擇這樣有利的時機麼？

3.民主國家不能再等了：蘇聯所以在幕後採取捉迷藏的戰術，無非想補救自己的短處而消耗敵方的優點。蘇聯的短處，一爲它經濟的不能持久，二爲它經不起美國原子轟炸；它藏身幕後，它就不必憂慮原子彈的襲擊。而同時又策動韓共中共越共向民主集團的要害打擊，迫得民主集團必須應付這一種斥堠戰。由是民主國家經濟上的優點，無形中犧牲了許多。到民主國家的優點變成短處而蘇聯的短處變成優點的時候，那大戰的前途就不堪設想了。

民主國家目前的錯誤，由於以爲世界大戰尚未爆發，所以總存着萬一的僥倖心理，不肯決擇結束戰爭的捷徑。誠然，現在的戰爭不過斥堠戰，但斥堠戰如何能說不是大戰的序幕？而且民主國家既然決心反抗侵略了，那就應該打擊侵略者的主人，不能允許這個惡魔在幕後操縱。枝枝節節的解決世界的問題，實在是種徒然的浪費。最近美國提出和平的具體方案，迫使蘇聯攤牌，把它兇悍的面目暴露於世界人士之前。這是結束這個捉迷藏戰術最好的方法。民主國家必須把蘇聯從幕後移到幕前，而後蘇聯方能負起它應負的責任。蘇聯如有絲毫合作的誠意，當對國際間的和平原則虛心接受。不然，它已自棄於國際，聯合國也應該採取斷然的行動了。

美國所提的和平方案，實未能正本清源；蘇聯的所以猖獗，並不因國際之沒有制裁，而還是因爲史太林有侵略的野心。加強聯合國的行動，在今日已不能阻塞早經泛濫的洪流。我們認爲聯合國應有的和平計劃當包括下列數點：一、蘇聯放棄其一黨獨裁，而容許反對黨之存在。二、蘇聯解散國際情報局，並不得組織類似的策動世界混亂的陰謀團體。三、蘇聯所控制的國家，在聯合國監視之下，進行公正而公開之選舉，從新組織獨立而代表民意之政府。這三點均爲蘇聯擾亂世界和平的重要因素，故爲解除蘇聯對於世界的威脅，這三點是必須做到的。

獨裁之必然造成專制，專制之必然引起侵略，這是近代歷史中屢試而不爽的事實。世界犧牲了數百萬的生靈以與希特勒的獨裁搏鬥，自不能容忍史太林的獨裁可以倖存。爲貫徹第二次世界大戰中標揭的理想，第一個要求決不能容許蘇聯拒絕。蘇聯恒自誇其國內的建設成績，而國際間則屢次洩漏它集中營的事實；這種宣傳和反宣傳都是沒有意義的。蘇聯如自信其爲人民服務的成績，實不必壓迫反對黨的生長。至於解散國際情報局，那也是極其必要的事情。蘇聯於受到希特勒的襲擊的時期，曾解散第三國際以示與盟國合作，現在它仍沒有理由組織這一種產生紛爭的國際情報局。並且蘇聯常常宣傳不干涉他國內政的，試問國際情報局的工作，是否干涉了他國的內政？在聯合國以外組織其他的國際機構，顯然已有陰謀與野心。爲健全聯合國的團結，豈容蘇聯單獨設立號令他國的司令台？最後說到附庸國的公正而公開的選舉，那也是蘇聯所不應該反對的。蘇聯不承認衛星國是它的附庸國家，而且常說附庸國之誕生，完全出自該國「人民的願望」。那末爲什麼要反對公正而公開的投票呢？

民主國家如能提出上述勇敢而堅決的要求，那蘇聯僞善者面目，將爲全世界的人士所了解。到那個時候，戰爭或和平，破壞或建設，都由蘇聯的答案來決定。到那個時候，蘇聯不能再公開的叫駡戰爭販子而暗中再一手製造戰爭了。聯合國爲世界人類的幸福，此時是提出這個和平方案的時機了。同時，民主國家必須以堅決的意志和充實的力量爲這個和平方案的後盾；不是蘇聯全部接受這個方案，就是全面的戰爭。

特載

歷史的台灣—歷史的台灣與中國（十一）

郭廷以

第三節 開發成就

一、東渡運動

清朝前期對於原爲興王之地的滿洲施行嚴厲「封禁」政策，不許漢人出關，結果證明是種失敗，東北仍然變爲山東河北人的樂土。同時對於曾經抗拒王命的台灣所採取的措施，亦大致同乎封禁，限制漢人渡海，最後也是一樣，美麗之島終於成了閩南嶺東人的天下。近代東西各國的擴殖移民，均由政府主持計劃，獎勵提倡，予以種種便利，而我們中華民族則絕無這種福氣，不論在大陸或海外，完全是私人的活動，「非法的」活動，不獨得不到政府的保護幫助，而且隨時有遭受懲處迫害的可能。就上節所述，即可想見當時渡台的困難與危險，然亦可證明中華民族的堅强意志，進取精神。設若政府不加阻難，進而予以倡導助力，其成就當更偉大。

明鄭時代，雖實行兵屯，獎勵耕種，以限於人力，開墾的區域，未必達到全台十之二三，大致以今之台南附近爲中心。康熙定台，一府三縣的轄區，北不過朴子離溪，南止於下淡水溪，諸羅鳳山二縣僅有其名，知縣多僑寓府城，即藍鼎元所謂「台地祇府治百餘里，鳳山諸羅皆毒惡瘴地，令其色者不敢至」。平台後十四年，即一六九七年（康熙三十六年），郁永河東來採集硫磺，據云自斗六門以上至淡水，均荒蕪之區，材木遮天，荊棘丈餘，麋鹿成群，爲漢人足跡所不到。再過二十餘年，情形大異。一七二二年（康熙六十一年）藍鼎元則謂開墾流移之衆，延袤二千餘里，糖穀之利甲天下。……曩者諸羅令周鍾瑄（一七一四——一七一九）有清革流民，以大甲溪爲界之請，鳳山令宋永清（一七〇四——一七一二）有議棄瑯嶠之，今北至淡水雞籠，南至沙馬磯頭，皆欣然樂郊，爭趨若騖，雖欲限之，惡得而限之」？又謂「前者大山之麓，野番嗜殺，人莫能近，今則搴入深山，雜耕番地，雖殺不畏，甚至傀儡內山、台灣山後、哈仔難、崇爻、卑南覓等社，亦有漢人至其地與之貿易，生聚日繁，漸廓漸遠，雖厲禁不能止也」。平台後的三十餘年（一六八四——一七二〇）秩序大體安定，台灣的開發，大有一日千里之勢。據說爲氣運將開，非人力所能遏抑。時代變了，這是阻止不了的事。

但是康熙時代，人民祇准隻身過台，實在說不上是移殖。私自携眷偷渡者雖亦有其人，究居少數。一七三二年（雍正十年）之准台灣居民搬携家眷，及一七六〇年禁令之作廢，實一大德政。在嚴禁時期，爲渡台而寃枉犧牲性命者，不知有多少人。據一七四四年（乾隆九年）六十七等的奏報，內地人民以格於成例，「甘蹈偷渡之愆，不肖客頭奸梢將船駛至外洋，如遇荒島，詭稱到台，促客登岸。荒島人煙斷絕，坐而飢斃，俄而洲上潮至，羣命盡歸魚腹」。平安到達者當然是多數。吳士功謂「例禁雖嚴，而偷渡者接踵」，據他的報告，自乾隆二十三年十二月起，至二十四年十月止，七個月間，共盤獲偷渡民人二十五案，老幼男婦九百九十九名，均爲偷渡未成而被害，或出港遇風而追回者。未被查獲者，及行賄放過者，當十倍或數十倍於這個數目。換言之，每年偷渡者當以萬計。這祇是福建一省，廣東尚不在內。自乾隆二十五年（一七六〇）正式允可搬眷過台，此後前去者爲數自然愈衆。名義雖是限於台灣原居之民，然而確已開了方便之門。因爲眷屬的範圍包括甚爲廣泛，從直系的祖父母、父母、妻妾子女、子婦、孫男女到同胞兄弟，其中頗有通融餘地。在無所謂戶籍行政之時，極易冒名頂替。必要時祇用略施金錢之力，或私人情面，順利東渡，當無大阻難。一七六〇年實台灣開發史上劃時代的一年。

移住台灣的內地人在明鄭時代究爲若干，缺乏確實的數字。施琅力主進兵時謂明時原住台灣者有二、三萬人，鄭成功父子先後挈去約四萬人，其說絕不可靠。荷蘭侵入之時，漢人已達十萬，此後陸續增加，明鄭時代，應在五、六十萬左右，（鄭克塽降表謂戶口百餘萬，大約係合番族計），否則決無力維持二萬人以上的軍隊。後來施琅力爭台灣當留不當棄時，他又說「台灣人居稠密，戶口繁息，農工商賈，各遂其生」。動機不同，所報的戶口情況亦大有出入。台灣府縣志所載的戶口數，其不可靠一如官書上所記的清初中國人口。大約康熙雍正之時，台灣漢人當在六十萬以上，一七六〇年（乾隆二十五年）吳士功謂已經超過數十萬，實際應已百萬左右。到了十九世紀，據廣東英美教士的報告，台灣人口約爲二百萬至三百萬，這個估計，或大致近眞。他們是開發台灣的雄厚資本，也是建設台灣的偉大功臣。

二、中部的開發

台灣的開發次第，係由南而北，再自西而東，進入山後。一八七四年以前，漢人的活動區域，實以西部爲主，由諸羅縣（嘉義）逐漸向前推進。諸羅是初設三縣中的最北一縣，疆域最廣，名義上包括有今之彰化、台中、新竹、台北，「東北至雞籠山後皆屬焉」。實際上則爲南自蔦松新港，北至斗六門的一百八十餘里。早年的地方官如知府蔣毓英，知縣張玶均能力事招徠，闢耕曠土，而「流移開墾之衆，極遠不過斗六門。北路防汛，至半綫牛罵而止，皆在縣治二百里之內」。再北的「虎尾大肚，人已視爲畏途，過此則鮮有知其地理之險易者。雖入職方，無異化外」。（諸羅縣志卷七）。郁永河之後，對於北部的地理番情，漸形明瞭，吳球劉却之亂，五年之間（一六九六——一七〇一）均起於北路，官府感到重要，人民所知漸多，到了一七〇四年（康熙四十三年），墾殖的範圍，已越過斗六門以北。一七一〇年（康熙四十九年）淡水設分防千總，大甲以上增置七塘，墾殖的範圍，又越過半線大肚溪以北。「此後流移日多，乃至南日、後隴、竹塹、南嵌，所在而有」。諸羅知縣雖有淸革流民以大甲溪爲界之請，北路參將又有撤回淡水一汎七塘官兵之議，均不能成爲事實。陳夢林進而力主劃半線以上別爲一縣，聽民開墾，「張官吏，立學校，以聲明文物之盛，徐化鄙陋頑梗之習」。縣治置於半線，淡水設巡檢，竹塹、後隴立千把總。如此「則招徠益衆，戶口益滋，田野日闢」，「拔其秀良，宣講聖諭，告以孝悌忠信，君子悅其敎，小人安其俗。非唯張皇武威，抑亦昭宣文德」。藍鼎元亦同此意見，先令土番自墾，如一年無功，卽聽民耕墾。一七二三年（雍正元年）正式分諸羅之地，設彰化縣，南至虎尾，北抵大甲，均屬管轄，包有現在的台中。其北則設淡水廳。

鹿兒門及安平是南部的門戶，早期內地人渡台大部由此上岸，從事台南地區的開發。及墾區北進，鹿港則成了中部台灣與大陸往來的捷徑，彰化區域的開發，鹿港關係至大。因爲政府査禁偸渡甚嚴，私自往來閩台之人多不取道設有專管人員稽査的厦門鹿耳門，而改由泉州蚶江口密航鹿港，既少麻煩，又較近便。其航程僅當由厦門至鹿耳門之半，順風半日可達，鹿港成了進入中部的主要港口，爲北路商販聚集之所，也成了控制台灣的要地。一七八四年（乾隆四十九）從福州將軍之奏，鹿港正式開口，設海防同知，聽民自便，益有助於中部的繁榮。一七八七年林爽文之亂，淸軍卽係由此登陸。事平，史學家趙翼且建議移彰化縣城於鹿港。開港之後，鹿港不僅南通閩粵，其販糖船戶且北至寗波上海，一八二五年（道光五年）更運米遠濟天津，此後北航者益多，且有至東北錦州蓋州者（見彰化縣志卷一）。

一地的開發，固非某一二人之力，然確有幾位開通風氣貢獻較大的領導人物。以彰化論有施世榜、楊志甲、吳洛等。施於一七一九年（康熙五十八年）卽募集流民開闢東螺，引濁水溪灌溉，卽所謂「施厝圳」。楊的事業，略同於施，特別是興辦水利，時間較施或稍早。社會公益，如捐獻學租，修治橋樑及其他義舉，均異常熱心。吳的經營，約在乾隆中期（一七六五年前後），除墾田築圳的成就外（以丁台、阿罩霧卽霧峯、萬斗六，南北投爲中心），對於敎育經費，亦捐助不少。

埔里（包括水沙連）亦是開發頗早而受人重視的區域。埔里在彰化之東，四面環山，乾隆年間，初移熟番墾耕，繼設屯丁闢田（一七八八年），至一八一四年（嘉慶十九年）黃林旺郭百年等以官府名義，率衆千餘人往墾，屢與番人衝突，一八一七年（嘉慶二十二年）政府勒令撤退，毀所築土城。一八二三年（道光三年）漢人至者又漸多，北路理番同知鄧傳安等雖有開禁之議，未能成爲事實。十餘年後，開闢之議再起，嘉義彰化紳民尤爲熱心，開田數千甲，一八四六年（道光二十六年）番目且自請內附，巡道熊一本主之尤力。閩浙總督劉韻珂亦謂可以祛弊興利，親往視察，建議改土歸流，設官撫治，而中央則堅執封禁。二年後（一八四八）始依巡道徐宗幹之議，設置屯丁。咸豐初年，有鄭勒先者，改始名，從番俗，以鹽布與番人互市，漢人至者愈衆，大埔城由此而興。終於一八七五年（光緒元年）置埔里廳。

三、北部的開發

論到淡水廳的開發，首先應提到王世傑。明鄭晚年，爲鎭壓番變，曾進兵北部，王世祿以運餉有功，取得開墾竹塹（新竹）的許可，時爲一六八三年（康熙二十二年）。此後苦心孤詣，蒙苦蓋，暴箱露，胼手胝足，與佃農共甘苦」。但一六九七年（康熙三十六）郁永河尙稱這一帶爲「狐貉之窟」，足證居民仍屬有限。再經十餘年，成績大著，墾區除竹塹附近外，兼有三千餘社，田數千甲。一七一〇年（康熙四十九年）設淡水守兵，又三年（一七一三）北路參將阮蔡文來竹塹勘察，其詠竹塹詩中已有「鹿場半被流民開」之句。巡台御史（一七二二）黃叔璥的「赤嵌筆談」亦謂往日近山的土番鹿場，均爲漢人墾種，成爲良田。一七三三年（雍正十一年）淡水同知正式移駐竹塹（一七二三年置淡水廳，尙附治於彰化，防兵巡哨。亦少有到竹塹者，又淡水設治，藍鼎元倡議最早，謂當事者應因勢利導，免使爲百姓首額疾蹙之區）。其轄區包有今之台北縣。一八二六年（道光六年）閩浙總督孫爾準會統兵駐竹塹督勦黃斗奶等之亂，爲鎭壓匪患，設隘於三灣，並准人民墾耕。越二年，陳集成擴闢大嵙（今大溪），一八三一年（道光十一年）同知李嗣業復以竹塹東南一帶的墾區委之於粵人姜秀鑾，閩人周邦正，由他們合資糾股，號稱「金廣福」，以北埔爲中心，於一八三三年開始，成效益著。咸豐年間（一八五一——一八六一）粵人吳立傳繼開西部大湖一帶，子孫五人爲此而死於公館壢（「公館」爲墾民的據點）其勢力遠及貓裏，卽今之苗栗。

現在的台北，包括雞籠淡水，是明鄭流放罪人的煙瘴之地。鄭經曾遣師逐走雞籠荷蘭人，鄭克塽又曾派兵設防。對於當地的開發，應有所裨益。竹塹既已墾闢，自易推及台北。一七〇八年（康熙四十七年）泉州人陳賴章得諸羅縣的許可，首墾大佳臘（即大加蚋堡，今台北市）。一七二七年（雍正五年）貢生楊道弘續墾興直堡。乾隆年間，林成祖郭元汾（均漳州人）胡焯猶張必榮（均永定人）相繼經營新莊、艋舺（今萬華）、板橋、海山堡、新店溪一帶，大興水利，焯猶且捐資創建明志書院。淡水河口左岸的八里坌成了北部的門戶，其地位一如鹿港之於中部。一七三二年（雍正十年）於其地置巡檢。但是八里坌的重要性終比不上鹿港，因爲船舶入口之後，仍可上溯淡水河直向內陸進航，八里坌變爲了過路港口，貨物的眞正集散地是艋舺。一七五九年（乾隆二十四年）淡水都司之移設艋舺，即可表明該處的重要性。一七六七年（乾隆三十二年）八里坌巡檢遷至新莊，改爲新莊巡檢，後又陞爲新莊縣丞（一七八八）。一七九二年（乾隆五十七年）八里坌正式開口通商，艋舺愈趨繁榮。到了一八〇九年（嘉慶十四年），新莊縣丞實際上移於艋舺，武職亦由都司而游擊，一八二四年（道光四年）再改陞爲參將，與台灣府鹿港並稱台灣的三大都市，所謂「一府二鹿三艋舺」，台灣的南、中、北三部差不多已完成了平衡的發展。

宜蘭的開發，可以看作台灣開發史的典型。誠如謝金鑾所論，官未闢而民已闢，民闢既不曾得官之助，闢後官又遲遲不予認可。這件故事，最能證明人民的進取精神及政府的顢頇政策。宜蘭原名蛤仔難、甲子難，或噶瑪蘭。最早西班牙人曾經略其地，康熙年間（一作一六九五，即康熙三十四年）漢人來此通市，一七六八年（乾隆三十三年）有林漢生者，招衆入墾，爲番人所殺，以後再至者亦均失敗。到了吳沙之時，噶瑪蘭的開發大放異彩。吳沙爲漳州人，久居三貂嶺，爲人尙義好俠，以鹽布與生番貿易，曾深入噶瑪蘭，頗得番人好感。窮蹙無依來投的流民，他均予安置，使他們入山採伐。淡水廳怕他爲亂，曾予羈縻。一七八八年（乾隆五十三年）林爽文的餘黨越山逃遁，地方官命吳沙防堵，於是吳沙及噶瑪蘭同受到注意，認爲吳沙可信，噶瑪蘭宜於撫墾。台灣知府楊廷理雖力贊其事，但福建巡撫藉口經費無出，且係界外，恐肇番釁，不允奏辦，覺得多事不如省事。而吳沙此後仍積極從事，復以醫藥救活不少患痘的番人，番人益加感戴，情願分地付墾。吳沙遂招漳泉廣三籍流民，編組鄉勇，大事經營，一七九六年（嘉慶元年）築頭圍（今頭城），由淡水人柯有成何繪等助以資金糧食，內地人聞風踵至。中間自然經過許多艱難，他總想獲得政府的認可，不僅可以官令來控馭番人，且可免以「私墾」致罪。一七九七年（嘉慶二年）曾向淡防同知呈請，給札招墾，於是訂立鄉約，修築道路，組織壯丁，頗具規模，自成一個小天地。吳沙死後（一七九八），其姪吳化繼續他的事業，墾地愈廣，進至羅東。一八〇六及一八〇七年（嘉慶十一及十二年）海寇蔡牽朱濆先後犯噶瑪蘭蘇澳不逞，失敗而去，吳化及陳奠邦等實有大功。

一七九九年（嘉慶四年）以後，吳化及吳沙之子光裔等一再向福建布政使等衙門呈請給墾，均不准行，理由是「該處係界外番地，人跡罕到恐難稽查，致滋釁端」。因海寇侵擾，引起當局的重視，一八〇六年奉旨查詢，楊廷理（時再任台灣知府）力主設官。一八〇八年（嘉慶十三年）閩人少詹事梁上國上奏，謂「若收入版圖，不特可絕洋盜窺伺之端，且可獲海疆之利。明年（一八〇九）朝廷始決定照辦，主要動機，是恐爲「賊匪佔踞」，「奸宄負隅」。一八一〇年（嘉慶十五年）由楊廷理前往籌辦。這時噶瑪蘭的漳泉粵三籍丁壯已四萬三千，全部人口雖少當在十萬以上。一八一二年（嘉慶十七年）正式設噶瑪蘭廳。

四、東部與南部

由於地理的原因，明鄭之前，大約漢人很少進入所謂後山或東部。一六九三年（康熙三十二年）有陳文林伲因商船遭風漂至岐萊（今花蓮），留居經年。於是一六九五年（康熙三十四年）雞籠通事賴科潘冬，結伴七人，晝伏夜行，從野番中度越許多高山，達到崇爻，與番人相習，招之歸附。每年有贌社者（即承包番社商貨稅者）運煙布鹽糖等前往。進而則有墾地者，如一八四八年（道光八年）吳全所墾的今吳全城，一八五一年（咸豐元年）黃阿鳳所墾的岐萊。卑南覓（今台東）番人，一向不侵不叛，一六九六年（康熙三十五年）納餉歸輪，漢人已至其地，大變番俗。一七二二年(康熙六十一年)朱一貴的餘黨王忠率千人遁入大湖崇爻，耕田自給，藍廷珍曾遣人往搜，一度劃爲禁地。一七二五年(雍正三年)官府招撫番社，一七二八年仍准通商，漢人至者又多。一八五五年(咸豐五年)鄭尙教番人以耕耘之法，土地日闢，番人生活大爲改善。

南部的鳳山與台灣府諸羅同爲最早的開發區域。傳說鳳山昔年有石，忽自開，內有讖云：「鳳山一片石，堪容百萬人，五百年後閩人居之」；又有鳳山佃民墾田，得一石碣，鐫有「山明水秀，閩人居之」八字。雖爲神話，可知鳳山是閩人集聚之地，大致以下淡水溪右岸爲中心，並有不少番社歸附。廣東潮州嘉應人比較後至，他們開闢的區域爲下淡水溪左岸及東港溪流域，北起羅漢門，南抵林仔邊，包括現在的屏東在內，康熙晚年已成一大部落。朱一貴之變，該地助官軍作戰的粤潮客民一萬餘人，藍鼎元詩所謂「其內開平壙，可容數十村」。一七三一年（雍正九年）萬丹置縣丞，一七五五年（乾隆二十年）移阿里港。再向東南則爲「寬廣彚衍沃，氣勢亦雄驍」，「魚房海利，貨賄甚多」的琅嶠（郎嶠，今恒春）。此地原聽漢民往來貿易，取材捕採，康雍之間，與卑南覓同被定爲禁地，但偸越私墾者仍有，乾隆初年，距琅嶠四十里的枋寮已「商民聚夥，軍匠輻輳居然樂土」(鳳山縣志卷三)。一七八八年（乾隆五十三年)莊大田亂後，閩粵人來者愈多，鳳山熟番亦有遷往者，同治初年，因對外關係，政府始議設官駐兵，首於枋寮立巡檢千總，不久又置恒春縣。

(五)漢番兩利

擴墾開發往往看作是祇利於漢人的一種侵佔自私行爲，實際則亦爲有益於番人的建設進步事業。對於番人的知識文化的提高及經濟生活的改善，均爲擴墾開發以後的事。我們不否認亦有少數的短見無識漢人對番人施以欺凌，因之激起不幸的流血，但是這祇是局部的或一時的。就大處遠處來看，較高的中華文化的傳入，確是至有意義之事。輸入犁鈀鋤斧鐮刀，敎以耕耘之法，糧產大增，促進他們的農業技術；輸入鐵鍋鐵鐺瓷碗器皿，敎以熟食之益，改善他們的飲食；輸入布帛鹽糖等日用品，充實他們的生活；輸入醫方藥物(如吳沙之救治番人的天花)，保全他們的健康。而社學社師的設立，番童的敎育，使他們能背誦四子書，毛詩易經，亦能行文知理，作字有法，參加科考，給時憲書，使知寒暑冬秋。所有居處飲食衣飾婚嫁喪葬器用之類，半從漢俗，遵禮儀之化(見台灣府志，淡水廳志等書)。爲要轉變他們的不良惡習，化除漢番間的仇恨，且有自甘犧牲性命，殺身成仁者，阿里山的通事吳鳳即是一個著例。一六九七年郁永河主張「化其風俗，正其禮敎，使與中國之民無異」，盼於三十年至百年之間能够實現，果不負其所望。番人「近代化」了，他們眞正成爲中華民族的一份子，進入了中華民族的大家庭。

第五章 民族革命

第一節 天地會的由來

(一) 歷史的背境

「內中國而外夷狄」與所謂「夷夏之防」，不能完全看作中華民族的自尊自大的思想或「優越感」，實是民族意識的自然表現，這種意識可以說是與人類以俱來，是一種天賦本能。蒙古的南侵，滿州的入關，爲當時「異族」加予漢人的莫大災難，因之漢人的反抗亦空前壯烈，此仆彼起。有元一代的數十年間，幾乎無年無「亂」，官方目爲「盜賊」，其實則爲失敗的民族革命運動，正如史家張溥所論，「以大宋觀之，亦有毀多士之倫」。淸人入主中國之後，情形亦復相同，排滿運動二百餘年未嘗一日間斷。此兩代的反元及反淸運動之所以能够堅强的持續下去，主要原因是由於其有嚴密的組織，在元爲白蓮敎，在淸爲天地會。元末的大革命就是由白蓮敎領導，最後驅逐蒙古創建大明帝國的明太祖朱元璋原來不過是白蓮敎中的一位小頭目。天地會雖未能獨力推翻淸廷，它却是反淸運動的倡導者，太平天國的革命受過它的掩護協助，孫中山先生的革命，天地會人士貢獻亦大，民族革命的目的終於達成。但是推本溯源，不能忽略了台灣的地位。

白蓮敎是具有民族與宗敎雙重意義的團體，而他的宗敎色彩尤濃於民族主義。朱元璋渡江之後，接觸了許多知識份子，識見大開，認爲神道迷信難得成事，白蓮敎的「紅軍」得不到的民衆的擁護，政策轉變，遂明張民族革命的旗幟，以「驅逐胡虜，恢復中國」來號召，這種精神在他的北伐宣言中完全表露無遺。有人說明人的愛國心與民族情緒特別熾盛，可能是受太祖的影響。不過最大的刺激，恐怕還是鑒於異族統治的可怕，而有明三百年外患的威脅，其嚴重不下於兩宋，萬曆以前有瓦剌韃靼及倭寇，萬曆以後有新興的建州女眞，即滿州。最後仍不免於亡國之痛！南明抗戰的特別悲壯持久，我們應於這方面研求其背景。

台灣更有其特殊背景。黃河流域原爲漢族的生長滋息的中心，中原地帶是人文薈萃，文化程度最高的區域，也可以說是中華民族優秀份子的集中地。公元四世紀的大混亂，所謂「五胡亂華」，秩序大爲破壞，天旋地轉，引起了民族的大遷徙，不少中原人士相率南移，號稱「渡江」。大致陝甘(秦雍)的人多徙湖北湖南，再入廣西；河南(司豫)的人多徙皖南江西，再入閩粵邊境；山東(青徐)的人多徙江南，再入浙江閩北。唐末五代之亂，江西及閩粵邊境的河南人再入閩南粵東(十國之一的閩國的王審之爲河南固始人，亦帶到福建去不少河南人)。凡此均所謂客家人。宋室南渡，更有大批的中原人隨同政府自汴梁一帶南遷，輾轉到了福建。這班遠走的中原人，他們均係身受異族的迫害，不甘屈服，富於愛國保種的思想，崇尚氣節，不畏艱苦，有冒險的精神，堅定的意志，可說是中華民族的强者。試看元朝前期的武裝反蒙古運動，幾乎全部起於福建廣東。以元世祖滅宋(一二七九)之後的十年來看(一二七九——一二八九)，如漳州的陳吊眼、陳桂龍、江羅、陳機察、建寧的黃華、邵武的高日新(以上福建)；新會的林桂方趙良鈴、潮州的郭逢貴、循州的鍾明亮、(以上廣東)，均爲顯著的事變。

明亡之後，又是他們表現的機會，鄭成功之能以閩南一隅之地，奮戰十六年之久，使淸廷不得安枕，雖有其本身的條件，而他的忠誠熱烈同志幹部的支持，則爲一重要因素。這批同志幹部，十九爲閩南人。

孟子所說的「天之將降大任於斯人」的一套原則，如果能够成立，很可以應用於台灣。台灣可謂多災多難，受盡困苦，一似上蒼有意給它折磨，好使它担當復興民族的大任。最早入居台灣的內地人，均係來自漳泉，亦即是漢人中的强者。不幸他們的厄運未盡，終於又遭到紅毛番統治虐迫。他們一本着傳統的反抗精神，爲民族利益而鬥爭，不惜付出鮮血，郭懷一事件就是著例。鄭成功的大陸恢復事業雖暫時受挫，台灣則反隨之光復，不僅提高了原居台灣者的民族情緒，更加强了他們的民族信心。許多忠貞之士，義烈之民，以及所有心懷故國，不願靦顏事虜的孤臣孼子，志士仁人，均先後景從，相繼東渡，貢獻他們的力量，共謀匡復的大業。鄭氏父子復力事招徠，優予禮待。於是台灣不僅成了對抗滿清的堡壘，進而又是近代中國民族革命組織——天地會的誕生地。然而並非偶然的。

（二） 天地會的由來

爲了某種目的，聯合意志相同，情誼相投成爲異兄弟的「結義」，由來已久。戲劇性的「三國演義」中的劉關張桃園故事，是一個有力啓示，元代領導閩贛間大暴動的劉六十，蔡五十九，就他們的名號看來，應係結拜時的排行。來自中原的閩南人，仍保有其北方人的樸厚熱忱與義俠之風，在國亡家破的患難中，他們更需要互助，更需要團結，爲政治主張奮鬥，爲個人生存努力。福建遭清軍的殺戮極慘，後來沿海遷界，閩人又受禍最深，公憤私仇，亦因之特劤。鄭成功決定起義師之時，首先和他的朋友陳輝張進洪旭等九十餘人締盟揷血（黃梨洲鄭成功傳），張禮郭義蔡祿等亦相同盟，「以萬人合心，以萬爲姓」，改姓名爲萬禮、萬祿、依照行次有萬大、萬二、萬七之稱（台灣外紀卷十一及小腆紀年卷二十）。後來的天地會，則爲其組織的擴大。

明季的抗清，均係打着復明的旗幟，這絕非過去的明政府有什麼深仁厚澤，獲得人民的愛戴，不過因爲它是漢人自己的政府，以之來作爲恢復漢族治權的象徵。天地會的目的即是要「誓滅清朝，扶回大明江山」。近來我們雖然可以看到不少關於這個組織的文件資料，而對於天地會的眞正信史，所能知道的仍是有限。天地會的始創者爲鄭成功，繼述修整者爲陳近南，（陶成章教會源流考）。有關天地會的半神話式的文件資料，決非原始的記載，應爲與白蓮教接觸染上宗教意味後所修整改撰的。但是修整改撰的是否就是陳近南，陳近南又爲何人，均尙待考。所可知者，天地會的根本宗旨是「反淸復明，建元「洪武」的朱元璋是明朝的開國太祖高皇帝，是近代民族革命的號召者，所以天地會一稱「洪門」或「洪家」。爲要使萬人一心，彼此結爲手足，入會的人均以兄弟相稱，拜天爲父，拜地爲母，拜日爲兄，拜月爲嫂，日月相合則爲「明」。所謂「共結聯盟表眞心，同謀大事密斟酌」，大家以「忠義」相尙。「忠義堂前無大小，不欺富貴不欺貧」，「有頭有尾眞君子，存忠存孝大丈夫」，「入洪門非親非故，到此地無義不來」，於此可以知道他們的精神。

鄭成功入台之後，天地會的組織、主義、精神不惟隨之而至，而且益加擴大加强。一則是台灣的民性相近，二則時勢的轉變，革命運動須由直線而曲線，由公開而秘密、由上層而下層，而陳永華的關係尤大。陳永華原與鄭成功一樣的是位儒生，清軍入閩、他的父親（鼎）殉難，於是他參加了鄭成功的恢復運動，其爲人「淵冲靜穆，語訥訥如不能出諸口，遇事果斷有識力，定計決疑，瞭如指掌，不爲羣議所動。與人交，務盡忠款，居平燕處無惰容，布衣素食，澹如也」（僞鄭逸事）。他是一位有睿智，能深思，有決斷，而又待人誠懇，生活平易，疏財不貪的人，這是領袖人物的良好條件。鄭成功父子對他均深加倚重，他亦知無不爲，謀無不盡。他嘗齋沐具表，閉門拜禱，願以身代民命。他知道鄭氏之祚不永，以他之深謀有識，他於將來的民族革命事業當有所安排。繼述修整天地會，被拜爲「軍師」，尊爲「香主」，地位僅次於「萬雲龍大哥」的「陳近南先生」，應該就是陳永華。「台灣外紀」及「僞鄭逸事」所記他的臨歿情形，等於把他神化。「外紀」云：

「偶爾倦坐中堂，左右見永華起，揖讓進退，禮儀甚恭，似接客狀。賓主言語唯唯應諾。徐而睡去，逮覺，即與左右將內署搬徙，讓居客。左右問其故，永華曰：『瘟使者欲借此屋，吾業許之』。左右曰：『瘟使者款何爲？』華曰：『到此延請諸當事者。』左右曰：『誰？』華曰：『刑官柯平，戶官楊英等，餘尙有不可言者。』嗟吁而已。數日，永華死，繼而柯平楊英等亦死，悉如華言。」

「逸事」云：

「居無何，告其家人曰：『上帝命吾宰茲郡，將以明日往。』詰朝，端坐而逝」。

可信與否且不必深究，而陳永華的神秘性，及當時與以後的人之如何看待他，已可想見。這段故事，可能係他自造（果如此，則永華之死或係自盡），亦可能係天地會人編製。我疑心天地會的神密性及其神話式的故事，均爲經陳永華修整之後的事。

（未完）

（上接第5頁）

還有什麼可以打算的呢？

我在此要向民主國的政治家和外交家提出意見，要從中國大陸的本體上解決中共問題，只有我們中國國民政府使用其政治和軍事力量回到大陸。這可以減低和阻止中國四鄰各國所受的威脅和强暴。這可以減低和消弭東亞所面對的大戰危機。

世界民主國家如不改變他們的外交路線，如不把以臺灣爲基地的中華民國政治和軍事力量打算在亞洲戰略之內，那就只有接受中共政治的敲詐，同時忍受中共暴力的出擊，不到中國四鄰都關進鐵幕，也就看不出侵略戰禍的止境。（完）

自由中國通訊

美國大選的意義

華府通訊・十一月十三日

本刊特約通訊記者　許思澄

美國總統任期四年，每四年改選一次。國會上議員任期六年每二年改選三分之一；下議員任期二年，每二年全體改選。一九五〇年十一月七日非大選總統年，按例不如選總統年起勁，但今年人民投票之踴躍，打破非總統選舉年的紀錄。而且事前事後為舉世所重視，這是世局動盪的結果。

一九四八年的大選，杜魯門獲得全勝，不但取得總統，而且在國會上下議院均獲得絕對多數。在上院九十六席中民主黨佔了五十四席，共和黨只有四十二席；在下院四百三十五席中民主黨佔了二百六十一席，共和黨只有一百七十二席，（餘二席為小黨所佔）這組成了過去兩年的第八十一屆議會。

在國會中取得多數，對於美國總統是很必要的。因為許許多多重要事件（包括宣戰、媾和、成立法案、任命大員等等），都需要國會全體或上院通過。反對黨取得多數，則總統不能不對之低頭。反之，如總統取得國會多數支持，則亦可悍然不理反對黨的抗議而推行他自己的主張，和政策。過去兩年來，共和黨很吃了點虧。不論在外交政策，內部或法規上都嘔了不少氣。所以這一次下了最大決心，要利用韓戰後民心的不滿，將杜氏在國會內的勢力推翻，並準備進一步在一九五二年大選中將杜氏本人選掉。

但是這並不是一件易事。控制上議院，要四十九席，控制下議院要二百十八席。換句話說共和黨在選舉中除掉保住原有的每一席位外，還得增加上議員七席，下議員四十六席。但在改選的上議員三十六席中（任滿改選者三十二席，任未滿因原議員死亡或他故出缺者四席），有八席屬於「鐵的南方」，（The solid South）這是自從南北戰爭後就不選共和黨的（因為林肯是共和黨）。而其餘廿八席中共和黨自己佔有十三席。所以要想控制上院，則除了必須保住原有十三席外，還得在其餘民主黨的十五席中搶到七席。這不是件易事。下議員中可能增加的席次數來數去也到不了四十五席。所以事前的估計是共和黨可在上院增加三至五席，下院增加十五席至三十席，民主黨仍可維持其多數。但因於「鐵的南方」的民主黨是守舊的，每每和共和黨聯合反抗杜魯門的左傾政策，所以預計杜魯門將在國會中遭到事實上的阻力。

十一月七日選舉的結果，大致與預測相符。上院民主黨以四十九席對共和黨四十七席，極吃力的搶到了個名義上的多數。下院民主黨二百三十四席，共和黨一百九十九席，無黨派者一席，尚未確定者一席。民主黨雖失去了二十七席之多，但仍佔了比較從容的優勢。但從這次競選的經過看來，其意義却遠深過於這表面數字的得失。

在十一月四號晚上，杜魯門在他故鄉密蘇里州的聖路易城對民主黨員大會發表他本年為民主黨所作惟一的競選演說，同時廣播機接上四座最大的全國性廣播網，「美國之聲」和電視。這是民主黨花了十萬美金買來的偉大場面，也就是這次大選的大軸戲。杜總統不愧為一名角，在演講中歷數十七年民主黨當政的功績，振振有詞，並且預言這次正如一九四八年大選一樣，將要是一面倒的民主黨勝利。不過有一點使人回憶的，是兩年以前，他站在同一地方，同一講台，對共和黨作同一『孤立派』，『華爾街足狗』的攻擊時，他曾說過：『如果孤立派的共和黨登台，則他們一定將會停止援助外國，如中國……』，而他當選總統之後不但食言而肥，反在中國萬難交集時落井下石的發表了白皮書。所以這一次的演講雖仍是鏘鏘有聲，而聽起來却彷彿如一個小丑自白了。

杜氏的廣播一完，緊跟着共和黨的總發言人史塔生就從康乃地克州的紐海文城共和黨大會會場，通過「相互」（Mutual）廣播網向全國人民答復。因為共和黨今年遠不如民主黨濶，所以只能在一個廣播網上說話。

史塔生首先表示感謝上蒼和待衛總統人員，使總統能安全而作此演說（按三日前，有兇手二人擬刺杜氏，結果一死一傷，總統無恙）。接着說：『但是就在今天晚上，遠遠過這次不幸的行刺事件，在遙遠的朝鮮，成千美國的子弟正在流血。過去一週的傷亡，遠超過戰事發生以來的任何一週。而和他們對敵的，正是杜魯門政權所扶植，卵翼，培成的中國共產黨！』接着痛斥杜氏外交政策之錯誤，以致造成現在這種不幸的局面。他說杜氏在演講中竟不敢提一個字的外交政策，正因為連杜氏自己也不能為其辯護。但杜氏並不曾認錯，反無中生有的誣蔑共和黨是孤立派。誰都知道，在今天早已沒有任何一個黨是孤立派，共和黨更決不是孤立派。如果再讓杜魯門放手作下去，他一定還會錯下去。

他又攻擊杜政府的短視，浪費，忽視國防，縱容共黨，造成通貨膨脹等等，處處擊中要害。再加正好那幾天中共參與韓戰已經公開，人民知道戰爭不能如所想的迅速結束，所以民主黨當局本來很樂觀的，到選舉前夕反擔起心來。數票結果，民主黨雖仍維持了名義上的勝利，而所遭打擊之重，使當事人竟不能不傷心落淚！如今且一一道來。

這次最戲劇化而意義深長的一幕是瑪麗蘭州(Maryland)上議員泰定斯(Millard E. Tydings)的落選。泰氏一表人才，精明幹練，三十年來在選擧場中從未失敗。已連任上院議員二十三年，爲杜魯門政權之台柱，而且瑪麗蘭州向來是民主黨的天下。但這一次竟爲一個無名小卒的白特勒(Jchn marshall Butler)以壓倒的優勢所擊敗。是甚麼緣故呢？

原來，近五年中，美國國務院(相當於中國外交部)的對華政策，處處迎合共產國際的需要，而與一班號稱「中國通」的作家如歐文、拉鐵摩爾等的主張若合符節！這種亦步亦趨，幫忙中共的行動早已起人疑竇，不過，因爲抓不到證據，所以一向只是『大家納悶，都有點疑心』而已。後來「南瓜」事發，(機密文件被偷，攝成縮影，底片藏入南瓜)將國務院的外交決策人希斯(Alger Hiss)告倒，判罪五年。(並非判的賣國罪，而係判的向法庭撒謊罪，所以只有五年。這也是美國法律的妙處)。刑雖不重，但對於民主黨的國內國際威信都是一大打擊。所以政府當局事前事後均極盡粉飾之能事，以求減輕影響。可是美政府的對華政策却不但一成不變，反而變本加厲，於是大家益發疑心，都相信國務院內一定還有共產黨。但民主黨政府方面自杜魯門，艾其生以次都拚命否認。正在這時，半腰裏殺出一個程咬金，威斯康辛(Wisconsin)州上議員麥佳廸(Joseph McCarthy)對國務院毫不留情的攻擊得體無完膚。而且指名指姓的說身爲國務院顧問的拉鐵摩爾就是第一號俄國間諜。這案子由上院一個輔助審查小組負責調查。這小組由民主黨三人，共和黨二人組成，其主席就是泰定斯。在作了些點綴式的調查之後，政府當局拒絕將全部有關案卷交與國會，泰氏就宣稱國務院絕無美奸。不顧小組內共和黨委員的抗議，仗着自己是多數黨，以三比二之表決，正式報告稱所控各節，絕無其事。而且詞句破例的不客氣，對於麥氏個人也大肆攻擊。這報告發表，上院共和黨全體大譁，稱之爲「粉飾」(Whitewash)之尤。但當提付全院表決，民主黨仗着人多，硬將這報告接受了。這報告替國務院和拉鐵摩爾洗刷得乾乾淨淨，然而正因爲洗刷得太乾淨了，反映這五年來遠東的外交措施，在事實上處處陷入共產國際圈套，反使人大爲疑惑起來。這次競選，麥佳廸本身不在改選之列，但也越境宣傳，跑到瑪麗蘭州去直接向人民控訴。控訴的結果，果然在這次大選中將這位老政客泰定斯殺得大敗虧輸。足證美國人民對國務院的遠東政策是如何不滿！難怪史塔生在大選結果一揭曉時就宣稱：『這次選擧，充份說明人民對國務院的不信任。國人皆曰可去，艾其生應該辭職了』。可是好官我自爲之的艾氏，還腆着臉說：絕不辭職呢！共和黨已決意一俟新國會召集，立即舊案重提。就連民主黨的議員也紛紛議論說艾氏該走路了。事實上競選期中，就有不止一個民主黨候選人向選民許願，說大選之後艾氏一定去職。自然政客們的話是向來不足爲信的。然而杜氏如果竟然要保全艾氏，則勢將如南方某民主黨領袖所稱：「那未等一九五二年請杜魯門和他一路滾蛋好了。」

意利諾(Illinois)州的民主黨路克士(Scott W. Lucas)是上議院多數黨領袖，杜魯門的心腹幹部，十六年的老議員(四年下議員，十二年上議員)，這次也選掉了。當他在芝加哥旅館中向記者群宣讀其『認輸書』時，眼睛中飽含了老淚。其實他也不過作了替杜魯門受過的箭靶子罷了。

賓夕凡尼亞(Pennsy lvania)也是『關鍵』州之一。杜政權的大將，上院多數黨的領導人之，邁亞士(Francic J. Myers)也被共和黨的杜甫(JamesH. Duff)取而代之。

反之，所有共和黨的關鍵人物全都連任了。其中最可注目的是歐海歐州的塔虎特(Robert A. Taft)。塔虎特是被稱爲『反動』人物的。因爲他是有名的現行勞動法案起草人之一，所以不但爲民主黨之一大目標，且爲工會領袖所不喜。這次民主黨聯合了各派系的工會花了大錢，全體對塔氏下總攻擊令。事先大家不免爲塔氏危。塔氏自己也知道危險，所以不惜深入窮鄉僻壤，連幾十人的村落都停車，握手，吻小孩一番。結果他不但取得了農業區的票，而在工業區也大勝。他從來沒有得過像這次這樣多的票。這次壓倒的勝利竟使他競選一九五二年總統的空氣突然加濃。

此外，全國四十八州中今年有三十三州改選州長。其中共和黨取得二十三州，民主黨包括『鐵的南方』竟只取得十州。州長雖與外交政策關係較少，但勢力很大。對於今後政治潮流的方向有很多決定的作用。

杜魯門出賣中國的政策造成目前世界的危機。種瓜得瓜，今日已在各方面開始收其苦果了。大勢所趨，即使艾其生仍想戀棧，但時乎不再，其所代表的「姑息政策」將隨舊國會而俱去了。

紐約時報論胡適及其他

紐約通訊・十一月十日

李三思

九月二十一日香港大公報所登載的胡適先生的兒子胡思杜那篇「對我父親—胡適的批評」，我們在紐約的中國學生都看到過。我們很奇怪，爲甚麼胡先生所發行的「自由中國」，對這件事却沒有一點反應呢？是不是認爲不屑理睬呢？聽說傅孟眞先生曾寫了一文在臺北的報紙發表，但我們並沒有讀到。

這件事，在紐約的華僑—尤其在學生界，曾引起一個不算太小的反應。見仁見智，雖然各人的看法不盡相同，但有一點，是大家所一致公認的，即在共黨統治之下，智識份子統統要經過一番學習；學習的方式儘管不一樣，而其目的却無二致，就是要把智識份子的思想，統一在一個定型當中。有的人—自然是共產黨徒或其外圍分子—認爲這種辦法是對的，或必須的；但我們大多數以求知爲目的的學生們，一聽到「思想統制」這個名詞，莫不深惡痛絕。

美國人，對於胡適先生大都是敬佩的。胡先生的兒子駡他父親的文字，美國人非常關心。我有十幾個美國朋友曾先後找我，要我把這篇文字的大意翻譯給他聽。他們聽完後，少不了一番批評。前幾天紐約時報有一篇短評，題目是「The Case of Dr. Hu Shih」，很可以代表美國人的一般意見。玆譯介如下：

「胡適博士的兒子在中共敎唆之下，駡他的父親是『反動階級的忠臣』，『人民的敵人』，對於這件事，胡先生下了一個簡單但富有意義的評語。他說，我們早經知道，在共產主義國家內沒有言論自由，現在，我們更可知道，連『沉默的自由』那裏也沒有。他並指出，凡在共黨統治下的人，對於共黨政權表示忠誠和信仰、，是絕對必須的。

「這位前任中國駐美大使，前任北京大學校長，通常是被大家稱爲勇敢的革新者，光明磊落的自由主義者，保守主義的敵人，傳統的反抗者。他在中國文學現代化的工作方面，有其優異的貢獻。他對於現代哲學思想，尤其對於中國的哲學思想，所做過的啓發工作，通常也被視爲革命性的。他從未加入國民黨，而且一再地辭却政府所擬任命的官職。像這樣的一個人竟被駡爲『反動者』，則『反動』一詞和其意義，已失其關聯了。然而他的兒子竟在威脅之下，對他來這樣一個荒謬可笑的詬駡！在這個不許有『沉默的自由』的事例中，我們大家不禁有所感觸；但我們所感的，並不是爲胡適先生難過，而是爲這個青年人悲哀。

「共產黨人所以不許胡適先生的兒子有『沉默的自由』，理由很明顯：胡適先生不僅代表一派哲學思想，而且也代表正確的思想和行動自由：前者的影響正是共黨所要澈底消滅的，而後者則更爲共黨所絕不寬容。胡先生對於國民政府的錯處，每每提出明智而嚴厲的批評，但到了要在國民政府與奴役文化的共產主義之間有所選擇的時候，胡先生的決定是很明朗的。他已經痛斥過共產主義者和他們的所作所爲。

「因爲這些理由，這位卓越而可敬愛的中國學者，反因共黨這種方式的攻擊而更顯其崇高。一個偉大光榮而眞正獨立的人，應該以成爲共黨的敵人而自傲」。

紐約時報這篇短評發出後，美國的朋友們差不多個個都向我說：「這正是我們所要講的話」。

最値得重視的，這件事還有這樣一個後果：

中國留學生當中，除極少數受了共黨影響傾向中共的以外，一般的都對胡先生敬佩，但在這一般人中，平常也有些人批評胡先生的。有的人說，胡先生在學術方面乃至道德方面，既有如此崇高的地位，他的言論是受國內外尊視的。那末，他很可以利用他這個地位，公開地勇敢地以政府當局的諍友自居，對近年來政府的若干不良作風，痛下鍼砭，促其改善。然而事實上我們很少看見胡先生這樣作，不免令人失望。另外還有些人說，中國現實政治的人事環境，是一個糟蹋好人的環境，胡先生近年來不積極參加實際政治，是對的。但在今天，統治大陸的是共產黨——要毀滅人類文化的共產黨，中國領土只賸有臺灣這個小島了，中國今天的問題，已經不是一個政權得失的問題，而是一個文化存亡絕續的問題。胡先生在這個時候，再也不容自我珍惜，即令是一個火坑，甚至於說它是一個糞坑，胡先生也應該跳下去，一個文化的存亡絕續，這個問題太大了！然而胡先生顯然不想這樣作，甚至於像「自由中國」第二卷第六期寧遠先生「響應自由中國大運動」那篇文章中所主張的，由胡先生出來領導一個超黨派的、文化的、思想的、社會的自由中國大運動、胡先生也沒有接受。在自愛和文化愛兩者之間，胡先生未免過於自愛了。

平常，對胡先生作上述兩種批評的那部份人，他們的看法對或不對，是另一個問題，但他們看到胡思杜在中共統治圈內發表的那篇文字和紐約時報短評以後，他們的看法也受了影響，有的是更加堅持他們原來的批評，有的是同情了胡先生的作風。但是，無論如何，我們總可以說，中共愈是想方法打擊胡先生，胡先生愈是成了有力的反共象徵，至於這個象徵如何發生偉大的更有效的實力，我們想，胡先生總可以在文化和個人之間來個權衡、決定。他自己的決定，應該比我們代籌的要明智得多。

國慶日在墨京

喬念祖

（墨京通訊）凡是旅居海外的華僑，不論其在南洋、澳洲、美洲，或地球的任何一個角落，都有着一個共同的情感，和一顆同樣熱愛祖國的心；他們無時不在渴望祖國的康樂富强、自由獨立！過去，他們曾經熱烈襄贊過國父中山先生的革命事業，因此而獲得「革命之母」的榮譽，他們又會在八年抗日戰爭中踴躍的出錢出力，協助祖國贏得這艱難而光榮的民族戰爭。

不幸，第二次大戰爭結束以後，中共黨徒稱兵叛亂，在蘇俄與共產國際情報局的卵翼與支援之下，日益坐大，終於竊據了大陸的政權。中共更用盡了一切手段，以遮飾民主國家的耳目，一般旅居海外的華僑，不少因爲閡於國內實情而爲中共虛僞宣傳所蒙蔽。然而，宣傳終究是宣傳，事實終究是事實。自中共非法奪取大陸國土以後，天下大白，虛僞的宣傳再也遮飾不了眞實的事實；因此各地華僑反共的情緒乃日漸高漲，他們深知必須爭取反共抗俄的勝利，才能使民主自由的祖國新生。

這裡，我報導雙十節這天在墨西哥京城華僑慶祝國慶的盛況，從這裡可以明瞭海外華僑對于中共的唾棄，和響往自由中國的信心。

今年國慶場面的熱烈，是最近若干年所未有。淸晨，所有僑胞商店和僑團的門前，都挂滿了青天白日滿地紅的祖國國旗。是的，惟有這美麗的旗幟才能代表偉大的中華人民，至於中共的五星旗，在這裡的僑胞看來無異是賣國的象徵，從來沒有人張挂過。

是日上午十時，我駐墨西哥大使馮執正招待各僑團代表及僑領，並在大使館裡舉行了一個慶祝會，儀式簡單而空氣肅穆，奉命來美洲宣慰各地僑胞的國民黨改造委員鄭彥棻氏也出席，馮、鄭兩氏先後致詞，勗勉僑胞團結一致，在蔣總統領導下，爲反共抗俄而奮鬥。中午十二時，國民黨駐墨第一直屬支部更潤大慶祝國慶，同時舉行該部黨所揭幕及第十六屆代表大會開會典禮。參與這個盛會的僑胞達七百餘人，墨國政府官員，國會議員及各政黨領袖多人都應邀到會，首由鄭委員彥棻主持新黨所的揭幕典禮，旋由主席黃煥富致開會詞，繼請馮大使，鄭委員，各僑團代表及外賓演說。會場情緒異常熱烈，歷時數小時，會畢又舉行聚餐，散會時已經是日落西山的時分了。所有與會的人似乎都帶回去一個共同的心情；每個人的心裏在興奮之餘還雜有幾分沉痛，大家都想到遠在太平洋彼岸的祖國，目前正遭遇到一個空前未有的苦難。四億同胞正度着較之卅九年以前更不自由的奴役生活；民族生存的威脅更甚於日本帝國主義者當年的侵略。

在今天，反共抗俄已是每一個黃帝裔胄的責任，每個旅墨華僑都會爲這時代的責任貢獻出自已的力量。他們憧憬着自由中國的重建，更願美麗的國旗永遠在祖國的土地上飄揚！

十月十六日於墨京

臺灣的花鳥（文藝）

李華

大海茫茫，
擁抱着這臺灣小島；
島上的風光
沒有秋、沒有冬，
有的是春景綠紅，
有的是夏風凉好。
誰說這兒的花不香？
誰說這兒的鳥不叫？
花香鳥叫，
難得些會心的人兒知曉。

× × ×

大海茫茫，
環繞着這臺灣小島；
島的形骸是煢煢孤立，
島的精神同海洋浩蕩。
莫心醉花香！
莫耳耽鳥叫！
萬里雲天，
大陸上有幾人溫飽?!

× × ×

大陸是中華民族的母親
我的母親依舊在大陸的懷抱。
大陸、已換了另一付面孔和心腸，
母親、永遠是我的神魂嚮往。
誰使我們骨肉分離？
誰使我們天涯流浪？
流浪、流浪？
我不敢作如此消極地想。

× × ×

這一回，
不是一般的政權得喪；
這一回，也不只
關係國家和民族的存亡。
自由或奴役，地獄或天堂，
就在這一回決定我們前途的方向。
花香、
鳥叫，
我們要永以自由人的心情
大家共賞。

文藝

歧路

金溟若

一

「今天的小組會議，就是爲了檢討我們這里的校董杜師參。檢討了他的罪行，我們得下一個結論，送交軍事管制委員會，讓他們做參考，去執行。」主席施德會，這樣致了簡短的開場白。

這位亂髮長到耳后，蒼白着臉孔的少年，一隻脚擱在前面的桌檔子上，身子略向后面聳，坐在藤椅子上，昂着頭，很有點馬路英雄的氣慨。他見大家默然，沒有一個人開口說話的樣子，知道這些新幹部的癥結所在。他曉得現在得給他們打氣，提高他們的革命情緒，而且變更他們的心理。這是自己的責任，是自己的任務，也是黨指定他到這里來鬼混了三年的目的，他以爲。跟着，用那對金魚一樣突出的眼，帶着尖銳的光芒，向大家的臉上掃射了一週。

「做一個共產黨員，應該丟開一切：地位，世系，感情，友誼，以至倫理的連鎖，包括你自己……一切都爲了黨，心目中只許存在着一個黨。我知道各位同志仍擺脫不了小資產階級意識，而且或多或少，還背着印德利根蒂亞的包袱。我希望大家盡量的發言，尤其是熟知杜師參的同志，要盡自己所知道的，坦白出來」。

他的話慢慢地變成了演講，這已成習慣，他會不自覺地。最后他把那對光芒，突出的金魚眼的停在杜淑英的臉上。

杜淑英打了一個寒戰，趕快把頭低了下去。當她最初聽到檢討杜師參的時候，已被嚇唬了一下，顯得很窘。她的腦上，馬上浮上她的父親：那短髮的圓頭，已像被撒上一把鹽花，發着紅光的結實的圓臉，常呷醉酒似的。自從離開軍職之后：父親雖經常穿大褂子，但仍掩蓋不了他那軍人的氣慨，顯得威武。她正涉入遐想，那對光芒向她的臉上掃來，使她顯得更窘。許多隻眼睛，這里所有的，像一時間都朝她集中似地，她覺得。

「我提議請杜淑英同志先說說，她知道的應該比我們淸楚。」說話的聲音，像人們用手來愛撫貓時，貓咪發出的叫聲，柔軟而催人愛憐，但聽到那是一個人在說話，會使你覺得柔軟的可怕。那就是介紹杜淑英加入組織的夏瑞珍：是她的同級同學，這里的歷史教員的女兒。

大家寂然，像靜候着杜淑英的發言。她抬頭起來，兩眼望着施德會、她決心把自己所知道的關於父親的事，坦白地向大家報告。她曉得自己所知道的會使施德會他們不滿意，也許會被認爲不够坦白。但還有什麼辦法，她僅知道那是自己的父親，而自己是他的第三個女兒，照兄弟排下來，則是老五。父親是一個軍人，帶過兵，上過戰場，五十歲那年卸了兵權，改任師管區副司令，只有名義而無實權。而兩年前，連這個都辭掉了，正式退了伍。以后便待在家里，聚幾個同鄉朋友搓搓小痲將，像籍此排遣自己的暮年。有時家鄉里起了什麼糾紛，有了什麼双方爭執的事情、鄉里人進城來請父親下鄉，替他們排解。事情一了，鄉里人常送些禮物，如鷄、鴨、火腿或桔子、柚子等鄉下的土產來。這就是父親的罪行罷，假如有的話！她想。而父親怎樣會做起這里——××高級商業學校的校董，那就不是杜淑英所知道的了。那是兩年前父親剛退休的時候的事情，要知道這些事，在那時的杜淑英還嫌太年輕了些。

時間不容許她多思索，逼得她不得不說話。

「各位同志，關於我的父親的事……」。

可是她一開口，話就被主席給頂回去了。施德會舉起双手，眼望着杜淑英叫道：「請等一等，杜同志。請你注意，你是一個共產黨員，要保持黨的立場，離開父女的關係。現在我們要檢討的是反動派的功臣杜師參，不是什麼人的父親呀！」

杜淑英聽了他的話，心中雖然憤憤地，覺得他今天這個會像故意與自己作對，給她過不去。但在黨的立場，在組織的意識上，她不能反駁他，否則會受到嚴厲的批評，說她是個人主義的俘虜。她只有忍着悲憤，承認了主席的矯正，但是摔不掉小資第階級意識的這位革命女性，始終不能讓自己口中叫出『杜師參』這個名字，盡了最大的努力，只能含糊地繼續下去。

「我知道他過去在反動派的軍隊里任軍職，帶過兵，打過仗。四五年前他離開隊伍，轉職A城師管區副司令，當然也是反動派的。兩年前他退伍了，便一直住在A城，至於他爲什麼做了本校的校董，是什麼動機和怎樣經過，我就不知道了；我那時還只是一個十三歲的女孩子啦。這就是我所知道的一切了」。

她說了后，沉着頭。她聽見切切私語的聲音，但聲音很低，聽不眞；隱隱的像夾雜着自己和父親的名字。這使她更難堪，好像大家都約好了，在那里議論自己，譏笑自己。

這時，一個人的發言壓住了那些細語，是主席施德會。

「各位同志、杜同志的話很簡短，也很扼要」。他說：「杜師參是師管區的副司令。師管區是反動派壓榨人民，驅使人民替自己拚命的大本營。那麼杜師參顯然是×匪幫的幫兇，這是沒有問題的了」。

「而且杜師參在他的家鄉是一個惡霸，扙着自己在僞政府里的地位，他左右鄉人，武斷鄉曲，養成一種惡勢力。貧農陳增弟欠了地主郭少卿三百斤穀子，他强他繳納了半數。朱鼎儒喫了惡霸谷英傑兩記耳光，他反迫着朱鼎儒向他陪不是」。說着，他把那對金魚眼向杜淑英臉上一掃，繼續着說「這些事杜同志不會不曉得，我以爲她還不够坦白」。

半響沒有人作聲。杜淑英曉得陳增弟和朱鼎儒，是她的地方上的兩個地痞，好幾次把自己冒充壯丁出賣過，結果都給他們逃了回來。可是她不敢說出來，顯得替反動派辯護。而且這兩個人現在正是地方上的紅人，陳增弟還是現任的農幹哩，誰敢說他不是。

「各位同志，那麼我們就把施同志的話作爲結論，認定杜師參爲×匪幫的得力幫兇和惡霸，給軍管會里送公文去，而且把剛才的事實也敍了上去。」是夏瑞珍打破了靜寂，這樣說。

大家還是不作聲，當然是無異議通過了。

「旣然大家公認，就這樣決定罷。」施德會亮着眼睛說。

在施德會和夏瑞珍的一唱一和之下，小組會議便很順利的結束了，雖然空氣顯得沉悶了些。

二

杜淑英懷着鉛一樣沉重的心，他不想回家去，她怕見父親。她循着公園路向山邊懶懶地搬運着自己的脚。她悲憤、沉痛，而且沒法排遣自己心中的矛盾。她不得不憶起一年前月光如水的一天夜里，夏瑞珍勸她加入她們集團時那天晚上的情形。

那正是××高商的學潮告一段落的第二天。這一次的學潮，他們獲得了全盤的勝利，趕走了訓導主任陳春波，而不會犧牲一個同學。學潮的幕后主動人物，就是施德會和夏瑞珍兩人，而杜淑英也盡了最大力量，從發動到解決，始終不會置身事外。而且學潮的得能圓滿解決，還靠着杜淑英說服了父親——那位×匪幫的幫兇而且是惡霸的老頭子，替他們向學校當局和縣政府教育科斡旋的結果。學潮的過程中，杜淑英認識了施德會和夏瑞珍的幹練和毅力，雖然手腕嫌毒辣，有些過火，但爲了事業，她認爲應該這樣。事后杜淑英對他們兩人頗顯示着欽佩，三人間的友誼也就由此益臻密切了，尤其是與夏瑞珍，因同係女性，更顯得親熱。而施德會他們，也看中了這位熱情的少女，意志薄弱，容易激動，具備着可以利用的條件，而她還有一個在社會上有相當地位的父親，得以間接的有利於爲自己掩護，像這次的學潮。

那天晚上，她和夏瑞珍兩人坐在操場牆下的石墩上，由學潮說到政局，由政局進而國際，一直談到月已偏西，方纔分手。而杜淑英記得那天晚上自己很少開口，話像被夏瑞珍包攬了去似的，她僅能傾耳於夏瑞珍貓撫一樣的溫柔但激昻的演講。她抨擊國民政府的無能和懦弱，而且强調美國的野心。

「非來一次澈底的革命不可，像蘇聯的十月革命，從根鏟除這無能的政權，而替之以新民主主義。否則我們中華民族便只能永遠被帝國主義所奴役，永遠沒有翻身的日子。而這個偉大的使命，就是把人民從不民主的無能政權下解放出來，是我們青年的責任」。她說。

「英，你有這個勇氣嗎？有這樣決心嗎？」她接着以充滿熱情的口吻向杜淑英問。

「那當然啦，我也是中國的青年喲。」杜淑英堅決地答道。

「英，我現在明白地告訴你了吧。我和施都加入了共產主義少年先鋒隊，那是一個革命的組織，你有意參加我們的團體嗎？我可以替你介紹」。說了后，她像在等待杜淑英的答復，默然了半響。她看她沒有回答，便從手中的報紙包里抽出兩本薄薄的小册子遞給了她，一面說：「我不是要你立刻決定，你得經過一番考慮，我知道。你先看了這兩本東西，假如認爲有參加的興趣，我隨時給你介紹。」

杜淑英拿了那兩本小册子回家，她不敢告訴媽，晚上躺在床上偸偸地閱讀。那兩本東西就是解放后風行全城，俯拾卽是的「新民主主義」和「論無產階級專政」兩書，但在當時是相當珍貴的，在臨分手的時候，夏瑞珍會再三叮嚀，叫她好好地保存，不要讓別人看見。

第三天，經過了兩天兩夜的考慮，杜淑英把加入共產主義少年先鋒隊的志願書、誓詞，還附着自己的一篇自傳，交由夏瑞珍轉給施德會。他是這裏的負責人，后來她才曉得。

在地下組織的時代，她會參加好多次的會議。每次，杜淑英都踴躍地發言，而她的意見往往受施德會他們所重視，常常被採納、受讚揚，而且還得到許多的恭維。這對於一個單純的少女，是一種很大的鼓勵，她爲了自己的前進而沾沾自喜，有了什麼工作分派，她會毫不遲疑的接受，甚至要她利用自己的父親，也不例外。而在每次的會議中，她儼然成了中堅份子似地。

A城解放之後，少年先鋒隊由地下組織變成了公開集團向同學招募隊員。人數一多，當然得分許多小組。杜淑英和施德會夏瑞珍仍歸入同一小組裏，但開會時的情形却截然不同了。現在施德會儼然成了他們這一小組裏的領袖，名爲開會討論，其實不過是組長施德會報告，副組長夏瑞珍附和，或恭聆組長的訓話罷了。新參加的當然不敢開口，就是早已前進的杜淑英，碰過幾次釘子后，也慢慢地消沉了。可是像今天這樣，他們要她開口，她就連緘默的自由也不允許的。

三

想着，想着，杜淑英發現自己不曉得在什那時候已經掙上山坡，朝着抗戰將士紀念亭的那條路上。横竪到了這裏，倒不如掙上亭子去瞭望一回，也許可以開擴眼界，把這沉悶的心境給打開一點兒，她想。

亭子上很冷落，那個聳立着的六角形紀念碑，像在睥睨着全城的巨人，除此之外，一切都靜靜地。她俯瞰全城，從街衢以至河流，都顯得很安靜，對這個歷史上的巨變，好像沒有事兒一樣。在大自然之前，什麼都顯得那麼渺小。她羨慕自然的偉大，不覺使她神往。不，在這心理的彷徨下，對大自然的沉着和冷靜，與其說是羨慕，倒毋寧說是懷着反感，懷着嫉忌。在這清醒的環境之下，她仔細地再想一想，把剛才一路上所追憶的往事，在這裏又重溫了一次，她把自己和施德會、夏瑞珍間的，解放前的微妙的關係與解放后的不愉快的糾葛，作了一個總的檢討。她從這裏發現了自己做一個共產黨員的許多缺點，不夠澈底，不夠毒辣，知識份子的意識太濃厚——給他們說起來，是一個典型的動搖份子。

可是，杜淑英更想起自己所以加入他們組織的動機：要把人民從無能而腐朽的政權下解放出來，擺脫帝國主義的羈絆，爭取眞正的獨立自由與民主。而解放后幾個月下來，擺在你眼前的事實，把理想全盤給轟走了。單就學校來說，沒有一件事與潛在地下活動時的理想吻合：團隊的建立，文化政治組織的雷厲風行，使得學校裏的老師和同學，沒有誰敢在行動和言論上保持至低限度的自由，甚至包括着緘默和寧靜。除了像施德會他們幾個特殊人物，對於學校裏的一切，誰還敢多哼一聲呢？有了什麼紀念會或遊行，從演講詞，以至標語，什麼都得經過他們的許可，連恭維共產黨的文字，都會成爲清算的對象。雖然學校裏有一個校務委員會，由校長、教職員、學生及校工各推代表組織而成，表面上是學校行政的最高機構，但還不是同少年先鋒隊的小組會議一樣，是由他們給一手包攬了去的嗎？一切過去加諸國民黨頭上的罪行，現在都換了一種新姿態加强出現了。而這一切，會使全體同學——除了他們幾個人之外的，憧憬并懷念着過去。

前星期教國文的宋老師，爲了選文天祥的正氣歌做教材被淸算了，由軍管會文教部通知學校當局卽日解聘。這還算幸運的，僅止於解聘而已。高中部的歷史教員陳少游，爲了「斯拉夫民族的崛起」一句話，被軍管會里派人來請他去談話，在這兩個武裝同志押解之下，就此一去不返，到現在還不知下落。這兩位老師都是一般同學平日間所敬仰着的好老師，是沒有一個人不關心他們，而爲他們不平。雖然大家都默默地，誰也沒有明白表示。杜淑英想到這假如在國民政府時代發生了，那會釀成怎樣后果呢？那正是給施德會他們大做文章的好題目了罷，或許會來一次更熱鬧的學潮，又得利用她的爸爸了：她想。

初秋的晚風使她覺得有些逼人，四圍已罩在暮色之下，這濱海的小商埠，在她的脚下疏落地閃着燈光。她有些胆怯，慢慢地移動脚步，不自覺地循着原路下去。

到了街上，上燈時分的緊張情緒，雖與解放前有着天淵之別，但還是給人一種黃昏的感覺。人們踏着細碎的步子，忙着循向歸家的路。杜淑英也不知不覺加緊了步伐。經過學校前面，裏面傳出咚咚蓬拆……的腰鼓聲，夾雜着一陣陣喧笑。是爲了行將來臨的人民政府成立紀念日，他們在預演着化裝遊行的節目。她偶爾回頭，靠在牆下的史太林的巨幅畫像，好像探頭出來向她獰笑，這給予杜淑英一個新的刺激，一種不同的啓示。她急急地，逃命似的避開了。

四

晚飯后，杜淑英很早便上了樓，閉在自己房中。她讓自己浸沉在心的掙扎裏，今天晚上得有一個定奪，她想。她正站在歧路上，她得選擇其中的一條路給自己前去，客觀的條件不容許她老站在十字路口。老跟着施德會他們一路走呢？還是卽刻離開他們？選擇了前者，她得毀滅民族、國家、家庭和自己，而且要把「人異於禽獸幾希」的那「幾希」都得拔除了，纔得能够不動搖，能跟着他們「前進」。選擇了后者，時間還不嫌太遲，雖然相當危險，到底還能自拔，有走動的餘裕。

「革命」與「反革命」，她得選擇其一。能够負起歷史的任務而向前推進，那纔是「革命的」；她當初的參加組織就爲了這。她現在發現了共產黨僅僅披着一件革命外衣，而骨子裏是「反革命」的幹子，爲了極權者的野心，爲了集中政權在少數人的手上，他們不惜犧牲整個民族和全國人民，把中國拖向泥淖中去。她還年輕，她有熱情，她不能把自己向錯路上拖，挨到泥淖中去。她得選擇「革命」的路前進，爲了維護民族的獨立和生存，爲了爭取人類最可珍貴的自由。但這是最后一剎那了，不容你躊躇，不容你回顧，良好的時機是一縱便逝的。

「動搖，我纔不動搖呢！」杜淑英懷着輕鬆的愉快之情，上了床。

第二天早上她照常很早起床，在月台上看日出，來回的閒步。幾天來鬱積的煩悶，像被一掃而光了，連這秋天的太陽，都分外暖和似地。除了兩眼稍有些紅腫外，她沒有什麼異樣。而家裏的人誰也沒有注意到她那睡眠不足的微紅的眼。喫過早飯，她照常向父親與母親說了一聲：我上學去了。就這樣離開自己這溫暖的家。

那天晚上杜淑英沒有回家，她的母親等着她，一直到深夜，而且一直惦記着。

第三天早上，在杜淑英的硯台下面找到一張字條，她的父親用顫抖的手把它抽出來。上面只有短簡幾行，寫得很潦草。

「爸，媽：我對你們不起，請恕我不能事先告訴您們：我得離開這裏了。到那裏去？連我自己都沒有準兒。但請您們放心，不必惦記着，我會好好地處理自己。而且，我從媽的手飾中拿走一隻手鐲，這足够送我上安全而自由的地方。

爸也得趕快離了A城，他們的魔掌快伸向爸來了：昨天的小組會裏已經這樣決定。而且我的出走也會於爸不利的，我以爲。

這張字條請不要留着，看過，便燬了。 敬祝

您們平安！ 您的女淑英。

老人的手顫動得更有勁兒，不安的氣氛圍籠罩上這個和平而溫暖的家。

書刊評介

蘇維亞怎樣管制思想

華國出版社印行
庚寅編譯社編譯
（每册定價台幣六角）

海光

近來有一可喜的現象，就是可能產生反共抗俄效用的出版物日有增加。在這類底出版物中，就品質而論，似乎以華國出版社本身出版的——非代印的——之成色比例較高。『蘇維亞怎樣管制思想』這本小册便是其中之一。

談反共抗俄，要有眞正的把握，決非在有限的空間以强力 Macht 造成主觀順意的局面，而是要能在强力所及的範圍以外眞正產生政治影響或攝引力，亦若孫逸仙先生當年在廣州彈丸之地之能使全國感應之所爲。要能達到這一地步，必須樹立一個超乎現實、人事、利害、成見、權力、種種因素而確乎令人値得嚮往的理想；或者，實實在在有値得令人用生命去保衛的東西。就自由的知識分子而言，他們酷愛思想自由。而蘇俄則嚴格統制思想。亦步亦趨『向蘇聯學習』的中國共產黨徒，於利用國際的以及國內的種種弱點騙取大陸以後，正着着進行照着蘇俄底範型來統制思想。『蘇維亞怎樣管制思想』這本書最顯活而扼要地報道出蘇俄管制思想的實況。由此，我們也可以推測中國共產黨是如何着手管制思想。酷愛思想自由的知識分子，深惡痛絕以任何藉口、任何方式、以及任何教條來統制思想。這本書，雖係一小册，但確能增加我們對于這一方面的體會，並在我們認識思想自由之可貴這一點上不無助益。

在蘇俄，一切新聞底來源及其發佈無不爲政府或政府黨獨占：政府或政府黨『對于凡能模造及支配人類心思的一切機構具有完全控制之權。……舉凡人類所知之每一部門文化，祇是支持共黨政策之一種利器。』中國共黨正是如此。在共黨統制區域，卽使有少數私人創辦報紙或刊物，其內容必須與共黨教條根本相同；這就淪爲共黨之輔助出版物。否則，立予查封，或抓拿編輯及寫作人：根本不能立足存在。吾人可依此標準來測量任何空間是否眞正民主自由。

『蘇維亞當局模造與支配思想的工作開始於學校中。共黨要求把黨的「正確」主張在一切的學習範圍內加以解說。每一個學生，不問他的興趣如何，都要研讀馬克思列寧的理論。』中國共產黨正是如此。他們藉其政治權力，通令各學校讀『新民主主義』。在事實上，凡有共黨型的思想的人，只要是他們底力量辦得到的地方，他們都要藉其力量强制人民讀其『主義』的。誰敢不『接受』？

那裡的知識分子呢？說來眞是可憐：「智識分子能够按照政府期望而有貢獻者，自然是得勢。但那些不能從共黨的目標找出靈感者，就是不能頌揚新政權而使工人皆能了解者，不是被處死，就得亡命於國外。」在極權統制之下，凡知識分子底命運確實可悲若此。君不見！在毛澤東底武斷與暴力籠罩之下，凡潔身自好之士，有是非，有正義感，有氣節的知識分子，一概難以自存；而不惜奴顏婢膝，向權勢低頭幇閑，說黑的是白的，說不好的是好，爲那個啥子『新民主』的『主義』作註釋之知識分子，則高車駟馬，富貴榮華。在一切從屬于政治之下，知識底尊嚴，至此眞是掃地以盡！

既然一切從屬于政治，文學與藝術當也被用來頌揚共黨的成就。因而，他們要『打倒無黨的作家，打倒超人的作家。文學的目標必須成爲一般無產階級目標之一部分。……』音樂亦然：『音樂既然屬於藝術的一般規律，當然也屬於馬克思列寧的美術原則，而應受黨的管理。』這種統制，眞可謂徹底之至。無論是文學也好，藝術也好，音樂也好，都『必須成爲一般無產階級目標之一部分』，都『屬於馬克思列寧的美術原則』，都『應受黨的管理』。這樣的統制，可謂『無微不至』。在這種原則之下，『無黨的作家』，當然要被『打倒』。君不見！他們躲在圍牆以內猖侮謾罵非黨派的作家何等起勁！

文學，藝術，與音樂必須『受黨的管理』以『符合於」馬克思的教條，科學怎可被置諸例外？『科學，正如蘇聯其他事物一般，必需符合馬克思列寧理想所能容許的科學理論』。『科學理論』而必須有待於『符合馬克思列寧』底『理想』，誠不知這個樣子的『科學理論』是何種『科學理論』！

爲了使科學『符合馬克思列寧』底『理想』，蘇俄共黨從科學底許多部門着手；而最遭殃的要算生物學。後得性（Acquired Character）之不能遺傳，已成生物學界底公認定論。但是，蘇俄共黨『中央當局』則認爲此說有礙于無產階級之『進化』，並無形取消十月革命之改造人類環境之影響作用。於是，『蘇聯則堅認由於環境關係，可能恒久改進遺傳的性質，因此便可强令生物按照所期望的任何方向而變易。共黨的教條是：『我們不能等待自然的恩惠，我們必須向自然爭取之。』實在，蘇俄與共黨之所謂『眞理』只是『政治的需要』而已。政治上有怎樣的需要，他們便隨時製造怎樣的『眞理』。蘇俄共黨抱持『我們不能等待自然的恩惠，我們必須向自然爭取之。』這種『人定勝天』和

『征服自然』的雄心，的確其志可嘉。不過，我看俄國天氣苦寒，冷得有點弗好受，史大林何不命令上帝把太陽向北照一點呢？

因爲共黨需要合乎其政治目標的遺傳學，於是謹守正統遺傳學的科學家，『祇因他們的科學觀點與共黨中央委員會所容許者相反，以致或遭斥責，或被清算。』在排除了這些純正科學家以後，蘇俄共黨就捧出像賴申柯（T. Lysen-ko）這一流的人物來講遺傳學。其實，這種黑良心的無賴之徒，那裡是在講遺傳學呢？他不過以類似遺傳學的名詞來宣傳黨八股罷了！『賴申可與皮里桑，實際上也不像其在公衆出現的姿態成爲科學的領袖，祇是最高政權的工具而已。』『一九四九年美國生物學研究所管理委員會底紀錄中有如下的準確判斷：『賴申可與其附和者之反對遺傳變異學（？）不能視爲科學思想兩個反對派系之爭，實際上這祇是政治與科學的衝突。』』一個在討論科學；另一個在藉科學詞彙來宣傳八股敎條，那還有什麼可說的，勝利永遠在宣傳黨八股的那一邊。因爲，在這種場合之下，決定是非曲直之唯一的條件，並非客觀眞理，而是槍刺。蘇俄共黨對于科學尚且如此玩弄，對于其他的學術部門更可想而知。其實，所有一黨專政的極權空間對于科學和知識分子的辦法都是朝着這條路走的。中國共黨及其同型的組體當然無以例外。這眞是科學與知識分子底摧殘浩刧！

在『黨權高于一切』的蘇俄共黨統制之下，既然科學都可以隨着政治需要而揑造，對于歷史當然不會放鬆。『在那裏，過去的事實，正如現在進行的事實與未來的趨勢，一切都使有利於黨的目標。』『過去被磨滅了。磨滅的痕迹也妄記了；謊言遂成爲事實。』『爲着有利於黨的政策，一件反對共產主義的史實不應提供於公衆之前。』在事實上，一切極權型式底政治組體底態度和想法與作法都是如此。納粹和法西斯之流也曾如此，不過還沒有做到這樣澈底而已。

在這樣的統制形態之下，當然絕對不容許批評政權。批評政權便是叛國。叛國便罪在不赦。因爲，他們認爲黨就是政府，政府就是國家。所以，批評政府便是叛國。這是一切形式底極權統制底基本哲學。

『蘇維亞當局藉嚴格的檢查制度，以防止其人民爲非共黨的觀念所沾染。』因此，外方的出版物，如對其政權有較認眞的批評的，簡直不爲蘇俄人民所看到。因而，『簡直沒有什麼地方可以獲得兩種的意見。蘇維亞的人民祇准聽一方面的話』——就是共產黨的話。』這是共黨一黨極權專政統制之下的寫照。類此的一切極權統制者都想努力做到這一點，以便『統一思想』；否則，難免『思想混亂』。

好一幅布爾希維克的極權思想統制圖象！

照作者鄙見看來，共黨諸類還欠高明。世界太大，科學太發達，要想建立思想圍牆比建立經濟圍牆更難。俗語說：『眞金不怕火』。如果眞有眞理，何必怕外界的觀念之『沾染』？大家公開討論好了，眞理終必獲勝的。英美人民從來不怕外界觀念之沾染。然而，英美共黨勢力並不比許多地方猖獗。

共黨是一群魔鬼。魔鬼愛的是與自己相同的黑暗保護色。在黑暗裡捉鬼很難捉到。

我們要在自由的太陽底下捉鬼。

『在目前，蘇維亞政權把龐大的民衆恐嚇到不得不齊聲贊揚史太林與共黨的生活方式。人民之加贊揚，無非認爲這是獲得安全的惟一方法。……但如他們懷疑有些事物不盡如報紙編撰者與演講者所述，祇好把這懷疑的意見藏在自己的腦裏。』這幾句話，可謂發人隱微，可謂道出在極權統制之下的人民心靈深處的悲哀，尤其是有理性者之悲哀。在這種統制之下，黨即是國，國即是黨。二而一，一而二，混淆不分。政權高于一切。因而，人身底安危毫無保障，個體沒有尊嚴，理性被剝奪，自由成爲口頭的宣傳或遠在天邊的幻夢。在這種空間，獨斷和威勢充塞，恐怖成爲氣流，而是非不能明，曲直不能分，善惡不能辨，智慧更無以激發，情感亦爲之痲木。於是，『在俄國全境內最豐富的知識潛能都聽任其枯萎了』。這是爲鞏固極權統治而必至的結果。沒有極權統制不戕害良心與智慧的。良心死滅，智慧枯萎，所剩下的當然就是無用的糟粕了！這種結果，是極權統制本身孕育出來的結果。這一結果就成爲它自身底『否定』。『種瓜得瓜，種豆得豆。』有斯因卽得斯果。且等歷史家們來記述二十世紀東方與西方這一筆爛帳吧！

在敘述了蘇俄如何統制思想以後，本書末尾說：『在一個社會中，人們自由發表其信仰而不能免於被攫離其家庭之恐懼者，這斷斷不能算是民主。又守法的公民，時有被剝奪工作權利或生命自由與快樂之恐懼者，這也斷斷不是民主。』這一個結尾，應該是一切愛好自由的知識分子所愛好的結論。這個理想如果有從口頭宣傳而變成事實之一日，便是中國共黨崩潰之一日。我們多向民主自由的理想趨進一里路，便愈增加一分嚮往，愈使大家體驗到眞有値得用生命去保衛的珍貴的東西，因而反共抗俄底力量多加强一分。

民主自由是到反共抗俄勝利的唯一大道。

通觀全書之編制與取材，頗爲精審扼要。敘述也平易可讀，引人入勝。譯者之選譯此書，自係具有相當鑑賞能力。

關于譯文，因無原書對照，不易判斷。不過，一氣念完，除覺三幾處似有問題以外，尚淸順可口。就中有一科學名詞，恰巧附有原文，筆者認爲大有商量之餘地。Genetics，譯者處處譯爲『遺傳變異學』。這個學名底本來意義是研究相關有機體之遺傳，相似點和相異點之學。這裡所說的相關有體機之遺傳的相似點和相異點乃從其基因（Genes）與環境之交互作用所生。凡屬命名，必須與被名的內容等其外範（Coextensive），換句話說，一名與一實底大小範圍必須恰好相當。如果失之太寬，那末該名含有該實所無之外範並失去其應含之內涵，因而該名歸於無用。可是，如果失之太狹，那末該名未包括該實所有之外範並增多其內涵，因而該名因只能指謂該實底一部分而歸於不適用。在Gene-tics一名中不獨包含有『變異（Mutation）』，而且包含有『相似點』。今譯者譯爲『遺傳變異學』，未能包含二者，失之太狹。筆者擬試譯爲『衍發學』，或『遺傳衍發學』。當然，這種譯法是否適當，還待請敎此類專家。譯者以爲何如？

筆者以爲當前關于反共抗俄的出版物在數量上已經不少，但在質量上可以雅俗共賞的實在不多。與其瞎寫濫抄，胡扯胡湊，或板起面孔宣傳敎條主義，何若選點好的外國作品，謹愼鄭重地翻譯翻譯？

第三卷 第十一期 內政部雜誌登記證壽內警台誌字第四六號

給讀者的報告

中共明白參加韓戰以來已有一月了，聯軍先退而後進，而進得牛步遲遲，共軍急進而急退，但退亦穩紮穩打。成功湖方面的外交家，對中國狄托的單相思由來已久，滿懷希望此次列席的中共代表團可作紅娘，現在也已經到達了。可是代表尚未出發，北京已先聲明，此次只談「美國侵略臺灣案」，對於韓戰並無作被告而出庭之意，其態度可謂斬釘截鐵。然而癡心的外交家們還想作場外交易，眞是「求之不得，寤寐思服」嗎？總之一方面兵双既接，一方面敞開談判之門，大結戰之期最近能否到來呢？

兩年一度的美國大選，業經揭曉了，民主黨僅勝而實敗，共和黨雖敗而猶榮，也既成定論了。此次並非總統改選之期，得失比較要算小的，但是美國選民之熱烈與世界各國之關心，較之一九四八年乃有過之而無不及，這是甚麼緣故呢？値玆世界風雲緊急之際，執民主國家牛耳的美國，其將來趨向如何，實與人類命運有關，而今後二年尤爲決定其趨向之關鍵，正是八十二屆國會當政的時期，雖總統依然如故，而民心之向背已可以明白看出了。本期王先生的論文從多方面觀察美國大選的情況，討論周詳；許先生的通訊則直推究其意義，簡潔有力。讀者諸君合二篇而觀之，可以知悉美國的民心，亦可推想美國將來之趨向。有人說這個國會也許要負擔決定世界命運的一大部分的責任，中國讀者應該充分了解它，故本刊特將兩篇有關美國選擧的報導，一次刊登，以便利讀者之參證。美國的輿論已表現出反共的決心了，民主與共和兩黨之爭不過是方法的問題，猶且秦訂斯以袒護拉鐵摩爾而落選，艾其遜以袒護希斯而不受信任，今後民主黨當局還敢再作違背民意的擧措嗎。史大林大概已看淸美國再不會上他的當，所以金日成失敗以後便叫毛澤東出志願兵，最近竟有蘇俄亦出志願兵之傳說，全面戰爭愈逼愈緊，一九五一年眞眞是最危險的年頭嗎？

中國今後的教育文化向那方走？愛讀本刊的人們當已知道我們的答案，是自由民主。惟其是民主，所以要人民自出主意，自己作主；惟其是自由，所以不能提出一種斷案，而強人以必從。一言以蔽之，就是反對教條主義。歐洲因爲教條不同而殘殺的事例甚多，其最大規模的就是基督教圈內的宗教戰爭。此次史大林欲以馬克斯教征服世界，也和宗教戰爭差不多，惟其規模之大已千百倍於前了。我們中國向來沒有如此的戰爭，而中共竟自外輸入此野蠻的暴政，我們要反共抗俄，非反對教條主義不可。本期的社論卽據此以立言，使大家明白：拿一定的教條而強人以必從是與自由民主背道而馳的。

本刊售價

一、臺	幣	三元
二、越	幣	八元
三、菲	幣	五角
四、港	幣	一元
五、暹	幣	四銖
六、美	金	二角
七、叻	幣	四角
八、印尼	幣	三盾

自由中國 半月刊 第三卷第十一期（總第二十六號）

"Free China"

中華民國三十九年十二月一日

發行人 胡適

主編 『自由中國』編輯委員會

出版者 自由中國社

社址：臺北市金山街一巷二號

電話：六八八五號

航空版

香港 香港時報社（高士打道六四號）

紐約 Modern Chinese Art & Printing Co. Inc. 2 East Broadway New York City, N.Y.

經售處

臺灣 中國書報發行所（臺北市館前街八五號）

新生報社高雄分社營業部（高雄市鼓山一路二〇號）

美國 紐約民氣日報社

舊金山國民日報社

日本 東京南友堂

東京內山書局

馬尼剌 中非文教出版社

印尼 巴達維亞星期日報

棉蘭繁華圖書公司

越南 西貢中原文化印刷公司

越南華僑文化事業公司

曼谷 曼谷攀多社十二號

新加坡 中興日報社

檳榔嶼、吉打邦均有出售

印刷者 臺北印製廠

廠址：臺北市民族路六四三號

電話：三三一六號

本刊經中華郵政登記認為第一類新聞紙類

台灣郵政管理局新聞紙類登記執照第二〇四號

自由中國

FREE CHINA

第三卷第十二期

要目

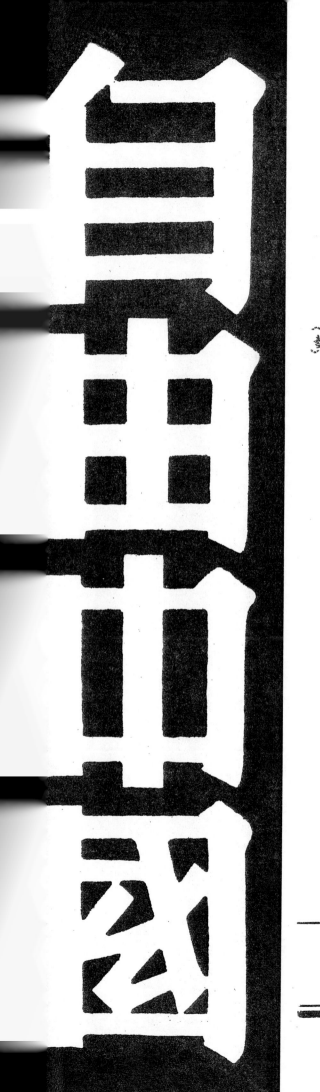

中華民國三十九年十二月十六日出版
社址：臺北市金山街一巷二號

半月大事記

十一月二十四日（星期五）

中共「代表團」抵成功湖。

聯合國政委會以三十票對八票（廿二票棄權）通過蘇俄建議邀請中共「代表團」參加蘇俄所提「美國侵台」案的討論。

安理會主席栢布勒（南斯拉夫代表）於中共「代表團」與賴伊會面後突然發出開會通知，定於明日（二十五日）舉行特別會議將台灣（即所謂美國侵台案）及韓國問題同時討論。

美國務院公佈美國向遠東委員會各國所提關於對日和約的備忘錄以及蘇俄答覆美國照會的備忘錄原文。

十一月二十五日（星期六）

聯合國安理會特別會議，因當地暴風大雪，臨時改期二十七日舉行。

國防部政治部公佈大陸反共游擊隊成長的經過，分佈的地區及目前武裝實力──已達一百六十萬人。

十一月二十六日（星期日）

中共軍隊在韓國西北及東北發動大規模反擊，聯合國軍攻勢受挫。

十一月二十七日（星期一）

美聯社報導，中國政府在原則上同意美國所提關於日本和約的七點，但堅持台灣與澎湖必須被認爲中華民國不可分之一部分。

聯合國安理會通過將蘇俄所提「美國侵台」及美英等六國所提中共侵韓兩案合併討論。中共代表團列席，但仍聲明不參加韓國問題的辯論。

聯合國統一及復興韓國委員會（簡稱聯合國韓國委員會）在漢城舉行首次會議。

蘇俄外長維辛斯基表示，蘇俄將支持埃及所提英軍撤退蘇彝士運河區的要求。

十一月二十八日（星期二）

聯合國軍總部發表第十四號特別公報稱：「……中國大陸上的軍師單位的部隊約二十萬人，正在北韓和聯合國部隊作戰；……事實上，我們已面臨一個完全新的戰爭……」。

美國務卿發言人發表聲明，正式肯定中共干預韓戰是侵略行爲。同時美代表杜斯汀在聯合國安理會演講中也如此强調，并向中共代表提出質詢二十點。

十一月二十九日（星期三）

韓境西北部聯合國軍向平壤撤退。

聯大特別政治委員會通過關於會員國代表權問題的決議，照該決議，代表權問題之解決，將依照憲章的宗旨和原則，權衡每一個案的情形加以考慮，不以任何特定的標準爲依據。

十一月卅日（星期四）

杜魯門總統宣稱，因韓國關係他已考慮使用原子彈。

聯合國安理會以九票否決蘇俄所提「美國侵台」案，同時蘇俄否決六國所提要求中共自韓國撤兵建議案。此爲蘇俄第四十七次濫用其否決權。

十二月一日（星期五）

聯大以三十五票對七票通過將我國控俄案重交小型聯大調查（按該案係由敘利亞所提，經政委會十一月二十三日通過）。

立法院長童冠賢、副院長兼代理院長劉健群分別請辭本兼各職案，經院會通過准予辭職。

台北合衆社訊：中國駐美大使顧維鈞已接獲美國通知：美國目前無意撤退第七艦隊，亦未計劃要求蔣總統派兵入韓。

聯合國印度代表團長勞氏與中共「代表團長」伍修權開始商談所謂「遠東和平」的可能性。（據華盛頓一日合衆社電杜魯門總統會表示希望印度斡旋和平）。

杜魯門總統咨請國會加撥一六八億元加强陸海空軍，另以十億五千萬元撥給原子能委員會。

美陸軍參謀長柯林斯飛東京與麥帥會商挽救戰局。

十二月二日（星期六）

麥帥發表書面談話謂中共對聯合國實施「不宣而戰」的戰爭，其所使用之兵力已達六十萬人。

美政府下令嚴格控制運往中國共區、香港及澳門的一切貨品，經由美國港口轉運者亦同。

十二月五日（星期二）

台北中聯社訊：中共第四十三軍全部三萬人已奉令自海南島開赴越南援助胡志明之越盟軍。

立法院改選院長副院長，劉健群黃國書分別當選。

聯大指導委員會通過將六國所提中共侵韓案列入大會議程（按該案在十一月三十日安理會中經蘇俄否決）。

亞洲和近東十三國（印度、阿富汗、緬甸、埃及、印尼、伊朗、伊拉克、黎巴嫩、巴基斯坦、菲律賓、沙地阿拉伯、敍利亞、也門）籲請中共和北韓當局，宣佈他們的軍隊不致越過北緯三十八度。

十二月七日（星期四）

聯合國軍放棄元山。

美英法三國大使在巴黎會議研討對蘇談判問題。

十二月八日（星期五）

杜艾會議結束，發表聯合聲明，就中說到無論在遠東或其他地方決不姑息或鼓勵侵略，但他們同意設法用談判方式結束韓國的敵對行爲。

蔣總統宣稱：聯合國如以海空軍助我國軍反攻大陸，韓戰可轉敗爲勝。

立法院第十二次祕密會議通過四十年度中央政府總預算案 特別預算案暨總預算施行條例案。（按四十年度總預算案國防支出約佔支出總額百分之八十四）

美政府頒令禁止美船及飛機裝載戰略物資赴中國大陸。

法越簽訂協定，建立越南國軍。

十二月九日（星期六）

蘇俄向聯大政委會建議所有外國軍隊（包括聯合國軍及中共軍隊）即從韓國撤退。

十二月十日（星期日）

美國防部長宣佈杜魯門總統刻正考慮宣佈全國進入緊急狀態。

社論

從當前國際局勢看杜艾會談

中共軍隊傾「黃蜂窠」參與韓戰，聯合國軍遭遇到在人數上佔着「史無前例」的絕對優勢的反擊，國際共產主義者在北韓捲土重來，聯合國旗又退出了韓共政權首都－平壤。這個態勢的轉變，誠然事非小可，但是我們如果徹底了解國際共產主義的本質，同時沒有忘掉聯合國在「韓戰局部化」的希望下所決定的戰略－－讓中共在鴨綠江彼岸源源增援而却不授權麥帥越境轟炸，那末、我們對於這個急轉直下的局面，就不會感到甚麼驚奇。麥帥對報界的答問中說：「中共發動攻勢的危險，從戰爭開始時卽存在；聯合國在六月二十七日決定行動時，就已經接受了這種冒險」。麥帥這種看法是再透徹不過的。可是事情到了今天，原來擁護聯合國決策的國家，竟有若干色盲、短視、神經衰弱的政治家、乃至軍事家，弄得張皇失措，莫知所以：有的對於聯軍統帥心懷怨望，有的還來些不負責的責難，有的藉中共「代表團」列席聯合國安理會會議的機會，與之大談其場外交易，至於英首相艾德禮之急飛美京與杜魯門總統會談，不論他的腹案如何，他這一行，還不失爲一個比較正常的反應。

今天－十二月九日，我們看到杜艾五天會議後發表的聯合公報。這篇官方公報雖然沒有涵蘊着充分安撫的氣息像我們事前所憂慮者，但就其文字所明示和若干措辭空泛的處所看來，中共參加聯合國問題、台灣問題、以及以「談判方式覓致戰爭的結束」這幾點，我們仍覺有一述觀感的必要。

首先我們要特別提出的，半月來由於韓戰逆轉，國際間的反應，光怪陸離，很有點和兩年前中國大陸上徐蚌會戰前後的情形相像，那時、中國政府軍也和這次聯合國軍一樣，在戰場上和共產黨軍隊打硬仗。可是在這個劇戰時期，由於若干投機取巧、陰懷異志的政客和將領們的言論和行動，使徐蚌戰局的逆轉無以挽救。徐蚌易手後，那些政客和將領更是遑遑不可終日，各自爲謀；所謀的動機雖不盡同，而騰諸口說的却一致地是一個動聽的說法：「和平」、「免於生靈塗炭」。於是反共的戰役，中央政府無法有效地領導，「和談」的結束除解除了政府反共的精神武裝，加强了共軍的準備，此外一無所得。此後長江流域、東南沿海、西北高原、西南天險、不到一年時光，統統被共軍囊括以盡。這段慘痛的經過，留給我們若干血淋淋的教訓：共黨的征服慾不是和談所可滿足的；要對付共黨的征服，只有武力反共；反共必須摒除各自的打算；反共必須尊重一個反共的領導權力。這些教訓適用於一個國家，也同樣適用於國際。共產主義者其本質就是一個國際性的。

今天世界局勢的動盪，其因素自比兩年前的大陸中國要複雜得多，但其潛在的危機與當年暴露於大陸中國者殊無二致。我們自由世界的人們今後所應特別關切的，是這個潛在的危機或消或長。因此我們對於杜艾會談後的聯合公報，有若干點不能默然；

——聯合國是今天反侵略的國際領導權力。美國是聯合國中有力的領導分子。中共參加聯合國的問題，美國過去再三聲明反對，但不使用其否決權。可是今天情勢已經變遷，美國過去的聲明有了充分理由可以修正。現在美國對此問題——如果還有此問題的話，就應該在安理會使用否決權。如此則聯合國大會亦不會得到多數通過。有反侵略的意識而沒有足夠的單獨力量的國家，是會以美國馬首是瞻的。美國應該珍視而善用其領導地位，以保持聯合國的聲威。同時聯合國會員國爲要保持自由世界於不毀滅，也應該尊重美國透過聯合國的反侵略領導。

所謂「台灣問題」，我們認爲只有目前台灣中立化這個事實，才是聯合國應當考慮的一個問題，此外就無所謂台灣問題。台灣中立化的辦法，是在五個月前韓戰發生初期，中國政府同意美國在太平洋戰略上的考慮而接受的。現在、在韓國與聯合國軍作戰的，其主力已經不是韓共而是中共，這個時候，聯合國就應該考慮以海空軍協助台灣軍隊反攻大陸了。蔣總統對於此事的呼籲，不僅是代表中國人民的呼聲，不僅是中華民國在聯合國下應有的一個義務性的權利，更重要的、是挽救當前韓戰的一個最有效的措施。我們在這裡要提請聯合國重視我們這個呼籲。

杜艾同意用談判方式結束韓戰，這一點我們很能體諒。和平願望，除國際共產黨以外，誰不具有？「不到黃河心不死」，我們是到過黃河的。但我們的苦痛經驗不得不正告自由世界的政治領袖們：與共黨沒有談判可言，談判不僅是徒勞，而且是給對方諸多有利的機會。如果大家對於這一點有了高度的警覺，則談談試試也無妨，如果眞的相信可用談判方式和共黨解決甚麼問題，就會再上大當。

最後就韓局本身說，照目前形勢聯合國軍能否守住一個防線，卽麥帥也聲言無絕對把握。在這種情形下，我們認爲甚麼「緩衝區」、「止於卅八度」等等停戰協定的提議，都是不合適的。聯合國軍不應該與一個被制裁者談到甚麼停戰協定。戰場上一時的勝敗與聯合國榮辱無關，如以一個制裁者的地位與被制裁談妥協條件，才是聯合國的奇恥大辱。所以我們主張，如聯合國陸軍到了無法扼守時儘可撤退，同時把大韓民國的百萬六軍調赴他處積極裝備訓練，只要聯合國的海空優勢可以保持，聯合國重行解放韓國不會在很遠的將來。

反共的戰略須就全球考慮，我們上述各點雖限於遠東方面，但我們并不主張重亞輕歐，正如我們反對重歐輕亞一樣。在考慮全球戰略時，聯合國的聲威萬萬不能貶損絲毫。我們以此觀察杜艾會談後國際危機的消長。

時事述評

民主與黨派

前幾天和一位臺籍教育界人士閒談，他說，這次的選舉有些不安，從前大家都是和好的，現在卻鬧起黨派來了，互相攻擊，愈演愈烈，將來不會把政治鬧壞嗎？我聽了他的由衷之言，深深覺得這確是一個問題，要養成民主的度量真不是一朝一夕的事哩！我們東方的社會是感情第一的，其次才講到理，最後才論到法。只要感情和睦，大家便可通力合作，倘若感情破裂，則必抱着不合作的態度，專以破壞對方為目的，不問其政治上的結果及社會上的影響是好是壞了。但是既已行民主，要選舉，則競選的事必不能避免，因競選而感情破裂的往往而有，若因感情破裂而生出社會上的惡影響及政治上的壞結果來，豈不是很嚴重的問題嗎？

須知政黨之競選只能對事，不能對人，故人身攻擊，各國的慣例都是要避免的。比方我要擁護某人當選，說他為人的好處是可以的，但攻擊對方競選者的為人不好，則往往引起感情的破裂，尤其是「打倒一」的口號，是用不得的。參加政治工作者，必須使政治有成績，使社會日進於良好，這是個人不能不盡的義務，感情用事當然是要不得的。至於黨派之爭尤應以好政治及好社會為目的，絕不應有求私利的念頭。中國向來有「君子群而不黨」之說，故一有黨派之爭，許多人便覺得這不是好現象。其實如果所爭的是公共利益又有甚麼不好呢？只因有些人講求本黨本派的私利，故一朝當選，大權在手，便把改良政治社會的諸言置諸腦後，而失敗者則只謀破壞，專事搗亂了。個人各爭私利，其害尚小，黨派的力量比個人大，故其為害亦更大。不過話又說回來了，沒有黨派也沒有力量來做好事，不能為社會興大利，除大害。所以黨派只是增加力量，它本身是可好可壞的，我們要排斥壞的黨派，並不是排斥黨派本身。黨派隨民主而俱來，要講民主，則黨派總是不能排除淨盡的。只要它不謀私利，而作合法的競爭，如此的好黨派，我們以為越多越好。（漸）

麥帥之於聯合國

聯合國不同於前此國際聯盟的處所，最重要的在於聯合國對於國際侵略得依據憲章來個軍事制裁。聯合國的宗旨和原則，靠這個權力來實現；聯合國的聲威也靠這個權力來維持。而第一個擔任聯合國軍統帥，執行聯合國軍事制裁的，就是麥克阿瑟元帥。

麥帥在韓國執行聯合國的決策，表現過他的軍事天才，也善盡了一個統帥的職責。仁川登陸之役，是軍事天才的發揮；打過北緯三十八度，追奔逐北到鴨綠江邊，是一個統帥職責所應爾。聯合國的決策是要統一全韓！

「韓戰局部化」的想頭，出發於傳統的國際政治觀點；以戰略觀點看，尤其以對付國際共產主義者的戰略觀點看，這個想頭，不僅是夢想，而且是有害的。儘管如此，麥帥仍堅守戰略服從政略的軍人本份，雖瞭眼看到中共軍隊在鴨綠江對岸大量集結，源源增援，他終不越境作戰略的轟炸。因為他沒有奉到聯合國叫他如此作的命令。

國際共產主義者之所以為「國際的」，就是他們的征服慾不受任何國界的限制，只是尋求有利的時間和空間而已。中共在韓共潰敗之後，以六十萬以上的大軍侵入韓國，自無所謂國界不國界的問題，在他們心目中，更不說上是由於聯軍越過了三十八度所起的後果。然而竟有些國家的軍政當局，把這次韓戰的逆轉歸咎於麥帥之進兵越過了三十八度，甚至不負責任地責難其越權。而這種責難或怨望，還是來自原來擁護聯合國決策的國家！

聯合國自成立以來，其決策足以樹立其威望者，從未遠過這次以軍事力量維護韓國的自由獨立與統一的決策。麥帥之於聯合國，就其職份言，是第一任聯合國軍的統帥，就其在統帥職份內所表現的忠勇精神，因而增高聯合國的威望這一點言，他是聯合國的第一位功臣，今因聯合國政略所招致的韓戰逆轉而遭到讕言誹謗，我們固不必從情感上為麥帥鳴不平，我們卻不得不以是非觀念痛斥國際間政治道德的墮落！（平）

響應美國輿論界的正義之聲

本月七日，正值「英美兩大領袖」在美會談的緊張階段，全美各地報紙紛紛著論警告聯合國，為了維護她的信威，她必須排斥任何的姑息政策，忠實地為伸張人類的正義而奮鬥。其中最具權威的紐約時報及前鋒論壇報的論列尤為明快有力。時報說：『目前事實上是中共明目張膽地反抗聯合國，公開從事蠻橫的侵略，因此應該承認這一殘酷的事實，並依其性質加以判斷，不管軍事如何危急，守法的國家仍能使正義伸張，向人類的良知作正確地伸訴』。而前鋒論壇報則謂：『有些人們所以反對指明中共為侵略者，是因了恐怕這一行動將會關閉與中共談判或作任何交涉之門，因此這些人們寧願讓聯合國對於侵略行為閉目不睬。我們卻不能接受這項理論。……聯合國是絕不能逃避事實而又能為其立場辯護的，如果中共的行徑可以得到寬容，則現代歷史上最顯明的侵略，都可以說是無罪的了』。我們十分同意上述兩報的看法。中國有句俗語說「姑息足以養奸」，最近美國有很多明智的人士都已從中共的公然侵略中認識了這句話的真實意義。目前在北韓屠殺美國青年的正是當年馬歇爾和艾契遜等先生們所姑息縱容出來的兇手。其實，姑息政策的惡劣後果尚不止此，更嚴重的是：一個空前兇猛毒辣地世界規模的敵人，正在向自由世界挑戰。因此，今天聯合國，若不能堅持自己的基本信念，確守原則，藉以喚起全世界所有愛好自由的國家和個人，匯成一股民主自由的巨流，以資抗拒，則其結果必被以克里姆林宮為首的侵略者所分化、軟化，最後而至各個擊破。

此刻被美國輿論界指為前往華盛頓導演「遠東慕尼黑」的悲劇的艾德理先生已離美返國，在他和杜魯門總統聯合發表的會談最後公報中曾揭示：「不姑息侵略或鼓勵侵略」的原則。我們但望這些說來好聽的原則不僅僅是紙面的宣傳。我們尤盼杜魯門總統堅定其立場，不要在為自由而戰死的青年墳墓上套上可悲的「慕尼黑」花圈。（白）

論中國政治問題的癥結

薩孟武

討論政治問題，須於政治之中探求問題之原因。倘把原因歸於政治問題以外，則必陷於邏輯上的循環論。例如政治之不安定若歸因於產業之不發達，則產業之不發達，也可以歸因於政治之不安定。政治之不進步若歸因於教育之不普及，則教育之不普及也可以歸因於政治之不進步。互爲因果，說來說去，必無結果。本篇乃於政治問題之中探求政治問題所以發生的原因，分政策、制度、人事三部分言之。

政治與宗教不同，政治是解決現世問題，宗教是解決死後問題。政治要建設樂園於地面，宗教則建設樂園於天上。政治離開現實，便失掉政治的本質，縱有盡美盡善的理想，亦只可視爲教條。

現今政黨除解決現實問題之外，尚有揭櫫主義而指示將來之目標者。然所謂「將來」也是最近的將來，不是永遠的將來。主義既然指示將來的目標，當然不能一蹴就可以完全實現。要完全實現主義，換句話說，要把現實社會改造爲理想社會，其間須經過許多階段，每個階段均有其特殊環境，因之，每個階段也宜有其特殊政策。這個特殊政策一方不要離開主義，同時又須適應現實。主義所主張與現實所要求若能一致，則政策容易決定；主義所主張與現實所要求若有出入，理宜遷就現實，用迂迴的方法，以求主義的實現。因爲政治問題是現實問題，現實問題不能解決，縱有理想，亦必不爲民衆所原諒。

然則政策應該怎樣決定呢？不管那一個時代，那一個社會，必有許多問題，惟在許多問題之中，又必有一個中心問題。這個中心問題便是政治問題的病源，其他問題也許祇是中心問題的病狀。比方有人焉，食不下嚥，睡不安枕，便秘不通，熱度不退。庸醫不知病源所在，因食不下嚥，用健胃藥以治之，因睡不安枕，用安眠藥以治之，因便秘不通，用通便藥以治之，因熱度不退，用退燒藥以治之。就個個病狀言，藥是對症的。就整個病源言，則頗有問題。倘令該人所患者是傷寒，則這種藥不但不能治病，而且服了之後，反有生命之憂。不治其本，而治其末，這是庸醫誤病的原因。至於良醫治病則不然，不爲病狀所迷，用各種方法，探其病源，病源既除，其他病狀自可消滅。治國之道就如治病，政治上雖有許多問題；而許多問題所以由生，必有其根本原因。這個根本原因便是該時代該社會的中心問題。怎樣解決這個中心問題，便成爲該時代該社會的中心政策。探出中心問題，定下中心政策，把複雜者化爲簡單，這對於政治，乃有三種好處。第一、要解決各種問題，須施行各種政策，要施行各種政策，必利用很多的人力和財力。需用人力過多，不但賢不肖雜進，政策容易變質，而人工徵用之後，農村勞動力減少，勢將妨害國民經濟的發展。需用財力過多，必須增加租稅，而一切租稅又往往轉嫁於一般平民尤其是農民身上。平民未得推行政策之利，而先受推行政策之害，社會囂然，必發生許多阻力，而使政策無法推行。反之，政策簡單，國家可集中人力和財力，推行這個政策。這個政策既是用以解決社會的中心問題，則中心問題解決了之後，其他問題亦必隨之迎刃而解，這就如傷寒病癒了之後，當然喜食而安眠，便通而熱退者一樣。第二，各種問題雖然叢生，不知其本，而務其末，定下許多政策，以解決許多問題。各種政策對於各種問題，也許都是對的，然而難保彼此之間沒有矛盾。舉一例說：爲了平抑物價，儘力壓低一般貨物的市場價格；同時又爲了解決財政困難，不惜提高國營事業的獨占價格，殊不知官價提高了之後，市價必隨之提高，弄到結果，國營事業之所得還抵不過預算因物價騰貴而發生的超過支出。若能抓住政治的中心問題，定下中心政策，一切政策均與這個中心政策相配合，則各種政策之間不會互相矛盾，互相抵消，而至於徒勞無功。第三，政治上最忌者是法令滋章，爲了實行一個政策，而發布一個法令，法令煩碎，縱令不相矛盾，而朝發一令，暮發一令，人民亦必眩惑，莫知所從。這個時候，倘或遇到外部阻力，法令有所改變，則問題更嚴重了。忠厚者因守法而遭殃，奸猾者因觀望而得利，觀望而可得利，則守法者亦將變爲觀望；守法而竟遭殃，試問此後誰人再肯守法。長細民弁髦法令之心，其患猶淺，啓政客蔑視政府之念，其患實深。古人云，「法簡則易行，事簡則易舉」。要想法簡，莫如事簡，要想事簡，必須抓住問題之癥結。其實，癥結消除了之後，其他問題也可隨之解決。

徵之吾國歷史，變法者有商鞅王莽王安石三人，而成功者僅商鞅一人。商鞅變法何以能成功？一因商鞅能夠抓住時代的中心問題，定下一個根本政策——富國强兵的政策，一切政治建設經濟建設社會建設無一不以富國强兵爲目標，由富國强兵出發，設計了許多新政，這些新政當然不至自相矛盾，且能相倚相助，使富國强兵的目的能夠達到。二因商鞅變法，法令至爲簡單，原來法家思想須與道家思想相輔而行。法家明罰飭法，道家清淨無爲。有了法家的制度，而後政府才能夠因循法令，垂拱而治；有了道家的精神，而後法令不至煩碎，人民容易接受，而能達到信賞必罰的目的。商鞅變法分兩次進行，第一次在孝公三年，第二次在孝公十二年，其間相隔約有十年，而每次變法又甚簡單。一切改革無不需要人才與經費，要在短時間之內，把一切新政完全實行，不但人民不能接受，而且人才缺乏，改革必徒勞無功，經費增加，租稅將因之繁重，人民未受新政之福，先受新政之禍，舉國反對，理之當然。王莽王安石之失敗可爲殷鑑。

★ ★ ★ ★

政策決定之後，須有機關執行，機關怎樣組織，這是制度問題。制度不良，雖有良好政策，亦必無法推行。制度上最宜注意者，是系統整然，機關簡要，職權專一，位、權、責三者分明。居其位，必有其權，有其權，必負其責。反之亦然，負其責，必有其權，有其權，必居其位。倘令居其位，不謀其政，謀其政，不負其責，位與權脫節，權與責分離，則一方必有尸位之人，他方必有越權之事，政治已離上軌，更何能推行政策。這種位權責三者分明的制度就是「層層分職」，「層層負責」之意。具體的說，那一個機關有決定那幾種職事的權，有執行那幾種職事的權，決定了或執行了之後，對其成敗，應負那一種責任，法令必須明文規定。如果不然，行政上必發生「推」與「擱」兩種現象。「推」是把公事推到別人，「擱」是把公事束之高閣。凡公事自上而下者，層層行文，最後行到保甲；自下而上者，層層請示，最後請示中央。具體的說，自上而下者，中央政府有所決定，行文各省，省府行文各縣，縣府行文鄉鎮，鄉鎮行文保甲，層層下推，推到保甲，公事堆積如山，只有束之高閣。自下而上者，保甲有所建議，請示鄉鎮，鄉鎮請示縣府，縣府請示省府，省府請示中央，層層上推，推到中央，公事堆積如山，也只有束之高閣。這種制度就整個機構說，可以稱爲「自來水管式」，就個個機關說，可以稱爲「傳達室式」。倘令實行「層層分職」「層層負責」之制，那一種職事省府應該辦理，不能推之各縣；那一種職事縣府應該辦理，不能推之鄉鎮；那一種職事鄉鎮應該辦理，不能推之保甲；則公事自上而下者將層層減少，到了保甲，只殘留幾件輕易的事；自下而上者，也層層減少，到了中央，只殘留幾件重要的事。政策何患不能推行，行政效率何患不能提高。

茲宜附帶說明者，所謂「層層分職，層層負責」，不但指上層不能推諸下層，下層不能推諸上層，且又指上層對於下層不得隨意干涉。西漢時代，上自丞相，下至鄉官，各有各的職事，各負各的責任。每歲決獄如何，責在廷尉，每歲錢穀多少，責在大司農，丞相可以不知(漢書陳平傳)，長安市內死傷橫道，直接責任在長安令，間接責任在京兆尹，丞相可以不理(漢書丙吉傳)，黃綬以下有無犯法，郡守有監察之權，刺史可以不問(漢書朱博傳)。其所以如此者，蓋欲減輕上級機關的職事，使其能夠致力於更重要的工作，并加重下級機關的責任，使他們不能有所推諉與延擱。比方長安市內死傷橫道，丞相所以不宜過問者，固然因爲丞相決定大計，不親小事，抑又因爲長安令京兆尹有禁備逐捕的權限，且負禁備逐捕的責任，丞相只能於歲終時，「課其殿最，奏行賞罰」。倘令丞相代替他們設計禁備的方法，或代替他們發布逐捕的命令，則此後長安令京兆尹將事事請示，而把一切責任委於丞相了。漢世政治甚爲進步，這不失爲根本原因之一。

★ ★ ★

制度是死的機器，倘不加以人的動力，則制度雖良，亦必不能自動的發生作用，因此，就有人事問題。說到人事問題，我們不可不知道人情，晁錯說，「情之所惡，不以強人，情之所欲，不以禁民。」人情既有所欲，又有所惡，這是人類的弱點。教育家須改造人情，政治家須利用人情，步步改造，步步利用，到了最後，政治家所利用者，便是善的人情。這是教育與政治的結合。所謂利用人情就是抓住人類的弱點。誘之以其所大欲，嚇之以其所大惡，人類的大欲是什麼，是名利。人類的大惡是什麼，是刑獄。愛名利而惡刑獄，這是人情。教育家固然可以反對這個人情，教人不要爲名而奮鬥，不要爲利而努力。政治家則須承認這個人情，利用名利，鼓勵人民向正當的方面奮鬥，向正當的方面努力。原來政治與道德不同，道德是用勸誡之法，勸人爲善，戒人爲惡。但是勸誡之言只可與中人以上者言，不可與中人以下者語。中人以上者寡，而中人以下者多，所以道德觀念常至於窮，於是宗教方面就濟之以天堂地獄之說，政治方面就濟之以刑賞。刑所以嚇人，賞所以誘人。誘之以名利，賞其爲善，嚇之以刑獄，罰其爲惡。賞是人人所欲的，刑是人人所惡的。這個愛畏情緒就是政治能夠施行的心理條件，也就是政治家能夠驅使幹部推行政令的動力。唐陸贄說：

『自由中國』的宗旨

第一、我們要向全國國民宣傳自由與民主的真實價值，並且要督促政府(各級的政府)，切實改革政治經濟，努力建立自由民主的社會。

第二、我們要支持並督促政府用種種力量抵抗共產黨鐵幕之下剝奪一切自由的極權政治，不讓他擴張他的勢力範圍。

第三、我們要盡我們的努力，援助淪陷區域的同胞，幫助他們早日恢復自由。

第四、我們的最後目標是要使整個中華民國成爲自由的中國。

夫立國之道惟義與權，誘人之方惟名與利。名近虛而於教爲重，利近實而於德爲輕。凡所以裁是非，立法制者，則存乎其義。至於參虛實，揣輕重，並行而不傷，迭用而不悖，因衆之欲，達時之宜，消息盈虛，使人不倦者，則存乎其權。專實利而不濟之以虛，則耗匱而物力不給，專虛名而不副之以實，則誕謾而人情不趨。故國家之制賞典，錫貨財，賦秩廩，所以彰實也。差品列，異服章，所以飾虛也。居上者必明其義，達其變，相須以爲表裡，使人日用而不知，則爲國之權得矣（又論進瓜果人擬官狀）。

關於「利」者爲薪俸制度，除非常時代，公務員應該吃苦之外，國家所定薪俸不但須使公務員能夠維持生活，且須使公務員能夠維持其地位相等的生活。公務員所得薪俸仰不足以奉父母，俯不足以養妻子，而希望他們忠誠盡職，這只可視爲異例，不可視爲常經。薪俸如何制定，宜注意者是中央官與地方官的薪俸不能相差太多。唐人云：「俸薄者無人願去，祿厚者終日爭先」（唐會要卷六十九刺史上）。京官祿厚，則人才集中於中央，地方感覺空虛；外官祿厚，人才又分散於地方，養成尾大不掉之勢。唐初制祿，重內官而輕外職，外官之祿降京官一等，仕進者多樂京師。倪若水由中書舍人出爲汴州刺史，見班景倩自揚州採訪使入爲大理少卿，竟謂「班公是行若登仙，吾恨不得爲騶僕」（新唐書倪若水傳）。所以每除牧守，皆不肯行，只能派遣貶累的人濫竽充數（唐會要卷六十八刺史上）。結果如何？地方行政腐敗，所以范陽倡亂，安祿山所過之地，守令或開門出迎，或棄城竄匿」（通鑑唐玄宗天寶十四載）。中唐以後，外官祿厚，而內官祿薄，顏魯公爲刑部尚書，而竟舉家食粥（困學紀聞卷十四魯公乞米帖言食粥）。「京官不能自給，常向外官乞貸」（通鑑唐代宗大曆十二年）。於是人們又一變過去的觀念，喜外任而厭內職。「薛邕由左丞貶歙州刺史，家人恨降之晚，崔祐甫任吏部員外，求爲洪州別駕。使府賓佐有所忤者，薦爲郎官，其當遷台閣者，皆以不赴取罪，去」（新唐書李泌傳）。結果如何？「各地藩鎭，競引豪英，士之喜利者多趨之，用爲謀主，藩鎭日橫，天子爲旰食」（新唐書李石傳）。由此可知祿俸怎樣制定，有關於國家之治亂者甚大。漢制於此，頗見平允。舉一個例說，縣令之高者秩千石，穀月九十斛，與九寺的丞（各部主任祕書），丞相府的長吏（行政院祕書長）同。縣丞（縣主任祕書）秩四百石，穀月五十解，與郡丞（省府祕書長）及九寺的丞（各部司長）秩六百石，穀月七十解相較，其差亦不甚多。至於諸曹掾史（科長科員）則不問中央或郡縣，其祿大率一樣。在這種薪俸制度之下，賢士大夫當然願意留在地方服務，何必棄廬舍，離父母，求食於遠方？武帝討伐匈奴，師出三十餘年，地方人民死者過半，天旱，赤地數萬里，而國內晏然無事者，實因地方安定，暴民無作亂之隙，而地方所以安定，又因爲地方薪俸不比中央爲低，賢材願在地方服務，以致之。

關於名者爲遷官制度。人類皆有進取之心，政治家必須利用這個人情，建立考績制度，拔擢以旌異能，黜罷以糾失職，序進以謹守常，如是，則高課者驟升，無庸者亟退，其餘績非出類，守不敗官，亦得循資而進。原來考績與年勞不同，考績是以日月驗其職業的修廢，年勞是以日月計其資格的深淺。賢者當擧，若以資淺而抑之，不肖者當黜，若以年深而升之，這是年勞，不是考績。但是考績之後若太拘於資格，只許躐級，不許踰越，則挺特者不得脫穎而出，將有「英雄無用武之地」之嘆。董仲舒說：『小材雖累日，不離於小官，賢材雖未久，不害爲輔佐（漢書董仲舒傳）。漢時，官階共十五級，其昇遷之法幷不以位階爲標準，而以職事爲標準，例如部刺史秩六百石，郡守秩二千石，其間尚有比千石，千石，比二千石三級，但刺史高第者即遷爲郡守。而其昇遷又不以年月爲限。霍光爲奉車都尉，旦夕之間就拜爲大司馬大將軍，受遺詔輔政。蕭望之爲謁者，歲中三遷，官至二千石。蓋必如此，才足以獎勵殊才，使政界發生新陳代謝的現象，唐陸贄說：

虞書，三載考績，三考黜陟幽明，是則必俟九年，方有進退，然其所進者或自側微而納於百揆，雖久其任，何病哉。漢制，部刺史秩六百石，郡守秩二千石，刺史高第者即遷爲郡守，郡守高第者即入爲九卿，從九卿即遷爲亞丞（御史大夫）相國（丞相），是乃從六百石吏而至台輔，其間所歷者三四轉耳，久在其任，亦未失宜。近代建官漸多，列級逾密，今縣邑有七等之異，州府有九等之差，同爲省郎，有前中後行郎中員外五等之殊，並稱諫官，則有諫議大夫補闕拾遺三等之別。洎諸臺寺，率類於斯，悉有常資，各須循守。若依唐虞故事，咸以九載爲期，是宜高位常苦於乏人，下寮每嗟於白首……夫長吏數遷，固非理道，居官過久，亦有弊生。何者……遷轉甚速，則人心苟而職業不固，甚遲，則人心怠而事守浸衰，然則甚速與甚遲，其弊一也（論朝官闕員及刺史等改轉倫序狀）。

其尤重要者則爲地方小官的拔擢，政治的良窳乃以地方行政爲準繩，地方行政之臧否又以地方胥吏人選爲標準。中央制定法令，地方奉行法令，而實際施之於民者，則爲胥吏。必須胥吏有興利除害之意，而後中央法令才能徹底推行。興利除害，乃賢士大夫之事，胥吏小官，賢士大夫何肯屈就。要使賢士大夫願爲地方胥吏，必須地方胥吏有挺出的機會。西漢之世，地方胥吏能向天子言事，新城三老（三老鄉官，掌教化秩百石）遮說漢王爲義帝發喪，壺關三老上書武帝，明戾太子之冤，其地位如此。而又有拔擢的機會，黃霸起於卒史，薛宣奮於書佐，朱邑選於嗇夫，丙吉出於獄吏，其餘名臣循吏由此而進者不可勝數，其前途又如此。所以賢士大夫不但不以屈身胥吏爲辱，且多借徑於胥吏以發身。胥吏多賢士大夫爲之。西漢政治甚爲進步，不是沒有原因的。其實西漢胥吏所以能夠入爲公卿者，亦因其昇遷方法完全以職事爲標準。嗇夫游徼百石吏耳，可以拔擢而爲縣令，縣令高第者即遷爲郡守，郡守高第者即入爲九卿，從九卿即遷亞相（御史大夫）相國（丞相），是從百石吏而至台輔，其間所歷五六轉耳。今世如何？凡人不爲嗇夫游徼，也許尚有希望，一旦做了嗇夫游徼，資格就受限制，欲爲縣令，已經不易，更何敢望及廳長部長。士之賢能者不屑屈身於地方胥吏，則爲地方胥吏者必皆凶惡貪饕舞文悖理之徒，何能知閭里之姦邪，識黔首之休戚，而與省長縣令共負治民之責。他們所奉行者，充其量，不過已往之舊牘，歷年之成規而已。

總之，利是人人所欲的，名也是人人所欲的。政治家不必反對這種人情，而須利用這種人情。政治的對象是大衆，不是少數人。人類賢者寡，而不肖者多。賢者可勸以道德，不肖者決不能單用道德勉勵。政治對賢者有辦法，對不肖者未必有辦法；對不肖者有辦法，對賢者當然更有辦法。以希望少數賢者之事，希望多數不肖之人，其能成功，只是例外。

★　★　★　★　★

以上乃對於政策如何決定，制度如何改良，人事如何管理，提出原則。至原則如何變爲法令，有待於立法，技術者甚多。篇幅有限，不再贅言。

歷史的教訓和英國的國策

毛子水

最近因中共進兵韓國，使聯合國裁制共產國際侵略的軍隊大受挫折，所以有杜艾的會談。會談的結果，雖然還沒有公布（當此文執筆時），但艾德禮如果以英國的生存和獨立爲主要的目的，定必不會和美國背道而馳的。

三年以前，英國牛津一位著名的歷史家勞斯（Rowse）發表一本小書，叫作「歷史的用處」。勞斯於演述歷史對政治的用處時，曾暢論近代史中英國的「大同盟」（Grand Alliance）政策。他以爲英國於危急的時候，如果放棄這個政策，便可招致危險和災害；如果守住這個政策，便可得到安全和贊助。當一個侵略勢力—如斐立勃第二時代的西班牙，路易十四時代的法國，和威廉第二及希特勒時代的德國等—危及英國安全時，英國每次總是和別的國家聯合以共同抗禦這種勢力而渡過難關的。有許多歷史家—如法國的臺畢多和德國的特來治格等—把英國這種聯合與國的成功歸根到權術和金錢，乃是愚魯而幼稚的見解。若使這種聯合不是對別的人民亦有同樣的利益的，則英國雖用盡世界上的權術和金錢，亦難做得成功。事實上，每次聯合，其他與國所得的利益，往往比英國爲多。當斐立勃第二和路易十四時代，英國的安全固然受到威脅，但決不是關係生存；生存受到威脅的，乃是荷蘭。在現代德國的聲勢中，英國固然有比以前較大的危險，但決不比法比荷俄及中南歐諸國的危險更大。英國所以守着這樣一個政策，是因爲英國和歐洲的大部分，在對付一個侵略者，有共同的利害；這一點就是英國近代國策的方針。

如果人們要以「善自爲謀」指摘英國，那是沒有充足的理由的。一個國家如果不善自爲謀，這個國家便可受到災禍。最要緊的是，一個國家爲自己利益打算時，亦須顧及他國的利益。凡一個國家的行動，能夠顧及大多數人類或文明國家的共同利益的，都可以說是有功於人類。卽以近四十年的事情而論，設使沒有英國的聯合與國以抵抗侵略的計策，則歐洲或尙在蠻幹的德人管制之下。因爲英國能夠拉到美國的幫助，所以現在大部分歐洲的人民還能呼吸自由的空氣。這是英國人過去在人類歷史上的貢獻。勞斯先生以爲英國的聯合與國以抵抗拿坡崙和希特勒，非特對英國和其他受拿坡崙及希特勒威脅的國家有利，卽對自十九世紀以後的法國人民和從今以後的德國人民亦有利。這個意思，我是完全贊同的。（當然，現在東德的人民，脫離了一個惡魔的掌握，便馬上落入另外一個惡魔的掌握：那是一件極端不幸的事情！）

話雖如此，英國歷來的政策，也往往因爲一時自私自利的短見，而傷害了世界的和平。遠的不必講，卽就第一次大戰以後的事情而論，我們亦可以舉出英國在歷史上不可饒恕的錯誤。如果當時英國和法國能和衷共濟，則德國或沒有再起來的機會。最重要的原因是，當保守黨執政的時候，英國對於集體安全的政策，沒有十分信賴，所以對於當時唯一可以維持世界和平的機構——國際聯盟——也沒有竭力來擁護。舉一件事情便可以說明這種情形：一九二四年，英國代表團領袖工黨內閣首相麥克唐納曾簽字於在日內瓦所訂立的加强國際聯盟機構的草約；但到了次年保守黨內閣的時代，便不承認這筆帳了。國際聯盟的威望所以日以衰微，侵略者所以肆無憚忌，—如日本的侵略中國，意大利的侵略阿比西尼亞等，—這件事是一個很重要的原因。英國人當然是不願意有第二次大戰的；但國聯沒有裁制侵略的力量，第二次大戰便自然難以幸免。而國聯所以沒有裁制的力量，英國自私和苟安的心情要負一大半責任。「自作孼，不可活！」這句顚撲不破的古格言，是屢經歷史的事實證明過的。

目前英國又面臨一次歷史上最嚴厲的試驗了！現在世界上明智的人士，有種種理由可以相信聯合國組織是趨向永久太平的一條大道，—差不多是一條最平穩的大道。美國人因爲上一次沒有參加國際聯盟，不無遺憾，所以這一次盡全力以擁護聯合國。這的確是一個智仁勇兼備的決定。因爲希特勒狂妄的行動，致令史達林坐享其利；實在是人類文化和自由的一個厄運。如果聯合國的會員國能遵守聯合國組織的宗旨和原則，執行聯合國所給予的義務，則俄國狂妄的心性和行動，或可漸減，乃至於淨盡：這豈不是人類的福音！而最近一班短見的英國政治家，苟圖旦夕的舒適，不顧人類的大害；對於共產國際侵略的舉動，竟視若無睹，而對於麥克阿瑟的舉動，則妄肆譏議。忘却了近代史中英國一向的「大同盟」的政策，忘却了上次在國際聯盟中沒有合作誠意的惡果，忘却了共產國際和聯合國決不能並存的事理，徇私利而背公義。影響所及，將大有害於聯合國的組織和世界和平的前途。我們相信，如果聯合國組織失敗，則英國必先爲俄國所破滅。英國自作自受，毫不足惜，但全人類的文化和自由，亦必蒙受鉅大的危險。

我們希望英國人民不要使兩次拯救英國於危急的國家—美國—陷入困難！我們希望英國不要重蹈國聯時代的覆轍而使人類文化和自由陷於悲慘的境地！我們希望艾德禮和他的同僚不要忘記了歷史的教訓而自取滅亡！（今晨見合衆社華盛頓八日電：「杜艾今天發表聯合聲明說，他們已完全獲得協議。……不過，他們已準備用談判方式來結束韓國的敵對行動。」要「用談判方式」來結束這個戰爭，眞是太不了解共產國際的意思了！十二月九日附記。）

亞洲赤禍的外在原因（下）

喬治教授原作
聶華苓譯

（十三）第二次大戰後，美國軍事援助中國的方法（僅限於顧問性質的援助，有一個時期是軍需品的供應）根本不適合中國的實際需要和中國眞正的戰爭。第二次大戰後整個中國成了一個「革命」的戰場。在全中國廣大的領土上到處是游擊戰，共產黨地下組織以科學的方法滲透到遍中國的每一個角落，滲透到所有的城鎮、農村、學校、新聞界、郵政界、無線電、電報界，滲透到所有的政府機關，包括國防部、軍隊、外國大使館和領事館，甚至於滲透到美國軍事顧問團，美國大使館和美國領事館。

所以，關於中國的一切情形和一切有關中國的計劃，不論是在中國人之中的情形和計劃，或是在中國的外國人之中的情形和計劃，全不能避過無所不知的世界共產主義的耳目。

此外，還有蘇維埃赤化中國最活躍的間諜羅申駐在國民政府的中樞南京，他過去是蘇聯大使館武官，後來任蘇聯駐華大使，他利用各方面的人，包括中外文武官員搜集各種情報，然後又利用外交豁免權的保護將這些情報直接送到莫斯科的共產國際總部和駐有蘇維埃顧問的中國共產黨總部（註廿二）。並且在中國的許多美國文武官員和情報人員都和羅申以及中共的中央領袖和地方領袖很要好，他們老早就認爲中共的各級領袖都是出類拔萃的人物，只有他們才會使中國恢復秩序和繁榮。最重要的是如希斯之流的對華政策設計人在國務院中高踞要職，而他們會被法庭判爲僞裝的共產黨和世界共產主義的祕密間諜。如此，你可知道有經驗的世界共產主義可以如何容易去計劃、準備、最後實現赤化中國，你也可以明瞭所謂的美國對華軍事援助是如何的無效能和陳腐。

馬歇爾使華失敗後，在一九四六年至一九四八年中國最危急的時候，他禁止任何對華軍事援助，於是美國對華軍事援助便變爲純粹的高級顧問性質的援助。

這種顧問的援助事先便被註定是不會成功的，因爲這種顧問的援助是高級顧問的性質，是沿循大陣地戰的正統戰略。飄忽不定的共產黨早已利用「敵駐我進」「敵進我退」的戰術發動小規模的戰爭，最初是局部的，幾乎不易察覺，但這戰爭已經決定了未來戰爭的勝負。在國民政府和軍隊中的美國軍事顧問人員對於大規模的游擊戰根本沒有直接的經驗和知識。至於中國共產黨却有國際共產主義的顧問和指導，而國際共產主義有最豐富的游擊戰經驗，和最進步的游擊戰術（註廿三）。

因此，美國軍事顧問甚至於無能向中國人建議如何保全他們在馬歇爾禁止軍援中國以前由美國所獲得的作戰物資。

中共從俄國得到了日本武裝的幫助，起初包圍小的國軍部隊，有計劃地解除他們的武裝，然後攻擊孤立的大部隊。他們用這種戰術不斷地摧毀國軍部隊的士氣和裝備，同時不斷地增加他們自己的物力和人類潛力。

我們稱人類潛力，因爲世界共產主義在中國也和在東歐一樣，極有經驗地利用殘酷的方法使非共產黨的甚至於反共的士兵和民衆發揮大的效能。共產黨將他們隔離成若干部分或成孤立的個人，然後將他們置於一個完全生疏的充滿了共黨政工人員和共黨密探的單位中。

美國駐華軍事顧問人員所慣用的是陣地戰略，他們特別自信第二次世界大戰美國在歐洲和在太平洋戰場的勝利。因此他們面對着這變化無定的有機動性的共黨戰術，只是束手無策，不能作任何有效的建議。

（十四）在這種情形下，甚至於大量的美國經濟援助也是被註定不會生效的。這不僅是由於中國內部的腐敗；也不是因爲美國軍援物資索價過高；更不是由於前太平洋作戰的剩餘物資常常缺乏零件，不能應用。主要的原因是：在一個不斷地被有機動力而殘酷的游擊戰爭所破壞的國家裏從事經濟建設是不可能的。

這個問題是經濟上的問題；可是，又不僅僅是經濟上的問題；同時它又是政治性的、革命性的、和軍事性的以及游擊戰的問題。既然如此，那你就不能僅用經濟方法解決。

西方外交政策，特別是美國的外交政策長期地忽略和低估共產黨革命的軍事性質與共黨在中國推進的軍事性質。他們認爲中共僅僅是和平主義者，是一個新的社會秩序和較好的經濟狀況的宣傳者。他們以爲只要改善中國的經濟情況足使中國免於共產黨的侵襲。

他們不明瞭在中國的共產主義和在其他國家的共產主義一樣，並不以中國人民的經濟福利爲重，而只是想攫取和保持權力，保持完全的和絕對的權力。

他們不明瞭共產黨也是非常精明的。共產黨也非常知道若經濟情況好轉將使他們的進展變爲緩慢，將使共黨成功的機會和攫取政權的機會減少。

他們不明瞭在共黨破壞一個國家的計劃中最主要的一點是：先有計劃地瓦解一國的經濟，使其經濟情況一天一天地變爲惡劣，然後利用有計劃的宣傳，責難當政的政府的經濟缺陷和貧困，而損傷這個政府。

中共在三年之中會有計劃地破壞鐵路，爆破隧道和橋樑，封鎖城市，斷絕食糧供應。在這種情形之下，若不使這個大規模破壞的游擊戰終止，即令有大規模的外界援助，即令沒有內部的腐化現象，也不能恢復一個國家的經濟。

一個國家內的大規模的游擊戰便等於是一個無底洞，將吸盡所有的經濟力量。

希臘的悲慘經驗是最近的一個典型的說明。這個小的巴爾幹國家與中國的廣大領域相比不過是一塊小土地。假若在希臘的游擊隊的主力不被肅清（希臘游擊隊一直是有計劃地破壞希臘），美國的全部預算將被不斷地耗盡。

許多西方來華代表和美國各機關的來華代表不知他們的優越感是如何淺薄，却咀罵中國人低能、腐化、貪汚、缺乏活力和責任感……認爲這些都不是中國人的個人過失。

中國人和別的國家的人一樣並不全是聖賢。但西方人常常將所有這些過失歸罪於中國人的天性，或暗自地或公然地作以下的結論：「沒有辦法，沒有希望了！」

但是世界共產主義的代表和蘇俄的間諜是與誰在共同工作呢？與澳大利亞人嗎？英國人嗎？美國人嗎？印度人嗎？加拿大人嗎？還是中國人呢？自然是中國人。僅僅從中國人之中他們才栽培了許多有生力的、有效力的、負責任的和有動力的政治工作人員、宣傳者和大小部隊的指揮官。僅僅在中國人之中他們才掀起了一個堅强的革命運動，而這個革命運動不但會破壞了中國，並且正威脅全亞洲和全世界。

這就證明中國人的這些「過失」並不如幼稚而淺薄的西方人所說的全是中國人的本性。這也證明世界共產主義的領袖們，特利是他們蘇俄的主子們，都是很好的心理學家，他們不受淺薄的優越感所影響，他們確信人類的才能和潛力，這些才能和潛力是世界上所有的各社會階層、各國家和各民族所固有的。他們知道如何利用適當的方法直接去接近民衆，並喚醒、團結和動員民衆。他們首先是盡力發現有領袖才幹的人，若不能發現他的領袖才幹——領袖不是從天而降就成爲領袖的——，便使他和民衆直接接觸。世界共產黨特別是蘇俄共產黨在對付所謂無希望的局勢時比西方人和美國人有更大的創造力、更多的勇氣和更大的想像力。

有些美國的外交代表，一方面長時期的不知道共產黨的嚴重性，另一方面又譴責中國國民黨，而怯弱地想在中國形成第三方面。但不幸，這個第三方面只是一個幻想而已，並未成爲一個第三方面。其理由有三：

第一、你若自始便不知道你的去向，對於所有人類的才能沒有一個綜合的實際的看法；對於所有個人的、經濟的、文化的、社會的、政治的和國際的問題沒有一個解決的計劃，沒有適當的方法去培植實現理想的人材，沒有適當的方法藉來自民衆各階層的領袖們接近民衆，那麼，你別想形成一個第三方面，別想造成一個有實際力量的運動。

一個眞正的民主的運動並不是些表面的談論，也不是一些表面的宣言，也不是在導演之下的選舉。眞正的民主乃是一個較爲深入的現實。在這一現實裡，我們在人類底生存上、政治上、經濟上、和文化上將人實實在在加以民主化和人性化。

第二、因爲這個第三方面僅限於城市的智識份子，只能代表他們自己，他們所知道的只是書本上的經驗，而完全與民衆隔絕。工人和農人一直是中國人民的絕大多數，但他們從沒有有系統有組織地與他們接觸。

在美國人看來，第三方面的智識份子與中國的眞正民衆隔離並不太嚴重。因爲他們自己也同樣地多是書案上的智識份子，他們自己與廣大的羣衆便沒有有系統的接觸，他們自己便沒有直接接觸、喚醒和組織羣衆的經驗。

第三、所謂的民主同盟在第三方面中佔頗重要的地位，在第三方面中也顯得最活躍。但所謂的民主同盟絕不是第三方面，不過是共黨的前哨組織而已。因此這個第三方面一開始便因一些他們自己人的短視和幼稚與美國人的糊塗而受了共黨地下組織的暗傷。

（十六）在這種紊亂情形之下馬歇爾將軍來到中國。馬歇爾是一個非常忠實的人，是一個偉大的軍事組織家，是一個偉大的戰士。但是他與許多軍人一樣，不懂得心理，並且是一個蹩脚的外交家。他不但對於亞洲和中國心理上的、政治上的、社會上的以及共黨叛亂的複雜情況沒有直接的認識和經驗，並且對於世界共產主義、蘇俄共產主義、中國的共產主義、共產主義完善的辯證法、共產黨的兩面話．兩面行動以及欺詐也沒有直接的認識和經驗。他不知道正在東歐和亞洲相並進行的共產黨世界計劃的嚴重性。同時，馬歇爾仍抱着羅斯福的樂觀觀念，卽與史達林的合作是可能的，共產國際是不存在的。

後來馬歇爾任國務卿時，對於蘇維埃和世界共產主義的辯證法才漸漸地體驗到了一些痛苦的經驗。在多次的國際會議席上，莫洛托夫、柯羅米克、維辛斯基給了他一些直接的教訓，才因此認識了世界共產主義及其計劃與戰術。但是不幸，這些敎訓對於亞洲或許已經太遲了（對於中國已經太遲）。

雖然如此，馬歇爾來到中國並不能根據他自己個人的想法和他自己的創造力而處理中國的事件，他是接受國務院很精細的訓令。而那時，如希斯之流的人正高踞國務院中的要職（希斯後來被美國法庭判罪爲僞裝的共產黨）。國務院的訓令很明白：使中共加入中央聯合政府，以結束中國的內戰。這是一個合理想的解決，但是這種想法太膚淺了。國務院的政策設計人幼稚地或是有意地忘却了一件事，就是共產黨加入聯合政府不是爲了合作，而是爲了統治。

卽令在那個時候，美國國務院對於共產黨在歐洲的聯合政府中，特別是在法國和意大利的聯合政府中有計劃地破壞情形也已經有了很多的經驗，但是國務院已經忘記了。國務院中處理歐洲事務的一批人士比較實際、明敏和遠見，他們極力主張將法國和意大利政府中的共產黨驅出。但國務院中處理亞洲事務的一批人士却妄想中國共產黨不是眞正的共產黨，反而極力促使中共加入組織聯合政府。

因此，馬歇爾正直但幼稚地嘗試這件不可能的事，結果，無所成就。可是共產黨却因而獲得了一些利益。共產黨利用長期政策有意拖延馬歇爾支持下的政治協商會議，考慮、討論、再討論，結果得到了兩個收穫：

第一、他們獲得了差不多一年多的寶貴時間從事下列行動：從他們蘇維埃的主子手中取得在中國東北的日本裝備；組成並裝備在東北的共黨軍隊；鞏固和擴大在東北、西北和華北的根據地；以有精密組織的共黨地下活動破壞所有的政府機關和在國民政府治下的團體。如此而建立了一個堅強的跳板以佔領全中國。

第二、中共有意使政協會議不可避免地終結，他們同時又使馬歇爾作了一個幼稚的決定，這個決定對於那時在中國的世界共產主義有極大的功用，就是禁止給國民政府任何軍援。馬歇爾後任國務卿時頑固地實行這個決定有兩年之久，中共因此得了極大的便利而佔領全中國（註廿四）。

若馬歇爾在一九四五年使中共加入聯合政府成功，那麼所得的結果將和在波蘭、南斯拉夫和捷克（在這些國家中的政府是由莫斯科和藉西方列强的幫助而組織成的共產黨型的聯合政府）的情形完全一樣，即整個中國於一九四六年便淪入世界共產主義之手。越南、緬甸、暹羅、馬來亞在一九四七年末便會陷入鐵幕。印尼也許在一九四八年便變爲中國在一九四六年那樣的局勢。如此爲莫斯科政治局所領導的世界共產主義或許在一九五〇年便叩擊澳洲和非洲的門戶了。

（十七）馬歇爾調處失敗後，西方列强特別是美國提出了許多解決中國問題的方案和建議。其中有不少仍是根據老式的均勢政策，或是根據不合時代的帝國主義的政策，就是僅僅注意他們自己本身的安全，不能了解人類是一個有機的個體。他們不知道他們拯救了一部份人類的自由，却輕易地不負責任地讓最大部份人類的自由消滅。他們的方案和建議等於是在計劃如何分裂中國。

他們讓蘇俄佔據中國東北和新疆；讓中共在華北組織獨立的中共政府；在華中和華南讓中國人民在西方保護下自動組織一個或兩個自治政府。

這些事實顯示這種不合時代的觀念是如何的幼稚天眞。但世界共產主義有更久遠的計劃和更大的野心，並且有更大的效能以實現其計劃和野心。世界共產主義已很快地併吞了全中國，再讓那些老朽的職業設計者在一兩年的有限期間去計劃分裂非洲吧！

（十八）中國被共產主義併吞後，西方的設計者又有了許多關於中國的新計劃，新的假希望和新的幻想。

（a）他們想中國將同化共產主義，中國廣大的領土將同化共產主義。他們却忘記了蘇俄的領土比中國更大，但並未能同化共產主義。他們忘記了世界共產主義有可怕的效能和詳盡的方法使廣大的領土縮爲一個完全透明的一點，使地域、省和縣孤立，使都會、城鎭、村莊、街道、甚至於住宅分裂成小的單位，然後利用無所不在的祕密警察和殘酷而狡猾的密偵經常加以監視。

（b）他們想中國民衆將同化共產主義。但中國民衆也不能同化共產主義，正如同蘇俄人民不能同化共產主義一樣。原因很簡單：因爲共產主義有其科學的方法以拆散民衆，使之分裂爲小的單位，然後由各級黨部和警察機關有效地灌輸思想，審核和統治；又因爲共產主義具有有經驗的方法使民衆甚至於反共的民衆很馴服地爲它服務。

（c）他們想中國的傳統和中國的宗族制度將同化共產主義。這也不會實現，因爲共產主義有殘酷而精巧的方法使年青的一代完全與傳統隔絕，使他們與宗族制度分裂而不受其影響。俄國也曾有久遠的傳統，其傳統也許比中國的傳統更反對共產主義，但是俄國的傳統並未能同化共產主義。

（d）有許多人甚至於許多負責任的美國人曾希望中國的食糧缺乏和經濟的困難將淹沒共產主義。這也不過是一個如願的想法，原因有二：

第一，因爲中國和亞洲的民衆會慣於飢餓。因此由中共所造成的新飢餓並不會激起他們大的反感和反抗。

第二，因爲共產主義並不在乎多少中國人將因飢餓而死亡，五人、十五人、五千萬人，都不在乎。蘇俄在共黨革命初期曾有三千萬人死於飢荒，但蘇維埃政權並未因此而瓦解。

（十九）在這些希望和幻想之後，西方又創造了一個新的「萬能鑰匙」（Passe-Partout），以解決全世界和中國的共產黨問題，即狄托和所謂的狄托主義（註廿五）。

西方對於狄托的想像又是一個不會實現的新希望，又是一個幻想。甚至於狄托是否眞的與莫斯科反目，狄托是否眞的是莫斯科的障礙，根本還不能一定。若然，則莫斯科也有了經驗以阻止和對付在其他國家的狄托主義。

再者，中國的地理環境與南斯拉夫的完全不同。後者與蘇聯並非隣國，和西方列强却爲毗隣，而西方列强一向是重視歐洲，不重視中國的。尤其是國務院實行馬歇爾的主張停止援華後，西方對中國更是漠視。並且蘇俄已掌握中國東北、內蒙、新疆，在全中國佈滿了「顧問」。這一切已經有力地向毛澤東和其他的中國共產黨證明他們不能有任何脫離世界共產主義「陣容」的傾向。

（二十）最後，他們又寄希望於中國大陸上的游擊隊。這是他們最大的希望，但這個最大的希望終又將變成一個幻想。不錯，在中國的大陸上的確滿佈着游擊隊，並且因爲共黨的壓迫日漸加大，人民對中共的幻想日漸破滅，游擊隊也就日漸增加。中國大陸上的局勢一天比一天趨於沸騰。可是沸騰是一回事，爆炸又是一回事。滾熱的水若不外加燃料和熱力也會漸漸冷却，而變爲容器的馴服的俘虜。

若要使游擊隊推翻壓迫的反人性的政權成功，其必要的條件有二：

第一，必須獲得在他們活動區內的廣大民衆的同情和合作。中國民衆並非根據宣傳，而是根據事實已經認識了共產主義，事實告訴他們共產黨是壓迫人民的，是欺騙人民的，所以中國大陸上的反共游擊隊實際上完全獲得了中國民衆的支持。

第二，必須經常從外界得到有系統的，有組織的大規模援助。在行動方面必須有計劃，並必須配合一致。尤其是外界的武器、食糧、裝備和醫藥各方面的援助特別重要。

中國大陸上的反共游擊隊若無大規模的外力支援，共產主義將有時間將鐵幕罩上中國，孤立各游擊區，然後無情地將游擊隊各個擊破。甚至於在必要時，中共將和蘇俄所爲的一樣，將成百萬支持游擊隊的平民由一區運到另一區，或送到寒冷的西伯利亞，以圖消滅這反共的游擊隊——這支游擊隊是解放中國人民的唯一支柱，是民主最忠實的盟友，是在這最可佈的悲劇中被壓迫的人民唯一的希望。

三、結　論

也許有人認爲我們評判西方對世界共產主義和對亞洲的共產主義的態度太嚴格，太苛刻。

是的，我們是如此，並且是有意的。

時候太嚴重了！人類價値正消耗於長期的破壞中，是根本的破壞，是最嚴重的破壞。在這種時候，我們還能天眞而不負責任地說些傳統的悅耳的話嗎？我們還能以「侯爵夫人，您什麼都好！」（Tout va tres bien madame La Marquise !）的恭維之詞而滿足嗎？

人類正在決定存亡的十字路口。或是共產主義征服全世界——若共產黨征服了亞洲，必將征服全世界——那麼，全人類將有幾世紀被置入一個巨大的集中營中，人類將沒有正常的人類生活。

或是全世界所有酷愛人類尊嚴和人類自由的個人、團體和民族團結他們的力量來拯救和維護人類的自由，來改善社會的、經濟的、文化的、宗教的和國際的情況。如此，每一個人和全體人類才可能有正常的人類生活和發展。

若使所有阻止共產主義的實際的巨大力量（多爲經濟的力量和軍事的力量）不致於無效和無用，那麼，必不能忽略下列數點：

（1）若西方世界仍然淺薄地妄自尊大，認爲自己是世界的唯一中心，是人類的唯一中心，而認爲世界的另一部份，特別是佔人類最大部份的亞洲人民，僅爲一阻礙共產主義侵襲的交通遮斷線（那些還未淪入鐵幕的人），或是遲滯共產黨進襲的緩衝機（那些已淪入鐵幕的人）。這就顯示西方世界甚至於當此人類最大危機之時還不把人當人，還卑鄙地妄自尊大。那麼此西方世界和所謂的西方文明便沒有存在價値，便必將消逝。

（2）若西方世界仍然認爲在鐵幕後被壓迫的人民（現在已佔人類的最大部份）是被命運所註定的，僅時時對他們說些無效的甜言蜜語和一些含混的諾言，但無意採取勇敢的行動和有效的援助。那麼，鐵幕後的人民便被遺棄於共產主義道上，成爲一團由人的細胞、人血和人肉所做成的泥土。如此，則西方世界犯了兩重罪：

（a）自殺罪。鐵幕後人民對於共產主義及其壓迫人的獨裁有不可比擬的經驗，他評判共產黨不是藉說大話和强不知以爲知的報紙或是淸談，也不是藉一種幼稚而又天眞的如願想法，而是藉殘酷的生活經驗。鐵幕後的人民已經完全成熟，他們能够供獻建設性的合作建立一個新世界，這個新世界不像共產主義那樣不實際，也不像帝國主義那樣停滯不進。鐵幕後的人民最基本的人類價値正受着共產主義的壓制，因此他們有大的潛力和經驗以反抗共黨壓迫，並恢復人類自由。但是西方世界不到用如此大的人類價値和人類潛力救自己救世界，而恢復人類的自由，及其豐富的內容。

（b）另一個罪過是讓全世界一半以上的人類在鐵幕後面無望地凋萎和滅亡。這些人曾經有最痛苦的遭遇，他們的人類天性遭受了最嚴重的打擊。因此他們對人類的偉大和人類的尊嚴了解最爲深切。所以這部份人類是最有價値的。

在上敍兩種情形之下，西方世界便沒有存在的價値，應該自行滅亡。而西方世界也必將消失，必將滅亡，因爲他們不有效地援助被壓迫的無辜者，便是有效地援助殘暴的侵略者，使侵略者發動新的侵略。西方世界必將消失，必將滅亡，因爲他們故意在世界的一部（甚至於是世界的大部）讓自由消滅，這樣，便不可能在世界的另一部保全自由。

人類是一個個體，世界是何其渺小。若西方世界不了解、不珍重、不有效地支援和保護陷入鐵幕後的一部份人類的自由，那便表示他們不了解和不珍重他們自己人類的自由之深切意義，那便表示當他們自己處於危急之時，便不能保護他們自己的人類的自由，不能抵抗此同一的殘酷的獨裁壓迫者，那麼他們自己也將無望地消失在同一的獨裁的鐵幕之後。

（3）西方世界會經認爲共產主義僅是一個實質的力量，因而僅企圖用實質的力量去制止它；西方世界曾經認爲共產主義不過是對人類悲慘和人類貧困的呼籲，因而僅藉經濟援助的方法以解決共黨問題；西方世界曾經抽象地從部份看共產主義，認爲共產主義是社會革命，是一個新世界觀，因而僅企圖解決共產主義這方面的問題，甚至於不敢面臨共產主義的這一面，而極力躲避或是藉一些可憐的、怯弱的、矛盾的傳統口號而化小這問題。他們沒有深切的信仰，因爲他們對於人的全部意義和人類命運的全部意義沒有深遠的綜合看法。

假如西方世界仍然繼續如此分別地由部份看共產主義，仍然只承認共產主義的一面，那麼，他們決不能反抗共產黨對人的壓迫和共產黨的消滅人性。

共產主義是一個實質的力量，但也不僅是實質的力量。所以我們不能僅靠實質的力量來制止共產主義。不過，不論是在鐵幕之內或是鐵幕之外，在共產主義已經利用實質的力量壓迫人的地方，我們必須也利用實質的力量對付它。人們現在正和納粹時代一樣，必須藉實質的力量破壞另一殘酷的實質力量，這個實質力量正無情地譏諷地破壞眞正的人性，使人不信仰任何理性，而僅信仰實質的力量。這是人類失去人性的最大悲劇。

我們必須利用經濟援助使民衆免於飢餓、悲慘和貧困而能反抗共產主義的壓迫，但僅僅是經濟的援助不足以制止共產主義。

因爲共產主義雖是一個實質的力量，有系統有目的地破壞未被它征服的地區中的經濟，但它同時又是一個僅僅允給人民一碗飯的社會革命。在這方面制止共產主義則又必須實行組織上的、經濟的和社會的基本改革。

共產主義是一個新的極權的世界觀，完全利用人類的需要和博施濟衆之情。人類基本的需要是人類生活和人類命運的全部意義，但共產主義給予他們的只是一個虛擬的解答。像這樣的共產主義既不能僅藉實質的力量制止，也不能僅由經濟援助的方法解決。我們只有超過它才能制止它。這就是說，我們必須有一個完全綜合的想法，就是使人在心理、情緒、精神和超越的想望方面得到滿足。除此以外，我們還得使人類在經濟、文化、宗教、政治和國際各方面有正常的關係；使人類得以正常地生活和發展。

若沒這種綜合看法，西方世界和所謂的西方文明除了將世界分裂爲三部份外對於人類沒有其他任何供獻。若僅爲了要使世界上一部份人類卽西方世界，特別是使尜格魯撒克遜世界能夠有機會在和平中享受他們的汽車、冰箱、電影、電視設備和游戲場所，而將世界上的一部份人類卽鐵幕後的人民當作遲滯共產主義進襲的緩衝機，使他們成爲共產主義的犧牲品，又將另一部份人類卽處於鐵幕邊緣的人民，特別是在亞洲的人民當作阻礙共產主義進襲的「交通遮斷線」，如此則西方世界和所謂的西方文明必將自行消滅。因爲在這種情形之下，西方文明不能代表人，只是一個沒有靈魂沒有心的屍體，而一個屍體不可避免的命運是由瓦解而消滅。

在這種情形之下，所有西方世界的巨大武器，將不可避免地被用於一個目的：在原子的爆炸中使蘇俄與西方世界的唯物主義同歸於盡，也就是蘇俄、美國與西歐整個的毀滅。在這種悲慘的情況下，新的人類力量將不可避免地出現於活躍的歷史舞台上。亞洲和整個人類將被迫尋求一個新的道路，尋求一個更完善的人類的道路。

現在是我們每一個人決定的時候了，沒有例外！沒有猶豫！

(註廿二)在南京有一天晚上，羅申赴我的一個朋友的私人宴會，這個朋友是某西方國家的外交代表，他和羅申過從甚密。羅申在酒醉飯飽之餘，走近一張中國地圖，兩眼凝視着，然後指着一些地區和中國的東北簡單地說道：「不管怎樣，這個地方已經結束了！」後又在華中地區劃了一條線，向我的朋友耳語道：「重大的事情將發生在這兒！」那時正是一九四八年的春天。

後來我們察覺共黨在中國的總攻剛剛是照着幾月以前羅申在地圖上所劃的樣式。這對於我們是極有意義的。

(註廿三)後來，有些美國人（並不是那時在中國的美國人）在希臘獲得了一些重要的直接經驗。由於在此小巴爾幹半島上日益增長的游擊隊活動，英國人承認他們無能對付在希臘的情勢，於是離開了希臘。

至於美國，花費了幾億美元，供給了希臘大批食糧、武器和軍事顧問，甚至於直接在戰場上與希臘政府軍合作。美國雖然出了這麼大的本錢，也花了兩年時光才將游擊隊主力驅出希臘境外。但是，在希臘的游擊隊並未完全停止活動。他們現仍在再度集結中。

然而希臘還比不上中國最小的省份之一山西的一半大，並且與蘇俄又不毗鄰，要消滅希臘的游擊隊尚且使美國如此費力，如此你可想像對付當時的中共游擊隊該是一件多麼艱巨的工作！

在馬來亞的游擊隊是由中共所領導的，爲數不過四五千人。但以大英帝國的所有資源，最新式裝備的十四萬帝國軍隊，還有光榮的皇家空軍和世界最大的海軍作後盾，尙不能在五年後的今日有效地制壓爲中共所領導的四五千游擊隊。

法軍的陸軍是歐洲最精銳的地面部隊之一，再加上令人恐佈的「外國人軍團」（Legion Etrangere），法國以這樣大的力量在越南還遭受越盟游擊隊的壓力而節節敗退，最後僅退守幾個大的據點。

這些事實應該使西方和印度的觀察家、政府以及輿論對於中國的情勢和中國陷入鐵幕的事實以比較中肯的態度加以實際的判斷。

(註廿四)馬歇爾在第二次大戰中任參謀總長，獲得了在歷史上最大的軍事勝利之一，這是他偉大的成就。但我們不能抹殺對他的一個印象，就是馬歇爾不能冷靜地分析和心悅誠服地接受他第一次外交使節的完全失敗。這個失敗似乎令他很痛心，並造成他心理上的複雜。他不澈底分析所有造成這失敗的因素(包括國務院的一些官員對於世界共產主義和中國共產主義不切實的態度)。却好像有一種特別反對中國人的情緒，以致使他從此以後對於如此複雜和具有世界重要性的中國問題根本不能作任何冷靜客觀的評價和討論。

這是人類歷史上的悲劇。人們微小的心情往往能造成非常可怕的損害。

馬歇爾在一九四五年和在一九四八年、一九四九年國務卿任內如此短視而固執地輕易將中國撇開，讓中國陷入鐵幕之後。而一九五〇年的今日中國共產黨正威脅着麥克阿瑟在北韓的短暫的勝利，正以武器援助並訓練越盟軍隊顚覆破碎的越南。當這位同一的馬歇爾將軍新任國防部長之初，便感到中共所給他的最大的頭痛。這也是歷史上一個特別的諷刺。

現任國務卿艾其遜也同樣感到由中共所造成的這最大頭痛。艾其遜在他長期的副國務卿和國務卿任內，也是那樣輕率和短視地在他整個的政策和白皮書中將中國「一筆勾消」。

艾其遜在呈遞白皮書致杜魯門總統函中有一段絕妙的聲明，這段聲明足以證明他對於世界共產主義和中國共產主義，證明他的自慰是如何可憐，對於中共的恫嚇又是如何怯弱，彷彿是教師對小學生的恫嚇。其原文如下：

「有一點是明顯的：倘中共政權追隨蘇俄帝國主義的目標而企圖侵略中國的隣國，則吾人將遭逢一違反聯合國憲章並威脅國際和平與安全之局勢。」

「吾人對華政策仍將繼續根據下列數項原則：（一）尊重聯合國憲章；（二）對華表示友誼；（三）對華仍支持門戶開放政策，支持中國的獨立及領土主權的完整。」

但是中共是受蘇維埃共產主義的訓練和控制，而且忠於蘇維埃共產主義。他們並不是小學生而懼怕艾其遜的恫嚇。中共的確正「從事」對於中國隣國的侵略，這侵略自然不是如艾其遜所預料的爲公然侵略的方式，（甚至於艾其遜和他的同僚還一再斷言蘇維埃共產黨在中國的公然侵略方或沒有證據），實際上他們正從中國向韓國和越南發動不太顯著的，但更可怕更有效的侵略，而艾其遜和聯合國直到現在一九五〇年十一月末還未能有效地制止此從中國所傾入的共黨侵略。中共政權已同蘇俄訂立了一些中蘇雙邊協定；蘇維埃的軍隊已有效地進駐了中國東北；蘇維埃的「顧問」和政治工作人員已佈滿了全中國。中共政權從此關閉了中國的門戶。自從蘇維埃實質併呑「自治東北」、「自治新疆」和「自治西藏」之後，中國「領土主權的完整」已不復存在。因此，艾其遜對於中國共產黨的恫嚇一直到現在不過是白紙上的黑字而已。

現在我們談談美國國務院對尼赫魯的看法。國務院的喉舌華盛頓郵報於一九五〇年十月十九日即開始批評尼赫魯。在那時以前，國務院對尼赫魯一直是大大地恭維，讚揚他反對非共黨中國，稱他爲亞洲的「領袖」。

華盛頓郵報說：「當此國際危急之時，對於尼赫魯世界政治才能的信任正迅速地崩潰。他的意向別人很難推測，也許連他自己也難以推測……他最近的聲明顯示出他自己對於世界事務是一個不切實際的咬文嚼字者，對於實際情形沒有瞭解或不願意承認。

也許尼赫魯太重視他本國的利益，被民族主義所迷惑，以致於不能正視世界局勢。」

早在國務院的設計人對於尼赫魯領導世界的才能失去信心以前，便有人對尼赫魯失去了信心，那些人比國務院的一些人比較「願意承認事實……」。就是當尼赫魯忠於國務院對華政策的「一般原則」，忠於國務院的白皮書的精神，而開始對於在中國的國際共產主義遵循獻媚和妥協的政策時，他們才對尼赫魯的政治才能失去信心。

當共產黨在中國開始活動之始，凡是不幼稚和有遠見的人都很清楚：一旦世界共產主義統治了中國大陸，決不會止於中國的邊界，也不會止於韓國的北緯三十八度，更不會止於越南和西藏的邊界。

但不幸，在國務院中的一些有決定性的人却被夢想迷惑，直到他們被北緯三十八度的共黨槍聲驚醒時，才恍然大悟。而尼赫魯仍繼續沉溺在他的夢想中。好像只有最近中共對西藏的長征才使尼赫魯稍稍覺醒。但這覺醒還不够。他的副總理巴特爾（Sardar Patel）僅僅譴責北京共黨政府侵略西藏的行爲是「消耗軍事力量和威力」。

現在的一個問題是尼赫魯在這有決定性的十字路上將選擇那條路。或是尼赫魯繼續對國際共產主義採取妥協政策。如選擇這條路，世界共產主義將迫使尼赫魯對印度的共產黨也採取妥協政策，使尼赫魯准許印共加入聯合政府。如此，則尼赫魯便要踏捷克斯拉夫的貝奈斯的前轍而使印度陷入鐵幕之後。或是尼赫魯最後覺醒而參加印度的正義力量與自由中國的正義力量和亞洲各國共同奮鬥，特別是與亞洲的最大國家中國共同從事制止世界共產主義的侵略，將亞洲大陸、亞洲人民和全世界的人民從殘酷的共產世界的統治中解放出來。若尼赫魯和印度不和自由中國有效地合作，則任何制止共產主義的努力將不會發生效力和產生結果。

（廿五）關於狄托和所謂的狄托主義發生了兩個問題。第一個問題，是狄托與莫斯科是否眞的在爭執中；他們之間的爭執是否如它們所表現的那樣嚴重，是否眞的與莫斯科所叫嚣宣傳的一樣。

第二個問題是狄托與莫斯科之間果眞有爭執，雖將從此爭執中獲得好的圓滿結果，是西方民主國家？還是世界共產主義？是誰將被愚弄呢？

（a）關於第一個問題，每個人都明瞭並承認狄托政權是一個百分之百的共產黨政權，是百分之百由莫斯科訓練出來的共產黨政權。

狄托過去的O.Z.N.A.現在稱U.D.B.A.（祕密警察），和莫斯科的M.V.D.一樣殘酷，其名稱雖和M.V.D.一樣定時變更，但其殘酷無情則未稍減。狄托政權正遣送成羣的克羅地亞、斯拉維尼亞和塞爾維亞的人民去做奴工。他的監獄和蘇維埃的監獄一樣充滿了「犯人」，正如蘇維埃政治局將廣大的蘇俄領土變成巨大的集中營一樣，狄托將南斯拉夫也變成了一個大集中營。

狄托和史達林一樣也實行集體屠殺。例如有一次在一九四五年夏天，在幾天之中，他用機槍便集體肅清了反對共產黨政權的十二萬年青的克羅底亞士兵，這些士兵是被狄托共黨軍隊所俘虜的。

他又强迫成千被俘虜的克羅底亞反共士兵作長途跋踄而不給任何飲食。其中大多數因飢渴而死。他强迫他們從薩格勒布（Zegreb）徒步到普薩加（Pozega）或是更遠的地方。這些士兵走幾百英里而沒有食物充飢。當他們之中有一個倒下時便立刻被狄托共產黨政治工作人員槍殺。有的將要渴死的人跳進路旁的運河爲的是要喝幾滴水，甚至於這些人也被槍殺。

狄托和史達林一樣善於製造殘酷的審判以對付反對他的人和他以前的合作者。對於英勇的薩格勒布的主教史泰匹納克（Aloys Stepinac）的審判程序和判罪便是近代史中一個最可笑的審判，是一個司法上最怪異的現象。

史泰匹納克主教是克羅底亞的第一個主教，他在一九三四年被任爲主教時爲當時世界上最年青的主教。當歐美的領袖們仍對納粹主義迷惑時，他便堅決反對納粹主義。他宣稱希特勒、戈貝爾和羅森柏的民族主義是對歐洲和全世界的最大威脅。當希特勒和墨索里尼的軍隊佔領克羅地亞時，這個年青的史泰匹納克主教是全巴爾幹唯一敢公然在很多場合反對納粹主義和法西斯主義壓迫的人。他敢保護猶太人，抗議納粹對猶太人野蠻的迫害。

史泰匹納克主教遵循所有克羅地人的明白意志，宣稱要組織一個獨立的克羅地亞國家，脫離所謂的南斯拉夫而獨立。克羅地人民是被塞爾維亞皇帝亞歷山大和他的父親彼得藉長期的軍事獨裁而强迫併入所謂的南斯拉夫。史泰匹納克主教曾代表了克羅地亞絕大多數人民的意志反對巴夫利克（Doctor Pavelic）殘酷的個人獨裁。在很多場合中史泰匹納克主教公然抗議爲納粹所鼓勵並指揮的巴夫利克的獨裁對於猶太人、塞爾維亞人和吉甫塞人所施的野蠻迫害。

當狄托共黨仍在森林中從事游擊戰時，曾讚揚史泰匹納克主教的勇敢，稱他爲全國的英雄。史泰匹納克那時不斷地與反納粹和反法西斯的克羅地亞的地下組織聯繫，其中包括佔少數的狄托共產黨。但是，由於西方國家在德黑蘭的出賣行爲，由於西方列强僅給狄托共產黨援助，再加上紅軍的幫助，殘酷的狄托少數竟佔領了塞爾維亞、克羅地亞、斯拉維尼亞、門的內哥羅和馬其頓，而使這些地區的人民處於共產黨的恐怖之下。狄托共產黨並且違反了所有這些人民的意志，强迫他們加入了南斯拉夫，僅給他們名義上的自治。取獨裁而代之的仍是獨裁，而且是一個更殘酷的獨裁。

當狄托和其統治階級在克羅地亞、斯拉維尼亞和塞爾維亞開始他的恐怖時，只有英勇的史泰匹納克主教敢公然再度抗議對無辜人們的磨難和集體屠殺；他抗議共黨祕密警察對於人民經常的威脅並抗議集中營。他反對壓迫人的反人性的狄托政權和以前反對希特勒、墨索里尼和巴夫利克的壓迫時一樣地有胆量。

在所有被壓迫人民的眼中，不僅是天主教徒，甚至於回教徒，猶太教徒和基督教的其他宗派如希臘教徒和清教徒等都認爲史泰匹納克主教是基本人權的唯一保護人。這些基本人權曾爲狄托共黨政權所摧毀。

這就是爲什麼史泰匹納克主教是狄托的障礙，爲什麼狄托和他的統治階級決定以怪奇的審判和獨裁的定罪來消滅他。

狄托是一個共產黨。狄托政權是一個共黨政權，並且是由莫斯科所訓練出來的共黨政權。世界上的共產黨沒有一個如狄托的共產黨那樣是受過完全的共黨教訓的，沒有一個共產黨像狄托那樣忠於莫斯科。

至於說狄托主義是一個新型的「民族共產主義」，這完全是無稽之談。狄托和狄托的共產黨能變成什麼樣的民族主義者呢？狄托不能代表任何人，只代表一個小小的共黨集團，還佔不上全民的百分之二，只能代表他的政權的一群既得利益者。「南斯拉夫」人民和「南斯拉夫」國家並不存在，只不過是一個人爲的概念，是由殘酷的塞爾維亞皇帝亞歷山大所發明而藉軍事獨裁所强按上的一個名銜，後又爲狄托所沿用。南斯拉夫實際上是幾個完全不同的國家，各自有他們長期的歷史，有不同的民族：克羅地族、塞爾維亞族、斯拉汶族、門的內哥羅族和馬其頓族。狄托以及其少數黨與他們完全沒關係。

（b）若狄托眞與莫斯科有爭執，也不過是共產黨中兩個敵對派別間權利的爭執，決不是任何理念上的爭執。而且實際上莫斯科有足夠的方法可以在任何時候肅淸狄托。

莫斯科正殘酷地、審愼而有計劃地控制着蘇俄國外的共產黨：

（1）幾乎世界上所有在第二次大戰後的有力的共黨領袖（特別是歐洲的共黨領袖）都是在大戰期間被莫斯科再教育和再審核過的。狄托本人在蘇俄的時間比在克羅底亞的時間還長。而他那一派中的許多重要人物也曾經受過了同樣的訓練。

（2）名義上已經解散而實際上並未解散的共產國際現正從三方面控制各國的共產黨；

（a）黨的主席與莫斯科直接接觸。

（b）黨的政治書記長與莫斯科個別接觸。

（c）黨的技術書記長與莫斯科個別接觸。

共產黨使各國共產黨中的這三方面互相傾軋，或個人與個人傾軋，或派系與派系傾軋。因此，若這三方面之中的某一方面動搖或是對莫斯科不忠實，莫斯科可以藉另一方面予以制止。所以，往往有些著名顯要的共黨領袖在共產黨中根本無實權。共產黨中時常有些不顯著的人實際上以莫斯科的名義在暗中監督着這些著名顯要的領袖，而他們自己又被蘇維埃大使館中特別有全權的幕後人物所監督。這些都是共黨領袖們所深知的。

例如在捷克斯拉夫，著名的共黨人物是前總理和現在的共和國總統哥特華爾德（Gottwald）。但眞正的共黨主持人是兩個無名小卒，卽史蘭斯基（Slan-sky）傑梅茵得（Gemeinder）。在斯拉伐克的共黨主席是史奇米克（Schmi-dke），他是一個無知的人；甚至於善於陰謀的共黨書記長哈薩克博士（Dr. Hu-sak）也不是眞正的推動者。審核一切的共產國際眞正代理人是一個不著名的、年青的猶太人福利希博士（Dr. Frisch），他是在戰爭結束後由莫斯科回到斯拉伐克的。

(3)莫斯科在東歐各衛星國中除了有共產黨之外，還組織了特別秘密警察，直接受可怖的蘇維埃秘密警察（M.V.D.）的官員的監督。

各國的秘密警察是由各該國的共產黨中選擇出來的，是一些最狂熱最殘酷的共產黨徒，選出後再將他們送往蘇俄受蘇俄所特有的秘密警察訓練。

這些青年回到各該國家後（波羅底海沿岸國家、波蘭、捷克斯拉夫、匈牙利、南斯拉夫、羅馬尼亞、保加利亞、阿爾巴尼亞），便在蘇維埃秘密警察官員的直接監督下執行共黨秘密警察恐怖的工作。

在各衛星國的軍隊中，蘇維埃又訓練了一個特殊的軍隊秘密警察，設立了一個特別訓練團。這個特別訓練團直接被蘇維埃紅軍中政治總部的現役軍官所組織、領導和監督。

因此，一個衛星國的共產黨很難甚至於不可能逃脫莫斯科共產國際無所不包的壓制的鐵鉗。狄托和他的黨羽當然也很難甚至於不可能脫逃或和莫斯科分裂。果眞他因爲是與一個從莫斯科得到更大支持的敵對派系傾軋而與莫斯科分裂，那麼，共產國際在狄托的共產黨、軍隊和警察的內部也有足够的工具在任何時候肅淸狄托。若莫斯科沒有肅淸狄托，必有其許多原因。

莫斯科在未肅淸或未傷害一個眞正危險的敵人之前，從不公開地攻擊他。但自狄托問題發生之始，莫斯科便喧囂叫嚷着狄托的「背叛」。這完全不是莫斯科的一貫作風。這是非常有意義的。

巴加林（Buchtarin），卡美涅夫（Kamenev），傑諾維葉夫（Zinoviev），塔加且維斯寨（Tuchatchevsky）和成千別的共產黨都是首先被捕入獄，然後才受到莫斯科的公開攻擊，最後才被整肅。

若狄托和他的黨羽眞的對於莫斯科是危險的，那麼，國際政治局也有很多的手段肅淸他。因爲莫斯科在狄托的周圍，在他的軍隊中和祕密警察中，有許多熱狂的青年共產黨，他們是盲目地忠於莫斯科，冷酷而無情，他們隨時準備肅淸狄托。因此，莫斯科沒有肅淸狄托，必有其一些特殊的主要原因：

(a)共產國際攻擊狄托是在柏林封鎖前不久，其意在使西方世界在柏林封鎖以前將注意力集中另一地方。共產國際同時在兩個不同的地方製造兩個危機，如此則可分散西方世界的注意力和惑亂西方世界。

(b)由於狄托事件和柏林封鎖，共產國際使西方世界在一九四八年夏天的注意力完全集中在東歐和東南歐的兩小點。於是使西方國家忽略了共產國際在地球的另一角卽中國東北所鼓動的事件（一九四八年秋）。中國東北的事件最後決定了中國和亞洲最大部份的崩潰。

(c)由於喧叫狄托對共產國際的「背叛」，共產國際得到了一個所希望得到的在心理方面的收獲，這個收獲是很重要的，並且完全符合共產黨巧妙的辯證法。就是莫斯科使西方的無知者相信可以建立和實現一種新典型的純共產主義，一種新典型的「民族」共產主義，這種共產主義是完全脫離莫斯科而獨立的。因此，在西歐和美國的群衆、工人和一群一知半解的智識份子不再反對共產主義，他們這些人對於俄國型的共產主義比對於共產主義本身更懼怕。既然狄托的共產主義是一種「民族」共產主義，不是被蘇維埃所造成的，那麼，意大利人、法國人、德國人或英國人也可以和狄托一樣有他們自己特殊型的共產主義，卽意大利型的、法國型的、德國型的和英國型的共產主義。

心理的影響對於共產國際是特殊重要的。由於這影響，上述那些國家的一般人對於共產主義的反抗因而轉弱。莫斯科常常在開始的時候在各國中發起一種緩和的特殊型的共產主義以適合各該國的情況，如她在波蘭、匈牙利、捷克斯拉夫和其他衛星國所做的一樣。但是最後必代之以純粹蘇維埃式的共產主義。

(d)莫斯科獲得了在心理方面的另一個更重要的收獲，就是使所謂西方民主國家對世界共產主義的認識混亂。

有許多智識份子和在英國外交部，法國外交部和美國國務院中的政策設計者全集中注意力於狄托的「背叛」，認爲狄托的「背叛」是唯一最後有效的神奇方法以剷除國際共產主義和它對世界的威脅。他們認爲「狄托分裂」是世界共產主義內部分裂的開始。

他們的注意力馬上集中於「解決」世界共產主義問題的這個幼稚的方法，是因爲這種「解決」方法完全符合西方世界對於共產主義的基本態度；他們的基本態度是根據一種消極的幻想，沒有創造力，沒有勇氣，沒有理想，他們對於陷入鐵幕後被壓迫的廣大民衆沒有深切的人類同情和關懷。所以，惑亂的、無知而無勇氣的西方外交家如願地作下列的判斷：「只要藉報紙和廣播的甜蜜言辭、外交談話和幾百萬美元以鼓勵狄托分裂，便足以使世界共產主義從內部瓦解，各自東西，最後消逝！」

這種解決方法是太簡單、太便宜、太無知了，決不會有絲毫成功的機會。世界共產主義在狄托背叛以後並未從內部瓦解而消逝，反而空前地活躍於世界舞台之上，並征服了如此龐大的領土。

(c)共產國際使西方對於共產主義的政治設計人完全集中注意力於狄托的背叛，使他們從狄托事件中得到了一個解決世界共產主義問題的「萬能」方法，因而痳痺了西方解决世界共產主義問題的創造力和行動。在那期間，世界共產主義從中國東北席捲了全中國直抵越南和印度的邊界，控制了三分之二的亞洲大陸。共產國際政治局在打算盤方面比西方重眼前利益的政客們更爲現實。

即令西方能够完全將狄托拉入他們的陣容，也不是他們所想像的那回事，（在聯合國投有决定性的票時狄托的代表仍和蘇維埃集團一致）。在狄托治下的一千五百萬人與世界共產主義在中國所得到的五億人類潛勢相比，孰輕孰重？

從上述一切之中我們明白兩件事：

第一，狄托是純粹的共產黨，狄托的政權是純粹的共黨政權，是一個壓迫所有基本人權的政權。

第二，由於狄托的分裂，坐獲利益的是共產國際。共產國際在全世界得到了共黨政策的最好收穫。

更何况西方列强，特別是國務院正無條件地援助狄托，甚至於幼稚地希望由於援助狄托政權，他們將能够輕易地使共產國際紊亂。關於狄托問題，他們可能是遵循艾其遜所表示的原則，卽美國對狄托的政策不是根據道義主義而是「實際主義」。

這說法有些像德國軍國主義者的「實際政治」（Real Politik），這種「實際政治」後爲希特勒的納粹主義所採納。

艾其遜和西方列强對於狄托事件已面臨一决定關頭。他們或是維護基本的道德原則，這些基本的道德原則就是每一個人的基本人性和基本人權的表現。若他們維護這些基本的道德原則，他們必將决定使他們的行爲與這些原則一致，那麼他們就要維護這些原則，維護全世界的人。如此，他們才能眞正成爲人類的希望和所有善良的人的支柱。他們或是不堅守這些基本的道德原則。當他們自己的重大利益遭到危險時，便失去了對於這些基本道德原則的信仰。那麼他不能期望世界上的人，特別是正在受痛苦的人相信他們的虔誠。

若西方列强和美國一方面向世界假裝並宣傳他們正在反抗世界上共產黨的壓迫，而一方面却又支持狄托共產黨的壓迫，那麼，他們就是在製造紊亂，就得不到被共產主義所壓迫或威脅的人們的支持，如此便將削弱自由世界的抵抗力。

甚至於如此重要的報紙紐約的時報對於狄托問題在一九五〇年十月十三日也作如此幼稚的評論：

「狄托的背叛是共產黨歷史上最大的背叛，對於蘇維埃集團是一個經常的威脅。這證明一個共產國家能够不屈於蘇聯而生存，而這個證明正打擊了蘇俄系統的心臟。……沒有一個人對於狄托政府存有幻想；無疑的，狄托政府是一個極權的共產政權，將來也是如此。這個政權所維護的原則多半與我們的相違背；然而我們必須在狄托與史達林之間選擇一個，那麼，我們寧願選擇狄托政府。因爲在最近將來我們沒有任何其他希望。……狄托當政對於我們是有利的，並且對於整個民主世界是有利的……這就是爲什麼現在以食糧援助伯爾哥來德的正當理由。」

紐約時報的這篇話很忠實地表示了西方對於狄托的政策是如何矛盾。當這篇文章的作者想到「狄托當政對於我們是有利的，對於整個民主世界是有利的」，當他痳痺地斷言：「我們只有一個選擇，就是在狄托與史達林之間選擇」，他未曾想到這個「整個的民主世界」是如何可憐，如何無創造力、如何無想像力、如何無道德觀念、和如何的反民主。

至於在克羅底亞、斯拉維尼亞、塞爾維亞、門的內哥羅、馬其頓中反抗狄托恐怖的百分之九十八的絕大多數人民又如何呢？這位「民主世界」的「民主作家」全然沒有注意到這一點。

這不過是所謂的民主世界對於共產主義的一個典型的想像，是西方世界對於共黨問題行動癱瘓的一個典型實例。所謂的西方民主國家根本不能想出一個可用的計劃而採取一個堅决有效的行動，使被壓迫的多數人民從專制壓迫的少數人手中解放出來。他們只是愚弄自己，惑亂世界，推卸責任。他們不能先發制人。他們僅僅是在消耗時間和精力，在玩弄一些不正直的小陰謀時而粉碎了人類的希望。他們使一個壓迫者代替了另一個壓迫者。甚至於有人認爲美國國務院對於狄托的這個可憐而幼稚的政策是個「果敢的政策」！（完）

代郵

（一）印尼巴城葉扶桑先生大鑒：

十一月十三日大函所提出的三點：(1)印尼赤色工作者的努力，使人驚歎，而反共刊物的推行和民衆聯絡，未免相形見絀；(2)台灣節約之風未形成，要人子弟上學仍有以汽車接送者；(3)今後收復大陸時，政府官員應該自認是將功贖罪，不能作爲陞官發財之機會。這三點，本刊素有同感。雲天南望，願與　台端爲一個現代化的自由中國之誕生而共勉。

（二）爪哇彭道之先生大鑒：

來函拜悉，承示爪哇華僑反共愛國情緒之熱烈，令人感奮。以後有暇，請將實地情況，爲文以通訊方式賜寄本刊發表，俾公諸廣大讀者之前。

工業民主與金融改造

羅敦偉

一

工業民主制度，本來是臺灣公營企業整理過程中間一個最急切的要求。中國國民黨宣佈改造後，已經納入政綱，因此，工業民主制度這個課題，應該由理論到倡導，進入推動的階段。

工業民主制度原則上的建立固然容易，可是說到普遍的推行，眞正做到每一個企業從業人員及一般工人都有『民主的抉擇』，卻不是容易的事。所以英國工黨本年五十年年會中間，特別提到這個課題，再三的加以檢討，除開他們所重視的『工業與新社會』宣言中間，强調這個工業民主制度以外。莫理遜氏代表工黨全國執行委員會宣讀年會聲明的時候，關於工業民主制度特別有下列的說明：

工黨的目的，在創造一種生氣勃勃的民主。在這個民主社會中，教育人民在選擧的時候，能够作有判斷力的抉擇。而且在創造工業的民主。在工業民主中，將逐漸增加徵求工人的意見，而工人也逐漸的更適宜於被諮詢。僅有物質事物的公有，沒有什麼好處。勞動階級和擁護勞動階級的人們，應當有一個社會的理想，有一種向社會負責任的心理，這就是在英國成爲一個眞正的社會主義國家以前，我們需要一種內在精神上和智力上的轉變。

他山之石，可以攻錯，英國工黨『走向社會主義的路』的原則，以及莫理遜所謂：『對付共產黨最好的辦法，是我們自己來作實行社會主義的工作』，這是值得我們借鑑的。

二

首先我要提出來的，即是工業民主制度推行之先決條件，必須使工業本身堅强起來，至少要使工業本身站得起來。像過去大陸上的工業風雨飄搖，今天臺灣的工業搖搖欲墜，實行工業民主制度，憑良心說，充其量也祇能做到若干表面上的效果，不容易收到實際上的大效驗。上面莫理遜提到的大家『應當有一個社會的理想，有一種向社會負責任的心理』。這種英國工黨所提出的社會理想與社會責任是我們急切需要的。由此我們曉得工業民主也正和政治民主一樣，他不過是我們理想之一環，而不就是我們理想之全部。再說，工業的本身，更是經濟中間的一環，也更不是經濟生活的全部。假如整個社會經濟不能健全，工業本身的存在，也就是說工業本身的生存問題，還不能解決，又如何能够進行工業民主呢？

其次，各國工業發展當然由於產業革命，以後產生自由經濟主義。但是當前的經濟與十九世紀的產業資本主義時代完全不同。今天已經走到了高度的金融資本主義時代。這個時代，與過去的產業經濟，『質』與『量』都起了重大的變化。而最主要的，即是商品市場已經成爲金融市場，一切產業上的活動，都受了金融資本主義的支配。所有產業的活動，都融和到金融活動的中間。本來金融資本是產業資本發達的結果，也是說，金融資本是推動產業資本的工具。可是金融資本主義高度形成以後，在經濟關係上產業資本反而變成了金融資本的附庸，至少兩者在不斷起一種互相影響的作用。所以在今天生產和再生產過程乃至消費過程之中，金融資本可以雄視一切。而且在若干先進國家，業已躍進到壟斷的金融資本主義時代。我們中國產業不僅落後，而且岌岌可危，即是受了這種世界經濟不平衡發展的影響。而就內在的經濟情勢說，也是不平衡的，即是我們中國的產業資本與金融資本的發展過程，既經先後倒置，而金融資本又與產業資本完全脫了節。中國的金融資本不僅沒有幫助產業資本反而吞噬了產業資本。國家銀行就其直接影響說，是幫助產業資本的發展，而在間接影響上或者說總的影響上卻同樣吞噬了產業資本，而且妨礙了國計民生。此中眞實原因，也許大家看不清楚，甚至許多人還不瞭解。祇要大家探究一下，過去大陸上國計民生凋敝異常，工業完全破產，農村經濟總崩潰，也就是說，整個經濟都崩潰了，而公私銀行卻都繁榮，都獲利倍蓰，而都保有了很大數量的物資或者外匯。天下皆竭，何以他獨榮，他們所得利益由什麼地方來的？大家祇要略略估計一下總賬，不懂經濟生產內情的人，也可以一目了然。今天講推行工業民主制度，既要先求工業本身站得起來，除開工業本身的各種問題應該解決之外，先決條件，顯然的需要改造威脅工商業的金融資本。工業本身不健全無法實行工業民主制，當然更沒有方法使一般從業員工體驗於社會的理想以及向社會負責任心理的培養。而由工業的健全到向社會負責任的心理，更是實現工業民主制度的本質。所以金融改造既是健全工業的要素，也就自然是實現工業民主制度的先決條件了。

三

進一步研究過去金融制度爲什麼必須改造才能健全工業，推行工業民主制度。

前面已經說過，過去歐美各國的金融制度，完全是產業資本主義的產兒。這種金融資本原本是發展工業之重要工具，却轉化成爲現階段各先進國家社會經濟的領導勢力。也就是說現階段各先進國家的經濟本質，卽是金融資本主義。這樣把發達的產業資本融和到金融資本主義中間的經濟形態，事實上已成爲世界經濟的特質，領導了全世界的經濟。我們中國過去經濟受了這個影響，所以工業雖然十分落後，而金融資本却相當的發達。因此，金融資本走到產業的前面，所有的生產活動都望塵莫及，至於一般的社會經濟更與之格格不入，互不相容，結果，金融資本的本身，一隻手攫取了政府的金融政策，一隻手抓着了人民生活的咽喉，一隻脚踏在中國，一隻脚踏在外國。門口掛上國營的招牌，庫房裡都攏上民營的股票。個人的銀行，固然仰賴了國家的融通，因爲不融通它，他有緩急，社會要受牽制。國家銀行固然是官股，但是也有民股。至少也少不了幾個特殊的人物。所謂『豪門資本』『官僚資本』，所謂寡頭的壟斷，所謂官僚的勾結。這些都不是個人的道義，個人的功罪的問題，而是過去那種金融資本與產業資本不相融和，金融資本與社會經濟格格不入的經濟形態之下所產生的必然結果。這種制度不改，駡倒了張三的豪門，李四頂上去不豪門也非豪門不可。這種制度不改，趕走了張三的官僚資本，李四頂上去，也必然的成爲官僚資本家。

國民黨領導的國民革命，其所以弄得烏烟瘴氣，弄得失敗，弄得無法走向民生主義。許多人都在檢討過去的得失，而据筆者的研究，過去金融資本之與社會經濟格格不入；過去金融資本之必然養成豪門與官僚資本；過去金融資本之必然的誘導私人資本之發展。以及過去那種金融資本之必然否定我們的革命，否定民生主義的經濟政策，是一個最基本的原因。過去金融資本在北伐之前固然起了重大的作用，改革幣制也有頂大的貢獻。可是由此造成了若干的資本家，造成了少數的金融巨頭，使國家的命脈－金融完全操在幾個少數人的手裡。財政金融當局低估了業已長成的私人金融資本主義的力量。他們的利害與人民大衆的利害絕對相反，因此任何符合人民大衆要求的經濟政策，在沒有實行之先，彷彿很有成功的可能，一旦實施之後，馬上變了質。爲什麼變質，當然卽是私人資本力量大過國家資本。私人金融力量不僅大過了國家金融力量而且滲透到了國家金融力量之內，一方面腐蝕了國家的資力，一方面壟斷了市場也壟斷了政策。使市場變亂跳不出他們的手掌，而國家也必須符合他們的要求。否則，政策必須變質而市場也就爲他們的利益所扼殺。國計民生完全受了少數壟斷資本家的控制，而一般私人資本家群又從而推波助瀾。革命政策那有不失敗之理！

革命整個的政策被過去金融資本所否定了，首當其衝的當然是生產事業。過去經營工業生產的人，祇知道國家政策不良，祇感到市場的變動於他們太不利；祇瞭解投機風潮把他們置之於死地。積怨到政府的『幣制』，連友邦也罵我們政策的愚蒙，却沒有研究到幣制其所以失敗，政策之所以顯得愚蒙，總原因都在過去金融制度所形成的金融市場，實在是無可救藥。反應到幣制和政策上面，一定是最愚蒙而且必然的失敗。生產事業之悲慘命運，也就不可逃避。生產事業根本站不起來，工業民主制度的推行，自然也就還離題很遠。

四

工業民主制度的內容，筆者在『公營企業民主化』一文（見自由中國二卷第十二期）中所提一爲組織上的民主化，要强化董事會的組織，而且有人主張工人的代表也要能够代表股權參加董事會。一卽是管理上的民主化，又分爲兩個道路，卽制度化合法化與情感化興趣化。附帶要討論的，卽是工人代表股權參加董事會的問題。筆者曾經分訪若干的企業家分別探詢他們的意見。有一位公營企業的總經理很高明，他的意見大致如下：第一，我們今天重在實行，不宜理想太高，尤其不必希望馬上卽超過世界上任何國家，以爲我國立刻要做到最高標準。第二，工人代表股權，一來是法律上還有待於修正，二來就公營企業說與世界潮流多少有點逆流。因爲英國之類，都希望私人企業歸公營，公營企業似不必一定要由工人佔有股權，就私營企業說，在私人企業搖搖欲墜之今日，可能惹起若干的糾紛。

要達到工業民主化的標準，也同樣非先使生產企業健全不可。各國的生產發達歷程，無不是受到金融資本的扶助，我們囫圇吞棗地將外國最發達的，也可以說高度金融制度移置過來，太過份的跑到了工業生產的前面，與社會經濟格格不入。據某立法委員所形容，這些銀行，一隻手代表政府，一隻手代表人民；一隻脚踏在中國，一隻脚踏到外國。於政府有利，他是政府，於人民方便，他又是人民，在中國有利，他的活動在中國，一旦國內有問題，他的資本，早已逃到外國無影無踪。眞是絕塵而馳，無往不利。人民不能利用他，國家不能奈何他，他們成了一個特別而又特別的勢力。今天大陸失敗了，他們也都到外國去了（至少資金是逃避了的），一般的私家銀行或者半私半公的銀行都進入了冬眠，這正是我們改造金融，改造銀行制度，從新配合農、工、商業及社會經濟要求建立新金融市場新銀行制度的絕好機會。

綜上所述，可以說明『金融改造』與建立『工業民主制度』的關聯，筆者鄭重的把工業民主制度實現的先決問題——金融改造——提出來，希望推行工業民主制度這個政綱的時候，不要輕忽了這個前提條件的建立。

特載

歷史的台灣—歷史的台灣與中國（十二）

郭廷以

（三）天地會的組成

現在流傳的天地會文件，大致謂康熙年間，有少林寺僧一百零八人，英勇無比，曾爲政府建立邊功，反而遭忌，康熙十三年七月二十五日突被清軍圍攻，僅餘五人以神助走免，於海中得一鑄有「反清復明」及「洪英」字樣的香爐，因即對天盟誓，揷草爲香，並拜長林寺長萬雲龍（即達宗公）爲大哥。洪英爲崇禎之子，一名天祐，拜爲盟主，陳近南則被拜爲軍師。後萬雲龍失機而亡，朱洪英絕糧而死，五人即分往各省，招集忠義之士，共謀舉事，即所謂「五祖」。這些文件與故事，恐怕不是一人一時所撰造，大約係陸續集成（三國演義與水滸傳的影響亦大）。所應注意的：第一、僧與寺變成了天地會的始祖與發源地，其中自有道理。因爲寺院在社會上既有其特殊地位，出家之後又可不辮髮胡服，因此許多懷忠蹈義之士，托身空門，無形中寺院成了民族革命的溫床，不少的反滿運動有僧人參加。明鄭的故將舊吏，改服緇衣者，據說有數十人（傳說與台灣知府蔣元樞稱莫逆交的黃蘗寺僧某，其祖爲明鄭舊將，數十年來謀光復，事洩，明告元樞勿多株連，否則竭台灣之兵，不足與抗。此僧之爲天地會黨當無疑。又傳無錫華氏所師事之賣卜者亦鄭氏故將，曾來謁見之二僧，則爲其舊部。均可證）。第二、少林寺原在河南，明時寺僧以拳術著稱，與白蓮教有相當關係（河南爲白蓮教之主要根據地），五祖亦爲白蓮教禪師，天地會之將少林寺（據云在福建漳浦九連山）視作聖地，五祖認爲創始人，應爲天地會的活動北進，受到白蓮教的影響，據云曾一度聯合。但此當爲以後之事，決非鄭陳時代之事。第三、萬雲龍大哥可能是影射鄭成功，所謂「萬人合心」，萬姓一家，而香主陳近南的職位尤爲重要，因爲他是運籌計謀的軍師。第四、五祖的分佈地域，長房在福建（包括台灣），二房廣東，三房雲南，四房湖廣，五房浙江，這些省份均是明末抗戰力量的所在地，亦是天地會的勢力範圍。就其排列順序，亦可看出天地會發展的先後次第。第六、結盟的年代，康熙十三年甲寅（鄭成功歿後十二年）大約是天地會大改組的一年，而不是最初成立的一年，甲寅（一六七四）是吳三桂所建的周王元年，這一年的秋天，南方的天地會與北方的白蓮教可能有一個反清的大聯合，天地會的基礎擴大，甚至天地會的名義亦可能是在這一年正式訂定（鄭成功的「結盟」是否叫做天地會，雖無從斷定，但其已經有了組織，則絕無庸疑）。

清廷對洪門或天地會的壓迫取締，極爲嚴厲，「大清律例」有專定的條款，康熙年間曾有規定：「凡異姓人但有揷血訂盟焚表結拜者，照謀叛未行律」。乾隆二十九年（一七六四）復以福建民間，「往往創立會名，聯合勢聲，刊僞印，散僞劄，妄悖猖狂，蠱惑人心」，續訂專款：「閩省民人除揷血訂盟焚表結拜兄弟仍照定例擬以絞候，其有抗官拒捕，持械格鬥等情，無論人數多寡，審實各按本罪分別首從，擬以斬絞外，若有結會樹黨……亦不論人數多寡，審實將爲首者照兇惡棍徒例發雲貴兩廣極邊烟瘴充軍。」經過林爽文之亂，乾隆五十七年（一七九二）律例中更特別指明台灣，而且明白提及天地會。略云：「台灣不法匪徒，潛謀糾結復興天地會名目，搶刼拒捕者，首犯與會經糾人及情願入夥希圖搶刼之犯，俱擬斬立決，其並未轉糾黨羽，或聽誘被脅而素非良善者，俱擬絞立決。」於此我們可以知道滿清對於天地會的嚴酷法令，尤其是對於台灣的天地會。因爲天地會在台灣的勢力堅强雄厚，台灣的民族革命運動最稱壯烈。

爲避免滿清的壓迫，在大陸上的天地會乃取「洪」字的邊旁「氵」而改號三點，所謂「三點暗藏革命宗，入我洪門莫通風，養成銳勢復仇日，誓滅清朝一掃空」。亦稱爲三合會，乃取「洪」字的形（氵）義（共）而連稱，並含有天地人三才之意。所謂「三才並立，一理皆同」。又稱爲「哥老會」，則因天地會首領號曰「老大哥」之故。他們對於清季的革命均有重大的影響與貢獻。台灣的天地會始終以天地會稱，不會用過別的名號，這是他們的「正統」精神。

第二節　前期革命

（一）多亂的台灣

在統治者看來，臺灣確實是一個多亂的區域，所謂「三年一小反，五年一大反」。不少人來探求這不安的原因，有的說這是由於天性，「台民喜亂，如撲燈之蛾，死者在前，投者不已」，「不馴特甚」，「喜亂樂禍，習與性成」（藍鼎元語）。有的說這是由於歷史關係與僥倖心理，「台人習見兵戎不足畏，又目覩鄭氏將弁投誠皆得官封公侯，以是爲青雲捷徑，成則王，敗則不失爲進身階，故接踵走死地如騖，非性不善，習見誤耳」（郁永河語）。有的說這是地理環境與不良份子之所致，「台疆遼闊已極，……內地作奸犯科，逋逃萃止」，「大小深險，成則出爲民害，敗則去爲山狙，人跡不至，莫窮其底」（亦藍鼎元語）。「土著鮮少，火耨草闢，多閩粵無賴子弟，地廣則易叢奸，民雜則易以召亂」（蔡世遠語）。有的說這是政治腐敗之所致，「臺灣五方雜處，重洋浩淼，官斯土者，不免有傳舍之意，隔膜視之」，「不知所以教之，甚或不愛之而因以爲利，……下與上無相維繫之情。爲將校者，所屬之兵，平居不能訓練而又驕之，……恣睢侵軼於百姓。夫聚數十萬無父母妻子之人，使之侈靡蕩逸，無相維繫之情，又視彼不能備禦之兵，而有恣睢侵軼之舉，欲其帖然無事也難矣」（亦蔡世遠語。又藍鼎元亦有相同之論，見下）。

如果我們明白了天地會和台灣關係，就可以知道以上這些看法祇是表面的或部分的原因。有人曾謂台灣之亂，並非由於飢寒，大都均爲「豎旗」，豎旗就是天地會發動的革命。咸豐年間久官台灣的馬克惇的「東瀛載筆序」謂「從來台灣無數年無事，賊匪視豎旗謀逆爲尋常」，他似乎已經認識台亂的政治性了。

（二）革命的初發動

歷代的叛亂或革命，大概多發生於晚期或中葉以後，而且十九爲經濟性的。元清兩朝則是例外，叛亂或革命在開國之初及其盛世亦所在多有，而且幾均爲政治性的。這是民族的鬥爭，元初多假借趙宋的名號，清初則假借朱明的名號。一六四八年（順治五年）天津婦人張氏自稱天啓后，一六七三年（康熙十二年）北京楊起龍則擬以朱三太子的名義起事，建元「廣德」，想舉行首都革命，事洩而逃，七年之後，（一六八〇年）又在陝西發動。所謂朱三太子傳說是崇禎皇帝的第三個兒子，吳三桂舉兵（亦在一六七三年）亦曾提及到他，尋又改用明周王的名義。一七〇六年（康熙四十五年）雲南李天極擁朱文非舉兵，託稱明桂王（永歷帝）之孫，建號「永興」。楊起龍李天極之事可能均與天地會有關，而與李同時發動的張念一，卽「一念和尚」，則確爲天地會所領導。張念一以浙東大嵐山爲根據地，以王世元爲朱三太子，橫行嵊縣慈谿上虞等縣，前後三年，聲勢頗爲浩大，有不少僧人參加。浙江屬於天地會的勢力範圍，僧人亦多天地會會員。一七〇八年（康熙四十七年）有一名叫朱三的在山東被獲，據云係明的宗室。明年（一七一〇年），福建陳五顯之亂，衆至數千，或亦天地會黨。台灣的騷動，則無疑的爲眞正的天地會革命。

有人估計自康熙至光緒二百年間，台灣的大小反清叛亂近四十次，實際上尚不止此數，但是所有這些叛亂亦可以說是以天地會爲中心的民族革命運動。第一次由諸羅新港吳球及朱祐龍領導。吳球素精拳勇，廣事結交，被尊爲「大哥」，朱祐龍則稱明室後裔。往來球家，暗中結合同志，準備舉事。適吳球妹婿鳳山糧吏陳樞以侵蝕課粟，懼罪求援於吳球，吳球卽乘機激動黨徒，決定發難，共圖大事。推球爲「國師」，擁朱祐龍爲首，以復明爲名。時爲康熙三十五年（一六九六）七月。事洩，官兵來捕，吳球拒戰被擒，朱祐龍則莫知所向。此爲台灣反清運動的初次失敗。現在所見到的記載雖未指明吳朱之爲天地會，但是我們可無疑的作此論定。「大哥」「國師」均爲天地會稱呼，朱祐龍應係影射天地會所會擁戴的朱天祐，七月則爲天地會結盟之月，復明更是天地會的不變宗旨。

繼吳球之後而起的爲康熙四十年（一七〇一）十二月的劉却事件。劉却亦諸羅人，「拳棒自負，日往來無賴惡少，插血爲盟，其黨有欲謀不軌者，以爲非却衆莫從。嘗深夜燃樟腦，置却屋瓦，火上燭，召同盟者示知曰：劉大哥舍中每夜紅光燭天，非常兆也」（諸羅縣志卷十二）。此可說明劉却之爲天地會黨。劉却卽製造兵器，於十二月初七日（一七〇二年一月四日）正式舉義，揚旗擊鼓，攻燬下加冬營，清軍潰散，進奪茅港尾。番人亦乘機刼掠，越五日，官兵大集，戰於急水溪，劉却不敵，黨衆死者甚多。却走匿山中，晝伏夜出，往來北港，重整所部，預備再舉，康熙四十二年（一七〇三）二月被捕，計其發動至身死，爲時一年有餘。

（三）中興王朱一貴

朱一貴之變不僅爲台灣歷史上一件大事，亦是近代中國史上一樁驚人的壯舉，更係天地會恢復運動上的大規模的，有計劃的革命，朱一貴（一名朱祖，一說朱祖冒一貴名）爲鳳山人（原籍漳州府長泰），任俠好客，遺民志士，山澤英雄之外，「奇僧劍客」亦常出入其家。因爲他姓朱，益增高了他的地位，明朝後裔成了他的重要資格，光復中興自然是最後目標。羅漢內門山區是他經營的最初據點。他自謂「痛心異族，竄逃荒谷，莫敢自遑，佇苦停辛，垂四十載」。「臺灣雖小，固延平郡王肇造之土，……進則可以克敵，退則可以自存，博我皇道，宏我漢京」。他的活動已非一朝一夕，他的抱負並不限於海外割據。康熙晚年，台灣「上下玩愒，文恬武嬉，兵有名而無實，民逸居而無教，官吏孳孳以爲利藪，沉湎樗蒱，連宵達旦」（藍鼎元語）。這樣的政治，尤給他以莫大的帮助。

一七二〇年（康熙五十九年）會有「狂民」高永壽冒首朱一貴，在傀儡山後「聚衆謀逆」，經拘訊之後，未獲實證，杖逐回籍，情景已相當緊急，不得不伺機發動。是年冬天，天寒地震，民多失業，謠言紛紛，人心不安。翌年（康熙六十年）三月，天地會幹部黃殿吳外翁飛虎李勇等十六人聚議，由粵人杜君英陳福壽領導，以朱一貴的名義號召，「遠近喧傳，盟黨響應」，糾合八十餘人，於五月十四日（陰歷四月十九日）正式豎旗，攻占岡山，搶得軍器，大亂遂作。南路各地，相續而起，參加的大都所謂下級社會，「以及堡長甲頭管事，各衙門吏胥班役」（事變前，有僧人周遊街巷，謂不久當有大難，難至，如門設香案，以黃旗書「帝令」二字，揷案上，可免。及一貴至，家如僧言。）連破清兵，奪取鳳山，數日之間，已有萬餘之多，卽進向台灣府城，台灣分巡道及知府以下文武各官爭先登舟遁走。五月二十六日（陰曆五月初一日）內應蜂起，卽將府城占領，總兵歐陽凱等戰死。同時諸羅縣城亦爲北路軍賴池張岳等所攻下，於是台灣爲朱一貴所據（淡水營都司仍守有北部），部衆三十萬人。

占有台灣府城之後，詭稱海中浮出玉帶七星旗（天地會原有海面浮起白碇香爐的故事），鼓吹以迎。五月二十九日（陰歷五月初四日），朱一貴稱中興王（赤嵌筆談作義王。一貴曾以販鴨爲生，俗稱爲鴨母帝），建號「永和」，置有國師，太師、將軍、都督、尙書、內閣科部、巡街御史等官職，蓄髮易服，恢復明制。法令嚴明，刼掠財物者，得知卽殺，或由人民自行撲殺，無人敢予偏袒，所以深得人民的擁護，六月五日（陰曆五月十一日）行祭天謁聖之禮，「遠近孩童數百，聚觀喧笑，忘乎其爲賊」（鳳山縣志卷十一），這是他得民心的明證。在他的卽位文告中，他明示「引企英豪，同襄治理，然後獎師三軍，橫渡大海，會師北伐，飲馬長城，擣彼虜庭，殲其醜類，使胡元之轍，復見於今，斯爲快爾，所望江東耆艾，河朔健兒，嶺表孤忠，中原舊曲，各整義師，以匡諸夏」。福建上杭人溫上貴曾至台灣參加朱一貴的革命，奉命回他的故里從事宣傳組織，準備響應，失敗又走江西結合數百人掠贛西萬載（清史稿滿保傳）。此可知朱一貴决不是祇想株守台灣，他在大陸確有他的佈署，上杭溫上貴不過是一個例子。

朱一貴的革命政府僅僅五十天就瓦解了，一由於內部的不能團結，爭權內訌，自掘坟墓；一由於敵人的戰略政略高明，應付得宜，動作迅速。朱的實力主要建築在杜君英所領導的嶺東客家人身上，閩粵人本不易合，爲了最高的王位，兩派開始齟齬，演成互相流血的攻殺。最後南路粵民竟轉而帮助清軍作戰，卽福建永定平武上杭各縣的客家人亦聯合粵人，大殺漳泉之人，漳泉之人亦糾衆圖滅下淡水一帶的「客莊」。直至清軍已占安平。他們仍在互相繼續残殺。這眞是一件親者所痛仇者所快的大悲劇！

澎湖是台灣的門戶，當水師副將許雲自度勢已不支之時，他將全部民船遣歸內地，未造成的戰船悉行焚燬，使朱一貴無法取得澎湖。福州總督滿保聞警兼程出駐廈門，立卽命提督施世驃總兵藍廷珍進兵，揚言三道攻笨港（北港）打鼓鹿耳門，分散朱的兵力，然後集中攻擊鹿耳門。而參與藍廷珍軍事的藍鼎元復建議「止殲巨魁數人，其餘反側，皆令自新，勿有所問」，論者謂係「平台第一得手」。同時卽發佈告示，展開政治攻勢，聲明無意殺戮，要百姓自安無畏，大兵登岸之日，家家戶外書大清良民者，卽爲良民，一概不許妄殺，有能糾集鄉壯，殺賊來歸者，卽爲義民，將旌其功」。此檄解散數十萬，平台第一妙著」。七月十日（陰曆六月十六日）清軍一萬七千人攻下鹿耳門安平，劇戰七日，朱一貴部不敵，放棄府城，退往北路（以南路客莊已多豎清旗）終於被擒，解赴北京。據說刑官曾訊以造反目的，一貴爽直答以「欲復大明爾！」

第三節　復興天地會的革命

（一）復興天地會與林爽文

天地會暫時失敗了，但朱一貴的餘黨仍豎旗南路，往來阿猴林下淡水之間，以羅漢門爲總根據地。山後亦有萬千「長髮執械」之人，日久未能肅清。一七三二年四月二十二日（雍正十年三月二十八日）吳福生的事變又起，連破岡山舊社萬丹，襲攻埤頭（均屬鳳山），但八日之後，卽被消滅。越二年（一七三四年）北路諸羅又豎起「大明朱四太子」及「大明復興朱四太子三國公起義」的旗幟，有北路國公、南路國公、丞相等名號。一七三八年（乾隆三年）騷亂又起，一七四二年（乾隆七年）彰化縣發現「順天」的旗號。這均是天地會準備再舉的先聲。台灣縣的黃教被目爲盜牛賊的頭目，橫行一方，官府不敢問，實亦天地會中之人。他廣招亡命，以兄弟相稱，自爲「大哥」，以朱一德爲軍師（朱一德大約係冒射朱一貴），一七七〇年十一月十七日（乾隆三十五年十月初一日）豎旗聚衆，襲據岡山，蔓延北路。福建提督及台灣總兵道府均獲嚴譴，直至明年五月十一日（乾隆三十六年三月二十七日），始被擊散。

林爽文之役是台灣的第二次的民旋大革命。林之爲天地會黨，各種記載一致。但是其中有一重大誤解，均謂「乾隆四十八年（一七八三）有漳人嚴烟者，渡台傳天地會，爽文等均入會」（彰化縣志卷十一）。台灣天地會之非始於一七八三年，乃不須爭辯之事，嚴烟更不是首傳該會入台之人。林亂之後五年，卽一七九二年（乾隆五十七年），「大清律例」（卷二十三）中有「台灣不法匪徒，潛謀糾結復興天地會名目」的語句（參看第一節），而一七三四年（雍正十二年）諸羅已發現「大明復興朱四太子三國公起義」的旗子（史料旬刊）。天地會所擁戴的朱三太子已死，所以又揑造出一位朱四太子。大概朱一貴革命失敗之後，元氣大喪，天地會從新改組，重整陣容，力謀再舉，因之改名爲「復興天地會」，此事應在雍正初年。改組的地點，究係在閩南抑在台灣，無從明定，想來仍以在台灣的成份爲大。吳福生以來的運動，可能均係由此新機構領導。嚴烟不惟不是首傳天地會入台之人，亦非首傳「復興天地會」入台之人。他不過是「復興天地會」的一個重要會員，林爽文等的加入，亦不一定是他說動。

林爽文爲彰化大里找人（原籍彰州府平和縣），他的主要幹部有彰北的劉升王芬，淡水的王作林小文，諸羅的楊光勳黃鐘，鳳山的莊大田兄弟。他本來就有相當的潛在力量，加入「復興天地會」後，「聲氣聯絡，直通四邑，北路卽分三房，爽文爲長房，蔡福爲次房，葉省爲三房，其黨皆數百人」（彰化縣志）。有人謂林變實激之使起，其實「激之」僅是近因或導火線，早晚他總要發動的。一七八六年（乾隆五十一年）諸羅知縣借端向天地會中人勒賄，引起斗六門之變，先後被捕斬者數十人。天地會黨憤懼交集，羣聚大里杙。一七八七年一月十四日（乾隆五十一年十一月二十五日）清兵集大墩，嚴令剿捕，焚燬村莊，人民號泣，林爽文即乘機鼓煽，於十六日（陰曆十一月二十七日）舉兵，攻占大墩，殺彰化知縣及北路副將遊擊，又二日攻入彰化城，殺台灣知府，十九日（陰曆十二月初一日）占淡水廳。林爽文被推爲盟主，建號「順天」，設盟主府於彰化縣（遠在四十五年前即一七四二年，彰化會發現「順天」旗號），有大元帥、大將軍等官。二十四日（十二月初六日）續下諸羅，北路全爲所有。一月三十一日（十二月十三日）莊大田起於南路，破鳳山城，稱輔國大元帥，與林爽文相呼應。二月十七日（十二月三十日）進攻府城。署理知府楊廷理已有準備，未能得手。

林爽文有兩不利與兩失策。。府城不能攻下是一不利；彰化鳳山雖失而復得（淡水已爲清軍所有），而諸羅自被總兵柴大紀收復後，始終未能再行奪回，是又一不利。因地域鄉土的關係而「分類」，是台灣的一大不幸，朱一貴的失敗原因之一，即係閩粵人的衝突，此次則又有漳泉人的對抗。一七八二年（乾隆四十七年）彰化會發生漳泉人的械鬥，彼此如不共戴天之仇。林爽文爲漳人，舉事之後，未能善予安撫聯結，泉人多不附，甚至反助清軍，柴大紀之復諸羅，即得此輩「義民」之力。這是他的第一失策。當時台灣的門戶爲南部的鹿耳門，中部的鹿港，鹿耳門固不必說，即關係彰化安危的鹿港，林爽文亦不知扼守（鹿港多泉人），結果清軍無抵抗的由此登陸，這是他的另一失策。而莊大田部下的莊錫舍（泉州人）之投降，亦是一大打擊。

一七八七年（乾隆五十二年）冬季以前，清軍大致處於被動的地位，無力採取攻勢。滿清方面對於此次事變似頗認識其嚴重性，首由福建派遣水陸提督副將三路進向府城及鹿港淡水，但均遷延觀望，擁兵不前。繼又授閩浙總督常青爲將軍，甫到郡治，莊大田即大舉猛攻，林爽文則以全力圍諸羅，清軍屢援，不能得手，將士病歿者尤多。常青爲當時權臣和坤的私人，年已七十，畏葸憂懼，日夜流涕，密扎向和坤哀乞，並奏稱「賊勢蔓延，請厚集兵力，遣大臣督戰」。九月十三日（八月初二日）乾隆皇帝改以其最信任的協辦大學士陝甘總督嘉勇侯福康安爲欽差大臣，名將領侍衛內大臣超勇侯海蘭察爲參贊，以獅子搏兎之力來對付台灣的革命軍。復以諸羅久被圍攻，「縣民困守，奮力向義，更縣名爲嘉義」（台灣的革命大都起於諸羅，嘉義之名，確當之無愧，不過其所向之「義」，應嘉之「義」，則非乾隆之所謂「義」）。十二月八日（十月二十九日）新任統帥福康安等大軍自鹿港上岸，首解諸羅之圍，林爽文主力集中斗六門一帶，經過三天的激戰，二十八日（十一月二十日）斗六門不守。此後復連敗於大里杙、集集埔、小半天。一七八八年二月九日（乾隆五十三年正月初四日）林爽文被擒，北路戰事結束。又二十日，南路鳳山亦爲清軍占領，莊大田走琅嶠，清軍水陸並進，大田悉力以拒，戰死者二千餘人，投海死者無算（大田被俘）。此次的事變，前後一年有餘，乾隆皇帝列之於「十全武功」，並於台灣爲福康安等建生祠，刊泐御製詩，其得意可知。

（二）此仆彼起的革命軍

林莊的失敗，是「復興天地會」的一大挫折，此後四十年間雖仍有不少人再接再厲，但已不易掀起澎湃洶湧的高潮。一七九五年（乾隆六十年）陳周全領導的暴動，於五日之內（陰曆三月初十至十四日），連占鹿港彰化，文武官兵死者數百，但四日之後，即潰散被擒。這並不完全由於他統帥無方，主要的原因是時機未至，得不到羣衆的支持，最後失敗於所謂「義民」之手。此外如一七九七年（嘉慶二年）的楊兆，一八一一年（嘉慶十六年）的高夔（均發生於淡水），失敗的更爲速迅。一八二四年（道光四年）鳳山楊良彬的舉事，亦祇數日即告結束。至於一八二三年（道光三年）噶瑪蘭林永春之亂，一八二六年（道光六年）淡水黃文潤李通之亂，翌年鳳山吳邦英之亂，則無何政治意義。一八〇四至一八〇六年(嘉慶九至十一年)海寇蔡牽之役，聲勢雖頗浩大，但係自外侵入，並非起自台灣。蔡爲泉州人，出沒海上已經多年，其政治野心似係到臺灣後始明白表露。一八〇四年夏，會連擾鹿港鹿耳門兩海口，府城震動。明年再至淡水，彰化洪四老等內應，附者數千人，被虜的知識分子復爲策劃發布告示，建號「光明」元年，稱鎭海威武王，準備在台灣建立政權（前此他並沒有地盤）。入滬尾(今淡水)，掠艋舺。尋又入鹿耳門，聯合鳳山的吳淮泗，陷鳳山，山賊並起，人心惶寂。一八〇六年一月二十五日（嘉慶十年十二月初六日）進攻府城不下，旋爲水師提督李長庚所敗，北走謀占噶瑪蘭，亦不得手，復來鹿耳門，七月十六日（嘉慶十一年六月初一日）再被擊走，奪取台灣的計劃失敗（蔡牽於一八〇九年消滅）。與蔡牽並稱的另一廣東海寇朱濆於一八〇七年（嘉慶十二年）續來台灣，大載農具，入噶瑪蘭，擬奪蘇澳，準備久踞。以陸上有當地漳州墾民及番人的抗拒，海上有清軍師船的夾擊，十月二十日（九月二十日）大敗而去。

一八二九年至一八三二年（道光九年至十二年）之間，各省會黨頗爲活躍，屢經破案，政府再三飭令江西、廣東、福建、雲南、湖廣、浙江當局嚴緝密訪所謂添弟(天地)會、三合會、三點會、小刀會及白蓮教匪。一八三〇年七月台灣會拏獲「造言惑衆，乘機滋擾之奸民」。一八三二年（道光十二年）的張丙之亂，則爲林爽文之後的一次嚴重事變。開始由於嘉義的官民衝突，繼之以閩粵人的互鬥，十一月十四日（閏九月二十二日）張丙陳連陳辦詹通等乘機舉兵，張貼告示，大股二十七，小股十四（股首稱大哥），殺嘉義知縣台灣知府，張丙稱開國大元帥，建號天運，設官分職，連敗官軍，旬日之間，衆至三萬。分支許成林海起鳳山台灣縣，奪羅漢門（南路），黃城梁辨莊文一起彰化林圯埔占斗六門（北路，黃城稱興漢大元帥，用大明主年號，僧允報爲謀主），郡城戒嚴。因爲號令未能統一，各首領互不相下，復與粵人爲仇，嘉義鳳山縣城均弗克攻下。清廷命福州將軍瑚松額爲欽差大臣，提督馬濟勝先到，連戰連捷，一八三三年一月二十二日（道光十四年）定台灣善後事宜二十一條（禁偷渡，行清莊，嚴連坐，禁搬徙，實力化導等）。

道光後期幾次的事變發生於嘉義的有一八三四年許懃成的稱號，一八三六年沈知（基）的豎旗，一八四一年的江見林旺張及一八四九年吳允的舉兵。發生於鳳山的有一八三八年的張貴，一八四一年的陳冲，但均於短期間被官方鎭壓。一八四四年（道光二十四年）台灣縣郭光侯所領導的抗租暴動，則與民族的反清運動無涉。

（三）太平天國與戴潮春

一八五〇年前後（道咸之際）是大陸上天地會所領導的武裝暴動最熾烈的時代，廣東廣西的大部在所謂「紅巾」「堂匪」控制之下。秀洪全的上帝會與天地會雖是截然不同的兩個組織，無疑的前者曾受到後者的有力啓示，太平天國的實際活動更受到「堂匪」「紅巾」的有形無形掩護與直接間接協助。洪天王的兵力遍及中國十八行省，台灣海峽雖然限阻了他的部隊，但是隔絕不了他的影響。台灣的革命黨人一百多年來所奮鬥的目標眼看就可以實現，雖然不一定能「復明」，「反清」則毫無疑義。他們該是如何的心嚮往之。

太平軍於一八五三年（咸豐三年）三月占領南京，風聲所播，閩南天地會黃德美黃威（位）林俊郎於五月發動，連下海澄、漳州、同安、廈門、長泰、永春、德化、大田、永安、龍溪。台灣的同志，隨郎於六月間繼起響應，由林恭李石率領，占領鳳山（陽曆六月四日，陰曆四月二十八日）。北路嘉義洪紀豎旗響應。林恭稱鎭南大元帥，使用天地會所一致使用的「天德」年號，三個月後，失敗而死。而大陸上的黃威又於翌年（一八五四）四月襲踞北部的大鷄籠（今基隆），「鯨呑豕突，水陸南北千數百里，兵燹經年，全台震動，其安危之機，間不容髮，較林爽文莊大田之案，不相下也」（馬克惇東瀛載筆序）。最後爲淡水同知丁日健副將曾玉明及林文察的鄉勇所平服。此外尚有吳𡶶林文英之一度占領噶瑪蘭，賴肩之起事於嘉義，及一八五五年（咸豐五年）林房王辨之亂，但影響均不甚大。

台灣天地會的第三次大舉爲一八六二至一八六四年戴潮春（即戴萬生）的革命（如以張丙之役爲算入，則爲第四次）。潮春爲彰化人（原籍漳州龍溪），「招集黨羽，稱天地會，陰圖不軌，而假名團練」。一謂其以八卦會爲號召，「設香案三層，謂之花亭，上供五祖，中置潮春祿位，冠以奉天承運大元帥之號，旁設一几，以朱一貴林爽文爲先賢而配之。入會者爲舊香，跣足散髮，首纏紅布，分執其事。凡入會者……授以八卦隱語，會衆相逢，皆呼兄弟。自是轉相招納，衆至數萬人」。按八卦會屬白蓮教，五祖爲天地會傳說中的開山人，朱林二人又爲台灣天地會的兩大領袖，這段故事可以明證白蓮教與天地會的關係，所謂「復興天地會」可能即是二派的聯合組織，最少是南方的天地會已受到北方白蓮教的重大影響。戴潮春的政治意識不惟極其濃厚，而且確係一位最高領袖，地位近乎神化，擁有數萬的廣大羣衆，確是一個不平凡的人物。

一八六一至一八六二年之交（咸豐十一年十月至同治元年正月）浙江全省幾均爲太平軍攻下，福建的清兵亦多北調閩北浙南，不失爲戴潮春發動的好機會。台灣地方當局可能已有所聞，一八六二年四月（同治元年三月）嚴治彰化會黨，是月十三日（三月十五日）天地會黨林日成（即戇晟）首在大墩舉事，五日後占領彰化，殺台灣兵備道孔昭慈，設置官職，有元帥、將軍、先鋒都督、大國師、左右丞相、宰輔、司馬、六部尚書、內閣中書、賓賢館，衆至二十餘萬。戴潮春本人初稱大元帥，旋稱東王；林日成初稱千帥，旋稱南王（一作燕王）；陳弄稱西王，洪欉稱北王（林豪「東瀛紀事」謂僅潮春稱王，此據吳德功「戴案記略」，丁日健「治台必告錄」）。東王西王南王北王爲太平天國楊秀清蕭朝貴馮雲山韋正的封爵，潮春等似有意模仿抄襲。

就軍事方面看，戴潮春的聲勢似不及朱一貴林爽文，台灣府城及南路非他的勢力所及，北路的嘉義淡水均未能全部控制，即彰化境內的鹿港阿罩霧亦不曾攻下。本身團結不固，內部的意志有欠一致，地域的偏見是他的失敗原因，力量較强的林日成既別有野心，漳泉人又照例磨擦，一部分地主仕紳爲了自己的利益，復紛起自衛，與之相抗，亦爲他的勁敵。中港桃仔園的響應先後不成，大甲得而復失，嘉義久攻不下，軍事要地斗六門於舉事之後六個月方克占領。至於清軍的力量亦屬有限，且一再失利，總兵林向榮以下先後戰死，實際上與戴潮春等相抗的爲「義勇」。福州方面，浙江太平軍逼近閩邊，兵力受到牽制，「西有崇（安）浦（城）之防，北有福鼎之堵，會垣則五虎門吃重，自顧不暇，無兵無餉可撥，台灣告急一月之久，尚無成說」（治台必告錄卷六平台藥言）。因糧道丁日健（曾任淡水同知嘉義知縣）的力請，始派總兵曾玉明率領了六百兵前往，明年（一八六三）再派水師提督吳鴻源至，均久不見功。是年秋，閩浙總督左宗棠（時在浙）續派彰化人提督林文察回台號召舊部，福建巡撫徐宗幹亦令久官台灣的丁日健率軍赴援，並授爲台灣兵備道，督辦全台軍務。日健於十月二十一日（同治二年九月初九日）到滬尾，首先布告解散脅從，鼓勵紳耆總董義首屯幷效力，軍事漸有起色，十二月十三日（同治二年十一月初三日）收復彰化城，繼又攻下斗六，一八六四年一月二十六日（同治二年十二月十八日）戴潮春被擒於張厝莊，林日成敗死於四塊厝。但是事件並未就此解決，五月初間，天地會衆又一度再舉攻彰化城，西王陳弄的一枝於六月間方被消滅，北王洪欉及洪璠支持的時間尤久，直至一八六五年二月。大元帥嚴辦及總制大元帥呂梓復於是年二月間再舉於彰化二重溝，準備接應占據漳州的太平天國侍王李世賢（李秀成從弟），不幸終於五月六日（同治四年四月十二日）失敗。否則南京洪天王的政府雖已瓦解，李世賢可能另在台灣將太平天國的政權重建（一八六五清軍嚴防太平軍入台，並有美國船隻私載太平軍渡台的傳說）。至於洪益（洪欉胞弟）及元帥洪志松的肅清，更遲至一八六六年四月（同治五年二月十九日）。如自一八六二年四月戴潮春舉事算起，已整整四年。

戴潮春的活動範圍雖限於淡水嘉義間的三百餘里，不曾控有全台，而其爲時之久，則非以往諸役所能比，尤其可注意的是此役與大陸上的革命運動（太平天國）的關係。台灣的民族運動是不易獨力實現的，必須與中國大陸方面聯合行動，互相策應，共同奮鬥，方能圓滿達成。過去二百年的慘痛歷史教訓，及此次抗戰勝利台灣之隨之光復，就是最大的證明。中華民族的一切活動是絕不能分的，是整個的（辛亥革命台灣之未能與大陸同時獲得解救，是由於台灣已在另一異族壓迫統治之下。中國的革命原有兩個對象，必須分成二個階段完成，先推翻滿清的政權，再合力摧毀帝國主義的暴力）。

戴潮春之後，至甲午戰爭的三十年間，臺灣幾乎未再發生政治性的叛亂，可能是經過此役，天地會的實力元氣大喪；同時太平天國失敗的教訓，或使他感到時機尚未成熟，不便輕舉；而國際風雲的險惡，外患的日急，容許使他們要重新考慮一切，「兄弟鬩於牆，外禦其侮」，他們發現了更大的民族之敵。

編者附言

本文本刊自三卷一期起連續登載十二期，共分五章（一、早期經營。二、荷蘭侵入與與台灣之初次淪陷。三、初次光復。四、開發之成就。五民族革命。），計約十萬字。本刊刊登此文的用意，一如作者引言中所述，乃由於『台灣之爲中國之不可分的一部份，……是絕不容疑，而爲人所公認的』事實，因將臺灣歷史作一詳盡之回顧，俾使世人『獲得明確深切的認識與瞭解』。從已發表之五章的撰述中，讀者對此當已有了很淸晰的概念。現因篇幅限制，至本期上作一結束。餘下三章（六、關於建省前之國際形勢。七、建省經過。八、論陷至光復。），容於將來發行單行本時，一併發表。除向作者深致歉意外，特此敬告讀者。

—編　者—

自由中國通訊

大夢誰先覺？

華府通訊・十一月十四日

本刊特約通訊記者　許思澄

美國朋友瞪大了眼睛問我：『難道中國共產黨瘋了嗎？爲甚麼他們非找我們打不可』？的確，站在美國人的立場看，中共眞是瘋了。美國人自問對於中共可說仁至義盡。不但韓戰前處處替中共設法加入聯合國，取得國際地位；她自己並已準備正式承認中共。就是韓戰開始後，也處處爲中共開脫。甚至一再向中共賠小心。當中共承認其建制中韓裔軍人回韓作戰時，美國不但不以此責中共，反承認韓人有返韓作戰之「權利」！其實天曉得這些人的祖宗是高麗人還是中國人。待到北韓已潰，中共越境作戰，美國起先猶諱莫如深，直到整團人被殲滅，這才紙包不住火，只好承認說是有中共部隊作戰。但一待中共賞稱是『志願兵』，於是美國政府也就如應斯響的說是：『志願兵』。並且一再向中共說好話。說是一定承認其『領土主權』。甚至無中生有的替中共想出理由來：說是中共是怕鴨綠江電廠電源斷絕，所以出兵。於是又保證決不斷其電源。不但如此，且爲中共在聯合國開了後門，再三的暗示：『只要你退兵，不但可以請你出席，而且可以請你作安全理事會的常任理事』。如果說是中國政治哲學西行，則美國眞可謂曲盡以大事小之禮了。可是中共却全不理這一套。美國伸臉過來，他就當場清清脆脆的給了一個大耳刮子，難怪天眞的美國朋友不明白了！

不但美國人不明白，連許多天眞的中國青年也不明白。他們這些時口口聲聲的說：『以中共苦幹的精神，只要不打仗，總有一天可以建設成新中國的』。可是出乎他們意料，當這『中國』的人民還在啃樹皮，吃草根時，中共竟要驅千千萬萬的良民去爲俄國毛子打前陣，作炮灰、替死鬼。他們也驚詫了：『爲甚麼要打這完全不必要的仗呢』？

其實，這都是無知的表現！

幾年以來，一有機會我就告訴美國友人：『國民政府不但是爲自己，也是在替你們打仗。要是中國垮了，遲早這拳頭就會輪到你們身上』。他們反應的態度不一。有的感歎一番，有的譏笑一番，反正中國離他們太遠，不關痛癢。於是我也嘆口氣想：『如果你們一定堅持要自己挨揍，那也就活該了』。

若干年來，我也對中國青年朋友們說：『中共是不會爲人民着想的。他們的一切努力和建設都只是替俄國人征服世界打算的。你如果跟了他，遲早有一天會送上前線去作炮灰』。他們的反應也不一。有的感嘆一番，有的譏笑一番。我也就不多說了，心想：『你一定要作炮灰，那也沒有法子』。

今天這些預言竟已不幸而言中。但另一些問題又起了。美國是如此不愛大戰，他們竟仍在夢想和中共妥協，換得中共撤離朝鮮。而有些痴心的中國青年也在希望中共以國家人民爲重，懸崖勒馬。其實這還是犯了同一毛病，不了解中共。

不是我謬託知已，我倒是了解中共的。他們的確是有理想。而且不惜犧牲一切（包括別人的生命、財產、幸福、靈魂、和國家民族的前途）。以實現此一理想。他們一切的一切都是在執行一個既定的計劃——實現世界革命，『解放』一切人民作他們的奴隸，而他們自己又事實上在作另一小群高高在上者的奴隸。看起他們那種犧牲精神來，幾如聖人。可是這正符合了中國哲人的至理名言：『聖人不死，大盜不止』！

也正因爲這是他們的最終目的，所以當現在他們的力量膨脹到空前未有的時候自然要認爲是千載一時的勝利良機。聯合國出兵朝鮮是妨礙『解放』，如果此時不出兵救援北韓，而聽『無信義』的『帝國主義』空言保證『領土主權』或者取得一個空頭議席，坐候『帝國主義』準備完成，寧非徒顧虛名，頓忘實害？證以脣亡齒寒之古訓，如果放棄『同志』，豈不是『背叛革命，坐失良機』？所以最低限度的要求是聯合國軍全部撤離，將整個朝鮮交給共產國際治理。

不過問題是：如果這是美國所能接受的，那韓戰又何必打呢？

但是我們想也還記得，韓戰是共產國際挑起的。如果馳準備了退出朝鮮，那他們又何必挑起韓戰呢？

所以，除非一方面或兩方面將賭本拚光，這一相情願的妥協夢是很難圓的。

我不幸將兩方面的牌都看了。所以不等正式攤牌，遠在若干年前，就知道了這慘劇遲早不能避免。但原還希望徵妙的平衡可以保持國際暫時的均勢。甚至韓戰已起，還想着由於準備的未完，也許再有二年到四年的緩衝。但前在『他山之石』一文中所說的話似已不幸而言中了：『當戰爭已開了頭，正如一連串的炸彈，丟第一顆（下轉第28頁）

哀維也納

維也納通訊・十一月三日

恨生

在維也納想讀一本剛出刊不久的國內刊物是不容易的。一個住在這中歐古城的中國人，假定他在倫敦、巴黎或羅馬這一類的「轉運站」上沒有熟識的中國朋友，那麼他就絲毫休想獲得來自國內的精神食糧；有之，則是偶爾看到一些中共「佈道」的小册子，黨八股之類，而這些東西對於住在赤俄陰影籠罩下的地區的中國人，早就不足以構成精神的食糧了。早在半年以前，我就三番五次地寫信到羅馬和梵蒂岡請求那邊的朋友給我搜集一些在自由中國出版的刊物或報紙，果然天不負人願，三個月以前一份台灣出刊的「自由中國」竟眞地寄到了！先不問內容如何，就是這刊物嚮亮的名字，對於此時此地的我已經比巴哈(Bach)貝多芬(Beeth Oven)們的樂曲更能引人入勝了。然而這種興奮、神往、輕鬆和愉快只不過是一剎那，等到把刊物放在棹子上或捲起來拿到手裏，站起來在房子裏蹀上幾步，你就會立刻又感覺到被維也納四周圍的空氣壓抑得透不過氣來。

我因爲愛好音樂，所以才於五年前來到這世界音樂之都的維也納，希望在名家指導之下，獲有成就。我來的時候，納粹的統治已是强弩之末，奧國人民都在默念「天快亮了」。一九四五年蘇軍進入維也納之前，奧國共產黨領袖麥傑克(Ernst Machek)發表文章要求全國人民以最大的熱情歡迎解放奧大利的紅軍。奧國人民對于納粹的統治久已深惡痛絕，他們對于「解放」的嚮往眞是如癡如醉。

那時原定是由英、美、法、蘇四國聯合佔領維也納的，但蘇聯用種種理由延宕英美法三國的軍隊進佔，一直拖到一九四五年八月。可是，蘇軍卻在數月之前卽已進入維也納，天眞的維京市民(連我也在內，老實說，我那時思想頗爲左傾)都像瘋狂一般歡迎「偉大的解放者」紅軍。婦人和少女對每一個俄兵都給予熱烈的擁抱和接吻，好像從監獄裏釋放出來的囚犯，見到久別重逢的愛人一樣，這種濃情，這種友愛，簡直和我們古人所說「簞食壺漿，以迎王師」的心理極相近似。可是，不到半天光景，情形大變。買賣珍玩金寶的銀樓、鐘錶店以及其他奢侈品商號都被洗刼一空，家家戶戶緊閉大門，不敢走出；街上呈現一片死寂。維持秩序的警察不知去向，我住的地方也蒙紅軍同志光顧，翻箱倒篋，拿去不少細軟。晚上八點鐘以後外出，便有被射殺的危險，白天出去又有被拉去當苦工的可能，因此人們根本就不敢出去上班辦公了。這種情形繼續得很久。奧國全國公會聯合會的主席約翰波姆(Johanu Bohm)，後來就任爲社會福利部部長，他身上並携有通行證，結果還在路上被俄軍扣留，作了好幾天苦工才放出來，那幾天社會福利部群龍無首，惶亂成了一團，後來的交通部長魏貝萊斯(Uebe Leis)也遭遇到同樣的命運，有一天早晨，我因爲住處一點食物都沒有了，不出去買就得餓死，我終于硬着頭皮出去，在死亡和苦工之間我選擇了後者。也許因爲我的像貌不像歐洲人，佈哨的俄兵搜查了一陣，最後他看到我的外僑身份證，兇狠地拍了我一下肩膀，喊了一聲「荷拉朔」(俄文「好」的意思)，讓我走了。

俄兵到處酗酒，酒吧間，釀酒廠，以及住家所存儲都被搜取一淨。他們喝得亂醉如泥，就要肇事，闖禍最多的事件就是强姦。提起强姦來眞是慘絕人寰，不論年齡，不論階層，幾乎沒有一個婦女能幸免于辱。維也納的公立醫院，有一位八十歲高齡的老婦前來住院，她會被俄兵强姦了一夜之久，下體浮腫，奄奄一息。許多婦女被姦後染上梅毒，都哭泣着來院注射六〇六。修道院的修女也是俄兵姦淫的對象，她們被辱後，只有以死來讚美上帝……。恐怖籠罩着整個維城。再也聽不到家家戶戶的歌詠和悠揚的琴聲。在烏暗陰沉的深夜裏，不時可以從幽處傳來女人的慘鳴。在維城國立公園附近的夜晚，常聽到女人哀求救援的呼叫，第二天清早人們可以發現她的棵屍飄蕩在湖濱，那時維城的一切法律和秩序都失去了它的作用。

維城中央有一個著名的士發針堡廣場(Schwarvenberg Plate)被俄軍改爲「斯太林廣場」，並樹立了一個俄兵的銅像。一個市民看了半响問旁邊的人說：「爲什麼要改爲斯太林廣場呢」？那人無心地回答說：「你難道不知道是斯太林『解放』了我們嗎」？問的人陰沉地自語道：「不知道他能不能從紅軍的恐怖下解放了我們？」這段小故事便可說明一切。

五個月以後，聯軍進入維城，執行四國共同佔領的決策，維城的人們才慢慢從墳墓裏走出來；不過黑暗久了，見了陽光似乎還有些害怕。人們像失去魂魄一般，呆若木鷄，他們已失去了故有的天眞。

聯軍來了，俄兵稍形斂跡，但人民的安全還是得不到保障。俄兵喝醉了酒常常掏出槍來亂放，有的人就無辜地作了犧牲。

有一天，夜裏八點鐘的光景，我出去散步，步行至國立公園門前，看見一位婦人慌張地跑到兩個美國兵面前，指手劃脚地哭喊，那兩個兵不懂德文，我就自告奮勇地義務替他們翻譯，原來她是說：「公園叢林中，有四個俄兵正在輪姦一個少女，那少女快要完了，請你們快去救她一條命吧！」我當時滿以爲兩個美國朋友會仗義興師，大打出手；豈知他們的反應是：「甚麼？俄國人是我們的盟友，我們不能干涉你們應該懂得規矩，像這類事件我們能作到的是打電話給聯合憲兵隊處理」。等到憲兵來了，那個被剝得精光的小姑娘痛苦得全身痙攣，欲泣無淚，最後抽搐着死去；而四名俄兵早已不知去向。

又有一次深夜，我去內城，路經佛雷勇街(Fieyung)，忽聽路旁一個被轟炸倒塌的樓房裏面有女人大叫的聲音，「救命呀！救命呀！」聲音是悽慘的、無助的，隔不一會又喊：「俄國人，俄國人，快殺我呀」！我四周尋找怎麼也找不出人在那裏。我就到附近的聯合憲兵隊報告，趕緊帶着他們到那喊叫的所在搜索，結果在那所破房子裏的地窖裏發現一個四脚朝天裸着下體的婦人在那裏躺着，已經斷氣了。她的陰部腫得像小山丘，看樣子最少有四五個人輪姦她而致死。

和平始終還沒有臨到被「解放」了的維也納城，然而他們卻嘗到比納粹更爲毒辣殘酷的統治。蘇俄拒絕和奧國訂立和約，而一九四三年莫斯科宣言卻會應允給奧國人民獨立和自由。俄兵始終沒有退出奧國。失踪的人日有數起，而且也就永遠不必望他囘來，科學家和專家都被運往俄國去替他們製造戰爭的武器，維城的蘇軍佔領區，强姦和搶掠是每天家常便飯，不以爲奇，女人們十二歲以上的便很少保持純潔。

奧國境內的工廠，連油廠一骨腦兒都拆運蘇聯，否則奧國單以油的生產就可使之復興爲一富强的國家。

五年來的佔領，俄國已傷透了奧國人民的心，他們恨蘇聯尤甚于納粹，只管共產黨怎樣宣傳，人民的頭腦還是淸醒着的，他們無法對共產主義發生興趣。他們對于蘇俄是敢怒而不敢言，他們沉默但絕未屈服。奧國人的這種硬勁可以從歷次選舉及羣衆活動中看得出來。在一九四六年戰後的第一次大選中，包括蘇俄佔領區在內，共產黨候選人所得的票數尚不到百分之六。奧國人的不喜歡共產黨似乎是先天就注定了的。盡人皆知擁有百萬人口的維也納是一個世紀以來歐洲非暴力的社會主義運動的大本營，數十年來中歐東歐和南歐的社會主義運動無不受它的影響。眞的，自從一九一九年奧匈帝國解體後，剩下來的七百五十萬說德語的奧地利人無不衷心地渴望自身的改革。然而他們堅決地反對暴力，尤其拒絕在外來暴力的刺刀尖下「改，革」。自從四國管制委員會成立以來，維也納蘇俄佔領區的軍事總督，會一再發動該區的「群衆」示威運動，目的是利用共黨控制下的工人組織奪取維城的政權，然而在絕大多數奧國人民堅毅地抗拒下，其結果是一次再次的失敗了。在今年九月間最近一次的紅色群衆的活動中，據說與共和他們的上級機構曾經花費了半年的準備工作，遊行的工人都受過特別訓練，當時數以百計的共產黨徒企圖衝入市政廳加以佔領，結果還是被忠於政府的警察用木棒皮鞭驅散了。

哈布斯堡王族治下的奧匈帝國在人類歷史上雖然沒有甚麼了不起的供獻，然而這雄踞多腦河畔的維也納城確曾燃起過光輝的火焰。巴哈、海登、貝多芬、蕭伯特、馬扎爾、斯托斯……等，這些樂聖的成名那一個不是受了這維也納城之賜？而今百萬維也納市民變心的「悲愴交響樂」卻不是那些已故的樂聖們所能聽得見的了。一百三十年前的維也納市民並不喜歡梅特涅，然而在梅特涅治下他們還能過着一種安定而無恐懼的生活。當時參加會議的俄帝暴君亞力山大大帝似乎已經被維也納的人民感到深惡痛絕，而沒有想到百年後有斯太林其人者，竟全部地繼承了沙皇的衣缽，變本加厲地把維也納人打入十八層地獄，而讓這音樂的聖城含詬蒙塵！

（上接第26頁）

炸彈的人即使不想牽連其他炸彈，又那能由他自主？結果還不是一連串的爆炸下去』。

中共既決不肯爲空言所動，輕易撤兵，美國人不得已而求其次，只有將中共當韓共換。不理滿州，單只在朝鮮境內打，打到朝鮮邊界爲止。但是中共入韓部隊源源不絕，既多且精，總有一天美國人打急了，會派大批飛機過境轟炸。於是中共有了藉口，正式開戰，而蘇聯也遲早將根據『蘇毛父子同命聯盟』捲入旋渦。

由於冬季作戰的困難，和準備之未完，大概今冬雙方都將在外交戰和神經戰上吶喊。眞正的大動作其將在明年四五月間乎？

自然這可能是國民政府翻身的良機。但盟邦最多只能替我們將中共主力擊潰。其餘的一團濫帳，政治的、經濟的、思想的、以及軍事的（蕭清餘黨，撫輯脅從）。都只有中國人自己才能收拾。翹首望台灣，同志們！在事實上和心理上都已準備了迎接這艱巨的新場面了嗎？

中華民國三十九年十一月十四日。

寫完此文，收到新華社所謂『中國各民主黨派』在十一月四日發出的聯合宣言。這裡節引一段來作爲本文的注脚『歷史的事實早已告訴我們，朝鮮的存亡與中國的安危是密切關聯的。唇亡則齒寒，戶破則堂危。中國人民支援朝鮮人民的抗美戰爭不止是道義上的責任，而且和我國全體人民的切身利害密切地關聯着，是爲自衛的必要性所決定的，救鄰即是自救，保衛祖國必須支援朝鮮人民。』這蘿孩子們的大夢方酣，也罷，且自由他去罷！

如此大使

印尼通訊・十月廿四日・津棠

新華社老在那裏吹牛，說共產黨的行政效率怎樣大，人才怎樣多，究竟怎樣，只有鐵幕裏的人才知道，自由世界的人是無法知其詳情的。不過我們從中共駐印尼偽使領館可以推知中共的行政機關是一團糟，偽大使王任叔到任不到四個月，不知現了多少醜，若要把它詳細記下來，恐怕一本書也寫不完，筆者對於任何人的私生活，一向不願隨便批評，免傷自己的厚道，但王任叔身爲偽府的大使，連一點最基本的法律常識，和一個普通人應該知道的禮貌都不懂，辦起事來，動輒得咎，貽笑外邦，令人實在無法緘默，現舉幾個實例如下：

偽大使到達印尼的第一天

八月初，王任叔及其眷屬隨員等先後到香港，在香港住了好幾天，趕辦了兩件事，一件事是交運行李，另一件事是打電報給印尼方面通知入境的日期，一大群人爲這兩件事忙了好幾天，最後還說「勝利的完成偉大的任務了」。十三日王等一行飛抵印尼，印尼政府不知道，沒有派人去迎接，弄得一群尾巴份子和王等一行在機場苦等，尾巴份子們的喧嘩聲，惹起機場休息室乘客們的注意，機場休息室的管理人，幾乎要出來干涉了。一問才知道是中共派來的偽大使，管理人的態度稍爲好一點。機場休息室裏的外國人，探望了一下偽大使，有的說：「土頭土腦的」。有的說：「太太的舉止還大方，這樣年青，怎樣嫁給年紀那麼大的老頭兒」？又有一個插嘴說：「共產黨人的夫妻關係是非常微妙的，很難說」，機場休息室裏越來越混亂，管理人着實有點不耐煩，也許是恐怕出事情，也急忙打電話報告印尼政府，這樣印尼政府才派了一個官員來，說：「對不起，我們事先沒有接到電報，叫你們等久了」。出機場後，王等下榻南洋大旅館，歡迎王的尾巴們硬要王發表一點談話，王說了幾句後，尾巴們鼓掌，王也大鼓其掌。

呈遞「國書」時的好鏡頭

隔不兩日，約定要呈遞「國書」了，可是在香港交運的行李，還沒有送到，沒有禮服怎麼辦，叫兩個隨員去查問，回答是交運行李的單據填錯了，行李運到澳洲去了。幸好隨身帶來了一套青色中山服，只好穿那套中山服去行禮，王沒有見過大場面，呈遞「國書」時，手不斷發抖，「國書」從手上掉下來，王彎身去拾「國書」時，眼鏡盒子又從胸前的小袋裏掉下，狼狽萬狀，笑話百出。赤報說「王衣著樸素，是新中國外交官的新作風」，我不知道「國書」掉到地下來，算不算是新作風？

兩個外行

按照近代外交慣例，一國的新大使或公使抵任後，必須先通知各國駐該地的使館，各該國的大使或公使，才和新使發生交往，八月十四日爲巴基斯坦國慶紀念日，當時王到達未久，還沒有對各使發出通知，巴基斯坦大使也許是沒有弄清楚，柬請王任叔參加，王認爲巴基斯坦還沒有和中共建立外交關係，不應該參加，但又叫一個參事和一個文化專員代表前往，且不去批評巴基斯坦大使不懂外交，自討沒趣，老王既然認爲不應該參加，而又派參事專員代表參加，難道參事不算是偽政府的外交官嗎？難道老王自己派的代表不能代表自己嗎？赤報還附和老王的意見，加以渲染，弄巧反拙，越說越臭，給僑胞的印象壞極了。

原畢形露

偽使抵印尼數日後，巴達維亞尾巴們發動聚餐歡宴「王大使」，（當時有一位國民黨員參加）全體參加的人列隊向王任叔行深鞠躬禮後，老王旁邊一位尾巴提議說：「有一個國特混入了，我們應該提高警覺，驅逐他」，另一個說：「反正參加了我們的集會，並不能洗淸他們的罪惡，還是要淸算的」，那個軟骨頭，恬不知恥，站在旁邊强顏爲歡的苦笑。老王說：「我們暫且不必如此，只要他自己覺悟，暫不追究」，他命令尾巴們盡量爭取一切可能爭取的華僑，共產黨人是慣會說漂亮話的，可是老王飲酒三杯後，原形畢露，站起演說什麼「反動」呀，什麼「打倒」呀，什麼「解放」呀……把在中國學習的一套口頭禪，搬到印尼來運用，演說時動作下流，態度粗鄙，華僑和外國人都說他淺薄。

十月一日那一天

十月一日是中共的「國慶紀念日」，偽大使館事先命令御用的「工作委員會」通知各學校僑團準備遊行，幾個靠攏的學校和僑團則大事鋪張，練習秧歌舞，紮花車，組織紅旗隊，單車隊，化裝隊……花了許多經費，就誤了一個多月的時光準備在十月一日那天表演一番。那天開會的廣場上，參加看熱鬧的確有不少人，學生整隊出發，是非參加不可的，否則要扣分數。王任叔因呈遞「國書」發過抖，以致把「國書」掉下來，僑民都說他沒有見過大場面，所以十月一日那天他裝得很大方，似乎向僑民表示「你們今天看我到底見過場面沒有」，他一上台就燃起香煙抽，並尖着嘴吹那呼出的烟子在空中打轉，好像玩魔術似的。輪到他演講時，他狠狠的抽口煙，烟子呼出後，把手往前一伸（像當年納粹黨徒一副神氣）開口大喊「打倒美帝」，「打倒反動」，他兩手亂舞，兩脚亂跳，一口寧波話，台下的人一個字也聽不懂，廣播器幾乎被他震壞了。忽然，他拿起一隻汽水瓶，大家大吃一驚，以爲他拿起瓶要擲人，因爲誰也不知道誰有沒有「反動」的嫌疑。原來他是喝汽水的——他把汽水瓶的口門在他自己的嘴上，喔……的喝起來，台下觀衆，滿場大笑，參加的印尼官員，則低聲耳語，無不搖頭，會後，全印尼的人民，大家把「王大使」做茶餘飯後談話的笑料。

那天剛散會的時候，正整隊出發遊行，老王突然接到通知，並宣告說：當地政府通知我們不准遊行了。

印尼各報的輿論

十月一日僞「國慶日」過後，美國大使爲老王責罵「美帝」事向印尼政府提出抗議，印尼政府把美大使的意見轉告中共僞大使，僞大使回答叫美大使去問人民。眞是笑話，自己鬧出亂子，推在人民身上，一派胡說，文不對題，美大使館人員說：「君子遇見潑婦」，表示不屑同他計較。印尼與論界，謂老王不應該在印尼攻擊印尼的友邦。又一家報紙說惡人先告狀，老王不應該無端罵人。又一家印尼文報說「王大使」不適於做外交官，不懂外交禮節。印尼官員介紹老王與外國人時，老王不理睬，回頭就走了，這不但給外國人很難看，給主人更難看。亦報又說：這是「新作風」。並說：「新中國」的外交官對于沒有外交關係的外交官，可以不理睬。那麼，老王既知道中共和巴基斯坦沒有外交關係，爲什麼又叫參事參加巴基斯坦的國慶呢？老實說，老王這個人也是很可憐的。英文不會說，法文一竅也不通，印尼文只能同「巴補」（Babu）（女僕人）講兩句，叫他怎能同外國人打交道？在印尼的任何外交場合，各國的外交人員都是談笑風生的，只有老王一個人孤苦零丁的坐在冷板櫈上喝汽水。當面不同人打交道，退後就肆口亂罵人，每逢出了亂子時，總是推在人民的頭上。

僞使領館的份子複雜

據所謂「工作委員會」的人透露出來的消息，僞使領人員不是由僞外交部派遣出來的，而是由中共要員的介紹，東湊西拉的。他們當中，有的是打游擊戰的，有的是剛從蘇聯回來的，有的是毛澤東的人，有的是劉少奇的人，也有三個人是民盟的。他們原來彼此不相識，是到香港以後才見面的。一群醜鬼，異樣心腸，當然在一起是搞不好，所以磨擦衝突，幾乎無日無之。例如僞總領事館爲掛相片問題，幾至動武，劉少奇派的人主張只掛史大林、列寧、馬克斯和毛澤東四張相片，毛澤東的人主張僅掛毛澤東的相片，爭論很久，結果前者勝利，華僑對僞領館未掛 國父遺像，大爲不滿，說「那不是『領館』而是洋行，華僑不同它做生意，自然不要上它的門了」。三天之後，毛澤東相片旁邊又掛出一張 國父遺像。爲了這件事，僞大使王任叔還同僞總領事吵一架，老王說：「我們要爭取華僑，暫不能不掛孫中山的相片」，老何是從蘇聯回來的，來頭可不小，自然沒有把老王放在心上，他會大罵老王說：「領館掛相片事由我決定，不關你的事，你到現在，連使館的辦公地址未搞好，還說什麼？」老王一聲不嚮回頭就走了，這回他却不敢亂罵人。

所謂「工作委員會」

中共與印尼相互承認後，椰嘉達的尾巴份子組織了一個所謂「中印建交工作委員會」。今年八月中共與印尼既經「建交」，該會的任務完成，還不解散，又改稱「工作委員會」，該「工作委員會」的組成份子，全是一群漢奸和投機報人。這般人只要有利可圖，誰得勢，就擁護誰。日本佔領南洋時期，做日本人的走狗，荷蘭人回來，又走荷蘭人的路線，印尼承認中共後，他們妄以爲中共的勢力，馬上要伸到南洋，又乘風轉舵，倒向一邊了。僞使領館開張後，「工作委員會」仗着中共的勢力，拚命向華僑募款要錢，美其名曰「建交費」，「慶祝費」又什麼「修建使館」……，名目繁多，不一而足，其實都是趁此機會，藉以自飽。印尼的華僑統稱「前進份子」爲「錢進份子」，的確是名副其實的。誰說中共沒有貪污？僞使館人員和「錢進份子」勾結，大做其生意，國產的貨物大批南運，僞使領人員在南洋大旅社的房間，成爲堆貨棧，南洋大旅社會爲此事下令逐客，現在他們搬到華僑旅社，爲所欲爲了。

不久以前，幾位新從國內來的女士在街上兜售大批最好的照相機，他們毫不避嫌疑的說是從上海帶來的。後來一打聽，才知道她們是某「使館」的職員們。好像伙。

到底是來做什麼的？

中共派駐椰嘉達使領二館人員，計五十餘人，上至館長，下至汽車司機，都是由國內帶來，他們坐一九五○年「美帝」出產的最新型的汽車，住印尼最上等的兩家旅館，生活豪華，連「美帝」使館人員也不能及。昔日中共經常責備政府「無能」，不能保護僑胞，可是錫江的華僑在印尼的亂兵下，人財損失眞不小，僞大使連屁也不會放一個，而梭羅華僑舉行死難華僑追悼會時，僞大使贈輓聯一副，下聯云：「死復何恨，爲獨立而犧牲」。原來他們認爲華僑被害是該死的。這批人到底做了些什麼事呢？（一）赤化華僑學校，通過「工作委員會」和籠攏的教師公會，命令各學校搞學習小組，學習馬列主義和毛澤東思想，同時鼓動學潮，驅逐非「一面倒」的教師。（二）執行蘇聯的命令，擴大所謂「和平簽名」工作，在王任叔未抵印尼時，印尼尾巴份子策動的「和簽」宣告結東，老王到印尼後，命令繼續擴大宣傳，並利用學生到處求「簽」。（三）聯絡當地共產黨，發動國際鬥爭，印尼共產黨本來尊重蘇加諾哈達爲印尼的領袖，老王促請印尼共黨改變態度，印共黨部已撕去蘇加諾等掛像，改懸史大林列寧等的相片了。此外協助印尼共黨鼓動工潮，印尼政府現在嚴密防範中。（四）爭取動搖份子，結果只有一個邦加的領事金善增出來「合作」了，其他的國民黨員均不爲所動。以上四點，就是僞大使的工作中心，也就是他們的任務。

現在華僑對中共已看清楚了。看清楚中共對華僑的政策，經不是保護，而是利用華僑做第五縱隊，在當地發動暴亂。華僑爲保自身的安全，絕不能同中共走，以免殃及自身。這是一般華僑對中共的態度。

讀者來書

編輯先生：

中共竊據大陸，使生民塗炭，國事日非。同人等僑居海外，痛感祖國之沉淪，凜於匹夫之義，何忍緘默。爰於前日致電毛澤東，責以大義，自動簽名之愛國華僑凡一百廿一人，茲錄原電大意於次，請於 貴刊披露：

『共產主義不適於祖國國情，一面倒政策，更違人民意旨，長此以往，國家前途實不堪設想，當局者迷，旁觀者清，應請 先生自動下野，以謝國人，否則將自絕於人民矣！』

爪哇華僑王式之李天南陳忠國等一百廿一人同上十一月十日

文藝

糖衣奎寧丸

朱西寧

（一）

入秋以來，許多人都在打擺子；夏元鳳便是其中的一個。而且她總是好了又患，好了又患，如今又病倒了下來——陰曆臘月的天了。

夏太太掌心裡托着兩粒阿地平，坐在床沿上，直瞪瞪的瞅着面裡而臥的元鳳，歇了半響又歎道：「三姐，還是聽媽的，迎頭把這兩片給吃掉，吃下去就好了，光是這麼任性怎麼成呢？」元鳳煩燥的直搓着腳，連哭帶嚷的把夏太太的話給截住了。夏太太沒奈何的把揉開的被子重新給蓋好，委曲求全的低下身子哄着道：「總不能老是把病拖在身上，看你這個樣兒，媽瞧在眼裏，疼在心上，別叫我難受好罷！權當是可憐媽的，替媽想想：……」元鳳還是那一套，含糊的哭嚷着道：「你就饒了我吧！別再逼着我的命成麼？」夏太太沒了主意，好話說了一大堆，總是不肯聽，祇得把丸藥放在床頭的小几兒上，順手拉了條手絹，哀聲歎氣的揉着眼睛走出來。

對面元瑞一步三縱的穿過天井，跳到登台上，拉着夏太太的衣襟說道：「媽，雁聲的二姨來了。」夏太太眼睛一亮，問道：「她來了！來多久了？」元瑞沒等張開口，對面的門吱喲一聲，閃出了個女丘八。夏太太忙道：「秦姑娘，這可有七八個月了吧！什麼時候來的？」秦蔚三步併做兩步走過來，邊走邊道：「昨兒晚上過江，今早就趕進城來的，您還好、伯母？」夏太太像見了親人似的，眼角兒掛着點晶瑩的淚光，歎道：「好什麼嘛！看你黑多了，也瘦多了，這一下可不往別處調了吧」，秦蔚搖搖頭，也歎道：「他們只要把你提留了進去，就不能那麼容易下來，聽說還要調往福建去，或許在此地要耽擱一些時候。」夏太太鎖着眉道：「怎麼又往那老遠的去處調，這可怎麼好呢？」秦蔚道：「那有什麼法兒，還不是要攻台灣，整天價解放台灣解放台灣的叫啞了嗓子，留着那片乾淨土，他們哪兒就會安了心？」夏太太顫抖着喉嚨管兒道：「我的菩薩，要多少人才能填滿偌大的海！這一下可又是個大刼了。」元瑞從屋子裡磕磕絆絆的拖出兩張靠椅，登台上暖烘烘的太陽，兩個人坐了下來，夏太太自我嗔道：「看我個記性，老是記不牢，你那位……」元瑞一旁插了句嘴：「又忘了，魏大夫！」夏太太忙接着道：「是了，你同魏大夫還在一道吧？」秦蔚笑着點點頭，夏太太壓低了喉嚨說道：「那才好，年紀輕輕的，要是獨個兒混在他們裏面可叫人放不下心，他們都是不通人性的東西，算你看得透，早點兒完了婚這就好了。」遂又探問道：「這些時沒戰事了，忙嗎？沒傷兵了吧？」秦蔚一陣冷笑，湊近了悄悄的道：「忙的可不是傷兵，儘是些醃髒病，就是打起仗來，能走能動的輕傷才給包〻紮，重點的，他們乾脆就挖個坑兒，活生生的漢子摔到裏頭，還叫着我還能打仗，我還能打仗，他們的心腸才硬呢，兩鏟兒土蓋上去，就那麼完了，我們軍醫哪兒作得了他們的主？」夏太太直聽得寒毛直豎，搖頭咂嘴的接過去道：「，這麼傷天害理的，天能容麼？我就說了，他們這麼作孽可別想成起事來」。

沉寂了一陣，秦蔚忽道：「剛聽大姐說的，元鳳回來了，怎麼病了？」夏太太緊握着秦蔚的手，滿臉上愁雲密佈的說道：「不承望三丫頭這孩子脾氣一天壞似一天了，從前誰見了她誰不疼她？你是曉得的，她們姊妹三個，我就是最疼她一個人，就是元瑞我還要放在一傍，誰想她到如今改了常，除非不回家，回得家來兩句話不說，就哭着鬧着無理反纏的跟我鬧氣生，她不叫你傷透了心她也不甘心。」說着便止不住擦眼抹淚的泣楚起來。秦蔚問道：「還是在孝陵衛的大學麼？」夏太太道：「可不是，自從進了那個鬼大學，人就變了，我要是知道有今天，當初說什麼我也不給她去了。這昇子病了，叫她吃藥跟要了她的命似的，我疼她也疼得寒了心。你這來可正好，你們小姊妹倆從小兒一道長大的，也是形影不離的好過一陣子，無論怎麼樣，替我好好的勸勸她，我還有什麼指望呢，無非是守着這倆兒小的，他們能長大成人了，我閉上了眼睛也就安了心……」秦蔚獨笑着寬慰了一番，沉重的站起來，夏太太慌忙領着她進了西套房，元鳳依然是面朝裡靜靜的躺着，夏太太低聲道：「你們姊妹倆談談吧！給我勸說勸說。」又轉向元瑞道：「你還站在那兒幹嗎？來。」元瑞悻悻的跟了出來，從外面把門給反帶上了。

秦蔚悄悄的坐到床沿上，伸手去撫摸着元鳳的額頭，只覺得很燙手，因喚了幾聲鳳妹，問道：「你怎麼啦？睡着了？」元鳳別過臉來，一眼瞧見了秦蔚，便驚訝着想撐着起來，但剛剛坐起了一半，就作不了主，人又倒了下去，臉埋在枕頭裡不禁哽咽起來。瞧着這等情景，秦蔚也止不住鼻尖兒一酸，忙俯下身子在元鳳的鬢傍親着道：「別這麼樣，有什麼委曲，儘管說說談談，饒是沒法子給你分替分替，說出來也好透一透氣。」元鳳這才側過臉來含糊的拚出幾個字：「想不到，我就這麼完了。」秦蔚笑道：「沒的扯淡，又不是什麼不治之症，打兩場擺子也不是什麼稀罕事兒，只怕飲食冷暖偶而不當心，時好時患也是有的。」遂笑着將元鳳扳轉過來，道：「來，我們好好的叙叙，我可是不容易來的。保不住下次什麼時候才又能見面兒。瞧着你這可憐兒的，眞叫我疼在心坎兒上。」

可憐的孩子，給病纏得走了樣；蓬亂的頭髮鋪在枕頭上，中間嵌着張清瘦的臉型，兩隻本來就是很大的眼睛，越發的大了，大得深而且空，兩片曲線的唇被高熱燒得又乾又暗，像貼着些紅棗皮在上面。顴骨上暈着一層淡淡的不健康的紅，整個的臉却是貧血的薑黃。瞧着瞧着的，秦蔚又不禁心中一酸，低下頭去，兩個人嘁嘁喳喳的溫着舊夢。

良久，秦蔚坐正了身子，凝視着小几子上的熱水瓶、小鏡子、玻璃盃，丁玲作的「勞働英雄吳滿有」的小册子上放着兩粒印着W的黃藥片。她忙轉過去道：「怪不得臉兒這麼黃了。這阿地平原是不能常吃的，黃色素太重了，你看，連白眼珠兒都發黃了。」元鳳像受了委曲似的道：「就這樣，媽還死活的逼着我，慢說是吃，我見了它，喉嚨管兒裡就打了結兒，苦也把我苦死了。」說着便簌簌的滾下幾點淚珠。秦蔚道：「不過生了病，藥總是要吃的，你要是嫌它太苦，有一種糖殼的蛋窩，我那兒倒有的是。」元鳳道：「明兒你還會再來一趟麼？」秦蔚思索了一下道：「好吧！」元鳳聽了却呆呆的望着帳頂，默不作聲。秦蔚推搡了她一下，笑道：「又呆想些什麼來着？」元鳳一震，道：「明兒你再來的時候，你……」她把話給嚥了下去，秦蔚再三的逼着她，好歹是不肯說，蹉跎半響，才費力的吞吞吐吐的道：「給我找張紙來，抽屜裏有筆。」瞧着她扭股糖兒似的，秦蔚諒着拗不過，只得照着吩咐，把紙和筆送到她面前，自己却躲到窗子前面對着鏡子理頭髮。

元鳳把寫好的紙條四角六楞的叠好，放進秦蔚的胸前口袋裡，不放心的又把鈕子扣上，吞吞吐吐的說道：「我也沒別的事求着你，你回去以後再看好了，你得給我想想辦法。」

（二）

即或就是傷風咳嗽的小毛病也沒有一樣是好受的，不過瘧疾這玩意兒倒是格外的會折磨人；它把你埋進了北極的窖子裡，凍得你混身的骨骼要哆嗦得散了板，然後再把你提起來摔到赤道的岩石上，讓饞嘴的太陽汩汩的吸吮着你的血。

到了晚上，冷也過去了，熱也過去了，剩下來的是陰慘慘的油燈伴着個被蹂躪過的癱瘓的弱者，一個只會抽噎的受苦的孩子。

夏元鳳原是個良善的孩子。

她的優點也正是她的缺點，她和一般小資產階級智識份子做着同樣的美夢。她要强，好勝，愛自由，用貪婪和把持爭取驕傲的鳳冠霞披——成績單上總分的榮譽——黃緞子方帽的角上垂着流蘇，搖來擺去，眩耀着惑人的光釆，那是她晝思夜夢的遠景，一直神往着的女王的皇冕。

當秧歌舞瘋瘋邪邪的扭進了石頭城之後，同學們也瘋瘋邪邪的跑來奪去她手裏的那本沉重的范氏大代數，硬拉着她扭進了那個列子裏。她沒有堅決的拒絕，但還不時的惦念着如何保持着她的傳統的期考榮譽。然而眼看着大夥兒歡天喜地的忘了形，把功課全部丢在腦後，她那僅有的惦念於是也漸漸的淡下去，因爲她在競爭上失去了敵手，她只須稍微摸摸書本，便可以得到期考榮譽的絕對保證。

可是，并沒有等到學期終了，學校便被迫解散了。

苦悶佔有了她的生活全部，她在家裏如何待得下去？「祇差一年，祇差一年，祇差一年……」祇差一年在她的腦子裏成了平方、立方、四次方、五次方……慘雜着懊喪與咒怨，愈堆積愈沉重，反來覆去的發着酵，儘管她有一顆天才的數學頭腦，然而她開不了這個高次方。

大半個暑假再加上一個多月，整個的在怨天尤人的歎息中溜走。

對於元鳳，這總該是個喜訊，華東軍政大學在孝陵衛成立了。招生的簡章裏特別强調考生資格不受任何證書所限，過去的同學許多都重又活躍起來，相互的邀約着去報名、考試。他們感到了這個政權選才的作風是合理的。

那條惑人的流蘇，那個遠景，那頂女王的皇冕，這一切趕走了她的苦悶，塞翁失馬，焉知非福，本是高中還差一年的呢！她笑了。

然而，事實上并不如她的理想，考場裏盡是些不三不四的流氓小二子之流的人物。對於她的自尊心這該是一種不小的侮蔑，想到以後會跟這些了頭小子們弦歌一堂混在一起，她越發忍不了，憎惡嫉厭使她不再顧慮到以後待在家裏的苦悶，只考了一門，便毅然決然的退出了考場，悵惘的蹓回家來。

從小她嬌生慣養的養成了她慣使小性子的脾氣，她可以因爲母親一點點兒的責備而摔下筷子不吃飯，她可以扔開一件不太合身的旗袍而永遠不穿，然而，十年來在數不盡的考場裏她從來不曾這麼任過性。

總共破天荒的來了這麼一次任性，然而却任性不得的，金榜上依然題名了。題名之後又是非上不可。就這樣，亦憂亦喜的，她被迫走進了這條變相的煙花巷。

就說是她過去全爲的是成績單上的分數而讀書，就說是六個月以後便是堂而皇之的大學生吧！然而她過不下那種折磨人的日子，沒有學術氣味，不准隨便的摸一下書本，爲寂寞而疲勞，爲疲勞而寂寞。一言一語，一學一動都是違心的，連笑臉也是被强迫出來的。解放八股調製着史毛教條，像灌臘腸似的硬塡硬塞，秧歌舞代替了晨操，小組會議圈住了整個的身心，寫標語就是數學演草，生活像電影放映前的寂寞等待，縱使滿耳的噪呱的爵士樂，滿目的五花八門的幻燈廣告，一顆心却還是煩燥而空虛的。可是每天每天的晚上還要例行公式的不知樂從何來的樂一下，也不管什麼淫詞村話以致於會經被稱爲買辦文明的淺薄的肉麻，全都一古腦兒不分青紅皂白的搬上草坪晚會。不過這些可以勉强的說它是人性的墮落，還有整個的脫了人類軌道的醜劇呢！掀開那性的解放的面具吧！

三個多月的放縱教育，便有了驚人的成就，看見的，聽見的，無時不使她感到環境的迫害，她除了咒詛與躲閃，她逃不出那個圈兒，像仲夏的蛛絲網在黑夜中展開了陰間的權勢，祇要你落上去，想逃？不行的！有來路，沒去路，候着吧！讓它喝去了你的血，吃去了你的肉，再把毒液留下來，漫無止息的浸着，凌遲着，腐爛着……。

十二月廿一日，難忘的日子，身敗名裂開始的一天，她的童貞獻給了大獨裁者史丹林的生日。

命運的日程早就排定了，悲慘的序幕在慶壽的鑼聲裡開幕了。這一天全校上下都整隊集體慶壽去了，元鳳打了三天的擺子，毫無氣力的躺在床上，宿舍裡沒有一個人，寂寥與倥侗陪伴着她。因爲太靜了，小小的動靜都聽得清。她側着面，耳朶貼在枕頭上，痛苦的數着動脈血管在耳朶裡的規律的跳動。忽然，有一種哄咚哄咚的震動侵進了她的聽覺，她機警的翹起頭來，只聽得彷彿是一個人踢踢踏踢的由遠而近的走來。走不幾步，停了下來，打開門，似乎是探望了一忽，帶上門，再踢踢踢的走着，再打開門，再靜了一忽，再帶上門……步子愈來愈近，她希望有一個人來，想辦法找一杯開水來潤潤高熱後的口渴。

門果然的開了，探進一張瘦黃的臉，那是她同班的一個姓尙的，一個體質一天天壞下去的東北籍的青年。她不等姓尙的張口，便抬起了半個身子央求着道：「尙同志，請你行行好，給我找一杯開水。」姓尙的略略的思索一下，笑着點點頭，便轉身走了。

再進來時，果然端進了一杯冒着熱氣的開水，元鳳飢不擇食的掙扎着坐起來，姓尙的忙扶着她，她接過那杯不太燙的開水，一口氣便吞下了大半杯，那眞是久旱逢甘雨的滿足，她瞧着發抖的貧血的手和發紫的指甲，深深的舒了一口氣，打算抬起頭來用感謝的目光看他一眼。然而，一種莫名的恐怖刹那間抓住了她的神經中樞，茶杯從她的手裡落到樓板上，她慌忙的求道：「不能，尙同志，這不能，你是老實人。」姓尙的湊過臉來，猥褻的抽搐的笑道：「老實人？你們這些女人啊，你們蹺着大腿，扭着屁股，賣弄着風騷，直把人撩上火來了，這才希望我們都是規規矩矩的老實人，沒那麼便宜事兒。」說着就動手動脚，一臉上歪歪曲曲肉慾的刁笑，避着她的眼光，顫抖的道：「我姓尙，你姓夏，一上一下，我想你好久了。」

元鳳還在同她爭執，把僅有的氣力全部使出來作爲抵抗，也把所有的乞憐的表情全部集中在面部，她向他求饒，她說她有病，她口口聲聲的訴道：「尙同志，你是好人，你是好人……」姓尙的道：「我是好人，你也是好人，來一下，兩相好。」說着便亂七八糟的輕薄起來。

正如同打過了擺子，冷也過去了，熱也過去了，剩了來的是被蹂躪過的弱者，一個只會抽噎的受苦的孩子。她傷心的憑弔着轉瞬間死去的童貞，她哭了，哭得那麼悲愴傷心，哭她一去不返的聖處女的夢境。

惻隱之情在人性裡總是不能泯滅的，何況姓尙的也是一個弱者，她的哭聲勾出了他的淚，他却是冷笑着，像是在諷刺着自己，兀自的道：「好人？好人？」一陣慘笑，他說道：「誰不想做過好人？誰也不是在娘親的肚子裡就是個坏坯子。」他凝視着窗外遠遠的蒙在雲霧裡的紫金山，淚水終于從鼻樑兩邊齊齊的流下來，他咬白了嘴唇，擺一擺首，喉嚨裡咕嚕的噤了一下，歎道：「想好，他不准你好，他千方百計的逼着你往死亡的路子上去，他逼着你傷天害理，夏元鳳！」他終于止不住心靈上的軟弱，一頭倒在元鳳的身上，像笑一樣的哭起來。男人的哭更會給人帶來一種恐慌，那是受傷的野獸的嚎叫。

良久，姓尙的抬起頭來，抓着元鳳的頭髮梢子，道：「認命吧，我知道你直到現在還是個冰清玉潔的女孩子，可是你又保得到哪一天？想臨死時還落得個乾凈的身子？別妄想了，算了，你我都是被判了死刑的囚犯，完了！……我常常想起小時候在老家裡看鎗斃鬍子的事，有些土匪滿不在乎，抽煙，吃酒，唱着笑着，看見路旁有個年青漂亮的女人，就叫着，我的姨太太，還不回去給我準備棺木壽衣，你還在這兒看什麼熱鬧？趕早兒把我收屍下土，你也好去找個男人。再看看咱們今天這麼個處境，誰不是看穿了，誰不是在執行鎗決之前痛痛快快的放肆一下？或許你還蒙在鼓裡，他們不是慈善家，他們會供給你吃喝玩耍兒的上大學？眼看快畢業了，台灣海峽，東南亞，法場早就準備停當等着你我了，饒是你不吃不喝以淚洗面，到頭來還是免不了那麼一刀，索性樂上一樂，倒是賺的。看穿一點吧，你想潔身自好，辦不到，你不到街頭巷尾去聽一聽，老百姓是個什麼看法，到哪兒去？到孝陵衛上大學去，上大學去？馬上出來要當砲灰的！入媽的，管他那麼些？嫖一嫖女學生也是好的。是的，不上大學也照樣的落不了長命百歲，也照樣的拔了拉差填大海，看穿一點，都是死路一條，倒不如臨死還賺得個大學生的封號，還能玩一玩女學生，他們都看清了這一代青年人的毛病，經濟困難，結不起婚，性慾苦悶，晚婚的色情狂，戰時道德的墮落，好吧，都來吧，他先用大學這個好聽的名詞兒把你們這些慕虛榮的女孩子騙上了手，好了，有了你們就有招徠了生意的本錢，把你們攏在櫥窗裡，打起性解放的幌子，不愁那些饞癆餓鬼不源源而來，你夏元鳳還能頑固到今天，也算你有了能耐，今天我是害了你，不過，我只能算是一把刀子，殺人的不是刀子，殺人的是拿着刀子的劊子手。其實我又何嘗沒有我的傷心事，老娘，妹子，兄弟，都還留在關外，我有時也想狠一狠心……」正說着，窗外一陣笑聲，透過破了一個角兒的玻璃窗的小孔，正像北風一樣的尖酸而刁狡的傳進來。

那是個翻砂廠的學徒，來了一個多月，臉上手上的灰垢還沒有退淨，枯黃襍亂的長頭髮上箍着弓型的黃鐵卡，他是個被譽爲「被剝削者的翻了身的小英雄」，小英雄兩片厚嘴唇貼近玻璃的破口，露出一排黃色的狗矢牙，笑道：「入媽的，還說是病假呢，攥着苕帚不掃地，兩口子搞得好熱火，整個樓梯我都掃了，入媽的走廊上是你的了，婊賊才不急頭呢，媽的老子可得拾你的剩飯了，老子也來媽的解放解放。」他一面說，一面解着列寧裝的排扣，像進了澡堂似的熟練而習慣。遂敲了兩下玻璃，叫道：「我馬急就來，窗戶開開好吧！」姓尚的撕着頭髮，說不出一句話來，那小英雄一扭身跑了。急得元鳳拉住姓尚的，哀求着道：「尚同志，你救救我，你不能眼看着我……」姓尚的避過臉去，頓着足，痛心疾首的道：「你還在做夢，你知道的太少了，他是誰都不敢得罪的像伙，認命吧！夏元鳳。」外面已經在敲門了。

就這樣，像燒得通紅的烙鐵，挿進尊貴的少女的心坎，頓然間，明窗几淨的境界裡，迷漫着烏煙與嗚咽。她白天裡向秦蔚訴說的：「想不到，我就這麼完了。」可不是，還有什麼呢？有的是淚滲着血，血滲着膿，毒，毀滅，潰爛……雪白的絹子被一隻無情的巨掌嘩——的撕開來，再繼續的潑上一層層的像下水道裡冒出來的污水，黑，黏，淫穢，奇異的腥，雪白的絹子從此後便不可收拾，便這般平白的完了。

（三）

秦蔚重又低聲下氣的好言勸道：「你想，單是根据你那張紙條兒上寥寥的幾個字，叫我怎能判定是哪一種呢？固然害羞之心人皆有之，祗是你不能老是這麼固執，若不好好的檢查一下，隨便的亂用着藥，那與你是有損無益的，比不得他們在軍隊裡，隨便的給點藥兒就打發過去了，再說，我們中間還有什麼可羞的不成？這是一個好機會，你想想，你除了我，你有勇氣去找醫生麼？你有勇氣到藥房裡袖子裡交錢袖子裡取藥嗎？」秦蔚只落沒有哭着勸她了，前後左右給費了一大番唇舌，好容易才得到了她的默不作聲代替了答允……

秦蔚把被子給重新蓋好，又問了問病況，說道：「還算好，只是初期，倒不難治。」遂親自跑了好多家藥房，才買到兩針盤尼西林，爲她注射了。另外又留下了一瓶糖衣奎寧丸，答應她明後天無論如何總會再來繼續的爲她診視。臨去時，又囑咐夏太太道：「這種奎寧毒性很大，別爲着恨病吃藥便多吃了。等好了以後，不妨每天服用一粒，免得再患。」元鳳聽了，躺在床上問道：「有毒嗎？」秦蔚笑道：「放心，做大夫的是救人的，不是害人的。」然而，秦蔚雖然笑着，心中却一陣兒滴溜溜的酸痛，彷彿捨不得走似的。

（四）

一夜過來了，一夜的變動竟不聲不響的劃定了生與死的界線。

夏太太呼天搶地的哭着，訴說着，昏過去好幾次。秦蔚在大門外老遠的聽到哭聲便覺得有變，三步併作兩步的跨進了元鳳的屋子，從人叢裡擠了進去，只見夏太太哭哭啼啼的用熱毛巾爲元鳳擦臉，元鳳除掉兩隻大眼還沒有完全的閉上，一切都顯得很善靜。

小几子上「勞働英雄吳滿有」的小册子上歪放着奎寧丸的空瓶。

夏太太一眼瞧見了秦蔚，便撲過來抱住她，多紋的臉上爲淚水浸腫了，是一種聲嘶力竭的慟傷後的極度疲憊。人像是瘋癲了，心呀肉呀嘎啞的痛不欲生的哭嚷着，還在要求着她救救元鳳。

一切都晚了，不中用了。秦蔚狠狠的咬着嘴唇，胸殼兒腫得發痛，只是楞楞的哭不出來。元瑞腫紅着眼泡，交了封信給她。潦草的字跡在淚水迷蒙中東倒西歪的掙扎着，呻吟着，傾訴着：

蔚：你走後，我感到一種不可言狀的懊悔，我恨我這麼糊塗，爲什麼不往後想想，爲什麼要你枉費心機的來救我？我倔強的性子竟沒有堅持到生命的最後，倒讓你來可憐我。可憐我又有什麼用？我思前想後，並不是想不開，我只覺得生與死之間也不過只隔着一層極薄的膜，而且當沒有辦法擺脫掉一種切身的巨痛時，死，該是一種最靈驗的良藥。蔚，你救不了我的，作算你救了我這一次，可是，以後呢？我的血淚已經被命運吃上了癮，牠不會放鬆我的，我已經被絕望消滅了生的希望。大夫是救人的，不是害人的。我死了，你不要以爲是你害了我，而是你出乎意料的更徹底的救了我，謝謝你給我不苦的良藥，甜甜的，我只當作一粒粒糖菓吞了下去，不會相信這其中還躲着致人于死地的毒汁，其實半年來，我已經日日夜夜的吞食着牠，今天晚上只不過是形式上的最後決定而已。我并不怎麼難過，我只覺得一切的切身的痛苦不久的功夫就可以與我毫無干涉了。只是我太對不起媽，媽媽爲我白操了十八年的心，末了我竟這麼的剮了她一刀，不過早晚總不能免得掉這一刀的，而且，値得告慰于母親的，因爲我不是自殺，我是以死作爲自衛與自救：……

秦蔚實在受不了心頭上的巨痛的積壓，她埋下頭去，在元鳳的身邊抓住元鳳冰冷的手腕，泣不成聲的痛哭起來。然而，靜靜的屍體完全無動于衷的與人世間的悲哀絕緣了，她安息了，再不會有任何力量可以來蹂躪她，踐踏她，欺凌她。

可是還有那些無告的孩子呢？她們的苦難當眞只有靠死神來拯救麼？

內政部雜誌登記證壽內警台誌字第四六號

給續者的報告

本刊合訂本第二集今天問世了，這說明我們艱辛的工作又經過了一番努力的歷程。我們所能引以自慰的，是我們一直在本着最初的理想與目標（如每期『自由中國』的宗旨所揭示的）努力地工作着，這中間我們也會遇到很多困難，但我們却不斷地在克服困難。我們自知我們的努力對苦難祖國的貢獻是很微弱的，然而我們的心願是赤誠的；而且我們相信只要我們不斷地努力，并積所有愛好自由者的努力，終必能摧毀共產極權的統治，實現自由民主的理想。假如這也能算作本刊些許光榮與成就的話，那麼這光榮與成就應該歸之於作者的血汗和讀者的鼓勵，我們於此應向愛護本刊的作者與讀者們謹表衷忱之謝意！

本刊合訂本第二集是合第三卷第一到第十二期合訂而成。就時間言，正當本世紀後半葉開始年度——一九五〇年的後半年；這半年是國際風雲日趨緊急的關鍵。自從六月廿五日韓共越過卅八線侵略韓國的戰爭爆發以來，國際之間的變化，波濤洶湧，形勢險惡。這一次聯合國在開始時確乎表現了史所未有的正義之威嚴，決定對侵略者採用軍事的制裁，但現在這局部的枝節的行動已經不足有效地遏止侵略者的野心；當聯軍執行聯合國賦與的使命即將屆成之際，克里姆林宮之另一走卒——中共竟公然背棄中國人民的利益大舉介入戰爭。于是侵略的兇焰更加炙烈了，事實上和平的堤防已經早被冲毀，國際間目前雖還殘存着姑息與妥協的疑雲，但終究是會被洪水冲光烈火焚盡的。杜魯門總統現已宣佈美國進入緊急狀態，這無疑是自由世界面臨存亡前夕的警鐘。決定人類命運的最後決鬥爲期是愈來愈近了。

這半年來，我們不斷紀錄下與歷史攸關的重大事蹟，并時時爲自由世界提出砥勉與箴言。我們無時忽忘保衛文化爭取自由的神聖使命，并相信眞理之終必獲勝。因此，這集合訂本的彙編與保存，自應有其價値的。

我們始終固守一個言論立場，這立場可以用下面兩句話來說明：「對於政府的好處我們儘量宣揚，對于政府的缺點我們嚴正指摘」。我們自問從沒有輕易恭維政府一句話，也沒有隨便批評政府一句話。同樣對于任何友邦政府，我們亦持如上的立場。過去如此，今後亦然。

檢討過去這十二期，我們大體仍然沿襲以往的規模，但無論在編輯上或發行上，都已有了不少的改進。編輯方面減少了純理論文章的份量，增加有關時論的撰述和大陸與海外的通訊，在編排技術上也時有改善以期適合讀者的興趣。即使對校對工作我們亦從不放鬆，根據讀者來信證明每期的錯字已日見減少了。至於發行，這半年間我們增闢了不少海外經售處，讀者諸君從下欄列載的地名裏可以知道本刊發行網廣被的區域，其中行銷最暢的地方且特別發行航空版，現在已有的航空版是紐約與香港兩處。此外東京日文版正在籌劃中，明年當可實現，實現以後，本刊在日本的銷路當有大量的增加。其實，本刊流傳的地區還不止于上述，我們常常接到英倫、維也納、瑞士、比利時、意大利與西班牙等處讀者的來書，他們都是在輾轉流傳之後得閱本刊，并寄來很多的鼓勵與期望，我們希望克服了傳遞技術上的困難後，當儘速在歐洲大陸上建立本刊推銷的據點。最近有從上海逃出來的朋友告訴我們，『自由中國』已經成爲大陸上知識份子祕密爭閱的讀物，基於這樣一個急迫的要求，我們還有一個積極的計劃，我們將設法使『自由中國』更大量地流傳至沒有自由的共產世界。

『自由中國』是自由世界之友，就現有發行的廣度而言，我們幾乎可以說：凡有自由的地方就有『自由中國』。但我們並不以此滿足，我深知有待我們努力的事業還更艱巨，因爲我們的責任是要使全中國以至全世界所有的人都能享有自由！

一九五〇年在苦難中過去了，隨着新的歲月到來的將是新的希望，但同時還有更多的苦難，我們還須要更多的努力。克服苦難！迎接希望！

自由中國半月刊 合訂本第二集

"Free China"

第三卷一期至十二期

中華民國三十九年十二月卅一日

發行人　胡適

主編　『自由中國』編輯委員會

出版者　自由中國社

社址：臺北市金山街一巷二號

電話：六八八五號

航空版

香港　香港時報社（高士打道六四號）

紐約　Modern Chinese Art & Printing Co. Inc. 2 East Broadway New York City, N.Y.

經售處

臺灣　中國書報發行所（臺北市館前街八五號）　新生報社高雄分社營業部（高雄市鼓山一路二〇號）

美國　紐約民氣日報社　舊金山國民日報社

日本　東京南友堂　東京內山書局　中非文教出版社

馬尼剌　印尼　巴達維亞星期日報　棉蘭繁華圖書公司

越南　西貢中原文化印刷公司　越南華僑文化事業公司

曼谷　曼谷攀多社十二號

新加坡　中興日報社　檳榔嶼、吉打邦均有出售

印刷者　臺北印製廠

廠址：臺北市民族路六四三號

電話：三三一六號

本刊經中華郵政登記認爲第一類新聞紙類

臺灣郵政管理局新聞紙類登記執照第二〇四號

自由中國

第二集

第三卷第一期至第三卷第十二期

1950.07-1950.12

數位重製・印刷　秀威資訊科技股份有限公司
http://www.showwe.com.tw
114 台北市內湖區瑞光路 76 巷 65 號 1 樓
電話：+886-2-2796-3638
傳真：+886-2-2796-1377
劃　撥　帳　號　19563868　戶名：秀威資訊科技股份有限公司
讀者服務信箱：service@showwe.com.tw
網　路　訂　購　秀威網路書店：https://store.showwe.tw
網路訂購：order@showwe.com.tw

2013 年 9 月
全套精裝印製工本費：新台幣 50,000 元（不分售）

Printed in Taiwan